SHANGHAI EDUCATIONAL YEARBOOK

# 2010
# 上海教育年鉴

SHANGHAI MUNICIPAL EDUCATION COMMISSION

上海市教育委员会 编

Shanghai People's
Publishing House

上海人民出版社

中共中央总书记、国家主席、中央军委主席胡锦涛向2009年度
国家最高科学技术奖获得者、中国科学院院士、复旦大学教授谷超豪颁发奖励证书

中共中央政治局委员、上海市委书记俞正声向“上海市科技功臣奖”获得者、
中国工程院院士、复旦大学附属中山医院教授陈灏颁发“上海市科学技术奖”证书

上海市委副书记、市长韩正向联合国环境规划署-同济环境与可持续发展学院
首席教授克劳斯·托普弗颁发“上海市荣誉市民”证书

上海市委副书记殷一璀看望在沪藏族学生

上海市副市长沈晓明视察上海海事大学

上海市教卫党委书记李宣海与优秀辅导员孙雅艳等座谈

上海市教委主任薛明扬参观上海教育博览会

市教卫党委、市教委机关学习实践活动整改落实情况通报会

上海海事大学百年校庆专场文艺演出

华东政法大学纪念恢复招生 30 周年

上海旅游高等专科学校庆祝建校 30 周年

《上海市中长期教育改革和发展规划纲要》征求意见座谈会

上海市2009年区县教育工作会议

上海高校思想政治理论课建设推进会暨第三届思想政治理论课教学论坛

第四届中国长三角校长高峰论坛

小行星“谷超豪星”命名

上海交通大学学生获2009年中国机器人大赛暨RoboCup中国公开赛－服务机器人比赛冠军

市领导参加教师节活动并与教师合影

上海市第三届中等职业学校职业技能大赛颁奖

青少年学生庆祝建国 60 周年升旗仪式

大学生制作庆祝建国 60 周年宣传品

迎世博，上海公安高等专科学校组建世博安保学员突击队

迎世博，千名大学生组成世博志愿者“心”型图

海峡两岸教师交流座谈会

在沪新疆班中学生代表与上海学生代表合影

上海市教育系统纪念“五四”运动 90 周年歌会

青浦区中小学“六一”儿童节活动

上海学生向农民工子女学校赠书

四川省都江堰市学生在上海援建的新校舍门前

第二课堂

关爱学生

# 《2010上海教育年鉴》编委会

# 目　录

## 特　载



## 法律　法规　规章　文件



## 各级各类教育

## 区县教育

## 高 等 学 校

## 教育科研与考试、评估机构

## 教育电视、报刊与教育集团

## 大 事 记



## 教 育 统 计

# CONTENTS

## Special Articles



## Laws, Regulations and Documents

## Various Education at Different Level

## Education in Districts and Counties

## Universities and Colleges

## Institutions of Scientific Research, Examination and Evaluation on Education

## Educational TV, Press and Education Group

## Chronicles

## Educational Statistic

# 特　　载

# 在视察上海应用技术学院时的讲话

（2009 年 4 月 18 日）

中共上海市委副书记、上海市市长　韩　正

同志们：

今天回到 23 年前曾工作过的学校，感触很深。化专、冶专、轻专的发展历程和三校合并建立上海应用技术学院的 9 年，是上海改革开放、特别是浦东开发开放以来，上海整体发展的缩影，也是整个上海教育发展的缩影。我为曾经工作过的学校，取得这么好的发展，并且有了一个对未来很好的发展规划，感到高兴。

上海下一步发展，教育的分量会越来越重。上海的发展，第一靠科技，第二靠人才。科技是第一生产力，人才是第一资源。只有紧紧依靠这两条，上海才能真正体现服务国家战略，把各方面工作推上去。这两条中根本的是教育。从大的方面讲，国家振兴、民族兴旺靠教育。就上海来看，到 2020 年的发展目标是清晰的，就是建设成为社会主义现代化国际大都市和国际经济、金融、贸易、航运中心。通过什么途径来实现这个目标呢？那就是按照胡锦涛总书记提出的"四个率先"的要求，率先转变经济发展方式，率先提高自主创新能力，率先推动改革开放，率先构建社会主义和谐社会。"四个率先"就是要求上海在科学发展的道路上实现建设"四个中心"的目标，是加快"四个中心"建设的必由之路。所有这些，都需要我们提高整体发展水平和人力资源整体素质。对上海来讲，人才和科技水平的提高是生命线，而人才在这个过程中起到关键的支撑作用，这将在上海面向 2020 年实现发展战略目标中，越来越凸显出来，成为一条主线、一个主旋律。

我们正在研究制订《上海市中长期教育改革和发展规划纲要》。总的想法是分为两步，中期的发展目标到 2012 年，长期的发展目标到 2020 年。我们请了各方面专家共同来研究，包括国家教育部等中央有关部门的专家、全国各地的专家、上海的教育专家、教育行政部门和社科院的专家，同时由社科院、华师大、市教卫党委和市教委分头平行起草规划纲要，最后把三个版本合起来形成征求意见稿。规划纲要形成后，市委、市政府会广泛征求意见。这是一个振奋人心的规划，力度很大，涵盖了整个教育体系。

总的来看，上海教育的发展又到了一个新的起点上。高等教育在整个教育体系中起着非常关键的作用。上海的高等教育发展，不仅是上海的事情，更是全国的事情。学前教育、基础教育、终身教育，包括职业教育可以地区化，可以为城市发展服务，高等教育不可能以城市为布局，一定是全国布局。因此，上海的高等教育布局是国家对全国的高等教育布局的一部分，必须为全国服务。刚才我听说，我们学院全国各地生源的比例越来越高，这是对的。上海的高校如果只招上海的学生没有出路，根本称不上是全国的大学。我们一定要有这样的思路。我们现在做增量，要保证上海高校招生的增量部分尽量面向全国，这一点要坚定不移。

对高校的发展，要分类、分层次予以指导和扶持。比如，复旦、交大走的路和应用技术学院走的路肯定是不一样的。交大、复旦走的路，我们就希望是国际化、研究型、综合型的大学，这个路一定要走。上海如果没有几所有世界影响力的大学，国际大都市的地位是撑不住的。中国未来的发展一定要有几所有世界影响力的大学，上海如果不在这方面为国家作贡献，就是失职，是讲不过去的。这个任务肯定落在复旦、交大身上。应用技术学院，一定要把"应用技术"这四个字作为办学之本，你们的生命力就在这四个字上。现在总的看，我们的教育布局，在应用技术这一块上还不够。从全国来看，从上海整体布局看，这一类大学还不够，而且现有的一些院校还有向综合研究类发展的倾向。

高校在产学研结合上，要打开围墙，要面向社会。特别是应用技术类高校，在这点上一定要突破。同时，我们一定要高度重视本科教育的质量和水平，不能只是片面地讲研究生教育。上海高等教育的发展一定要立足于本科教育的质量和水平。我们有没有底气这样说，上海高校的本科教育水平能和美国、欧洲的高校相比？本科教育的水平和质量很重要，现在哈佛研究生文凭不如哈佛的本科生文凭有影响力。什么道理？所以我还是说，大学的教授、老师一定要为本科生上课，学校不管发展到什么程度，这一条基本的东西不能改。产学研的结合中间，学校如何参与也有很多问题。有的高校提出，希望市里支持办一些工程研究院，进行参与性研究。我认为，参与性研究可以，但是很多体制上的问题不解决，很难有这方面的突破。比如，目前职务评聘、科研成果评奖，在实际的研究上有成果但没有论文是评不上的，怎么办？许多问题，在我们的制度上确实存在一些障碍，下一步要花大力气突破解决。

总而言之，非常希望应用技术学院把“应用技术”这篇文章做好，把学校的发展和新时期我们国家、我们这座城市经济和社会的发展紧密结合起来。你们刚才讲的铁路人才培养，就是很好的思路。你们紧贴着未来国家和城市发展的脉络去主动服务大局，培养人才，这很重要。铁路方面，包括城市地铁方面，人才奇缺。现在是外贸学生过多，工程类包括专业类的，比如铁路、航天航空人才奇缺。我们在通用类人才的培养上总体还可以，但是在某一类专门人才的培养上、学科建设上，还有欠缺。学科建设的调整，不能简单进行，要兼顾到学校的能力和学校教师队伍的状况来设置这些学科，发展这些学科。同时，必须把主要的注意力集中在为社会服务、为经济社会发展的服务上。学校领导的水平高不高，就看这两者结合得好不好。结合得好，学校的每一位老师都可以充分发挥自己的才能，同时为经济社会发展服务。结合得不好，要么学校发展受到阻碍，要么学校盲目发展，最后苦了学生，就业困难，对社会的贡献就会打折扣。这两个方面一定要结合起来，不能偏废任何一方面。这个过程一定要结合每个学校的实际。我刚才看了学校很有特点的一些专业，要好好抓住这方面的优势，把事情做好，包括加大宣传的力度。要面向全社会培养人才，就要加大宣传力度。

最后，借此机会向学校发展取得的成绩表示祝贺，也通过你们向学校的全体师生、教职员工表示敬意。希望学校的班子在第二批学习实践科学发展观活动中，进一步明确学校未来的发展方向，把学校建设得越来越好。

# 在上海市高校党政负责干部会议上的讲话

（2009 年 8 月 29 日）

中共上海市委副书记　**殷一璀**

今天，我们召开上海市高校党政负责干部会议，主要是总结深入学习实践科学发展观活动阶段性成果，交流对高校科学发展的新认识、新思路，进一步推进上海高等教育事业发展。下面，我谈三点想法。

**一、巩固深入学习实践科学发展观活动成果，推进高校科学发展**

从 2009 年 3 月份第二批学习实践活动开展以来，各高校认真落实中央和市委精神，紧紧围绕“党员干部受教育、科学发展上水平、人民群众得实惠”的总要求，紧密结合高校办学的核心任务和各高校的具体实际，精心组织开展学习实践活动，深入学习调研，深刻分析检查，扎实整改落实，着力把科学发展观的要求转化为促进高校发展的正确思路和自觉行动，切实做到学以致用、用有所成。

各高校学习实践活动第三阶段已经完成，提出了 1000 多条整改事项，并正在积极整改，阶段性成果已经显现。一是对科学发展观的思想，以及“培养什么样的人、怎样培养人”，“办什么样的大学、怎样办好大学”这些办学根本问题，认识上有了深化和拓展。二是对制约高校科学发展的突出问题，进行了认真查找、深刻反思，进一步明确了学校的发展定位、目标以及实现路径。三是各高校领导班子和党组织的领导力和创造力、凝聚力、战斗力进一步加强，党群关系、干群关系进一步密切。今天，复旦大学、东华大学、工程技术大学和公安高等专科学校的交流发言，秉持特色办学理念，科学定位学校发展，努力寻找实现途径，充分反映了高校学习实践活动的成果。大家通过开展学习实践活动，开始从以前争土地、争经费、争生源、争专升本、争博士点等比较焦虑的状态中解放出来，静下心来正确定位，认真考虑学校科学发展，这是非常好的新气象。各高校要继续朝着这个方向走下去，善始善终地深入开展学习实践活动，不断巩固学习实践活动成果。

现在国家和上海都在研究编制中长期教育改革和发展规划。从国家编制情况来看，高度重视提高高等教育质量，并对优化结构、办出特色等提出具体思路和措施，强调要实行分类管理、克服高校同质化倾向，要求不同高校根据发展的目标、资源条件自主选择类别。上海要在全国率先基本实现教育现代化，就要对高等教育规模的可持续发展、进一步提高大众化水平、分层分类明确发展目标、服务全国等问题进行深入的思考。例如，在作规划研究时要考虑上海的高等教育不能局限在 6000 平方公里、2000 万人的层次上，还要面向全国乃至全世界，上海高校今后来自全国的生源比例会更大，甚至会成为留学生的目的地，这样的教育规划才符合国际大都市建设的要求。各高校要立足国家对整个高等教育的思考和上海地方经济社会发展，思考学校科学发展，既要符合国家对高等教育发展的方针政策，又要适应地方经济社会发展的外部环境。这里特别要强调三个“坚定不移”。

一要坚定不移地坚持正确定位、特色办学。上海高校与全国同类高校相比，发展并不乐观，面临很大竞争压力。上海每一类高校都要与自己同样类型的国内外高校进行比较，民办对民办、高职对高职、“985”对“985”、“211”对“211”，老本科与老本科比，新专升本与新专升本比。这并不是说都去争办综合性大学，而是希望各类高校在办学中找到差距、看到不足，力争成为同类高校中最好的之一。我们应该有这样一种目标追求。高校的目标、定位和特色也不是一个固化的东西，需要不断调整和凝炼。在这个过程中，不要把高校正确定位、特色办学同追求一流、追求卓越对立起来，应该是相辅相成的。在坚持正确定位、特色办学的不懈追求中，不断调整和凝炼自己的办学目标。当然定位和特色也不是游移的，不能今天这样、明天那样，遇到问题就动摇。需要统一思想，形成共识，让正确的学校定位、特色办学成为广大教职员工的共同意愿和自觉行动，坚定不移地坚持下去。有的高校在没有成为综合性大学以前，以工科见长，可是在调整中学校规模办大了，特色却不鲜明了，核心竞争力下降了，令人十分惋惜。所以，目标调整和凝炼好了，思想统一了，重要的是坚韧不拔地推进落实，无论是教学、科研还是管理都要体现定位和特色，而不能写在纸上、挂在墙上。

二要坚定不移地坚持内涵发展、人才为先。内涵发展首先涉及学科调整，与学校定位和特色有着必然联系。在学科调整过程中，政府要发挥影响力，但与高校空间布局调整不同，政府的作用主要是合理引导，符合学校定位和社会需求的学科要给予更多的支持，而不是简单地鼓励哪个学科或者限制哪个学科，不要与尊重高校办学自主权对立起来。内涵发展要以人才为先，对此大家都有共识，但目前高端人才在高校发展的人文环境还有待改善。有的海外留学人员下决心回来想做点事，既有民族责任感，同时也有个人发展的需求，但最后还是走了。分析其中原因，有如何处理好本土教师与海外归来教师关系的问题，如何减少与现行教师管理制度冲突的问题，还有学校人文环境改善的问题。我们要帮助这些人才尤其是高端人才、骨干人才处理好各种关系，在校园中营造积极向上的工作氛围，让人才引进后留得住、用得好。

三要坚定不移地坚持德育为先、育人为本。上海市中长期教育改革和发展规划在编制中，特别强调教育要为每一个人及其每一个发展阶段服务，这是教育包括高等教育应该追求的一个理念、一个目标。学生以学为主，育人是教学质量的重要指标。现在本科教育质量还不尽如人意，社会普遍希望高校要在德育为先、育人为本，提高教学质量上进一步加强。这涉及很多方面，包括专业教师队伍、教学资源设备、教学模式改革等。就组织教学而言，在中学从板书到怎么掌握 40 分钟的教学节奏，每个环节、每个知识点都有明确要求，虽然大学不同于中学，但教师不注意教材、教案、教法，定然会不利于人才培养。听听学生意见，提得最多的是对教学不太满意，认为 4 年时间的学习收获不大。有学生出国留学后感受颇深：国外的课堂教学在调动学生激情中给了知识，我们中规中矩的课堂教学较少启发学生自己思考，给的知识比较少。高校要培养创新型人才，提高办学质量，必须把提高教学质量摆在重要位置。

这三个“坚定不移”是高校开展深入学习实践科学发展观活动形成的认识，接下来要结合各自实际，探索它的实现路径和方式，把学校科学发展落到实处。

一是要坚持改革。政府主管部门要不断地审视“指挥棒”所指方向对不对，哪些要强化，哪些要淡化。有同志呼吁要改革政府拨款方式，部分校长提出要减少专项经费、增加经常性经费，有其一定的合理性，如果办学经费全是“带帽”下达，高校就很难自主办学。政府要支持高校发展就必须深化改革，同时高校也要有改革的内动力。现在高校改革面临一些深层次问题，包括如何建立开放流动、优胜劣汰的人事制度，如何建立体现公平、激励先进的分配制度，如何构建有利于学校发展的校、院、系责权利平衡关系，如何打破行政壁垒，实现高校教学、科研资源的共享，促进学科交叉融合，等等。社会上改革难在打破原来的利益机制、利益格局，高校改革也有一个利益调整问题。改革发展是大家的共同愿望，但不同群体之间对改革的理解以及利益诉求并不相同。例如高校人事问题、分配问题、资源配置问题越来越成为改革的重点，如果没有合适的利益调整机制、合理的博弈，改革就很难成功。

二是要优化管理。现在高校办学的投入产出还没有达到理想状态，有些应该管的地方没管到位，有些应该放活的地方没放活，高校管理还有很大提升空间，尤其是管理过程中应该体现的教育思想、科学发展理念都还不够。例如，学校要培养创新型人才，就应该让学生能够充分利用学校各种教学、科研资源，让学生在学校里能够有活力地成长。建议校长、书记们多去听听学生的诉求，听听基层群众的建议，认真研究和改进学校管理。

三是要加强党建。坚持和完善普通高等学校党委领导下的校长负责制，充分发挥党委的领导核心作用，把握好社会主义办学方向。这一点决不能动摇。

**二、高校要在参与上海世博会筹办和举办中承担社会责任，体现良好形象**

2010 年上海世博会是继 2008 年北京奥运会后，我国举办的又一次世界性盛会。全力以赴办成一届“成功、精彩、难忘”的世博会，是中央交给上海的重大任务，是中国政府对世界作出的庄严承诺。上海高校要积极行动起来，主动承担责任，发挥高校优势，全方位地参与服务世博会的筹办和举办工作。

第一，要以迎世博、迎国庆为契机，加强大学生思想政治教育。各高校要把迎接新中国成立 60 周年和迎世博作为今明两年，特别是今年下半年和明年上半年一个学年宣传思想工作的重要契机，充分挖掘其宣传教育的内涵，充分运用好这个鲜活教材，对广大师生进行生动形象的思想政治教育。要结合课堂教学举办各种活动，充分用好在新中国成立 60 周年、在世博会期间举办的大量社会活动，让校内学生与社会上同步共享社会教育资源。充分挖掘大学生内在动力和积极性，广泛深入开展爱国主义、集体主义、社会主义教育，在校园中唱响共产党好、社会主义好、改革开放好、伟大祖国好、各族人民好的时代主旋律。

第二，要积极开展大学生志愿者活动。大学生志愿者是志愿者队伍的骨干力量，也是学生参与世博、接受教育的重要途径。世博会时间跨度长、参加国家多、参观者多，志愿者服务需求量大、要求高。组织好大学生志愿者工作，既是为了服务好世博会的举办，也是更好展现当代中国大学生精神风貌的机会。正如俞正声同志所要求的，关键是要使志愿者保持好的形象，形成亮丽的风景线。现在大学生参与世博志愿者服务的积极性空前高涨。据最新统计，全市通过网上报名参加志愿者队伍的人数已达38万人，大学生占45%。一定要保护好大学生的热情，精心组织好志愿者服务工作，一方面有效地组织起来，加强专业培训，成建制安排使用，珍惜使用大学生志愿者力量，另一方面要制定相关保障政策，各高校也要为大学生参加志愿者服务提供保障、支持和激励。

第三，要参与所在区的各项精神文明创建活动。举办世博会对精神文明建设有很高的要求，群众对环境卫生、社会秩序、社会服务等方面问题的反映还是比较多的，与办博要求还有较大差距。全市在有力推进迎世博600天行动中，把开展顽症陋习整治作为精神文明建设一项重要任务来抓。各高校分散在全市的各个地方，要发挥引领社会文化的功能，在注重校容校貌建设的同时，鼓励党组织和党员师生充分体现社会责任感和社会参与，推动校区和周边共同文明进步，在社会主义精神文明建设中树立良好的社会形象。

第四，要发挥高校人才优势，为世博会提供智力支撑。自2002年上海成功申办世博会以来，各高校都积极行动，以人才和智力服务世博会。例如同济大学成立上海世博会研究中心，为世博建言献策，在建筑设计、城市规划、地下空间、交通等方面都深度参与，承担世博会项目150多项。在世博会筹办及举办期间，诸如场馆建设、能源配置、环境保护、运营秩序、安全技防以及展示等方面还会有大量科技世博问题需要攻关，诸如场馆后续利用、资金调度安排、交通客流组织、群防群治等大量的软课题都需要人才支持。高校要抓住机遇，主动服务、主动对接，争取有新的贡献。

**三、做好新形势下的知识分子工作，凝聚知识分子共同为国家和学校发展作贡献**

如今，高校知识分子工作的社会背景发生了极大变化。一是整个社会结构变化很大很快，上海流动人口已超过600万人，其中既有农民工，也有外国人和白领；500多万家庭中平均每个家庭只有2.8个人。同时，城乡结构、区域结构、所有制结构、就业结构等都在发生变化。社会结构变化最终会反映到思想意识的社会价值上来，这对知识分子产生很大影响，他们的价值观念也多样化了，个人发展路径也相当多元。不同的路径有不同的发展机会，导致不同的价值观念，形成不同的价值取向和个人价值认知。二是社会评价机制多样化，以前社会评价一个人成功与否的标准比较一致，比如以前评某个人是劳动模范，全社会认同他；现在说一个人是劳动模范可能一部分人承认他，一部分人并不认同。以前的评价基本是组织评价，现在有自我评价、“粉丝”评价、媒体评价；以前的评价只要个人评价、组织评价就可以了，现在还要社会评价；以前的评价重精神层面，现在还要看物质方面；而且同一时空中存在着不同社会发展阶段的评价，既有传统社会的评价，又有现代社会的评价，还有后现代社会的评价，东西方的评价标准同时存在，相互碰撞激荡。这给知识分子工作带来极大挑战。三是社会阶层出现分化，不同社会阶层的价值观念有很大差异，而且随着利益关切度越来越高，差异越来越明显，各个社会阶层都有利益诉求，影响着社会价值取向，体现和凸显社会主义核心价值体系以及整合各种社会价值的难度加大。

同时，意识形态领域斗争日益复杂。特别要关注网络媒体，例如微博客等社会化媒体的影响。在传统媒体管理中，不允许个人办报、办出版社、办电视台，但在网络社会就超越了这个限制，不少知识分子和学生在网络里成为意见领袖，这些意见领袖有时甚至能引领现实社会行动。有些新闻网站的新闻源已不局限于新华社、人民日报等主流媒体，非主流媒体、网民自己成了新闻源。国外某些机构、组织团体也通过多种途径影响高校知识分子。在知识分子工作背景发生极大变化的情况下，怎样做好知识分子工作是很值得研究的重大课题。

一要尊重知识分子。要把知识分子视为高校最重要的战略资源，充分发挥知识分子在学校各项工作中的主体作用，尊重他们的创造性劳动，尊重他们的发展愿望，尊重他们在学校的主体地位。在尊重学术自由的同时，更要让他们承担起应有的学术责任。在学校制度建设中，处理好学校内部党委领导、校长负责、教授治学、民主管理的关系，全心全意依靠知识分子办学。要保证教授治学的实现，真正发挥知识分子在学科建设、教学和科研评价、校内民主管理中的作用，积极回应知识分子的各种意见和建议。

二要服务知识分子。邓小平同志在改革开放初始就说自己愿意当科技工作者的后勤部长。而今为知识分子服务的领域更广，更加要求我们根据知识分子现有特点为他们服务好。要研究骨干教师、青年教师、一般教师不同的实际需求，提供有针对性的服务。既要真心实意地关心解决他们工作、生活中的困难，更要千方百计地为他们提供施展才华的舞台，让他们能够在专业上有前途、有进步、有成就，让他们在为国家、学校发展作贡献中实现自我的价值，让各类教师群体都能各尽所能、各有发展、各得其所。

三要引领知识分子。首先要坚持核心价值体系引领。根据高校知识分子的思想特点，进行社会主义初级阶段基本国情教育，引领他们走中国特色社会主义道路。其次，我国历史上的知识分子一直以国家兴旺为己任，重视参政议政，这是推动社会进步的非常重要的文化传统。要引导知识分子有远大的抱负，胸襟宽阔，增强社会责任感，积极有序地参与公共事务，为社会作贡献。第三，要引领知识分子坚持为人师表、教书育人。做知识分子工作，一定要坚持以理服人，分清是非。既要贯彻好上级部门的意见要求，坚持原则，又要注意方式方法，和风细雨，做到教育人，不要伤人。要注重事前教育，而不能立足在事后处理，力求在事情发生之前做好教育、沟通、引领工作，避免事情向不良方向发展。第四，要加强管理，学会用常规的制度管理方式处理意识形态领域的敏感问题。学校里有很多常规管理的制度，有的行之有效，有的要进一步完善。用常规的制度进行管理，把问题纳入日常制度管理，就能有效避免因管理缺位、失控或应急处理带来的后果。总之，现在高校的知识分子工作非常复杂、难度非常高，但必须做好，只有把这个工作做好了，坚持正确的办学方向才能落到实处。

最后，要高度重视学校维稳工作。按照中央、教育部和上海市委的统一部署，要对高校存在的不稳定因素进行全面排摸，完善工作预案，对存在的隐患及时加以控制和处置，并落实好领导干部的维稳工作责任制。这次新疆发生了“7・5”事件，开学后所有高校要着重开展民族团结宣传教育，对新疆学生予以特别细致的关心，让他们在情感上认同学校、认同多民族团结的祖国大家庭。还要特别关注校内和谐稳定和治安安全问题，做好开学和国庆两个时间节点的维稳工作，确保一方平安。

同志们！让我们一起努力，把接下来这一学年工作做好，推进高等教育事业的科学发展，切实维护高校稳定，以优异成绩向新中国成立60周年大庆献礼！

# 坚持不懈 深入推进内涵建设 追求卓越 全力提高教育质量

## ——在市高校党政负责干部会议上的讲话

（2009年2月7日）

上海市副市长 **沈晓明**

同志们：

这次的高校党政负责干部会与以往历次会议相比，具有很不寻常的意义。2008年，我们走过了一段极不平凡的道路。受国际金融危机等重大事件影响，全国和上海的经济社会发展形势都发生了重大变化，我们遭遇了前所未有的压力和空前严峻的挑战。可以预见，2009年，压力与挑战仍将持续。在此背景下，新春伊始，我们召开这次会议，既非常必要，也十分及时。下面我主要讲两个问题，一是关于上海市中长期教育改革和发展规划纲要的制订工作，二是关于高校毕业生就业工作。

**一、关于上海市中长期教育改革和发展规划纲要的制订工作**

2008年，温家宝总理多次召开会议，指示要认真制订国家中长期教育改革和发展规划纲要，并亲自担任国家中长期教育改革和发展规划纲要工作领导小组的组长。按照中央部署，上海等9个省市与国家的规划纲要工作同步，分别编制地方中长期教育改革和发展规划纲要。在市委、市政府重视下，去年10月，我市正式启动了这项工作，韩正市长将亲自担任规划纲要工作领导小组的组长，殷一璀同志和我担任副组长。目前，前期的大量调研工作已经有序开展，文本起草工作即将开始。

制订中长期教育改革和发展规划纲要，不仅是教育事业改革和发展中的一件大事，而且是整个经济社会发展中的一件大事。温家宝总理在国家科教领导小组会议上指出："研究制订《国家中长期教育改革和发展规划纲要》，是本届政府必须着力做好的一件大事。当前，在应对国际金融危机对我国经济的冲击，促进经济平稳较快发展的关键时期，把教育摆在突出位置，既有紧迫性，又有深远意义……制订一个让人民群众满意，符合中国国情和时代特点的规划，对我国教育事业的发展乃至整个现代化事业具有重大意义。"参加今天会议的主要是高校的负责同志，我首先向大家比较全面地通报一下规划纲要的制订工作。下面，我从几个方面，向大家介绍一下上海规划纲要制订工作的情况和有关思考。

（一）制订上海市中长期教育改革和发展规划纲要必须聚焦若干重要背景

制订上海市中长期教育改革和发展规划纲要，必须坚持世界眼光，面向国家战略，立足全局高度，体现上海特色，确保人民满意。因此，上海市中长期教育改革和发展规划纲要的制订，必须始终聚焦若干重要背景。

第一，规划纲要必须深刻思考知识社会和创新时代对教育提出的新课题。21世纪是人类向知识社会大步迈进的时代，是一个创新驱动经济社会发展的时代。教育是通向知识社会的桥梁，蕴藏着最强大的创新资源。在迈向知识社会和创新时代的进程中，将教育放在优先发展的突出地位，已成为众多国家和地区的战略选择。在知识社会和创新时代的背景下，传统的教育理念和教育模式面临着极大挑战，教育面临着若干重大课题。比如说，如何消除知识鸿沟，保障教育公平；如何适应人们对于教育的新期待，增强教育帮助人们更加有效地适应世界的急剧变革的能力；如何适应经济社会发展，培养和造就大批创新型人才；如何增强教育服务经济社会发展的能力，提高教育的贡献度，等等。诸如此类的重大课题，都迫切要求教育作出自己的回答。同时，21世纪是一个充满挑战的时代，在人口老龄化、经济全球化、信息网络化、文化多元化以及当前正在不断蔓延的全球金融危机等背景下，世界各国正面临着严峻的挑战。教育如何适应这些发展和变化，面临的任务相当艰巨。知识社会和创新时代，这是我们制订规划纲要必须首先加以深刻思考的大背景。

第二，投资知识、推动创新和发展教育成为提升国家竞争力的重要战略举措。上个世纪以来，西方发达国家纷纷把投资知识、推动创新和发展教育作为提升国家竞争力的重要战略举措。而且，实践已经证明，这一战略完全是行之有效的。当前，世界各国之间在这些方面竞争更趋激烈。欧洲和美国之间的激烈争夺就是典型例证。为缩小和美国的差距，欧盟提出要重组欧洲优势，成为“世界最具活力和竞争力的知识社会”，到2010年，把欧盟的教育培训体系建设成“全世界质量教育的样板，使欧盟成为世界其他地区学生和研究人员深造的首选目标”。面对挑战，美国把创新视为21世纪成功的唯一因素，提出必须实施新一轮创新，以“确保继续领导新世界”，并且认为美国创新的最大资源存在于全国各地的课堂之中。2006年，美国出台《国家创新教育法》，把教育创新作为增强国家竞争力的重要举措。在日本，2008年7月，政府出台了题为《教育振兴基本计划》的中长期教育发展规划，重新确定了“教育立国”的战略决策，号召全社会重视教育，致力于教育振兴。新兴国家对于教育的重视程度和支持力度同样呈现有增无减的强劲势头。韩国的公共教育财政投入长期徘徊在国民生产总值的4%左右。近年来，韩国政府提出了建设“教育福利国家”的构想，把对教育财政的投入增至占国民生产总值的5%。这些情况表明，通过优先发展教育有效增强国家竞争力，已经成为世界各国共同的战略行动。对此，上海的中长期教育改革和发展规划纲要必须予以充分的关注并作出积极的回应。

第三，从国家战略来看，全面建设小康社会和创新型国家的战略任务，迫切需要教育提供更大的支持和贡献。2020年，对于我国是一个具有里程碑意义的时间节点。届时，我国将全面建成惠及十几亿人口的小康社会，人均国内生产总值比2000年翻两番；同时，自主创新能力显著提高，科技进步对经济增长的贡献率大幅上升，进入创新型国家行列。全面建设小康社会和创新型国家，关键在于提升人力资源水平，从人口大国转向人力资源强国；根本在于大力发展教育事业，培养大批高素质的各类人才，从教育大国走向教育强国。从现状来看，对照国家的发展战略，我国教育在数量、质量、结构和模式等方面还不能很好地适应经济社会发展的需要，教育体制和运行机制还不能很好适应社会主义市场经济体制的需要。与发达国家相比，我国教育总体发展水平依然存在很大的差距。正如温家宝总理所指出的：“教育还不适应全面建设小康社会的新要求，教育体制亟待改革，教育水平亟待提高，教育投入亟待增加”。我国教育事业的改革和发展面临着艰巨的任务。科教兴国和人才强国是国家的重大战略。我们需要进一步提高认识，在推进上海改革开放和社会主义现代化建设的进程中，服从服务于国家战略，按照党中央和国务院作出的一系列战略决策和重大部署，加快教育的改革和发展，为全面建设小康社会和创新型国家作出新的贡献。

第四，上海加快推进“四个率先”、加快建设“四个中心”和社会主义现代化国际大都市的宏伟事业，对上海教育的改革和发展提出了新的更高要求。到2020年，上海将基本建成“四个中心”和社会主义现代化国际大都市，经济总量将提升到全球城市的前20位，城市的集聚和辐射功能全面增强，国际影响和竞争力全面提升。中央对上海提出“四个率先”的要求，这是中央对上海的期望，也是上海加快建设“四个中心”和社会主义现代化国际大都市的重要保证。加快推进“四个率先”、加快建设“四个中心”和社会主义现代化国际大都市，对上海教育的改革和发展带来全面而深刻的影响，提出了新的更高的要求。一是以创新为主动力的城市发展模式，要求上海教育加快创新人才培养，为经济社会发展提供更为有力的知识支撑。上海的城市发展模式将从投资驱动转向创新驱动，知识资本和创新能力将成为城市的核心竞争力。建设创新型城市，提高自主创新能力，关键是培育和集聚创新型人才。为此，上海教育应成为各类创新人才的培养摇篮，成为创意无限的创新发动机，成为政府和各类经济社会组织信得过、离不开的思想库。二是以现代服务业和先进制造业为主导的城市产业结构，要求上海教育特别是高等教育加快调整学科专业结构和人才培养模式。上海经济结构调整的过程，实际上就是从主要依靠有形的物质资本，向主要依靠无形资源的知识资本转变的过程。这就要求上海教育主动适应产业结构升级的大趋势，加快调整学科专业结构和布局，大力培养创新人才，建成一批高水平的学科专业和创新平台，担当现代服务业和先进制造业发展的坚实后盾。三是以全球化城市为目标的城市功能转型，要求上海教育进一步扩大开放和提升国际化程度。与上海建设社会主义现代化国际大都市的全球化城市目标定位相对应，上海教育的发展也必将以国际化为主要选择，以世界发达国家和全球化大都市作为主要参照，主要教育发展指标应体现世界先进水平。要大力加强上海教育的国际交流与合作，努力培养和造就能够参与国际竞争合作的国际化专业人才。要显著提升上海教育的国际竞争力，使之成为中国文化、人才和知识创新成果走向世界的前沿。四是以推动长三角一体化和区域合作发展为取向的城市空间布局，要求上海教育增强服务辐射功能。加强区域互动发展不仅是上海实施国家发展战略的一种责任，更是增强上海国际竞争力、建设全球城市的必经之路。上海教育应在长三角一体化和服务全国的进程中发挥更加积极和强大的作用，扩大上海教育资源对长三角地区的开放程度，打造长三角人才培训平台，加大人才培养和共享的力度。上海教育应与兄弟省市的教育发展实现无障碍联动，在优势互补和合作共赢中，更好地为区域和全国服务。五是以构建文化大都市为主要载体的城市软实力发展，要求上海教育在城市精神塑造方面提供有力支持。上海在建设"四个中心"为主要载体的硬实力的同时，必然同步建设文化大都市，打造城市软实力。这一过程中，人民群众的精神文化需求将更趋高涨和多元。上海教育是上海文化大都市的形象"名片"，也是上海文化大都市建设的主要承担者，应当在繁荣上海文化事业、培育上海城市精神、满足人们精神文化需求、增强上海城市软实力方面作出积极的贡献。六是以满足市民全面发展需求为宗旨的城市发展理念，要求上海教育提供全覆盖高质量多样化的教育公共服务。上海在进入到比较富裕的社会后，人们生活品质的提高将越来越依赖于精神文化需求的满足，拥有特定的知识和技能将更加成为人们自觉的追求，人们对教育的需求将更加强烈，对教育的期待将更加提高，对教育的要求也将更加多元。同时，到2020年，上海人口规模将突破2000万，常住人口中的外来人口比例将大幅度提升，老年人口将超过1/3，人口结构的这些变化，对教育的结构也提出了新要求。针对这些情况，上海教育应坚持公平理念，充分保障各类群体的基本教育权益，特别是要高度关注流动人口、老年群体、社会弱势群体等人群的教育问题，并且应该努力体现优质化和多样化，充分满足不同群体、不同禀赋的受教育者的差异性需求，办好人民满意的教育。

（二）上海教育中长期改革和发展的战略目标

战略目标是事业规划的灵魂，指明事业发展的方向。上海教育中长期改革发展的战略目标，应当成为上海教育未来发展的愿景，要能够确保上海教育更好地满足人民群众对于教育的新期待，更好地服务于每一个受教育者对知识和技能的新需求，更好地服务于全面建设小康社会和现代化国际大都市的新要求，促进教育为经济发展和社会文明进步提供更加有效的精神引领、智力支持和知识贡献。

谋划上海教育中长期改革和发展的战略目标，必须全面洞察知识社会和创新时代的新要求，全面审视国际教育发展的新态势，全面贯彻国家和上海经济社会发展的新战略，全面回应广大人民群众对教育的新期待，站在新起点，设定新标杆，实现新跨越。因此，未来12年，上海教育的改革发展，要围绕我国全面建成小康社会、建设创新型国家与人力资源强国的战略任务，在国家教育改革发展总体目标的指引下，与实现"四个率先"、建成"四个中心"和现代化国际大都市的宏伟目标相适应，继承和发扬上海教育的优秀传统，发挥国际大都市的资源优势，走追求公平、卓越、创新的科学发展之路，走体现上海功能、上海精神、上海风格的特色发展之路。

上海教育自近代以来，始终是中国教育的重镇和窗口，扮演了开拓、示范和引领者的角色。经过百年来的积淀，特别是改革开放30年来的持续改革发展，上海教育在满足人民群众的教育需求、提升人力资源水平、推动科学技术发展、增强经济实力和促进社会和谐等方面发挥了重要作用。但是，也应当看到，上海教育正面临着新的挑战。上海教育虽然保持着良好的发展态势，但依然存在诸多薄弱环节；虽然总体水平仍居于全国前列，但领先优势有减弱之虞；教育事业虽然有了较快的发展，但与城市发展的新要求和人民群众的新期待相比仍有较大差距；教育综合改革虽然持续推进，但遭遇的体制和制度的瓶颈，挑战更为严峻。

要克服上海教育发展中的现存问题，增强上海教育对于上述背景的适应性，就必须坚持教育改革发展的与时俱进。20世纪90年代，上海提出了建设与一流城市相匹配的一流教育的发展要求。21世纪初，上海提出了率先基本实现教育现代化和建设学习型社会的阶段性目标。这些明确的战略目标选择和定位，有力地引领了上海教育前一阶段的跨越式发展。眼下，规划上海教育未来12年的改革和发展，必须充分继承和运用这一成功经验，科学谋划上海教育中长期改革和发展的战略目标。

在为上海市中长期教育改革和发展规划纲要文本起草作准备的战略研究过程中，不少同志认为，上海教育中长期改革发展可以将率先实现教育现代化作为战略目标。我个人认为，这一建议值得考虑。

近代以来，我国经历了艰难曲折的发展过程，振兴中华、实现现代化是历代仁人志士孜孜以求的百年期盼。2008年底，在纪念党的十一届三中全会召开30周年大会上，胡锦涛总书记在讲话中再次提出，"到新中国成立100年时基本实现现代化，建成富强民主文明和谐的社会主义强国"。

众所周知，现代化最核心的要素是人的现代化。在今天这个时代，没有教育的现代化，就不可能有人的现代化。因此，教育现代化，是国家现代化的重要组成部分。按照中央的战略部署，我国应当在2050年前基本实现教育现代化。2004年，上海提出到2010年率先基本实现教育现代化的发展目标，对近年来上海教育的改革发展产生了积极有效的引领作用。现在，我们提出到2020年实现教育现代化，符合在新形势下上海率先发展的战略定位，符合国家总体战略目标的要求，同时也体现了我们改革发展战略的连续性。

（三）上海教育中长期改革发展必须坚持以体制改革和制度创新为动力

制订上海市中长期教育改革和发展规划纲要，对上海教育的继续发展来说，是一个重大契机。要抓住这一契机，必须要在创新突破上下功夫。制订规划纲要，一定要大力改革，以改革为动力，以改革促发展。要抓住这个契机，努力做成以往所无法做成的事情。一定要高举改革旗帜，确保在改革上有建树有突破。

上海教育的深入改革，其内容是多方面的。因而，在谋划改革的过程中，一定要聚焦重点问题，实现重大突破。上海教育发展到今天，尚存的问题都是体制机制性的深层次问题。因此，上海教育中长期改革发展必须坚持将体制改革和制度创新作为重点环节，其核心是正确处理政府、学校、社会、企业、市场之间的关系，努力建设服务型政府，不断增强政府教育公共服务能力。具体而言，必须着力推进以下若干改革。

一是深化教育管理体制改革。要切实转变政府职能，改革治理模式，建立教育依法行政的架构，建立新型的政校关系，提高政府教育公共服务的水平和效益。要实行管、办、评相对分离的制度，实现"政校分开"，加强宏观管理，实行分类指导，建立科学开放的教育评价机制，完善社会参与制度，逐步形成有利于教育质量不断提高的激励竞争机制。

二是推进办学体制改革。在坚持政府办学为主、全社会参与、办学主体多元化、办学形式多样化的中国特色办学体制的前提下，积极探索公立学校办学体制的创新，努力办好各类公立学校。同时，完善规范、支持民办教育的政策体系，促进民办教育稳步发展，鼓励和引导其办出特色，不断提高质量。积极推进中外合作办学，创新高等教育中外合作办学的制度与模式。

三是探索建立公共教育财政制度。要实现政府教育责任和教育投入的法制化、制度化，建立透明、公开、民主的公共教育财政制度。加快建立教育财政调控机制，改进教育拨款制度，优化教育财政投入的结构，完善学校经费使用管理制度，强化经费使用效益评价，促进教育经费投入的效益最大化。

四是形成教育民主决策和科学决策机制。要切实增强教育改革发展信息的公开性和透明度，让全社会能够及时了解教育改革发展的动向，便捷地获取各类教育信息。要完善决策程序，进一步健全、规范专家咨询制度，尝试重大教育决策听证制度，充分听取人民群众的意见和建议，探索建立重大教育决策公示制度。

五是完善公共配套服务和教育公共政策。要优化公共资源配置，保障教育优先发展的需求，在规划经济社会发展总体安排时优先考虑教育发展的需要。要完善政府公共服务协调机制，政府部门要加强相互之间特别是和教育部门之间的沟通与协作，形成综合协调机制。公共政策的制订要有利于教育发展和人才开发，各部门制订政策和实施项目要充分听取教育部门的意见。

六是优化教育机构内部治理。对于公办高校来说，要进一步完善党委领导下的校长负责制，摒弃行政化、官本位取向，探索党委领导、校长治校、教授治学、民主管理的现代大学制度，充分发挥教师在学校管理中的作用，推进民主决策，保障所有教职员工的合法权益。对于民办高校来说，要引导学校完善董事会制度，促进校长依法行使学校管理职权。同时，要探索建立公众参与教育机构内部管理制度和机制，各类教育机构要实行民主管理，吸收受教育者参与管理。

（四）上海高等教育中长期改革发展的战略思考

未来12年，上海高等教育将面临重大的机遇和严峻的挑战。随着知识社会的发展和创新驱动在经济社会发展中的日益凸显，人们对高等教育的需求将更加强烈，社会对高层次创新型人才的需求将更加强烈，对高等教育知识创新和知识服务的要求将更加迫切。因此，在新的形势下，规划上海高等教育的中长期改革和发展，要立足高等教育的主要功能，紧紧围绕为发展和创新提供更有力的智力支持与知识服务这一主线，在培养创新人才、推进知识创新和扩大知识服务等方面花更大的力气，进一步提高人才培养质量，进一步增强高校的创新能力和服务能力，为经济社会发展提供更有效的知识服务。

第一，上海高等教育现存的若干问题。

经过多年的努力，上海高等教育的改革发展取得了显著成果。布局结构实施战略调整，办学条件得到整体提升，初步形成了有利于创新人才培养和提升高校知识服务能力的形态布局；专业和学科建设得到加强，知识和科技创新取得重要成果；高校与企业、科研院所之间的产学研合作得到深入推进，高等教育与科技、经济、社会紧密结合的有效途径逐步形成。这些成果为上海高等教育的进一步发展奠定了较好的基础。但是，我们也应当清醒地看到，上海高等教育还存在不少问题，面临着许多挑战。这里，我简要指出一些突出的现象。首先，上海高等教育发展水平尚不适应经济社会发展的需要。上海人力资本竞争力与国际先进水平存在巨大差距，25 岁至 64 岁在业人口受教育年限低于国际先进水平 1.5 年至 3 年，大专及其以上文化程度的人口占 25 岁至 64 岁劳动人口的比重低出数十个百分点；虽然大学规模不断扩大，但大学在校生占总人口总数的比例仍低于国际大都市平均水平 2 个至 5 个百分点。其次，创新人才培养体系尚未形成。教学封闭，课程设置陈旧，教学方式单一，师资整体水平不高，校园文化不够开放活跃，造成高校人才培养的质量不能满足社会经济发展的需要。同时，人才培养的层次、结构与经济社会发展需求脱节，形成"紧缺"与"过剩"、"报考热"与"就业难"并存的现象。第三，高校学科专业布局结构仍然滞后于城市产业结构升级的发展趋势。上海高校的学科专业结构，仍与周边地区乃至中西部进行水平分工，学科核心竞争力在全国的领先地位的确立面临挑战，上海在体现核心竞争力的国家重点学科上的整体水平已被北京拉开了较大的差距。高校科研创新能力和科技成果转化能力有待加强，原始创新成果较少，科研成果、科技专利的转化率以及论文的引用率均相对偏低。

第二，上海高等教育中长期改革发展的目标和思路。

上海高等教育要克服当前存在的诸多问题，增强对经济社会发展需求的适应性，就必须确立科学的发展目标和思路。根据知识社会、创新时代、国家和上海经济社会发展战略等方面的要求，到 2020 年，上海高等教育应基本建成与城市功能定位相协调、与城市布局结构相匹配、与经济结构提升相吻合、与人民群众需求相适应的，具有现代化国际大都市特征的现代高等教育体系，充分发挥在上海经济社会发展模式转型中的先导作用，增强优质高等教育资源的集聚与辐射功能，为城市发展和创新提供更为有力的智力支持和知识服务，上海高校应成为我国专门人才培养的重要基地、知识创新的重要力量和知识服务的重要中心。

为实现这一发展目标，上海高等教育的中长期改革发展必须遵循科学、明晰的思路。上海高校要坚持走创新型、开放型、特色型和服务型的内涵发展道路，建设若干所世界一流的高水平大学和一批国内领先的特色院校；要努力实现从偏重功利转向以人的发展为本的教育本原价值观，从偏重教育硬实力发展转向注重教育软实力建设，从偏重大楼建设转向培育大师、大任（使命、责任）和大爱，从偏重教育的自我完善转向教育主动融入社会、服务社会、引领社会。

第三，促进上海高等教育中长期改革发展的主要政策措施。

上海高等教育的中长期改革和发展是一项重大而复杂的系统工作，需要多方面政策的引导和支持。这里，我简要谈几个主要的方面，供大家讨论和思考。一是要着力加强人才培养，不断提高教育质量。要创新高等教育体系，形成功能分类、层次衔接、纵横相通的新型高等教育体系；深化教学改革，严格教学管理，加强实践环节，全面提高人才培养质量。以创新型人才培养为核心，在若干领域实施卓越教育计划，改革研究生培养模式，造就一批具有战略思维和国际竞争力的优秀创新人才，培养大批适应时代要求的具有创新精神的专门人才。二是要大力推动知识创新，全面提升学科发展和科学研究水平。要进一步加强高校重点学科和重大项目建设，建立和完善投入与绩效相结合的评价体系；围绕国家、地区发展战略的重大项目，实施学科专业优化改造和重新布局，完善知识创新体制和机制，积极开展原始创新，全面提升大学的学术水平和知识创新能力；全面实施上海高校人文社会科学繁荣计划，进一步提高人文社会科学发展水平。三是要积极扩大知识服务，努力为经济社会发展作出更大贡献。要大力加强高校智库群的建设，建立多学科组成的智囊团和思想库，促进知识的传播、扩散和应用，形成高校知识服务的资源共享平台；深化"三区联动"，使其从资源联动走向功能融合，扩大高校知识服务的资源优势，使之成为城市发展的知识服务中心；建立高校与区域产业之间的产学研结合新机制，构建企业为主体、市场为导向、产学研相结合的技术创新体系；建立健全政府资助、学校运作的大学生研发与创业基金，吸引企业参与，搭建大学生主动参与科研和创业活动的平台。

同志们，制订上海市中长期教育改革和发展规划纲要，是上海经济社会发展中的一件大事，影响深远，意义重大，希望大家都能够重视、关心和支持这一工作。按照全市的统一部署，各高等学校也都要制订本校的中长期改革和发展规划纲要。昨天的会上，李宣海同志已经就此作了部署，讲得很好，我完全同意。过会儿，殷一璀书记还要就规划纲要的工作提出要求。希望大家认真领会，深刻思考，努力制订出符合本校实际和上海经济社会发展需要的、能够指导本校科学发展的中长期改革和发展规划纲要。

**二、关于高校毕业生就业工作**

高校毕业生是国家宝贵的人力资源和现代化建设的重要生力军，党和国家高度重视高校毕业生的就业问题。做好高校毕业生就业工作是贯彻落实党的十七大精神，构建社会主义和谐社会的一项重要工作，关系到高校毕业生和千家万户的切身利益，关系到高等教育的可持续发展。

当前，由于国际金融危机对我国宏观经济形势和就业工作产生的不利影响，上海高校毕业生就业形势严峻。市委、市政府高度重视高校毕业生就业工作，俞正声书记多次批示并亲临就业市场视察，韩正市长也多次作出重要批示，其他相关市领导多次召开工作协调会，研究部署推进高校毕业生就业工作。利用这次会议的机会，我再就此问题向大家通报若干情况，提出几点要求。

（一）2009届高校毕业生就业工作基本情况

从全国高校毕业生规模来看，2009届高校毕业生将达到611万人，比2008届增长52万人。从上海高校毕业生规模来看，2009届上海高校将有毕业生15.8万人，比2008届增加0.9万人，增幅为6%。其中，硕士毕业生2.9万人，同比增加11.5%；本科毕业生7.6万人，同比增加8.6%；专科（高职）毕业生5.3万人，与2008届基本持平。

受国际金融危机的影响，2009届上海高校毕业生就业形势十分严峻。从全市层面统计信息来看，2009年与2008年同期相比用人单位数量基本持平，但岗位需求数下降两成多。情况表明，2009年高校毕业生就业形势可能为多年来最严峻的一年。

从高校反映的情况来看，就业形势的严峻性在不同高校和不同专业之间表现出一定的结构性不平衡。比如说，不论在本科层次院校还是在专科高职层次院校都不同程度地受到了影响，有一些学校毕业生的需求信息比以往有较大幅度的减少，但同时也有一些高校由于办学特色明显，与行业联系紧密等原因，受到的影响较小，有些高校掌握的需求数量甚至有所上升。

在专业分布方面，金融类、外贸类、港口航运类专业毕业生的就业受金融危机的冲击较大，与制造业相关专业的毕业生就业受到的影响也开始显现；相对而言，文化艺术、体育等专业的毕业生就业未受到影响。

从用人单位反馈的情况来看，首先是部分行业对高校毕业生的实际需求有所下降。除金融及其相关行业以外，受世界经济增长放缓影响较大的行业，如汽车行业、物流行业等，对于毕业生的需求较2008年相比下降较多，如上港集团2008年招收了650名应届高校毕业生，在去年10月份时预计今年招收400人，但由于金融风暴带来的巨大影响，目前预计2009年的需求量不足200人。宝钢集团由于钢材市场需求显著下降，受到影响很大，2009年的招聘预计仅为200人左右，且不考虑大专生。部分用人单位由于产业结构调整和相关政策影响，近两年对于应届高校毕业生的需求基本为零，例如广电集团。

同时，部分用人单位对所需高校毕业生的选择更为谨慎甚至于挑剔。企业的用人态度更为谨慎，部分企业对于应届毕业生的招聘持谨慎观望态度，认为在经济形势下滑、经济前景不明朗且毕业生数量较多的情况下，与其现在招聘，不如等到3月份后再视经济走势而定。上海医药集团、上海交运集团等企业，尽管计划招聘总量没有太大的变化，但对于高校毕业生的用人标准有所提高，更加倾向于"985"、"211"高校并更加注重专业对口。建工集团、电气集团表示，即使招聘985高校的硕士，也将推迟和应聘者签约的进程。

（二）促进高校毕业生充分就业的应对措施

在市委、市政府领导的高度重视下，各有关部门已经积极采取措施，主动应对高校毕业生严峻就业形势的挑战。在有关市领导的牵头下，市教卫党委、市教委、市人力资源社会保障局等有关委办局多次进行工作协调，目前已取得一定实效。市教委、市人力资源社会保障局已联合下发了《关于做好2009年高校毕业生就业工作的通知》，明确提出了促进高校毕业生充分就业的具体工作举措。综合各方面的信息，目前采取的举措主要有以下若干方面。

第一，增加升学人数，引导毕业生再学习、再深造。一是增加专科升本科招生计划。2009年增加上海普通高校专科升本科招生计划，招生比例由专科毕业生数的5%扩大至8%，实现增量1000人以上。二是扩大研究生招生。已与教育部协调，2009年上海高校研究生招生计划由2.6万人扩大至2.73万人，实现增量1000余人。三是鼓励发展成人教育。鼓励各类成人教育机构在规范办学的前提下，开展全日制继续教育培训，提高能力，延缓就业；鼓励有条件的高校试行"学士后"制度，为自愿延迟就业的本科生进行技能培训。

第二，扩大就业和见习岗位。一是充分收集新增就业岗位。具体包括6项举措：(1)实施“远郊农村镇校教师计划”。2009年市教委将在保持市区中小学录用毕业生规模的同时，会同远郊各区县教育部门，组织实施“远郊农村镇校教师计划”，计划招募1800名上海高校毕业生到本市郊区农村镇校任教。(2)新增医疗卫生人才需求。本市将新建5家三甲医院，升级3家现有的中心医院，预计2009年起连续三年每年将吸纳500名左右储备医生；同时，在本市所有郊区完成优质医疗资源的布局，按照每1万名居民配备1名医生的要求，全市还需补充2000名左右的社区医务工作者。(3)新增社会工作者岗位。市教委将会同民政部门通过各区县政府部门，积极开拓吸纳高校毕业生的社会工作者岗位。(4)动员国有大型企业积极吸纳高校毕业生，拟将吸纳高校毕业生作为考核国资企业的一项指标。(5)通过各类组织网络动员企业积极吸纳毕业生。团市委将动员上海青联委员中的企业家，组织专场招聘会。市教委将会同有关部门，通过工商联、行业协会等各类组织，进一步发动中小企业、民营企业积极吸纳毕业生。(6)加强区域合作，开拓泛长三角地区毕业生就业市场，加强与泛长三角各市县人力资源部门的合作交流，通过地域性专场招聘活动、网络就业市场等途径，积极为高校搭建信息和服务平台，进一步拓宽高校毕业生面向全国就业的渠道。市教委将会同有关部门组织泛长三角地区用人单位到上海举办专场招聘会。

二是大力开发各类见习和准就业岗位。具体包括4项举措：(1)扩大现有各项国家就业项目的规模。在2009年3月前，全面启动各项国家就业项目，增加招募人数。一要将大学生志愿服务西部计划由165人增加到300人，此项工作由团市委牵头。二要将“三支一扶”计划和选聘高校毕业生“到村任职”计划由448人增加到1000人，此项工作由市委组织部、市人力资源社会保障局牵头。(2)扩大高校毕业生参加青年职业见习计划的人数。市教委将和市人力资源保障局合作，及时向各高校发布现有2000家、新增1000家的青年职业见习计划参与单位和为数3万的见习岗位，指导离校时未就业高校毕业生第一时间报名参加青年职业见习计划。(3)开发毕业生社区见习计划。参照大学生“到村任职”计划，首推具有上海特点的毕业生“社区见习”计划，人数为5000人。此项工作由市民政局牵头。(4)开发毕业生世博见习岗位。参照北京奥运会志愿者模式，在2009年7月左右开发招募高校毕业生担任志愿者，实施“世博人才专项培训计划”，通过政府购买和财政补贴等形式吸引一批高校毕业生参加培训，为顺利办博储备高技能人才。此项工作由世博局牵头。

第三，全面促进以创业带动就业工作。针对高校毕业生创业“融资难、场地缺、能力弱”的瓶颈问题，进一步完善创业资金支持措施，加大场地支持力度，加强创业教育和培训以及扶持初创期创业组织等方面工作，促进以创业带动就业工作，实现更多政策向高校毕业生倾斜。一是加强创业指导，开展创业见习，扶持创业政策进一步前移，充分激发大学生的创业激情，培养提高创业能力。二是延伸创业服务，对毕业两年内的大学生创业给予资金、政策支持。三是降低大学生创业门槛，在支持科技创业的同时，鼓励毕业生从事文艺类、创意类等创业活动。四是搭建创业公共服务平台，及时发布国家和本市的各项创业扶持政策、服务资源等公共信息。

第四，做好就业服务等相关配套工作。一是密切校企合作，加强就业实习，提高就业能力。2008年参加校企合作的高校毕业生人数为9600人，未完成计划目标，主要瓶颈问题是受到学生生源地和培训目录的限制。为解决这一问题，一要拓展生源范围，将非上海生源毕业生纳入职业技能培训的范围，鼓励大学生参加职业技能培训；二要适度拓展合作方式，增加毕业生参加企业实习的人数。二是推动高校内涵建设，加强专业布局调控力度。在2009年高校招生计划编制工作中，启动就业率偏低专业的预警机制和退出机制，减少了18所高校20个专业招生计划。推动高校适应社会经济发展的需求，全面提高教学质量。三是继续做好非上海生源高校毕业生进沪就业工作。继续按照条件管理和指标管理相结合的原则，平稳做好非上海生源高校毕业生进沪就业工作。简化居住证申办程序，可以事后监管的事项不再作为申办居住证的前置条件。四是继续做好就业援助工作。市教委将指导各高校结合本校实际情况，继续做好家庭经济困难毕业生的就业帮扶工作，对零就业家庭毕业生给予重点帮扶、重点推荐；各高校要与相关银行加强沟通，做好暂未落实就业岗位的困难学生的延期还贷工作。五是加强宣传，正确引导舆论，营造良好氛围。通过市政府新闻发布会和各大媒体，及时发布高校就业形势、政府促进就业政策等情况，宣传政府各部门、高校、社会各界促进就业的做法与经验以及高校毕业生自强不息的典型事迹，营造全社会关心高校毕业生就业的良好氛围。

第五，加强相关支撑保障体系建设。一是抓紧落实经费和人员编制等保障措施。加强部门间的合作，做好各类新增就业项目、新开发就业项目的经费、编制核算工作，及时落实，为各项促进就业政策措施的顺利实施提供保障。二是坚持做好高校毕业生就业状况跟踪监测工作。市教委牵头各高校，市人力资源社会保障局牵头各区县，加强合作，完善统计办法，准确及时掌握高校毕业生需求状况和毕业生就业进展情况，判定就业困难人群，制订有效政策，共同努力，提供有针对性的服务。

（三）做好高校毕业生就业工作的若干要求

同志们，促进高校毕业生充分就业，维护社会和谐稳定，是特殊经济社会形势背景下的一项艰巨任务，具有极其重要的政治、经济和社会意义。在市委、市政府的领导下，市教委、市人力资源社会保障局将会同各级人事、劳动保障等有关部门认真履行政府促进就业的职责，根据高校毕业生就业工作形势的需要，及时出台各项政策措施。在此，利用这个会议的机会，我也向高校提几点要求。

首先，各高校要进一步加强领导，明确责任。各高校要在目前工作的基础上，进一步加强领导，提高认识，明确责任，挖掘潜力，切实落实“一把手”工程，全力促进毕业生充分就业。

其次，各高校要大力加强就业教育，引导毕业生树立积极的就业观。要积极开展以当前就业形势教育为重点的教育活动，树立典型，正面引导，帮助广大毕业生沉着应对、克难奋进、逆势飞扬，在逆境中开启人生新的航程。

再次，各高校要举全校之力，积极为毕业生提供就业信息等服务。要采取“走出去，请进来”等多种方式，调动全校力量积极为毕业生寻找就业岗位，重点为受经济形势影响较大专业的毕业生提供岗位信息，引导他们扩大就业视野，调整就业预期。要采取更加积极的措施，广泛联系并吸引用人单位进校招聘，热情周到地为用人单位提供服务，确保招聘活动形式多样、内容丰富，场次和规模不少于往年。

第四，各高校要加大毕业生创业教育、培训和见习的工作力度。要将创业教育列入教学培训计划，加强对大学生创业意识的培养。要加强对有创业意向的毕业生的咨询指导，努力营造高校良好的创业氛围，加强与各级劳动保障部门的合作，组织开业专家与其结对子，开展“一对一”的跟踪指导服务。要充分利用大学生科技创业基金等资源，加大对自主创业毕业生的扶持力度。有条件的高校要加强“三区联动”，积极开发建设大学生创业孵化园，在创业场地、创业实践和服务采购等方面对自主创业毕业生予以扶持。

同志们，切实做好高校毕业生就业工作，促进其充分就业，是我们当前面临的一项迫在眉睫的艰巨任务。与之相对照，制订上海市中长期教育改革和发展规划纲要或许称不上燃眉之急，但是其影响深远，而且其时间要求事实上也十分紧迫。总的来说，这两项工作都十分重要，都必须竭尽全力地做实做好。希望大家振奋精神，以高度的责任感和使命感，同心同德，攻坚克难，努力战胜严峻形势的挑战，圆满完成各项工作，为上海教育事业的改革发展作出新的贡献。

# 以更大舞台、更优环境引进和造就高层次人才

中共上海市教育卫生工作委员会书记 **李宣海**

当前上海高等教育发展的主要任务，是深入贯彻科学发展观，全面提升质量、彰显特色、增强知识创新和服务能力，走内涵发展之路。而这一重大战略任务的落实，关键在人才，特别是能够站在教学科研前沿、带动学校和学科创新发展的高层次领军人才。认真做好高层次人才的引进和培养工作，使高校成为高层次人才安之乐之、大有作为的人才高地，是当前高校最重要、最紧迫的战略任务。

## 人才是高校发展的“第一资源”

在学习实践科学发展观，深入查找制约高校科学发展的突出瓶颈问题中，各高校都不约而同地把视线聚焦在了人才问题：拔尖人才短缺、人才梯队和结构不合理、优秀人才难以引进、人才成长和干事业的环境还不理想等等。大家都更加清醒地意识到，高校内涵发展的水平，很大程度上取决于学科建设的水平，而学科建设的水平又在很大程度上取决于学科领军人才的水平。高层次领军人才已经成为左右重点学科建设，乃至学校发展高度的“第一战略性资源”，当然也是最稀缺的战略资源。因此，各高校必须以更加开放的眼界、更加开放的思路、更加开放的胸襟来网罗优秀人才，创建人才高地，切实做到人才战略优先规划、人才结构优先调整、人才投入优先保证、优秀人才优先引进。

引进优秀人才，现在机遇千载难逢。全球性的金融危机发生后，大批海外优秀人才看好国内发展的前景，呈现出回国大干事业的强烈愿望。面对“人才回流”的机遇，我们不能被动等待，而要主动出击，加大力度、加紧做好引才工作。国家启动实施了海外高层次人才引进计划，也就是“千人计划”，加大力度从海外引进顶尖人才。上海也在制订相应的“千人计划”，在经费和相关政策上给予高强度的支持。上海高校系统已经启动的上海高校特聘教授（东方学者）岗位计划，正好对接了中央和上海的“千人计划”。“东方学者”计划从 2007 年底启动以来，已经完成了两批的聘任工作，吸引了一批具有国际、国内领先水平的学科带头人，形成了一批优秀创新团队，促进了一系列重要科研成果的产生，已成为上海重要的高层次人才计划。“东方学者”计划的推进力度要进一步加强，各高校要充分用好这一政策，加大优秀人才的引进力度。

投资人才，就是投资未来。我们要承认，投资人才是高风险投资，可能用很大成本引进的人才，一段时间看不出成效，或短期内成效没有预期的出色。对此，我们不妨对引进的人才更加宽容一些，不要期望每一位引进的人才都能带来立竿见影的效果。特别是对于从事基础研究、前沿领域研究的人才更应该宽容，不要让利益驱动的烦躁、急功近利的心态影响他们潜心研究。当然，我们也要研究减小引进人才风险的机制，对瞄准的人才，建立科学的评价和筛选机制，全面客观地评估引进人才的潜力。

## 引才的关键是要引心、用才

优秀人才的引进不是为了装点门面、炫耀政绩，而是为了让优秀人才充分释放才华，促进学校有特色、高水平的发展。因此，人才队伍建设的关键，就是要让他们进得来、留得住、干得好。其中“干得好”最为重要，只有“干得好”才能让更多的优秀人才进得来、留得住，形成良性循环。

引人首先要“引心”。用人者必须引其心。引进人才，待遇固然重要，但光靠待遇是远远不够的。我们首先要尊重人才，以诚相待，尊重海外人才的爱国心、事业心和自尊心。同时，我们领导干部和职能部门要舍得投入精力、时间和感情去与优秀人才沟通、交心，让他们真切感受到我们求贤若渴的真心诚意，把他们的心真正引过来、留下来。我们还要为优秀人才提供周到、及时和个性化的服务，切实解决他们事业和生活上的后顾之忧，让优秀人才真正有“得其所哉”之感。

引才是为了用才。真正的优秀人才，最担心的往往不是待遇，而是出不了成果，没有用武之地。要真正做到留得住人才、发挥好人才的作用，必须坚持“以用为本”，让他们在事业发展中最大限度地激发活力。一方面，要为引进人才提供能够帮助其实现事业追求的平台。我们常说，舞台有多大，事业就有多大。我们要让引进人才看到，我们的方向与目标能够为他们提供施展才华并发挥潜能的巨大舞台，能够为他们事业发展创造广阔的前景。另一方面，还必须创造良好的事业发展环境，让引进人才对于事业追求的愿景能够得以实现。为此，必须进一步解放思想，改革和完善各种体制机制，营造科学、先进、合理而宽松的政策环境，特别是要改革和完善人事制度与评价制度。要敢于并善于放权，让引进人才拥有更为充分的选择目标、设计路径的自主权。在考核评价方面，要建立国际化的考核标准和方式，避免繁琐、多头的考核，特别要防止形式主义，要坚持“风物长宜放眼量”，宽容对待引进人才在向目标迈进过程中发生的不可避免的挫折，避免急功近利的浮躁心态。

## 合适的人才是最好的人才

我们常说，人与事要相匹配，人得其事，事得其人，相得益彰，人尽其才。“东方学者”计划遵循了三条重要原则：“扶需、扶特、扶强”，“分类指导、人岗匹配、最合适才是最好”，“先设岗，后选人”，目标就是要建设“高水平，有特色”的大学。

要以学校定位决定人才定位。高校要按照自己的传统、优势和社会需求进行科学层次定位、类型定位。防止盲目跟风和攀比。然后要根据学校定位进行学科布局，按照“有所为有所不为”的原则聚焦学校重点发展学科，并根据学科布局设定岗位，再立足岗位选聘相应人才。因此，不同类型的学校应该选聘不同类型的人才，“985”和“211”高校与应用型本科院校、高职高专院校的人才选择标准应该是不完全相同的。什么样的舞台，就需要什么样的角色。这就意味着，学术造诣高超、水平领先固然是衡量引进人才的重要标准，但并不具有普适性。与学校定位和发展战略以及岗位实际需要相契合，才更为重要。这就要求我们在引进人才中必须坚持“三个适合”，即适合学校的定位、适合学校发展战略、适合学校学科建设需求。唯有如此，才能使人才适得其所，人尽其才。

在人才引进中，还要注重遵循人才建设的内在规律，注重统筹兼顾。第一，既要重视领军人才的引进，也要重视创新团队建设，促进创新团队中领军人物、科研骨干、辅助人员和谐合作，科技、支撑、管理人员和谐相处。“东方学者”计划在新一轮推进中将更加注重创新团队建设，对以团队引进方式的“东方学者”予以更多的支持。第二，既要重视人才的刚性引进，也要重视人才的柔性流动。“东方学者”计划增设了“东方学者讲座教授”，形成了进出更自由、渠道更畅通、方法更灵活的流动方式。如果讲座教授愿意，经评审也可以转为特聘教授。对于优秀人才，我们一定要树立不求所有、但求所用的新理念。第三，既要重视从外面引进人才，也要重视现有人才的培养。引进优秀人才可以优化学校人才结构，也可以带动和激励学校现有人才积极进取，提升水平。各高校要制订学校总体人才培养计划，建立开放、竞争、择优的引才、育才、用才机制，唯才是举，不拘一格地使用人才，为本土人才提供事业舞台，铺设成才成功之路，促进各类优秀人才脱颖而出。

# 大力推进义务教育均衡发展　努力实施素质教育

上海市教育委员会主任　**薛明扬**

## 一、认真学习，全面认识新《上海市实施义务教育法办法》的现实背景与长远意义

制订新《上海市实施义务教育法办法》既是全面贯彻党和国家教育方针的必然要求，也是上海市义务教育发展形势和上海教育法制建设的迫切需要，我们要从全面贯彻落实科学发展观和推动依法行政、依法治教的高度，深刻认识新《上海市实施义务教育法办法》的重大意义。

1. 新《上海市实施义务教育法办法》为全面贯彻党和国家教育方针提供了法律保障

2006年6月29日第十届全国人大常委会第二十二次会议审议修订了《中华人民共和国义务教育法》，对义务教育制度作了重大调整。一是明确将义务教育全面纳入财政保障范围，实施义务教育不收学费、杂费；二是明确将素质教育上升为法律规定，进一步明确了义务教育的方针和目标；三是将促进义务教育均衡发展作为方向性要求确定下来。新《义务教育法》还对义务教育管理体制作了调整，将原来的"国务院领导、地方负责、分级管理"改为"国务院领导、省级政府统筹规范实施、县级政府为主管理"，加强了省级政府的统筹职责，提升了管理重心。这些新的制度变化对于落实教育优先发展，保障公民平等接受义务教育的权利具有重要意义，新《上海市实施义务教育法办法》的制订对于细化和落实这些制度规定具有不可替代的作用。

2. 新《上海市实施义务教育法办法》是健全上海教育法制体系建设的迫切需要

上海市历来对义务教育立法工作非常重视。1985年7月，上海市八届人大四次会议通过了《上海市普及义务教育条例》，在全国率先实施九年制义务教育。1986年8月，上海市人民政府颁布了《上海市普及义务教育条例实施细则》。1986年7月，全国人大颁布了《中华人民共和国义务教育法》，按照规定，省市应制订具体实施办法。上海市考虑到《上海市普及义务教育条例》刚颁布一年，且其立法宗旨和基本原则与义务教育法是一致的，故未马上制订义务教育法的实施办法，而是以普及义务教育条例及其实施细则代替义务教育法的实施办法，这一做法得到全国人大允准。1991年年底，鉴于执行中反映出来的《上海市普及义务教育条例》本身的不足以及实施义务教育过程中遇到的一些新问题，上海市决定着手制订义务教育法的实施办法。1993年2月，上海市九届人大常委会第四十一次会议通过了《上海市实施〈中华人民共和国义务教育法〉办法》。1997年12月，上海市十届人大常委会第四十次会议进行了修订，并沿用至今。目前，由于义务教育的快速发展，1997年修订的《上海市实施〈中华人民共和国义务教育法〉办法》中的一些规定已明显不符合当前义务教育发展的形势，迫切需要制订新《上海市实施义务教育法办法》。

3. 新《上海市实施义务教育法办法》为义务教育发展的基本保障提供了依据

党的十七大报告指出："教育是民族振兴的基石，教育公平是社会公平的重要基础。"新《上海市实施义务教育法办法》明确将义务教育事业纳入全市国民经济和社会发展规划，确保了义务教育在社会事业发展中的重要地位；明确了实施义务教育所需的经费、师资、校舍及设施设备等由市和区县人民政府予以保障，确保了义务教育的政府全责；明确了实施义务教育不收学费、杂费、教科书费、作业本费，确保了义务教育的公益性。新《上海市实施义务教育法办法》还对义务教育经费预算的编制、经费标准的制定、经费的使用、经费的监督等作了规定，明确了市和区县各级政府及其有关部门的职责，并明确了相应的法律责任，为上海充分落实教育优先发展的战略地位，在新的起点上更好地实施义务教育提供了有力的法律保障。

4. 新《上海市实施义务教育法办法》为促进教育均衡发展，全面实现教育公平提供了法律保障

推进义务教育均衡发展，努力实现教育公平，是社会主义制度的本质体现和贯彻落实科学发展观的具体体现，是构建和谐社会的现实需要，也是全面贯彻党和国家教育方针、实施素质教育的必然要求。近年来，本市科学运用财政转移支付和教育费附加调控手段，大力推进义务教育均衡发展，采取多种有效措施，努力缩

小城乡之间、区域之间和校际之间的办学差距，取得了较为明显的成效。但由于区域经济社会发展不平衡等历史和现实的原因，义务教育办学条件和办学水平在城乡之间、区县之间、学校之间的差距依然存在，推进义务教育均衡发展任重而道远。新《上海市实施义务教育法办法》专设“均衡发展”一章，对教育经费财政转移支付制度、教育教学设施的配置、校长与教师的合理交流、农村学校校长和教师可享受的优惠政策等方面都作了一系列明确的规定，为进一步推动义务教育均衡发展指明了长远的方向，提供了具体的抓手。

5. 新《上海市实施义务教育法办法》为大力实施素质教育，促进人的全面发展提供了法律保障

落实科学发展观，构建社会主义和谐社会，全面建设惠及十几亿人口的小康社会，人才是关键，国民素质是基础。素质教育是实现人的全面发展的主要途径，是提高全民族素质的坚实基础，是把沉重的人口负担转化为强大的人力资源优势的必由之路。新《义务教育法》将素质教育上升为法律的规定，为素质教育的全面实施提供了有力的法律保障。新《上海市实施义务教育法办法》则专设“素质教育”一章，对素质教育作了更为具体的规定，明确了教育行政部门、学校、教师、学生家长在实施素质教育中的职责，明确了课程设置、教育教学、评价体系、课业负担必须符合素质教育的发展要求。这一系列规定必将极大地推动上海义务教育阶段素质教育的深入实施，推动中小学生的全面发展，为培养一大批拔尖创新人才奠定扎实基础。

**二、深刻领会，准确把握新《上海市实施义务教育法办法》的主要特点与实质内涵**

新《上海市实施义务教育法办法》坚持遵循法制统一的原则，凡上位法和相关法律、法规已经明确规定的内容，本市已经得到较好落实的，除非逻辑通顺的需要，原则上不再重复。同时，对上位法已经明确，尚须国务院有关部门制订具体办法的，也不再重复。在体例上，新《上海市实施义务教育法办法》没有简单地照搬上位法的体例，而是针对上海义务教育发展的重点、难点进行主题编章，突出了“就学管理”、“基本保障”、“均衡发展”和“素质教育”。因此，新《上海市实施义务教育法办法》既充分贯彻了新《义务教育法》的精神实质，又密切结合了上海义务教育发展的实际情况，指导性强，针对性强，操作性强，具有若干鲜明的特点。

1. 凸显了义务教育的公益性

新《义务教育法》将义务教育全面纳入国家财政保障范围，规定不收学费、杂费。为此，本市从2006年起，逐步免除公办中小学校学杂费，2008年全市实施免除“课本费和作业本费”。此外，近几年本市还先后免除义务教育阶段学生的卫生保健费、学生学具费、中考报名费和考务费、学生午餐搭伙费、学生蒸饭费、小学低年级学生午餐管理费等费用；降低了学生素质教育活动费收费标准。新《上海市实施义务教育法办法》不仅根据上位法，规定“本市实施义务教育不收学费、杂费”，而且将本市实践中已行之有效的免收“教科书费、作业本费”的做法上升为地方性法规，确保了免费义务教育的公益性。

2. 强调了义务教育的公正性

所有适龄儿童、少年都有接受义务教育的权利。为了切实维护和保障这一权利，新《上海市实施义务教育法办法》对各类适龄儿童、少年接受义务教育的方式都作了明确规定，尤其注重对弱势群体适龄儿童、少年教育权利的保护。对于非本市户籍适龄儿童、少年，规定由其父母或者其他法定监护人持本人身份证明与就业证明或者本人身份证明与居住证明，以及适龄儿童、少年的身份证明等材料，到居住地所在区、县教育行政部门申请就读，降低了入学门槛，简化了入学程序。对于未完成义务教育的未成年犯和被采取强制措施的未成年人，规定由本市司法行政部门和教育行政部门分别承担各自相关职责。对于已经接受九年义务教育但未能达到初中毕业文化程度的学生，规定区县教育行政部门应当继续为其提供相关的文化教育或者会同区县人力资源社会保障部门为其提供相关的职业技能培训。让所有适龄儿童、少年都能够公平地接受义务教育，是确保社会公正、推动社会和谐发展的重要基石，新《上海市实施义务教育法办法》的这一系列规定具有非常重要的意义。

3. 明确了义务教育的社会性

义务教育是一项社会事业，需要社会各方面的关心和支持，才能办好人民满意的教育。近年来，本市积极探索社会资源参与学校管理，其中学校设立家长委员会的举措发挥了积极作用。

新《上海市实施义务教育法办法》将这一做法予以明确，规定学校应当建立健全与家长的联系制度，建立家长委员会，对涉及学生权益的重要事项，应当听取家长委员会的意见；学生家长应当积极配合学校实施素质教育，共同促进学生全面发展。

此外，新《上海市实施义务教育法办法》还积极推动学校与社会的互动，规定学校应当组织学生开展与其

身心特点相适应的社会公益活动；爱国主义教育基地、图书馆、青少年宫、儿童活动中心应当对学生免费开放。当学校与社会形成了义务教育的合力，教育的效果将事半功倍，教育的质量将快速提高，人民群众对教育的满意程度也将大幅提升。

4. 强化了义务教育的政府职责

义务教育的社会性并不是意味着把办好义务教育的职责交给社会，减轻政府的责任，在新《上海市实施义务教育法办法》中，则更加强调政府的义务教育职责。根据新《义务教育法》的要求，新《上海市实施义务教育法办法》对本市的义务教育管理体制也作了相应的调整，规定本市义务教育在国务院领导下，实行市人民政府统筹规划实施，区县人民政府为主管理的体制；鼓励乡镇人民政府在办学条件、办学经费等方面，支持本行政区域内义务教育发展。为了切实强化政府的义务教育职责，新《上海市实施义务教育法办法》专设“基本保障”一章，对本市各级政府及其有关行政部门的保障职责作了较为详细的规定。在经费保障方面，规定市和区县人民政府应当将义务教育全面纳入财政保障范围，在财政预算中将义务教育经费单列；本市各级人民政府应当落实“三个增长”。市政府及其有关行政部门负责制订学校建设、学生人均公用经费、教职工编制等标准，市政府根据需要设立义务教育专项资金。在校舍保障方面，规定新建居民区根据规划需要设置学校的，应当与居民区的建设同步进行；因建设需要拆迁学校的，拆迁人应当根据规划布局重建或者给予补偿。在师资保障方面，规定市和区县人民政府应当推进全市教师工资水平的均衡化，定期对教师组织培训。实施义务教育，政府负首要责任。新《上海市实施义务教育法办法》对于切实明晰政府职责，落实政府责任作了明确而具体的规定，必将为义务教育的发展提供可靠的保障。

5. 突出了义务教育的均衡发展

均衡发展是义务教育发展的方向性要求，是义务教育发展中必须长期坚持的指导思想。新《上海市实施义务教育法办法》从经费、设备、师资、生源等多方面对均衡发展提出了要求，指明了义务教育均衡发展的路径。在经费均衡方面，规定本市加大对财力薄弱区县的财政转移支付规模；在设备均衡方面，对市教育行政部门和区县人民政府及其教育行政部门的职责作了规定；在师资均衡方面，主要是建立校长、教师合作交流制度，在教师培训、骨干教师配备等方面向师资力量比较薄弱的农村学校等倾斜，明确到农村支教的鼓励措施；在生源均衡方面，规定就近入学，学校不得举行或者变相举行与入学挂钩的选拔考试或者测试。这些规定有利于推动本市各级政府、教育行政部门和学校切实办好每一所学校，关注每一个学生的健康成长。我们同时也要认识到，均衡不是平均，均衡的核心是政府提供的经费、设备、师资等各种教育资源应当合理配置，使适龄儿童、少年享有大致相同的学习条件，而不是强制拉齐学校的办学水平。均衡是全面提高、全面发展，不是机械的平均主义；均衡是长期的、动态的，不同时期有不同的均衡要求。在促进均衡的同时，鼓励学校从实际出发、办出水平、办出特色。

6. 细化了素质教育的相关措施

全面推进素质教育是我国教育事业的一场深刻变革，多年来，素质教育已经取得了一些重要成果和成功经验，但也遇到了不少困难和阻力。本市在实施素质教育的过程中，从目前可行的方面着手突破，在中小学开展以爱国主义为核心的民族精神教育和生命教育，进行“温馨教室”建设和行为规范示范校建设，开展心理健康教育和防灾安全教育，组织学生参加社会实践和志愿者活动，促进学生养成良好的思想品德和行为习惯。要求学校改进和创新教育教学方法，严格执行国家确定的教育教学内容和课程设置，减轻学生不合理的课业负担，提高教育教学的有效性。开展阳光体育活动，确保学生每天一小时体育活动，并将初中毕业生体育测试成绩按一定比例计入中考总分。新《上海市实施义务教育法办法》吸纳了其中的成功经验，从思想品德教育、课程改革、教学活动、课外活动、社会公益活动、评价体系等方面对素质教育作了详细的规定，为进一步深入实施素质教育提供了明确的方向。

7. 明晰了义务教育的法律责任

明确各类违反义务教育法律、法规行为的法律责任，是推动义务教育法律、法规贯彻落实的重要保障，是追究各类法律责任的主要依据。新《上海市实施义务教育法办法》对未履行义务教育经费保障职责，未按规定制定、调整学校的设置规划，未定期对学校校舍、场地、设施设备等进行安全检查并及时维修、改造的，侵占、挪用义务教育经费或者向学校收取、摊派费用的，将学校分为重点学校和非重点学校等各类行为的法律责任都作了相应的规定，并引入了“问责制”，规定发生违反义务教育法律、法规的重大事件，妨碍本市义务教育实施，造成重大社会影响的，负有领导责任的人民政府或者教育行政部门负责人应当引咎辞职。法律责任的明确，必将加大新《上海市实施义务教育法办法》的贯彻落实力度，确保各项义务教育职责落到实处。

**三、脚踏实地，大力推动新《上海市实施义务教育法办法》的学习宣传与贯彻落实**

新《上海市实施义务教育法办法》于2009年6月1日起施行，本市各级教育行政部门、学校要积极行动起来，把学习和宣传新《上海市实施义务教育法办法》的工作抓紧抓好，要营造学习宣传气氛，丰富学习宣传内容，创新学习宣传形式，增强学习宣传实效。

本市各级教育行政部门要带头学习好新《上海市实施义务教育法办法》，准确把握其主要内容，深刻理解其精神实质，要增强切实履行职责的自觉性，依法行政、依法治教，保障义务教育相关法律、法规的贯彻实施。学校要及时组织教师和学生学习新《上海市实施义务教育法办法》，使教师和学生明确各自的权利和义务，按照新《上海市实施义务教育法办法》的精神开展教育教学活动。

要在全社会掀起学习宣传新《上海市实施义务教育法办法》的氛围，提高全社会对新《上海市实施义务教育法办法》的知晓度和认同度，形成全社会共同推动义务教育发展的合力。

2009年是实施上海市教育事业发展“十一五”规划纲要的关键之年，是率先基本实现教育现代化目标的冲刺之年，是维护教育稳定、构建和谐社会的重要之年。我们要以贯彻落实新《上海市实施义务教育法办法》为契机，谋划发展，提高质量，促进公平，加强管理，努力办好人民满意的教育，全力开创义务教育工作新局面，为建设人力资源强国奠定坚实的基础。

# 法律　法规
# 规章　文件

# 高等学校消防安全管理规定

（2009 年 10 月 19 日发布　　教育部、公安部令第 28 号）

## 第一章　总　　则

**第一条**　为了加强和规范高等学校的消防安全管理，预防和减少火灾危害，保障师生员工生命财产和学校财产安全，根据消防法、高等教育法等法律、法规，制定本规定。

**第二条**　普通高等学校和成人高等学校（以下简称学校）的消防安全管理，适用本规定。

驻校内其他单位的消防安全管理，按照本规定的有关规定执行。

**第三条**　学校在消防安全工作中，应当遵守消防法律、法规和规章，贯彻预防为主、防消结合的方针，履行消防安全职责，保障消防安全。

**第四条**　学校应当落实逐级消防安全责任制和岗位消防安全责任制，明确逐级和岗位消防安全职责，确定各级、各岗位消防安全责任人。

**第五条**　学校应当开展消防安全教育和培训，加强消防演练，提高师生员工的消防安全意识和自救逃生技能。

**第六条**　学校各单位和师生员工应当依法履行保护消防设施、预防火灾、报告火警和扑救初起火灾等维护消防安全的义务。

**第七条**　教育行政部门依法履行对高等学校消防安全工作的管理职责，检查、指导和监督高等学校开展消防安全工作，督促高等学校建立健全并落实消防安全责任制和消防安全管理制度。

公安机关依法履行对高等学校消防安全工作的监督管理职责，加强消防监督检查，指导和监督高等学校做好消防安全工作。

## 第二章　消防安全责任

**第八条**　学校法定代表人是学校消防安全责任人，全面负责学校消防安全工作，履行下列消防安全职责：

（一）贯彻落实消防法律、法规和规章，批准实施学校消防安全责任制、学校消防安全管理制度；

（二）批准消防安全年度工作计划、年度经费预算，定期召开学校消防安全工作会议；

（三）提供消防安全经费保障和组织保障；

（四）督促开展消防安全检查和重大火灾隐患整改，及时处理涉及消防安全的重大问题；

（五）依法建立志愿消防队等多种形式的消防组织，开展群众性自防自救工作；

（六）与学校二级单位负责人签订消防安全责任书；

（七）组织制定灭火和应急疏散预案；

（八）促进消防科学研究和技术创新；

（九）法律、法规规定的其他消防安全职责。

**第九条**　分管学校消防安全的校领导是学校消防安全管理人，协助学校法定代表人负责消防安全工作，履行下列消防安全职责：

（一）组织制定学校消防安全管理制度，组织、实施和协调校内各单位的消防安全工作；

（二）组织制定消防安全年度工作计划；

（三）审核消防安全工作年度经费预算；

（四）组织实施消防安全检查和火灾隐患整改；

（五）督促落实消防设施、器材的维护、维修及检测，确保其完好有效，确保疏散通道、安全出口、消防车通道畅通；

（六）组织管理志愿消防队等消防组织；

（七）组织开展师生员工消防知识、技能的宣传教育和培训，组织灭火和应急疏散预案的实施和演练；

（八）协助学校消防安全责任人做好其他消防安全工作。

其他校领导在分管工作范围内对消防工作负有领导、监督、检查、教育和管理职责。

**第十条** 学校必须设立或者明确负责日常消防安全工作的机构（以下简称学校消防机构），配备专职消防管理人员，履行下列消防安全职责：

（一）拟订学校消防安全年度工作计划、年度经费预算，拟订学校消防安全责任制、灭火和应急疏散预案等消防安全管理制度，并报学校消防安全责任人批准后实施；

（二）监督检查校内各单位消防安全责任制的落实情况；

（三）监督检查消防设施、设备、器材的使用与管理、以及消防基础设施的运转，定期组织检验、检测和维修；

（四）确定学校消防安全重点单位（部位）并监督指导其做好消防安全工作；

（五）监督检查有关单位做好易燃易爆等危险品的储存、使用和管理工作，审批校内各单位动用明火作业；

（六）开展消防安全教育培训，组织消防演练，普及消防知识，提高师生员工的消防安全意识、扑救初起火灾和自救逃生技能；

（七）定期对志愿消防队等消防组织进行消防知识和灭火技能培训；

（八）推进消防安全技术防范工作，做好技术防范人员上岗培训工作；

（九）受理驻校内其他单位在校内和学校、校内各单位新建、扩建、改建及装饰装修工程和公众聚集场所投入使用、营业前消防行政许可或者备案手续的校内备案审查工作，督促其向公安机关消防机构进行申报，协助公安机关消防机构进行建设工程消防设计审核、消防验收或者备案以及公众聚集场所投入使用、营业前消防安全检查工作；

（十）建立健全学校消防工作档案及消防安全隐患台账；

（十一）按照工作要求上报有关信息数据；

（十二）协助公安机关消防机构调查处理火灾事故，协助有关部门做好火灾事故处理及善后工作。

**第十一条** 学校二级单位和其他驻校单位应当履行下列消防安全职责：

（一）落实学校的消防安全管理规定，结合本单位实际制定并落实本单位的消防安全制度和消防安全操作规程；

（二）建立本单位的消防安全责任考核、奖惩制度；

（三）开展经常性的消防安全教育、培训及演练；

（四）定期进行防火检查，做好检查记录，及时消除火灾隐患；

（五）按规定配置消防设施、器材并确保其完好有效；

（六）按规定设置安全疏散指示标志和应急照明设施，并保证疏散通道、安全出口畅通；

（七）消防控制室配备消防值班人员，制定值班岗位职责，做好监督检查工作；

（八）新建、扩建、改建及装饰装修工程报学校消防机构备案；

（九）按照规定的程序与措施处置火灾事故；

（十）学校规定的其他消防安全职责。

**第十二条** 校内各单位主要负责人是本单位消防安全责任人，驻校内其他单位主要负责人是该单位消防安全责任人，负责本单位的消防安全工作。

**第十三条** 除本规定第十一条外，学生宿舍管理部门还应当履行下列安全管理职责：

（一）建立由学生参加的志愿消防组织，定期进行消防演练；

（二）加强学生宿舍用火、用电安全教育与检查；

(三) 加强夜间防火巡查,发现火灾立即组织扑救和疏散学生。

## 第三章 消防安全管理

**第十四条** 学校应当将下列单位(部位)列为学校消防安全重点单位(部位):

(一) 学生宿舍、食堂(餐厅)、教学楼、校医院、体育场(馆)、会堂(会议中心)、超市(市场)、宾馆(招待所)、托儿所、幼儿园以及其他文体活动、公共娱乐等人员密集场所;

(二) 学校网络、广播电台、电视台等传媒部门和驻校内邮政、通信、金融等单位;

(三) 车库、油库、加油站等部位;

(四) 图书馆、展览馆、档案馆、博物馆、文物古建筑;

(五) 供水、供电、供气、供热等系统;

(六) 易燃易爆等危险化学物品的生产、充装、储存、供应、使用部门;

(七) 实验室、计算机房、电化教学中心和承担国家重点科研项目或配备有先进精密仪器设备的部位,监控中心、消防控制中心;

(八) 学校保密要害部门及部位;

(九) 高层建筑及地下室、半地下室;

(十) 建设工程的施工现场以及有人员居住的临时性建筑;

(十一) 其他发生火灾可能性较大以及一旦发生火灾可能造成重大人身伤亡或者财产损失的单位(部位)。

重点单位和重点部位的主管部门,应当按照有关法律法规和本规定履行消防安全管理职责,设置防火标志,实行严格消防安全管理。

**第十五条** 在学校内举办文艺、体育、集会、招生和就业咨询等大型活动和展览,主办单位应当确定专人负责消防安全工作,明确并落实消防安全职责和措施,保证消防设施和消防器材配置齐全、完好有效,保证疏散通道、安全出口、疏散指示标志、应急照明和消防车通道符合消防技术标准和管理规定,制定灭火和应急疏散预案并组织演练,并经学校消防机构对活动现场检查合格后方可举办。

依法应当报请当地人民政府有关部门审批的,经有关部门审核同意后方可举办。

**第十六条** 学校应当按照国家有关规定,配置消防设施和器材,设置消防安全疏散指示标志和应急照明设施,每年组织检测维修,确保消防设施和器材完好有效。

学校应当保障疏散通道、安全出口、消防车通道畅通。

**第十七条** 学校进行新建、改建、扩建、装修、装饰等活动,必须严格执行消防法规和国家工程建设消防技术标准,并依法办理建设工程消防设计审核、消防验收或者备案手续。学校各项工程及驻校内各单位在校内的各项工程消防设施的招标和验收,应当有学校消防机构参加。

施工单位负责施工现场的消防安全,并接受学校消防机构的监督、检查。竣工后,建筑工程的有关图纸、资料、文件等应当报学校档案机构和消防机构备案。

**第十八条** 地下室、半地下室和用于生产、经营、储存易燃易爆、有毒有害等危险物品场所的建筑不得用作学生宿舍。

生产、经营、储存其他物品的场所与学生宿舍等居住场所设置在同一建筑物内的,应当符合国家工程建设消防技术标准。

学生宿舍、教室和礼堂等人员密集场所,禁止违规使用大功率电器,在门窗、阳台等部位不得设置影响逃生和灭火救援的障碍物。

**第十九条** 利用地下空间开设公共活动场所,应当符合国家有关规定,并报学校消防机构备案。

**第二十条** 学校消防控制室应当配备专职值班人员,持证上岗。

消防控制室不得挪作他用。

**第二十一条** 学校购买、储存、使用和销毁易燃易爆等危险品,应当按照国家有关规定严格管理、规范操作,并制定应急处置预案和防范措施。

学校对管理和操作易燃易爆等危险品的人员,上岗前必须进行培训,持证上岗。

**第二十二条**　学校应当对动用明火实行严格的消防安全管理。禁止在具有火灾、爆炸危险的场所吸烟、使用明火；因特殊原因确需进行电、气焊等明火作业的，动火单位和人员应当向学校消防机构申办审批手续，落实现场监管人，采取相应的消防安全措施。作业人员应当遵守消防安全规定。

**第二十三条**　学校内出租房屋的，当事人应当签订房屋租赁合同，明确消防安全责任。出租方负责对出租房屋的消防安全管理。学校授权的管理单位应当加强监督检查。

外来务工人员的消防安全管理由校内用人单位负责。

**第二十四条**　发生火灾时，学校应当及时报警并立即启动应急预案，迅速扑救初起火灾，及时疏散人员。

学校应当在火灾事故发生后两个小时内向所在地教育行政主管部门报告。较大以上火灾同时报教育部。

火灾扑灭后，事故单位应当保护现场并接受事故调查，协助公安机关消防机构调查火灾原因、统计火灾损失。未经公安机关消防机构同意，任何人不得擅自清理火灾现场。

**第二十五条**　学校及其重点单位应当建立健全消防档案。

消防档案应当全面反映消防安全和消防安全管理情况，并根据情况变化及时更新。

## 第四章　消防安全检查和整改

**第二十六条**　学校每季度至少进行一次消防安全检查。检查的主要内容包括：

（一）消防安全宣传教育及培训情况；

（二）消防安全制度及责任制落实情况；

（三）消防安全工作档案建立健全情况；

（四）单位防火检查及每日防火巡查落实及记录情况；

（五）火灾隐患和隐患整改及防范措施落实情况；

（六）消防设施、器材配置及完好有效情况；

（七）灭火和应急疏散预案的制定和组织消防演练情况；

（八）其他需要检查的内容。

**第二十七条**　学校消防安全检查应当填写检查记录，检查人员、被检查单位负责人或者相关人员应当在检查记录上签名，发现火灾隐患应当及时填发《火灾隐患整改通知书》。

**第二十八条**　校内各单位每月至少进行一次防火检查。检查的主要内容包括：

（一）火灾隐患和隐患整改情况以及防范措施的落实情况；

（二）疏散通道、疏散指示标志、应急照明和安全出口情况；

（三）消防车通道、消防水源情况；

（四）消防设施、器材配置及有效情况；

（五）消防安全标志设置及其完好、有效情况；

（六）用火、用电有无违章情况；

（七）重点工种人员以及其他员工消防知识掌握情况；

（八）消防安全重点单位（部位）管理情况；

（九）易燃易爆危险物品和场所防火防爆措施落实情况以及其他重要物资防火安全情况；

（十）消防（控制室）值班情况和设施、设备运行、记录情况；

（十一）防火巡查落实及记录情况；

（十二）其他需要检查的内容。

防火检查应当填写检查记录。检查人员和被检查部门负责人应当在检查记录上签名。

**第二十九条**　校内消防安全重点单位（部位）应当进行每日防火巡查，并确定巡查的人员、内容、部位和频次。其他单位可以根据需要组织防火巡查。巡查的内容主要包括：

（一）用火、用电有无违章情况；

（二）安全出口、疏散通道是否畅通，安全疏散指示标志、应急照明是否完好；

（三）消防设施、器材和消防安全标志是否在位、完整；

（四）常闭式防火门是否处于关闭状态，防火卷帘下是否堆放物品影响使用；

（五）消防安全重点部位的人员在岗情况；

（六）其他消防安全情况。

校医院、学生宿舍、公共教室、实验室、文物古建筑等应当加强夜间防火巡查。

防火巡查人员应当及时纠正消防违章行为，妥善处置火灾隐患，无法当场处置的，应当立即报告。发现初起火灾应当立即报警、通知人员疏散、及时扑救。

防火巡查应当填写巡查记录，巡查人员及其主管人员应当在巡查记录上签名。

**第三十条**　对下列违反消防安全规定的行为，检查、巡查人员应当责成有关人员改正并督促落实：

（一）消防设施、器材或者消防安全标志的配置、设置不符合国家标准、行业标准，或者未保持完好有效的；

（二）损坏、挪用或者擅自拆除、停用消防设施、器材的；

（三）占用、堵塞、封闭消防通道、安全出口的；

（四）埋压、圈占、遮挡消火栓或者占用防火间距的；

（五）占用、堵塞、封闭消防车通道，妨碍消防车通行的；

（六）人员密集场所在门窗上设置影响逃生和灭火救援的障碍物的；

（七）常闭式防火门处于开启状态，防火卷帘下堆放物品影响使用的；

（八）违章进入易燃易爆危险物品生产、储存等场所的；

（九）违章使用明火作业或者在具有火灾、爆炸危险的场所吸烟、使用明火等违反禁令的；

（十）消防设施管理、值班人员和防火巡查人员脱岗的；

（十一）对火灾隐患经公安机关消防机构通知后不及时采取措施消除的；

（十二）其他违反消防安全管理规定的行为。

**第三十一条**　学校对教育行政主管部门和公安机关消防机构、公安派出所指出的各类火灾隐患，应当及时予以核查、消除。

对公安机关消防机构、公安派出所责令限期改正的火灾隐患，学校应当在规定的期限内整改。

**第三十二条**　对不能及时消除的火灾隐患，隐患单位应当及时向学校及相关单位的消防安全责任人或者消防安全工作主管领导报告，提出整改方案，确定整改措施、期限以及负责整改的部门、人员，并落实整改资金。

火灾隐患尚未消除的，隐患单位应当落实防范措施，保障消防安全。对于随时可能引发火灾或者一旦发生火灾将严重危及人身安全的，应当将危险部位停止使用或停业整改。

**第三十三条**　对于涉及城市规划布局等学校无力解决的重大火灾隐患，学校应当及时向其上级主管部门或者当地人民政府报告。

**第三十四条**　火灾隐患整改完毕，整改单位应当将整改情况记录报送相应的消防安全工作责任人或者消防安全工作主管领导签字确认后存档备查。

## 第五章　消防安全教育和培训

**第三十五条**　学校应当将师生员工的消防安全教育和培训纳入学校消防安全年度工作计划。

消防安全教育和培训的主要内容包括：

（一）国家消防工作方针、政策，消防法律、法规；

（二）本单位、本岗位的火灾危险性，火灾预防知识和措施；

（三）有关消防设施的性能、灭火器材的使用方法；

（四）报火警、扑救初起火灾和自救互救技能；

（五）组织、引导在场人员疏散的方法。

**第三十六条**　学校应当采取下列措施对学生进行消防安全教育，使其了解防火、灭火知识，掌握报警、扑救初起火灾和自救、逃生方法。

（一）开展学生自救、逃生等防火安全常识的模拟演练，每学年至少组织一次学生消防演练；

（二）根据消防安全教育的需要，将消防安全知识纳入教学和培训内容；

（三）对每届新生进行不低于4学时的消防安全教育和培训；

（四）对进入实验室的学生进行必要的安全技能和操作规程培训；

（五）每学年至少举办一次消防安全专题讲座，并在校园网络、广播、校内报刊开设消防安全教育栏目。

**第三十七条** 学校二级单位应当组织新上岗和进入新岗位的员工进行上岗前的消防安全培训。

消防安全重点单位（部位）对员工每年至少进行一次消防安全培训。

**第三十八条** 下列人员应当依法接受消防安全培训：

（一）学校及各二级单位的消防安全责任人、消防安全管理人；

（二）专职消防管理人员、学生宿舍管理人员；

（三）消防控制室的值班、操作人员；

（四）其他依照规定应当接受消防安全培训的人员。

前款规定中的第（三）项人员必须持证上岗。

## 第六章 灭火、应急疏散预案和演练

**第三十九条** 学校、二级单位、消防安全重点单位（部位）应当制定相应的灭火和应急疏散预案，建立应急反应和处置机制，为火灾扑救和应急救援工作提供人员、装备等保障。

灭火和应急疏散预案应当包括以下内容：

（一）组织机构：指挥协调组、灭火行动组、通讯联络组、疏散引导组、安全防护救护组；

（二）报警和接警处置程序；

（三）应急疏散的组织程序和措施；

（四）扑救初起火灾的程序和措施；

（五）通讯联络、安全防护救护的程序和措施。

（六）其他需要明确的内容。

**第四十条** 学校实验室应当有针对性地制定突发事件应急处置预案，并将应急处置预案涉及到的生物、化学及易燃易爆物品的种类、性质、数量、危险性和应对措施及处置药品的名称、产地和储备等内容报学校消防机构备案。

**第四十一条** 校内消防安全重点单位应当按照灭火和应急疏散预案每半年至少组织一次消防演练，并结合实际，不断完善预案。

消防演练应当设置明显标识并事先告知演练范围内的人员，避免意外事故发生。

## 第七章 消防经费

**第四十二条** 学校应当将消防经费纳入学校年度经费预算，保证消防经费投入，保障消防工作的需要。

**第四十三条** 学校日常消防经费用于校内灭火器材的配置、维修、更新，灭火和应急疏散预案的备用设施、材料，以及消防宣传教育、培训等，保证学校消防工作正常开展。

**第四十四条** 学校安排专项经费，用于解决火灾隐患，维修、检测、改造消防专用给水管网、消防专用供水系统、灭火系统、自动报警系统、防排烟系统、消防通讯系统、消防监控系统等消防设施。

**第四十五条** 消防经费使用坚持专款专用、统筹兼顾、保证重点、勤俭节约的原则。

任何单位和个人不得挤占、挪用消防经费。

## 第八章 奖 惩

**第四十六条** 学校应当将消防安全工作纳入校内评估考核内容，对在消防安全工作中成绩突出的单位和个人给予表彰奖励。

**第四十七条** 对未依法履行消防安全职责、违反消防安全管理制度、或者擅自挪用、损坏、破坏消防器材、设施等违反消防安全管理规定的，学校应当责令其限期整改，给予通报批评；对直接负责的主管人员和其他直接责任人员根据情节轻重给予警告等相应的处分。

前款涉及民事损失、损害的，有关责任单位和责任人应当依法承担民事责任。

**第四十八条** 学校违反消防安全管理规定或者发生重特大火灾的，除依据消防法的规定进行处罚外，教育行政部门应当取消其当年评优资格，并按照国家有关规定对有关主管人员和责任人员依法予以处分。

## 第九章 附 则

**第四十九条** 学校应当依据本规定，结合本校实际，制定本校消防安全管理办法。

高等学校以外的其他高等教育机构的消防安全管理，参照本规定执行。

**第五十条** 本规定所称学校二级单位，包括学院、系、处、所、中心等。

**第五十一条** 本规定自2010年1月1日起施行。

# 上海市实施《中华人民共和国义务教育法》办法

(1993年2月6日上海市第九届人民代表大会常务委员会第四十一次会议通过,根据1997年12月10日上海市第十届人民代表大会常务委员会第四十次会议关于修改《上海市实施〈中华人民共和国义务教育法〉办法》的决定修正,2009年2月24日上海市第十三届人民代表大会常务委员会第九次会议修订)

## 第一章 总 则

**第一条** 为了保障适龄儿童、少年享有平等接受义务教育的权利,促进义务教育均衡发展,加强素质教育,保证义务教育的实施,根据《中华人民共和国义务教育法》及其他有关法律、行政法规,结合本市实际,制定本办法。

**第二条** 本市行政区域内义务教育的实施及其有关管理活动,适用本办法。

**第三条** 本市义务教育在国务院领导下,实行市人民政府统筹规划实施,区、县人民政府为主管理的体制。

市和区、县教育行政部门具体负责义务教育实施工作;市和区、县其他有关行政部门在各自的职责范围内负责义务教育实施工作。

鼓励乡镇人民政府在办学条件、办学经费等方面,支持本行政区域内义务教育发展。

**第四条** 本市将义务教育事业纳入全市国民经济和社会发展规划。

**第五条** 本市实施义务教育,不收学费、杂费、教科书费、作业本费。

**第六条** 实施义务教育所需的经费、师资、校舍及设施设备等,由市和区、县人民政府依法予以保障。

**第七条** 市和区、县人民政府应当合理配置义务教育资源,缩小城乡之间、区域之间、学校之间办学条件和办学水平的差距,促进义务教育均衡发展。

**第八条** 市和区、县人民政府及其教育行政部门应当推进实施素质教育。学校应当按照素质教育的要求开展教育教学活动。

**第九条** 本市实行义务教育督导制度。市和区、县人民政府教育督导机构应当依法开展督导工作。

**第十条** 发生违反义务教育法律、法规的重大事件,妨碍本市义务教育实施,造成重大社会影响的,负有领导责任的人民政府或者教育行政部门负责人应当引咎辞职。

## 第二章 就学管理

**第十一条** 凡年满六周岁的儿童,其父母或者其他法定监护人应当送其入学接受并完成义务教育。

适龄儿童、少年因身体状况需要延缓入学或者休学的,其父母或者其他法定监护人应当提出申请,由当地区、县教育行政部门或者乡镇人民政府批准。

**第十二条** 适龄儿童、少年免试入学。学校不得举行或者变相举行与入学挂钩的选拔考试或者测试,不得将各种竞赛成绩和各类考级证书作为入学的条件和编班的依据。

**第十三条** 具有本市户籍的适龄儿童、少年,在户籍所在地学校就近入学。就近入学的范围,由区、县教育行政部门根据本行政区域内学校布局以及适龄儿童、少年数量和分布状况合理确定,并向社会公布。

**第十四条** 父母或者其他法定监护人在本市工作或者居住期间,其同住的非本市户籍适龄儿童、少年需要在本市接受义务教育的,由其父母或者其他法定监护人持本人身份证明与就业证明或者本人身份证明与居住证明，以及适龄儿童、少年的身份证明等材料，到居住地所在区、县教育行政部门申请就读，区、县教育行政部门应当统筹解决。

**第十五条** 本市司法行政部门和教育行政部门按照各自职责，对未完成义务教育的未成年犯和被采取强制性教育措施的未成年人实施义务教育，所需经费由市人民政府予以保障。

本市未成年犯管教机构和未成年人强制性教育机构按照本市有关规定负责组织实施义务教育的教育教学活动。

**第十六条** 对已经接受九年义务教育但未能达到初中毕业文化程度的学生，区、县教育行政部门应当继续为其提供相关的文化教育或者会同区、县人力资源社会保障部门为其提供相关的职业技能培训，直至其达到法定劳动年龄。

**第十七条** 学校应当建立健全与家长的联系制度，建立家长委员会，对涉及学生权益的重要事项，应当听取家长委员会的意见。

**第十八条** 对违反学校管理制度的学生，学校应当予以批评教育，帮助学生改正错误，但不得劝退或者开除。

## 第三章 基 本 保 障

**第十九条** 市人民政府及其有关行政部门应当按照国家规定，制定本市学校建设、学生人均公用经费、教职工编制等标准。

区、县人民政府应当确保前款标准在本行政区域实施。

**第二十条** 市和区、县人民政府应当将义务教育全面纳入财政保障范围，在财政预算中将义务教育经费单列。

本市依法征收教育费附加，主要用于实施义务教育。

**第二十一条** 市人民政府可以根据实际需要设立义务教育专项资金，用于扶持办学经费困难的地区实施义务教育。

**第二十二条** 本市各级人民政府应当按照义务教育管理体制和财政管理体制，加大对义务教育的投入，保证用于实施义务教育财政拨款的增长比例高于财政经常性收入的增长比例，保证按照在校学生人数平均的义务教育费用逐步增长，保证教职工工资和学生人均公用经费逐步增长。

**第二十三条** 区、县人民政府应当按照学校实际招收的适龄儿童、少年人数和教职工人数等情况，拨付教育经费，保证学校教育教学活动的正常开展。

对接受政府委托实施义务教育的民办学校，市教育行政部门和区、县人民政府应当按照国家和本市的有关规定，拨付相应的教育经费。

**第二十四条** 义务教育经费严格按照预算规定用于义务教育。任何组织和个人不得侵占、挪用义务教育经费，不得向学校非法收取或者摊派费用。

**第二十五条** 本市完善教师工资制度。市和区、县人民政府应当缩小区县之间、学校之间教师工资差距，推进全市教师工资水平均衡化。教师的平均工资水平应当不低于当地公务员的平均工资水平。

**第二十六条** 市和区、县审计机关依法对义务教育经费收支管理情况进行审计监督。

市教育行政部门应当会同市财政、统计部门对区、县人民政府义务教育经费投入和执行情况，定期进行监测，监测结果向社会公告。

**第二十七条** 市和区、县人民政府在组织编制或者批准城市总体规划和控制性详细规划时，应当按照国家和本市有关规定，制定、调整学校设置规划，合理布局。

本市健全和完善教育公建配套制度。新建居民区根据规划需要设置学校的，应当与居民区的建设同步进行。

**第二十八条** 新建居民区配套建设的学校，由区、县教育行政部门管理，不得擅自改变使用性质。

因建设需要拆迁学校的，拆迁人应当根据规划布局重建或者给予补偿。

区、县教育行政部门应当妥善安排学校拆迁后有关学生的就学。

**第二十九条** 区、县人民政府应当组织相关部门定期对学校的校舍、场地、设施设备等进行安全检查；对需要维修、改造的，及时予以维修改造。

**第三十条** 市和区、县教育行政部门应当根据国家和本市有关规定，定期对教师组织培训，提高教师的职业素养和专业水平。

学校应当制定教师培训计划，合理安排教师参加各类培训。

**第三十一条** 区、县教育行政部门应当根据国家规定的任职条件依法聘任校长。

## 第四章 均衡发展

**第三十二条** 本市完善义务教育经费财政转移支付的制度，加大对财力薄弱区、县的财政转移支付规模，支持和引导区、县人民政府增加对义务教育的投入，缩小城乡之间、区域之间义务教育经费的差距。

义务教育经费转移支付的方案，由市财政部门会同市教育行政部门制定，报市人民政府批准后实施。

区、县人民政府应当按照规定，将市级义务教育转移支付资金全部用于义务教育。

**第三十三条** 市教育行政部门应当统筹规划本市教育教学设施设备的配置，促进城乡之间、区域之间教育教学设施设备的均衡。

区、县人民政府及其教育行政部门应当均衡配置本行政区域内学校的教育教学设施设备。

**第三十四条** 市教育行政部门应当统筹规划本市教师队伍建设，推动城乡之间、区域之间校长、教师的合作交流与合理流动。

区、县教育行政部门应当建立校长、教师合作交流制度，均衡配置本行政区域内的教师资源，使每所学校有一定比例的高级职务教师。在教师培训、骨干教师配备等方面，应当向农村学校和其他师资力量相对薄弱的学校倾斜。

学校校长、教师合作交流和合理流动的具体办法，由市教育行政部门规定。

**第三十五条** 本市鼓励中心城区学校校长、教师到农村学校支援义务教育工作。在校长任职、教师职务评聘、教师业务进修、培训以及报考本市高等学校教育类专业的研究生等方面，同等条件下对其予以优先考虑。

具有高级职务的教师到农村学校支援义务教育，到达法定退休年龄时、仍在农村学校任教的，可以按照本市有关规定适当延长退休年龄。

对于长期在农村学校任教的优秀校长和具有高级职务的优秀教师，可以适用前两款的规定。

**第三十六条** 区、县人民政府及其教育行政部门不得将学校分为重点学校和非重点学校。学校不得设置或者变相设置重点班和非重点班。

**第三十七条** 市和区、县教育行政部门应当推动城乡之间、区域之间、学校之间教育设施和设备、课程、师资等资源共享，提高资源使用效益。

## 第五章 素质教育

**第三十八条** 实施素质教育应当符合教育教学规律，将德育、智育、体育、美育等有机统一，注重培养学生独立思考能力、创新能力和实践能力，促进学生全面发展。

**第三十九条** 学校应当坚持育人为本、德育为先，寓德育于教育教学之中，对学生加强爱国主义、中华传统美德、生命、心理健康、法制和日常行为规范等教育，形成学校、家庭、社会相互配合的思想道德教育体系，促进学生养成良好的思想品德和行为习惯。

教师应当为人师表，恪守职业道德，以自身良好的品德、言行影响和教育学生。

**第四十条** 市教育行政部门应当按照国家要求推进教育教学内容、课程设置、考试、招生和评价制度等改革，促进实施素质教育。

学校应当根据素质教育的要求，改进和创新教育教学方法，按照国家确定的教育教学内容和课程设置开展教育教学活动。

**第四十一条** 学校应当根据学生的身心特点和成长规律，科学合理安排学生的课业，不得占用思想品德、体育、音乐、美术、社会实践等课时；组织学生开展各项体育锻炼活动和多种形式的课外活动，培养学生的自我管理能力，提高学生身心素质。学生家长应当积极配合学校实施素质教育，共同促进学生全面发展。

教师不得利用课余时间强制或者变相强制学生参加有偿补课等活动。

**第四十二条** 学校应当组织学生开展与其身心特点相适应的社会公益活动。

**第四十三条** 市教育行政部门应当建立健全以素质教育为主要指标的学校评价体系和以学生综合素质为主要指标的学生评价体系。区、县教育行政部门可以根据市教育行政部门制定的评价体系，结合本行政区域的实际情况，制定具体评价办法，并不得以升学率作为评价学校教育质量、以学科考试成绩作为考核教师和评价学生的单一标准。

**第四十四条** 市教育行政部门应当以实施素质教育为目标，按照国家教育方针和课程标准组织编审教科书，推进中小学课程改革。

**第四十五条** 学校应当按照素质教育的要求，组织学生开展文化、科技等活动，有计划地组织学生参观博物馆、科技馆、纪念馆和爱国主义教育基地等场馆。

爱国主义教育基地、图书馆、青少年宫、儿童活动中心应当对学生免费开放。博物馆、科技馆、纪念馆等场所，应当按照有关规定对学生免费或者优惠开放，为学校开展素质教育提供支持。

## 第六章 法律责任

**第四十六条** 本市各级人民政府未履行对义务教育经费保障职责的，依法由上级人民政府责令限期改正；情节严重的，对直接负责的主管人员和其他直接责任人员依法给予行政处分。

市或者区、县人民政府未按照国家有关规定制定、调整学校的设置规划，未定期组织相关部门对学校校舍、场地、设施设备等进行安全检查并及时维修、改造的，依法由上级人民政府责令限期改正；情节严重的，对直接负责的主管人员和其他直接责任人员依法给予行政处分。

区、县人民政府或者其教育行政部门将学校分为重点学校和非重点学校的，由上级人民政府或者其教育行政部门责令限期改正、通报批评；情节严重的，对直接负责的主管人员和其他直接责任人员依法给予行政处分。

**第四十七条** 侵占、挪用义务教育经费或者向学校非法收取、摊派费用的，依法由上级人民政府或者其教育行政部门、财政部门、价格行政部门和审计机关根据职责分工责令限期改正；情节严重的，对直接负责的主管人员和其他直接责任人员依法给予处分。

**第四十八条** 适龄儿童、少年的父母或者其他法定监护人无正当理由未依照本办法规定送适龄儿童、少年入学接受义务教育的，由当地区、县教育行政部门或者乡镇人民政府给予批评教育，责令限期改正。

**第四十九条** 学校有下列情形之一的，由学校所在地区、县教育行政部门给予批评教育，并责令限期改正；情节严重的，应当对直接负责的主管人员和其他直接责任人员依法给予处分：

（一）举行或者变相举行与入学挂钩的选拔考试或者测试，将各种竞赛成绩和各类考级证书作为入学条件和编班依据的；

（二）占用思想品德、体育、音乐、美术、社会实践等课时的；

（三）利用课余时间强制或者变相强制学生参加有偿补课等活动的；

（四）设置或者变相设置重点班和非重点班的；

（五）对违反学校管理制度的学生予以开除或者劝退的。

**第五十条** 对擅自改变新建居民区配套建设的学校使用性质的，按照《上海市城市规划条例》的有关规定予以处罚。

## 第七章 附则

**第五十一条** 社会组织或者个人依法举办的民办学校实施义务教育的，依照《中华人民共和国民办教育促进法》有关规定执行；《中华人民共和国民办教育促进法》未作规定的，适用《中华人民共和国义务教育法》和本办法。

**第五十二条** 本办法自 2009 年 6 月 1 日起施行。

# 上海市人民政府办公厅关于转发市教委等八部门制订的《上海市特殊教育三年行动计划（2009—2011年）》的通知

（沪府办发〔2009〕32号）

各区、县人民政府，市政府各委、办、局：

市教委、市发展改革委、市民政局、市财政局、市人力资源社会保障局、市卫生局、市编办、市残联制订的《上海市特殊教育三年行动计划（2009—2011年）》已经市政府同意，现转发给你们，请认真按照执行。

上海市人民政府办公厅

2009年8月31日

## 上海市特殊教育三年行动计划(2009—2011年)

特殊教育发展是社会文明进步的标志。重视和发展特殊教育，是贯彻落实党的十七大精神，关注民生，关爱弱势群体，建设和谐社会的必然要求，也是本市率先基本实现教育现代化的重要组成部分。改革开放以来，本市特殊教育事业取得了长足的进步，基本形成了以特殊教育学校为骨干，特殊教育班和随班就读为主体，送教上门、社区教育为补充的从学前教育到高等教育互相衔接、普特融合的特殊教育体系。通过率先实施对特教学校学生免费义务教育，积极开展帮困助学工作，保障残疾学生的受教育权，满足了不同残疾类型和程度残疾学生的各种教育需求。特别是近年来，高中阶段特殊教育和高等特殊教育得到较快发展，开展盲、聋残疾学生在普通高校随班就读的尝试取得了成效；加大特教经费投入力度，引进现代信息、康复等先进的设施设备与技术，改善了特殊教育的办学条件；积极开展特教课程改革，改进教育教学方法，提高了特殊教育质量；加强特殊教育师资队伍建设，提高特殊教育教师待遇，促进了师资队伍的稳定。

本市特殊教育虽然取得了一定的成效，但其发展程度同发达国家与地区相比还有较大差距，特殊教育支持保障体系有待进一步健全，适合特殊教育事业发展的政策和运作机制还需完善；残疾儿童发现、诊断、评估、转介、安置、服务网络亟需建立，教育与医学手段有效整合、建立特殊教育科学有效的评价体系的研究有待开展；特教师资的专业化水平需进一步提高。为加快本市特殊教育国际化、现代化的进程，建立有利于残疾学生可持续发展的特殊教育支持保障体系，促进特殊教育内涵发展，制订本行动计划。

### 一、指导思想

全面落实科学发展观，促进社会和谐，重视特殊教育。积极贯彻《国务院办公厅转发教育部等部门关于进一步加快特殊教育事业发展意见的通知》（国办发〔2009〕41号）、《中共上海市委、上海市人民政府关于全面实施教育综合改革率先基本实现上海教育现代化的若干意见》和《上海市国民经济和社会发展第十一个五年规划纲要》，落实《上海教育事业发展"十一五"规划纲要》和《上海市残疾人事业"十一五"发展纲要》，通过三年的努力，建设与上海经济、社会发展相适应的特殊教育事业，进一步深化体制机制改革，优化配置特教资源，加强医教结合研究，提高教育与康复质量，使本市的特殊教育事业发展更好地满足残疾学生的发展需求。

### 二、主要目标

积极推进特殊教育现代化，优先发展特殊教育、优化配置特殊教育资源、创设优良成长环境。以实施"医教结合、按需施教、开发潜能、人人有所发展"为目标，提高特殊教育的科学性、针对性和有效性，构建满足残疾学生身心全面发展需求、医教有机整合的特殊教育支持保障体系。全面提高特殊教育发展水平，形成全社会共同关心残疾儿童发展的良好氛围。具体包括：

（一）优化特殊教育办学条件。全市所有义务教育阶段特殊教育学校校舍与场地符合特殊教育需求，聋校、辅读学校教学与康复设施设备达到《上海市聋校、辅读学校教学与康复设施设备装备标准(试行)》(沪教委基〔2007〕47 号)要求。按照《关于加强随班就读工作管理若干意见》(沪教委基〔2006〕29 号)要求，配置随班就读资源教室。改善学前特教办学设施设备，满足学前儿童康复需求。

（二）创建医教结合的特教课程体系。开展特教康复课程研究与开发，为残疾学生提供针对性的康复训练，提高特殊教育质量。

（三）开展特教师资队伍专业化建设。按照沪教委基〔2006〕29 号文的要求，配备巡回指导教师、资源教师和康复专职教师。对所有巡回指导教师、资源教师和康复专职教师，进行特教与康复专业知识与技能培训。

（四）建立各部门分工合作、教育与医学相互结合的特殊教育医教结合信息平台、服务网络和运行机制。

**三、具体措施**

（一）多途径实施特殊教育机构建设，创设良好的教育与康复环境。

1. 加强义务教育阶段特教学校建设。各区县要通过搬迁、扩建、改建等多种方式，对特教学校进行改造，增设无障碍设施，配齐必需的专用教室，使校舍场地面积和功能满足不同类型残疾学生生活、学习和康复需要。

2. 根据市颁装备标准和本地区残疾学生的特点配备聋校与辅读学校的教学与康复设施设备，使设施设备数量和功能满足特教学校实施教育教学与康复的需要。

3. 积极发展学前特殊教育，根据本地区人口分布情况与残疾儿童的实际需求，对学前特教进行合理设点布局，为学前特教机构配置必需的教育与康复设施设备。

4. 在随班就读学生超过 10 人以上的中小学设立资源教室，并根据各校随班就读学生的实际需要，配置必需的设施设备和丰富的教具、学具、图书资料等教育教学资源，满足随班就读学生个别化教育需要。

5. 大力推进残疾人高等教育，各普通高校积极利用现有资源，从符合残疾人特点、与残疾人就业相适应的要求出发，拓宽招收残疾人的专业种类，努力满足残疾人接受高等教育的需求，为残疾人提供更好的教学服务。

（二）加强康复课程建设，完善特教课程体系。

1. 开发适合学前教育、义务教育等不同年龄阶段和盲、聋、弱智、自闭症、脑瘫等不同残疾类型学生发展需求的相关康复课程指南，编制相关的教师指导用书。

2. 研究与改进教育教学方法，开发残疾学生的潜能。针对残疾学生的特点，运用教育与医学等多种手段，实施教育与康复服务，开展个别化教育与康复训练，促进残疾学生全面发展，增强教育的针对性与有效性，提高教育教学质量。

3. 开展特殊教育评价研究，建立适合残疾学生特点的特殊教育评价体系，对残疾学生实施有针对性的评价。

（三）规范随班就读管理，提高随班就读工作水平。

1. 建立健全随班就读工作管理制度，明确随班就读工作任务与要求，建立规范的工作程序。

2. 加强对随班就读学生的发展性评估，在此基础上，对其安置方式、教育目标、课程、教育内容、评估内容与方法等进行整体设计，注重潜能开发，实施个别化教育，使随班就读学生得到充分发展，提高随班就读教育教学质量。

3. 发挥各类特教康复指导中心的作用，按要求开展特教康复指导中心的基本建设，进一步明确工作职责，完善管理、指导、研究、培训、服务等五大功能。

（四）加强师资队伍建设，提高教师专业化水平。

1. 研究制定特殊教育教师管理方法，修订与完善特殊教育学校教职工编制标准并保障落实，使特教学校教师结构、岗位设置符合特殊教育医教结合工作需要。

2. 建设一支随班就读资源教师队伍，有随班就读学生的普通学校根据实际需要，配备资源教师，负责本校随班就读学生的教育教学工作。每个区县根据实际需要，配备特教巡回指导教师，负责对本区县普通学校随班就读工作的巡回指导。各类特教学校应根据需要配备专职康复教师，负责对本校残疾学生的康复训练。

3. 开展在职教师与新教师特教岗位证书培训与考核，提高教师的专业化水平。

4. 建立特教教师在职培训长效机制，研究并编制特殊教育教师培训课程与教材。对全体特教学校专职康复教师、资源教师及巡回指导教师开展上岗培训和康复知识与技能培训，使其掌握本岗位的工作要求与相关的康复知识与技能。对普通学校随班就读教师开展特殊教育基本知识与技能培训，使其了解残疾学生的特点，并掌握基本的教育原理与方法，提高开展特殊教育的能力。

5. 加强特殊教育骨干教师培养，通过组织特教教师出国培训、考察和引进国外特教专家来沪讲学等方式，对特教教师进行培训，使其了解国际特教发展的新趋势，掌握先进的特殊教育理念、方法与技术，提高特教实践与研究能力，成为特教学科带头人，从而形成一支特教骨干教师队伍。

6. 探索特教教师双学历职前培训机制，使特教教师具备开展医教结合特殊教育的学识与能力，为教师的可持续发展打下基础。

（五）实施资源整合，构建医教结合的特殊教育服务网络。

1. 建立残疾儿童筛查、检测、建档、转介、安置网络化的运行机制。实施定点、定标准的医学检测制度。建立医学检测定点单位，确定专人负责对残疾儿童的检测工作，全市统一检测工具与标准，加强对检测工作的规范化管理。根据残疾儿童入学检测与评估结果建议安置形式，对残疾儿童实施随访、跟踪服务。

2. 建设残疾儿童筛查、首诊报告信息平台，建立残疾儿童资料库，实现残疾儿童信息资源共享。

3. 探索建立顾问医生制度等多种医教结合模式，实现特殊教育机构中残疾儿童教育与康复手段的有机整合。

4. 加强特教资源中心建设，为残疾学生及其家长、教师及各级各类残疾人教育与管理机构提供指导与服务。在完善对现有区县特殊教育康复指导中心管理的基础上，进一步依托区县教育行政部门加强视力残疾和听力残疾教育康复指导中心的建设；依托华东师范大学学前教育与特殊教育学院，建立市特殊教育资源中心，明确市资源中心和各特教康复指导中心的功能定位、工作职责，形成网络化的运行机制。

（六）各部门、各区县各司其职，完善特殊教育管理体制。

1. 各级政府将特殊教育的发展纳入当地教育事业发展的整体规划，根据区域内实际，对特教事业发展作整体规划，并根据全市整体部署，研究制定符合本地区特点的特殊教育三年行动计划，切实解决当前特殊教育事业发展中的重点难点问题，整合各方面力量加以实施。

2. 市政府各有关部门和相关社会团体各司其职、加强合作，研究与制定相应政策，切实解决特殊教育事业发展尤其是实施三年行动计划中的经费、师资等困难与问题，使特殊教育事业发展有新的突破。

教育部门统筹制定本市特殊教育事业发展规划，实施对特教机构的管理和特教师资队伍建设，对残疾儿童进行合理安置，开展课程建设与教科研，确保特殊教育质量。

发展改革部门将特殊教育事业纳入本市社会事业发展的整体规划，对特教学校进行合理设点布局，研究制定并推进实施特教学校建设标准。

民政部门研究与制定残疾学生帮困助学政策，关心残疾学生生活，配合教育部门做好重残学生的教育与康复工作。

财政部门会同有关部门研究制定与上海经济社会发展相适应、适合特殊教育发展需求的经费投入政策，并根据有关规定，为本地区特殊教育事业发展提供经费保障。

人力资源社会保障部门按照国家有关规定，研究制定教师待遇、职称评定标准等特殊教育教师管理政策，提高教师专业化水平。

卫生部门负责对残疾儿童的检测与筛查，建立残疾儿童资料库，组织力量为特教机构提供康复服务。

编制部门会同相关部门按照有关规定和要求，合理配备特殊教育学校的教职工，为本市特教事业的科学发展提供保障。

残联开展残疾儿童的调查摸底工作，并协助教育部门做好残疾学生的入学安置、康复、职业技术教育和残疾学生毕业后的就业工作，协助卫生部门做好残疾儿童资料库的建设工作。

3. 定期召开由市教育、发展改革、民政、财政、人力资源社会保障、卫生、编制、残联等部门与社会团体参加的特殊教育工作联席会议，研究与协调解决特殊教育工作中的重大问题，加强部门之间的合作与交流。各区县建立相应的联席会议制度，形成各部门协作、支持特殊教育事业发展的机制。

4. 建立上海市特殊教育专家咨询委员会。由市教育部门牵头，聘请本市著名儿童医学、康复、心理、特殊教育专家，对本市特殊教育的重大决策、特殊教育与康复工作进行咨询与指导。

5. 建立残疾儿童入学鉴定委员会。由各区县教育部门牵头，医学、康复、心理、特殊教育专家、教师代表、家长代表共同参与，根据鉴定结果及学生的实际表现，对残疾儿童的发展状况进行评估，提出安置与个别化教育建议。

（七）增加资金投入，确保特教事业持续稳定发展。

1. 加大经费投入力度。各区县要按照有关规定，将特殊教育事业发展纳入教育经费预算，特殊教育生均公用经费根据市颁布的定额标准拨付。鼓励企事业单位、社会团体和公民个人捐资助学。

2. 完善特殊教育帮困助学机制。在义务教育阶段实施免费教育的基础上，积极开展对家庭困难的残疾学生帮困助学工作。研究制定特殊教育高中阶段残疾学生实施免费教育的政策。

3. 加强特教经费管理。市、区县教育部门健全特殊教育经费管理制度，提高资金使用效率。

（八）加强督导，确保各项工作落到实处。

1. 各区县要将特教事业发展纳入当地教育督导工作中，定期不定期的对特教工作开展专项督导。

2. 市教育督导部门要组织力量对各区县实施三年行动计划的情况进行督导，市教育部门根据督导结果，对成绩显著的区县教育部门进行表彰。

3. 加强对特殊教育事业发展的宣传，形成全社会共同关心、支持特殊教育事业发展的良好氛围。

上海市教育委员会<br>
上海市发展和改革委员会<br>
上海市民政局<br>
上海市财政局<br>
上海市人力资源和社会保障局<br>
上海市卫生局<br>
上海市机构编制委员会办公室<br>
上海市残疾人联合会<br>
2009 年 8 月 18 日

# 上海市教育委员会关于印发《上海市属高等学校企业国有资产管理暂行办法》的通知

（沪教委国资〔2009〕49 号）

市属各高等学校：

为了贯彻落实教育部关于高校企业改革改制、规范化建设的工作要求，加强本市市属高等学校企业国有资产的管理，理顺管理体制，明确管理职能，规范管理行为，保障国有资产权益和保值增值，促进高校出资企业在社会主义市场经济条件下的健康和可持续性发展，根据《中华人民共和国企业国有资产法》、《事业单位国有资产管理暂行办法》（财政部令第 36 号）、国家和本市国有资产监督管理部门有关企业国有资产监管的行政法规，我委制定了《上海市属高等学校企业国有资产管理暂行办法》，现印发给你们，请按照执行。

附件：上海市属高等学校企业国有资产管理暂行办法

上海市教育委员会

2009 年 10 月 14 日

附件：

## 上海市属高等学校企业国有资产管理暂行办法

### 第一章　总　　则

**第一条**　为了加强上海市属高等学校企业国有资产的管理，理顺管理体制，明确管理职能，规范管理行为，保障国有资产权益和保值增值，促进高校出资企业在社会主义市场经济条件下的健康和可持续性发展，根据《中华人民共和国企业国有资产法》、《事业单位国有资产管理暂行办法》（财政部令第 36 号）、国家和本市国有资产监督管理部门颁发的有关企业国有资产监管行政法规制定本办法。

**第二条**　本办法适用范围为上海市属高等学校及其出资各级次企业的国有资产管理。本办法所称企业国有资产（以下称国有资产），是指上海市属高等学校（国家举办的事业单位）作为出资人，对企业的出资和由此形成的权益。

**第三条**　市教育主管部门按照事业单位国有资产主管部门职责，在本市财政部门和国有资产监督管理部门的监督、指导下，按照政企分开、监管职能与出资人职责分开、不干预企业依法自主经营的原则，依法对上海市属高等学校及其出资各级次企业的国有资产实施监督管理。

**第四条**　上海市属高等学校按照出资人职责，在市教育主管部门的监督、指导下，依法对出资各级次企业的国有资产进行管理。各高校应设立国有资产管理机构（委员会或职能部门），授权其依法对本校出资的各级次企业的国有资产进行管理，履行出资企业的出资人职责、股东的权利和义务。

**第五条**　上海市属高等学校应出资组建法人独资的资产经营一人有限责任公司（以下简称高校资产经营有限公司），授权其作为高校对企业投资的唯一投资主体，履行出资人职责，依法维护高校的合法权益，承担对国有资产保值增值的责任，促进高新技术的转化，孵化科技企业，创办具有高校自身教育文化特色和智力资源优势的企业，推进出资企业的健康和可持续性发展。

**第六条** 上海市属高等学校出资各级次企业的国有资产属国家所有，企业依法享有占有、使用、收益和处分的权利，受法律保护，任何单位和个人不得侵害。

## 第二章 投 资 管 理

**第七条** 本章所指的投资是指上海市属高等学校以事业单位法人身份投资组建企业以及出资各级次企业投资组建下级企业的行为。

### 第一节 事业单位投资组建企业

**第八条** 事业单位国有资产是指事业单位占有、使用，依法确认为国家所有，能以货币计量的各种经济资源的总称，即事业单位的国有(公共)财产。事业单位投资组建企业，是指事业单位利用国有资产作为初始或增资投资，在工商行政管理部门领取或变更《企业法人营业执照》，组建具有企业法人资格的经济实体或对已有企业法人资格的经济实体进行增资资本金的行为。

**第九条** 作为初始或增资投资的事业单位国有资产主要有如下几种形式：

一、货币资金(不包括国家财政性收入)；

二、实物资产(仪器设备和器材)；

三、知识产权(不包括涉及国家机密的非专利技术、著作权等)。

**第十条** 下列资产不得转作投资使用：

一、国家财政拨款；

二、上级补助资金；

三、教育用房屋和建筑物、土地类固定资产；

四、维持教育事业正常发展，保证完成教育事业任务的资产。

**第十一条** 事业单位投资组建或增资投资企业的审批程序：

一、单位申请。高等学校投资组建或增资投资高校资产经营有限公司，要符合国家法律、行政法规规定，进行必要的可行性论证和决策程序，办理申报手续。办理申报手续时，须向市教育主管部门提交下列文件、证件及有关材料：

(一) 投资组建或增资投资高校资产经营有限公司的申请报告；

(二) 可行性论证报告；

(三) 拟投资组建高校资产经营有限公司的章程；

(四) 近期财务报表；

(五)《行政事业单位国有资产产权登记证》复印件；

(六) 其他需提交的文件、证件及材料。

二、主管部门审核批复。由市教育主管部门审查申请报告(必要时应组织专家进行可行性论证)，核实资产。对于市财政部门授权审批的投资限额以下的申请报告，由市教育主管部门对申请报告进行批复。对市财政部门授权审批的投资限额以上的申请报告，由市教育主管部门审核后，报市财政部门审核批复。

**第十二条** 事业单位用实物资产和知识产权投资组建或增资投资高校资产经营有限公司的，必须按照《国有资产评估管理办法》(国务院令第 91 号)有关规定，经市教育主管部门审核同意后，进行资产评估和评估备案。

### 第二节 企业级次与投资规范

**第十三条** 本办法所称的企业级次是指按照企业之间的出资关系确定的管理层次，分一级企业、二级企业、三级企业等，依次类推。具有资产纽带关系的两个及以上出资人投资的企业的级次以关系中最高股份比例或出资比例的出资人级次确定为其下级次的企业，股份比例或出资比例相同时，以相对控股的出资人级次确定为其下级次的企业。

**第十四条** 高等学校出资企业的级次定为：市教育主管部门和高校代行一级企业的管理职能，高校资产经营有限公司为二级企业，高校资产经营有限公司出资企业为三级企业，以下类推。未组建高校资产经营有限公司的高校，高校出资企业为二级企业，以下类推。

**第十五条** 各类企业应按照出资比例由股东分别明确为其独资或控股或参股企业。企业股东持股比例或出资比例相等时，由股东表决确定相对控股股东。

**第十六条** 已完成高校资产经营有限公司组建的，该公司是高等学校出资举办的唯一企业，高等学校不得再以任何形式投资组建其他企业。高校资产经营有限公司是高校授权进行对外投资的主体。除续存历史上的投资企业外，高校资产经营有限公司投资的三级独资和控股企业原则上不得投资组建其他企业，确因企业业务发展需要投资组建企业的，应按本办法第十八条规定批准后实施。未组建高校资产经营有限公司的高校，续存原有投资企业，不得再以任何形式投资组建其他企业；原有投资的独资和控股企业不得投资组建其他企业。

**第十七条** 高校因需要投资组建企业时，应指定高校资产经营有限公司作为出资人投资组建，高校资产经营有限公司受委托投资组建企业因其投资额不足时，高校可以通过对高校资产经营公司增资投资满足投资的需要，增资投资的方式按照本章第一节规定办理。

**第十八条** 高校投资组建或增资投资高校资产经营有限公司，应报请市教育主管部门批准或按规定报市财政部门批准；高校资产经营有限公司投资组建或增资投资企业，应报请高校国有资产管理机构（委员会或职能部门）核准，并以学校的名义批准。

## 第三章 产权管理

**第十九条** 产权管理是企业国有资产管理以及关系国有资产出资人权益的重大事项。企业的组建、合并、分立、改制、上市、增减注册资本和解散等各项经济活动都应按照产权管理的规定进行。产权管理行为主要为产权登记、产权划转和产权转让。

### 第一节 产权登记

**第二十条** 按照《企业国有资产产权登记管理办法》（国务院令第 192 号）和《企业国有资产产权登记管理办法实施细则》（财管字〔2000〕116 号），本办法所称企业国有资产产权登记（以下简称产权登记），是指国有资产管理部门代表政府对占有国有资产的各类企业的资产、负债、所有者权益等产权状况进行登记，依法确认产权归属关系的行为。

**第二十一条** 上海市属高等学校出资组建的各级次国有独资、控股企业、非国有控股的参股企业（以下统称企业），应当按照规定向市国有资产监督管理部门办理产权登记。产权登记分为占有产权登记、变动产权登记和注销产权登记。

**第二十二条** 市教育主管部门委托直属教育企业管理单位承办各企业的产权登记事务，负责向市国有资产监督管理部门办理产权登记。市国有资产监督管理部门核准企业占有登记后，向企业核发产权登记证；核准企业变动产权登记后，办理企业产权登记证的变更手续；核准企业注销产权登记后，收回被注销企业的产权登记证。

**第二十三条** 占有产权登记

一、已取得法人资格未办理产权登记的企业申请办理占有产权登记，通过国资委产权登记软件提交占有申请，填写《企业国有资产占有产权登记表》，并提交下列文件、资料：

（一）由出资人或市教育主管部门批准设立的文件、投资协议书或出资证明文件；

（二）经注册会计师出具的上一年度财务审计报告；

（三）各出资人的企业法人营业执照副本复印件或事业单位法人证书复印件，其中高等学校、国有独资、控股企业作为出资人的，还应当提交事业或企业产权登记证复印件；

（四）企业章程；

（五）《企业法人营业执照》副本复印件；

（六）经注册会计师审核的验资报告，其中以货币投资的应当附银行进账单；以实物、无形资产投资的应当提交经市国有资产管理部门备案的资产评估报告；

（七）产权登记机关要求提交的其他文件、资料。

二、申请取得法人资格的企业应当于申请办理工商注册登记前20个工作日内办理产权登记，通过国资委产权登记软件提交占有申请，填写《企业国有资产占有产权登记表》，并提交下列文件、资料：

（一）出资人或市教育主管部门批准设立的文件、投资协议书或出资证明文件；

（二）企业章程；

（三）《企业名称预先核准通知书》；

（四）各出资人的企业法人营业执照复印件或事业单位法人证书复印件，其中高等学校、国有独资、控股企业作为出资人的，还应当提交产权登记证复印件；

（五）经注册会计师审核的验资报告，其中以货币投资的应当附银行进账单；以实物、无形资产投资的应当提交经市国有资产管理部门备案的资产评估报告；

（六）产权登记机关要求提交的其他文件、资料。

**第二十四条**　变动产权登记

一、企业发生下列情形之一的，应当申办变动产权登记：

（一）企业名称或法定代表人改变的；

（二）企业组织形式、级次发生变动的；

（三）企业国有资本额发生增减变动的；

（四）企业国有资本出资人发生变动的；

（五）产权登记机关规定的其他变动情形。

二、企业申办变动产权登记，通过国资委产权登记软件提交变动申请，填写《企业国有资产变动产权登记表》，并提交下列文件、资料：

（一）出资人或上级单位的批准文件、企业股东大会或董事会作出的书面决定及出资证明；

（二）修改后的企业章程；

（三）各出资人的企业法人营业执照复印件或事业单位法人证书复印件，其中高等学校、国有独资、控股企业作为出资人的，还应当提交产权登记证复印件；

（四）本企业的《企业法人营业执照》副本复印件、经注册会计师审计的企业上一年度财务报告和企业的产权登记证原件；

（五）经注册会计师审核的验资报告，其中以货币投资的应当附银行进账单；以实物、无形资产投资的应当提交经市国有资产管理部门备案的资产评估报告；

（六）产权登记机关要求提交的其他文件、资料。

**第二十五条**　注销产权登记

一、企业发生下列情形之一的，应当申办注销产权登记：

（一）企业解散、被依法撤销或被依法宣告破产；

（二）企业转让全部国有产权；

（三）产权登记机关规定的其他情形。

二、企业申办注销产权登记，通过国资委产权登记软件提交注销申请，填写《企业国有资产注销产权登记表》，并提交下列文件、资料：

（一）政府有关部门、出资人的母公司或上级单位、企业股东大会的批准文件，工商、行政管理机关责令关闭的文件或法院宣告企业破产的裁定书；

（二）经注册会计师审计或财政部门核定的企业最末经营年度或月度的财务报告；

（三）企业的歇业审计报告或财产清查、清算报告或经财政（国有资产管理）部门合规性审核的资产评估报告；

（四）企业有偿转让或整体改制的协议或方案，转让双方的产权交割单；

（五）本企业的产权登记证原件；

（六）产权登记机关要求提交的其他文件、资料。

## 第二节　产权划转

**第二十六条**　根据《上海市企业国有产权无偿划转暂行办法》（沪国资委产〔2006〕362号），企业国有产权无偿划转，是指企业国有产权在政府机构、事业单位、国有独资企业(公司)及其他国有产权主体之间的无偿转移。

**第二十七条** 企业国有产权无偿划转应当遵循下列原则：

一、符合国家法律法规和产业政策规定；

二、有利于上海市属高校产业结构的调整；

三、有利于完善企业产权结构和培育企业核心竞争力；

四、划入方和划出方协商一致原则。

**第二十八条** 申请企业国有产权无偿划转的双方应当制定企业国有产权无偿划转的方案，并通过可行性论证。方案应载明下列内容：

一、被划转企业所处行业情况及国家有关法律法规、产业政策规定；

二、被划转企业主营业务情况及与划入、划出方企业主营业务和发展规划的关系；

三、被划转企业的财务状况及或有负债情况；

四、被划转企业的人员情况；

五、划入方对被划转企业的重组方案，包括投入计划、资金来源、效益预测及风险决策等；

六、其他需要说明的情况。

**第二十九条** 企业国有产权无偿划转要保护债权人和职工权益。划出方应当就划转事项通知本企业(单位)债权人，并制订相应的债务处置方案。涉及职工分流安置事项的，应当经被划转企业职工代表大会审议通过。

**第三十条** 无偿划转资产的审计。划转双方应共同委托有资质的中介机构按照有关规定对被划转企业开展审计，以该中介机构出具的审计报告作为企业国有产权无偿划转的依据。

**第三十一条** 签订无偿划转协议。划转双方协商一致后，应当签订企业国有产权无偿划转协议。无偿划转协议应当包括下列主要内容：

一、划入划出双方的名称与住所；

二、被划转企业的基本情况；

三、被划转企业国有产权审计值及划转基准日；

四、被划转企业涉及的职工分流安置方案；

五、被划转企业涉及的债权、债务(包括拖欠职工债务)以及或有负债的处理方案；

六、划转双方的违约责任；

七、纠纷的解决方式；

八、协议生效条件；

九、划转双方认为必要的其他条款。

**第三十二条** 企业国有产权无偿划转的审批程序：

一、企业国有产权在市教委系统内部无偿划转的，由市教育主管部门批准并抄送市国有资产监督管理部门。

二、市教委系统企业与本市或区(县)其他系统企业之间进行国有产权划转的，由划转双方的主管部门(或出资监管机构)审核分别报同级国有资产监督管理部门批准。

**第三十三条** 企业国有产权无偿划转申请审批，应当提供下列书面材料：

一、划转的申请文件及企业国有产权无偿划转的方案；

二、划转双方及被划转企业的产权登记证(或产权证明)；

三、划转双方董事会或股东会同意进行资产划转的决议；

四、中介机构出具的被划转企业划转基准日的审计报告；

五、被划转企业职代会通过职工分流安置方案的决议；

六、划出方债务处置方案；

七、划转双方签订的划转协议；

八、划转的可行性论证报告；

九、其他有关文件。

**第三十四条** 企业国有产权无偿划转事项经批准后,划转协议生效。划转协议生效以前,划转双方不得履行或者部分履行。

企业国有产权无偿划转事项经批准后,划出方和划入方确需调整产权划转比例或者划转协议有重大变化的,应当按照规定程序重新报批。

划转双方应当依据相关批复文件及划转协议,进行账务调整,并按规定办理产权变更登记、工商变更登记等手续。

## 第三节 产 权 转 让

**第三十五条** 根据《企业国有产权转让管理暂行办法》(国务院国有资产监督管理委员会、财政部令第3号)、《关于规范国有企业改制工作的意见》(国办发〔2003〕96号)、《上海市产权交易市场管理办法》(上海市人民政府令第36号)和市国资委和市监察委《关于本市国有产权转让有关问题的通知》(沪国资委产〔2005〕102号),企业国有资产转让是指国有资产监督管理机构和持有国有资本的企业(或机构)(以下统称转让方)将所持有的企业国有产权有偿转让给境内外法人、自然人或者其他组织(以下统称受让方)的活动。

**第三十六条** 企业国有产权转让应当在做好可行性研究的基础上制定转让方案,按照内部决策程序进行审议,形成书面决议。

一、企业国有产权转让方案一般应当载明下列内容:

(一) 转让标的企业国有产权的基本情况;

(二) 企业国有产权转让行为的有关论证情况;

(三) 转让标的企业涉及的、经企业所在地劳动保障行政部门审核的职工安置方案;

(四) 转让标的企业涉及的债权、债务(包括拖欠职工债务)的处理方案;

(五) 企业国有产权转让收益处置方案;

(六) 企业国有产权转让公告的主要内容。

二、国有独资企业的产权转让,应当由总经理办公会议审议。国有独资公司的产权转让,应当由董事会审议;未设立董事会的,由总经理办公会议审议。涉及职工合法权益的,应当听取转让标的企业职工代表大会的意见,对职工安置等事项应当经职工代表大会讨论通过。

**第三十七条** 企业国有产权转让的审批程序。

上海市属高校出资各级次企业的国有产权转让,实施公开交易的应报市教育主管部门审核批准。因特殊原因实施定向协议交易的应报市教育主管部门审核并报市国有资产监督管理部门批准。转让申请应提供如下文件、材料:

一、转让企业国有产权的有关决议文件;

二、企业国有产权转让方案;

三、转让方和转让标的企业国有资产产权登记证复印件;

四、律师事务所出具的法律意见书;

五、受让方应当具备的基本条件;

六、市教育主管部门要求的其他文件。

**第三十八条** 企业国有产权转让事项经批准后,转让方应当组织转让标的企业按照有关规定开展清产核资,其中:转让所出资企业国有产权导致转让方不再拥有控股地位的,由高校经营性国有资产管理机构(委员会或职能部门)组织进行清产核资,并委托社会中介机构开展清产核资专项审计。

**第三十九条** 在清产核资和审计的基础上,转让方应当委托具有相关资质的资产评估机构依照国家有关规定进行资产评估。评估报告经备案后,作为确定企业国有产权转让价格的参考依据。

**第四十条** 产权转让主要包括交易管理、定价管理、转让合同管理等程序。

一、交易管理

企业国有产权转让,应进入产权交易市场进行交易,做到信息公开,竞价转让。具体转让可以采取拍卖、招投标、协议转让以及国家法律法规规定的其他方式，按规定有序进行。

二、定价管理

企业国有产权向非国有投资者转让的底价，或者以存量国有资产吸收非国有投资者投资时发生的国有产权的折股价格，其基础依据根据在有效期内的资产评估结果，同时要根据产权交易市场的供求状况、同类资产的市场价格、收益情况、职工安置、经营者能力、引进先进技术等因素，最终价格应由市场确定。

在产权交易过程中，当交易价格低于评估价格的90%时，应当暂停交易，在按规定报请市教育主管部门或市国有资产监督管理部门批准后方可继续进行。

三、产权转让合同

(一) 企业国有产权转让合同应包括下列主要内容：

1. 转让与受让双方的名称和住所；

2. 转让标的企业国有产权的基本情况；

3. 转让标的企业的职工安置方案；

4. 转让标的企业的债权、债务处理方案；

5. 转让方式、转让价格、价款支付时间和方式及付款条件；

6. 产权交割事项；

7. 转让涉及的有关税费负担；

8. 合同争议的解决方式；

9. 合同各方的违约责任；

10. 合同变更和解除的条件；

11. 转让与受让双方认为必要的其他条款。

(二) 企业国有产权转让导致转让方不再拥有控股地位的，为了保证出资人、债权人、企业和职工的利益，在签订产权转让合同时，转让方应当与受让方协商提出企业重组方案，包括在同等条件下对转让标的企业职工的优先安置方案，并签署履行协议。

**第四十一条** 企业国有产权转让成交后，转让和受让双方应当凭产权交易机构出具的产权交易凭证，按照国家有关规定及时办理相关产权变更登记和工商变更登记手续。

## 第四章 资 产 评 估

**第四十二条** 根据《上海市国有资产评估项目核准备案实施细则》(沪国资委评〔2005〕149号)，本办法所称的资产评估是指上海市属高等学校及其出资各级次企业所占有的经营性国有资产发生产权变动和非货币性资产处置等经济行为时，对资产进行评估及评估立项备案的活动。

**第四十三条** 占有单位有下列经济行为之一的必须进行资产评估：

一、占有单位产权变动涉及的经济行为有：

(一) 整体或部分改建为有限责任公司、股份有限公司、中外合资公司、中外合作公司；

(二) 合并、分立、清算；

(三) 非同比例增资、减资；

(四) 企业产权转让；

(五) 企业整体租赁给非国有单位、企业托管。

二、占有单位非货币资产处置涉及的经济行为有：

(一) 资产出资；

(二) 资产转让、置换、拍卖；

(三) 资产租赁给非国有单位；

(四) 以资产偿还债务；

(五) 确定涉讼资产价值。

三、法律、行政法规规定的其他需要进行评估的事项。

**第四十四条** 占有单位有下列经济行为之一的，应当对相关非国有资产进行评估：

一、与非国有单位共同组建有限责任公司或股份有限公司，非国有单位投入非货币资产的；

二、收购非国有资产或企业产权；

三、与非国有单位置换资产或企业产权；

四、接受非国有单位以非货币资产抵债；

五、法律、行政法规规定的其他需要进行评估的事项。

**第四十五条** 资产评估委托方的确定需遵循以下规定：

凡涉及国有资产企业产权变动的评估项目，评估的委托方应当为评估对象的国有资产出资者；涉及国有资产部分资产处置的评估项目，评估的委托方可以为评估对象的占有单位。

涉及相关非国有资产的评估项目，被评估资产的占有方为非国有单位，评估的委托方应当为该经济行为对应的国有资产占有单位，或国有资产占有单位与非国有单位共同委托；如果该经济行为引起国有资产占有单位企业产权变动的，评估的委托方应当为国有资产占有单位的国有资产出资者，或国有资产出资者与非国有单位共同委托。

涉及多个国有资产出资者的企业产权变动的评估项目，评估的委托方原则上是国有资产最大出资者，也可以是所有国有资产出资者共同委托。

**第四十六条** 委托方必须在一定范围内公开评估项目信息，采用公开方式选择评估机构。评估项目资产总额较大的，应以招投标方式选择评估机构。委托方聘请的评估机构应具有与被评估对象相适应的资质条件、评估经验和专业特长；能够认真履行评估机构应尽的职责，未列入“国资项目禁入名单”。

**第四十七条** 占有单位应当如实提供有关资产情况和资料，并对所提供资产情况和资料的真实性、合法性和完整性负责，不得隐匿或虚报，不得以任何形式干预评估机构的正常执业行为。

**第四十八条** 评估项目的立项。上海市属高等学校及其出资各级次企业发生本办法第四十二条和第四十三条所列经济行为，并明确由上海市属高等学校及其出资各级次企业作为评估委托方，实施资产评估时，应向市教育主管部门申请评估项目立项。申请评估项目立项时，应提交与实施该经济行为相关的文件。评估项目经市教育主管部门批准立项后方可实施评估和评估备案。

**第四十九条** 评估项目的备案。

一、评估项目的备案转报

经市教育主管部门批准立项的评估项目，评估委托方在收到评估机构正式出具的资产评估报告后，报送市教育主管部门办理备案转报。办理备案转报时应完成下列事项：

（一）备案转报提供的材料

1. 评估委托方填报的《上海市国有资产评估项目备案表》；

2. 资产评估机构填报的《上海市国有资产评估项目评估机构承诺表》；

3. 为市教育主管部门转报时填报的，含有基本评估信息的《上海市国有资产评估项目备案转报表》和《上海市国有资产评估项目备案一级单位承诺表》；

4. 与评估目的相对应的经济行为批准文件、方案、协议、承诺函等材料；

5. 与评估范围相对应的资产权属证明文件；

6. 资产评估报告。

（二）备案转报数据的录入与提交

评估机构应当在备案转报材料提交前，登录《上海市国有资产评估项目备案系统》，按照系统的格式录入备案信息，检查无误后，提交市教育主管部门进行备案转报审核。

二、评估项目的备案

评估委托方收到通过市教育主管部门备案转报审核，并确认转报的评估备案项目材料，提交市国有资产管理部门办理备案手续。市教育主管部门应当在送交评估委托方备案转报材料时，登录《上海市国有资产评估项目备案系统》，录入备案转报审核信息，并提交市国有资产管理部门进行备案审核。

**第五十条** 资产评估报告应经备案审核通过后方能有效。经备案的资产评估报告自评估基准日起有效期为 1 年。评估委托方最迟应在评估报告有效期届满前 3 个月报市教育主管部门办理转报。

**第五十一条** 上海市属高等学校及其出资各级次企业发生本办法第四十三条和第四十四条所列经济行

为进行的资产评估项目暂不实行核准制。

## 第五章 清 产 核 资

**第五十二条** 根据《国有企业清产核资办法》(国务院国有资产监督管理委员会令第1号),本办法所称清产核资,是指市教育主管部门依据国家教育主管部门、国家和本市的国有资产监督管理部门或财政部门部署的国家和本市的专项工作,或者上海市属高等学校出资各级次企业(本章简称企业)特定经济行为需要,按照规定的工作程序、方法和政策,组织企业进行账务清理、财产清查,并通过市国有资产监督管理部门或财政部门依法认定企业的各项资产损溢,从而真实反映企业的资产价值和重新核定企业国有资本金的活动。

**第五十三条** 市教育主管部门经市国有资产监督管理部门或市财政部门批准,组织进行清产核资工作。

一、对符合下列情形之一的,可以要求企业进行清产核资:

(一)国家教育主管部门、国家和本市国有资产监督管理部门或财政部门部署的国家和本市的专项工作,要求市教育主管部门组织的;

(二)市教育主管部门部署的专项工作。

二、对符合下列情形之一的,可以要求高校资产经营有限公司进行清产核资:

(一)高校资产经营有限公司资产损失和资金挂账超过所有者权益,或者一级企业会计信息严重失真、账实严重不符的;

(二)高校资产经营有限公司受重大自然灾害或者其他重大、紧急情况等不可抗力因素影响,造成严重资产损失的;

(三)高校资产经营有限公司账务出现严重异常情况,或者国有资产出现重大流失的。

三、其他应当进行清产核资的情形。

**第五十四条** 符合下列情形之一,需要进行清产核资的,由上海市属高等学校或高校资产经营有限公司提出申请,报市教育主管部门审核转报市国有资产监督管理部门或财政部门批准立项:

(一)企业分立、合并、重组、改制、撤销等经济行为涉及资产或产权结构重大变动情况的;

(二)企业会计政策发生重大更改,涉及资产核算方法发生重要变化情况的;

(三)国家有关法律法规规定企业特定经济行为必须开展清产核资工作的。

**第五十五条** 企业清产核资包括账务清理、资产清查、价值重估、损溢认定、资金核实和完善制度等内容。企业清产核资清出的各项资产损失和资金挂账,依据国家清产核资有关法律、法规、规章和财务会计制度的规定处理。

**第五十六条** 企业清产核资,应当按照下列程序进行:

(一)上海市属高等学校或高校资产经营有限公司提出申请;

(二)市教育主管部门审核转报市国有资产监督管理部门或财政部门批复同意立项;

(三)制定企业清产核资工作实施方案,并组织账务清理、资产清查等工作;

(四)聘请社会中介机构对清产核资结果进行专项财务审计和对有关损溢提出鉴证证明;

(五)上报企业清产核资工作结果报告及社会中介机构专项审计报告;

(六)市国有资产监督管理部门或财政部门对企业资产损溢进行认定,对资金核实结果进行批复;

(七)企业根据清产核资资金核实结果和资产损溢认定结果的批复,按有关规定进行调账,清理不实资产和不良资产;

(八)企业办理相关产权变更登记和工商变更登记;

(九)企业完善各项规章制度。

**第五十七条** 企业清产核资的要求

一、市教育主管部门应当加强上海市属高等学校出资各级次企业清产核资的组织领导,提供业务指导,加强监督检查,配合市国有资产监督管理部门或财政部门对有关企业清产核资情况及相关社会中介机构清产核资审计情况进行监督,对社会中介机构所出具专项财务审计报告的程序和内容进行检查。

二、上海市属高等学校或高校资产经营有限公司应指定内设的财务管理部门、资产管理部门或者多个部门组成清产核资临时办事机构(统称为清产核资机构),负责具体组织清产核资工作。进行清产核资时应当做到全面彻底、不重不漏、账实相符，通过核实“家底”，找出企业经营管理中存在的矛盾和问题，以便完善制度、加强管理、堵塞漏洞。

三、企业在清产核资工作中应当坚持实事求是的原则，如实反映存在的问题，清产核资申报处理的各项资产损失应当提供具有法律效力的证明材料。清查出来的问题应当及时申报，不得瞒报虚报。企业负责人对申报的清产核资工作结果真实性、完整性承担责任。

四、社会中介机构的审计工作和经济鉴证工作享有法律规定的权力，承担法律规定的义务。进行清产核资的企业应当积极配合社会中介机构的工作，提供审计工作和经济鉴证所必要的资料和线索。企业和个人不得干预社会中介机构的正常执业行为。社会中介机构对企业清产核资审计报告的准确性、可靠性承担责任。

五、企业在完成清产核资后，应当全面总结，认真分析在资产及财务日常管理中存在的问题，提出相应整改措施和实施计划，强化内部财务控制，建立相关的资产损失责任追究制度，进一步完善企业经济责任审计和企业负责人离任审计制度。

六、企业及社会中介机构应当根据会计档案管理的要求，妥善保管有关清产核资各项工作的底稿，以备检查。

## 第六章 资产减值准备和财务核销

**第五十八条** 根据《上海市国有企业资产减值准备管理的实施意见》(沪国资委统〔2006〕149 号)和《上海市国有企业资产减值准备财务核销工作的实施意见》(沪国资委统〔2006〕150 号)，上海市属高等学校出资各级次企业(本章简称企业)资产减值准备和财务核销有关定义如下：

一、本办法所称资产减值准备计提是指企业按照国家有关财务会计制度和相关规定，定期或者至少于每年年度终结时，对各项资产进行全面盘点、确认，并根据谨慎性原则，合理预计各项资产可能发生的损失，对可能发生的各项资产损失计提资产减值准备。

二、本办法所称资产减值准备财务核销是指企业按照国家有关财务会计制度和相关规定，对预计可能发生损失的资产，经取得合法、有效证据证明确实发生事实损失，对该项资产进行处置，并对其账面余额和相应的资产减值准备进行财务核销的工作。

**第五十九条** 本办法资产减值准备和财务核销的适用范围为已执行《企业会计制度》和《企业会计准则》的企业，包括：

一、按照《关于做好推进〈企业会计制度〉工作的通知》(沪国资统〔2003〕246 号文件)的要求，经市国有资产监督管理部门和财政部门批复同意执行《企业会计制度》的企业；

二、经市教育主管部门批复同意执行《企业会计准则》的企业；

三、2002 年 1 月 1 日以来新成立的企业；

四、在市国资委、市财政局联合下发的“关于做好推进《企业会计制度》工作的通知”以前已执行《企业会计制度》的企业，应将具体会计政策和会计估计向国资委备案，备案后执行；

五、中外合资合作企业、上市公司等多元投资主体的企业应按公司章程的规定执行。

**第六十条** 资产减值准备具体包括短期投资跌价准备、坏账准备、存货跌价准备、长期投资减值准备、委托贷款减值准备、固定资产减值准备、在建工程减值准备和无形资产减值准备等。

**第六十一条** 满足下列条件之一的，企业应当对该项资产账面余额和相应的资产减值准备进行财务核销：

一、企业对预计可能发生损失的资产，经取得合法、有效证据证明确实发生事实损失；

二、有确凿的证据表明该项资产的使用价值和转让价值发生了实质性且不可恢复的灭失，已不能给企业带来未来经济利益流入。

**第六十二条** 在资产减值准备财务核销工作中，必须按照国家有关规定，坚持谨慎性、客观性、及时性原则，从严把握，做到事实不清不核销、程序不全不核销、责任不清不核销。

一、谨慎性原则。企业应当定期对各项资产进行全面清理核实，建立资产减值准备计提和减值准备财务核销内部控制制度，做好资产减值准备的转回和核销工作；

二、客观性原则。当已计提资产减值准备的资产成为事实损失时，不论该项资产是否提足了资产减值准备，企业都应当按照本规定对该项资产进行财务核销；

三、及时性原则。企业应及时对已形成事实损失的资产按本规定的要求和工作程序进行财务核销，核销时间应在取得该资产损失确凿证据的六个月之内。

**第六十三条** 资产减值准备财务核销应按照下列程序进行：

一、企业认定

企业内部相关部门提出核销报告，提交企业内部审计、监察提出审核意见，企业财务部门提出复核意见，企业董事会或无董事会但有类似权力机构提出核批意见。

二、核准权限

上海市属高等学校各级次独资或控股企业核销资产减值准备所对应的单笔资产原价或资金 20 万元及以下的，报学校批准；核销资产减值准备所对应的单笔资产原价或资金 20 万元以上 100 万元及以下的，报市教育主管部门批准。

对资产损失限额以上的资产减值准备财务核销事项，报市教育主管部门审核，并转报市国有资产监督管理部门批准。

三、账务处理

根据市教育主管部门的核准文件(对资产损失限额以上应取得市国有资产监督管理部门核准文件)，由财务负责人和企业负责人签字确认后，进行相关资产核销的账务处理。

四、其他事项

企业应将经过核准程序的资产损失财务核销事项向所在地国家税务部门提出申请，按照上海国家税务局印发的《企业财产损失所得税前扣除审批事项操作规程》通知(沪国税所〔2005〕117 号)，申请所得税前列支资产损失。

## 第七章 统 计 报 告

**第六十四条** 根据《上海市国有资产统计报告办法》(沪国资委秘〔2003〕55 号)，本办法所称统计报告，是指按照市国有资产监督管理部门的布置，由市教育主管部门组织本系统委托监督管理范围内的各级次企业进行企业国有资产统计报告工作的行为。

**第六十五条** 企业国有资产统计报告内容主要包括国有资产统计报表和国有资产经营情况报告。统计报告的范围为市教育主管部门委托监督管理范围内的各级次国有独资企业(公司)、国有控股公司和为非国有控股的国有参股公司。

**第六十六条** 市教育主管部门负责对统计范围内各级次企业国有资产统计报表和报告情况进行收集、汇总、核实、上报。上海市属高等学校或高校资产经营有限公司负责对本企业及以下各级次企业的资产统计报表和报告情况进行收集、汇总、核实、上报。

**第六十七条** 国有独资企业(公司)、国有控股公司、国有参股公司的国有资产统计报告的责任人是国有资产的占有代表。

**第六十八条** 国有资产统计报表依据编报时间分为年度资产统计报表、月度资产统计报表和不定期资产统计调查报表。

国有资产经营情况报告为年度报告。

**第六十九条** 国有资产统计报表由基层企业(单位)填报，采取逐户填报、逐户录入并自下而上按照统计隶属关系层层汇总、逐级上报的方式进行。国有资产统计报表汇总，按照会计制度的规定，采取合并汇总和叠加汇总方式。

**第七十条** 各级次统计企业和汇总单位市教育主管部门应当建立国有资产统计报告数据库，做到数据信息的安全存储、方便查询。

**第七十一条** 各级次统计企业应当充分利用国有资产统计报告形成的数据和信息对国有资产的存量、分布、结构、经营效益和存在的问题进行综合分析评价，运用分析评价结果为国有资产的监督管理提供依据。

**第七十二条** 各级次统计企业应指定人员负责企业的统计工作。从事国有资产统计工作的人员应当具备执行资产统计任务所需的财务、统计、计算机等专业知识，并应当具有高度的责任心。

**第七十三条** 国有资产经营情况报告由各级次企业逐户编写，并按照统计隶属关系上报。市教育主管部门委托直属教育企业管理单位承担对统计范围内各级次企业国有资产统计报告情况进行收集、汇总、核实。市教育主管部门负责向市国有资产监督管理部门上报。

**第七十四条** 各级次企业应对本企业国有资产统计报表、国有资产经营报告的真实性和完整性负责，并按规定时间准时上报，不得虚报、瞒报、伪造、篡改统计资料。市教育主管部门对各级次企业报送的国有资产统计报表、国有资产经营报告的真实性、完整性进行检查，并对汇总的国有资产统计报表、国有资产经营报告的真实性和完整性负责。

## 第八章 保值增值考核

**第七十五条** 根据《国有资产保值增值考核试行办法》(国资企发〔1994〕98 号)，本办法所称的国有资产保值，是指上海市属高等学校各级次企业(本章简称企业)在考核期内，期末国家所有者权益等于期初国家所有者权益；本办法所称的国有资产增值，是指企业在考核期内，期末国家所有者权益大于期初国家所有者权益。

**第七十六条** 国有资产保值增值指标为：

国家所有者权益＝国家资本＋专用拨款及各项建设基金形成的资本公积＋(资本公积－专用拨款及各项建设基金形成的资本公积＋盈余公积＋未分配利润)×国家资本/实收资本

国有资产保值增值率＝(期末国家所有者权益/期初国家所有者权益)×100％

企业国有资产保值增值率等于 100％，为国有资产保值；国有资产保值增值率大于 100％为国有资产增值；国有资产保值增值率小于 100％为国有资产减值。

**第七十七条** 为了准确考核企业国有资产保值增值状况，在考核企业国有资产保值增值的同时，还应参考国有资产的经营效益指标。

具体包括：

净资产收益率＝(税后净利/所有者权益)×100％

总资产收益率＝(税后净利/资产总额)×100％

成本费用利润率＝(利润总额/成本费用总额)×100％

资产负债率＝(负债总额/资产总额)×100％

**第七十八条** 本办法规定的企业国有资产保值增值考核的范围为上海市属高等学校各级次国有独资和控股企业。企业国有资产保值增值考核以年度作为考核期。

**第七十九条** 上海市属高等学校或高校资产经营有限公司的国有资产保值增值指标考核值，由上海市属高等学校或高校资产经营有限公司根据上年度国有资产保值增值率和本年度的财务预算确定，并报市教育主管部门核定下达。市教育主管部门根据国有资产保值增值指标考核值与上海市属高等学校或高校资产经营有限公司签订《国有资产保值增值协议书》。

**第八十条** 上海市属高等学校或高校资产经营有限公司出资各级次企业的国有资产保值增值指标考核值，由上海市属高等学校或高校资产经营有限公司根据市教育主管部门核定下达的国有资产保值增值指标考核值，按企业不同情况分配下达。

**第八十一条** 考核年度终结，各级次企业按照核定下达的国有资产保值增值指标考核值，对照实际执行情况和结果，填报《企业国有资产保值增值指标考核情况表》(另发)，并进行总结，总结分析报告、财务报告和《企业国有资产保值增值指标考核情况表》经企业监督机构审核后，采用自下而上按照企业隶属关系逐级上报的方式进行。

**第八十二条** 企业总结分析报告应包括以下内容：

一、考核期扣除客观因素后，企业国有资产保值增值指标的完成情况及因素分析；

二、具体客观因素；

三、其他需要说明的情况和问题；

四、进一步做好国有资产保值增值工作的措施、意见。

**第八十三条** 本办法第八十二条中所称的客观因素主要包括：

一、在考核期内因国家对企业的各种投资增加的资本金；

二、在考核期内因国家专项拨款、各项建设基金增加的资本公积金；

三、在考核期内因国家批准无偿划转增加的资本金或资本公积金；

四、在考核期内企业由于国家对企业实行先征收后返还办法增加的资本金或资本公积金；

五、在考核期内企业按国家规定进行资产重估、评估增加或减少的资本公积金；

六、在考核期内企业按国家规定进行清产核资增加或减少的所有者权益；

七、在考核期内企业接受捐赠增加的资本公积金；

八、在考核期内国有资产管理部门确认的其他增加或减少所有者权益的因素。

**第八十四条** 市教育主管部门按照《国有资产保值增值协议书》对上海市属高等学校或高校资产经营有限公司的国有资产保值增值状况进行检查、监督，必要时委托中介机构对其国有资产保值增值指标考核值和保值增值完成情况进行审计。上海市属高等学校或高校资产经营有限公司对出资各级次企业的国有资产保值增值状况负责检查、监督。

**第八十五条** 厂长（经理）作为企业的法定代表人，对企业国有资产保值增值承担经营责任。各级次企业的董事会或权力机构应制定与企业厂长（经理）个人收入挂钩的企业国有资产保值增值经营责任制度。其中高校资产经营有限公司的国有资产保值增值经营责任制度，由高校国有资产管理机构（委员会或职能部门）制定。

## 第九章 其 他

**第八十六条** 根据现行的国有资产监督管理行政体制，本办法所称市教育主管部门为上海市教育委员会；直属教育企业管理单位为上海市教育委员会科技发展中心；市国有资产监督管理部门为上海市国有资产监督管理委员会；市财政部门为上海市财政局。

**第八十七条** 本办法受国家法律和上位行政法规的约束，当国家法律和上位行政法规发生修订并与本办法有抵触的，以国家法律和上位行政法规为准。

**第八十八条** 本办法由上海市教育委员会负责解释。

**第八十九条** 本办法自文件印发之日起执行。

# 上海市教育委员会关于印发《上海市中等职业教育全面提高教学质量行动计划（2009—2013年）》的通知

（沪教委职〔2009〕30号）

各区县教育局，各有关委、局、控股（集团）公司：

为了进一步贯彻上海市职业教育工作会议精神，切实落实《教育部关于进一步深化中等职业教育教学改革的若干意见》（教职成〔2008〕8号），继续深化教育教学改革，全面提高教学质量，更好地适应经济和社会发展对高素质劳动者和技能型人才的迫切需要，我委制定了《上海市中等职业教育全面提高教学质量行动计划（2009—2013年）》，现印发给你们，请遵照执行。

附件：上海市中等职业教育全面提高教学质量行动计划（2009—2013年）

上海市教育委员会

2009年9月4日

附件：

## 上海市中等职业教育全面提高教学质量行动计划

（2009—2013年）

为了进一步推进本市中等职业教育的改革和发展，适应上海现代服务业和先进制造业发展对技能型人才和高素质劳动者的需要，根据《教育部关于进一步深化中等职业教育教学改革的若干意见》（教职成〔2008〕8号）以及《上海市人民政府关于大力发展职业教育的决定》（沪府发〔2006〕10号）的精神，现就2009—2013年上海市中等职业教育全面提高教学质量提出如下行动计划。

### 一、总体思路

以邓小平理论和"三个代表"重要思想为指导，深入贯彻落实党的十七大精神，认真学习实践科学发展观，坚持党的教育方针，继续深化教育教学改革，全面提高教育教学质量，努力形成具有全国领先水平和经济发达地区特征的现代职业教育新局面。

要坚持面向市场，面向经济，以服务为宗旨，以就业为导向，以提高教学质量为重点，以促进学校增强主动服务区域经济和社会发展需要的适应力为根本出发点，进一步加强和完善对教学改革的领导和管理，不断更新教育教学理念，遵循因材施教原则，突出教学过程的应用性和实践性，推动理论与实践、文化基础与专业技能和学习做人与学习做事的结合。始终坚持育人为本，深入改革人才培养模式，继续推进专业、课程及教材改革和建设，积极进行制度和机制的创新，继续完善教学的基本管理，大力推进教学保障条件的建设，实现中等职业教育规模、质量、结构、效益全面协调可持续发展。

### 二、主要目标和任务

（一）专业结构布局进一步适应区域经济和社会发展需要，基本建立比较完整的专业建设工作机制。引导学校以专业建设为核心，制定和实施专业结构布局优化调整方案，着力创建专业教学特色；以师资队伍建设为抓手，着力打造“双师型”专业教学团队；以人才培养模式创新为重点，着力推进校企合作、工学结合。继续进行重点专业建设，保证专业建设的基本质量和规范，开展精品专业（点）、特色专业（点）和精品课程的建设。加强开发专业教学实施方案，继续推进学历证书与职业资格证书的“双证”融通。

（二）提高校长教育教学改革的领导力，基本形成规范科学的学校管理干部和教师培养机制。重点加强校长培养、培训，着力提高校长教学改革领导力，掌握现代职业教育的新理念、新模式、新手段和新方法。加强和完善学校教学管理团队、“双师型”专业教学团队和行业专家引领的专兼职结合的教学研究团队建设，造就一批在推进教学改革方面视野宽、理念新、领导力强的校长，形成一批勇于改革创新、在全国有影响力的学校。

（三）教学保障条件继续得到大幅度改善，基本建立提高教学质量的长效机制。完善教育行政部门、行业企业及学校各司其职、互相配合、合力共建的管理体制。探索建立政府调控、社会监督与学校自我约束相结合的质量监控体系和评价机制。强化教学管理和制度建设。完善教学研究组织。健全管理干部、教师进修和继续教育制度，健全培训体系，进一步优化管理干部和教师的素质结构，提高“双师型”教师的比例。继续加强教学资源开发和应用体系的建设，在优质教学资源的共享方面上新台阶。进一步加强开放实训中心的建设，努力促进开放实训中心可持续发展，提升面对社会的服务能力。积极推进校园文化建设，营造良好的职业教育氛围，构建和谐校园。

**三、主要措施和保障**

（一）突出育人为本，实施素质教育

1. 把立德树人作为学校的根本任务。按照《教育部关于中等职业学校德育课课程设置与教学安排的意见》（教职成〔2008〕6号）的要求，坚持德育为先，将社会主义核心价值观的基本内容融入专业学习的各门课程，渗透到教学、实习和社会服务各个环节，大力加强班主任工作，切实提高德育工作的针对性、实效性。特别要强化以诚实守信、敬业爱岗为重点的职业道德教育，以此作为学校实施素质教育的突破口，把学做人和学技能结合起来，培养德智体美全面发展的高素质劳动者和技能型人才。

2. 重视基本文化素质的培养。按照中等职业学校公共基础课程的功能定位，针对中等职业学校的特点，培养学生具有基本科学文化素养、专业学习和终身发展的能力。根据《教育部关于印发新修订的中等职业学校语文等七门公共基础课程教学大纲的通知》（教职成〔2009〕3号）精神，结合上海实际制定主要文化基础课教学实施方案和分层教学指导方案，满足学生个性发展需求和职业生涯发展的实际需要。

（二）坚持就业导向，强化专业建设

3. 组织学校制定和实施专业布局结构调整优化工作方案。在本市基本完成学校布局结构调整优化的基础上，2010年上半年前，所有学校制订专业布局结构调整优化的5年工作方案，并经专家论证、有关部门审定后组织实施。学校要根据教育部新颁《中等职业学校专业目录》，以相关专业教学标准为基本依据，跟踪市场需求的变化，主动适应区域经济、行业经济和社会发展的需求，根据学校的办学条件、特点，有针对性地调整现有专业设置及其布局结构，形成以重点专业为龙头、相关专业为纽带、延伸专业为支撑的专业群，并形成与专业建设有关的课程、教材以及教学实施方案，制订师资队伍建设、人才培养、教学基本管理、改善办学条件等方面的措施。

4. 加强专业品牌建设。重新认定市重点专业，推动学校专业布局结构调整优化；选择一批基础条件好、特色鲜明、就业质量高、在工学结合等方面优势突出的专业点进行重点建设；研究制定精品（特色）专业评价标准和评选办法，创建100门精品课程、80个左右特色鲜明并具有示范引领作用的精品（特色）专业（点）；重点扶持有条件的学校按新的课程理念，再选择20个专业进行课程改革；依托职教集团探索中高职衔接的一体化课程方案，开发和完善相应的专业课程与教学标准等。

5. 发挥课程改革特色实验学校和职业教育集团的作用。课改特色实验学校要强力打造一两个具有示范性的精品（特色）专业，创立专业品牌，彰显课改特色；进一步确定实验项目，承担实验任务；总结、交流、推广教学改革和专业建设经验。职业教育集团要充分利用中高职教育和校企结合等方面的优势，组织实施教学改革、提高教学质量的项目。

（三）加强校企合作，创新教学模式

6. 健全校企合作教育教学制度。积极推行订单培养、工学结合、顶岗实习，探索任务引领、项目导向、场景模拟等增强学生能力的教学模式。依托行业、企业，实行课堂教学与岗位操作训练结合，专业教师与企业技术人员结合，学校教学与顶岗实习结合。建立鼓励校企合作培养教师的制度，制定兼职教师聘用新政策。进一步拓宽实习渠道，明确实习任务，规范实习管理。

7. 推进教学管理制度创新。进一步完善学分制、弹性学习制度等管理手段，建立更加有效的学籍管理制度，实行更加灵活的学习方式，为学生，特别是农民工子女通过半工半读、工学交替，分阶段完成学业和顺利就业创造条件，及时总结交流实施学分制的成功经验。修订《上海市中等职业学校教学管理规程》，加强学校教学常规管理。

（四）提高校长素质，优化师资队伍，抓好教研培训

8. 完善师资培训体系和培训制度。认真总结师资培训的经验、教训，充分利用各方面力量，构建多层次、多方位、多形式、多手段、多内容的师资培训体系。建立上海市中等职业学校师资培训中心，负责全市中等职业学校管理干部、教师培训的组织、协调、管理、服务等工作。重新调整和布局现有的师资培训基地，积极探索校企合作培养教师的模式，调动广大教师的教育教学改革的积极性和主动性，充分发挥专业教研组织、课改特色实验学校和开放实训中心等在教师培训中的积极作用。制定并实施《上海市中等职业学校教师继续教育和培训的若干规定》、《上海中等职业学校教师素质提高五年规划》，启动校长教学改革领导力培训计划、百名“专业带头人”培养计划和千名“双师型”教师培训计划。

9. 切实加强师资培训的针对性和有效性。紧紧围绕深化教学改革、提高教学质量的主旋律，创新培训理念和培训模式，大力开发新培训项目和新培训课程。校长培训要突出提高校长领导教学改革的能力，教师培训除了继续提升学历、教学基本理论素养、教学研究能力和教学环节控制能力等以外，重点进行理念更新、实践动手能力和现代信息技术应用等方面的培养，积极探索企业培训教师的模式。继续搞好名校长、名教师的培养工作。鼓励学校组织教师定期下企业挂职锻炼，参与、承接企业产品和项目研发，获取相应职业资格证书。组织开发一批课程改革专业的教师培训包。

10. 加强教育教学研究。完善教研网络，按专业大类调整、新建或重建专业中心教研组，聘任专业带头人和行业专家为兼职教研员，造就一支由行业专家引领、专兼职结合的科研型教研队伍。倡导以校为本的教学研究和教师研修，探索以校为本、研训一体的教研模式，更新教研信息网络平台，探索在线教研和网上教学指导，扩大校际交流互动，加强“做学一体”和实践教学方法研究和指导。

（五）加强教学保障条件建设，建立提高教学质量的长效机制

11. 加强课程教材资源建设。认真贯彻根据《教育部关于制定中等职业学校教学计划的原则意见》（教职成〔2009〕2 号）的精神，积极推广本市课程改革和教材建设的新理念、新成果，努力开创全市深化课程改革工作的新局面。按照教育部“专业技能课程教材实行国家与地方（区域）规划相结合”的要求，研究完善相关专业技能课程教材开发、编写、审定办法。坚持政府主导，多方参与和市场运作的专业教材开发机制，加大课程资源建设力度，确保专业技能教材、实训教材的编写质量，尽快按专业形成课程完整的教材系列，并不断更新教学内容，满足教学的需要。

12. 推动教学改革成果与教学资源交流共享。建立中等职业教育优质教学资源中心，形成以课程为核心的资源库，汇集经典教学案例和数字化教学资源，推进优质课程资源共建共享。完善网络课程管理，充分调动学校开发网络课程的积极性，不断更新和丰富网络课程资源。推广多媒体仿真教学软件（仿真实训系统、网络教学平台等），创设虚拟实训环境，提高现代信息技术在教学中的应用水平。

13. 继续开展推进教学改革、提高教学质量的三项活动。继续认真搞好校本课程交流展示评比活动，鼓励学校开发反映专业领域新知识、新技术、新工艺、新方法的特色校本课程和实训教材，及时更新和拓展专业教学内容，分批评选出 100 门左右优秀校本课程。继续广泛开展教师教学法改革交流评优活动，积极推进理论与实践一体化教学系列研究课、示范课，推广“做学一体”典型教学范例，推动教师改革教学方法，创新教学手段。继续组织好“星光计划”上海市职业学校技能大赛，尽快实现技能大赛由阶段性工作向常态性工作的转变，构建常态化的多形式、多专业、多层面技能竞赛的新格局。

14. 着力加强实验实训基地的建设。修订调整《上海中等职业学校实训（实验）室装备标准》。优先完善学校重点发展专业的实训条件，两年内达到开放实训中心建设标准或专业教学标准关于实训（实验）室的设置要求；五年内分阶段基本完善其他相关专业实训条件。要注重利用企业的资源优势，加强校外实训基地建

设，落实各专业实践和实训教学环节。建立开放实训中心协作组织，重点强化开放实训中心为实践教学和社会服务的功能，并不断扩大与教育培训、技能鉴定和技术服务的关联度。

15. 完善教育教学质量提高的保障机制。强化质量监控，把人才培养质量作为考核学校工作业绩的主要指标。建立以学校为核心、教育行政部门引导、社会参与的教学质量保障体系。开展毕业生就业质量和水平的跟踪调查，完善毕业生就业公告制度。学校要强化质量意识，重视过程管理，吸收用人单位参与教学质量评价，完善质量管理体系。建立中等职业学校技能性人才培养与需求预测服务系统。制定新设专业的评估标准，严格新专业设置备案和新设专业的例行检查制度。组织教学督导队伍，开展教学督导工作。构建中等职业教育教学质量评估信息服务平台。

# 上海市教育委员会关于颁布实施《上海市教育系统网站(教育类)管理办法(试行)》的通知

(沪教委科〔2009〕53 号)

各高等学校、各区县教育局、市教委各直属单位(学校):

为了贯彻落实中共中央办公厅、国务院办公厅关于进一步加强互联网管理工作、推进互联网长效管理机制建设的精神,全面规范互联网教育信息服务活动,促进互联网教育信息服务健康有序发展,根据国务院《互联网信息服务管理办法》(国务院第 292 号令)、教育部《关于加强对教育网站和网校进行管理的公告》(教技〔2000〕4 号)和《教育网站和网校暂行管理办法》(教技〔2000〕5 号)等相关法律法规和政策规定,我委结合上海市实际情况,制定了《上海市教育系统网站(教育类)管理办法(试行)》(见附件),现予以发布。

请各有关单位认真学习和实施《上海市教育系统网站(教育类)管理办法(试行)》,加强对教育类网站的规范管理。

附件:上海市教育系统网站(教育类)管理办法(试行)

上海市教育委员会
2009 年 12 月 3 日

附件:

## 上海市教育系统网站(教育类)管理办法(试行)

### 第一章　总　　则

**第一条**　为了加强对上海市教育系统网站(教育类)的管理,规范其进行互联网教育信息服务的行为,保证上海市教育信息化建设健康、有序地发展,根据《互联网信息服务管理办法》(国务院第 292 号令)、《互联网站管理协调工作方案》(信部联电〔2006〕121 号)、《关于加强对教育网站和网校进行管理的公告》(教技〔2000〕4 号)、《教育网站和网校暂行管理办法》(教技〔2000〕5 号)等相关法律法规,结合上海市实际,制定本管理办法。

**第二条**　上海市教育系统进行网站(教育类)的审批和年度审核适用本管理办法。

**第三条**　本管理办法所称"上海市教育系统"是指在上海市行政区域范围内,由县(区)级以上地方各级人民政府教育行政部门主管或业务指导的学校及其他教育相关机构所组成的体系。

本管理办法所称"网站(教育类)"(以下简称:教育网站)是指通过收集、加工、存储教育信息等方式建立信息库或者同时建立网上教育用平台与信息获取及搜索等工具,通过互联网服务提供单位(Internet Service Provider,简称 ISP)接入互联网,向上网用户提供依据法律、行政法规以及国家有关规定须接受管理的教学和其他有关教育公共信息服务的机构。

**第四条**　发展教育网站,遵循积极鼓励、加快发展、正确引导、规范管理的方针。教育网站可以涉及高等教育、基础教育、幼儿教育、师范教育、职业教育、成人教育、民族教育、继续教育,以及经过教育部或者上海市教育委员会批准的其他类型教育。

**第五条** 上海市教育委员会负责领导和协调全市范围内教育网站的设置审批与年度审核等事宜。

各区(县)教育行政管理部门、市属教育单位及部属教育单位应当在各自职责范围内依法对所辖教育网站实施监督、管理和服务。

## 第二章 设置审批

**第六条** 未经上海市教育委员会报教育部批准,教育网站不得冠以“中国”、“中国教育”字样。

**第七条** 未经上海市教育委员会报教育部批准,任何单位和机构不得冠以“网络大学”、“网络学院”的名义或在网上以学校的名义注册域名,建立相应的网站,进行招生和开展相应的教学活动。

**第八条** 开办教育网站的机构,必须具备下列基本条件:

(一) 有教育部或者上海市教育委员会有关教育资质的批复;

(二) 有必备的资金和稳定的经费来源;

(三) 法律、法规及国家、上海市和上海市教育委员会规定的其他条件。

**第九条** 上海市教育委员会提供申请开办教育网站的规范文本及资料清单(含电子文档)。

申请开办教育网站的机构(以下简称:申办机构)应该根据规范文本及资料清单准备申办材料(含电子文档),并按照本管理办法规定的申办受理时间进行提交。

规范文本及资料清单(含电子文档)主要包括:

(一)《上海市教育系统网站(教育类)申办审批表》;

(二) 本管理办法第八条所列基本条件证明材料;

(三) 申办机构情况概述及相关证明材料;

(四) 申请开办的教育网站基本内容报告及其信息来源授权发布证明材料;

(五) 申办机构有关教育网站信息安全的保障措施及管理制度证明材料;

(六) 申办机构与其行政主管部门之间签署的教育网站开办责任协议;

(七) 其他根据上海市教育委员会规定需要提交的证明材料。

**第十条** 申办教育网站的受理,采用一年集中三次受理的方式。受理时间分别确定在每年的 3 月 1 日至 3 月 31 日、7 月 1 日至 7 月 31 日和 11 月 1 日至 11 月 30 日(不含休息日),其中 3 月 31 日、7 月 31 日和 11 月 30 日分别作为相应的截止受理日。

**第十一条** 申办教育网站的受理,遵循公开、公平、公正的原则。

一经发现申办机构所提交材料存在虚假内容,则立即取消申办机构此次申办资格,情节严重的将依法在相应的截止受理日起的一年内,不再受理该申办机构关于申请开办教育网站的审批申请。

**第十二条** 申办教育网站的受理及审批周期为自相应的截止受理日起的 20 个工作日。受理及审批周期内不能做出决定的,经过上海市教育委员会主管领导批准,可以再延长 10 个工作日。

受理及审批周期中,审批部门可以采用实地考察形式。

**第十三条** 审批结果分为“批准”和“不批准”两项,并通过特定途径进行 7 个工作日的公示。

公示结束后,对于“批准”的申办机构,由上海市教育委员会颁发“上海市教育系统网站(教育类)资质证”(以下简称:资质证)。

审批结果为“不批准”的申办机构,可以根据本管理办法第十条所规定的最近一次受理时间,再次进行申办审批。

在公示中列为“批准”且资质证未超出有效期的教育网站方可认定为有资质,其他均视为无资质。

## 第三章 运行管理

**第十四条** 已经获准开办的教育网站,若涉及新闻、出版、医疗保健、药品和医疗器械、文化、广播电影电视节目等互联网信息服务,以及电子公告(含 BBS)服务的,应该依法获得有关主管部门的审批同意。

**第十五条** 已经获准开办的教育网站,必须向上海市电信管理机构或者国务院信息产业主管部门办理申请互联网信息服务经营许可证或办理备案手续,并在教育网站主页的显著位置标明资质证编号和电信管理机构的许可证编号或备案编号。

**第十六条** 已经获准开办的教育网站，如果申办机构发生变更或者教育网站名称需要变更的，应当在变更前20个工作日内向上海市教育委员会提出申请，按照申办教育网站的程序进行审批，审批通过后方可办理变更手续，颁发新的资质证，原有资质证注销。

**第十七条** 凡属法律、法规规定面向社会公开的公益信息，任何教育网站不得进行有偿服务。

**第十八条** 教育网站的记录备份至少保存60日，并在国家有关机关依法查询时予以提供。

**第十九条** 教育网站必须遵守有关法律、法规，不得制作、复制、发布、传播含有下列内容的信息：

（一）反对宪法所确定的基本原则的；

（二）危害国家安全，泄露国家秘密，颠覆国家政权，破坏国家统一的；

（三）损害国家荣誉和利益的；

（四）煽动民族仇恨、民族歧视，破坏民族团结的；

（五）破坏国家宗教政策，宣扬邪教和封建迷信的；

（六）散布谣言，扰乱社会秩序，破坏社会稳定的；

（七）散布淫秽、色情、赌博、暴力、凶杀、恐怖或者教唆犯罪的；

（八）侮辱或者诽谤他人，侵害他人合法权益的；

（九）法律、法规禁止的其他内容。

**第二十条** 已经获准开办的教育网站，若以企业形式申请境内外上市的，必须事先经上海市教育委员会报请教育部批准。

**第二十一条** 教育网站应当使用全国通用的普通话和规范字，教育网站主页必须使用以汉语言文字为主体的界面。面向全球的教育网站，可以同时使用中文繁体或其他通用的语言文字。

**第二十二条** 如有违反本管理办法第六条、第七条、第十四条、第十五条、第十六条、第十七条、第二十条、第二十一条的，上海市教育委员会将根据国家和上海市有关法律、法规的规定，视情节轻重予以警告、注销其资质证等行政处罚；情节严重的，依法追究法律责任。

**第二十三条** 所有界定为无资质的教育网站，或者被注销资质证的教育网站，或者违反本管理办法第十九条的教育网站，由上海市教育委员会书面通知上海市电信管理机构，建议暂时关闭网站，或者关闭网站并注销其电信管理机构的许可证编号或备案编号。

## 第四章 年度审核

**第二十四条** 上海市教育委员会提供教育网站年度审核的规范文本及资料清单（含电子文档）。

申请年度审核的教育网站应该根据规范文本及资料清单准备申办材料（含电子文档），并按照本管理办法规定的申办受理时间进行提交。

规范文本及资料清单（含电子文档）主要包括：

（一）《上海市教育系统网站（教育类）年度审核表》；

（二）《上海市教育系统网站（教育类）资质证》；

（三）本管理办法第十四条、第十五条所涉内容的证明材料；

（四）本管理办法第十八条所涉内容的抽查材料；

（五）其他根据上海市教育委员会规定需要提交的证明材料。

**第二十五条** 教育网站的年度审核，采用一年集中三次受理的方式。受理时间分别确定在每年的4月1日至4月30日、8月1日至8月31日和12月1日至12月31日（不含休息日），其中4月30日、8月31日和12月31日分别作为相应的截止受理日。

**第二十六条** 教育网站年度审核的受理及审核周期为自相应的截止受理日起的20个工作日。受理及审核周期内不能做出决定的，经过上海市教育委员会主管领导批准，可以再延长10个工作日。

受理及审核周期中，审核部门可以采用实地考察形式。

**第二十七条** 年度审核的结果分为“通过”和“不通过”两项，并通过特定途径进行7个工作日的公示。

公示结束后，对于“通过”的教育网站，由上海市教育委员会颁发新的资质证或者在资质证上加注有效期延续章，并书面通知上海市电信管理机构。

在公示中列为“通过”且资质证未超出有效期的教育网站方可认定为有资质，其他均视为无资质。

**第二十八条** 年度审核的受理，秉承实事求是的原则。

一经发现所提交材料存在虚假内容，则给予年度审核“不通过”的结果，注销其资质证，并按照本管理办法第二十三条执行。

**第二十九条** 已经获准开办的教育网站，若发生本管理办法第九条所规定内容中除教育网站名称变更、申办机构变更以外的任何一项变更(包括资质证原件遗失情况)，应当在变更前20个工作日内向上海市教育委员会提出申请，按照年度审核程序进行审核，审核通过后方可办理变更手续，颁发新的资质证，原有资质证注销。

## 第五章 附 则

**第三十条** 上海市教育委员会可以进行教育网站的评比活动，对于成绩突出的教育网站给予表彰和奖励。

**第三十一条** 上海市教育委员会鼓励并支持各区(县)教育行政管理部门、市属教育单位及部属教育单位开展有关教育网站监督、管理和服务机制的业务交流活动。

**第三十二条** 在本管理办法发布前已经开办的教育网站，应当自本管理办法发布之日起的第一次或第二次集中受理时间，依照本管理办法补办有关手续。逾期未补办的教育网站，均视其为无资质，并按照本管理办法第二十三条执行。

**第三十三条** 在上海市行政区域范围内，开展互联网教育信息服务(指通过互联网向上网用户提供教育信息的服务活动)，参照本管理办法执行设置审批和年度审核。

**第三十四条** 本管理办法由上海市教育委员会负责解释。

**第三十五条** 本管理办法自发布之日起施行。

# 上海市教育委员会关于印发《上海高等教育内涵建设“085”工程实施方案》的通知

（沪教委科〔2009〕2 号）

各高等学校：

为了深入贯彻落实科学发展观，加强上海高等教育内涵建设，进一步提升上海高等教育服务国家和上海区域经济社会发展的水平，上海市教育委员会于 2008 年起启动上海高校发展定位规划和学科、专业布局结构优化调整工作。各高校根据该项工作的整体要求和工作部署，认真研究制定了学校的发展定位规划，确定发展目标，明确建设任务，取得了较好的效果。为进一步推动该项工作深入开展，上海市教育委员会决定在此基础上启动上海高等教育内涵建设“085”工程，现将《上海高等教育内涵建设“085”工程实施方案》印发给你们。

请各高校根据方案的要求，针对本校定位发展规划中拟重点发展的学科、专业领域，认真组织各类工程中的建设项目，并加强对建设项目的管理，以保证“085”工程的顺利实施，促进高校的内涵发展，推动本市高等教育不断向前发展。

附件：上海高等教育内涵建设“085”工程实施方案

上海市教育委员会
2009 年 2 月 3 日

附件：

## 上海高等教育内涵建设“085”工程实施方案

在市委市政府的领导下，经过十几年的不懈努力，上海高校的办学条件得到极大的改善，综合实力有较大提升，上海高等教育事业实现了历史性的跨越。在全面贯彻科学发展观，着力推进“四个率先”，建设“四个中心”国际化大都市进程中，上海高等教育发展已进入以内涵建设为主的战略机遇期。前一阶段，各高校认真学习实践科学发展观，按照市政府的要求，分析形势，总结经验，展望未来，发动师生员工，在新的历史起点上研究制定了 2008—2020 年学校发展定位规划，确定了发展目标，明确了建设任务，并在三级重点建设的框架内，根据“扶需、扶特、扶强”原则，理清了学校近期重点建设的学科与专业，取得了很好的效果。在此基础上，上海市教育委员会决定实施上海高等教育内涵建设“085”工程，以推动高校发展定位规划的有效实施，促进上海高等教育实现新的历史性跨越。

### 一、指导思想

以科学发展观为指导，按照上海高校发展定位规划确定的建设目标，着力推进高等教育的内涵发展，加快提升上海高等教育的整体水平和综合实力。

以提升上海高校人才培养、知识创新和社会服务三大功能为宗旨，优化调整学科专业布局结构，提升学科专业和师资队伍建设水平，增强上海高等教育服务区域经济和全国的能力。

以推进管理体制和运行机制改革为突破，转变政府职能，提高政府的公共服务能力；推进高校科学管理、民主管理、创建现代大学制度，增强高校依法自主办学能力。

二、建设目标

1. 进一步完善各类创新型人才培养体系；进一步增强上海高校的自主创新能力，形成全方位、多层次服务于经济、社会和文化发展的知识创新体系；引导上海高校走创新型、开放型和特色型的内涵发展道路，建设若干所世界知名高水平大学和一批国内领先特色院校。

2. 加强分类指导，促进在全市高校范围内形成"校校获支持，校校有发展，校校有特色"的发展局面。形成上海高等教育学科、专业布局结构优化调整良性机制，改革市教委学科、专业和队伍建设专项资金的管理方式，创新政府资源配置的方法。

三、建设内容

上海市教育委员会启动，实施高等教育内涵建设的五大工程，即"综合建设工程"、"人才培养工程"、"知识创新工程"、"师资队伍建设工程"和"国际交流与合作工程"，鉴于此项工作启动于2008年，简称"085"工程。

（一）综合建设工程

围绕国家"985工程"、"211工程"、"985"创新平台、国家级示范性高职和部市重点共建、市政府与行业重点共建等专项计划的实施，重点推进若干所世界知名高水平大学和一批国内领先特色院校建设，增强上海高等教育参与国家任务的综合实力。进一步促进民办高校的发展，提升上海高等教育整体水平。

主要建设计划：

1. 高水平大学攀登计划：重点实施"985工程"、"211工程"、"985"创新平台和"国家示范性高职院校建设"等国家建设项目，推进世界知名高水平大学建设和有国际影响高水平特色院校建设。

2. 行业高校提升计划：完善与政府行业主管部门的联系制度，通过实施与行业主管部门的重点共建计划，大力推动市属高校成为行业内高水平学校，扩大其影响力。

3. 民办院校促进计划：依据《中华人民共和国民办教育促进法》和《中华人民共和国民办教育促进法实施条例》，重点实施行业主管部门与市教委共建计划，推进上海民办高校有特色高水平发展。

（二）人才培养工程

以创新型人才培养为核心，以提高高等教育质量为重点，全面贯彻实施教育部研究生教育创新计划、高等学校本科教学质量与教学改革工程。重点加强人才培养模式改革、课程体系建设、优化学科专业结构、建立健全教学评价体系，进一步增强高校培养创新人才的能力，构建和完善各类创新型人才培养体系。

主要建设计划：

1. 研究生教育创新计划：以提高研究生创新意识、创新能力为核心，积极推进研究生教育创新计划的实施，重点开展学位点建设、产学研联合培养基地建设、博士研究生科研创新项目资助、建立研究生访学制度、开展研究生学术论坛和暑期学校等，创新研究生培养模式，提升高校研究生培养能力。

2. 本科教育质量计划：以提高本科生培养质量为核心，积极推进高等学校教学质量与教学改革工程。重点开展教育高地、实验实训基地、课程体系和教材等建设，构建学科专业结构优化调整机制、建立健全教学质量保障体系，改革本科生培养模式，增强高校本科生的培养能力。

3. 高技能人才培养计划：以提高高技能人才培养质量为核心，积极推进高职院校重点专业建设。通过需特强专业建设、双师型教师队伍建设、实训基地建设、课程体系和教学内容改革等专项工作，完善高等职业教育人才培养模式，增强高校培养上海城市发展所需的应用型、技术型人才的能力。

（三）知识创新工程

以推进高校知识创新体系建设为重点，以重点学科建设为核心，坚持"扶需、扶特、扶强"和"有所为、有所不为"的原则，着力打造一批国内一流、国际知名的学科。进一步提升高校的知识创新能力、增强服务区域社会经济文化发展的支撑力。

主要建设计划：

1. 重点学科建设计划：以提升高校重点学科水平为核心，着力构建国家、省市、学校三级重点学科体系。按照"扶需、扶特、扶强"的原则，加强对国家、省市和学校三级重点学科建设，建立和完善学科评价体系，促进学校的内涵发展。

2. 科技创新支撑计划：以增强上海服务国家战略能力为核心，按照"比照衔接"的原则，瞄准国家专项战略，通过市级培育项目(基地)建设，学科发展关键基础设施等建设，增强上海高校综合竞争力。

3. 产学研联盟计划：以增强高校服务区域社会经济能力为核心，积极推动产学研全方位、多层次合作，鼓励和支持学校与企业设立联合研发基地，兴办大学科技园、共建产学研联合基地等多种形式，构建企业为主体、市场为导向、产学研相结合的技术创新体系。

4. 繁荣哲学社会科学计划：以促进高校的人文社会科学繁荣为核心，通过高校人文社会科学重点研究基地、精品计划和专题数据库等建设，使高校成为国家和区域重要思想库和智囊团，促进我国哲学社会科学大繁荣大发展。

5. 文化传承与引领计划：以增强高校文化贡献力为核心，围绕社会主义核心价值观和社会主义先进文化，通过大师工作室、艺术创新平台、名家力作等建设，大力推进文化创新，为推动社会主义文化大繁荣提供强力支撑。

(四) 师资队伍建设工程

以增强高校师资队伍综合能力为核心，集聚和造就一批高水平学科带头人和创新团队。通过建立和完善特聘教授制度，从国内外吸引一批优秀中青年学科带头人。完善教师职务聘任制度，进一步加强高校与产业部门合作，构建“双师型”教师队伍。调整教师队伍结构，优化教师资源配置，强化教师培训，提高教师队伍素质。

主要建设计划：

1. 高端人才引进和培养计划：以培养和引进优秀学科带头人为核心，通过实施“东方学者”、高校创新团队等专项计划，集聚一批优秀学科带头人和一批高水平的创新团队，提升上海高校的师资队伍水平。

2. 青年骨干教师培养计划：以提升青年教师业务能力为核心，通过实施青年教师科研启动基金和拓展项目、出国留学基金、海外师资培训基地建设等，进一步营造有利于青年教师成长成才的制度环境和文化氛围。

(五) 国际交流与合作工程

以提高上海高等教育国际化水平为目标，推动高校国际交流项目的深入展开和全面提升。重点引导上海高校与国外知名大学开展合作与交流，积极推动上海高校与国外知名高校开展学科前沿领域的高水平科研合作与交流。

主要建设计划：

1. 国际交流计划：重点加强上海高校与国际知名大学多方位的合作，扩大上海高校国际化视野，通过教师交流、学生互换、课程交流、合作办学和孔子学院等多种形式，提升高校国际交流能力和办学水平。

2. 国际合作计划：以上海友城为重点，进一步深入推进中外高校的科研合作，探索开展在学科前沿高水平国际合作，提升上海高校的学科学术水平和国际影响力。

上述五大建设工程由15项计划构成，每项建设计划又由若干建设项目组成，依据遴选标准和组织实施的特性，将建设项目分成三大类。

第一类项目：以国家项目的建设要求为依据，以国家项目的遴选标准为标准，由市教委组织统一遴选后，或经统一遴选并进行重点培育后，上报参与国家层面的竞争和建设。

第二类项目：以学校发展定位规划中“扶需、扶特、扶强”原则确定的重点建设学科专业为基础，由学校内部统一遴选并组织实施，报市教委认定后备案。

第三类项目：市级层面的一般项目，由市教委按分类指导原则在同类学校之间进行比较、遴选。

**四、组织实施**

1. 项目组织实施的原则是学校为主、政府引导、强化需求、分类指导。

学校为主，进一步确立学校是学科建设与结构布局优化调整主体的理念，确立学校在学科、专业和师资队伍建设中的主导权和统筹权；

政府引导，市教委将根据国家、上海社会经济发展和上海高等教育整体发展的需要，通过对建设项目的遴选和支持，引导学校有效实施发展定位规划；

强化需求，重点支持与国家和上海社会、经济和文化紧密相关的学科和学校发展急需的支撑性学科；

分类指导，市教委将针对不同类型的学校，按照“不同的发展目标、不同的建设任务、不同的政策支持、不同的考核指标”的管理理念，充分考虑各校学科、专业和师资队伍建设发展的实际需求、已有的基础、特色和优势，积极支持各类学校错位竞争、和谐发展。

2. 项目组织实施办法：

第一类项目：集中申报、统一遴选、好中选优、绩效评价。

第二类项目：学校规划，校内竞争，政府立项，绩效评估。

*学校规划*，学校要根据发展定位规划与学科专业结构优化调整总体方案，研究确定建设项目、建设周期、配套资金等，制定推进措施，确保学校发展规划的有效实施。

*校内竞争*，学校在对此类项目的组织遴选中，一定要建立起与此相适应的校内竞争机制、论证制度和监督制度，做到事前公告，事后公示，从制度上保证项目遴选的公开、公平、公正，推进学校民主管理制度的建设。

*政府立项*，市教委将常年受理学校申报的建设项目，并纳入市教委的项目库。市教委根据年度经费额度、学校学科间的错位发展和面上平衡等因素，在与学校充分协商的基础上，确定各校每类项目中启动建设的数量。入选项目由市教委正式立项后启动建设，并统一冠名“上海高校××××工程重点建设项目”。

*绩效评估*，建设项目以学校为主实施日常管理，结题时，市教委组织结题绩效评估。对管理规范、建设成效明显的学科和专业在后续建设过程中优先立项并提高资助额度；对管理不力、项目绩效不明显的学科、专业和高校，将暂缓设立新的建设项目。

第三类项目：集中申报、统一遴选、同类比较，绩效考核。

此类项目将依据各项目建设的具体要求，由学校统一组织申报，市教委按分类指导原则，组织专家在同类学校中进行比较遴选，并在同类学校中进行绩效评价比较。

市教委将另行公布建设项目指南相应的管理办法。

# 上海市精神文明建设委员会 上海市教育委员会 上海市妇女联合会关于印发《上海市0—18岁家庭教育指导内容大纲》(试行)的通知

(沪教委德〔2009〕28号)

各区县教育局、浦东新区社会发展局,妇联、文明办,各委、局、控股(集团)公司教育处:

为深入贯彻落实《中共中央国务院关于进一步加强和改进未成年人思想道德建设的若干意见》及《上海市家庭文明建设"十一五"指导计划》等文件精神,充分发挥家庭教育在未成年人思想道德建设中的特殊重要作用,坚持社会主义核心价值体系建设,把家庭教育与社会教育、学校教育紧密结合起来,为青少年学生创设良好的家庭教育环境,现将《上海市0—18岁家庭教育指导内容大纲》(试行)印发给你们,请根据本地区、本系统的实际情况,认真贯彻执行。

附件:上海市0—18岁家庭教育指导内容大纲(试行)

上海市精神文明建设委员会
上海市教育委员会
上海市妇女联合会
2009年5月26日

附件:

## 上海市0—18岁家庭教育指导内容大纲(试行)

为深入贯彻落实《中共中央、国务院关于进一步加强和改进未成年人思想道德建设的若干意见》、《中华人民共和国未成年人保护法》、《上海市学生民族精神教育指导纲要》、《上海市中小学生生命教育指导纲要》以及《上海市家庭文明建设"十一五"指导计划》等文件精神,坚持以社会主义核心价值体系为引领,加强家庭美德、职业道德、社会公德和个人品德建设,为孩子创设良好的家庭环境,使家庭教育符合孩子的身心发展特点,从而促进孩子勤奋学习、快乐生活、全面发展,现从孩子和家长的需求出发,编制《上海市0—8岁家庭教育指导内容大纲(试行)》(以下简称"大纲")。

**一、家庭教育的指导思想、目标及任务**

家庭教育是指在家庭中家长(监护人)自觉地、有意识地按照国家相关法律和孩子成长发展的要求,通过家庭生活和言传身教,对孩子实施一定教育影响的行为活动。它是学校教育和社会教育的基础。家庭环境和家长的道德文化素质直接影响着孩子的成长,家庭教育对培养下一代、促进家庭幸福和睦、提高全民族素质具有重要的意义,对社会主义精神文明建设具有积极的促进作用。

家庭教育既要为孩子营造健康幸福的人生,促进和谐家庭的建设,同时也要培养社会主义事业建设者和接班人。家长应培养和提高孩子的思想道德素质、科学文化素质、劳动技能素质、审美素质和生理、心理素质,培养孩子的创新精神和实践能力,要加强对孩子的思想品德教育,引导其养成良好的行为习惯,提高孩子的文明素养和公民意识。

**家庭教育指导工作的目标是:**扩大家庭教育和科学育儿知识的宣传和普及,使广大家长的整体素质和教育子女的能力得到全面提高，促进家长和孩子共同成长；推进现代家庭教育理论体系建设，提高家庭教育指导者和管理者的理论水平、服务意识、指导和研究能力，使家庭教育指导工作水平和家庭教育质量都有新的提高；进一步完善家庭教育工作长效机制，推动构建学校、家庭、社会“三结合”的教育网络。

**家庭教育指导工作的任务是：**以人的发展为本，遵循孩子身心发展的规律和家庭教育指导工作规律，满足家长自身的需求和社会发展的要求，帮助家长更新教子观念，树立正确的育人观，明确为国教子的责任和义务；传授家庭教育的基本知识，指导家长掌握科学育儿的方法，交流和推广家庭教育的成功经验，提高家长教养孩子的能力，促进家长和孩子共同成长；优化家庭教育环境，增强家庭、学校、社会共同参与素质教育的意识与合力。

**二、家庭教育的指导原则**

实施家庭教育要注重科学性与人文性的统一，引导家长关注以下原则：

1. 遵循科学，正确引导

正确了解孩子身心发展的特点及规律，尊重孩子接受意趣，顺应孩子的天性，关注经验获得的机会和发展潜力，让他们能在丰富的、适宜的环境中自然发展，和谐发展，快乐成长。

2. 重视差异，因材施教

由于孩子的发展有很大的个体差异性，表现为发展的速度不同、特点不同，而且就其本身而言，发展也存在着不平衡性，因此，应针对不同孩子的特点，重视孩子在发育与健康、感知与运动、认知与语言、情感与社会性等方面的发展差异，关注孩子的多元智能，在遵循一般规律的基础上有针对性地进行个别化教育。

3. 满足需求，理性施爱

重视孩子的情感关怀，强调以亲为先、以情为主，关爱孩子，赋予亲情，满足孩子成长的需求，尊重孩子的意愿，使他们积极主动、健康愉快地发展。同时在满足孩子生长需求的基础上，应理性施爱，既不拔苗助长，也不放任自流；既不要一味溺爱、放纵孩子，也不过分地限制、压制孩子。只有将感情与理智相结合地施爱，孩子才能健康成长，否则会适得其反。

4. 正面教育，赏识有度

对孩子要赏识、激励、宽容，坚持正面教育，多发掘孩子的闪光点，以表扬、鼓励为主，但不排斥必要的批评和适度的训诫。赏识要有度，把握教育的最佳期。批评时要注意把握度和时机，注意实际效果，避免产生副作用。

5. 榜样示范，平等交流

事事处处树立榜样，当好孩子的第一任教师。建立民主平等新型的亲子关系，父母要真诚地与孩子平等交流，实行双向互动。了解孩子，走进他们的精神世界，成为孩子的朋友，从而引导他们，教育他们。

6. 三位一体，和谐教育

以家庭教育为基础，学校教育为主体，社会教育为依托，积极构建全面、健康、和谐的三位一体的教育网络，发挥教育合力，有计划、有步骤、分层次地开展各种教育活动，全面促进孩子身心健康的发展。

**三、家庭教育指导的内容**

家庭教育旨在促进孩子身心健康发展，促使孩子成人、成才和成功。家庭教育指导要在明确各年龄段孩子身心发展特点的基础上，形成各阶段有机衔接、螺旋上升和全面系统的指导内容体系。

针对当前家庭教育中比较突出的问题，“大纲”内容按年龄段分为五个部分共 62 个指导内容专题，即 0—3 岁 12 个专题、3—6 岁 12 个专题、小学阶段 15 个专题、初中阶段 12 个专题、高中阶段 11 个专题。为便于家庭教育指导人员更好地了解各年龄段的孩子并掌握家教指导策略，在每个年龄段的指导专题前，均对该年龄段孩子的身心发展特点和家庭教育的重点作了描述。“大纲”力求主动地、灵活地、创造性地、有效地开展指导活动，通过亲子关系沟通、青少年儿童身心保健等方面的服务，帮助家长掌握和提升家庭教育的能力和质量，营造有利于儿童青少年健康成长的和谐家庭氛围。

## Ⅰ. 0—3 岁婴幼儿

(一) 0—3 岁婴幼儿身心发展特点

从出生到 3 岁，是婴幼儿身心发育最为迅速的时期，具体表现在以下四个方面：(1)身体发育。到 36 个月时，平均身高男孩为97.26公分，女孩为96.28公分；平均体重男孩为14.73公斤，女孩为14.22公斤。(2)动作发展。动作发展自上而下、由躯体中心向外围、从粗大动作到精细动作的发展规律。由抬头、坐、爬、站，到走、跑、跳等，人类的基本动作都已掌握。(3)语言发展。婴幼儿期是重要的关键期，如1—3岁是学习语言发音的关键期，2—3岁是掌握基本语法和句法的关键期，到3岁时，基本掌握母语的语法规则系统。(4)人际交往。表现出一定的交往倾向，有与人沟通交往的愿望，喜欢用自己的身体探索周围世界。0—1岁主要是建立亲子关系。父母在照料婴幼儿的过程中，充分的体肤接触、感情表示、行为表现和语言刺激，会对婴幼儿的成长产生深远的影响；1岁以后，随着动作能力、言语能力的发展及活动范围的扩大，开始表现出追求玩伴的愿望，于是出现一对一的玩伴关系。

（二）0—3岁婴幼儿家庭教育指导重点

0—3岁婴幼儿刚来到人世间，生理、心理机能刚刚开始发育，但又发展得非常迅速，对世界充满了好奇，喜欢探究。因此，须指导家长在提供适宜刺激以满足孩子好奇、探究心理的同时，把婴幼儿的健康、安全及动作、语言发展放在首位，为孩子提供卫生、安全、舒适、充满亲情的日常护理环境和充足的活动空间，让婴幼儿在丰富、适宜的环境中形成良好的日常生活习惯。0—3岁婴幼儿家庭教育指导的重点是科学养育、发展动作的灵活性和协调性、培养婴幼儿的语言交往能力。

（三）0—3岁婴幼儿家庭教育指导专题内容要点

专题1　母乳喂养更有助于婴幼儿的健康发展

母乳是婴儿最佳的天然食物，有利于婴儿身心健康与亲情培养。要加强宣传，提倡自然分娩；指导年轻母亲加强乳房保健；指导乳母科学饮食，增加母乳的营养；指导母亲在产后尽早给婴儿哺乳；指导母亲学会排空乳房促进乳汁分泌；指导母亲掌握正确的哺乳方法；指导母亲适时断奶，哺乳时间不低于4个月；不具备母乳喂养条件的，应学会科学合理地给孩子补充营养和调配膳食，并应购买有质量保证的正规厂家生产的适合不同月龄婴幼儿饮用的奶粉。

专题2　多让婴幼儿接触水、阳光和空气

开展三浴锻炼，满足婴幼儿接触外界的感官体验需求。足够的户外阳光浴和空气浴使婴幼儿身体更健康、强壮，还能促进婴幼儿智力发展和良好情感的形成。

家长须摒弃传统的育儿观念和陋习，保持居室空气新鲜；保证孩子每天1—2个小时的户外活动，利用空气和日光锻炼身体；从孩子的实际情况出发，尽量早开展三浴锻炼，但要循序渐进地进行；选择安全、合适的场地进行，掌握适宜的时间和温度，并及时观察和了解孩子的情况，预防意外事故发生。

专题3　及时培养婴幼儿良好的日常生活习惯

婴幼儿生活习惯的培养主要包括良好的睡眠、饮食、排便及卫生习惯的养成。

婴幼儿良好习惯的养成，能为其一生发展奠定基础。良好的睡眠习惯，有利于婴幼儿的大脑和身体发育；良好的饮食习惯，能保证婴幼儿摄取足够的营养和正常的生长发育；良好的排便习惯，对于婴幼儿正常的饮食、睡眠等都很有好处；良好的卫生习惯，能增进婴幼儿的基本生活自理能力。

家长要积极为孩子树立良好的榜样，用自己的言传身教影响孩子；创设有利于良好生活习惯形成的环境，如创设安静温馨的睡眠、进食环境，利用日常生活各环节进行随机教育，采用鼓励表扬的正强化教育措施等。

专题4　积极支持婴幼儿的爬行活动

爬行对婴幼儿的身体和智力发育都非常重要。家长需了解爬行能促进婴幼儿全身肌肉与大脑的协调发展，能锻炼婴幼儿的触觉、听觉、视觉等感觉器官，有助于其方位感和距离感的建立，同时能满足婴幼儿用自己的手脚去接触、探索世界的内在需求。

家长可运用各种方式逗引、支持婴幼儿爬行；为婴幼儿创设一个安全、卫生的爬行环境；从婴幼儿的实际出发，确定适宜的爬行时间和距离；给婴幼儿穿着适宜爬行的服装；爬行后及时帮助婴幼儿洗手、整理服饰、喝水、补充食物并给予精神鼓励。

专题5　促进婴幼儿动作灵活和协调性的发展

婴幼儿的动作发展顺序是先粗大动作，再精细动作。粗大动作是精细动作发展的基础。多让婴幼儿看、听、摸、尝、闻，可以训练婴幼儿的感官能力，使他由对周围事物形象、感觉上的认识逐渐发展到了解熟悉外面的世界。走、跑、跳并不是单一的肌肉活动，而是视觉、平衡觉等整合的过程，能使动作协调、灵活，促进婴幼儿的生长发育及智力的发展。

家长要为婴幼儿提供安全的活动场地，创设有趣的情境，提高婴幼儿活动的兴趣；开展亲子体育活动，发展动作技能；让婴幼儿有充分的动作练习，不仅进行爬、翻滚、走、跑、跳、攀、转圈等大动作练习，还应进行抓取物品、扔东西、拍球等精细动作的练习。

专题 6　支持婴幼儿“涂鸦”、拆卸行为

“涂鸦”、拆卸行为是婴儿进行想象的手段，是发展想象力的途径，能促进 2—3 岁婴幼儿的思维发展，是婴幼儿智能开发的重要形式；玩具伴随婴幼儿成长，能促进其感官、认知等各方面的发育；玩具的安全、实用、适宜比玩具的价格更重要；涂鸦是帮助婴幼儿与外界融为一体的载体。

要引导家长为婴幼儿提供拆卸、涂鸦的活动空间，给婴幼儿提供足够的拆卸、涂鸦的安全工具材料，引导并陪伴婴幼儿的拆卸、涂鸦行为，与婴幼儿一起玩一玩，画一画，拆一拆，讲一讲，理解婴幼儿的创造天性，用心欣赏婴幼儿的看似不合逻辑的涂鸦作品。

专题 7　多与婴幼儿进行语言交流

0—3 岁正是婴幼儿牙牙学语的关键时期，是培养口语交际能力的重要阶段。现代社会生活中，家长与婴幼儿语言交流时间少，不重视和婴幼儿进行语言交流，也不知如何正确地和婴幼儿交流。

要充分认识 0—3 岁的婴幼儿正处于语言发展的关键期，他们具有与成人语言交流的需要；良好心理、物质环境的创设是促进婴幼儿语言发展的重要条件；婴幼儿的语言能力必须在与成人的相互作用中发展。

家长要为婴幼儿提供正确的口语示范，积极回应婴幼儿的言语需求，为婴幼儿的语言学习和模仿提供充裕的环境条件，利用生活中的一切机会，让他们多听多说，运用多种方法（如游戏法）积极逗引、鼓励婴幼儿开口说话。

专题 8　进行适合婴幼儿的“早期阅读”

2—3 岁的婴幼儿已出现了早期阅读的兴趣和行为。早期阅读能给予婴幼儿脑部良性的刺激，使大脑更好地发育。亲子阅读能使父母与婴幼儿的情感得到沟通，增进了良好的亲子关系，对婴幼儿人格的良好发展也非常有益。

家长需为婴幼儿提供合适的阅读内容和材料，如选择图画色彩丰富的书籍，选择故事简单有趣的阅读内容，选择婴幼儿自己感兴趣的阅读材料；每天在固定时间段与婴幼儿一起进行亲子阅读，可选择睡前或餐后等家长方便且婴幼儿注意力不易分散的时间；亲子阅读中要采取多样化的阅读指导方式，如阅读游戏法或者引导婴幼儿看图书画面复述法等。

专题 9　正确应对婴幼儿的“第一反抗期”

婴幼儿在两岁前后，开始进入“第一反抗期”，表现为调皮、任性、爱走极端，故意做成人禁止做的事。家长往往不了解“第一反抗期”的特点，对婴幼儿缺乏正确的教育态度和手段，常采用专制性的教育态度，或娇惯和迁就。

“第一反抗期”是婴幼儿心理发展的必经阶段，父母需做好相应心理准备和应对策略。学会说“不”，是婴幼儿成长的标志。

家长首先要理解婴幼儿，尊重婴幼儿，不轻易干涉，以平等姿态，征询孩子的意见；其次，相信孩子，满足他们的好奇心和合理要求；第三，采取讲道理、转移注意、冷处理等方法终止孩子的不合理要求；第四，把握自己的言行，做孩子的榜样。

专题 10　鼓励婴幼儿的社会交往

0—3 岁的婴幼儿大多在家中玩，尤其是城市里的婴幼儿，缺少与外界的交往。婴幼儿也有交往的需求，交往是个体不可缺少的社会化学习的重要内容；婴幼儿良好的心理素质也是在交往中逐渐形成和发展起来的。

父母要利用各种机会，多与婴幼儿交往，教授其一些基本的交往技能；鼓励婴幼儿邀请同伴到家做客，带婴幼儿走出家门，与各种对象进行交往；帮助婴幼儿学习处理交往过程中发生的纠纷；尊重婴幼儿的交往个性，逐步引导，而不是给予太多的强制性干预。

专题 11　加强对祖辈家长教养孩子的指导

祖辈家长在婴幼儿的教养中具有时间宽裕、有耐心、能宽容等优势，但也存在教养观念和方法上的不足。

既要看到祖辈家长也是带养的力量，又要注意不能靠祖辈家长完全替代父母的教养责任。父母要充分认识父亲、母亲在教养婴幼儿中各自的重要作用，学会正确处理其他事务与教养婴幼儿的关系。

要关注祖辈家长教养婴幼儿的情况，加强对祖辈家长教养婴幼儿的专题指导，帮助其掌握现代先进的教养理念，掌握科学的教养方法；引导其把教养婴幼儿的主要责任还给父母，学会协助父母，与父母的教养保持协调一致。

专题12 重视常见疾病的家庭护理

婴幼儿常见病主要有高烧、小儿肺炎、营养性和缺铁性贫血、腹泻、佝偻病等。对待婴幼儿的常见病，一要十分重视，因为小病不治易成大病；二要重在预防，以预防为主，治病为辅；三要加强病后护理，加速健康的恢复，尽量减少疾病的危害。

要引导家长按时为婴幼儿预防接种；向家长普及婴幼儿常见病的知识，让家长掌握预防的方法，了解发病征兆，重视科学应对与及时诊治；向家长普及病后护理常识，学会保持居室空气新鲜，让婴幼儿多晒太阳；学会科学合理地给婴幼儿补充营养和调配膳食；学会安抚、调节婴幼儿的情绪；带领婴儿加强锻炼，增强体质等。

## Ⅱ. 3—6岁幼儿

（一）3—6岁幼儿身心发展特点

这个年龄段的幼儿处于身心发展的黄金时期，具体表现在以下五个方面：(1)身体发育。身高、体重、营养、神经、动作技能等方面获得长足进步。(2)语言发展。词汇量迅速增长，逐渐明确词义并有一定的概括性，基本上掌握了各种语法结构，并可自由地与他人交谈。(3)思维发展。逐步克服直觉行动思维，并初步发展到具体形象思维。(4)社会交往。喜欢与同伴一起玩，玩伴的数量随着年龄增加，玩伴关系不稳定，经常变化。(5)个性发展。这个阶段是个性形成的关键时期，幼儿在此阶段开始形成自己最初的个性倾向并会在一生中都保留其痕迹，因而这一时期在人的心理发展中具有重要作用。

（二）3—6岁幼儿家庭教育指导重点

根据这一阶段幼儿身心发展的特点及家庭教育所承担的任务，幼儿园对家长所作的指导内容主要包括：继续重视幼儿的身体健康发育；帮助幼儿养成各种良好的行为习惯；注意保护幼儿的好奇心和求知欲，进行适当的智力开发；使幼儿初步学会与他人交往；关注幼儿的个性发展；使幼儿逐步适应幼儿园的集体生活并为进入小学学习作好各方面的准备。

（三）3—6岁幼儿家庭教育指导专题内容要点

专题1 帮助幼儿度过入园适应期

离开了熟悉的家庭环境，入园初期多数幼儿会产生不安全感，表现出焦虑、害怕、厌恶甚至反抗等情绪，严重影响到该阶段幼儿的正常生活。

家长需在幼儿入园前一段时期有意识地减少幼儿对家人的依恋，让幼儿多融入同龄人的活动；入园后，要随时关注幼儿在家中的情绪、胃口、睡眠等情况；当幼儿出现较为强烈的情绪反应时，不采用骂、压、恐吓等方法，需通过不断的情感交流来稳定幼儿的情绪；要经常与幼儿园老师进行沟通，了解幼儿的适应情况，寻找原因并共同商讨和采用恰当对策。

专题2 开展家庭体育活动促进幼儿体质发展

加强幼儿的心肺功能、腿部力量是增强该年龄段幼儿体质健康发展的首要任务。生动活泼、形式多样、方便易行的家庭体育活动，是十分有效的增强幼儿体质的手段。

家长应确保幼儿每天有1—2小时的体育活动时间，让幼儿多在阳光下玩耍、多呼吸新鲜空气；节假日带幼儿外出活动，在自然环境中锻炼幼儿的体质；可利用民间的传统游戏因地制宜地开展体育活动，全家一起参与；定期(如半年)对幼儿的体质发展情况进行检查。

专题3 重视幼儿良好个人卫生习惯的养成

幼儿的个人卫生习惯包括用眼卫生、口腔卫生、饮食卫生、个人整洁等多方面的要求。

0—6岁幼儿的视力逐年增加，到六七岁时，视觉系统基本发育完全。3岁时的视力达到0.5—0.6，6岁时正常视力已达1.0。所以，幼儿时期的视力保健非常重要，不容忽视。幼儿龋齿如不及时治疗，极有可能造成日后恒牙排列不齐，有些幼儿因此长期用正常的一侧咀嚼，从而造成面部发育不对称，影响了其日后的正常生活。幼儿的视力和牙齿保健与他们的良好个人卫生习惯密切相关。

家长在家中要避免让幼儿连续长时间观看电视、玩电子游戏，要引导其多做户外运动；要保证阅读活动场所有足够的照明；保持正确的阅读姿势，不过近、过远或躺着看书；定期检查幼儿视力并及早做好不良视力的矫正；教育幼儿适当控制甜食，特别是不在临睡前吃糖；坚持饭后漱口，早晚刷牙，并学会正确刷牙方法，养成个人良好的口腔卫生习惯。

专题 4　培养幼儿自理能力的劳动习惯

幼儿的劳动习惯包括自我服务、适当家务劳动和参加公益性劳动，它的养成从形成自理能力开始。

不能形成自理能力将直接影响孩子今后的生活、工作和才能的发挥。幼儿自理能力的培养和劳动习惯的初步形成，完全取决于家长的做法和要求。

家长要放手让幼儿去做力所能及的事情，即使初期出现一些反复，但还要坚持下去；要根据孩子的实际情况，提出具体的要求和做法；可在日常生活中，采用游戏、奖励等多种方法，鼓励幼儿去尝试和完成。

专题 5　依据幼儿年龄特征进行智力开发

儿童早期智能开发是影响其一生的重要环节，幼儿早期智力开发须符合幼儿的年龄特征循序渐进；应根据幼儿多元智能理论，满足幼儿的多种需要；游戏是促进幼儿智力发展的最佳方式；充分开发利用家庭中丰富的智力教育资源。

引导家长对幼儿的智力开发应从其兴趣和可接受性出发，让幼儿乐于接受，让幼儿在玩中学，在游戏中发现，在操作中探索，注重幼儿情感态度、方法、习惯等多方面的和谐发展；引导家长做有心人，善于发现幼儿的兴趣和特长，采取针对性教育，发掘他们的优势潜能；多带幼儿参加各种活动，激发兴趣，扩大视野，积累经验，增长才干。

专题 6　保护并满足幼儿的好奇心和求知欲

由于幼儿对世界充满着好奇，他们常常提出许多成人觉得很幼稚的问题，并刨根问底。有些家长却忽视了孩子的提问，对孩子的问题置之不理，甚至对孩子的提问感到厌烦，这将导致孩子不敢或不愿再提问。还有些家长对孩子因好奇而破坏家中的玩具或物件行为报以训斥打骂的态度。

好奇心是求知欲的动力，是想象力的基石，是认识世界的驱动器。家长珍爱幼儿的好奇心和求知欲，对幼儿想象力的增强和创造力的培养具有极其重要的意义。

家长应鼓励和启发孩子提问，回答孩子的问题要有启发性；如果孩子提出的问题家长也不知道答案，应如实告诉孩子，并与孩子一起寻找答案；应理性对待孩子因好奇而导致的破坏性行为，并为孩子提供科学探索的机会。

专题 7　积极为幼儿创造与他人交往的机会

培养幼儿人际交往能力是帮助入园儿童消除其焦虑、担忧、孤单等负面情绪的重要途径，也是儿童身心全面发展的必然要求。要指导家长培养幼儿热情友好、文明谦让等好品质、好习惯，帮助幼儿打好交往的基础；指导家长平时注意培养幼儿多方面的兴趣、爱好和特长，增强幼儿交往的自信心；指导家长鼓励孩子多到社区和儿童游乐场所活动，积极为幼儿创造与同伴交往的机会；指导家长留意幼儿在生活中的交往行为、交往水平，适时适当地对其交往技能技巧、态度、行为进行指点帮助。

专题 8　亲子游戏是建立幼儿良好个性的重要途径

亲子游戏不仅是建立良好亲子关系的重要途径，而且为幼儿良好个性的培养奠定基础，而其种类、形式、活动空间、时间、参与人员等具有多样性，可由家长根据幼儿和家庭的实际加以选择和创造。

家长需充分开发游戏资源，利用各种日常用品和活动作为游戏材料和资源，巧用民间游戏，积极开展家庭亲子游戏，做孩子快乐的玩伴；设计和开展亲子游戏时要考虑游戏的娱乐性、教育性，做到寓教于乐，从而帮助孩子在玩中学、学中玩；鼓励全家一起参加亲子游戏，注意亲子交流，鼓励孩子不断说出自己的想法，并适当加以引导，促进幼儿个性和情感的良好发展。

专题 9　增强幼儿的抗挫能力

抗挫能力是一个人生存竞争和适应社会的必备条件。挫折伴随着孩子成长的每一步。要有意识地让幼儿受点苦和累、受点挫折。指导家长为孩子创设一定的情境，给孩子提供更多的锻炼机会，如有意识地拒绝孩子的一些要求;指导家长鼓励孩子充分展示自己,增强其面对挫折的自信心;当孩子遇到挫折时,指导家长以肯定、鼓励的方式引导孩子,并给予其必要的帮助;家长应给孩子树立面对挫折时的良好榜样并积极暗示孩子;充分利用现有条件,利用图画、文学作品、影视作品等传播媒介达到教育的目的;让孩子在各种实践活动中体验生活、经历挫折;为孩子创设一定的情境,给孩子提供更多的锻炼机会。

专题 10 培养幼儿的安全意识

意外伤害已成为影响幼儿健康成长的"第一杀手",因而亟需加强安全教育,采取安全措施保护幼儿。家长在有效监护的同时,应适时适当地对幼儿进行自我保护的教育,提高其自我保护的能力。

家长须掌握诸如食物中毒、烫伤、溺水等突发事件的急救措施;提高监护意识,尽可能消除环境中一切伤害性因素,如剪刀、刀具等锐利物品要妥善保管等;结合生活实际事例,随时对幼儿开展有针对性的安全教育;从小培养孩子分辨是非、善恶的能力,提高自我保护意识;减少对幼儿各种活动的包办代替,增加幼儿接受锻炼的机会,掌握多种生存技能。

专题 11 注意营养保健和合理膳食

幼儿期是人体生长发育最关键的时期之一。幼儿所需营养成分和标准较成人高。幼儿对食物的喜好、饮食行为、饮食经验等,与家长的素质、观念、行为有着特别密切的关系。因此,家长对幼儿营养知识的掌握和安排会直接影响幼儿的生长发育,而要改变幼儿的不良饮食习惯也需有一个过程,贵在坚持。

家长需改变对幼儿饮食放任自流、过分溺爱的做法;引导孩子少受垃圾食品广告的影响;以身作则,在家庭中形成良好的饮食氛围;可以针对幼儿的个人特点,寻找科学合理而又能为幼儿接受的膳食方案;注意培养良好的饮食习惯;通过电视、报刊、广播等,不断吸取幼儿营养的新理念、新知识。

专题 12 做好离园与入学的衔接

幼儿对入小学读书充满期望,但又并不清楚自己会遇到什么样的改变和需要做出哪些努力,因而怀有既兴奋又忐忑不安的心情,各方面准备也不充分。进小学对幼儿是个挑战,需要做好生理、心理、学习、社会性适应等多方面的准备。幼儿能否适应这一挑战,很大程度上取决于家长的认识和做法,以及家庭与幼儿园是否能配合一致。做好幼儿的入学准备并不等于提前"小学化"。

引导家长在幼儿入学前可有意识带他们到小学参观了解,较早和小学老师接触;经常和幼儿亲切交谈,介绍入学读书的快乐、要求和应该注意的事情;有意识地要求幼儿改变一些生活方式,延长专注于完成某一项活动的时间;在家庭中注意培养幼儿一些良好的学习习惯;提供必要的学习用具。

**Ⅲ. 6—11 岁小学生**

(一) 小学生身心发展特点

小学阶段是整个儿童期中十分重要的阶段。它的年龄跨度大约从 6、7 岁至 11、12 岁。初入学的小学生在很大程度上保存着幼儿后期的生理、心理特点,而临近小学毕业则已接近青春期。在此期间,小学生的生理、心理都经历了重大的变化,各个生理系统都在迅速地发展。具体表现为:(1)身高、体重随年龄的增长而增长,在小学末期进入了第二个发育高峰期,而且骨骼、肌肉的力量也在迅速增强。(2)10 岁以前,是动作机能掌握的关键期。(3)脑重量迅速增加,12 岁时已接近成人水平,脑皮层的发育也逐步完善。这些都为小学生进入学校学习奠定了物质基础。

小学生心理活动的有意性逐渐成熟。观察的目的性和深刻性以及有意注意、有意记忆、有意想象能力随年龄增长逐年增强。小学阶段是思维发展的关键期、情感发展的丰富期和行为习惯的养成期。具体表现为:(1)小学生的思维从以具体形象思维为主要形式逐步向以抽象逻辑思维为主要形式过渡,其转折点大约为 10 岁,但他们的抽象逻辑思维在很大程度上仍直接与感性经验相联系,具有很大成分的具体形象性。(2)随着年龄的增长,小学生的情感也逐渐变得更加稳定、丰富和深刻。低年级的小学生虽已能初步控制自己的情感,但还常有不稳定的现象。到了小学高年级,他们的情感更为稳定,自我尊重、希望获得他人尊重的需要日益强烈,道德情感也初步发展起来。(3)小学生的坚持性虽然在发展,但水平仍较低,往往表现出一种冲动性和不稳定性。(4)小学生道德行为习惯的发展水平呈现一种高—低—高的态势。(5)小学生的自我意识在不断发展,自我评价的能力也不断有所增长。随着年龄和见识的增长,他们已不再完全依靠成人的评价来估计自己,而是能够把自己与别人的行为加以对照,独立地做出评价。

（二）小学生家庭教育指导重点

小学生进入新的学校生活中，学习成为他们的主要活动，在学习活动的影响下，他们的思维性质、注意力和记忆力等都在发生变化。同时，学校生活也使他们对自己和他人的看法也发生了变化。家长应该帮助孩子适应学校生活，尤其要注重培养孩子良好的学习习惯和学习方法，培养孩子的学习兴趣。小学生家庭教育指导的重点是让他们学会学习，培养起关心、诚信等基础品质，为他们提供丰富的闲暇生活，培养他们的多种兴趣，让他们健康快乐地成长。

（三）6—11 岁小学生家庭教育指导专题内容要点

专题 1　帮助孩子迈好入学第一步

接受正规的学校教育是孩子人生发展中的一个重要事件，小学阶段的教育更是为以后的发展夯实基础，因此，根据自己孩子的实际情况，提供有针对性和有效的帮助，是家长这一阶段的重要任务。

入学初期，除提供必要学习用品和创设良好学习环境外，家长要经常观察孩子的情绪状态和学习表现，经常与孩子亲切交谈，了解孩子对入学的想法和要求，进行有效的帮助和指导；当孩子遇到实际困难时，不要简单批评指责，而应耐心分析，帮助其想出解决问题的办法；要主动与教师取得联系，协调学校与家庭的教育措施；不能太看重提前教育的短期效应，应更注重培养其学习的兴趣和意愿。

专题 2　营造良好的家庭学习环境

家庭的学习环境包括硬件和软件两大部分。家庭的硬件建设虽可能会受到家庭经济水平的制约，但家庭的软件建设更为重要。通过民主的亲子关系来构建安全、温馨的家庭心理氛围，家长通过自身的追求上进和不断学习为孩子做出好的榜样，是学习的软环境，能对孩子的学习起到积极的影响。家长要把为孩子营造良好的家庭学习环境作为自己关心和支持孩子学习的重要内容。

家长可根据自身条件为孩子创设必需的学习物质条件，如书桌、书柜、藏书、报刊等。如不能给孩子独立的房间，最好能给孩子一个学习用的固定的书桌，当孩子对学习地点的定向得到巩固，一坐下，学习情绪就应开始形成，学习的愿望就会自然产生。室内保持空气流通，书桌和窗户角度要摆正，光线从左边照来，桌子不能与窗户平行，直接投入眼帘的自然光使孩子感到晃眼。光线昏暗的时候要开灯，尽可能使用护眼灯，使孩子的眼睛看不到光源和耀眼的光线。当孩子在家里学习时，家长应注意不和孩子说话，不干扰孩子，不大声喧哗。

专题 3　帮助孩子养成良好的学习习惯

良好的学习习惯对于孩子而言是受益终生的。首先，要让孩子树立起把学习当作重要而严肃的事情来对待的态度，让孩子感觉自己在完成一件很重要的事情，不要随意中断孩子的学习，否则会使孩子认为学习其实并不重要。其次，要帮助孩子养成全神贯注、集中注意力完成学习任务的习惯。在学习之前做好各种准备工作，避免孩子以找学习用品等为由中断学习。指导家长鼓励孩子多提问，协助他们解决疑难；指导家长正确对待孩子的学习成绩。

家长在培养孩子良好学习习惯时，要做到循序渐进，每次提出一、二项要求；孩子做到后应及时表扬、鼓励，使孩子产生积极的情绪体验。培养习惯要持之以恒，反复抓、抓反复。家长应该身体力行，让孩子沐浴在良好的家庭学习氛围之中。

专题 4　帮助孩子掌握正确的学习方法

掌握正确的学习方法，不仅能提高学习效率，获得事半功倍的效果，而且还有助于学习潜能的发挥和学习能力的提高。家长须指导孩子认识到方法比答案更重要，当孩子在学习中存在薄弱环节，家长要建立一种意识，教孩子遇到问题不要急于问别人，不要依赖家长给出答案，而要让孩子先思考、探索和实验，培养孩子自学的能力和自信的心理品质。

帮助孩子学会自我检查和自我评价。自我检查有助于孩子发现学习中遇到困难的成因。为孩子准备一本“纠错本”，帮助孩子认清薄弱环节，加强训练，提升学业水平。让孩子养成阅读的习惯，较强的阅读能力是孩子提升学业能力的有益补充。阅读能力应从小学低年级开始训练，家长最初可精选书籍，并和孩子共同阅读，增加孩子的阅读兴趣，逐渐发展为孩子自己喜欢看书，最终养成阅读的好习惯。

专题 5　努力激发和维持孩子的学习与活动兴趣

兴趣是学习的先导，是需求的动力。只有找到孩子真正内在的兴趣，孩子才会将“要我读”转化为“我要读”。儿童生性好动、好奇，有探索世界的强烈欲望，有多种多样的兴趣爱好，父母应该循着孩子的兴趣爱好着意培养。求知欲是比学习成绩更为重要的发展因素。家长对孩子学习的关心指导，重点之一是激发和维持孩子的学习兴趣。要启发孩子乐于学习，体验学习的乐趣，消除学习上的心理压力。必须注意防止孩子出现学习求知欲望随年级升高而减退的现象。

小学生能较长时间从事某一项感兴趣的活动。当学习、掌握一些本领和技能时，得到赞扬会使孩子产生成功的体验，从而形成相对稳定的兴趣。此时，家长要适度引导，将其兴趣转移到其他学习、任务和活动中，既使兴趣得到进一步发展，也促进孩子的全面成长。

专题6 继续关心孩子良好生活习惯的养成

有规律的作息制度对小学生非常重要，尤其要培养孩子按时睡觉和按时起床的习惯。孩子晚上不肯睡，早晨不愿醒，将会影响身体健康和学习。要让孩子参与劳动，因为在劳动中，孩子才能真正体会到劳动成果来之不易，懂得尊重他人的劳动成果，也能够培养责任意识。

家长应指导孩子从小事做起，从身边做起，从现在做起，例如指导孩子叠被子、洗袜子、扫地、洗碗、整理书架、收拾房间等。坚持下去，才能养成良好的劳动习惯。家长要激发孩子劳动的欲望，设法使孩子从劳动中感受成功的喜悦，得到肯定。不要让孩子做力不从心的事，要培养劳动的兴趣与习惯，同时克服物质刺激的负面影响，此外，家长的示范很重要，家长要精心指导孩子的劳动技能，传授一些诀窍，帮助孩子树立正确的劳动观念，学会劳动小技能。

专题7 让孩子学会关心

“关心”是人类的基本需要，是其他优良品质的生长点和基础，它的形成能使人更好地学会负责、学会尊重、学会认识。家长要在家庭生活中引导孩子学会关心。

家长在给予爱的同时，要引导孩子对爱自己的人产生感激之情和回报之心，并学着关心身边的人、事、环境和社会，帮着做些力所能及的事；鼓励孩子自己的事情自己做，尽量不给父母添麻烦；看到他人有困难时，要主动地询问并想办法帮助；当孩子以友善、仁慈的态度对待周围的物、人时，家长要及时给予肯定，让孩子体验到积极的行为结果，使其良好的行为得以保持；家长有时不妨做个“弱者”，创设环境和条件让孩子学会关心；鼓励孩子在同伴交往中关心别人。

专题8 亲子共守诚信

诚信包含诚实与守信两个方面，是做人的基本准则，是社会价值观的集中体现。孩子的诚信是“立人之本”。诚信品质应该从小培养。家长的影响是最显著的，家长是否以身作则、率先垂范，以自己的模范行为去教育、感染孩子，是诚信教育能否取得实效的关键。

家长要重视在孩子面前的率先垂范作用，不帮孩子圆谎，不代替孩子完成学校布置的一些课外任务，自觉抵制一些不诚信的行为。家长要根据孩子的特点，设计适当的教育活动，在具体事件中给予具体帮助和指导，比如要求孩子独立完成作业、不抄袭、不请他人代做、答应别人的事要说到做到、借别人的东西要按时归还、做游戏要讲规则等，既促使孩子兑现承诺，体会到成功的喜悦，也让孩子在实践中养成诚信的习惯。另外，当孩子敢于承认自己的错误时，不要一味批评指责，首先要肯定孩子诚实的态度，使孩子体会到诚信带来的快乐，再引导孩子改正错误，逐步让孩子能够客观地对待自己的优点和缺点，并自觉改正错误。

专题9 培养孩子的责任心

责任心是为人处世的基本要求，是孩子健全人格的基础，是能力发展的催化剂。家长要让孩子学会对自己负责，对家庭负责，对他人负责，从而对社会负责。

家长要认识到每一件小事都是培养孩子责任心的开始，要有意识地交给孩子一些任务，锻炼孩子独立做事的能力，鼓励孩子做事情要有始有终。事后要有检查、督促以及对结果的评价，以便培养孩子持之以恒、认真负责的好习惯。适当让孩子做一些家务活，可以让孩子意识到他在家庭中的身份，使他在做家务活的过程中形成自己对家庭的责任意识；让孩子对自己的过错行为负责，鼓励孩子勇敢地承担责任；安排孩子适当从事力所能及的社会工作，比如帮邻居送信、陪爷爷奶奶说话等；可适当地让孩子了解一些父母的忧虑和难处，让孩子感到家庭的美满幸福要靠爸爸妈妈和自己的共同参与，进而增强孩子对家庭的责任心。

专题10 在社会实践中扩大眼界、增长阅历

家长在闲暇时间要多让孩子走出家门，去观察、实践和体验。尽可能带孩子外出游玩、参观，指导

孩子多参加一些适合他们身心发展特点的社会实践活动；设计一些既有教育意义又实际可行的亲子实践活动。

家长可以积极开展环保实践活动。陪孩子接触自然、亲近自然，通过寓教于乐的实地体验活动，让孩子热爱自然、欣赏自然和保护自然；培养孩子热爱自然界的生命，可以与孩子一起养花或饲养小动物，让孩子近距离接触生命，感受自然的魅力，获得积极的情感体验；通过自己的环保行为去引导孩子保护环境，比如多用手帕、节约用纸、不乱扔垃圾、不乱扔废旧电池和爱护树木等。

专题 11 家长要做孩子快乐的玩伴

玩耍是小学生的天性。这种天性是促进孩子成长的最佳方式，也是孩子首要的学习方式，能促进他们的智力发展。父母是孩子最喜爱的玩伴。

家长要改变玩耍不及学习重要的观念，要重视玩耍的作用，鼓励孩子玩耍，激发孩子玩耍的兴趣；给孩子一个安全清洁的玩耍环境或场所，保证孩子每天的玩耍时间和适当的活动量；保持孩子“社交玩耍”和单独玩耍的平衡，欢迎孩子的伙伴和孩子一起玩耍，鼓励孩子去寻找玩伴；陪孩子一起玩，做孩子的玩伴；帮助孩子在玩中学、学中玩；调节玩的内容，引导孩子健康地玩，有益地玩；有条件的家长给孩子准备一些适宜的玩具，也可在玩的过程中，教会孩子简单的玩具制作技能及一些基本工具的使用方法。

专题 12 积极预防常见疾病

近视、肥胖等是小学生最常见的疾病，要切实做好预防工作。要指导家长合理安排儿童的饮食，保证孩子有充足的营养，教育孩子养成细嚼慢咽、不挑食、不偏食、不暴饮暴食的饮食习惯；指导家长培养孩子良好的口腔卫生习惯；指导家长协助孩子制定合理的作息制度，保证孩子充足的睡眠；指导家长为孩子提供良好的学习环境，并定期检查视力；指导家长督促孩子坚持每天开展体育锻炼，积极配合卫生部门定期做好健康监测。

专题 13 积极开展家庭体育锻炼

体育锻炼不仅有利于身体健康，也能促进人的智力发展。经常参加体育活动能促进人体感知能力的发展，使思维更加灵活、协调。孩子通过体育活动可以培养克服困难、遵守规则的个性品质。体育锻炼也能增进快乐，调节情绪。家长可利用双休日、节假日与孩子一起开展体育锻炼。

小学生正处于生长发育阶段，不要一味追求运动的强度。安排的体育锻炼项目要由简到繁，不要使儿童产生畏难情绪。指导孩子锻炼身体要注意循序渐进的原则，要懂得体育卫生，要有保护孩子的意识。

专题 14 关注孩子青春前期的变化

青春期是人一生中生理和心理的重大转折期。处于青春前期的孩子，生理开始发育，性意识刚刚萌动，意识到两性差异，开始关注异性。家长应正确看待由性发育带给孩子的困扰，及时疏导，避免孩子正常的性发育受到社会负面因素的影响。

儿童的性成熟平均年龄已提前到 12 岁左右。性激素的分泌，不仅影响着生理的变化，同时也影响着心理、情绪和行为上的变化。引导家长要关注孩子身体和心理发展方面的变化，及时了解孩子的困扰；掌握一定的性生理卫生知识，并运用科学的方法对孩子进行指导，让他们形成健康的性别文化，能够正确对待身体上的变化；鼓励孩子与异性进行正常的交往；教会孩子自我保护的方法，远离性伤害；改变高蛋白、高脂肪的饮食结构，给孩子合理的饮食，一定程度可以避免孩子过早性成熟。

专题 15 加强生命教育、关注生命安全

生命教育是提高孩子生存技能和生命质量的需要，是解决孩子成长过程中已经出现或可能出现的有关生命方面问题的需要。要指导家长帮助孩子认识自然界的生命现象，使其喜爱充满生机的世界；指导家长帮助他们初步了解自己的身体，形成明确的性别意识；指导家长培养孩子掌握基本的生命自救技能和方法。

培养小学生基本的自我保护的意识和技能，主要有初步掌握交通安全、防溺水、灾害时的自救等基本技能，了解家庭用气用电安全、饮食安全等自我保护知识。让小学生学习必要的自我保护技能，学会识别可疑的陌生人等。家长要告诉孩子平时尽量避免走偏僻的小路，天黑后回家一定要结伴而行。如果遇到可疑的尾随者，不要慌张，尽量朝有灯光的地方走，或进入店铺、居民小区，求得门卫或售货员的保护。自尊自爱很重要，告诉孩子不能随便接受他人礼品和邀请，不要养成追求虚荣、贪图小利的习惯，否则就可能被别有用心的坏人利用。

## Ⅳ. 11—15 岁初中学生

（一）11—15 岁初中学生身心发展特点

初中学生正处在告别幼稚走向成熟的过渡时期，即青春期。青春期的孩子面临着生理和心理上的“突变”，这对他们的发展、对教师和家长的教育都是一个很大的挑战。初中学生的生理发展方面一般表现出以下特点：(1)进入青春期的初中学生的生理发展，到了人体生长发育的第二个高峰，生理上发生巨大变化，身高、体重迅速增长，各脏器如心、肺、肝脏等功能日趋成熟，各项指标达到或接近成人标准。(2)一般情况下，女孩比男孩早一年左右进入青春期，从乳房开始发育到月经初潮，大约需要 2 到 3 年，继而长出腋毛、阴毛，骨盆变大，全身皮下脂肪增多，形成女性丰满的体态；男孩则会长出胡须、喉结突出、声音低沉、肌肉骨骼发育坚实，形成男性的魁梧体格。

初中学生的心理发展方面，一般表现为以下特点：(1)伴随着青春期的性发育，初中生的性心理也发生了质的飞跃，大多数学生表现出一系列性心理行为，主要表现为性心理的朦胧性和神秘感、动荡性和压抑性等。(2)渴望独立又事事依赖家长。进入初中以后，孩子们开始探索真正的自我，渴望独立，自己决定自己的事情，但由于思维发展、生活技能和社会经验还没完全成熟、完善，仍要依靠父母。此时，父母与孩子的“代沟”表现比较明显。(3)自负和自卑矛盾交织。进入青春期后，初中学生开始学习自我观察和评价，但这些评价具有相当强的主观性和片面性，常常容易发生极端变化，经常处于自负与自卑的内心冲突之中。(4)认知的发展变化迅速，如逻辑思维、逻辑记忆都得到了快速的发展。

（二）初中生家庭教育指导重点

初中生处于青春期早期，家长对孩子在青春早期所发生的一系列生理和心理的变化应该有所准备，了解青春期孩子的特征，尊重孩子的成长和发展，建立积极的亲子沟通，接受孩子在成长过程中的困难并给予正确的指导。初中生家庭教育的重点是青春期教育，提高孩子的抗挫折能力，引导孩子遵纪守法，帮助孩子平稳地度过青春早期。

（三）11—15 岁初中学生家庭教育指导专题内容要点

专题 1　认真对待孩子人生的又一个转折点

升入初中，孩子所面临的最突出问题是“三多、二难”，即课本多、课时多、作业多以及作业难、时间安排难。这些可能会造成孩子学习的不适感。由于初中毕业将面临首次升学考试，因此，部分家长更关心孩子的学习成绩，而疏于关注孩子的品德、情感和心理等方面。

初中阶段，学习固然重要，但此阶段是孩子身心健康、人格完善的重要时期，也是初中生交往能力、实践能力、自我控制和调节能力等发展的重要时期，这些方面不仅会影响孩子的学业，而且关系到孩子的成人和成才。

引导家长全面了解学校这一阶段的培养目标和孩子身心发展的特点，树立全面发展的家庭教育观。家长要努力关注学校为提高孩子综合素质所实行的各项教育和改革举措，要建立良好的家、校沟通和协作；要采用适应孩子身心发展特点的家庭教育理念和方法，重视孩子自我责任感的培养，教会孩子负责任地选择；加强和孩子的沟通、交流，关注孩子的同伴交往；继续重视孩子学习兴趣、方法和态度的培养。

专题 2　科学对待青春期孩子的生理、心理变化

初中阶段是整个青春期发育的重要阶段，孩子的生理和心理会发生巨变。要指导家长鼓励孩子科学安排时间，养成锻炼身体的好习惯；指导家长开展科学的性知识教育，进行青春期生理卫生知识指导，帮助孩子认识及适应自己的生理变化；指导家长开展科学的性心理指导，进行青春期异性间情感的疏导；指导家长引导孩子着眼于问题解决，以合理的方式宣泄情绪；指导家长加强性道德观念教育，引导发展健康的性道德情感，指导养成良好的性道德行为，并注意控制家庭微环境的性刺激。

正因为初中生处于这样一个身心突变的关键期，所以，更需要家长的加倍关心、爱护和引导，帮助他们安全、顺利地度过这一关键期。家长要积极为孩子营造一个宽松、温馨的家庭心理环境，指导、鼓励孩子多参加有益的群体活动，与男女同学友好相处；注重心理沟通，引导孩子以合理的方式宣泄情绪。

专题 3　高度重视孩子的睡眠、营养和用眼卫生

初中阶段的学习难度加大、作业增多，因而营养摄入不均、睡眠时间大大减少、视力受损等问题日趋严

重。家长对于孩子平时的健康不仅要关注，更要讲究科学教养。要保证必要的睡眠时间，使孩子得到足够的休息。一般情况下，孩子 13—14 岁需要 9—9.5 小时，15—16 岁需要 8.5—9 小时。要创造良好的睡眠条件，保护好孩子的睡眠；引导孩子根据身心发展水平，科学健身，劳逸结合；要为孩子准备合理平衡的膳食，尽量保持食物的营养成分；要注意指导并培养孩子养成良好的饮食习惯，增强免疫力；培养孩子养成科学卫生用眼、做眼保健操的好习惯。

专题 4 引导孩子掌握科学的学习方法

引导家长形成正确的成才观念，不要把分数看成教育孩子唯一的目标，要更关心孩子学习方法、学习态度和全面、健康的发展。要引导孩子注重学习过程中的能力锻炼，将写、讲、想结合起来，加深对知识的记忆和运用；开展合作学习、共同分享；在面对学习困难时，鼓励孩子养成轻松接纳、认真对待的态度。

建议家长经常和孩子进行学习情况的交流，定期进行自我反思、自我调整、自我教育。重视对孩子合理、科学使用时间的指导，和孩子共同制订学习计划，正确利用零星时间和切割使用在家的小块时间，善于安排休息和业余文体活动时间。通过正确的引导和帮助，使孩子学会学习。

专题 5 正确对待孩子的学习成绩

初中阶段是学生升学、分流的关键时期，因而父母对于孩子的考试成绩往往比较敏感。要指导家长平时更多地关注孩子的学习过程和情况，与任课老师保持联系，了解孩子的学习情况和学业发展水平，科学地开展升学指导；发现孩子的学习出现问题，家长应与相关的学科老师一起分析，找寻原因，商讨对策；每次考前，家长不要给孩子增加心理压力；指导孩子做好考前复习，增强自信心；关注孩子考前保证身体健康，注意饮食卫生；指导父母和孩子树立正确的考试观，重过程，避免纠缠于结果；指导家长教育孩子以平常心对待每一次考试；指导家长教会孩子一些克服考试怯场的方法；指导家长在孩子因考试而产生挫折感时给孩子更多的心理抚慰和鼓励，帮助孩子挖掘自己学习上的潜能和闪光点。

专题 6 引导孩子正确使用网络

中学生的各种网络问题日渐严重，亟需对其加以引导。家长要与学校紧密合作，主动引导孩子正确使用网络，培养网络道德习惯，与孩子一起学习有关法律法规，引导孩子做个遵纪守法的“小网民”；要指导家长教育孩子正确对待网络，学会自我尊重、自我发展；指导家长帮助孩子学会控制自己，让孩子把电脑和网络当成增加知识的工具；教育孩子正确把握上网时间，共同制定“家庭网络公约”，相互督促，严格遵守，预防用网过度；引导孩子在网络交友中一定要注意加强自我防范和保护，不能在网上毫无保留地暴露自己的信息，不在网上与对方以朋友结交的名义发生金钱上的交易和关系，交往中要保持与对方的距离，不要背着家长与网友单独见面等。对有网瘾的孩子，指导家长要多给予关心、理解、尊重、激励、宽容、信任，并积极向专业矫治人士求助。

专题 7 充分了解并尊重孩子

初中阶段，孩子的自我意识和独立人格开始觉醒，他们开始感觉到生活中有自己的秘密和隐私，不愿意和父母沟通，但他们各方面的发展尚不成熟，也缺乏足够的生活经验和社会阅历。因此，需要父母给予更多的了解和关注。家长要了解孩子身心发展的情况，如身体发育素质、习惯养成、情绪特征、兴趣倾向、智力特点等，从中把握孩子成长中的各种问题。

面对青春期的孩子，家长要学会倾听、沟通，注意了解孩子的生活状况、学习状况，关心孩子的心情和心事；告诉孩子遇到事情要主动与父母商量，寻求解决办法；家长未经孩子同意，不要私拆、隐匿、毁弃孩子的信件、邮件；保持和孩子的亲密感情关系，与孩子共同创造生活的乐趣，营造平等、宽松的亲子关系，才能帮助孩子健康成长。特别是当孩子犯错时，家长要善于以积极平和的态度与孩子一起分析原因、制定对策。

专题 8 正视孩子成长过程中出现的问题

引导家长掌握孩子成长的规律和身心特点，正确对待孩子在走向独立过程中不可避免的正常现象；教会孩子控制情绪方法，激励孩子良好的言行，避免孩子养成不良的情绪表达习惯；承认并接受孩子的个别差异，孩子的体能、兴趣、智力、志向都不相同，父母要多欣赏、多赞美其优点，帮助其克服弱点。

引导家长培养孩子面对挫折的勇气，给予支持与鼓励，培养其耐挫力并引导其从中吸取教训和启示。在孩子遭遇挫折时，应给予协助而不是责备；帮助其分析原因，避免推诿，避免孩子对挫折过度自责，要多加安慰，给予支持性的谈话等。

无论孩子犯了什么错误，家长一定要成为孩子心灵的依靠。否则，孩子在成年人中找不到依靠，就会转向任何能给他们以“帮助”的人，有可能离正常的道路越来越远。

专题 9　重视培养孩子的独立自主能力

缺乏自主、独立是目前初中阶段孩子中比较突出的问题。具体表现为缺乏自主学习的意识、能力和习惯，生活上依赖，自理能力较弱，抗挫折能力较差等。科学文化知识是学生学习的重要内容，但是，非智力因素对人的影响同样重要。特别是孩子的独立自主能力，对他们日后的工作、生活影响很大。要引导家长在现实生活中培养孩子的劳动观念，学习体验并掌握多种技能。

家长不能因为孩子的学业负担而减少他们的家务责任，而应尽可能让他们承担一定的家务；同时，注意培养和发展孩子各方面的非智力因素，并为他们提供独立判断，独自解决问题的场合与机会；从最贴近孩子的学习入手，重视培养孩子的自主学习能力。针对初三学生的身心在不断走向成熟、兴趣与能力特点逐步增强的特点，家长应当引导孩子学会自己去面对人生的选择，并为此担负起应尽的责任。

专题 10　引导孩子做个合格小公民

初中阶段是人格培养的重要阶段，要以社会主义核心价值体系为引领，教育孩子“以遵纪守法为荣，以违法乱纪为耻”，帮助孩子树立正确的人生观、价值观和荣辱观，培养孩子的爱国意识、公民意识、守法意识、权利义务意识和自我保护意识，养成尊重宪法、维护法律的习惯，提高分辨是非、依法办事的能力，努力使其成为知法、守法、用法、护法的合格公民。

法律法规是维系社会公共安全、保障人人平等的基础，是每个公民必须学习、遵守的行为规范，法律法规常识的教育是培养孩子健全人格的必要手段。所以，引导教育学生认真学习法律、严格遵守法律、学会运用法律保护自己，是每位家长不可推卸的责任。为了保障青少年的健康发展，我国目前已经颁布的相关法律法规有《未成年人保护法》、《青少年保护条例》、《未成年人违法犯罪惩处条例》、《义务教育法》等。

引导家长要以身作则，认真学习青少年保护的相关法律法规，严格遵守相关法律法规；教育孩子学习法律，学会用法律法规来维护自己的合法权益不受侵犯；引导孩子在遇到或可能遇到坏人侵害时，敢于拿起法律的武器来捍卫自己，学会运用法律进行自我保护的方法与技能。

专题 11　营造有情趣、讲文明的家庭氛围

引导家长学会快乐生活、积极进取，并对孩子进行无声的熏陶；经常与孩子进行广泛的沟通，共同探讨学习与生活，与孩子共同分享乐趣；充分利用节假日，与孩子一起休闲旅游，亲近大自然；经常开展各种方便可行的体育活动和生活娱乐活动，让孩子在活动中体验美和感受生活的快乐；尊重孩子的权益，不强行规定孩子的学科兴趣、业余爱好等，经常关注孩子的各种活动表现，从中发现孩子的潜能并积极加以引导和培养；在遇到挫折、紧张和不顺利时，引导孩子在自己喜爱的活动中得到放松，调整情绪并满怀信心投入新的学习和生活。

家长应充分认识并重视家庭伦理对于和谐家庭关系、培养孩子良好品德和社会公德的重要作用，将家庭中明礼仪、讲民主作为孩子养成教育的重要内容。父母要以身作则，孝敬双方的长辈，为孩子树立体谅老人、孝敬父母的榜样，从小培养孩子重伦理、守规范的良好品质。

专题 12　引导孩子作出适合自己的升学选择

在初中阶段，家长要学会引导孩子做学习的主人并自己去面对人生的选择。在升学前夕，家长应主动与教师沟通，了解孩子的学业情况，并与孩子一起具体分析其现有的学业水平、学习能力、兴趣爱好、从业意向，科学合理地对孩子进行升学指导。

在升学选择的过程中，家长要确立更科学合理的成才观；应充分考虑到孩子自身的实际和发展需求，并为此担负起应尽的责任。要指导家长明白“条条大路通罗马”的道理，宽容地对待孩子的选择；不要不顾孩子实际与发展意向地替孩子设计人生道路，而要与孩子一起具体分析其现有的学业水平、学习能力、兴趣爱好、从业意向等，引导孩子客观地对待自己的学业及前程，客观地选择适合自己的高一级学校。

## Ⅴ. 15—18 岁高中学生

(一) 15—18 岁高中学生身心发展特点

高中阶段的孩子在经过青春期的急骤发育后，进入了相对稳定阶段，也就是发育成熟和定型阶段。他们

的身体生长，主要表现在形态发育、体内器官的成熟与机能的发育、性生理成熟等几个方面。此外，高中生的心理发展呈现出如下特点：(1)认知结构的完整体系基本形成，思维能力基本上完成了向理论思维的转化，抽象逻辑思维占了优势地位，辩证思维和创造思维有了很大的发展。(2)观察力、有意识记能力、有意想象能力迅速发展，思维的目的性、方向性更明确，认知系统的自我评价和自我控制能力明显增强。(3)自我意识的能力和水平提高，内容进一步丰富和深刻，表现在自我明显分化、对自己形象的关注、自我评价能力进一步提高、自尊心与自卑感并存等方面。(4)在情绪情感方面，以外显为主向以内隐为主发展，以冲动为主向以自制为主发展，以直接、具体为主向以间接、抽象为主发展，以生理需要为主向以社会性需要为主转变。(5)在性意识方面呈身心发展不平衡、对身体发育的关心和烦恼、对异性的兴趣增加等特点。

（二）高中学生家庭教育指导重点

高中时期是孩子自我觉悟的时期，人生观、价值观、世界观逐步形成。高中也是孩子在学校生活中压力最大的时期，面临人际交往、升学就业以及自我成长等多重压力。父母在对高中生的家庭教育指导中，既要保持对他们的关注，也要给予他们足够的空间，要让他们担当责任，帮助他们树立正确的信念。高中生家庭教育的重点是让孩子正确处理好与自我与他人、与社会的关系，学会感恩，学会承担责任，为孩子成为合格公民、向社会迈出坚实步伐做好重要准备。

（三）15—18岁高中学生家庭教育指导专题内容要点

专题1　和孩子共同适应高中阶段的生活

高中阶段是人生旅途的重要转折。家长的理解与宽容是缓和高中学生心理压力的重要途径。要尊重孩子的独立性，学会放手但不放任，以平等交流的方式来代替对孩子的控制。要引导家长帮助孩子认识高中与初中学习、生活的差异性，帮助孩子提高对生活的兴趣和热爱、对学习的激情和主动，引导孩子明确学习动机、学会学习、学会合作、正确对待自己的学习成果；指导家长从孩子的实际出发，给其一个适当的定位，并不断调整自己对孩子过高的期望值；指导家长经常与孩子沟通交流，掌握孩子的学习情况、思想动态，保持与学校的密切联系，了解孩子可能遇到的适应问题并及时解决问题。

家庭教育应该成为家长与孩子共同学习、相互学习的过程。父母应该主动为自己也为孩子留一点时间和空间，营造温馨和谐的家庭环境，缓解高中学生的学业压力，给予孩子以精神的支持。

专题2　跨越代沟，建立和谐的亲子关系

高中阶段孩子遇到问题更倾向于和同学、朋友交流，而和父母的交流趋于减少，因而常会产生代沟问题。亲子沟通是父母与孩子之间信息交流的过程，是家庭教育的基础，也是一种实现家庭教育功能的重要方式。指导家长加深亲子之间的相互理解，掌握亲子沟通的技能和艺术。引导家长倾听孩子的心声，不要急于批评，要试图理解，学会换位思考；家庭的事情，也可以和孩子商量，听听他的想法，特别是孩子成长中的问题，孩子要有发言权；要创造良好的家庭气氛，多看孩子身上的优点，并给予充分的肯定。跨越代沟需要亲子双方的共同努力，父母和孩子都要不断学习，正确处理家庭中的权威与民主、平等之间的关系。指导家长要学会欣赏孩子，提高孩子自身形象，让孩子获得和感受自信；指导家长要看到孩子的成长，要相信孩子有独立处理事情的能力，尽可能支持他们，在他们遇到困难时，给予安慰和鼓励；指导家长要尊重孩子的人格，不使用过分惩罚手段去维持在孩子面前的权威。

专题3　指导孩子建立和谐的人际关系

良好的人际关系涉及孩子的自我认识、交往技能、对他人的尊重和对他人帮助的感恩等等方面。父母的人际关系及家庭关系对孩子建立健康的人际交往具有潜移默化的教育作用，家庭中的相互尊重、相互合作、平等交流是对孩子进行人际关系教育的最重要的环节。

家庭中要致力于创建良好沟通的人际环境；重视对孩子的诚信教育、感恩教育和尊重他人、文明礼仪的教育；引导家长支持孩子多参加学校组织的集体活动，在人际交往中学会与人合作；指导孩子正确处理人际交往中的冲突，使孩子在交往中严以律己，宽以待人，以诚恳、公平、宽厚态度对待别人；对孩子在人际关系处理中的困惑，要及时与孩子沟通交流，不要简单地用父母的权威和经验取代孩子的体验和思考。

专题4　指导孩子学会与异性交往

高中阶段的学生有了朦胧的性意识，渴望接近异性、了解异性、欣赏异性、仰慕异性，并由此引发各种心理和行为困扰。要引导家长对孩子与异性交往不要过度敏感，更不能以此为理由私拆孩子信件、偷听孩子电话、翻看孩子日记等,这些做法容易伤害孩子的自尊,而无益于问题的解决;指导家长帮助孩子划清友谊与爱情的界限,使孩子认识到早恋对自我发展的不利影响,正确进行异性交往;指导家长教育孩子在异性交往中学会自律,帮助孩子认识早恋对自我发展的不利影响;指导家长抓住日常生活中的相关事件,对孩子进行青春期性生理、性道德教育,包括抵制毒品和防止艾滋病等教育。

专题 5 指导孩子在学习中取得成功

每一位进入高中阶段学习的孩子,都渴望在学习中有更快的进步,成绩有显著的提高,然而,愿望与现实之间有时难免会有距离。与初中学习相比,高中学习往往是深入学习的起点,具有知识量大、系统性强,综合性强、各学科互相影响、能力要求高、贵在自我发展等特点。要引导家长通过教师、书本、孩子等途径了解高中阶段的学习特点,指导孩子学会学习,提高孩子的学习能力。引导家长了解自己孩子的实际情况,重视对孩子合理、科学使用时间的指导,注重劳逸结合;引导孩子根据自己的实际情况,明确学习目标并制定实现目标的具体措施,积极开展社会学习,鼓励孩子充分调动学习积极性,逐步培养自己主动获取知识、巩固知识的能力,养成自主学习、终身学习的好习惯。

专题 6 指导孩子在生活中学会负责

负责是现代公民的基本素养,也是孩子社会化的最重要的品行。责任感的家庭培养是其他教育无法取代的。没有承担责任的经历和体验,孩子的责任感难以形成;让孩子学会合作的首要条件是引导其发现团队的重要性和他人的长处。

家庭成员的地位是平等的,把孩子对家庭的重要性告诉孩子,引导其共同分担家庭的责任和义务。家长要放手让孩子掌握多种生活技能,提高孩子的独立生活能力;要把家庭中遇到的困难告诉孩子,培养其主动为家庭分忧解难的意识。有关孩子的决定要征求孩子的意见,并告诉孩子要勇于对自己做出的决定负责。充分创造机会让孩子品尝与人合作的快乐,在感悟合作中进行自我调整。鼓励孩子积极参加社会实践活动,在活动中承担责任,学习合作。

专题 7 指导孩子确立正确的消费观,学会理财

由于社会经济发展和家庭物质生活改善,今天孩子的消费往往出现误区,主要表现为:吃喝消费向广告看齐,用品消费向名牌看齐,人情消费向朋辈看齐,美容消费向明星看齐等。家长有时对孩子在物质上过度溺爱,宁可自己节衣缩食,也要满足孩子的需求。

为了适应市场经济的发展,家长应引导孩子学会正确的价值判断,指导孩子当家理财。从小培养孩子的消费理财能力,即可以养成孩子不乱花钱的习惯,又有利于孩子及早形成独立的生活能力,这也是现代人应具备的基本素养。

在家庭中,家长应重视对孩子进行正确的消费观和理财能力的教育。引导孩子从小懂得对需要什么和想买什么加以区别;经常举行家庭会议,让孩子了解"家情",共同参与家庭决策,共同面对家庭危机与不幸;在家庭生活中,通过父母与孩子角色互换,让孩子学会操持家务,当家理财;教会孩子懂得区别物品的贵和贱,使他们对理性花钱有初步概念;指导孩子熟悉、掌握基本的金融知识与工具,在可能的情况下,将每个月的零花钱一次性全给孩子,但如何花,由他们自己决定,培养他们的自觉意识。

专题 8 加强"珍惜生命教育",培养健康人格

生命教育是家庭教育内容的重要组成部分,开展生命教育是家庭教育的重要职责。高中阶段的生命教育着重于帮助和引导学生形成科学、合理的性生理、性心理和性道德观念,学会尊重他人、理解生命、热爱生命,提高保持健康、丰富精神生活的能力,培养积极的生活态度和人生观等。父母的人格和生活方式会对孩子产生直接影响,科学良好的家庭生活方式是热爱、珍惜生命的具体体现。

引导家长积极营造乐观健康的家庭生活氛围,让孩子感受家庭的温暖和幸福,感受到亲人的爱;家长应该对生活持有积极的态度,敢于向命运挑战,并引导孩子正确面对困难和挫折。家长不仅要关心孩子的学习,更要关心孩子人格的健全发展,要教会孩子怎样做人。

专题 9 指导孩子在网络面前不迷失自我

计算机网络已成为 21 世纪人们工作、学习和生活不可或缺的工具。网络信息将是高中学生成长最丰厚的学习资源,如何引导他们正确利用网络资源、培养网络道德,应当成为现代家庭教育的重要内容。

预防高中阶段孩子网络沉溺的最有效方法就是要多与孩子互动、沟通,营造温馨和谐的家庭关系及亲密

的亲子感情，充分了解孩子的心理需求，并给予关怀；家长要以身作则，在上网时间、上网地点、上网内容、上网方式等方面为孩子做出榜样；家长要在引导孩子把电脑当成学习工具的同时，积极为孩子的课外活动提供条件；家长要关注孩子的异常表现，及时发现孩子在上网方面存在的问题，冷静对待，切忌采取随意粗暴的方法，要着眼于培养孩子的自律能力。

专题10 以平常心指导孩子面对高考

高考对每个孩子来说，都是一个非常重要的转折点。家长、老师的高期望普遍超过孩子可接受的程度。要指导家长适度期望，但不过高期望，更不无期望；指导家长对孩子既要有学历期望，更应有能力期望和全面素质发展的期望。应发现并开发孩子的潜能，给孩子提供一个健康成长的平台；指导家长科学合理安排孩子的生活，让孩子劳逸结合，身心愉快；指导家长引导孩子树立自信心，消除自卑感和忧虑感，有条不紊地复习强化所学的知识，以泰然自若的心情去应付考试；指导家长培养孩子良好的作息习惯，做到有张有弛，劳逸结合，科学用脑；指导家长在选择志愿时尊重和理解孩子，为孩子减压助考，帮助孩子树立信心，让孩子感受成功。

专题11 指导孩子树立理想、规划未来

高中阶段的孩子处于充满理想和抱负的金色年华。理想是他们走向成功的先决条件，如果没有理想，就没有目标，就没有方向。要及时指导孩子树立人生理想、规划未来发展。要指导家长以身作则，成为孩子的楷模，在担任好家庭角色的同时，更应担任好社会角色；指导家长教育孩子确立国家意识，增强社会责任；指导家长从孩子实际出发，不断调整对孩子的期望，引导孩子确立远大目标并正确处理社会需求与个人追求之间的关系；指导家长教育孩子学会把树立理想与平时的学习生活工作结合起来。

引导家长尝试与孩子就社会热点问题进行对话交流，让他们从健康的视角看问题；引导孩子阅读经典，让优秀的作品唤起孩子的高尚情怀和崇高的思想；鼓励孩子参加各类社会实践、志愿者活动，培养孩子的社会责任感；从孩子实际出发，不断调整对孩子的期望，帮助孩子正确处理社会需求与个人追求之间的关系。

**四、家庭教育指导工作的管理**

1. 加强领导和科学管理

建立和完善家庭教育指导工作的领导管理体制。各区县建立由教育、妇联、文明办、卫生、民政、统计、人口计生部门、关工委等有关部门共同参与的家庭教育指导领导机构，建立和健全家庭教育指导工作例会制度，定期召开专门会议，专题研究家庭教育指导工作。将家庭教育指导工作纳入经济社会发展总体目标和精神文明建设总体规划，并提供必要的政策支持。

区县、学校要明确家庭教育指导工作的责任分工，落实各自责任。加强统筹协调，通力合作，充实工作力量，强化协调推动机制。各相关单位和学校要有专人负责家庭教育指导工作。要发挥相关部门的作用，形成家庭教育指导工作的合力。

各相关单位和学校要设立家庭教育指导工作专项经费，主要用于开展培训、组织研究、建设阵地、表彰先进等工作。要广泛动员社会力量，多渠道筹措经费，切实保证家庭教育指导工作的持续发展。

2. 改进家庭教育指导方式

巩固和发展各级各类家长学校，努力提高家长学校的办学效能。各学校要充分发挥家长委员会的作用，办好家长学校，积极开设家长论坛、家教沙龙、网上交流等活动，改善家庭教育指导的质量；社区要通过“社区学校”、“亲子学苑”等阵地，创新社区家庭教育指导的工作机制；鼓励相关单位开办网上家长学校，形成多元化的家长学校办学模式。对各级各类家长学校，要积极推进标准化管理，提高家长学校的办学水平。

大力发展家庭教育指导中心。各区县要建立集研究、培训、服务、训练、治疗于一体的家庭教育指导中心，针对不同类型家庭的实际需求，开展分类指导和服务，尤其加大对特殊群体、困难家庭的服务力度，促进和谐社会的建设。

3. 优化家庭教育指导队伍

开展普及与提高兼顾的家庭教育指导工作者培训。市家庭教育研究与指导中心、市家庭教育研究会培训专业委员会、妇联等组织与机构要通过培训班、研修班等形式，加大对家庭教育指导骨干队伍的建设力度。区县要通过区级培训和指定的校级培训，提高区域内家庭教育指导管理者和指导者的业务培训率。

建设专兼结合、指导能力强的家庭教育指导工作队伍。建立由卫生、教育系统专业人员组成的具有较强专业知识基础的专家队伍；努力协调区域内的教育、文化和企事业单位，发挥退休干部、教师、医生和在职知识分子等队伍的骨干作用，建设好家庭教育讲师团队伍和社区家庭教育志愿者队伍；积极发挥宣传工作队伍、基层工作队伍、“五老”队伍等方面的作用；积极发展家庭教育指导师职业，逐步推行家庭教育指导者资格认证和持证上岗制度。通过多方面建设，全面优化和扩大家庭教育工作队伍。

4. 深化家庭教育研究

开展家庭教育课题研究。做好家庭教育重点课题的规划、管理、研究和指导。市家庭教育研究与指导中心、市家庭教育研究会要以课题研究为核心，带动指导、培训和服务等工作的开展，组织好常规课题的发布、申报和管理，及时开展家庭教育研究成果的评定工作。重视研究成果的推广与应用。办好家庭教育指导报刊和栏目，注重发挥各级家庭教育实验研究基地、研究机构及家教专业人员的作用，探索家庭教育研究成果实际应用的方法与途径。

加强家庭教育指导的教材建设。组织编写和推荐家庭教育培训资料，充分吸收最新的家庭教育理念和研究成果，体现时代性、科学性和实用性。要积极开发适合家庭教育指导的音像制品和多媒体软件等资源。

加强家庭教育指导的各类实验基地的建设。积极发挥“上海市‘十一五’家教指导实验基地”的作用，开展家庭教育指导实验项目研究，积累成功经验，推动家庭教育指导的理论和实践创新。开设家庭教育实训基地，建立集实践、研究、培训于一体的实训基地，发挥基地的示范、辐射作用，提高家庭教育指导的实效性。

5. 完善评价激励机制

完善家庭教育指导的考核和评估制度。修订家庭教育指导工作评估方案，进行家庭教育指导工作中期、终期的监测评估工作，规范对各级家长学校、各类家庭教育指导机构的管理，并对专、兼职从业人员进行定期考核。

加强检查指导表彰工作。定期对《上海市0—18岁家庭教育指导内容大纲》的实施情况进行评估，及时总结经验，培育家庭教育指导的先进典型，表彰先进。充分发挥先进集体和先进个人的示范、辐射作用，扶植推广新的组织形式，形成一批家庭教育指导的示范性实训基地。

# 中共上海市委宣传部 上海市精神文明建设委员会办公室 中共上海市教育卫生工作委员会 上海市教育委员会 上海市青少年学生校外活动联席会议办公室关于印发《上海市校外教育工作发展规划(2009—2020年)(试行)》的通知

(沪教委德〔2009〕34号)

各区县党委宣传部，文明办、教育局，浦东新区社会发展局；各区县青少年学生校外活动联席会议各成员单位：

为进一步加强上海校外教育工作，贯彻落实科学发展观，推进创新人才培养，按照中央和市委、市政府有关文件精神，本市制订《上海市校外教育工作发展规划(2009—2020年)(试行)》。请各区县结合实际，参照执行。

附件：上海市校外教育工作发展规划(2009—2020年)(试行)

中共上海市委宣传部
上海市精神文明建设委员会办公室
中共上海市教育卫生工作委员会
上海市教育委员会
上海市青少年学生校外活动联席会议办公室
2009年6月5日

附件：

## 上海市校外教育工作发展规划(2009—2020年)(试行)

为贯彻党的"十七大"精神，落实中共中央、国务院《关于进一步加强和改进未成年人思想道德建设的若干意见》(中发〔2004〕8号)、《关于加强青少年体育增强青少年体质的意见》(中发〔2007〕7号)和中共中央办公厅、国务院办公厅《关于进一步加强和改进未成年人校外活动场所建设和管理工作的意见》(中办发〔2006〕4号)，以及中共上海市委办公厅、上海市人民政府办公厅《关于进一步加强本市未成年人校外教育工作的指导意见》(沪委办发〔2009〕4号)、《关于进一步净化社会文化环境促进未成年人健康成长的实施意见》(沪委办发〔2009〕13号)的精神，全面推进本市校外教育事业的新发展，特制定《上海市校外教育工作发展规划(2009—2020年)(试行)》。

**一、抓住机遇，发挥优势，全力推进新形势下校外教育的新发展**

1. 基本现状与主要成绩

改革开放以来，在上海市各级党委和政府高度重视和关心下，上海校外教育工作取得了长足的发展，积极构建并不断完善政府主导，学校、家庭、社会共建共享的上海市未成年人校外教育活动组织管理体制；新建和改建了一批青少年活动中心、校外教育活动营地，与社会各界共建了近千个爱国主义教育基地、科普教育基地、法制教育基地、军训国防教育基地，以及社区文化活动中心、社区信息苑、社区学校等设施，逐步形成覆盖面较广的校外教育活动场所网络；开发了一系列如迎奥运、迎世博、抗震救灾、载人航天、改革开放三十周年等鲜活的未成年人社会实践主题教育活动；形成了一批如民族精神月活动、志愿者服务、红色旅游、阳光体育大联赛、明日科技之星、阳光星期六、高雅艺术进校园、民族文化系列培训等具有时代特征和上海特点的未成年人校外教育活动品牌项目；发展了一批以教育为主干，文化、科技、体育、司法等部门共同参与的校外教育专兼职教师队伍；坚持与课程改革紧密结合，提供了日益丰富的社会教育资源，引导广大中小学生在丰富多彩的校外教育活动中开阔眼界、陶冶情操、增强能力、提高素养、健康成长。

2. 发展机遇与制约因素

校外教育是社会主义精神文明建设和未成年人思想道德建设的重要途径，是将社会主义核心价值体系融入国民教育全过程的重要载体，是全面实施素质教育的重要组成部分。校外教育在促进未成年人素质全面、身心健康、人格和谐发展过程中有着不可替代的独特作用。随着现代社会终身教育体系的逐步形成，实现教育现代化的步伐加快，校外教育的重要地位和独特作用日益凸显。我国建设创新型国家的战略要求，上海实现现代化国际大都市的宏伟目标，对教育体制、机制和人才培养模式等提出了一系列新要求，也对校外教育的发展提出了新挑战，创造了新机遇。为充分认清新形势、积极应对新挑战、紧紧抓住新机遇、全面适应新要求，亟须扭转目前仍然存在的重知识轻能力、重灌输轻创新、重课堂轻实践、重分数轻素质等倾向，牢固确立从整体上培养人的观念；亟须进一步提升校外教育内涵，拓展校外教育外延，完善校外教育管理体制，加强校外教育阵地建设，整合校外教育各类资源；亟须进一步加强校外教育师资队伍建设，提高校外教育教师综合素质；亟须进一步发挥校外教育优势，突破瓶颈，放眼长远，整体规划，积极稳步推进校外教育工作的科学化、规范化、系统化建设，有计划有组织地吸引未成年人“走出校园围墙、走进社会大课堂”，自主参与校外活动，不断获得成长体验，使校外教育真正成为全面提高学生综合素质的重要渠道。

**二、提高认识、更新观念，合力构建校外教育工作的新格局**

新形势下校外教育工作的指导思想是：坚持以马克思列宁主义、毛泽东思想、邓小平理论和“三个代表”重要思想为指导，贯彻落实科学发展观；坚持以学生发展为本，体现公益性原则；坚持以爱国主义为核心的民族精神和以改革创新为核心的时代精神教育为重点内容，培养学生的创新精神和实践能力；坚持以体验教育为基本途径，发挥校外教育在引导未成年人自觉践行社会主义核心价值体系中的重要作用；坚持校外教育工作在社会主义精神文明建设和未成年人思想道德建设中的重要导向，树立正确的教育观和科学的人才观，增强学校、家庭、社会的教育合力，全面扎实地推进素质教育。

至2020年上海市校外教育工作的发展目标是：充分发挥校外教育对未成年人全面和谐发展的重要作用，形成以社会主义核心价值体系为引领的校外教育内容体系；加强校外教育活动场所建设的科学规划，建成结构合理、覆盖面广、充满活力的校外教育活动场所网络；扩大校外教育社会资源的范围和数量，提高资源的利用率，充分实现其教育价值；形成校外教育活动创新实践体系，为创新潜质突出的未成年人搭建开放多元、互动协作、自主创新的学习平台；加强校外教育科研和培训工作，培养一支适应时代发展、热爱校外教育事业、具有较高素质和专业能力的校外教育专兼职师资队伍；提升校外教育信息化利用效能，形成校外教育信息管理和网络服务的运行体系；合力构建政府主导、社会支持、条块结合、分层布局、高效管理的校外教育新格局。

**三、全面建设、开拓创新，全力建设上海市校外教育的“五大工程”**

1. 校外教育活动场所建设工程

校外教育活动场所建设是切实有效开展校外教育活动的先决条件。加强对上海市校外教育基地（场馆）的科学规划，将校外教育基地（场馆）建设纳入国民经济和社会发展的总体规划，纳入精神文明建设的总体规划，本项工程的目标是：巩固和发展已有的校外教育基地（场馆）的优势，特别要加强城乡结合部、人口导入区等地区的规划，从满足全市各级各类学校学生开展校外活动的需求出发，建成具有上海特色的结构合理、覆盖面广的校外教育活动场所网络。

本工程主要建设项目有：

标志性校外教育活动场所建设项目。规划建设上海市儿童艺术剧场和上海少儿图书馆等若干个功能齐全、设施一流的上海市未成年人文化教育示范基地。2012年完成上海市科技艺术教育中心的基础建设。至2020年,上海市科技艺术教育中心将发展成为设施一流、功能完备的本市青少年学生德育、科技、艺术、体育等教育活动的校外教育主体机构和人才培养高地。

社区、乡镇校外教育活动场所建设项目。推进社区和乡镇未成年人活动场地的建设,2012年前每个社区和乡镇要确保建设一个综合性、多功能的文化活动中心,每个小区和村要确保建设一个文化活动站(室),并在文化活动中心、站(室)等场所中开辟专门供未成年人活动的场地、设施和内容。加快农村校外活动场所建设进度,至2020年,形成星罗棋布、就近就便的农村未成年人校外教育活动场所网络。依托上海城市规划,不断发挥公共绿地和体育场所服务未成年人开展校外活动的载体作用。

学农示范基地建设项目。进一步发展已有学农教育基地资源优势,改建扩建一批学农基地,为满足中心城区未成年人到农村参加实践活动创造条件,到2020年,分阶段重点建设7至10个示范性学农教育基地,使之合理布局。

2. 校外教育资源整合工程

丰富校外教育内容、开展校外教育活动要充分利用开发各类社会教育资源。本项工程的目标是:扩大社会教育资源开发利用的范围和数量,包括各类教育基地(场馆)、公共文化设施、政府机构、学校、社区资源以及民间校外教育场馆等;完善市、区县两级基地(场馆)等资源的类型结构和地域分布结构,提高社会教育资源的利用率及活动项目设计、实施的质量,强化资源的教育效应。

本工程主要建设项目有:

校外教育资源内容体系建设项目。以社会主义核心价值体系为重点,深入实施民族精神教育和生命教育,结合社会重大事件与热点问题,采用未成年人喜闻乐见的形式,完善爱国主义教育、公民道德教育、改革创新教育、科技普及教育、健康生存教育、文化艺术教育、劳动技能教育、爱心志愿服务等适合不同年龄阶段学生的内容体系。

校外教育资源配送体系建设项目。建立、完善市、区县两级校外教育活动资源的配送系统和运行机制;在媒体或网络上定期发布教育基地场馆、校外教育机构、社区文化活动中心等校外教育场所的活动资讯,供未成年人自主选择;充分利用上海东方宣教服务中心资源配送体系,为学校、社区、基地(场馆)配送校外教育资源,形成互通联动、运行有序的校外教育活动资源配送中转机制。

未成年人"社区实践指导站"建设项目。探索建立、完善以志愿者服务为主要方式、以社区各类服务性机构和场所为主要依托的未成年人社区实践指导站。拟在2012年前建立20个成熟的社区实践指导站,2015年前建成50个,至2020年完成100个。鼓励未成年人自主参与各种形式的志愿者服务等公益性活动。切实发挥社区实践指导站的教育功能和实际效果,建立未成年人参与社会实践的资助计划,实施有组织、有计划与主动自愿相结合的运行机制。各校外教育场所要积极支持,与社区实践指导站加强合作,结合形势的变化,不断开发学生喜闻乐见的活动项目,营造校外教育活动良好的社会氛围。

校外教育活动示范基地建设项目。重点建设100个未成年人校外教育活动示范基地,探索开放式、互动性、社会化、服务型的校外教育基地(场馆)创新活动模式,实现教育资源与社会资源的有效整合。积极探索信息沟通、优势互补、相辅相成、互相促进、共同推进的校外教育活动社会化运行机制。

学校资源的开放项目。依托各类学校体育设施、图书馆、电脑房、音乐舞蹈室等资源,建设各有特色的开放性学生活动场所和项目,提供区域内学生就近开展课外活动,满足学生精神文化、游戏活动的需求,提高素质教育的普及化程度。

3. 学生创新素质培育工程

要充分发挥校外教育活动在培养学生创新素质中的重要作用,积极开展创造发明和知识产权推广活动,鼓励并资助学生根据社会需求和个人兴趣开展探究与科研活动。本项工程的目标是:形成上海市学生校外教育活动创新实践体系,搭建开放多元、互动协作、自主创新的学习平台,让每一个学生充分享有校外教育的丰富资源,初步形成创新潜质突出学生的发现和培育机制,分类培养,为培养大批创新型人才奠定基础。

本工程主要建设项目有:

青少年科学研究院建设项目。在本市东西南北分别建立上海青少年科学研究院分院,形成区域内创新潜质突出学生的选拔、培育、跟踪培养等一体化运作模式。通过上海青少年科学研究院平台建设,组织开展专题研修、实习实训、研究指导等专项活动,引导学生科学、有效地开展科学探究和工程设计;运用上海青少年科学研究院网络平台,建设集远程管理、培训培养、虚拟实验、多元互动为一体的创新潜质突出学生实践体验的新途径。

实验室资源共享建设项目。充分利用高等院校和科研院所实验室、职业技术学院(校)实训室以及科普场馆等社会科技教育资源,建立多种形式的科学研究实验室,形成学校、专业机构等社会各方的合作机制。积极探索有利于发现、培养学有潜力和创新潜质突出学生的工作机制。

学生创新能力监测网建设项目。组织跨学科、跨专业、跨系统的专家研究队伍,开发检测指标与工具,建立监测工作管理系统,定期对学生创新素质发展和创新活动成果进行监测、分析、发布等工作。

4. 校外教育师资队伍建设工程

切实推进校外教育的可持续发展,关键要加强校外教育师资队伍建设。通过对校外教育的工作机制、活动形式、管理运行方式等方面的研训一体化建设,培养一支适应时代发展、热爱校外教育事业、具有较高专业素养的校外教育专、兼职师资队伍,引领校外教育工作的创新与发展。本项工程的目标是:2012 年,整合和利用教师继续教育资源,建成兼具专业培训资质的上海校外教育教师培训机构;整合研究资源,凝聚研究力量,力争在 2020 年前,基本形成上海市校外教育工作咨询研究及校外教育实践和理论研究的科研和培训体系,基本完成校外教育教师培训培养体系的构建。

本工程主要建设项目有:

校外教育教师队伍建设项目。发挥校外教育机构的教师、社会各行业的有关专业人士和学校教师等各自的优势,形成德育、科技、艺术、体育等专、兼职辅导员的指导服务系统,充分发挥东方宣教中心资源的作用,积极吸引各类民间校外教育机构专业人士及有志于校外教育事业的学生家长志愿者的支持配合。创造条件,组建一支热心校外教育活动、支持校外教育工作的志愿者团队。

教师及志愿者校外教育培训项目。要对校外教育机构教师、中小学教师及社区教师分层分类开展校外教育专业培训,加强对校外教育志愿者(含家长)的指导和培训。2009 年至 2011 年内,承办 78 期中西部地区青少年校外活动场所管理人员和骨干教师培训班,帮助指导中西部地区形成研修资源网络,促进交流、服务全国。

校外教育名师培育项目。着力建设一批由校外教育名师领衔主持的、发挥孵化示范作用的校外教育名师工作室,形成校外教育骨干队伍孵化培养机制,为发现、培养校外教育名师奠定基础。

校外教育优秀教师交流项目。鼓励中心城区校外教育骨干教师到郊区农村从事校外教育工作。鼓励学校教师利用课余和节假日的时间到校外教育场所特别是社区参与工作。选派农村校外教育教师到市、区县校外教育场所轮岗。

开展校外教育国内外交流,了解其他省市和国外学校开展校外教育的有效举措和先进经验,扩展校外教育新视野,开拓校外教育工作新思路。

校外教育研训一体化运作项目。建立校外教育科学研究的良性运行机制,设立校外教育科研部门,建好重点研究基地,每年发布研究指南,设立若干个重点招标项目和一批研究课题。鼓励一线教师、各院校的专业研究人员、社会教育基地场馆等人员开展校外教育理论和实践应用研究。

5. 校外教育信息化建设工程

要充分发挥现代信息技术的作用,优化校外教育工作的运行方式。要提高校外教育活动的管理效率,增强校外教育活动的教育实效,构建校外教育活动信息立交桥,丰富校外教育活动的内容,拓展校外教育活动的新时空。本项工程的目标是:至 2020 年基本形成上海市校外教育信息资源、信息管理和网络服务运行体系。

本工程主要建设项目有:

校外教育专家信息资源库建设项目。形成校外教育专家数据库,邀请、组织中国科学院、中国工程院两院院士、专家等社会各界专业人士与学生开展网上交流互动,为爱好科学、有志于科学研究和发明创造的学生提供指导、答疑等服务。

校外教育网上活动平台建设项目。继续完善"上海市未成年人社会实践在线活动馆"建设,加强"校外教育网”、“学生活动网”、“心域网”、“上海市基础教育信息网”和“未成年人网络天地”等相关网站的建设，充分运用现代互动多媒体、三维影像虚拟及网络信息技术，建立并完善校外教育信息资讯、咨询交流、数据对接等信息传输通道和交流、展示的网络平台，为每个学生就近就便选择、参与校外教育活动提供信息和服务。

未成年人参与社会实践活动“一卡通”建设项目。2010 年，上海二期课改试点学校学生首先完成社会实践“一卡通”信息管理；2015 年，50％以上的中小学生能科学合理的规范使用社会实践“一卡通”；2020 年，优化并全面实施未成年人参加各类社会实践场馆基地活动的“一卡通”信息管理系统。

**四、落实规划、支撑发展，大力建设实施校外教育的保障体系**

1. 健全校外教育工作的组织保障

要切实发挥“上海青少年学生校外活动联席会议”的统筹协调职能，建立规范化、制度化的议事制度。各区（县）要建立和健全相应的组织机构，定期召开会议，制定发展规划，研究相关政策，协调重大问题。各级党委和政府要切实加强对未成年人校外教育活动场所建设和管理工作的领导，及时掌握工作情况，研究解决重要问题。各级校外教育机构和学校等部门单位要明确职责分工，发挥校外教育机构在推进素质教育中的示范引领作用。

2. 建立校外教育发展规划实施的调控机制

依托“上海青少年学生校外活动联席会议”的组织机制，建立“上海市校外教育工作发展规划”实施监督的专家委员会，对校外教育发展规划的组织实施实行咨询服务与过程管理。委托专业评估机构对发展规划各阶段目标达成情况，以及建设项目的实施情况实行评估与验收。建立科学有效的督查评估制度，定期开展校外教育工作绩效评估，实现校外教育活动水平的整体提升，保障发展规划实施的质量和效益。形成上海市未成年人社会实践基地（场馆）、校外教育机构的评估体系，基本完成上海市中小学生参加社会实践活动的评价认证体系的建设。

3. 切实保障校外教育的经费投入

市、区（县）两级政府要确保对校外教育工作经费的投入，切实保障公益性基本原则的落实，并做到随着社会经济水平的提高而逐步递增。

4. 营造校外教育的良好环境

加强网络、影视、媒体、新闻出版等校外教育的宣传舆论氛围的营造，激励政府、学校、社会、家庭共同构建校外教育社会平台，动员全社会共同参与社会良好育人环境的建设，推动未成年人思想道德建设和校外教育事业的更大发展。

# 上海市教育委员会　上海市民政局关于印发《上海市民办非学历教育院校(机构)审批和管理办法(试行)》和《上海市民办非学历教育院校(机构)设置标准(试行)》的通知

(沪教委终〔2009〕2号)

各区县教育局、浦东新区社会发展局,各区县民政局:

为了进一步规范本市民办非学历教育机构的审批和管理,根据《中华人民共和国民办教育促进法》和《中华人民共和国民办教育促进法实施条例》等法律法规规定,现将《上海市民办非学历教育院校(机构)审批和管理办法(试行)》和《上海市民办非学历教育院校(机构)设置标准(试行)》(附件1,附件2)印发给你们,请遵照执行。

附件:1. 上海市民办非学历教育院校(机构)审批和管理办法(试行)
2. 上海市民办非学历教育院校(机构)设置标准(试行)

上海市教育委员会
上海市民政局
2009年5月5日

附件1:

## 上海市民办非学历教育院校(机构)审批和管理办法(试行)

### 第一章　总　　则

**第一条　(制定依据)**

根据《中华人民共和国民办教育促进法》、《中华人民共和国民办教育促进法实施条例》和《民办非企业单位登记管理暂行条例》(国务院第251号令)及其他相关法律法规,结合本市实际,制定本办法。

**第二条　(适用范围)**

本市行政区域内举办的民办非学历教育院校(机构)(以下统称"民非院校")的审批和管理,适用本办法。法律法规另有规定的除外。

本办法所称民非院校是指:本市行政区域内,经政府教育行政部门审批,由国家机关以外的社会组织或者个人,利用非国家财政性经费,面向社会举办的,主要开展文化教育类非学历教育的民办学校及其他民办非学历教育机构。

**第三条　(指导思想)**

贯彻国家对民办教育"积极鼓励、大力支持、正确引导、依法管理"的方针,依法规范和完善本市民办非学历教育的管理,促进本市民办非学历教育事业的健康发展。

**第四条　(管理部门)**

上海市教育委员会(以下简称"市教委")负责制定规范性文件和政策,实施宏观管理和综合协调;负责指导和监督各区县教育行政部门实施审批、管理工作;各区县教育行政部门,负责对本行政区域内民非院校的举办,实施规划、审批、管理、督查和评估等工作。

市和区县民政部门,是本级政府民非院校登记管理机关(以下统称"登记管理机关"),负责本市民非院校的法人登记和管理。

## 第二章 机构设立

**第五条 (审批权限)**

民非院校的设立,由办学所在地的区县教育行政部门(以下简称"审批机关")负责审批,报市教委备案。

**第六条 (申办条件)**

举办者申请设立民非院校应当具备以下条件:

(一)举办者应符合有关法律法规的规定要求;

(二)学校董事会或理事会或其他形式的决策机构(以下统称"校董会")及其章程,符合法律法规的规定要求;

(三)具有必备的开办资金和稳定的经费来源;

(四)具有与办学规模相适应的办学场所;

(五)配备能满足教育教学活动需要的设施设备,以及必要的生活与安全保障设施;

(六)配备符合条件的专职负责人(院校长);

(七)配备符合条件的专职教育教学管理人员队伍;

(八)配备符合条件的专兼职教师队伍;

(九)具有相应的教学计划、大纲和教材;

(十)具有健全的管理制度。

具体要求遵照《上海市民办非学历教育院校(机构)设置标准(试行)》(以下简称《设置标准》,见附件 2)的规定执行。

**第七条 (学校筹设)**

(一)(筹设申请)

申请筹设民非院校,由举办者向审批机关提出书面申请。

(二)(筹设申请材料)

申请筹设民非院校,举办者应当向审批机关提交下列申请材料,并对申请材料的真实性负责:

1. 申请报告。内容主要包括:举办者(校董会)、办学经费和经费筹措与管理使用、学校章程、教育教学管理与师资队伍、学校管理体制等。

2. 申请者填写签章的《上海市民非院校筹设审批登记表》(另行公布)一式三份和举办者资质资格证明材料。其中:

(1) 国家事业单位投资办学,须提交上级主管单位同意其办学的证明文件;

(2) 国有企业、国有控股企业和国资参股企业投资办学,须提交国有资产监督管理机构备案证明文件;

(3) 公民个人申请办学,须提交申请人符合法定要求的证明材料、户籍或居住证原件及其复印件、身份证原件及其复印件。

3. 举办者的投资来源、投资数额和投入方式,以及相关有效证明文件(资信证明或验资报告,由境内会计师事务所或金融机构出具),并载明产权归属。

4. 属捐赠性质的校产,须提交捐赠协议,载明捐赠人的姓名、捐资数额、用途和管理方法,以及相关有效证明文件。

5. 两个及以上举办者联合筹设民非院校,须提交《联合办学协议》,其中应载明各方出资的方式和数额、各方的权利和义务(包括相应的法律责任),以及变更联合办学规则和程序等。

(三)(筹设审批)

审批机关收到筹设申请后,应依法对申请材料进行审核,在 5 个工作日内,告知是否受理申请,不受理申请的,应当说明理由;受理申请的,自申请受理之日起 30 个工作日内,以书面形式作出是否同意筹设的决定,并送达申请者。

审批机关同意筹设的，发给同意筹设批准文件，并对同意筹设的民非院校所拟定的名称，提出意见后，函送登记管理机关核准。

审批机关不同意筹设的，应当说明理由。

（四）（筹设期限）

民非院校的筹设期限，一般不得超过三年。超过筹设期限的，举办者应当重新提出申请。筹设期内，不得以任何名义开展招生办学活动。

**第八条　（正式设立）**

（一）（正式设立申请）

在筹设期内完成筹设后，举办者可向审批机关提出正式设立民非院校的书面申请。

无需筹备已具备办学条件，达到本《暂行办法》和《设置标准》规定要求的，举办者可向审批机关提出直接正式设立民非院校的书面申请。

（二）（正式设立申请材料）

1. 完成筹设后申请正式设立民非院校，举办者除需提交第七条第二款所列最新材料外，还应当向审批机关提交下列申请材料，并对申请材料的真实性负责：

（1）审批机关的同意筹设批准文件；

（2）筹设情况评估报告（由具有相应资质的教育评估机构出具）；

（3）登记管理机关的校名核准通知书；

（4）申请者填写签章的《上海市民非院校设立审批登记表》（另行公布），一式三份；

（5）校董会首届成员构成情况及其变动情况；

（6）学校章程。应当包括学校名称、注册地址、办学地址；办学宗旨、办学条件、办学层次、办学类别、办学形式、办学内容、招生对象与规模等；学校资产数额、来源和性质；校董会的产生方法、人员构成、任职期限和议事规则；学校法定代表人；投资人是否要求取得合理回报，回报方式和数量（或比例）；学校自行终止办学的事由条款和善后处理规则；学校章程修改规则和程序。

（7）学校办学场地和教育教学设施设备的有效证明文件。其中：自有办学场地和教育教学设施设备，须提供产权证明材料；举办者租赁办学场地和教育教学设施设备，须提供与产权人（或授权使用人）签订的《租赁合同（协议）》；办学形式中有全日制办学（或向学生提供食宿）的，须提供与其招生规模相适应的住宿和餐饮等生活设施设备相关有效证明文件；如住宿和餐饮等生活保障委托第三方提供服务的，须提供与受托服务方签订的《承包合同（协议）》。

申请者须提供办学所使用校舍资源的配置情况，以及相应的安全、消防等合格证明。

（8）拟任学校负责人（院长、校长）的身份证、学历证书和专业技术职称证书原件及其复印件，以及从事教育和学校管理工作经历的有关证明材料。

（9）拟聘请的学校专兼职教师名单和教师的身份证、学历证书、教师资格证、专业技术职称证书原件及其复印件；拟聘请学校财会人员的身份证、从业资格等证明文件原件及其复印件。

（10）申请开设非学历教育培训的教学计划、大纲和教材。

2. 直接申请正式设立民非院校，举办者需向审批机关提交上述第七条第二款所列材料和本条第二款第一项所列（3）、（4）、（5）、（6）、（7）、（8）、（9）、（10）项目所规定的申请材料，并对申请材料的真实性负责。

（三）（正式设立审批程序）

1.（受理申请）

审批机关收到举办者报送的正式设立民非院校的办学申请后，应对申请材料进行审核，依法作出是否受理申请的决定，并书面告知申请人。

（1）申请材料不齐全或者不符合法定要求的，应在5个工作日内一次性告知申请人需要补正的全部内容，逾期不告知的，自申请材料收到之日起即视为受理。

（2）申请材料齐全、符合法定要求的；或者申请人按审批机关的要求提交全部补正申请材料的，审批机关应当受理，并在自受理申请之日起3个月内，以书面形式作出是否同意正式设立的决定，并送达申请者。

2.（审核批准）

审批机关受理办学申请后，应当在规定的审批期限内，组织专家或委托具有相应资质的教育评估机构，对举办者提供的办学申请材料以及实际办学条件和办学能力，进行审核评议或评估论证，由专家或评估机构出具《审核评议意见》或《评估论证报告》。审核评议或评估论证费用由审批机关承担。

审批机关依照法律法规和本办法规定以及《审核评议意见》或《评估论证报告》，作出“批准设立”或“不予批准设立”的审批决定，并将审批决定以书面形式在规定期限内送达申请人；作出不予批准设立决定的，应当说明理由并告知救济途径和有关权利。

3.（备案公告）

审批机关作出批准设立决定后，应及时将民非院校有关申请材料（复印件）和批准设立决定书，送市教委备案。

审批机关应将批准设立的民非院校的名称、办学地址、办学条件、办学层次、办学类别、办学形式、办学内容、招生对象与规模等信息，通过政府网站等媒体向社会公告。

4.（核准发证）

批准设立的民非院校，由审批机关核发《民办学校办学许可证》正本和副本。《民办学校办学许可证》正本和副本具有同等法律效力。

**第九条 （法人登记）**

民非院校取得《民办学校办学许可证》后，应当依据《民办非企业单位登记管理暂行条例》的规定，到登记管理机关申请办理法人登记；依据国家有关法律法规的规定，到政府相关行政管理部门办理税务等登记手续。法人与税务登记等完成后，方能开展办学活动。

**第十条 （学校名称）**

民非院校只能使用一个名称，外文名称应与中文名称言义一致。

民非院校的名称一般由“地域名（上海市××区县）、特殊名（两个以上汉字组成）、层次名（进修学院、专修学院、进修学校、业余学校和培训中心）等三个部分组成。

民非院校的名称应当符合有关法律法规的规定，不得冠以“中国”、“全国”、“中华”、“国际”等字样；不得有损于国家和社会公共利益；不得与本市区域内已经批准设立的教育机构名称相同或相似；不得与终止或停用不满三年的教育机构名称相同或相似；不得带有中外国家（地区）、国际组织、政党、社团组织、军队编号的名称；不得违背社会道德风尚和带有封建迷信色彩；不得带有可能造成误解误导的文字、内容或简称。

**第十一条 （不予批准）**

申请设立民非院校有下列情形之一的，审批机关不予批准：

（一）举办者不符合法律法规的规定要求；或举办者自身不具备出资条件，以他人名义提出办学申请；

（二）向学生、学生家长筹集资金举办民非院校或者向社会公开募集资金举办民非院校；

（三）未达到《设置标准》规定的办学条件；

（四）学校章程不符合法律法规的规定要求，经告知仍不作修改；

（五）校董会人员构成不符合法定要求；或者民非院校负责人、教师、财会人员不具备法定资格，经告知仍不改正。

## 第三章 办 学 变 更

**第十二条 （举办者变更、办学层次和类别变更）**

（一）举办者变更

民非院校举办者的变更，须按《学校章程》规定的议事规则，并在进行学校财务审计清算后，由校董会作出变更决议，由原举办者向审批机关提出变更申请。

审批机关应当按本办法规定的正式设立民非院校的审批要求和程序进行审批。经审批机关审核批准、登记管理机关办理变更手续后，新举办者方可开展办学活动。

申请变更民非院校举办者，应当提供下列申请材料：

1. 原举办者提交的《变更举办者申请》；

2. 校董会同意变更举办者的决议、方案和《学校章程》修改决议；

3. 学校《财务审计报告》和《清算报告》；

4. 资产变更验资报告；

5. 举办者变更的有关协议书；

6. 举办者变更后新举办者的相关资质资格证明材料；

7. 举办者变更后新决策机构成员名单及其备案报告；

8. 举办者变更后的新《学校章程》。

（二）民非院校办学层次和类别的变更

民非院校办学层次和类别的变更，由校董会作出变更决议，由学校向审批机关提出办学层次和类别变更的书面申请，审批机关按照本办法的规定和《设置标准》进行审批。经审批机关审核批准并办理变更手续后，学校方可按照变更后的办学层次和类别开展办学活动。

**第十三条 （学校名称变更）**

民非院校的名称变更，由校董会作出变更决议，由学校向审批机关提交名称变更的书面申请，经审批机关审核同意和登记管理机关办理变更登记后实施。学校名称变更不改变其办学层次和类别。

民非院校变更名称，应提交下列申请材料：

（一）《学校名称变更申请》；

（二）校董会《同意变更学校名称的决议》和新《学校章程》；

（三）登记管理机关出具的新校名核准通知书。

**第十四条 （学校注册地址变更）**

民非院校应在经批准的学校注册地址开展办学活动。民非院校在原注册地址所在区县范围内变更注册地址，应当向审批机关提出申请，经审批机关核准，并经登记管理机关办理变更登记后，方可在变更后的注册地址开展办学活动。

民非院校在本市范围内跨区县变更学校注册地址，应当向原审批机关和新注册地址所在审批机关提出申请。经原审批机关和新注册地址审批机关批准同意，并依据《民办非企业单位登记管理暂行条例》的规定，办理法人登记变更和税务登记变更等手续后，方可在变更后的注册地址开展办学活动。

民非院校跨区县变更注册地址后，按照属地化管理的原则，由新注册地址审批机关负责管理。

**第十五条 （其他变更）**

（一）民非院校法定代表人的变更

由校董会作出变更决议，学校向审批机关提交学校法定代表人变更的书面申请，并附《校董会决议》和相关资质资格证明材料，经审批机关核准和登记管理机关办理变更登记后实施。

（二）民非院校负责人的变更

由校董会作出变更决议，学校向审批机关提交学校负责人变更的书面申请，并附《校董会决议》和相关资质资格证明材料；经审批机关核准后实施。

（三）民非院校校董会或董事长的变更

由原校董会作出变更决议，学校向审批机关提交校董会或董事长变更的书面申请，并附《校董会决议》和相关材料，经审批机关核准后实施。

（四）民非院校办学内容的变更

由民非院校向审批机关提出书面申请，经审批机关核准后实施。

## 第四章 办学终止与机构注销

**第十六条 （办学终止的情形）**

民非院校有下列情形之一的，应当终止：

（一）根据《学校章程》规定应予终止，并经审批机关批准；

（二）被吊销办学许可证；

（三）资不抵债无法继续办学。

**第十七条 （终止办学）**

（一）民非院校终止时，须妥善安置在校学生；

（二）民非院校终止时，须依法进行财务审计和清算。

1. 民非院校自行要求终止的，由学校组织审计和清算；

2. 民非院校被依法撤消的，由审批机关组织审计和清算；

3. 民非院校因资不抵债无法继续办学而终止的，由人民法院组织审计和清算。

审计和清算期间，民非院校不得开展审计和清算以外的活动。

（三）民非院校清算后的财产按下列顺序偿付：

1. 应退学习者的学费、杂费和其他费用；

2. 应发教职工的工资及应缴纳的社会保障费用；

3. 有关债务。

民非院校偿付上述费用后的剩余财产，按照有关法律法规的规定处理。

（四）终止办学的民非院校，由审批机关收回《民办学校办学许可证》。

审批机关应将准予民非院校终止办学的批准决定书，及时报送市教委备案和抄告登记管理机关，并通过政府网站等媒体向社会公告。

**第十八条 （注销登记）**

终止办学的民非院校法定代表人或者负责人，应当自收到审批机关准予终止办学的批准决定书后的15个工作日内，向登记管理机关办理注销登记。办理注销登记时，须提交注销登记申请书、民非院校证章以及学校的财务审计和资产清算报告。

登记管理机关准予注销登记的，发给注销登记证明，并收缴登记证书、印章和财务凭证，并予以公告。

## 第五章 教学点备案

**第十九条 （备案受理）**

（一）民非院校应在审批机关批准的办学地点开展办学活动。

（二）办学条件等符合规定要求、财务状况良好、诚信守法、管理规范、声誉较好的民非院校，可根据需要申请设立教学点。

民非院校的教学点不是独立的办学机构，其办学活动和教育教学管理须由设立教学点的学校统一实施，并承担责任。

民非院校不得以联合办学的名义，在不具备相应办学资质资格和条件的机构中设立教学点。

（三）民非院校教学点的办学场所和办学条件，须符合《设置标准》的规定要求。

（四）民非院校跨区县设立教学点，事前须分别向本校所在地审批机关和拟设教学点所在地区县教育行政部门（简称“备案机关”）备案。审批机关和备案机关应及时受理民非院校设立教学点的备案申请，并予答复。

民非院校设立的教学点符合规定要求的，备案机关应予以备案并将备案情况告知审批机关。

**第二十条 （备案材料）**

民非院校设立教学点，应提供下列备案材料：

（一）设立教学点《备案报告》（包括：教学点地址和教学条件、教学层次、教学形式、教学内容、教学对象、学生规模、可行性分析等），并附《备案登记表》（另行公布）；

（二）拟设立教学点的场所和设施的产权证明材料或《租赁合同（协议）》以及其他应符合《设置标准》规定要求的证明材料；

（三）学校须对所设教学点实施“教育教学统一管理，师资和教育教学资源统一调配，收费和财务统一管理”的制度与措施；

（四）《民办学校办学许可证》等证明文件和学校财务审计报告。

## 第六章 办学规范

**第二十一条 （办学许可证）**

民非院校应当按照《民办学校办学许可证》载明的机构名称、办学地址、办学类别和层次、办学项目和内容等开展办学活动。

民非院校的《民办学校办学许可证》、《民办非企业单位登记证书》和《税务登记证》等证照，应当放置在学校主要公开场所（如招生点、收费点、报名点等）的明显位置，做到亮证办学。

民非院校遗失《民办学校办学许可证》的，应当立即公告，并及时向审批机关提交补办申请（随附公告原件）。审批机关经核准后予以补发。

民非院校不得以联合办学（或授权办班）等名义，出租出借《民办学校办学许可证》；不得委托（或授权）不具备办学资质资格的机构（或单位、个人）办学、办班。

**第二十二条 （教学管理）**

民非院校应当按照经审批机关批准的办学层次和办学内容，以及确定的教学计划、教学大纲组织开展教学活动，不得随意增减改变课程、课时和内容。

**第二十三条 （教职工聘用）**

民非院校应配齐配好合适的专兼职教师队伍，聘用的教师应当具备相应的教师任职资格。

民非院校应遵照《中华人民共和国教师法》、《中华人民共和国劳动合同法》等有关法律法规，与被聘任的教师签订聘任合同，依法保障教师的合法权益。

民非院校应遵照《中华人民共和国劳动合同法》等有关法律法规，与被聘用的职工签订劳动合同，依法保障职工的合法权益。

**第二十四条 （招生简章和广告）**

民非院校的招生简章和广告，须在发布前向审批机关申报备案，填报《备案表》（另行发布）。

民非院校发布招生简章和广告的内容，应当合法、真实、准确，须与申报备案的内容一致。

民非院校发布招生简章和广告，应当载明学校名称、办学许可证号和广告备案号，以及学校地址、教学地点、办学层次、办学内容、招生对象、教学条件、师资情况、学习期限、收费标准、证书发放、食宿条件、退学退费等事项。

**第二十五条 （收费和退费）**

民非院校制定的收费项目、收费标准和收费办法，应当依法向审批机关和同级物价主管部门申报备案，并向社会公告。

民非院校应以学期为单位收取学费，不足一学期的教育培训，应以教育培训周期为单位收取学费。

民非院校在招生收费时，应当按照已向审批机关和同级物价主管部门备案的收费项目、收费标准和收费方法，收取费用，并须开具本校的合法收费凭证（发票）；不得收取未经审批机关和同级物价主管部门备案，以及未向社会公告的任何费用。

民非院校须遵照有关法律法规，制定退费办法和标准，向社会公告后执行，并在招生收费时履行告知义务。

**第二十六条 （资产与财务管理）**

民非院校应当依法落实学校法人财产权，建立健全学校资产和财务管理制度。学校出资人应按时、足额履行出资义务，投入学校的资金和资产须经法定机构验定，并计列在学校法人名下，任何组织和个人不得截留、挪用或侵占。

民非院校应当遵照有关法律法规，建立和实行相应的学校会计制度。应当在每个会计年度结束时制作财务会计报告，委托具有相应资质的会计事务所依法进行审计，并公布审计结果。

民非院校有虚假出资、抽逃办学资金、财务管理混乱等情形的，审批机关可以委托专门审计机构进行专项审计，并依法处理。

**第二十七条 （专项检查、评估和年检）**

市和区县教育行政部门，应当加强对民非院校的日常监督管理，根据本市民非院校的办学状况和社会反映热点问题，依法定期组织开展专项检查活动，发现违法违规办学行为，依法予以处理。

市和区县教育行政部门，应当根据民办非学历教育事业发展的实际需要，建立和完善民非院校办学水平的社会评价机制。鼓励和支持民非院校通过委托具有教育评估资质的社会中介机构，对学校的办学水平和教育质量进行社会评估，促进学校教育教学质量和办学水平的全面提高。

区县教育行政部门，应当积极配合登记管理机关，做好民非院校年检工作。

**第二十八条 （法律责任）**

（一）民非院校在教育教学活动中违反《中华人民共和国教育法》、《中华人民共和国民办教育促进法》、《中华人民共和国教师法》、《中华人民共和国劳动合同法》、《民办非企业单位登记管理暂行条例》等法律法规的，依法予以处罚。

（二）民非院校存在以下违法违规办学行为的，依情节轻重，责令限期改正、停止招生直至吊销办学许可证，并没收违法所得；构成犯罪的，依法追究刑事责任：

1. 擅自分立、合并民非院校；

2. 擅自变更民非院校名称、办学层次和举办者；

3. 发布虚假招生简章或者广告，骗取钱财；

4. 非法颁发或者伪造学历证书、结业证书、培训证书、职业资格证书；

5. 提交虚假证明文件或者采取其他欺诈手段隐瞒重要事实骗取办学许可证；

6. 伪造、变造、买卖、出租、出借办学许可证；

7. 恶意终止办学、抽逃资金或者挪用办学经费；

8. 管理混乱导致严重影响教育教学，有下列情形之一，并产生恶劣社会影响：

(1) 校董会未依法履行职责；

(2) 办学条件明显不能满足教育教学要求、教育教学质量低下，未及时采取措施；

(3) 校舍或者其他教育教学设施、设备存在重大安全隐患，未及时采取措施；

(4) 未依照《中华人民共和国会计法》和国家统一的会计制度进行会计核算、编制财务会计报告，财务、资产管理混乱；

(5) 侵犯受教育者的合法权益，产生恶劣社会影响；

(6) 违反国家规定聘任、解聘教师。

**第二十九条 （审批机关和有关部门的法律责任）**

审批机关和其他有关职能部门有下列行为之一的，按行政隶属关系，由上级机关责令其改正；情节严重的，对直接负责的主管人员和其他直接责任人员，依法给予行政处分；造成经济损失的，依法承担赔偿责任；构成犯罪的，依法追究刑事责任：

（一）已受理设立申请，逾期不予答复；

（二）批准不符合依法筹设和设立条件申请；

（三）疏于管理，造成严重后果；

（四）违反国家有关规定收取费用；

（五）侵犯民非院校合法权益；

（六）其他滥用职权、徇私舞弊。

## 第七章 附 则

**第三十条 （按照执行）**

本市普通高校（含民办高校）、成人高校、中等职业学校等学历教育机构，在校界之外开展非学历教育培训，按照本办法执行。

由政府工商行政管理部门登记注册的教育咨询公司等企业，向办学所在区县审批机关申请开展文化教育类非学历教育办学许可的，按照本办法执行。

外省市教育培训机构，在本市申请开展文化教育类非学历教育办学许可的，按照本办法执行。

**第三十一条 （不适用范围）**

依据原上海市劳动和社会保障局颁布的《上海市民办职业培训机构审批和管理暂行办法》（沪劳保技发〔2006〕23号），由政府劳动保障行政部门审批设立的民办职业培训机构，不适用本办法。

依据《中华人民共和国中外合作办学条例》，境外教育培训机构与国内教育培训机构在本市行政区域内开展的中外合作办学，不适用本办法。

**第三十二条 (实施日期)**

本办法自公布之日起实施。

本办法实施前已经批准设立但未达到本办法规定和《设置标准》的民非院校,一般应在办学许可证期满换证时达到《设置标准》的规定要求。具体措施和实施办法,由审批机关根据本区县的实际情况确定,并经公布后实施。

附件 2:

## 上海市民办非学历教育院校(机构)设置标准(试行)

**第一条 (机构界定)**

《上海市民办非学历教育院校(机构)设置标准》(以下简称《设置标准》),所称“民办非学历教育院校(机构)”(以下简称“民非院校”)是指:本市行政区域内经政府教育行政部门审批,由国家机关以外的社会组织或者个人,利用非国家财政性经费,面向社会举办的,主要开展文化教育类非学历教育的民办学校及其他民办非学历教育机构。

(一) 从事以高等非学历教育为主的民非院校,一般应以“进修学院、专修学院”冠名(以下简称“学院”)。

(二) 从事中等及中等以下非学历教育的民非院校,应以“进修学校、业余学校或培训中心”等冠名(以下简称“学校”)。

**第二条 (举办者)**

申请举办民非院校的社会组织(单位),一般应当具有本市独立法人资格。其中:国家事业单位投资办学,需经其上级主管单位批准同意;国有资产控股企业投资办学,需向对其国有资产负有监管职责的机构履行备案手续。非本市法人机构(单位或组织)申请办学,应提供本市法人机构(单位或组织)的办学担保,担保金额应不低于申请举办的民非院校的开办资金(额)。

具有政治权利和完全民事行为能力的中华人民共和国公民个人申请办学,应提供本市法人机构(单位或组织)的办学担保,担保金额应不低于申请举办的民非院校的开办资金(额)。

两个以上社会组织(单位)或者个人联合举办民非院校,应当遵照《中华人民共和国民办教育促进法实施条例》第二章第四条的规定要求,签订《联合办学协议》。

**第三条 (办学规模)**

申请举办学院,所开设的高等非学历教育项目(或专业)应不少于 3 个;基本办学规模全年应不少于 600 人次。

申请举办学校,所开设的非学历教育项目(或专业)应不少于 2 个;基本办学规模全年应不少于 400 人次。

**第四条 (办学经费)**

民非院校举办者应当按时、足额履行办学出资义务,并出具有效证明文件。开办资金应存入学校的开户银行,并提供会计师事务所出具的验资报告开户银行出具的资信证明。

举办者应根据申请办学的规模足额提供相应的开办资金。

(一) 申请举办学院的开办资金最低不少于 100 万元人民币,其中:以举办者自有办学场所的房产、教育教学设施设备和图书资料等与办学有关的财物,作为办学经费出资的(经本市具有相应评估资质的资产评估机构评估,并提供资产评估报告),其所占比例应不超过申请办学资金最低限额的 50%。

(二) 申请举办学校的开办资金最低不少于 50 万元人民币,其中:以举办者自有办学场所的房产、教育教学设施设备和图书资料等与办学有关的财物,作为办学经费出资的(经本市具有相应评估资质的资产评估机构评估,并提供资产评估报告),其所占比例应不超过申请办学资金最低限额的 50%。

**第五条 (办学场所)**

举办者应提供与办学项目和办学规模相适应的办学场所(校舍、办公用房、教学用房和其他必备的教育教学场地)。举办者自有办学场所,应提供办学场所的房屋产权证明材料;租用办学场所,须提供与产权人或由产权人授权的使用人签订的具有法律效力的《租赁合同(协议)》,租赁期一般不少于 3 年。

（一）办学场所实际使用面积

申请举办学院，须具有实际使用面积不少于1000平方米且独立使用的办学场所（其中教学用房不少于2/3）；

申请举办学校，须具有实际使用面积不少于500平方米的办学场所（其中教学用房不少于2/3）；

申请设立教学点，须具有实际使用面积不少于300平方米的办学场所（其中教学用房不少于2/3）。

（二）租用公办学校（如：中小学、幼儿园、中职校等）校舍的，须出具学校上级主管部门（如：区县教育行政部门等）同意租赁的证明。

（三）租用非学校校舍办学的，须有消防和相关职能部门出具的教学用房安全合格证明。

（四）举办寄宿制或向学生提供食宿的民非院校，须提供卫生、消防等相关政府职能部门的“食品卫生合格证”和学生宿舍“安全和消防合格许可证”。

**第六条 （教学设施设备）**

民非院校须自行购置和配备与办学层次、办学类别、办学项目和办学规模相适应的教育教学设施设备和图书资料等。

申请举办民非院校所需的贵重教育教学设施设备和资料，可向其他单位（社会组织）租用，但须提供书面《租赁合同（协议）》，租赁期限不少于3年。

**第七条 （决策机构）**

民非院校应当依法设立由举办者（或其代表人）、办学机构负责人（院校长）、教职工代表等人员组成的学校董事会或理事会或其他形式的决策机构（以下统称“校董会”）。

（一）校董会成员应不少于5人，其中1/3以上的人员应当具有5年以上教育教学经验。校董会设负责人1人。

（二）民非院校的法定代表人，应根据《中华人民共和国民办教育促进法》第22条规定，由校董会负责人或民非院校负责人担任。

（三）国家机关工作人员不得担任民非院校校董会的成员。

**第八条 （办学机构负责人）**

（一）民非院校应配备具有政治权利和完全民事行为能力，品行良好，身体健康，能胜任办学机构管理的专职负责人。

（二）担任民非院校的专职负责人（正副院长、正副校长）应具备下列基本条件：

院长（含副院长）应具有较高的政治素质和高等教育管理能力，并具有5年以上高等院校或院系领导岗位的工作经历；大学本科以上学历；且年龄一般应在70周岁以下。

校长（含副校长）应当具有较高的政治素质和学校管理能力，并具有5年以上的学校领导岗位的工作经历；大学专科以上学历；且年龄一般应在70周岁以下。

（三）民非院校的专职负责人应当定期参加校（院）长岗位职务能力的培训和继续教育进修活动，提高管理能力和素养。

**第九条 （专职管理人员）**

（一）民非院校应根据办学规模配备专职管理人员，负责校务管理和日常教育教学管理工作。民非院校的专职管理人员应当定期参加岗位职务培训和继续教育进修活动，提高管理能力和素质。

1. 申请举办学院，应配备的专职管理人员应不少于3人。担任学院教育教学专职管理人员应具有大学本科及以上学历和5年以上高等院校教育教学管理工作经历；

2. 申请举办学校，应配备的专职管理人员应不少于2人。担任学校教育教学专职管理人员应具有大学专科及以上学历和5年以上学校教育教学管理工作经历；

（二）民非院校聘请在职人员担任学校的专职管理人员，需经该在职人员的人事关系所在单位同意。

（三）民非院校聘用的财务管理人员应具有财会人员从业资格证书。

**第十条 （师资队伍）**

（一）民非院校应配齐配好合适的、具有相应教师任职资格和任职条件的专兼职教师队伍。其中专职教师数量一般应不少于专兼职教师总数的1/4。

民非院校开设的高等非学历教育项目(或专业),每个项目(或专业)至少应配备1名以上具有副教授职务及以上的专职把关教师;各门课程应配备1名以上讲师职务及以上的专任教师。

(二)民非院校应当依法聘用具有相应教师任职资格的教师任教(职业技能培训课程教师,可根据职业技能培训需要,聘用技师、高级技师及具有特殊技能的人员担任),并建立专兼职教师业务考核档案,定期进行业务考核。不胜任教学要求的教师应依法予以解聘。

(三)民非院校应当规范学校师资队伍管理。遵照《中华人民共和国教师法》、《中华人民共和国劳动合同法》与被聘用的专兼职教师签订聘任合同或劳动合同,依法保障教师的合法权益。

(四)民非院校应当建立教师继续教育制度,并按规定组织和支持专职教师参加继续教育进修活动,不断提高教师队伍的素质。

(五)民非院校聘任外籍人员任教(或任职),须遵照国家有关规定执行。

**第十一条 (教学文件)**

民非院校应具有明确的办学宗旨和培养目标,开设非学历教育项目(或专业)应制定相应的教学计划、大纲和配备相应教材(或讲义)。

教学计划、课程教学大纲和使用的教材(或讲义)需符合国家规定的要求,并需经2名以上具有本专业(项目)副教授职务(称)及以上的专家的审定和论证(参与办学和拟任该民非院校专兼职教师的专家应予以回避)。

民非院校制定的教学计划、大纲和教材(或讲义)应报审批机关备案后组织实施,其中:涉及"卫生、公安、司法、师范"等特殊类教育教学内容的教学计划、教学大纲和教材(或讲义),应符合政府相关主管部门的规定。

**第十二条 (职工聘用)**

民非院校应遵照《中华人民共和国劳动合同法》等法律法规的规定,与聘用的职工签订"劳动合同",依法保障职工的合法权益。

**第十三条 (管理制度)**

民非院校应当建立学校章程、教育教学管理制度、教职工管理制度、学生管理制度、学校资产和财务管理制度、收费和退费办法、教育教学设施设备管理制度、校长和教师继续教育制度等各项学校内部管理制度。

**第十四条 (学校安全)**

民非院校的法定代表人,是学校安全工作的第一责任人。学校应当强化安全管理工作,建立健全安全管理工作机制,制定完善的安全管理制度,配备必要的专任安全管理人员,加强对校舍、学生活动场地和教育教学设施设备的安全检查,落实各项安全防范措施,切实维护学生安全和教育教学秩序。

# 2009年上海市教育委员会工作要点

2009年是实施上海市教育事业发展“十一五”规划纲要的关键之年；是率先基本实现教育现代化目标的冲刺之年；是维护教育稳定构建和谐社会的重要之年；也是全市上下破解经济社会发展问题的突破之年。上海教育工作要在市委、市政府的正确领导下，全面贯彻党的十七大和十七届三中全会精神，以邓小平理论和“三个代表”重要思想为指导，深入贯彻落实科学发展观，全面贯彻党的教育方针，以率先基本实现教育现代化为目标，以编制本市中长期教育改革和发展规划纲要为契机，大力推进教育事业改革与发展，促进义务教育优质均衡发展，不断深化高等教育内涵建设，努力提高职业教育为经济社会发展的服务能力，全面构建终身教育体系，建设学习型城市。注重体现教育公平和关注民生，努力办好人民满意的教育。

**一、编制中长期教育改革和发展规划纲要，加强创新人才培养**

1. 完成制定本市中长期教育改革和发展规划纲要。完成本市中长期教育改革和发展规划纲要的制订工作。明确上海教育事业中长期改革发展的指导方针、目标任务、重大战略和政策措施。探索构建具有中国特色社会主义、与上海国际化大都市地位相匹配、满足人民群众未来教育需求的现代教育体系，为实现上海教育现代化提供科学纲领和行动指南，使规划纲要成为指导上海未来12年教育改革发展的纲领性文件。

组织开展11项重大战略和40个专题的集中研究，主要包括：教育改革发展的宏观背景与总体战略研究；推进素质教育研究；基础教育发展战略研究；职业教育发展战略研究；高等教育发展战略研究；学习型城市建设研究；教育公平与协调发展研究；教师队伍建设研究；教育对外开放战略研究；教育综合改革研究；教育系统党的建设研究。制订工作以主题突出、特色鲜明，反映民意、广纳众智，科学严谨、求真务实，点面结合、聚集重点，改革创新、分步推进为基本要求，在上海市中长期教育改革和发展规划纲要领导小组的领导下，由工作小组具体负责。

通过广泛调研、国际比较、社会讨论、专题研究、平行起草，分步骤实施制订工作。制订工作分为启动阶段、集中调研阶段、完成初稿阶段和形成最终稿阶段。力争于2009年6月完成初稿，形成报批稿，经教育部指导完善，报市委、市政府审定。

2. 继续实施《上海教育事业发展“十一五”规划纲要》。按照规划纲要确定的目标，实施和谐均衡、创新提升、人才强教和开放合作四大战略，聚集各方力量，全面落实各项任务，确保在各个教育领域中取得新的突破，加快实现本市率先基本实现教育现代化的步伐。

3. 加强创新人才培养工作。继续实施《关于深化教育综合改革进一步加强创新人才培养的若干意见》，进一步加大工作力度，采取有力措施，深入持续做好创新人才培养重点推进的若干项工作。研究制定创新人才培养行动指南，培养学生创新人格，提升学生创新能力；设立研究生创新能力培养专项资金；深入实施大学生创新活动计划；探索高中与高校联合培养创新人才的工作机制，鼓励有条件的高中和区县与高校及科研机构联合设计并实施拓展型和研究型课程；举办第二届青少年科技创新峰会；继续推进高校科技创新工作。

**二、加强学生思想政治教育，扎实推进学校德育工作**

4. 开展主题教育，增强学生理想信念。结合新中国成立60周年、五四运动90周年、澳门回归10周年等重大节庆和迎世博等重大事件，依托博雅讲堂，开展形式多样的形势政策教育，大力弘扬民族精神和时代精神。建立学生舆情监测队伍，开展专题调研，及时收集学生对党和国家重大决策、重大活动和国内外重大事件、突发事件的思想反应，及时发现、妥善处理倾向性、苗头性问题，确保学生思想稳定、健康向上。

5. 加强中小学德育工作。加强以爱国主义为核心的民族精神教育、以改革创新为核心的时代精神教育，继续深化中小学学生的生命教育。加强上海市中小学骨干教师德育实训基地建设，制定本市中小学21门学科分层实施学科德育的指导意见，扎实推进学科德育。加强班主任队伍建设，评选一批“班主任带头人工作室”，举办首届班主任论坛。开展中小学教师“走进经典”活动，强化教师人文底蕴。召开上海市校外教育工作会议，颁布关于进一步加强未成年人校外教育工作的实施意见、上海市校外教育工作发展规划和三年行动计划(2009—2011年)，理顺组织体制和工作机制，整合社会各方资源为校外教育工作提供支持。承办中西部地区青少年校外活动场所管理人员和骨干教师培训工作。邀请都江堰师生来沪参加夏令营活动。

6. 加强中等职业学校德育工作。按照教育部的工作重点，更加关注中职学校学生的全面发展。根据中职学校学生特点，全面启动和实施中职学校德育课程改革方案，将学生行为规范教育、职业道德教育和职业发展教育有机结合，深入推进以敬业和诚信为重点的职业道德教育。

7. 加强高校德育工作。召开全市高校思想政治理论课建设推进会暨第三届思政课教学论坛。颁布《关于进一步加强上海高校思想政治理论课建设的若干意见》，制定高校思想政治理论课教师队伍培训规划、教学测评办法等相关配套文件。建设思政课教师数据库，开展新一轮全员培训，举办中青年骨干教师高级研修班，建设思政课名师工作室，着重抓好学科带头人跟踪培养工作。推进思政课教学方法改革。开展思想政治理论课建设工作督查。召开2009年度德育论坛暨第五届辅导员论坛，与市教卫党委联合评比表彰2008—2009年度优秀辅导员、优秀思政课教师和优秀思政工作者。推进辅导员骨干研修、培训基地建设、辅导员学历学位提升等工作。制定加强研究生思想政治教育工作的指导意见。加强高校心理健康教育督导，制定上海学校心理健康教育三年发展规划。

**三、加强统筹管理，促进基础教育优质均衡发展**

8. 积极应对入园高峰，大力发展学前教育事业。全面完成学前教育三年行动计划，加快幼儿园园舍建设，完成全市60所(其中郊区50所)幼儿园建设任务。召开上海市学前教育三年行动计划总结会。制定并实施全市学前教育五年发展规划，指导各区县根据本区域规划和人口出生以及外来人口流入等情况，制订并实施本区域学前教育五年发展规划。加强学前教育内涵建设，全面推进以园为本的教研制度建设。采取切实有效措施，努力解决学前教育师资紧缺的问题，鼓励应届高校毕业生接受学前教育专业知识培训，从事幼儿教师工作；支持师范院校扩大学前教育师资培养规模。

9. 大力促进义务教育优质均衡发展。认真贯彻落实党的十七届三中全会精神，以农村教育为重点，强化政府责任，加大财政投入，着重加强郊区义务教育学校建设工作。集中力量办好浦江、顾村、曹路、航头、三林等5个市属配套商品房基地公建配套学校，做好人口导出区优质学校到基地学校的对口办学工作。指导相关区县做好临港新城、长兴岛等地区的学校建设规划。扩大优质教育资源对郊区农村学校的辐射力度，实施新一轮区县教育对口合作交流。推进委托管理工作，总结推广委托管理经验，发挥区县的主体作用，选择优质教育资源学校或机构拓展委托管理工作。继续做好扩大公办学校接受农民工子女义务教育工作，完成50所农民工子女学校纳入民办教育管理的任务。通过市、区共同努力，使农民工同住子女进入义务教育阶段公办中小学就读的比例提高至65%。

10. 加强高中教育，办出高中特色。实行普通高中学业水平考试。以实验性示范性高中发展性评估为抓手，推动高中教育深化改革。总结和推广普通高中办学特色创建、学校课程建设、有效教学推进等方面的经验。

11. 深化基础教育课程教学改革。以二期课改研究试验基地学校为抓手，推进学校课程计划的制订与落实，提高校长的课程领导力。继续加强对教学各环节的常规管理，提高教学有效性，减轻学生过重课业负担。以研究性课程为抓手，综合利用校内外教学资源推进学生学习方式的转变，培养学生的创新精神和实践能力。探索普通高中利用职校实训中心，提高学生动手实践能力的试点工作。召开本市中小学(幼儿园)教材建设工作会议，加强教材工作制度建设。成立上海市基础教育质量监测中心，开展教育质量监测与评估的科学研究。做好国际学生评价项目(PISA)2009年测试工作。举办长三角基础教育论坛、京津沪渝四市基础教育论坛以及新加坡与上海基础教育圆桌会议。

12. 完善教育经费保障机制。依法做好对区县教育经费“三个增长”落实情况的监督工作，推进义务教育经费预算单列工作。研究并制订本市普通高中和学前教育生均公用经费基本标准。

13. 积极做好民族教育工作。办好内地西藏班和新疆高中班，提高民族班学生的综合素质。举办民族教育教师的专题培训班，提高民族班教师的民族宗教政策和理论水平。研究并制订《关于本市加强中小学校民族教育工作的若干意见》。认真做好内地民族班扩招的设点布局和校舍建设等工作，确保扩招任务顺利完成。

14. 启动特殊教育三年行动计划。召开上海市特殊教育工作会议，制定并启动《上海市特殊教育三年行动计划(2009—2011年)》，探索建立各相关部门整合的特殊教育组织架构和运行机制，开展医、教等多学科结合的特殊教育康复与服务的研究。加强特殊教育学校、学前特殊教育机构和特殊教育康复指导中心的建设，健全随班就读的支持保障体系。

15. 规范和扶持民办中小学教育。规范民办中小学校幼儿园办学行为，实施《上海市民办中小学校财务管理办法(试行)》和《上海市民办中小学校会计核算办法(试行)》。支持民办教育发展，对义务教育阶段民办教育实行生均公用经费补贴和免除学生杂费，减免民办中小学校舍设施设备租赁费。鼓励民办中小学幼儿园实施年金制度。

**四、大力发展职业教育，提升服务上海经济社会水平**

16. 进一步加强中等职业教育基础能力建设。进一步改善中等职业学校办学条件，开展国家级示范性中等职业学校创建工作，力争使本市三分之一的国家级重点中职学校达到国家示范性中等职业学校基本标准。启动职业教育开放实训中心优化和能级提升计划。建立职业教育开放实训中心绩效评估制度。积极组织实施国家县级职业教育中心计划。进一步推进职业教育服务新农村建设，支持江南高级技工学校整体搬迁至长兴岛，支持南汇区临港科技学校易地迁建。重点支持设在郊区的实训中心综合实训能力的提升，针对郊区农村劳动力转移和区域经济生产需求和特点，开展各类人员的职业技能培训。

17. 进一步创新体制机制，推进职业教育集团化办学。继续抓紧抓好十个行业性职业教育集团的组建工作，促进已建的现代护理、交通物流、商贸和电子信息四大职业教育集团深入开展与企业的深度合作。继续推动旅游、机电数控、建筑、化工等职业教育集团的组建，促使其在运行机制和功能发挥上形成各自特色，提高为行业服务的能力。推进职业教育集团化办学由行业向区域延伸，研究制定本市推进组建区域职业教育集团工作指导意见，指导区域职业教育集团化办学工作开展。通过集团化办学推进校企结合，促进职业院校办学水平和学生就业能力的全面提高。

18. 全面提升中等职业教育教学质量。贯彻落实教育部中等职业教育教学工作会议精神，制定全面提升中等职业教育教学质量行动计划和工作实施方案，颁发《关于全面提高本市中等职业教育教学质量的若干意见》。召开本市中等职业教育教学工作会议。进一步发挥课程教材改革特色实验学校的引领示范作用。在2008年开展中职学校教学工作调研的基础上，制订上海市中职学校教学质量评估方案和指标体系，开展教学质量评估试点。举办“星光计划”第三届中职学校职业技能大赛。

19. 继续试行中等职业学校招收在沪农民工同住子女工作。总结2008年试行工作经验，进一步完善“学生申请、学校招生、办法统一、分区实施、全市统筹”的招生办法，尽早启动招生宣传工作，落实招生考试方案。

**五、加强学科专业建设和布局调整优化工作，深入推进高等教育内涵建设**

20. 继续开展高校发展定位规划。在完成市属高校发展定位规划工作的基础上，启动并做好高职高专院校和部属院校的发展定位规划工作。以学校定位规划为基础，推进高校各类建设项目的实施，鼓励各类高校彰显特色、错位和谐发展。优化专业结构，建立专业招生预警和退出机制，根据学生就业工作情况和教学质量情况，减少部分高校部分专业招生计划。

21. 启动四大卓越教育计划，实施高等教育内涵建设五大工程。启动“卓越科学教育”、“卓越工程教育”、“卓越医学教育”、“卓越文化艺术教育”等四大卓越教育计划。实施上海高等教育内涵建设五大工程(即综合建设工程、人才培养工程、知识创新工程、师资队伍建设工程和国际交流与合作工程)，创新管理制度，调整宏观管理模式，采取“学校规划、校内竞争、政府立项、绩效考核”的方式，设立建设项目，加快高校内涵建设步伐。

22. 加强高校重点项目建设。做好“985工程”二期建设验收和“985工程”三期建设的启动工作。推进“211工程”三期建设，着力引导高校把学科前沿与瞄准国家战略目标和上海经济社会发展相结合，突出创新人才培养和队伍建设。落实“211工程”三期建设地方配套资金，制定资金管理办法，完善《“211工程”配套资金重点学科建设项目申报指南》。进一步推进上海国家级示范性高职(培育)院校的建设，做好首期建设项目接受教育部、财政部验收工作。加大对2008年增列为国家级示范性高职院校及计划申报学校的建设资金支持力度。加强高校合作办学，进一步发挥本市“东北片”、“西南片”、“松江大学园区”高校的合作办学优势，推进高校间教育教学资源共享。初步完成行业办本科院校管理体制及共建机制改革。

23. 提高研究生培养质量。推进“上海研究生联合培养基地”建设工作。举办研究生学术论坛和暑期学校。搭建研究生教育资源共享平台，开展研究生教育公共平台建设。开展全国优秀博士论文省级初选及上海市研究生优秀成果(学位论文)评选工作。推进学位论文抽检“双盲”评议工作。开展研究生培养过程检查。进一步加强学位授权点(专业)的审核工作和学位授予信息的管理工作。

24. 落实本科教学质量与教学改革工程，促进高校本科教学工作。继续实施大学生创新活动计划。实施 2009 年度(第五期)市教委重点课程建设。评选第 7 批市级高校精品课程。评选市级实验教学示范中心，推荐申报国家实验教学示范中心。做好一、二期教育高地的验收工作。评选上海市高校教学成果奖，并向教育部推荐国家教学成果奖。开展优秀教学团队和高校教学名师奖的评选。配合教育部做好教育质量工程项目的遴选推荐工作。配合教育部做好新一轮普通高等学校本科教学工作水平评估工作。

25. 开展高职高专高技能人才培养计划，大力发展高等职业教育。全面开展高职高专院校专业布局结构的优化调整工作。启动上海高职高专院校重点专业建设工程。继续进行高等职业教育公共实训基地第五期建设和民办高校教学高地第五期建设工作。继续推进高职高专院校专业教师教学能力提升。启动新一轮上海市高职高专人才培养工作水平评估。

26. 进一步推动高校重点学科建设。按照“扶需、扶特、扶强”的原则，实施上海市重点学科建设(第三期)计划、上海市教委重点学科建设(第五期)计划和知识创新工作重点建设项目等措施，着力构建国家、省市、学校三级重点学科体系，建立和完善学科发展绩效与投入相结合的评价体系，构建上海高校相互支撑、相互衔接、错位发展的学科体系。全面实施上海高校人文社会科学繁荣计划，实施文化艺术创新工作室建设，推动高校人文社会科学的繁荣。进一步推动高校的文化创新工作。

27. 进一步推动产学研合作。以增强高校服务区域经济社会能力为核心，积极推动产学研全方位、多层次的合作，鼓励和支持学校与企业设立联合研发基地，兴办大学科技园、共建产学研联合基地等多种形式，构建以企业为主体、市场为导向、产学研相结合的技术创新体系。加强长三角地区产学研合作，努力打造中国国际工业博览会中国高校展区技术转移平台，通过加强知识产权管理、加强高校技术经纪人队伍建设、深化科技服务等项工作，进一步提升高校服务社会的能力。

28. 推进高校布局调整和建设工作。按照《上海市高等学校设置“十一五”规划》及有关文件的要求，开展高校设置申请受理和评审工作。继续做好高校建设项目各项协调推进工作。重点抓好上海电机学院、上海应用技术学院二期建设、上海电力学院平凉路校区扩建等项目。

29. 规范和扶持民办高等教育。切实推进民办高校落实法人财产权，以民办高校土地、校舍等资产到位为重点，保障学校享有法人财产权。扩增民办教育发展政府专项资金。鼓励民办普通高校建立年金制度。进一步完善民办高校督导工作制度。实施《上海市民办高等学校财务管理办法(试行)》、《上海市民办高等学校会计核算办法(试行)》，开展民办高校财务规范管理培训。筹备并召开上海市民办教育工作会议。

30. 加强高校后勤工作。制定高校后勤事业发展五年(2009—2013 年)规划。全面做好教育系统节能减排工作，制定本市学校节能减排宣传教育手册(大纲)，全面推进高校节水型校区创建工作。

**六、积极构建终身教育体系，推动学习型社会建设**

31. 推进终身教育体系建设。推进社区学院整合区域内各类终身教育资源，基本形成开展成人中高等学历教育、职业技能培训、社区教育和市民终身学习活动的平台。初步建成“上海市市民终身学习网”。推进 20 所社区学校和乡镇成人学校的标准化、规范化、信息化和功能化建设。开展 2009 年度创建示范性老年大学(学校)评估工作，开展新农村成人教育和继续教育改革实验，开展外来务工人员文化教育与技能培训工作。开展新一轮上海市社区教育实验和示范项目建设工作。

32. 积极探索“学分银行”试验工作。探索以电视大学为主体，以开放专科教育为核心，各区县业余大学、国家自学考试、普通高校网络教育、普通高校成人教育、成人高中阶段教育和政府认定的职业技能培训等共同参与，初步形成以课程学分为基础的、“双向学分互认”和“单向学分认定”共存并行的“学分银行”框架体系。

33. 深化学习型组织创建工作。开展 50 家机关、50 个街镇、100 家企事业单位、1000 户家庭的创建“学习型组织”活动，组织学习型组织创建单位骨干培训工作，举办上海市学习型组织创建工作经验交流会，在试点基础上进一步开展创建学习型组织评估工作。

34. 规范非学历教育管理工作。全面完成对本市普通高校规范办学工作的专项调研和督察工作，研究制定《本市普通高校开展非学历教育培训和继续教育工作的指导意见》。继续做好对本市高等教育自学考试社会助学单位办学状况的专项检查工作，研究制定加强本市高等教育自学考试助学工作管理的规范性文件。

颁布和实施《上海市民办非学历教育院校（机构）设置审批和管理办法（试行）》和《上海市民办非学历教育院校（机构）设置标准（试行）》，研究制定《上海市民办非学历教育院校（机构）办学水平评估办法》和《评估指标》，组织开展本市民办非学历教育院校（机构）“证照齐全、亮证办学”专项检查，建设本市民办非学历教育信息社会查询系统和网上管理服务平台，汇编《上海市民办非学历教育院校（机构）2008 学年度资讯大全（黄页）》。

**七、加强教师队伍建设，全面提高教师素质**

35. 提升中小学教师整体素质。继续实施第二期名校长名师培养工程项目。实施以增强创新思维和创新教育能力为重点的基础教育教师培训工程。继续深化区县基础教育对口合作交流工作。继续推进远郊区县薄弱学校师资队伍质量提升工程。继续做好新农村教师专业发展培训工作。做好岗位设置管理实施的前期准备工作。继续推进教师、校长的流动，提升教师队伍的整体质量与水平。

36. 继续实施中等职业学校教师素质提高计划。落实《教育部办公厅财政部办公厅关于组织实施中等职业学校专业骨干教师培训工作的指导意见》，统筹规划并推进本市中等职业学校专业骨干教师市级培训工作，提高专业骨干教师教学能力和基本素养，培养一批在教育教学改革发展中起骨干示范作用的“双师型”教师，支持中等职业学校从企业中聘请专业技术人员、高技能人才兼职任教，优化教育结构，加强学校与企业对接，全面提升教师的职业素养和专业技术能力。发挥职业教育专业骨干教师培训基地作用。研究制定特聘兼职教师资助方案。

37. 加强高校师资队伍建设。实施 2009 年度上海特聘教授（东方学者）岗位计划，大力引进和选拔高层次人才。探索创新团队的整体引进和培育。继续组织实施 2009 年度“上海高校培养优秀青年教师科研专项启动资金”，继续资助优秀青年教师和留学回国人员开展教学科研工作。加强高校青年教师选拔培养工作的检查评估，对入选青年教师培养期间项目完成情况进行考核。探索并建立 1—2 个上海高校海外教师培训基地。启动市属高校岗位设置管理工作。

38. 做好义务教育学校实施教师绩效工资工作。与市人力资源和社会保障局、市财政局共同按照中央关于义务教育学校教师实施绩效工资的统一部署，加强组织领导，完善工作机制；积极开展调研，研究实施意见；推进工作顺利实施。同时加强政策宣传，重视思想教育，切实维护教育系统稳定。

**八、落实以人为本要求，促进学生全面发展**

39. 推进体教结合，增强学生体质健康。贯彻落实《中共中央国务院关于加强青少年体育增强青少年体质的意见》，重点构建小学、中学和大学紧密衔接的体育与健身课程体系。组织举办 2009 年上海市学生阳光体育大联赛。全面实施《国家学生体质健康标准》。用 3—5 年时间，使本市学生体质健康达到国家基本要求。进一步规范学校体育训练竞赛、项目布局及运动员招生工作，推进学校体育特色、体育重点项目和高水平运动队的建设和发展。

40. 推进学校卫生艺术科普工作。继续实施《改善上海市中小学教室光环境》扩大试点工作，完成改造 15000 间教室灯光改造计划。研究制定上海市学校体育卫生条件试行基本标准。加强学校公共卫生管理工作。继续开展第五轮上海市青少年民族文化培训系列活动。认真筹备教育部和上海市主办的全国第三届中小学生艺术展演活动。研究制定《上海市学生军训工作实施细则》。

41. 全面加强学校安全和青少年保护工作。坚决贯彻未成年人保护法和教育部要求，把 2009 年作为学校安全年。在 2008 年全面完成中小学技防设施改造的基础上，深入推进中小学技防设施使用、维护等工作，继续完成高校技防三年行动计划，加强学校技防信息的预警和整合，发挥技防体系的预防作用。会同有关部门在校园抗震安全普查的基础上，进一步开展各级各类学校建筑物的防震检测和风险评估，研究论证校舍加固方案，制订并启动中小学校舍加固实施计划。会同市相关部门对未通过验收已交付使用的学校校舍进行全面检查并敦促整改。修订本市中小学校舍维修基本标准。切实做好校园安全隐患整治工作，加强学生防灾自护教育，以《上海大学生安全教育大纲》为基础，制订纵贯高等教育不同阶段的教学计划，并逐步纳入大学教学体系；扎实推进安全知识进中小学课堂工作，采取日常训练、集中展示、指导督促等方式提高师生的识险、避险、自护意识和能力。编印《中小学事故案例》，公布中小学事故案例情况。完善和落实学校安全责任制和各项安全措施，强化学校安全管理，着力加强寄宿制学校、校车等管理，建立校园安全事故问责制，切实维护师生健康和安全。在中小学幼儿园全面实施校外人员来访登记、持证出入制度。研究并协调相关职能部门共同解决暑托班、晚托班安全保障和规范管理问题。建立和完善学校文体资源向社会开放的管理格局和保障制度。

42. 完善招生考试制度改革。以有利于高等教育人才培养和素质教育实施为出发点，继续支持复旦、上海交大"深化高等学校自主选拔录取改革试验"，研究并扩大招生规模。继续支持部属高校"高等学校自主选拔录取改革试点"。完善平行志愿改革。在上海地方"211"院校开展自主选拔录取改革试点工作。继续组织做好本市专科层次依法自主招生改革试点，学校数由16所扩大至21所，招生计划数由1万名增加至1.2万名。认真贯彻教育部的有关要求，做好学生高考加分项目的梳理工作。

43. 全力做好2009年高校毕业生就业工作。以确保高校稳定和就业率稳定为目标，积极应对就业环境的变化，会同市有关部门做好毕业生就业工作。采取有效措施，缓解高校毕业生就业压力。扩大专升本招生计划；增加研究生招生计划；提供农村学校教师岗位；加强大学生创业与择业教育，完善大学生科技创业资金扶持。大学生科技创业基金扶持的对象范围进一步扩大到毕业后两年以内的高校毕业生，并逐步增加分基金会数量，形成覆盖全市的工作网络。

44. 建立大学生信息管理服务平台。整合上海高校招生信息、学籍学历管理、学生资助、就业指导等工作的数据和管理系统，及时动态掌握大学生状况，为提高公共服务水平建立有效载体。2009年上半年将完成系统的首期开发工作。

45. 深入推进学生资助工作。科学构建资助工作制度，进一步健全家庭经济困难学生资助政策体系，建立长效资助机制。加强培训，进一步提高资助工作队伍专业化水平。积极探索，健全资助育人机制。提高本市郊区农村学生就读中等职业学校帮困助学力度。

**九、坚持依法行政，促进教育管理水平不断提高**

46. 积极开展教育政策研究和教育立法相关工作。继续推进上海教育综合改革试验研究及相关政策制订的研究。配合市人大常委会继续做好《上海市实施〈中华人民共和国义务教育法〉办法》立法审议工作。积极开展终身教育地方立法调研工作，完成立法调研报告和终身教育地方法规（草案）初稿的撰写工作。启动《中小学校学生伤害处理条例》的修订调研工作。继续开展本市教育评估法规的制订工作。制定《上海市"依法治校示范校"评选标准》，推进依法治校示范校的创建工作。开展贯彻实施《中华人民共和国民办教育促进法》、《上海市实施〈中华人民共和国教师法〉办法》行政执法检查。

47. 深入开展教育国际交流与合作。加强与上海友好城市间的教育交流，搭建友好城市教育交流平台。建设国际学生留学目的地城市。完善市政府外国留学生奖学金使用办法，改善外国留学生的层次和结构，进一步提高长期生和学历生的比例。继续建设"上海市外国留学生中国文化体验基地"，赴海外举办"上海市教育展"。继续推进上海海外"孔子学院（课堂）"建设，设立上海海外"孔子学院（课堂）"学生奖学金，扩大市政府奖学金的影响，进一步提高汉语国际推广的实效，促进汉语国际推广工作。加强中外合作办学管理和指导，制订上海市2009年中外合作办学学科申报指导意见，引进优质教育资源；依托浦东新区综合配套改革试点的区域优势，努力引进世界知名高校合作办学。研究制定《上海市外籍人员子女学校发展规划》，完善本市外籍人员子女学校布局，满足日益增长的本市外籍人员子女就读需求。

48. 积极开展教育督政督学工作。继续开展对区县政府教育综合督政工作，重点实施义务教育经费保障机制、教育发展和教师队伍建设、教育公建配套等项目为主的教育综合督政工作。在部分区县开展实施本市率先基本实现教育现代化督政的试点工作。开展新一轮教育公建配套建设专项督导工作。积极做好以提高中小学校长课程领导力为重点的教学质量督学工作。建立义务教育阶段学校就近入学工作督导监控机制。

49. 加强教育行政监察，推进政风行风建设。制定上海市加强高校反腐倡廉建设实施意见，进一步加强对财务、基建、采购、科研经费和校办企业等工作的监管。不断完善规范教育收费政策，逐步规范学校服务性收费和代办收费行为。根据"阳光工程"要求，加强对保送生、体育艺术类、非通用语种等特殊类招生和自主招生、春季招生、成人招生工作的监察，实现招生监察全程参与，全面覆盖，推进实施招生工作责任制和责任追究制。制定师德规范实施细则，进一步加强师德师风建设。组织实施廉洁教育“行动指南”，深入推进廉洁教育进校园。

50. 积极推进教育公共服务。深入开展政府信息公开工作，完善教育政务公开制度，全面推进各级各类教育机构信息公开工作，优化教育行政部门网站建设。切实做好教育信访工作，妥善解决涉及民生问题的信访诉求和各类矛盾纠纷，创新信访工作机制。举办 2009 中国上海教育博览会。

51. 加强语言文字工作。推进全市高校大学生普通话水平免费测试工作，加强高校语言文字工作评估。进一步指导区县语言文字工作，推进在乡镇、街道健全语言文字工作机构。继续推进公共场所英文使用管理，颁布英译规范标准，做好大中小学生“迎世博，学双语”工作，以良好的语言文字环境迎接上海世博会。

52. 强化教育部门预算管理和审计工作。根据市人大常委会决定，2009 年市教委部门预算管理被列为市人大相关部门全程监督范围。会同市相关部门积极推进预算制度不断完善，加强以绩效为导向的预算管理，增强部门预算的规范性、严肃性、实效性。开展以经济责任审计为主的各类审计工作，组织实施教育审计督导检查。

# 2009年上海市教育工作年报

2009年,上海教育系统认真贯彻党的十七大全会精神,在市委、市政府的坚强领导下,深入学习实践科学发展观,以办人民满意的教育为出发点,着力推进教育事业改革和发展,扎实推进各级各类教育内涵建设,全面完成全年工作目标,各项教育事业取得了较快发展。

**一、2009年上海教育基本情况**

2009年,全市共有中小学、幼儿园、特殊教育学校及工读学校2666所,其中:小学751所,比上年增加79所;幼儿园1111所,比上年增加53所;中学762所,比上年减少12所;特殊教育学校29所,工读学校13所。共有在校学生163.69万人,其中:小学67.12万人,比上年增加13.6%;幼儿园35.38万人,比上年增加7.6%;普通初中42.61万人,比上年增加0.2%;普通高中17.76万人,比上年减少7.8%;特殊教育学生0.50万人,比上年减少2.0%;工读学校学生0.32万人,与上年持平。全市3—6周岁适龄幼儿入园率达到98%,学前教育事业进一步发展。义务教育入学率保持在99.9%以上,普及九年制义务教育的各项指标达到或超过国家标准。

全市共有中等职业技术学校109所,其中:职业中学26所,中等专业学校70所,中等技工学校13所。共有在校生16.69万人,比上年减少8.2%。

2009年,全市初中毕业(结业)生10.02万人,比上年减少0.56万人,高中阶段教育新生入学率达96.5%,高中阶段(含普通高中、普通中专、职业高中、技工学校)毕业生12.50万人。

全市共有普通高等学校(含民办高校及高等职业技术学院)66所。普通高校本专科在校学生51.28万人,比上年增加2.0%。其中:本科在校生34.74万人,比上年增加4.1%;高职高专在校生16.54万人,比上年减少2.3%。当年全市高校招收本专科生14.35万人,毕业12.69万人。

全市共有研究生培养机构54家,共有研究生10.35万人,比上年增加0.8万人,增长8.4%。其中:博士生2.34万人,硕士生8.01万人。全年招收研究生3.74万人,其中:博士生0.61万人,硕士生3.13万人。全年毕业研究生2.83万人,其中博士生0.49万人,硕士生2.34万人。

全市今年高考统考考生7.38万余人,673所高校在沪实际录取61240名(不含复旦、上海交大自主招生改革试验录取953名)。本市市属高校承担教育部"支援中西部地区招生协作计划"、"调控来源计划"招生任务新增1.4万人,专项计划总数达2.77万人,市属高校共录取外省市新生5.83万人,占新生总比例从2008年的30.7%上升到2009年的48.0%。

全市今年普通高校本专科春、秋季毕(结)业生学历证书电子注册共128248人,其中毕业126083人,结业2165人;成人高等学校本专科春、秋季毕业生学历证书电子注册共89422人,其中本科4807人,专升本27571人,专科27775人;电大注册视听专科生29269人。

全市共有成人中高等学历教育学校49所,其中:独立设置成人高校18所,成人中专31所。成人高等教育和中等专业教育在校学生38.65万人,其中:成人高校在校生21.33万人,网络本专科在校生15.29万人,成人中专2.03万人。成人高校招生6.94万人,比上年减少4.3%,毕业5.97万人;网络本专科招生5.94万人,比上年减少4.3%,毕业6.24万人;成人中专招生0.81万人,毕业0.59万人。

全市共有成人职业技术培训机构789所,结业生179.19万人次。民办非学历高等教育机构254所。高等教育自学考试开设本、专科专业96个,上半年开考课程358门,下半年开考课程362门,参加考试43.33万课次。中等专业自学考试开设专业8个,参加考试1.28万课次。全年接受各级各类成人非学历教育培训256.5万人次。

全市小学教职工总数5.48万人,比上年增加7.5%,其中专任教师4.43万人;中学教职工总数6.76万人,比上年减少1.9%,其中专任教师5.05万人。

全市普通高校教职工总数7.45万人，其中专任教师3.81万人。其中：市属高校教职工4.09万人，比上年增加3.3%，专任教师2.30万人；中央部委属高校教职工3.36万人，比上年增加0.30%，专任教师1.51万人。普通高校专任教师中，正高级职称教师0.59万人，占15.5%；副高级职称教师1.10万人，占28.9%；中级职称教师1.55万人，占40.7%。

全市共有校外教育机构26所，其中少年宫18所，少年科技站5所，少年之家3所，教职工总数1407人。共有老年教育机构278所，在校学习的老年人总数51.47万人。

全市共有独立设置中外合作办学机构28个，非独立设置中外合作办学机构17个，中外合作办学项目177个。全市共有外籍人员子女学校25所，在读外籍学生23500人。2009年本市各普通高校招收留学生15447人，比上年增加8.2%，全市高校共有外国留学生38500人，同比增长4.72%。2009年招收全日制港澳台学生及华侨学生2077人，全市在校港澳台学生总数10600余人。

2009年，上海教育经费继续稳步增长。全市教育部门财政预算内教育事业预算总额261.62亿元，比上年增长11.53%。其中：市级教育事业预算总额54.38亿元，比上年增长5.24%；区级教育事业预算总额207.24亿元，比上年增长13.31%。

**二、以规划纲要为先导，引领上海教育中长期发展**

（一）研究制定《上海市中长期教育改革和发展规划纲要》

组织教育系统内外专家研讨上海未来12年教育改革和发展的若干重大问题，开展了45个专题研究，由市教委、上海社科院、华师大平行起草三个《规划纲要》文本。完成《规划纲要》3个版本"三合一"工作，征求市政府有关部门、各级教育机构、专家和教师的意见，多次向市委、市政府领导汇报，并向刘延东国务委员作了专题汇报。纲要以"为了每一个学生的终身发展"为核心理念，围绕上海教育改革和发展的重点任务，明确若干对学生终身发展和增强教育服务经济社会能力具有重要支撑作用的关键项目。目前，《规划纲要》经数次修改，已形成征求意见稿，正按计划向教育部、市人大、市政协、民主党派征求意见和建议，将适时向社会公开广泛征求意见。

（二）启动上海教育事业"十二五"发展规划编制工作

"十二五"时期是中长期发展的起始阶段。"十二五"发展规划进一步把中长期规划提出的发展理念、总体目标、战略部署、重点任务和重大项目按阶段要求具体化，根据教育部和上海市共建国家教育综合改革试验区的初步意见，细化教育综合改革试验项目和重点发展项目，提出若干可操作实施的行动计划。联合市发展改革委开展了对上海高等院校"十二五"基本建设基础数据的调研工作。

**三、深化德育工作内涵，提高学生道德素质**

（一）深入推进中小学"两纲"教育

1. 推进校外教育工作。召开上海市校外教育工作会议，整体规划上海市校外教育工作。依托青少年校外活动联席会议办公室，制定校外教育活动场馆的试点评估方案，颁发《关于进一步加强本市未成年人校外教育工作的指导意见》，出台《上海市校外教育工作发展规划（2009—2020年）（试行）》和《上海市校外教育工作三年行动计划（2009—2011年）（试行）》。依托上海市家庭教育研究与指导中心，编制出台《上海市0—18岁家庭教育指导内容大纲》。承办中央专项彩票公益金支持青少年学生校外活动场所建设项目人员培训工作，完成全国14个省市约750人的培训任务。以"我爱我的祖国——向国旗敬礼，为世博添彩"为主题，开展了全市第六个"中小学弘扬和培育民族精神月"活动。以喜迎世博为主题，开展"百万学生千支队、清洁城市我行动"志愿者活动和世博文明礼仪公益宣传行动。

2. 加强学科德育和温馨教室建设。印发《上海市中小学21门学科分层实施学科德育的指导意见》，召开全市中小学"两纲"教育评估交流会，构建以学科为依托的学校德育体系。组织"温馨教室"教师优秀工作团队项目评选，开展讲述"温馨教室"叙事故事活动演讲比赛，营造人人都是德育工作者的良好氛围。

3. 加强教师师德与育德能力培训。制定《上海市中小学教师师德实施意见》，开展网上师德大讨论。组织中小学骨干班主任培训，建立8个"上海市班主任带头人工作室"，举办"2009年中小学班主任工作论坛"和第三期中小学教师师德与育德能力培训者培训。

4. 加强中职学生德育工作。召开上海市中等职业学校德育工作推进会，出台《关于加强和改进上海市中等职业学校学生德育工作的实施意见》，编写出版《走进心的世界——上海市中等职业学校德育工作特色项目经验汇编》。积极贯彻教育部新一轮中职德育课课程改革要求，结合上海实际，制定《关于进一步加强上海市中等职业学校德育课建设的实施意见》，编发《美在职场——职业道德案例集》，组织编写《中职班主任工作实务手册》，启动班主任带头人工作室建设项目，加强骨干班主任培养。根据中职学生身心发展和专业学习特点，开展"星光之约"系列活动，创作编排《中职生之歌》，举办以"璀璨星光　点燃青春"为主题的合唱比赛，营建健康向上的校园文化。

（二）着力深化大学生思想政治教育工作

1. 加强形势政策和主题教育。结合新中国成立 60 周年、五四运动 90 周年等重大节庆和迎世博等重大事件，举办"上海市教育系统纪念五四运动 90 周年歌会"、"我爱我的祖国"系列主题教育和大学生社会实践活动，邀请市政府领导为大学生作形势政策报告。做好中宣部、教育部、团中央"大学毕业生建功立业先进事迹报告团"上海巡讲工作。进一步发挥"博雅讲堂"的宣讲平台作用，不断提升大学生人文素养。召开上海高校慈善爱心屋工作推进会，推动帮困育人工作的深入开展。做好上海青年学生学者与来华访问的美国总统奥巴马对话的相关组织工作，展示上海青年自信、包容的青春风采。开展中央 16 号文件贯彻落实情况检查。

2. 推进高校思想政治理论课建设。坚持不懈地用马克思主义中国化最新成果武装大学生头脑，组织编写《六个"为什么"》系列丛书，积极推进《六个"为什么"》进"思想政治理论课"课堂试点工作，着力增强社会主义意识形态对大学生的吸引力和凝聚力。召开上海市高校思想政治理论课建设推进会暨第三届思想政治理论课教学论坛，制定并报请市委办公厅、市政府办公厅转发《中共上海市委宣传部、中共上海市教育卫生工作委员会、上海市教育委员会关于进一步加强上海高校思想政治理论课建设的若干意见》，进一步明确工作要求，完善制度建设。承接教育部思政课管理工作试点测评任务。举办思政课中青年骨干教师高级研修班、新上岗教师培训班和教学方法培训班，提升思政课教师队伍的整体素质。建设第二批思政课名师工作室，着重抓好学科带头人跟踪培养工作。

3. 深化辅导员队伍建设。依托上海市辅导员培训基地，完成 2009 年上海高校 900 余名新任辅导员的岗前培训工作以及全年 30 个专题的辅导员专题培训工作。依托复旦大学教育部辅导员培训和研修基地，举办第二届骨干辅导员高级研修班，着力培养专家型大学生思想政治工作者。举办第五届上海高校辅导员论坛，出版辅导员优秀论文集。推出面向上海高校思想政治教育优秀青年教师的"阳光计划"。开展 2009 年度高校学生思想政治教育教师高级职务聘任评议工作。举办高校辅导员博文集征集活动，推广辅导员博客。组织思政骨干教师社会考察活动，在新疆等地设立上海市学校思想政治教育教师社会实践基地。

4. 加强大学生心理健康教育。召开上海学校心理健康教育专家委员会第三次会议，举办上海高校"心理健康教育活动月"系列活动。开展上海高校心理健康教育达标中心的遴选、验收工作。出台上海市学校心理咨询专业技术水平认证（高级）认定办法。推进上海高校心理咨询协会工作，扩大大学生心理健康教育覆盖面，加大心理健康干预力度。

（三）广泛开展民族团结教育活动

1. 完善学校民族团结教育体系。邀请市领导、新疆大学和本市民族问题专家为学校德育骨干教师作民族团结教育专题报告，编写了《民族团结教育与国家稳定发展》专刊，加大民族教育针对性。承办教育部"内地高校民族学生思想政治工作培训班"，承担新疆学生培养任务的 17 个省市、92 所内地高校的分管校领导以及有关负责同志 200 余人参加了培训。充分发挥课堂主渠道作用，根据不同年龄段学生的认知特点建立分层递进的教育体系，扎实推进民族团结教育进教材、进课堂、进学生头脑。

2. 精心组织民族团结教育主题活动。结合纪念西藏民主改革 50 周年和庆祝西藏百万农奴解放纪念日，组织开展了一系列大型纪念活动，举办图片巡展和系列讲座。新疆"7·5"事件后，充分运用德育课程、形势报告会、主题班会等载体开展形式多样的民族团结教育。全市中小学校在秋季开学第一天举行"同一时间向国旗敬礼"升旗仪式，营造了浓厚的民族团结教育氛围。

**四、推进素质教育，促进基础教育均衡发展**

（一）学前教育发展步伐加快

1. 加快园舍建设，缓解幼儿入学矛盾。全面完成 2009 年市政府实事项目"郊区新增 50 所幼儿园"建设任务，新增班级近 600 个，增招学龄前儿童近 2 万名。2 年内全市郊区共新增 100 余所幼儿园，新增幼儿教师 2916 人，因人口出生增长导致的学前教育资源紧缺的矛盾得到缓解。

2. 提高学前教育质量。经各级政府努力,全面完成“上海市学前教育三年行动计划”,制定了“上海市幼儿教育事业五年发展规划”,以积极应对新一轮入园高峰,努力满足市民对幼儿教育多样化的需求。加强幼儿园内涵建设,启动新一轮示范性幼儿园评审工作,开展城郊幼教结对和对口交流工作,发挥中心城区优质幼托园所的示范辐射作用,促进学前教育质量的提高。

(二) 义务教育均衡发展取得明显成效

1. 推进义务教育均衡发展。在首轮农村义务教育学校委托管理取得显著成效的基础上,2009 年启动了第二轮委托管理,44 所农村义务教育学校由中心城区优质教育机构进行委托管理,委托管理的学校数量是首轮的 2.2 倍。委托管理工作提升了农村学校办学水平和教育质量,其政策设计在实施过程中取得了良好反响,该项目也由此荣获首届全国教育改革创新特别奖。本市降低了农民工同住子女进入公办学校就读的条件,2009 年秋季,本市 42 万余名农民工同住子女中,28.3 万名进入公办学校就读,比上年增加 4.3 万人,占总数的 66.51%,比上年提高了 5 个百分点。鼓励社会力量举办以招收农民工同住子女为主的民办小学,对 86 所农民工子女小学拨款 4300 万元,改善办学设施并纳入民办管理;同时,市级财政办学成本补贴生均标准提高至每生每年 1500 元,其余部分由区县补足,使 11.14 万余名非本市户籍人口子女在政府委托的民办小学接受免费义务教育,比上年增加 6 万余人,占总数的 26.19%。在公办学校就读和在政府委托的民办学校享受免费义务教育的学生共计 39.43 万名,占在沪义务教育阶段非本市户籍人口子女总数的 92.7%,比上年增加 18 个百分点,有效保障了农民工同住子女接受义务教育的权利。浦东新区、杨浦区、青浦区因在推进义务教育均衡发展中的突出成绩,荣获“全国义务教育均衡发展先进区”称号。

2. 新一轮郊区学校建设进展顺利。为推进城乡教育一体化发展,促进教育公平,2009 年启动新一轮郊区学校建设,以解决郊区人口增长带来的就学矛盾。2009 年郊区在建和开工的投资 500 万元以上(不含土地成本)中小学幼儿园建设项目共 180 个,其中教育公建配套项目 100 个。各建设项目正抓紧实施,部分项目年底已完成。

3. 推动郊区学校信息化工作。在成功推进 22 所农村信息化实验校建设的基础上,总结经验,形成机制,启动了 9 个郊区县 492 所学校的信息化应用推进项目,通过信息化与课程整合,带动学校信息化管理,提升教师教学水平。

4. 特殊教育得到新的发展。制定并颁发了《上海市特殊教育三年行动计划(2009—2011 年)》,提出了本市特殊教育的发展目标、工作任务和主要举措,通过医教结合、按需施教、开发潜能,建立特教课程体系,建设专业化特教师资队伍,更好地满足残疾学生的发展需求。成立上海市特殊教育资源中心,为特殊教育机构、康复指导机构、残疾学生与家长等提供专业指导和咨询服务。

(三) 改革和发展高中教育

1. 高中学业水平考试制度正式建立。经市政府同意,本市建立并实施了普通高中学业水平考试制度,市教委分别制定和印发了学业水平考试方案和实施细则,于 2010 年起正式实施。

2. 郊区优质高中教育资源得到较大扩充。向明中学浦江校区、上海中学东校于秋季开学,上海市实验学校、上大附中、朱家角中学经评审通过成为上海市实验性示范性高中,上师大附中迁建三林地区的前期准备工作已经实施,川沙中学、松江一中创建市实验性示范性高中的规划评审启动,使郊区学生享有更多优质高中教育的机会。召开本市高中教育教学改革交流会,加强对高中学校的分类指导,鼓励高中办出特色,办学多样化。

3. 首届全国高中教育改革与高校自主招生峰会成功举办。积极探索高中教育改革与高校招生制度改革的衔接,推进人才选拔的新方式,为素质教育实施开拓新方向。成功举办全国奥林匹克物理决赛,上海选手在比赛中取得了优异成绩。

(四) 深化课程改革,推进素质教育

1. 创新素养培育试点范围扩大。2009 年,新增复旦附中等 3 所高中为“创新素养培育实验项目”试点学校,继续深入开展创新人才多样化培养模式的实践研究。杨浦区成为探索高等教育和基础教育联动培养创新人才的运行机制的试点区,卢湾区成立了 3 个创新素养培养基地,开展创新素养培养的探索和实践。

2. 课程改革进一步深化。召开市实验性示范性高中校长会议,进一步明确示范性高中的改革责任和发展方向,推进形成一批轻负担、高质量的学校典型。推进 151 所二期课改试验研究基地学校全面实施课程计划，提高教学有效性。启动“提高校长课程领导力”实践课题研究，通过理论研究和实践探索相结合，为学校教育教学实践提供引导和支撑。

3. 区县教育改革不断深化。调动区县改革的主动性，各区县因地制宜，形成了一批富有区县特色、体现素质教育精神的改革项目。上半年，静安、徐汇、卢湾、闸北等4区向社会公开推出本区推进实施素质教育新举措：静安区实施小学低年级不带书面作业回家；徐汇区实施社会发行的练习册不进学校课堂，精选精编学生练习；卢湾区确立每周五为创新实践活动日；闸北区将减负作为学校和教师考核的重要指标。下半年，黄浦、长宁、杨浦、金山等4区推出新举措：黄浦区提出“办好让学生喜欢的学校”；长宁区确立每周三为小学“快乐拓展日”；杨浦区探索创新人才培养模式，建立中小学与高校联动机制；金山区实施“城乡初中区域联合共建”，办好每一所家门口的学校。

4. 加强教研员队伍建设。为更好地提升本市教研员的专业素养和专业能力，市教委与华东师范大学合作，在全国率先实施“教研员专业能力提升工程”，组织举办了第一期教研员专业培训，市、区县33名教研员参加了培训，对提升教研员的专业素养、研究与指导能力起了积极的作用。

5. 高度重视民族教育质量。2009年，本市8所内地中学民族班毕业生平均升学率达98%，名列全国前茅，其中，行政管理学校内地西藏初中毕业生升学率位列全国第一。复旦附中、朱家角中学等内地西藏高中班、内地新疆高中班毕业生实现100%升入一本高校。

6. 推进学校图书馆和实验室建设。举办了全国中小学图书馆建设论坛，为中小学图书馆建设寻求新思路和新发展。举办了2009年上海市优秀自制教具评选活动，并成功承办第七届全国优秀自制教具评选活动，上海获得团体总分第二名。在普陀区开展了利用电子教材进行课堂教学的研究与公开教学活动，推进教材电子化试点工作。

7. 开展教学和科研评优活动。开展本市中青年教师教学评优活动，创新评奖办法，322名教师参加教学评选，既提升教师的教学能力，又积累了许多优秀的教学案例，为下阶段推进课程改革积累了资源。开展本市青年教师教学研究课题的评审和教研员论文评选工作，202项课题和104项成果鉴定课题参加评审，课题共立项116项，成果共评奖51项。

（五）教育教学质量监测进一步加强

1. 加强基础教育质量监测。成立上海市基础教育质量监测中心，开展教育质量监测与评估的研究，加强对全市基础教育质量监测的规划、指导和实施。顺利完成2009年国际PISA测试项目。

2. 加大督学工作力度，保障中小学教育优质均衡发展。完成义务教育阶段学校招生入学的专项督导，重点监测10个中心城区中68所中小学校，健全完善对中小学择校问题的监测机制。完成对纳入民办管理的66所农民工子女学校的专项督导调研，提出了进一步规范办学提高质量的对策建议。对黄浦区、嘉定区深化中小学、幼儿园课程改革，加强教学管理工作情况进行全覆盖的课堂教学质量视（督）导，促使中小学校长提高课程领导力，促进形成“教育家办学”和“教育家育人”的正确导向。

（六）中小学校安工程全面启动

从2009年开始，全面启动本市中小学校安工程，用三年时间完成本市中小学校舍安全排查鉴定及抗震加固改造任务。建立市、区校安工程领导小组，严格落实“全面排查鉴定、科学制订规划、分类分步实施”三大环节，贯彻落实行政性事业收费和经营性减免政策，努力协调资源，积极稳妥地推进校安工程当年项目的实施。联合市建设交通委，会同基建管理中心，完成了全市各级各类学校校舍抗震加固试点工作。

**五、深化职业教育体制改革，提升职业教育服务能力**

（一）职业教育优质资源服务能级提升

1. 营造良好氛围，扩大中职校招生。积极组织本市中职校参加上海市第六届教育博览会，组织本市中职学校招生咨询活动，利用主流媒体宣传市政府中职生帮困助学政策，公告本市国家级重点中职校、专业以及就业等情况，促进社会进一步了解职业教育，鼓励广大应届初中毕业生报考中等职业学校。实施中职校提前录取、推优生招生和学校自主招生等办法，进一步扩大中等职业教育自主招生范围。2009年，上海户籍应届初中毕业生普职录取比例为6∶4，本市中职校与普通高中在校生数比例首次达到51∶49；全市86所中职校完成教育部指导性招生计划的95%，录取本市户籍和非本市户籍生源5.92万人。从2009学年起，在全国率先对本市中等职业教育农村、海岛家庭学生和涉农专业学生实施免费教育，免除学费及书簿费，同时每生每年发放助学金1500元，共有4.2万人次享受免费教育政策，免除学费、书簿费及发放助学金1.1亿元，其中来自中西部地区学生10283人，占外省市在沪学生人数65%，另有11.3万人次享有2.12亿元国家助学金。

2. 完成对口支援地区和在沪农民工同住子女招生任务。组织本市中职校参加东西部合作办学招生洽谈会、为双方学校搭建平台，同时开展"1＋2"分段式合作等多种模式的合作办学，落实与云南、新疆、重庆、湖北等省市对口支援地区合作办学工作，本市17所学校与对口支援地区25所学校结对子设分校，招收当地农村地区学生3000人。来沪学习的对口地区学生全部纳入本市家庭经济困难学生资助体系，并设立对口支援奖励机制。在2008年试行中职校招收在沪农民工同住子女的基础上，进一步完善了"学生申请、学校招生、办法统一、分区实施、全市统筹"的招生办法，扩大招生计划，共有45所中职校的147个专业招收在沪农民工同住子女，录取2735人，录取人数在2008年1380人的基础上翻了一番，全市中职校农民工同住子女在校生总数达到4100人。

（二）职业教育办学能力增强

1. 优化布局。围绕加快消除城乡二元结构、建设社会主义新农村和郊区产业规划布点建设需要，积极支持和指导江南高级技工学校、临港科技学校的整体迁建工作。目前，江南技校新校、临港科技学校入驻临港新城主城区的建设项目已正式动工。

2. 全面实施中等职业学校师资素质提高计划。为培养一批能够胜任任务引领型课程的"双师型"骨干教师，组织全市59所中职学校的326名专业教师分赴华东师范大学等7个基地参加了工业与民用建筑等6个专业和现代职教理论与方法公共部分的培训，选送了50名骨干教师参加国家级培训。

3. 加强实训中心建设。制订《上海市职业教育开放实训中心运行指导意见》和《上海市职业教育开放实训中心运行绩效评估指标体系》，促进开放实训中心改革与创新，推进对外开放，扩大职业教育资源服务社会的功能，努力提高运行水平和效益，全市80个开放实训中心涵盖12个专业大类，提供3万余个实习实训工位，成为上海职业教育面向市场、服务社会的重要平台。

（三）促进职业教育集团内涵发展

1. 职业教育集团化办学向内涵发展。在继续推动组建行业职教集团的同时，把加快组建区域职教集团作为本市职业教育集团化办学进一步创新与发展的重点，制订了《关于本市推进组建区域职业教育集团工作的指导意见》，指导完成了嘉定、徐汇、闵行、黄浦等4个区域职教集团的组建。为支持职业教育集团发展，在部分中职校率先启动建立特聘兼职教师资助计划，2009年对护理、商贸、电子、旅游等7个职业教育集团内的93名特聘兼职教师进行了资助。

2. 以职业教育集团为平台深化校企合作。2009年，上海现代护理职教集团成员单位研究修订校企合作、工学结合的专业教学计划，与实习医院在实验实习教材的使用和组织护理技能考证方面开展合作。旅游职教集团与乐辰投资有限公司合作，共同开发项目，搭建学生创业平台，通过企业收购学生设计成果或给项目注资等形式帮助学生创业。其他各职教集团也充分发挥自身优势，进一步深化校企合作。

3. 加强职业教育中高职课程衔接。在职教集团内开展中高职课程衔接的研究和实践，探索职业教育多样化发展模式。2009年，商贸职教集团率先制订了中高职衔接的中职学校部分8个教学标准，为职教集团内中职教育的规范性和科学性打下了扎实的基础，也为即将制订的高职专业教学标准奠定了基础。交通物流职教集团启动了"中高职一体化衔接课程方案设计"的实验项目，为解决"中高职教育构建立交桥"的问题，提供了集团化办学的可行性方案。

4. 继续推进国家级示范性高职院校建设。本市共有医药高等专科学校、公安高等专科学校、工艺美术职业学院、旅游高等专科学校、医疗器械高等专科学校(重点培育)等5所院校进入国家级示范性高职建设，按专科在校生规模计算，示范性建设院校数量在全国领先。本市将在生均经费、专项配套经费、专业实训基地、招生指标、招生政策和职业教育集团化办学等方面继续加大支持力度，进一步提高示范院校整体水平，鼓励创建国家示范性高职院校。2009年，全面启动高职高专院校发展定位规划和专业布局结构优化调整工作。

（四）深化职业教育教学改革

1. 加强专业建设，提高教育质量。对2009年仍在招生的87所中职校进行了学校基本情况和专业设置情况的调研工作，为中职校专业布局调整和实施教育部新专业目录打下了基础。对2006年备案的66个目录内专业点，对2007年备案的17个目录外专业点进行检查评估，对部分新设专业进行教学质量检查和抽查评估。制订《上海市中等职业教育全面提高教学质量的行动计划(2009—2013年)》，以及《上海市中等职业学校教学质量评估实施方案》和《教学质量评估指标体系》，指导课程教学改革。

2. 加强课程与教材建设。发挥“上海市中等职业教育课程教材改革特色实验学校”作用，总结“2004—2007年深化课程教材改革行动计划”经验，发挥课改特色实验学校的示范、引领和辐射作用，积极推进任务引领型课程的实施，以课程实施促进课改进一步深化。部署上海市中等职业学校试点教育部文化基础课新教材工作，从2009年秋季学期开始，德育等4门课程全面使用教育部编写的教材，语文、数学和英语3学科选取20所中职校进行试点，约占全市中职校新生数的三分之一。审定通过了数控技术、电气运行与控制、会展事务、轨道交通维修等专业的16本专业教材。

3. 提高高职人才培养质量。与劳动部门、行业管理部门扩大校企合作平台，增设“技师学院”，通过校企合作、产学结合、半工半读、定向培养等方式，将高职专业教学与国家职业标准相结合，培养社会急需的高技能人才。2009年，安排4000万元上海市高等职业教育专项经费扶持实训基地建设，共有31个项目通过立项，基本形成覆盖全市、布局结构合理、装备水平先进的公共服务平台。2009年完成第二期高职教师教学能力提升培训，共涉及国际商务、电子商务等8个项目，共计培训新教师500余名，专业教师200名，选拔其中20名优秀学员赴新加坡进行进修。

4. 提高学生综合职业能力。举办本市“星光计划”第三届中等职业学校职业技能大赛，本次大赛规模大、项目多、覆盖面广、影响深远，大赛设16个大类共60个学生项目，9个教师项目，近10万人次的师生参与比赛，2253人次的学生和68名教师获奖。从21所中职校中选派70名学生，参加2009年全国职业院校技能大赛8个专业31个项目比赛，共获31个一等奖，上海代表团中职组金牌总数超过2008年，团体总分列全国第二名，连续3年名列全国前茅。

5. 加强就业指导，提高就业服务质量。根据金融危机对本市中职学校学生就业可能带来的影响，建立了“双月报”预警制度，加强对毕业生就业推荐过程的跟踪统计和对策研究，及时召开毕业生就业推荐工作经验交流会，提升中职校职业指导能力与就业服务工作质量。2009年全市三类中职校50474名毕业生中，有48434人实现就业，就业率为95.96%。

**六、深入推进高等教育内涵建设，加强创新型人才培养**

(一) 推进高等教育改革创新

1. 全面实施高等教育内涵建设工程。通过分类指导，引导和鼓励不同层次和不同类型的高校坚持办学特色、提高办学水平。下发《上海市教育委员会关于印发〈上海高等教育内涵建设“085工程”实施方案〉的通知》，对贯彻实施“085工程”作了制度化的规定。下发《上海市教育委员会关于上海高等教育内涵建设“085工程”第二类项目建设先行先试的通知》及《“085”工程第二类项目建设管理办法(试行)》、《“085”工程第二类项目建设专项的管理办法(试行)》、《“085”工程建设财政资金绩效评价办法(试行)》等三个管理办法，在市属普通高校中选择部分高校开展先行先试工作。

2. 积极开展专业学位建设研究。开展应用型本科院校开展专业学位硕士研究生教育试点课题研究，研究成果被国家“专业学位总体设计”课题采纳，我市二工大和立信会计学院等“办学实力较强、办学特色较为突出的学士学位授权高校”有望成为全国非硕士学位授予单位开展硕士专业学位教育的首批试点单位。

3. 推进上海市高校布局结构调整。落实2009年本市教育系统固定资产投资计划和市级建设财力投资计划，进一步推进高校布局结构调整，推动上海应用技术学院奉贤校区、上海电力学院、上海金融学院、上海出版印刷高等专科学校、上海医疗器械高等专科学校浦东新校区建设等项目。上海市人民政府、中国人民解放军总后勤部签订《关于合作建设第二军医大学的协议》，第二军医大学及各附属医院纳入上海市高等教育和卫生事业整体建设和发展规划。上海市人民政府、国家海洋局签订《关于共建上海海洋大学的意见》，推进海洋人才队伍建设和海洋科技创新。积极推进行业办高等院校的共建共管，做好中国乒乓球学院筹建、上海外贸学院更名、上海新侨职业技术学院与上海工商学院合并、上海职工医学院转型更名等工作。

4. 加快推进高校产学研合作。正式启动建设上海高校技术市场，增强上海高校知识服务能力，支撑区域社会、经济、文化发展，进一步深化“三区联动”发展机制，推动高校的内涵发展。组织全国57所高校参加上海工博会，参展科技成果共458项，参展项目签订的交易协议总金额为6.78亿元，比上年增长35%。上海市属高校的校企规范化建设第二阶段目标顺利完成，全面完成了教育部规定的各项预期目标。

5. 加快建设以重点学科建设为依托的知识创新体系。坚持“扶需、扶特、扶强”的原则，将高校的学科调整与上海“四个率先”的建设目标紧密联系，支持各类学校错位竞争、和谐发展，构建国家、市、学校三级重点学科体系。上海市重点学科(第三期)建设计划共核定186项重点学科建设任务，并下达了首期建设经费。首次召开上海市重点学科带头人工作会议，第三期重点学科带头人等50多人出席，切实推进上海市重点学科的内涵建设。上海市教委第五期重点学科增补22个，总数达到70个。完成对108个学科(其中38个上海市第三期重点学科和70个上海市教委第五期重点学科)共530项第二期建设任务的审核。

6. 推进高校E—研究院建设。依托上海交通大学医学院，以陈国强教授为首席研究员的化学生物学E—研究院正式启动建设。召开了2009年度上海高校E—研究院建设工作研讨会，E—研究院首席研究员10人，依托高校分管校领导等20多人出席，明确要求E—研究院要在深化科研管理体制和运行机制改革方面大胆尝试。

7. 进一步推动高校的科研创新能力建设。2009年度曙光计划评审产生56名曙光学者，曙光计划实施16年共达到672人。在2009年颁发的国家科技进步奖和国家技术发明奖中，14名曙光学者获得了10项奖励；在国家杰出青年基金项目中，9名曙光学者获得资助，占到了上海地区高校的40.91%，曙光计划已经成为优秀人才成长的重要平台。从今年起开始实施“晨光计划”，为青年人才脱颖而出提供平台，2009年度共确定了49所高校的100位项目承担人。确定2010年度上海市教委科研创新项目重点项目139项，一般项目242项。

(二) 推动部市共建各项重点建设

1. 开展“985工程”二期建设绩效考察。会同市发展改革委、市财政局联合开展“985工程”二期建设的考察工作，于4月初下发《关于开展“985工程”二期建设绩效考察工作的通知》，并于11月先后对复旦大学、同济大学、华东师范大学、上海交通大学开展“985工程”二期建设绩效考察工作。

2. 全面实施“211工程”三期建设。根据市政府本市高校“211工程”三期建设项目情况专题会议精神，会同市发展改革委、市财政局联合下发了《关于加强上海高校“211工程”三期项目建设若干意见的通知》；制订《“211工程”三期建设项目上海市地方财政资金分年度投资计划表》，明确资金投入；完善《“211工程”地方财政资金重点学科建设项目申报指南》，引导上海高校的地方财政资金积极为区域经济服务；制订《关于“211工程”地方财政资金的使用管理办法》和《关于“211工程”地方财政资金绩效评价暂行办法》，加强地方财政资金规范管理和绩效考核。11月市政府召开“211工程”三期建设工作推进会，本市高校全面实施“211工程”三期建设。

3. 进一步推动省部共建重点研究基地建设。完成市属高校2009年度新建省部共建教育部重点实验室和教育部创新团队的申报工作，申报省部共建教育部重点实验室1个，申报教育部创新团队3个。对上海海事大学和上海理工大学的2个教育部工程研究中心建设项目可行性研究报告进行了论证。启动市属高校上海高校创新团队(第二期)建设工作，17个团队列入建设计划。

(三) 进一步加强创新型人才培养

1. 开展研究生教育创新计划，培养研究生创新能力。以提高研究生创新意识、创新能力为核心，积极推进研究生教育创新计划的实施，设立上海研究生创新能力培养专项资金，以学位点建设为重点、通过开展产学研联合培养基地建设、优秀博士生科研创新资助、建立博士生访学制度、开展博士生学术论坛、评选优秀学位论文等创新研究生培养模式，深入开展社会工作等6个研究生教学开放案例库建设，共享优质教学资源，不断增强高校研究生培养能力。推进研究生培养过程检查，坚持并创新学位论文抽检“双盲”评议，推进全日制专业学位研究生培养工作，加强研究生培养质量监控。顺利完成国家留学基金的申报工作，本市2009年共受理各类留学申请600多人，上报国家留学基金委506人，最终录取192人。

2. 全面实施本科教学质量与教学改革工程。继续实施大学生创新活动计划，举办上海市首届大学生创新活动论坛，邀请科学家、企业家等共同研讨高校创新人才培养，进一步推动高校开展以问题和课题为核心的人才培养模式改革，评选“十佳大学生创新项目”。召开创业教育国际研讨会，成立上海市创业教育协作组，推动高校创业教育。通过开展2009年国家级教学成果奖、市级精品课程评选和国家级精品课程推荐工作，开展15个市级实验教学示范中心、10个国家级实验教学示范中心建设，开展高校优秀教学团队和高校教学名师奖的评选工作，全面推动本科教学质量的提升。

3. 推进专业与课程建设。根据社会需求和学校专业发展规划，组织专家对2006年开设的新专业进行检查，引导学校根据社会需求进一步明确专业发展定位，2009年增设本科专业24个。完成同济大学等24所高校77个本科专业增列为学士学位授予专业的审批工作。立项建设第五期市教委重点课程267门，评选出市级精品课程103门，30门课程获得国家级精品课程称号。组织召开高校计算机基础课程暑期研讨班，开展全市大学生计算机应用能力大赛；研究和实施示范性全英语教学课程建设，支持全市高校45门示范性全英语课程建设。

4. 实施高校文化传承计划。在学科专业布局结构优化调整中贯彻"扶需、扶特、扶强"的工作要求，促进部分人文艺术创作和表演类的特殊学科在全国处于前沿位置，确定上海大学美术创作中心等8个上海高校人文艺术创新工作室。

5. 教学工作水平评估工作。根据教育部通知，2008年接受教育部本科教学工作水平评估的华东政法大学获得优秀。紧紧抓住上水平要求，督促本市所有新建本科高校的教学建设，启动教学合格评估工作试点。按照教育部要求，运用新的评估指标体系及评估方法，对本市4所高职高专院校开展了新一轮上海市高职高专人才培养工作水平评估。

（四）平稳推进高校招生、就业与助学工作

1. 高考和录取工作顺利完成。2009年本市普通高校招生考试各项工作受到市委、市政府、市人大、市政协等领导高度重视。2009年本市调整了三类加分政策，高考加分的人数从2008年的5352人减少至2009年的2618人，工作进展非常平稳，社会反响良好。周密部署高考期间的甲型H1N1流感防控和考务安全应对措施，完善工作预案，确保了高考的顺利进行。继续推进和完善秋季招生平行志愿，保持政策稳定；积极探索春季高招"春季考试、秋季入学"模式，既为学生提供多次考试机会，又保证春招质量。推进专科层次依法自主招生改革试点，2009年试点学校和招生计划分别扩大到21所12370名，录取12178名。复旦、上海交大"高等学校自主选拔录取改革试验"自主选拔录取范围首次从本市扩大至苏浙两省；市属上海大学首次在沪进行"高等学校自主选拔录取改革试点"，形成"8＋1"（即8所部属院校＋上海大学）的自主招生改革格局；本市"专升本"招生院校共18所，招生计划共3422人，比上年增加922名，成为促进中等专科就业的重要举措之一。

2. 全力以赴做好高校毕业生就业工作。先后召开高校党政负责干部会议、推进高校毕业生就业及稳定工作专题会议等一系列重要会议，深入推进高校毕业生就业工作。制定实施"引导升学计划"、"教育卫生人才计划"、"拓展国家就业项目计划"、"职业技能培训计划"、"加大职业见习计划"和"就业援助计划"等六项促进高校毕业生创业就业的专项计划，有效缓解了高校毕业生的就业压力，进一步拓宽了高校毕业生面向基层就业和自主创业渠道。上海高校共有3.5万名毕业生面向基层单位就业，占当年毕业生总数的22.1％。截至9月1日，上海高校2009年毕业生总数15.8万人，总体就业率为90.6％，其中研究生为94.40％，本科生为90.7％，专科（高职）生为88.5％。

3. 完善高校学生资助模式。2009年，以落实新的国家资助政策为契机，提出"民生为本，重在公平；科学为纲，重在规范；发展为先，重在育人"的资助工作理念，进一步促进高校学生资助工作落到实处，基本实现学生资助工作全覆盖。2009年全市高校共有63.7万人次获得8.28亿元的各类资助，100％的家庭经济困难学生通过不同方式得到了资助，实现应助尽助。和人行上海分行、上海银监局等单位沟通，及时下达了《2009—2010学年度上海市普通高校国家助学贷款计划》，计划规模比去年略有增长，确保家庭经济困难学生应贷尽贷。各级政府和各类高校积极主动做好春节寒假帮困工作，全市高校约为6000名学生提供了157万元左右的冬令补助，为1万多名学生提供了价值140多万元的保暖衣服，补助10600名家庭经济困难学生交通费201万元。全市高校共有6305名新生通过"绿色通道"顺利入学，没有一个学生因家庭经济困难而入不了学。

**七、积极构建终身教育体系，进一步加快学习型社会建设**

（一）推进终身教育体系平台建设

1. 推进社区学院建设。由市教委委托浦东新区社区学院牵头开展社区学院功能建设的实验，分别从独立设置、依托电大业大组建、市区、郊区等四个方面探索社区学院功能发挥的模式。

2. 开通终身学习网。上海终身学习网正式开通，学习网首批整合完成了3000小时的在线课件供市民免费学习，同时该网站具有居民导学功能，将全市所有社区学院、社区学校开设的课程收入上海社区学习地图数据库。开展网络平台推广应用的培训，组织全市社区教育信息技术人员进行终身教育信息化工作培训，为终身学习网的推广奠定基础。

3. 夯实终身教育基础。继续推进街道社区学校和乡镇成人学校的标准化、规范化和信息化建设。在街道社区学校方面，研究制定《上海市街道社区学校建设标准》，共分6个一级指标和26个二级指标，首先在普陀区开展试评估。在乡镇成人学校方面，委托开展了上海市镇(乡)成人中等文化技术学校标准化建设评估，共有16个学校提出申报，并通过了专家评估，被确定为"上海市镇(乡)成人中等文化技术学校标准化建设达标学校"。

4. 推进公益性平台建设。总结表彰2008年度上海市创建示范性老年大学(学校)，启动2009年度创建示范性老年大学(学校)评估工作，有29所老年大学(学校)提出申报，共评选出示范单位18个、特色单位10个。举办了"上海老年教育艺术节"系列活动，参与活动的总人数近12万。继续配合市经济和信息化委做好"千村万户"农村信息化培训普及工程，全年开设培训班815个，培训34732人，完成计划数的116%；开展宣传普及活动2200场，涉及316057人，完成计划数的105%。

(二) 推进终身教育体系内涵建设

1. 拓展全国社区教育实验区的范围。根据《教育部关于重新公布全国社区教育实验区名单的通知》，上海的宝山区、卢湾区、闵行区被教育部确定为新一批全国社区教育实验区。

2. 开展第二轮实验街镇工作。经组织申报确定设立第二轮上海市社区教育实验街道(乡镇)117个，形成"关于推进本市第二轮社区教育实验街镇工作指南"初稿，举办了两期第二轮社区教育试验街镇培训班。

3. 继续开展社区教育实验项目工作。确定10个招标项目的牵头单位和参与单位，召开项目启动会议，进一步明确实验目标和实验方案；设立37个重点项目和150个一般项目。召开"上海市社区教育实验工作推进会"，总结了2007—2009年上海社区教育实验工作，并对2008年社区教育示范和优秀实验项目进行了表彰。

4. 进一步推进终身教育体系的沟通与衔接。完成了《创建上海市"学分银行"的理论与实践研究课题》总报告，明确了本市终身教育"学分银行"建设方向。

(三) 积极推进市民学习活动

1. 举办第五届全民终身学习活动周。本届活动周以"学习，为五星红旗增辉；学习，给千禧世博添彩"为主题。活动期间，市级层面举办上海企业教育模式研讨会、建设终身学习卡与"学分银行"专题研讨会、社区教育实验工作十周年成就、机遇与展望等各类学习展示活动16项，各区县、各行业举办各类学习展示活动474项，营造了学习型社会的良好氛围，进一步宣传了终身教育、终身学习的理念。

2. 加强终身教育宣传和交流。编辑出版了《上海学习型社会建设白皮书(2008)》和《实验与示范——上海市社区教育实验工作总结(2001—2008)》。《终身教育与学习》杂志正式出版，搭建了终身教育的交流平台。开展《市民普通话读本》编写工作，召开居民和教师座谈会听取意见与建议，已形成初稿。

3. 终身教育立法工作。开展上海市终身教育促进条例立法调研工作，形成了《上海市终身教育促进条例(草案)》(第五稿)，此项立法工作已被市人大列为2010年的正式立法项目。

(四) 规范非学历教育

1. 规范民办非学历教育院校的办学和管理。会同上海市民政局制定颁布了《上海市民办非学历教育院校(机构)审批和管理办法(试行)》和《上海市民办非学历教育院校(机构)设置标准(试行)》，规范本市民办非学历教育院校办学和政府管理，促进民办非学历教育的院校(机构)建设和事业发展。下发《上海市教育委员会关于开展民办非学历院校(机构)规范管理工作专项调研和督查的通知》，就本市各区县政府教育行政部门整治社会办学机构违法违规办学，加强和规范民非院校管理等工作开展专项调研和督查。开展专题研究，制定《上海市民办非学历教育院校(机构)办学评估办法》，探索建立本市民办非学历教育办学状况评价制度。

2. 畅通民办非学历教育院校(机构)咨询渠道。建设本市民办非学历教育信息公开查询系统和网上管理服务平台，组织编制和出版《上海市民办非学历教育院校(机构)2007学年度资讯大全(黄页)》，免费向社会各界提供使用，畅通本市社会办学信息渠道。

3. 规范和完善对普通高校继续教育的管理。研究制定《关于普通高校进一步完善学校继续教育归口管理制度的指导意见》、《关于普通高校加强学校“校外教学场所”管理的指导意见》和《关于普通高校加强与校外机构开展合作办学管理的指导意见》等3个指导性文件，进一步规范和完善普通高校继续教育的办学和管理。根据教育部和本市强化本市高校办学规范管理的相关规定，专项调研本市普通高校规范办学工作进展和取得的阶段性成效，总结经验，进一步推进普通高校依法自主办学，规范办学。

4. 完善高等教育自学考试工作制度。完成新一届上海市高等教育自学考试委员会的调整组建，进一步加强对本市高等教育自学考试工作的组织领导。新一届上海市高等教育自学考试委员会全体委员会议明确了当前本市高等教育自学考试工作目标和工作要求。完成高等教育的自学考试单位工作的检查评估，公布首批44所高等教育自考助学合格单位。

**八、推进教师队伍建设，持续提高教师队伍水平**

（一）实施义务教育绩效工资工作

会同市人力资源和社会保障局、市财政局共同制定全市义务教育学校实施绩效工资的指导意见和实施办法等，抓住义务教育学校实施绩效工资的有利时机，深入推进教育人事制度改革。研究出台关于做好义务教育学校教师绩效考核工作的指导意见，加大贯彻力度；研究出台关于优化义务教育学校人力资源配置的指导意见，促进教师流动，推进义务教育优质均衡发展；研究出台关于进一步加强教师准入制度的指导意见，构建促进教师素质提高和职业发展的持续激励机制。

（二）促进教师专业发展

1. 实施第二期名校长名师培养工程。选拔第二期名校长后备人选108名，名师后备人选563名，确定设立名校长培养基地11个，名师培养基地45个，共选聘主持人84位。二期培养基地做到了学科、学段全覆盖，主持人年龄结构更加合理，传承机制更加完善，成效更加显著。今年评选的81名特级教师中74%的人选为双名工程对象，今年认定的40名特级校长中45%的人选为双名工程对象，二期人选中79名被华师大录取教育硕士生，16名赴美参加“影子校长”培训。设立了优青项目，作为双名工程培养的梯队，共选拔出360名优青对象，形成市区联动培养模式。

2. 促进郊区教师专业发展。对郊区县中小学、幼儿园的所有在职教师6.5万人开展专业培训，开发294门学科课程，2009年已完成279门学科课程资源建设。完成454名重点对象的培训者培训，为9个郊区县全部安装远程学习平台，并基本完成教师远程学习助学者队伍组建工作。在金山、奉贤、原南汇区等3个远郊区实施农村职初（1—5年）教师教学基本功培训项目，实施农村青年教师（5—10年）教学基本功比武项目，加速青年教师成长，使一部分优秀青年教师脱颖而出。继续推进远郊区薄弱学校师资队伍质量提升工程，在奉贤9所学校试点的基础上，推进崇明6所薄弱学校实施师资队伍质量提升工程，全面提升教师素质和教育质量。深化中心城区与郊区对口合作交流项目，在师资队伍建设、学校管理、课程改革、课堂教学、教育科研等多方面进行深入的合作交流。

3. 促进其他各类教师专业发展。在中学高级教师评审机构中设立了特殊教育学科评议组，调整工读学校教师职称评审工作量要求，完善特殊教育教师岗位培训，开辟特殊教育教师职称评审的绿色通道。深入调研并制定早期幼儿教育的人事配套政策，保障早教中心教师的发展。

4. 开展优秀人才的评选与评审。在2009年校长职级认定工作中，共评出40名特级校长，平均年龄52岁。特级教师推荐和评选向教学第一线的教师倾斜，共评定特级教师81名，平均年龄47岁。本市教育系统12家单位获“全国教育系统先进集体”荣誉称号，61家单位获“上海市教育系统先进集体”荣誉称号；14名同志获“全国模范教师”荣誉称号，1名同志获“全国教育系统先进工作者”荣誉称号；34名同志获“全国优秀教师”荣誉称号，4名同志获“全国优秀教育工作者”荣誉称号。

（三）推进各项人才计划，构建高端人才体系

1. 继续实施“东方学者”岗位计划。制订《关于进一步完善上海高校特聘教授岗位计划实施工作的几点意见》，进一步明确加大对于团队引进的高端人才的支持力度，增设东方学者讲座教授岗位，在人才引进上突破工作地、工作单位和工作方式的限制。2009年共评定特聘教授44人（其中1个为团队引进），讲座教授11人。举办了首届“东方学者沙龙”活动，为东方学者创造宽松自由的学术交流环境。

2. 实施高校优秀人才队伍建设工程。研究制订《上海教育系统高层次创造性人才计划方案(人才白皮书)》(草案),按照国家级、地方级、校级三个层次,将"东方学者"岗位计划、人文艺术工作室(大师工作室)计划、E—研究院计划、曙光学者、晨光学者、创新团队建设计划、高校优秀青年教师科研启动基金、名师名校长工程等项目进行系统化整合,构建定位明确、层次清晰、衔接紧密、促进优秀人才可持续发展的培养和支持体系。积极实施地方"千人计划",研究提出了海外高层次人才引进标准和程序、生活待遇方面标准和程序。积极组织申报国家"千人计划",2009 年第一批 15 人获得批准。

**九、稳步推进上海教育的其他各项工作**

(一) 扶持和规范社会力量兴办教育

1. 民办高校设置与管理工作。按照《上海市高等学校设置"十一五"规划》及有关文件的要求,受理上海新侨职业技术学院与上海工商学院合并的申请、上海医药职工大学转型为民办普通高校的申请等。根据《民办教育促进法》及教育部 25 号令等法律法规,受理上海邦德职业技术学院、上海托普职业技术学院、上海工商外国语职业技术学院、上海立达职业技术学院、上海建桥学院、上海东海职业技术学院等学校申请决策机构、章程、院长、法定代表人重大变更有关事项。

2. 民办教育政策研究与制定。进一步明确本市民办教育改革和发展的中长期目标及各项政策。落实国家关于民办教育管理体制建设的要求,筹备建立由市发展改革委、市财政局、市国税局、市地税局、市审计局、市住房保障房屋管理局等单位组成的市级民办教育联席会议制度,统筹解决民办教育发展过程中的重大问题,共同推进上海民办教育健康发展。

3. 鼓励和规范民办教育健康发展。在民办教育发展政府专项资金的基础上,制定新的民办教育政府扶持资金实施方案,资金总量有了较大幅度的扩增,主要用于改善民办学校教育教学条件、加强师资队伍建设等,引导民办学校坚持教育公益性,依法规范办学。民办高校教学高地第五期建设,17 所民办院校的 22 个项目获得 2000 万元支持。印发《上海市教育委员会关于推进本市民办学校建立年金制度的通知》,鼓励各民办高校、民办中小学、民办幼儿园建立年金制度,改善教师退休后待遇,目前全市民办高校基本建立了年金制度并开始缴费,部分民办中小学也有了实质性进展。研究制定了《上海市推进民办高校落实法人财产权的实施办法(征求意见稿)》,会同市财政局、市国税局等部门切实推动民办高校落实法人财产权,依法保障民办高校的办学条件。将民办高校的学费和政府专项资金纳入专户管理,建立健全收支管理的各项监督检查制度和监控机制,依法监督民办高校的资金使用和管理,保障办学经费、政府专项资金和法人财产的安全,本市大多数民办高校已完成财务制度培训并开始实施新的财务制度。筹备召开上海市第二次民办教育工作会议,不断完善、鼓励和规范民办教育健康发展的配套政策,为民办教育的发展创造良好的环境。

(二) 推进教育督政与督学

1. 加强对区县政府综合督政。继续实行区县政府依法履行教育责任公示公报制度,确保区县政府教育经费"三个增长"的落实,增加了对教育公建配套和中小学教育资源保护的公示项目,推动区县政府切实落实教育责任。继续做好义务教育财政经费保障机制为主的综合督政,相继开展了对徐汇区、崇明县、杨浦区、闵行区、松江区等区县政府教育综合督政工作,完成了三年一轮的对区县政府的督政任务,落实基础教育优先发展战略。开展对卢湾区推进区域性教育现代化的综合督政,为全面实现"率先基本实现教育现代化"的目标提供有益经验。对 21 项教育公建配套进行重点专项督导调研,努力完善"三同步"的监督保障机制。

2. 推动本市教育督导队伍的专业化发展。制定了《关于上海市开展督学资格制试点工作的意见》,认真做好督学资格制度试点工作,提升督学队伍的整体专业素养,加快推进督学专业化发展。继续做好专兼职督学培训,认真组织好市人民教育督察员和市特约教育督导员的教育视察活动,充分发挥他们在教育发展中的参政议政作用。

(三) 教育政策研究和教育法制工作

1. 提升政策研究和行政执法水平。深化"长三角教育联动发展"课题研究,与苏浙两省教育厅签订了《关于建立长三角地区教育协作发展会商机制的协议书》,起草了《关于与教育部共建长三角教育综合改革试验区的建议方案(草稿)》。积极开展"推进上海市城乡教育一体化"、"上海市全面推进素质教育"等课题研究,前瞻性地思考教育改革和发展问题。举办上海市教育系统行政执法人员执法理论与技能专题培训,对 70 余名行政执法人员进行了为期 3 天的执法理论与技能专题培训。依法履行法定职责,共办理诉讼案件 8

起，其中行政诉讼案件6起，办理行政复议案件6起，妥善解决了法律纠纷，依法维护了教师和学生的合法权益。

2. 稳步推进上海市各项教育立法工作。完成《上海市实施〈义务教育法〉办法》立法相关工作，组织编写《〈实施办法〉释义》等学习宣传材料，深入基层进行宣传、宣讲工作，提升了公众对《实施办法》的理解和认识，促进了该法的全面有效实施。继续推进《上海市终身教育促进条例》的制订工作，会同市人大、市政府法制办、远程教育集团以及上海市教科院等单位开展立法调研，修订与完善《上海市终身教育促进条例(草案)》。

3. 积极推进教育行政执法工作和法制宣传教育活动。全面开展《中华人民共和国民办教育促进法》及其《实施条例》的行政执法检查工作，对本市民办教育中的热点和难点问题进行深入调研，促进教育行政部门的依法行政和民办学校的依法治校，为下一步本市制定《实施办法》做好准备。积极推动上海市高校章程建设工作，召开了上海高校章程建设工作会，多次组织各高校交流经验，开展了高校制订学校章程情况检查，推进本市高校依法治校的进程。上海市教育系统深入开展各种法制宣传教育，开展"宪法宣传周"及"《行政复议法》施行十周年"等系列纪念活动，扎实推进"法律进学校"青少年普法教育活动，被评为"五五普法中期全国先进单位"。

(四) 促进教育国际与港澳台交流

1. 构建上海友好城市教育交流合作平台。举办以"探索与发展——上海特殊教育发展的政策与路径"为主题的"2009上海教育论坛"，邀请美国、英国、澳大利亚、俄罗斯、韩国以及台湾地区专家就"障碍儿童教育与发展"和"资优儿童教育与发展"两大专题展开研讨。与新加坡教育部合作成功举办"上海—新加坡基础教育论坛暨第二届基础教育圆桌会议"；参加在荷兰鹿特丹举行的上海—鹿特丹特殊教育双边论坛；成功举办首届"上海国际友好城市青少年夏令营"，加拿大魁北克、南非夸祖鲁—纳塔尔、新西兰达尼丁、法国罗纳—阿尔卑斯、澳大利亚昆士兰、以色列海法等6个友好城市的30名学生和6名带队老师参加；举办以韩国友城的中学汉语教师为培训对象的第二期暑期汉语学习班，积极推进友好城市与本市教育交流协议的执行，增进相互往来，促进各国青少年之间的友谊，传播中国文化。支持孔子学院建设，上师大、外贸学院、体育学院和上海大学等多所地方院校已与国外院校合作创建孔子学院，2009年本市新增海外孔子学院4所；鼓励中学赴海外建设孔子课堂，上海8所"基地"学校中，甘泉中学、进才中学和中山学校与国外学校新建立孔子课堂3个，上海的中学在海外创建孔子课堂累计5所，搭建了汉语和中国文化教育交流平台。

2. 推动本市留学生事业发展。面对全球金融危机对来华留学事业的影响，积极主动应对挑战，推动外国留学生奖学金工作，截至2009年上半年，获得上海市政府奖学金的外国留学生共计1267名，留学生结构得到改善，学历生和长期生的比例得到迅速提升。借助由国家留学基金委组织的南非、埃及中国教育展平台，首次组织本市18所高校举办上海教育展，推介上海高等教育，宣传扩大上海市外国留学生政府奖学金的影响。继2008年启动"上海市外国留学生中国文化体验基地"项目之后，今年组织在读的外国留学生中政府奖学金获得者进行文化体验活动，来自25所高校的近800名留学生参加，加深了留学生对中华文化的认同。筹划成立"上海市中小学国际学生教育研究会"，建立和启用"上海市中小学外国学生信息系统"，加强中小学外国学生的管理，促进中小学招收外国学生工作的健康发展。

3. 积极引进国外优质教育资源，规范国际合作办学。积极推动引进国外知名大学在上海合作办学，华东师范大学和美国纽约大学合作项目、上海理工大学和英国诺丁汉大学合作项目都在商谈之中。对首批通过教育部复核的141家中外合作办学机构和项目颁发教育部统一印制和编号的许可证，规范中外合作机构和项目的管理。坚持以人为本，完成了《本市外籍人员子女学校指南》的编辑印制工作和本市外籍人员子女学校3—5年布局规划的制定，对上海未来一段时期内本市外籍子女入学，依法增设外籍人员子女学校，上海申办国际学校起到一定的政策导向和服务支持作用。

4. 推动教育国际与港澳台交流活动。2009年，共接待了来自23个国家63批514人次的来访，其中教育部团组11批次160人次(含新加坡、欧盟、沙特阿拉伯、越南、德国和芬兰等国家部长级以上教育团组8批次89人次)。上海高职教育代表团和上海市高校校长代表团成功地访问了台湾，进一步推进沪台两地教育界的高层交流和互访，促进民间教育合作项目的开展。上海外贸学院、上海工程技术大学通过联合招生考试招收港澳台学生(及研究生)；完成港澳台学生奖学金评选，全市12所高校11名台湾学生和96名港澳侨学生获得国家奖学金。通过教育双边和多边交流活动，增进了相互了解和信任，扩大了本市教育的影响，有效拓展了教育合作渠道。

（五）学校体育工作

高校、区县中小学校以及中职校三个层面广泛开展了内容丰富、形式多样的学生阳光体育活动，全市活动项目、参与人数、兴趣程度均比前两年有所创新和突破。暑假期间，以增进学生体质健康为目标，市、区县教育、体育行政部门联手推进学校体育场地向社区青少年开放工作，组织开展中学生篮球、足球、乒乓球比赛以及中小学生“人人运动——学会游泳”活动，140 家指定游泳场馆共举办 15480 期游泳培训班，参加中小学生达 212317 人次。认真实施《国家学生体质健康标准》，制定完善《2009 年初中毕业升学体育考试工作实施方案》，引导和推动学生经常性健身锻炼。组成 207 人的本市代表团参加全国中学生运动会，取得运动成绩和精神文明双丰收，代表团参加了全部 8 个项目的比赛，获奖牌榜第三名，团体总分第四名，取得本市参加历届中运会的最好比赛成绩，并荣获体育道德风尚奖。做好 2009 年本市 15 所普通高校招收高水平运动员工作以及报考普通高校体育特长生高考加分工作，本市 415 名体育特长生，178 名高水平运动员被高校录取。

（六）学生卫生工作

1. 加强甲型 H1N1 流感、手足口病等传染病防控工作。多次组织高校医疗机构负责人、区县教育局卫生专干以及部分中小学校、中等职业学校、幼儿园、教委直属学校和国际学校相关负责人开展甲型 H1N1 流感防控专题培训，召开专题工作会议部署教育系统的防控工作。积极开展甲型 H1N1 流感、手足口病等传染病防控措施落实检查工作，认真落实晨检及全日健康巡查工作、因病缺课（勤）登记追查制度及“零报告”和“每日报告”制度。部署开展本市托幼机构和中小学校一线教师、160 万中职和中小学校学生及 30 万农民工同住子女学校学生、外籍人员子女学校学生的甲型 H1N1 流感疫苗和季节性流感疫苗的接种工作。

2. 根据市教委和市卫生局《改善上海市中小学校教室光环境三年行动计划（2008—2010 年）》要求，2009 年本市 19 个区县共投入约 4900 万元经费，完成 630 所学校共计 20764 间教室的光环境改善工作，大约 31 万学生受益。阶段性的视力跟踪监测结果表明，中小学教室光环境改善工程已经对预防学生视力不良的发生、控制和延缓学生近视眼的加深显现出一定的效果。筹备学校卫生工作会议，制定了政府主导、学校负责、家庭参与、卫生指导、社会关注的学校卫生“五位一体”工作模式实施方案。制定本市教育系统 2009—2011 年建设上海市“健康校园”行动计划，在全市各级各类学校启动实施。

（七）学校艺术教育工作

8 所高校 450 名师生组团参加全国第二届大学生艺术展演活动，12 个节目、4 件作品、2 篇艺术教育科研论文获一等奖，上海交通大学等 16 所高校荣获学校“优秀组织奖”，市教委获“优秀组织奖”。2010 年 2 月，全国第三届中小学生艺术展演活动将由教育部和上海市共同举办，市教委牵头积极推进各项筹备工作。举办“颂祖国、迎世博”2009 年上海市中小学生电影节，对青少年进行形象生动的爱国主义教育，参与市级活动的学生人数超万名。组织开展上海市教育系统纪念西藏民主解放 50 周年主题庆祝活动，以艺术的形式全面反映了本市民族教育工作的成果，表现了上海学生与藏族学生心手相连的深厚情谊。

（八）学校科普教育工作

围绕“科技·人·城市——与世博同行”这一主题，举办上海市第八届青少年科技节，向青少年传播科技创新、和谐城市、和谐生活的理念，共举办科普活动 300 余项，近百万青少年学生参加科技节活动。举办上海市第二届青少年创新峰会，近 600 名青少年创新人才交流创新体验、探讨创新方式、展示创新成果，反映了上海青少年科技创新的成长足迹以及他们创新实践的感悟。组织第七届明日科技之星评选活动，96 所学校 190 名学生进入市级评选，共评选出 20 名明日科技之星。

（九）保护青少年健康成长

1. 加强中小学生安全教育和安全管理。分析汇总三年来本市 1299 所中小学幼儿园风险勘查中发现的安全隐患，策划制作《上海市中小学幼儿园安全风险扫描》光盘；梳理典型案例，汇编《上海市中小幼学生伤害事故案例汇编》，为中小学幼儿园开展安全警示教育培训、伤害事故预防及处理提供直观的教材。开展校园安全风险整改“回头看”工作，对 14 个区县 284 所学校整改情况进行检查，对未完成整改任务或发现新的安全隐患的中小学幼儿园进行了书面告知。重点开展小学生安全常识教育，制作寒、暑假安全教育手册，开展小学生安全步行宣传教育活动，开展“5·12 防灾减灾日”集中宣传活动，提高他们的防范意识和能力。自 2009 年春季开学起，本市中小学幼儿园全面实施校外人员访校信息登录和挂牌制度；提高校方责任险理赔标准，为学校开展素质教育创设条件；全市有1121所中小学申报第三轮市安全文明校园，同比增加300多所学校。

2. 切实解决学校周边安全问题。完成45所中小学校周边环境整治任务，涉及交通隐患的有24所学校，清除20所学校门口乱设摊现象。集中开展学校及周边环境专项检查，排查、整改各类安全隐患1616处。着力推进学校周边加油（气）站和液化气站安全防范工作，明确了整改要求、措施和时限，年内距学校50米内的8家加油（气）站完成安全隐患整改工作。与市文化市场行政执法总队共同制定了《上海市网吧、娱乐场所违规接纳未成年学生信息告知及处理办法（试行）》，提升本市未成年人的社会保护、学校保护、家庭保护水平，形成行政执法和学校、家庭教育协调一致的关于网吧、娱乐场所违规接纳未成年学生的管理机制。开展居民小区内学校周边环境情况、中小学周边文化娱乐等经营场所情况等调查研究，提出对策建议。

3. 促进和保护青少年健康成长。开展"爱祖国、迎世博"创意剪纸比赛，共收到各区县选送作品431幅，72幅作品获奖，推进了两纲教育，弘扬了民族文化。开展第五届学生"绿色悦读"活动，1.6万余名中小学生参加，31名学生获奖。会同市公安局治安总队开展"最可爱的校外治安辅导员"推荐活动，1019所中小学和中等职业学校的100多万名学生参加此次推荐活动，21名公安民警被推选为"最可爱的校外治安辅导员"。举办第四届上海市网上禁毒知识竞赛，召开本市中小学新型毒品预防教育观摩会，策划发行毒品预防教育附刊近10万册，预防艾滋病附刊2万余册，推进禁毒教育工作。出台《关于进一步加强本市行为不良未成年学生教育转化工作的若干意见》，继续推进工读教育内涵发展，继续推进跨区作案未成年人的信息告知和属地帮教工作，预防未成年人违法犯罪。

（十）教育对口支援工作

1. 教育对口支援工作概况。根据上海市委、市政府的统一部署和要求，在教育对口支援和合作交流工作中，突出工作重点，协调依托系统力量，在西部地区改建学校3所，向西部对口地区及其他地区捐赠教育经费384.96万元，捐赠各类教学仪器设备2457台，捐赠图书资料23.68万册，资助贫困学生22827人，接受干部、教师4318人来沪进修、培训和挂职锻炼，选派专家、教师838人赴西部地区开展支教讲学，投入新疆高中班和西藏初中班的办学经费8982.67万元，全年用于支援西部地区及其他地区教育发展和开展教育交流合作经费投入达31499.2万元。本市17所国家级重点中等职业学校继续与云南、新疆、重庆、湖北等6个对口地州的25所中职学校开展联合招生合作办学，2009年在上述6个地州招生学生2668人。

2. 对口支援教师培训。重点实施对西部地区的教师、干部培训，组织了云南等5省区教育督导干部48人参加培训；接受云南省督导干部10人进行为期2个月的挂职学习；实施西部对口地区职教系统教师和管理干部培训项目，7个对口地区49人进行了职教管理业务培训；实施西藏日喀则地区学校共青团干部26人和高中骨干教师19人为期2个月的专题业务培训；实施安排10名新疆阿克苏职业技术学院青年教师到沪上高校进行一学期的专业进修学习。

3. 积极做好为边疆少数民族地区培养人才工作。成立本市民族教育工作协调领导小组，加强对援疆援藏教育工作的领导、协调和管理。2009年本市高校西藏民族班和新疆民族班共招生383人，比上年增加了47%，招生学校已从教育部直属院校扩大到本市地方高校。委托上海戏剧学院舞蹈学校定向开设云南民族舞蹈中专班，2009年在云南省招生20名。做好新疆高中班和西藏初中班的招生和办学工作，内地新疆高中班办班学校10所，学生2810名，比上年增加400名；内地西藏初中班办班学校2所，学生850名；内地西藏高中散插班学校4所，学生81名，比上年增加21名。

4. 支援都江堰学校恢复重建。从灾区实际和群众需求出发，为都江堰市23所各类学校教育装备援建项目提供技术服务，确保各援建学校9月1日按时开学。继续选派第二批支教教师，有针对性地选派教育管理干部和信息技术教师共60人，重点帮助都江堰市中小学提高教育管理和信息技术水平。接受四批239名骨干教师来沪参加为期两个月的学习培训。利用暑期组织17名教育专家、优秀班主任赴都江堰开展班主任培训交流活动，对都江堰1145名小学和初中班主任进行了为期3天的培训；组织57名校外教育骨干教师开展夏令营活动，都江堰近5675名中小学生参与活动。积极推动两地学校开展校际结对，全市已有34所中小学、幼儿园、中职学校与当地31所对口中小学、幼儿园、中职学校确定了结对合作关系。

（十一）继续推进政府信息公开工作

不断加大招生、就业、收费等与公众利益密切相关的政府信息的公开力度；加大教育实事项目的政府信息公开力度;加大行政审批过程和结果、重大建设项目计划及其实施进展情况等方面政府信息的公开力度;加大民办非学历教育机构资讯、外来农民工同住子女就读、帮困助学等与规范办学行为、实施民生工程相关的公共管理和服务类信息的公开力度,丰富信息公开内容。截至2009年11月,主动公开政府信息429条,全文电子化率达100%。在发布重要政策文件的基础上,制作教育专题栏目14个,整合招生、毕业就业、教育实事等事项的各类相关信息2025条。我委受理政府信息公开申请33人次,开展各类教育政策电话咨询8079人次。加强与公众的互动,开展网上公示、网上调查、网上讨论、网上征求意见等互动项目68项,参与者达124316人次。根据阶段性教育服务的特点,提供网上便民办事服务项目累计121项。此外,积极推动高校信息公开规范化建设,指导高校建立信息公开工作制度,规范信息公开工作程序,制定信息公开目录和信息公开指南,畅通信息公开渠道。

(十二)积极化解信访矛盾,切实维护社会稳定

上海市教育信访工作认真贯彻中央及市委、市政府有关文件要求,不断创新信访工作机制,完善信访工作制度,及时反映社情民意,提出改进工作完善政策的合理化建议,注重从政策源头批量化解矛盾,切实维护教育和社会的稳定,积极服务教育改革发展稳定的大局。2009年市教委实行转交办信访事项办理每月上报和机关处室办理情况每月通报制度,进一步规范基层信访办理工作,提高机关处室信访办理的效率。认真做好重要节点期间本市教育系统市重点稳控对象的稳控工作,确保了新中国成立60周年庆典活动及奥巴马访华期间的信访稳定工作,全年未发生严重影响社会稳定的非正常越级上访和进京上访事件;完成市联席办交办市教委的62件重信重访专项治理工作,办结率100%,其中化解50件,化解率为80.7%,实现了大多数重信重访事项"案结事了、息访息诉"的工作目标。

(十三)语言文字工作

1. 颁行英译标准,规范英文使用。制定颁行《公共场所英文译写规范》(DB31/T457—2009)地方标准,其中《第1部分:通则》由沪、苏、浙共同发布,长三角通用。协调市建设交通委等18个部门根据《规范》相关标准,全面开展行业性英文规范化使用自查。公共场所英文使用规范化管理纳入"迎世博600天行动计划",开展集中检查整治;开通监测平台,加强对社会英文使用的监督监测。

2. 推进语言文字依法管理工作。开展虹口区、普陀区等区县,上海第二工业大学、上海电力学院、上海应用技术学院等高校的语言文字工作综合评估;对徐汇、闵行等区县开展语言文字工作专项督政督导。组织专家对《解放日报》、《文汇报》、《新民晚报》进行全年不间断的监测与分析,指导、督促区县进一步加强对公共场所用语用字的监测与执法。评定了上海外国语大学、上海市第六师范附属小学等15所第二批国家级语言文字规范化示范校。

3. 开展经典诵读活动。开展中小学"全国中华经典诵读活动夏令营";组织开展"中华诵·2009经典大赛",全市共组织了50多场高校比赛,28场区级比赛,2场街道比赛,选出6名选手参加全国总决赛;开展"中华赞·2009诗词歌赋创作大赛",全市共有2000多篇作品参赛;举办经典诵读晚会。

4. 大力推进普通话测试、宣传和培训。将在校大学生普通话水平免费测试工作扩大至全市所有高校,全年测试合计167场,参加测试总人数近12万。开展了高校、卫生等7个行业系统工作人员共计1800多人汉字应用水平测试试点。举办"迎世博——国家电网杯咬文嚼字大赛"等群众性宣传活动,发动和引导社会各界共同参与语言文字规范化建设。加强对"上海语言文字网"的建设与管理,继续加强对各类语文媒体等的指导和支持,督促各级各类学校切实加强语言类课程建设,组织开展百万学生"迎世博,学双语"活动。

(十四)教育财务和审计工作

1. 加强教育财务管理。完成《中小学校长财务管理培训教程》编制工作,编印出版50万字的培训教材;完成对民办中小学财务人员《上海市民办学校财务管理办法》和《上海市民办学校会计核算方法》两个新制度的培训工作。加强高校财务管理,做好结余资金清理工作,扩大国库集中收付制度的覆盖面。推进高校企业改制和规范化建设第二阶段工作,发布《上海市属高等学校企业国有资产管理暂行办法》;加强事业单位财务管理,制订了《市教委国有资产监管机构及职能设置方案》、《市教委直属企业和直属事业单位所属企业改制及规范化建设工作方案》和《关于在市教委直属单位中全面实行会计委派制度的方案》,确保国有资产保值增值。

2. 积极做好教育系统审计工作。针对审计署特派办对上海城市基础教育经费进行专项审计调查揭示

的100多个问题，对审计进点单位逐项落实审计整改工作，对未进点的单位，将审计揭示的问题，汇总成自查整改提纲，要求各单位认真进行自查自纠，得到市委督查组的认可与好评。做好远程教育集团领导等经济责任审计和部分高校和直属单位专项审计调查工作，维护了国家审计的权威性，客观公正地评价领导干部经济履职情况。共完成教育高地等专项审计11项，为提高教育资金使用效益服务，在防范教育经济风险、解决经济活动过程中突出问题等方面发挥作用。

3. 召开2009年度上海教育审计工作会议，会议强调要充分发挥教育审计在教育经济活动中的“免疫系统”功能，聘任了19位同志为上海市教委兼职审计员，强化了审计组织队伍。组织全市教育审计理论研讨会，围绕审计过程中发现的热点、难点和重点问题，共交流了论文55篇，出版了近30万字的《教育审计工作手册》，作为上海教育内部审计督导检查的标准。为了提高教育内部审计整体水平，对2所高校、2个区教育局进行了内部审计督导，进一步明确了内部审计工作的规范要求，促进了基层单位教育审计工作的开展和规范。

（十五）推进反腐倡廉，建设优良政风行风

1. 稳步推进高校反腐倡廉建设。会同市纪委、监察局制定下发了《关于加强本市高等学校反腐倡廉建设的意见》，明确提出了本市当前和今后一个时期加强高校反腐倡廉建设的指导性要求，着重加大了对招生、基建、财务、科研经费、校办企业、后勤工作的监管力度。在教育部组织的量化考核中，本市8所部属高校全部优秀。

2. 加强拒腐防变宣传教育。分层次、有重点地组织开展“讲党性、重品行、作表率”主题教育活动，全系统共组织相关教育活动240场次，参加7906人次，117名局级以上领导干部面向基层开讲主题党课，进一步增强了领导干部廉洁自律意识。会同市纪委制定了《加强学校廉洁文化建设的推进办法》，抓好中小学廉洁教育，在高校形势政策课中深入开展反腐倡廉教育，普遍提高了学生遵纪守法、廉洁修身的意识，有效构建了青少年廉洁教育工作体系。贯彻落实“七个严禁”，认真抓好新上岗领导干部党风廉政谈话制度、提醒谈话制度、述职述廉制度等规定的实施，进一步规范了领导干部廉洁从政行为。

3. 政风行风建设取得成效。制订《2009年上海市规范教育收费意见》，进一步规范了教育收费行为；开展学校收费检查，清理规范了教育行政事业性收费项目和标准，开展规范教育收费长效机制建设工作研究，加强对学校招生收费工作的监督。共整改完成2008年联合收费检查发现的问题155件，查处违规收费总计542.84万元，清理“校中校”86所。落实“阳光招生”的各项要求，健全完善信息公开机制，构建分层负责的信访处理机制及推动全程参与的监督制约机制，加大对考试考务、体育特长生招生、自主招生以及招生现场的督查力度，严肃查处违规违纪问题，构建和谐招生环境，确保本市普通高校招生工作公正、公平、公开。

4. 开展党政机关厉行节约专项治理，制订了关于坚决制止公款出国（境）旅游的有关文件、两委机关会议管理暂行规定和公务用车规定等，降低行政运行成本，有力推进了节约型机关建设。开展“小金库”专项治理工作，系统各单位自查面达到100%，重点检查面达到40%，查处私设“小金库”违纪违规金额共计971.7万元。

5. 健全直属事业单位管理。贯彻《关于事业单位分类试点的意见》，推动直属事业单位进行分类管理。进一步健全和完善直属单位建设的工作运作机制，加强对委直属事业单位的宏观管理。

（十六）安全生产与后勤保卫工作

1. 高校安全保卫工作。积极协调开展高校干警的公务员登记和划转过渡期有关工作，加强高校保卫队伍建设，依法明确转制后高校保卫处工作职责，建立完善新的警校合作机制，基本完成高校公安机构划转工作。制订《上海市教育委员会关于加强本市高校安全保卫工作的意见》，对高校公安机构转制后学校安全保卫工作提出规范性意见。开展本市教育系统安全工作基础数据调查工作，开展本市教育系统应急管理工作情况专题调研，开展本市教育系统反恐准备工作。举办高校保卫干部培训和技防系统操作人员培训，开展防止传销进校园有关工作，加强大学生安全教育，推进高校安全技术防范系统建设三年达标计划第三年建设工作，切实维护上海高校安全稳定。

2. 教育系统后勤管理工作。针对春运特点，积极协调铁路、公路客运等交通部门为学校团体购票提供方便，针对本市中等职业学校招收的1200余名都江堰灾区学生返乡问题，与铁路部门联系开设了都江堰学生专列，确保在沪学生平安返乡。启动了第二批节水型学校（校区）创建工作，11所申报学校已全部通过验收。做好高校应急水源地工程建设，确定了复旦大学等15个高校校区为首批试点学校。规范本市校园绿化基本建设的标准规范，开展“绿色校园主题”活动，中小学校园绿化导则以地方标准形式发布实施。就本市高校自有客货车以及学校校车运行情况进行了专题调查，开展了高校校车安全专项行动，本市共有 364 所学校 1 755 辆校车完成校车标牌申领工作。

3. 安全生产工作。继续实施并深化安全生产责任签约制度，开展了同各高校和市教委直属单位安全生产责任制的签约工作。加强教育系统日常安全检查的同时，进行事故隐患排查治理及考核评估，重点检查消防安全、特种设施设备、危险化学品仓库、病源微生物实验室和学生食堂、学生宿舍等人员聚集场所。在全市大中小学校开展“防灾减灾日”集中宣传活动，发动本市大中小学校开展消防疏散演练活动，制作“平安世博，平安校园”宣教片，强化安全防范宣传教育。

2010 年，上海教育工作将继续深入贯彻落实科学发展观，推进落实国家和上海市中长期教育改革和发展规划纲要，编制上海教育事业发展“十二五”规划，全力参与和服务世博会，坚持改革创新，促进教育公平，大力推进教育现代化，促进各项教育事业新的发展。

# 各级各类教育

# 综合类

[教育对口帮扶取得新成效] 上海市教委认真贯彻落实中央精神，根据上海市委、市政府的统一部署和要求，坚持智力帮扶为主，推进与8个对口地区的教育对口支援合作，各项工作取得积极成效。继续向云南对口地区19所中学选派100名优秀教师，首次向新疆阿克苏地区8所中学选派25名优秀教师，重点实施8个对口支援地区教育管理干部、校长和教师等培训项目；为新疆118名少数民族学科双语教师实施全方位汉语培训和教学培训；为云南省举办民族舞蹈中专班。内地新疆高中班和西藏初中班办学规模分别达到2810人和850人。开展与云南、新疆、重庆和湖北等6个对口地州中等职业教育合作办学，在6个对口地州招生2668人。完成日喀则地区中等职业技术学校教学实训楼援建工作，实施对云南贫困地区民族中学改善办学条件、资助西藏日喀则地区贫困学生和日喀则地区教师培训中心配备设备等援助项目。全年上海市教委用于8个对口支援地区教育帮扶项目资金投入达10494万元。

（冯静波）

[对口支援都江堰市学校灾后重建工作有力推进] 上海教育系统坚持以项目为主线，全力以赴推进援建工作。为四川省都江堰市23所学校教育装备援建项目提供技术服务，确保9月1日按时开学；同时，培训都江堰市教育装备管理队伍。选派第二批60名教师支教都江堰市中小学；接受四批239名都江堰中小学、中职学校骨干教师来沪参加为期两个月的学习培训；组织17名教育专家、优秀班主任赴都江堰市对当地1145名小学和初中班主任进行为期3天培训。在上海24所中职校就读的都江堰市学生专业技能水平得到提高，在各类技能竞赛和评奖评优活动中屡屡获奖。组织黄浦、徐汇、闸北、虹口4个区的57名校外教育骨干教师赴都江堰市，组织都江堰市5675名中小学生参加夏令营活动。上海市19个区县学校与都江堰市19个乡镇学校建立对口合作长效机制。目前，全市已有53所中小学、幼儿园、中职学校与都江堰市50所中小学、幼儿园、中职学校确定结对关系并签订了协议。

（何　斌）

[教育信息报送工作] 围绕教育改革发展大局，市教委向上级部门报送本市各级各类教育的改革动态、经验以及各类建议。全年共编发《每周教育信息》38期，《市教委简报》68期，《教育工作》24期，《上海教育工作情况专报》39期，《领导讲话》10期，《教育参考》4期，《教育安全稳定专报》181期，《教育信息》98期。全年共被教育部编发简报12期，录用各类信息59条，其中7条受到中央领导和教育部领导批示，获教育部办公厅年度信息报送积分209分，位列各省市教育部门第2位。共有39期《市教委简报》在教育部门户网站上全文刊载；被市委、市政府办公厅录用信息180条。

（沈蕴辉）

[完成高中阶段教育招生计划] 高中阶段四类学校共计招生10.17万人（含中职学校向外省招生的学生数，不含成人中专招生数），其中：普通高中招生5.58万人，中职学校招生4.59万人，普通高中与普通中职招生的普职比为54∶46。扣除外省生源因素，本市生源高中阶段新生入学率实际达到96.5%。普通高中招生中：市级推优录取占8.04%，自主招生录取占3.52%，名额分配录取占3.72%，均高于上年。择校生录取占11.16%，市、区两级艺术、体育特长生录取占1.66%，其余为统一录取，占71.90%。市、区两级实验性示范性高中共招生3.59万，录取比例已达普通高中招生总数的64.27%，比上年增加3.01个百分点。中职招生中：普通中专占65.02%，职业高中占26.94%，技校占8.04%。中职招生基本上由“国家级重点”中职学校和“通过百校重点建设评估”的中职学校进行招生。

（严骏昌）

[普通高校扩大中西部地区招生规模] 根据党中央、国务院关于高等教育工作的重要决策部署，促进区域协调发展和教育公平，市属高校承担了教育

部下达的“支援中西部地区招生协作计划”、“调控来源计划”招生任务，两项任务招生规模达 1.4 万人。各高校增强服务全国的意识，完成了教育部专项招生计划的安排和录取工作。据统计，市属高校录取教育部专项招生计划涉及 12 省份新生 2.77 万人，完成招生计划 105.8%。其中本科 1.37 万人，完成招生计划 112.1%；高职(专科)1.40 万人，完成招生计划 100.4%。

(吴建新)

**[完成普通高等教育招生计划]** 本市圆满完成普通高等教育招生录取工作，招生计划执行情况良好。据统计，2009 年全市普通高等学校招生 14.35 万人，比上年减少 1.6%，其中本科 9.03 万人，比上年增长 0.8%；高职(专科)5.32 万人，比上年减少 5.3%。2009 学年度本市高等学校本专科在校生人数 51.28 万人，比上年增长 2.0%。

2009 年本市各类高等教育在校生总量达 98.25 人，达到了“十一五”规划提出的规模要求。与 2005 年相比，各类高等教育在校生净增 17.86 万人，增幅 22.3%。

附:上海市高等教育事业发展概况

单位:万人

| | 2005 年 | 2009 年 | 比 2005 年增加 | 比 2005 年增加(%) |
|---|---|---|---|---|
| **总　计** | **80.36** | **98.25** | **17.89** | **22.3** |
| 研究生 | 7.87 | 10.35 | 2.48 | 31.5 |
| 普通本专科 | 44.26 | 51.28 | 7.02 | 15.9 |
| 成人本专科 | 14.72 | 21.33 | 6.61 | 44.9 |
| 网络教育 | 13.54 | 15.29 | 1.75 | 12.9 |

(吴建新)

**[编制《上海市中长期教育改革和发展规划纲要》]** 《上海市中长期教育改革和发展规划纲要》编制工作经历了四个阶段。一是 2008 年 10 月至 2009 年 4 月初调研准备阶段。向社会公开发布了 45 项专项研究课题；平行研究起草《规划纲要》，由上海社会科学院、华东师范大学和教育主管部门三家独立研究起草《规划纲要》草案文本。市长韩正主持召开市政府专题会议，对《规划纲要》编制工作作出指示。市领导殷一璀、沈晓明组织了《规划纲要》中重大问题的专题研究。二是 2009 年 4 月初至 6 月底形成初稿阶段。梳理和吸收各项调研成果，融合三个《规划纲要》草案文本，编制正式文本初稿。6 月 18 日，国务委员刘延东在 9 省市《规划纲要》制定工作座谈会上，对上海《规划纲要》编制工作予以充分肯定。三是 2009 年 7 月初至 10 月初修改完善阶段。中共中央政治局委员、市委书记俞正声主持专题会议，听取《规划纲要》编制工作汇报，审议了《规划纲要》初稿。四是 2009 年 10 月中旬至年底形成征求意见稿阶段。市《规划纲要》领导小组审议并原则通过《规划纲要》讨论稿。会后对讨论稿进行了修改完善，形成了目前的征求意见稿。

(马宪国)

**[上海市政府、解放军总后勤部合作建设第二军医大学]** 3 月 11 日，中国人民解放军总后勤部与上海市人民政府在北京举行合作建设第二军医大学签约仪式，中共中央政治局委员、中共上海市委书记俞正声，中央军委委员、中国人民解放军总后勤部部长廖锡龙上将出席签约仪式并致辞。卫生部部长陈竺，卫生部党组书记、副部长张茅出席仪式。总后勤部政委孙大发与上海市委副书记、市长韩正签署协议。总后勤部副部长王谦、李买富，参谋长李长顺出席仪式；上海市副市长沈晓明主持签约仪式。第二军医大学校长刘振全出席，政委曹国庆介绍情况。

(平　辉)

**[实施中小学校舍安全工程]** 5 月，国务院召开会议启动全国中小学校舍安全工程，本市成立了以副市长沈晓明为组长的“上海市中小学校舍安全工程领导小组”，各区县也成立了相应的领导和工作机构，统筹协调，推进全市中小学校舍安全工程。全国校安办要求各省市校舍安全排查于 8 月底完成，鉴定工作于 10 月底完成。各区县校安办组织协调，研究制定方案，按时完成覆盖全市教育系统和非教育系统的所有中小学校舍排查鉴定工作，共计 1554 所学校，校舍总建筑面积 1669 万平方米，涉及单体建筑物 10192 幢。市教委会同有关部门研究并形成校舍确权、项目立项等指导意见。完成编制并上报《上海市中小学校舍安全工程规划(初稿)》，“规划”涉及加固改造校舍总建筑面积 349.73 万平方米，新建、迁建校舍总建筑面积 46.82 万平方米，总资金约 33.84 亿元。做好“校安工程”的档案管理及信息管理系统数据信息采集等工作，制定《上海市中小学校舍信息管理系统技术保障方案》；18 个区县均设置专用档案室，配备专用设备。优先保障“校安工程”项目资金，截至年底，已启动约 40 万平方米校舍安

全工程项目。统筹协调，落实收费优惠政策。

（林　红　顾满锋）

**［规范和扶持民办教育］** 据统计，截至2009年9月，上海共有民办普通高校21所，在校生9.52万人，占全市普通高校本专科学生数的18.6%；民办中学111所，占全市中学数的14.6%，在校生8.22万人，占全市中学生数的13.6%；民办小学22所，占全市小学数的3.7%，在校生3.36万人，占全市小学生数的6%；民办幼儿园327所，占全市幼儿园数的29.4%，在园幼儿7.4万人，占全市在园幼儿的20.9%。另有152所招收以农民工同住子女为主的民办小学，在校生11万余人，还有1600余所由教育行政部门审批主管的民办非学历教育培训机构。年内，市教委制定并实施一系列鼓励与规范并举的政策，促进民办教育健康发展。①完善民办教育的管理和服务体制。6月，市教委成立民办教育管理处，负责协调和管理民办教育各项事务。12月，市政府批准建立上海市民办教育联席会议制度，共商上海民办教育发展的重大政策。②扶持民办教育改革与发展。市教委会同市财政局印发《关于加强扶持民办中小学发展的通知》、《关于做好上海市民办高等教育政府扶持资金申请工作的通知》，加大市、区县两级公共财政对民办教育的扶持力度。各区县设立区县级民办教育发展扶持资金，给予收费标准低于同级同类公办学校生均经费拨款的义务教育阶段民办中小学生均公用经费补贴。市教委印发《关于推进本市民办学校建立年金制度的通知》，鼓励各民办学校建立年金制度，改善民办学校教师退休后待遇，保障民办学校教师队伍的稳定。③依法规范民办学校的办学与管理。推进民办高校落实法人财产权，市政府印发市教委等7部门制定的《上海市推进民办高等学校落实法人财产权的实施办法》。该办法对民办高校过户资产以及终止后的资产归属做了政策界定，并规定了税费优惠等。为规范资金资产管理，市教委印发民办高校和民办中小学的财务管理办法和会计核算方法。建立民办高校财务管理平台，对民办高校资金运作情况进行监控；制定《关于加强民办高等学校学费及政府扶持资金账户管理的通知》，规范学费和政府扶持资金的管理。

（王纾然）

**［开展教育系统表彰奖励工作］** 本市开展教育系统先进集体和先进个人的评选表彰工作，本次评选表彰工作恢复了上海市教育系统先进工作者项目；首次设立上海市教育系统先进集体评选表彰项目和上海市中小学优秀班主任、上海市高校优秀辅导员等6个德育思政类先进个人项目。本次评选表彰共产生23项荣誉称号，获奖集体73个，获奖个人1722人次（见附表），是历年来项目最多的一次，突出体现向农村倾斜、向义务教育倾斜的特点。在普教系统评选的先进集体中，义务教育学校占46.3%，农村学校占37.0%；先进个人中，义务教育教师占66.4%，农村教师占36.8%。在9月8日上海市庆祝教师节主题活动上，市长韩正等市领导会见获奖代表并致以热烈的祝贺。在9月9日北京举行的全国庆祝教师节暨全国教育系统先进集体和先进个人表彰大会上，胡锦涛总书记、温家宝总理等党和国家领导人会见获奖代表并致以亲切的问候。全国模范教师、上海交通大学王如竹教授代表获奖的高校教师作了发言。

附：2009年上海市教育系统先进集体和先进个人评选表彰结果

| 表彰层次 | 表彰部门 | 荣誉称号 | 数量 | 备注 |
|---|---|---|---|---|
| 一 | 教育部、人事部 | 全国教育系统先进集体 | 12个 | |
| | | 全国模范教师 | 14人 | |
| | | 全国教育系统先进工作者 | 1人 | |
| 二 | 教育部 | 全国优秀教师 | 34人 | |
| | | 全国优秀教育工作者 | 4人 | |
| | | 全国中小学优秀班主任 | 4人 | 从全国模范教师和教育系统先进工作者、全国优秀教师和优秀教育工作中遴选产生 |
| | | 全国中小学优秀德育课教师 | 3人 | |
| | | 全国中小学优秀德育工作者 | 2人 | |
| | | 全国高校优秀辅导员 | 2人 | |
| | | 全国高校优秀思想政治理论课教师 | 2人 | |
| | | 全国高校优秀思想政治教育工作者 | 1人 | |
| | 教育部、全国妇联 | 全国教育系统巾帼建功标兵 | 8人 | 全国模范教师中的女同志 |

（续上表）

| 表彰层次 | 表彰部门 | 荣誉称号 | 数量 | 备注 |
|---|---|---|---|---|
| 三 | 市教委、市人力资源社会保障局 | 上海市教育系统先进集体 | 61 个 | |
| | | 上海市模范教师 | 237 人 | |
| | | 上海市教育系统先进工作者 | 23 人 | |
| 四 | 市教委 | 上海市中小学优秀班主任 | 20 人 | 从上海市模范教师和教育系统先进工作者中遴选产生 |
| | | 上海市中小学优秀德育课教师 | 15 人 | |
| | | 上海市中小学优秀德育工作者 | 10 人 | |
| | | 上海市高校优秀辅导员 | 10 人 | |
| | | 上海市高校优秀思想政治理论课教师 | 10 人 | |
| | | 上海市高校优秀思想政治教育工作者 | 5 人 | |
| 五 | 市教育发展基金会 | 上海市育才奖 | 305 人 | |
| | 市中小幼教师奖励基金会 | 上海市园丁奖 | 1012 人 | |

（沈　燕）

**[评选产生 81 名特级教师]** 上海市特级教师评选表彰工作，经基层推荐、专家评审、评选工作领导小组审核、社会公示，市政府批准 81 名教师为上海市特级教师，其中女教师 30 名；中共党员 55 人，民主党派 14 人；本科及以上学历占 97.5%；幼儿园 2 人，小学 6 人，中学 44 人，教育学院、教科研、校外教育等其他单位 29 人。81 名特级教师中有 60 人为名师培养工程后备人选，占 74%；60 人中还有 32 人是名师培养工程的重点培养对象。

（沈　燕）

**[认定 40 名特级校长]** 2009 年本市普教系统校长职级评审认定工作，首次将校外教育机构纳入范围，以推动素质教育的实施。经个人申报、基层考核推荐、专家评审、领导小组审核、社会公示等程序，共认定 40 名校长具备特级校（园）长职级资格，其中女校长 13 名，占 32.5%；45 岁以下 3 人，最年轻的 43 岁；本科及以上学历占 90% 以上。40 名特级校长中有 16 名校长是名校长培养工程后备人选，占 40%，显示名校长培养工程取得的成效。

（沈　燕）

**[创建教师专业发展学校暨师范生实习基地]** 2009 年年内，市教委启动教师专业发展学校暨师范生实习基地创建工作。10 月，市教委下发《关于开展上海市教师专业发展学校暨师范生实习基地遴选工作的通知》，全市 58 所学校参加创建。根据各区县和直属学校申报情况，市教委委托上海市教师学研究会开展了教师专业发展学校暨师范生实习基地评审工作。首轮文本评审遴选出 28 所中小学、幼儿园，其中高中 10 所、初中 4 所、小学 8 所、幼儿园 6 所。将于 2010 年 1 月起，专家组对 28 所学校进行现场评审。

（杨　洁）

**[实施二期名校长名师培养工程]** 上海市第二期普教系统名校长名师培养工程于 2008 年启动，共设 10 个校长基地和 45 个名师基地，计 83 位主持人。108 位名校长后备人选及 563 位名师后备人选分别进入上述基地学习，第一期选出的 135 名重点培养对象作为导师团成员，分别进入相应基地，继续培养。另在中国人民大学附中设卓越校长培养基地，聘请其校长刘彭芝担任基地主持人，22 名重点培养的校长进入基地学习。基地培养活动已历经一年多时间，取得良好成效。截止到 2009 年年底，已确立 32 项名校长后备人选专项课题，77 项名师后备人选专项课题，已有 12 项作为第一批文库立项，举办 5 个论坛、4 场教学展示等。

（俞玲萍）

**[上海市刘彭芝卓越校长培养基地工作开展]** 为鼓励本市校长和教师走出上海、走向全国、走向世界，第二期普教系统名校长名师培养工程于 4 月首次在中国人民大学附中设立刘彭芝卓越校长外省市培养基地，本市共有 22 名学员进入基地学习。该基地采取探索异地培训、共享资源的方式，形成集中培

训、个性自主学习、远程交流互动的模式。4 月 28 日,上海市普教系统刘彭芝卓越校长培养基地揭牌仪式在中国人民大学附中举行,学员开始第一次集中培训活动;7 月 12 日至 19 日,学员第二次进京研修,参加在该校举办的"全国中小学名校长专业发展论坛";9 月 14 日至 18 日,学员第三次入京参加该校举办的学校开放周活动。

(俞玲萍)

**[实施中小学优秀青年教师培养项目]** 为培养出一批普教系统优秀青年教师,建立起教育高端人才培养梯队,为上海市普教系统名校长名师工程储备后备人选,4 月,上海市教委启动了"普教系统优秀青年校长和优秀青年教师培养项目",并设立"选拔培养优秀青年校长和教师项目组"(设在"市双名培养工程办公室")。经公开选拔、个人申报、区县推荐、原则审定等程序,102 名校长和 258 名教师成为首批后备人选,开始为期两年的培训。"优青项目"采取市与区县联动培养措施,各区县教育行政部门为实施的责任主体,而区县教师进修学院负责具体的培训工作。各区县制定培训方案,开展培训工作。

(俞玲萍)

**[推进农村教师专业发展培训项目]** 市教委于 2007 年底启动农村教师专业发展培训项目,二年多来,三所大学完成 280 门学科课程资源建设,179 门网络课程建设。市教研室完成 15 门学科 163 门课程的审查。4 月—6 月开展第二轮培训者培训,共培训 452 名学员。各区县组织重点对象实施面授,共有 9531 名重点对象参加培训。完成九个区县的远程学习平台安装,各区县组建 105 名教师远程学习助学者队伍和 31 名维护、管理人员队伍,完成 372 名教师的远程培训工作。

(杨　洁)

**[培训农民工子女学校教师]** 2009 年年内,市教委对在 2008 年完成农民工子女学校办学设施改造并纳入民办教育管理的 66 所小学教师开展培训。培训内容分为通识培训和学科培训,共计 5 门课程 40 学时。学科培训由各郊区县教师进修院校参照上海市新农村教师专业发展培训项目安排培训。12 月 19 日,郊区县 95 名培训者按照 5 门通识培训课程分班进行了为期 1 天的培训者培训。继市级培训者培训以后,12 月底起,各区县安排培训,全市近 2000 名农民工子女小学教师参加本区县组织的通识培训。

(杨　洁)

**[实施上海高校特聘教授(东方学者)岗位计划]** 6 月 18 日,市教卫党委、市教委召开上海高校人才工作推进会,进一步明确了东方学者工作的三大原则:坚持"扶需、扶特、扶强"原则,坚持"分类指导、人岗匹配、最合适才是最好"原则,坚持"先设岗,后选人"的原则;明确资助"东方学者"岗位对象主要为国外或留学回国的高端人才和少数外省市高层次人员。招聘的重点对象是海外的人才。主要特点:一是兼顾以团队方式引进,并给予团队引进的东方学者和高端人才适当增加资助经费;二是重在使用,增设东方学者讲座教授岗位;三是加强学者联谊,举办首届由高校东方学者自己主办的,面向学科前沿的"东方学者沙龙"学术活动;四是印发《东方学者通讯》,发布东方学者岗位计划实施进展、成果等信息。共遴选"东方学者"56 人,其中特聘教授 45 人(含 1 个团队引进),讲座教授 11 人。按高校性质,部属高校入选 18 名,全部为特聘教授;市属高校入选特聘教授 27 名,讲座教授 11 名。

(陆　震)

**[培养、选拔高校优秀青年教师]** 2009 年年内,经教师个人网上申请、学校推荐与公示、市教委审核认定,批准上海交通大学等 59 所高校 1150 名青年教师入选"上海高校选拔培养优秀青年教师科研专项基金"项目培养范围,其中市属高校 933 名青年教师获得了该基金 2—3 万元不等的科研启动资助经费。入选的青年教师 30 岁以下占 67%。各高校加强对入选该基金教师的培养力度,把入选教师编入学校科研团队并配备导师加以指导,制定培养计划。市教委委托市科教党校对 1066 名 2007 年度入选该基金培养范围的青年教师分批进党校培训。获 2006 年该基金资助的 1173 位青年教师,经过两年教学、科研工作的培养期,进入评估、项目验收阶段。截至 6 月,1003 人完成各自所立项目研究,递交了《结题报告》和《总结报告》,并申请结题。另外 170 人因各种原因未完成科研项目而申请延缓结题。市教委委托市教育评估院对结题项目和总结报告进行评估、验收。经评审,已结题的青年教师中 685 人的项目被评定为优良等次,274 人为合格等次,科研项目合格率达 96%以上。

(高书凌)

**[市人大对市教委部门预算进行全程跟踪检查]** 根据市十三届人大常委会第五次会议要求，市人大财经委、常委会预算工委和教科文卫委对市教委2009年部门预算进行全程跟踪检查，市人大制定了对市教委2009年部门预算跟踪实施方案，对市教委的部门预算编制及执行进行全过程跟踪，并选择上海师范大学作为预算跟踪重点单位，选择重点投入专项资金的“教育高地”和“重点学科”作为重点项目进行全程研究、典型剖析。市人大组织人大代表每月深入基层预算单位进行调研视察，每季度听取市教委预算执行情况汇报。在市人大全程跟踪监督下，市教委系统各预算单位部门预算执行工作比上年有很大进步。主要表现在：领导全程关注部门预算执行情况、与市财政局通力合作提高工作成效、建立市教委系统预算执行统计信息系统、加快市教委本部专项经费实施进度，明确目标，用出效益，发挥财政资金效益。市人大对市教委2009年部门预算执行表示满意，并认为通过市人大全程跟踪监督，市教委已初步建立一套预算执行情况统计和分析系统，较清晰反映全系统预算执行完成情况；在领导重视，落实责任；严格管理，加强服务；健全信息，注重绩效等方面值得总结和推广。

（朱菊如）

**[开展清理“小金库”工作]** 根据国家和市政府有关文件精神，市教委系统开展了清理“小金库”专项治理工作，专项治理工作分宣传动员、自查自纠、专项调研和重点检查、整改落实四个阶段。两家党政机关和56家事业单位全部开展了“小金库”自查自纠工作，自查面达到了100%。市教委系统治理“小金库”工作领导小组对24家单位(约占系统内单位40%—50%)开展了治理“小金库”专项调研和重点检查工作。针对“小金库”专项治理工作中发现的问题，市教委要求并督促各单位制定整改措施并落实到位，做到资金资产整改处理到位，保证“小金库”专项治理工作取得成果。通过专项治理，市教委系统各单位财经秩序进一步规范。

（蒋洁旻）

**[市教委系统接受预算执行和其他财政财务收支审计]** 3月16日至6月5日，上海市审计局对市教委及市教委所属14家单位的2008年度预算执行和其他财政财务收支情况进行了全面审计，共涉及40多家单位，审计年限从2008年上溯至1990年。市审计局对市教委系统2008年度预算执行和其他财政财务收支情况的审计报告中，共发现预算管理等八方面存在问题。对于审计调查中发现的问题，市教委领导要求各单位逐条梳理、分工负责。对属于明显违规的问题，要做到即知即改；对属于改革和发展中遇到的新情况、新问题，要逐步规范；对属于法规滞后的问题，要及时向有关部门反映，加强沟通协调工作；对违法犯罪问题，要严肃查处。各单位成立专门机构负责审计整改工作，制订整改方案，落实相关责任人，分步实施，逐条落实整改措施，指定专人做联络员，上报审计整改情况，切实把审计整改落到实处，并完善制度，建立长效机制。

（王家一）

**[市属高校企业改制]** 2009年，历时3年多的上海市属高校企业改制、规范化建设工作取得了阶段性成果，列入范围的19所高校中，有17所高校组建了资产经营公司(两所高校因企业较少，明确不再组建)，除少数参股企业和拟清算注销企业外，绝大部分在营企业已划转资产经营公司，实现了教育部关于高校企业改制、规范化建设的第一阶段工作目标。市属高校企业改制、规范化建设第二阶段工作是开展非公司制企业的公司化改造，企业产权界定和产权关系调整，以及关闭企业的清算注销。改制范围的91家非公司制企业中，累计已有30家企业完成公司制改制，正在启动改制的企业有48家。市属高校累计有119家企业已清算注销或退出，被税务注销或工商吊销停止经营的32家企业正在规范注销中，其余企业也将逐步进入清算注销工作进程。同时，各高校对产权不清的企业通过产权转让、减资退股方式进行了调整，明晰了产权关系。通过高校企业改制、规范化建设，新的管理体制已经形成，市教委立项并完成高校规范化建设工作五个方面的专题研究，并将逐步形成若干个规范性文件，其中《上海市属高等学校企业国有资产管理暂行办法》已正式印发。

（陈秉群）

**[制定民办中小学财务管理办法和会计核算办法]** 为贯彻落实《民办教育促进法》，促进民办中小学的健康发展，市教委制定了《上海市民办中小学校财务管理办法〈试行〉》和《上海市民办中小学校会计核算办法〈试行〉》。《财务管理办法〈试行〉》涵盖编制目标和适用范围、财务管理体制、预算管理、资产和负债管理、收入和费用管理、结余及其分配、内部控制、财务报告和财务分析、财务清算十个方面41

条规定;《会计核算办法》的核算原则、会计科目设置及财务报表的编制,具有很强的针对性和可操作性。《会计核算办法〈试行〉》明确了民办中小学校的会计核算以《民间非营利组织会计制度》为基础,解决了民办中小学校没有统一会计制度的困境;在会计科目设置上增设了"长期待摊费用"、"应付出资人回报"、"本年结余"、"结余分配"科目;同时对"业务活动成本"和"管理费用"进行了明细核算,便于分析学校的办学成本。

(陈永年)

**[普通高校继续试行招收插班生、专升本新生]** 根据普通高校的申报,经市教委审核,批准复旦大学、华东师范大学、华东理工大学、上海大学进行招收插班生工作的试点,确定招收插班生总计划数为306人,报名人数1600人,与计划数之比为5.23∶1,录取300人;批准上海海事大学、华东政法大学等18所本科院校参加"专升本"招生试点,确定"专升本"招生总计划数为3422人,报名总数为8998人,与计划数之比为2.63∶1,招收3308人。两项改革扩大了学生选择学校和专业的自由度,同时构建了各类教育的"立交桥",改变了"一考定终身"的传统模式,激励大专学生的学习积极性,体现了高校招生自主权。

(丁　良)

**[大学生信息管理服务系统开发]** 2008年12月,经招投标,胜科金仕达数据系统(中国)有限公司作为中标方,负责建设上海大学生信息管理服务系统。2009年3月,完成需求调研和分析。5月,普通高校本专科学历电子注册管理及打印功能正式上线;6月,成人高校本专科学历电子注册管理及打印功能正式上线;7月,学籍管理模块、报表服务器设置初步完成;招生管理、内部管理、短信接口整合功能完成;8月,报表服务器、数据交换服务器的安装和调试完成;系统各模块的单元测试、集成测试完成;9月,普通本专科、成人本专科学历管理模块进行系统完善;10月19日—21日,由市教委、市高校毕业生就业指导中心和高校共同组成平台测试组进行全面系统功能测试。

(俞冶论)

**[高校帮困助学]** 市教委和各高校按照新的国家资助政策,做好家庭经济困难学生资助工作,基本实现学生资助工作全覆盖。据统计,全市高校共有63.7万人次获得8.72亿元的各类资助,100%的家庭经济困难学生通过不同方式得到了资助,实现应助尽助。中央财政投入约0.65亿元,市政府财政投入约1.94亿元,学校投入约2.54亿元,社会资助约0.56亿元,国家助学贷款约2.22亿元,勤工助学收入约0.81亿元,进一步巩固了"政府为主导、学校为主体、社会各方支持"的资助工作格局。2008—2009学年,全市获国家奖学金学生共2115人,发放金额共计1692万元;获国家励志奖学金学生共17037人,发放金额共计8518.5万元;获上海市奖学金1000人,发放金额共计800元;发放国家助学金金额共计6801.5万元。减免学生学杂费约1101万元,受益学生5663多人;约有6305名学生通过"绿色通道"顺利入学。

(周红星)

**[高校毕业生就业工作]** 上海高校共有毕业生15.8万人,比上年增加0.9万人,增幅为6%,其中硕士毕业生2.9万人,本科毕业生7.6万人,专科(高职)毕业生5.3万人。受到全球金融危机的冲击,高校毕业生的就业形势十分严峻。为缓解高校毕业生就业压力、确保高校稳定和毕业生就业水平基本稳定,各有关部门、各区县政府和各高校开拓就业渠道,加强和创新就业服务,共同推进高校毕业生就业工作,取得了良好的阶段性进展。截至9月1日,上海高校毕业生总体就业率为90.6%。其中,研究生就业率为94.4%,本科生就业率为90.7%,专科(高职)毕业生就业率为88.5%,与2008年相比,就业率稳中有升,实际就业人数有所增加。

(田　磊)

**[加强高校学生学籍学历管理工作]** 年内,结合"上海大学生信息管理服务系统"的开发建设,将本市高等教育学历证书的电子注册及打印工作也纳入上海市高校毕业生就业指导中心开发的信息管理服务平台,并在平台完成毕业生数据比对工作,提高了工作效率和准确性。从新生学籍电子注册,到在校生学年电子注册,再到毕业生学历证书电子注册,三大电子注册工作已集中到同一部门实现全过程信息化管理的格局,与教育部高校学生司的全过程信息管理模式基本相匹配。同时,高校毕业生图像采集工作开始纳入教育部的轨道,以确保国家人才数据库建设标准和高等人才信息安全。

(金伟民)

**[普通高校招生考试专项改革平稳实施]** 市教委平稳推进平行志愿改革，平行志愿保护了考生利益，填报高职专科志愿的高分考生（文理科“3＋综合”301分及以上）人数比上年相应分数段减少了数千人，本科最低录取控制分数线上考生大多被本科录取。高校投档满足率继续提高，大小年现象没有出现。实行平行志愿使本市考生报考外省市院校优惠政策适用范围进一步扩大，三个批次共有1982名考生享受到报考外省市院校的加分投档政策而被录取，351名考生享受到外地院校降分投档录取优惠政策。

推进高校自主招生改革，做好特殊类型招生。复旦、上海交大两校自主选拔录取范围扩大至苏浙两省，在沪招生计划各500人，两校共录取953名，其中，复旦录取457名，上海交大录取496名。经教育部批准，上海大学首次在沪进行自主招生改革试点。华师大面向全国计划招收免费师范生1400名，面向上海185名；上师大计划100名，实际招收85名。专科层次依法自主招生改革试点取得新成效，院校数量增加，招生规模扩大，21所试点院校总计招收计划达12370人，实际录取12178人。体育特长生415名考生被本专科院校录取。高校录取保送生254名，自主选拔录取1083名，艺术特长生128名，非通用语种（小语种）生167名。

（丁　良）

**[上海高校E-研究院专项建设]** 上海高校E-研究院建设计划于2002年底开始实施，迄今已有13个E-研究院启动建设。根据绩效管理的要求，已有3个E-研究院退出，目前在建的共有10个E-研究院。根据上海高校E-研究院建设计划，2009年4月完成依托上海交通大学医学院、以陈国强教授为首席研究员的化学生物学E-研究院的前期准备工作，包括建设方案的规划、特聘研究员的聘请、建设规划的论证等，并已正式启动建设。召开上海高校E-研究院建设工作研讨会，加强各E-研究院之间的交流，促进E-研究院的建设。

（刘唯聪）

**[大师工作室建设]** 目前共建有3个艺术大师工作室，分别是：与上海音乐学院共同建设的“周小燕大师工作室”；与上海戏剧学院共同建设的“余秋雨大师工作室”；与上海体育学院共同建设的“蔡龙云大师工作室”。三位大师为推进文化创新，增强文化发展活力，推动我国文化艺术事业的优秀成果和优秀人才走向世界，建立上海文化高地作出了贡献。“周小燕大师工作室”参与承担首届全国音乐表演学科建设与发展研讨会；举办《廖昌永维也纳金色大厅独唱音乐会》、《于冠群获奖汇报音乐会》等，携手美国茱莉亚音乐学院、大都会歌剧院主办2009 Brian Zeger & Ken Noda国际声乐大师班、Lippi. E国际声乐大师班等活动；排演歌剧《唐卡洛》上演于上海大剧院，创作原创歌剧《一江春水向东流》，传播与普及高雅艺术。“余秋雨大师工作室”成立了“中国城市美学实践研究部”、“中国原创音乐剧实践研究部”；在香港启动由余秋雨主持的“健全人格教育计划”，设立横跨海内外的“余秋雨中国文化巡回演讲”计划；在腾讯网开设网络平台“余秋雨的文化空间”。“蔡龙云大师工作室”成立以来，上海体育学院成立了老中青结合的工作室建设工作小组和武术理论、武术技术两个研究组。为了做好武术文化传承工作，学院选拔有武术基础的优秀教师，由蔡龙云指导华拳，并派专人拍摄，为华拳的技术传承提供宝贵的资料；协助蔡先生进行华拳的文字资料整理；编撰《武术招法解析词典》，内含武术招法近2000个，配以动作图片、文字及多媒体影像视频展示手法，并将翻译成英、德、日三种语言，向全世界推广；创编全英文的《中华武术谚语》，为中华武术国际化传播奠定基础。根据三个工作室的建设周期，市教委已下达第二期建设经费。

（苏　忱）

**[举办工博会中国高校展区]** 工博会参展高校57所，其中沪外高校38所，综合科技实力排名前60位的综合性和理工类高校中50%以上都出现在高校展区。香港理工大学和韩国汉阳大学作为特邀单位参展，使高校展区首次出现了境外高校的名录。高校展区共参展科技成果458项，其中获国家三大科技奖或省部级一等奖以上的重大技术突破项目39项。高校荣获工博会金、银、铜及创新奖15项，占整个工博会设奖数38.5%。参展项目签订的交易协议（含正式成交和意向）的总金额为6.78亿元，比上年5.02亿元，增长35%。

（陈　凯）

**[上海高校技术市场建立]** 由市教委、市科委和杨浦区政府联合搭建并得到教育部科技发展中心、科技部火炬高技术产业开发中心支持的上海高校技术市场在上海理工大学国家大学科技园内正式建立。该技术市场旨在集聚智力、资本等要素，发

挥高校和科技的人才优势，推进产学研结合、加速科技成果转化和产业化，采用创新机制，争取办成上海乃至全国集企业技术项目需求发布、高校和科研院所科研成果供给、技术成果交易等功能于一体的产学研合作平台。现已吸引了45所高校、48个市县、8个技术交易中介组织作为会员单位常年参加活动。

（陈　凯）

**[推进上海高校人文社会科学研究基地建设]** 3月18日，市教委召开上海高校人文社会科学重点研究基地工作推进会，市教委主任薛明扬、副主任王奇出席，并为"上海普通高等学校人文社会科学重点研究基地"颁发了铭牌。会后，各基地工作取得显著进展：以科研项目为载体，推进理论和文化创新；以学术交流为平台，扩大高校对外学术交流，提高学校学术对话、学术合作的层次和水平；以学术刊物为阵地，传承基地的最新研究成果，在学界产生很大影响；以咨询服务为己任，服务社会；培育优秀成果，抢占学术高地，在2009年上海市第九届哲学社会科学优秀成果奖、上海市第七届邓小平理论研究和宣传优秀成果奖等各类重要成果评选中，各个基地都取得很好的成绩。

（苏　忱）

**[加大上海高校重点研究基地建设力度]** 教育部开展新建省部共建教育部重点实验室和教育部工程研究中心的论证工作。①省部共建教育部重点实验室。按照教育部要求，在专家组遴选基础上，市教委推荐上海中医药大学"筋骨理论与治法"申报2009年度省部共建教育部重点实验室，获教育部立项批复。至此，目前市属高校共有7个实验室成为省部共建教育部重点实验室：上海中医药大学3个，上海海洋大学2个，上海大学和上海师范大学各1个。其中，上海中医药大学"中药标准化实验室"和上海海洋大学"水产种质资源发掘与利用实验室"已结束建设周期，并通过了教育部组织的专家验收。②教育部工程研究中心建设工作。市教委对经教育部批准原则同意立项的上海理工大学"光学仪器与系统工程研究中心"和上海海事大学"航运仿真技术工程研究中心"2个工程中心组织专家进行了论证，经报送教育部批准，2个工程中心建设项目已立项。至此，目前市属高校共有6个工程中心成为教育部工程研究中心。

（蒋　皓）

**[曙光计划成效显著]** 年内，共有56名高校教师入选"曙光计划"，这批学者全部具有博士学历和高级职称，其中正高级职称者36人，比例为64.29%；34人具有博士后研究及工作经历；24人具有海外学习或研究经历；中共党员38人，民主党派6人；担任单位中层职务31人；女学者15人；少数民族2人。

曙光计划取得了一系列成效，在2009年度国家科学奖中，有12人参与了11个获奖项目，其中主持完成了4项二等奖。在教育部颁发的2008年度高等学校科学技术奖中有22人参与了19个获奖项目，其中主持完成了4项一等奖。在上海市人民政府颁发的2008年度上海市科学技术奖中，曙光学者49人次参与了45项，占授奖数15%，其中主持项目有25项，占授奖数8.33%。在教育部"新世纪优秀人才支持计划"中，有21位曙光学者入选，占上海地区85人的24.71%。在公布的教育部长江学者特聘教授中，曙光学者入选5人，占了上海地区1/3比例。2009年曙光学者申请到国家自然科学基金项目136项，经费6705.5万元，比上年经费5844万元增长了14.740%，特别是在国家杰出青年项目中，曙光学者有9人获得资助，占上海地区高校的40.91%。

（陈　凯）

**附：2009年度56名曙光学者名单**

复旦大学先进材料实验室　车仁超　研究员
复旦大学高分子科学系副系主任　刘天西　教授
复旦大学附属中山医院　孙爱军　副研究员　女
复旦大学发育生物学研究所　吴晓晖　教授
复旦大学脑科学研究所　杨振纲　研究员
复旦大学材料系　周树学　教授
复旦大学中文系　戴从容　副教授　女
复旦大学历史地理研究中心　韩昭庆　副教授　女
复旦大学经济学院　范剑勇　教授
复旦大学经济学院　吴力波　副教授　女
上海交通大学机动学院　张　鹏　教授
上海交通大学电信学院副院长　管海兵　研究员
上海交通大学电信学院副系主任　苏翼凯　教授
上海交通大学物理系　钱　冬　研究员
上海交通大学法学院院长助理　杨　力　副教授
上海交通大学国际与公共事务学院　樊　博　副教授
上海交通大学运营管理系系主任　董　明　教授
上海交通大学医学院基础医学院　赵　倩　副研究员　女
上海交通大学医学院　杨　涛　副研究员
上海交通大学医学院　钟春龙　副主任医师
上海交通大学医学院　赵维莅　主任医师　女
同济大学物理系　刘要稳　教授

同济大学计算机科学与技术系　关佶红　教授　女
华东师范大学信息学院　唐　政　教授
华东师范大学化学系　杨海波　教授
华东理工大学机械与动力工程学院副院长　轩福贞　教授
华东理工大学材料科学与工程学院　杨化桂　教授
华东理工大学药学院系主任　邓卫平　教授
华东理工大学信息科学与工程学院　颜学峰　教授
东华大学材料科学与工程学院副院长　张清华　教授
上海财经大学会计学院　夏立军　教授
上海财经大学金融学院系主任　金洪飞　教授
上海财经大学国际工商管理学院常务副院长　蒋传海　教授
上海财经大学人文学院系主任　林　晖　教授　女
第二军医大学基础部　李　楠　教授　女
上海大学材料研究所　赵世金　教授
上海大学机自学院　谢少荣　教授　女
上海大学管理学院副院长　赵来军　教授
上海大学文学院副院长　曾　军　教授
上海大学文学院　刘玉照　副教授
上海大学经济学院院长助理　殷　凤　副教授　女
上海中医药大学中药研究所　吴　弢　研究员　女
上海师范大学生环学院　贾能勤　教授
上海师范大学人文学院　宋莉华　教授　女
上海师范大学教育学院　夏正江　教授
上海理工大学材料科学与工程学院　赵　斌　副教授
上海海事大学物流工程学院训练中心主任　洪　蕾　教授　女
上海体育学院科研处副处长　邹　军　副教授
华东政法大学法律学院　李　翔　副教授
上海海洋大学水产与生命学院　张俊彬　教授
上海电力学院能源与环境工程学院　朱群志　教授
上海对外贸易学院法学院副院长　倪受彬　副教授
上海对外贸易学院人文社科部副主任　赵　勇　副教授
上海第二工业大学环境学院　王利军　副教授
上海立信会计学院开放经济与贸易研究中心　廖　春　副教授　女
上海政法学院经济法系　杨　华　副教授

**[中小学教室光环境扩大试点]**　启动第二轮改善中小学教室光环境扩大试点工作，全市18个区县共完成623所中小学校14434间普通教室、5257间专用教室和444间阅览室共计20135间的光环境改善工作，普通教室安装灯具112865套，黑板灯具30244套，其中采用享受国家财政补贴的高效节能照明光源“欧司朗三基色光源”约16万支。市、区县财政投入经费约4588万元，39.3万名学生受益。开展学生视力和教室照明节能跟踪监测。自2008年起，对徐汇等6个区29所中小学22000名中小学生进行监测评估，经阶段性数据分析显示，中小学教室光环境改善工程已对控制和延缓学生近视眼的发生显现出一定效果。

（刘艳艳）

**[开展学生阳光体育大联赛]**　为贯彻落实《教育部、国家体育总局、共青团中央关于开展全国亿万学生阳光体育运动的通知》的精神，推动全市学生阳光体育运动深入开展，市教委、市体育局、团市委共同举办上海市学生阳光体育大联赛。联赛共设高校本科组、高职组、高中组、初中组、小学组和中职组6个组别。市级竞赛设田径、游泳、足球、篮球、排球、乒乓球、武术拳操、龙舟、健身操、定向越野、跳踢、阳光伙伴集体跑、拔河、广播体操等15个大项（高校组设14个项目，中小学组设13个项目，中职组设5个项目）。此外，为迎接2010年上海世博会，丰富学生阳光体育运动的形式和内容，联赛组委会还组织开展学生阳光体育特色项目创意大赛和体育征文、摄影、动漫画作品征集活动等体育文化和创意活动。

（柏　丹）

**[高校征兵占全市征兵任务的20%]**　为做好世博会的安全保卫工作，全市62所高校全部承担了征兵任务，共征兵在校大学生2010名，其中大学女生1835名，创下了本市高校征兵数量占全市当年征兵比例数之最。高校承担的征兵任务占全市征兵任务的20%、女兵征集任务的95%，女兵征集数量超过了本市近10年女兵征集数量的总和，也创了本市征兵历史之最。为调动高校大学生参军入伍的积极性，国家和本市都出台了一系列优惠政策，特别是本市实现了入学前外地户籍学生与本地户籍学生的优待金同一标准，还制定了外地生源退伍兵复学毕业留沪就业后优先申报上海户口等措施。

（谢　俊）

**[学生体质健康抽样监测]**　下半年，开展了大中小学生体质健康抽样监测活动，选择10个区县按照分层随机整群抽样原则进行抽测，抽取20所6000余名从小学一年级到高中三年级的学生。测试项目为：身高、体重、肺活量、800/1000米（小学五年级及初中预备年级为50米×8往返跑）、坐位体前屈、立定跳远、视力、皮褶厚度（上臂部、肩胛部、小腿部）、双手后勾（左/右）、上下肢肌力测试。监测工作还对初中预备年级以上的在校学生进行问卷调查，调查内容主要为饮食习惯、生活作息、体力活动

等。大学生抽样检测活动共52所高校的2080名学生参与。设大学男子组、大学女子组两个组别，男女各有5个项目，其中男生：形态、肺活量、握力、立定跳远、1000米跑；女生：形态、肺活量、坐位体前屈、一分钟跳绳、800米跑(形态项目包括身高标准体重的测定)。对学生进行针对性的抽样检测，以掌握和评价学生体质健康状况，推动学校全面实施《国家学生体质健康标准》，增进学生体质健康。

（徐　新）

**[全国第三届中小学生艺术展演上海市活动情况]**　全国第三届中小学生艺术展演上海市活动于3月至11月举行。活动期间，全市18个区县的1000多所中小学校及中专职技校充分利用课堂与课外文化艺术活动时间，结合学校艺术节、“六一”儿童节、“五四”青年节等节日，围绕“阳光下成长”活动主题，开展了不同形式的艺术活动，热情歌颂了新中国成立60年来，特别是改革开放30年来所取得的辉煌成就，展现了青少年的精神风貌。在校级、区级展演活动的基础上，上海市活动市级展演专场分别在贺绿汀音乐厅、卢湾区青少年活动中心、邮电俱乐部和徐汇区青少年活动中心拉开帷幕，市级展演活动设立声乐、民乐、西乐、舞蹈和戏剧等5个项目8个场次，223个优秀节目和作品参加市级专场比赛，近万名学生参加了市级展演活动。

（柏　丹）

**[参加第十届全国中学生运动会获佳绩]**　由教育部、国家体育总局、共青团中央主办全国第十届中学生运动会于8月16日至21日在湖南省长沙市举行。上海中学生代表团组成了历届中运会以来规模最大的参赛团队，合计207人，参加了全部8个项目的比赛，以9枚金牌、12枚银牌、9枚铜牌共30枚奖牌的佳绩荣登奖牌榜第三名，并以470.5分的总成绩荣获团体总分第四名。这是本市参加全国中学生运动会以来所取得的最好成绩。上海代表团同时获得本届中运会道德风尚代表团称号，取得了运动成绩和精神文明的双丰收。此外，本市报送100篇论文参加本届中运会科学论文报告会暨第五届全国学校体育科学大会，经组委会评审，44篇论文获奖，其中一等奖4篇、二等奖17篇、优秀论文奖23篇，上海代表团荣获“体育科学论文报告会”团体总分第七名和优秀组织奖。

（柏　丹）

**[举办市第八届青少年科技节暨第二届青少年创新峰会]**　上海市第八届青少年科技节暨第二届青少年创新峰会于5月17日—5月31日举行。本届活动围绕“科技、人、城市—与世博同行”主题，在市、区县、学校等三个层面开展青少年科技创新实践、科技传播和特色单项竞赛等一系列科技教育活动，向青少年传播科技创新、和谐城市、和谐生活的理念，近百万青少年学生参加科技节活动，做到了“人人都参与、校校有活动、区县创特色”。各区县组织相关活动近300项，其中普陀区举办了少年院士论坛，并积极利用上海科技馆等“十大免费科普基地”，组织广大青少年开展科学探究活动；嘉定区举办了“未来汽车城”创意设计赛、现场创意车模设计竞赛。各高校通过形式多样的各类活动，培养大学生参与科研活动的兴趣，鼓励大学生投身于科技实践活动。上海师范大学开展了第十五届学术科技节、大学生科技志愿者进社区活动、支农调研社科普活动、我的E大学网页设计大赛等活动；上海外贸学院组织开展了摄影大赛、节能减碳创新行动。

（柏　丹）

**[发布《高校校园安全白皮书》]**　4月21日，市教委召开新闻发布会，首次向社会公布上一年度《上海高校大学生安全情况通报》(以下简称《白皮书》)。《白皮书》根据《中华人民共和国突发事件应对法》，将高校事故分类为事故灾难类、社会安全类、公共卫生类、自然灾害类等四类安全事件，内容主要包括上一年度本市高校安全总体情况，各类事故上升、下降趋势，本年度突出情况分析以及预防工作和应对措施等，以增强对公众的预警和指导，提高全社会对大学生安全事故的预警水平和应急处置能力。经数据汇总分析，2008年，本市全日制高校共发生各类安全事故63起，其中：事故灾难类事件18起，社会安全类事件45起，高校未发生3人以上的突发公共卫生事件，未发生严重的因自然灾害所引发的安全事故。18起事故灾难类事件共涉及学生26人，造成19人死亡，7人受伤。其中交通事故10起(12死6伤)，溺水2起(2死)，意外受伤2起(1死1伤)，火灾4起(4死)。45起社会安全类事件共涉及学生47人，造成36人死亡，11人受伤。其中自杀23起(19人死亡，4人未遂)，突发疾病15起(15死)，故意伤害7起(2死7伤)。

（毛　岚）

**[都江堰市中职学生寒假乘坐专列返乡探亲]** 春运第一天,在上海就学的1100多名来自地震灾区都江堰市的中职学生乘坐春运火车专列返回四川家乡与亲人团聚。为了做好对口支援四川省都江堰市的灾后重建,本市按照教育部“教育系统对口支援四川地震灾区恢复重建工作会议”精神和上海市委、市政府领导的要求,本市安排24所国家级重点中等职业学校招收1100多名都江堰灾区学生来沪就读,并确定了提供“经费资助和就业援助”的安置方案。为确保都江堰籍学生寒假及时返乡,市教委与市春运办、上海铁路局协调,专门开设学生专列,确保学生全部按时、平安返乡。

(南少华)

**[教育系统“迎世博600天行动”环境整治工作成效显著]** 2月20日,召开上海市教育系统“迎世博600天行动”工作推进会,教育系统迎世博600天行动工作全面展开。经一年努力,全市普通高校和委直属单位清洁建筑立面总面积达到648958.94平方米,共完成架空线路入地92.5公里。同时,各学校(单位)以迎世博市容环境整治为契机,在美化校园环境方面开展综合治理,2009年累计新建绿化面积43.73公顷,改造绿化项目达260个(约45.52公顷)。

(南少华)

**[开展校园安全宣传教育]** 市教委分别于“5.12防灾减灾日”、“安全生产月”和“11.9消防活动日”期间,开展“让安全宣传进校园、进课堂、进活动”的宣传教育活动,提高广大师生员工的安全防范与自我保护意识。以第一届“5.12防灾减灾日”活动为契机,市教委联合市民防办、市民政局开展对本市大中小学校集中宣传活动,组织各大中小学校悬挂宣传横幅,各高校出防灾减灾知识宣传专栏,各中小学张贴宣传挂图,全市大中小学校开展一次应急疏散演练活动等。以强化本市中小学生“安全乘座电梯”为主题,开展特种设备安全进校园的宣传活动,提高学生应对特种设备故障等突发事故的防范自救能力。深入开展高校“安全生产月”的宣传教育活动,推进高校创建平安校园。举行“平安世博,平安校园——2009学生安全教育校园行”主题活动。

(陈宇红)

**[上海市学校后勤协会成立]** 11月28日,上海市学校后勤协会第一次会员大会在上海师范大学召开,全国人大常委、上海市人大常委会原主任龚学平到会并点击开通协会网站;教育部发展规划司副司长宋德民、市教委主任薛明扬出席并讲话。103个正式会员单位代表和个人会员与会。大会选举产生协会负责人,审议通过了协会章程和会费标准,选举了第一届理事会理事。上海市学校后勤协会是经上海市教育委员会批准,上海市社团管理局审核同意筹备成立的专业性协会,属上海市一级社团法人。协会覆盖上海各级各类学校和学校后勤各类行业,具有公正性、代表性、权威性。协会会员包括高校、中专技校、中小学在内的后勤服务实体和社会企业代表。

(南少华)

**[编制《上海市普教系统校园绿化管理与技术导则》]** 市教委贯彻落实“加强生态建设,创造良好的育人环境,坚持可持续发展”的校园绿化工作思路,认真做好校园绿化管理规范性建设工作,会同本市绿化管理部门研究制订了《上海市普教系统校园绿化管理与技术导则》。《绿化导则》的编制以“美化校园,环境育人”为总体目标,坚持“以人为本,因地制宜,布局合理,生态多样,景观优美,经济实用,安全舒适,环保节能”的原则。分为总则、术语、规划与设计、建设、养护、监督管理、经费和附则等8部分内容。实施《绿化导则》,将明确绿化管理工作职责,增强中小学绿化工作的规范性,为普教系统参与上海市绿化合格单位和花园单位的创建奠定良好的基础。

(南少华)

**[推进上海高校公安机构划转工作]** 为落实国务院、公安部有关政事分开及企事业单位公安机构转制的要求,市教卫党委、市教委、市公安局联合下发了《关于做好上海高校公安机构划转工作的通知》,启动本市高校公安机构划转工作。根据市政府专题会议精神,确定5月1日为高校派出所民警正式转制日。按照自愿原则,原高校派出所260名干警中,有170名干警自愿从警。截至年底,有关人员、财物的划转工作已基本完成。各有关高校按照“离一补一”的原则,加快选拔优秀干部担任保卫干部工作,制定新任保卫干部的培养计划,提高保卫干部的整体素质。目前有关高校已落实应配干部的基本要求。同时,市教卫党委、市教委、市公安局下发文件,对高校保卫队伍建设、构建新的警校合作机制

等方面提出规范性要求。

（尹　捷）

**［推进长三角教育联动发展项目合作工作］**　为贯彻《国务院关于进一步推进长江三角洲地区改革开放和经济社会发展的指导意见》精神，认真落实市委、市政府提出的以服务长三角为突破口，做好服务全国、服务长江流域、服务长三角区域的“三个服务”工作的要求，上海市教委与苏浙两省教育厅在《长三角区域教育联动发展战略研究》相关研究成果的基础上，采取了一系列措施推动长三角教育联动发展。苏浙沪三地共同提出按照“先易后难、便于操作、短期见效”的原则，建议先行启动4个项目：①长三角中小学师资培训基地项目，此项工作由浙江省教育厅牵头，两省一市教育厅（教委）师资管理部门共同协商形成方案。②长三角职业院校学生技能联赛项目，此项工作由江苏省教育厅牵头，两省一市教育厅（教委）职业教育管理部门共同协商形成方案。③长三角“友好学校”合作项目，此项工作由上海市教育委员会牵头，两省一市教育厅（教委）基础教育管理部门共同协商形成方案。④长三角高等教育专家资源库共享项目，此项工作由上海市教育委员会牵头，两省一市教育厅（教委）高等教育管理部门共同协商形成方案。10月12日，上海市教委主任办公会议同意上述工作方案，并明确由政策法规处负责牵头长三角教育联动发展工作。目前，4个项目的合作都已形成了初步合作方案，进入了实质启动阶段，正在按计划推进。

（钟　智）

**［实施《民办教育促进法》及其《实施条例》执法检查情况］**　根据《上海市政府办公厅关于开展2009年度行政执法检查的通知》的要求，市教委将《民办教育促进法》及《民办教育促进法实施条例》的执行情况作为2009年行政执法检查的重点项目，对三年来本市有关的贯彻执行情况进行了自查，同时组织了专门的领导小组和工作班子，对部分区县教育行政管理部门和民办高校进行了抽查。检查结果表明：民办教育发展政府专项投入不断加大，2008年起，本市民办教育发展专项资金的民办高校部分在原有2000万元的基础上进行扩增，主要用于师资队伍建设、学生资助帮困、安全技防建设、支付资产过户费用、教学高地建设、学校特色和内涵建设等项目；民办学校年金制度积极推进，明确学校建立年金制度是获得政府专项资金的前提条件之一。目前，民办高校和区县所属民办学校已普遍建立年金制度并正常缴费；进一步减免义务教育阶段民办中小学收费；切实保障学生权益，实现学生资助工作全覆盖；进一步落实相关鼓励与规范政策。在取得新进展和新成效的同时，还存在法律法规不明或缺失，办学经费短缺，以及部分民办学校办学指导思想不够端正、法人治理结构不完善、财务管理和办学行为不规范等问题。

（陆海佳）

**［推进《上海市终身教育促进条例》立法工作］**　在市人大法工委、教科文卫委及市府法制办的领导和支持下，2009年，市教委继续推动《上海市终身教育促进条例》（以下简称《条例》）立法工作的深入开展。会同市人大法工委、市人大教科文卫委、市政府法制办、远程教育集团以及上海市教科院等单位成立了“终身教育立法小组”，开展立法课题研究；邀请终身教育相关工作者以及相关专家学者，召开老年教育、社区教育、农村教育、职成教育等终身教育立法专题座谈会，深入调查研究，广泛征求各方意见；就本市终身教育立法需要解决的若干重要问题，先后征求市编委、市人事局、市财政局等相关委办局的意见；实地考察了部分终身教育办学单位的实际运作情况；形成了“终身教育立法调研报告”。在调研并征求意见的基础上，市教委开展了《条例》（草案）的起草及修改、完善工作，形成了《条例》（草案）第五稿。该《条例》（草案）主要规定了终身教育的管理体制、保障机制以及资源综合利用制度等方面的内容，并对作为终身教育主要表现形式的企业教育培训、社区教育、老年教育、农村成人教育、远程教育以及成人学历教育学习等作了具体规定。

（蒋侯玲）

**［颁布《上海市实施〈中华人民共和国义务教育法〉办法》］**　为适应新《义务教育法》颁布施行后的新形势与新要求，市教委自2006年9月起，正式调研起草《实施办法》，2007年形成草案初稿，2008年进入市人大常委会审议程序。2009年上半年，继续会同相关立法部门，配合市人大常委会做好立法审议工作。《实施办法》修订草案于2009年2月24日由第十三届市人大常委会第九次会议审议通过，并于2009年6月1日起正式施行。《实施办法》共分七章：第一章总则，第二章就学管理，第三章基本保障，第四章均衡发展，第五章素质教育，第六章法律责任，第七章附则。《实施办法》审议通过后，市教委

采取多种形式做好《实施办法》出台后的贯彻实施工作:组织编写《实施办法》释义等学习宣传材料;召开上海市教育系统贯彻实施《实施办法》动员大会;会同市人大教科文卫委、市人大法工委、市教卫党委等部门组织召开贯彻实施《实施办法》座谈会;下发贯彻实施《实施办法》意见;做好《实施办法》深入基层的宣传、宣讲工作等。通过以上学习宣传和贯彻实施工作,提高了全社会对《实施办法》的知晓度和认同度,促进了该法的全面有效实施。

(蒋侯玲)

**[开展“新沪杯”青少年学生法律知识竞赛活动]** “新沪杯”原取“新上海”之义,最早起源于虹口,由该区教育局和司法局联合举办,至今已在虹口举办了12年,取得较好的宣传实效。为进一步提高青少年学生法律素质,结合本市“精彩世博、法治先行”的宣传活动,经市教卫党委、市教委、市司法局、团市委和市法宣办共同商议,将虹口的“新沪杯”青少年学生法律知识竞赛推向全市范围,寓意着法治精神照耀下的新上海。

上海市“新沪杯”青少年学生法律知识竞赛于9月开始。本次竞赛面向全市所有在校中学生,设初中组、高中组(含中职)两个组别。共有98所学校近400名学生组队报名,经区县初赛,36支代表队进入全市复赛,复赛产生初高中两组各6支队伍,代表本区县参加决赛。12月6日决赛,共评选出初中组和高中组一等奖各1名,二等奖各2名,三等奖各3名。杨浦区铁岭中学和青浦区东湖中学分获初中组和高中组的冠军,杨浦区铁岭中学的杨兮同学和青浦区东湖中学的施静君同学获得优秀选手奖。虹口区和长宁区获得本次知识竞赛的最佳组织奖。市教卫党委副书记、市教委副主任莫负春出席并讲话,市司法局副局长郜荀等为获奖队伍颁发证书和奖牌。

(陆海佳)

**[开展教育审计督导工作]** 为推动市教育系统内部审计工作,市教委制定《上海市教育委员会内部审计督导办法》,并对上海音乐学院、黄浦区教育局等4个单位、部门的内部审计工作进行督导。督导的重点内容是有关单位、部门的审计整改情况和内部审计工作开展情况。督导组采取听(听有关领导汇报、介绍、座谈会)、问(问卷调查、随机询问)、核(核实汇报、资料所介绍的情况的真实性)、查(现场查询,审计档案查询)、交流(介绍其他单位、部门的好做法,反馈督导初步意见)等办法,进行实地检查,形成督导结果报告,并以审计督导意见书的形式将督导意见反馈给被督导单位、部门。督导结果表明,4个被督导单位、部门对国家审计署驻上海特派办、上海审计局审计时揭示的问题整改情况良好。

(傅挺水)

**[推进基础教育经费审计调查的整改工作]** 国家审计署驻上海特派办于2008年5月至11月对上海市2006—2007年度城市基础教育经费进行了专项审计调查。市教委成立审计整改领导小组,多次研究整改工作。2009年市教委将审计调查中发现的问题梳理、归类后,在全系统进行通报,全面部署审计整改工作,要求审计进点单位制定措施、逐条整改,未进点单位深入开展自查自纠活动。同时,建立审计整改结果通报制度。对审计调查中出现的严重违纪违规问题责任人进行了调查核实和责任追究;在全市范围内开展基础教育财务管理等专项调研,立足长效机制的建立;深入有关部门和单位,对审计整改情况开展审计督导,促进整改措施落实到位。审计署特派办先后两次在《中国审计报》头版头条刊文,高度肯定上海教育审计的整改工作。

(周　琳)

**[教育公示公报制度促进区县政府依法履行教育责任]** 经报请市政府同意,《关于2008年上海市各区县政府依法履行教育责任执行情况的报告》向社会进行了公示。经分析以及各项数据表明:政府依法履行教育责任到位,全市19个区县均达到教育经费“三个增长”;义务教育经费投入得到保障;班额达标率总体维持原有水平,幼儿园、小学、初中、高中各学段平均班额达标率分别为60.3%、84.6%、82.2%和99.6%;各区县专任教师高一层次学历达标率上升较快,教师学历结构得到进一步优化,幼教队伍建设取得较大进展;教育公建配套建设工作进展迅猛,2008年规划落实率为85.3%;城区支援郊区农村建设的力度逐年增加,并注重从硬件建设到内涵发展的全方位支持;2008年全市减少或变更用途的中小学(幼儿园)共23所。

(顾　薇)

**[对未完成的教育公建配套建设项目进行跟踪督查]** 上半年,市政府教育督导室组织对松江、虹口、闸北、金山、长宁、崇明、浦东新区21个教育公建配套完成情况进行跟踪督查。督查结果显示:截至年终,共完成了13个项目,另有8个项目难以实施

开工，将影响义务教育学生就近入学和幼儿入园。市政府教育督导室下发督导情况专报，对有关区县政府提出了整改建议和意见，要求他们采取切实可行的措施，保证有关教育配套建设项目的开工并完成。

（仇智君）

**［对“以招收农民工同住子女为主的民办小学”办学情况开展督导调研］** 5月18日至25日，市政府教育督导室组织6个督导调研组对10个区县66所“以招收农民工同住子女为主的民办小学”进行全覆盖的督导调研，并完成了专题督导报告。督导报告显示：①建立和完善新型的区、街镇、学校三级管理体制，促进了此类学校与公办学校管理的接轨。②加强监管力度，有效推动了教育法规在此类学校得到贯彻落实。③建立有效的集中核算制度，基本保证了教育经费投入用于学校发展。④学校管理趋于规范，推动促进了此类学校办学水平的逐步提高。

（仇智君）

**［督导卢湾区教育现代化推进工作］** 市政府教育督导室于6月组织市教育综合督政工作组对卢湾区推进区域教育现代化工作进行了综合督导。督导组对卢湾区积极推进教育现代化工作给予高度评价，其主要经验：一是区委、区政府倡导的“全力以赴办好与当代教育发展趋势相适应、与现代化精品城区目标相适应、与人民群众对优质教育需求相适应”的教育发展愿景，已成为全区各部门和中小学推进教育现代化的共同实践。二是卢湾区坚持“把推进教育现代化与编制卢湾区中长期教育改革和发展规划、完善2020年卢湾区教育现代化指标体系、促进区域社会经济发展相结合”的工作原则与推进机制，为全面推进区域教育现代化工作奠定了基础。三是“创造教育”、“创新实践教育”、“思优教育”等内涵发展的特色与品牌，已成为卢湾区教育现代化发展的重要基础和保障。四是大力推进和发展社区教育，促进公共教育资源的社会共享；积极构建现代职业教育体系和社区教育体系，使卢湾区基本架构了“大教育”与“大民生”的教育现代化框架。五是卢湾区在建立现代学校制度上实行由公共管理模式向公共治理模式转变，构建了学校、社区、家庭联动的学区管理模式，政府职能在推进教育现代化过程中得到了积极转变。

（张　慧）

**［启动新一轮中小学和幼儿园课程与教学督导调研］** 市政府教育督导室分别于4月和11月对黄浦、嘉定两区深化中小学课程改革、加强教学管理情况进行了视（督）导调研。督导调研组先后督查了两区的38所中小学校和幼儿园。督导调研旨在总结和推广区县学校教育教学先进经验和“课改”成果，及时发现学校在课程实施中具有普遍性和典型性的问题，共同研究和提出有针对性的、可操作性的指导意见，促进中小学校长课程领导力、教师课程执行力、区教研员课程指导力的整体提高。

（袁玉棣）

**［评估爱国主义教育基地青少年工作］** 为贯彻落实中共中央办公厅、国务院办公厅《关于进一步加强和改进未成年人校外活动场所建设和管理工作的意见》和市委办公厅、市政府办公厅《关于进一步加强本市未成年人校外教育工作的指导意见》的精神，上海市青少年学生校外活动联席会议办公室会同市委宣传部，委托市教育评估院于9月17日至10月23日对17个爱国主义教育基地青少年工作开展星级评估。经评估，专家组认为：①初步建立未成年人校外教育工作机制，各基地重视未成年人的教育工作，将其作为重点工作列入年度计划，多数基地保证经费投入。绝大多数基地能向未成年人免费或优惠开放，坚持公益性原则。各基地已经初步形成未成年人教育的工作机制，由专人负责策划、组织教育活动，通过培训、考核加强专职人员队伍建设。②不断推出特色项目。各基地充分利用已有的资源优势，开发出一批深受青少年喜爱的、有教育性、针对性、参与性的特色项目。③积极创新教育模式。各基地积极探索适合未成年人的爱国主义教育途径和渠道，创新展示形式和宣传模式，注重互动交流和体验设计，使基地成为爱国主义精神教育和革命传统教育的重要载体，为深化未成年人综合素质教育提供了新舞台。基地建设存在问题，主要是发展不均衡，机制有待进一步完善，针对性不强。

（邹　竑）

**［召开高校思想政治理论课建设推进会］** 为深入贯彻《中共中央宣传部　教育部关于进一步加强高等学校思想政治理论课教师队伍建设的意见》，2月17日，市委宣传部、市教卫党委、市教委召开上海高校思想政治理论课建设推进会暨第三届思想政治理论课教学论坛。市委副书记殷一璀、副市长沈晓明、市委副秘书长姜樑、市政府副秘书长翁铁慧、市

委宣传部副部长潘世伟、市教卫党委书记李宣海、市教委主任薛明扬、教育部社科司副司长徐维凡等出席。李宣海作题为《改革创新　科学发展　进一步强化高校思想政治理论课的主渠道地位》的主题报告,对本市高校思想政治理论课建设工作进行了总结和回顾,并就进一步推进高校思想政治理论课建设的思路与举措作了部署。殷一璀讲话,她要求思想政治理论课工作者要把握思想政治教育的规律,改进思想政治理论课的教学方法,强调各高校党政"一把手"要抓这项工作。要把思政课建设纳入学校发展规划,要保证精品课程建设、重点学科建设、科研立项、科研基地建设、人才队伍建设和奖励措施。要着力加强思政课队伍建设,建立校领导与思政课教师定期联席制度,加强思政课教师培训,形成名师团队。会议还听取徐维凡作的题为《新形势下加强和改进高等学校思想政治理论课的任务和要求》的专题报告。

(张惠虹)

**[举办教育系统纪念"五四"运动90周年歌会]** 为纪念"五四"运动90周年,根据《教育部关于开展"祖国万岁"歌咏活动的通知》,由市教卫党委、市教委、上海文广新闻传媒集团、上海团市委等举办的"青春放歌——上海市教育系统纪念'五四'运动90周年歌会"于5月4日晚在上海大学举行。本次活动以"青春"和"祖国"为主题,以历史为经,以责任为纬,通过歌唱再现了90年来各个时期青年为了民族独立和祖国富强所付出的艰苦卓绝的努力。歌会分为三个篇章:第一篇章反映1919—1949年期间,无数青年学子抛头颅、洒热血,无怨无悔、前赴后继,掀起全民族救国图存的爱国浪潮;第二篇章反映1949—1979年期间,面对着满目疮痍、百废待新的新中国,千万青年学子带着激情与梦想,投身在火热的建设第一线,将青春播撒在了祖国广袤的土地上;第三篇章体现1979年改革开放以后,充满自信与智慧的新一代青年怀揣强国梦想,参与抗震救灾、迎接奥运、迎接世博等活动,高唱出一首气壮山河的时代赞歌。本市教育系统30多所高校、19个区县教育局的70多个单位5000多人参加,是近年来本市教育系统举办的最大规模的群众性歌咏活动。

(张惠虹)

**[奥巴马与青年学生、学者对话]** 11月16日下午,来华访问的美国总统奥巴马在上海科技馆与本市青年学生、学者进行对话活动。对话活动由复旦大学校长杨玉良主持,来自复旦大学、上海交通大学、同济大学、华东师范大学、上海外国语大学、上海财经大学、上海师范大学、华东政法大学等高校400余名青年参加了活动。奥巴马首先作简短演讲。他表示,中国有悠久的历史和博大精深的文化,正以崭新的发展面貌步入21世纪,在国际上发挥着重要的作用。他对首次访问中国感到很兴奋,期待着通过访问加深对中国的了解。奥巴马回顾了美中关系的发展历程。他说,建交30年来,两国关系取得了长足的进展,双方交往与联系日益紧密。两国都致力于发展积极合作全面的关系,这为双方在解决经济复苏、清洁能源开发、应对气候变化等重大全球性问题上开展合作打开了大门。活动全程采用一问一答的形式,其中,复旦大学等高校的7位学生代表提问。其间,奥巴马还回答了网友的3个问题,会场气氛非常热烈。活动结束后,国务委员刘延东专门发来慰问电,对活动组织工作给予高度肯定。

(张惠虹)

**[情系都江堰——上海德育校外活动援助]** 市教卫党委、市教委组织本市教师赴都江堰市开展校外活动及队伍培训等方面的援助活动。6月,市教委组织黄浦等4个区57名校外教育骨干教师在都江堰市城区、郊区和农村的5个学校活动点,带领学生开展了丰富多彩的包含德育、科技、艺术、体育等内容的夏令营活动。都江堰市近5675名中小学生先后参与,度过了一个快乐难忘的暑期夏令营。市教委还组织教育专家、优秀班主任赴都江堰市对该市中小学班主任开展了主题为"树立职业理想,促进专业成长"的集中培训,都江堰市所有初中和小学的班主任共1145人参加培训。8月,组织市教科院心理辅导协会骨干教师对都江堰市中小学60多名心理教师开展了为期11天、共92课时的中小学校心理辅导员上岗培训。

(邹　竑)

**[推进高校"慈善爱心屋"工作]** 11月30日,由市教卫党委、市教委会同上海市慈善基金会召开上海高校"慈善爱心屋"工作推进会。市政协主席、市慈善基金会理事长冯国勤、市慈善基金会监事长罗世谦、市慈善基金会副理事长任文燕、市教卫党委书记李宣海等出席。李宣海和冯国勤分别讲话。2005年11月,华东师范大学在本市高校中建立起首个"慈善爱心屋"。至2009年底,全市共有11所高校设立了"慈善爱心屋",3000多名师生加入了慈善义工队伍,1000多名师生获领了义工证。各高校

“慈善爱心屋”开展了形式多样、各具特色的活动，传播慈善理念，促进慈善育人，成为大学生思想政治教育工作的新载体和本市慈善事业的新品牌。2009年，在北京人民大会堂举行的中华慈善总会成立15周年纪念大会暨中华慈善事业突出贡献奖表彰大会上，“慈善爱心屋”被中华慈善总会授予“中华慈善突出贡献项目奖”。

（张惠虹）

**［召开校外教育工作会议］** 为贯彻落实《中共中央、国务院关于进一步加强和改进未成年人思想道德建设的若干意见》、《关于进一步加强和改进未成年人校外活动场所建设和管理工作的意见》精神，1月20日，上海市校外活动联席会议办公室与市教卫党委、市教委召开上海市校外教育工作会议，总结工作，交流经验，分析形势，部署本市加强未成年人校外教育工作。会议出台了《上海市校外教育工作三年行动计划(2009—2011年)(试行)》和《中小学课程改革利用社会教育资源实施方案(征求意见稿)》，为推进校外教育工作提供了设计方案和实施蓝图。副市长沈晓明出席会议并讲话。

（邹　竑）

**［开展民族团结教育活动］** 年内，本市教育系统全面启动民族团结教育，将民族团结教育与传统爱国主义教育结合，将面向民族学生的教育与面向全市学生的教育结合，将对民族学生的思想政治教育与贴心关怀结合，提高民族团结教育的针对性和有效性。加强对民族团结教育的统一领导，市教卫党委、市教委制定下发了《上海市民族教育工作要点》、《关于进一步加强民族团结教育和管理工作的通知》等文件，对全面深入开展民族团结教育工作进行了部署。开展干部教师的民族团结教育培训，3月22日，市教卫党委、市教委邀请市委常委、统战部长杨晓渡作西藏问题的专题报告。编写了《民族团结教育与国家稳定发展》，为教师宣讲提供了权威性的参考资料。市教卫党委、市教委在新疆、西藏等地建立了本市学校思想政治教育教师培训基地，选派思想政治教育骨干教师到基地考察交流，实地了解民族文化和民族政策。暑期组织13支队伍、近400名教师，赴西藏、新疆、贵州、云南等西部少数民族地区参观考察。面向全体学生广泛开展民族团结宣传教育，3月，市教卫党委、市教委结合纪念西藏民主改革50周年和庆祝西藏百万农奴解放纪念日，组织开展了一系列大型纪念活动，举办图片巡展和系列讲座。各学校开展形式多样的民族团结教育，至年底，已举办200多场讲座、专题报告会和座谈会等。华东师范大学等高校还开展了“民族团结教育周”活动，在德育课程中有针对性地进行马克思主义民族理论和党的民族政策教育。秋季开学，市委书记俞正声、市委副书记殷一璀等到南汇中学看望内地新疆班师生，表示要悉心爱护和培养新疆学生。殷一璀还专程到上海中医药大学看望慰问维吾尔族学生。市教卫党委、市教委组织马戏学校、舞蹈学校、戏曲学校和上海音乐学院附中等艺术类学校为内地中学民族班学生举办专场文艺演出，让民族班学生参与演出，充分展示才艺，丰富民族班学生的文化生活。

（张惠虹）

**［推进中等职业学校德育工作］** 市教委认真贯彻全国中等职业学校德育工作会议精神，大力推进中职德育工作，切实提高本市中职学生思想道德水平。加强宏观管理，市教委制定下发了《关于进一步加强上海市中等职业学校德育课建设的实施意见》和《关于加强和改进上海市中等职业学校学生德育工作的实施意见》。组织开展本市中职学生迎世博文明礼仪大赛活动，培养学生良好的行为习惯，提升文明素养，增强自豪感和责任感。54所学校、36000多名学生参加比赛，展现了广大中职学生的职业风采。4月至6月，市教委分三个阶段组织开展本市中职德育课教师全员培训，提高教师育人意识和育德能力，70多所中等职业学校校长、副校长、教务主任、德育学科教研组长以及德育教师约800多人次参加培训。组织编写了《上海市中职班主任工作实务手册》。通过学校申报和专家评选，在上海信息技术学校建立了首个本市中小学班主任带头人工作室。12月，市教委和市教卫党委、市委宣传部等联合召开本市首次中等职业学校德育工作推进会，会议要求社会各相关部门重视，整合资源，各司其职，各尽其责，努力形成合力育人的良好氛围。

（周　烨）

**［推进中小学“两纲”与学科德育］** 市教委把实施“两纲”特别是推进学科德育工作作为“一把手工程”，各区县、学校围绕“两纲”实施，探索“寓德育于学科教学之中”的有效途径和方法，促进了学校德育工作。①与课改相融合，推进学科德育。市教委制定了《上海市中小学各学科教学进一步贯彻落实“两纲”工作的实施意见》，根据学科特点，分学段列出落

实"两纲"的 21 门学科、54 个分阶段学科的指导意见。开展了上海市中小学实施"两纲"教学评比竞赛,共评选出一等奖 18 个,二等奖 29 个,三等奖 33 个。②与课内相衔接,推进校外教育。市教委制定了《上海市中小学进一步贯彻落实"两纲"课外活动的指导意见》,形成爱国主义教育、民族文化教育、公民人格教育、科普教育、健康与生存教育、艺术课堂教育、职业技能教育、农业生态教育和爱心志愿者服务等九大系列的未成年人社会实践版图,将民族精神教育和生命教育融入校外教育活动体系。③与教师培训相对接,提升教师师德与育德能力。制订了《上海市中小学教师师德与育德能力培训的实施意见》,构建了市、区(县)、校三个层次,职务培训、骨干教师培训、培训者培训三种类型的培训体系,提升教师队伍的育德能力。

(邹　竑)

**[中小学班主任带头人工作室建设]** 为贯彻落实教育部《关于印发〈中小学班主任工作规定〉的通知》要求,市教委在全市范围内遴选了上海外国语大学附属大境中学周菁等 8 名"上海市中小学班主任带头人",并为 8 人建立"上海市中小学班主任带头人工作室",作为本市普教系统名师培养系列工程的后备力量进行重点培养。以工作室为抓手,建设优秀班主任资源库,计划三年内选拔中青年班主任进入工作室进行重点培养,一年半为一轮,每个工作室每轮培养 10 名学员。以工作室为载体,促进班主任队伍专业发展,培养骨干队伍,加强应用性实践研究,促进班主任专业发展和自我成长。市建立专家顾问团,联系每个工作室,帮助工作室确立 1—2 个研究课题,定期开展业务指导、专家咨询、专题讲座、经验总结等工作,构建研训一体化平台。市中小学幼儿教师奖励基金会给予"上海市中小学班主任带头人"奖励,市教委对工作室给予经费资助,区县教育局或所属单位按 1∶1 配套资金予以支持,进入工作室培训的学员由学校或区县给予一定的经费资助。

(邹　竑)

**[中小学迎世博、讲文明、树新风]** 市教卫党委、市教委以上海世博会为契机,在中小学深入开展"迎世博、讲文明、树新风"活动,发动学生参与世博、服务世博、奉献世博,引导学生在实践锻炼中受教育、长才干、作贡献。2008 学年至 2009 学年,各中小学校安排 6 个课时世博知识实践主题教育课程,组织学生参观上海世博会,开展"小伙伴礼仪城"情景实训活动,并将与上海世博会相关的内容作为各类文化课程的选题之一,引导学生多渠道、多视角了解世博会,明确自己的义务和责任。组织开展百万师生世博知识普及活动,举办世博知识网络辩论赛等活动,推进全系统师生员工学习世博知识。组织中小学生世博知识竞赛,全市 1000 多所学校百万师生参加。为世博教学提供资源平台,为中小学提供世博会读本(《世博知识 150 问》),在心域网开辟世博知识专栏。在迎世博倒计时 600 天时,在全市中小学升旗仪式后的"国旗下的讲话"活动中,举行"百万学生同一时间看世博"活动;在迎世博倒计时一周年时,开展面向社会的"小手牵大手,共同迎世博"公益宣传活动。组织形式多样的社会实践活动,引导学生在实践中更深入地了解和践行世博精神。组织"百个世博主题创意活动"、"创意美化生活、行动喜迎世博——中小学生社团创意实践大赛"等活动。开展百场世博志愿者培训活动,开设 19 个语种 28 个国家的社会与文化课程项目,对志愿者、宣传骨干、社区干部进行世博知识和文明礼仪的培训。通过小手牵大手,迎世博"三五"集中行动、"百万学生千支队,清洁城市我动手"等社会实践和公益劳动,引导中小学生服务社区,规范公共行为。

(邹　竑)

**[中小学生伤害事故呈下降趋势]** 2009 年本市共发生中小学生各类安全事故 1717 起,比 2008 年减少 39 起。各类安全事故中,轻微伤和轻伤占 96%,与 2008 年持平。校方责任事故占事故总数的 2.8%,比 2008 年下降 2.1 个百分点。非正常死亡学生 68 人,比 2008 年减少 3 人,其中在校园内非正常死亡 4 人,与 2008 年持平。其中坠楼 1 人,猝死 2 人、被杀害 1 人。在社会和家庭中非正常死亡 64 人,比上年减少 3 人,占学生死亡总数的 94%。其中溺水死亡 27 人,比 2008 年减少 16 人;交通事故死亡 16 人,比上年增加 11 人;一氧化碳中毒死亡 4 人,比上年增加 2 人;坠落 7 人;其他 10 人。年内,本市中小学未发生集体食物中毒、校车责任事故等公共安全事故和自然灾害事故。

(卢　惠)

**[出台《中小幼学生伤害事故案例选编》]** 《中小幼学生伤害事故案例选编》共编入近年来发生在本市中小学幼儿园 68 起经法院判决为主的学生伤害事故典型案例,主要为学校管理或教师行为不当

引发的伤害事故、学生嬉戏打闹引发的伤害事故、体育运动中发生的伤害事故和其他伤害事故。每则案例均有案件经过、案件分析及处理结果。可作为中小学幼儿园开展学生伤害事故预防和处理教育培训教材。

(卢　惠)

**[完善中小学幼托园所校车规范管理制度]**　为提升本市中小学、幼儿园实际使用校车的管控能力，2009年内，本市出台校车退出制度，即中小学幼托园所因故不再使用的校车应办理注销校车登记、换领行驶证等手续。针对工作中发现的个别学校将私人车辆作为学校自有校车申报使用情况，市教委要求各区县开展学校自有校车资产审计，同时组织力量对本市自有校车拥有量最大的三所学校校车资产进行审计，当年共清退挂靠车45辆，并对本市392所中小学幼托园所的2136辆校车实施动态管理。

(卢　惠)

**[加强工读学校建设]**　1月18日，市青保办等举办上海市第六届工读教育论坛——工读学校班集体建设。出版发行《未成年学生不良行为的发现与教育调适》。出台《关于进一步加强本市行为不良未成年学生教育转化工作的若干意见》，进一步规范、细化行为不良未成年学生教育转化工作，加强学校、社区、职能部门之间的工作合力。组织"工读学校第六届拥抱明天"系列活动，13所工读学校120余名学生选手在"绘画基础"、"摄影"和"硬笔书法"三个比赛项目中展开角逐，42名(次)学生获奖，28位学生取得四段以上的绘画或硬笔书法段位证书。承办主题为"聚焦课堂有效教学"的全国工读教育年会。

(张大飞)

**[建立5个"上海市青少年法制教育活动基地"]**为纪念《中华人民共和国预防未成年人犯罪法》实施10周年暨上海法院少年法庭成立25周年，上海市高级人民法院会同市教委于9月29日联合举办"上海市青少年法制教育活动基地"揭牌仪式。上海市第一中级人民法院、长宁、闵行、普陀、闸北区人民法院等5个设少年法庭的法院被确立为"全市青少年法制教育活动基地"。副市长沈晓明、市高院院长应勇等为活动基地揭牌。青少年法制教育活动基地的建立，既是加强学校保护和司法保护的一个着力点，又是完善联防工作的一项具体内容，有利于青少年增强法律意识、自我保护意识，有利于发挥法院引领社会风尚的能动作用，引导家庭、学校、社会共同形成保护未成年人合法权益的良好氛围。

(张大飞)

**[重视学校周边环境建设]**　截至10月31日，全市中小学、幼儿园周边治安、交通、市容环卫、文化环境等存在问题的，占全市学校总数的2.39%。其中，学校周边有乱设摊、乱堆物现象的，占学校总数的0.58%；交通设施不完善的占学校总数的0.19%；有乱停车现象、交通秩序差的，占0.89%。中小学周边200米内没有法律规定不得开设的场所。公安部门就学校周边涉及师生安全的刑事立案100件，侦破49件，查处治安案件38起，完成45所中小学校周边环境整治任务，学校周边环境总体较稳定。1120所中小学、中等职业学校和44所高校被评为"2008—2009年度上海市安全文明校园"。5月，在全市中小学幼儿园开展学校及周边环境专项检查，共检查中小学1451所、幼儿园1083所、以招收农民工子女为主的民办学校199所，占学校总数的97.4%，排查、整改各类安全隐患865处。9月至10月，结合庆祝新中国成立60周年相关保障工作，开展治安隐患排查和整改工作，对1814所大、中小学、幼儿园校园及周边治安隐患进行排查，共排查出各类安全隐患796处，已整改安全隐患751处。

(姜文娟)

**[推选"最可爱的校外治安辅导员"]**　4月—9月，市综治委学校及周边治安综合治理工作领导小组办公室和市公安局治安总队在全市中小学、中等职业学校中开展了"最可爱的校外治安辅导员"推荐活动。其间，全市共有1019所中小学和中等职业学校的100多万名学生参加了此次推荐活动，共提交推荐事迹稿约16.7万份。通过学生推荐、区县初评、网上投票等程序，21名公安民警被推选为"最可爱的校外治安辅导员"，38名公安民警获得提名，25篇推荐文稿分获小学组和中学(中职)组"优秀推荐事迹奖"。

(姜文娟)

**[构架经营性网吧行政执法教育联动平台]**　8月，市青保办与市文化市场行政执法总队共同制定了《上海市网吧、娱乐场所违规接纳未成年学生信息告知及处理办法(试行)》，从2009年9月1日起，在全市实施网吧、娱乐场所违规接纳未成年学生的相关信息每月告知制度。根据该告知制度，市、区(县)

文化执法部门负责将检查发现的未成年学生进入网吧、娱乐场所的相关信息书面告知市、区(县)青保部门,由青保部门协调、指导、督促相关学校和学生家长开展教育工作,并将教育情况书面告知执法部门。而学校或网吧义务监督员则通过市、区(县)青保办书面告知文化执法部门接纳未成年学生的网吧、娱乐场所信息,由文化执法部门执法,并将执法情况反馈给青保部门。这一举措,使本市经营性网吧的执法管理与学校、家庭教育管理两个平台相贯通,有助于提升本市未成年人的社会保护、学校保护、家庭保护水平。

(姜文娟)

**[规范教育收费工作]** 教育系统采取以下措施:6月9日,市规范教育收费联席会议七成员单位联合召开上海市规范教育收费工作会议,部署工作。市教委、市物价局、市财政局联合制定管理文件,规范代办行为。严格教育收费公示制度,认为子女所在学校按规定进行收费公示的占95.03%。清理收费项目,保留的教育行政事业性收费项目主要有学费、住宿费、各类报名费考试费等。严禁收取与入学挂钩的赞助费,反映学校收取过赞助费之类的费用占1.14%。公办高中招收择校生的"三限"政策进一步得到落实,全市各公办高中招收择校生的比例平均为13.14%。开展创建规范教育收费达标区县活动,经评估,奉贤、金山、青浦、闸北、松江、虹口、闵行、南汇、普陀区教育局被评为2008年度上海市规范教育收费优秀达标单位;其他9个区县教育局被评为达标单位。加强监督检查工作。9月,市规范教育收费11个检查组对18个区县和15所高校的规范教育收费工作情况开展联合检查。共查出各类违规问题68件,违规收费300.36万元。开展以中小学校收费为主要内容的问卷调查活动,学生家长对学校执行教育收费规定的"满意率"为94.76%。收到有关教育收费问题的举报130件,当年办结率为97%,相关学校和责任人员受到处理。

(魏　健)

**[对教育系统政风行风建设开展"回头看"]** 在2008年市纠风办组织"重点评"基础上,2009年又对教育系统政风行风建设开展"回头看"。着重做了三方面工作:一是加强领导,明确市教委、区县教育局、高校、中小学校等不同主体的责任,形成教育政风行风建设的责任体系。二是采取措施,落实整改。三是建章立制,形成长效机制。据市纠风办测评,上海教育部门的综合满意度得分为84.52分,在全市22个综合管理类部门中排第7位。据市教委、市纠风办联合开展的本市中小学收费情况调查问卷统计,学生家长认为子女所在学校执行教育收费规定"好"和"较好"的比例之和为94.76%。"回头看"反馈评议认为,上海教育收费问题已不再是群众反映的热点问题。

(魏　健)

**[清理借用校舍违规举办的收费补课班]** 中小学校将校舍出租、出借给社会力量办学机构,违规举办以中小学生为主要对象的收费补习班、培训班,导致学生学业负担过重并引发教育乱收费,社会反响很大。年内,市教委开展专项清理,6次组织对8个区的23所学校进行暗访检查,将查实的中小学校、青少年活动中心将校舍出租给社会力量办学单位,违规办班补课收费的情况进行通报,督促各区县举一反三,加大自查自纠力度。据统计,全市共清理违规收费补习班、培训班133所,其中注销停办74所,搬出公办中小学校园59所,7所正在办理关、停、转相关手续。中小学违规办班收费补课现象已经得到有效遏制。

(魏　健)

# 基 础 教 育

**［2009年概况］** 上海基础教育取得了新的进展和成效。完成列为市政府实事项目的“郊区新增50所幼儿园”的建设任务，新增班级近600个，增招幼儿近2万人；全面完成《上海市学前教育三年行动计划》，并制定了《幼儿教育事业五年发展规划》。进一步推进教育均衡优质发展，启动新一轮共44所农村义务教育学校的委托管理工作，比首轮扩大120%；39.43万名非本市户籍人口子女接受免费义务教育，占非本市户籍人口子女总数的92.7%，比上年增加18个百分点；郊区在建和开工的投资500万元以上中小学幼儿园建设项目180个；扩大了郊区优质高中教育资源，向明中学浦江校区秋季开学；发布了《上海市特殊教育三年行动计划》，成立了上海市特殊教育资源中心。召开了上海市高中教育教学改革交流会和市实验性示范性高中校长会议，上大附中等3所学校经评审通过成为市实验性示范性高中。经市政府同意，建立了高中学业水平考试制度。民族教育得到高度重视，市委书记俞正声向藏族学生赠送影碟、图书等，并慰问内地新疆高中班学生；举办了上海市教育系统纪念西藏民主改革50周年大型主题活动，广泛开展中小学民族团结教育。课程改革和素质教育得到进一步推进，成立了上海市基础教育质量监测中心，推进教育评价改革；创新素质培养项目试点范围扩大；二期课改基地学校全面编制学校课程计划，加强课程统整；黄浦、静安等8区向社会发布了推进素质教育的新举措。

（顾剑华）

**［制订实施《上海市特殊教育三年行动计划(2009—2011年)》］** 8月，市政府办公厅转发了市教委等八部门联合制订的《上海市特殊教育三年行动计划(2009—2011年)》，明确了本市发展特殊教育事业的指导思想，即进一步深化体制机制改革，优化配置特教资源，加强医教结合研究，提高教育与康复质量。提出了实施“医教结合、按需施教、开发潜能、人人有所发展”的特教事业发展总目标。确定了优化特殊教育办学条件；创建医教结合的特教课程体系；开展特教师资队伍专业化建设；建立各部门分工合作、教育与医学相互结合的特殊教育医教结合信息平台、服务网络和运行机制等四项具体目标。推出了八项措施：多途径实施特殊教育机构建设，创设良好的教育与康复环境；加强康复课程建设，完善特教课程体系；规范随班就读管理，提高随班就读工作水平；加强师资队伍建设，提高教师专业化水平；实施资源整合，构建医教结合的特殊教育服务网络；各部门各区县各司其职，完善特殊教育管理体制；增加资金投入，确保特教事业持续稳定发展；加强督导，确保各项工作落到实处。

（陈东珍）

**［“学前教育三年行动计划”完成］** 7月，历时3年的《上海市学前教育三年行动计划》顺利完成。各级政府加大财政投入力度，2008年学前教育经费支出达31.91亿元，占当年全市教育经费总支出的7.53%，2005年—2008年年均增长18.7%，保障学前教育事业发展。2008年、2009年连续两年将新建50所郊区农村幼儿园作为市政府的重点工作和实事工程加以实施。优化学前教育资源配置，提高幼儿园办学条件和办学水平。加强城郊结对，优化郊区农村学前教育资源。关注农民工同住子女接受学前教育的需求。加强学前教育质量和队伍建设，促进内涵建设的发展。加强保教人员培训和进修工作，聚焦保教质量，促进幼儿园内涵发展。建立和完善早教指导服务网络，全面推进0—3岁婴幼儿早教指导工作。同时，探索构建民办非营利机制，促进公办、民办协调发展。

（孙　鸿）

**［启动第二轮义务教育学校委托管理工作］** 2009学年，市教委启动第二轮农村义务教育学校委托管理工作，使受援学校由原先的20所增加至44所，支援学校(机构)由原先的18所(个)增加至37所(个)。第二轮委托管理工作增设了支援学校(机构)资质认定环节，推进契约双方自由选择，进一步完善了第二轮托管工作机制，加强了托管经费的使用管理，建立健全了沟通机制和退出机制。第二轮

托管工作取得显著成效，一是托管方表现出了更强的管理责任主体意识；二是各受援区县积极放大托管工作效应，有效地促进了优质教育资源在区域内的流动和辐射。在首届全国教育改革创新奖评比中，上海农村义务教育学校委托管理获特别奖。

（焦小峰）

**［加强中小学生创新素质培养］** 进一步加强中小学生创新素质培养，新增华师大二附中、复旦附中和交大附中 3 所“创新素养培育实验项目”试点学校。试点学校在“以学生发展为本”理念的引领下，从校情和学情出发，特制了项目培养方案，从课程建设、培养模式、评价方法等多方面进行改革和突破。4 月，杨浦区创建“基础教育创新试验区”，利用辖区内高校和科研院所资源集中的优势，进行培养学生创新素质和实践能力的实践探索，实施以课程建设为核心、以资源整合为基础、以师资培养为重点的教育创新试验。9 月，杨浦区制订《基础教育创新试验区三年规划》，启动课程建设、科教创新服务平台、师资建设三项试验项目，拓展教育资源，建立以素质教育为核心的课程体系，加强教师研修，提高教育效能。卢湾区整合区域内的社会资源，调整课时安排，确立每周五为“创新实践活动日”，开展自然科学与人文社会科学并重的素质教育创新实践活动。4 月，全市第一个青少年创新实验基地在卢湾区青少年活动中心正式启动，为全市中小学生搭建创新实践平台。

（金莉莉）

**［加强农民工同住子女义务教育］** 本市积极构建涵盖农民工同住子女的基本均等的义务教育公共服务体系。一方面，通过启动新一轮郊区学校建设工程、鼓励公办学校放宽班额吸纳农民工同住子女入学等举措，加大公办学校的接收力度。另一方面，共审批了 86 所以招收农民工同住子女为主的民办小学，政府委托这些民办小学招收农民工同住子女，并给予基本办学成本补贴，学校招收的农民工同住子女享受免收学杂费、教科书费的待遇。秋季开学，本市共有 394280 名非上海户籍人口子女（大部分为农民工同住子女）在公办学校或政府委托民办小学免费就读，占义务教育阶段非上海户籍人口子女总数（425329 名）的 92.70％。

（焦小峰）

**［表彰民族教育先进］** 3 月，市教卫党委、市教委、市民宗委首次评选中小学民族教育先进。5 月，举行表彰大会，表彰和奖励 11 个先进集体和 39 名先进个人，极大地激发了教职工的工作积极性。市教卫党委副书记、市教委副主任莫负春出席会议并讲话，他高度肯定中小学民族教育取得的成效，要求进一步加强民族团结教育和爱国主义教育。

（顾剑华）

# 职 业 教 育

**[2009 年概况]** 全市有全日制中等职业学校 109 所(包括中专 70 所、职业学校 26 所、技工学校 13 所),成人中等专业学校 31 所,共有在校生 18.7 万人,毕业生就业率保持在 96%。2009 年参加高中阶段招生的中等职业学校有 86 所,录取学生总数 5.7 万名,其中本市生源 3.6 万名,非本市生源 1.4 万名,成人中专 0.7 万人。中职学校与普通高中在校生数比例达 51∶49,中等职业教育与普通高中教育保持协调发展。全市中等职业学校中,拥有现代化标志性学校 10 所,国家级重点中职学校 56 所。依托学校建设了国家级紧缺人才培训基地 17 个,立项建设职业教育开放实训中心 80 个,有 60 个已通过验收评估。共建设了 100 个市重点专业(其中 8 个是教育部示范专业)。共设置 1497 个专业(专门化)点,涵盖了教育部《中等职业学校专业目录》中 270 个专业的 154 个,涵盖率达 57.03%。这些专业按一、二、三产业类型分布,比例分别为 3.09%、24.44%和 72.47%,基本适应上海产业结构调整和发展的需要。全日制中等职业学校共有专任教师 0.85 万人;专任教师中,本科及以上学历教师占 94%,硕士研究生占 9%,高级职称教师占 19.1%,实习指导课教师占 3%,聘请兼职教师 1430 人。师资队伍的整体素质不断提高,成为职业教育质量提升的重要保障。

(王向群　黄　蕾)

**[举办“星光计划”第三届中职校职业技能大赛]** “星光计划”第三届中职校技能大赛共设通用类等 16 个大类共 60 个学生项目,9 个教师项目。共有近 10 万人次师生参加初赛、0.7 万人次参加决赛,2253 人次学生和 68 名教师获奖。本次大赛是上海职业教育历史上规模最大、项目最多、覆盖面最广的一次技能大赛,有 182 名学生获得比赛项目全能一等奖,11 名教师获得比赛项目一等奖。有 137 个项目获得团体奖,23 个单位获得优秀组织奖,870 名教师获得优秀指导教师奖,12 位优秀指导教师获得“星光金牌指导教师”的荣誉称号。2108 人次参赛学生获得市人力资源社会保障局等单位颁发的各类职业资格证书,77 名参赛学生获得劳动部门的高一级职业资格认定。大赛立足于面向全体学生,比赛项目比上年增加了 15 个。大赛项目设计紧贴国家职业标准和全国技能大赛要求,实现职业教育学历证书与职业资格证书的有效衔接,有 44 个项目与 37 种国家职业资格考核和鉴定要求相结合。市委、市政府、市政协等领导亲临现场出席开闭幕式活动。“星光计划网站”自 2008 年 12 月起开通以来,网站访问 IP 量达 35 万,“博客群”访问 IP 量达 8.8 万,外省市、港澳台及海外的 IP 量占到 40%,“星光计划”大赛已经成为上海职业教育成果展示的一个重要品牌。

(张福顺)

**[中职校招收在沪农民工子女数比上年翻一番]** 全市 45 所中职校 147 个专业(点)计划招收 3000 名在沪农民工同住子女,2932 人参加招生入学考试,共录取 2735 人,录取率为 91%,录取人数比上年的 1380 人翻了一番。扩大招生学校和招生计划,招生学校数比上年增加 40%,招生计划比上年扩大 27%。以就业为导向设置招生专业,招生专业主要是本市社会经济发展急需、紧缺,产业、行业需求相对稳定的,以培养一线实际操作的、技能型人才的先进制造类和现代服务类等专业为主。机械加工、数控技术、船舶制造、焊接、汽车修理、空调维修等加工制造类专业占 35%;饭店服务与管理、烹饪和美容美发等服务类专业占 31%;计算机应用、电子技术、会计、物流等专业占 24%;建筑工程、化工等专业占 9%。在 147 个招生专业(点)中,列为政府奖励专业的有 64 个。学生救助全覆盖,在沪农民工同住子女在中职校就读期间的帮困助学工作,纳入本市全日制中职校学生帮困助学体系。

(张福顺)

**[中职校与普通高中录取比为 52∶48]** 本市初中毕业生报考人数为 9.4 万人,比上年减少 0.7 万人,教育部下达给本市的指导性招生计划为 6.26 万人。86 所中职校录取总数 5.9185 万人,完成教育部下达的指导性招生计划总数的 95%,其中,录

取本市生源3.6316万人，非本市生源1.3349万人，成人中专0.952万人，普通高中录取5.4763万人。本市中等职业学校与普通高中录取比为52∶48，在校生数比例首次达到51∶49。

严控全日制普通高中招生计划和全日制普通高中招生最低投档控制线，改革中职校提前录取、推优生招生和学校自主招生等办法。开展多种合作办学模式，组织本市中职校参加东西部合作办学招生洽谈会，采用“1+2”等分段式合作办学模式，形成共同发展的“双赢”机制；落实与云南、新疆、重庆、湖北等省市对口支援地区开展合作办学，17所学校与对口支援地区25所学校结对设分校，录取当地农村学生2624人。

（王向群　张福顺）

**［中职校毕业生就业率保持96%］** 全市123所中等职业学校（含普通中专、职业学校和技工学校）毕业生50474人，就业48434人，就业率95.96%。①直接就业成为本市中职毕业生的首选，占毕业生总数的63.38%，比上年提高0.14个百分点；升入高一级学校占32.58%，比上年下降0.32个百分点。直接就业中，34%进入国有企业单位，23%进入合资和独资企业单位，41%进入私营和其他企业单位。其中，677名沪籍毕业生进入外省市企、事业单位就业。②毕业生就业于“三、二、一”产业的分布成梯度状，分别为43.11%、19.27%和1%。其中制造业占24.3%；交通运输、仓储和邮政业占14.37%；教育、卫生、社会保障和社会福利业占7.83%；住宿和餐饮业占7.31%；租赁和商业服务业占6.82%；批发和零售业占6.71%；信息传输、计算机服务和软件业占4.79%。③“专业奖励”政策效应充分显现，在首批“专业奖励”的6819名毕业生中，5131人选择了直接就业，占75.25%，高于全市平均就业率12个百分点；1483人升入高一级学校继续学习，占21.75%，低于全市平均升学率11个百分点。④升入高一级学校继续学习者占毕业生总数的32.58%。在升学的1.64万人数中，进入普通高职高专院校占78%，进入普通本科院校占6.9%，进入成人高校占15%。⑤45%非沪籍中职毕业生回原籍或其他省市就业、升学。非沪籍中职毕业生5616人，占毕业生总数的11.1%，其中，44.58%非沪籍毕业生回原籍或其他省市就业、升学，55.42%在沪就业。

（张福顺）

**［推进职业教育集团化办学］** 市教委颁布《关于本市推进组建区域职业教育集团工作的指导意见》，加快推进集团化办学向区域延伸。先后成立嘉定职教集团、徐汇职教集团、闵行职教集团、黄浦职教集团。至此，全市已组建成立了5个行业职教集团和4个区域职教集团。各职教集团开展实践探索：与企业合作搭建学生实习、就业平台，嘉定职教集团参与区人力资源和社会保障局等单位联合举办的区人力资源招聘洽谈会，职教集团内毕业生500多人参加；实施特聘兼职教师资助工作，已资助93名特聘兼职教师；开展职教集团内中高职课程衔接研究，制订中高职教育衔接8个专业教学实施方案；发挥行业专家优势，开发专业教学标准和课程标准；加强信息化建设，各职教集团都建立了沟通交流和信息共享的专门网站，搭建交流平台。

（戴小芙）

**［率先对农村、海岛家庭和涉农专业学生实施免费教育］** 上海市政府办公厅发文，从2009学年起，对在沪就读本市全日制普通中等职业学校（含公办和民办普通中专、职业学校、技工学校）的来自农村（含在沪就读的非本市户籍学生）、海岛家庭和就读涉农专业的学生，实施免费教育。免费教育政策主要包括：一是免除学费和书簿费，即凡符合条件的学生，每生每年可免除2600元至4000元不等的学费，免除400元至600元不等的书簿费；二是享受助学金（除毕业年级外），对符合条件的学生每生每年发放助学金1500元。在籍在沪就读享受帮困助学政策的在校生14.99万人，其中享受免费教育政策的有41682人，共获资助经费10971.044万元（免学费、书簿费8758.394万元，发放助学金2212.65万元），在享有免费教育政策的学生中来自中西部地区学生10283人，占外省市在沪学生人数65%。

（黄　蕾）

**［培训中职校骨干教师］** 中等职业学校专业骨干教师市级培训工作自2008年11月启动，2009年7月结束。全市59所中职校326名专业教师参加培训。经过考核，参训教师全部获得专业骨干教师市级培训结业证书。为加强对培训工作的领导和管理，成立了工作领导小组，下设项目办公室，具体组织落实培训工作。各培训基地协调配合，依托相关中高职院校开展培训工作，突出专业化发展，考核方式呈现多样化，有效地提升了专业实践技能，促进了教师的专业化发展。

（钱啸寅）

[**推进郊区中职校基础能力建设**] 为加强职业学校基础能力建设,推进郊区中等职业学校建设工作,全面启动了江南技校和临港科技学校的整体迁建工作,以适应和满足长兴岛海洋装备制造业及临港新区对一线高素质技能型人才的需求。12 月 8 日和 12 月 28 日,江南技校和临港科技学校顺利动工打桩。完成了设在郊区的机电技术应用、金融事务、港口物流数字化、建筑施工与装修等 4 个开放实训中心的验收评估工作。

(钱啸寅)

[**开展中等职业学校新设专业教学质量检查评估**] 在中等职业教育新专业(专门化)设置改由学校面向市场依法自主设置,并由审批制改为备案制后,市教委要求定期对中等职业学校自主设置的新设专业教学质量进行检查评估。为了加强过程监管,市教委委托市教育评估院于下半年对 24 所中等职业学校的 48 个新设专业(专门化)进行了材料评审,对 17 所学校的 20 个专业进行了实地检查评估。评估主要对教学常规工作进行随机抽查。通过检查评估,促进学校自主规范设置新专业,提高专业教学质量。同时,实现专业设置、教学质量从事前审批向事后监管的转变。

(戴小芙)

# 高 等 教 育

［**2009年概况**］ 全市普通高等学校和成人高等学校共有在校生98.25万人。全市共有普通高等学校(含民办高校及高等职业技术学院)66所，教职工7.45万人(其中市属高校4.09万人)，专任教师3.81万人(其中市属高校2.30万人)。全市在读研究生10.35万人，比上年增加0.8万人，增长8.4%。普通高校本专科在校生51.28万人，比上年增加2.0%。招收本专科学生14.35万人，招收研究生3.74万人。各普通高校有留学生3.85万人，其中在校全日制港澳台学生总数1.06万余人。共受理各类留学申请600多人，上报国家留学基金委506人，录取192人。

全面实施高等教育内涵建设工程。市教委印发《上海高等教育内涵建设“085工程”实施方案的通知》等文件，对贯彻实施“085工程”做了制度化的规定，选择4所市属高校开展“085工程”第二类项目建设先行先试工作。开展对复旦大学、同济大学、华东师范大学、上海交通大学开展“985工程”二期建设绩效考察工作。市政府召开上海高校“211工程”三期建设工作推进会，市教委等下发“211工程”三期建设工作文件，召开“211工程”地方财政资金建设项目评审会。上海医药高等专科学校通过国家级示范性高职建设院校验收评审。申报省部共建教育部重点实验室1个，申报教育部创新团队3个。启动市属高校上海高校创新团队(第二期)建设工作，17个团队列入建设计划。

深入开展社会工作等6个研究生教学开放案例库建设，举办15个研究生学术论坛、20个研究生暑期学校。评选140篇博士学位论文、62篇硕士学位论文为上海市研究生优秀成果(学位论文)，遴选58篇博士学位论文参加全国优秀博士学位论文评选。设立产学研联合培养研究生专项资金。参加国务院“专业学位总体设计”课题等研究。启动教学合格评估工作试点。同意增设本科专业24个，对82个新建专业进行检查。完成24所高校77个本科专业增列为学士学位授予专业的审批工作。立项建设市教委重点课程267门，评选市级精品课程103门，其中30门获得国家级精品课程称号。评选市级教学名师奖38名，其中4名获得国家级教学名师奖称号；评选建设53个上海市教学团队，其中20个获得国家级教学团队荣誉。建设15个市级实验教学示范中心，10个获国家级实验教学示范中心。组织开展第1、2期63项本科教学高地验收工作。投入1000万元，资助1000个大学生创新活动项目。推进上海“西南片”、“东北片”和松江大学园区教育教学资源共享。

对4所高职高专院校开展人才培养工作水平评估。完成年度“校企合作培养高技能人才计划”。分别有22个和31个项目获得了第四期民办高校教学高地建设和高职教育公共实训基地建设项目资助。经调研，形成构建上海职业教育六大立交桥的方案。完成第二期高职教师教学能力提升培训，培训新教师500余名，专业教师200名。

推进上海应用技术学院奉贤校区等5所院校校区建设等项目。上海市人民政府分别与中国人民解放军总后勤部、国家海洋局签订合作建设第二军医大学、上海海洋大学的协议。启动建设上海高校技术市场，组织全国57所高校参加上海工博会，参展科技成果共458项，签订交易协议总金额6.78亿元，比上年增长35%。上海市重点学科(第三期)建设计划共核定186项重点学科建设任务，并下达了首期建设经费。上海市教委第五期重点学科增补22个，总数达到70个。启动建设化学生物学E—研究院。确定上海大学美术创作中心等8个上海高校人文艺术创新工作室。

评审产生56名曙光学者，14人获10项国家科技进步奖和国家技术发明奖，9人获国家杰出青年基金项目资助。实施“晨光计划”，共确定49所高校100位项目承担人。确定2010年度上海市教委科研创新项目重点项目139项，一般项目242项。

(朱俏道)

［**推进高校内涵建设“085工程”**］ 完成高职高专院校发展定位规划交流互动工作，举行30次交流互动会，副市长沈晓明出席多所学校的互动会。经过互动交流，政府部门与高校达成了以下共识：学校

应根据经济社会发展和学校可持续发展需要，科学制定发展定位规划；定位规划应作为学校学科专业布局结构优化与调整的依据；政府在学校发展定位规划工作中应承担主导责任；学校的发展定位规划将是市政府对学校经费投入的重要依据。市教委要求18所高校的23个本科专业减少招生计划。组建“085工程”建设项目信息平台，实施“全年全时开放，分级授权管理”。选择4所定位规划制定较好的高校开展先行试点工作。市教委制定“085工程”14个文件，其中包括2008—2020年定位规划、项目申报办法、实施方案、第二类项目建设先行先试办法等4个管理性文件及10个“085工程”项目建设文件。

（朱俏道）

**[实施“大学生创新活动计划”]** “大学生创新活动计划”是高等学校本科教学质量与教学改革工程的重要组成部分。市教委从2007年起，每年投入1000万元，每年资助1000个大学生创新活动项目，连续3年实施上海大学生创新活动计划。17所高校按照“兴趣驱动、自主实践、重在过程、追求实效”的基本原则，增加了1000个项目作为市级大学生第二批科研创新项目，参与学生达三四千人。5月，市教委组织举办上海市首届大学生创新论坛，集中展示170项优秀创新活动项目。10月，上海高校大学生创新项目从全国120所高校申报的项目中脱颖而出，2个项目获“十个我最喜欢的项目”。市教委召开上海高校创业教育体系建设推进会，提出以构建“覆盖全面、层次合理、运行有效、特色鲜明”的高校创业教育体系为发展目标。与英国大学生创业全国委员会(NCGE)合作编写创业教育基础教材，首次成立市创业教育教学指导协作组。

（傅建勤）

**[高校本科新专业设置调整]** 市教委提出“关于做好本市高校年度专业招生计划调整工作的意见”，要求各校在制定分专业招生计划时应重点对四类专业给予适当的减招甚至暂停招生：一是教学条件相对较差的专业；二是全市重复设置严重、招生数量超过社会需求的专业；三是前几年盲目跟风，大幅扩招的非本校主干学科专业或超出本校定位发展规划以外的专业；四是新建的学科专业。经综合分析全市高校专业设置与社会需求情况，提出2010年全市高校招生计划减少6个本科专业的招生总量(广告学、艺术设计、化学工程与工艺、市场营销、工商管理、公共事业管理)，涉及15所高校的33个本科专业。共有15所市属高校申请增设34个本科新专业，经审核，拟同意24个专业报教育部备案。

（赵丽霞）

**[评选高校实验教学示范中心]** 根据市教委关于开展市级实验教学示范中心建设单位评审与国家级实验教学示范中心建设单位推荐工作的精神，经学校申报、专家评审、网上公示和市教委审核，批准复旦大学《新闻传播实验教学中心》等12个实验教学中心为第五批上海市市级实验教学示范中心建设单位。为支持示范中心的建设，市教委资助各建设单位一定额度的专项建设经费。

（沙正建）

**[推进普通高校课程建设]** 截至年底，上海市共评选出725门市级精品课程，其中，199门课程被评为国家级精品课程。同时，继续开展市教委重点课程建设。为加快地方高校课程建设，扶植和培育精品课程，截至年底，共有1081门课程立项列入市教委重点课程建设名单。建设特色课程，市教委在全市高校中启动示范性全英语教学课程建设，通过组织专家评审，市教委选择45门作为首批立项资助建设的示范性全英语教学课程，并委托上海高校外国教材中心购买英语原版教材供学生在课程教学中循环使用。市教委组织对2007年立项建设的13个高校课程中心进行检查验收。年内，上大、交大医学院、海事大学、工程大学、上师大、上理工等一批高校建成课程中心并交付使用。

（赵丽霞）

**[评选高等教育教学成果奖]** 根据上海市人民政府发布的《上海市教学成果奖励办法》的规定，市人力资源社会保障局、市教委、市公务员局组织开展高等教育上海市级教学成果奖励工作。经评审，确定398项申报成果获高等教育上海市级教学成果奖，其中复旦大学李大潜等完成的《科学组织大学生数学建模竞赛、提高学生创新能力和综合素质》、上海交通大学叶取源等完成的《深入开展多模式国际合作办学，培养具有国际竞争力的优秀人才》和同济大学沈祖炎等完成的《同济大学结构工程学科钢结构方向人才培养教学体系建设》等3项成果获特等奖；97项成果获一等奖；149项成果获二等奖；149项成果获三等奖。在上海市级教学成果奖的基础上，推荐申报第六届高等教育国家级教学成果奖。经教育部评审，有40个项目获国家级奖，其中复旦

大学、同济大学、上海交通大学、上海电视大学等4所高校的4个项目被评为国家级教学成果一等奖；17所高校的36个项目被评为国家级教学成果二等奖。40%的获奖率表明各高校的教育教学成果显著。

（沙正建）

**［高校合作办学与教学资源共享工作］** 参与西南片、东北片高校联合办学的本科高校共25所。有10所高校开展辅修专业学士学位工作，成立“西南片高校联合办学辅修专业教学督导组”，注册在读的辅修专业学生11019人，跨校辅修学士学位达3019人。第一届辅修专业学士学位学生获辅修专业学位人数1152人，获辅修专业证书人数197人。东北片开展跨校学习管理系统调研，形成系统需求分析报告，试运行跨校学习平台。东北片与西南片打通了部分跨校选修课程及跨校辅修专业。西南片开设暑期班20门课程，共有1100名学生选修；推进分析测试工作，建立西南片高校分析测试远程操控网络。制定《西南片高校辅修专业督导教师条例》等一系列管理办法，加强制度建设。东北片进一步完善班主任制度和学生学籍管理制度。“松江大学园区高校教学管理协作组”召开协调会9次；7所学校共开设跨校选修课程42门，6362人次参与跨校选课的修读。辅修专业学士学位在读学生超过4500人。

（沙正建　朱俏道）

**［开展高校教学与人才培养工作水平评估］** 在教育部普通高等学校本科教学工作水平第一轮评估中，上海共有23所本科高校参评，获得21个优秀、2个良好的优异成绩。启动新一轮高等职业院校人才培养工作评估的试点工作，委托上海市教育评估院组织专家对上海医疗器械高等专科学校等5所院校开展了高等职业院校人才培养工作评估。

（徐国良　朱俏道）

**［高校竞赛获奖］** ①全国大学生数学建模竞赛。32所高等院校推荐611支队1833人参加全国大学生数学建模竞赛上海赛区的竞赛。共评出57个一等奖，112个二等奖，176个三等奖。上海赛区送全国组委会参加全国奖项评比，获一等奖8个，二等奖38个，上海赛区获全国优秀组织奖称号。②全国大学生电子设计竞赛。24所高等院校推荐260支队780人参加全国大学生电子设计竞赛上海赛区的竞赛，共评出21个一等奖，60个二等奖，54个三等奖。上海赛区送全国组委会参加全国奖项评比，同济大学竞赛队获全国一等奖，13个队获二等奖，上海赛区获全国优秀组织奖称号。③全国大学生广告艺术大赛。全国大学生电子广告艺术大赛上海赛区共收到37所高校参赛作品2318余件，上海赛区在全国评比中，获一等奖9件，二等奖13件，三等奖22件，优秀奖88件，等级奖总数名列全国第一，上海市教委和上海师范大学分别获得大赛的优秀组织单位奖。

（徐国良）

**［推进上海高校“211工程”三期建设工作］** 3月，市政府召开“本市高校‘211工程’三期建设项目情况”专题会议。市教委等下发《关于加强上海高校“211工程”三期项目建设若干意见的通知》等5个文件。11月，组织专家组召开“211工程”地方财政资金建设项目评审会。对上海10所“211工程”高校的166个服务地方经济和社会发展项目进行评审。市政府召开上海高校“211工程”三期建设工作推进会，副市长沈晓明出席会议并讲话。市教委主任薛明扬介绍上海高校“211工程”二期建设的总体情况和三期建设的基本思路。

（朱俏道）

**［考察上海高校“985工程”二期绩效］** “985工程”二期建设的主要任务包括机制创新、队伍建设、平台建设、条件支撑、国际交流与合作五个方面。为推进“985工程”二期建设，加强对地方投入资金的绩效考核，市教委等下发《关于开展“985工程”二期建设绩效考察工作的通知》，并于11月组织专家组先后对复旦大学、同济大学、华东师范大学、上海交通大学开展“985工程”二期建设绩效考察工作。考察组认为，上海高校“985工程”二期建设实现了预期目标，整体办学水平明显提高，取得了一大批具有突破意义、标志性价值的成果，在体制机制创新、科学研究、人才和创新团队培养、国际化办学和学科布局方面成效显著。

（朱俏道）

**［评审“国家级示范性高职建设院校”建设工作］** 教育部和财政部组织专家对2006年度立项建设的28所国家示范性高等职业院校进行了项目建设验收评审。上海医药高等专科学校是参与第一批示范性高职建设的唯一上海院校。经专家组评审，教育部和财政部同意上海医药高等专科学校通过验收，

并给予经费奖励。

（许　涛）

［评选研究生优秀成果］　在全国优秀博士学位论文省级初选工作中，全市共有19家博士学位授予单位（不含中科院系统和军队系统的学位授予单位）申报280篇博士学位论文参加评选，涉及49个一级学科。经组织国内同行专家进行通讯评议，并经上海市学位委员会联络员会议审议，共遴选出58篇博士学位论文参加全国优秀博士学位论文评选，中科院上海分院和第二军医大学分别推荐参加全国优秀博士学位论文评选的各8篇和3篇论文直接入选上海市研究生优秀成果（学位论文）。同时，140篇博士学位论文入选2009年上海市研究生优秀成果（学位论文）。各学位授予单位还推荐了315篇硕士学位论文参加评选。经组织国内同行专家评议，共有62篇硕士学位论文入选上海市研究生优秀成果（学位论文）。

（冯　晖）

［实施“上海研究生教育创新计划”项目］　委托部分高校举办15个研究生学术论坛，为全市研究生搭建了交流创新思维的学术平台。举办20个研究生暑期学校开发和利用研究生教育的优质资源，促进研究生教育的交流与合作，推动培养单位之间相互承认学分。首次设立产学研联合培养研究生专项资金，用于资助“上海研究生联合培养基地”（含“协作培养单位”）的研究生。上海市研究生教育创新计划资助上海大学、上海理工大学、华东政法大学和上海海洋大学等高校试点开展研究生培养机制改革，构建研究生奖助体系，促进提高研究生培养质量。

（冯　晖）

# 终 身 教 育

**[创建示范性老年大学(学校)]** 根据市政府办公厅《关于进一步加强本市老年教育工作若干意见》、市教委等《关于全面推进本市老年教育工作的若干意见》和《关于在本市开展创建示范性老年大学(学校)评估的通知》等文件精神,年内,对29所老年大学(学校)开展第二轮创建示范性老年大学(学校)评估工作,上海老年大学东华大学分校等19所学校被评为"上海市示范性老年大学(学校)",徐汇区老年大学等10所学校被评为"上海市特色老年大学(学校)"。通过两年创建示范性老年大学(学校)工作,上海各级老年大学(学校)办学机制日趋完善,经费投入逐年增大,教材建设彰显特色,注重提高教学水平,提高教育质量效益。

(张 婧)

**[开展社区教育特色课程评比活动]** 市学习办开展上海市社区教育特色课程评比活动,经各区县推荐,共收到申报课程148门。评出特色课程53门,其中一等奖12门,二等奖19门,三等奖22门。通过评比,强化了社区学院的业务指导能力,加深了对社区教育特色课程的理解,挖掘了课程建设的典型与特色,推进了社区教育内涵发展。

(张 婧)

**[镇乡成人学校标准化建设评估]** 根据市委、市政府《关于推进学习型社会建设的指导意见》和市教委《关于进一步推进镇(乡)成人中等文化技术学校标准化建设的意见》的要求,市成人教育协会和市教育评估院受市教委委托,于8月至11月对16所成校开展上海市镇乡成人中等文化技术学校标准化建设评估,所有学校都通过了评估。通过两年的标准化评估,上海市镇(乡)成人学校建设初见成效,参评学校办学层次提高,教育质量稳步上升,办学规模不断扩大,品牌效应日益显现。

(张 婧)

**[开展农民信息化培训]** 为贯彻落实中央和上海市关于推进社会主义新农村建设,提高农村居民的信息素养,由市信息委牵头,市教委、市农委、市妇联实施"千村万户"农村信息化培训普及工程被列入市政府实事项目,计划完成3万人的培训和30万人的宣传普及任务。截至年底,全市共完成培训34727人,占计划数的116%;完成宣传普及315299人,占计划数的105%。市教委负责组织乡镇成人学校落实培训资金,并开展有关培训工作。

(张 婧)

**[民办非学历教育院校(机构)专项调研和督查]** 11月起,市教委对各区县规范管理民非院校工作开展专项调研和督查。主要调研和督查区县履行准入和变更审批管理职能、落实审批责任追究制度、对违规办学现象的查处和监管等情况。通过调研和督查,全市经教育行政部门审批设立的民非院校目前共有1535所,正常运行的院校数为1346所。举办者有事业单位、国有企业、私营企业、公民个人、民主党派社团和协会等,其中私营企业和公民个人所占比例较大,约占62%。调研和督查显示,大多数区县教育行政部门严格履行审批职能,加强对审批院校的日常监管。同时,发现一些存在的突出矛盾和瓶颈问题需加以改进。

(洪宇华)

**[召开上海市学习型机关建设和学习型企业建设推进大会]** 3月4日和12月7日,上海市推进学习型社会建设指导委员会分别召开学习型机关和学习型企事业单位建设推进会。会议总结交流近几年来本市创建学习型机关和学习型企事业单位的经验,明确下一步建设的目标和任务。市委副书记殷一璀对进一步推进学习型机关建设提出三点要求:一要充分认识学习型机关建设的重要意义;二要围绕工作重点和难点,创新学习型机关建设的内容和载体;三要着力形成学习型机关建设的长效机制。对进一步推进学习型企事业单位建设提出四点要求:一要充分认识建设学习型企事业单位的现实重要性和紧迫性;二要有针对性、有组织地开展各种适用内容的学习;三要创新推进学习型企事业单位建

设工作的方式方法;四要切实加强学习型企事业单位建设的领导。两次会议共表彰了13家创建学习型机关先进单位、5个学习型机关创建优秀组织者、27个学习型机关创建优秀工作项目、10家“上海市学习型企事业标兵单位”、10家“上海市学习型企事业优秀单位”和80家“上海市学习型企业单位”。

(洪宇华)

[**以“学分银行”为基础构建继续教育立交桥**]
年内,市教委推行“学分银行”在普通高校成人(继续)教育学院的试点。“学分银行”工作小组对全市29所普通高校成人(继续)教育学院(其中各区业余大学整体作为一个单位)非学历证书的认定情况进行了调查。据统计,目前上海有200多种非学历证书与成人学历教育相关,其中有72种证书分别被高校成人学历教育认定,都具有相当的权威性和社会认可度,市紧缺人才办的证书和职业技能鉴定中心的证书品种多,但认定面并不广。调研发现,目前高校成人学历教育对非学历证书的认定是高校的自主行为,造成对非学历证书的认定不统一,导致部分学生重复学习,教育机构浪费教育资源。

(张　婧)

# 语言文字工作

**[制定并实施《公共场所英文译写规范》]** 为规范本市公共场所英文使用，使上海以良好的城市语言文字环境迎接2010年上海世博会，市语委制定并组织实施了上海地方标准《公共场所英文译写规范》。《规范》内容涉及12个行业领域，分10个部分，列举了共计2700余条实体名称和公共信息的标准英语译文。其中《第1部分：通则》由长三角两省一市共同起草、联合审定，于8月共同发布；第2至第10部分由上海独立起草和审定，于9月正式发布。从10月起，市语委联合有关部门按照市"迎世博600天行动指挥部"《关于进一步加强公共场所语言文字和公共标志规范化管理专项整治行动工作方案》的部署，依据《规范》，在全市范围内组织开展了公共场所英文使用专项整治行动，改正了1000余处英文使用不规范现象。

(张日培)

**[推进大学生普通话水平免费测试工作]** 根据市教委、市语委《关于做好本市在校大学生和中职学生普通话水平测试工作的通知》的要求，本市全面推进大学生普通话水平免费测试，共组织了248场测试，测试人数有13万人，合格率为83%。为保证测试工作质量，市语测中心注重工作指导，组建了一支由38名测试员组成的巡考员队伍，举办了高校普通话水平测试员业务培训班，构建了"建专用测试室、购置专用考试机、市语测中心带机上门测试"等三种测试工作模式，开展了"计算机辅助普通话测试人工说话项评分质量监控和反馈机制(系统)研究"、"高校语言艺术类学生普通话水平测试的培训研究"、"普通话水平测试人机测试形式下被试心理差异及影响因素研究"等课题研究。通过测试，提高了高校学生普通话水平。

(夏　瑛)

**[举办中华经典诵读晚会]** 9月14日晚，上海市第12届全国推广普通话宣传周开幕式、上海市2009年中华经典诵读晚会、"中华诵"2009经典诵读进校园(复旦篇)晚会，在上海艺海剧院举行。晚会由中共上海市委宣传部、市文明办、市语委、市教委、市文广影视局主办，复旦大学协办，上海文广新闻传媒集团承办。国家语委主任、教育部副部长郝平，上海市副市长、市语委主任沈晓明，上海市有关职能部门领导，以及1000余名大中小学生、朗诵爱好者及社会各界人士出席全国推普周开幕式，并观看了由艺术家和复旦大学师生等共同演绎的大型交响史诗朗诵剧《百年行吟诵国魂》演出。

(姜冠成)

**[开展百万学生"迎世博，学双语"活动]** 根据《上海市民"迎世博，学双语"新三年行动计划》，市语委、市教委全面推进本市百万学生"迎世博，学双语"工作。全市共培训主考教师1025人，考评教师1486人，61万学生参加双语考核，取得学习证书(其中，25万大中小学生取得双语合格证或优秀证)。7月，市语委、市教委联合举行"上海市百万学生'迎世博，学双语'工作推进会暨'优化语言文字环境'学生志愿者活动"启动仪式，向全市学生发出了创建规范文明世博语言环境的倡议；10月，开通手机视频、"世博双语测评网"，为市民搭建了学双语方便快捷的平台；召开上海市"迎世博，学双语"活动优秀培训考核站表彰会暨迎世博倒计时100天工作部署会议；组织复旦、交大、同济等大学开展了大篷车进高校、进社区活动；召开上海市百万学生"迎世博，学双语"活动总结交流会。通过开展"迎世博，学双语"活动，在本市形成了良好的世博语言学习环境，提高了学生世博知识学习和语言服务的能力和水平。

(夏　瑛)

# 国际交流与港澳台交流

**[建设海外孔子学院、孔子课堂]** 支持市属高校赴海外建设孔子学院，特别是专业性孔子学院。年内，外贸学院、体育学院和上海大学等多所地方院校已与国外院校合作创建孔子学院，累计上海高校在海外创建孔子学院共30所。对外贸易学院与斯洛文尼亚卢布尔亚纳大学合作举办孔子学院已获国家汉办批准，并应对方要求，派教师前往指导汉语教学和中国文化交流。中学也加快了孔子课堂的建设步伐，一些中学在国外设立了孔子课堂。进才中学在英国诺丁汉万能中学设立了孔子课堂，甘泉外国语中学、大同中学与澳大利亚，上海师范大学康城学校和卢湾区教师进修学院附属中山学校将分别与日本、澳大利亚、美国和英国的学校合作成立孔子课堂。

（张沧海）

**[198人获孔子学院奖学金]** 2009年是国家汉办设立孔子学院奖学金项目第一年，上海大学、上海师范大学接收孔子学院奖学金生共198人，其中汉语语言本科生12人、长期语言生49人、短期进修生92人。上海大学为做好孔子学院奖学金生的培养，开设汉语教学课程，并根据学生需求，开设国际贸易实务、外贸写作、中国文化讲座，唐诗宋词等课程以及太极拳、中国功夫、剪纸、国画、书法等第二课堂活动。上海师范大学为孔子学院奖学金生配备中国在读大学生作为他们的语言伙伴，使奖学金生迅速适应中国生活，提高汉语水平。

（张沧海）

**[来华留学生结构优化]** 受世界金融危机和H1N1流感的影响，本市高校外国留学生总体增长幅度放缓，但留学生结构进一步优化。统计数据显示，学习期限在6个月以上的长期生继续保持稳步增长，而学习期限在6个月以下的短期生则比上年同期减少。据统计，共有来自177个国家和地区的38458名外国留学生在本市31所高校和2家科研机构就读，比上年增加1787人，同比增长4.87%。其中学习期限超过6个月的长期生28888名，同比增长7.55%；学习期限在6个月以下的短期生9622名，同比减少2.44%。长期生中学历生9830名，占长期生总数的40%，其中本科生7514名，硕士生1845名，博士生451人。全市有12所高校的留学生规模超过1000人，比上年增加1所。共有来自72个国家的837名外国留学生获得上海市政府外国留学生奖学金，其中A奖（全额奖学金）获得者104名，B奖（部分奖学金）获得者256名，C奖（优秀生奖学金）获得者477名。

（周勤健）

**[首次出国举办“上海教育展”]** 5月31日至6月13日，市教委与国家留学基金委合作，组织本市高校以“展中展”的形式赴南非、埃及举办了首届“上海教育展”，整体性推广上海教育，18所高校报名参加本次教育展。在两国举办的教育展期间，先后有6000多人次参观上海高校展台，300多名学生登记留学意向，实现了市教委对外推广工作上的突破。

（周勤健）

**[中小学外国学生管理信息系统启动]** 随着本市中小学外国学生规模的不断扩大，提高中小学外国学生工作的信息化水平成为当务之急。9月，市教委委托上海交大国际教育学院研发的“上海市中小学外国学生管理信息系统”正式启动并投入运行。

（周勤健）

**[编撰本市外籍人员子女学校指南和发展规划]** 为了向在沪工作、居住的外籍人士提供有关学校准确、完整的信息，编辑完成了第一本《本市外籍人员子女学校指南》，该指南详细登录了经审批设立的32所不同类型、不同性质的外籍人员子女学校的办学、招生等信息，成为改善上海对外投资环境，吸引海外人士来沪工作居住以及了解上海的重要载体。根据制定的《上海市中长期教育改革和发展规划纲要》，还撰写了《本市外籍人员子女学校3—5年发展规划》。

（凤　智）

[**构建友城教育交流平台**] 年内，市教委共接待了来自23个国家63批514人次的来访。其中教育部团组11批次160人次(含部长级以上教育团组8批次89人次)，包括新加坡、欧盟、沙特阿拉伯、越南、德国和芬兰等国家的部长代表团。美国、日本、德国等国驻沪总领事分别拜会了市教委主要领导，增进彼此了解和信任。举办以"探索与发展——上海特殊教育发展的政策与路径"为主题的"2009上海教育论坛"。论坛邀请了来自美国、英国、澳大利亚、俄罗斯、韩国以及中国大陆和台湾地区共16位演讲嘉宾，分别就"障碍儿童教育与发展"和"资优儿童教育与发展"两大专题展开研讨。与新加坡教育部合作成功举办上海——新加坡基础教育论坛暨"第二届基础教育圆桌会议"。根据市教委与荷兰鹿特丹教育局所签署的基础教育交流协议，上海一鹿特丹特殊教育双边论坛在荷兰鹿特丹举行，市教委副主任尹后庆率团参加论坛并作主旨演讲。举办首届"上海国际友好城市青少年夏令营"，6个友好城市的学生和老师应邀参加。举办第二期暑期汉语学习班，培训韩国友城中学汉语教师。根据双边协议，上海与德国汉堡、澳大利亚昆士兰、日本横滨和大阪，以及韩国釜山的学生、教师交流项目如期执行。16位中小学校长赴美国加利福尼亚州中小学开展为期8周"影子校长"培训。举行日本长崎县政府、议会向东方绿舟捐赠的长崎一上海友好馆竣工落成典礼。

(陈莉莉)

[**沪港澳交流活跃**] 受香港特区政府教育局委托，上海市教委分别在3月和12月举办了两期"作为21世纪的特级幼稚园校长"的专业培训班。接待了澳门理工学院社会工作系学生访问团、香港中文大学教育学院大学与学校伙伴协作中心等、香港岛校长联会教师考察团、香港高中通识教育科教师赴上海学习考察团等。组织三名教师参加在澳门举办的第十六届"华夏园丁大联欢"活动。

(卫 懿)

[**推进教育对台交流**] 以市教卫党委书记李宣海为团长的上海高职教育代表团赴台考察和交流高等职业教育改革；市教委副主任王奇率上海市高校校长代表团访台，加强沪台两地教育界的联系。市教委接待台湾地区教育界、学术界著名人士。7月，市教委副主任尹后庆参加了由海基会和海协会在长沙举行的"第五届两岸经贸文化论坛"，就基础教育作专题发言。市教科院成立了台湾教育研究中心。5月、8月先后举办两岸社区教育论坛和两岸高职论坛。10月20日，市教委和市台办召开上海市中小学涉台教育经验交流大会。上海台商子女学校换发办学许可证，该校新校舍全部落成并使用。

(卫 懿)

# 区县教育

# 黄 浦 区

**[2009年概况]** 2009年,全区教育系统有事业单位78个,其中市实验性示范性高中5所、区实验性示范性高中1所、完中5所、九年一贯制学校2所、初级中学7所、小学19所、幼儿园20所、特殊教育学校1所、教师进修学院1所、业余大学1所、职业教育学校1所、其他教育机构10个。另有民办中学4所、民办幼儿园1所。教职工5760人,离退休人员12534人,学生48464人。区级财政投入11.80亿元。黄浦教育围绕"一流城区、一流教育,办学生喜欢的学校"的发展目标,颁布精品教育综合指标体系,加快构建以"精、特、优"为特征的现代化精品教育。

一、推进基础设施建设。完成黄浦区第一中心小学迁建项目和徽宁路第三小学、梅溪小学置换扩建项目。市八初级中学综合楼扩建工程完成施工。大同中学学生公寓完成工程招标。按进度实施校舍安全加固工程。完成《加快黄浦区幼儿园基础设施建设方案》。完成好小囡幼儿园、回民幼儿园、爱童幼儿园迁建项目以及荷花池第二幼儿园、松雪街幼儿园扩建项目;完成荷花池幼儿园、车前托儿所、瞿溪路幼儿园布局调整工作。

二、完成学前教育三年行动计划。实施幼教新一轮园际互助共进。召开学前教育工作会议,出台促进幼儿园保教质量提高的相关制度。开展"新理念、新思考、新行为"幼教青年教师论坛。完善0—3周岁早教指导体系和运行体系的研究,基本实现0—3周岁早教指导的全覆盖。

三、实施质量监控。以完善综合数据库为抓手,建立教学水平发展性评价机制。做好教学评比、学业评价和质量监控工作,建立和完善学校教学质量保障体系。开展"上好每一节课,教好每一个学生,提高课堂教学有效性"的课堂教学质量巡回视导。接受市政府教育督导室、市教委对本区的教学工作视(督)导。根据建立义务教育阶段就近入学工作督导监控机制的精神,全面开展义务教育阶段招生工作的专项督导。

四、加强师资队伍建设。成立并推进第三轮名师工作室。举办"为人、为师、为学"2009年黄浦获奖教师先进事迹展示活动,在"全国和上海市教育系统先进集体、模范教师、先进工作者"、"全国优秀教师、优秀教育工作者"、"上海市园丁奖"的评选活动中,黄浦区共有39位教师获得表彰和奖励。组织小学青年英语(双语)教师技能评比、"十一五"期间科技教师专业化发展培训等多项评比、培训。大境中学周菁老师当选市中小学班主任带头人,上海市商贸旅游学校张桂芳老师被授予"首届中国职业院校教学名师"荣誉称号。

五、加强对外交流和对口支援工作。组织"黄浦杯"长三角城市群优秀课堂教学展示和"黄浦杯"长三角地区"我与课程改革"研究论文评选。主办京津沪渝四市区第三届教育论坛,参加上海市教育博览会。第一批选派2名中学教师到新疆参加为期1年的对口支教。选派1名职校教师、2名中学教师和1名小学教师赴四川都江堰参加为期1年的对口支援。选派5名中学教师赴云南参加为期1年的对口支援工作。接受孟连和都江堰教育系统干部和教师来沪培训。1所高中、1所初中与都江堰缔结友好学校关系。加大IP宽带教学交互系统的推广力度,实现与对口支援地区的教研互动。

六、推行"阳光招生"。制定及实施本年度本辖区幼儿园、小学、初中和高中升学招生方案。平稳完成中考和高考的组织和录取工作,全区共3919名考生参加中考、3667名考生参加秋季高考。

(徐辰超　顾　瓅)

**[在第24届上海市青少年科技创新大赛获奖]** 3月11日,在第24届英特尔上海市青少年科技创新大赛终评活动中,黄浦区共获一等奖7项、专项奖5项,2项课题入围全国青少年科技创新大赛。区青少年活动中心获优秀组织奖;格致中学郭静仪同学的《不同降压药物对斑马鱼胚胎发育影响的研究》课题获优秀青少年科技创新成果一等奖、学术团体专项奖"生命科学杰出项目奖",并入围全国青少年科技创新大赛;新凌小学邹立安同学发明的"按摩闹枕"获优秀青少年科技创新成果一等奖、主办单位专项奖"智慧奖"及中学专项奖"杨高杯"奖,也入围全

国青少年科技创新大赛；大同中学葛颖莹、林琳、丁沁竹三位同学共同研究的课题《探究缓解大同中学学生压力的艺术疗法效果》、敬业初级中学丁启明同学发明的“家用远程智能报警器”均获得优秀青少年科技创新成果一等奖，丁启明同学还获得大学专项奖“同济春华奖”；董家渡路第二小学的夏恺泽同学获优秀科幻画一等奖、社会专项奖“动手做创意奖”；另有多位同学获得二、三等奖。上外附属大境中学戴建华老师、光明中学周惠中老师获得优秀科技辅导员科教创新成果一等奖。

（郑　瑾）

**[在多项体育比赛中获奖]**　3月21—22日，在“东光杯”上海市中小学生围棋锦标赛中，敬业中学围棋队获团体冠军，宋鹏旺和杜晓同学分获个人冠亚军。3月28—29日，2009年上海市中学生游泳锦标赛暨22届“中恒—敬业杯”游泳比赛中，敬业中学获得男子高中组团体冠军、敬业初级中学获得男子初中组团体冠军。4月24—30日，敬业中学游泳队代表中国中学生参加了在波多黎各举行的2009年世界中学生游泳锦标赛，共获得4枚金牌、3枚银牌、3枚铜牌，荣获女子团体冠军及男子团体第3名。7月8—21日，大同中学足球队在2008—2009年中国高中足球联赛（全国总决赛）中取得第4名，并获得“体育道德风尚奖”。8月1—5日，上外附属大境中学射击运动队参加2009年全国中学生射击锦标赛，获高中组气手枪团体总分第2名，高中组女子10米气手枪团体第3名，高中组女子10米气步枪团体第6名，高中组男子10米气步枪团体第7名，朱绮霞同学获得高中组女子10米气手枪个人第1名，郑昊哲同学获高中组男子10米气手枪个人第5名。8月16—21日，敬业中学游泳队参加了第十届全国中学生运动会，共获得1金5银3铜，团体总分129分。10月17—19日，金陵中学学生董芝豆、张怡代表上海队参加2009年全国第二十四届花样轮滑锦标赛，董芝豆获得女子成年组全能第1名、自由滑第1名、规定图形第2名，张怡获得女子青年组全能第1名、自由滑第1名、规定图形第1名。

（戴　智　陈雯华　俞定智　黄　诚　曾　强）

**[推进区小学三年级学生“学会游泳”工作]**　6月24日，格致体育俱乐部、敬业游泳馆、黄浦学校游泳馆负责人参加了区教育局召开的“学会游泳”工作总结推进会。区教育系统从2008年9月起将游泳项目以区本课程形式纳入学校课程体系，费用由教育局统一承担。至2009年6月，全区三年级学生的游泳合格率已达到了97%，会议要求在坚持“安全第一”的原则下，3个游泳场馆必须全力确保本区学生游泳教学的时间、场地，严格按照区本教材实施教学。

（郑　瑾）

**[获世界合唱比赛总冠军]**　7月8—12日，第6届约翰·勃拉姆斯世界合唱比赛在德国维尼格罗德市举行。全球20个国家的30多个合唱团队参赛。本区青少年活动中心的春天少年合唱团受上海市教委的委托，代表中国上海参加了本届比赛。春天少年合唱团荣获大赛的G1组（童声合唱组）金奖冠军。在总决赛“冠军之最”的争夺中通过现场演唱两首全新的无伴奏作品获得了本届大赛唯一的最高奖项——“约翰·勃拉姆斯奖”。在7月12日闭幕式上，春天少年合唱团应组委会之邀再次登台，献唱《我唱出了世界的声音》。

（郑　瑾）

**[在第三届中国青少年创意大赛中夺金奖]**　7月17—21日，由中国教育学会主办的“尚德电力杯”第三届中国青少年创意大赛暨知识产权宣传教育活动总决赛中，市八初级中学师生夺得团体金奖，盛家樑、朱紫烨同学获得一等奖，施文杰、陈正鑫、蔡颀成同学获得三等奖，指导老师张康年被评为“百家创新型名师”。上外附属大境中学师生设计制作的“太阳能家庭生活用品及安全保障系统”获得团体金奖，张承樑、彭熠、谢忆、蔡泽红、许圣凡等同学分获二、三等奖，史正华老师被评为全国“百佳创新型名师奖”。两校都被命名为“中国青少年太阳能研究基地”。

（张　岚　李文斌）

**[组织中学拓展型、研究型课程优质课展示]**　11月23日下午，区教师进修学院在光明中学组织中学拓展型、研究型课程优质课展示，光明中学刘吉朋老师执教拓展型课《诗意生活》，储能中学苏慧老师执教研究型课《天文现象与历史遗迹研究的课题指导》。这两节课是市教委教研室对本区教学视导评定的优质课。本市徐汇、长宁、松江、虹口、静安、普陀、青浦等区教研员和骨干教师，云南楚雄和山东济南部分骨干教师也来观摩。

（韩立芬）

[举行市德育主题教育课研讨活动] 12月25日，上海市班主任工作研究实训基地与光明初级中学青年班主任工作室联合开展了“传承两纲经典 弘扬中华美德”德育主题教育课研讨活动。同济二附中李岩老师和光明初中夏芝悦老师分别进行了“爸爸妈妈，我爱您”、“尊师，从现在做起”两节主题教育课的教学展示。市班主任实训基地黄静华老师评课。

（吴晨虹）

举行艺术教育教学展演活动

[召开区学前教育教学工作会议] 3月4日，区学前教育教学工作会议在荷花池幼儿园召开。会议出台了《黄浦区教育局关于加强学前教育教学工作的指导意见》、《黄浦区教育局关于推进〈上海市幼儿园园长课程管理指导意见〉的实施方案》、《黄浦区教育局关于深化学前教育结对带教工作的指导意见》等一系列相关文件。

（徐燕雯）

[参加市特奥运动会获奖] 5月26日上午，阳光学校部分学生组队参加了上海市第7届特奥运动会。有13位学生参加了男、女100米、200米、400米、铅球等项目比赛，共获得20枚奖牌，其中金牌4枚，银牌9枚，铜牌7枚。

（黄晓敏）

[开展“蒙氏课程与学科教学融合”校本培训] 11月17日，阳光学校蒙氏课专业教师对全校老师开展自主培训。蒙氏课专业教师分别进入各教研组，为大家介绍了蒙氏教学内容。蒙台梭利课程是阳光学校的特色课程之一，开展已经有两年多。为了能让更多的特殊学生享受到优质的教育与康复训练，2009年阳光学校添置了许多蒙台梭利游戏设备，“蒙氏课程与各学科教学融合”的理念也逐步形成。

（黄晓敏）

[启动区“幼小衔接”二期研究项目] 12月28日，区“幼小衔接”二期研究项目启动会在蓬莱路幼儿园召开。根据《上海市幼儿园幼小衔接活动的指导意见》，黄浦于2008年9月即组建“幼小衔接”研究小组，对全区幼小衔接工作展开专项研究。在此基础上推进“幼小衔接”二期研究项目，并将此列入2009—2010学年学前教育重点工作。“幼小衔接”二期研究项目针对目前幼小衔接中尚存在的问题，以当今幼儿生活方式为背景，以“学习兴趣”和“良好习惯”的培养为核心内容，旨在培养学前儿童良好的学习品质，为其愉快地进入小学阶段的学习生活做准备，为其整个学习人生奠定基础。

（徐燕雯）

[市旅游职业教育集团成立] 3月3日下午，上海市旅游职业教育集团成立揭牌仪式在上海师范大学会议中心举行。上海市旅游职教集团由上海旅游高等专科学校和上海市商贸学校牵头，由旅游院校以及开设旅游专业的院校、旅游企业等20余家单位组成，旨在加强校企合作，进一步探索旅游人才培养新模式。

（余　虹）

[获市第三届“星光计划”团体总分第二] 3月21日，上海市“星光计划”第三届中等职业学校职业技能大赛开赛。上海市商贸旅游学校参与了28个

项目的角逐，共夺得94块奖牌和7个团体奖项，名列全市团体总分第二，学校荣获优秀组织奖。本届“星光计划”共设置了60个学生项目和9个教师项目。近7000名师生角逐决赛。在60个学生比赛项目中，有44个与37种职业资格考核要求相结合，有43个项目由市职业技能鉴定中心负责命题和考评。

（龚红兵）

**[成为上海市高等教育自考助学评估首批合格单位]** 5月，黄浦区业余大学率先通过上海市教育评估院对自学考试助学单位进行的专项检查评估，成为本市首批合格单位。

（郑剑辉）

**[区社区教师工作室揭牌]** 11月5日，黄浦区社区教师工作室揭牌仪式在区社区学院举行。社区教师工作室的成立为社区教师搭建了一个互相交流和学习的平台，为全市教师职业化、专业化的发展提供了一个好的模式，是社区教师的“活动之家、研究之家、温馨之家”。

（王晓辉）

**[成立黄浦职业教育集团]** 12月1日，黄浦职业教育集团在上海市商贸旅游学校举行成立大会。职业教育集团的成立标志着黄浦区职业教育由此进入规模化、集约化发展的新阶段。百联集团、上海市商贸旅游学校、黄浦区业余大学等集团常务理事单位代表应邀参加成立大会。黄浦职业教育集团的性质是以项目为载体，以合作为纽带，由黄浦区政府搭台，区教育局牵头，联合区域内政府机构、职业院校、成教机构以及市、区相关行业协会、企事业单位，在平等、互利、协商的基础上由各自成员单位自愿加入而组成的产教联合体。集团旨在推进校际合作，校企合作，共享资源，共赢发展，服务黄浦区域经济。

（余　虹）

**[举办“黄浦杯”上海市班主任基本功竞赛]** 4月8日下午，由市中小学幼儿教师奖励基金会、市教育委员会德育处、市中小学德育研究协会和黄浦区教育局共同主办的拨动学生心弦的艺术——“黄浦杯”上海市班主任基本功大赛启动仪式在市八中学举行。本次竞赛是上海市中小学班主任基本功系列竞赛的第二届活动。大赛通过撰写教育案例、分析模拟情景和专家提问3个环节测试班主任对教育事件的分析和处理，综合考量班主任在建班育人中有效处理事件和解决问题的能力，显现班主任对教育行为的理性思考。10月24日，班主任基本功竞赛决赛在大同中学举行。

（李　峻）

**[推进本区教育国际化进程]** 5月7日上午，区长周伟、副区长沈祖炜专题调研本区推进教育国际化工作可行性方案。周伟指出教育国际化将为本区打造外滩金融集聚带提供有力的支持。黄浦在教育国际化的探索中，已经积累了一定的有益经验，正式启动该项工作的条件基本成熟。6月18日上午，副区长沈祖炜召开区教育国际化专题会议，确定按照发展国际班—国际课程—国际学校的“三步走”的渐进战略，努力创办国际大都市中心城区精品教育。8月20日，周伟、沈祖炜听取格致中学“民族灵魂、国际视野、科学精神”学校国际化发展现状和目标的专题汇报，要求加快国际化办学实体运作。9月14日，上海市大同中学国际班举行开班仪式，来自德国、澳大利亚、韩国等国20多位国际班的学生参加了开班仪式。

（徐辰超　陈雯华）

**[成立第三轮名师工作室]** 5月21日下午，区教育系统第三轮名师工作室正式成立。副区长沈祖炜、区教育局党政主要领导出席成立大会，并向本轮11个名师工作室的17位导师颁发聘书。第三轮名师工作室共有学员69名，将遵循“出经验，出成效，出人才”的思路，积极探索工作室运作的新模式。本轮名师工作室工作时间从2009年5月至2011年4月，周期为2年，每个工作室的活动时间不少于160学时。本轮名师工作室有培养高端人才、进行教学指导、开展教学研究这三项职责。9月3日，在区第三轮名师工作室导师会议上将“指导学校、研究问题”确定为本轮工作室的工作重点。11个工作室的导师分别选择了1—2个区内相对薄弱的学校或特色学科进行蹲点，把调研、听课、评课、上示范课、研究和解决具体教学难点，作为学员实践的主要途径。

（杨海东）

**[召开京津沪渝四市区第三届教育论坛]** 10月20—21日，以“特色教育与特色学校建设”为主题的京津沪渝四市区第三届教育论坛在黄浦区举行。论坛活动有四市区教委(教育局)领导年度专题报告、校(园)长和专家论坛、参观学校等。来自北京市

崇文区、天津市河北区、重庆市渝中区以及上海市黄浦区共70余名代表出席本次论坛。黄浦区教育局局长王伟鸣在闭幕式上宣布下届论坛的主题为“教育的有效性”,并将论坛旗帜交给了下一届论坛的主办方代表北京市崇文区教委主任杨志成。

(顾　瓅)

**[签约教育委托管理项目]**　11月17日,黄浦区教育局和闵行区教育局在闵行区梅陇镇人民政府举行教育委托管理项目签约仪式。继第一批为期两年的委托管理项目实施完成后,黄浦区教育局又积极承担了第二批以教育内涵建设,推进郊区义务教育均衡发展项目为主题的教育托管工作,市八初中、尚文中学作为区内教育发展特色学校,分别与闵行区罗阳中学、浦江一中进行了前期的接触和交流,并就加强合作交流的项目和内容达成了初步意向。签约仪式上,闵行区教育局局长竺建伟分别与市八初中、尚文中学签订了委托管理协议。

(杨保华)

**[获全国“海峡两岸暨香港、澳门同课异教”课堂教学评比一等奖]**　12月4—6日,由《中国教师报》主办的全国第二届“海峡两岸暨香港、澳门同课异教”中学语文课堂教学评比活动在上海市市东中学举行。围绕“中学语文课堂教学彰显民族精神教育”这一主题,来自中国大陆、台湾、香港、澳门的中学语文教师展示教学风采,交流不同地区中学语文课堂教学的新理念、新方法、新成果。活动分初中和高中组进行,代表大陆参加的省市有上海、江苏、浙江、山东、山西、湖北、河南、辽宁、黑龙江等。上外附属大境中学李金涛老师代表上海高中语文组执教了文天祥的《〈指南录〉后序》一文并获得一等奖。

(李金涛)

**[主办深化校本课程建设高端论坛]**　12月29—30日,全国“深化校本课程建设,促进学校多样发展”高端论坛在格致中学举行。来自全国15个省、市、自治区的高中校长、教师、专家参加论坛。本次论坛由黄浦区教育局、上海圣陶教育发展与创新研究院主办。论坛包括主旨报告、论坛报告和校本课程展示课等三大板块。教育部基础教育课程教材发展中心曹志祥常务副主任和上海市教育委员会尹后庆副主任为高端论坛做了主旨报告,上海市教育委员会教学研究室徐淀芳主任、中国人民大学附属中学党委书记王珉珠副校长、天津市实验中学张英群副校长、北京师范大学附属实验中学任维兵主任、上海市格致中学张志敏校长等为高端论坛做报告;北京师范大学附属实验中学、天津市实验中学、上海市格致中学等在活动期间展示了校本课程课堂教学的风采。

(杨海东)

**[在上海市各项教育教学评选中获奖]**　在4年一轮的上海市中青年教师教学评选中,黄浦区邵婕等教师共获得9项一等奖、许永红等教师共获得7项二等奖;在上海市青年教师教育教学研究成果评选中,黄浦区何刚等教师获得唯一的一等奖,魏慧军等教师分别获得1个二等奖、5个三等奖;在第十二届教研员论文评比中,黄浦区陈路等教研员获得2个二等奖、肖燕萍等获得3个三等奖;在优秀自制教具评选中,黄浦区劳技中心朱振华老师获得一等奖、上外附属大境中学方成亚等教师获得3个二等奖、阳光学校唐丽莉和市八中学、光明中学等教师获得4个三等奖。区劳技中心朱振华老师还被评为自制教具的能手。

(杨海东)

**附:区教育局驻地及负责人**

(2009年1—12月)

地址:延安东路300号西15楼
邮编:200001
电话:33134800-21511

区委分管常委:孙甘霖
区政府分管副区长:沈祖炜

区教育局党工委书记:蔡　蓉
　　　　副书记:王伟鸣(兼)、王秀娟

区教育局局长:王伟鸣
　　　副局长:杨　燕、曹跟林、陈榔明

# 卢湾区

［**2009年概况**］ 2009年，卢湾区教育局推进教育现代化建设，优化环境、提升教育教学质量、全力培养创新人才。6月，经市政府教育督导室组成综合督政工作组对照《卢湾区教育现代化指标体系》，对推进工作给予肯定，已经完成95%以上的指标，基本实现了教育现代化的阶段性目标，各项指标达成度较高，社会对教育的满意度居全市前列。年内，市教卫党委、市教委把卢湾区列为上海市制定教育改革和发展中长期规划的先行先试区。教育局组织研究编制了《卢湾区教育改革和发展中长期规划纲要(草案)》提出了到2020年卢湾教育现代化建设的总目标、任务和预测性指标。

深化现代学校制度改革。逐步推广现代学校制度建设经验。对卢湾教育小区等现代学校制度试行校的办学模式进行总结。在向明中学试点"一校两区"管理制度。向明中学浦江校区建成后，开始试点建立法人治理结构为主的学校管理机制，提高校长依法自主办学能力，扩大优质教育资源的辐射力度。

优化学生成长环境。进一步挖掘"卢湾区青少年人文与社会科学试验基地"、"向明中学创造教育实验基地"和"卢湾高级中学生命科学教育试验基地"等三个创新教育实验基地的教育功能。让具有创新潜质的学生在探究、创新、实践活动中脱颖而出。

推进品牌学科创设。搭建区内小学特色学科交流互动平台，推进小学阶段学科间的合作互助。开展"卢湾区幼儿园联动教研"系列活动，提高区内二级幼儿园的教学质量。建立卢湾区"智慧型教师"网上互动交流平台，评选出卢湾区首届"智慧型教师"，并在庆祝第25届教师节大会上进行表彰，树立模范教师新形象。

进一步推进教育人才柔性流动试点。对人才柔性流动细则进行修订，要求参与流动的教师必须为"十五"和"十一五"期间区级或校级骨干教师；人才流动时间由原来的两年缩短为一年；人才柔性流动模式从原来单纯的浸润式流动，发展为浸润式、项目式和自愿式等三种，使人才柔性流动的试点工作得到了进一步推进。

加快教育人才梯队建设。设立"卢湾区优秀人才培养专项资金"，每年拨款300万元，用于促进人才发展的奖励、资助和补贴。制定《卢湾区教育高端人才专项资金管理办法》，规范资金使用程序，加强管理考核，确保资金使用规范公正。加大紧缺人才引进培养力度。2009年共引进人才91人，大学本科学历占93.4%，其中硕士31人；引进高级教师10人，学科带头人和特级教师4人。完成2008年度专业技术职务评聘工作，高级教师申报53人，通过评审32人，通过率为60.4%；中级教师申报84人，57人初步通过评审，通过率为67.9%。开展各类教师培训评选活动。开展区级骨干教师三年任期的评估、展示工作。评选出校级骨干教师203名，初步解决教学关键岗位上教师和教研员紧缺的问题。下半年对数学、物理、化学、生物等学科教师进行专业水平测评，根据测评结果，实施有针对性的分层培养。

推进教育国际化进程。制订《卢湾区教育局外事工作三年行动计划(2010—2012)》，结合卢湾教育实际，有计划、有步骤、有重点地逐步建立面向世界的区域教育体系，增强教育品牌的国际影响力。5月，"中国上海特殊教育国际研讨会"在卢湾区第四聋校设专场进行交流研讨和实地考察。6月，在"荷兰鹿特丹—中国上海"特殊教育论坛上，唐海宝局长作了主题发言。11月，举行亚太国际教育论坛分论坛，一系列的国际交流进一步扩大了卢湾教育品牌的国际辐射力和影响力。

进一步完善大教育格局。职业教育进一步发展，完成中华职业学校成为全市第13个职业鉴定理论统考点的筹备和运行。民办非学历教育管理得到加强。5月"上海现代服务外包专修学院"成立。6月，被列为首批上海服务外包人才培训基地，再一次提升了学院在培养服务外包人才行业中的地位。社区教育进一步深化。完成全国社区教育实验区的申报工作，重点推进社区教育世博培训项目，实验研究成果斐然。区老年大学办学机制逐步完善，落实办学经费的划拨。11月承办卢湾区学习节，通过专题论坛、学习讲座、成果展示、汇报演出、知识竞赛等活动，促进了市民思想道德素质和科学文化素质提高。

盘整优质资源，扩大教育现代化成果辐射力度。向明中学西校区综合楼工程作为2009年区政府实事项目，提前3个月竣工。上师大附属卢湾实验小学完工并投入使用，并通过上海市白玉兰奖验收。一中心小学工程竣工并投入使用。用优质教育资源服务全国。继续派遣支教教师的同时，又接受12名四川教师在卢湾区进行培训。向郊区辐射卢湾的教育现代化成果。新推出5所学校与松江奉贤实行委托管理。向明中学(浦江校区)正式投入使用。

抓好各级班子和干部队伍建设。系统内8家单位完成支部换届改选工作，新成立劳技中心党支部。19名预备党员按期转正，发展了6名预备党员。积极培养选拔中青年干部，新提拔7名校级干部，推荐了校级后备干部96人，平均年龄37岁，其中本科以上学历达99%，党员占79%，非党员干部占21%。

(盛颖鸣)

**[《美丽的花朵》受到总理称赞]** 5月，卢湾区教育局出资出版了由上海市对口支援都江堰灾后重建指挥部、中共都江堰市委、都江堰市人民政府主办、卢湾区支教教师张贵和策划编选、四川美术出版社出版的都江堰市中小学生绘画集——《美丽的花朵》。国务院总理温家宝在收到由都江堰156名中小学生联名寄出的画册后提笔复信，称赞孩子们"是在这片灾难的土地上绽放出的最美丽的花朵，就是国家和民族的未来和希望。"

(盛颖鸣)

**[探索研究三种评价模式]** ①完善学校评价制度。加强学校与社会、家庭之间的交流和互动，充分关注社会对学校办学的满意程度，并将其引入对学校的评价体系；②改革干部评价制度。修订完善《卢湾区教育系统校级干部年度考核办法》，使对干部的评价更加客观、科学、公正，切实提高校级干部科学化、民主化和制度化的管理水平；③建立学生综合素质评价体系。以自愿报名参与的14所学校为试点，初步建立起区内中小学生综合素质评价体系。体系突出评价的多元性、过程性、开放性和可操作性，把评价目标从"学业成绩、升学率为唯一标准"的现状转变到"以学生全面发展、综合评价"上来。

(盛颖鸣)

**[推进招生考试工作改革]** 采用"一门式"的办公服务，将中小学、幼儿园的招生入学工作统一交由区招生考试中心办理。严格执行义务教育招生不得进行文化考试、非义务教育招生择校"三定"的规定，幼儿园招生实行分片划块与电脑派位相结合，保证学生考试、招生、入学的公平、公开和公正。

(盛颖鸣)

**[获多项创新实践成果奖]** 2009年，在"上海市英特尔青少年科技创新大赛"与"上海市青少年明日科技之星"终评活动中，卢湾区共取得一等奖25项，获奖成绩在全市名列前茅。其中包括上海市青少年科技创新大赛"创造发明与科学论文"一等奖9项、机器人创意一等奖2项、创新实践活动方案一等奖1项等。同时还有两人获得上海市"明日科技之星"、9人获得"明日科技希望之星"称号。

(盛颖鸣)

**[向明中学(浦江校区)落成]** 9月，向明中学(浦江校区)正式落成并投入使用。市教委副主任李骏修，卢湾区区委常委、宣传部长李崟，卢湾区副区长程霄玉出席开学典礼。该校是卢湾、闵行两区在向明世博中学后的又一区域合作办学项目，采取"一校两区，互为联动"的模式，通过中心城区教育品牌辐射，为人口导入区的百姓提供更优质的教育资源。

(盛颖鸣)

**[探索学校管理新模式]** 2009年，原长乐—霍尔姆斯职业学校中澳合作办学合同到期，经学校董事会协商，由区教育局相关部门牵头进行公开国际招标，最终引进日本滋庆职业教育集团的优质教育资源进行合作办学，并对学校实行委托管理。5月，由中华职业学校与日本滋庆集团签定了委托管理协议，被委托方按照协议约定的权利与义务，在协议履行期内，相对独立运作。9月，学校正式开展教育教学工作。

(盛颖鸣)

**[开设创新活动日]** 2009年起，区教育局确定每星期五下午为卢湾区中小学生"创新实践活动日"，引导学生走出校园，走向社会，走进科技馆、博物馆、实验室。本区校际之间、学段之间初步形成了"创新实践活动日首批校际联动课程"。各校充分利用学校资源，开放场所，提供设施，丰富学生的学习经历，为学生创造了更好的创新实践条件。

(盛颖鸣)

[**评选智慧型教师**] 2008—2009年,区教育局开展"卢湾区首届智慧型教师"评选活动,调动教师积极参与教育教学的改革实践,加快区内创新型教育人才的培养,促进全区教师专业化和"可持续"发展。经个人申报、学校推荐、校内公示、网上互动交流、专家评审、推荐人选网上公示等程序,共评出首届"智慧型教师"12名,"智慧型教师"提名奖7名,并由区教育局、区教育基金会联合进行了表彰与奖励。

(盛颖鸣)

[**启动学校抗震安全建设工程**] 2009年,卢湾区对中小学校舍进行抗震加固的校园安全工程。2009年完成对区内所有中小学校舍的安全鉴定,需加固改造的教学点34个,涉及校舍建筑面积共计268327平方米,鉴定费用约373.5万元。年内已完成李惠利中学、三好中学、师专附小、长乐—霍尔姆斯学校、新晖中学、辅读学校分校等六个工程项目的立项并进入招投标程序。2009—2011年间将完成其中15个教学点的加固改造,其余教学点规划于"十二五"期间完成。

(盛颖鸣)

[**李长春视察区青少年活动中心**] 6月18日,中共中央政治局常委李长春,在中央有关部委领导、上海市市长韩正、上海市委副书记殷一璀等领导的陪同下,视察了卢湾区青少年活动中心。李长春对卢湾区青少年活动中心的办学理念、培训模式、卢湾区课外教育的发展水平等给予了高度评价。

(盛颖鸣)

[**区教育基金会成立20周年**] 4月,卢湾区教育基金会举行座谈会,纪念基金会成立20周年。区教育基金会理事长胡献光在会上作了《基金会成立20周年工作回顾》的报告。基金会成立20年来,参与"卢湾区园丁奖"评选10次,奖励教师1239名;设立"沈显珩育才基金奖学金"、"光彩事业奖学金"、"爱我卢湾助学金"等奖学助学基金,奖励和资助的学生2291名。20年来,基金会累计募集基金1165万元,历年增值累计795万元,用于奖教、奖学、助学共703万元。

(盛颖鸣)

[**上师大附属卢湾实验小学新校舍落成**] 5月,上师大附属卢湾实验小学新校舍落成,卢湾区委书记徐逸波、上海师范大学校长李进、上海市教育委员会副主任尹后庆为落成剪彩。学校由原卢湾区丽园路第一小学、丽园路第三小学合并更名而成,新校舍占地面积14579平方米,建筑面积20266平方米,拥有近600平方米的室内篮球馆、近600平方米的图书馆、1000多平方米的下沉式广场、近3150平方米的运动场地,教学楼内设教学临床实验室、心理活动室、计算机房等20多间现代化专用教室,为学生提供了一流的学习环境。

(盛颖鸣)

[**国家人保部领导视察中华职校培训中心**] 7月7日,中央纪委驻国家人力资源和社会保障部纪检组组长、国家人力资源和社会保障部党组成员袁彦鹏赴卢湾区中华职业学校实地视察上海开展农民工职业技能培训情况。袁彦鹏对中华职业学校培训中心的工作给予高度评价,鼓励学校以培训农民工为载体,为国家实行就业准入制度,提高新增劳动力和在岗从业人员的职业技能素质作出新的贡献。

(盛颖鸣)

[**被评为"新中国60年上海百位杰出女教师"**] 9月17日,在"新中国60年上海百位杰出女教师表彰仪式暨风采展示活动"上,全市高校和普教的100位杰出女教师受到表彰。卢湾区第四聋校顾爱玉老师、思南路幼儿园郭宗莉园长和辅读学校何金娣校长等三位老师被评为"新中国60年上海百位杰出女教师"。

(盛颖鸣)

### 附:区教育局驻地及负责人

(2009年1—12月)

地址:重庆南路100号
邮编:200020
电话:63310343

区委分管常委:李　崟
区政府分管副区长:程霄玉

区教育局党工委书记:王伟民
　　　　副书记:唐海宝、刘寿华

区教育局局长:唐海宝
　　副局长:项兆弘、毛爱群、江伟鸣

# 徐汇区

［**2009年概况**］ 2009年，全区有中小学、职校、中专、幼儿园、特殊教育学校及工读学校共185所，其中中学40所（包括高级中学8所、完全中学9所、初级中学21所、一贯制学校2所），小学42所，职校2所，中专13所，幼托园86所，特殊教育学校1所，工读学校1所；在校学生113722人。区域内共有社会力量办学院校104所，参与学习人员共计约41万人次。有社区学院1所、社区学校13所、社区学校教学点337个，课程班5223个，开设社区教育课程1116门，接受社区教育人数达412498人次。有教职工12221人，其中中学教师3510人，小学教师2251人，幼儿园教师1397人，中专教师1073人，其他教育机构教师228人。3—6岁适龄儿童入园率达到100%，九年义务教育入学率保持在100%，高中阶段教育入学率达98%以上。

一、加强学前教育内涵建设。制定《2009年招生工作方案》、《徐汇区幼儿园招生管理工作实施意见》和《关于加强徐汇区亲子学苑管理工作的若干规定》，有效应对入园（托）高峰。完成《徐汇区学前教育五年发展规划》，编制与推广使用《幼儿园基本教育服务项目管理手册》和《幼儿园保育工作手册》，制定《徐汇区幼儿园办学等级提升奖励条例》。全面完成《学前教育三年行动计划》。

二、促进学校内涵建设。继续推进小学“一校一品”建设，100%学校有项目、有活动、有校本课程。推广使用《小学生信息化综合项目》，编写完成《徐汇小学生礼仪英语》。出版并使用《心在·智慧在——徐汇区小学有效教学策略》。建立区青少年光启创新基地。基本实现校际联动全覆盖，举办6校教研组长论坛2期。制定《徐汇区特殊教育三年行动计划》，提高随班就读质量。年内招收外来务工人员子女6205名免费享受义务教育。加强行为规范示范校建设，17所中小学被评为上海市行为规范示范学校，34所中小学被评为区行为规范示范校。

三、探索职业教育发展新模式。成立政府、学校和企（事）业单位“三位一体”区域性职教集团，对社区失业青年、未就业大学生开展职业指导等教育培训。新开办13家教育培训单位，外区转入1家，至此全区共有教育培训单位107家，经备案教学点182处。首次组织民办非学历教育培训院校参评“徐汇区园丁奖”，督导检查社会力量办学学校30所。

四、推进学习型城区建设。徐汇区被中国成人教育协会社区教育专业委员会评为全国数字化学习先行区。“市民终身学习卡系统”涵盖全区社区教育院校20所及居民区办学点334个课程5013门、社区教育专兼职教师2047位的信息以及各街（镇）、委办局、相关企事业单位活动信息。推进社区学校实体化建设，深化、拓展创建示范校工作内涵建设。评选区社区教育特色课程22门。编辑完成《2008年徐汇区社区教育实验项目报告集序》、《全国数字化学习社区建设交流研讨会文集》。承办全国数字化学习型城区建设研讨会。举办徐汇区第四届学习节。区老年大学被评为上海市示范老年大学，区老龄大学被评为上海市特色老年大学。

五、提升教师专业水平。表彰命名第三、四批教师发展达标校共32所，制定并下发教师发展示范校实施意见。建立学科中心组教师、特邀教研员、专职教研员三位一体教研工作机制，制定《徐汇区中学学科中心组管理办法（试行）》。开展课程化教研活动，建设有关课程22门。新增上海市特级教师5人，上海市特级校长3人。确定优秀青年校长后备人选8人、优秀青年教师后备人选14人。获全国模范教师1人、全国优秀教师2人、上海市模范教师9人、市教育系统先进工作者2人、市教育系统先进集体2家。荣获市园丁奖54人，区园丁奖151人。举办“骏马奖”、“耕耘奖”、“育人奖”、“奉献奖”获奖者培训班，为获奖者后续发展明确方向。实施义务教育学校绩效工资制度。

六、深化教育改革。推进有效教学研究与实践。完成第二轮“百题工程”。继续开展“学期课程统整”实验研究，全区实验学校达到46所。落实减负增效举措，提高课堂教学的有效性。举办第三届学术节，开设4个板块66个专场，近8000人次参与。举办校园学术节的中、小、幼校（园）125所。

七、加强国内外合作与交流。开展区局层面教育国内、外交流90余次，签订友好合作协议、备忘录8份，全区77所学校、幼儿园参与交流活动120余次。与美国陶森大学研究生院、美国太平洋大学合作举办教育学硕士班。探索利用境内、外资源培养优秀学生的机制。加强与台湾、北京、天津、重庆等地交流。支援都江堰市灾后学校重建。深化与金山、崇明交流与合作。派出7批38名教师赴云南、海南、都江堰、新疆支教，2批10名教师赴金山支教，接受7批79名都江堰、海南、西宁、云南、佳木斯、嵊州等地校长、教师来区学校挂职学习。

八、加大教育投入。教育经费决算总收入156085.84万元，全年投入13000万元，完成校舍修缮、场地绿化改造项目194项。完成南模中学、世外中学等新建项目，东二小学、光启小学等改建项目。推进徐汇中学、董恒甫职校文保修缮项目建设。建成使用公建配套华泾小学、启新小学、徐汇新城幼儿园等，推进中海瀛台小学和幼儿园、爱建幼儿园及漓江山水配套中学等新建项目。启动区校安工程。加大对困难学生帮助力度，171名中小学生获"美罗奖学金"，300名小学生得到"恺源奖学金"资助，组织发放"蒂伊奖学金"、"云华助学金"、"康乐奖学金"。接受"爱心午餐"帮困的外来务工子女36名，共计36000元。驻地部队对外来务工子女61名结对帮困，共计30500元。

（江　岚）

**[推出减负增效"八举措"]**　2月9日，区教育局向社会承诺推出提高课堂效能、减轻学生负担"八举措"，关注学生讲"三字经"。一是"一课一练"不进课堂，精选精编学生练习，强调学生作业"三类题"，即精讲例题、精选习题、精编试题；二是因材施教，教学要求满足"三类生"，即关爱学困生、面向中间生、提高优秀生；三是促进学生个性发展，做好兴趣发展"三个有"，即人人有项目、班班有团队、校校有特色；四是关注学生自主发展，促进"三养成"，即学生思想行为、学习习惯和学习方法的养成；五是认真备课上课，课堂教学体现"三侧重"，即侧重规范、侧重过程、侧重反思；六是加强"推门课"的检查，提升课堂教学有效性的"三目标"，即消灭较差课、减少一般课、增加优质课；七是节假日不上课，平时上好"三类课"，即常规的新授课、复习课和讲评课；八是每天体锻活动一小时，执行课时计划确保"三种课"，即确保体育课、开足实验课、丰富活动课。要求全区学校认真制订并落实措施，提升学校办学品质。

（江　岚）

**[组建徐汇职业教育集团]**　3月，由区教育局牵头、依托漕河泾新兴技术开发区，联合相关委办局和区域内部分中高职院校及培训机构共计11家单位，成立政府、学校和企（事）业单位"三位一体"的区域性职教集团"徐汇区—漕河泾新兴技术开发区产业和职业教育集团"。成员单位间通过资源整合、信息共享，搭建公共服务平台，促进学校与企业合作共赢，共同发展。至年底，职教集团针对区域内社区失业青年、未就业大学生、中职学校毕业生、下岗职工等开展职业指导、就业培训，共计培训2600人次。

（徐蓓莉）

**[启动首批学科基地]**　3月，区教育局下发《关于命名徐汇区第一批学科基地主持人的决定》，命名12位教师为首批学科德育基地主持人，15位教师为学科特色基地主持人。5月，启动首批学科基地。第一批学科基地主持人：上师大附中徐明，生物德育基地；教院附中曾宪一，语文德育基地；五十四中学钱熹瑗、徐汇中学潘小莉，音乐德育基地；教院附中赵谊伶，物理德育基地；理大附中秦红，政治德育基地；高一小学景洪春，语文德育基地；汇师小学顾亚龙，数学德育基地；华泾小学张慧瑛，英语德育基地；教科研实验小学曹娟娟，英语德育基地；教科研实验小学曹娟娟，思品德育基地；乌南幼儿园龚敏、紫薇实验幼儿园郑艺，学前教育德育基地。学科特色基地：语文，南模中学方力、位育中学国庆波、市四中学李之音、田林三中李慧清、汇师小学朱蓉芬；数学特色基地：上海中学况亦军、位育初中瞿军、一中心小学江寒香；英语特色基地：西南位育黄徐娟、世外中学朱萍、世外小学徐妍；物理特色基地：南洋中学张喆倩；化学特色基地：市二中学王苹、董恒甫职校杨德红学；学前教育特色基地：科技幼儿园袁晶晶。

（李文萱）

**[新增特级教师、特级校长]**　全区新增特级教师5名，他们是况亦军、高永娟、秦红、朱萍、庄小风；特级校长3名，他们是李文萱、沈建华、陆震国。

（李文萱）

**[与金山区共建金山小学]**　6月30日，金山区教育局与徐汇区教育局在金山区举行共建金山小学签约仪式。根据协议，金山区教育局委托徐汇区教育局教育品牌输出，管理金山区临潮小学。该校自9月起更名为"金山区金山小学"，由上海小学管理。第一轮委托管理三年。双方教育局局长在仪式上讲

话，表示将全力支持此项目，促进两区教育内涵发展。

（江　岚）

［启动中小学校舍安全工程］　6月，区教育局启动中小学校舍安全工程（简称“校安工程”）。此项工作历时3年，至2011年完成校舍的检测、抗震加固。7月，区教育局成立工作小组。年底前通过迁建、加固等改造完成校舍面积48465平方米。在校舍加固改造同时，启动消防、避雷设施改造。

（郑经礼）

［推进对台交流］　年内，区教育局与台北海峡两岸教育学术交流协会互访、共同主办学术研讨会并签订合作协议2次。6月20日，该协会理事长率团一行18人来沪访问。12月4日，区教育局局长率团一行11人赴台与该协会举办上海—台北高中校长教育研讨会，会议期间，双方签署2010年合作项目备忘录。

（黄丽玮）

［举行“中国大使看世界”系列活动］　9月，区教育局联合香港刘浩清教育基金会共同举办“中国大使看世界”开展仪式。此次展览展出涉及500余位中国驻外大使的题词明信片、工作照，各建交国首脑签名件、使用物品等实物169件，并开展互动活动。年内，区教育局组织全区中小学开展包括“中国大使”校园行、“中国大使看世界”展览网上巡展等系列活动。

（宋开成）

［举行首期校（园）长财经管理轮训班］　9月17日，区教育局举办区教育系统第一期校（园）长财经管理轮训班，142名公办学校（机构）正职校（园）长和3位新疆来区挂职校长参加培训。本次轮训为期3个月。轮训内容包括财务理论、财务报表分析，职业道德、学校财经管理操作程序，为履行学校法人职责提供保障。

（周　杰）

［两所职校更名、挂牌］　9月，董恒甫职业技术学校更名为上海市信息管理学校并加挂董恒甫高级中学校牌，徐汇职业高级中学加挂上海市旅游高等专科学校附属旅游实验学校校牌。

（徐蓓莉）

［举办区第四届学习节］　10月，举办徐汇区第四届学习节，主题为“快乐学习、精彩人生”。此次学习节历时2周，分7个板块。活动内容包括：徐汇社区大讲堂系列讲座，13个街（镇）、2个委办局的社区教育特色课程、主题活动展示，各社区主题活动，迎世博宣传培训系列活动，各类区级竞赛，社区教育网上学习、交流、展示等活动273项，参与活动市民近30万人次。区、街道、居委会形成“点、线、面”全方位、立体化的学习格局。在上海市第五届全民终身学习活动周评比中，徐汇区学习节被评为贡献奖、最佳组织奖、最佳活动奖。

（周晓敏）

［平江路小学建校60周年］　11月6日，平江路小学举行建校60周年庆典。该校创办于1949年，校名为上海市公用局员工子弟小学，由解放军南下干部创办。1951年划归区教育局管辖，更名为上海市政府路小学。1952年更名为枫林桥小学。1956年改为现名。

（江　岚）

［机关建国幼儿园南迁60周年］　11月7日，机关建国幼儿园举办南迁上海60周年庆典活动。该园为公办的上海市一级幼儿园，1948年成立于山东青州，由中共中央华东局批准成立“华东局直属机关第一保育院”简称“华东保育院”，隶属于华东局办公厅，1949年奉命南迁上海，建国西路570号成为华东保育院幼稚部，1956年改由上海市人事局管理更名为“上海市机关建国幼儿园”。1959年归区教育局管理。

（应雅芳）

［漕河泾幼儿园建园60周年］　11月22日，漕河泾幼儿园在区青少年活动中心举行建园60周年庆典活动，恢复园名为“望德幼儿园”。1949年，望德小学附设幼儿园，园名为望德小学附属幼儿园。1952年，该园与望德小学分离，组建成公办幼儿园，更名为上海市龙华区漕河泾镇幼儿园。1984年，划归为区教育局管辖，更名为徐汇区漕河泾幼儿园。2007年，与科苑托儿所合并。

（应雅芳）

［区教师进修学院建院50周年］　11月28日，区教师进修学院举行建院50周年庆典。区委书记、区人大常委会主任茅明贵，华师大校长俞立中，区教

育局领导出席。庆典前，区领导为新落成的孔子像揭幕。区教院建于1959年，几经更名，院舍几经变迁。目前学院是全区中、小学、幼儿园干部、教师专业化发展的研究、培训中心，全区基础教育和学科研究、指导、服务的业务中心，全区教育信息化的建设和管理中心，全区教育系统对外学术交流的服务和联系中心，也是徐汇区作为联合国教科文组织亚太地区联系中心的常设办公机构。

（江　岚）

**［与美国休斯敦市政府签约］**　12月6日，应美国休斯敦市市长彼尔·怀特先生（Bill White）邀请，区教育局局长率团一行6人赴美访问。就世界外国语中学、位育中学国际课程项目与大学课程衔接进行探讨，与休斯敦市政府教育合作交流签约。休斯敦市政府授予区教育局局长得克萨斯州荣誉州民称号。

（江慧芳）

**［启动青少年光启创新基地］**　12月26日，区教育局在区青少年活动中心举行区青少年“光启创新基地”启动仪式。基地为学生搭建开放多元的学习平台，开展人文、艺术和科学实践活动，提升学生科学素养与人文素养。年内，经自愿报名、学校推荐、专题测试、专家评审，录取基地首批学员116名。

（宋开成）

**［全面完成学前教育三年行动计划］**　年内，学前教育三年行动计划全面完成。2006年制定的《徐汇区学前教育三年行动计划（2006—2008年）》提出通过3年建设达到“硬件好、师资强、特色多、机制活”目标。推进举措是改善办园条件；培育优质办学资源；多方合作推进早教普及；以课题引领建设课改基地。

（应雅芳）

**［在全国职业技能大赛中获奖］**　在全国职业院校学生职业技能大赛中，徐汇职业高级中学学生卢璐在冷盆、中式点心2个比赛项目中获2枚金牌。董恒甫职业技术学校学生任启明代表上海市与1名外区学生合作参加“企业网络搭建及应用”项目竞赛成绩突出，上海市队获团体金牌。

（徐蓓莉）

**［深化与英国诺福克郡合作交流］**　5月，诺福克郡第八次组团来访，双方表示致力于4个层面推进交流合作。首先是面向学生，让更多学生加入，了解双方文化；其次是面向教师，加强学习交流，分享经验成果；第三是面向学校，丰富办学理念，提升办学水平，拓宽思路，促进整体发展；第四是面向决策者，理解双方教育体制，制订教育方针、政策，实现教育健康、可持续发展。

（江慧芳）

**［制定实施《徐汇区教育系统财产物资管理试行办法》］**　年内，区教育局于6月颁布《徐汇区教育系统财产物资管理试行办法》，7月试行。《办法》分总则、管理部门及其职责、配置管理、使用管理、处置管理、非经营性与经营性转换、产权登记、管理人员、记账和报告制度、管理责任、附则等11章62条。

（郑经礼）

**［中国教育学会徐汇教改实验区取得一批成果］**　年内，中国教育学会徐汇教改实验区以《创建区域性现代化基础教育新体系的教改行动研究》为总项目，建立起适应与促进0—18岁儿童充分优质教育的体系框架，形成一批教育理论成果。其中获得市教委教育科研成果一等奖1项，二等奖6项，三等奖5项；正式集结出版《徐汇教改实验区教育论著》1套13本。此项工作自2002年启动，全区数千人参与。

（张才龙）

**［社区教育特色课程在全国和上海市获奖］**　年内，区社区学校（老年大学）自建形成一批特色课程，经专题辅导修改，通过全区范围网上评选、区学习节上展示交流、专家研讨等方式评选出区特色课程22门。其中10门课程分获上海市社区教育特色课程一、二、三等奖，9门课程被评为全国社区教育特色课程。

（周晓敏）

**［实施义务教育学校绩效工资制度］**　年内，区教育局被市教委指定为上海教育系统实施绩效工资的试点区。制定徐汇区《义务教育学校绩效工资的实施办法》、《校长（书记）绩效工资实施办法》及《特级教师绩效工资实施办法》，指导68所学校制定《学校绩效工资分配办法》，并经教代会通过。12月中完成义务教育学校实施绩效工资工作。

（江　岚）

## 附:区教育局驻地及负责人

(2009年1—12月)

地址:漕溪北路336号
邮编:200030
电话:64879460

区委分管领导:章为民

区政府分管副区长:周秀芬

区教育局党工委书记:王纪远
副书记:朱龙霞

区教育局局长:王懋功
副局长:杜　俭、沈　韬、朱建华

# 静　安　区

［**2009年概况**］　2009年，静安区共有教育机构50个，其中中学17所，小学12所，幼儿园12所，业余大学、教育学院、逸夫职校、青少年活动中心各1所，其他教育单位5所。全区在校学生29783人，其中中学13356人，小学8917人，幼儿园4389人，职校1567人，业大1554人。在职教职员工3966人，其中专任教师2485人。学科带头人106人，特级教师13人，离退休7282人。

一年来，教育局如期完成以下各项工作：

1. 积极推进区政府实事工程。市西中学改扩建项目一期工程全部完成。静安实验小学旧楼加固工程接近尾声。常德书法幼儿园改扩建工程已经开工。继续引进优质的社会办学机构落户静安，全年共引进优质办学机构4家。举办儿童教育与发展国际论坛，组织“开放式公众论坛”、区内幼儿园与美国、挪威、澳大利亚等国共同主持的主题式“教育实践工作坊”，探讨幼儿教育发展的前沿问题，在国内外均赢得了非常好的反响。举办愉快教育30年全国研讨会，形成新的教改项目——学习设计。举办“全国幼儿游戏论坛”，发挥南西幼儿园的游戏教育在全国的示范作用。

2. 制订《关于进一步加强教育人才队伍建设的意见》，加强教师和干部队伍建设。3位教师被授予上海市特级教师称号，2位校(园)长被评为上海市特级校(园)长，1位教师被评为全国优秀教师、2位教师被评为上海市模范教师、1位校长被评为上海市先进教育工作者。组织实施静安区教育拔尖人才的选拔，组织实施“市优青项目”及“区优青项目”推荐和选拔。做好干部教师继续教育工作。继续组织英语教师赴加拿大开展为期两个月的英语培训。举办两期“自我领导和管理科学”中学校长主题培训，更新培训理念、培训内容和培训方式，取得很好的效果。

3. 推进中小学课程改革，提高教育质量。教育部公布的义务教育阶段的学业质量检测，全区学生的优良率与合格率明显高于参与测试的其他区县。积极推进教育科研，教育部重点课题研究顺利推进。新立项教育部重点课题一项，市级课题7项。成立做中学教育研究所，以“做中学”项目为平台，进行相关应用性研究。组织开展小学阳光体育特色展示系列活动。在年度创新大赛中全区获奖率居全市前列，3名学生荣获第七届上海市明日科技之星称号。开展静安区中小学“弘扬和培育民族精神六个万系列活动”，取得了良好的教育效果和社会反响。

4. 建设一批引领作用强具有静安特色的学习型城区建设品。成功举办2009年静安学习节和“静安学习论坛”。“静安白领学堂”被市教委列为上海市社区教育重点项目推进，还被市学习办列入上海市重点学习品牌活动。区业余大学以“做精、做强”立命于成人教育领域，获得上海市文明单位三连贯，上海市创建学习型企事业先进单位、上海市“十佳”爱心助老特色基地、静安区综合治理先进单位等。2009年，共有527名学生从静安区业余大学毕业，486名学生从上海电视大学静安分校毕业，包括复旦网络学院、东华大学成人教育学院、华东理工大学成人教育学院共计有1200多位学子获得大专、本科毕业证书，还有6000多人次接受了文化补习、语言培训、继续教育、职业教育、老年教育，其中社区学院学生336人。

（沈　俭）

［**迎世博系列活动**］　为迎接2010年上海世博会，区教育系统组织了一系列活动：4月8日，开展静安区学生书画作品评选活动，共有378幅绘画和书法作品参加此次区级展示交流活动。4月30日，静安区教育局组织全区各中小学开展“莘莘学子话静安　彬彬有礼迎世博——静安区青少年迎世博倒计时一周年主题活动”。5月1日全天，静安区中小学生开展志愿者大行动，深入大街小巷，传递“精彩世博·文明先行”的信息。5月10日，静安区的“小科学家”、“小发明家”、“科技小能手”与各中小学校科技爱好者们参加“科学，让生活更精彩”静安区青少年科技节主题活动。5月中旬，首批63位教师志愿者举行“静安教师迎世博志愿者在行动”启动仪式。

（沈　俭）

［**第十一届家庭教育宣传周活动**］　为贯彻落实全国妇联《关于组织开展2009年家庭道德教育宣传

实践月活动的通知》精神，倡导“争做合格家长，培养合格人才”的家庭教育理念，由静安区教育局主办，上海静安外国语小学承办，以“迎世博，建礼仪之家”为主题的上海市第十一届家庭教育宣传周静安专场活动日前在静安外国语小学举行。上海市家庭教育指导中心、区妇联、区教育局领导、浦东新区和徐汇区家庭教育教研员、各校教师代表以及60多位学生及他们的家长参加了本次专场活动。

（沈　俭）

**[“创意梦工厂”、“新能源知识进校园”]** 6月10日，区青少年活动中心举办“创意梦工厂”项目专家研讨会。来自同济大学、市科技艺术教育中心、市科普促进会的专家学者分别从空间拓展、设备添置、活动管理、教育理念等多个方面，对“创意梦工厂”的软硬件建设提意见。“创意梦工厂”作为一个全市领先，具有探究与实践功能的区域性青少年科学研究基地，将全方位面向学校，共同构建适合学生身心发展的优质环境，着力打造精品化青少年科技活动与创意的空间。6月17日，静安区青少年活动中心与同济大学签署“新能源知识进校园”科普活动项目协议，探讨推进静安区学校节能减排及新能源知识普及的新模式。区教育局在新学期推出适合静安区中小学生使用的“节能及新能源科普读物——静安版”，开展对静安中小学教师的相关培训工作，并率先在育才初级中学、七一中学、一中心小学进行试点，帮助学生树立环保、节能的意识，为将来相关课程正式进入课堂积累经验。在科普活动中，同济大学“汽车知识宣讲团”的学生志愿者将来到静安区与中小学生展开互动，组织静安区中小学生访问汽车城、参观汽车博物馆等社会活动。

（沈　俭）

**[首届全国大中小学生规范汉字书写大赛]** 静安区教育局、区语委、区教育学院6月中旬组织了全区“首届全国大中小学生规范汉字书写大赛”初赛。全区共有624名学生参加比赛。组委会邀请书法专家担任评委，对学生作品进行选评，分别评选出各组别的软、硬笔一、二、三等奖46名、优胜奖154名，市西中学等13所学校获优秀组织奖。同时，获等第奖的同学取得参加上海市复赛的资格。

（沈　俭）

**[新西兰客人到逸夫职校参观访问]** 2009年1月13日，新西兰驻沪副总领事到逸夫职业技术学校作交流访问。逸夫职校自2000年起，与新西兰奥克兰理工大学建立了良好的合作关系。与奥克兰理工大学创设和建立的稳固合作是静安教育品牌的重要组成部分。

（沈　俭）

**[新加坡校长代表团参观南西幼儿园]** 3月17日，新加坡校长代表团到南西幼儿园参观考察。“快乐玩、有效学”是南西幼儿园的实践宗旨，多年来注重幼儿有效学习，促进幼儿全面发展。

（沈　俭）

**[向地震灾区赠送“微笑教学”成果]** 4月10日，上海市静安小学在10周年校庆会上把汇集10年教育研究的成果“微笑教学”——《小学微笑教学的研究》（上海教育出版社出版）一书向地震灾区四川都江堰市捐赠1662本，当地所有小学教师人均一本，为推进新课程和实施课堂德育提供鲜活的实践案例。

（沈　俭）

**[召开全国“愉快教育”研讨会]** 4月27日，全国“愉快教育”研讨会在静安区召开，全国的专家学者600余人齐聚静安区青少年活动中心，研讨会为期三天。4月28日，上海一师附小展示了阳光健身操和语、数、外等10节教学交流课；北京一师附小、南京琅琊路小学、成都龙江路小学、沈阳铁路五小、无锡师范附小、广州八旗二马路小学六所学校介绍愉快教育的新经验。4月29日，“愉快教育”研究基地浦东新区六师附小、普陀区金洲小学进行了推广“愉快教育”的展示。

（沈　俭）

**[向全市展示美术教研活动]** 5月21日，上海市美术教育教研活动“重体验、巧整合、求创意”在市西小学举行，120多位老师参与了此次活动。此次展示活动所展出的作品均为市西小学一至五年级学生的课堂作业，有儿童创作画、水墨画、金山农民画、版画、电脑绘画、无笔画、剪纸、染纸、扎染、艺术创想、纸服装等，每幅作品都充满了趣味性。来宾们都赞不绝口。

（沈　俭）

**[“实证研究方法培训班”开班]** 9月17日，静安区承担的教育部“十一五”重点课题“实证研究方法培训班”开班。举办“实证研究方法培训班”旨在

确保静安区承担的教育部“十一五”重点课题“提高中小学生学业效能：‘轻负担、高质量’的实证研究”的七个版块的所有课题都能准确理解、严格落实“实证”研究的方法，提高“实证研究”的质量，提高科研人员的整体素质，为培养科研骨干队伍奠定基础。培训班对参与课题研究的人员进行每周一次的集中学习培训，还邀请专家学者进行学术报告会和专题辅导。

（沈　俭）

**［举行“喜迎新中国60华诞”艺术展览］**　9月26日，由静安区教育局、区教育学院联合主办的“喜迎新中国60华诞”艺术展览在延中绿地隆重举行。此次绘画艺术展览展出了静安区30所中小学的数百位师生共同创作的长60米、宽2.010米的彩笔绘出的长卷。画卷60米长象征着新中国的60华诞；而卷高2010毫米则表现出静安学子对2010年上海世博会的召开充满了期望和信心。这次展出的彩笔绘画，经过一个月的精心策划、筹备，其内容分为小学·畅想篇、中学·历史篇，主要包括天安门广场（育才初级中学）、世博会中国馆（一中心小学）、快乐的校园（静安小学、陈鹤琴小学）、和谐的社区（西康路三小、静安实验小学）、未来的上海（万航渡路小学、上外静小）、跨越海峡的爱（一师附小）、英雄谱（市西小学）、申城新风尚（南阳学校）等画面，我爱祖国大家庭·港澳回归（培明中学）、惊涛骇浪·抗洪救灾（康定中学）、希望工程（爱国学校）、申奥成功一刻（市西中学）、天路·青藏铁路（五四中学）、神七升天（上外静中）、今日西藏（市西初中）、汶川救援（静教院附校）、高与快·姚明与刘翔（育才中学）、我爱外滩（上戏附中）、美丽的新疆（市一中学）、继往开来（逸夫职校）等20多个版块。

（沈　俭）

**［区中小学教师教学基本功团体赛开幕］**　11月4日，静安区中小学教师教学基本功团体赛在区教育学院拉开帷幕。全区初中数学教师128人，高中数学教师83人参加了这次教学基本功团体赛，教师参与率达90％以上。为促进教师教育教学能力的全面提升，静安区教育局根据教育人才工作会议精神，在“赛马场”即“创我精品，展我风采”静安区教师教育教学能力大赛的基础上，增设教师教学基本功团体赛，为全区教师创设一个展示才能的大舞台，继续完善、激发教师发展内驱力，带动全区教师专业化发展水平的整体提升。

（沈　俭）

**［举行中小学生人文知识大赛］**　由静安区教育局组织、以“与人文同行，为世博添彩”为主题、全区中学生参加的“静安区中小学生人文知识大赛初中组、高中组初赛”，11月中旬在各中学同时开赛，进一步引导、培养广大中学生增强学习人文知识的兴趣与积极性。

（沈　俭）

**［举办“全国‘以园为本教研制度建设’项目上海现场会”］**　12月2日，由教育部基础教育课程教材发展中心、上海市教育委员会教学研究室、静安区教育局共同举办的“全国‘以园为本教研制度建设’项目上海现场会议静安区现场观摩及互动研讨”的活动在南西幼儿园召开。静安区教育学院吴月萍老师《区域推进“以园为本教研制度建设”项目的行动研究》、威海路幼儿园符芳园长的《浅谈提升教研组长能力的三条途径》、延安中路幼儿园谭妍文老师的《在“1＋4”园本教研中成长》以及南阳实验幼儿园李文静园长的《着力制度建设，提升教研质量》等内容在会上交流。

（沈　俭）

**［获“首届百个优秀学习小组”称号］**　5月30日，“电大有我一个家——上海电大首届百个优秀学习小组表彰活动”在上海教育电视台演播厅举行。电大静安分校洪雁飞学习小组以“迎世博，学口语”为主题参加评选并获此殊荣。洪雁飞学习小组来自于商务英语专业，共有7名组员。自组建以来，小组成员定期进行口语对话与交流，逐渐形成浓厚的小组学习气氛，小组成员的英语会话能力得到提高。

（沈　俭）

### 附：区教育局驻地及负责人

（2009年1—12月）

地址：南阳路215号
邮编：200040
电话：62790802（总）　62581632

区委分管领导：杭春芳
区政府分管副区长：朱成钢

区教育党工委书记：吴丽萍
　　　　副书记：陈宇卿、徐慧君
区教育局局长：陈宇卿
　　　副局长：戈一萍、徐　刚、周晓春

# 长 宁 区

［2009 年概况］ 2009 年，长宁教育探索素质教育改革新举措，深入推进师资均衡配置，稳妥实施义务教育学校绩效工资改革，抓紧推进教育设施建设和维护工作，建立完善教育系统管理体制机制，各项工作取得成效：

1. 实施教育建设项目。完成长宁区少年宫整体保护及改造项目。继续实施中小学教室光环境改善工程，完成 429 间普通教室、223 间专用教室共 600 余间教室照明改造。完成新建天山幼儿园、海贝幼儿园、愚一幼儿园凯欣分园等 3 所幼儿园。长宁区幼儿园园舍建设达标率达到 90%。成立长宁区校舍安全工程领导小组，落实专项资金，对 19 所学校实施抗震加固，完成总体工程的 30%。

2. 深化教育教学改革。以“规范教学、数字研修、优质均衡、追求卓越”为主题开展长宁区中小学幼儿园第十届教学工作研讨活动。在愚一小学等 7 所小学试点“快乐拓展日”，试行星期三无书面作业日。在市三女中、复旦中学试点探索高中“主题轴”综合课程。以“学前教育关注启蒙学习、小学关注快乐学习、初中关注有效学习、高中关注综合学习”为重点推进课改。全区初三毕业生合格率达 98%以上，100%合格的学校进一步增多。

3. 扩大优质教育资源。继续做好义务教育阶段师资合理均衡配置试点工作，第三批共 8 名新评高级教师参加 2009 年度均衡配置工作。推进天山幼儿园、建青幼儿部等幼儿园申报市级示范幼儿园。江五小学和愚一小学分别带教院附小和向红小学。番禺中学和仙霞高级中学确定为长宁区实验性示范性高中。

4. 继续深化“两纲”教育，推进学校德育工作。以“校长课程领导力的实践与展望”为主题组织中小学幼儿园校（园）长德育工作专项述职论坛。举办“加强师德建设　提升育德能力”长宁区第九届德育研讨活动，全区有 21 所中小学获优秀组织奖，同时评选出一批先进德育工作者、十佳班主任、优秀校外辅导员等。“以文化构建，加强学校德育工作”为主题在京津沪渝市四区德育研讨会上作主题发言。组织开展各类主题教育系列活动，为未成年人成长营造了良好环境。建立完善学生供餐管理制度，规范供餐企业准入和运作行为。协调落实学校周边工作，组织开展专题培训、网吧游艺机市场专项整治和学校及周边环境专项整治。推进创建安全文明校园。成立校车管理工作小组，建立校车管理长效机制。开展各类帮教活动，联系企业为区内 150 余名困难中小学生提供帮困款，落实针对特殊对象的“展翅基金”帮困款。开展预防未成年人犯罪课题研究，提高帮教效果。

5. 体育、科技、艺术教育取得成绩。获得上海市学生阳光体育大联赛特等奖 1 项，一等奖 7 项。组织参加全国第 24 届青少年科技创新大赛，共获得 5 个一等奖、2 个二等奖和 6 个三等奖。参与上海市第 24 届青少年科技创新大赛和第七届百万青少年争创“明日科技之星”评比活动，获创新大赛一等奖 32 项、二等奖 33 项、三等奖 52 项；获“明日科技之星”称号 3 人，“明日科技之星”提名奖 1 人，“科技希望之星”称号 6 人，整体成绩位于全市前列。长宁少科站获“全国青少年校外科技教育先进集体”称号。加强艺术团队建设，共新建 52 个艺术团，全区所有学校均建立艺术团。

6. 提升教师队伍专业素养。继续深化“二名一基”工程。与华师大校长培训中心合作开展为期一周的“深化校长课程领导力”主题式培训。开展“优青”后备人选的申报选拔和推荐工作。加强学科带头人、希望奖人才、拔尖人才、领军人才、特级教师后备、特级教师梯队的建立、完善干部培养“培训制、带教制、交流制、轮岗制、助理制、储备制”六项制度。加强干部交流、挂职、轮岗、公开竞聘的机制。推进区语文、德育、环境学科名师培育创新团队、区校际合作创新团队、区特殊教育创新团队工作。成立区名校长工作室，制定《长宁区“名校长培养工作室”管理办法》。继续推进学科带头人项目负责制工作。组织区骨干教师报考华师大、上师大在职教育硕士，2009 年有 91 名教师被录取。教育系统共招录各类人员 191 人。其中，博士 1 人，硕士 13 人，本科 144 人，大专 33 人，本科以上学历人员比例为 83%，全区评出“全国优秀教师”1 人，“市教育系统先进集体”2 所、“先进工作者”1 人、“市模范教师”5 人，市园丁 36 人，区园丁 189 人。邵春安校长被授予“全国五一劳动奖章”，辅读学校被命名为“全国巾帼文明岗”；新光中学荣获 2008 年度上海市先进基层工会女职工委员会；市三女中外语组荣获 2007—2008 年度“迎世博市巾帼文明岗”称号；薛正、赵赫、何亚男被评为“新中国成立以来上海百位优秀女教师”；9 个班组被命名为 2007—2008 年度市文明班组。与云南、新疆、海南、都江堰等地开展合作交流，组织选派第九批援滇支教教师 5 人，第二批支援都江堰教师 4 人，支援海南基础教育 6 人，支援新疆教师 2 人。接受都江堰教师来沪培训二批，共 10 人。

7. 推进学习型城区建设。研究推进现代职校职前培训和社区学院及社会力量办学机构在职培训政策措施。对全区民非教育机构规范办学开展全面检查并接受市教委调研。制定实施《长宁区社区学校规范化建设评估指标体系》，协同各街道镇加强社区学校的队伍建设和管理工作，全区 5 门课程获市社区教育特色课程奖。组建“长宁区市民世博志愿者讲师团”，发动社区学员参加“学在数字长宁”网上学习。

8. 提升教育管理能级。组织落实学习实践科学发展观活动，共 99 家单位，91 个党组织，党员总数 2078 名。进一步修订完善了《长宁区教育现代化发展指标》。调整专职督学队伍，组建学校督导员队伍和社区督导员队伍。加强教育经费管理，建立健全监控机制。成立教育局审计室，加大审计整改工作力度。建立校园安全管理中心和教育后勤保障中心，优化教育局会计服务中心和教育人才交流中心，建设长宁教育信息中心。

**[启动中长期教育改革和发展规划制订工作]** 1 月 15 日，长宁区教育局召开长宁区中长期教育改革和发展规划制订工作启动会，教育党工委书记陈设立、教育局局长王小柳和市、区有关专家参加。

（常　娇）

**[都江堰学生家委会向现代职业技术学校授锦旗]** 2 月 16 日，上海市对口支援都江堰市灾后重建指挥部总指挥助理张海涛亲赴上海市现代职业技术学校，代表都江堰学生家委会向现代职校授予“大爱无疆、恩重如山”的锦旗。

（常　娇）

**[接管原万宏集团下属各托幼园所]** 2 月 20 日上午，长宁区托幼一体化推进工作会议在长宁托幼管理中心召开，原万宏集团下属各托幼园所正式由区教育局接管。长宁区教育党工委书记陈设立，区教育局局长王小柳，区国资委主任黄经麟，万宏集团党委书记、董事长何继国出席会议。托幼管理中心理事会成员、托幼中心全体园所长参加会议。会上，宣读了托幼管理中心新的领导班子和第一届理事会成员。托幼中心全体园所长及 302 名在职职工在长宁托幼管理中心和长宁区托幼中心拟定的《告知书》上完成知晓签字。

（常　娇）

**[区名校长培养工作室启动]** 2 月 25 日，区名校长培养工作室启动仪式在教育学院举行。工作室领衔人有李汉云、吴子健、王克坚和周剑。区教育党工委书记陈设立宣布工作室启动，宣读导师、学员名单，并向 4 名工作室领衔人颁发聘书。

（常　娇）

**[启动都江堰市中小学骨干教师第二批次对口培训工作]** 3 月 30 日下午，都江堰市中小学骨干教师第二批次对口培训欢迎会在区教育学院举行，区教育局副局长夏惠贤、区教育学院院长陈晞等领导出席。6 名来自都江堰中小学的骨干教师参加会议。此次培训为期一个月。培训结束后，还将继续为各位学员提供指导帮助。

（常　娇）

**[举行学生科技节暨流动科技馆进长宁活动]** 4 月 8 日上午，“长宁区第十一届学生科技节开幕式暨流动科技馆进长宁活动启动仪式”在上海市第三女子中学附属学校举行。全国政协常委、上海科普教育发展基金会理事长、上海科技馆理事长左焕琛，长宁区区委书记、区长卞百平，上海科技馆馆长王小明，长宁区副区长邹龙飞等领导出席活动。

（常　娇）

**[向盲童学校赠书]** 4 月 22 日，上海市残疾人福利基金会组织上海少儿出版社、文艺出版社、科学技术出版社、上海大学出版社、科技教育出版社等 5 家出版社，向上海市盲童学校捐赠各类图书约 8000 册。市出版局原局长、市残疾人福利基金会名誉理事徐福生，市残疾人福利基金会秘书长李晓雪女士出席活动，并向捐赠单位颁发证书。

（常　娇）

长宁区第十一届学生科技节开幕

［**举行区中学生“5·12”主题活动**］ 5月8日下午，“平安在我心，精彩世博行”——长宁区中学生“5·12”主题活动在长宁中学举行。本次活动由紧急疏散、逃生救援和灭火演习三部分组成，区内各中小学分管校长、民防指导教师、长宁区消防中队官兵以及长宁中学全体学生近400人参加。演练活动结束后，还举行长宁区青少年平安实践基地揭牌授牌仪式。

（常　矫）

［**赴都江堰市慰问支教教师**］ 5月17日上午，区教育局局长贾炜率长宁区教育工作组，随长宁区代表团赴都江堰市慰问支教教师。代表组考察了崇义镇土桥绿地小学，并参加娄山中学对口支援崇义中学签约仪式。幸福小学与崇义小学、威宁小学与土桥绿地小学达成结对意向。

（常　矫）

［**区社区学院成为“上海服务外包人才培训基地”**］ 6月25日上午，首批“上海服务外包人才培训基地”授牌仪式在张江高科技园区举行，长宁区社区学院作为首批获得认证的十个单位之一出席颁证仪式。

（常　矫）

［**开展“快乐拓展日”课程活动**］ 2009学年，长宁区教育局在小学开展“快乐拓展日”课程活动。“快乐拓展日”以“优化课程、减负增效、快乐成长”为主题。每周三定为全区“快乐拓展日”。“快乐拓展日”当天，学校上午以基础型课程为主，下午以学生自主选择的主题式、体验式、探究式等课程活动为主，学校一至五年级不布置常规回家书面作业，其他四个学习日不额外增加作业量。首批参与的学校为：愚园路第一小学、江苏路第五小学、长宁实验小学、古北路小学、幸福小学、绿苑小学、适存小学。

（常　矫）

［**举办“爱心晚托班”**］ 2009学年，长宁区教育局在各小学全覆盖开设“爱心晚托班”。“爱心晚托班”是对长宁区内小学一——三年级和四、五年级确有困难无法按时来接学生的家庭，于教学日下午3:20—5:00采取集中、无偿看护的晚托服务。晚托班采取家长自愿原则，经费由政府出资，建立专项奖励资金。

（常　矫）

［**教育部有关部门领导到区视察**］ 10月11日，教育部总督学顾问王湛为组长的教育部中职和中小学学习实践活动巡回指导组一行，到上海市延安初级中学视察。10月16日，教育部关工委常务副主任王茂根、副秘书长郭春开等到区教育局调研关工委工作。

（常　矫）

［**愚一幼儿园园庆70周年**］ 10月28日，愚园路第一幼儿园举行园庆70周年庆祝仪式，区委宣传部部长朱国宏出席并祝贺词。长宁区教育党工委书记陈设立、教育局长贾炜、上海市陈鹤琴教育思想研究会会长夏秀蓉等领导出席并讲话。上海市各区示范性幼儿园园长、长宁区各幼儿园园长、愚一幼儿园历任园长等100多人到会祝贺。愚一幼儿园在1981年被评为首批“上海市示范性幼儿园”，70年发

展历程中，获诸多成绩。

（常　娇）

**［挪威“音乐校园行”巡演］**　“挪威音乐校园行——中挪青少年音乐周”是中国上海国际艺术节自主创立的第一个艺术教育项目。自2007年以来，已在上海市7个区的36所中学、小学举办52场音乐会。2009年的音乐周，挪威音乐家到长宁区愚一小学、江五小学、开元学校、省吾中学4所学校巡演，近1200名学生参加活动。

（常　娇）

**［向学校捐赠］**　11月20日下午，印尼金光集团金红叶纸业总经理徐锡土捐赠25000份“唯洁雅”抑菌纸巾和5000份清风湿纸巾给上海市青少年学生，其中22800份捐赠给长宁区的十所中小学，帮助广大青少年培养良好的卫生习惯，更好地防御流感，该活动由中国侨联、上海市侨联和金光集团主办，长宁区教育局和长宁区侨联协办。

（常　娇）

**［建青实验学校25周年校庆］**　11月15日，建青实验学校举行建青中学建校70周年暨建青实验学校建校25周年庆典活动。市政协副主席、上海社会科学院党委书记、院长王荣华，市教委副主任尹后庆，长宁区委常委、宣传部部长朱国宏，区政协副主席张连城，中国福利会秘书长、上海宋庆龄基金会副主席、上海市政协委员艾柏英，区教育局党工委书记陈设立及区教育局局长贾炜等领导出席。该校探索3—18岁幼儿青少年培养的规律，建设实验性、创新型、国际化的学校。

（常　娇）

**［农民工子女获源恺奖学金］**　区教育局按照《上海市教育发展基金会源恺农民工子女奖学金基金管理暂行办法》的规定，组织在本区小学就读的农民工子女参加评选。目前，在长宁区小学就读的农民工子女有近4000人，经过评选，300名品学兼优的学生获源恺农民工子女奖学金。

（常　娇）

**［番禺中学更名为华东政法大学附属中学］**　12月24日，华东政法大学和长宁区教育局联合办学签约仪式在华东政法大学举行，区长李耀新、区委常委、宣传部部长朱国宏、副区长邹龙飞、华东政法大学党委书记杜志淳、校长何勤华、党委副书记、副校长张智强等出席。区教育局局长贾炜与华东政法大学校长助理林燕萍在联合办学协议上签字。

（常　娇）

### 附：区教育局驻地及负责人

（2009年1—12月）

地址：长宁路599号
电话：22050000
邮编：200050

区委分管常委（联系教育工作）：朱国宏
区政府分管副区长：邹龙飞

区教育党工委书记：陈设立
副书记：王小柳（2月离任）、贾　炜（2月到任）、顾　健、姚　期（2月到任）、曹智华

区教育局局长：王小柳（2月离任）、贾　炜（2月到任）
副局长：姚　期、吴玉雷、夏惠贤、张健华

# 普　陀　区

**[2009 年概况]** 深入学习实践科学发展观，推进优质教育资源“圈链点”发展战略，实施素质教育，进一步优化教育资源布局，深化教育内涵发展，促进干部教师专业发展和各级各类教育协调发展。

优化教育资源布局，推进重点项目建设。梅岭幼儿园开工建设，曹杨二中教育园区完成立项。教育公建配套项目万里中幼托、大华颐和华城小学、大华清水湾小学、阳光建华城学校、祥和小学、万里东学校、浩浦幼儿园开工建设。启动中小学校舍安全工程，完成对全区中小学校舍的抗震排查和鉴定，编制《普陀区中小学校舍安全工程规划》，启动第一批12 所校舍、65773 平方米的校舍加固改造。开办金鼎（九年一贯制）学校，以公办体制接收农民工子女入学。

深化教育内涵发展，提升教育质量。继续完善“两纲”课内课外体系，建设一批学科德育示范课，继续培育德育品牌，开展“一校一品”特色教育。开展班主任育德能力竞赛，建设一批优秀班主任队伍。荣获“上海市未成年人思想道德建设工作先进单位”。39 所学校、40 名学生荣获“市金爱心集体（个人）”称号。完善区校两级质量保障体系，编辑《普陀区中小学校教学质量改进计划专辑》、《普陀区中小学质量保障手册》、《普陀区中小学各学科课堂教学有效性评估意见及案例分析》。曹杨中学、同济二附中等 5 所学校成为区实验性示范性高中。

完成学前教育三年行动计划。15 所托儿所托幼一体化改革全面完成。按三种方案实施 14 所公立转制幼儿园深化办园体制改革，5 所幼儿园退到公办。开展区示范性幼儿园评估，7 所幼儿园争创成功，市一级园及以上比例继续保持在 50%以上。实施幼托结对、办园质量视导、民办幼儿园评估等，推进学前教育优质均衡发展，努力办好每一所幼儿园。在上海市幼儿园中青年教师教育教学评优活动中，1 名教师获一等奖，3 名获二等奖。

曹杨职校会展实训中心通过验收。曹杨职校学生在市“星光计划”第三届中职校职业技能大赛中获个人全能一等奖 3 个、二等奖 10 个、三等奖 20 个，团体三等奖 1 个。成立“普陀区学生职业启蒙教育活动基地”，对初中学生开展职业启蒙教育。建立区职业院校校企合作协助委员会，建立了 8 个区域职业教育校企合作基地。

完善社区教育三级网络。成立普陀区老年大学，开发一批社区教育特色课程，1 门课程获“上海市社区教育特色课程评选”一等奖，2 门课程获二等奖。长寿、长风等 8 个街镇被命名为“上海市社区教育实验街镇”。区教育局被评为“上海市推进学习型社会建设先进单位”。

加强干部教师全员培训。以“奠基中层、储蓄后备、提升骨干、培育优秀、打造领军”干部梯队建设思路不断推进“十一五”干部教师培训。举办各类岗位培训班 9 个，培训 367 人次。遴选 28 名优秀后备干部开展“训习导考”TOP 四联培训。加强对基层中层干部选拔任用、教育培养的指导，下发《关于基层单位中层干部选拔任用工作的指导意见》、《关于加强中小学校中层干部自培工作的指导意见》。对新提任干部进行集中廉政教育。严格干部监督管理，全年共完成干部任期经济责任审计 39 个。做好市、区两级名校长和优秀中青年校长培养，3 名校长、3 名教师分别被评为特级校长、特级教师。6 名校长、12 名教师被确定为“市普教系统优秀中青年校长、教师后备人选”。曹杨中学段建国荣获全国模范教师，另有 3 名教师荣获全国优秀教师，2 名教师荣获全国中小学优秀班主任。

至年末，中学公办 39 所，民办 10 所。中学学生公办 2.45 万人，民办 0.58 万人。小学公办 27 所，民办 1 所。小学学生公办 2.59 万人，民办 0.24 万人。幼儿园公办（含转制）48 所，民办 19 所，大学办 1 所。幼儿园儿童公办（含转制）1.55 万人，民办 0.47 万人。特殊教育学校 3 所。业余大学 1 所、教育学院 1 所。社区学校 9 所，有分中心 12 个和 1 家教育公司。民办非学历教育机构 16 所。

（普　教）

**[成立区教师专业发展专家顾问团]** 区教育局聘请上海师范大学教育学院常务副院长、教授惠中等 19 位专家为教师专业发展顾问团成员，为期两年。

顾问团成员将对区教师专业发展提供决策咨询；研究学科发展的重点、难点和热点问题，为学科建设提供指导咨询。3月5日，举行顾问团成立大会。

（普　教）

**［评定区实验性示范性高中］** 曹杨中学、同济二附中、甘泉外国语中学、长征中学、桐柏高级中学5所学校被授予“区实验性示范性高中”铜牌。3月12日举行“实验性示范性高中”授牌暨第一届“普陀杯”教师专业能力评优活动总结表彰大会。大会同时启动了普陀区“素质教育先进校”创建工作。

（普　教）

**［曹杨中学附属学校揭牌］** 建德学校更名为上海市曹杨中学附属学校，3月25日举行揭牌仪式。建德学校是由原长城中学和建德小学于2001年合并的一所九年一贯制公办学校，更名后学校与曹杨中学合作办学，两校资源共享。

（普　教）

**［举办“川流五洲”中英少年艺术交流活动］** 4月10日下午，“川流五洲”艺术作品展在苏州河展示中心——梦清馆揭幕。“川流五洲”是由英国总领事馆文化教育处与上海市普陀区教育局合作开展的艺术交流项目，是英国泰晤士河节日系列活动之一。活动以苏州河和泰晤士河为媒介，通过艺术教育创意项目，提升学生创新能力和发散思维，锻炼团队合作的能力，拓宽学生的国际视野。上海地区参与“川流五洲”项目的有甘泉中学、长征中学、同济二附中、桐柏中学、中远实验学校、兰田中学6所学校，本次展出的作品是6所学校的学生们在艺术家的指导下创作的围绕河流主题的艺术作品，并最终由艺术家整合成6幅大型艺术作品。

（普　教）

端午节举办区“赛龙舟，古典诗词朗诵比赛”

**［获国际机器人比赛两项冠军］** 4月17日，在美国康涅狄格州举行的第16届国际机器人灭火比赛和第2届国际机器人搜救比赛结果揭晓，宜川中学吕品同学摘得机器人灭火比赛高中组和机器人搜救比赛高中组两项桂冠，该校学生连续两年获此称号。

（普　教）

**［举行志愿加入中华骨髓库活动］** 4月23日上午，以“青春绽放，祖国长盛”为主题的晋元高级中学高三学生18岁成人仪式在学校下沉式音乐广场举行。558名年满十八周岁的青年学生面向鲜艳的五星红旗，庄严宣誓，正式步入成年人的行列。在仪式上，学校又有205名同学志愿加入了中华骨髓库，上海市红十字会血液中心的医务人员现场为学生志愿者采取了血样。六年来，年满18周岁志愿加入中华骨髓库的晋元青年学生已有1000多人（其中2004年28人，2005年120人，2006年225人，2007年180人，2008年256人，2009年205人）。

（普　教）

**［区老年教育工作会议召开］** 5月21日，2009年普陀区老年教育工作会议举行。普陀区长寿街道社区（老年）学校被上海市教育委员会、上海市老龄工作委员会办公室授予“上海市示范性老年大学（学校）”称号，普陀区长风社区（老年）学校被授予上海

市特色老年大学(学校)称号。老年教育办公室决定,在普陀区社区学院挂牌普陀区老年大学;在曹杨、长征、真如、石泉、甘泉、宜川、桃浦等7所社区学校挂牌普陀区街道(镇)老年学校,健全老年教育网络,为老年人提供便捷的老年教育服务。

(普　教)

**[同济大学两个基地挂牌]**　5月27日,同济大学"出国培训学院实验基地"和"大学生创新实践曹杨基地"挂牌仪式在曹杨中学举行。同济大学党委副书记陆敏恂、普陀区副区长景莹为两个基地揭牌,提出要进一步加强区、校合作,探讨高中与大学的教育衔接和人才培养模式,为普陀区学校创新办学模式、实施现代化教育教学管理、推进教学科研项目提供专业支撑。

(普　教)

**[区学生职业启蒙教育活动基地挂牌]**　4—5月,曹杨职校面向普陀区21所学校的近1000位初中学生开展了职业启蒙教育活动,并挂牌成立"普陀区学生职业启蒙教育活动基地"。活动分为"职业知识启蒙、职业文化参访、职业技能体验、职业规划设计"四个模块29个项目,内容丰富。

(普　教)

**[俞正声勉励启星学校学生]**　"六一"儿童节当天,启星学校学生收到中共中央政治局委员、上海市委书记俞正声的回信。俞正声在信中说,你们的快乐是我们这座城市最美丽的风景,你们的笑容是世博会上最灿烂的阳光,你们的努力是对上海发展最宝贵的支持!并表示党和政府一定会为同学们创造更好的成长环境,使大家快乐学习、健康成长、幸福生活。

(普　教)

**[曹杨二中成为DSD中国地区学校]**　6月2日,曹杨第二中学举行DSD项目授牌仪式,德方代表宣布上海市曹杨第二中学为德国DSD项目中国地区学校并向学校授牌。德语语言证书(Deutsches Sprach-diplom)是在世界范围内提供的德国大学入学语言证明。它是德国教育文化部与外交部联合管理的项目。

(普　教)

**[新增特级校长、特级教师]**　区教育系统于2009年新增特级校长:刘国华、王洪伟、鲍银生;特级教师桂思铭、周飞、邵乃济。此外,引进1名英语特级教师张淑琴、1名地理特级教师边慧英,填补了引进学校无特级教师的空白。

(普　教)

**[在第24届全国青少年科技创新大赛中获奖]**　在第24届全国青少年科技创新大赛上,普陀区共获得2个全国一等奖,2个全国二等奖。其中,洛川学校的《节能环保我能行》科学实践活动获得了全国一等奖,兴陇中学刘靖琪同学的《未来海洋小区》科学幻想画获得了全国一等奖,陆家宅幼儿园的邵靖越和宜川新村幼儿园的龚嘉源获得了科学幻想画全国二等奖。

(普　教)

**[迎来第二届西藏班41名新生]**　8月,晋元高级中学迎来了第二届41名西藏班新生。2009年,教育部决定西藏内地高中班学生人数翻番,由晋元高级中学承担扩招任务。本届西藏班学生41人,其中来自拉萨的有28人,日喀则地区8人,山南地区2人,昌都地区2人,林芝地区1人。

(普　教)

**[教育对口合作交流]**　2009年,教育局派出宜川中学、洛川学校等八所学校的17名教师赴新疆阿克苏、四川都江堰、云南澜沧和上海市嘉定区支教。5月,区教育局李学红局长带队赴云南澜沧慰问支教的5名教师,并向澜沧民族中学捐赠了十台手提电脑和五万元捐资助教款。6月,普陀区18家教育单位与嘉定区的23家单位结对,开展教育交流。8月23日,景莹副区长、李学红局长代表区教育局向阿克苏四中捐赠20台手提电脑及相关多媒体教学设备。2009年新学期开学前,区教育局向玉堂中学、玉堂小学捐赠总价约20万元的笔记本电脑以及多媒体教学设备。2009年,区教育局圆满完成3批14位都江堰教师跟岗培训。

(普　教)

**[启动中小学校舍安全工程]**　2009年,全区中小学校舍安全工程启动,成立了普陀区中小学校舍安全工程领导小组,对全区938527平方米中小学校舍进行了抗震排查,占应排查计划的100%;对其中1995年以前竣工的和1995年以后竣工但无抗震等级的共488018平方米中小学校舍的抗震鉴定,占应

鉴定计划的100%。以上两项累计投入资金1080万元。根据排查、鉴定结果,结合普陀区中小学布局结构调整和教育设施建设发展规划,编制了《普陀区中小学校舍安全工程实施计划》。普陀区需加固改造的中小学校舍为309124平方米,预计加固资金54370万元,将于三年内分类、分步实施校舍安全工程。年内启动2009年第一批12所共65774平方米校舍加固改造。

(普　教)

**[晋元中学百年校史陈列馆开馆]**　9月10日,"晋元百年校史陈列馆"开馆仪式隆重举行,普陀区委、区政府等四套领导班子出席了开馆仪式。陈列馆占地300平方米,陈列了晋元高级中学从1930年至2009年的档案资料,跨度约80年。这项工作得到了市财政局和档案局的支持,市财政局拨款50万元,市档案馆提供无偿的历史老档案复制服务。2009年是晋元中学建校105周年。

(普　教)

**[区教育学院50周年院庆]**　11月28日,普陀区教育学院举行以"师道·师缘"为主题的建院50周年庆典,市人大、区委、区政府、区人大、区政协、区教育局等领导出席。院庆期间,区教育学院还举办干训论坛,温馨教室巡访活动专场展示,名师基地文科教学展示,全国第四届'有效教学'理论与实践研讨会,上海教师教育创新峰会等。还汇编出版了《上海市普陀区教育学院院史》、《师源——区教院建院50周年画册》和《教苑撷萃——区教院学术成果汇编》。

(普　教)

**[曹杨第二中学庆祝建校55周年]**　12月4日,曹杨第二中学迎来55周年华诞。区人大主任叶维华,区委副书记顾顺祥,副区长景莹,区教育党工委书记王珏,区教育局局长李学红等领导参加庆典活动。

(普　教)

**[开展区民办幼儿园评估]**　11月24—12月11日,普陀区教育局委托普陀区教育学会对区内19所民办幼儿园进行评估。评估组制定了《关于开展普陀区民办幼儿园办学评估的方案》,确定了督导评估指标,召开督评工作专题会议,并聘请了上海市教育评估院的专家、普陀区儿保专家共同对19所幼儿园进行评估。

(普　教)

**[义务教育学校绩效工资改革]**　2009年,义务教育学校实施绩效工资。全区共有65所学校、4670人进行了此次绩效工资改革工作。其中小学27所,初中14所,九年一贯制学校14所,完中7所和特殊教育学校3所。财政共支付8793万元用于2009年绩效工资的补发,人均增资18830元。其中教师人均增资19598元,其他人均增资14357元。2009年教师绩效工资水平为72479元,初中教师为74671元,小学教师为70300元。

(普　教)

**[推进教育公建配套项目建设]**　2009年共开工建设7个公建配套项目。包括2009年确定的6个重点项目:万里中幼托(15班)、大华颐和华城小学(20班)、大华清水湾小学(20班)、阳光建华城学校(36班)、祥和小学(20班)、万里东学校(27班),以及未列入2009年计划的浩浦幼儿园(6班)。2009年4所已竣工幼儿园(童的梦幼儿园、逸流公寓幼儿园、星河世纪城幼儿园、象源丽都幼儿园)完成移交手续并开办。其他教育公建配套项目稳步推进。

(普　教)

**附:区教育局驻地及负责人**

(2009年1—12月)

地址:大渡河路1668号2号楼16楼
邮编:200333
电话:52564588(总机)

区委分管书记:顾顺祥
区政府分管区长:景　莹

区教育局党工委书记:王　珏
副书记:李学红、王泽东

区教育局局长:李学红
副局长:范以纲、方元升、郑建国、赵　平

# 闸　北　区

［**2009 年概况**］　闸北区现有各级各类学校和其他教育机构及教育事业单位 141 所。按性质分：公办中小学、幼托园所 104 所（含特教），民办中小学、幼托园所 24 所，其他教育机构和教育事业单位 13 所；按学段分：高中 6 所，完中 9 所，九年一贯制学校 4 所，初中 18 所，小学 34 所，幼托园所 53 所，特殊教育学校 4 所（含彭顺和聋青技），中等职业学校 1 所，全日制高职 1 所，教师进修学院 1 所，其他教育事业单位 10 个。

现有学生 67681 人，其中普通教育 61392 人（高中生 9325 人，初中生 18770 人，小学生 20313 人，幼儿园 12642 人，特殊教育 342 人），职业教育 6289 人（中职校 941 人，全日制高职 5151 人，聋青技 197 人）。

全区在职教职员工 7287 人，其中教师 5927 人。

2009 年，闸北区围绕“建设和谐新闸北”，打造“优质教育区”的奋斗目标，深入学习实践“科学发展观”，深化教育改革，坚持教育创新，各项工作取得可喜进展。

区教育局以“提升均衡化水平、加快内涵式发展、构建和谐新校园”为载体，参加上海市第二批学实活动，组织 106 个基层单位参加了上海市第三批学实活动。并以“深入学习实践科学发展观”为主题举办了 6 场党政干部学习报告会、2 次校际中心组联组学习。完成了新一轮幼儿园园长任期制工作和新一轮《干部在线学习》任务，教育局获区“2008 年度干部在线学习工作先进单位”称号。组织开展了初中校长三年任期目标责任签约活动。评选表彰了“全心全意依靠教职工办学”的 22 位优秀校长、书记和 76 名“实施素质教育”的优秀党员。继续高举作风建设大旗，利用报告会、观摩警示教育片、参观反腐倡廉展览等形式，深入开展风纪警示教育活动。接受市七部门对教育收费工作的检查，并制定下发了廉洁师德三年行动计划和 2009 年廉洁师德教育活动实施意见，对招生、基建、人才引进、职级评审等重大活动开展监察。

关注均衡与内涵，基础教育质量稳步提高。在德育工作中，创设思想道德建设平台。举行“闸北区中小学生迎世博 400 天主题活动”。结合“五个一”特色德育项目倡导学生“制定一份规划，学习一个榜样，改掉一个陋习，带动一个家庭，站好一个岗位”，为上海世博增光添彩。开展“我微笑我捡起”世博倒计时 1 周年主题活动，组织全区中小学开展“百万学生千支队、清洁城市我行动”志愿者大行动。承办上海市教育系统纪念西藏民主改革 50 周年联欢活动。组织共康中学西藏班学生参观了“西藏民主改革 50 周年成果图片展”，观看纪录片《西藏今昔》。与文化局、闸北革命史料陈列馆联合开展上海市红色经典小故事闸北专场活动。开展“踏上父母上班路”征文活动，鼓励学生和父母一起上班，使学生学会感恩，学会体谅。开展“创意美化生活　行动喜迎世博——中小学生社团创意实践大赛”。开展“做一个有道德的人”惠成志愿者服务活动。以“我爱我的祖国”为主题在学生中开展了丰富多彩的活动。开展 2009 年上海市“民族精神教育月”活动。在全区近 7 万名中小学生中开展了“敬礼祖国　温馨成长”学生风采展示活动，发掘、宣传优秀学生和优秀学生团体故事和案例。

加快学前教育发展步伐。确立了“2009 年闸北区 0—3 岁散居婴幼儿科学育儿指导活动方案”，修订了《闸北区散居婴幼儿科学育儿指导记录册》，全面启动了“春日篇”、“夏日篇”、“秋日篇”亲子活动，提高家长的科学育儿能力。认真落实“减负增效”要求，整合力量设计并向全区三至五年级学生推出了《学习点点点》减负手册。中学出台了《关于重申市教委关于不得进行强制性、集体性收费补课等违规教学管理行为的通知》和《坚持减负增效，研究科学教学》的教学指导性文件，全面开展了科学教学、减负增效专项工作调研和检查工作。承办中国上海第 22 届头脑奥林匹克创新大赛暨第 30 届世界头脑奥林匹克中国赛区决赛，取得 3 个第一名的最好成绩。做好甲流防控工作，制定甲流防控预案和工作措施，建立教育局和疾控中心工作网络，完成中小幼教职工、中小学生甲流疫苗接种数据统计工作。

加强骨干教师梯队建设，启动教育系统第十九期“新苗奖”评选工作，有 33 位新教师获奖。制定了闸北区优秀青年人才工程培养计划，并启动培训。完成20位英语教师赴英国培训工作。完成中小学第二轮教师教学基本能力调研报告，为区域教育改革发展决策提供了翔实的资料。

社区教育发展成果斐然。组织专家对2009—2010年社区教育实验项目进行了论证，对整体设想、需要解决的问题以及实验过程需要把握的问题进行了研究，下发了实验项目启动要求，修订了社区教育实验项目管理若干规定。同时，加强社区教育特色课程建设，各社区学校的辅导员、兼职教师和志愿者队伍开发课程的培训工作，开展了相关特色课程和优质教学资源的研究。组织对各街道、镇参加第五届终身学习周活动的指导和策划，按时完成参加市组织的世博知识竞赛、书画摄影比赛、手工艺品评选和迎国庆歌咏大赛等活动。共获得一等奖3项、二等奖5项、三等奖8项。

（丁力强）

**[成为中国家庭教育指导实验基地]** 6月，保德中学申报的《家校合作策略的优化》课题被确定为中国教育学会家庭教育专业委员会“十一五”科研规划课题，同时，学校被推荐为中国家庭教育指导实验基地。家庭教育指导是保德中学德育工作的一大特色。多年来，学校探索出一套“以境育情、以智育情、以理育情、以事育情、以情育情”的二十字沟通策略，家庭教育指导有较强的针对性和实效性，成效显著。

（丁力强）

**[“学习实践科学发展观活动”成效显著]** 3月10日起，教育局机关72名党员参加全市第二批学实活动。教育局学实活动出简报20期，整改问题12个。9月23日起，教育系统106个基层党组织，2322名党员参加第三批学实活动。5个指导检查组先后召开座谈会464次，访谈3840人次，问卷8445人次，撰写调研报告139份，查找和整改突出问题516条，召开专题民主生活会128次，专题组织生活会163次，形成分析检查报告(材料)95个。

（丁力强）

**[市领导慰问藏族师生]** 2009年2月25日，中共上海市委常委、统战部长杨晓渡，副市长沈晓明，市民族宗教委主任周富长及市教卫党委领导到共康中学与藏汉学生及家长共同庆祝藏历新年。沈晓明副市长受俞正声书记委托向藏族学生赠送书籍和影碟。

（丁力强）

**[获“全国民族团结进步模范集体”荣誉称号]** 在9月29日召开的国务院第五次全国民族团结进步表彰大会上，上海市共康中学荣获了“第五次全国民族团结进步模范集体”称号。上海市共康中学于1998年建校，十多年来，为西藏培养了优秀的初中毕业生1773名，其中有1356名学生加入共青团；1600多人次的学生在市区各类比赛和评优中屡获佳绩。学校先后荣获全国各族青年团结进步先进集体、全国教育援藏先进集体、全国“双有”活动先进集体、上海市教育援藏先进集体、上海市教育系统先进集体等荣誉称号。

（丁力强）

**[颁发第七届“自强奖”]** 4月7日，上海市教育发展基金会第七届“自强奖”颁奖仪式在上海市久隆模范中学举行，70名品学兼优的学生和61名优秀教师获得表彰和奖励。中国工程院院长徐匡迪，上海市教育发展基金会理事长谢丽娟，中共闸北区委书记姚海同，区长周平以及上海市教育发展基金会、区人大、区政协领导出席仪式。“自强奖励基金”自2002年设立，该基金由徐匡迪、许璐萍夫妇倡议并捐资设立，得到了上海市教育发展基金会的支持，设立专项基金专门用于奖励久隆模范中学的优秀教师和优秀学生，每年25万元。从2002年起，徐匡迪已连续6年把每年2万元的院士津贴捐赠给久隆模范中学助学基金会，2007年4月徐院长和夫人许璐萍教授把国外讲学费2万美元捐赠给学校助学基金会，2009年3月18日，徐匡迪院长又把1.0973万美元的稿费捐给助学基金会。谢丽娟理事长希望学校继续坚持正确的办学方向，秉承“让每个学生都成为模范公民”的教育理念，努力培养品德高尚、人格健全、全面发展的模范公民。

（丁力强）

**[完成学前教育三年行动计划]** 9月28日，上海市教育委员会、上海市教育督导事务中心对闸北区落实《上海市学前教育三年行动计划》的情况开展了专项督查。根据《三年行动计划》制定的目标和措施，对学前教育的教育资源配置、教育质量提高、教育经费投入与筹措、保教人员专业发展和教师队伍建设等方面进行专项检查。

（丁力强）

［举办“上海学生成长论坛”］ 6月13日，区教育局在市北中学举行“上海学生成长论坛暨上海市中小学《两纲》促进会成立仪式”，会上宣布成立上海市中小学《两纲》促进会成立，并就明年举行上海学生成长论坛作了初步安排。目的是为学生创设展示成长风采的平台，开展自主教育活动，深化《两纲》教育。

（丁力强）

［首届市教育发展基金会特殊教育奖颁发］ 11月19日，首届市教育发展基金会特殊教育奖颁发仪式在上海市聋哑青年技术学校举行。来自全市特殊教育领域的50名获奖代表与市教育发展基金会谢丽娟理事长、薛熹民副理事长和市教委尹后庆副主任等出席了颁发仪式。

（丁力强）

［第一聋哑学校成为中国手语试点校］ 中国残联教育就业部、教育部基础教育司、语言文字应用管理司为规范手语，在全国选择了11所聋校开展推广《中国手语》试点工作，上海市第一聋哑学校被命名为《中国手语》试点学校之一，并承担了南部地区牵头校的重任。现已完成全国聋校学本教材第一、二、三、四册编写工作，目前第一、二册已开始在全国聋校范围内使用。

（丁力强）

［命名校长“影子培训”基地学校］ 上海市彭浦中学被教育部命名为全国校长“影子培训”基地学校。“影子培训”，或称为“体验培训”、“跟岗培训”、“贴身培训”、“影子工作”等，按照既定的研修目标和研修方案，在真实的现场环境中，参训校长观察专家校长的日常领导与管理行为以及学校的主要工作，感受与领悟专家校长及基地学校的办学思想、理念、制度、方法等的培训模式。影子培训的特点：师徒结对、身临其境、经验借鉴、合作伙伴、自主学习。

（丁力强）

［上海市首届头脑奥林匹克创新学习活动亲子擂台赛］ 上海市首届头脑奥林匹克创新学习活动亲子擂台赛覆盖上海18个区县，在近百个社区展开，有近三万个家庭参与。闸北区有近1万个家庭积极响应，获得金擂主3个，金擂奖19个，银擂奖、铜擂奖若干，成绩在市里名列前茅。

（丁力强）

［举办全国八城区教育协作体2009年年会］ 全国八城区教育协作体2009年年会于12月7日至12月11日召开。各地区教育局代表围绕“提高教学有效性的区域实施方案”的主题展开了热烈的讨论。教育行政部门对有效教学的规划和政策保障进一步推进区域内学校的均衡发展、错位发展。

（丁力强）

［在数学学科竞赛获佳奖］ 市北初级中学在2009年全国及市级的数学学科竞赛中再一次获得了佳绩。4月，参加全国初中数学竞赛上海赛区和全国初中数学联赛上海赛区（新知杯）竞赛获团体第一名。8月，组队参加全国“我爱数学”初中夏令营，勇夺一试、二试团体第一名，最终荣获团体总分第一名。12月，参加上海“新知杯”初中数学竞赛获团体第一名。全年总计获全国及市级数学学科竞赛一等奖19人次，二等奖53人次，三等奖45人次。

（丁力强）

［科研课题被列为全国重点课题］ 3月，六十中学申报“推进成才教育的实践研究”的专项课题，被教育部立项为全国重点课题。本课题主要以学校课程建设为抓手，推进学校课程框架体系的建构，努力开发适合不同学生需要的不同课程。

（丁力强）

**附：区教育局驻地及负责人**

（2009年1—12月）

地址：和田路195号
邮编：200070
电话：56630990

区委分管常委、副区长：许谋赛
区政府分管副区长：花　蓓

区教育局党委书记：孙惠明
副书记：顾筱璞　王万亮

区教育局局长：顾筱璞
副局长：朱正林、袁　园、李国庆、刘新宇

# 虹　口　区

［**2009年概况**］　2009年，虹口区共有各类学校和单位151个，学生67118人，教职工6675名。3—6岁适龄儿童入园率100%，义务教育阶段入学率和按时毕结业率100%，高中阶段入学率95%，其中普通高中入学率为61.9%、中等职业教育入学率为33.1%。

全年，区教育财政拨款为8.96亿元，比上年增长11.75%，其中，义务教育财政拨款达5.44亿元(不包括辅读学校)，比上年增长15.62%。区教育财政拨款占财政总支出14.01%。教育事业费拨款增幅比财政经常性收入增幅从2008年的高2.26%上升至2009的高11.09%。

加强干部队伍建设。继续推进“虹口区教育系统校长培养工作专家顾问团”工作，提高校长的学校管理能力和课程领导力；做好校长职级制申报工作。2009年，共评出一级校长11名，二级校长25名，三级以下校长35名，并向市职级办推荐特级校长人选2名，1名被评为特级校长。

推进“双名工程”建设。2009年，启动“名师培养基地”和“名师工作室”工作；继续推进区学科带头人、骨干教师培养工作，继续推进学科学段组工作、“走校制”和“兼职教研员”制度，通过多种途径加强对区学科带头人和骨干教师的条件保障。2009年，聘请专家担任7名优秀学科带头人的引领导师。此外，还开展第三届“十佳”青年教师评选工作，促进青年优秀教师成长。

推进科技和艺术教育。开展2009年虹口区学生阳光体育大联赛活动；举办学生欢乐艺术节等系列主题活动，做到“校校有特色，班班有活动”；继续组织基层学校参与100多项科技竞赛，近1000人次的学生在国际、全国、上海市比赛中获奖。在24届“英特尔”青少年科技创新大赛中，虹口区学校获得全国二等奖2项，上海市一等奖5项，为历年来最好成绩。开展“笑容”百名中学生免费心理咨询项目和“让百年校史说话”中学图书馆教育活动，推进“指南针计划”，进一步提升青少年学生心理健康、爱国主义和优秀传统文化教育的水平和层次。

提高中小学教育质量。下发《虹口区教育局关于促进小学教师发展提高教学有效性的实施意见》。召开“促进小学教师发展、提高教学有效性”专题系列研讨会以及小学课堂教学专题研讨活动、小学英语学科校际教研展示交流活动等；推进初中听课指导项目与初中校际集体备课工作，启动了“范式教案”项目，继续实施区名特教师进初中工作；继续探索和推进教育组团发展模式。召开高中教育工作会议，下发《虹口区教育局关于提升高中办学质量促进学校内涵发展的若干意见》。推进创新人才培养计划和创新型学校建设。

提升职业教育发展水平。完成南湖职校第二分校新沪校区建设工程，推进本区职教集团的成立工作，积极参加上海市“星光计划”中等职业学校职业技能比赛等。南湖职校1名学生被评选为全国职校“十佳之星”，是上海唯一获此殊荣的学生。

推进特教工作。拟订本区特殊教育三年行动计划。完成区特教康复指导中心基本建设项目和密云学校优化教育环境与设施建设项目。

规范民办教育工作。完成各民办中小学年金制度的建立工作及78所民办非学历教育机构换发许可证的材料审核工作和民办学校各类变更、备案工作。

推进学前教育“优质多元”发展。全面落实和完成《虹口区学前三年行动方案》各项工作指标，全区11个早教分中心开展各类形式的0—3岁婴幼儿早教指导活动，指导率达90%。

完善终身教育体系。完成本区2个“2009年上海市社区教育重点项目”和2个“2009年上海市社区教育一般项目”的实验工作。此外，继续落实相关政策和措施，确保困难家庭和学生都能得到有效资助。区教育系统本年度共资助学生1029人，资助金额54.3万元。

加强对口合作交流和托管工作。区教育系统共选派6人赴云南、4人赴都江堰、1人赴新疆、5人赴闵行支教并接待来自都江堰市3批共14位中小学骨干教师到本区研修，做好都江堰市67名中职学生到虹口就读工作。

（王佳纬）

［编制《虹口区中长期教育改革和发展规划》］ 10月，《虹口区中长期教育改革和发展规划》编制工作启动。由区教育局牵头成立编制工作领导小组和编撰小组，拟订《规划》框架。先后召开研讨、座谈会近10次，于年底基本确定《规划》框架。《规划》分导言、教育改革与发展形势、教育改革与发展目标、教育改革与发展格局、重点项目行动计划、虹口教育改革与发展的保障等六个部分，明确本区2010年至2020年教育事业改革和发展的指导方针、目标任务、主要战略和具体举措。

（王佳纬　裘晴岗）

［规范教育收费工作取得新成效］ 虹口区教育系统严格执行教育收费公示制度，加强动态管理，保证公示内容准确规范；进一步加强规范教育收费的宣传教育、制度建设、自查自纠和查处力度，建立规范教育收费工作体系，形成规范教育收费长效管理机制。年内，区教育收费联系会议成员单位共检查学校18所，对40多所小学开展规范教育收费抽查。7月，虹口区被授予“上海市规范教育收费优秀达标单位”。

（王佳纬　裘晴岗）

［区教师进修学院成立50周年］ 10月，虹口区教师进修学院举办成立50周年院庆活动，区长俞北华、市教委副主任尹后庆、副区长华东平等出席。虹口区教师进修学院总部位于欧阳路502号，分部位于水电路839号。学院现有教职员工127位，其中，高级职务专业人员54名；在岗特级教师4名，区学科带头人13名。2006年，学院被国家教育部评为全国示范性县(区)级教师培训机构。

（王佳纬　裘晴岗）

［教育部规划课题与上海市科研课题开题］ 12月1日，教育部规划课题《创设“以人为本”的学校教育教学制度的区域研究》、市科研课题《区域性推进小学促进教师发展，提高教学有效性的实践研究》和《教学改进与提高课堂效益——虹口区区域推进初中教学的实践研究》开题报告会在区教育局举行，标志着虹口区一批重大教育科研课题正式启动。

（王佳纬　裘晴岗）

［区教育财务中心成立10周年］ 12月，召开虹口区教育财务中心成立10周年大会。区教育财务中心成立是教育局下属具有独立法人的机构，为本区率先在上海市普教系统内对教育事业单位实施集中网络化管理进行的探索和尝试。中心主要职责和作用是规范区教育系统所属学校会计核算程序，保证会计信息质量；提高学校资金使用效率，保障各学校财务正常运作；保护和监督学校负责人的经济行为，更好地为学校教育教学服务，帮助学校把好财务关，确保教育经费使用符合国家法律规范要求，促进学校依法自主发展。

（王佳纬　裘晴岗）

［评选和命名“名师培养基地”、“名师工作室”］ 2009年，启动新一轮虹口区“名师培养基地”和“名师工作室”评选和命名工作。经过申报、推荐、评审和审核等程序，共评选出5个“名师培养基地”，分别是：华东师范大学第一附属中学毕红秋英语名师培养基地和李支舜语文名师培养基地、复兴高级中学陈永平化学名师培养基地、东余杭路幼儿园陈定儿学前教育名师培养基地、虹口区青少年活动中心胡蕴琪艺术教育名师培养基地；评选出7个“名师工作室”，分别是：海南中学叶永广德育(影视教育)名师工作室、复兴高级中学乐燎原语文名师工作室、上海外国语大学附属外国语小学祁承辉英语名师工作室、继光高级中学陈寅化学名师工作室、北郊高级中学周义钦地理名师工作室、虹口区教师进修学院胡军数学名师工作室、第三中心幼儿园秦若于学前教育名师工作室。

（王佳纬　裘晴岗）

［7名教师获评上海市特级教师］ 2009年，虹口区共报送7位候选人参加2009年上海市特级教师评审，最终7名教师全部通过评审。分别是：虹口区教师进修学院计算机特级教师仇勇平和物理特级教师贾慧青、复兴高级中学语文特级教师乐燎原、北郊高级中学数学特级教师赵军山、继光高级中学化学特级教师陈寅、第三中心小学政治特级教师王莉韵、上海外国语大学附属中学英语特级教师章正言。

（王佳纬　裘晴岗）

［虹口高级中学成立60周年］ 11月21日，虹口高级中学举行60周年校庆活动。全国人大常委会副委员长韩启德、陈至立，全国人大外事委员会主任委员李肇星为学校校庆题词。虹口高级中学位于广粤路138号，是区实验性示范性高中。学校具有深厚的文化传统和人文底蕴，形成了“勤奋、踏实、俭朴、友爱”的校风和“严以治校、严以治教、严以治学”的治校特色。60年来，学校校友中先后有5人成为

"两院"院士。

（王佳纬　裘晴岗）

［**金沙中学教育成效受到社会关注**］　金沙中学是一所创办于1964年的公办学校，坐落于虹镇老街棚户地区。学校注重对学生人文关怀，鼓励教师大力弘扬"大爱"精神，以爱心和责任心克服困难的办学条件。近年来，学校每年都有40%左右的毕业生考入市、区实验性示范性高中。9月22日，区委书记孙卫国在调研金沙中学时，指出要学习和发扬"把教育作为事业，把培养孩子作为事业"的"金沙精神"。11月22日与12月4日的文汇报对金沙中学进行专版报道，在全市范围内引起广泛共鸣。学校校长李铁英获得上海教育年度新闻人物的提名。

（王佳纬　裘晴岗）

［**获世界头脑奥林匹克大赛亚军**］　5月31日，上海外国语大学附属小学在美国参加第30届世界头脑奥林匹克决赛，获"长途跋涉"项目的世界亚军。上外附小位于广粤路590号，以培养外语突出，语、数并举，德、智、体、美全面发展的高素质学生为办学目标。学校师资力量雄厚，英语教研组所有教师均获得过全国或上海市英语教学评比一等奖。获全国或上海教学评比一等奖的各学科教师约占教师总数的三分之一。学校还是全国第一所开设多语种的外国语小学。

（王佳纬　裘晴岗）

［**在"2009VEX机器人世界锦标赛"上获奖**］　5月，由复兴高级中学、民办新华初级中学组成的虹口区代表队参加在美国达拉斯举行的"2009VEX机器人世界锦标赛"。在与来自美国、加拿大等国家和地区共260支队伍、近2000人角逐中获得第三名。

（王佳纬　裘晴岗）

［**东余杭路第一小学成立50周年**］　多年来，东余杭路第一小学坚持以"点激潜能、优化环境、促进师生健康和谐发展"为本的理念，崇尚"求真、和谐、奋进"的校风，以培养"健康、自信、快乐、阳光"的新时代小学生为目标。先后被评为联合国教科文组织环境人口与可持续发展教育项目的成员学校、虹口区教育系统"十五"优秀家长学校、上海市家庭教育指导"十一五"实验基地、虹口区中小学行为规范示范校等。10月30日，学校举行了以"点激潜能、和谐发展"为主题的建校50周年庆祝活动。市政协副主席蔡威，副区长华东平等领导出席活动。

（王佳纬　裘晴岗）

［**胡蕴琪从事艺术教育40周年**］　10月16日，"全国劳模胡蕴琪从事艺术教育40周年"汇报演出在区职工文体活动中心举行。胡蕴琪从教40年，创编优秀作品200余个，其中有60多个作品先后获得国际、全国及上海比赛金奖；她培养并向专业院校输送了如马艳丽、谭元元等专业艺术人才，培训全国各地教师近3000人次；先后撰写出版了《儿童舞蹈教学指导》、教学录像《胡蕴琪舞蹈教学演示汇编》等专著，参与主编了教育部第一套全国中小学校园集体舞(小学)教材等。

（王佳纬　裘晴岗）

［**获中日文化交流先进单位称号**］　2月4日至2月8日，虹口区青少年活动中心师生代表一行21人随团赴日本东京与静冈县静冈学校的学生进行文化交流和比赛。由虹口区青少年活动中心指导的舞蹈《欢乐吉祥》和《傣族少女》获编导金奖，虹口区青少年活动中心获教育部等单位颁发的中日文化交流先进单位奖。

（王佳纬　裘晴岗）

［**赴都江堰市开展学生暑期校外活动**］　6月，区校外教育骨干教师一行12人在都江堰市开展"彩虹横跨沪川、快乐送达心间"的夏令营活动。教师们为都江堰学生精心准备了"环保彩绘DIY"、"动力飞机制作坊"、"遥控车模挑战赛"、"电子制作创新赛"等五大特色主题教学活动，准备的蜡笔、飞机模型、遥控车模等相关器具和材料达36箱。在都江堰市皖川中心学校教学点共接待都江堰学生近2000人次。

（王佳纬　裘晴岗）

［**参加职业技能比赛实现三连冠**］　在2009年举行的第三届"星光计划"中职技能大赛中，南湖职校138名学生参加28个项目的比赛，获得13个比赛项目的团体第一名，取得总分第一名的好成绩，实现了"星光计划"技能大赛的三连冠。

（王佳纬　裘晴岗）

［**南湖职校第二分校完成新沪校区改建**］　南湖职校第二分校新沪校区位于密云路481号，2009年

完成改建，设有 12 个实训室，包括船舶动力操作室、拆装室、辅机室、电站室、航海专业机房、雷达模拟器实训室、船舶模拟操纵实训室等。新校区的专业是船舶驾驶、轮机管理。

（王佳纬　裘晴岗）

**［推进学习型城区建设］** 5 月 27 日，虹口区学习型城区建设工作推进会在区教育局召开。会议下发了《关于聘请社区教育兼职研究员的决定》和相关社区教育文件的征求意见稿及反馈表（包括：《关于聘请社区教育兼职研究员（助理研究员）的实施办法》、《关于建立虹口区社区教育专职教师队伍的管理办法》、《虹口区社区学校管理办法》、《虹口区社区教育工作促进办法》）等相关材料。2009 年，积极推动虹口社区教育网的创建和虹口社区教育杂志的创办，提升本区社区教育水平，满足社区居民文化需求，有效营造“人人皆学、时时能学、处处可学”的社会氛围。

（王佳纬　裘晴岗）

## 附：区教育局驻地及负责人

（2009 年 1—12 月）

地址：天宝路 1058 号
邮编：200092
电话：65756666

区委分管领导：宋　妍
区政府分管领导：华东平

区教育局党工委书记：包龙根（3 月离任）、潘惠琴（3 月到任）
副书记：王立强（兼）、乐跃明（3 月离任）

区教育局局长：王立强
副局长：屠传信、杨　利、常生龙、周海明（11 月到任）

# 杨 浦 区

［**2009年概况**］ 2009年，杨浦教育以科学发展观为统领，积极推动杨浦教育的新一轮发展，高质量地完成了全年的工作任务。

一、优化教育资源配置，增强教育发展活力。2009年，杨浦区公民办中小学、幼儿园、特教及职业学校等各类学校175所，其中：高(完)中16所(民办3所)初中36所(民办9所)小学44所(民办3所)，幼儿园72所(民办和社会力量办学26所)特殊教育学校3所，中等职业教育学校1所。教师进修学院、少年宫、少科站等其他教育单位17个。各级各类学生总数85501人，其中：高中13849人(民办1167人)；初中24242人(民办5164人)；小学27499人(民办3486人)；幼儿园17212人(民办和社会力量办学6016人)；职业学校1688人；特殊教育学生725人。农民工同住子女在校学生(义务教育阶段)11569人。全区教育单位教职工(不含民办)8158人，其中：高中1579人；初中2327人；小学2444人；幼儿园1004人；特殊教育105人；教师进修学院160人；少年宫47人；少科站40人；其他教育单位452人。全区共有专任教师6837万人，其中高级教师692人，占教师总数的10.1%；中级教师3701人，占教师总数的54.1%。学历达标率99.9%。全区有国际部3个，在校外籍和境外学生486人。全年财政教育拨款125106万元，比上年增长17.83%；财政专项拨款2819万元；教育附加费8761万元；教职工年收入8.96万元，比上年增长12.5%。学校总占地面积1789938平方米，校舍建筑面积1315603平方米。

二、依托高校合作办学，启动创新提升战略。制定《杨浦区基础教育创新试验方案》和《上海市基础教育创新试验区三年规划》，实施以课程建设为核心、以资源整合为基础、以师资培训为重点的“3+1”试验项目，围绕杨浦区“三区融合、联动发展”的核心理念，依托高校合作办学，筹建了一批基础教育学校特色课程实验室，建立上海理工大学附属中学“机器人实验室”、上海财经大学附属中学“金融实验室”。启动了青少年科技公共实训基地建设，成立了上海市青少年科学院沪东分院，通过网络平台，将高校图书馆资源逐步向中小学校开放。举行了国家级课题《依托高校合作办学培养创新型人才的研究与实践》开题报告会，推进了“基础教育创新试验区”建设进程。

三、确立优质均衡目标，统筹各类教育发展。全面完成学前教育三年行动计划。制定和完善《学前教育五年发展规划》，以创建示范园为重点工作，组织3所园所积极创建市示范性幼儿园评审，启动3所示范性幼儿园创建工作，组建多所园所联合体争创一级幼儿园。对10所公、民办幼儿园进行分等定级，全区“80分”以上园所超过90%。

重视义务教育优质均衡发展。积极探索小学教育集团发展模式，集团内学生数占全区小学生总数近34%。做好各集团教研共建、文化共建、资源共建的工作。全面开展幼小衔接课题研究，着力开展“幼小衔接期儿童适应性发展的评价探索”、“幼小教师跨学段培训机制的探索”、“幼儿园学习和社会适应性课程开发与实施的研究”三项子课题的研究，为全区幼小衔接实践进一步深入探索提供经验。2009年杨浦区被国家教育部评为“全国推进义务教育均衡发展工作先进地区”。

关注农民工子女等弱势群体的教育。充分挖掘区域内公办学校的现有资源，进一步扩大招收农民工同住子女的公办学校数，招收符合条件的近1400名一年级农民工同住子女进公办学校免费就读。整合小学、初中、职业教育三个学段资源，进一步深化农民工同住子女的教育实践。制定《杨浦区特殊教育三年行动计划》，成立“区青少年教育指导中心”，关注问题青少年教育。

深化高中教育特色发展。推进实验性示范性高中创建工作，对财大附中等学校创建区实验性、示范性高中规划实施进行中期性评审，启动上理工附中、市东中学创建市实验性示范性高中工作，以创建工作促进高中教育的特色发展。

构建区域终身教育体系。发挥区域内职业教育优质资源即品牌学校品牌专业的辐射效应，开发社区教育课程教材，依托“杨浦学习型城区建设网”平台，推进社区教育网上课程的学习。

年内对区域内147所民非院校进行了重点清查和梳理，完善长效管理机制，增强规范办学行为。

四、落实“德育为先”原则，组织形式多样的教育实践活动。结合新中国成立60周年、“迎世博600天”等重大活动，办好迎世博系列主题活动，营造了浓厚的迎世博氛围；深入开展“两纲”教育，充分发挥6家杨浦社会实践基地的教育影响和辐射作用，将社会主义核心价值观教育融入学校课内外教育中。

坚持“健康第一”的理念，发展体育卫生艺术科技各项工作。制定区2009年高中招收体育特长生的实施办法，做好高三体育特长生加分审核工作。试点开展“人人运动，学会游泳”活动。开展“迎精彩世博，创和谐校园”为主题的杨浦区第二十三届学生艺术节比赛、上海市第五期青少年民族文化培训杨浦区培训及区艺术教育特色校、特色项目的评审。加强食品卫生、卫生防疫、健康教育工作。

五、聚焦课堂有效教学，稳定教育质量。召开了区中小学有效教学推进会、初中和高中教学会议。开展“校本教研”为重点的“教研共同体”实践探究，进行优秀教研组创建和评选活动，对全区51所小学及43所中学进行有效教学专项督导。全面落实教学质量监控工作，全力抓好初、高三毕业班教学，中、高考成绩创新高。

六、深化人事制度改革，加强师资队伍建设。义务教育阶段绩效工资改革在年底前完成在职人员绩效工资清算、发放工作，退休人员“共享费”清算、发放。启动第三轮“名学校、名校长、名教师”建设，评选出第三轮“三名”建设对象，建立3个“区名校长工作室”和9个“区名师工作室”。2009年，3名校长成为市特级校长、6名教师成为市特级教师。完成第二届区学科带头人、区骨干教师的认定和选拔工作，逐步形成各学段各学科分布较均匀的五个梯次的骨干教师队伍。

（杨　教）

**［获“全国推进义务教育均衡发展工作先进地区”称号］** 杨浦区通过扩容名校、托底薄弱学校、农民工子女进公办学校等有效措施，减小学校间“落差”和择校现象，不断提升义务教育的整体办学水平，努力办好每一所学校，满足人民群众日益增长的教育需求。2009年11月3日被国家教育部授予“全国推进义务教育均衡发展工作先进地区”称号。

（言究释）

**［共建教育文献数据库工作成效显著］** 杨浦区教师进修学院教育文献数据库与静安区教育学院、上海师资培训中心、控江中学、杨浦高级中学等院校图书馆老师齐心协力，从几十万篇教育教学论文中精选出2万条教育文献题录数据录入数据库，使题录数据达30多万条。在区信息中心的支持下，教育文献检索系统与清华同方基础教育全文数据库成功链接，实现了网络全文检索一体化，成为上海普教系统教育情报工作的一大亮点。目前，杨浦区中小幼只要在校园内上网进入杨浦教育网站主页，点击电子书刊中的“图书馆”，再进入“教育文献检索”，不仅可以获取题录索引，大部分文章还可获取全文。

（甘民立）

**［赴新西兰、澳大利亚访问演出］** 2月4日至15日，区少年宫艺术团作为上海市文化交流访问团赴新西兰、澳大利亚访问演出。访问团共有29位学生。此次出访，学生们演奏了具有浓郁中国民族特色的民乐《喜洋洋》、《花好月圆》、《茉莉花》等曲目，还表演了具有新西兰和澳大利亚特色的《毛利情歌》和《剪羊毛》等节目，他们将中华民族的传统文化——民乐、民歌、民舞带出国门，还担负了世博小使者的宣传任务。

（邵南宫）

**［在第24届上海市英特尔青少年科技创新大赛上获奖］** 第24届英特尔上海市青少年科技创新大赛于3月21—23日在同济大学第一附属中学举行。杨浦区的“内环高架逸仙路口至共和立交出口借道排堵方案及其智能控制系统”等10个项目获得了青少年科技创新成果一等奖（全市共83项），“杨浦区中小学节能小当家”等3案（全市共20项）、“高层家具搬运机器人”等4个项目获得了青少年机器人创意工程设计项目一等奖（全市共18项）。

（邵柯瞻）

**［“杨浦教育在线”开通］** 2009年“杨浦教育在线”于3月28日下午正式开通。“杨浦教育在线”是市政府实事工程——“家校互动”的特色项目之一。杨浦区教育局申报了两个“家校互动”特色项目——“杨浦教育在线”和“区域教育资源共享”，适时开发了“杨浦教育在线”平台。

（言究释）

**［上海理工大学附属小学教育集团成立］** 4月

8日，上海理工大学附属小学教育集团成立揭牌。该集团由上理工附小、长白二村小学分校、水丰路小学、水丰路小学分校、内江二村小学五所小学组成，是一个公办学校教育发展联盟。组建后的教育集团，共有100个教学班，2869名学生，其中外省市学生631名，约占全区小学生总量十分之一。各成员单位依托上海理工大学的优势和资源，努力实现“资源共享、名师整合、优势互补”的教育组团式发展目标，让教育集团所属每一个学生都能享受优质教育。

（尚礼筱）

**［创建上海市基础教育创新试验区］** 4月12日，上海市教委正式命名杨浦区为“上海市基础教育创新试验区”。本项目从2008年8月开始筹划，经过调查研究、专项研讨、方案申报、批准挂牌等几个阶段，确定了“3＋1”试验内容，制定了《上海市基础教育创新试验区三年规划》。试验重点是依托区域高校集聚的优势，实施以课程建设为核心、以资源整合为基础、以师资培养为重点、以评价创新为保障的基础教育创新试验。目前，依托高校建立了上理工附中“机器人实验室”和上财大附中“金融实验室”；与华师大、上师大合作，共建教师专业发展中心，与复旦大学图书馆签订信息资源共享协议。

（言究释）

**［上海市青少年科学研究院沪东分院成立］** 5月，上海市青少年科学研究院沪东分院正式挂牌成立。该院作为沪东及杨浦地区第一个青少年科技人才孵化基地，为中小学生搭建参与课程拓展实训及实施课题研究项目的平台，为中小学生走进高校实验室，参与和国际创新成果接轨的课题研究架起了一座桥梁。确立中小学与高校课题研究的联动机制将成为该院的特色。

（言究释）

**［俞正声写信支持“节能小当家”活动］** 6月25日，中共中央政治局委员、上海市委书记俞正声写信给杨浦区青少年节能环保协会的学生们，支持“节能小当家”活动。自2008年暑假起，区青少年节能环保协会发起了“节能小当家”活动。活动开展以来，已有4万份《节能小当家活动手册》走进了全区中小学生的家庭。同学们从不了解水、电、煤的记录、计算方法到熟练掌握这些生活必备的技能，并带动了家长和社区居民一起采取力所能及的家庭节能措施，为国家节约资源、减少排放，也为家庭节省开支。活动在家庭、学校层面得到了热烈的反响。

（邵柯瞻）

**［举行识险避险、自救互救知识技能展示活动］** 9月25日，第二届上海市中小学师生识险避险、自救互救知识技能展示活动在同济一附中举行。本次活动由上海市教育委员会、市消防总队、市公安局交通警察总队、市气象局等主办，杨浦区教育局协办。全市共有18个区、县代表队参加。经过比赛展示，杨浦代表队获得二等奖。

（言究释）

**［获上海市2009年度特殊教育奖］** 11月19日，2009年度上海市教育发展基金会颁发特殊教育奖，区教师进修学院特教教研员李静、鞍山幼稚园邬鹏华、扬帆学校单小兰和风帆初职校的李敏老师获奖。该奖项每两年评选一次。

（言究释）

**［低碳校园实验基地揭牌］** 同济大学第一附属中学“创建低碳校园培养创新人才实验基地揭牌仪式”于12月4日隆重举行。同济大学党委副书记陆敏恂、杨浦区副区长吴乾渝为实验基地揭牌。徐国民校长介绍了“依托高校建设低碳校园创新教育实验基地”的设想。同济大学环境学院副院长李光明向全校师生做了《科技与绿色世博》专题讲座。

（言究释）

**［全国工读学校校长高级研修班参观辛灵中学］** 12月16日，教育部中学校长培训中心暨全国工读学校校长高级研修班工读教育研讨会在辛灵中学召开。与会专家听取了学生对主题教育的讲解，观看了学生的素描课，参观了标准化的学生宿舍和杨浦区青少年教育指导中心。领导、专家评价辛灵中学是“工读教育的精品”。

（言究释）

**［举办首届信息化教学应用创新大赛］** 由区教师进修学院主办的2009年杨浦区首届信息化教学应用创新大赛，历时四个月，于12月22日闭幕。大赛设初赛、复赛和决赛三个阶段。初赛共征集参赛作品119件，其中，中学63件，小学56件。经过初审，共有48件作品入围复赛。复赛为说课比赛，经层层筛选，45位教师进入决赛。经评

议，最终评出一等奖10名，二等奖15名，三等奖19名。比赛的全过程在“杨浦教育网”上进行了公示，区信息中心对获得一等奖的10节课进行了视频录制。

（言究释）

**［举行第二届“海峡两岸暨香港、澳门同课异教”研讨展示活动］** 2009年12月4日—6日，第二届“海峡两岸暨香港、澳门同课异教”高中语文教学研讨展示活动在市东中学举行。来自哈尔滨第六中学、沈阳第五中学、曲阜师范大学附属中学、开封市教研室、太仓高级中学、常熟中学、珠海市第二中学、澳门广大中学、台北市立建国中学、上海市大境中学及市东中学的12位老师参与了此次公开课的交流展示。12位老师就《永遇乐——京口北固亭怀古》和《〈指南录〉后序》两篇课文进行了风格各异的教学。

（石　洞）

## 附：区教育局驻地及负责人

（2009年1—12月）

地址：长岭路91号
邮编：200093
电话：65017733

区委分管副书记：魏伟明
区政府分管副区长：吴乾渝

区教育局党委书记：王　平（11月离任）、王醇晨（11月到任）
副书记：邓继宏

区教育局局长：王　平（11月离任）、邵志勇（11月到任）
副局长：孙林贤（11月离任）、干星龙、张文华、徐建萍（6月离任）、陈爱平（7月到任）

# 浦东新区

[**2009年概况**] 2009年，全区共有各级各类学校529所，其中中学153所，小学161所，幼儿园204所，特殊教育学校3所，工读学校1所，职业中学7所。按办学体制分，有公办学校412所，民办学校117所。另有其他教育单位22个。在校学生总数为39.48万，其中中学13.92万人，小学15.99万人，幼儿园7.53万人，特殊教育学校722人，工读学校1534人，职业中学1.81万人。共有教职工3.46万人，专任老师2.77万人。基础教育规模占全市1/5强。

加大经费投入。年内，新区财政继续加大对教育的投入，全年全区教育正常经费40.38亿元；专项经费2.93亿元；教育费附加2.61亿元，年内执行2.05亿元。年内财政拨款43.31亿元，教育资金总投入56.23亿元。

完善体制机制。梳理两区原有政策、制度和管理模式，加快对接融合，原南汇区学校分别划入四个教育署。构建教育"管、办、评联动"机制和公共教育治理结构与服务体系，推进教育综合改革，创新体制机制，提高教育公共管理与服务水平。继续推进"基础教育阶段现代学校制度建设实验区"的相关工作。

优化资源配置，加强基础管理。拓展优质教育资源，市实验性示范性高中增加到6所，国家级重点职校增加到4所，市示范幼儿园为5所，同时增加了区实验性示范性高中8所，区素质教育实验学校38所，区示范幼儿园13所。积极推进川沙中学申报市实验性示范性高中的评审工作。委托交大附中管理交大附中浦东实验高中，完成与交大附中的签约工作。启动新川中学的筹备工作。完成新一轮12所农民工子女学校申办民办学校工作。

促进师资专业发展。表彰第一轮教师柔性流动工作先进单位和个人，启动第二轮工作。开展"新区青年明星教师"评选与表彰宣传工作。继续实施"三名"工程，开展优秀教研组、优秀学科教研联合体的评选。推进第二轮教师专业发展学校和第三批校本研修学校的评审。开通了浦东教师研修网，加强学习共同体建设和教学资源库开发。开展对特殊教育教师和民办农民工子女学校教师的培训工作。

推进教育信息化。加强信息技术与课堂教学整合，推进学校信息技术结对互帮工作。通过"1＋1"、"1＋2"和"1＋3"模式(即由1所领衔学校带1至3所参与学校)，推出80余对结对组合，实现对中小学校的信息技术结对工作的全覆盖。开展中小学教育信息化评估工作。对全区学校进行信息技术运用的专项督导，对信息技术实验校进行评估验收。

制定了《新区教育国际化三年行动计划》。加强并规范外籍教师管理，继续实施"外教进课堂"项目，以政府购买服务方式提升英语和双语教学质量。加强教师涉外培训，选派优秀校园长和骨干教师赴国外学习。加强与地处新区的国际学校的合作交流。开展引进国外大学进行中外合作办学工作。

完成中小学行为规范星级示范校和法制教育星级示范校创建与评估的总结工作。组织第三届新区形象青少年评选活动。完成新区青少年科学与技术中心建设方案并开展试点工作。启动第五届新区学生艺术节活动和2009年青少年科技节活动。命名表彰了首批"区语言文字规范化示范街区"、"区语言文字规范化合格街区"。组织了百万学生"迎世博、学双语"活动。

优化职业教育专业设置，加强学生专业技能培养。东辉职校的"旅游服务与管理"、"金融事务"和航空服务学校的"航空服务"三个市级开放实训中心通过了市教委组织的验收评估。开展了实训中心的运作机制研究。学生在市"星光大赛"中取得参赛人数、参加项目数和成绩全面超过上届。做好中等职校的招生工作，包括招收外省市农民工子女入学工作。启动了临港科技学校的迁建工作。

推进成人教育。全年参加各类学习的总数达96.1万人，共计200.5万人次，培训农民86014人，培训外来务工人员168949人，培训下岗失业人员19340人，老年教育234241人，其他(含民非教育机构等)培训288234人。成人高等学历教育继续发展，上海电大浦东分校全年招新生3484人，创历史新高，并被评为全国首批"全国示范性基层电大"。有3所老年学校被命名为上海市示范性老年学校，3

所老年学校被命名为上海市特色老年学校。完成了100多所民办非学历教育院校的换证材料受理、审核和许可证申领工作。其中准予换证的有113所民非教育机构，占应按期换证院校的81.3%。

开展社区教育。年内有1个项目被认定为“上海市社区教育示范实验项目”，6个项目被认定为“上海市社区教育优秀实验项目”。同时又有45个各类实验项目正式启动。洋泾、高桥等11个街镇被市教委批准为上海市社区教育第二轮实验街镇；洋泾、高桥等6个街镇被市教委认定为“上海市创建学习型社区”。继续组织全民终身学习周活动，开展各类活动2800多场次，参与人数达36.9万人次，比2008年增加了30%以上。继续推进“全国社区教育示范区”的相关工作。

重视特殊教育。新区特殊教育对象的范围扩大到各类有特殊教育需求的儿童，构建了涵盖学前教育、义务教育、职业教育的特殊教育体系，形成了以3所特殊教育学校、1所特殊教育幼儿园为核心，随班就读、送教上门为辅，辐射全区的“全纳教育”的浦东新区特殊教育格局。重视特殊教育研究，以各级各类课题研究来提高特教的科学性和有效性。打造了“特奥艺体教育”，“脑瘫教育”，“美术舞蹈艺术特色教育”等特殊教育特色项目。

（刘　平、陈国富、姚天德、宋翠娣）

**［开展“六个一”活动］** 迎世博，区教育系统开展“六个一”活动：①发放一份世博宣传台历；②编印一套专用世博礼仪书；③设计一组世博宣传海报；④制作一张学生宣传世博小贴士（宣传牌）；⑤编辑一份迎世博600天行动专刊；⑥构建一个网上宣传学习平台。

（吴　瑶）

**［保障农民工子女接受义务教育］** 2009年，新区继续采取以公办学校为主接收农民工子女就学、购买民办学校服务、加强农民工子女学校规范管理等多种措施，保障农民工子女接受义务教育的权利。截至2009年9月，新区共有农民工同住子女7.28万人，比上年6.77万人增长7.5%，其中在公办学校就读的有53542人，占73.5%，比上年增长7.5%；积极发展民办农民工子女教育，在专门招收农民工同住子女的民办学校就读的19258人，占总数的26.5%（这些学生由政府补贴经费，按照公办学校标准收费）。同时推出非营利制度、签约制度、补贴制度、预算制度和审计制度以加强对这些学校的管理。

（刘文杰）

**［青少年科学与技术中心试点运行］** 2009年2月16日，正式启动浦东新区青少年科学与技术中心试点运行工作，试点地点为浦东新区青少年（金杨）活动中心。“科技中心”坚持学生为本、生活取向和探究取向三个基本理念，面向新区4—8年级和10—11年级的全体在校学生开展科技教育。“科技中心”建设旨在利用2009年到2011年的3年时间，逐步构建起一个具有浦东新区区域特点的科技教育课程体系，一个覆盖全区、特色鲜明、功能完备的校外青少年科技教育网络。

（孙海洪）

**［教师研修网开通］** 4月2日“浦东新区教师研修网开通仪式”在进才中学举行。该网是全国教师教育学会主持的国家社科基金“十一五”规划课题《信息技术环境下创建区域性教师学习共同体的理论与实践研究》浦东实验区的配套项目，它的开发应用对创新教师教育模式、培育教师研修文化、推进新区教育均衡发展起到重要作用。

（朱仲敏）

**［命名首批区实验性示范性高中］** 5月22日上午，新区举行首批区实验性示范性高中命名大会。会议分别介绍了首批共8所区实验性示范性高中的创建历程、经验和主要成果。浦东新区首批区实验性示范性高中为：川沙中学、东昌中学、上南中学、高桥中学、三林中学、杨思高级中学、浦外附中、新川中学。

（刘　平）

**［教育内涵项目管理评估与研讨会举行］** 7月29日，浦东新区举行内涵项目管理评估与研讨会，副区长张恩迪出席。社发局委托上海市教育评估院对新区五年来（2004—2008年）教育内涵项目的管理工作进行了评估。认为浦东新区对教育内涵项目的实施与管理是管理制度的创新，它在改变群体观念、思维方式和行为方式的过程中，深化了教育的改革与发展，推动了浦东教育体制、机制创新，形成了一套浦东独创的项目管理模式和运作机制。

（刘　平）

**[举行教育体制机制创新研讨会]** 8月16日浦东新区举行浦东教育体制机制创新研讨会暨《中国教育改革前沿报告——浦东新区教育公共治理结构与服务体系研究》发行会。来自中国教育学会、上海市教委、上海市教育学会和浦东新区的80余位专家、领导出席了会议。浦东教育行政部门在浦东综合配套改革的框架下，开展了以建立浦东公共教育治理结构与服务体系为目标的系列研究和制度设计，具体包括理论研究、模式研究、财政供给、民办教育机构营利性与非营利性制度、培育中介机构、委托管理、购买服务以及家校合作协商等八个方面，并在研究的基础上编著了《中国教育改革前沿报告——浦东新区教育公共治理结构与服务体系研究》。

(刘　平)

浦东新区教育体制机制创新研讨会

**[华东师大二附中汉语国际教育推广基地大楼启用]** 8月27日，华师大二附中汉语国际教育大楼启用。华师大二附中汉语国际教育推广基地大楼总投资6239万元，建筑面积7995平方米，建有电子阅览室、语音教室、学术交流报告厅和各类教室，还有宾馆标准的80间学生宿舍。

(刘　平)

**[成立新区教育局]** 南汇区划归浦东新区后，浦东新区于2009年9月成立浦东新区教育局，将原浦东新区社会发展局教育和体育行政管理职能划入教育局。下设基础教育处、德育处、职成教处和体育处等四个业务处室和纪委(监察室、审计室)、办公室、党群处、干部人事处、计划财务处等五个综合处室。

(刘　平)

**[川沙中学首届新疆内地高中班开班]** 9月28日，川沙中学举行新疆内地高中班开学典礼。新区教育局长说，举办新疆内地高中班不仅是学校的重要任务，也是浦东教育的一件大事，新区教育部门将给予学校更多的支持。

(汤　韬)

**[举办中职学校精品课程培训班]** 2009年9月，新区举办了中职学校精品课程培训班。本次培训以"精品课程"为核心，从职业教育课程存在的问题，职教精品课程开发方法、模式，精品课程建设案例展示、精品课程指标解析、精品课程申报等方面，通过案例解析，系统讲授和培训，使新区职业学校骨干教师掌握职业教育的精品课程设计方法，并在培训基础上开发新区职业教育3—6门精品课程。

(陈国富)

**[举行第三届教学展示周]** 10月12日—16日第三届浦东教学展示周举行，展示周由浦东新区教育局主办、浦东教育发展研究院和各教育署联合承办。本届展示周主题为"基于有效实施新课程的课堂教学改进"。220位教师分别在27所高中、初中、小学、幼儿园、职校开设了21场教学实践课。展示周期间还举办了"从课堂教学改进到学科高地建设"、"教师教育创新"、"信息技术环境下教师专业发展"、"社会多元选择背景下教师在职教育的制度创新与体制机制构建"等4场专题论坛。每年一次的教学展示周活动已成为浦东教育向着"开放、多样、优质"发展的品牌。

(刘　平)

［全民终身学习周活动创新发展］ 浦东新区第五届学习周活动，围绕世博主题展开。全区共组织了各类活动2800多场次，参与总数达36.9万人次，比2008年的24.4万人次增加了30%以上。这次的学习周活动具有四个特色：一是在高度上下功夫，二是在深度上求创新，三是在广度上求拓展，四是在实字上求成效。

（王维元 张 萍 姚天德）

［获“全国推进义务教育均衡发展工作先进地区”称号］ 11月3日，教育部下发《教育部关于表彰全国推进义务教育均衡发展工作先进地区的决定》，浦东新区被教育部授予“全国推进义务教育均衡发展工作先进地区”称号。

（刘 平）

［举办“2009年上海健康校园论坛”］ 11月18日下午，市政协副主席蔡威、新区政协副主席杨德妹出席“2009年上海健康校园论坛”。论坛对近年来的健康校园建设工作进行了回顾和总结。今后，新区将努力促进新区健康校园建设的持续、规范、均衡发展。优化教育资源配置，强化师资建设，注重人才培养和选拔，提高专业教师队伍的基本素养和技能水平，促进城郊健康校园项目建设的均衡化发展。

（刘 平）

［举办职业教育与职业培训校企合作沙龙］ 12月4日，浦东新区在航空服务学校实训大楼举办“新区职业教育与职业培训校企合作沙龙”。张恩迪副区长出席。校企合作沙龙是浦东为校企双方创设了相互交流、沟通与合作，促进职业教育更加贴近企业、市场的健康发展的平台，是浦东的传统项目，至今已举办第五届。

（陈国富）

［举办“面向未来的学前教育”国际论坛］ 12月17日—18日，浦东学前教育国际论坛在浦东干部学院举办，来自全球10余个国家的250多名学前教育专家、学者、官员和园长等出席。论坛以“面向未来的学前教育”为题，从学前教育与政府职能转变、课程教学改革、教师专业发展三个方面进行深入研讨。上海市教委副主任尹后庆和浦东新区副区长张恩迪出席论坛并致辞。

（刘 平）

［新区教育事业“十二五”规划开始调研］ 为制定十二规划，区教育局年内组织专业团队，对浦东新区教育事业发展情况进行整体调研，完成了六个调研报告，分别为《浦东新区教育事业发展“十二五”规划调研总报告》、《基础教育专项调研报告》、《职业教育专项调研报告》、《教育国际化专项调研报告》、《终身教育专项调研报告》、《高等教育专题调研报告》。

（刘 平）

［“进才中学孔子课堂”挂牌］ 12月14日，经教育部对外汉语教学发展中心批准，进才中学在英国万能学校语言系中文教室正式挂牌成立孔子课堂。自2008年进才中学被确认为汉语国际推广中小学基地以来，学校努力挖掘资源，积极开展中英夏令营、选派教师赴英国教授汉语等活动，不断丰富项目，扩大对外合作交流。

（刘 平）

［上海市临港科技学校迁建工程开工奠基仪式举行］ 12月28日上午，新区领导戴海波、张恩迪出席上海市临港科技学校迁建工程开工奠基仪式。副区长张恩迪在讲话中指出，新区职业教育要紧紧围绕浦东新区产业的发展，在专业开发、设置上与产业结构对接，加快培养实践型、技能型人才。上海市临港科技学校迁建工程是上海市重大建设项目之一，将为新区职业教育的错位发展和创品牌特色起到推动作用。

（陈国富）

［职校学生专业技能培养取得成效］ 在上海市“星光计划”第三届中等职业学校职业技能大赛上，浦东新区共有581人次参与硬笔书法、英语演讲等30多项比赛。东辉职校的汽车维修技能、海大职校的现代物流、群星职校的网页设计分获团体一等奖。奖牌总数为214枚，名列上海市各区县获奖总数第一名。其中一等奖38个、二等奖83个、三等奖93个。此外，振华职校的丁佳、群星职校的李溢同学代表上海市参加全国职业学校技能大赛，分获新娘化装整体造型项目的一等奖和果蔬雕项目的三等奖。

（陈国富）

［镇成人学校标准化建设有新进展］ 2009年3月，浦东新区社发局分别下达了《关于实施推进镇成人学校“教育培训事业数”达标创建项目的通知》和《关于实施2009年农村劳动力职业技能培训项目的

通知》，到12月，浦东新区有芦潮港和周浦2个镇的成人中等文化技术学校通过评估，成为2009年度上海市镇(乡)成人中等文化技术学校标准化建设达标单位。

(姚天德)

**[“民非”教育机构集中换发办学许可证工作基本结束]** 新区社发局于2008年12月5日下发了《关于做好民办(非学历)教育机构办学许可证换发工作的通知》，新区成教协会接受政府委托，按要求完成了100多所院校的换证材料受理、审核和许可证申领工作。经教育行政部门审核，上海市广博进修学院等113所民非教育机构准予换证(占应按期换证院校的81.3%)，1所暂缓换证，上海浦东新区新陆培训中心等18所院校不予换证(占应按期换证院校的12.9%)。

(张 萍)

## 附一：浦东新区社会发展局教育处驻地及负责人

(2009年1—9月)

地址：浦东世纪大道2001号2号楼
邮编：200135
电话：28282470　28282403

新区区委分管书记：张国洪
新区政府分管副区长：张恩迪
新区社会事业工作委员会书记：焦亚蛟
副书记：曹锡康、王晓科
新区社会发展局局长：曹锡康
副局长：王晓科、张锦华
新区社会发展局教育处处长：赵连根
副处长：乐蕴韬、钱 靖、杨振峰

## 附二：浦东新区教育局驻地及负责人

(2009年9—12月)

地址：浦东世纪大道2001号2号楼
邮编：200135
电话：28282470　28282404

新区区委分管书记：张才莲
新区政府分管副区长：张恩迪
新区教育党工委书记：曹锡康
副书记：王晓科
新区教育局局长：曹锡康
副局长：杨德妹、张锦华

# 闵行区

［**2009 年概况**］ 2009 年，闵行区共有各级各类学校、教育机构 269 所，教师 13633 名，学生 175323 名。其中：公办中小学 91 所，民办中小学 26 所，公办幼儿园 48 所，集体办幼儿园 2 所，民办幼儿园 76 所，全日制中等职业学校 3 所(国家级重点职业技术学校——群益职校、国家级重点中专——西南工程学校、民办中专——燎原中等专业学校)，成教中心 2 所，社区学校 13 所，直属单位 8 家。

有社会力量举办的非学历教育机构 99 所，教师 3126 人，学生约 130000 人次；境外学校 10 所(外国人学校 9 所，台商子女学校 1 所)，教师 1083 人，学生 8447 人。

区内有 2 所上海市实验性示范性高中(七宝中学、闵行中学)；1 所上海市示范性幼儿园(莘庄镇幼儿园)。

2009 年新建九年一贯制学校 1 所(上外附属实验学校)；新建、改建幼儿园 10 所。

全区义务教育入学率 100％，高中阶段入学率 96.85％。

有直属单位 11 家；社区学校 13 所；社会力量办学的非学历教育机构 98 所，教师 3132 人；境外学校 10 所(外国人学校 9 所，台商子女学校 1 所)，教师 1083 人，学生 8447 人。

全区有特殊教育学校 3 所，其中听障学校 1 所(启音学校)，智障学校 1 所(启智学校)以及 1 所民办启英幼儿园康复部(承担学前幼儿听障康复工作)，共有特殊学生 342 人。有 60 所普通学校接纳特殊少年儿童随班就读，其中 2 所设有特教辅读班，有学生 213 人，其中智障 188 人。

2009 年，闵行教育事业取得新发展。

建立优质幼儿园争创机制，开展区示范幼儿园评估工作，优质园所创建取得新成效。强化师资队伍建设，开展千名非学前教育专业幼教教师培训，全面落实学前教育三年行动计划各项工作。

落实“三个增长”要求，进一步增加义务教育经费投入。加强优质教育资源的对口支援，为全区近四万名农民工子女提供免费义务教育。推进对农村特困生的“帮困助学”项目。

推动高中学校的特色发展与内涵建设。引进和扩大优质高中教育资源取得阶段性成果。引进华东师大附中的建设工作顺利推进，区内优质高中资源继续扩大，七宝、闵行两所市实验性示范性高中的积聚辐射规模效应进一步增强。

完善了“教育、康复、医疗”三位一体的教育模式，建立随班就读支持运作体系，基本形成了以两个康复指导中心为核心，随班就读、附设特教班、送教上门为辅的特殊教育新格局。继续开展特教学生职业教育的招生和培训工作，进一步完善了从幼儿到义务教育到职业技能培训的特殊教育体系。

总结表彰社区教育工作

出台了《闵行区人民政府关于进一步促进民办教育健康发展的若干意见》，建立健全民办学校教师的统一管理机制、民办学校扶持和奖励机制以及民办学校办学成本的补贴机制的相关实施方案，促进民办学校的优质发展、特色发展。

**[加强干部教师队伍建设]** 建立了闵行区校长发展中心和闵行区教育发展指导团，启动了2个校长培训基地，开办首批共61位学员的校级后备干部培训班，选拔了41名校长到上师大培训，15名校长赴英国布莱顿大学语言学院培训。区内特级校长增加至6名。启动"百千名骨干教师培养工程"，设立11个区级骨干教师培养基地、8个区级名师工作室；开展了区级骨干教师评选和市选拔培养优秀青年校长和教师的评选工作；全面启动新农村教师专业发展培训；首次成立了骨干班主任培训基地；开展了第三届"希望之星"的评选和区第二届骨干教师培养基地主持人的选拔工作。闵行区特级教师增至28名，进入市名师名校长后备人选共119人，初步形成了教育人才高地。

（许　凌）

**["新基础教育"继续推广和深化]** 5月，举办"新基础教育"成型性研究成果发布及现场研讨活动。从1999年到2009年，"新基础教育"研究在闵行经过十年探索，走出了一条区域行政、高校力量与基层学校之间深度合作、推进教育改革的路径。会议对后续区域性推进"新基础教育"做了安排部署，为"新基础教育"研究作出突出贡献的45位领导和教师颁发了"特别奖"、"卓越奖"、"荣誉奖"、"风采奖"。

（韩金环）

**[完成数字实验学校督导评估]** 11月，区教育督导室会同教育信息中心完成对70所数字实验学校发展性项目的督导评估工作。评估组按照《闵行区教育信息化发展规划(2008—2010)》和《闵行区数字实验学校建设方案》要求，采用网上检测的形式，通过研读学校的自评报告、查阅学校的相关文本资料和建设应用情况，并利用联网电脑进行网上检测评估，最终形成报告和评估结果，优秀学校8所，良好8所，合格50所，4所学校不合格。

（何曙光）

**[接受市教育综合督导]** 10月21—22日，市政府教育督导室对闵行区开展教育综合督导工作。市督导组对闵行区政府以经济社会高速发展为教育发展提供强有力支撑，积极探索政府经费统筹、创新机制体制等方面的做法作了高度评价；督导组分别访谈了财政、人保、房管、规土、教育等相关职能部门及部分镇、街道负责人，召开相关单位及部分学校负责人座谈会。22日，分组抽查了相关单位和8所中小学、幼儿园，并进行查阅资料、开展实地走访等工作。

（何曙光）

**[实施义务教育学校绩效工资]** 2009年起，各义务教育学校开始实施绩效工资制度。10月底下发闵行区绩效工资实施指导意见。各学校制定相关方案并对全年工资进行了清算。2009年年底前，全区84所义务教育学校近七千名教职工的绩效工资全部发放到位。

（汪　炜）

**[骨干教师柔性流动和校际合作交流]** 40所学校75名教师参加第二期骨干教师柔性流动，包括输出学校18所，输出教师33名。项目以输出学校的骨干教师流动到输入学校(全日制)，并承担相应课时与带教项目的形式展开。通过此项目，带动全区各个学校教师的发展，增强校际合作交流。制定了项目《管理手册》进行管理，对参加项目的个人和学校进行考核与奖励。

（汪　炜）

**[建立民办学校教师统一代理制度]** 根据教育类型，按照公办学校编制标准的一定比例给予民办学校一定的事业单位编制，并逐步完善民办学校教育人力资源管理平台，对民办学校的聘任关系、档案管理等进行代理，统一缴纳社会保障金。

（汪　炜）

**[6名教师被评为特级教师]** 2009年，刘树田、何美龙、张蕊、金中、杨敏毅、赵双成等六名老师被评为上海市特级教师。

（汪　炜）

**[农村教师增加津贴]** 2009年，闵行区对18所农村学校的1311名农村教师，每人增加3000元教师津贴，总投入393.3万元。鼓励教师到农村地区任教，促进农村地区教育事业的发展。

（汪　炜）

[**学前教育三年行动计划全面达标**] 通过新建改建、撤并、置换及缩小规模、减少班额等措施，扩大生均面积，全区89.15%的园舍达到“88标准”或“05标准”；通过出台《关于以创建优质幼儿园促学前内涵发展的若干意见》的文件，建立优质幼儿园创建的激励机制，有效提高优质幼儿园比例，80分及以上幼儿园达到80%；通过加强培训，完成师资队伍学历达标工程，幼儿园教职工6084人，其中教师3449人，大专及以上达标率为90.9%。虹鹿幼儿园成为闵行区第一所区示范幼儿园。

（黄　悦）

[**引进优质教育资源**] 闵行区委托黄浦区尚文中学和市八初级中学管理闵行区浦江一中和罗阳中学，委托管理期限为2年。11月17日，两区教育局第二轮委托管理签约，托管双方学校校长和相关镇教委负责人参加签约。

（彭美华）

[**交大闵行幼儿园属地化管理签约**] 11月4日，上海交通大学闵行幼儿园属地化管理签约仪式在闵行区政府举行。上海交通大学闵行幼儿园（简称“交大闵行幼儿园”）开办于1985年3月，位于闵行区沧源路880弄交大新村内。属地化管理之后，上海交通大学闵行幼儿园为闵行区教育局下属的全日制公办幼儿园，园名保持不变。在尊重个人意愿和选择的基础上，交大闵行幼儿园现有工作人员原则上整体建制转移，幼儿园的人事、党务等归闵行区教育局管理。

（许　凌）

[**与卢湾区合作举办向明中学(浦江校区)**] 2月26日，卢湾区教育局、闵行区教育局合作举办向明中学（浦江校区）签约揭牌仪式在浦江镇向明世博中学举行。两区合作举办向明中学（浦江校区），采取“一校两区”管理模式，发挥中心城区教育资源优势，推进基础教育均衡发展。向明中学（浦江校区）9月正式开学，闵行地区96名高一新生顺利入学。

（彭美华）

[**新建上海外国语大学闵行实验学校**] 上海外国语大学闵行实验学校揭牌仪式于8月31日下午举行。学校位于上海市虹桥交通枢纽闵行区华漕镇爱博家园，是闵行区人民政府和上海外国语大学合作创办的一所九年一贯制公办学校，9月1日正式开学，华漕地区213名学生顺利入学。

（彭美华）

[**评选优秀班主任**] 闵行区举行第五届优秀班主任评选活动。共评选出优秀班主任129名，其中十佳金奖班主任10名，金奖班主任10名，银奖班主任30名，铜奖班主任79名。浦江三中瞿新忠老师获“上海市中小学班主任带头人”称号。

（郑菊兰）

[**表彰心理健康教育优秀校**] 12月30日，闵行区教育局命名了1所心理健康教育实验校：罗阳中学；表彰了10所心理健康优秀校，分别是：七宝二中、上虹中学、北桥中学、纪王学校、马桥强恕学校、康城实验学校、启智学校、启音学校、华坪小学、浦江一中。

（郑菊兰）

[**获得全国群众体育先进单位**] 7月闵行区教育局被国家体育总局命名为“全国群众体育先进单位”。9月9日，在“庆祝教师节暨全国教育系统先进集体和先进个人表彰大会”上，闵行区明强小学被教育部授予“全国教育系统先进集体”荣誉称号。

（周小龙　许　凌）

[**在多个青少年科技创新大赛中获奖**] 在第24届英特尔上海市青少年科技创新大赛中，闵行区各学校共获一等奖13项，二等奖22项，三等奖40项；优秀科技辅导员1名，优秀科技教育方案奖2人；各类国际、市级专项奖15项。3月28日，在上海市第七届“明日科技之星”评选大会论坛上，闵行区获得上海市“明日科技之星”称号1人，上海市“明日科技之星”提名奖1人，“科技希望之星”称号8人，1名同学获作品创意奖，4名同学获作品演讲奖。闵行区还获得优秀导师提名奖1人，优秀辅导奖1人，优秀科技成果二等奖1项，优秀组织奖1项。4月25日，闵行区第四届青少年创造发明大奖赛决赛中，全区共30多所学校的100余件作品参加区复赛。经专家评审，共评出一等奖2项，二等奖6项，三等奖12项，优胜奖20项，优秀组织奖3项。

（郑菊兰）

[**组建闵行职业教育联盟(集团)**] 6月18日，闵行职业教育联盟（集团）第一届理事会成立大会在群益职业教育园区举行，讨论通过《闵行职业教育联

盟(集团)章程》(试行);推选出了联盟第一届理事会成员。通过组建闵行职业教育联盟(集团),集聚社会各方资源,激发社会组织参与职业教育的动力,改进职业教育的人才培养模式,提升职业教育服务区域社会与经济发展的能力。群益职校、西南工程学校、社区学院等50多个单位加入了职业教育联盟,初步形成了联盟(集团)的运作机制及运行模式。

(马秀明)

**[建设全国社区教育实验区]** 2009年12月,闵行区被教育部批准成为"全国社区教育实验区"。选送的区社区学院的《生态文明系列丛书》、马桥镇社区学校的《手狮舞》、颛桥镇社区学校的《剪纸》、七宝镇社区学校的《皮影戏》、梅陇镇社区学校的《海派红木雕刻家具的鉴赏》等5家社区学校的课程被评为"全国社区教育特色课程"。颛桥镇、七宝镇、梅陇镇、华漕镇、浦江镇、虹桥镇、江川路街道等七个街镇被批准成为"上海市社区教育实验街道(乡镇)"。上海电视大学闵行一分校被中央广播电视大学评为"首批全国示范性基层电大"。颛桥镇成人学校、七宝镇成人学校、华漕镇成人学校被评为"上海市镇(乡)成人中等文化技术学校标准化建设达标学校"。

(谢凯丽)

**[区老年大学被评为全国先进]** 2009年,区老年大学开设班级85个,招收学员1905人。2009年,参加老年学校学习的老年人数达到中低龄老年人总数的9.8%,参与多种形式老年教育的老年人数达到老年人总数的29.8%。学校继2007年被评为"上海市老年教育先进集体"、2008年被评为"上海示范性老年大学"后,2009年被评为"全国先进老年大学"。七宝镇老年学校、颛桥镇老年学校被评为上海市示范性老年学校,颛桥镇老年学校的顾士良被评为全国老年教育先进个人。区老年教育工作小组办公室连续5年因工作成绩显著获市表彰。

(谢凯丽)

**[建立区社区教育评估体系]** 2009年5月,在区教育工作会议上,下发了《关于构建社区教育督导评估体系和课程建设的若干意见》,建立了以自我评价、社区居民评价、社会组织评价相结合的社区教育评估指标体系和适应闵行社区居民需要的社区教育课程体系。先后完成《闵行区社区学校社区教育水平与发展评估指标体系》、《闵行区镇、街道社区教育评估指标体系》、《闵行区社区学校教学点社区教育评估指标体系》、《闵行区社区教育课程评价指标体系》。

(谢凯丽)

**[教育科研课题立项]** 7月,七宝中学鞠瑞利《"全面发展,以文见长"办学特色的理论与实践研究》立项教育部重点课题。9月,田园高中陆振权《美育引领,构筑和谐学校文化的理论与实践研究》立项教育部规划课题。

(韩金环)

**[举行区第十七届教育科研成果评选]** 12月,闵行区举行第十七届教育科研成果评选,有639项成果参评,获奖385项。其中,一等奖34项,二等奖108项,三等奖242项。

(韩金环)

**[区校长发展中心揭牌]** 闵行区教育局和市教委教研室合作成立校长发展中心。"闵行区校长发展中心"隶属闵行区教师进修学院。"中心"的功能和任务是:参与闵行区校(园)长队伍建设规划,承担市、区相关课题研究,开发中小幼校(园)长、教育干部培训课程,对闵行区校(园)长、教育干部实施培训,组织专家对区内中小学、幼儿园发展提供专业指导。

(李 群)

**[上海市高兴学校更名]** 2月9日,上海市高兴学校由闵行区教师进修学院接管承办,学校更名为"闵行区教师进修学院附属梅陇实验学校",用六年时间实施"人口集中导入地区创建优质教育学校"实验项目,把该校打造成闵行区优质教育品牌学校。

(李 群)

**附:区教育局驻地及负责人**

(2009年1—12月)

地址:七莘路400号
邮编:201100
电话:64881398　　64983660×分机

区委分管领导:赵丹妮(2月到任)
区政府分管副区长:张 辰

区教育局党委书记:朱雪平
副书记:姚计华

区教育局局长:竺建伟
副局长:王 浩、朱 越、李光华

# 嘉定区

［**2009年概况**］ 2009年，嘉定区教育局深入学习实践科学发展观，认真实施《嘉定区教育事业“十一五”发展规划》，着力体现教育公平，着力加强教育内涵建设，着力推进各级各类教育协调发展。年内，全区3—6岁幼儿入园率为99.9%；小学入学率、巩固率、毕业率均为100%；初中入学率为100%，毕结业率为98.84%；高中阶段录取率为99.57%；全区成人教育年培训总量约116.5万人次。

一、加强师资队伍建设。加强“名校长名师工程”建设，推进“为人，为师，为学”师德建设系列活动，推进上海市中小学教师人文素养拓展计划。2009年培训教师达25000人次。提高新教师录用标准，录用上海市户籍人员必须达到本科及以上学历，外省市户籍人员必须是“211工程”全日制师范类高校师范专业本科及以上学历毕业。2009学年度共招聘教师256名，其中硕士占7.4%。实施义务教育教师绩效工资，出台《嘉定区义务教育学校绩效工资实施办法》、《嘉定区义务教育学校校长（书记）绩效工资实施办法》、《嘉定区义务教育优秀学校考核奖励办法》，12月30日前完成义务教育教师绩效工资清算和发放工作。基本完成教育系统非在编人员清理工作。

二、加强中小学生思想道德建设。开展“我爱我的祖国”、“与世博同行，以文明修身”等系列主题教育活动，开展温馨教室创建，举办案例征集活动和推进会。举办市“德育校本课程开发和实施”德育论坛，开展区第二届班主任基本功大赛，举办“如何创建班主任教研组”主题论坛，确定18所试点学校，探索班主任工作教研组试点工作。举办“让家庭教育指导充满智慧”等系列研讨会，编辑出版《最令家长头疼的教育问题——家庭教育指导问答》。启动快乐女生项目，举办“青春健康，美好未来”初中青春期教育课大赛。开展迎世博反邪教警示教育、毒品预防教育、“儿童安全步行月”交通安全教育活动。启动中学政治教师法制教育培训，开展“青少年法制文化主题游”活动。

三、加强教育基础设施和内涵建设。制定“学前教育五年发展规划”并组织实施，开展“园长发展工程”和“新园丁培训工程”，组织后勤园长和保育人员培训。举办嘉定区第五届“活力宝宝”大赛。迎园中学（东校区）、金鹤中学、实验幼儿园、徐行幼儿园、宝翔幼儿园、黄渡莱茵幼儿园、嘉城幼儿园、清水颐园幼儿园和安亭幼儿园（分部）等新校舍相继建成并投入使用。投资300万元对45所学校实施光环境改善工程。全面启动中小学校舍安全工程，完成78.8万平方米校舍排查工作，对33万平方米校舍进行检测鉴定。易地新建马陆小学，加固改造嘉定一中体育馆。推动中小学评价和考试制度改革，参与国际PISA教育质量测评项目。开展市、区实验性示范性高中发展性评价工作。做好政府扶助民办教育奖励基金核算与发放工作，提高公办学校吸纳农民工同住子女就读比例，完成对符合条件的7所农民工子女学校设施设备改造和纳入民办教育管理工作，关闭3所不符合区域教育规划设置农民工子女学校。全区共有25115名农民工同住子女享受免费义务教育，占农民工同住子女总数80%。2009年区镇两级政府共拨付生均补贴经费1686.8万元。启动以招收农民工同住子女为主的民办三级幼儿园设园指导与评估工作，完成3所民办三级幼儿园申办工作。启动《嘉定区中长期教育改革和发展规划纲要》编制工作。

四、推进素质教育有效实施。加强教学各环节质量监控力度，发挥小学教育咨询组、中学教学咨询中心和讲师团作用；完善题库建设，推动校本题库应用；加强对薄弱学校、薄弱学科分析，推动教学方法和模式改进。强化教学过程管理，抓实教学工作五环节。加强区域联片教研，发挥各校教学优势和研究优势，辐射片内学校。组织主题为“校本课程建设”的第十轮小学校长专题研讨活动，举办课程群建设现场推广会。深化“基础教育阶段现代学校制度国家实验区”工作，出版《现代学校制度指南》。

五、完善终身教育体系。加快成人学校标准化建设，江桥成校、真新成校于年内通过市验收，举办成人教育“三个一”教学展示活动，完成市政府实事项目“千村万户”农村信息化培训指标1300个。区教育局被评为全国农村成人教育培训先进集体。深

嘉定区与加拿大哥伦比亚教育厅交流合作签约

化社区教育实验工作，区内各街镇全部被列为上海市社区教育实验街镇，26个办学点被评为示范办学点。开展“世博知识”培训活动，全区市民参加培训总量及网上测试合格人数均名列全市第一。全区市民年培训总量达到116.5万人次。安亭、南翔老年学校被评为上海市示范性老年学校，徐行老年学校被评为上海市特色老年学校。规范民办非学历教育管理，出台《嘉定区民办非学历院校（机构）管理实施意见和管理办法》。

六、进一步加强体卫科艺工作。强化落实“三课两操两活动”，组织区中小学生广播操比赛，开展“课间跑”展示活动。加强市办二线运动队学校、市体育项目传统学校、区体育项目布点（试点）学校建设，举办“嘉定区中小学生体质现状与发展对策的研究”现场研讨会，加强体育科研，进一步促进体育师资队伍水平整体提高。做好学校卫生工作。做好甲型H1N1流感防控工作，完成全区中小学生甲流疫苗接种。开展“健康校园”创建工作，对全区2.5万名中小学生进行免费龋齿检查和充填工作。启动“普及科技教育，提升创新能力”嘉定区青少年科技创新工程，举办第八届青少年科技节，开展区级科技教育特色学校评选，共有8所学校被命名为区级科技教育特色学校。组织参加市第七届青少年明日科技之星评选活动，1人被评为市明日科技之星。组织参加市第廿四届青少年科技创新大赛，共获得5个一等奖，其中3个项目被选送参加全国比赛。推进艺术教育，利用优质艺术资源，推进区艺术团和分团建设。举办全国第三届中小学艺术展演嘉定选拔赛、区学生书画比赛、区首届学生民间工艺作品展，开展“高雅艺术进校园”和“教师走进经典”活动，举办“‘十一五’艺术教师培训班”。年内共获得全国级优秀组织奖1个、一等奖（金奖）2个、二等奖（银奖）3个，市级一等奖15个、二等奖38个、三等奖60个。

七、坚持依法行政依法治教。做好2008年度政府履行教育责任执行情况公示公报。全面推行“阳光招生”。优化调整教育局机关内设科室，出台《嘉定区教育局首问责任制》。信访件领导阅批率、办结率、署名信书面告知率和书面答复率均为100%。年内主动公开政府信息236条，办理各种网上咨询、便民问答1219项，全区中小幼学校公开信息2284条，办理各种网上咨询、便民问答177项，办理校长信箱、意见箱等216项。推进教育经费统筹管理，将嘉定镇等4个街道的教育财务核算分中心人员编制纳入区教育财务核算中心管理。制定《嘉定区民办农民工子女学校财务管理办法》。

（梁晓峰）

**［幼儿园“新园丁培训”工程］** 在全区范围内确立1所新教师培训基地园，3所新教师培训实践园及若干新教师培训基地班，形成以区本培训为引领、园本培训为主体的培训模式，开展“一节活动、一场比赛、一次展示、一项表彰、一本手册”系列活动，提高新教师的课程执行力。召开“嘉定区幼儿园幼小衔接工作研讨会”，形成区域内整合资源，幼儿园与小学携手共研模式。举办“幼儿园课程管理”园长论坛，为提高园长课程领导力搭建交流平台。

**［被授予荣誉称号］** 杨文斌被授予上海市特级教师称号；康定、凤光宇被评为上海市特级校长。普通小学被评为全国教育系统先进集体；安亭中学、大众工业学校被评为上海市教育系统先进集体。程峰被评为全国优秀教师，顾剑被评为上海市教育系统

先进工作者，7名教师被评为上海市模范教师，38名教师被授予上海市园丁奖，98名教师被授予嘉定区园丁奖。

（曹葆红）

**[表彰民办教育先进工作者]** 在嘉定区民办教育协会2008年年会上，20名民办教育先进工作者和20名民办教育优秀德育工作者受到表彰。民办桃李园实验学校被评为上海市民办教育先进办学单位、全国优秀民办中小学。

**[嘉定职业教育集团挂牌]** 2月20日，举行上海嘉定职业教育集团揭牌仪式。市教委副主任尹后庆与区政府副区长夏以群、嘉定职业教育集团理事会和各区县教育局有关领导出席仪式。尹后庆在讲话中提出四点意见：一是“区域集团”的组建必须在政府的重视推动下进行；二是“区域集团”必须体现推进区域优质职业教育资源集聚的功能；三是“区域集团”必须成为提高区域经济服务水平的载体；四是“区域集团”必须提供促进学生发展和提高就业素质的平台。

（张剑锋）

**[与云南楚雄开展职业教育合作]** 3月1日，云南楚雄彝族自治州教育局与上海大众工业学校职业教育合作签约暨云南楚雄职教师资上海培训中心揭牌仪式在大众工业学校举行。双方商定：自2009年至2011年，楚雄州教育局在上海市大众工业学校设立职业教育师资培训基地，定期选派职业教育管理人员到基地进行培训，并在学校挂职、锻炼。双方共同开展校企合作、校际合作、职业教育研究和交流活动。

（郭锦川）

**[“荣威教育奖励基金”成立]** 4月8日，嘉定区第二中学成立“荣威教育奖励基金”。荣威集团董事长朱强代表荣威集团全体员工，向嘉定二中捐资100万元人民币，并成立“荣威教育奖励基金”。嘉定二中“荣威教育奖励基金”收益将用于每年奖励嘉定二中的优秀教师和优秀学生，以及资助退休教师开展活动。1999年，荣威集团在嘉定二中设立优秀教师奖励基金，每年一次对优秀教师进行奖励。此次，荣威集团和嘉定二中决定扩大基金金额和奖励范围。

（王巍清）

**[启动“快乐女生计划”]** 4月29日，嘉定区女生教育项目——“快乐女生计划”启动仪式在疁城实验学校举行。“快乐女生计划”是区教育局与区计生委合作项目，以项目推进方式，研究各年龄段女生特点，不断改进女学生教育工作。通过学校、家庭、社会三位一体，形成合力，共同关注女生教育问题，让每个女孩都快乐成长。

（陆咏梅）

**[区第八届青少年科技节开幕]** 5月22日，由区科委、区教育局、区环保局主办的“探索，体验，创新——我与世博同行”第八届青少年科技节开幕式在嘉定二中举行。开幕式上进行青少年航空模型、汽车模型表演，嘉定区各级各类科技教育特色学校、知识产权示范学校、气象科普试点学校科技教育成果版面展示以及本届科技节优秀项目展示。科技节期间表彰了在嘉定区青少年科技创新大赛、明日科技之星评选活动、科技节重点活动中获奖的学生、优秀集体及嘉定区优秀科技辅导员和优秀科技活动方案比赛获奖教师。举行嘉定区第二届青少年科学研究院小院士入院仪式。聘请市科技艺术教育中心陈玲菊、陈敢担任青少年科学研究院第二批导师。命名徐行中学为上海市科技教育特色示范学校、嘉定二中为嘉定区青少年科普教育实践基地。

（辛　敏）

**[与普陀区第二轮教育对口合作交流工作启动]** 6月29日，普陀区与嘉定区第二轮教育对口合作交流工作启动仪式在普陀区人民政府举行。市教委自2005年起开展三年一轮“中心城区与郊区区县”一对一教育对口合作交流项目，普陀区与嘉定区结对。第二轮交流工作将重点围绕学校管理、队伍建设、课程改革等方面开展。

（黄伟杰）

**[开展中小学生文化艺术活动]** 7月5日，嘉定区中小学生迎世博民间工艺作品展在嘉定教育书画院举行。分为编织类、雕刻类、雕塑类和其他类四个类别，共收到作品180余件。区教育局还在中小学生中开展“精彩世博，文明先行”童谣创作比赛。活动收到230多篇作品，95篇作品获得等第奖。嘉定区还举办“海宝的故事”《成长进行时》原创童话故事大赛，初赛以广播录播形式在FM100.3嘉定人民广播电台《成长进行时》少儿广播节目中进行，决赛

以现场评比形式进行。

（陆咏梅　李　敏　吴伟立）

[**第二轮委托管理工作签约**]　8月20日，嘉定区第二轮委托管理工作签约仪式在上海市曹杨二中附属江桥实验中学举行。本轮委托管理，江桥实验中学由曹杨二中托管，南翔中学由晋元中学托管，启良中学由上海市学习科学研究所托管。

（王巍清）

[**嘉定学联实业有限公司产业园区落成**]　9月8日，地处华亭镇工业开发区华博路655号的上海嘉定学联实业有限公司产业园区正式落成启用。首批进驻产业园区的企业有：学联服装厂、学联食品厂、学联印刷厂。学联公司产业园区占地10670平方米，建筑面积8789平方米，设施齐全，配套完善。

（黄伟杰）

[**区特殊教育康复指导中心学前分中心成立**]　9月18日，区教育局、区残联在实验幼儿园举行"嘉定区特殊教育康复指导中心学前分中心暨华东师范大学学前教育与特殊教育学院研究基地"揭牌仪式。该中心为学前特殊班、学前随班就读、学前送教上门工作提供指导，为有特殊教育需要的学前儿童在教育诊断、咨询、矫治、康复等方面提供服务。

（曹葆红）

[**青少年科技创新工程启动**]　10月14日，区教育局召开"普及科技教育，提升创新能力"青少年科技创新工程启动大会。嘉定区青少年科技创新工程计划用三年时间实施科技创新人才"百、千、万"培养计划；实施科技创新"三五"推进计划；加强科技教育"三化建设"。同时提出，要把学校科技教育纳入课程体系，打造有创新精神的科技辅导员队伍。

（辛　敏）

[**嘉定二中建校60周年**]　10月17日，嘉定二中举行"甲子相聚，百年桃李"建校60周年庆典活动。嘉定二中创建于1949年，秉承"励精图治、崇实求严、和谐进取"的校风，"严谨治学、务实高效、创新发展"的教风和"乐于求知、勤学多思、踏实自信"的学风，坚持"文化立校、格物修身"的办学理念，努力建设"教师队伍高素质，教育教学高质量，管理运作高效率，校园文化高品位，办学条件高标准"的现代化高中。

（黄伟杰）

[**区教师进修学院建院50周年**]　10月20日，嘉定区教师进修学院举行建院50周年庆典大会。嘉定区教师进修学院成立于1959年，现坐落于嘉定区嘉行公路601号，学院秉承"求真、创新、协作、服务"的院训，倡导"合作与发展"的精神，拥有高标准的多媒体教室、会议中心、图书资料中心、演播厅等现代化硬件设施，是一所集教育研究、师资培训为一体的教师进修学院。

（黄伟杰）

[**封浜中学建校50周年**]　10月31日，封浜中学举行建校50周年庆典活动。封浜中学创建于1959年，以"重立人而举凡事，尊个性而张精神"为办学理念，以"洁、静、精、微"为校训，以"挑战自我，永不满足"为学校精神，旨在培育"人格健全，精神独立"的新世纪人才。

（黄伟杰）

[**区第五届"全民终身学习活动周"开幕**]　11月6日，嘉定区第五届"全民终身学习活动周"开幕式在嘉定工业区管委会举行。据不完全统计，在2005—2008年四届活动周期间，全区开展不同形式不同类别的学习活动400多项，参与学习活动人数近40万。2009年，区、镇（街道）两级共开出活动"菜单"239项，活动参与人数超过16万人次。

（张剑锋）

[**上海交大附中在嘉定新城设分校**]　上海交大附中在嘉定新城设立分校，同时将交大附中国际部迁入嘉定分校，11月25日举行签约仪式。副市长沈晓明、上海交通大学校长张杰、区委书记金建忠、区长孙继伟、市教委副主任尹后庆等出席签约仪式。根据协议，交大附中嘉定分校将按照市实验性示范性高中标准建设，占地150亩，设24个高中教学班（附设国际部72个教学班）。预计2011年6月前竣工，9月1日开学。项目建成后，交大附中实行"一校两区"制，嘉定分校与本部实行一体化运作，即实施教育资源共享，教学管理方法同步，整体综合联动的操作模式。由交大附中负责调配和招聘优质师资力量，嘉定区教育局给予政策支持。

（黄伟杰）

**[学习科学研究所等与启良中学结对]** 12月21日，上海市学习科学研究所实验基地揭牌暨格致初级中学、大同初级中学与启良中学结对签约仪式在启良中学举行。从2009年9月起，嘉定区教育局委托上海市学习科学研究所对启良中学实施管理工作，学校成立启良中学托管委员会，实行托管委员会领导下校长负责制。托管工作以“优势互补、合作发展”为管理机制，通过专家指导、课题研究、团队结对、特色培育等八个方面实施策略，全面促进学校的内涵发展，提升办学质量。

（黄伟杰）

**[教育经费总投入增长]** 2009年，全区经常性财政收入为922019万元，比上年增长12.02%。全年教育经费财政拨款104975.51万元，比上年增加11456.83万元，增长12.25%。教育经费财政拨款增长比例高于财政经常收入增长比例。年生均教育事业费：高中18344元/生·年，比上年增长2.38%；初中18777元/生·年，比上年增长10.49%；小学12958元/生·年，比上年增长1.30%；幼儿园12948元/生·年，比上年减少0.15%。特殊教育生均事业费69474元/生·年，比上年增长22.57%。年生均公用经费高中3664元/生·年，比上年增长2.29%；初中3652元/生·年，增长5.98%；小学2222元/生·年，减少22.17%，幼儿园3207元/生·年，比上年减少7.98%。全区教职工年人均总收入94145元，比上年增加8795元，增长10.30%。全年合计教育经费（全口径）总投入130515.86万元，比上年增长8.09%。

（龚文华）

**附：区教育局驻地及负责人**

（2009年1—12月）

地址：嘉定区嘉行公路601号
邮编：201808
电话：39902000

区委分管副书记：曹一丁
区政府分管副区长：夏以群

区教育局党委书记：张连龙（8月离任）、姚　伟（8月到任）
副书记：毛长红、朱　灵

区教育局局长：毛长红
副局长：张德海、俞勇彪、朱　芳

# 宝 山 区

［**2009年概况**］ 2009年，市人民政府决定，上海农场、海丰农场、川东农场的三所学校移交宝山区教育局管理。全区共有各级各类教育单位258所，其中：中学51所，小学74所，幼儿园110所，特殊教育学校1所，工读学校1所，中等职业学校2所，其他学校15所；在校学生13.8万人。全区3—6岁儿童入园率100%，义务教育学生入学率、巩固率100%，高中阶段入学率96%，普职比为6∶4。

2009年，全区教育财政拨款157396万元，占财政总支出16.32%，比2008年增长8.37%；其中义务教育阶段财政拨款99688万元，比2008年增长9.95%。生均经费小学15827元/生、初中16256元/生，分别比上年增长4.69%和2.47%。

2009年的主要工作：

1. 推进城乡教育一体化各项工作。完善教育经费统筹机制，加大对北部农村转移支付力度，确保了农村教育投入。积极落实各项帮扶举措，启动了与华东师大合作共建沪太路沿线新农村教育发展区建设二期项目，实施了“以委托管理推动农村义务教育学校内涵发展”二期项目，健全城乡教师交流机制，选派20名城区优秀教师支教农村。

2. 稳妥解决农民工同住子女义务教育问题。完成了10所农民工子女学校纳入民办管理工作，全区5.8万名农民工同住子女全部进入公办学校和以招收农民工同住子女为主的民办小学就读，享受免费教育。提前一年实现“农民工同住子女义务教育三年行动计划”的目标；终止不符合继续办学条件的农民工学校办学，6000多名农民工学生到公办学校就读。

3. 提高教育质量，学生素质教育整体推进。结合迎世博和庆祝新中国成立60周年，开展了学双语、学礼仪等主题系列活动，提升广大中小学生的文明素质，25所学校被评为上海市行为规范示范校。进一步推进教学精细化管理，先后开展了课程方案编制指导、教学质量监控分析、四区高中联考、沪苏浙皖教学研讨沙龙等活动。巩固“学生课外文体活动全国示范区”成果，全力推进文体活动工程第三阶段各项任务，深入开展全国科学实验区各项研究实验项目，举行和承办了全国青少年科技教育交流研讨会、上海市学生艺术节、上海市阳光体育大联赛等一系列活动，“一校一品”和校园集体活动项目初见成效，建成了机器人、生物与环境等11个创新实验室，学生创新精神和实践能力进一步提升。启动学校文化建设“3＋1”工程，提升学校管理水平和发展内涵。全面规划全区特殊教育发展，依托华东师大和上海金惠康复医院，开展对“自闭症”、“脑瘫”、“智障”等残疾儿童康复训练的探索。对残疾儿童实施送教上门，入学“零拒绝”。

4. 提升服务社会经济发展的能力。全面推进校企合作，宝山职校先后与9家知名企业合作组建了7个专业、18个校企合作班级，基本完成了宝山职校实训中心建设。以世博为主题推进学习型城区建设，开设了“世博培训”网上专栏，组建了120人的“宝山区世博志愿者讲师团”，累计培训人数达132000人，超额完成计划数的108%。

5. 深入推进干部教师队伍建设。推进“德业双发展工程”，开展“爱生月”活动和“为师、为人、为学”师德征文活动。坚持干部双月讲座，开办了新任校长、党支部书记培训班，制定了《干部自培工作实施办法》、《干训兼职教师队伍建设与管理办法》、《宝山区教育系统干部培训基地建设及管理与考核办法》等制度。开展新一轮区级骨干教师推荐选拔工作，完成了校长职级制评审工作。搭建教师成长平台，完成了第一批教师发展示范校评估，开展了第十七届教学月活动、第九届中青年教师教学评优活动，优化了教师培养环境，强化了教师激励机制。2009年有2名教师被评为上海市特级教师，1名校长被评为上海市特级校长，8名青年校园长、18名青年教师分别被确定为上海市普教系统优秀青年校长、优秀青年教师后备人选，罗泾中学周彩霞老师荣获全国模范教师、全国巾帼建功标兵称号。

6. 落实教育惠民措施。全年投入约855万元，对7371多人次义务教育学生、1154人次高中困难学生实施“两免一补”，对500名残疾学生实施免费教育，减免了948人次幼儿的托管费，确保没有一名学生因家庭困难而失学。进一步加强教育行风建设，推进“阳光招生”，开展规范教育收费示范单位创建活动，保障了学生权益。推进和启动了12项新建项目，完成了27所学校大修和4所学校平改坡工程，完成了新建12所幼儿园的市府实事工程，新开办6所学校、幼儿园，进一步提升了教育设施现代化水平，缓解了入学入园高峰矛盾。完善安全防控体系、应急管理体系，开展了安全文明校园的检查验收工作，组织了全区中小学“5·12”应急疏散演练，着重做好了手足口病、甲型H1N1流感等传染病防控工作，保障了校园安全稳定。

（倪永培）

**［百名园长联动共研“提升课程领导力”］** 2009年1月2日，奉贤、南汇、卢湾、闵行、宝山五个区的百名幼儿园园长聚集宝山区红星幼儿园联动共研“提升课程领导力”。宝山区学科带头人吉莉和红星幼儿园青年教师沈春兰向参加活动的百名园长分别开设了《生气的时候》和《小熊的新床》研讨课。

（倪永培）

**［在全国车辆模型总决赛中获奖］** 2008年12月29日—2009年1月3日，由国家体育总局、教育部、中国科协、共青团中央、全国妇联主办、中国车辆模型协会承办的第十三届“驾驶未来”全国青少年车辆模型总决赛在深圳举行。全国21个省市41个代表队的432名选手参加了本次总决赛。高境三中派出了两支参赛队，分别代表上海一队和上海三队参加比赛。共荣获15枚奖牌。在遥控电动MINI—Z场地赛中获一金、一银的佳绩。2009年，宝山区教育局及高境镇人民政府支持高境三中建成了室内遥控迷你车型竞技馆、室外公路、越野国际汽车模型竞技场，成为一所拥有国内一流设备和车模竞技馆的学校。

（倪永培）

**［中小学班主任研究生课程班开班］** 1月12日下午，上海师范大学与宝山区教育局联合举办的宝山区中小学班主任研究生课程班举行开班典礼。本期课程班共有学员64名。

（倪永培）

**［薛明扬看望上大附中新疆班师生］** 2月3日，市教委主任薛明扬，宝山区委副书记、区长斯福民到上大附中看望新疆班师生，向新疆班师生致新春的问候。上大附中现有新疆班四个年级八个班，近350名学生。

（倪永培）

**［宝山职校与上海飞机制造厂达成合作意向］** 2月12日下午，中国商用飞机制造有限公司旗下的上海飞机制造厂领导，到宝山职校听取2008年“上飞班”教学情况汇报。“上飞班”学生实行品行和成绩双淘汰制，只有职业修养和职业技能均符合订单要求，学校才会把学生推荐给厂方。上飞厂领导对“上飞班”的教育教学管理非常满意。2009年，上飞厂再次与宝山职校合作，委托宝山职校培养60名学生。并表达了愿与宝山职校长期合作的意向。

（倪永培）

**［获全国围棋赛冠军］** 2009年1月16日，同洲模范学校初一学生华昱廷在第三届“理光杯”全国围棋新秀赛中勇夺冠军。华昱廷是中国入段年龄最小的职业围棋手，2008年他还获得了第25届“应氏杯”世界青少年围棋锦标赛亚军。

（倪永培）

**［实施优秀青年校长、教师培养工作方案］** 11月11日下午，宝山区召开“上海市优秀青年校长、教师后备人选”培养工作会议。虎林中学孙晓忠等八位校长，行知中学潘斐等十八位教师被列为上海市优秀青年校长和上海市优秀教师后备人选。会议还下发了《宝山区实施“上海市优秀青年校长、教师后备人选”培养工作方案》。

（倪永培）

**［参加第四届可持续发展教育国际论坛］** 第四届可持续发展教育国际论坛10月22—24日在北京召开。论坛主题为“可持续发展教育：国际发展趋势和中国实践模式”。全球20多个国家、地区和联合国教科文组织等国际组织的代表参加了论坛。吴淞中学作为“中国可持续发展教育首批示范学校”在论坛上作了题为《在上海世博会主题引领下提升可持续发展教育示范校的品质》的主题报告。论坛还向全体代表发放了《中国可持续发展教育创新实践》一书，吴淞中学的论文《创造节能型学校培养创新型人才》、《以可持续发展教育理念领学校新一轮内涵发展》、《关注城市郊区农民的生活污水排放》、《管道冷水预热节水装置》、《关于厨房炉灶节能环保的改进

措施》等论文收入其中。

（倪永培）

［获“君远杯”一等奖］ 李夏萌老师是罗南中心校的老师，执教19年来，她在平凡的班主任工作岗位上以高度的事业心和强烈的责任感全身心地投入，受到了老师、学生及家长的一致好评。在9月6日召开的上海农村学校班主任特色工作“君远杯”活动总结大会上，李夏萌老师荣获一等奖。

（倪永培）

［成立“少年邮局”］ 2009年9月10日，宝山少年邮局（又名小陶子邮局）在行知初级中学成立。这是行知初级中学成为集邮特色学校以来不断努力的结果。市集邮协会领导、区邮政局、区教育局的领导参加了少年邮局成立仪式。区教育局党委书记担任少年邮局的荣誉局长。

（倪永培）

［召开中学教育工作会议］ 2009年8月11日，区教育局在区教师进修学院召开中学教育工作会议。会议提出要抓好四个方面工作：一要抓住教师专业发展的关键，从师德建设、教师培训、校本教研、考核奖励、平台搭建等方面提升教师的整体水平；二要以学生自主发展为本，重视学生思想道德教育，重视特殊学生教育，重视学生科学学习方法的培养；三要以学校特色发展为亮点，努力打造特色学校；四要以精细化管理为抓手，大力推进校园文化建设，实现学校管理的规范、科学、民主、和谐。

（倪永培）

［在全国青少年航海模型锦标赛上获金牌］ 在国家体育总局举办的“全国青少年航海模型锦标赛”上，淞谊中学学生毕鸣位获2009年全国青少年航海模型锦标赛ECO—HYDRO—I组第一名。国家体育总局向他颁发了金牌。

（倪永培）

［被授予“全国优秀民办初中”称号］ 在中国教师发展基金会、中国民办教育协会中小学专业委员会、中国民办教育协会学前教育专业委员会举办的“首届全国优秀民办中小学幼儿园、优秀民办教师”评选表彰活动中，民办和衷初级中学被授予“全国优秀民办中学”称号。

（倪永培）

［在全国青少年建筑模型竞赛中获奖］ 2009年12月中旬。第十届“我爱祖国海疆”全国青少年建筑模型总决赛在四川美术学院落下帷幕。全国16个省市的23支参赛队参加了比赛。比赛分纸结构模型、木结构模型等8个项目。由吴淞中学和都江堰友爱学校组成的联队获得了纸结构模型的金银牌。

（倪永培）

［成为中国武术教学学校］ 2009年12月27日，《中国武术段位制系列教程》华东地区教学实验学校授牌仪式与教学通段展示在复旦大学正大体育馆进行。长江二中是上海市唯一一所成为中国武术段位制系列教程教学的初级中学，同时长江二中将承担武术二段的通段教学试点。在授牌仪式上，长江二中40位学生通过了武术二级的通段考核。

（倪永培）

［获“世博纸模型”一等奖］ 2009年11月28日，月浦实验学校薛倩、刘涛等五位学生参加了在东方绿舟举行的上海模型节大赛。在潘伟荣和唐奇老师的细心指导下，荣获“世博纸模型”一等奖。

（倪永培）

［获上海市小学生比赛冠军］ 2009年11月29日通河新村小学在参加由上海市体育局、上海市教委主办，上海市手球协会承办的2009年上海市小学生手球比赛中荣获冠军。

（倪永培）

**附：区教育局驻地及负责人**

（2009年1—12月）

地址：宝山淞滨路28号12楼、13楼
邮编：200940
电话：56841182

区委分管领导：袁　鹰
区政府分管领导：李　原

区教育局党委书记：张晓静
　　　　　副书记：楼伟俊、李友钟
区教育局局长：楼伟俊
　　　　副局长：张步华、钱学锋、陆荣林、刘　政、蒋碧艳

# 金　山　区

［**2009年概况**］　2009年，金山教育围绕“坚持科学发展，实现城乡一体”新一轮发展目标，拟订了《金山区中长期教育改革和发展规划纲要》（初稿），加强学校内涵建设，全面实施素质教育，教育教学质量稳步提升。

1. 完成学前教育三年行动计划。金山区学前教育三年行动计划自2006年8月启动以来，共投入3.3亿元，新建幼儿园15所，改扩建幼儿园10所，全区幼儿园园舍达标率达到80％以上，学前教育办园条件明显改善、内涵建设显著提升。阳光城幼儿园通过市一级园创建验收，实验幼儿园通过市一级幼儿园复验。

2. 开展区素质教育实验校创建活动。组织专家组对12所“区素质教育实验创建校”开展总结性评审。命名金山初级中学、金山区教师进修学院附属中学、上海市西林中学、上海市漕泾中学、上海市民办师大实验中学、金山区第二实验小学、金山区海棠小学、金山区金山小学、金山区亭林小学、金山区廊下小学等10所中小学为“金山区素质教育实验学校”。推进区实验性示范性高中建设，完成区实验性示范性高中总结性评审工作。命名张堰中学、上师大二附中、枫泾中学、亭林中学为“金山区实验性示范性高中”。启动“城乡初中区域联合共建”发展模式，利用本区罗星中学、西林中学优质资源，提升兴塔中学、新农学校办学水平。

3. 拓展职业教育服务渠道。完成石化工业学校的机电技术应用和食品工业学校的农产品加工与检测两个市开放实训中心的建设。加强职业教育内涵建设。根据区域经济的发展和变化，调整、优化职业学校办学结构和模式，开发精品课程。继续深化校企合作办学，依托世界知名企业，提高职业教育办学层次。

4. 推进社区教育。进一步加强社区院校建设，启动社区教育实验项目。张堰镇成人（社区）学校顺利通过了市标准化成人（社区）学校验收。举办了金山区第二届全民学习节。枫泾镇、金山工业区成功创建为上海市学习型社区。区教育局被评为上海市推进学习型社会建设先进集体。顺利完成各项培训任务。全年总培训人数220035人次，网上测试38543人次，宣传普及246750人次，书面考试63680人次。开展农村信息化培训，全年共培训农村基层管理者348人次，完成计划指标的174％；培训普通农民4908人次，完成计划指标的120％。

5. 加强教学工作。举办金山区二期课改教学展示、推进“课堂教学有效行动计划”教学展示月等活动，组织了第二届“新苗杯”青年教师教学基本功评比、第五届优秀教研组评选、青年教师化学学科基本功比武等。召开区教学工作会议，印发了《金山区关于进一步加强中小学课程建设的若干意见（讨论稿）》等文件，成立了德育、语文、物理、化学、幼教五个学科课程建设基地。

6. 深化人事制度改革。制定了《金山区教育局关于做好义务教育学校教职工绩效考核工作的意见》、《金山区教育局关于学校正职干部奖励办法》、《金山区教育局关于薄弱农村学校和特殊教育学校教职工补贴办法》等文件，顺利完成了全区42所义务教育学校绩效工资实施工作。加大教师培训力度。18名英语教师赴澳大利亚参加了英语骨干教师培训；19名骨干教师赴加拿大进行培训。23名教师获国家二级心理咨询师资格证书。制定了吸引高层次教育人才的相关政策，以金山中学为试点，面向全国公开招聘特级教师2名。

7. 关注教育民生。加大对农民工子女学校的扶持力度，将符合办学条件的6所农民工子女学校改造后纳入民办学校管理。做好规范教育收费工作。加强教育收费监督检查，认真履行教育收费公示制度，开展联合办班清理整顿，连续五年荣获“上海市规范教育收费优秀达标区”荣誉称号。建立信访网络体系，落实信访工作领导责任制，实行信访工作目标责任考核。信访总量较2008年同期下降16.7％，初次重要信访事项办结率100％，重要交办信访事项解决率100％。开展经济责任审计，完成审计项目29项，审计资金总额5.67亿元。完成教育经费审计自查整改和小金库自查工作。

8. 加强学校安全管理。启动中小学校舍安全工程，开展了交通、消防等方面的安全教育，举行了防空疏散演练、防震减灾知识竞赛等活动，提升学生的安全意识。深入开展“平安创建”活动，82所中小学、幼儿园，7家直属单位通过了市、区两级验收。

（金教宣）

**[看望新疆班学生]** 8月31日，金山区区委书记吴尧鑫、副区长许复新到金山中学看望了刚刚到校的来自13个民族的276名新疆班学生。吴尧鑫对新疆学生表示亲切的问候，向大家传达了胡锦涛总书记在新疆考察工作时的讲话精神，希望学生努力学习，团结互助，做一个“有理想、有道德、有文化、有纪律”的青年，为将来建设美丽新疆作出自己最大的贡献。

（金教宣）

**[调研民办教育]** 11月16日，赵福禧区长到民办交大南洋中学、民办金盟中学、民办师大实验中学进行专项调研。为解决当前民办教育出现的阶段性困难，赵福禧要求区政府和有关职能部门进行专题研究，继续关心和支持民办教育发展，在政策允许的范围内，给予民办教育政策上的倾斜。

（金教宣）

**[开展学习实践科学发展观活动]** 2009年3月和9月，金山区分两批开展学习实践科学发展观活动，共有75家基层单位、1860名党员参加。局班子完成调研报告6篇，梳理出46个问题，其中，已解决25个，19个正在逐步解决。

（金教宣）

**[举办区素质教育论坛]** 5月15日，金山区教育局、上海市中小学幼儿教师奖励基金会共同举办金山区素质教育论坛。本届论坛以“拓展教育时空，促进生命成长”为主题，旨在展示和巩固“山阳现象”素质教育典范和“琴棋书画”区域特色品牌，共同探寻素质教育的规律和有效途径。

（金教宣）

举办区素质教育论坛

**[表彰先进集体和个人]** 在金山区庆祝第25个教师节暨表彰大会上，钱圩中学获全国教育系统先进集体荣誉称号，兴塔小学获上海市教育系统先进集体荣誉称号，袁晓英等7人获上海市模范教师和先进工作者荣誉称号，宋卫军等40人荣获上海市园丁奖荣誉称号。

（金教宣）

**[体卫艺科工作成绩显著]** 荣获上海市学校广播操、“阳光伙伴”、跳踢（团体）比赛3个一等奖。组织开展了民族文化技艺项目培训、“祖国万岁”红歌比赛等活动。举行了第七届青少年科技节。在市青少年科技创新大赛中获得4个一等奖，金山中学学生董骁骏获“上海市青少年科技希望之星”荣誉称号。

（金教宣）

**[启动上海市农村中小学信息化应用推进项目]** 12月17日，金山区农村中小学教育信息化应用推进项目启动大会在教育信息中心举行。目前，金山区有31所中小学参加了上海市农村中小学信息化应用推进项目，已建立了区级教育信息化应用平台，

开设了新视点、视频课例、教育博客等栏目，通过资源共享、交流互动等形式，着力提高教师的信息化素养和课堂实践能力，提升学校的信息化应用水平。

（金教宣）

**［教育园区投入使用］** 教育园区坐落于龙皓路以南，金康西路以北，松卫南路和海芙路之间，占地面积 73586 平方米，建筑面积 35647 平方米，投资 7823 万元，建设项目由金山新城区负责。教育园区于 2007 年 6 月开始建设，2009 年 8 月完成基本建设，9 月 1 日正式投入使用。金山教育园区建设采用市最新标准，初中、小学采用 04 标准，幼儿园采用 05 标准。按照金山区委、区政府将教育园区打造成金山教育品牌的要求，将上海市金山初级中学、金山小学、金山新城幼儿园迁入教育园区。

（金教宣）

**［启动第二轮委托管理工作］** 在第二轮委托管理工作中，将廊下中学、吕巷中学、兴塔中学分别委托给徐汇区教师进修学院附中、徐汇区田林三中、长宁区建青实验学校管理。将新农学校、松隐小学、钱圩小学分别委托闸北区刘京海成功教育管理咨询中心、徐汇区日晖新村小学、徐汇区上师大第一附属小学管理。

（金教宣）

**［“四校联合共建项目”启动］** 8 月 20 日，罗星中学、西林中学、兴塔中学、新农学校“四校联合共建”项目正式启动。第一期共建项目实施 4 年(2009 年 8 月至 2013 年 8 月)，设立了四校联合体校长会，设总校长 1 人，在维持原学校管理体制的基础上，实施“四个不变”：人事隶属关系不变，学校内部行政管理权限不变，划片招生区域不变，学校内部分配机制不变。通过教师流动、校本研修、教学研讨等途径，共享优质教育资源，促进四校共同发展。

（金教宣）

**［农民工子女学校纳入民办学校管理］** 2009 年将金安、金工、红扬、查山、金山嘴、九阳 6 所农民工子女学校纳入民办学校管理，并在暑期完成了办学设施改造和设备添置工作。至此，全区农民工子女学校都纳入民办学校管理。

（金教宣）

**［共建金山小学签约］** 6 月 30 日，金山区教育局和徐汇区教育局共同签署了“金山区教育局、徐汇区教育局共建金山小学协议书”。协议规定，金山区教育局委托徐汇区教育局采用教育品牌输出的办法，由徐汇区上海小学管理金山区临潮小学，金山区临潮小学自 2009 年 9 月起更名为“金山区金山小学”。徐汇区教育局负责提升金山小学教职工的专业水准，提升校本培训的质量，并推荐校长人选；金山区教育局保障金山小学的办学经费、人员经费等支出。第一轮共建年限是 2009 年 8 月至 2012 年 7 月，共三年。

（金教宣）

**［举办金山区第二届全民学习节］** 11 月 25 日，金山区第二届全民学习节在金山工业区举行。本届学习节的主题是“学习，让生命更精彩”。学习节期间，全区各地区、各单位开展了社区居民世博知识竞赛、职业技能比赛、农村信息化普及宣传、迎世博职场礼仪专题培训、新型农民技术培训、金山区第四届读书节、法制宣传教育农民画创作等一系列学习宣传活动。

（金教宣）

**［区学校心理健康教育指导中心成立］** 12 月 2 日，金山区学校心理健康教育指导中心揭牌仪式在教师进修学院举行。13 位专家被聘任为金山区学校心理健康教育指导中心专家咨询团成员。金山区学校心理健康教育指导中心每周六下午 1 点至 4 点面向师生、家长开放，开展多种形式的心理健康教育。

（金教宣）

**［成立区教育财务核算中心］** 2009 年 1 月，金山区教育财务核算中心成立。金山区教育财务核算中心有 30 名主办会计，主要承担 63 家教育局直属公办学校(单位)与 11 家民办农民工子女小学的行政账核算，采用区财政统一规定的财务网络软件进行电算化操作。

（金教宣）

**［开展“三为”巡演活动］** 深入开展“为人　为师　为学”师德建设系列活动，在全区开展了“迎精彩世博，展师德风采”巡演活动，历时 1 年，在全区 11 个镇、街道、工业区演出了 11 场。通过巡演，宣传身边先进教师和党员的事迹，弘扬伟大师魂，以真人、真事、真情感染、激励全体教师。

（金教宣）

## 附:区教育局驻地及负责人

(2009年1—12月)

地址:金山区石化金一东路2号
邮编:200540
电话:57944317

区委分管领导:叶汝强
区政府分管副区长:许复新

区教育局党委书记:林乃华(7月离任)、
孙秀强(7月到任)
副书记:蒋志明、顾宏伟(2月到任)

区教育局局长:蒋志明
副局长:顾宏伟(2月到任)、陆道德、邱辉忠(2月离任)、郑瑛

# 松 江 区

［2009年概况］ 2009年，松江区以科学发展观为统领，以办人民满意教育为宗旨，强化政府公共管理和公共服务职能，坚持教育优先发展、内涵发展、优质发展，努力提高教育质量，培育品牌特色。

一、履行政府责任，确保教育拨款持续增长。2009年，全区教育事业费拨款总额108332.9万元，比2008年增长19.96%。教育事业费拨款增幅比财政经常性收入增幅高7.37个百分点，教育事业费拨款占财政总支出比例为11.9%；义务教育事业费拨款66587.39万元，比上年增长27.52%，义务教育事业费拨款增幅比财政经常性收入增幅高14.93个百分点，义务教育事业费拨款占教育财政拨款比例达61.47%。

二、加强教育基本建设，努力改善办学条件。完成辅读学校迁建工程，启动梅家浜小学建设及上海师范大学附属外国语中学改扩建工程。推进昌鑫、三湘四季住宅小区公建配套幼儿园建设。完成市政府“幼儿园三年行动计划”实事项目。完成学生素质教育实践基地建设工程及松江四中体育馆建设项目。推进市政府实事项目“学校灯光工程”。

三、坚持民生为本，构建和谐公平教育环境。全面落实政府信息公开，坚持执行教育改革与发展情况通报制度，加强信访工作，实行“限时办结制”与“首问责任制”。坚持执行“阳光招生”和教育收费公示制度。加强中等职业技术学校贫困学生资助帮困经费管理，继续落实义务教育阶段和高中阶段“两免一补”政策；继续做好免除义务教育阶段学杂费、课本作业费以及免除义务教育阶段外省市学生借读费工作，惠及学生104173人次，投入资金1712.84万元。积极推进农民工同住子女义务教育三年行动计划。

四、强化队伍建设，全力实施“强师兴教”行动计划。2009年招聘的应届毕业生中20.4%具有硕士学历，其余79.6%具有本科学历。搭建多级培养平台，举办“教研组长培训班”等31个常规培训班。开展1—5年教龄青年教师课堂教学大奖赛、“迎国庆、迎世博”书法比赛。开展2年教龄教师“学科试题编制及基本技能操作示范”专业技能考核活动。开展新教师军训活动。组织首席教师、学科名师参与观摩“千课万人”全国课堂教学研究展示活动。举办首届享受政府教育津贴人员教育教学成果展示活动。选派盛勇建等8名教师分别前往云南、四川、新疆支教。2009年，在上海市中青年教师教学评比中，有5位教师分获小学英语、中学英语、中学体育、中学拓展、学前教育组一等奖；另有10位教师分获二、三等奖。

五、打造“雁阵式”发展新体系，保障区域学前教育事业快速发展。2009年适龄儿童入园率达99.4%。开展“园长同质互助沙龙”研究活动。举办区级幼儿园结对共建交流活动。对全区幼儿教师实施分层分类“全覆盖”培训。与华东师范大学学前教育与特殊教育学院联合开展“松江区学前教育优效行动”合作项目。召开2009年民办学前教育工作会议，规范民办托幼机构办园行为。发挥区早教中心与其他早教机构的联动运行机制，不断完善早教服务指导体系，0—3岁婴幼儿受教育与其家长的受指导率已达94.1%。

六、加强义务教育、高中教育内涵发展。2009年全区义务教育入学率和巩固率保持100%；高中阶段入学率97.8%。松江二中等11所中小学通过评审获得新一轮上海市中小学行为规范示范校称号。利用地方资源与民俗资源，打造5大系列36个社会教育实践基地。推进与徐汇、卢湾等中心城区的交流与合作，加强与华师大、上师大的合作办学模式探索。召开区素质教育实验学校工作推进会。建立现代信息技术平台下的教学质量评价体系。开展“十一五”期间区艺术教育特色学校评选工作。完成松江一中创建市实验性示范性高中规划评审。松江二中再获全国精神文明建设先进单位称号。

七、职成教育持续发展。2009年全区职校毕业生就业推荐率为98%。参加上海市“星光计划”第三届中等职业学校技能大赛，有68人次在比赛中获奖，其中数控机床车加工、电气技术、计算机辅助设计三个项目分获个人一等奖，新桥职校的数控机床车加工荣获团体一等奖。城市科技学校“建筑施工与装修开放中心”通过市教委验收。推进成人学历教育、职业技能培训和农村劳动力转移培训事业，全面完成市实事项目“千村万户农村信息化培训”工作，实施“社区教育实务知识”专题性全员培训。松江电大被评为全国50家示范性基层学校。岳阳街道、中山街道、泗泾镇接受市学习型社区创建评估。成立松江区社区教育指导中心。开通松江区终身学习网。举办松江区第二届读书节，推出“星期五市民课堂”等项目。松江区老年大学、九亭老年学校被评为市示范性学校。

（谢旭东）

**［深入学习实践科学发展观］** 以“坚持科学的质量观、育人观和成才观，深入研究和正确把握教育规律”为活动主题，以“强师兴教”为实践载体，先后开展两批“学实活动”。第一批以局党政领导班子成员为重点，共完成7篇调研报告，征求并梳理出10个方面41条意见和77条建议，确定30个整改项目。第二批以33个局直属基层支部为重点，完成“学实活动”三个阶段各个环节的规定动作，取得较好成效。

（冯　雷）

开展学前教育教学展示活动

**［探索农民工同住子女教育新模式］** 采取多种形式，解决农民工同住子女义务教育问题。新增公办学校吸纳学生1600多名，公办吸纳率占全区农民工同住子女总数的50.6%；全年共设立11所国有民办农民工子女小学，接纳学生5863名；完成3所简易农民工同住子女学校转民办学校工作，解决3356名学生就学问题。目前，共解决38390名农民工同住子女免费义务教育问题，占全区现有农民工同住子女总数的98.28%。

（陈　雷）

**［引入ISO9001质量管理体系认证］** 2009年，区教育局引入ISO9001质量管理体系认证，制定了“依法、规范、高效、公平”的质量方针和“办学行为规范、管理科学有序、教育环境公平、教育过程公正、教育质量稳定、社会形象良好”的质量目标。组织编写《质量手册》、《质量目标及分解》、《管理标准》、《程序文件》等文件10个，梳理适用法律法规119项、记录表式128种。13名工作人员经培训考核后获得内审员资格。体系文件于8月26日发布，9月1日正式实施。体系运行期间，先后进行了内部审核、管理评审、模拟第三方审核。12月18日，接受上海质量体系审核中心审核。

（王　楠）

**［义务教育学校实施绩效工资］** 严格按照市教委与市人保局的工作要求，成立区实施绩效工资工作领导小组，区教育局、人保局、财政局联合组成工作调研组进行精心调研，结合实际，严密测算，科学制定实施绩效工资方案。对学校制定的方案进行一对一审核，确保义务教育阶段学校实施绩效工资工作稳妥、有序进行。全区38所义务教育阶段学校、4297名教职工实施绩效工资。

（宋桂华）

**［实施中小学校舍安全工程］** 对全区153个教育单位1011幢123万平方米建筑进行排查摸底，对53所学校207幢重点建筑进行抗震检测。制定“松江区中小学校舍安全工程三年行动计划”，分阶段对28万平方米达不到抗震设防标准的建筑进行抗震

加固处理。2009 年抗震设防实施项目涉及学校 11 所：松江一中、松江六中、车墩学校、古松学校、天马山学校、九峰实验学校、茸一中学、岳阳小学、方塔小学、实验小学、新桥职校。

（范林峰）

**[接受市人民政府教育综合督导]** 12 月 23、24 日，松江区接受上海市人民政府教育综合督导。区委副书记、区长孙建平，区委常委、副区长陈皓，区人大、区政府、区政协相关部门领导以及街镇分管领导、部分学校领导出席了自评报告会。在督导工作中，督导组共查阅 6 大类 54 项 80 多卷资料，下发 3000 多份问卷对 20 所学校学生、教师、校长及家长等进行问卷调查，访谈委办局和街镇领导 49 人次，召开校（园）长座谈会 3 场，实地走访 4 所中小学、4 所幼儿园、3 个德育基地、1 所农民工同住子女学校以及公建配套在建项目和国库集中支付松江教育分中心等单位，对松江区相关教育工作情况作了全面、深入地了解。

（张　峰）

**[加强骨干教师队伍建设]** 开展松江区第二届享受政府教育津贴人员、第三届首席教师、第三届学科（德育）名师以及第二届教坛新秀评选，形成了由 408 名教坛新秀、197 名学科（德育）名师、16 名首席教师、17 名享受政府教育津贴人员组成的四级骨干教师梯队。开展上海市优秀青年校长、教师后备人选评选工作，12 名青年教师、4 名青年校长入选市级“优青项目”培养对象。出台《新一轮骨干教师管理办法》与《骨干教师研修共同体实施办法》，完善骨干教师培养、使用、考核等管理机制，确立了骨干教师示范辐射的途径与方法。制定《骨干教师管理手册》，明确未来三年骨干教师培养目标、培养途径、岗位职责、考核要求，形成骨干教师分层培养体系。2009 年，新增特级教师 3 名，特级校长 1 名，松江一中校长谭海岚受“新中国 60 年上海百位杰出女教师”表彰，李塔汇学校冯韬老师被评为全国模范教师、上海市优秀农村教师标兵、2009 年上海市十大教育新闻人物。

（黄　蕾）

**[人事档案管理达国家一级标准]** 区教育局高分通过由市委组织部、区委组织部组织的干部人事档案管理评审。评审结果显示：人事档案室已达到国家目标管理一级标准。

（张　峰）

**[防控甲型 H1N1 流感]** 为防范甲型 H1N1 流感在学校暴发流行，松江区教育局采取有效措施，加强甲型 H1N1 流感防控工作。一是坚持晨检制度。二是严格执行因病缺勤（课）登记追踪制度。三是早报告、早隔离、早治疗。四是实行班级消毒制度。五是发放《给全区学生家长的一封信》。六是加强联防联控。七是加强宣传教育。据松江区疾病预防控制中心统计，2009 年流感监测发现的甲型 H1N1 流感病例中，学生 86 人，幼托儿童 41 人，合计 127 人。全年接种甲流疫苗的学生 69296 人，教职工 5818 人，合计 75114 人。

（周卫斌）

**[开展“松江探究，文化寻根”系列活动]** 8 月 17 日下午，松江区中小学生“松江探究，文化寻根”系列活动仪式在松江区小昆山学校举行。“松江探究，文化寻根”是松江中小学生暑期的一项传统活动。以走进“二陆”文化，歌颂祖国六十华诞为活动主题，旨在让广大中小学生进一步了解松江悠久历史文化。

（张振泓）

**[“排舞万人跳”活动]** 10 月 11 日上午，松江区中山小学等 10 所学校 5700 多名师生代表参加了松江区“健康和谐，奔向世博”排舞万人跳活动。该活动由松江区迎世博指挥部、区爱卫办联合举办。广大师生的热情参与，充分展示了松江师生团结一心，喜迎世博盛会，共话健康和谐的精神风貌。

（张振泓）

**[举行首届中小学机器人竞赛]** 松江区首届中小学机器人竞赛于 4 月 25 日至 26 日在松江二中举行，有 12 所学校、31 个参赛队，近 200 名师生参加比赛。松江区首届中小学电脑制作活动——机器人竞赛项目于 2009 年年初启动，各代表队的师生在松江二中机器人活动中心进行了为期 6 周的集训。活动为松江区中小学参加市级和全国机器人比赛作准备。

（林道静）

**[举行首届中学生单片微机竞赛]** 松江区首届中学生单片微机竞赛在松江二中举行。松江二中、九峰实验学校、新桥中学等学校 30 多名单片微机爱好者参加竞赛活动。本次竞赛共设“LED 数码管控制”、“LCD 液晶屏显示控制”和“单片机音乐编曲”

三个项目，为造就计算机应用与智能化控制方面的人才打基础。

（黄　炜）

**［举办“星期五市民课堂”］** 由松江区社区学院主办的松江区第一期“星期五市民课堂”8月7日开讲。自8月7日至11月20日，“星期五市民课堂”每周五晚上7点至9点在区社区学院举行，市民可凭免费听讲证听讲。“星期五市民课堂”邀请专家、教授授课。课程内容力求贴近市民日常文化生活热点，突出趣味性、知识性、互动性和指导性。第一期内容共15讲，有服饰文化与礼仪、家庭理财与证券投资风险、家庭教育的误区与对策、家用汽车的保养与节能、松江历史名人轶事等。社区学院还向市民们发放了“上海终身学习卡”和松江社区教育宣传册，让更多的市民了解、参与、支持社区教育并从中受益。

（张金其）

**［松江少年邮局恢复运营］** 3月26日，松江少年邮局从位于中山中路上的妙严寺邮电所迁至上海师范大学附属外国语小学东部校区。松江少年邮局经当时的上海市邮电局批准，成立于1998年6月1日，是上海首家少年邮局，也是全国最早成立的少年邮局之一，对外正式使用“少年邮局”邮政日戳。当时，主要由本区的初中学生利用双休日开展活动，经营范围包括代售邮票信封、盖日戳、刻制宣传戳等。2004年9月11日以后，松江少年邮局因故暂停活动。松江少年邮局现设在上师大外附小东部校区少年邮局室。局长、局长助理、营业员均由上师大外附小四年级学生担任。另外，还设有辅导员2人，均经区邮政局任命。服务项目主要包括出售邮票、信封、集邮品、贺卡、明信片以及收寄平信、加盖日戳和宣传戳等。服务时间为每周二、周五中午12:10分至2:40分，如遇本市、区、学校有重大活动，另安排加班或滚动服务。

（金爱国）

**［区青少年素质教育实践基地启用］** 松江区青少年素质教育实践基地坐落在泖港镇五厍路155号，占地30亩，建筑面积1.1万平方米，可供550名学生同时开展活动。基地以学生学军、学农为主，兼容科学、艺术、体育、卫生教育。基地为学生开设的必修课程包括现代农业考察体验、国防教育、综合实践、军训、学农等，并安排有相应的主题活动。

（黄　炜）

**［获“全国农村成人教育先进单位”称号］** 叶榭镇成人中等文化技术学校，被国家教育部职业教育与成人教育司、中国成人教育协会授予“2008年农村成人教育先进单位”称号。近年来，叶榭成校为提升农民技能素质服务，在实施“上海郊区劳动力职业教育三年行动计划”的三年中，全镇共有2113人参加了培训。培训就业率达到81.7%，培养了一批敢于创业、善于创业的本地创业者。两年来，全镇已申办非正式劳动组织21个，新增岗位307个。在实施“先进文化进村”计划期间，学校累计开设人口与计划生育、科学育儿知识、蔬菜栽培与农药使用等各类讲座220次，听讲群众超过15000人次。

（类荣辉）

### 附：区教育局驻地及负责人

（2009年1—12月）

地址：松江区中山中路38号
邮编：201600

区委分管书记：居　洁
区政府分管副区长：陈　皓

区教育局党委书记：俞富章
　　　　　副书记：章高林
区教育局局长：徐界生
　　　　副局长：钱秋萍、陈小华、王小君、杨桂龙

# 青浦区

［**2009年概况**］ 2009年，青浦区教育系统学习实践科学发展观，传承和发展“青浦实验”，深化改革，推进内涵建设，各类教育水平进一步提高。11月，青浦区被教育部授予“全国推进义务教育均衡发展工作先进地区”称号。

2009年，全区共有中小学、幼儿园和特殊教育学校104所，其中：中学26所(含九年一贯制、少体校)、小学39所(含民办农民工子女小学)、幼儿园37所、特殊教育学校2所。共有学生75357人。0—3岁家长受早教指导率达92%，3—6周岁适龄幼儿入园率达99.7%；义务教育阶段学龄少儿入学率达100%。全区共有教育部门办中等职业技术学校2所，共有学生4535人。成人中等文化技术学校11所，社会力量非学历办学机构35所，全年各类培训人数约32万人次。

2009年教育经费继续稳步增长。全区教育经费财政拨款总数为80987万元，城市教育费附加7943万元，农村教育事业费附加8651.47万元，拨入专款14090.21万元。

一、优质教育硬件不断扩充。启动青少年活动中心新建工程，青浦高级中学图书楼、青浦一中老教学楼改建工程。全面完成实验中学(原瀚文学校)、白鹤中学建设工程并顺利投入使用，凤溪幼儿园迁建工程竣工；加快推进金泽中小学的校舍建设和改造等项目。加强成人学校标准化建设，完成“中小学校光环境改善三年行动计划”二期15所学校的工程，完成学校“无障碍设施改造”，全面完成“校安工程”的排查和鉴定工作。完成万兆环网二期改造，更新了学校的信息化设备、图书装备和体育卫生设备。

二、师资队伍素质不断提高。开展“为人、为师、为学”师德建设系列活动，推进教师读书会、“教师走进经典”、“教师人文素养讲座”和“高雅艺术进校园”等活动，提高教师的人文素养。继续开展“青年教师培养工程”，实施第二轮“农村学校教师稳定工程”。制定了《名优教师管理办法》，加强了对名优教师的履职管理和考核。深化了同静安、长宁等中心城区的合作交流。为12所学校聘请了办学顾问。

三、干部队伍管理不断加强。制定《关于加强学校干部队伍建设的若干意见》。开展青年后备干部跟岗学习、青年干部理论培训、工会主席岗位培训、总务主任培训、人事干部培训、直属单位入党积极分子培训等，继续抓好干部培养工作。

四、全面完成“学前教育三年行动计划”，推进“区域性高质量推进0—6岁婴幼儿托幼一体化”项目的园本实践，建立了0—3岁早期教育的区域管理网络和服务网络。

五、切实加强教育教学常规管理。坚持做“活”小学、做“宽”初中，加强“城乡教育共同体”建设，启

与农民工子女民办小学共建“手拉手红领巾书屋”

动第二轮中小学委托管理。朱家角中学通过创建市实验性示范性高中规划专家组总结性评审。健全“行政协调、业务指导、学校自主”的教学管理制度，增强“教育协作组”、“城乡教育共同体”的功能，切实提高学校的课程领导力和执行力。制订教研员蹲点联系制度，开展教研员到校蹲点试点，加强研修人员队伍建设，开展多层面的专业化培训。

六、职业教育品质不断提升。上海工商信息学校电子电气技术应用开放实训中心通过市验收评估，成为青浦区开展职业技能培训和技能鉴定考试的重要基地，工商信息学校成功举办了“2008—2009青浦区职业技能竞赛”数控机床工竞赛，7人获得数控机床工高级国家职业资格证。加强了高技能人才培养，推进了“定单式”培养，完善了“跟单式”产教结合模式。

七、终身教育体系不断健全。加强成人学校建设，建立了成人教育档案协作组。练塘成校被评为“全国农村成人教育先进单位”。白鹤镇《现代蔬菜园艺》获上海社区教育特色课程二等奖。青浦区老年大学被评为上海市示范性老年大学。

八、体卫艺科等活动不断丰富。开展新一轮“健康校园”和“无烟学校”创评活动，完善学校流行病、各种急慢性传染病的预防预警和紧急情况报告制度，强化学生午餐营养和卫生监管。开展了第五届学生科技节，举办青少年走近科学家系列活动和科技教育工作沙龙。举办“我与世博”中小学生英语演讲大赛和“我思考　我创作”文学巨著改编话剧演绎大赛。命名首批“青浦区青少年科普教育基地”，和青少年“明日科技之星”、“科技希望之星”和“青浦区绿色学校”。组织开展全国语言规范化知识大赛、“中华诵·2009经典诵读大赛”和“中华赞·2009诗词歌赋大赛”。

（王　良　陆　超）

**［确定2009年工作要点］**　1月13日，青浦区教育局出台《青浦教育2009年工作要点》，明确五项重点工作。一是传承发展青浦实验。系统总结青浦实验30年有效经验，通过课题签约、教学展示、专家引领等方式把青浦实验引向深入。二是优化师资发展机制。确立教育人力资源开发意识，深化教育人事制度改革，重点提高师资的师德修养与专业化水平。三是加快课程教学改革。推动课程教材、教学方式、学生评价、教育教学管理等全方位改革。四是健全终身教育体系。优化专业设置和课程教材，完善区域职业技能培训网络。加快高技能人才培养，推进“定单式”培养、完善“跟单式”产教结合的实训模式。五是完善教育保障体系。健全财政性教育经费区级统筹机制，强化教育经费预决算管理，确保公用经费的足额使用。

（王　良）

**［电子电气技术开放实训中心通过验收］**　3月11日，市职业教育开放实训中心验收评估工作组对上海工商信息学校电子电气开放实训中心进行验收评估。工作组考察了SMT、EDA（电子设计自动化）、PLC（可编程控制器）、电子技术、交直流调速、电力电气、机床电气控制、工业自动化控制等16个实训室，对中心实施“做学一体，产教结合”的教学实训模式充分肯定，对中心的设施设备的先进性和前瞻性给予了高度评价。

（王　良）

**［聘请办学顾问］**　3月26日，青浦区启动“名校名校长项目”，青浦区实验中学、崧泽学校、华新小学、佳佳幼儿园、工商信息学校等11所学校聘请办学顾问。9名办学顾问是：华东师大继续教育处处长冯大鸣教授，华东师大硕士研究生管理办主任吴刚教授，华东师大基础教育办主任赵健副教授，华东师大郭景扬教授、徐国庆教授、阎水金副教授，教科院副院长徐斌彦教授，市教研室办公室主任周洪飞，特级校长张人利。

（王　良）

**［加强学生行为规范教育］**　3月26日，青浦区教育局召开中小学行为规范教育推进会。青浦高级中学、庆华小学、青浦一中介绍实施经验。

（陆　超）

**［推进学校法制教育］**　4月7日，青浦区教育局召开法制教育工作会议。会议对在“2008年青浦区教师法制教育教学设计评比”活动中取得优胜的教师和在“2008年青浦区中小学生法制教育电子小报评比”活动中取得优胜的学生进行了表彰和奖励。

（陆　超）

**［严隽琪到青浦调研］**　4月18日，全国人大常委会副委员长、民进中央主席严隽琪就农村基础教育改革与发展情况，以及基础教育城乡一体化建设情况到青浦区调研。严隽琪先后听取了上海市农村基础教育改革与发展、青浦区经济社会发展及农村

基础教育改革与发展等有关情况的汇报，并围绕改革和发展中的相关问题与与会人员开展交流讨论。严隽琪对上海市推进城乡教育一体化发展及青浦区农村基础教育改革等方面所取得的成果给予了充分肯定。

（王　良）

**［台北市敦化国民小学到豫英实验学校交流］** 4月20日，由台湾妇女菁英联盟组织的台北市敦化国民小学学生、教师、家长代表团一行39人到青浦区的上海教科院豫英实验学校进行交流活动。台湾学生分年级参与六年级语文、五年级音乐、三年级美术课堂教学活动，参观豫英学校科技馆，参与动手动脑科普活动。海峡两岸师长就“如何培育新一代资优少儿”进行了座谈。

（王　良）

**［命名首批青少年科普教育基地］** 5月20日，青浦区教育局和青浦区科学技术协会命名上海青浦赵屯草莓研究所、青浦博物馆、青浦区环境监测站、上海市青浦区气象台、上海鹊群种苗科技专业合作社、上海市青浦污水处理厂、青浦区水环境水资源科普基地7个单位为首批“青浦区青少年科普教育基地”。另外，青浦区教育局、青浦区科学技术委员会还命名了6名学生为第四届青少年“明日科技之星”、6位青少年为“科技希望之星”。

（王　良）

**［举行青年教师论坛］** 5月20日，青浦区教育局举办青年教师“我与青浦实验”主题论坛。论坛采用主题演讲比赛的形式进行，评委从演讲内容、情感表达、仪容仪表三个方面对演讲者进行综合评定。实验小学的吴志平与陈强2人荣获一等奖，青浦高级中学的杨玲等5人荣获二等奖，实验幼儿园的陈哲馨等8人荣获三等奖。

（陆　超）

**［举办学生英语演讲大赛］** 5月27日，青浦区教育局举办“我与世博”中小学生英语演讲大赛。大赛经初赛、复赛，最终产生10名小学选手和8名初中选手进入决赛。决赛采用主题演讲比赛的形式进行，评委从演讲内容、情感表达、语音语调等方面对演讲者进行综合评定。

（陆　超）

**［举办图书交流活动］** 8月10日起，青浦区“分享好书，传递知识”图书交流活动正式启动。本活动以“我的好书换你的好书，让更多人读到好书”为活动宗旨，通过家庭藏书交换公益活动，为全区干部职工、社区居民和青少年学生相互交流搭建平台，引导社区市民逐步把读书学习作为工作和生活的重要方式，形成“全民学习，终身学习”的良好社会氛围。活动分为两个阶段。从8月10日起至8月16日为征集阶段，在区图书馆设立专门的图书征集处向广大读书爱好者征集各类图书，并按照图书价格发给“公益换书券”。8月22日上午为第二阶段的换书阶段，可凭“公益换书券”可到区社区学院参与交换活动。

（陆　超）

**［慰问新疆师生］** 9月14日，中共青浦区委书记、区人大常委会主任巢卫林，区委常委、统战部部长陆建铭等领导视察了朱家角中学新疆部学生宿舍、教室、食堂等生活学习场所和设施，与新疆学生亲切交谈。朱家角中学新疆部被市教卫党委、市教委、市民宗委评为上海市中小学民族教育工作先进集体，两位教师获先进个人。

（陆　超）

**［承办“全国中小学教学质量保障体系构建”研讨会］** 11月8日，由中国教育学会，中育教育发展研究中心主办，上海市青浦区教育局、华东师范大学继续教育学院和南京市玄武区教育局承办的“全国中小学教学质量保障体系构建”研讨会在青浦区崧泽学校举行。中国教育学会常务副会长郭永福、中育教育发展研究中心教育总监常青等250多位全国中小学专家、老师参加。华东师范大学郭景扬教授作专题报告。青浦区崧泽学校自2007年起参与郭景扬教授主持的“全国中小学教学质量保障体系构建”的课题研究以来，学校师资队伍整体素质有明显的提升。

（王　良）

**［加强学生午餐管理］** 12月11日，青浦区教育局在教师进修学院召开专题会议，就加强学生午餐管理作了布置，全区各学校总务主任参加。会上下发了《青浦区教育局关于进一步加强学生午餐管理工作的若干意见》、《青浦区学校食堂财务管理制度》等文件，要遏制侵占学生利益行为。

（王　良）

[**关爱农民工子女**]　12 月 23 日，在青浦区华新镇举行了“放飞希望”青浦区民营企业家关爱农民工子女捐赠仪式。活动由青浦区政协经济委员会、青浦区工商联合会、慈善基金青浦分会组织，青浦区教育局承办。相关领导和民营企业家在区教育局有关人员的陪同下，分三路视察了 6 所民办农民工子女小学，对师生进行慰问并现场捐赠了校服、小学生全功能字典、收录机及体育用品，之后进行了捐赠仪式。从 2008 年开始，青浦区政协经济委员会在上海云湖集团公司和青浦房地产有限公司的倡议下，组织全区 40 多家民营企业为农民工子女民办小学捐赠了校服、学习用品、体育用品等，总捐资额达近 300 万元，受惠学生 1 万多人。

（陆　超）

[**推进社区教育实验**]　12 月 25 日，由青浦区学习办主办、青浦区社区学院协办的青浦区社区教育实验工作推进会暨 2009 年社区教育实验项目举行签约仪式。青浦区推进学习型社会建设指导委员会成员单位全体委员、办公室联络员、区社区学院及各街镇社区学校负责人、各社区教育实验项目负责人参加。会上，白鹤镇、朱家角镇社区学校负责人分别就《以农场为基地推进农村社区教育的实验》、《社区教育促进社区产业发展的实验》等市重点社区教育实验项目的推进情况作了交流发言。大会还对 2009 年上海市全民终身学习活动周重要赛事的获奖单位、集体、个人进行了表彰。

（王　良）

## 附：区教育局驻地及负责人

（2009 年 1—12 月）

地址：青浦区公园东路 1155 号
邮编：201700
电话：69713664（总机）

区委联系领导：孙　萍
区政府分管副区长：杨劲松

区教育局党委书记：印国荣
　　　　　副书记：顾　峰
区教育局局长：顾　峰
　　　　副局长：蒋家敏、朱良俊、王海青、庄惠元

# 奉 贤 区

**[2009 年概况]** 2009 年,全区共有普通教育学校134 所,各类在校学生 94727 名,比上年增长16.15%。全区各类学校在职教职工 8144 人,其中专任教师 6138 人,新招聘教师 577 人,保育员 63人。至年末,非沪籍学生数(含外来务工人员子女)在公办学校上学的有 24895 人,在民办小学就读学生 11370 人,民办幼儿园和民办三级幼儿园4200 人。

全区有各类幼儿园 50 所。其中,公办幼儿园30 所,公办学校的附属幼儿园 2 所,民办幼儿园 18所。共有幼儿 17750 人。其中就读公办幼儿园幼儿13550 人,共 457 个班,就读民办幼儿园幼儿 1319人,共 50 个班,就读民办三级幼儿园 2881 人,共 86个班。全区 3—6 岁幼儿入园率 100%,2—3 岁入托率 17.2%。

全区有市实验性示范性高级中学 1 所、区实验性示范性高级中学 2 所,高级中学 3 所(含师大四附中),十二年一贯制学校 2 所(其中民办的 1 所),九年一贯制学校 20 所,初级中学 10 所,小学 36 所。

全区有成人教育培训学校(机构)59 所,其中区政府举办的区社区学院 1 所,区老年大学 1 所,行业主办的学校 3 所,镇政府举办的镇成人学校 8 所,职业技术学校 1 所;民办教育学校 45 所。农村劳动力教育培训 52636 人次,其中引导性培训 27595 人次,技能性培训 6442 人次,老年教育 107639 人次。

全区有 1 所寄宿制特殊教育学校——惠敏学校。学生是来自全区各乡镇(开发区)范围内的智障、脑瘫、自闭症等多重残疾学生。学校坐落在上海市工业开发区,占地面积 11664 平方米,建筑面积4004 平方米。有 13 个教学班、126 名学生,51 名教职员工,其中专任教师 36 名。学校建有脑瘫康复室、游戏室、烹饪室、缝纫室、电脑室等各种教育设施。

**[特殊教育工作会议召开]** 2 月 11 日,召开2009 年奉贤区特殊教育工作会议暨 2008 年工作总结表彰会,实验小学、金汇学校等 4 所学校,张卫等42 位教师得到表彰并被授予荣誉证书;金汇学校陆灵继,实验中学政教主任杨文英介绍经验。

(祝燕国)

**[农民工子女参加爱心传递活动]** 2 月 28 日,由区图书馆主办,区教育局协办的“小眼睛看大变化,用心感受新奉贤”——民工子女奉贤一日游爱心传递活动举行。本次活动由 8 所农民工子女小学的80 名优秀学生参加,主要参观奉贤图书馆、申隆生态园、驻奉高炮营等。

(祝燕国)

**[规范农民工同住子女学前教育工作]** 3 月 18日,区规范农民工同住子女学前教育工作推进会在金汇镇亦佳幼儿园召开。会上,全市首家民办三级幼儿园“亦佳幼儿园”举行了揭牌仪式,金汇幼儿园与亦佳幼儿园进行了结对签约。奉贤区副区长钱雨晴、市教委基教处、区教育局负责人出席会议。

(祝燕国)

**[区首届家长委员会成立]** 4 月 2 日,区首届家长委员会成立,通过了《奉贤区家长委员会章程》。区家委会主任为鲁瑛,副主任为傅强和陈学哲。

(祝燕国)

**[师德建设“五不准”获提名奖]** 奉贤区教育局师德建设“五不准”(不准对本校学生实施有偿家教;不准向学生、家长索要钱物,推销商品或擅自向学生收费;不准有体罚、变相体罚及其他侮辱学生的行为;不准参与赌博;不准酒后驾车)获上海市师德建设优秀项目提名奖。

(祝燕国)

**[获“小伙伴记者团优秀记者站”称号]** 在上海市第六届少儿新闻大赛中,头桥小学小记者站获得了“小伙伴记者团优秀记者站”的荣誉称号。

(祝燕国)

**[金哲民人物全宗档案捐赠签字仪式举行]** 5 月

21日，上海市特级校长、特级教师、实验小学校长金哲民人物全宗档案捐赠签字仪式在实验小学举行，奉贤区档案局局长为其颁发了捐赠证书。金哲民是奉贤区第10位建立人物全宗档案的奉贤名人，共计117卷，220多件。

（祝燕国）

**［村民学校建设工作会议召开］** 5月27日，区村民学校建设工作会议在区会议中心召开，区村民学校建设联席会议的分管领导以及村民学校建设先进个人、先进集体获奖者等约200人出席了会议。区推进学习型社会建设指导委员会办公室主任、区教育局局长作《奉贤区村民学校建设2008年度工作报告》，会上举行"顾海林村民学校工作室"授牌和"上海市终身教育学习卡"发放仪式。

（祝燕国）

**［青年女教师迎世博双语演讲赛举行］** 6月4日，由区教育工会、教育局妇工委主办的"奉贤区青年女教师迎世博双语演讲赛"在区青少年活动中心举行。来自全区各中小幼直属单位选送的56位青年女教师代表参加了比赛。参赛者围绕"参与世博，奉献世博"的话题，在5—6分钟内用中文和英文进行同步演讲。社区学院顾晓菁老师及教院附小金芸老师获一等奖。

（祝燕国）

**［分别评为上海市特级校长、特级教师］** 年内，奉贤区教师进修学院院长杨连明被评为上海市特级校长，金红卫、孙赤婴、封惠平三位教师被评为上海市特级教师。

（祝燕国）

**［幼小联动推进儿童阅读］** 6月23日，区幼小联动推进儿童阅读会议在青青草幼儿园举行，区教育局、《芝麻开门》杂志以及全区幼儿园园长和13所小学的领导，共同探讨以小学儿童阅读实验成果带动幼儿园阅读的问题。青青草幼儿园、金蔷薇幼儿园、实验幼儿园、古华幼儿园4所幼儿园为"儿童阅读实验基地"。

（祝燕国）

**［赴都江堰市支教教师圆满完成任务］** 7月，解放路小学夏军芳、江海三小邹徐凤、实验中学钱磊作为我区第一批赴都江堰支教教师圆满完成任务归来。

（祝燕国）

**［青少年人文第二课堂成立］** 7月18日，由区教育局和区文广局联合举办的区青少年人文第二课堂成立签约仪式在区图书馆举行。第二课堂的成立旨在进一步发挥公共文化服务体系渗透教育功能，加强校内外教育资源整合，夯实公共文化服务阵地，为本区青少年提供人文教育第二课堂。会上，教育系统11家学校与区图书馆签订了共建奉贤区青少年人文教育第二课堂服务基地的协议。

（祝燕国）

**［第二轮学校委托管理签约］** 8月20日，奉贤区启动第二轮委托管理工作，区教育局与各支援学校校长进行了签约。柘林学校与静安区教育学会及民立中学、一师附小，教师进修学院附中与长宁区复旦中学，奉城二小与黄浦区的梅溪小学，江海一小与卢湾区第一中心小学，四团中学与卢湾区李惠利中学，肖塘中学与闸北区上海成功教育管理咨询中心，江海三小与杨浦区杨浦小学教育集团结对。

（祝燕国）

**［获上海市"十佳金爱心学生"称号］** 9月7日，实验中学徐丽雯同学获得了2009年上海市第八届"十佳金爱心学生"称号。

（祝燕国）

**［"早教流动车"农村行启动］** 9月18日，爱贝早教中心在区妇联、区人口计生委的协助下，"早教流动车"农村行正式启动。上海市副市长赵雯出席活动。年内，"早教流动车"陆续开往金汇镇齐贤社区齐缘公寓、奉城镇洪庙社区洪庙村等农村地区，为农村地区0—3岁的婴幼儿及家长送上早教指导服务。

（祝燕国）

**［区青少年心理健康咨询中心成立］** 9月19日，区青少年学生心理咨询中心正式成立，以公益热线、公益咨询和公益讲座为主要服务方式，为学生提供心理咨询、成长辅导等服务；同时也为教师及家长免费提供咨询服务。中心主任由教育局副局长兼任。

（祝燕国）

“早教流动车”农村行启动

**[幼儿园新建扩建工程完工]** 年内，被列为学前教育三年行动计划教育实事工程的四团、泰日、肖塘、西渡幼儿园顺利完工，9月全部正式投入使用。总投入资金5000多万元。

（祝燕国）

**[与美国加州大学河滨校区建立合作关系]** 10月23日，美国加州大学河滨校区国际部与上海市奉贤中学协商，结为友好姐妹学校。协议项目有：①加强中美两国文化交流，定期组织教师互访和培训、学生的游学活动，并为各类活动提供优惠、优质服务。②奉贤中学适度引进加州大学的部分优质课程，作为加州大学教学研究基地，共同探索现代人才培养模式和方向，根据需要举办各类国际学术研讨活动。③加州大学为奉贤中学部分毕业生提供特别升学录取政策和便利。

（祝燕国）

**[推进农民工子女学校改造工程]** 8月份完成了8所民办农民工子女小学办学设施改造方案，9月份完成其招标工作。9月底由招标单位进行民办农民工子女小学办学设施改造工作，10月至11月完成8所学校的教育设备配置任务。

（祝燕国）

**[实施“校安工程”]** 年内，制定了全区“校安工程”的三年实施方案。完成所有中小学校舍的抗震鉴定，并在9所学校实施校舍抗震加固，共投入资金约4600万元。加大了防雷工程实施力度，共完成35所学校的防雷设施安装，累计金额近90万元，投入95万多元完成奉贤中学电子围栏、技防设施改造。

（祝燕国）

**[曙光中学新校迁建工程开工]** 12月25日，奉贤区曙光中学新校迁建工程正式开工打桩。新曙光中学选址在奉城镇，位于奉干公路东侧，南至沿江路(近浦南运河)，北至新川南奉公路，占地面积164.1亩，总建筑面积4.714万平方米，工程总投资约2.7亿元。新校预计工期约400天，在2011学年投入使用。

（祝燕国）

**[获“全国农村成人教育先进单位”称号]** 12月28日，在由教育部职成教司指导、中国成人教育协会具体承办的中国成人教育协会年会上，奉贤区教育局获全国农村成人教育先进单位。

（祝燕国）

**附：区教育局驻地及负责人**

（2009年1—12月）

地址：奉贤南桥镇古华路758号
邮编：201400
电话：37597001

区委分管领导：袁晓林
区政府分管副区长：钱雨晴

区教育局党委书记：王森龙
副书记：陆建国　张　杰
区教育局局长：陆建国
副局长：王森龙、朱玉平、褚继平、唐　瑛、施文龙(4月到任)

# 崇 明 县

［**2009年概况**］ 2009年，全县共有中小学、幼儿园、职校和特殊教育学校111所。其中中学39所（含民办3所），小学34所（含民办3所），幼儿园35所（含民办1所），职校1所，特殊教育学校2所。在校中学生27327人，小学生19211人，在园幼儿10133人，职校生3744人，特殊教育学生304人。全县共有教职工7101人，其中专任教师5218人。在职教师中，中级以上职称共有2971人，其中中学高级557人，中学一级1111人，小学高级1303人。高中、初中、小学、幼儿园专任教师学历达标率分别为99.27％、99.25％、99.84％、100％。全县教育系统校舍占地面积2101956平方米，建筑面积798661平方米，固定资产总额1577412338.73元。

2009年教育经费继续稳步增长。县财政对教育的投入达到72553.84万元，较上年增长20.61％，义务教育生均公用经费达到了小学1400元、初中1600元的市颁新标准。

2009年，崇明教育局围绕《崇明县教育事业发展"十一五"规划纲要》、《崇明县2009—2011年经济社会发展若干领域三年行动纲要》和2009年崇明教育工作重点，深化教育综合改革，突破发展瓶颈，加快教育现代化建设。

一、开展学习实践科学发展观活动。完成8个调研课题，征求到361项意见建议并逐步整改落实；开展解放思想大讨论活动，探索崇明教育科学发展的新思路、新途径、新举措；促进全系统在科学发展观引领下推进教育的改革与发展。

二、加强中小学生思想道德建设。推进"两纲"教育。以建国六十周年和"迎世博"为契机开展活动，开展中学"走进中华经典"活动阶段性评估，召开县级"两纲"教育中期推进会；加强学生日常行为规范和心理健康教育。继续开展"温馨教室"建设，组织开展县级优秀班集体建设验收和学校心理健康教育工作评估；开展青保法规宣传、青保专职教师培训、学校周边安全环境检查治理、"安全文明校园"创建等工作，不断完善未成年人保护网络。

三、加强学前教育内涵建设。建立"崇明县早教指导中心"，完善区域早教网络与管理，全面推行"早教服务卡"的使用；全面开展幼儿园特色创建，推进"幼儿园绿色生态教育课程"的研究、编制工作；推进幼儿园优质均衡发展，1所市一级园、2所县级示范园通过评审；开展城乡结对交流，提高农村幼儿园办学质量。2009年，0—3岁婴幼儿早教指导率达95.2％，3—6岁幼儿入园率达98.3％。

四、强化教育统筹和管理。启动县内10对城乡学校"结对联动、联体评价"工作机制，实施第二轮7所学校委托管理项目；加快高中精品教育进程。正大中学建成启用，堡镇中学实现初高中分离，大新中学、三烈中学、大公中学、大通中学、长江中学等5所农村高中停止招生，高中向城桥，堡镇两镇集中。制订4所县级实验性、示范性高中发展规划；深化学校精细化管理，完善"教学视导团"工作制度；深入推进"二期课改"，开展"现代信息技术试点学校"实验工作，体艺科竞赛成绩显著；完善教育质量评价机制。完成2009年国际学生评估项目（PISA）测试工作，完善基于网络的全县中小学教学质量管理平台，实现教学质量纵向跟踪和横向比较的系统管理；关注弱势群体，关闭所有农民工子女简易学校，提前一年完成市政府实事项目。完成对108名多重残疾青少年的调查工作，对其中的40多名学龄儿童落实送教上门。2009年，小学毕业考试合格率达97％，中考合格率达95.5％。

五、大力发展成职教育。加强对职业学校"双师"型教师的培训培养，安排60名教师下企业第一线轮岗实训；做好招生就业工作。在本县初中毕业生减少的情况下，招收外省市学生400人；多方面拓宽就业渠道，学生就业率达85％以上；开展成人职业技能培训和农村实用技术培训，完成培训6万人次；加强社区教育工作。启动社区学院整合工作，参与老年大学学习的老年人达3万人次，参与思想道德、法律法规、健身养生和提高生活质量等各类培训的市民达6万人次。

六、全面实施《崇明县师资队伍三年行动计划》。推进人事分配制度改革，实施评聘结合的职改政策，完善教师职务聘任制，完善学校绩效考核机制；逐步建立人员合理流动机制，引进各类师资242

名，派遣各类支教42名；对校长、书记三年任期届满考核，做好新三年学校领导班子调配，共涉及83个单位138人；启动与华师大合作“跟岗滚动”培训项目，完成首批112名校长书记、中层干部、骨干教师的培训。继续做好学历培训、跟岗挂职培训、国际交流培训等工作；加强骨干队伍建设。2名教师被评为特级教师。补充评选第三批87名县级骨干教师，县级骨干教师总数增加到670名。增加5个名师工作室，名师工作室总数达到16个。

七、推进实事工程建设。幼儿园达标建设工程31个项目中已完成28个；全面完成县府重点工程，包括新建9所农村小学塑胶运动场地、新建堡镇初中和新建竖河职校旅游实训中心项目；完成民本中学体艺楼、中心镇小学图书楼等新建项目，完成堡镇二小等校舍改造项目和43所学校暑期校舍修理项目，完成第二批共65所中小学、幼儿园灯光改造工程以及计算机信息网络改造工程；启动实施中小学校舍安全工程，完成2个拆除项目，启动2009年全部20个总面积2.7万平方米的加固改造项目的前期工作。

八、加强依法治教力度。开展争创规范教育收费示范校活动，7所学校被评为2009年崇明县规范教育收费示范校；加大内部审计力度，完成工程项目、财务收支、干部调离任经济责任、基层工会主席换届经济责任等审计项目159个，有效规范各单位财务管理；加强和改进教育督导工作，完善评估指标，规范工作流程，重视督导回访；依法办理对民办学校的审批、变更、解散等手续，完成对各社会力量办学单位的年检工作；对面向中小学校学生和幼儿园儿童举办的非文化补课类培训进行整治，杜绝乱办学乱收费现象。

（梅湘瀛）

**[沈晓明调研崇明教育工作]** 9月17日，副市长沈晓明到崇明调研，视察了长兴小学、长明中学。沈副市长指出，崇明要紧紧扣住人口规模和人口导向，加快推进教育规划修订工作；要进一步修订完善好长兴、横沙以及农场地区教育规划，基础教育规划要和地区人口发展紧密结合起来，职业教育规划必须紧紧依靠产业发展。

（郁　涛）

**[薛明扬到长兴岛调研]** 4月13日，市教委主任薛明扬到长兴岛调研，察看了长兴乡部分中小学、幼儿园。薛明扬希望县教育局、发改委加强与市长兴开发办联系，及时了解长兴岛人口规模和人口结构的变化，不断调整长兴教育事业的规划。并表示市教委将全力支持崇明教育的发展。

（郁　涛）

**[启动“双联”工程]** 3月31日，启动“结对联动、联体评价”实验项目，首批10对20所学校结对签约。“双联工程”是由城镇中心校与农村义务教育阶段学校结对，统筹城乡教育，优化资源配置，促进区域教育的均衡发展。该项目在义务教育阶段部分中小学中开展先期实验，在积累一定经验后，逐步向非义务教育阶段学校推进。首批结对学校年限为3年，与新一轮校长三年任期同步。教育局组织项目评估。

（梅湘瀛）

**[制定实施《崇明县师资队伍建设三年行动计划》]** 该计划包括“新师资引进和培养计划、全员培训计划、骨干教师培养计划、需求导向式专题培训计划、人事制度改革计划”等6个项目。通过计划的实施，到2011年底，崇明师资队伍建设将实现5个目标：一是每年引进250名左右优秀师资，并做好新教师上岗培训；二是100%有效完成在职教师全员培训；三是显著提高崇明骨干教师比例；四是继续重视特殊专业群体建设；五是基本完善教师考核激励机制。

（梅湘瀛）

**[正大中学建成使用]** 8月27日，正大中学举行落成典礼，正式投入使用。该校位于堡镇镇石岛路，是一所公办初级中学，于2008年8月18日正式动工建设，总投资9203.46万元。学校办学规模为40个班级，现有32个班级近1400名学生，教职工147人。该校占地面积65亩，总建筑面积18500平方米，绿化面积23亩。

（郁　涛）

**[干部、教师培养项目签约]** 9月3日，与华东师范大学合作开展的“崇明县校长、干部、教师跟岗滚动培养”项目正式启动，双方签订了合作协议。项目从2009年9月起，在3年时间内，利用华东师范大学教师教育资源，联系市区优质资源学校共对本县45岁以下的96名校级领导、192名中层干部、384名骨干教师分批进行跟岗滚动培训。每学期培训一期，培训时间为6—7周，跟岗访学期间学员均

脱产学习。在同一所学校陆续选送校级领导1名、中层干部2名、骨干教师4名参加培训。

（梅湘瀛）

[**第一轮第二批“名师工作室”启动**] 10月29日，第一轮第二批“名师工作室”启动。2007年4月29日，教育局命名了崇明县首批11个“名师工作室”，这次新组建成立了“党建研究”、“社区教育”、“中学物理”、“小学数学”、“小学英语”等5个“名师工作室”。至此，崇明县拥有“名师工作室”16个，学员150个，基本实现了学段、学科的全覆盖。

（梅湘瀛）

[**举行“生态教育”研讨活动**] 11月27日，举行“生态教育：走区域课程本土化之路”研讨活动，副县长王菁，市教委基教处、市教委教研室、市教育科学研究院普教所、市环境保护宣传教育中心、上海大学、华东师范大学的专家、领导以及各区相关教研员、科研员参加研讨活动。与会人员分别到东门小学、东门中学、西沙湿地观摩了《生态崇明》课堂教学展示和基地活动展示；观看了区域生态教育县本及校本课程资料的展示、《我们在路上》生态教育视频；县教育局作了主题报告，专家和领导作了点评，对“生态教育”未来的发展提出了建设性意见。

（梅湘瀛）

举行“生态教育”研讨活动

[**开展艺术展演活动**] 从3月份起，开展中小学生艺术展演活动，分节目展演、书画摄影作品展、论文撰写、特色项目评选等4个部分，46所中小学的2000余名学生参加了活动，共收到艺术作品300多件，论文20多篇。优秀节目展演于6月举行，共设舞蹈、合唱、器乐、课本剧等4个专场。在县级选拔的基础上，选派优秀节目参加市级展演，分别获1个组委会特别奖，1个一等奖，2个二等奖，4个三等奖，1个新苗奖。

（郁　涛）

[**开展学生书画比赛**] 分别于2月和9月举办“真彩杯”、“樱花杯”书画比赛，共有30多所学校参加比赛，收到作品600多件。在市“真彩杯”书画比赛中4人获一等奖，5人获二等奖，13人获三等奖。在市“樱花杯”书画比赛中，1人获幼儿组三等奖，4人获小学组三等奖。

（郁　涛）

[**培训农民工子女学校教师**] 6月24日，举行以“提升综合素养，为教师专业发展量身定制”为主题的2009年民工子弟学校教师全员培训。培训采用“1+2”模式，“1”表示用1天的时间送教上门进行集中培训，“2”是指以学校为单位进行2天校本培训。

（梅湘瀛）

[**启动“千村万户”农村信息化培训工程**] 5月6日，举行“千村万户”农村信息化培训普及工程启动仪式。2009年完成对3100名村干部、村信息员以及专业农民和普通农民信息化基本知识和基本技能的培训；完成对25000名普通农民的信息化宣传普及；为每个行政村建立一个网站；建立农村信息化带头人队伍。

（梅湘瀛）

[**第五届教育科研成果颁奖**] 4月3日，举行第五届教师教育科研成果暨第三届教育科研工作先

进组织奖颁奖大会。共征集到教育科研成果 1026 项,评出一等奖 15 项、二等奖 120 项、三等奖 370 项,得奖率为 49.2%。会上为 28 个先进组织奖代表和 15 项成果一等奖获得者进行了颁奖。

（梅湘瀛）

**[推广社区教育实验项目成果]** 6 月 2 日,召开社区教育实验项目成果推广会,教育局与新一轮实验项目单位签约。为使实验项目成果推广形成长效机制,制订了《崇明县乡镇社区教育志愿者队伍建设评估标准》(试行稿)和《崇明县示范性村民学校评估标准》(试行稿)。

（梅湘瀛）

**[举办 24 届德育论文年会暨德育论坛]** 4 月 24 日,举办县第 24 届德育论文年会暨德育副校长工作论坛,总结交流各校在“两纲教育”和“温馨教室”建设推进过程中的成功经验。6 所学校分别从班主任队伍建设、两纲教育、温馨教室建设推进等方面做了交流发言。

（郁　涛）

**[教工健身文化节开幕]** 5 月 16 日,七千教工健身连锁大行动暨 2009 年崇明县教工健身文化节开幕,活动分生活化健身运动、群众性健身运动、群众性体育比赛活动、健身和健康理念普及活动等四项内容。

（郁　涛）

**[举行新农村教师专业发展培训]** 8 月 21 日至 23 日,分别在 10 多所学校举行新农村教师专业发展培训,培训共涉及中小学 18 门学科,参与培训的教师超过 2000 人。培训采用讲授、讨论、作业、交流、考查、实践等方法进行。

（梅湘瀛）

### 附:县教育局驻地及负责人

（2009 年 1—12 月）

地址:城桥镇新崇北路 308 号
邮编:202150
电话:59621724

县委分管副书记:施建华
县政府分管副县长:褚以琳(8 月离任)、王　菁(8 月到任)

县教育局党委书记:沈卫国(10 月离任)、姚李超(10 月到任)
副书记:姚李超(10 月离任)、黄　强(10 月到任)

县教育局局长:王　菁(11 月离任)、黄　强(11 月到任)
副局长:黄　强(11 月离任)、陆惠星、黄　慧、黄乃华(11 月到任)

# 高 等 学 校

# 复旦大学

**[2009年概况]** 学校开展深入学习实践科学发展观活动，紧紧围绕育人的根本命题，坚持内涵发展。现有直属院(系)28个，附属医院10所，设有本科专业70个，一级学科博士学位授权点24个，二级学科博士学位授权点154个(其中自设30个，专业学位1个)，硕士学位授权点229个(其中自设51个，专业学位10个)，博士后科研流动站29个，一级学科国家重点学科11个，二级学科国家重点学科19个。在校普通本、专科生13427人，硕士研究生8707人，博士研究生4228人，留学生3633人(其中攻读学位的留学生2531人)。招收普通本、专科新生3234人；招收研究生4446人，其中硕士研究生3293人，博士研究生1153人。有专任教师2426人、专职科研人员252人。有中国科学院、中国工程院院士36人，教育部"长江学者奖励计划"特聘教授53人、讲座教授30人，"国家重点基础研究发展计划(含重大科学研究计划)"项目首席科学家17人。

一、学科建设。实施"211工程"三期建设，完成"985工程"二期总结工作；推动各院系进行学科发展调研和制定学科发展规划，在7个院系试点国际学术评估。5个科技创新平台和7个哲学社会科学创新基地通过上海市发展和改革委员会组织的"985工程"二期建设绩效考察。

二、科学研究和科技成果转化。①到款理、医科科研经费64027万元。获立项科研项目1320项，其中药学院朱依谆主持的"内源性代谢产物硫化氢与介导心脏生理与病理机制的蛋白质靶分子的相互作用及其机制"和附属华山医院朱剑虹主持的"组织干细胞识别、谱系重编程和示踪研究"等2个"973项目"立项，信息学院曾晓洋主持的"面向软件无线电的宽带数据变换和可重构射频集成电路"获"863计划"重点项目立项，另有国家重大科技专项课题27项。获批国家自然科学基金项目339项，获得经费总额12811万元，其中，国家自然科学基金重大项目2项，重点项目11项，国家杰出青年科学基金7项。"微纳光子结构教育部重点实验室"和"器官移植免疫上海市重点实验室"立项建设。被科技部授予"储能技术国际科技合作基地"称号。据科技部公布的"2008年中国科技论文统计结果"，2008年学校发表SCI论文(按第一作者统计)1733篇，被引用2787篇、9518篇次。物理学系龚新高课题组的1篇论文入选2008年度"中国百篇最具影响力国际学术论文"；附属中山医院和生物医学研究院的研究成果分别在《新英格兰医学杂志》和《科学》杂志上发表。谷超豪获得2009年国家最高科学技术奖。学校获得2009年国家技术发明二等奖1项、国家科技进步二等奖1项。②到款文科科研经费7709.85万元，文科科研项目立项总数382项，其中国家社会科学基金项目33项(重大项目3项、重点项目8项)，教育部人文社会科学规划项目66项，上海市哲学社会科学规划课题51项。完成2005年度教育部新世纪优秀人才支持计划7个项目的结项工作，历史地理研究中心王振忠承担的2006年国家社会科学基金项目被鉴定为优秀成果。32项成果获2009年度教育部高等学校科学研究优秀成果奖(人文社会科学)。应用型决策咨询课题立项30项。由复旦大学社会科学高等研究院、复旦大学新闻学院和耶鲁全球化研究中心合作创办的网站"耶鲁全球在线复旦版"正式开通，该网站是"耶鲁全球在线"(Yale Global Online)的唯一中文版本，也是大陆第一家以全球化为主题的中文学术网站。③成立复旦大学技术转移中心宁波分中心，与当地企业签订合作项目8项。新增"先进照明技术教育部工程研究中心"，与企业联合成立实验室/研发中心2个。在张江高科园区成立"张江生物医药—复旦大学新药研发联合公共服务平台"。学校技术转移中心被评为国家技术转移示范机构，并获得第四届中国技术市场协会金桥奖先进集体奖。创建"复旦大学科技成果产业化论坛"品牌，召开4个专场论坛。加强"三区联动"，推动复旦大学科技园区的内涵建设。复旦大学国家大学科技园被科技部、教育部联合授予"大学生科技创业实习基地"。复旦科技园校友创新创业基地正式启动。

三、教育、教学改革。推进通识教育核心课程建设。①至年底，建成通识教育核心课程约150门，共开设核心课程460门次，选课总人数3.5万余人次。获评国家级精品课程4门、上海市级精品课程10门、国家级双语教学示范课程2门;5项成果获得国家级教学成果奖,39项成果获得上海市级教学成果奖;5个教学团队入选国家级教学团队,4位教授获得上海市高校教学名师奖,3个教学团队入选上海市级教学团队,4个专业获得国家特色专业点建设资助,2本教材获评普通高校精品教材。全年开设全英语教学课程138门次。②提高研究生培养质量。规范研究生培养的过程管理,实施研究生教育创新计划,设立研究生创新基金项目79项,资助金额总计106万元,举办博士生学术论坛18个。首次启动"211工程"三期优秀大学生夏令营资助计划等6个创新人才培养计划。完成学科评议组换届及学位委员会的调整,完善交叉学部的建制,成立生物医学项目学位评定专家委员会。③加强本科生招生宣传,以指导考生个性化报考为原则,对广东等10省市推广"高考面试预录取"政策。拓展自主招生工作,第一次将自主选拔面试预录取试点工作扩展到上海市以外地区,在浙江录取100人。推进博士生自主招生改革,将申请—考核制改革试点推广到工科,并在历史学科进行大文科招生改革试点。

四、师资队伍建设。围绕建设可持续发展的人力资源管理体制机制,启动人力资源二级管理、高层次人才引进制度、高级职务聘任制度、租赁制灵活用工制度、岗位聘用聘任微观管理等五方面的改革。推进院系完成5年学科建设规划与人力资源规划,自主建立完善科学合理的岗位绩效评估考核和流动制度。落实"人才引进三年行动计划",全年引进各类高层次人才70人;6位教授入选2009年度第一批国家"千人计划"。启动实施第四轮高级职务聘任综合改革,逐步探索建立世界通用、具有复旦特点的教师"tenure"聘任制度。制定并实施《复旦大学"科研助理"岗位招聘实施方案》等一系列政策,全年学校使用租赁制用工人员524人。完善岗位绩效评价体系,由各职能部门自行实施评估,同时由各院系自主建立绩效评价体系。

五、附属医院工作。以"共建共管"为契机,推进附属医院发展。附属中山医院、华山医院等6所卫生部所属医院将实行由卫生部与上海市人民政府共同投入、共同推进的管理模式,以此为契机,各附属医院加快内部管理体制和运行机制改革。参与国家、地方各项医疗卫生事业改革,完成《上海市医疗资源纵向整合》项目。开展"医疗质量万里行"活动,深化"医院管理年"活动。制订复旦大学住院医师规范化培养实施方案和政策建议,完善各附属医院住院医生的培养制度。完成关于专科医师培训基地的认证工作。开展护理管理的培训。附属中山医院现代化门急诊医疗综合大楼奠基,附属华东医院新市民医疗大楼正式全面投入使用。多项医疗技术取得突破。

六、深化国际化办学。全年接待各类境外代表团共460批6268人次。举办奥地利周、荷兰周、上海论坛等重大活动。召开国际学术会议52个。聘请长期专家82名、短期专家490名,到校接受"名誉教授"等荣誉称号的专家13人。附属眼耳鼻喉科医院蒋家琪(美国籍)、俞道义(澳大利亚籍)获得2009年上海市"白玉兰荣誉奖",附属中山医院Bjorn Jonson(瑞典籍)、Scott L. Friedman(美国籍)获得2009年上海市"白玉兰纪念奖"。诺贝尔奖得主约瑟夫·E.斯蒂格利茨(Joseph E. Stiglitz)、柏诺兹(J. Georg Bednorz)、杨振宁、穆罕默德·尤努斯(Muhammad Yunus)等先后到校作报告或座谈。实施教育部聘请外籍专家重点项目45个、海外优秀学者授课项目20个、上海市引智项目23个、普通短期专家项目49个。新签校际协议14项。派出交流学生1524人,同比上年增长9.48%。接收各类外国交流学生700人。设立我国首个外国留学生奖助学金。留学生管理继续深化"两级管理、院系为主"和"趋同化管理",推进"21世纪优秀外国留学生本科生"项目,优化留学生生源质量。

七、校友、校董和筹资工作。6月,第四届复旦大学董事会第三次会议在宁夏银川召开。9月,复旦大学校友会成立,第十一届复旦大学世界校友联谊会在安徽芜湖举行。11月,复旦管理学杰出贡献奖颁奖典礼在北京举行。筹资工作稳步增长,复旦大学接受捐赠7364万元;上海复旦大学教育发展基金会接受捐赠4815.4万元;复旦大学教育发展基金会(海外)接受捐赠3767.9万元。

八、推进与师生利益密切相关的实事工程。完成校园规划初稿,启动理科用房调整路线图(一期)。完成张江校区计算机学院楼改造,计算机科学技术学院整体搬迁入住;邯郸校区北区、东区学生浴室投入使用;马锦明楼重建项目结构封顶,子彬院改扩建项目开工;枫林校区新改建食堂和学生体育活动中心交付使用。改造邯郸校区食堂设施、设备。完善复旦大学周转性教师公寓管理系统功能,完成多幢教师公寓、教工住宅的大修、改造工程。加快校园节能技术改造,完成学生园区和部分教师公寓智能电表安装及一卡通改造。

九、以改革创新的精神推进党的各项工作。加强思想政治工作和党的建设。深入开展学习实践科学发展观活动，以“抓住根本育人才，坚持特色上水平，深化改革创一流”为实践载体，查找制约和影响科学发展的突出问题，明确整改落实的目标和措施，为学校改革发展明确思路、凝聚共识。学习贯彻党的十七届四中全会精神，以党代表任期制和完善全委会工作机制为重点推进党内民主。精心做好后备干部集中补充调整工作，加大干部教育培训力度。学校被中组部确定为首批全国干部教育培训高校基地。落实《中共中央纪委、教育部、监察部关于加强高等学校反腐倡廉建设的意见》，建立和完善学校惩治和预防腐败体系。召开统战工作会议，做好党外知识分子工作，推进统战理论研究基地建设。发挥校文化建设委员会作用，挖掘校园文化的育人内涵。推动学生党总支的建立，激发基层党建工作的活力。以新中国成立60周年为契机，开展爱国主义教育、理想信念教育。妥善应对公安转制，实现保卫处工作平稳过渡。做好信访接待，化解各类矛盾，着力解决师生最关心的现实问题，构建平安、和谐校园。

（王安华　邓绪周　潘隽炜）

**［汤钊猷获“吴阶平医学奖”］**　1月9日，中国工程院院士、复旦大学肝癌研究所所长、附属中山医院教授汤钊猷获得2008年“吴阶平医学奖”，为年度唯一获奖人。中国科学院院士、全国人大常委会副委员长、“吴阶平医学奖”评审委员会主席韩启德向汤钊猷颁奖。

（潘隽炜）

**［学生多次获奖］**　①4月30日，在美国（国际）大学生数学建模竞赛中，数学科学学院2006级本科生魏晨、王灵迪、张超彦团队获得数学建模竞赛一等奖，王拉芝、刘翀、陆丛凡团队获得交叉学科数学建模竞赛一等奖。②6月25日，计算机科学技术学院本科生郭泽宇、博士研究生孙贺应邀出席第25届计算几何国际大会（SCG），并作关于“最小曼哈顿网络问题算法和复杂性”的学术报告。计算几何国际大会为该领域国际最高级别的会议。这是25年来，中国大陆研究机构的学者第二次应邀在该会议上作报告。③9月，发育生物学研究所丁昇的论文《piggyBac转座系统——哺乳动物遗传分析的新工具》入选第十一届全国优秀博士学位论文。另有12篇论文获得第十一届全国优秀博士学位论文提名奖。④10月，在首届全国大学生数学竞赛暨上海市大学生数学竞赛中，学校获得数学组特等奖1人、一等奖5人、二等奖7人、三等奖12人，非数学组一等奖1人、三等奖5人。上海市前八名均为复旦学生。⑤11月2日，在第十一届“挑战杯”（航空航天）全国大学生课外学术科技作品竞赛中，复旦大学生命科学学院本科生陈闻涛、陆致晟等的项目“基于荧光蛋白标签的‘夹心法’重组蛋白生产分离纯化系统”获得特等奖，该项目的指导教师生命科学学院丁滪获得优秀指导教师奖。学校还获得一等奖1个，二等奖3个，三等奖1个，总成绩第六。另获世博专项竞赛三等奖1个。学校获得第十一届“挑战杯”优胜杯和校级优秀组织奖。

（潘隽炜）

**［主办“上海论坛2009”］**　5月11—12日，学校主办“上海论坛2009”，主题为“经济全球化与亚洲的选择——危机·合作·发展”。上海市市长韩正、教育部副部长郝平、中国人民银行副行长苏宁、国际货币基金组织日本首席代表小手川大助、德国联邦议员德中委员会主席Johannes Andreas Pflug等出席会议。

（潘隽炜）

**［学校“中国历史地理信息系统”参加新中国成立60周年成就展］**　9月10日—10月20日，由复旦大学中国历史地理研究所主持研制的“中国历史地理信息系统”被教育部选中参加“中华人民共和国成立60周年成就展”，为整个教育部展厅仅有的三件实物展览之一，中共中央政治局常委李长春、国务委员刘延东、教育部副部长袁贵仁等参观了该系统，并给予高度评价。

（潘隽炜）

**［复旦大学校友会成立］**　9月19日，复旦大学校友会成立大会在相辉堂举行。上海市社团管理局局长方国平代表国家民政部宣读《关于同意复旦大学筹建复旦大学校友会的批复》。杰出校友李岚清、陈至立、韩启德、桑国卫、唐家璇等为校友会成立题词或发来贺信贺电。校党委书记秦绍德，校长、校友会首任会长杨玉良以及荣誉会长李达三、陈曾焘、谷超豪、汤钊猷、陆谷孙等为复旦大学校友会揭牌。李达三、陈克铨、章晟曼等校友代表发言。杨玉良致辞，秦绍德作总结讲话。复旦大学副校长、校友会首任副会长兼秘书长许征主持会议。在成立大会前的预备会议上，筹备组组长、前校长王生洪通报了校友会的筹备情况；全体与会代表审议通过了《复旦大学

复旦大学校友会成立

校友会章程(草案)》、第一届理事会名誉理事和顾问建议名单、第一届理事会成员组成建议名单、复旦大学校友会第一批荣誉会长建议名单。

(潘隽炜)

**[5项成果和4门课程获国家级奖]** 9月22日,在第六届高等教育国家级教学成果奖评选中,中国语言文学系的"汉语言文学原典精读"系列课程及教材建设项目获一等奖,上海医学院的"构建现代医学生科研素质培养体系"、哲学学院的"科研优势转化为教学成果——复旦大学哲学学院的措施与保障"、历史学系的"历史学基础理论课程体系建设"、化学系的"微观原理引导的大物理化学课程建设"获得二等奖。11月18日,哲学学院吴晓明的"马克思主义哲学原著选读"、物理学系王炎森和马世红的"文科物理(理论与实验)"、上海医学院蒋国梁的"肿瘤学概论"、药学院朱依谆的"药理学"等4门课程被评为2009年度"国家精品课程"。

(潘隽炜)

**[试点国际学术评估]** 9月底,学校制定《关于在部分院系率先开展学科发展规划制订工作和做好院系国际评估准备工作的几点意见》。12月,管理学院、药学院、历史学科(历史学系、文博与博物馆学系、中国历史地理研究所)、数学科学学院、化学系、高分子科学系先后完成国际评估工作。2010年1月中旬,生命科学学院完成国际评估工作。以院系为单位制订学科发展规划,并邀请国际专家进行评估,是复旦大学探索院系建设和学科发展模式的一次尝试。

(潘隽炜)

**[复旦管理学杰出贡献奖颁奖]** 11月1日,由复旦管理学奖励基金会设立的"复旦管理学杰出贡献奖"2009年度颁奖典礼在北京举行。中国科学院院士、中国科学院数学与系统科学研究院杰出研究员汪寿阳,中国科学院研究生院管理学院教授石勇,东北大学物流优化与控制研究所所长唐立新等3人获奖。中共中央政治局原常委、国务院原副总理、复旦管理学奖励基金会会长李岚清在典礼上讲话,并为获奖者颁发证书和奖杯。中国科学院院士、全国人大常委会副委员长、中国科学院院长路甬祥出席并致词。复旦管理学奖励基金会副理事长、秘书长,对外贸易经济合作部原副部长、博鳌论坛秘书长龙永图主持典礼。复旦管理学奖励基金会副理事长、对外贸易经济合作部原副部长刘山在,中国科学院常务副院长兼研究生院院长白春礼,复旦大学党委书记、复旦管理学奖励基金会理事长秦绍德,中国科学院研究生院党委书记邓勇出席典礼。

(潘隽炜)

**[140名师生与美国总统奥巴马交流]** 11月16日,美国总统巴拉克·奥巴马在上海科技馆开展与中国青年人的交流活动,学校140余名师生参与,校长杨玉良主持活动。

(潘隽炜)

**[何纳受温家宝接见]** 12月1日,国务院总理温家宝、副总理李克强在北京接见了复旦大学公共卫生学院教授何纳等9位国家艾滋病专家。何纳自2003年以来一直在我国云南、贵州等地区从事艾滋病流行病学研究工作。

(潘隽炜)

**[周良辅当选中国工程院院士]** 12月2日,附属华山医院神经外科主任周良辅教授当选中国工程院院士。

(潘隽炜)

**[5项成果获得高等学校科学研究优秀成果奖一等奖]** 12月30日,宗廷虎等的著作《中国修辞史》、王水照的著作《历代文话》、朱荫贵的论文《中国近代股份制企业的特点——以资金运行为中心的考察》、裘锡圭的论文《关于〈老子〉的"绝仁弃义"和"绝圣"》、陈思和的论文《试论"五四"新文学运动的先锋性》获得教育部第五届高等学校科学研究优秀成果奖(人文社会科学)一等奖。

(潘隽炜)

**[谷超豪获国家最高科学技术奖]** 我国著名数学家、中国科学院院士、复旦大学数学科学学院教授、复旦大学数学研究所名誉所长谷超豪获得2009年度国家最高科学技术奖。在2010年1月11日举行的2009年度国家科学技术奖励大会上,中共中央总书记、国家主席、中央军委主席胡锦涛向谷超豪颁发奖励证书。校党委书记秦绍德、校长杨玉良陪同谷超豪赴京。中共中央政治局委员、上海市委书记俞正声,上海市委副书记、市长韩正代表上海市委、市政府发来贺信,对谷超豪表示祝贺。中国科学院紫金山天文台将国际编号为171448的小行星命名为"谷超豪星"。另外,材料科学系教授武利民的科研成果获得国家技术发明二等奖,附属华山医院教授周良辅的科研成果获得国家科技进步二等奖。

(潘隽炜)

**[获"上海市科技功臣奖"]** 在2010年3月24日召开的2009年度上海市科学技术奖励大会上,中国工程院院士、附属中山医院内科教授陈灏珠获得上海市科学技术奖励最高奖"上海市科技功臣奖"。中共中央政治局委员、上海市委书记俞正声为陈灏珠颁奖。

(潘隽炜)

**[多篇论文在国际顶级学术刊物发表]** 生物医学研究院教授熊跃、管坤良科研团队的研究成果"神经胶质瘤衍生的IDH1突变显性抑制酶催化活性,激活HIF1α"发表在《科学》(Science)杂志上。上海医学院免疫生物学研究所教授熊思东科研小组的研究成果"Tripartite motif-containing 22 inhibits the activity of hepatitis B virus core promoter, which is dependent on nuclear-located RING domain"发表在《肝脏病学杂志》上。先进材料实验室教授彭慧胜课题组的研究成果"Electrochromatic carbon nanotube/polydiacetylene nanocomposite fibres"发表在《自然·纳米技术》上。脑科学研究院教授马兰研究组的论文"Regulation of amygdalar PKA by β-arrestin-2/phosphodiesterase-4 complex is critical for fear conditioning"发表在《美国科学院院报》上,后又被《自然》杂志"自然中国"网站列为"研究亮点",并作详细报道。附属中山医院教授孙惠川课题组与美国国立癌症研究院、香港大学玛丽医院历时三年半合作完成的研究成果"microRNA在肝癌中的表达与肝癌患者的生存、肝癌对干扰素治疗的反应"发表在《新英格兰医学杂志》上。物理学系教授龚新高课题组的学术论文"Relativistic ef fects and the unique low-symmetry structures of gold nano-clusters"入选2008年度"中国百篇最具影响力国际学术论文"。

(潘隽炜)

**附:学校负责人及地址**

(2009年1—12月)

校党委书记:秦绍德
副　书　记:燕　爽(7月离任)、陈立民、刘建中、王小林

校　　　长:杨玉良
常务副校长:张一华、王卫平
副　校　长:蔡达峰、陈晓漫、桂永浩、许　征、金　力

邯郸校区地址:邯郸路220号
邮编:200433
电话:65642222

枫林校区地址:医学院路138号
邮编:200032
电话:54237900

张江校区地址:张衡路825号
邮编:201203
电话:51355003

江湾校区地址:淞沪路2005号
邮编:200438
电话:51630011

# 复旦大学上海视觉艺术学院

［**2009 年概况**］ 学校位于松江大学园区，占地 49.87 公顷。学校固定资产投入逾 6 亿元，校舍总建筑面积 92876 平方米，学生公寓面积 41840 平方米。学校现有 5 个专业学院、4 个管理部门、3 个业务中心，共有教职工 266 人(不含兼职教师)，在校学生 3500 余人。

年内，学校总结办学经验，坚持“需、学、研、产”一体化的办学道路。4 月，学生刘晓阳、郭怡、王忆晴、蒋笑伊参加上海国际模特大赛获职业模特全球总冠、亚军，广告演艺模特全国冠军，广告演艺模特全国十佳等 4 项奖项。6 月，学校传播演艺学院文化产业与管理专业、表演艺术专业通过市教委新办专业评审。8 月，学校将原空间与工业设计学院和传达设计学院合并，成立复旦大学上海视觉艺术学院设计学院。设计学院在整合组建的基础上，对原有的视觉传达设计、商业策划和设计、广告传播设计 3 个专业的特色定位和课程体系进行了梳理，停止“商业策划和设计”专业方向的招生，恢复广告学专业的招生，设专业方向为“广告策划与设计”，视觉传达设计专业以书籍杂志设计、标志 VIS 设计、海报广告设计、商业插图、网页设计、导向标示设计等为特色内容，广告策划与设计专业以广告创意设计、广告活动策划、广告拍摄、品牌形象设计、设计项目管理等为特色内容。学院调整现有师资配备，明确发展与提升的结构和空间，使设计学院的每个专业形成错位发展、特色发展的格局。12 月，学校举办第三届播音主持专业学生与上海广播电视台知名播音、主持人拜师结对活动。年内，学校规范、完善全员聘任和考核制度，认真开展述职考评工作，理顺教学管理机制，落实教师工资分配方案，制定《课程教学工作量审核办法》、《学科专业带头人和专业负责人岗位聘任办法》、《课时经费划拨额度留存的使用管理规定》等文件。

学校下属公司包括：上海广文视觉文化传播有限公司、上海第一视觉创意有限公司、上海人达文化传播有限公司、上海慧途艺术设计工程有限公司(设计学院)、上海实尚服饰设计有限公司(时尚学院)、上海视缘文化传播有限公司(数码学院)、上海中者文化传播有限公司(设计学院)等。年内，学校新增栖城建筑规划设计有限公司、震旦家具等教学实习基地。学校与上海和华东地区的近 40 家文化影视、艺术设计、美术、文化创意等单位共建教学实习基地。学校在上海 M50 创意园区建立校外实习基地。M50 校外工作室应用于短期教育项目、课题项目、展览项目等活动方面。它既是学校教育与社会交流的中转站，也是教学思想、成果在社会第一线的临场检验窗口。至年底，学校实训中心完成基本构架建设，学校“陶瓷工艺美术大师工作室”和“文物修复工

学生在素描画室上课

作室”等 22 个实训工作室投入使用。

学校根据教育部规定进行自主招生。各招生专业中，表演（含模特）、主持、广编（含文产）、摄影等非美术类专业（方向）面向全国组织专业考试；绘画、雕塑、艺术设计、动画等美术类专业在部分省市（上海及浙江等 7 省市）组织专业考试，其他省市（江苏、江西等 10 省市）承认本省专业统考成绩。各考点总计报名人数 7200 多人，与招生人数（651）之比约为 11∶1。新生报到率创新高。全年录取考生 861 人，报到 847 人，报到率达到 98.3%。

学校首届本科毕业生共 274 人毕业。毕业生专业涉及艺术设计、服装设计与工程、广播电视编导、动画、摄影、绘画等共 12 个专业方向。首届毕业生就业率超过 96%。

（沈　越）

**［领导视察］**　①5 月 23 日，中共中央政治局原常委、国家副主席曾庆红及夫人来校视察，参观了学校实训中心的演艺空间工作室、虚拟演播工作室、动画实训工作室、珠宝首饰工作室等以及图文信息中心的大剧场，并与上海文艺界人士座谈。②3 月 24 日，市委副书记、市长韩正来校视察学校实训中心工作室和图文信息中心，并与师生进行交流。③12 月 11 日，市委副书记殷一璀、副市长沈晓明、市政府副秘书长翁铁慧、市教委副主任王奇等到学校视察，并听取学校工作汇报。

（沈　越）

**［举办复旦视觉人文素养讲座］**　3 月，复旦视觉人文素养讲座课程开讲，标志着人文素养讲座课程正式纳入学校教学计划。人文素养讲座每两周举行一次，列入学分课程，邀请国内的人文学者、知名专家来校开展讲座。这是学校与上海图书馆共建共享工程的丰富和发展，同时惠及松江大学城其他各所高校。

（沈　越）

**［举办第四届国际专家咨询委员会会议］**　9 月，学校举办第四届国际专家咨询委员会会议。学校设计学院与都柏林理工大学、英国邓迪大学分别签署合作交流协议。双方于当年秋季开展交换培养学生、教师互访及研究生联合培养等项目；时尚学院与法国艾斯莫德服装学院签署合作交流协议，并于当年 10 月开始教师、学生互访交流活动。

（沈　越）

**［获得“晨光计划”项目和市文化发展基金会项目］**　学校教师的“袜饰品设计在服装搭配中的应用研究”、“上海地区建筑屋顶空间景观形态研究”课题获得上海教育发展基金会的“晨光计划”科研项目；“哈哈和他的朋友们”、“梁山伯与祝英台”、“2009 年高校艺术设计创新作品展”、“第三届上海国际大学生电视节”4 个课题获得上海市文化发展基金会项目。

（沈　越）

**［获“东方学者”称号］**　12 月，学校数码传媒学院教授飞苹果获得 2009 年度上海市特聘“东方学者”称号。飞苹果作为数码传媒学院数字媒体艺术设计专业的负责人，他组建了“飞苹果工作室”，对学校的专业教学和管理工作作出了贡献。

（沈　越）

**附：学校负责人及地址**

（2009 年 1—12 月）

校长：陈立民
党委副书记、副校长：梁晓庄
常务副校长：邵敏华
教学指导委员会主任：戴　平

地址：松江区文翔路 2200 号
邮编：201620
电话：67822643
传真：67823216

# 上海交通大学

［**2009 年概况**］　学校在科学发展观引领下，坚持“面向未来，以人为本，目标管理，加速发展”的管理理念，制定和调整《上海交通大学 2020 年发展战略规划》，启动学术发展路线图的制定工作，加强战略规划执行的目标管理和过程管理，各项工作取得成果。

一、师资队伍建设。①引进冠名讲席教授 6 人、特聘教授 26 人、学科带头人 8 人、特别研究员 30 人。入选中组部“千人计划”21 人，新增长江特聘（讲座）教授 12 人（其中文科首次入选特聘教授 2 人）、国家杰出青年科学基金获得者 8 人。入选上海市优秀学科带头人计划 11 人，入选上海市曙光学者 11 人，入选上海市东方学者 9 人。②实施促进青年教师成长成才的晨星计划和烛光计划，其中，晨星计划资助金额达到 1160 万元，A 类计划资助 20 人、B 类计划资助 45 人，优秀青年教师后备人才一等奖 93 人、二等奖 143 人。③研究制定《关于建立专职研究人员队伍的若干实施意见》，建立一支面向国家重大需求，能够承担国家重大科研任务的专职队伍，推动技术溢出，抢占科技制高点。

二、创新型人才培养。①坚持“三位一体”培养目标，深化本科生教育教学改革。教育教学质量稳步提升，获国家级教学成果一等奖 1 项、二等奖 7 项，获上海教学成果特等奖 1 项、一等奖 14 项。新增国家级精品课程 6 门、上海市精品课程 9 门、国家级双语教学示范课程 2 门、上海高校示范性全英语教学立项课程 4 门；新增国家级教学团队 2 个、市级教学团队 4 个、国家特色专业建设点 4 个、国家级实验示范中心 1 个、上海市级实验教学示范中心 2 个；新增国家理科基础科学研究和教学人才培养基地（生物学），实现基础科学研究和教学人才培养基地零的突破。至 9 月 1 日，博士生就业率达 98.68%，硕士生就业率达 98.19%；本科生就业率达96.26%。到国家重要行业和关键领域就业的毕业生占总派遣人数的 41%，较上年增加 12 个百分点。就业工作再次受到教育部表彰，荣获“全国高校毕业生就业工作先进集体”。②提高研究生教育质量。学位与研究生教育整体水平继续保持全国第 4 位；3 篇论文获全国优秀博士学位论文奖，9 篇获提名奖；以研究生为第一作者发表的 SCI/EI 论文稳定在全校的 70% 以上。③本科招生选拔工作实行关口前移，与上海中学、上海交大附中、南洋模范中学、大同中学、江苏省常州中学等联合建设“拔尖创新人才培养基地”。首次实行五校自主招生联考，探索人才选拔新方式。校本部理科生源继续保持全国前列。自主招生扩大规模，并走出上海开展试点，江苏、浙江预录取 160 人，共录取 660 人。研究生招生中，来自“985”高校的生源数量和推免生质量明显提高，博士生“985”高校（含本校）生源达 44.4%；突破“唯考是举”的传统模式，首次通过实行博士生“入学申请制”招收 66 名优秀博士生；改革博士生导师选聘方式，建立与培养质量相结合的招生指标分配机制。报考本校 2010 年的硕士研究生达到 15014 人，增幅为 7.3%。④学生思想政治教育成效显著。面向 8574 名学生党员和 480 个学生党支部，完成“学习实践科学发展观”活动和“建国 60 年”系列主题教育活动的各项工作。在全国高校率先推出研究生体验式教育，全年覆盖研究生 2300 余人。通过社会实践培养学生独立思考能力，组织实践团队 572 支，共有 1 万多名大学生参与。在第 34 届 ACM 国际大学生程序设计竞赛全球总决赛、第十一届“挑战杯”全国大学生课外学术科技作品竞赛等各类科技竞赛中成绩优异，共有 447 人次获奖，其中特等奖 10 人次，同比增长 11.11%；72 人次获得一等奖，同比增长 148.27%。

三、科技创新和学科建设。①调整完善学科结构。对接上海建设国际金融中心国家战略的要求，争取 3.2 亿元专项经费，高起点建设上海高级金融学院。筹建自然科学研究院，搭建进行前沿性交叉基础研究和原创性基础研究的平台。成立马克思主义学院，加强马克思主义理论学科建设和大学生思想政治教育。成立凯原法学院海洋法律与政策研究中心，提高学科覆盖面和社会影响力。②推进文科发展战略。国家哲学社会科学基金、教育部人文社会科学重大项目实现零的突破。文科科研总经费达到 2500 万，比上年增加 20%，其中纵向课题经费达

890 万元，比上年增长 60%；SSCI/A&HCI 收录论文数 39 篇；CSSCI 论文近 600 篇，实现较大幅度增长。获教育部人文社会科学优秀成果奖二等奖 2 项，获上海市理论创新基地和上海市政府社会发展调研中心基地 2 个重要基地。③推动“985 工程”、“211 工程”三期建设。组织专家 170 人次对“985 工程”二期 19 个建设项目进行验收总结，高质量完成“985 工程”二期验收总结，得到上海市“985 工程”二期建设绩效考察组的高度评价。研究制订“211 工程”三期校内管理系列办法，三期建设顺利启动。拟定学校“985 工程”三期建设总体方案，组织“985 工程”三期规划，为启动全面建设作准备。④科技创新能力进一步提升。重点和重大项目数量持续上升，新增“973 计划”4 项；新增重大科学研究计划 2 项，对国家原始创新的贡献度不断提高。积极介入国家 16 个重大专项，立项 89 项，成为支撑国家战略需求的重要科技力量。获批自然科学基金项目 445 项，同比增长 10.89%。获批 3 个教育部科技创新团队。全年科研到款经费总量达 14.96 亿元，同比增长 11.1%。⑤科研平台和基地建设稳步增长。与国家电网公司共建投资达 2.8 亿元的国家能源智能电网(上海)研发中心，与行业龙头企业华锐风电共建国家能源海上风电技术装备研发中心；此两中心均被列为首批 16 个国家能源研发(实验)中心。获批数字电视国家工程研究中心，新增“遗传发育与精神神经疾病”等 2 个教育部重点实验室和 1 个上海市重点实验室，省部级以上基地总数达到 59 个，成为国家科技创新体系的重要组成部分。与微芯科技等一批企业合作共建实验室，在合作中实现双赢。⑥科研成果取得新突破。原始创新能力持续增强。贺林院士领衔的科研团队成功揭示“A-1 型短指(趾)症致病机理”，最新成果在《Nature》发表。吴际教授对成年哺乳动物雌性生殖干细胞的发现及其生物特性的研究成果在《Nature Cell Biology》上发表，并入围“2009 中国高等学校十大科技进展”。曾凡一教授关于 iPS 细胞的研究成果在“Nature 杂志在线”发表，并入选“2009 中国十大科技进展新闻”。赵立平实验室、陈竺院士、陈赛娟院士团队等撰写的 3 篇文章入选“中国百篇最具影响优秀国际学术论文”。学校以第一完成单位共获国家三大奖 6 项；获省部级一等奖 18 项。2008 年发明专利授权 578 项。2008 年 SCI 收录论文数达 2736 篇。⑦1 月 9 日，学校 14 个项目获 2008 年度国家科学技术奖励，其中作为第一完成单位的有 10 项，包括国家自然科学二等奖 1 项，国家技术发明二等奖 3 项，国家科技进步二等奖 6 项；作为参与完成单位获国家科技进步二等奖 4 项。⑧2 月 27 日，2008 年度上海市科学技术奖励大会在上海展览中心友谊会堂举行。学校 33 项成果(第一完成单位)获奖，其中一等奖 11 项，二等奖 11 项，三等奖 11 项。获一等奖数占市一等奖总数 46 项的 23.91%。11 项一等奖成果中，自然科学奖 3 项，技术发明奖 1 项，科技进步奖 7 项。

四、国际化战略持续推进。①全年接待海外来访者 6643 人次，其中重要接待 106 批次，包括智利总统巴切莱特、日本前首相中曾根康弘、美国前劳工部长赵小兰、香港特区前特首董建华、越南副总理阮善仁、塞尔维亚副总理杰利奇等政府要员，美国宾夕法尼亚大学校长 Amy · Gutmann 等国外知名校长 50 人次，以及诺贝尔经济学奖获得者 Paul · Krugman、物理奖得主李政道、医学奖得主 Luc · Montagnier 等海外学术大师 11 人次。授予海外专家荣誉称号 80 人，引进海外长期来校工作专家 96 人，海外短期来校工作专家 997 人。获引智项目 24 个，引智经费 765 万元。②与美国密西根大学、MIT、加州理工学院、佐治亚理工学院、瑞士苏黎世联邦科技大学，以及新加坡南洋理工大学等的合作不断深化。继续拓展与 GE、GM、Intel、Honeywell、Microsoft、西门子等国际知名企业的科研合作。成功组织 2009 国际航运大会、国际安全软件系统集成和可靠性改进大会、第二届国际电力市场研讨会、第四届新碳资源科学国际研讨会(环境科学与技术)等各种国际研讨会和国际学术会议。与澳大利亚新南威尔士大学合作成立孔子学院。③本科生海外游学人数达到 1001 人，比例从上年的 19.4%提高到 22.8%，并成立海外游学基金，支持贫困学生参加海外游学项目。选派 179 名学生到国外一流大学攻读博士学位和联合培养，合作单位层次有较大提升。

五、服务社会。①创新产学研合作模式。成立上海紫竹新兴产业技术研究院，与铁道部、中国商用飞机发动机有限责任公司、新华社、中国电信、中国工程物理研究院、神华宁煤集团等单位签署战略合作(框架)协议。②积极服务上海世博会。在展馆设计与建设、能源配置、安全技防等方面承担了一批重要科技攻关任务，遴选 5300 名志愿者参加世博服务。③提高医疗健康服务质量。成立首批 19 家专病诊治中心，在手足口病救治、甲型流感防控等方面为国家和地方作出了重要贡献。

六、党建和精神文明建设。①开展学习实践科学发展观活动。完成学习调研、分析检查和整改落实三个阶段共六个环节的主要任务，并在落实中取得显著成效，经群众测评，“满意”率超过 99%。完善党委全委会、常委会议事决策规则，出台《上海交通大学督办工作条例》，制定《院系领导班子工作条例》等制度。设立“基层党建创新基金”，实施基层党支部建设创新示范工程。落实党风廉政建设责任制，扎实推进反腐倡廉建设各项任务的落实。高度重视维稳工作，确保了校园安全稳定。荣获“上海市文明单位”称号。②加强大学文化建设。推进高雅艺术进校园，全年引进 25 场国家和省市级专业院团演出及大学生艺术基地展演等。③努力为师生办实事。落实完成校区道路等一批学校民生工程。加大帮困助学力度，帮困覆盖率达到 100%。奖助学金全年资助学生 2106 人，共计 657 万元，新增 39 项资助性质奖助学金；共有 208 名贫困新生通过“绿色通道”顺利入学；为 218 名贫困生进行学费减免，共计 61.48 万元；为 3131 人次学生提供路费、受灾、求职补贴和突发事件临时困难补助等，共计 106 万元。

（蔡西玲）

**[韩正等来校视察]** ①4 月 1 日，上海市委副书记、市长韩正来校为师生作学习实践科学发展观专题报告，并现场回答师生们的提问。近千名师生参加报告会，校园网全程直播报告会。②4 月 17 日，全国人大常委会副委员长、民进中央主席严隽琪在民进上海市委专职副秘书长蔡泉源，民进中央马宪、韩彬、焦静等陪同下，到本校调研。严隽琪参加“科研经费的管理与使用专题调研会”，与学校部分校领导及院系部处的基层干部进行座谈，校党委书记马德秀、党委常务副书记苏明等参加调研活动。③3 月 27 日，教育部副部长陈希来校视察并指导工作。陈希与校领导班子成员举行座谈，听取学校工作发展汇报，并发表讲话。④7 月 16 日，上海市教卫党委副书记莫负春来校调研，并看望暑期留校的新疆学生。⑤10 月 13 日，科技部党组书记、副部长李学勇来校调研。李学勇参观了学校海洋工程国家重点实验室及海洋深水试验池，图像所实验室，与部分科研人员座谈交流，听取了学校关于科学研究、学科建设、国际合作、人才培养的情况汇报。

（蔡西玲）

**[与市法院、检察院签署合作协议]** 2 月 25 日，学校与上海市第一中级人民法院合作备忘录签约仪式在一中院审委会会议室举行。一中院党组书记、院长潘福仁，副院长游伟与学校副校长郑成良、凯原法学院常务副院长叶必丰等出席仪式。仪式由游伟主持，潘福仁和郑成良代表双方在备忘录上签字。同日，学校与上海市人民检察院签署合作备忘录，李培龙副检察长与郑成良副校长签署合作备忘录。两备忘录就高层次法官、检察官队伍的培养、建立学生实践教学基地、聘请兼职教授及兼职硕士研究生导师、合作培养在职法律硕士(JM)以及审判、检察实务的研究等事项进行约定。

（蔡西玲）

**[上海高级金融学院成立]** 4 月 19 日，上海交通大学上海高级金融学院成立。上海市党政领导及其有关部门负责人韩正、沈晓明等，教育部代表陈维嘉，来自政界、业界、学界、媒体等领域的嘉宾和金融学院师生等共 200 余人参加上海高级金融学院揭牌仪式。中央政治局委员、上海市委书记俞正声和教育部发来贺信。上海市委副书记、市长韩正与校党委书记马德秀共同为高级金融学院揭牌。金融学院

上海交通大学上海高级金融学院成立

理事长、市委常委、副市长屠光绍向金融学院首任院长王江及周林、王坦、张春、张惠冰等特聘教授颁发聘书。

(蔡西玲)

**[成立马克思主义学院]** 6月19日,上海交通大学马克思主义学院成立大会暨揭牌仪式在徐汇校区举行。校党委副书记徐飞主持大会。上海市教卫党委副书记、市教委副主任莫负春和上海交大党委书记马德秀共同为学院揭牌。马克思主义学院是交大思想政治理论课教学部门和马克思主义理论研究机构,也是马克思主义理论学科点的依托单位。学院院长由校党委副书记徐飞兼任。

(蔡西玲)

**[3名教授荣获"上海市十大科技精英"称号]** 9月16日,第十一届上海市十大科技精英颁奖大会在上海科学会堂举行,副市长沈晓明等领导出席大会。学校许迅、李建华、房静远3名教授荣获"上海市十大科技精英"称号。

(蔡西玲)

**[7名教授获"上海百名杰出女教师"]** 9月,在由上海市教育系统妇女工作委员会、教育工会女教职工委员会组织发起的"新中国60年上海百名杰出女教师"评选活动中,学校教授陈亚珠、沈天慧、陈赛娟、顾海英、车顺爱、连琏、陈楠等7人当选。

(蔡西玲)

**[获第十一届全国运动会帆船赛艇比赛冠军]** 10月26日,第十一届全国运动会帆船赛艇比赛结束。代表上海出战的本校运动员徐莉佳在女子激光雷迪尔级场地赛中夺得冠军。在此前结束的比赛中,学校运动员何翌、王振博、周意男以5分53秒14的成绩夺得男子2000米四人双桨银牌。

(蔡西玲)

**[学生在多个国内外科技比赛中获奖]** 4月24日,学生团队的科技创新项目"基于多点触控的PC迷你控制盒"和"水下采样机器人"分别荣获第七届上海市陈嘉庚青少年发明一等奖和三等奖。10月29日—11月3日,学生参加由美国麻省理工学院主办的"2009年国际基因工程机器大赛"并荣获金牌。11月25—28日,在第三届全国大学生结构设计竞赛中获一等奖。12月11—13日,在"2009中国机器人大赛暨RoboCup中国公开赛"服务机器人比赛中,学校获家庭组机器人比赛和技术挑战赛冠军;同时,世博导游机器人模型获大赛最具应用前景奖,服务机器人智能挑战赛项目获一等奖。

(蔡西玲)

**[江泽民学术专著英文版全球首发]** 10月14日,学校与国家新闻出版总署、中央文献研究室联合,在德国法兰克福书展举行江泽民的两部学术著作《中国能源问题研究》与《论中国信息技术产业发展》英文版全球首发式。《论中国信息技术产业发展》一书,由中央文献研究室和上海交通大学合作编辑,中央文献出版社和上海交通大学出版社出版。《中国能源问题研究》一书,由上海交通大学编辑,上海交通大学出版社出版。中央文献研究室主任冷溶、新闻出版总署署长柳斌杰、爱思唯尔出版集团科技图书全球总裁唐诺吉等出席首发式并致辞。《论中国信息技术产业发展》一书,收入江泽民关于信息技术产业和信息化问题的重要论文、报告、讲话、文章27篇,附录2篇。《中国能源问题研究》一书,收入江泽民关于能源问题的重要论文、讲话3篇。校务委员会主任马德秀在首发式上介绍了江泽民研究能源问题和信息技术产业的学术渊源及成书经过,引起各方和各大媒体的广泛专注。

(蔡西玲)

**[悼念钱学森]** 10月31日,学校著名校友、中国杰出科学家钱学森逝世。马德秀、张杰代表学校致电钱学森家属表示沉痛的哀悼和诚挚的问候。当日下午,学校党政领导和师生代表在徐汇校区总办公厅举行追思会。晚上,两千多名学生自发在闵行校园的学森路上举行追思会,他们用蜡烛排成"学长走好"字样,在湖里放许愿船,送别钱学森学长。11月6日,钱学森遗体告别仪式在北京八宝山殡仪馆举行。党委书记马德秀、校长张杰率师生代表及校友100余人前往送别钱学长。

(蔡西玲)

**[12件作品参赛第十一届"挑战杯"大赛获奖]** 11月1日,学校12件作品参赛第十一届"挑战杯"全国大学生课外学术科技作品竞赛获奖。其中,"挑战杯"项目一等奖1项,二等奖3项,三等奖2项;"挑战杯——世博专项"项目特等奖1项,二等奖4项,三等奖1项。

(蔡西玲)

**[多项成果获工业博览会奖励]** 11月3—7日，第十一届中国国际工业博览会在上海新国际博览中心举行。学校13项科研成果参展，获两项铜奖，一项创新奖。另在高校展区评选中分别获优秀展品二、三等奖各1项，优秀组织奖和先进个人奖各一项。

（蔡西玲）

**[智利总统访问学校]** 11月12日，智利共和国总统米歇尔·巴切莱特访问学校，并受聘学校名誉教授。在为此举行的仪式上，校长张杰发表讲话；校务委员会主任马德秀向巴切莱特总统颁发名誉教授证书并佩戴校徽。巴切莱特为新成立的“上海交通大学民意与舆情调查研究中心”揭牌并发表“经济增长与社会发展”的主题演讲。

（蔡西玲）

**[与中国商飞上海飞机客户服务有限公司签署合作协议]** 11月23日，学校与中国商飞上海飞机客户服务有限公司共建“中国商飞上海飞机客户服务有限公司民用飞机维修工程研究中心”的框架协议签订，副校长林忠钦代表学校在协议书上签字并为中心揭牌。双方将依托该中心，以大型客机和ARJ21新支线飞机等民用飞机项目研制和商业运行中的客户服务技术为研究目标，重点在维修工程基础技术、前沿技术和人才培养等方面开展全面合作，力争使中心发展成为国内民用飞机工程技术服务创新与人才培训基地。西北工业大学、南京航空航天大学、中国飞机强度研究所以及中航工业上海航空测控技术研究所等4家单位作为共建单位在协议书上签字。

（蔡西玲）

**[1项成果入选2009年十大科技进展]** 12月23日，学校生命科学技术学院教授吴际主持的“成年哺乳动物雌性生殖干细胞的发现及其生物学特性研究”入选2009年度中国高等学校十大科技进展。5月，吴际将其对成年哺乳动物雌性生殖干细胞的发现及其生物特性研究发表在Nature Cell Biology上，这一新发现改变了80多年生殖与发育的传统观点，开辟出一个崭新研究领域，受到国际学术界广泛关注。

（蔡西玲）

## 附：学校负责人及地址

（2009年1—12月）

校党委书记：马德秀
常务副书记：苏　明
副书记：孙大麟、潘国礼、徐　飞

校　长：张　杰
副校长：朱正刚、郑成良、张文军、陈　刚、林忠钦、印　杰、蔡　威、吴　旦

闵行校区地址：东川路800号
邮编：200240
总机：54740000
校办电话：34206500
徐汇校区地址：华山路1954号
邮编：200030

# 上海交通大学医学院

［**2009 年概况**］ 学院现有教职医护员工 21356 人(不包含非直属单位)，其中高级职称 2959 人。整个医学院系统共有：中国科学院院士 1 人、中国工程院院士 10 人，国家“973”项目首席科学家 9 人次，国家杰出青年基金获得者 18 人，人事部百千万人才工程 23 人，卫生部有突出贡献中青年专家 11 人，中组部“千人计划”1 人，“长江学者”特聘教授 8 人，“长江学者”讲座教授 5 人，上海市领军人才 26 人，上海市东方学者 8 人。学院共有专任教师 632 人，其中 35 岁以下教师有 273 人，36—45 岁教师有 207 人，46 岁以上教师有 152 人。专任教师中具有高级职称的有 231 人，专任教师中具有博士学位的有 338 人。学院引进李勇、余健秀、张健、洪登礼等 4 位医科院 PI(课题组长)。许迅、张欣欣、狄文、程金科 4 人入选医学院优秀学科带头人计划。王颖等 30 人入选医学院新百人计划。方超等 40 人入选医学院优秀青年教师。学院进站博士后 34 人，共有博士后 50 人。年内，学院本部新进教职工 104 人，减员 82 人。

学院录取本科生 673 人(包括“保送生”14 人、上海市“自主招生”25 人、“新疆班”4 人)，其中录取上海市新生 305 人，外省市 368 人。录取研究生 1060 人，其中，博士生 367 人(含“4+4”模式转博 16 人、少数民族骨干计划 4 人、硕博连读 88 人、提前攻博 17 人、留学生 2 人)。硕士生 693 人(含“4+4”模式招生 17 人、港澳台 7 人、少数民族骨干计划 9 人、支教 1 人、留学生 9 人)。成人教育学院录取新生 1738 人。其中本科层次录取 1636 人，扩招 36 人。专科层次录取 102 人。网络教育学院录取新生 2913 人，其中专科 1667 人，专升本 1246 人。2009 年共有七年制、本科毕业生 832 人。至 12 月 15 日，毕业生在全市医疗单位就业的有 509 人，其中签约三级医院的有 319 人。1 名毕业生参加“西部计划”，2 名毕业生参加“三支一扶、村官”计划、2 名毕业生报名参军，赴基层就业 24 人。毕业研究生 776 人，其中博士研究生 308 人，硕士研究生 468 人。共授予博士和硕士学位 1182 人，其中博士学位 307 人，硕士学位 875 人。成人教育 2009 年春季共有专科、本科和专升本三个层次的 13 个专业毕业生 1627 人，其中 118 名本科毕业生获得学士学位。网络教育学院 2009 年共有 2540 名学生毕业，其中专科学生 1667 人，专升本学生 849 人，高起本学生 24 人。获得学士学位 7 人。

至年底，学院 12 所附属医院核定床位总数 12404 张，实际开放床位 13352 张。共有执业医师 5909 人，其中高级职称医师 2494 人；执业护士 7360 人，其中高级职称护士 90 人。全年共完成门急诊 1877.41 万人次，出院病人 453336 人次，住院手术 219566 人次，分别比上年同比增长约 14%、12%和 6%。各附属医院开展防控甲型 H1N1 流感工作，及时组建甲型 H1N1 流感防控工作领导小组、防治工作小组和防治专家小组；加强对发热门诊、门急诊预检处等相关人员的培训，认真做好发热病人预检分诊工作；加强防控应急物资储备工作并落实到位，确保上海市民的健康和安全。学院专病诊治中心建设工作得到实质性启动，首批 19 个专病诊治中心在年初挂牌成立。5 月至 7 月，学院医管处组织了 2009 年度临床住院医师规范化培训阶段性临床技能综合考核工作。参加本次临床技能综合考核的共有 454 名住院医师，合格 362 人，总合格率为 79.7%。

学院共获得各级各类科研项目(课题)987 项，合同总经费达 29989.24 万元，比上年增长 25.46%。其中获国家级项目(课题)213 项，合同经费 18807.57 万元，占总经费的 62.71%。获得各级科技成果奖 55 项(第一完成单位 49 项)，其中国家科技进步二等奖 2 项，高等学校科技奖 6 项，中华医学科学技术奖 8 项，中华中医药学会科技奖 1 项，上海市科学技术奖 15 项(一等奖 5 项)，上海医学科技奖 23 项(一等奖 3 项)。据中国科技信息研究中心 2009 年对 2008 年 SCIE 科学引文索引(扩大版)、EI 工程索引、ISTP 科学技术会议录(索引)，以及我国科技期刊统计，医学院在 SCIE 被收录的论文共 851 篇(Article、Review、Letter、Editorial 的文章 701 篇)。其中附属瑞金医院、附属第六人民医院、附属第九人民医院在 SCI 被收录数(以第一作者统计)，分别为

169篇、115篇、90篇。医学领域被收录论文645篇,比上年度增长34.7%。学院首次公布“表现不俗”SCI收录论文全国医疗机构前20位排名中,附属瑞金医院、附属第一人民医院、附属仁济医院和附属第六人民医院分列第2、15、18、20名(“表现不俗”论文指被引用次数高于所在学科的篇均被引次数的世界平均值);EI被收录论文30篇;ISTP被收录13篇;在中国科技论文统计源期刊中(中国科技核心期刊),医学院共被收录发表的论文5050篇。

学院共申请专利140项,其中:中国发明专利91项,PCT发明专利1项,美国发明专利1项,欧洲发明专利1项,实用新型专利46项。授权中国专利60项,其中:发明专利21项,实用新型专利37项,外观设计专利2项。成果转化取得新进展,其中,在附属仁济医院建立远程心电图监护服务平台,分别与长宁区和松江区卫生局签约,承担社区卫生中心及卫生站点的心电图服务业务。学院有8个学科16个团队入选上海高校创新团队计划(一期和二期),获得资助共计960万元;已入选上海市重点学科(第三期)的6个学科〔人体解剖与组织胚胎学、神经病学、影像医学与核医学、外科学(普外)、眼科学和口腔基础医学〕,获第二批建设经费1080万元;已入选上海市教委市属高校重点学科(第五期)的6个学科〔基础医学、妇产科学、小儿心血管、骨关节外科以及新增的免疫学、肿瘤学〕,获第二批建设经费480万元。医学基因组学国家重点实验室获得2008年度和2009年度专项经费2950万元;新增建设1个上海市胃肠肿瘤重点实验室,获得建设经费200万元;上海市骨科内植物重点实验室提前完成筹建工作并通过验收;各级重点实验室申请上海市科技创新行动计划2009年度研发基地建设项目,有4个实验室获得270万元专项资助;共有5个实验室通过国家中医药管理局的评估。学院新建上海交通大学医学院创伤医学研究所。

学院及各附属单位共主办或承办国际会议22个,参会外宾人数共计1664人次。新签署或续签协议和备忘录21项;接受海外(含港澳台)企业和个人捐赠6项。接待来自34个国家和地区的外宾658批次,1702人次;因公短期出访1693人次,涉及53个国家和地区;210人次赴国外或港澳台地区培训、进修,其中超过6个月的中长期培训60人次,占培训总数的28.6%。授予10位海外人士客座教授荣誉称号;学院4位专家获得国外高校或学术团体授予的荣誉称号。接受223名国际及港澳台地区交流学生,其中近70%的学生来自法国、美国、日本、澳大利亚及中国香港。学院选派152名学生前往各合作院校进行交流学习,包括法国、美国、澳大利亚、加拿大、日本、瑞典、匈牙利、挪威以及中国香港等国家与地区。学院留学生教育中心共录取本科生46人;录取研究生12人,其中硕士生10人,博士生2人;接受汉语补习生5人(全部为本科奖学金生)。2009年毕业留学生40人,其中本科生37人,硕士生1人,博士生2人。学院在校留学生312人,来自44个国家。

学院党组织建有党委10个,总支19个,支部280个。共有中共党员6968人。学院党校共举办各类培训班11期,合计培训1039人次。3月10日到7月9日,学院开展深入学习实践科学发展观活动,共梳理出8个整改重点项目,制订整改措施42项。学院开展民主评议党员活动,民主测评结果党员合格率为95%以上,优秀率53.7%,党支部满意率达95%以上。学院开展上海解放60周年、新中国成立60周年等庆祝活动。本年度共举办博雅讲坛3次,参与学生700余人次;班组专题学习7次,参与教职员工2500余人次;网上学习4次,覆盖90%以上的师生。学院开展“高雅艺术进校园”活动,组织7000余名师生观看30余种的文艺节目。年内,学院及附属瑞金医院、附属六院再次获全国文明单位称号,附属仁济医院获全国精神文明建设工作先进单位;医学院及13家附属单位,均获上海市文明单位。

(武剑华)

**[在干细胞研究中取得成绩]** 7月23日,国际权威科学杂志《自然》(Nature)在线刊发医学遗传研究所副所长、国家重大科学研究计划首席科学家曾凡一与中国科学院动物所周琪等人的研究成果,首次利用诱导性多能干细胞(iPS细胞)通过四倍体囊胚注射得到存活并具有繁殖能力的小鼠,从而在世界上第一次证明了iPS细胞的全能性。第一个出生的iPS小鼠被命名为“小小”(Tiny)。《自然》杂志社向全世界3000多家媒体公布这一研究工作,并于7月22日举行新闻发布会,30多家主流媒体机构出席新闻发布会,对该项工作给予高度评价。国家科技部基础研究司、科学技术部基础研究管理中心发来贺电。

(武剑华)

**[郭迪百岁寿庆活动举行]** 5月23日,我国儿童保健事业开拓者和发育行为儿科的创始人郭迪迎

来百岁生日，新华医院为郭迪举行百岁寿庆活动。全国政协副主席、科技部部长万钢，卫生部部长陈竺，上海市委副书记、市长韩正发来贺信，上海市副市长沈晓明、上海市政协副主席蔡威等市领导到会祝贺，出席寿庆活动的还有：上海交通大学党委书记马德秀，上海市教卫党委书记李宣海，上海市科学技术委员会主任寿子琪，国家卫生部妇幼司司长杨青，上海杨浦区区委书记，人大主任陈安杰、区长宗明，上海市卫生局局长徐建光，中华预防医学会儿童保健分会主任委员朱宗涵，前世界卫生组织（WHO）副总干事胡庆澧、上海市教卫党委副书记莫负春、上海市教育委员会副主任王奇、上海市卫生局党委副书记黄红以及来自各兄弟院校和医院的领导、全国各地医院的儿科专家代表400余人参加庆祝活动。郭迪一生致力于开拓和促进我国儿童保健事业，成就卓著，桃李天下，在儿科学界享有崇高威望，为表彰他对我国儿科医学事业作出的杰出贡献，中华预防医学会儿童保健分会主任委员朱宗涵特别授予郭迪儿童保健事业终身成就奖。

（武剑华）

庆贺郭迪教授100岁生日

**［当选首批“国医大师”］** 国家人力资源和社会保障部、卫生部和中医药管理局联合组织首届“国医大师”评选活动。附属第一人民医院张镜人当选为我国首批中医“国医大师”。张镜人教授出身于沪上岐黄世家，为“张氏内科”第12代传人。他继承家学，潜心钻研医术，博采众长，逐步形成自己独到的学术理论及经验。1992年香港《文汇报》曾专题介绍张镜人，并冠以“沪上中医第一人，堪称上海现代中医奠基人”。

（武剑华）

**［获世界青年女科学家奖学金］** 3月4日，中国女科学家施静艺在巴黎被授予第十届联合国教科文组织—欧莱雅“世界青年女科学家奖学金”。自1998年该项目创始以来，这是中国女性第四次登上欧莱雅—联合国教科文组织“为投身于科学的女性”盛典。“世界青年女科学家奖学金”是“为投身于科学的女性”计划的一部分，成立于2000年。每年评选15位从事生命科学并处在博士或博士后阶段的优秀年轻女性。该奖项的目标是关注科学的未来，鼓励青年女性精英。每位获奖者在两年内获得最高4万美元的研究经费，到其他国家的研究所从事研究工作。施静艺为上海瑞金医院血液学研究所助理研究员，主要进行急性髓系白血病表现遗传学的研究。

（武剑华）

**［成功施行国内首例达芬奇机器人肺癌根治手术］** 5月11日，附属胸科医院成功利用国际先进医疗设备——“达芬奇手术机器人系统”，为一名39岁身患肺癌的女性患者施行国内首例微创肺癌根治术，标志着我国胸部微创外科步入一个新的领域。继首例达芬奇机器人肺癌根治术成功后，医院在国内首先将此项技术应用于纵隔肿瘤、胸腺瘤等胸部其他疾病的手术治疗，迄今为止已应用“达芬奇机器人系统”成功施行手术10例，病人全部顺利出院。

（武剑华）

**［受聘为悉尼大学荣誉教授］** 8月12日，第二届中澳医学研究研讨会在悉尼大学开幕。开幕式

上，悉尼大学医学院院长 Bruce Robinson 主持仪式，聘请上海交通大学医学院副院长陈国强教授为悉尼大学医学名誉教授。病理学专家 Nicholas King 教授介绍了陈国强教授在白血病领域取得的重要成就和其在近几年中为促进上海交通大学医学院与悉尼大学医学院的合作交流作出的贡献。此前，我国卫生部副部长黄洁夫曾授此殊荣。

（武剑华）

**［学院附属第一人民医院建院 145 周年纪念活动举行］** 3 月 1 日，学院附属第一人民医院建院 145 周年纪念活动举行。医院将院庆主题定为“节俭隆重、奉献爱心”。上午，医院举行大型义诊，40 余位各临床科室资深专家参加义诊，为市民提供健康咨询、疾病防治等服务。下午，由本院职工演出文艺节目，重现医院百年发展历程，弘扬“白衣天使”博爱奉献精神。医院将原本用于院庆活动的 10 万元人民币捐赠给四川都江堰灾区，表达全院职工对灾区人民的心意。

（武剑华）

**［上海瑞东医院建成启用］** 11 月 26 日，上海首家两岸合作的医院——上海瑞东医院建成启用。海协会会长陈云林、副会长李炳才，上海市副市长沈晓明等参加上海瑞东医院建成启用剪彩仪式。上海瑞东医院为台资控股的医疗机构，也是瑞金医院集团浦东分院，由台湾瑞宇股份有限公司、上海瑞金医院广慈医学高科技公司和上海浦东土控公司三方合资组成。位于浦东新区锦绣东路的瑞东医院占地面积 16000 平方米，主体建筑为一幢五层楼医院大楼，建筑面积 10000 平方米。该医院为综合性医疗机构。

（武剑华）

## 附：学校负责人及地址

（2009 年 1—12 月）

院党委书记：孙大麟
副书记：唐国瑶、夏小和（2 月到任）

院　长：朱正纲
副院长：钱关祥（5 月离任）、庄孟虎（5 月离任）、黄　钢、陈国强、陈红专（5 月到任）、章　雄（5 月到任）

地址：重庆南路 227 号
邮编：200025
电话：63846590（总机）

# 同 济 大 学

**［2009年概况］** 学校现有直属院(系)30个，附属医院6所。在职教职工6350人，其中专任教师2983人。专任教师中教授645人、副教授879人；具有博士学位的教师1572人、硕士学位的教师700人。全校各类学生总数77516人，其中研究生22438人、本专科生20018人、成教学生12658人、留学生2595人、网络学生19807人。当年招收普通本、专科生4651人，研究生6825人，其中硕士生6051人，博士生774人。

一、学科建设。学校有国家重点一级学科3个，国家重点二级学科(包括一级学科所含二级学科)21个。另有国家培育重点学科3个。增设艺术硕士、临床医学博士、口腔医学博士等3个专业学位点。博士学位授权一级学科点17个，二级学科点78个，自主设置二级学科博士学位授权点16个；硕士学位授权学科点210个，自主设置二级学科硕士学位授权点10个；专业学位授权点12个。哲学社会科学创新基地城市发展研究院二期工程通过验收，设计创意学院、马克思主义学院、政治与国际关系学院、法学院等相继成立。

中共中央政治局委员、上海市委书记俞正声到同济大学嘉定校区调研

二、科学研究与社会服务。①电子与信息工程学院蒋昌俊和生命科学与技术学院江赐忠教授分别获准主持“973”项目(含重大研究计划)，医学院引进徐国彤教授，学校“973”首席科学家由3位增加到6位，主持“973”计划二级课题12项，共获国拨经费9000多万元。学校负责国家“水体污染控制”重大科技专项“巢湖城市水环境污染控制”和“长江下游地区饮用水安全保障”项目。承担“水体污染控制”、“核、高、基”、“大飞机”、“高档数控机床”、“新药创制”等5个重大专项的16个课题，国防重大专项方面取得新进展，合同总经费超过2亿元。承担一批“863”、国家科技支撑等重大科研项目，合同经费总额超过2.3亿元。在自然科学基金方面，共获批准项目203项，同比增长21%。其中重点项目4项，资助经费6593.5万元，同比增长14.1%。通过保密资质和国军标年审。在文科研究方面，获国家哲学社会科学项目4项，上海市哲学社会科学项目8项，市教委科研创新项目3项，市教育科学研究项目3项以及教育部人文社会科学重点研究基地重大项目1项。全年到账科研经费9.065亿元，同比增长14.6%。其中，纵向课题经费6.6亿元，同比增长29.5%。②新能源汽车及动力系统国家工程实验室，上海市信号转导与疾病研究重点实验室，以及教育部大型工程施工技术与装备工程研究中心等3个国家及省部科研创新基地立项建设。学校拥有各类国家、省部级重点实验室和工程技术(研究)中心31个，涵盖土木、环境、汽车、海洋、交通、材料、生命科学、医学、信息、建筑、物理、农业等各大学科领域。其中，嵌入式系统与服务计算教育部重点实验室和上海市电动汽车工程技术研究中心分别通过教育部

和上海市科委组织的验收；长江水环境教育部重点实验室通过教育部组织的评估。12月31日，同济大学土木工程高等研究院成立。学校与上海市政府发展研究中心联合成立城市发展与管理研究基地。③承担市重点援建项目——都江堰市“壹街区”安居房灾后重建项目的全过程设计工作，主持汶川映秀镇灾后重建修建性详细规划设计工作，完成《永恒北川——北川国家地震遗址博物馆策划与整体方案设计》项目，与绵阳市人民政府签署《北川地震遗址保护及地震纪念馆建设项目设计合作框架协议》。完成井冈山大学、新疆大学、九江学院、宜宾学院45人次干部学习锻炼和教师进修任务，开展赴中西部地区及欠发达地区的爱心助学、支教等活动，捐赠教育经费和教学仪器设备、图书资料。与杨浦区政府合作共建环同济知识经济圈，并获国家火炬计划“环同济研发设计服务特色产业基地”；与嘉定区政府合作共建上海国际汽车城环同济知识经济圈，启动建设上海国际汽车城同济科技园；与普陀区政府签署区校全面战略合作协议。学校分别与浙江省丽水市和江苏省苏州市政府签约建设“同济大学丽水中药研究院”和“同济大学苏州研究院”。先后与沈阳机床集团有限公司和南车株洲电力机车有限公司合作组建“同济大学—沈阳机床研究院”和“轨道车辆技术研发中心”，与上海航天技术研究院签订全面战略合作协议。④学校共获国家科技成果奖6项，其中，范立础院士主持的“大跨、高墩桥梁抗震设计关键技术”获国家科技进步一等奖；获上海市科技发明一等奖2项；获上海市科技进步一等奖5项；获高等学校科学研究优秀成果奖(人文社会科学)2项。20余项自主创新科技成果亮相2009工博会，成果涵盖全校10多个学科，并揽下包括2个“大会奖”在内的7个奖项。共申请专利463项，其中发明专利417项；获授权专利348项，其中发明专利247项。上年学校共发表论文4115篇，其中：SCI671篇，EI1271篇，ISTP502篇，同比增长分别为35.7%、21.9%和67.3%；被SCI引用1713次，同比增长22.8%。

三、师资队伍建设。①制定人才引进、青年教师培养等政策。有上海市学科带头人4人，上海市浦江人才计划11人，上海市晨光计划10人，上海市科技启明星计划10人、跟踪计划3人，教育部科技创新团队1个。4名教授入选中组部“千人计划”，海洋与地球科学学院教授刘志飞与土木工程学院教授朱合华分获“国家杰出青年基金”和“长江学者”称号。阮仪三教授获评“创新上海30年风云人物榜”评选活动产生的30位风云人物之一；吴志强教授获全国五一劳动奖章；颜德馨教授成为国家首批“国医大师”。②制定8大门类、9个系列的《同济大学教师高级专业技术职务优先晋升聘任条件(试行)》，实施正、副高职务岗位的全球招聘。对教学和试验系列单独设置岗位和聘任分委员会。共有607人应聘学校高级专业技术职务，其中37人来自国外，41人来自国内高校、研究院所。共聘任同济特聘教授15人，讲座教授14人，选拔校优秀青年教师35人。共聘任教授和研究员64人，校外16人；副教授、副研究员、高级实验师113人，校外13人。③深化人事制度和工作人员收入分配制度改革，试行事业单位岗位设置管理制度，启动岗位设置与聘任调整工作。全校参加岗位聘用人数为1572人。其中：专技岗位611人，占65.6%；管理岗位634人，占15.7%；工勤人员353人，占20.6%。

四、人才培养。①推进“质量工程”建设工作。获得国家级双语课程2门，上海市精品课程9门，国家级精品课程6门；国家级教学团队1个，市级教学团队2个；上海市教学名师3位；国家级人才培养模式创新实验区1个。5个专业成为国家特色专业建设点。大学生创新性实验计划共获得教育部66个项目和上海市教委100个项目的资助。土木工程实验教学中心被批准为国家级实验教学示范中心建设单位。计算机科学与技术专业通过全国工程教育专业认证专家委员会组织的认证考查。全年共获国家级教学成果奖7项，其中一等奖1项、二等奖6项，居全国前列，上海第一；上海市教学成果奖36项，其中特等奖1项、一等奖10项、二等奖16项。3月，学校首次举行本科自主招生“综合素质面试”；11月10日发布的2010年自主招生方案明确，将首次在上海地区引入“中学校长直荐制”。制订《同济大学深入开展高等工程教育改革实施方案》，并在土木、建筑城市规划、汽车、电信、医学等学院试点。开展“卓越工程师培养”试点。开展工程教育改革，推动“卓越工程师培养计划”试点，拟定“卓越工程师培养计划”初步方案。在首届上海市大学生创新论坛上，学校3个学生项目中的2个入选论坛“我印象最深的十佳项目”。在第二届全国大学生创新论坛上，数学系学生向亚菲题为《胸主动脉血流动力的有限元模拟》项目以最高支持率获全国“我最喜欢的十个项目”称号。学生在美国土木工程师学会举办的ASCE与南赛区竞赛、“第三届全国大学生结构设计竞赛”、“全国大学生电子设计竞赛”、“全国大学生数学建模竞赛(上海赛区)”等大学生创新竞赛中，取得好成绩。②实施《同济大学研究生教育质量保证体系(试行)》。全面开通全日制专业学位点,制定有关招生和培养政策。扩大了直接攻博的招生范围,推出资格审核制度,取得生源竞争优势。3篇博士学位论文获全国优秀博士学位论文提名奖。落实《同济大学研究生指导教师管理工作条例》。实施导师招生资格动态管理。制定“同济大学促进就业系列行动计划”。至12月20日,学校毕业生总体就业率为96.61%。③学校成立多种形式办学管理委员会,颁布相关管理条例,统筹管理校内成人学历和非学历教育。建立管理委员会网站及管理信息系统。

五、对外联络发展与国际合作。①新增凤凰卫视总裁刘长乐为校董,杰出校友、深圳市创东方投资有限公司董事长肖水龙为理事;成立法国校友会和中法学院校友联谊会。建立遍布北美、欧洲、东南亚等7个国家55个省市、港澳台地区的75个地方校友会。

基金会共接收校友及社会各界的各类捐赠协议金额为10980.9万元,新设立包括奖学奖教、助学、教席及综合性发展基金等专项基金30项。基金会全年用于学校学科建设、奖励帮困、校园建设等各项工作的资助总额为2220万元。②加强与以德国工科大学联盟(TU9)和巴黎高科集团为代表的德、法、意、美、日等高校的双学位培养合作,探索开展双文凭联合培养模式,落实的双学位学生规模为350人/年,计划落实的双学位学生规模将超过450人/年。学校已有国际合作双文凭或联合培养项目69个,获教育部或上海市教委批准的中外合作办学机构3个,中外合作办学项目4个。③学校接待芬兰教育与科学部部长、德国慕尼黑市市长、北莱茵—威斯特法伦州创新科研技术部部长、欧盟教育文化总司长、非洲联盟主席等外宾4538人次;学校主办的“同济论坛”、纪念学校奠基人宝隆逝世100周年巡回展、由学校与德国图宾根大学联合主办的第四届中德大学校长论坛等一系列活动在德国举办;SIMBA项目荣登英国《金融时报》2009年全球EMBA年度排名第34位。在当年欧盟批准的总共5个对外合作窗口中国计划(EMECW)中,学校中标3个。作为唯一中国代表团,赴哥本哈根出席作为联合国气候变化大会分论坛之一的“可持续校园”学子论坛并介绍同济大学创建节约型校园实践及成果。④实施高等学校学科创新引智计划(共111项目)2个,海外名师项目2个,完成合作科研项目13个,聘请长期专家95人次,短期专家800多人次。共获国家资助经费639万元。1名外国专家获上海市荣誉市民,2人获上海市政府“白玉兰荣誉奖”。派出各类教师共1344人,学生1027人。参加在美国和澳大利亚教师英语教学培训20人。高级研究学者项目15人,会议资助32人。青年骨干教师出国研修项目资助36人。举办国际学术会议26次,签署校际和校企合作协议13份。⑤在校留学生共计2595人,同比增长6.4%;其中学历生1343人,占总数51%,同比增长48%。留学生结构层次高,本科、硕士、博士生配比合理,欧亚非美分布均衡。留学生英语课程总门数150门。启动中国政府奖学金本科外国留学生预科教育试点工作,吸纳理工类政府奖学金新生170人。⑥全年接待来访的港澳台地区各类人员共1136人次。开展与港澳台地区高校之间的学生校际交流交换,以及与台湾成功大学、台科大、逢甲大学、台湾中华大学和昆山科技大学等高校派遣和接受学生交换一学期工作。加强与台湾光华教育基金会的合作,光华教育基金会向学校捐赠一亿元人民币,设立资助大陆高校土木学院项目。

六、校园建设。①医学与生命科学学部学生实验中心和动物实验中心落成。上海国际设计中心大楼进入内部装修和室外总体施工阶段。同济联合广场A楼基本完成外幕墙施工,并进入室内装修阶段。设计与创意学院工程、意大利设计创意城步行街和彰武路校区新建学生公寓等建设项目的前期准备工作展开。②位于嘉定校区的电子与信息工程学院大楼工程、机械工程学院大楼工程和交通运输工程学院大楼等3个工程项目获上海市质监总站优质结构工程、上海市“白玉兰”奖;校后区的绿化景观工程基本完成;传播与艺术学院大楼工程通过竣工预验收;材料科学与工程学院大楼结构工程及风洞中心实验中心建设工程完成,风洞中心实验中心建设工程获上海市质监总站优质结构工程、上海市安装优质结构工程、上海市重大办文明工地、上海市文明工地、上海市“白玉兰”奖等多项荣誉;风洞中心研究大楼竣工,获上海市质监总站优质结构工程,上海市“白玉兰”奖;多功能振动实验中心工程的土建工程展开;轨道交通综合试验系统工程(一期)进入综合试验阶段。医学与生命科学大楼修缮改造工程、同济大学海洋科技中心暨海洋地质国家重点实验室海底观测基地工程和同济大学附属同济医院外科医疗教学大楼工程开始前期准备工作。

七、学校管理。①至10月底,学校产业实现收入24.25亿元,同比增长17.57%;净利润1.45亿元,同比增长24.35%;上缴4766万元,同比增长9.11%。②上海市大学生科技创业基金会同济分基金的资金规模1500万元,设立大学生科技创业项目46个,立项资金715.4万元,所有项目均成立公司,并入驻位于科技园内的大学生创业园，注册资金2028.2万元，就业人数270多人。学校推荐的同臣环保等7家大学生企业获得科技部中小企业创新基金资助，无偿资助金额230万元。③南北教学楼、四平路校区图书馆及嘉定校区教学楼全年节电超过85万度，折合人民币近81万元；饮食中心集中改造学苑快餐部和食堂冷库，两年内节省电费收回投资。完成留学生楼改造工程、完成宿舍楼大修改造以及设施更换工程。学校“节约型校园建设技术集成及示范”项目获教育部科学技术类一等奖。9月，《Nature》杂志专文介绍学校节约型校园建设情况。④学校获“全国精神文明建设工作先进单位”称号，获“2007—2008年度上海市文明单位”称号。上海大学生戏曲艺术实践基地与上海市京昆艺术中心合作，先后举办“弘扬传统文化，共迎世博盛会”上海大学生京昆动画作品大赛、“高雅艺术进校园·百场京昆公益演出项目”座谈会等活动。⑤校园信息化建设。教职工、本科生、研究生等人员基本信息实现系统间的数据共享。6月，办公自动化系统运行。教职工个人年度考核（人事系统）和处级干部年度考核（组织系统）实现网上实名认证与考核。11月，“985工程”、“211工程”等重点建设项目的专项经费管理系统和设备管理系统试运行。学校信息门户改版。

（孙　竞）

**［环同济研发设计服务特色产业基地揭牌］**　4月18日，环同济研发设计服务特色产业基地在学校揭牌。全国政协副主席、科技部部长万钢，上海市副市长沈晓明分别致辞并共同为基地揭牌。环同济研发设计服务产业基地由核心圈、扩展区和辐射点三个层次构成。其中“核心圈”以同济大学四平路校区为核心，面积约2.6平方公里。“扩展区”是以四平路为中轴线呈对称状的五边形区域，面积约10平方公里。作为环同济研发设计服务产业基地之一的环同济知识经济圈，自2007年6月由学校与杨浦区政府共同建立以来，逐步形成以设计为主体，包括图文制作、建筑模型、装潢、设计咨询类企业相配套的一条完整的产业链，从最初的100余家发展到目前近1000家，2008年总产出102亿元。

（孙　竞）

**［《同济与世博》展览开幕］**　5月17日，《同济与世博》大型展览在学校综合楼拉开帷幕。全国政协副主席、科技部部长万钢，全国人大常委、教育部原副部长吴启迪，上海市政协副主席、上海世博局副局长周汉民，校党委书记周家伦、校长裴钢、常务副校长李永盛等出席开幕式，并共同为展览剪彩。《同济与世博》大型展览分为综合篇、建筑规划篇、建筑设计篇、发展管理篇、能源环境篇、交通畅达篇、建设保障篇、科技项目篇、志愿服务篇等版块，共计110余幅展板，全面记录同济人为上海世博会成功举办做出的努力。

（孙　竞）

**［多功能振动实验中心开建］**　5月25日，包含当今世界规模最大的四座地震模拟振动台组系统、国内荷载最大的结构抗疲劳实验系统的“同济大学多功能振动实验中心”项目，在嘉定校区奠基开工。工程建成后将为我国广泛领域内的振动和抗震试验研究、大型结构抗疲劳性能研究提供一个开放性的试验平台支撑。这也是学校“985工程”二期重要建设项目。该工程总建设用地约16258平方米，总建筑面积约14590平方米，计划于2011年6月建成并投入使用。

（孙　竞）

**［同济大学设计创意学院成立］**　5月26日，学校设计创意学院揭牌成立。学校与瑞安集团合作共建的“同济设计创智中心”同日挂牌。设计创意学院将与校内其他学科实行融合、交叉，以跨学科方式开展有同济特色的设计教学与科研，加强与一批国际知名设计院校的密切合作，推广互认学分与双学位课程。设计创意学院将在全球范围选聘院长及优秀专业课教师。设计创意学院出面为同济设计创智中心向全球招募著名设计专家建立设计工作室，为学生提供设计实践场所。由设计创意学院师生开发的品牌设计产品，将在创智中心展示、销售。

（孙　竞）

**［同济女子书院揭牌］**　5月26日，同济女子书院在学生社区揭牌。全国人大常委、教育部原副部长、同济女子学院顾问委员会主任吴启迪，上海市妇联副主席黎荣，校党委书记周家伦出席并致辞。周家伦和黎荣为“同济女子书院”揭牌，随后又分别为“女性俱乐部”和“女性沙龙”揭牌。揭牌仪式上，吴启迪和校党委副书记马锦明等向女子书院特聘学业导师、职业导师、艺术导师和生活导师代表颁发聘书。

（孙　竞）

**［上海大学生创新活动论坛举办］**　5月30日，由上海市教委主办、学校承办的首届上海大学生创

新活动论坛在校开幕，来自17所沪上高校的170项优秀大学生创新活动项目案例展出。教育部高教司副司长刘桔宣读教育部贺信。校长裴钢，中科院院士、上海市科协主席沈文庆，振华港机(集团)总裁管彤贤，香港瑞安集团董事长助理周永平在创新教育高峰论坛上作大会报告。市教委主任薛明扬在闭幕式上讲话，市教委副主任王奇、常务副校长李永盛致辞并为《成果展》揭幕。论坛展示优秀大学生创新活动项目案例。同济大学学生刘立宇的《千米级部分外锚斜拉桥模型试验研究》、俞为妍的《虚拟地下空间中的人类逃生行为机制研究》两个项目入选“我印象最深的十佳项目”，学生金梦奕设计的徽标入选“创新活动计划”入围徽标。

(孙　竞)

**[环同济设计创意产业集聚区揭牌]**　9月12日，上海环同济设计创意产业集聚区揭牌。学校与市经济和信息化委员会、杨浦区政府共同签署《关于进一步加强合作，联手推进上海环同济设计创意产业集聚区的合作意向书》。上海环同济设计创意产业集聚通过有效集成大学优势设计类学科资源，发挥大学知识溢出效应，如今已吸引近1200家设计类企业集聚，从业人员近3万，形成以现代设计为主体的典型的设计创意产业集群，上年总产值102亿元。2009年上半年，总产出59亿元，同比增长19.3%。4月，环同济知识经济圈被国家科技部火炬计划批准为“环同济研发设计服务特色产业基地”。

(孙　竞)

**[国内首个地面交通工具风洞落成]**　9月19日，由学校承建的国内第一个“汽车风洞”——上海地面交通工具风洞中心在嘉定校区落成。全国政协副主席、科技部部长万钢，上海市副市长沈晓明，教育部部长助理林蕙青，上海市原政协主席蒋以任，全国人大常委、教育部原副部长吴启迪，铁道部运输局局长、副总工程师张曙光，中国商用飞机有限公司副总经理、大型客机总设计师吴光辉，校党委书记周家伦、校长裴钢等出席仪式。

(孙　竞)

**[开通首条轨道交通试验线]**　9月19日，学校在建的“城市轨道交通综合试验系统”千余米长的轨道交通试验线在嘉定校区开通，一列含两节车辆的试验车在该试验线上运行试验。这将为我国城市轨道交通装备核心技术研发、以形成具有自主知识产权的轨道交通装备制造业提供必备的试验及测试公共性平台支撑。全国政协副主席、科技部部长万钢，上海市副市长沈晓明，全国人大常委、原教育部副部长吴启迪，校党委书记周家伦、校长裴钢等出席试验线开通仪式。

(孙　竞)

**[14名学生参加联合国气候变化大会]**　12月7日，联合国气候变化大会在丹麦首都哥本哈根开幕，学校两支学生队伍共14人参加大会。大会期间，学生参加报告会，接受媒体采访，并介绍中国为应对气候变化采取的积极行动。12月13日、14日，作为联合国气候变化大会分论坛之一的“可持续校园”学子论坛在哥本哈根大学举行，来自世界各地17所大学组成的15个代表团在哥本哈根大学礼堂内展示各团队创建绿色校园的学子行动方案。学校代表团整合环境科学、海洋科学、低碳发展以及可持续能力管理等多学科研究领域的学生代表，在可持续发展校园现状总结、问题识别、方案设计等方面进行展示与讲演。

(孙　竞)

**[冯纪忠逝世]**　12月11日上午9时55分，著名建筑学家、建筑师和建筑教育家，中国现代建筑奠基人、中国城市规划专业与风景园林专业创始人，中国现代建筑、城市规划及风景园林教育的一代宗师，同济大学教授，建筑与城市规划学院名誉院长冯纪忠因病医治无效，在上海逝世，享年94岁。12月17日，冯纪忠告别仪式举行。冯纪忠的亲属、朋友、相关单位领导与学校师生300余人出席告别仪式。12月31日，冯纪忠追思会暨“冯纪忠与同济”图片展在建筑与城市规划学院举行。会上，“冯纪忠奖励基金”成立。奖励基金由冯纪忠家属发起，并捐赠100万元人民币作为启动资金，将设立“冯纪忠奖励基金教师奖”、“冯纪忠奖励基金学生奖”，分别用于奖励学校建筑与城市规划学院教学业绩突出的教师、学业成绩最优异的学生。

(孙　竞)

## 附：学校负责人及地址

(2009年1—12月)

校党委书记：周家伦

副书记：陆敏恂、马锦明、姜富明、李　昕(12月到

任)、方守恩(12月到任)

校　　长:裴　钢
常务副校长:李永盛
副 校 长:陈小龙、郑惠强、伍　江、董　琦、陈以一、蒋昌俊

四平路校区地址:四平路1239号
邮编:200092
电话:65983803　65982200

嘉定校区地址:曹安公路4800号
邮编:201804
电话:69589712

沪西校区地址:真南路500号
邮编:200331
电话:51030050

沪北校区地址:共和新路1238号
邮编:200070
电话:66052637

# 同济大学同科学院

**[2009 年概况]** 学院开展学习实践科学发展观活动。学院现有 6 个系，开设 14 个专业，在校学生 1050 人。现有专任教师 61 人，其中具有高级职称教师 8 人、副高职称教师 22 人。

完善教学管理，确保教育质量。6 个专业通过市教委新专业检查。落实教学任务，落实教学资源，落实教学环节。加强教学督导，召开教学督导工作会议，完善和改进教学检查制度，启动学生分类指导工作。实施"一系一课"建设，重视建设过程管理，6 个项目通过中期检查。

推进专业建设，开展实践教学。完善活动管理制度，制定《第三期学生创新实践训练（SIT）活动实施细则》，实行学分计算办法。立项 66 项，结题 64 项，参与学生 382 人，指导教师 62 人，评出特等奖 1 项、一等奖 6 项、二等奖 10 项。

完成上海市智能化楼宇技术类实训基地建设，该项目得到地方财政资助 130 万元。完成 3 个实验室改造。再次得到西门子楼宇科技公司安全防范系统设备资助。1 项市教委重点课程建设项目结题。出版 3 本教材，其中包括普通高等教育"十一五"国家级规划教材《社区护理》。1 人获上海市科技进步奖，1 人获上海市教育基金会"晨光计划"资助。

加强学风建设，构建和谐校园。围绕学风建设开展主题教育活动，学生干部成立的"自律委员会"继续对学生进行自律管理。举办学习经验交流会。以"青春同科，相约和谐"为主题举办第三届校园文化艺术节。学生会组织"中华诵"经典诵读、"创意美化生活、行动喜迎世博"征文等活动。各团支部开展"文明生活、健康成才"主题团日活动。学生志愿者大队深入社区奉献爱心。成立红十字志愿者服务队。

开展心理健康水平调查和测试。为班主任开设心理咨询知识系列讲座和培训，完善重点学生档案，跟踪有心理问题的学生。建立"学生党员、学生干部队伍——班主任、辅导员——学生管理部门"三级联系机制，保证信息通畅，对突发事件及时获取信息，及时采取措施，保证突发事件得到及时妥善处理。

多种措施并举，促进学生就业。成立学生就业工作领导小组和工作小组。建立毕业生信息库及联络网。保持和巩固与企业的联系，推出激励机制，制定毕业生就业工作奖励办法。多渠道、多方位收集就业信息并及时发布。组织多场讲座为毕业生提供就业指导。与上海市慈善教育培训中心合作开展"NFTE 创业培训"，推荐学生参加全国创业大赛。组织学生参加学校举办的就业招聘会，提供校外各种招聘会信息，邀请数十家企业到学院举行招聘会。建立毕业生信息库，向用人单位发放推荐手册，建设学院就业网站。分别对已签约和未签约的毕业生进行就业调查，了解毕业生就业状况和择业心理。

（朱伟萍）

**[召开一届三次教代会]** 1 月 13 日，学院召开第一届第三次教代会。大会听取、审议并通过院长吕才明所作题为《坚持以教学为中心，努力拓展办学空间和发展路径》的工作报告以及副院长沈建洪所作的学院财务工作报告。院党委书记吴兵到会讲话。

（朱伟萍）

**[市智能化楼宇技术类实训基地建成]** 12 月，学院完成由市教委资助 130 万元的上海市教育高地第四期建设项目——上海市智能化楼宇技术类实训基地。该基地由楼宇机电设备综合自动化实训系统、小区智能设备实训系统、通信实训系统和 PLC 可编程序控制器综合实训系统及其实验装置组成，在建设中力求突出"目标科学、环境真实、项目实用、设备先进、师资优良、模式新颖"的特点。该实训基地与学院原有的上海市城市建设与管理实训基地优势互补、资源共享，可为学院和上海市高校相关专业的学生，以及企业、行业和社会的职业培训等提供优质的服务。

（朱伟萍）

**[获市科技进步奖]** 学院教师许乙弘的《上海城市建筑遗产保护与再生技术》项目获上海市 2008 年度科技进步三等奖。许乙弘多年来致力于建筑学

及室内设计研究，担任学院城市建筑与室内设计研究中心主任，先后在核心刊物发表《Art Deco 的源与流——中西摩登建筑关系研究》、《历史建筑保护与室内环境的更新》等多篇论文，近 5 年来完成 5 项纵向课题。《上海城市建筑遗产保护与再生技术》项目着重研究和探索在现代条件下，如何合理地保护上海城市建筑遗产，通过合理运用相关的现代保护技术和手段，延续历史建筑的生命，同时保持建筑的历史原真性和历史价值，为上海城市建筑保护提供技术支持。

（朱伟萍）

**［颁布建筑工程算量师资格认证标准］** 12 月 22 日，同济大学"建筑工程算量师（土建）"认证证书揭晓仪式及岗位资格认证标准评审会在同济大学教育培训中心举行。上海市人大常委会副主任、同济大学副校长郑惠强等领导及专家、行业代表出席仪式。该认证标准是首个由上海高校主持制定的新型岗位资格认证标准，是在当前急需开发适应企业实际生产经营需求的技能培训新标准，经政府主管部门、行业权威部门和龙头企业技术专家共同评审后推出的。认证等级分为初、中、高三级，参加在岗培训或岗前培训人员，通过考证即可获得岗位资格认证证书。该标准融入了新岗位中新技术、新材料、新工艺的运用，将适时更新，每两年根据企业岗位技能需求变化作相应调整。

（朱伟萍）

**附：学校负责人及地址**

（2009 年 1—12 月）

董 事 长：丁洁民
副董事长：陈小龙

院党委书记：吴　兵
副书记：陈　凤

院　长：吕才明
副院长：王国强、沈建洪、吴家正

地址：共和新路 1238 号
邮编：200070
电话：66052501
传真：66052500

# 华东师范大学

［**2009年概况**］　学校开展学习实践科学发展观活动，经过学习调研阶段、分析检查阶段和整改落实阶段，学习实践活动取得明显效果。学校占地总面积206.7公顷，设置全日制学院19个，管理型学院2个，高等研究院4个，含56个系，70个本科专业。其中中文、历史、数学、地理、心理和物理6个专业是国家文理科基础科学人才培养和科学研究基地。拥有14个一级学科博士点，122个二级学科博士点，8个一级学科硕士点，178个二级学科硕士学位授权点，1个专业博士学位授权点，7个专业硕士学位授权点，18个博士后科研流动站。拥有教育学、地理学2个一级学科国家重点学科（涵盖教育学原理、自然地理学等13个二级学科），5个二级学科国家重点学科、5个国家重点培育学科和12个上海市重点学科；拥有2个国家重点实验室，1个国家野外科学观测研究站，6个教育部重点实验室和工程中心，6个教育部人文社会科学重点研究基地及6个上海市重点实验室和工程中心。2009年录取本专科生3732人，比去年增加32人；录取全日制研究生3441人，其中硕士研究生2076人，博士研究生577人，专业学位硕士研究生788人；来自"985工程"高校的生源达35%以上；招收博士后研究人员58名，出站38名。目前，在校全日制学生23979人，其中本科生13829人，专科生696人，硕士生7347人，博士生2107人。

推进教师教育改革。参与制订《国家中长期教育改革和发展规划纲要》，承担《上海市中长期教育改革和发展规划纲要》（华东师大版）制定工作。建立"中国教师教育政策研究数据库"；研制"中国教师教育标准"和"中国校长专业标准"。完善公费师范生培养模式，招收第三届公费师范生。学校加强孟宪承书院建设，建立教师教育为特色的孟宪承教育图书馆；推行双导师制，发挥基础教育特聘教授和兼职导师的作用。实施师范生卓越人才培养计划，首批30名国家公费师范生赴美国哥伦比亚大学教师学院进行为时四周的学习体验。举办"走向教育家"全国中学校长论坛；举办"上海市托幼机构工作人员儿童急症救助基本技能培训"，共培训1400余名"护苗计划"培训师。设立上海市特殊教育资源中心，是全国首家集咨询、研究、评估、服务于一体的跨学科、多功能的从事特殊教育研究与服务的专业机构。召开继续教育工作会议。与闵行区政府、紫竹科技园区签署《全面合作框架协议》；与杨浦区签订教育全面合作协议。加大与新疆师大、云南师大、贵阳学院等西部高校的对口支援力度，主动参与上海市对口培训云南骨干教师项目和对口支援都江堰培训项目。

增强学科综合竞争力。12位教授被聘为国务院学位委员会第六届学科评议组成员。新增认知神经科学、言语与听觉科学2个二级学科博士学位授权点；新增教育博士、翻译硕士2个专业学位点；新增理论经济学、政治学、电子科学与技术和公共管理4个博士后流动站。

提升科研创新能力。共获得86项国家自然科学基金的资助，比上年增加19项，2人获得国家自然科学基金委杰出青年基金；获得22项国家社科基金项目，1项全国教育科学国家社科项目，1项教育部哲学社会科学重大攻关项目，13项教育部人文社会科学重点研究基地重大项目，1项上海市社科重大项目，到校课题经费总数预期2.2亿元。自然科学方面，学校科研人员申请国家发明专利145项，发明专利授权47项；在一级学科顶级刊物上发表科技学术论文23篇。人文社会科学方面，学校17项成果获得全国高校第五届人文社会科学优秀成果奖，其中一等奖3项。在"全国高校社科文库"首批入选书目中，学校有6部书稿入围。学校组织首次人文社科原创奖评审和颁奖。

优化教师队伍结构。在高层次人才队伍建设方面，学校通过中组部的"千人计划"引进6名教授；新入选"长江学者"4人，总数增至12人；新增国家杰出青年科学基金获得者2人、全职引进1人，总数增至15人。学校加快实施"青年英才培育计划"和"晨晖青年教师发展资助计划"。有67名青年教师获得国家留学基金委资助赴国外高水平大学留学深造，22人入选"新世纪优秀人才支持计划"，4人入选"上海市领军人才"，2人入选"上海市优秀学科带头人”，1人入选上海市“东方学者”，6人入选“上海市科技启明星计划”，21人入选“浦江人才计划”；其中文科入选浦江人才计划项目和上海市晨光计划项目的人数分别为14人和4人。

完善人才培养体系。学校共开课门次达5275门；新增国家级精品课程7门，总数达到18门；新增上海市级精品课程6门，总数达到53门；国家级双语教学示范课程达到4门；3门课程入选上海市示范性全英文课程。教师教育实验教学中心入选国家级实验教学示范中心。哲学、学前教育专业入选第四批国家级特色专业建设点。3位教授获得第五届上海市教学名师奖；“实验心理学”教学团队获国家级优秀教学团队，“实验心理学”、“大学语文”教学团队获上海市优秀教学团队。共有2082名本科生参加492项课题研究，新增国家级课题50项、市级课题60项，总资助经费187万元。有202名本科生去国内知名高校交流，有350名赴境外高校进行学习。跨学科招收推免生，重点支持前沿技术和基础科学领域；推进研究生结构调整与培养模式改革，增加专业学位研究生数量，适当压缩学术型研究生规模。共有139名研究生获得国家留学基金委资助。5篇博士论文获全国百篇优秀博士论文提名。研究生就业落实率达到95.50％，本科生达到93.31％。

推进国际化办学进程。召开推进国际化进程工作会议，提出《华东师范大学推进国际化进程的若干意见》。推进与法国巴黎高师集团的合作，将从本科四年级选拔联合培养的学生，培养年限由原来的2年延长至3年，并共同组建中法联合研究院。与纽约大学、浦东新区合作筹建上海纽约大学，探索国际合作建设高水平大学的新模式。与美国康乃尔大学合作，创建以“双边建制的实质性国际合作”为特点的“比较人文研究中心”。实施与美国五校联合培养博士生项目，来自美国密歇根州立大学、华盛顿大学、德拉华大学的9名博士生作为首批交流生来学校学习。与日本奈良教育大学、法国南特大学、德国美因茨大学等40所海外大学和研究机构签署了学术交流、学生交流及联合培养等实质性的合作协议。在校留学人员总数为3600人，比上年增长13％；其中学历生622人，比上年增长12％。在校留学人员的国别从去年的78个国家增至87个国家。接待了来自美、意、德、日、韩等国家22个短期留学生项目近600人。新增加与俄勒冈大学合作的海外孔子学院，使学校海外孔子学院达到6所。

强化基础建设工作。闵行校区9—11号本科生公寓建成交付使用；资环生化楼群结构封顶，开始专业单项安装及粉刷工作；传播艺术楼结构封顶，预计2010年6月交付使用；完成闵行校区动物房建设，即将验收移交；完成交付生物系玻璃温室工程376平方米建设等。

（汤　涛　李　芸）

**［保加利亚副总理来校访问］**　3月24日，保加利亚共和国副总理兼外交部长伊瓦伊洛·卡尔芬来校访问，受聘担任学校顾问教授并做题为《黑海区域的地位以及保加利亚对该地区稳定与发展的贡献》的演讲。

（汤　涛　李　芸）

**［获世博会城市足迹馆总设计单位资格］**　学校设计学院《世博会城市足迹馆》设计方案中标，获得该馆的总设计单位资格。世博会城市足迹馆是2010年上海世博会五大主题馆中最大的场馆，建筑面积达2万平方米，主要展示世界城市和城市文明发展的历史足迹。

（汤　涛　李　芸）

**［获“全国五四红旗团委”称号］**　学校学前与特殊教育学院团委作为上海市唯一高校系统团委荣获2008年度“全国五四红旗团委”称号。学特学院团委“以党建带团建为原则、以思想教育为主线、以组织建设为依托、以服务青年为根本，以专业化志愿服务为品牌”，在班子建设、主题活动、支部建设、阵地建设等方面成绩显著。

（汤　涛　李　芸）

**［召开“新基础教育”成果发布会］**　5月16日，“新基础教育”成型性研究成果发布暨现场研讨会在华东师大举行。教育部副部长陈小娅、上海市副市长沈晓明等出席会议并讲话。叶澜领衔的“新基础教育”研究，推动了我国基础教育学校的转型性变革与发展，培养了一批中青年学者，催生了中国第一个本土教育学学派——“生命·实践”教育学派的面世。

（汤　涛　李　芸）

**［共建国际关系与地区发展研究院］**　6月1日，“国家开发银行——华东师范大学国际关系与地区发展研究院”与“国家开发银行——华东师范大学上海合作组织研究院”在学校揭牌成立。这是经济

界联手高校共同推进我国高等教育事业发展的一次新尝试，旨在将其建设成为以俄罗斯与大国关系问题研究为核心，在国际关系与地区发展研究领域具有与国家发展目标和国际学术前沿水准相匹配的研究机构。上海合作组织首任秘书长、前中国驻俄大使、中国国际问题基金会理事长张德广受聘为上海合作组织研究院名誉院长。

（汤　涛　李　芸）

**[完成崇明生态岛建设前瞻性研究]** 学校城市与区域规划研究院院长曾刚带领课题组完成“崇明生态岛建设指标体系研究总报告”，构建了一套由社会和谐、经济发展、环境友好、生态文明、管理科学5大专题、15项评价主题、24个核心指标构成的崇明生态岛建设指标体系，完成了事关崇明生态建设的前瞻性研究。

（汤　涛　李　芸）

**[有关癌症的研究获突破]** 由生命科学学院生命医学研究所所长刘明耀领衔的团队，在国际权威杂志《癌症研究》、《Development》上发表一系列关于中草药单体化合物抑制癌症生长的文章，揭示出植物药单体化合物在抑制肿瘤生长方面的巨大潜力，该发现还直接影响心血管疾病、糖尿病等重大疾病的攻克。

（汤　涛　李　芸）

**[开展中长期规划纲要编制工作]** 9月14日，学校成立起草工作领导小组，开展《规划纲要》编制工作。各院系(所)均成立编制领导小组，召开教授会议或青年教师会议，讨论、起草分规划草案；学校职能部门成立专项编制领导小组，研究、起草专项规划草案。《规划纲要》编制工作秘书组在深入调研的基础上，制定“学校总体发展战略专项”，并在院系分规划草案和专项规划草案的基础上起草《规划纲要》总文本。

（汤　涛　李　芸）

**[参加“挑战杯”竞赛名列全国第三]** 在第十一届“挑战杯”全国大学生课外学术科技作品竞赛中，华东师大参赛队获得1个特等奖、3个一等奖、1个二等奖、1个三等奖，以总分370分的成绩名列全国第三、上海第一，再次捧得“优胜杯”，并荣获“优秀组织奖”。

（汤　涛　李　芸）

### 附：学校负责人及地址

（2009年1—12月）

校党委书记：张济顺
　　副书记：罗国振、林在勇、朱　民

校　　长：俞立中
副校长：庄辉明、林在勇(兼)、范　军、任友群、陆　靖、陈　群、朱自强

中山北路校区地址：中山北路3663号
邮编：200062
电话：62232214

闵行校区地址：东川路500号
邮编：200241
电话：021—54344815

# 华东理工大学

［**2009年概况**］ 学校招收本科生4771人，硕士研究生（含专业学位）2210人，博士研究生310人，全日制在校学生总数为2.64万人。

人才培养质量稳步提高。学校推进国家教学团队建设、国家特色专业建设、精品课程建设、国家级规划教材建设、大学生创新教育工程、实验教学示范中心建设。新增国家教学团队1个，上海市教学团队2个；新增国家教学人师1人，上海市教学人师2人；新增国家特色专业2个；新增国家精品课程3门，国家双语示范课程1门，上海市精品课程4门，入选2009年上海高校示范性全英语课程建设项目3门，上海市重点课程建设项目13门，启动校精品课程16门、重点课程52门、双语课程3门。在教学改革中，以《物理化学》、《机械设计》、《数学模型》等精品课程建设为载体，发扬“少而精、博而通”的教学传统、探索“手/脑结合”、“人文与理工紧密结合”等教学模式。编著出版53本“十一五”国家级教材，启动61本“十二五”规划教材。申报获准50项国家大学生创新实验计划项目和50项上海市大学生创新实验计划项目，123人次本科生参加全国地区以上各类实践大赛，学生署名发表论文80篇，获得专利18项。推进国家示范实验中心的建设，新增上海市实验教学示范中心1个。计算机科学与技术、过程装备与控制专业通过工程教育专业认证。获得国家教学成果奖6项，上海市教学成果奖28项。

举办第十届研究生“秋韵节”。探索新形势下培养方案改革新思路，完成培养方案试点工作。强化博士研究生创新能力，实施研究生教育创新计划，资助43项（人）参加国内外会议和国外访学，举办2个全国博士生学术会议，3个项目获上海市研究生创新计划项目立项。启动优秀博士学位论文培育计划，7篇博士学位论文获立项资助。强化导师队伍建设，实施博士生指导教师与硕士生指导教师招生审核。

成人高等教育、非学历教育、自学考试办学规模进一步增长。网络学院发展良好，荣获“新浪2008中国教育盛典十大品牌网络教育学院”。

师资队伍建设不断增强。加强高层次创造性人才队伍建设，1人受聘为教育部长江学者，2人获国家杰出青年基金，2人入选新世纪百千万人才工程国家级人选，1人获十一届“中国青年科技奖”，2人受聘为上海市“东方学者”特聘教授，2人入选上海市领军人才，2人入选上海市优秀学科带头人计划。继续实施特聘教授和讲座教授制度，新增校特聘教授3人，讲座教授5人。年内，新聘教职工168人，请52位海内外专家担任学校名誉教授、客座教授和兼职教授。加大优秀青年教师培养力度，4人入选“曙光计划”项目，6人入选新世纪优秀人才支持计划，4人入选上海市科技启明星计划，13位回国人员获得上海市浦江人才计划资助，2人入选上海市教育发展基金“晨光计划”等项目，27人入选2009年度上海市优秀青年教师后备人选计划。校内人员晋升教授20人，晋升副教授63人，76人获选拔培养优秀青年教师基金资助。博士后规模稳步扩大，博士后科研流动站从7个增加到9个。大力推动教师个人职业愿景发展规划，加强师德师风建设，1人被评为“全国优秀教师”，4人被评为上海市模范教师，4人获宝钢教育优秀教师奖，11名教师获上海市育才奖，34名教师获校优秀教育工作者称号。师资队伍学历层次明显提高，教师中具有博士学位的比例为55.0%，比上年增长5.2%。

学科建设扎实推进。进一步完善“985工程”创新平台建设项目实施方案，召开“优势学科创新平台”实施方案中国石化集团公司专家论证会，启动相关子平台详细论证和实施方案制定修改工作，下拨资金启动平台硬件购置工作。开展学校“211工程”三期建设项目建设方案，基本完成国家发改委2008年专项资金和2008年、2009年财政部专项资金规划预算的使用。开展校卓越计划工作，下拨6个卓越计划一期项目建设资金，启动第二期13个卓越计划二期建设项目，预计投入资金2645万元。成功申报法律硕士等3个专业学位授权点，完成第十批增列的15个博士点（含一级学科）以及19个硕士点（含一级学科）的立项建设。

科学研究取得成绩。承担各类科研课题1000余项，科研项目经费到款总额达28299.32万元。新签订科研项目合同921项，合同金额22662.81万元。2008年发表科技论文，其中，SCIE 696篇，EI 595篇，被引用论文篇数767篇共2309次。年内，共获各类奖项29项，其中，获国家科技进步二等奖5项，获省部级奖项共20项，人物奖4项。人文社会科学研究工作稳步向前推进，本年度人文社会科学项目经费到款达到798.80万元，较上年增长12%，教育部项目有重大突破，立项19项，到款83.4万元，创历史新高。产学研合作项目"乙烯生产过程先进控制技术"入选教育部"2008中国高校产学研合作十大优秀案例"。10月22日，教育部公示2009年度人文社科规划项目的立项清单，学校17个项目获准立项，其中规划项目4项，青年项目13项。

学校修订《华东理工大学学生宿舍园区管理条例》等规章制度。奉贤校区图文信息中心、体育馆、工程训练中心等基建项目积极推进。学校启动徐汇校区教师公寓建设工作。后勤及安全保卫等工作平稳运行。学校第七次被评为上海市文明单位。学校开展"双创"活动，修订《治安综合治理工作评估标准》，通过2008—2009年度上海市安全文明校园验收。学校初步完成大型仪器设备开放、共享及信息化管理平台建设并试运行。实现全校固定资产数据、各类经费在实验室与装备处的使用情况明细、仓库库存以及徐汇校区的实验室用房信息等在规定的授权范围内可通过校园网查询。进一步完善财务管理制度，加强审计工作，促进财政资金合理、有效地使用。调整校内现代教育中心等二级单位的经济分配政策，体现分配的公平合理，提高学校各项建设的效益。完善工作制度，组建华理资产经营有限公司，校产工作进一步规范。

国际合作交流进一步拓展。建立学校—学院—教授多方位、多层次国际合作与交流运作模式。注重与世界著名高校间的交流与合作，与美国休斯敦大学合作开展"3＋1＋X"等多个学生交流项目。依托国家公派项目，选派优秀师生出国研修，共选派48人研究生出国学习。国家留学基金委青年骨干教师1∶1配套出国留学项目从10人增加到18人，公派出国进修教师5人、合作研究3人、博士后研究2人。邀请英国女王大学Silva等10人国外知名教授学者来校讲学。设立专项经费资助举办高水平国际会议，举办全面工程教育国际研讨会、中日韩农药科学2009研讨会等国际会议10余个。拓展留学生规模，提高留学生层次，外国留学生人数达1200余人，其中学历留学生占总人数40%以上。进一步发挥中德工学院等对德合作的平台作用，拓展合作领域，提高合作层次，中德工学院顺利通过本科专业国际认证。

学生工作成效显著。以"学习落实科学发展观，推进大学生思想政治教育和学风建设，养成健康学习生活习惯"为工作主线，重点做好大学生就业、稳定及队伍建设等工作。依托形势政策课、华理讲坛、海湾论坛等渠道和平台，结合新疆"7·5"事件等重大事件，抓住时机对学生进行教育，引领正确舆论导向，提高学生政治辨别力。12月9日，由学校31位来自汶川地震灾区的延考生自编、自导、自演的舞台剧《延考生》在2009年上海大学生校园戏剧展演活动中荣获一等奖。组建汶川地震灾区延考生"明德班"，开创新时代高校学生思想政治教育新模式。重视毕业生就业工作，促进大学生就业，至12月20日，研究生就业率为99.58%，本科生就业率为96.40%，学校被评为上海市普通高等学校毕业生就业工作先进集体。做好大学生创业工作，大学生创业基金共资助12个创业项目，资助金额总计107万元。构建全方位帮扶体系，评选各类奖学金共1400余万元，助学金613.4万元，解决勤工助学岗位9978人次，同时为102人同学减免学费，慈善爱心屋累计发出帮困物资达30万元，受益学生3000余人。完善辅导员队伍建设模式，开展辅导员双向挂职锻炼工作。学校代表国家征战2009年贝尔格莱德第25届世界大学生运动会并获得佳绩。学校征兵工作被市政府、上海警备区评为征兵工作先进单位。

全面实施"服务青年成才工程"。加强思想引领能力建设，建设时代青年理论学习实践营等10个大学生理论学习型社团。组织50余场人文经典读书活动。开展5期"前沿讲坛"，6期学术导航等高水平学术讲座。加强发展支持能力建设，举办第二十二届文化艺术节、第二十三届思想学术节等系列活动。学校开展第四届"奋进杯"大学生创业计划竞赛。在第十一届"挑战杯"全国大学生课外学术科技作品竞赛中获得优异成绩。组织学生开展寒暑假社会实践活动，招募选拔15人西部计划志愿者，300人世博宣传志愿者，2310人园区志愿者候选人，1070人城市站点志愿者候选人。加强青年工作研究，发表青年工作研究论文10余篇，《高校BBS论坛和谐发展的SWOT分析与对策探讨》获得上海市共青团工作调研三等奖。加强基层团支部活力建设，2个学院分团委被评为2009年上海市五四特色团委。

管理服务水平进一步提升。完善和改造校园信息化网络基础环境，调整和扩容整个校园网的出口带宽。开发面向全校的信息服务管理平台、环境设备监控系统以及网络设备管理平台，确保网络和各应用系统的稳定和可靠运行。学校生态校园建设初见成效，完成对徐汇校区河道综合治理工作，基本消除河道黑臭现象，奉贤校区通海湖河道水质得到明显改善，"校园绿化包干及认建认养"工作全面启动，学校被评为"上海市绿化先进单位"和"全国高校节能工作先进单位"。

（陈莉丽）

**[对口支援新疆石河子大学签约仪式举行]** 3月24日，学校对口支援新疆石河子大学签约仪式举行。教育部高教司办公室主任康凯、石河子大学校领导参加签约仪式，党委书记沈伟国主持仪式，校长钱旭红与石河子大学校长向本春代表双方签署《华东理工大学对口支援石河子大学协议书》。

（陈莉丽）

**[俞正声、成思危等来校视察]** ①4月9日，市委书记俞正声，市委常委、市委秘书长丁薛祥一行来校煤气化教育部重点实验室视察调研，俞正声等领导参观考察了洁净煤研究所的实验室，并进行座谈。副校长于建国汇报学校总体情况和"985工程"优势学科创新平台建设方案，于广锁教授介绍学校煤气化技术研究开发过程、产业化情况，并对上海发展IGCC（Integrated Gasification Combined Cycle，整体煤气化联合循环）提出建议。②4月23日，原全国人大常委会副委员长、名誉校长成思危来校视察并召开座谈会，校党委书记沈伟国、校长钱旭红、副校长于建国、钱锋以及部分学院的教师代表参加座谈。

（陈莉丽）

**[举行首届EMBA开学典礼]** 9月5日，学校首届EMBA开学典礼举行。校长钱旭红、研究生院常务副院长、商学院院长等出席典礼仪式。之后，为EMBA项目标志物——雄鹰展翅揭幕。名誉校长成思危发来贺电。

（陈莉丽）

**[全面工程教育国际研讨会举行]** 10月23—25日，"全面工程教育"国际研讨会在学校举行。来自加拿大、美国、瑞典、英国、德国、印度、日本、捷克、斯洛伐克、韩国等国内外的80多位工程教育界的专家学者、企业代表、中学校长参加本次国际研讨会。校长钱旭红致欢迎辞，副校长涂善东主持会议。市教委副主任王奇、教育部代表都昌满发表讲话。在闭幕式上，举行"拜耳优秀教学奖"的颁奖仪式，来自中国、美国、英国、瑞典、日本等国的9名优秀教育工作者获得荣誉。此次研讨会由中国华东理工大学、加拿大萨斯喀彻温大学、美国犹他州州立大学、瑞典麦拉道伦大学共同主办，并得到拜耳技术服务（上海）有限公司的赞助。

（陈莉丽）

**[国家技术转移中心获金桥奖]** 10月29—30日，在河北省石家庄市召开的2009中国技术市场协会年会暨第四届金桥奖颁奖大会上，学校国家技术转移中心荣获"第四届中国技术市场协会金桥奖"先进集体奖，信息学院钱锋教授课题组承担的"乙烯装置先进控制与优化技术推广应用"项目荣获本届金桥奖的优秀项目奖。

（陈莉丽）

**[1项成果获工博会银奖]** 11月3—7日，学校10项成果参展2009年中国国际工业博览会。其中"用于反应器流场特性与细胞生理特性相结合研究的生物反应器"项目经过入展资格评审、材料评审、实物评审和评奖工作指导委员终审等几个阶段的评审，最终获得银奖。

（陈莉丽）

**[2项作品获创新设计大赛总决赛最佳奖]** 11月11—13日，2009ADI中国大学创新设计竞赛（UDC—University Design Competition）全国总决赛在深圳大学举行，来自清华大学、北京大学、浙江大学等全国著名高校的448项作品参加总决赛的角逐。经过作品展示、选手讲解、专家评判，由学校选送、代表华东地区高校参赛的作品。"基于AD7731的力值高精度采集系统"，"基于UHF RFID技术的实验室设备管理系统" 在单项奖的评选中分别获得"最佳原创奖"及"最佳硬件设计奖"。

（陈莉丽）

**[协办欧洲国际管理科学大会]** 12月7日，为配合在丹麦哥本哈根召开的全球气候大会，由欧洲管理协会主办，华东理工大学商学院协办的"第一届国际管理科学大会——2009年清洁技术管理科学大会"在徐汇区丹麦创新中心举办。本次国际管

理科学大会以“洁净能源技术:创新—技术转移—投资—制造”为主题,以“清洁技术的转换,合作与交流”为宗旨。来自中国、丹麦、德国、美国等各国相关部门的负责人和企业界人士在会上发表讲话。与会代表对于自身企业的优势和劣势,需要解决的问题等进行探讨。

(陈莉丽)

**附:学校负责人及地址**

(2009 年 1—12 月)

校党委书记:沈伟国

副书记:严　洁、沈　炜、蒋文文

校　长:钱旭红

副校长:陈英南、于建国、马玉录、涂善东、杨存忠、钱　锋

徐汇校区地址:梅陇路 130 号

邮编:200237

电话:64252500

奉贤校区地址:奉贤区海思路 999 号

邮编:201424

电话:33612038

# 上海外国语大学

［**2009年概况**］ 学校共招收本科生1495人、高职生327人、硕士研究生624人、博士研究生97人。本科毕业生1554人，就业率96.33%。高职毕业生265人，就业率81.13%。研究生毕业生999人，其中硕士生907人，博士生92人，研究生就业率93%。招收留学生长期生（包括语言生与学位生）3301人、短期生963人。学校开展成人教育、继续教育及各种形式的外语专业培训。

学校开展学习实践科学发展观活动。7月9日，中共中央政治局委员、上海市委书记俞正声来学校视察调研。10月30日，外交部部长杨洁篪来校看望师生，并作国际形势与外交工作报告。

年内，学校组织实施市级和国家级教学成果、精品课程、教学团队、教学名师等项目的申报和建设工作。本年度本科教学项目上海市级获奖或立项的有22项，国家级的有4项。加强教学六个基本环节，通过校园电子屏宣传"抓好教学六个基本环节，保障教学质量稳步提升"，落实检查监督。加强荷兰语、瑞典语、希伯来语、越南语、乌克兰语、翻译6个新专业的建设工作，促进人才培养方案的完善。2008—2009学年第二学期共开设45门课程，选修人数为2894人次；2009—2010学年第一学期共开设50门课程，选修人数为1988人次。俄语专业入选国家级特色专业建设点。完善本科教学质量监控体系，修订《上海外国语大学本科教学工作业绩考核办法》、《上海外国语大学本科教学质量保障措施》等教学管理条例，并会同人事处制定《上海外国语大学教学科研工作评价指标体系》。开展语言文字规范化工作，学校通过全国语言文字工作示范学校认定评估工作，获上海市语言文字先进集体，并被国家语委命名为国家级语言文字示范校。

中共中央政治局委员、上海市委书记俞正声视察学校

启动"211工程"三期建设的重点学科建设项目、创新人才培养和队伍建设项目、校内公共服务体系建设项目，其中重点学科建设项目进入中期阶段。规范项目经费使用，制定《关于"211工程"三期建设和重点学科建设项目管理和经费使用的指导意见》和《"211工程"三期人才培养项目经费具体使用办法》。成立上海外国语大学学风建设委员会，编写《上海外国语大学学风建设委员会章程》、《上海外国语大学学术规范》。修订《上海外国语大学学科建设管理条例》。完成《上海外国语大学学科建设和"211工程"三期建设绩效评价指标体系》的编制。

全年获国家社科基金项目4项，教育部人文社科研究及人文社科基地科研项目6项，上海市哲学社会科学规划及其他市级科研项目9项。横向课题

2项。科研成果数量大幅增长，在CSSCI来源期刊和海外刊物发表论文数356篇，比上年增长近50篇，涨幅近20%。1项成果获中国高校人文社会科学研究优秀成果奖。学术影响力不断提高，在2010—2011年CSSCI来源期刊、扩展版来源期刊、来源集刊遴选中，有6份刊物入选。其中，《外国语》、《外语界》、《中国比较文学》、《外语电化教学》和《国际观察》等刊物在各学科领域排名大幅提升。

推进人才引进工作，落实10位引进人才，其中学术骨干2人，优秀青年教师7人，外籍教师1人。聘任"211讲座教授"1人、"211特聘教授"2人、"211学术骨干"1人。做好教育部、上海市各类高层次人才的申报管理工作。学校现有"长江学者"1人、"新世纪优秀人才"4人、"东方学者"1人、"地方领军人才"4人、"浦江人才"4人。深化职称评聘改革，本年度共认定初级专业技术职务36人，认定和评聘中级专业技术职务43人，评聘副高级专业技术职务任职资格21人。鼓励教师提升学历学位，本年度共签署博士研究生协议书近30份，共有28人获得博士学位。做好公派出国团组工作，累计办理各类因公出国(境)手续50个团组，出国留学进修37个团组，共计256人次，完成长短期出国(境)人员的协议签订和公证工作21人次。制定《关于印发进一步规范新进人员招聘录用工作的通知》，进一步规范新进人员招聘录用工作，本年度共录用新进人员78人，其中专任教师35人，辅导员8人，行政和教辅人员33人，军转干部2人。学校现有专任教师676人(含辅导员42人)，其中教授104人、副教授202人。

开拓校际交流与合作。与美国肯特州立大学签订"3+2"合作项目。与英国莱斯特大学、日本杏林大学、俄罗斯赫尔岑师范大学及莫斯科语言大学、美国肯塔基大学、台湾政治大学等21所国(境)外大学和机构新签或续签交流合作协议。推进外国教师和专家的聘请工作，全校长期外教60余人(包括新开设的越南语专业外教的聘请)，短期专家近30人。共接待包括欧盟多语言事务委员、吉尔吉斯斯坦前国务秘书在内的近70个来访团组和300余人次嘉宾。支持国际学术交流，扩展上外的影响力，主办"英美文学国际研讨会"、"全球化背景下的跨文化管理国际学术研讨会"、"国际化高等教育上外论坛"等6个国际学术会议。4月14日，希腊新任驻沪总领事玛利亚·萨兰蒂女士访问学校，校长曹德明会见萨兰蒂女士，双方进行友好会谈。

全年发放校优秀学生综合奖学金、单项奖学金等共计382.02万元，获奖人次为5533人。69名学生获国家奖学金，201名学生获国家励志奖学金，657名学生获秋季学期国家助学金，发放奖助学金共计226.5万元。开展国家助学贷款工作，共有124名本专科学生办理国家助学贷款，其中本科生115人，高职生9人，贷款合同金额共计272.4万元，本学年发放74.4万元。发放往年的国家助学贷款，共计发放357人，发放金额共计211万元。

学校共组织60支队伍，3000多人次参与暑期社会实践，1个项目入围上海大学生"知行杯"社会实践大赛决赛评选。服务世博会筹办工作。1人进入市世博会筹办工作领导小组志愿者组工作。已有5名首批工作站志愿者，2名世博会志愿者事务助理新闻官上岗。整合学校各方面语言资源，成立"多语种服务中心"，为世博会志愿者提供语言培训、语言翻译、社区语言服务、外宾接待翻译等各项服务，志愿服务210多人次，服务人群2万多人次。

年内，学校被评为2005—2008年度全国群众体育先进单位，第六次蝉联上海市文明单位称号。

(陈敏杰)

**[成立工商管理硕士教育中心]** 7月13日，学校工商管理硕士(MBA)教育中心揭牌成立。校党委书记吴友富、校长曹德明共同为工商管理硕士教育中心揭牌。

(陈敏杰)

**[获俄罗斯国家荣誉奖]** 学校资深俄语教授吴克礼荣膺俄罗斯国家荣誉奖，国务院总理温家宝和俄罗斯总理普金亲自为吴克礼教授颁发荣誉奖章。

(陈敏杰)

**[举行第六届海峡两岸外语教学研讨会]** 10月31日—11月1日，主题为"全球化背景下的外语教学"的第六届海峡两岸外语教学研讨会在学校举行。来自上海外国语大学、北京外国语大学和台湾辅仁大学、文藻外国语学院的70多位高等外语教育领域专家学者出席会议。

(陈敏杰)

**[举行建校60周年庆祝大会]** 12月18日，学校举行建校60周年庆祝大会。全国人大副委员长陈至立、全国政协副主席厉无畏、外交部部长杨洁篪题写贺词，教育部、上海市委副书记殷一璀发来贺信。国务院新闻办副主任王国庆、人民日报社副社长何崇元、上海市副市长沈晓明出席大会。何崇元、

沈晓明致词祝贺。7000 多位师生、校友、中外大学校长等各界人士分别在虹口校区、松江校区举行校庆系列活动。

（陈敏杰）

**附：学校负责人及地址**

（2009 年 1—12 月）

校党委书记：吴友富
副书记：李月松、冯庆华、王　静

校　　长：曹德明
常务副校长：谭晶华
副　校　长：盛裕良、张曙光

虹口校区地址：大连西路 550 号
邮编：200083
电话：65311900

松江校区地址：松江区文翔路 1550 号
邮编：201620

# 上海外国语大学贤达经济人文学院

［**2009年概况**］ 学院开展学习实践科学发展观活动，加强教风学风建设，推进学院内涵建设，提升办学水平，筹备崇明新校区建设。本年度，学院招收本科生1301人，其中文科558人，理科573人，综合类134人，艺术类36人。上海生源661人，占总录取数的50.8%，一次投档满足率文科达105%，理科达90.7%；外省市生源640人，占总录取数的49.2%。本科毕业生619人，其中非上海生源106人，至年底，就业人数达606人，总体就业率为97.9%，其中出国深造107人，占毕业生总数的17.3%。

学院成立教风学风建设领导小组，开展调查、自查和整改活动。①全院16个专业自查自评自纠，明确学校办学指导思想、学校定位和专业培养目标，促进教育教学观念的更新，深化教育改革，提高教育教学质量；②各系组织学风调研，问卷调研千名学生，撰写调研报告，找出学风存在的问题并制定相应对策；③开展“学风建设月”系列活动，团委、学生会牵头向学生提出“从我做起，加强自律，争做学风、校风先锋”的倡议；④举办班级板报评比活动，大力营造“学风、班风建设”良好氛围；⑤成立教师督导队和学生督导队，对教师和学生上课出勤、课堂纪律进行检查，共同维护课堂秩序；⑥开展诚信教育，组织学生诚信考试承诺签名活动，倡导良好考风。

学院开设本科教学课程338门，包括普通教育类公共课42门、语言类基础课61门、专业课（必修、选修）235门。学院加大课程建设力度，审批通过3门主干课程和6门一般课程。完成并通过“信息管理与信息系统”新专业申报。鼓励教师结合教学实践开展科研活动，完成1项市级课题结题，1项晨光计划课题立项，1项市级科研项目申报，3个学院重点科研项目和7个一般科研项目立项，举办以“教育与科研——追求高效、追求优质”为题的第四届科研报告会，共有24篇论文在6个分会场进行交流研讨。2月27日，学院教师张定铨、禹一奇、昌兰华主持开展的“强化实践环节，突出翻译能力——英语专业复合型人才培养模式研究”获2009年高等教育上海市级教学成果三等奖。10月16—18日，艺术教育系青年教师刘屹昕参加由中国教育学会音乐教育专业委员会主办，首都师范大学音乐学院、人民音乐出版社《钢琴艺术》编辑部承办的“海伦钢琴”全国高校音乐专业钢琴教师演奏与交流活动，荣获独奏一等奖。

加强师资队伍建设。聘请13位资深教授担任专业负责人，强化专业教研室的组织建设。举办“上外贤达学院优秀教师”评选活动，11名教师被评为优秀教师。完善教学和科研奖励制度，着力建设一支职称与学历并重、教学经验与实践能力并重的德才兼备的专职师资队伍，提高教学质量。

加强国际交流与合作。学院接待澳大利亚弗林德斯大学、美国北阿拉巴马州立大学、德国法兰克福金融管理学院、韩国东新大学、美国协和大学、德国欧福大学、德国莱比锡大学、日本长崎活水女子大学、法国昂热高等商学院、韩国祥明大学、韩国大佛大学、日本城西国际大学、英国纽卡斯尔大学等7个国家的13所大学的高层领导和教授；接待德国欧福大学、德国施特拉尔松德大学来访师生团组2个，共计师生30人；与日本长崎活水女子大学、澳大利亚弗林德斯大学、西班牙阿尔卡拉大学、台湾寰球技术学院4个国(境)外大学新缔结校际交流协议；先后派遣70余名师生出国交流；分别与德国莱比锡大学、法国马赛高等商学院合作，举办中国学生德语和法语竞赛。

开展大学生心理健康宣传教育，制作并张贴宣传海报，出版心理期刊，内容涉及心理知识、心理测评、心理故事、心理学漫画等。学生个案心理咨询62人、161人次。处理学生突发事件10次，化解学生较严重的心理障碍10人。开展“5·25我爱我心理健康月”活动。对新生开展心理普测，1128人参加测试。建立学生心理档案。邀请上海市著名心理专家张海燕举办“大学生快乐成长”心理讲座，邀请心理专家为辅导员作“大学生心理测评”相关知识的讲座。

组织上海世博会宣传和志愿者活动。5月1日，学院成立世博工作站，共有2101名学生成功报名世博志愿者，占全校人数的47.6%。9月，3名学生率先成为上海市首批世博注册志愿者。学院开展各项迎世博活动，8月25日，学院团委与虹口区文明办、虹口区团区委共同举办虹口区青年志愿者迎世博——“我的世博，我奉献，我行动”大型系列主题活动启动仪式。8月29日，参与“同唱友谊曲，共迎世博会，中日青年大联欢”活动。10月9日，举办世博环保衣DIY大赛决赛，部分环保衣作品成为慈善物资。12月3日，开展上海世博百万笑脸征集活动。12月10日，举办“迎世博，庆圣诞”许愿姜饼屋DIY大赛。

开展学生资助工作，落实“奖、贷、勤、补、免”工作，资助金额达532.3万元。全年发放奖学金291.6万元，1974人次获奖，其中，获得国家奖学金6人、获上海市奖学金5人、获励志奖学金117人、获学院各级奖学金1846人次。102人办理助学贷款，共计61.2万元。全年获国家助学金、勤工助学、困难补助、学费减免等资助的学生达1650人，共计发放179.5万元。

学生参加校内外各项课外活动。4月，学生路珺涵的征文《助学贷款，我选择的光荣与梦想》获教育部组织的第二届“助学政策助我成才”征文比赛优秀奖。5月，学生顾颖琦荣获2009 CCTV“希望之星”英语风采大赛上海赛区一等奖。8月，组织学生开展七夕情人节“一朵玫瑰，一份爱心，一种环保”主题活动。10月，学院与复旦大学、上海交大联合举办“关心孩子的未来——聚焦黔东南”活动，为贵州省黔东南苗族侗族自治州丹寨县羊甲小学筹集助学善款。11月，学生顾颖琦、林珊珊参加由中国译协《中国翻译》编辑部创办的“韩素音青年翻译奖”竞赛，获“第21届韩素音青年翻译奖”（汉译英）优胜奖。

（李华萍）

**［召开教风学风建设会议］** 9月29日，学院召开“教风学风建设”专题会议。董事长鲍贤嗣、院长张定铨出席，副院长丁智勇主持，各系部处负责人参加。会议指出，端正教风学风是立校之本，提高教学质量是强校之策。学院明确人才培养目标，强化学院内涵建设，提高教学质量。各个专业从实际出发，开展调查研究，制定措施和对策并形成制度，探索培养语言类应用型人才的新路。

（李华萍）

**［开展《民办教育促进法》贯彻落实工作］** 9—10月，学院开展《民办教育促进法》及其《实施条例》贯彻落实情况的自查工作。10月22日，市教委政策法规处、民办教育管理处等职能部门来院检查落实情况。董事长鲍贤嗣、院长张定铨就贯彻落实《民办教育促进法》工作以及学院教育事业发展分别讲话。

（李华萍）

学校崇明新校区开工典礼

**［崇明新校区举行奠基典礼］** 10月31日，在崇明县陈家镇举行“上海外国语大学贤达经济人文学院崇明新校区奠基暨开工典礼”，学院领导、教职工代表、学生代表及贤达公司代表参加典礼。新校区一期工程在2010年上半年完工。

（李华萍）

## 附:学校负责人及地址

(2009 年 1—12 月)

董 事 长:鲍贤嗣
副董事长:戴炜栋

院　长:张定铨

副院长:丁智勇

院党总支书记:施　桦

地址:东体育会路 390 号
邮编:200083
电话:51278000(总机)

# 东华大学

［**2009年概况**］ 学校开展学习实践科学发展观活动。全校各类学生总数近3万人，其中研究生5293人，本科生14781人，成教本专科5148人，留学生3140名，其中长期生2431名、专业生397名。年内招收本科生3842名，招收研究生2096名。至年底，本科生就业落实率为95.31%，研究生就业落实率为99.37%。学校就业工作荣获“全国高等学校毕业生就业工作先进集体”荣誉称号。

改善办学条件，提升管理水平。开发数字化校园信息门户中新的业务应用系统，完善学校中心数据库数据，建立本科学生数据共享平台及校信息公开系统。实行非学历教育归口管理，规范学历教育校外教学点。推进延安路校区基本设施的改造，完善网络系统改建工作。

学科建设稳步推进。①实行目标管理。编制完成“2009—2012年学校及学院目标任务和主要发展指标”，“五大学科群”建设逐步落实。②“211工程”三期建设启动。国家专项经费到位1670万元；首次投入230万元，建设“纺织企业技术创新和服装品牌评价研究平台”等6个学科交叉平台；编制《“211工程”三期服务地方需求重点建设项目申报书》，上海市配套建设经费到位2515万元。③推进国家、上海市、学校19个三级重点学科建设，制定《校级重点建设学科建设经费使用办法》，改革重点学科项目建设经费管理，完善和推进项目建设资金使用的预算制以及项目负责人责任制。④学校有二级学科48个，其中优势级别学科增至15个。

科学研究取得新进展。①学校科研经费1.40亿元。其中纵向经费0.62亿元，较上年增长13.5%。②获国家“973”计划和科技部ITER计划立项支持。国家自然科学基金有44个项目获得资助，较上年增长37.5%，总经费达到1580万元。③人文社科类纵向项目43项，比上年增长10%，经费达到275.85万元，比上年增长45.5%。④获省部级以上科技奖励20项。杨年慈教授主持的“凝胶纺高强高模聚乙烯纤维及其连续无纬布的制备技术、产业化及应用开发”项目以及作为第二完成单位参与的“超水溶性几丁糖医用制品的研制与临床应用”项目获得国家科技进步二等奖。获上海市科技奖励3项；获教育部高等学校科学研究优秀成果1项。获中国纺织工业协会科学技术奖12项。获桑麻纺织科技一等奖1项。刘晓刚教授等的设计方案入选2010年上海世博职业服装。⑤现代服装设计与技术教育部重点实验室获批立项，实验室将在自然和人文科学领域围绕涵盖服装创造历程的主要环节进行系统研究。学校国家和省部级科研基地达到11个。产业用纺织品教育部工程研究中心、先进玻璃制造技术教育部工程研究中心通过教育部验收。⑥全校发表论文2967篇，其中SCI 340篇，EI 352篇，ISTP 549篇。三大检索论文年度被检索次数首次突破1000次，2篇论文被评为2008年中国最具影响国际学术论文。⑦学校申请专利693项，其中发明专利437项，占63%。专利授权207项，其中发明专利112项，占54%。⑧学校开展产学研互动90多次，签订横向合作合同556份。⑨举办各类学术报告会361次。承办第139期东方科技论坛、中国纤维材料高层论坛、第25届国际数据工程大会、2009美国纤维学会春季会议和环境科学与技术国际会议等学术交流会。

人才培养质量整体提升。①本科生教育完善学分制改革，实施学业考核和淘汰机制。改革基础外语逐级修读制度，提高英语教学质量。②研究生教育从2009级学术型研究生开始实施研究生培养机制改革，全面落实首届全日制硕士专业学位研究生的招生与培养。录取41人参加国家留学基金委公派留学项目。新增与国外高校联合培养研究生项目4个。举办教育部和上海市研究生创新计划项目。③《针织学》、《环境监测》被评为国家精品课程。《自动控制原理》、《高技术纤维》、《染料化学》课程被评为上海市精品课程。《机织学》课程获国家级双语教学示范课程。邱夷平教授主持的“纺织材料系列课程教学团队”、刘晓刚教授主持的“服装艺术设计教学团队”被评为国家级教学团队。沈新元主编的《高分子材料加工原理》、郁崇文教授主编的《纺纱学》2本“十一五”规划教材被评为高等教育精品教材。高分子材料与工程、日语专业被定为国家级特色专业建设点。入选国家大学生创新性实验计划项目50

项，上海市大学生创新活动计划 60 项。现代纺织教育国家级实验示范中心通过专家评审。刘晓刚教授被评为上海市教学名师。④教育教学成果丰硕。获“纺织之光”2009 年度中国纺织工业协会纺织高等教育教学成果奖 20 项。学生在各类学科竞赛中获得国际奖项 14 项，国家级奖项 60 项，省市级 60 余项。成功举办第 34 届 ACM 国际大学生程序设计竞赛亚洲区预选赛。顾伯洪教授指导的博士生学位论文《三维纺织结构复合材料压缩性能的应变率效应及动态特性分析》被评为全国优秀博士学位论文。研究生发表的 SCI、EI 国外源刊论文比上年增长 22%。参加第六届全国研究生数学建模竞赛，25 支团队获奖，并获优秀组织奖。

师资队伍建设跃上新台阶。①学校“1251”师资队伍建设工程取得成效。朱美芳教授荣获“国家自然科学基金杰出青年基金”项目资助及何梁何利“科学与技术创新奖”。新增“长江学者奖励计划讲座教授”2 人、教育部“新世纪优秀人才”和上海市各类人才计划 17 人、校专兼职特聘教授和高层次人才 27 人。资助 29 名青年骨干教授出国深造。刘晓刚教授当选“2009 上海教育年度新闻人物”。②学校修订《东华大学专业技术职务首聘工作实施办法及细则》。③完善人才派遣用工制度，制定综合考核评价体系。

合作交流呈现新局面。与国外高校签署合作协议 15 项，有 9 个聘请外国文教专家资助项目获得批准。全年公派出国(境)人员 497 人次，出访国家和地区 36 个，接待来自 34 个国家和地区的各类人员 584 人次。共有来自 113 个国家的 3140 名留学生在校学习，其中长期生 2431 人、专业生 397 人。学校成为具有中国政府奖学金高校研究生自主招生资格的高等院校，在纺织、材料、服装 3 个学科领域招收全额奖学金研究生。学校成立国际项目中心，举办面向外国留学生全英语授课的工商管理与国际贸易专业本科教育。

落实帮困助学等工作。全校共有 13758 人次的学生获得各类资助达 2210 万元。开展“校长奖”评选活动、教师节庆祝大会、庆祝新中国成立 60 周年活动、“我心目中的好老师”评选活动等。其中，1 个项目入选“上海市教卫党委系统精神文明十佳好人好事”。开展大学生思想政治教育工作，落实社会主义核心价值体系“三进”工作和民族团结教育工作。制定《东华大学校园文化建设规划》，推进校园文化建设。

(高兰兰)

**[陈希、沈晓明来校视察]** ①7 月 24 日，教育部副部长、党组副书记陈希来校指导工作，对东华大学深入学习实践科学发展观活动开展情况进行调研。上海市教委副主任王奇，校党政领导徐明稚等参加视察。陈希一行视察学校碳纤维课题组、上海纺织服饰博物馆和东华大学—莱佛士国际设计专修学院。②12 月 11 日，上海市副市长沈晓明、市政府副秘书长翁铁慧、市教委副主任王奇等来校视察。校长徐明稚，党委副书记兼副校长吴楚武，副校长江建明等陪同视察了学校纤维材料改性国家重点实验室及科技成果展示馆。

(高兰兰)

**[上海纺织服饰博物馆落成开馆]** 1 月 5 日，上海纺织服饰博物馆在学校落成开馆。市科委主任寿子琪、校长徐明稚为博物馆揭幕。该馆是在东华大学原纺织史博物馆和东华大学原服饰博物馆基础上新建而成。博物馆以中国纺织服饰发展史和纺织服饰科普教育为主，在科学普及、学术交流、学科教育、科学研究和社会服务等诸多领域开展服务。展馆现有建筑面积 6700 多平方米，一期展出面积 3000 多平方米，共分为科普馆、古代馆、近代馆和少数民族馆 4 个分馆。

(高兰兰)

**[成立东华大学—中复神鹰碳纤维工程研究中心]** 1 月 21 日，学校与江苏省连云港市中复神鹰碳纤维有限公司在连云港举行签约仪式，联合成立东华大学—中复神鹰碳纤维工程研究中心。校党委书记朱绍中出席签约仪式。中心成立之后，将在学校和企业设立研究基地和中试线，开展科技攻关和产业化研究，并联合培养硕士生和博士生。

(高兰兰)

**[举办第 25 届国际数据工程大会]** 3 月 30 日，由美国电气及电子工程师学会(IEEE)、中国计算机学会数据库专业委员会与东华大学共同主办的第 25 届国际数据工程大会在银河宾馆开幕。来自 30 多个国家和地区的 400 多名数据库领域的学者、专家和企业家出席大会，大会通过学术交流、技术论坛、产业论坛和行业展览等形式，对 24 个研究专题和 3 个工业专题进行学术交流与讨论。东华大学获得“杰出贡献奖”。

(高兰兰)

**[环境科学与技术国际会议召开]** 6月1日，由东华大学和中国环境科学学会、北京理工大学联合主办的环境科学与技术国际会议在学校召开。来自美、英、德、法、俄罗斯、瑞士等30多个国家和地区的近300名代表与会。会议就“环境监测与评价、大气污染与防治、水体污染与防治、土壤污染与防治、固体污染与防治、废物处理与利用”展开研讨。会议收录论文441篇。

（高兰兰）

**[国家纺织产业创新支撑平台项目批准立项]** 年内，由浙江、上海、江苏三地申报的“国家纺织产业创新支撑平台”项目获得国家发展与改革委员会和科技部的批准。该项目为国家科技基础条件平台建设专项，是“十一五”期间国家首批启动建设的产业振兴技术创新支撑平台建设项目之一。项目总投资46570万元，其中中央财政拨款总额为21760万元。该项目拟建纺织产品创意设计、纺织新材料、纺织品加工技术、染整和清洁化生产技术、纺织装备技术、纺织信息技术、标准和检测7个服务中心。东华大学作为上海市主要参加单位之一，承接其中5个服务中心的建设任务。

（高兰兰）

**[纺织化学与染整工程创新团队项目通过验收]** 6月24日，学校卿凤翎教授领衔的“纺织化学与染整工程”通过教育部长江学者创新团队项目验收专家组的验收。该团队聚集纺织、染整、材料、化学、物理和生物工程等学科10多位学科骨干，以“纺织化学与染整工程”中环境友好的纺织品功能整理、染整理论与技术为研究方向，得到教育部的资助。经过3年多的项目实施，团队在绿色环保的纺织化学品的设计、合成与应用技术开发、等离子体技术的基础和应用基础研究、印染行业废水处理及再利用等方面取得进展。学校以创新团队为核心，成功申报生态纺织教育部重点实验室，并承担国家科技部重点项目“纺织产业创新支撑平台”中“染整和清洁化生产技术服务中心”的建设工作，团队已建设成为我国纺织化学与染整工程领域进行基础研究和应用基础研究的中坚力量。

（高兰兰）

**[召开九届一次教代会暨十七届一次工代会]** 6月30日，学校召开第九届第一次教代会暨第十七届第一次工会会员代表大会。学校党政领导出席会议，副校长宋立群主持。校长徐明稚作题为《以科学发展观为统领，齐心协力推进学校事业上水平》的行政工作报告。校党委副书记、副校长、工会主席吴楚武作《服务大局、心系教工、求真务实、履行职责　努力开创我校工会工作新局面》的工会工作报告。会议期间，代表们就学校教学、科研、人才培养、两委候选人以及《东华大学教职工争议调解暂行条例》等问题进行讨论。

（高兰兰）

**[国际大学生程序设计竞赛亚洲区预选赛举行]** 10月24—25日，由东华大学主办的第34届ACM国际大学生程序设计竞赛亚洲区预选赛（上海赛区）举行。市教委副主任张民选、ACM—ICPC亚洲区组委会主席黄金雄、ACM—ICPC中国区指导委员会秘书长周维民出席开幕式并致辞。来自中国大陆与台湾、泰国、蒙古等国家和地区的86所高校组成的129支参赛队伍参加比赛。

（高兰兰）

**[获全国人居经典建筑规划设计方案竞赛金奖]** 10月25日，在2009年全国人居经典建筑规划设计方案竞赛中，东华大学教授鲍诗度设计的“上海嘉乐·东润舒庭住宅小区”项目获“规划、环境双金奖”。该竞赛由中国城市规划学会、中国风景园林学会、中国建筑学会三大全国权威专业学术组织联合主办。

（高兰兰）

**[获香港桑麻基金会多项奖项]** 11月6日，2009年香港桑麻基金会颁奖典礼举行。香港查氏集团董事长查美龙，中国纺织工业协会会长杜钰洲、副会长王天凯，上海市教委副主任王奇，中国工程院院士季国标等以及校长徐明稚出席大会。本届颁奖大会5人获桑麻纺织科技一等奖，11人获桑麻纺织科技二等奖，35人获桑麻奖教金，292人获桑麻奖学金。东华大学共有109名师生获得各类奖项，其中，材料学院陈蕾以“间位芳纶及绝缘纸产业化关键技术”获桑麻纺织科技一等奖，另有10名教师获桑麻奖教金，98名学生获桑麻奖学金。

（高兰兰）

**[先进纤维与聚合物材料国际学术会议召开]** 10月22—23日，由东华大学纤维改性国家重点实

验室、美国纽约州立大学石溪分校化学系和阿克隆大学高分子科学与工程学院联合举办的2009先进纤维与聚合物材料国际学术会议在学校召开。350余名海内外专家、学者参会，涉及5大主题：聚合物成形加工理论及工程、高性能纤维及复合材料、功能与智能纤维和膜材料、资源可持续性先进纤维和聚合物材料、纳米复合材料以及纤维和薄膜。会议收录论文近400篇。

(高兰兰)

**附：学校负责人及地址**

(2009年1—12月)

校党委书记：朱绍中

副书记：吴楚武(12月离任)、王以刚、浦解明、殷耀(12月到任)

校　长：徐明稚

副校长：吴楚武(12月离任)、朱世根(12月离任)、陈田初(12月离任)、江建明(12月离任)、宋立群、朱美芳(12月离任)、俞建勇(12月到任)、陈招应(12月到任)、刘春红(12月到任)、邱　高(12月到任)

松江校区地址：松江区人民北路2999号

邮编：201620

延安路校区地址：延安西路1882号

邮编：200051

电话：67792000、62373678

# 上海财经大学

［**2009年概况**］ 学校设直属院系17个，博士后流动站3个，一级学科博士点4个，二级学科博士点38个，硕士点71个，本科专业36个，重点学科14个，其中：国家级重点学科（二级）3个，国家重点（培育）学科1个，省、部级重点学科（二级）10个。科研机构55个，其中：教育部人文社会科学重点研究基地2个，校直属科研机构2个，校级重点研究基地12个，院系（所）下属科研机构39个，并设有高等研究院。定期公开出版的专业刊物3种。

一、教育教学。坚持“稳定规模、优化结构、提高质量、增强效益，以内涵发展为主”办学方针。至年底，在校学生总数22950人，比上年增长3%。其中博士研究生899人，硕士研究生3972人，本科生7996人，留学生1213人，成教生8870人。新生生源质量保持较高水平，学校共录取本科生1991人；硕士研究生1564人，其中科学学位876人，专业学位688人；博士研究生194人，其中硕博连读生29人、提前攻博生5人；港澳台博士生23人，硕士生7人。2009年学生就业总体情况稳定，全校毕业生就业率为95.51%，其中本科生就业率93.78%，硕士就业率97.85%，博士就业率96.83%。

学校制定并实施《上海财经大学本科教学工作质量评估方案》，以会计学院、法学院为试点，开展院系本科教学工作质量评估。年内，学校获国家优秀教学成果二等奖2项，上海市级教学成果一等奖4项，二等奖3项，三等奖5项；新增教育部使用信息技术工具改造课程项目“会计信息系统”和教育部人才培养模式创新实验区建设项目“财经人才创业教育创新实验区”；金融学教学团队入选国家高等学校教学团队，政治经济学教学团队入选上海市级教学团队，“统计学”专业入选国家级特色专业；新增教育部高等学校精品课程3门，市级精品课程3门，8门课程获得上海市重点课程建设立项，1门课程入选国家级双语示范课程，3种教材入选财政部2009—2011年学历教材建设计划，2门课程获得上海市高校示范性全英语教学课程；现代经济学研究生暑期学校、“风险与对策”研究生学术论坛和产学研联合培养研究生3个项目获得上海市研究生教育创新项目资助；有2篇博士论文和1篇硕士论文获得上海市研究生优秀成果。

推进创新人才培养体系建设，提升学生综合素质。加强实践与创新教育，完成“数字化语言实验室”二期建设，完成经济新闻实验室扩建，全年开设实验课程141门次，金融科学实验室被评为“上海高校实验室先进集体”，新增大学生实验创新项目61项、第五届本科生科研创新项目151项。开展大学生“千村调查”二期社会实践活动，共有2530名学生奔赴全国31个省市、1000多个村庄进行实地调研。学生参与各类竞赛，成绩优异。获全国大学生数学建模竞赛二等奖3个、上海市一等奖4个、二等奖3个、三等奖7个；获美国大学生数学建模竞赛一等奖1个、二等奖4个；获全国计算机大赛二等奖2个，上海市计算机应用能力大赛一等奖2个、二等奖3个、三等奖2个；获全国英语演讲大赛优胜奖；获“CIMA国际商业精英挑战赛”全球季军。在第十一届挑战杯全国大学生课外学术科技作品的传统竞赛中获一等奖1项、三等奖3项；在世博专项竞赛中获特等奖1项、二等奖4项、三等奖1项。学生参与各类志愿服务活动，学生去西部就业140人，参加“西部志愿者”计划7人，毕业生参加上海市“三支一扶”项目2人，入选上海市“大学生村官计划”5人，2917名学生成为2010上海世博会志愿者候选人，300余人次参加科技馆、博物馆、社区困难群众服务等各类志愿者服务活动。学生社团活动多姿多彩，成功举办校民乐团成立10周年专场音乐会、第五届校园体育文化节。

拓展国际交流新途径，推进人才培养国际化。通过寻求更多的渠道和资金，鼓励和帮助更多的学生参与交换学习、交流学习、国外研习、学术会议，获取国际经历，培养国际视野，适应国际化的就业环境，与美国Miami University，德国University of Cologne、荷兰Erasmus University Rotterdam，法国Toulouse Business School等19所学校互换学生。学生出访210人次，其中交换学生（互免学费、互认学分）98人。有9名国家公派攻读博士学位生、20名国家公派联合培养生和15名校派联合培养生出国留学。实施《上海财经大学研究生参加高水平学术会议资助的申请办法》，资助15名博士研究生参加各类高水平学术会议。留学生长期在校生1157人，生源国别由上年的90个国家扩展到97个。完善全英语国际金融专业硕士、博士课程，在金融学院、国际工商管理学院顺利推进留学生二级管理试点工作。成功申报“国家商务汉语教学与资源开发基地(南方)”建设。

二、学科建设。以重点学科为核心，推进“211工程”三期建设工作。学校编制并上报《“211工程”三期服务地方需求重点建设项目申请书》和《“211工程”三期服务地方需求重点建设项目投资计划表》，科学遴选学校服务地方需求重点建设项目，组织团队启动8项重大课题研究。完善“211工程”项目管理制度和流程，提高项目管理效率。加强项目过程管理，开展预算中期调整，继续督促各项目单位“211工程”未结项项目的建设。对提前启动平台项目开展中期检查。规范“211工程”三期建设资金使用范围，制定《上海财经大学“211工程”科研、教学项目结项验收细则》，明确打包项目验收办法，强调学术档案的全项目流程收集，试行“211工程”三期重点学科建设项目科研项目滚动结项，允许已完成建设任务的子项目进行部分结项。以“学科状态展示”为突破口，开发学科信息平台，实现学科规划管理，优化学科建设信息的收集、分析和展示渠道，多维度地及时更新学科建设动态数据，为学科建设管理、决策和评估提供支持，提高学科建设水平。

做好第11次学科点的申报准备工作，按照“有所为，有所不为”的学科建设思路，鼓励发展博士点、控制发展硕士点，制定学科申报和建设规划。做好社会工作硕士专业学位培养单位申报工作。加强学科专业点的建设工作。参加教育部第二轮第二批一级学科评估工作，理论经济学排名第十，应用经济学排名第三。

进一步完善以质量为导向的科研评价和激励体系，制订《上海财经大学优秀科研成果奖励条例补充规定》、《关于资助在〈中国社会科学〉、〈经济研究〉刊物发表论文作者后续研究的试行办法》、《上海财经大学基本科研业务费管理办法(试行)》以及《上海财经大学基本科研业务费管理办法实施细则(试行)》，进一步做好SSCI刊物目录的分类工作，围绕社会经济发展中的若干全局性、战略性重大课题如世博会与上海经济发展、上海现代服务业等开展系列专题研究。成立现代服务业研究中心、现代服务业科学与技术研究中心和经济法与社会法研究中心3个校级研究基地。2009年，学校有15项课题获得国家社科基金项目立项，其中重大招标项目2项，重点项目2项；12项课题获国家自然科学基金项目立项；19项课题获教育部人文社会科学研究项目立项，其中教育部重点研究基地重大招标项目2项；26项课题获上海市社科规划课题立项；5项课题获上海市决策咨询研究重点课题立项；3项课题获国家统计局重点项目立项资助。加强各类纵向课题的跟踪检查、结项等管理工作，完成国家自然科学基金研究项目13项，国家社科基金项目15项，其中有2项获得优秀评价，完成教育部人文社会科学项目13项，上海市社科规划项目14项。教师在SSCI发表论文21篇、SCI发表论文39篇、EI发表论文23篇。在教育部组织的高等学校科学研究优秀成果奖评选中获二等奖4项，三等奖6项。举办学术报告278场，召开国际、国内学术研讨会45场。组织开展第二届科研标兵的评选工作。

三、师资队伍。实施人才强校战略，制定《上海财经大学“千人计划”配套实施办法》和《2009—2011年“创新人才支持计划”实施方案》，将学科带头人的引进纳入院系绩效评价指标体系。拟定专职科研人员的聘任与考核办法，体现分类管理原则。进一步完善常任制度体系，制定常任教职教师的考评办法。组织教师参加教育部2009年高校思想政治理论课骨干教师培训班和国家精品课程师资培训班。利用暑期举办“全国高校会计学实证研究研修班”、第三届现代经济学暑期师资课程进修班。1人入选国家“千人计划”、3人入选国务院学位委员会第六届学科评议组成员、1人入选“上海市领军人才”、1人入选“上海市特聘教授(东方学者)”、7人入选“上海市浦江人才计划”、13人入选上海高校选拔培养优秀青年教师科研专项基金项目。5人入选上海市高校优秀青年教师。新增上海市级教学名师1人。年内，学校有教职工1549人，其中专任教师1006人，正教授195人，副教授341人。取得海外学位教师127人。新进教学科研人员50人，其中具有博士学位46人，30人在海外获得博士学位，教授4人，副教授7人。

四、科学管理。推进依法治教和依法治校，修改和完善《上海财经大学章程》。推进预算管理的科学化、精细化。初步开发出院(系、所)、专门学院和机关教辅部门三个预算编制系统，完成2010年预算编制工作，对物业管理费、水电费预算实行刚性控制管理。完善财务多维动态分析系统。试运行《上海财经大学院系绩效评价办法》、《上海财经大学机关、教辅部门绩效考核办法》。落实领导干部经济责任制，开展学校往来款项专项审计调查，实施基建、修缮工程全过程造价控制，对工程及资产购置等重大项目实行合同备案管理，支出审批“双签制”。完成近40个项目的招标工作。加强信息化建设工作中的规范、标准和制度建设，实施《上海财经大学信息系统运行维护管理办法(试行)》、《上海财经大学信息系统建设管理办法(试行)》及其实施细则，制定《上海财经大学网络信息系统安全管理整体方案》及《上海财经大学信息系统安全应急预案》，制定《IT骨干人员校外培训管理办法》，加强IT专业技术人员培训。开展学校管理信息系统数据清理工作，不断完善和拓展系统功能，梳理教学管理信息系统相关业务流程；新增公共数据平台的财务、外事、资产、系统管理等方面的灵活查询，实现绩效考核录入功能；新增设备、房产数据查询功能，实现系统房间数据与教学系统排课房间数据的对接；完成人事管理信息系统(二期)中招聘模块新增需求、组织干部管理模块、薪资模块的分析和开发工作，完成合同管理模块的实施和用户培训、评奖管理、导师信息管理模块的需求收集和整理工作；新增办公自动化系统自定义用户组功能及电子邮件排版功能，修改档案模块程序和信访管理流程。自主开发服务器软硬件运行状态监控系统和房改管理信息系统，外事管理信息系统已通过验收；完成教学管理信息系统(三期)可行性分析方案和前期准备工作；确定校园一卡通(三期)系统建设方案和技术方案；完成研究生招生管理系统测试和技术文档整理工作，留学生招生管理系统中非学历生在线申请模块已投入使用；实现科研信息、院系绩效考核信息、教学状态信息和毕业生信息等数据的展示。推进档案信息化建设，完成OA电子公文归档工作，开展馆藏校报档案数字化和馆藏老档案目录数字化工作。完成校园网站群项目建设及验收工作，推动实施“校园网络文化精品建设工程”。

五、后勤保障。学校馆藏图书199万册，其中中文图书130万册，外文图书8.4万册，中文期刊合订本5.8万册，外文期刊合订本1.5万册，中文电子图书45万册，外文电子图书1.5万册。改善图书馆服务，全年到馆读者151.8万人次。推进中国500强企业文献特色馆藏项目、诺贝尔经济学奖获得者著作收藏和推介项目、国际金融组织文献资料收集项目等特色馆藏建设。提高校园网服务质量，教育部下一代互联网IPV6升级项目进入实施阶段，完成武川路校区学生宿舍网络端口及设备的调整，实施中山北一路校区无线网全覆盖，做好武东校区校园网、线路管道、弱电系统等设施改造、建设前期工作。启动育英楼建设项目和武东校区地下停车场方案设计，完成统计与管理学院楼的设计招标、完成育衡楼A段装修工程、办公楼、大学生中心改建工程的方案设计，开展毓秀楼保护修缮工程、同新楼装修工程，完成武东校区地下管线综合改造和电网改造工程。优化调整乙方市场，首次系统实施物业服务质量考评活动，落实考核金制度。推进图书馆节能改造、教学楼节能改造、行政楼屋顶绿化试点。开展学校房屋、土地权属清查工作。上海财经大学出版社更名为上海财经大学出版社有限公司，成立出版社有限公司董事会、监事会。出版图书630种，比上年增长0.8%，销售收入3855.45万元，比上年增长5.95%。在2009年南京大学社会科学评价中心公布的CSSCI来源期刊排名中，《财经研究》在全国入选的72种经济类学术期刊中排名第11位，《上海财

学校武东路校区揭牌仪式

经大学学报》在全国入选的70种高校综合性社科学报中排名第7位,《外国经济与管理》在全国入选的26种管理类学术期刊中排名第7位。学校教育发展基金会收到来自校友个人、团体以及校外团体等捐款共计80余万元,申请教育部、财政部配套资金410万元。举办第三届校友年会,开展杰出校友评选工作。五届二次教代会表决通过《上海财经大学住房补贴方案》,召开四次教代会主席团会议审议通过《上海财经大学住房补贴实施细则(试行)》,兑付退休教职工住房补贴4000多万元。

六、和谐校园建设。3月17日,学校启动"深入学习实践科学发展观活动",23个二级基层党组织、49个部门单位、3400余名党员围绕"突出办学特色,提高办学质量,促进学校'一流三化'建设上水平"进行实践活动的学习。召开"庆祝新中国成立60周年座谈会"和"纪念新中国成立60周年理论研讨会",举办学习贯彻党的十七届四中全会精神培训班。完成法学院、继续教育学院、国际教育学院、应用数学系、公共经济教育管理学院等5个党总支的换届工作,公开招聘金融学院和公共经济与管理学院院长,续聘会计学院、人文学院、外语系、财经研究所等4个单位的行政主要负责人,完成统计与管理学院、会计学院、国际工商管理学院等3个单位行政班子副职的整体换届工作。2009年任免处级岗位干部42人,科级干部9人。学校有处级干部139人,实职科级干部84人。推进辅导员队伍建设,扩展辅导员网上沟通交流平台,开展辅导员队伍满意度测评,获上海市第五届高校辅导员论坛征文一等奖1项、二等奖1项,金融学院李书华获2009年上海市高校优秀辅导员和上海市模范教师称号。学校连续16年、第8次获得市级"文明单位"称号。学校教工健美操队、排舞队双双获得"沙浩杯"全国万人健美操大赛上海分区赛冠军,并代表上海参加全国总决赛双双获得一等奖。年内,学校"学生通讯社"两名记者王淑娟、泥梦入选上海"世博城市之星"。学校20名女大学生应征入伍。11月2日至12月1日,由汇通网承办,上海8所高校联合主办的第一届上海市大学生外汇模拟交易"汇通杯"大赛举行,上海财经大学2008级计算机技术专业学生马超获得冠军。

(黄　豪　蒋　萍)

**[姚耐塑像落成揭幕]**　1月9日,为纪念上海财经学院原院长姚耐诞辰百年,学校举行姚耐塑像落成揭幕仪式。姚耐塑像坐落于武川路校区图书馆边侧,由青年雕塑家王曜创作而成。校长谈敏、原校长张君一为姚耐塑像揭幕,副校长孙铮主持揭幕仪式。

(黄　豪)

**[高尔夫分会成立]**　1月9日,学校挂牌成立上海市大学生体育协会高尔夫分会。各会员单位代表围绕高尔夫分会工作计划和具体方案进行了探讨和交流。

(黄　豪)

**[学校青年就业创业见习基地建立]**　3月12日,校团委与普华永道中天会计师事务所有限公司、安永华明会计师事务所上海分所和德勤华永会计师事务所有限公司签订"青年就业创业见习基地"合作协议书。校党委副书记刘永章等负责人出席签约仪式。

(黄　豪)

**[2项成果获国家教学成果奖]**　4月20日,学校2项成果获得第六届高等教育国家级教学成果二等奖:①由戴国强、柳永明、曹啸、胡乃红、叶伟春等完成的"《货币银行学》教学方法的改革与实践";②由陈信元、王蔚松、潘飞、朱红军、钱逢胜等完成的"开拓创新,培养具有国际竞争力的会计学专业人才"。

(黄　豪)

**[大学科技园暨杨浦科创小额贷款股份有限公司揭牌]**　5月25日,举行"全球化背景下的上海国际金融中心建设论坛暨上海财经大学国家大学科技园、杨浦科创小额贷款股份有限公司揭牌仪式"。上海市政府副秘书长蒋卓庆,杨浦区区长宗明,以及科技部火炬中心、上海市科委、市教委相关部门负责人出席仪式。上海杨浦科创小额贷款股份有限公司是上海市唯一一家以国家大学科技园独立发起的公司,该公司与上海市大学生创业基金会合作,注册资金1亿元,扶持无固定资产担保类科技企业融资。主要客户是杨浦区科技中小企业。大学生创业,基金会允许拟投资企业以股权为担保提供抵押贷款。

(黄　豪)

**[获第四届"黄达—蒙代尔经济学奖"]**　10月15日,公共经济与管理学院教授胡怡建指导的博士生张阳获第四届"黄达—蒙代尔经济学奖"。他论文的题目是"中国税负归宿的一般均衡分析与动态研

究”。“黄达—蒙代尔经济学奖”每两年评选一次，每次评出 5 篇优秀博士论文。

（黄　豪）

**[《中国经济发展史》入选“三个一百”原创图书出版工程]** 《中国经济发展史(1949—2005)(上下册)》是由学校的专家、教授撰写的“十一五”国家重点规划图书，于 2007 年 12 月由上海财经大学出版社出版，获上海市第七届邓小平理论研究和宣传优秀成果著作类二等奖。全书共分十五编，叙述和分析 1949—2005 年新中国国民经济发展的历史概貌以及国民经济各个部门的发展历程。10 月中旬，该书入选“三个一百”原创图书出版工程。

（黄　豪）

**[澳大利亚国家会计师协会奖学金颁布]** 10 月 19 日，在会计学院报告厅举行首届澳大利亚国家会计师协会奖学金颁奖典礼。出席嘉宾有 NIA 主席 Greg Dennis、NIA 总裁 Andrew Conway、NIA 中国首席代表陈荣、NIA 中国会员服务中心主任张维智、副校长孙铮及会计学院党政领导。会计学专业学生范中文、胡晓忆、朱姗姗获得首届 NIA 奖学金。

（黄　豪）

**[浦东服务科学与工程研究院、博士后工作室成立]** 10 月 31 日，信息管理与工程学院与浦东新区发改委、商务部中国外包服务研究中心联合举行“上海市浦东服务科学与工程研究院”、“博士后工作室”揭牌仪式。商务部部长陈德铭、浦东新区区长姜樑、上海市商务委员会主任沙海林以及副校长丛树海等出席。“上海市浦东服务科学与工程研究院”是三个主办方联合国内外管理学界著名专家建设的中国第一家“服务工程”的专业研究与实验机构。该研究院将为政府、企事业单位服务管理和服务研究者提供系统解决方案与科研咨询，完成国家未来发展具有引领性要求的实验及国家未来发展需要先行、先试的重要实践。

（黄　豪）

**[4 位教师入选“曙光学者”]** 12 月，青年教师夏立军立项的《中国证券市场独立审计治理功能研究》、蒋传海立项的《基于消费者寻求多样化购买行为的企业竞争性价格歧视和竞争政策研究》、金洪飞立项的《银行危机和货币危机的经济代价与持续时间的影响因素》、林晖立项的《双转态势下中国传媒业发展战略》获得 2009 年度“曙光计划”项目立项，成为“曙光学者”。

（黄　豪）

### 附：学校负责人及地址

（2009 年 1—12 月）

校党委书记：马钦荣
副书记：刘永章、孙海鸣

校　长：谈　敏
副校长：孙　铮、丛树海、周仲飞、黄林芳、王洪卫

地址：国定路 777 号
邮编：200433
电话：65903505

# 上海理工大学

**[2009年概况]** 学校开展学习实践科学发展观活动，取得较好效果，群众测评满意率为98.41%。学校加强发展规划，注重内涵建设，资源配置不断优化。制定《上海理工大学中长期改革和发展规划纲要》(初稿)，明确学校的发展战略和中长期奋斗目标。探索和优化学院办学工作水平年度考核和评价方式及途径，构建学院办学工作水平年度考核和评估体系。制定《上海理工大学内涵建设项目(试点)遴选与管理办法》，组织学校"085工程"项目的先行先试申报工作，推进人才培养和学科建设。完善军工路主校区的功能布局。落实《上海理工大学校区功能定位与学院布局调整规划方案》，制定《南校区入驻部门及其公用房配置方案》。

学校坚持人力资源是学校建设第一资源的理念，努力实践现代大学制度下高校两级管理的新机制、新模式、新方法。人事分配制度改革以学院(部)办学的绩效评价为核心要素进行资源分配。7月3—4日，学校召开人事工作专题研讨会。会议旨在进一步深化二级管理，明晰资源分配导向，对二级管理部门的绩效考核、资源分配及教师聘期考核等政策草案等进行深入研讨。学校制定《二级管理部门岗位业绩津贴额度核拨试行办法》、《二级管理部门办学绩效评估试行办法》、《二级管理部门年度考核暂行办法》、《教师聘期考核暂行办法》等文件，推进和落实两级管理实施方案。学校制定《关于人才引进与管理暂行办法》、《关于对新引进人才实施绿色通道的暂行办法》等文件，柔性引进长江学者1人、美国总统奖提名者1人，申报国家"千人计划"1人，申报东方学者8人，获批6人。学校教师中具有研究生学历的占79.10%，具有博士学位的占34.30%。

教学质量与人才培养工作成果显著。①本科人才培养取得成绩。学校实现外省市(自治区)招生全部晋升一本的目标，入学新生素质提高。继续完善贯通六大学科群的学科基础课程平台，建立核心课程建设机制。优化专业结构，精炼专业方向。扩大第二专业和第二学位培养规模，以工商管理专业(创业方向)的开办试点带动全校创新创业教育的广泛开展。课题《上海理工大学创新创业人才培养的实践与探索》获国家教学成果二等奖。学校成为"上海市创业教育试点"学校。开放"课程中心"网站，"课程中心"拥有800余门已建课程，为学生自主学习搭建宽阔平台。加大"大学生创新活动计划"开展力度，学生获得全国电子大奖赛、挑战杯、德国红点设计大奖等10余项国家级(国际)赛事桂冠。年内，学校获得国家级特色专业1个、国家教学团队1个，国家级精品课程2门。获得上海市本科教育高地建设项目4个。上海市优秀教学团队3个，教学名师3人，上海市级精品课程6门。"现代出版印刷实验中心"和"动力工程实验中心"成功晋身国家级实验教学示范中心行列。②研究生人才培养取得新突破。招生数量与质量稳步提高，研究生教育结构不断优化。学校研究生规模4323人，研究生与本科生入学比例达到1∶3。推进研究生教育创新计划，制定《上海理工大学研究生教育创新计划》、《上海理工大学研究生创新基金管理办法》等一系列措施，充分激发研究生创新热情。研究生创新基金已实施三期，先期资助项目173项，资助经费200万元。完善研究生培养过程，提高学生培养质量，制定《上海理工大学研究生学术行为规范》，推进研究生学风建设。2009年在全国优秀博士学位论文评选中，"全国百篇优秀博士学位论文"和提名论文各获一篇。③中外合作办学有新进展。学校完善留学生与港澳台学生教学体系，提升培养留学生与港澳台学生的能力。现有7个学院20个专业开展留学生学历教育，其中本科专业10个、硕士专业7个、博士专业3个；7个学院26个本科专业接受港澳台学生培养。招收华侨港澳台本科生53人，港澳台侨本科生人数突破100人。学校百年办学历史上首位台湾学生顺利毕业。学校进入国际化人才培养的新阶段，留学生规模首次突破500人。学历留学生生源国发展到11个国家，比上年增加5个国家。学校获批"中国政府奖学金"培养院校。

推进学科建设，技术转移和科技服务等工作。学校出台《上海理工大学学科建设管理办法》及《关于上海理工大学学位点资源共享的实施意见》，探索实践学位点资源共享机制，在"印刷光学工程"硕士点学科开展招生试点。调整学科建设战略，推进以职业为导向的专业学位人才的培养。做好第十一次学位点申报前期调研论证工作。按照“扶需、扶特、扶强”学科战略统筹学科建设经费投入。在国务院学位委员会第六届学科评议组成员换届过程中，两名教授被聘为国务院学位委员会学科评议组成员。“测试计量技术及仪器”增补为上海市教委重点学科。“光学仪器与系统教育部工程研究中心”申报成功。根据学校六大学科群建设的规划发展需要，适时进行学科、专业与学院的调整工作，机械学院材料成型与控制专业整建制划归材料学院，城建学院交通工程系整建制划归管理学院，能源与动力工程学院纳米材料学科方向划归材料学院，动力学院更名为“能源与动力工程学院”，城市建设与环境工程学院更名为“环境与建筑学院”。“上海高校技术市场”落户上海理工大学国家大学科技园。学校技术转移中心成为第二批“国家技术转移示范机构”。当年学校纵向科研经费到款合计 9800.21 万元，科研经费总计 3.2 亿元左右。学校科研成果获上海市技术发明一等奖 1 项，机械工业科学技术一等奖 1 项等。2 项重大展示项目和 10 项重点推荐项目参展工博会，4 个科技项目在参展现场签约，合同总金额累计约 2000 万元。学校发表 A 类论文 338 篇，B 类论文 504 篇，公开发表著作 64 部。收录论文 SCIE95 篇，EI 核心 184 篇，ISTP197 篇。学校服务经济社会发展的能力不断提升，年内在武义、温州等地设立技术转移工作站，与沈阳机床(集团)有限责任公司、上海华魏光纤传感技术有限公司签署“产学研”全面合作协议，增进校企合作，促进科研成果转化，推动区域产业结构优化升级和经济社会发展。完成《关于上海理工大学与上海市市东医院建立附属医院合作关系的可行性论证报告》。

学校完成数字化校园框架和主干内容的建设。信息化建设应用于学校工作、学习、生活的各个方面。推进综合信息服务平台建设，启动数字信息服务项目。学校整合教学设施，公共教学资源支撑体系建设上水平。图书馆丰富数据库资源，为师生创造良好的教学和科研条件。完成校友理事会换届工作，评选出第二届杰出校友，审议并通过《上海理工大学校友会章程(修订稿)》。依托二级学院及各地校友分会的力量，宣传基金会宗旨，开展募集工作。基金会 2009 年度收入主要用于帮困助学、奖学金和创业基金等。

重视学生就业工作。学校动员企业、校友等社会各界力量，开展就业实习基地和创业基地建设，在学生中开展以创新精神和创新意识为重点的创业教育，激发学生创业热情。拓展就业市场，60 名“经济困难、就业困难”的双困生在一帮一的帮扶机制下全部就业。学校本科就业率为 96.09%，学校被评为上海市就业工作先进集体。

(董剑戟)

**[第一届复杂科学国际会议举行]** 2 月 23—25 日，第一届“复杂科学：理论和应用”国际会议在学校举行。来自中国、美国、英国、法国、德国、日本、韩国、意大利等 25 个国家和地区约 300 名专家学者与会。此次会议由总部设在比利时的国际计算机科学、社会信息与通讯工程学会、设在韩国的亚洲太平洋地区理论物理中心、设在意大利的欧盟研究中心、上海理工大学、上海系统科学研究院联合主办。在为期三天的会议中，与会专家作学术报告 20 场次，举办专题研讨会 5 个，就复杂科学方面的最新学术成果进行交流，集中探讨该领域内相关理论与实践问题。会议收到来自世界不同国家和地区的投稿共计 400 余篇，入选的论文将由世界著名科技出版集团施普林格出版并收录到其电子期刊数据库。

(董剑戟)

**[获杰出科学家称号]** 3 月 26 日，中国仪器仪表学会“庆祝中国仪器仪表学会成立三十周年”大会在杭州举行。庄松林院士被授予“当代我国仪器仪表与测量控制领域杰出科学家”荣誉称号。

(董剑戟)

**[上海理工大学国家大学科技园入驻安徽蚌埠]** 4 月 30 日，上海理工大学国家大学科技园蚌埠基地揭牌暨入园项目签约仪式在安徽省蚌埠市高新区举行。蚌埠基地是上海理工大学国家大学科技园在沪外的第一站，也是安徽省首个省外入驻的国家大学科技园。上海理工大学国家大学科技园蚌埠基地由蚌埠高新区管委会、上海理工大学国家大学科技园、蚌埠高新投资集团三方合作建设，致力于打造创业孵化和先进制造业产业化基地。基地将为培育和孵化创业企业、提升企业核心竞争力、推动蚌埠高新区发展和合芜蚌自主创新综合配套改革试验区建设及泛长三角区域经济合作发展作出积极贡献。安徽省副省长倪发科、省科技厅厅长徐根应，国家科技部高新司司长耿战修，安徽省蚌埠市有关领导，上海理工大学有关领导及科技园负责人出席揭牌仪式。当天由上海理工大学与安徽省蚌埠市政府联合举办的

“大学科技园与区域经济发展高层论坛”在蚌埠高新区举行。

（董剑戟）

［学生参赛团队获奖］ ①6 月 11 日，德丰杰—思科全球创业大赛中国区决赛在上海创智天地举行。大赛从管理团队、技术创新、市场规模、竞争优势、定位、门槛、资金效率及财务预测等方面对创业团队进行综合评估。上海理工大学学生创业团队在德丰杰—思科全球创业大赛中国区总决赛中获得冠军。②9 月，全球重量级设计大奖 2009 年度德国“红点设计大奖”揭晓，学校出版印刷与艺术设计学院青年教师谌涛及工业设计系本科生程佳露、王雅妮组成的创新团队的设计作品“Tooth Brush”获 2009“红点概念设计奖”。

（董剑戟）

［设立工商管理专业］ 年内，学校新设工商管理（创业管理方向）。11 月 26 日，工商管理专业创业班宣讲会在综合楼报告厅举行。工商管理（创业管理方向）以创业管理过程为研究对象，以创业经营活动为主要研究内容，在工商管理专业理论学习的基础上，强化创业及其管理的实践教学，培养全面了解全球经济发展趋势、掌握现代企业管理理论和技能、敢于创业善于经营的专门人才。

（董剑戟）

［学校德国文化交流中心揭牌］ 12 月 3 日，德国汉堡市政府国务秘书吕德曼先生率团莅校，出席“上海理工大学德国文化交流中心”揭牌仪式及上海理工大学与汉堡应用科技大学合作项目签约仪式。校长许晓鸣致词并与吕德曼先生以及汉堡应用科技大学校长斯塔维奇共同为“上海理工大学德国文化交流中心”剪彩揭牌。许晓鸣与汉堡应用科技大学校长斯塔维奇还共同签署两校《新能源领域科技合作协议》和《学生交换协议》。

（董剑戟）

［受聘湛恩纪念图书馆名誉馆长］ 12 月 8 日，湛恩纪念图书馆新址揭牌仪式在学校图书馆大厅举行。著名文艺理论家、上海市作协原主席、沪江大学中文系教授徐中玉受聘为湛恩纪念图书馆名誉馆长。刘光坤女士向学校捐赠“刘湛恩革命烈士证明书”。

（董剑戟）

［与杨浦区政府签署合作框架协议］ 12 月 28 日，校党委书记燕爽，校长许晓鸣等，赴杨浦区政府出席“杨浦区与上海理工大学加强全面合作推进自主创新框架协议签约仪式”。许晓鸣与杨浦区代区长金兴明就加强全面合作推进自主创新签署框架协议。校党委书记燕爽与杨浦区委书记陈安杰分别讲话。双方表示要努力走出“区校合作、联动发展”的新路，实现区校共同发展。

（董剑戟）

**附：学校负责人及地址**

（2009 年 1—12 月）

校党委书记：燕　爽（8 月到任）
　　副书记：白苏娣、张仁杰、何建中

校　长：许晓鸣
副校长：白苏娣（常务）、陈敬良、郑　刚、郦鸣阳（9 月离任）、丁晓东、陈　斌

军工路校区地址：军工路 516 号
邮编：200093
电话：55273476

复兴路校区地址：复兴中路 1195 号
邮编：200031
电话：64741325

南汇校区地址：拱极路 3800 号
邮编：201300
电话：58017529

营口路校区地址：营口路 101 号
邮编：200093
电话：65485551

水丰路校区地址：水丰路 100 号
邮编：200093
电话：65673587

# 上海海事大学

**［2009 年概况］** 一、开展学习实践科学发展观活动。3 月 6 日，学校深入学习实践科学发展观活动启动，至 9 月中旬学习实践活动各阶段工作基本结束。学校党委按照“党员干部受教育、科学发展上水平、人民群众得实惠”的总体要求，围绕“坚持科学发展，深化改革创新，加强内涵建设，更好地为上海国际航运中心建设服务”这一实践载体，坚持学习实践活动和当前工作相结合，科学设计，周密安排，精心组织，领导干部高度重视，广大党员认真参与，扎实推进学习实践活动，努力破解学校发展中的难题，基本达到了“提高思想认识、解决突出问题、创新体制机制、促进科学发展”的目标要求，群众满意率达到 99.43%。

二、深化管理体制改革，增强办学活力。①学校完善《上海海事大学内部管理体制改革方案》，提高教学质量、提高学科水平、提高办学能力，降低管理重心，提高办事效率，深化人事和分配制度改革，引入竞争激励机制，学校宏观管理、职能部门分工协调、校院两级管理体制逐步完善，运行有效。②学院实体化改革增强了办学活力：广大教职员工积极向上、努力进取、爱校荣校的氛围日渐浓厚；各学院开展学科和师资队伍建设、加强教学和管理等工作的积极性明显提高；教师的事业心、责任感日益增强；学科建设与科技工作成绩显著；学院治理结构不断规范；学校民主管理得到改善。③学校制定《上海海事大学机关部门考核及奖惩办法》，学校行政管理部门工作作风进一步转变，工作效能和服务质量有新的提高。

三、加强重点学科建设，提高科研水平。①“交通运输规划与管理”、“载运工具运用工程”列入上海市重点学科（第三期）建设计划。“物流工程与管理”、“轮机工程”学科列入上海市教委重点学科（第五期）建设计划。“检测技术与自动化装置”等 8 个学科被确定为校级重点学科（第二期）。②新增 3 个省部级研究基地：“航运仿真技术教育部工程研究中心”通过教育部组织的专家评审，并批准立项建设；“上海航运物流信息工程技术研究中心”获市科委批准立项建设；市政府发展研究中心“上海发展战略研究所工作室”、市哲学社会科学规划办公室“上海市社会科学创新研究基地”（上海航运中心建设研究方向）落户学校。学校省部级研究基地增加至 6 个。③科研立项 491 项。其中，国家自然科学基金项目 13 项，资助金额 303 万元，与 2008 年相比，立项数量增长 160%，资助金额增长 274%，达到历史最好水平；国家社科基金项目 1 项；省部级项目 53 项，其中教育部人文社科研究资助项目实现零的突破，新立 9 项；100 万元以上的省部级重点重大项目 5 项，100 万元以上的工程类项目和 50 万元以上的非工程类项目 14 项。“集装箱自动化码头装备及示范”获科技部“863”计划资助。项目层次和科研水平明显提高。采取一系列激励措施，克服金融危机影响，校本部科技合同经费达到 1.1 亿元，与去年同期基本持平。④发表学术论文 899 篇，其中检索论文 265 篇。出版著作 25 部。申请专利 212 项，其中发明专利 70 项；授权专利 91 项，其中发明专利 13 项。⑤共获得各类科技奖励 20 项，其中省部级科技奖励 4 项，《低谐波高效永磁同步电动机技术》获上海市科学技术奖技术发明三等奖，是学校首次获得该类奖项；《散货港口物料输送系统计量误差自适应补偿技术》获上海市科学技术奖科技进步二等奖。⑥招收全日制硕士研究生 1053 人、博士研究生 30 人。完善研究生质量评估机制，优化研究生培养教育资源配置，逐步适应校院二级办学实体化改革要求。继续承办上海市学位办物流类研究生暑期学校。⑦期刊编辑质量和影响力不断提高。《学报》、《集装箱化》、《计算机辅助工程》和《水运管理》等 4 种期刊均获 2009 年全国高校科技期刊优秀编辑奖。《集装箱化》、《水运管理》和《计算机辅助工程》获 2009 年华东地区优秀期刊奖。《学报》、《集装箱化》和《计算机辅助工程》获 2009 年上海市期刊编校质量优秀奖。⑧图书馆的书刊和网络中心顺利转入临港新馆，到馆读者逾 100 万人次，网上读者逾 80 万人次。获得第四批教育部部级科技查新工作站资质，科技查新委托客户遍及 21 个省市。上海国际海事信息研究中心（SIMIC）运行正常，“上海国际海事信息与文献网”全年访问量逾 1000 万人次。

⑨6月29日，上海国际航运研究中心召开第一届理事会第一次会议，建成一批以开放合作方式运行的研究所。首批向社会公开征集研究课题工作进展顺利。成为上海国际航运仲裁院和中国海事仲裁委员会上海海事仲裁院专家咨询委员会主任委员单位，一批专家学者担任仲裁员，并参与《仲裁规则》、《调解规则》等重要法律文件的起草工作。⑩与上海陆家嘴金融城人才发展中心签署“陆家嘴人才金港”合作协议，加快培养实践型、复合型、创新型金融人才。

四、实施质量工程，提高教育教学质量。学校以“质量工程”为抓手，深化改革，加强管理，教育教学质量稳步提高，内涵建设取得新成效。①新增“轮机工程”专业为国家级特色专业建设点，使国家级特色专业达到4个，在上海市属高校中名列前茅。新增物流管理、航海技术、机械设计制造及其自动化(港口机械)、轮机工程、航运管理等5个上海市教育高地建设项目。学校共有10个市本科教育高地建设项目。徐悲鸿艺术学院成功揭牌，对提高学生人文素质、推进学校多学科协调发展和校园文化建设将起到积极的推动作用。“航海学”和“信号与系统”被评为上海市精品课程，“热工测试技术”等11门课程入选上海市教委重点建设课程。学校现有国家级精品课程1门，市级精品课程13门，市教委重点建设课程56门。“船舶值班与避碰”、“工程力学”和“管理会计”等3门课程成为学校首批双语教学示范课程。“土力学课程”教学团队和“航运管理系列课程”教学团队被评为第二届上海高等学校市级教学团队，学校的市级教学团队增加至3个。曲林迟教授被评为第五届上海高等学校教学名师。在四年一度的上海高等教育教学成果奖评选中，学校有9个项目获奖，其中，“物流管理专业创新性教学及培养模式的改革与实践”、“应用创新型港机人才培养模式”、“《国际航运管理》课程建设”等3个项目获一等奖。②英语专业2007级学生专业英语四级国家统考一次通过率达96.99%。英语专业2005级学生专业英语八级考试通过率为87.50%。航海类专业2005级学生参加第47期全国海船船员适任证书统一考试，一次性通过率为99.04%，其中航海技术专业一次通过率98.46%，轮机工程专业一次通过率100%。③学生在学科和科技竞赛中取得优异成绩，在国家级、全国性和上海市的比赛中有近百人获得奖项。在教育部主办的“2009年全国大学生数学建模大赛”中获上海赛区一等奖1组。在教育部主办的“2009全国大学生电子设计竞赛”中获上海赛区二等奖1组。在“第二届全国大学生物流设计大赛”中获全国三等奖。在教育部主办的“第二届大学生节能减排社会实践与科技竞赛”中获全国二等奖。在“第三届全国大学生广告艺术大赛”中获上海赛区平面类二等奖。在“2009全国大学生英语竞赛”中1名同学获C类特等奖，8名学生获一等奖。在“2009第七届全国周培源大学生力学竞赛”中获上海赛区二等奖、全国三等奖。在第十一届“挑战杯”全国大学生课外学术科技作品竞赛中获全国三等奖1项，世博专项全国二等奖1项。在第二届全国大学生海洋知识竞赛中获“北极特别奖”。在第21届韩素音青年翻译竞赛(汉译英)中获优胜奖。④在全国和上海市的游泳、跳水、武术、射击、乒乓、田径、健美操、地掷球、龙舟、舞龙舞狮等各类比赛中取得优异成绩。⑤与上海国际港务集团、中国船级社、意大利船级社等合作，开设各类教学改革试点班。“机械电子工程”、“电气工程智能控制”等2个中荷合作专业已连续招生3年，进展顺利。今年与英国特许会计师公会(ACCA)合作开办会计学专业(ACCA方向)学士学位班。各学院拓展国际合作办学领域、引进优质教学资源。加大投入，增加实践教学环节。除继续安排航海技术、轮机工程两个水上专业学生上校船“育锋”轮实习外，增加海商法、经济、航运管理等专业学生的航行实习项目。⑥职业教育内涵建设取得新进展。由市教委和上海海事大学共同投资2100万元的“上海市职业教育港口物流数字化开放实训中心”建成并通过验收评估。“双师型”教师数量逐年增加。技能型人才培养取得成效。浦东工商管理学院2009年大学英语四级累计通过率达99.3%。海华高等技术学院“维修电工中级考证”通过率100%，“高级工(预备技师)”通过率86.45%。⑦继续教育和培训继续保持一定规模，教学质量和办学声誉稳中有升。较高质量的各类培训，提高了学校在西部地区、海事系统和航运界的声誉。

五、加大人才引进力度，师资队伍建设取得新进展。①投入师资队伍建设经费1000万元，加大人才引进力度。一年来在国内外共引进、录用专任教师83人，其中博士60人、教授4人，录用思政教师13人、教辅人员27人、科研编制5人、行政人员19人。3位教师获市教委授予的上海高校特聘教授(东方学者)称号。现有专任教师853人，其中具有博士学位的308人，占36.1 %；教授116人，占13.6%；副教授273人，占32%；最后学历从外校获得的教师占70.6%。②选拔学科带头人培养对象

11人、骨干教师培养对象25人。考核学科带头人培养对象36人、骨干教师培养对象60人。制定《上海海事大学关于教师在职攻读学位的补充规定》，鼓励青年教师到国内重点高校攻读博士学位。参加国际学术会议145人次、学术交流20人次。实施“思想政治理论课教学名师培养推进工程”。加强教师外语培训和新教师上岗培训，培养“双师型”教师队伍，保证应用型人才培养质量。高级航运口译（同传）人才选拔培养工作稳步推进。

六、坚持以人为本，学生管理工作与时俱进。①年内，在全国29个省、自治区、直辖市招收本科生4110人，比上年增加311人；高职生987人。自主考试招收专升本学生200人。②学校2009届毕业生共3461人，其中本科生2522人，高职生939人。至12月，2009届本科毕业生就业率达96.96%，高职毕业生就业率达98.14%。学校获2009年度上海市就业工作先进集体称号。③成立职业发展教育工作室，建立大学生生涯规划档案，培养学生职业规划能力。加强学生思想品德和文化素质教育。一年来，共组织大型主题素质教育活动50多场。每周为学生免费放映教育题材的电影。④围绕“一日生活制度”，改进管理措施。适应学校内部管理体制改革需要和新校环境，修改完善学生管理相关程序文件，建立学生管理应急机制。推行学生社区自主管理。⑤扶植学生社团，开展高雅艺术进校园活动，繁荣校园文化。加强管乐团、合唱团、舞蹈团、民乐团等学生艺术团队的建设。学校舞蹈团获得上海市大学生艺术比赛一等奖。⑥积极参与“迎世博600天”活动，发挥学校志愿者工作优势，6名学生被选为全国首批206名世博志愿者成员。⑦规划面积近500平方米的心理健康教育中心基本建成，形成一支有20多名专兼职心理咨询师的心理健康教育工作队伍。接待心理咨询学生500多人次。⑧规范奖助学金评定机制，完善多渠道、多方位的帮困体系。2008—2009学年执行奖励及资助金额3975多万元，受奖励及资助的学生达11523人，占学生总数的77%。其中，5044人获得各类校内外奖学金，金额达914万元；3779人获得各类校内外助学金，金额达725万元；获得奖助学金的占学生总数的60%。3404人参加勤工助学，勤工助学金额269.8万元；为263名困难学生减免学费，共计36万元；2300多人获得不同金额的临时性困难补助。1830人获得国家助学贷款，占全校学生总数的15%，贷款总额1086.61万元。⑨依托“上海市高校辅导员培训基地”，积极开展各种培训和调研活动，提高辅导员的综合素质与业务水平。开展近100项课题研究，形成课题报告及相关论文100余篇。

七、加强对外交流合作。①学校主办和承办了“海上货物运输法律最新进展国际研讨会”、“第六届国际海事信息技术与服务论坛”、“第七届海商法国际研讨会”、“首届英汉对比与翻译研究学科建设高层论坛”，协办“2009上海海洋论坛”；参加国际海运教师联合会第17次会议、第13届国际航行联合会（IAIN）大会、国际贸易中心供应链管理国际理事会会议等国际会议；应邀出席波罗的海国际航运公会（BIMCO）2009年年会并作专题发言。②与国际著名海事组织的关系不断巩固。波罗的海国际航运公会主席Robert Lerenz-Meyer及秘书长Torben Skannild到校访问并演讲；国际海事组织（IMO）技术合作司司长Monica Mbanefo女士到校访问。与BIMCO签订合作伙伴关系协议。③与挪威船级社签订战略合作伙伴关系协议，“上海海事大学—挪威船级社国际合作中心”揭牌；与意大利船级社合作举办的第一届意大利船级社船检本科班如期毕业；与丹麦诺登轮船公司、希腊高士曼航运公司等的合作不断深入；与美国德州仪器半导体技术有限公司合作建立数字信号处理方案联合实验室；与更多的境外高校开展学生交换项目，首批赴美国麻省海运学院交换生圆满完成学业顺利返校，第二批赴美交流生即将启程，首批赴韩国仁荷大学交换学生项目启动；与英国普利茅斯大学、马来西亚海运学院、韩国木浦海洋大学等国外院校建立了交流合作关系。④学校在海外的影响不断扩大。希腊海运部秘书长John Tzoannos、莱索托外交大臣Mohlabi Tsekoa、美国前劳工部长赵小兰，及一批国际知名教授相继到校访问。新加坡交通部、财政部第二部长林惠华出席第五届上海海事大学—诺登（NORDEN）奖学金、奖教金颁奖仪式。⑤年内到校学习的各类长、短期外籍留学生245人次，留学生中学位生比例明显提高；举办了首届上海海事大学留学生国际文化交流节。加大长、短期外籍教师招聘力度，2009—2010学年第一学期由外籍教师主讲的非语言类专业课门数明显增加。

八、加大投入，加强管理，教育教学保障工作扎实有效。①年内，学校共投入实验室建设资金11137万元，比上年增加3523万元。其中，中央与地方实验室共建项目经费1200万元，交通部专项实验室建设项目经费3310万元，市教育高地实验室建设经费517万元，学科实验室建设经费693万元，市教委一级预算项目教学实验室经费1417万元，学校自筹专项建设经费4000万元。遵循“实验室建设在新校,实验装备向新校转移”的原则,航海技术实验中心导航实验室、海洋环境实验中心环境工程专业实验室等已建成投入使用,在建的大型项目还有现代船舶通信导航与信息技术实验中心、自动化机舱、轮机工程实验中心等,基础实验中心、工程训练中心、电工电子实验中心、海洋环境实验中心、交通运输实验中心、经济管理实验中心等已完成整体搬迁,为保障教学秩序、加强学科建设提供了有力的支持。②质量管理体系通过挪威船级社换证和转版审核。③信息化建设稳步推进。新校13个弱电系统通过验收。增加网络出口带宽,开通短信平台,提高办事效率。新校区信息化运维体制逐步完善。④完成仪器设备类及家具类固定资产购置入库25454台/件,计7878.7万元。至12月,校本部固定资产总量达62726台/件,账面金额合计51760万元。⑤关停经营绩效差的企业,整合企业优势资源,确保国有资产保值增值。邦达公司获财政部2009年产业技术成果转化资金资助。⑥加强财务、审计工作。财务收支按照预算执行,为学校教育事业的持续健康发展提供有力保障。接受市审计局财务专项审计和市教委教育高地建设经费专项审计,获得较高评价。

九、完善新校配套工程,改善办学条件。①完善已建单体工程和总体配套工程。新校后续建设工程进展顺利。完成4万平方米学生公寓建设;4000平方米博士生公寓和6000平方米后勤辅助用房计划年底竣工并交付使用。②一至三期的建设档案已收入新校办,前期报批手续完备,所有单体(总体)竣工验收已完成,各项验收及备案工作年底将全部结束。图文信息中心获国家优质工程鲁班奖,体育中心获国家优质工程银质奖。③自9月起,学校办学主体迁至临港新校,新校学生人数超过1.4万,后勤物业、安全保卫、资源配置、学校网络和一卡通系统、教职工班车、教学和学生管理等运行管理工作基本步入正轨。

十、精神文明建设取得新进展。①开展文明单位评比,以先进典型带动和谐校园建设。评出7个文明单位,18个文明处室,56个文明科室(窗口)。启动2009—2010年度上海市和谐校园(文明单位)创建活动。②开展师德师风建设主题教育活动,评选、表彰“上海海事大学第五届十大师德标兵”。③以迎接2010年上海世博会、庆祝中华人民共和国成立60周年为主题,开展丰富多彩的校园文化活动。④创新思想工作手段,发挥广播、报纸、网络等的宣传舆论作用,增强思想政治工作的针对性和实效性。“海燕网”被市教卫党委命名为“上海市高校校园网管理工作室”。至11月,网站累计访问量达到430多万人次,BBS注册用户3.2万,发帖30万余条。

十一、开展百年校庆活动。学校本着“务实、创新、简朴、热烈”的原则,庆祝学校百年华诞。百年校庆系列校园科技文化活动主要有:“中国航海日文化论坛(东方讲坛)”、“博雅讲坛”等高水平学术讲座20余场,首届校园开放日活动,第20届海韵文化艺术节,第九届社团文化节,以及营销计划大赛、学术辩论赛、外文演讲比赛、期货模拟投资基础知识讲座、第五届创业计划大赛、工业设计大赛、网页设计大赛等各类科技文化活动。10月15日,由学校师生编排的“百年海大,再铸辉煌”校庆专场文艺演出在上海大剧院举行。

(胡志武　李　萌)

**[吴启迪到校视察]** 2月1日,全国人大常委、教育部原副部长吴启迪到校,视察新校科研楼、体育中心、图书馆,现场观摩学校自主开发的航海模拟器演示,并听取学校关于教育教学各项工作的汇报。

(李　萌)

**[获全国Jessup国际模拟法庭比赛一等奖]** 2月,5位2008级法学研究生和5位外籍教练组成的上海海事大学代表队在“Jessup国际模拟法庭中国第七届选拔赛”中获一等奖、最佳书面奖和最佳辩手奖。Jessup国际模拟法庭中国第七届选拔赛于2月18日在厦门大学开幕。北京大学、中国人民大学、中国政法大学、厦门大学等29所国内高校代表队参赛。比赛历时3天。一年一度的“Jessup国际模拟法庭辩论赛”是由“美国国际法学生联合会”主办的专业性法律辩论赛,1960年首次举办。目前,参赛国已超过70个,参赛学校800余所。此赛事是国际上规模最大、历史最悠久的专业性辩论赛,被称为“国际法学界的奥林匹克竞赛”。

(李　萌)

**[与美国ESRI有限公司共同成立“物流空间信息技术实验室”]** 3月16日,学校召开“上海海事大学—美国ESR有限公司物流空间信息技术实验室”成立及专家交流会。副校长黄有方和ESRI有限公司国际业务大中国区代表张晓波为实验室揭牌。公司资深交通和物流行业专家Terry Bills作

题为“GIS Applications for Ports and the Maritime Industry”的报告。这是 ESRI 公司首次与非 GIS 专业类高校建立联合实验室。

（李　萌）

**［上海市高校信息化建设研讨会举行］** 3 月 20 日，上海市高校计算（网络、现代教育技术）中心信息化建设研讨会在学校新校区召开。复旦大学、上海交通大学等 14 所高校参加会议。与会代表就弱电建设和信息化建设情况进行探讨与交流，并参观新校区网络机房。

（李　萌）

**［举行上海国际航运研究中心第一届理事会第一次会议］** 6 月 29 日，上海国际航运研究中心第一届理事会第一次会议在上海国际航运研究中心（以下简称研究中心）举行。交通部原部长、现任中国交通运输协会会长钱永昌，中国海运（集团）总公司总裁李绍德，交通运输部水运局局长宋德星，虹口区区长俞北华、副区长应名勇，上海海事大学校长於世成、副校长肖宝家等出席。研究中心理事长单位、理事会常务理事单位、理事会单位代表等近 200 人参会。大会表决通过《上海国际航运研究中心章程》、副理事长单位、常务理事单位候选名单，以及研究中心 2009 年至 2010 年工作计划和会费收取办法。中国海运（集团）总公司当选研究中心理事长单位；李绍德当选第一届理事会理事长、钱永昌当选名誉理事长；於世成当选研究中心主任；世界海事大学副校长马硕当选研究中心专家委员会主任、上海海事大学副校长黄有方当选专家委员会常务副主任；上海海事大学教授真虹当选研究中心秘书长。大会期间，举行了上海国际航运研究中心下设“港口发展研究所”、“邮轮经济研究所”、“航运服务研究所”和“航运政策与法律研究所”揭牌仪式。

（李　萌）

**［学校教育部科技查新工作站成立］** 7 月 13 日，上海海事大学教育部科技查新工作站揭牌仪式举行。教育部科技发展中心主任李志民，中国物流学会、上海科技情报研究所、上海图书馆、中国港口协会研究中心、上海国际港务集团工程部、中远集运战略发展部、上海船东协会、上海市航海学会等负责人以及校长於世成，副校长金永兴、黄有方等出席。学校作为第四批获教育部部级科技查新工作站资质的 10 所高校之一，是我国海运界首家拥有教育部部级科技查新资质的单位。学校科技查新工作站将立足上海，为全国港口、航运、物流行业科研人员提供科技查新服务，助推上海国际航运中心建设及相关行业科技发展。

（李　萌）

**［吴淞商船专科学校建校 100 周年庆典大会举行］** 9 月 23 日，吴淞商船专科学校建校 100 周年庆典大会在学校举行，200 余名校友参加庆典。上海吴淞商船专科学校校友会会长洪振权，上海海事大学党委书记、校长於世成，大连海事大学原党委书记、校友总会常务副会长郭禹，中国海运（集团）总公司、招商局上海办事处相关负责人等出席庆典大会。庆典大会后，举行中国高等航海教育之源——吴淞商船专科学校建校 100 周年纪念碑揭幕仪式。

（李　萌）

学校举行吴淞商船专科学校百年庆典

[沈晓明视察新校区] 9月24日，副市长沈晓明视察学校新校区。随同视察的有市政府副秘书长、浦东新区区长姜樑，市政府副秘书长翁铁慧，市教委主任薛明扬，市教委秘书长蒋红，浦东新区副区长张恩迪等。沈晓明一行视察学校物流工程学院港口与集成控制仿真实验室、图书馆、商船学院航海模拟器、体育馆和灯塔等教学科研基地，听取工作汇报，观看校游泳队、舞龙队和健美操队的训练情况。沈晓明对学校新校区的运转情况，以及教学、科研、国际交流与合作、产学研结合等方面的工作给予充分肯定。

（李　萌）

[百年校庆专场演出举行] 10月15日晚，学校“百年海大，再铸辉煌”校庆专场文艺演出在上海大剧院举行。美国前劳工部长赵小兰、联合国国际海事组织技术合作司司长，上海市政府各有关部门和港航企事业单位及其他有关方面的领导和广大校友，以及师生代表等近1600人出席。

（李　萌）

[市社会科学创新研究基地、上海发展战略研究所工作室授牌] 10月27日，学校作为“上海航运中心建设”研究方向的基地和研究室，出席上海市社会科学创新研究基地、上海发展战略研究所工作室授牌仪式。汪传旭教授担纲基地（工作室）首席专家（领军人物）。

（李　萌）

[徐悲鸿艺术学院成立] 10月28日，以艺术大师徐悲鸿之名冠名的“徐悲鸿艺术学院”在校揭牌。徐悲鸿大师夫人、徐悲鸿艺术学院名誉院长廖静文，徐悲鸿之子徐庆平，徐悲鸿之女徐芳芳，徐悲鸿亲属徐翼阳夫妇、徐永元夫妇，著名画家谢稚柳夫人陈佩秋，谢稚柳之子谢定伟，上海市对外交流协会副会长郑家尧，上海市文化广播影视管理局艺术处负责人以及国内外百余位知名艺术家出席揭牌活动。副校长蔡存强主持揭牌仪式。於世成和廖静文等为“上海海事大学徐悲鸿艺术学院”揭牌，并为新落成的徐悲鸿雕像揭幕。上海美术家协会、上海书法家协会、上海摄影家协会、上海美术家协会、中央美术学院中国画学院、北京画院、清华大学美术学院等单位的60余位艺术家受聘为徐悲鸿艺术学院特聘教授或客座教授。

（李　萌）

## 附：学校负责人及地址

（2009年1—12月）

校党委书记：王宏彪（7月离任）、於世成（7月兼任）
　　副书记：张川国（7月离任）

校　长：於世成
副校长：金永兴、黄有方、肖宝家、蔡存强、孔凡邨（兼）

民生路校区地址：浦东大道1550号
邮编：200135
电话：58855200（总机）
传真：58853909

临港校区地址：临港新城海港大道1550号
邮编：201306
电话：38282000（总机）

# 上海音乐学院

**［2009 年概况］** 学院贯彻落实科学发展观，推进内涵建设，提高教育质量等工作取得进展。

一、以创新型人才培养为核心，构建完善人才培养体系。①学院设置北京和湖南长沙两个考点试点招收本科生。学院在校本科生 1300 人，博士生 57 人，硕士生 431 人。至 12 月，2009 届毕业生就业率达 81.8%。做好国家助学贷款及在校贫困生资助等各项工作，共有 391 人次获得 11 项各类奖、助学金，总金额达 135 万元人民币。学院构建学生思想政治工作“以教师为主体，全院形成合力”的机制，实行学生思想政治工作情况的通报会制度。②学院教育部人文社科基金项目、上海市教育创新项目“上海音乐学院本科课程标准——专业音乐教育本科教学课程标准”被评为 2009 年上海市级教学成果三等奖。“小提琴演奏艺术”、“中提琴演奏艺术”分别获批 2009 年国家级精品课程和上海市级精品课程。“美声演唱教学团队”获批 2009 年国家级教学团队和上海市级教学团队。“声乐教学改革创新成果”荣获 2009 年国家级教学成果二等奖。“国际、国内声乐比赛”荣获 2009 年上海市级教学成果一等奖。“小号演奏艺术”、“唢呐演奏艺术”、“视唱练耳”被评为上海市级重点课程。钢琴系、现代器乐与打击乐系、音乐学系、艺术管理系、音乐教育系申报的 5 个项目纳入上海市教委第四期教育高地。研究生教育以突出学科特色和规模的学位论文选题和研究为抓手，鼓励学生参与研究生部举办的硕博论坛、“全国音乐分析学学术研讨会”等各类学术会议，培养研究生的创新意识及创新能力、学术能力。③拓展艺术实践平台，展示人才培养成果。学院以主推精品优品的工作思路积极参与上海及全国各类大型艺术活动，策划组织 6 台 9 场演出参演上海之春国际音乐节。汇聚学院部分优秀原创作品、优秀表演人才的“大音之韵——大型歌剧·交响音乐会”参演第十一届上海国际艺术节和由国家大剧院主办的第二届“春华秋实——艺术院校舞台艺术精品展演周”。学院大学部共有 113 人次在国际国内各项比赛中获得 92 个奖项。学院附中有 77 人次获得 86 个奖项。学生参加中国音乐“金钟奖”各项比赛，共有 14 人获奖，其中，在唢呐、古筝、声乐（美声）、钢琴 4 个专项比赛中获得金奖。

学院庆祝国庆 60 周年音乐会

二、以学科建设为核心，推进学院知识创新体系建设。①学院获得两期国家重点学科“上海市创新团队”建设。第一期为“音乐学研究创新团队”，主要以“当代音乐文化研究与批评”为核心组建，涵盖“音乐学”和“作曲与作曲技术理论”两大方向；第二期为“音乐新媒体研究实践创新团队”，主要研究方向为“音乐新媒体与舞台数字化集成”，以“音乐新媒体创新”为核心组建，涵盖音乐新媒体理论、新媒体技术研发和音乐新媒体应用三方面。②学院表演艺术学科建设有显著进展。其中“钢琴表演艺术”学科获批上海市艺术创新工作室。西洋管弦乐表演、民族器乐演奏艺术与创作研究、音乐教育、音乐戏剧表演艺术等4个学科成功申报为“上海高校知识创新工程建设项目”。实施“周小燕大师工作室”的建设，排演歌剧《唐卡洛》，与美国茱莉亚音乐学院、大都会歌剧院联合主办国际声乐大师班等。③各类学术活动频繁。学院共组织30余个项目申报上海文化发展基金会，有10余个项目获得资金支持。并以上海市教育高地、教委精品课程等市级项目支持为依托，配套学校各方资金，鼓励争取社会多方资助，举办院级重大活动共20项，其中包括钱仁康先生学术讲坛、第二届当代音乐周、中提琴艺术周、全国音乐分析学学术研讨会、音乐剧制作人大师班、第六届钢琴大师班、音乐教育学国际会议、首届音乐学术周、百川奖室内乐作曲比赛、2009室内乐比赛暨海顿年活动等。④科研竞争力增强。学院教师参与各类纵向课题的申报，成功获批各类国家级、国家部委级、上海市级项目。其中“仪式音乐的地域性与跨地域性、传统与变迁的个案与比较研究”获批国家社科基金艺术学重点项目。获批教育部人文社科类项目二项。学院成功申报上海市教委科研创新人文社科类项目11项，“曙光计划”、“晨光计划”项目各1项。学院承担的上海市科委科研计划项目《珍贵历史音频资料修复与数字化保存艺术研究》课题结项，并获文化部科技创新项目奖。“上海高校音乐人类学E-研究院”成功举办第二期上海高校音乐人类学E-研究院·专家讲习班、宋代音乐研究国际学术研讨会、纪念古琴大师张子谦先生诞辰110周年等学术会议。学院成立宋代音乐国际学术研究中心，并在浙江遂昌建立音乐人类学E-研究院教研基地。学院中国仪式音乐研究中心作为上海普通高等学校人文社科重点基地举行首届仪式音乐研究全国学术研讨会，举办两届“大音讲堂”、两届“田野工作论坛”，与香港蓬瀛仙馆合作成立“道教音乐研究基金”，举办“中国本土文化与仪式音乐国际研讨会”等。

三、加强师资队伍建设。①引进高质量人才。学院申报“上海高校特聘教授(东方学者)岗位计划”1人。学院引进国内外各类专业人才10人。新聘教授3人、副教授3人、讲师13人。遴选增补5名副教授为学科梯队成员，18名教师为新一轮青年骨干教师。加强对外籍教师的聘任管理工作，根据《上海音乐学院外籍教师聘用管理办法》，规范聘用合同的制定和管理。学院在职教职工(含学院附中)669人，其中专任教师352人，正高职务54人，副高职务80人。②加强中青年骨干教师培养。学院提升青年教师业务能力，4名青年教师获得上海市高校优秀青年教师科研专项基金资助。2名青年教师获得上海市浦江人才计划资助。2人获得国家出国留学基金赴俄罗斯留学。顾平教授获得上海市模范教师称号，王建民教授获宝钢教育基金奖，王永德教授、思政教师邱慧柳获上海市育才奖。

四、加强国际交流与合作。年内，共有20个国家和港台地区的190余位外国音乐家来院授课或开展教学领域的交流和研究活动，共举办11场外事音乐会。荷兰鹿特丹艺术大学、美国辛辛那提音乐学院、香港演艺学院、英国皇家音乐学院、美国丹佛大学音乐学院等院校长来院商谈国际交流项目，学院派员赴欧洲与一流音乐院校探讨进一步加强横向联合办学和艺术实践的合作和交流探索的有效途径。本学年有21批共29名师生赴欧美及港澳台地区进行各类文化交流、访问及演出。

(乐佾真)

**[举行贺绿汀逝世10周年纪念活动]** 4月27日，学院与上海音乐家协会共同主办贺绿汀先生逝世10周年纪念活动。市教委主任薛明扬、全国政协常委、中央音乐学院名誉院长吴祖强、上海音乐家协会主席陆在易、湖南省邵阳市市委宣传部、福建省音协领导以及上海音乐学院党政领导、相关单位领导、贺老家属、学院师生等参加纪念活动。

(乐佾真)

**[举办“同舟放歌”音乐会]** 9月22日，由学院主办的上海音乐学院各民主党派庆祝国庆60周年“同舟放歌”音乐会在贺绿汀音乐厅举行。中共上海市委常委、市委统战部部长杨晓渡，上海市统战部副部长吴杰，中共上海市委民族宗教委员会副主任金梅，以及上海市相关民主党派负责人出席音乐会。音乐会上，廖昌永、陈小群、宋波、杨学进等以及海外归国人士、少数民族师生载歌载舞，歌唱我们伟大的祖国歌唱伟大的党，以此表达心中的感激之情。

(乐佾真)

**[获“新中国60年上海百位杰出女教师”表彰]** 学院周小燕、俞丽拿、钱亦平、方蕾、王品素、吴乐懿6位教师入选“新中国60年上海百位杰出女教师”。

9月17日，上海市教育工会、教育系统妇女工作委员会在复旦大学光华楼举行“教苑群星璀璨校园玉兰芬芳——新中国60年上海百位杰出女教师表彰仪式暨风采展示活动”，上海市妇联主席张丽丽、市教卫党委书记李宣海、市教委副主任李骏修等领导出席活动并为杰出女教师颁奖。

（乐佾真）

**[举办“大音之韵——大型歌剧·交响音乐会”]** 10月31日和11月1日，学院在北京国家大剧院音乐厅成功举办“大音之韵——大型歌剧·交响音乐会”。中国音乐家协会主席傅庚辰及兄弟音乐院校领导出席音乐会。音乐会上演近年来上海音乐学院部分优秀原创作品，全方位展示学院的创作和表演实力。本次音乐会部分节目曾于10月23日晚在上海大剧院上演，市委常委、组织部部长沈红光，市委组织部副部长陆凤妹，市委宣传部副部长陈东，市教委主任薛明扬，上海音协主席陆在易等领导出席，与学院领导及周小燕、俞丽拿等师生一起观看音乐会。

（乐佾真）

**[参加“金钟奖”比赛获奖]** 在2009年中国音乐最高赛事、中国音乐“金钟奖”比赛中，学院师生获得四项金奖、二项银奖、二项铜奖，分别为：在民乐比赛中，本科生张倩渊获得民族管乐（唢呐）比赛金奖，指导老师刘英；研究生刘乐获得古筝比赛金奖、现代作品演奏奖，指导老师王蔚；本科生马云鹤获得民族管乐（笛子）比赛银奖，指导老师詹永明；研究生万吉获得二胡比赛铜奖，指导老师王永德；本科生应怡婷获得二胡比赛铜奖，指导老师陈春园。在声乐（美声）比赛中，声乐歌剧系本科生方颖获得金奖，指导老师卞敬祖。在钢琴比赛中，研究生朱昊获得金奖，指导老师杨韵琳；钢琴、指挥双专业本科生张橹获得银奖，指导老师盛一奇、孙颖迪。学院陆春龄先生获得第七届中国音乐金钟奖终身成就奖。

（乐佾真）

**[老教师获荣誉证书]** 中国文联授予学院马革顺、钱仁康、周小燕、桑桐、汪启璋、刘福安、陈聆群、陆春龄等8名老教师“从事新中国文艺工作60周年”荣誉证书。

（乐佾真）

**附：学校负责人及地址**

（2009年1—12月）

院党委书记：董金平（3月离任）、桑秀藩（3月到任）
副书记：茅鼎文（12月离任）

院长：杨立青（2月离任）、许舒亚（2月到任）
常务副院长：徐孟东（2月提任）
副院长：茅鼎文（12月离任）、徐孟东（2月离任）、杨燕迪、华天礽、张显平

地址：汾阳路20号
邮编：200031
电话：64312000（总机）

# 上海戏剧学院

［**2009 年概况**］ 学校招收本科新生 448 人。学校大学部全日制在校生 2272 人，其中包括博士生 61 人、硕士生 162 人、艺术硕士 110 人、本科生 1896 人。学校附属戏校学生 583 人，附属舞校学生 414 人，成教学历教育 877 人，非学历教育 1466 人。留学生 128 人。港澳台侨在读学生共 10 人。共有 12 位留学生获得上海市政府奖学金。本科毕业生 458 人，就业率 97.73%。

年内，学校召开第六届教代会、第十届工代会，通过院长行政工作报告。学校新出台政策制度 87 项，修改完善政策制度 73 项，废止政策制度 38 项。学校开展学习实践科学发展观活动，确定《迈向国际一流艺术大学征程计划(2010—2020)》等 8 个调研课题，并开展调研。学校颁布《党风廉政建设责任制实施细则》、《关于加强对我校各级党政主要负责人监督的实施办法》、《处级单位贯彻执行“三重一大”制度的暂行规定》，制订《党委成员反腐倡廉建设工作责任分工》等文件。

学校实施《上海戏剧学院“十一五”师资队伍建设规划》，完成聘任“东方学者”、引进戏曲名家等工作，并对博士生导师队伍进行增补工作。学校聘任客座教授 7 人。7 名教师赴国内外知名院校、研究机构进行研修和访问。年内，学校教师获全国优秀教师称号 1 人、获上海高校教学名师奖 1 人、获上海市优秀文艺人才奖 2 人、获上海市艺术人才培养优秀教师奖 4 人、获育才奖 4 人。学校二级学院获得上海市教育系统先进集体称号 1 个。教师获得上海人才发展基金 1 人，获晨光计划 2 人、获优青科研专项基金 3 人、获博士后基金会资助 2 人。9 月，学校获全国民族团结进步模范集体称号。

中共中央政治局委员、上海市委书记俞正声祝贺学校获全国民族团结进步模范集体称号

学科建设。余秋雨大师工作室建成并开展中国文化巡回讲学。学校舞台美术创新工作室、表演艺术创新工作室和舞蹈艺术创新工作室顺利通过上海市教委立项审查，作为“上海市重点学科中特殊类型艺术类学科”，在市教委确立的 8 个“上海高校人文艺术创新工作室”中所占比例为 37.5%。《戏剧理论创新与舞剧研究》课题组成为上海高校创新团队。广播电视艺术学学科顺利通过上海市教委重点学科第二期建设计划的专家评审。戏剧影视文学专业获得教育部、财政部批准的第五批高等学校特色专业建设点荣誉称号。

课程建设工作。《中国戏曲史》荣获国家精品课程荣誉称号。广播电视编导专业获得教育部特色专业荣誉称号。《戏曲人才培养模式创新》荣获国家级优秀教学成果奖二等奖、市级优秀教学成果奖一等奖。学校获批市级重点课程 4 门，国家级精品课程

1门，市级精品课程1门，市级教学团队1个，国家级第一类特色专业1个，国家级第二类特色专业1个。学校成立思想政治理论课教学科研的二级机构——社科部。恢复《形势与政策》课程，并纳入本科新生培养方案。学校出版《马克思主义文艺观教程》并将其纳入教学计划。

学校完成市教委重点项目博物馆一期建设工程。举办《粉墨丹青》戏剧水墨人物画展。学校数字馆布展方案基本完成。基本完成中华戏曲文献陈列厅及京昆艺术陈列厅建设。12月，戏曲馆建成开馆。新媒体灯光实验室、电视节目评估实验室、人物造型实验室建成启用。

学生就业工作。学校扶持学生自主创业团队，设立大学生科技创业基金项目申请受理点，邀请市创业基金会、创业中心、区人力资源和社会保障局等专家为学生进行创业指导。学校导演、舞蹈、艺教三个专业中涌现出"海创"、"惜戏"、"陶冶"3个学生自主创业团队，分别在戏剧演出、舞蹈教育等领域创业开拓，创业音乐话剧《瞬间不是永远》作为2009创业周暨全球创业周中国站活动的开幕式剧目推出，并在上海高校巡演。

学校演出剧目91个，比上年增加9个。其中，教学演出49台(含原创剧目16台)，社会演出19台，出访交流演出7台，MFA演出13台，学生演出3台。全年共有18个项目通过评审，获得资助资金近500万元。大型音乐剧《弘一法师》、话剧《牛虻》、《哈姆雷特：那是一个问题》以及原创大型话剧《战神·1948》等引起社会高度关注。2月，附属舞蹈学校学生彭兆倩荣获第37届瑞士洛桑国际芭蕾舞比赛洛桑大奖。"桃李杯"舞蹈比赛学校共获得一等奖6个、二等奖9个、三等奖17个、优秀奖16个以及原创教学剧目奖7个。第十三届"中国少儿戏曲小梅花金花奖"中，附属戏曲学校共有8人获奖，团体总分第一名。8月，学校戏曲学院戏曲导演专业学生的毕业剧目小剧场实验戏剧《孽海记》应邀赴京参演2009全国大学生戏剧节，荣获优秀剧目奖。

学校文化志愿者参与"青春红丝带"、"防艾亲青"、"青春，点燃生命的希望"、科技馆志愿者等上海市各类传统的社会公益活动，并赴南汇区成日村和浙江舟山东海舰队进行慰问演出。7月，戏曲学院动漫专业学生张怡成为学校第七名踏上西部建设征途的文化志愿者。学校推荐4名优秀学生参加优秀大学生暑期挂职锻炼，2名学生参加优秀大学生骨干培训班。

学校成立"迎世博、贺国庆"演出办公室。虚拟实验室参与国家科技部与世博局关于世博信息化的大型课题，承担"三维模型中的实体对象检索技术研究"课题研究部分。与创意公司签署"世博会大型活动和展览展示虚拟互动测评与展示平台软件"课题研究合同。作为网上世博推荐服务供应商，制作并完成虚拟实验室网上世博DEMO。学校志愿者承办"青春的节日——上海青少年迎世博倒计时300天"活动、"'祖国万岁，放歌世博'——上海市教育系统迎世博倒计时200天活动"等。9名学生参加世博志愿者全球招募海报的拍摄；30名学生参加世博志愿者主题曲《在你身边》音乐电视的拍摄；60名学生参加世博志愿者标志、口号揭晓仪式演出。学校获得志愿者标志口号征集活动优秀组织奖。

帮困助学工作。学校发放学生帮困、勤助经费达117.9万元，受助学生达570人次。224名家庭经济困难学生享受国家助学金，占全校学生数的12%。积极拓展校内外勤工助学岗位，加强对经济困难学生自立自强教育，在校图书馆、寝室楼、剧场、东明街道等地设置勤工助学岗位，258人次参与勤工助学岗位。

(李　莉)

**[学院附属戏曲学校庆祝建校55周年]** 4月26日，学校附属戏曲学校建校55周年暨戏曲中专校长论坛开幕式举行，市教委副主任尹后庆、市文教结合工程推进办公室副主任马博敏、文化部文化科技司教育处负责人以及来自全国艺术院校的师生代表出席开幕式。开幕式后，戏曲学校越剧、木偶、沪剧、昆剧、京剧等专业的学生进行汇报演出。当日，戏曲学校召开"戏曲教学改革与创新"专题研讨会，北京、江苏、浙江、上海等地的艺术学校校长参加研讨会，共同探讨戏曲人才培养和改革思路。

(李　莉)

**[亚太地区戏剧院校博览会举行]** 6月6—12日，联合国教科文组织国际戏剧协会亚太地区戏剧院校博览会暨第五届上海国际小剧场戏剧节(简称"戏博会")在学校举行。来自日本、韩国、印度、菲律宾、越南、新西兰、美国、伊朗、中国香港和台湾等10余个国家和地区的院校以及机构团体参与戏博会。此次活动主要包括12台31场戏剧展演、11场主题工作坊、两场大师班和第二届联合国教科文组织国际剧协戏剧院校亚太局校长会议。

(李　莉)

**［与杨浦区政府签订合作协议］** 6月17日，学校与杨浦区政府战略合作框架协议签约仪式举行。签约仪式由副院长葛朗主持。杨浦区区委副书记、区长宗明和副院长韩生代表双方签署“杨浦区人民政府与上海戏剧学院战略合作框架协议”。同时举行在杨浦区设立“大学生艺术·社会实践基地”的揭牌仪式。当天，杨浦区区委书记、区人大常委会主任陈安杰等参观学院虹桥路校区和华山路校区，观看附属舞蹈学校学生教学实训过程以及舞蹈汇报表演。

（李　莉）

**［国际导演大师班开班］** 5月17日，由文化部艺术司和学校共同主办的2009国际导演大师班开班，上海市教委副主任王奇，美国驻沪领事馆文化官员俞天睽，学校党政领导出席开班仪式。大师班为期5周，由5位美国一流导演来校授课，包括美国哥伦比亚大学导演系主任安·博格、纽约大学人类表演学大师理查德·谢克纳、美国纽约城市大学皇后学院戏剧舞蹈系主任殷梅、国际级著名导演李·布偌、美国耶鲁大学导演系主任利兹·戴蒙德。30名学员主要是来自荣获“国家舞台艺术精品工程”的全国院团的导演及演员。这也是我国首次系统地引进国际著名导演艺术家及教授参与戏剧艺术教学。

（李　莉）

**［举行“澳门教学点”首届毕业生毕业典礼］** 10月8日，上海戏剧学院附属舞蹈学校“澳门教学点”首届毕业生毕业典礼在澳门举行。文化部文化科技司司长于平，中国文联党组书记、副主席冯双白，文化部文化科技司教育处处长牛耕夫，上海戏剧学院附属舞蹈学校副校长陈家年、杨新华等领导和专家学者出席典礼。上海戏剧学院副院长葛朗、澳门演艺学院院长梁晓鸣分别向首届毕业生颁发毕业证书。澳门特区政府文化局代局长王世红、澳门演艺学院舞蹈学校校长张毅、上海戏剧学院附属舞蹈学校校长唐世伟先后致辞。

（李　莉）

**［歌德雕像揭幕］** 11月16日，德国19世纪浪漫主义戏剧的先驱歌德的雕像在上海戏剧学院揭幕。上海市人民对外友好协会常务副会长汪小澍等领导以及德国法兰克福市市长彼德拉·罗特女士等出席揭幕仪式。揭幕仪式由副院长孙惠柱主持。歌德雕像是继印度迦梨陀娑、意大利哥尔多尼、挪威易卜生和德国布莱希特后又一尊落户学校的戏剧大师雕像。

（李　莉）

**［举行中国“俄语年”活动］** 11月28日，由中国教育部和俄罗斯联邦教育署主办，上海戏剧学院承办的2009中国“俄语年”活动——大学生俄罗斯作家作品戏剧节开幕式暨《俄罗斯现代剧作选》首发式举行。《俄罗斯现代剧作选》收录了前苏联和俄罗斯从1865年到2008年间发表的12个话剧剧本，这12个剧本都是在国内首次发表。开幕式由上海戏剧学院副院长孙惠柱主持。开幕式上，中国翻译协会副会长、上海翻译家协会会长谭晶华代表中国翻译协会向为中俄文化交流做出突出贡献的学校81岁高龄的俄罗斯老归侨沙金老师颁发“荣誉证书”。此次“俄语年”两项活动为期一个月，其间举办《俄罗斯现代剧作选》出版首发式、“中俄戏剧交流”座谈会、当代俄罗斯戏剧讲座、俄罗斯电影专场等活动以外，上戏师生共演出包括《潜在的支出》、《钦差大臣》、《复活》、《命运的拨弄》、《长椅》、《和天使在一起》在内的6台俄罗斯话剧，以及上海大学生演出的一台俄罗斯小品专场。

（李　莉）

**［上海戏剧博物馆开馆］** 12月5日，上海戏剧博物馆举行开馆仪式暨《戏墨金秋》京剧艺术陈列展和《粉墨丹青》戏剧人物画展两个专题陈列展揭牌仪式。中国戏剧家协会主席、著名京剧表演艺术家尚长荣，上海市教委主任薛明扬，周信芳之子周少麟，全国政协委员、谭鑫培先生玄孙谭孝曾等领导和艺术家在校党政领导的陪同下出席仪式。揭幕仪式由副院长刘志钢主持。院党委书记楼巍向周少麟先生、戏曲学校古峰老师颁发捐赠证书，并与院长韩生共同为画家代表颁发收藏证书。

（李　莉）

**［弘一法师雕像揭幕］** 12月10日，弘一法师雕像揭幕仪式在学校举行。上海文广集团演艺中心副总裁、中国话剧艺术研究会副会长杨绍林，上海市佛教协会主席觉醒法师的代表慧觉法师，著名表演艺术家俞洛生、张先衡，天津戏剧博物馆前馆长黄殿祺，弘一法师雕像捐赠者、上海城市雕塑艺术中心副理事长郑培光和上海大学美术学院综合材料与公共艺术工作室主任蒋铁骊，学校领导韩生、葛朗及教师和学生代表近百人出席揭幕仪式。揭幕仪式由副院

长葛朗主持,院长韩生致辞并向郑培光、蒋铁骊颁发捐赠证书。杨绍林、慧觉法师和叶长海共同为弘一法师雕像揭幕。

（李　莉）

## 附:学校负责人及地址

（2009 年 1—12 月）

院党委书记:楼　巍

院　长:韩　生(9 月到任)
副院长:韩　生(主持工作,9 月提任)、葛　朗、刘志钢、孙惠柱

地址:华山路 630 号
邮编:200040
电话:62481866

莲花路校区地址:莲花路 211 号
邮编:201102
电话:64800099

虹桥路校区地址:虹桥路 1674 号
邮编:200336
电话:62757585

# 上海体育学院

［**2009 年概况**］ 学院开展学习实践科学发展观活动，明确整改事项，实施实事工程，成立整改督查工作小组，开展“回头看”工作，师生代表满意度为100%。学院深化党内民主建设，制定《上海体育学院关于加强党代表常任制的实施意见》，在二级（系）院开展基层党组织“公推直选”工作试点，以“党员先锋岗计划”为具体实践载体，开展主题教育、争创优秀“党员之家”实践活动，举办“我爱我的祖国——庆祝中华人民共和国成立 60 周年歌咏会”，夯实基层党组织建设，以各级党校培训、挂职锻炼和在线学习等多种方式，加强党员干部教育培训。深化内涵建设、推进各项事业的科学发展。学科专业建设取得新成绩，管理体制和运行机制得以完善，全员聘任有序开展，人才培养取得新成果，竞技体育方面完成全运会参赛任务，服务社会取得新进展，文明单位（和谐校园）建设扎实推进。

学院现有体育教育训练学院、武术学院、体育人文学院、运动科学学院、经济管理学院、体育休闲系、继续教育学院和国际文化交流学院 8 个系（院）以及 1 所附属竞技体校，设有体育教育、运动训练、社会体育、民族传统体育等 14 个本科专业，拥有体育学一级学科和下属所有 4 个二级学科的博士学位授予权以及 10 个硕士专业。招收全日制本科生 1001 人，硕士研究生 289 人，博士研究生 50 人。在校全日制本科生 3939 人，各类研究生 790 人，成人本专科生 2274 人。

教学质量不断提高。“体育教育专业群（术科）教育高地”通过第一期上海教委高地建设项目验收。体育教育实验中心成为国家级实验教学示范中心、武术教学团队成为国家级教学团队。获市级精品课程 1 门、市级教学团队 1 个、市教育高地项目 1 个、市教委重点课程 4 门。出版教材 8 部。获得上海市教学成果奖 4 项和国家体育总局教学成果奖 9 项，其中 1 项为国家体育总局教学成果一等奖、2 项为上海市教学成果一等奖。

加强学科与科研建设。运动人体科学、民族传统体育、体育人文社会学完成上海市第二期重点学科建设，成为第三期重点学科。全年外来课题 118 项，其中科技部支撑计划、国家社科基金和国家自然基金支持课题 7 项，教育部、国家体育总局和 2010 年奥运科技攻关 15 项。科研经费 1300 余万元。获中国体育科学学会科学技术奖 4 项，教育部高等学校科学研究优秀成果奖（人文社会科学著作类）三等奖 1 项。发表 SCI 论文 6 篇。被评为“2009 年上海市哲学社会科学先进管理单位”。学院成为中国体育科学学会体育计算机应用分会挂靠单位。学院成立科学研究院。

全方位服务竞技体育。有 75 名运动员代表上海参加第十一届全国运动会预赛和决赛，获 2 枚金牌、3 枚银牌、5.5 枚铜牌，总分 157.75 分。4 人获上海市一等功、5 人获二等功、10 人获三等功，10 名运动员分获“上海市五一劳动奖状（章）、上海市新长征突击手（标兵）、上海市三八红旗手”等荣誉称号。承担市教委、市科委、体育局等 40 余项备战全运会的科研攻关课题，近百人科研攻关队伍为上海多支运动队提供科技服务，科技支撑项目共获 12 枚金牌。16 篇论文入选第十一届全运会体育科技大会。24 名教师参与全运会 15 个项目的裁判工作，赛事服务小组工作获组委会好评，学院被授予“第十一届全运会组委会特别支持单位”。另获第 29 届北京奥运会科技攻关服务项目一等奖 1 项、二等奖 4 项、三等奖 2 项、个人贡献奖 4 项。

完善管理体制和运行机制。制定实施《2009 年上海体育学院机关部（处）、直属单位部门目标管理考核办法（试行）》、《上海体育学院研究型教师管理办法》等。制定和修订责任教授岗位的建设方案、目标责任书，完善学科专业建设贡献率的考核机制。完成全员聘任工作，加大党务、行政之间以及重要岗位的轮岗力度。

师资队伍建设。新进人员 21 人，研究生以上学历 81%。1 人获上海市教学名师，1 人入选浦江人才资助计划，1 人入选曙光人才计划，1 人为国内高校高级访问学者，6 名青年教师入选上海市优秀青年教师专项科研基金。制定《2009—2012 年师资队伍建设行动计划》、《上海体育学院关于推进青年教师培养发展的实施方案》、《上海体育学院关于中青年教师公派出国(境)进修管理办法》,外派教师8人出国出境进修,开展赴国外攻读博士学位的选拔工作,举办青年教师培训班、外语培训班。新增4名博士生导师、20名硕士生导师。年内,学院刘宇教授被聘为上海高校特聘教授(东方学者)。

提高学生素质培养。20名辅导员参加市级培训、轮训工作。开展新中国成立60周年、“五四”运动90周年、2010年上海世博会等活动。举办主题报告会、座谈会、征文、演讲比赛、歌咏会等。组织观看国庆阅兵式、献礼片《建国大业》等,以“爱祖国,迎世博”为主题,组织128个暑期社会实践项目,1个项目获“知行杯”上海市大学生公益实践大赛一等奖。武术舞台剧《寻·赋·承》参加上海大学生艺术实践基地展演,获创意节目奖、武术特色专场奖、人气专场奖等。学生科创小组参加全国“挑战杯”,获三等奖1项、世博专项竞赛二等奖2项、三等奖1项。设立世博志愿者工作站,完成814名各岗位世博志愿者的招募选拔工作。组织学生参与F1、Moto GP大奖赛、田径黄金联赛、网球大师杯等志愿者服务活动。开展社区体质测评、特奥志愿者等日常志愿者服务。选拔12名志愿者赴云南、重庆、西藏和四川服务,承办2009年上海市大学生志愿服务西部计划志愿者培训。28名学生应征入伍,学院被评为杨浦区“征兵工作先进集体”。毕业生综合就业率超98%。

学院创建国家体育总局体育科技园示范区,搭建产学研一体化培养的新平台。校区联动发展,与杨浦区签订协议,加强全面合作,联手推进自主创新。完成上海市10个区县10000余人次运动与健康促进的指导工作,完成6个区在校中小学生近6000人次体制测试和体力活动调查。举办“海峡两岸体育教育、休闲体育论坛”、“第三届上海国际运动与健康高层论坛”和“2009体育赛事国际论坛”。成功申办2011年第五届亚太地区体育科学大会和第八届国际体育计算机科学会议。与越南第一体育大学合作培养的首批体育教育训练硕士毕业。学院有来自56个国家和地区的长短期留学生千余人。

学院图书馆新购图书2万余册,推出6个试用数据库。学院出版发行《国外体育之窗》、《图书馆通讯》等书刊。完成自动化管理系统的升级。完成信息化建设一期工程,启动数字化校园二期工程。田径馆、系部办公楼(二期)、竞校学生公寓项目投入使用。完成科技园区、篮球馆、武术馆等修建工作。升级改建技防设施和重新布局监控系统机位,健全安全校园建设长效机制。年内,学院获上海市“科教系统社会综合治理”先进单位、“安全文明校园”。

(朱成磊)

**[第一期全国体育产业高级研修班举办]** 3月22—28日,由国家体育总局体育经济司、国家体育总局人事司主办,学院承办的第一期全国体育产业高级研修班开学。来自全国31个省(市、自治区)、计划单列市及总局直属单位分管体育产业工作的负责人参加。23日举行开班典礼,国家体育总局副局长王钧、体育经济司、人事司以及院领导姚颂平出席。

(朱成磊)

**[李宣海来学院调研]** 4月21日,市教卫党委书记李宣海到学院围绕深入学习实践科学发展观活动、学院事业发展情况及大学生就业等专题开展调研。李宣海听取院党委书记虞丽娟,院长姚颂平,党委副书记、副院长戴健等工作汇报并作讲话。学院有关部门负责人参加。

(朱成磊)

**[上海世博会志愿者工作站揭牌]** 4月30日,学院举行中国2010年上海世博会志愿者工作站揭牌仪式,院领导戴健、章建成、平杰出席。工作站完成5名首批世博志愿者、50名新闻特殊岗位志愿者、667名世博园区志愿者、92名城市服务站点志愿者的招募选拔工作。

(朱成磊)

**[第三届上海国际运动与健康高层论坛举行]** 11月13日,学院与中国体育科学学会运动医学分会联合主办的第三届上海国际运动与健康高层论坛在学院举行。中国体育科学学会秘书长田野、学院党委书记虞丽娟分别致辞。来自美、意、日、韩、菲律宾等国和港澳台地区的著名运动与健康领域的专家作专题报告,国内各高校、研究所的运动人体科学和运动医学学科专家及相关科研人员参与研讨。副院长陈佩杰在闭幕式上向6名“张汇兰”优秀论文新人奖获得者颁奖。

(朱成磊)

**[学院运动员完成第十一届全运会任务]** 11月18日,欢迎上海全运健儿凯旋表彰大会在上海国际会议中心举行。学院韦剑、赵光勇等10名运动员分获“上海市五一劳动奖状(章),上海市新长征突击

手(标兵)、上海市三八红旗手”等称号。备战期间,副市长赵雯、市体育局局长于晨来院视察备战情况,听取汇报后慰问了教练员和运动员。

(朱成磊)

**[上海体育学院科技园成立]** 11月29日,上海体育学院科技园挂牌成立。挂牌仪式由院长章建成主持。国家体育总局科教司司长蒋志学宣读国家体育总局《关于同意建立国家体育总局体育科技示范园的批复》,国家体育总局副局长段世杰和上海市副市长沈晓明为“国家体育总局体育科技示范园”揭牌、上海市政府副秘书长翁铁慧和上海市教委主任薛明扬为“上海体育学院大学生创业基地”揭牌,杨浦区区委书记陈安杰与院党委书记虞丽娟为“上海体育学院科技园”揭牌。市教委、市体育局相关部处、杨浦区相关部门领导和学院党政领导出席。上海体育学院科技园是国家体育总局体育科技示范园,也是上海体育学院大学生创业基地,由上海体育学院资产经营管理有限公司与上海杨浦科技投资发展有限公司共同出资设立。

(朱成磊)

**[孙中山先生铜像揭幕仪式举行]** 12月8日,纪念国务院命名上海市“国家历史文化名城”23周年暨孙中山先生铜像揭幕仪式在学院举行。揭幕仪式由上海市文物管理委员会、上海市教育委员会、中共上海市杨浦区区委、区政府联合主办,杨浦区文物管理委员会、学院承办。上海市政协副主席、民革上海市委主委高小玫,上海市委宣传部副部长、上海市文物管理委员会副主任陈东,上海市委统战部副部长吴捷,上海市文物管理委员会副主任、上海博物馆馆长陈燮君,院党政领导虞丽娟、戴健、平杰,上海大学党委书记于信汇,中共杨浦区委副书记魏伟明出席。民革上海市委、市台办、市教委、市文管委,高校、杨浦区、各委办局以及相关部门领导,大学生、中学生代表共200余人参加。高小玫、陈东、吴捷等为铜像揭幕。揭幕仪式结束后,举办“历史文化遗产保护与杨浦发展”主题研讨会。旧上海市政府曾于1933年在现上海体育学院行政楼北广场树立了一座孙中山先生铜像,1937年8月毁于淞沪抗战日军炮火,仅留存部分台基。4月,市文管委、市教委、杨浦区委、区政府与上海体育学院共同商定重建孙中山先生铜像。铜像由著名雕塑家、上海大学美术学院张海平教授负责制作。重建的孙中山先生铜像高3.2米,花岗岩基座高3.6米,铜像整体还包括12件0.8米宽的铜鼎。

(朱成磊)

### 附:学校负责人及地址

(2009年1—12月)

院党委书记:虞丽娟
副书记:戴　健、庄起民

院　长:姚颂平(8月离任)、章建成(8月到任)
副院长:戴　健(兼)、王义林(2月退休)、章建成(8月提任)、陈佩杰、平　杰(1月到任)

地址:长海路399号
邮编:200438
电话:51253000
传真:51253030

# 华东政法大学

［**2009 年概况**］ 学校开展学习实践科学发展观活动，取得成效，群众满意率达 93.6%。至年底，学校共制定规章 11 个、修订规章 11 个、废止规章 1 个，出台“保增长、保民生、保稳定”的措施 34 项，办实事好事 24 件，解决突出问题、完善体制机制的工作有了新的进展。学校调整成立党支部 80 个，改选 30 个，发展新党员 1314 人，预备党员转正 1154 人。学校教职工党组织评出先进基层党组织 5 个、优秀党员 11 人、优秀党务工作者 5 人。学生党组织评出优秀党支部 13 个、优秀党员 57 人、优秀党务工作者 2 人。年内，学校招收全日制本科生 3158 人、研究生 1171 人。2009 届本科毕业生 3000 人，就业率为 93%；毕业研究生 758 人，就业率为 94.1%。夜大和函授毕业生 2287 人，授予学士学位 547 人。自学考试本科毕业生 590 人、授予学士学位 173 人。

人才队伍结构进一步优化。启动新一轮处级干部和科级及以下人员聘任工作。学校共有处级干部 116 人，其中，正处级干部 51 人、副处级干部 65 人。科级岗位人员 162 人、科级以下人员 129 人。高级专业技术职务聘任增加了量化加分程序，分别有 7 人、22 人被聘任为教授、副教授。完善人事派遣和劳务派遣制度，13 名人事派遣人员转为事业编制聘用合同制、35 名外聘人员转为劳务派遣。引进教师 26 人、研究人员 15 人、行政教辅人员 42 人，其中正高 4 人、副高 5 人。选拔 40 名专业教师、10 名行政教辅人员列入第三批海外进修名单。被评为全国高校教学名师 1 人、上海高校教学名师 1 人、新中国成立以来上海百位优秀女教师 1 人、上海市优秀辅导员 1 人、优秀思想政治理论课教师以及新长征突击手、语言文字工作、绿化工作先进个人等各 1 人。被评为上海市优秀中青年法学家 3 人、上海市模范教师 3 人。获上海市育才奖 5 人。获评校级优秀主讲教师 5 人。获评校级教学名师 4 人。66 人和 7 个集体获得各类奖教金。选送教师到校外挂职锻炼 12 人。

教学质量稳步提升。完成教育部本科教学工作水平评估整改工作，获国家教学成果二等奖 1 项、上海市教学成果奖 9 项。成为国家级法学实验教学示范中心建设单位。获批教育部人才培养模式创新实验区建设项目 1 个。年内，顾功耘教授主持的《经济法学》课程获评 2009 年度国家精品课程。学校设有国家级特色专业建设点 1 个。被评为市级精品课程 1 门，市教委重点课程 7 门。市级特色专业建设点 2 个、教育高地项目 1 个、教学团队 2 个。

学科与科研建设取得新突破。学校获国家社科基金课题立项 15 项，其中法学类项目 9 项。获教育部人文社科项目 17 项，其中法学类项目 9 项。获上海市社科规划项目 7 项，市教委科研创新项目 11 项、教育科研项目 1 项、其他项目 9 项，市教育发展基金会晨光项目 3 项，上海市依法治市办民主法治课题 9 项。有 7 项成果分获司法部第三届全国教材与科研成果二、三等奖和优秀奖，2 项成果获得中国高等教育学会第七次优秀高等教育研究成果三等奖。新聘“韬奋学者”14 人。举办首届法学名家论坛、国际法年会等具有全国影响力的学术会议。民法与知识产权学科被确定为市教委重点学科。

对外交流与合作办学进一步拓展。学校接待境外来访 200 余人次，与海外高校签订或续签合作交流协议 17 份，与海外合作院校达到 76 所。选派 70 名中青年教师赴境外 10 个国家和地区访问进修，25 人次教师及行政管理人员赴境外 21 个国家和地区参加学术交流活动。增加 4 个本科生交换项目、4 个联合培养硕士项目、1 个博士访问学者项目、2 个针对教师的联合培养博士项目。选派长期公派学生 60 人，其中攻读硕士学位 17 人、本科生交换 43 人，2 人参加博士访问学者项目，组织 63 名学生到美国开展短期培训。

学校成立信息化办公室、档案馆，社会学系改名为社会发展学院，信息科学技术学院并入刑事司法学院，长宁校区管理办公室并入校长办公室。图书文献资源建设进一步完善。全年购置图书文献资源 560 万元，其中订购中文图书 178964 册，外文图书 1857 册。至年底，学校纸质藏书总量达到 187 万册。电子图书总量达到 45 万册。

社会服务工作有序开展。学校制定“国际金融法律研究与人才培养中心”和“国际航运法律研究与人才培养中心”建设方案，对接上海“两个中心”建设。组织骨干教师在《法制日报》开辟“华政论坛”专栏，研讨《中华人民共和国农村土地承包经营纠纷仲裁（草案）》等法律、法规，连续第五年承担国家司法考试评卷任务。与长宁区教育局合作，将区重点番禺中学改建为华东政法大学附属中学。

（马　超）

**［中国法学名家论坛举办］** 4 月 24—25 日，学校举行首届中国法学名家论坛。此次论坛由学校与《当代中国法学名家》编委会共同主办，英特尔（中国）有限公司协办。市人大常委会主任刘云耕，最高人民法院副院长江必新，市人大常委会副主任王培生，市高级人民法院院长应勇，市人民检察院检察长陈旭，市教卫党委副书记、市教委副主任莫负春，河南省高级人民法院副院长孙振民，湖北省人民检察院副检察长徐汉明，市第一中级人民法院院长潘福仁，市第二中级人民法院院长王信芳，上海海事法院院长郑肇芳等出席开幕式。原最高人民法院院长肖扬向论坛发来贺信。江必新、王培生、莫负春等分别讲话。当选的法学名家陈光中、应松年、高铭暄和江平教授以新中国法学 60 年为内容分别作主题发言。本届论坛同时举行了法学各专业共 12 场分论坛。

（马　超）

首届中国法学名家论坛在学校举行

**［学校恢复招生 30 周年纪念大会举行］** 11 月 7 日，学校恢复招生 30 周年纪念大会在松江校区举行。最高人民检察院检察长曹建明，中纪委副书记干以胜，上海市人大常委会主任刘云耕，最高人民法院副院长张军，司法部副部长赵大程，中国法学会常务副会长刘飏，上海市政协副主席周汉民，上海市高级人民法院院长应勇，上海市人民检察院检察长陈旭，江苏省高级人民法院院长公丕祥，浙江省高级人民法院院长齐奇，上海市法学会会长吴光裕，上海市市长助理、市公安局局长张学兵，上海市政府副秘书长翁铁慧，上海市教卫党委副书记、市教委副主任莫负春等出席大会。曹建明、张军、翁铁慧、莫负春分别代表最高人民检察院、最高人民法院、上海市政府、上海市教卫党委、市教委发表讲话，向学校表示祝贺，并高度评价学校建校以来，特别是恢复招生 30 年来取得的突出成就。司法部司法鉴定局局长霍宪丹宣读司法部贺信。出席纪念大会的还有各地司法行政机关及各兄弟院校领导、校友代表、教职工代表等。

（马　超）

**［举办区域法律论坛第五届研讨会］** 5 月 21—22 日，学校举办区域法律论坛第五届研讨会。研讨会的主题是“应对金融危机的法律措施”。校党委书记杜志淳、校长何勤华分别出席开幕式和闭幕式并祝辞。来自澳门大学、复旦大学、上海对外贸易学院等十多所海内外知名高校的专家、学者从多领域、多角度进行了研讨。

（马　超）

**［举办中国国际法学会学术研讨会］** 6 月 20 日，学校举办中国国际法学会学术研讨会。全国人大法工委主任、中国国际法学会会长李适时，上海市人大常委会主任刘云耕出席开幕式并讲话，外交部副部长张志军、教育部部长助理林蕙青与校党委书记杜志淳先后致辞。开幕式由中国国际法学会常务

副会长饶戈平主持。来自全国各地政府机构、教学研究单位和法律实务部门的 200 多位代表和嘉宾出席。

（马　超）

**［召开《残疾人教育条例》修订研讨会］** 3 月 19—22 日，学校召开《残疾人教育条例》修订研讨会。中国民办教育协会中小学专业委员会副秘书长张文，教育部法制办副处长王大泉，意大利专家，以及来自华东师范大学、安徽大学、上海师范大学、南京市特殊教育职业技术学院的特殊教育、教育法、民法、行政法专家 30 余人参加研讨会。

（马　超）

## 附：学校负责人及地址

（2009 年 1—12 月）

校党委书记：杜志淳
副书记：童西荣、张智强

校　长：何勤华
副校长：王立民、张智强、顾功耘、叶　青

长宁校区地址：万航渡路 1575 号
邮编：200042

松江校区地址：松江区龙源路 555 号
邮编：201620

# 上海海洋大学

［**2009年概况**］ 学校现有12个学院，拥有1个国家级重点学科，10个省、部级重点学科，9个上海市教育高地和1个上海市高校E研究院，拥有2个博士后科研流动站，1个一级学科博士学位授权点，7个二级学科博士学位授权点，2个一级学科硕士学位授权点，23个二级学科硕士学位授权点，7个同等学力申请硕士学位点，43个本科专业及方向，10个高职专业。拥有普通本专科生12000余人，研究生1700余人；全校在职教职工1040人。招收本专科新生3506人，研究生新生556人，其中硕士研究生529人，博士研究生27人。截至12月31日，毕业生就业率为98.08%。

9月21日，国家海洋局、上海市人民政府发文确定共建上海海洋大学。根据部、市共建协议，国家海洋局将对学校改革、建设和发展提出指导意见，在学校发展过程中给予政策、决策方面的建议和支持，在学科平台、科研项目、人才队伍建设等方面给予支持和指导。上海市政府将创造条件，推进和支持学校深化改革，建立自主办学与自我约束相结合的运行机制，支持学校在为地方经济建设服务的同时，面向全国服务。

深入开展学实活动。自3月至9月，学校9个基层党委、2个党总支、2个直属党支部，师生党员2700余人参加学习实践科学发展观活动，完成了学习调研、分析检查、整改落实三个阶段的主要工作任务。12月，学校组织“回头看”工作，加大了整改落实方案的实施力度。学习实践科学发展观活动取得成效，群众满意率超过98%。

教学质量不断提高。落实暑期短学期教育、优化“二二分段”政策、推进学分制收费改革，教育教学改革不断推进。水产科学实验教学中心入选国家级实验教学示范中心建设单位，水产养殖学专业入选国家特色专业。新增7个上海市教育高地项目，新增1个上海市高等学校市级教学团队，新增1个上海市级实验教学示范中心，新增2门上海市级精品课程。

学科建设成效明显。开展“085工程”试点工作，向市教委申报2010年学科建设项目，其中25项获得通过。“食品质量与安全”被批准为市教委第五期重点学科，新增食品科学与工程博士后科研流动站。科研水平不断提高，李家乐教授主持的“农业生物品质改良和高效育种研究”项目获得国家“973项目”的资助；马家海、何培敏教授承担的“我国近海绿潮灾害调查及其预测与防治”获国家重大财政专项资助；谢晶教授主持了“猪肉产品绿色供应链技术创新与设备研制”国家“863”重大专项，有10项重点项目和7项人才基金项目得到市科委资助。李思发教授再获国家科技进步二等奖，食品科学与工程学科形成了从硕士、博士到博士后的完整人才培养体系。

落实人才兴校战略，建设高水平人才队伍。启动“海洋学者计划”、“海燕计划”、“柔性引进高层次人才计划”和“青年教师培养工程”等各类计划，聘任中国工程院潘德炉院士和丁德文院士为“双聘院士”，新增吕为群教授、黄铁群教授、陈勇博士等3名东方学者。加强对优秀中青年教师的跟踪管理，加大新引进青年教师培养和使用力度，开展各级各类培训，组织青年教师课堂教学艺术比赛，促进青年教师教学能力和教学水平的提高。队伍建设取得可喜成绩，李思发教授荣获中华农业英才奖，王武教授当选“新中国成立60周年‘三农’模范人物”，王尧耕教授被授予“中国航海教育贡献奖”，王成辉博士入选教育部“新世纪优秀人才支持计划”等。

推进思想政治理论课建设。加强思想政治理论课队伍建设，实施“教师资格准入制度”，通过专家组的资质评审，原社科部专任教师中有90%的教师获聘，并聘任一批兼职教师。研究制订贯彻上海市加强思想政治理论教育有关文件的实施细则，推动教学改革，提高思想政治理论课的针对性。积极实施中国特色社会主义理论“进教材、进课堂、进学生头脑”。

深化辅导员队伍建设。依托市高校心理健康教育与咨询区域示范中心，举办上海高校辅导员心理健康教育与咨询专题培训班，举办上海高校心理咨询协会年会，加强辅导员心理工作培训。把握思想政治教育主动权，充分利用E-class平台，推进师生互动，提高网络思政教育的针对性。举办辅导员工作艺术专题培训班，采取专题讲座与工作研讨相结合、专家讲授与实际工作开展相结合的方式，提高辅导员思想政治工作艺术，推进辅导员队伍专业化、专家化建设。

推进素质教育。推进为世博服务工作，组织“迎世博食品药品安全宣传进社区”活动，广大师生走遍全市 18 个区县，演出 20 余场，宣传食品安全知识；开展世博会志愿者选拔工作，选拔产生 2591 名世博志愿者候选人。成功获得上海大学生科学商店总店执行部资格，在全市成立 7 个服务部，开设 18 家门店，承担科普宣传和志愿服务活动。开展“科技登高”活动，获得全国“挑战杯”科技作品大赛 1 个一等奖、上海市挑战杯 2 个一等奖，1 篇博士学位论文被评为上海市研究生优秀论文等。

加强文明单位建设。深化与芦潮港镇结对工作，加大对汇角村的帮扶力度，帮扶资金达 15 万余元，建设图书馆、电脑室和健身房，后勤产业招收当地人员就业，帮扶工作成效凸显。组织 1377 名在校师生无偿献血，献血数 1391 份；开展拥军优属等活动，深入部队进行演出慰问等活动，取得良好成效。对外宣传注重世博食品安全、水环境、蟹与水、科学商店、水族诊所等专题。推进民主管理。召开第七届教代会、工代会，通过《上海海洋大学教职工代表大会实施细则》和《上海海洋大学二级教职工代表大会实施细则》。

（何爱华）

**[获上海市科技进步一等奖]** 2 月 27 日，李家乐教授主持的《淡水珍珠蚌新品种选育和养殖关键技术》项目荣获上海市科技进步奖一等奖。该项目主要通过培育和推广新品种，在种苗规模化繁育、珍珠插片、病害防治和水质调控等关键技术方面取得了重要突破。

（何爱华）

**[聘任 2 名中国工程院院士]** 3 月和 7 月，学校分别聘请中国工程院院士潘德炉、丁德文为“双聘院士”。潘德炉院士长期从事海洋遥感研究，是我国著名的海洋遥感专家、海洋水色遥感科学和遥感模拟仿真科学的奠基人之一。丁德文院士是著名海洋生态环境学家、寒区环境与工程学家，主要从事海洋污染环境机理和污染控制技术研发工作。两位院士的加盟，提升了学校的人才队伍层次，促进了学校的学科发展。

（何爱华）

**[科技服务团开展渔业科技服务]** 3 月和 7 月，学校组织由教授和博士组成的科技服务团，深入四川、宁夏、新疆等省区开展科技下乡活动。活动中，服务团把技术送到池塘边、蟹塘边、农户家，通过面对面、点对点的服务方式，使更多的养殖户掌握先进的养殖技术，增强产品的市场竞争力，受到当地政府和群众的普遍好评。

（何爱华）

**[市研究生教育工作研讨会召开]** 4 月 10—11 日，上海市研究生教育工作研讨会在学校举行。国务院学位办主任杨玉良院士、教育部学位中心评估处负责人以及来自全市 58 家研究生培养单位和 11 家研究生联合培养基地的负责人出席会议。会议围绕学位管理与研究生教育发展思路、学校定位与研究生教育发展、全国学科评估分析等作了互动交流。

（何爱华）

**[2009 年迎世博食品安全宣传周开幕]** 5 月 15 日，由市食品药品监督管理局、上海世博会事务协调局、黄浦区政府、上海海洋大学联合主办的 2009 年迎世博食品安全宣传周在南京东路世纪广场举行，市政府副秘书长翁铁慧宣布宣传周开幕。宣传周活动主题为“构筑食品安全防线，喜迎精彩世博盛会”。启动仪式上展示了丰富实用的世博知识及饮食安全常识。启动仪式结束后，食品专家团和大学生志愿者们深入社区进行食品安全的咨询、讲解、服务和宣传活动。

（何爱华）

**[迎世博百个服务社进社区活动启动]** 5 月 17 日，由市教卫党委、市科委、市教委、团市委主办，上海海洋大学承办的迎世博百个服务社进社区活动在闸北区白玉兰广场举行。活动分为科普服务和文化服务系列，主要围绕环境治理与保护、食品药品安全宣传、医疗服务、节电、节能技术服务等开展。服务社在活动社区做到了“五个一”，即进行一次专家讲座、开展一次社区服务、制作一批宣传展板、建立一个研究课题、联系一所中小学校。

（何爱华）

**[市研究生暑期学校开班]** 6 月 28 日，由上海市学位办主办、上海海洋大学承办的上海市研究生暑期学校开班。本次暑期学校以海洋科学（生物资源）为主题，共有来自台湾中山大学、清华大学、浙江

大学、中国科学院等20多所高校和研究机构的80余名研究生参加。暑期学校主要围绕渔业资源评估与管理、渔业海洋遥感、生态型渔具、渔业生物经济模型与评估和海洋生态系统动力学等展开。暑期学校的举行，开阔了研究生学术视野，促进了研究生的交流，促进良好学术氛围形成。

（何爱华）

**[沈晓明视察学校]** 9月24日，副市长沈晓明，市委副秘书长、浦东新区区长姜樑，市政府副秘书长翁铁慧，市教委主任薛明扬等视察学校教学楼、实验室和数字海洋研究所。

（何爱华）

**[水产养殖学专业入选国家特色专业]** 年内，学校水产养殖学专业入选国家特色专业，入选国家第四批高校特色专业建设点。水产养殖学为国家重点学科，办学历史悠久，师资力量雄厚，拥有多门国家和上海精品课程、多位教学名师。通过特色专业建设，该专业将为同类型高校相关专业和本校的专业建设与改革进一步发挥示范作用。

（何爱华）

**[世界粮食日主题宣传活动举行]** 10月16日，由农业部、国家粮食局、联合国粮农组织共同主办，农业部国际合作司、国家粮食局发展交流中心、上海海洋大学承办的2009年世界粮食日主题宣传活动举行。农业部副部长牛盾、国家粮食局副局长张桂凤、联合国粮农组织驻华代表维多利亚、校党委书记叶骏共同启动主题活动。活动主题为“应对危机，实现粮食安全”，1500余名居民、高校师生、中小学生代表参加了现场的宣传活动。

（何爱华）

**[获全国“挑战杯”科技作品大赛一等奖]** 10月，在第十一届全国“挑战杯”大学生课外学术科技作品竞赛上，学生胡舒婷的参赛作品“基于蜘蛛网仿生结构的多功能诱捕器”获得一等奖。

（何爱华）

**[第三届“丰收杯”全国河蟹大赛举行]** 11月5日，第三届“丰收杯”全国河蟹大赛举行。大赛吸引了江苏、安徽、江西、上海等河蟹主要产区的20余家河蟹企业参赛。经专家评比，江西省进贤县皖赣特种水产开发有限公司选送的一只重为611.3克的雄蟹捧得“蟹王”奖，江西省进贤县军山湖鱼蟹开发公司选送的重为473.6克的雌蟹捧得“蟹后”桂冠，江西省进贤县军山湖鱼蟹开发公司选送的“军山湖”牌河蟹则荣获大赛最高奖“金蟹奖”。

（何爱华）

**[上海大学生科学商店总店落户学校]** 11月9日，上海大学生科学商店总店落户学校。学校自2007年2月成为全国第一批“科学商店”试点高校以来，承担大量市级科学商店科普宣传活动、志愿服务活动。成为总店单位后，学校将协助市科普工作联席会议办公室，协调全市各高校大学生科学商店，制订和实施全市大学生科学商店的规划和计划，开展大学生科学商店的理论研究和改革，为各大学生科学商店的基本建设和重大活动提供咨询、给予指导，推广理念、聚集资源、组织国内外交流与合作，维护全市科学商店的合法权益，支持和推动各大学生科学商店工作的开展等。

（何爱华）

**附：学校负责人及地址**

（2009年1—12月）

校党委书记：叶　骏
　　副书记：吴嘉敏、黄晞建

校　长：潘迎捷
副校长：黄晞建（兼）、黄硕琳、封金章、程裕东

临港新城校区地址：沪城环路999号
邮编：201306

军工路校区地址：军工路318号
电话：61900296
邮编：200090

# 上海电力学院

［**2009年概况**］ 学校开展学习实践科学发展观活动。学校招收全日制本专科学生2684人，其中硕士研究生108人，本科生2604人，高职学生80人，本科招生专业25个。全日制在校生人数10710人。本科毕业生毕业率98.17%，学位率95.11%。至年底，本科毕业生就业率96.71%。

一、教学工作。①新建立铜陵电厂、玉环电厂等9家校外实习基地，校外实习基地总数达到88个。开设计算机科学与技术（电力企业信息化）、工商管理、英语3个辅修专业。学校独立招生的研究生共279人，从上海市电力公司、上海电力股份公司聘任硕士生导师，启动"上海市研究生联合培养基地"建设。承办由市学位委员会主办的上海市"绿色能源技术"研究生学术论坛。②成人教育共招收本专科生2537人，其中本科2194人，专科343人。在校生人数保持在8000人，本科生比例提高到65.7%。新增环境工程、自动化（专升本）两个招生专业，成人学历教育招生专业达到21个。新增设5个教学点，编写出版成教教材4本。继续教育全年完成52个班的培训任务，培训人数达到2844人。发电企业1000MW岗前培训成为学校继续教育的特色。成人教育和继续教育坚持教学与教育科研并重。学校获上海市教学成果三等奖一项、上海市教育学会一等奖一项。

二、科研与产业工作。①2个学科被批准为上海市教委第五期重点学科。完成电力系统动模/数模一体化实验室一期、大型火电综合自动化系统平台、电力虚拟运行仿真研发平台、上海市热交换技术工程研究中心等建设。完善可再生能源研发平台，建成兼有教学、科研、科普和成果展示功能的太阳能光伏/光热利用建筑一体化大学生节能生态艺术厅。成立跨学科的研发机构"新能源与智能电网技术研究院"。获国家自然科学基金项目6项（含与其他单位合作项目），首次获得国家社会科学基金项目和国家"973"子课题，获得教育部社科一般项目，上海市科委重大（重点）基础研究、重点科技攻关和地方高校能力建设项目纳米科技和标准化专项项目以及上海市自然科学基金项目等20余项。获上海市哲学社会科学和教育科学研究项目3项。获上海市教委科技创新重点项目6项、一般项目9项。学校多名教师入选上海市曙光计划、青年科技启明星计划、晨光计划等。②学校获得上海市科技进步二等奖2项、三等奖1项以及中国电力科学技术三等奖1项。在国内学术刊物和学术会议上发表论文超过1000篇，被国际检索系统SCI、EI、ISTP及CSSCI收录的论文130余篇次；申请各类专利54项，登记计算机软件著作权8项，另有15项专利获得授权。《上海电力学院学报》由季刊改为双月刊，并获得中国科技论文在线优秀期刊二等奖和中国高校科技期刊优秀编辑质量二等奖。③学校控股企业上海微程电气设备有限公司获2009年度上海市科技型中小企业技术创新基金立项和2009年第二批国家创新基金立项。以"智能电网中'分布式能源的集成与智能控制技术'"为主题在中国国际工业博览会上的参展项目获得高校展区组委会颁发的"优秀组织奖"；参展的"地铁隧道用酚醛复合材料无间隙逃生疏散平台"获得优秀展品二等奖。2月，电力科技园被科技部和教育部认定为国家级大学科技园。11月，上海市大学生科技创业基金会上海电力学院分基金会成立并设立在电力科技园。

三、师资队伍建设。教师秦少臻、姚伟峰入选上海高校特聘教授（东方学者）。引进具有博士学位教师42人，其中海外高层次人才6人，学校具有博士学位教师190多人。共有186名青年教师获得市教委优青基金资助，资助金额达468万元。全国优秀教师1人、宝钢优秀教师奖1人、上海市育才奖5人、入选上海市人才发展基金1人。

四、学生工作。发放各级各类奖学金、助学金总额达728余万元，受益学生达14521人次。学校推出促进就业新举措，与国家电网人才交流中心合作，举办第七届全国电力人才招聘大会；与上海市就业促进中心、公共职业介绍中心合作举办毕业生公共就业服务进校园活动的首场校园招聘会。共为毕业生召开160次中小型校园招聘会（宣讲会），提供岗位13879个。学校共组织23支团队分赴贵州、浙江、云南、江西等10省市开展暑期社会实践服务。学生赴城区、街道、企事业单位进行挂职锻炼2907人。学生在第11届"挑战杯"全国大学生课外学术科技作品竞赛中获二等奖1项，获上海高校学生创造发明"科技创业杯"三等奖5项；在全国大学生数学建模竞赛中获二等奖1项，获上海市一、二、三等奖各1项。学生参加全国第二届大学生艺术展演获全国一等奖1项、二等奖4项，上海市一等奖2项、二等奖6项、三等奖3项。大学生素质拓展学校获2008年度上海市群众文化工作先进集体和2009年上海市文明班组。

五、国际交流与合作。全年接待来校讲学、访问、参加国际会议等专家近60人次。共有40名学生赴英国攻读学位，选派8名中青年骨干教师赴英国进行研修。接受来自津巴布韦、蒙古、澳大利亚等国的长、短期外国留学生25人，其中13人进入计算机科学与技术、国际贸易专业学习。与俄罗斯莫斯科动力学院、新西伯利亚国立技术大学、克麦罗沃国立大学、英国斯特拉斯克莱德大学、赫特福德大学、德国布兰登堡科技大学达成合作意向。与越南电力大学代表团建立合作平台，招收越南学生来校攻读学位。为越南电力系统培训干部与技术人员。学校成功举办"2009年人工智能与计算智能、Web信息系统与挖掘国际会议"，共有来自16个国家和地区的400多名专家学者与会，收到论文近1800篇，录用504篇。

六、改善办学条件。学校完成动模/数模实验室、物流实验室、工程管理实验室、基础物理实验室扩建，火电站综合自动化系统平台进入建设阶段。能源与动力实验示范中心成功获批为上海市实验教学示范中心，新获得中央与地方实验室共建项目1项。在学海校区新建及改造49个多媒体教室。图书馆、数字化校园建设方面，对学海路校区两个图书馆进行功能上的调整和改造，增加阅览座位400多个。全年投入图书购置经费共计252.5万元，新购置图书4.3806万册，订阅中外文期刊、报纸1322份，馆藏纸质文献累计达92万余册。投入97.4万元用于数字资源建设，占总投入经费的38.6%。学生素质拓展系统投入运行。完成平凉新校区工程电力培训中心大楼一期项目以及研究生留学生楼等建设。

（胡花玉）

**［承办上海市高校体育工作研讨会］** 1月10日，上海市高校体育工作研讨会在学海路校区举行。市教委副主任李骏修，团市委书记、市大学生体育协会副主席潘敏以及各高校体育部门负责人等出席会议。

（胡花玉）

**［学院科技园被认定为国家级大学科技园］** 2月18日，上海电力学院科技园被科技部和教育部认定为国家级大学科技园。4月17日，上海电力学院国家大学科技园揭牌仪式在学校举行。上海市人大常委会委员、人大财经委员会副主任俞国生，科技部、教育部、市教委、市科协、杨浦区政府、上海电力公司、上海电力股份有限公司和学校领导出席仪式。《上海电力学院与杨浦区合作框架协议》、《上海电力学院与上海电自动化仪表股份有限公司合作协议》签约仪式同时进行。国家科技部、教育部、杨浦区政府等领导为国家电力科技园揭牌。杨浦区区委书记陈安杰到会与校领导共商科技园发展大计。

（胡花玉）

国家大学科技园揭牌

**[举办绿色能源技术学术论坛]** 6月9—10日，上海市“绿色能源技术”研究生学术论坛在学校举行。来自清华大学、上海交大等15所高校研究生部(处)领导和专家学者、在读研究生以及学校相关院系师生与会。与会者还就“现代发电技术和节能”、“绿色环保技术”、“绿色电力系统”3个主题在分会场进行学术交流。论坛是由上海市学位委员会主办，上海电力学院承办。论坛期间共收到同济、华北电力、华东理工等众多高校及科研院所的研究生论文近60篇。

(胡花玉)

**[上海市学位管理与研究生教育工作会议召开]** 7月1日，2009年上海市学位管理与研究生教育工作会议在学校平凉路校区召开。市教委、市学位办、市教育评估院等负责人、各高校研究生分管校长、研究生培养单位研究生院(部、处)负责人、招收研究生的中科院及在沪各研究所负责人、上海市研究生联合培养基地(协作培养单位)职能部门负责人130余人参加会议。市教委副主任王奇作《优化结构，提高水平，增强社会服务能力》的主题报告。

(胡花玉)

**[建成燃煤机组全范围仿真系统]** 10月20—25日，学校建成“基于虚拟DCS的激励式600MW超临界燃煤机组全范围仿真系统”。该仿真系统具有电厂DCS工程师站的全部功能，可结合电厂实际工况，分析和修改控制逻辑、组态参数、监控画面等工作，使热控工程师和研究人员在该仿真系统上进行各种电厂控制系统的研究和设计工作。

(胡花玉)

**[信息挖掘和人工智能国际会议召开]** 11月7—8日，2009Web信息系统与挖掘、2009人工智能与计算国际会议在学校召开。该国际会议由IEEE-CS、Springer、APNNA和NSFC共同发起，旨在为国际上从事Internet信息挖掘和人工智能领域研究的专家、学者提供一个高水平的国际交流平台。来自美国、德国、澳大利亚、巴西、日本、韩国等16个国家和地区的400多名专家学者和研究人员与会。会议重点探讨如何通过人工智能、计算模拟扩展人的思维和认知，解决Web信息挖掘在具体应用中遇到的难题，帮助广大应用者在Web数据库中精确搜索有用的信息。大会共收到论文近1800篇，录用504篇，内容涉及网络信息挖掘、电子商务、人工智能、智能计算等多方面的前沿研究成果。

(胡花玉)

**附：学校负责人及地址**

(2009年1—12月)

院党委书记：周光耀
　　副书记：石奇光、李国荣

院　长：曹家麟
副院长：石奇光(兼)、万　峰、姚秀平、张　浩

平凉校区地址：平凉路2103号
邮编：200090
电话：65430410(总机)

国东校区地址：国顺东路25号
邮编：200433
电话：65492136

南汇校区地址：南汇科教园区学海路28号
邮编：201300
电话：68029912

# 上海大学

[**2009 年概况**] 学校坚持科学发展、推进内涵建设，召开学科建设会议，面向国家和上海事业发展需求，开展各项研究，提高学科竞争力。4 月，《上海大学学术委员会章程》发布施行。学校成立学科交叉工作小组，促进学科交叉研究。稳步推进"211 工程"三期建设，制定《上海大学"211 工程"三期建设项目管理办法(试行)》。

人才队伍建设。加大重点大学和回国人员以及企业界具有实际工作经验人员的引进力度。6 人获"东方学者"特聘教授批准，学校"东方学者"总数 12 人。力学所陈立群教授被批准为 2008 年长江特聘教授；生命学院李根喜教授获国家基金委"杰出青年基金"；胡志宇、周振教授获中组部 2009 年第一批国家"千人计划"特聘教授；吴明红、钱跃竑教授入选国家人力资源与社会保障部"新世纪百千万人才工程"；吴明红、汪大伟、钱跃竑教授入选上海市人力资源与社会保障局"领军人才"。2 人获市优秀学科带头人计划资助，6 人获市曙光学者人才计划资助，4 人获市启明星及跟踪人才计划资助，8 人获浦江人才计划资助，4 人获上海市晨光人才计划资助。钱跃竑教授领衔的"面向工程问题的 LBM 研究"团队成功入选教育部创新团队；市教委首批公布的 20 个上海高校创新团队中，上海大学有 3 个团队入选第一期建设计划。

教育教学质量稳步提高。年内，学校基本完成教育部委托北京大学和上海大学在全国率先进行高校思想政治理论课《六个"为什么"》试点工作各项任务。继"李梁工作室"挂牌以后，市教卫党委、市教委在上海大学设立"胡申生工作室"以推进思政课的教学改革。上海市教育高地是以提高本科生培养质量为核心、加强学校内涵建设的重要建设项目，学校有 20 个项目获得立项，总计获得专项建设经费 7080 万元。6 门课程被评为上海市级精品课程。《档案学导论》被评为国家级精品课程。"电子信息科学与技术"本科专业被批准为教育部第四批特色专业建设点。李友梅教授为带头人的"社会学基础课程教学团队"获国家级教学团队称号。公共艺术与技术教学实验中心被评为国家级实验教学示范中心建设单位。至此学校共有 3 个国家级实验教学示范中心建设单位，6 个上海市市级实验教学示范中心建设单位。学校被教育部批准为"自主招生"改革试点单位。年内，学校有研究生、本科、高职毕业生 11504 人，其中研究生 2264 人，本科生 7002 人，高职生 2238人。至 10 月 23 日，学校毕业生签约率为 75.14%，就业率为 97.38%。成功举办国务院学位办的研究生创新教育项目——研究生暑期学校。学生参加在第十一届"挑战杯"航空航天全国大学生课外学术科技作品竞赛，获一等奖 1 项、三等奖 2 项。其他各项学科竞赛获国家级特等奖 1 项、一等奖 1 项、二等奖 11 项、三等奖 4 项；上海市级一等奖 14

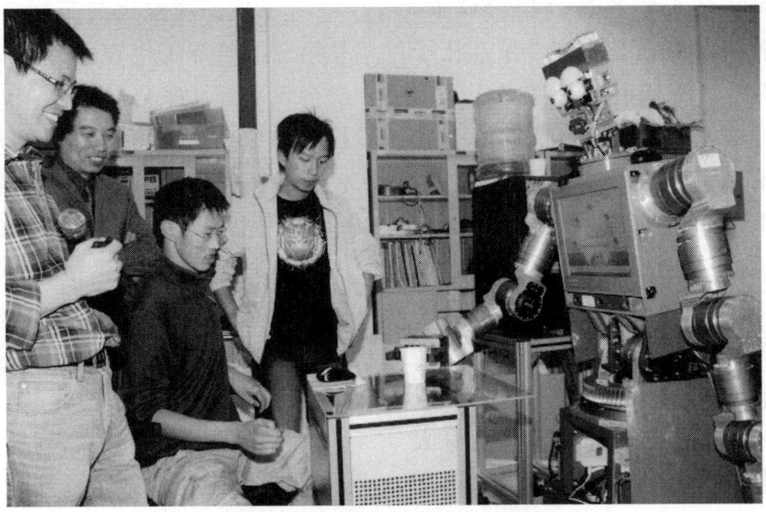

学校研制的家居服务机器人在实验室演示

项、二等奖 21 项、三等奖 32 项。获得国家级大学生创新性实验资助项目 30 个，市级项目 100 个。重视困难学生资助工作，通过各种渠道资助 52112 人次，资助资金总额 2383.37 万元。

学校获得国家自然科学基金 114 项，总经费 3960.2 万元，项目同比上年增长 24%，经费增长 36.3%。企事业委托项目合同总计 398 项，合同总经费 20108.69 万元，分别比上年增长 7.3%和 4.1%。教育部人文社科一般项目立项 16 项，上海市哲社系列项目和一般项目 19 项，其他部委项目 13 项。国家社科立项总数 21 项。学校被收录论文共 2851 篇，比上年增长 17.7%。其中国际三大检索收录论文 1757 篇，比上年增长 27.9%；中国科技论文引文数据库收录论文 1094 篇，比上年增长 4.2%；SCI 收录的论文共 595 篇，比上年增长 12.9%；EI 收录的论文 551 篇，比上年增长 8.6%；ISTP 收录论文 611 篇，比上年增长 80.2%。论文被引用篇次有所增加，其中《科学引文索引》SCI 被引 556 篇 1375 次，比上年增加 182 篇 252 次。申请专利 675 件，同比上年增长 22.5%，其中发明专利 598 件，同比上年增长 27%；授权数 237 件，同比上年增长 38%，其中发明专利 170 件，同比上年增长 24%。学校成为上海 4 个试点高校之一，加盟上海高校技术市场，加强与长三角地区、西部地区等的产学研联盟合作，加速成果转化；服务社会能力增强，其中千万元以上合同 3 项。

加强国际交流合作。学校成为国家留学基金委公派研究生项目签约单位，组织资助研究生出国参与国际交流人数共计 78 人，举办研究生教育国际论坛。学校接待团组 172 批 526 名外宾，其中政府高官和大学校长级别的高层次代表团占到 25%左右；召开国际会议 17 次；与美国、欧洲、东亚、澳洲等 9 个国家和地区的 12 所知名大学签署合作协议书，签约学校 50 所。在继续做好已建成的“普吉孔子学院”、“科克孔子学院”、“海峡孔子学院”各项工作的基础上，与美国肯塔基大学就建立“肯塔基孔子学院”达成一致意见。留学生教育进一步拓展，总人数稳中有升，达到 2710 人，学历生有一定增长，达到 468 人，来自欧美发达国家的留学生也有所增长。

和谐校园建设。开展“大学精神与大学文化”大讨论活动，开展大学精神和大学文化的理论研究，成立课题组，组织校内外学者系统研讨，起草《上海大学文化建设五年规划》。学校获 2007—2008 年度“全国精神文明建设先进单位”荣誉称号。学校召开 2009 年精神文明建设工作会议，制定 2009—2010 年文明单位创建规划。学校的社会实践和志愿者工作取得成绩，上海科技馆志愿者团队连续第六次被评为先进集体。学校与宝山区教育局、大场镇合作，把原来的祁连二小扩建成九年一贯制的上海大学附属学校。启动上海大学博物馆建设。

学校现设有 23 个学院和 1 个校管系；设有 68 个学士学位专业、131 个硕士学位授权点、17 个工程硕士领域、35 个二级学科博士学位授权点、5 个一级学科博士学位授权点、19 个自主增设二级学科博士专业、11 个博士后科研流动站、1 个 MBA 授权点和 1 个法律硕士授权点；拥有教育部重点学科 4 个、上海市优势学科 4 个、上海市特色学科 5 个；拥有 2 个科技部与上海市共建的国家重点实验室培育基地，1 个国家体育总局体育社会科学重点研究基地，1 个教育部重点实验室，1 个教育部省部共建重点实验室，1 个教育部工程研究中心，1 个教育部特色专业建设点，2 个上海市人文社会科学重点研究基地。建有国家大学科技园和高新技术开发区，各种研究所、研究中心 100 多个。现有专任教师 2500 余人，教授 428 人，副教授 765 人，中科院院士、工程院院士 10 人，博士生导师 200 余人，国家级有突出贡献的中青年科技专家 9 人，享受政府特殊津贴专家 68 人。现有普通高校学生 43000 余人，其中本科生 28000 余人，研究生近 8000 人，高职生近 7000 人，另外还有成人教育学生 10000 余人。校园占地 200 余万平方米，校舍建筑面积 110 余万平方米。图书馆建筑面积 6.4 万平方米，馆藏图书 340 万册，期刊 3600 余种，包括外文期刊 530 余种，网络和光盘数据库 60 余种。

（郭　秀）

**[三届三次教代会工代会召开]** 1 月 6 日，学校第三届教职工代表大会暨工会会员代表大会第三次会议召开。来自学院、系统 14 个代表团 300 多名代表参加会议。校党委书记于信汇作《2008 年度学校行政工作报告》；校党委常委、工会主席薛志良作《2008 年度工会工作报告》；教代会提案工作委员会主任曾文彪作《提案工作报告》。1 月 7—9 日，会议进行分组讨论；1 月 9 日，会议审议修改各项报告；1 月 12 日，大会闭幕。

（郭　秀）

**[大学生创新论坛举行]** 2 月 20—21 日，学校首届大学生创新论坛举行。此次“论坛”的主题是

"创新点亮人生"。市教委副主任王奇，复旦大学、上海交通大学、同济大学等上海市大学生创新活动计划协作组8所成员高校的相关负责人，副校长叶志明等出席会议。此次论坛为学生搭建学习、交流和沟通的平台，展示学校大学生创新活动项目取得的成果，推进高校大学生创新活动的开展。

（郭　秀）

**[教育部考察团考察上海大学泰国普吉孔子学院]**　2月22日，受国家汉办委托，国家教育行政学院院长郑树山、常务副院长张兰春、教育部国际教育司副司长刘宝利、中央广播电视大学党委副书记张少刚等考察上海大学与泰国宋卡王子大学共同创办的普吉孔子学院，并向该院赠送图书1000册。普吉孔子学院中方院长姚喜明、泰方院长苏百差以及部分师生参加赠书仪式。

（郭　秀）

**[区校合作签约仪式举行]**　3月12日，宝山区人民政府—上海大学区校合作签约暨"宝山区—上海大学就业指导服务站"揭牌仪式在上海大学举行。此次活动由宝山区政府和上海大学共同主办。宝山区区委书记吕民元，区委副书记、区长斯福民，区委常委、副区长张浩亮，上海大学党委书记于信汇，党委副书记、常务副校长周哲玮，党委常委、副校长叶志明，以及区、校其他相关部门领导出席签约和揭牌仪式。仪式由上海大学副校长叶志明主持。区长斯福民和上海大学常务副校长周哲玮分别签署《宝山区人民政府上海大学促进毕业生就业合作框架协议书》。

（郭　秀）

**[苏格兰代表团来访]**　4月7日，苏格兰高等教育与终生教育部部长Fiona Hyslop率团访问上海大学，代表团由苏格兰教育部的成员、英国驻上海领事馆和苏格兰阿伯泰邓迪大学校长Bernard King CBE等组成。常务副校长周哲玮会见来宾。苏格兰阿伯泰邓迪大学和上海大学数码艺术学院在计算机电脑游戏领域存在广泛合作，Fiona Hyslop部长祝愿两校合作继续取得成功，随后两校签订了谅解备忘录。

（郭　秀）

**[纪念"五四"运动90周年歌会举行]**　5月4日，由中共上海市教育卫生工作委员会、市教委、文广新闻传媒集团、共青团上海市委主办，上海大学、上海教育电视台承办的"青春放歌——上海市教育系统纪念'五四'运动90周年歌会"在上海大学举行。中共上海市委副书记殷一璀、市人大常委会副主任胡炜、市政协副主席朱晓明、市委副秘书长姜樑和校领导于信汇、周哲玮、李友梅、忻平、滕建勇、汪敏、吴松等出席歌会。来自本市30多所高校、19个区县教育局和部分在沪就读的都江堰师生共计5000多人参加此次活动。歌会以"青春"和"祖国"为主题，通过歌声再现各个时期的年轻人为了民族独立和祖国富强浴血奋战、永不放弃、励精图治、奋发图强的爱国主义精神。

（郭　秀）

**[高校思想政治理论课试点工作启动仪式举行]**　9月21日，教育部委托北京大学和上海大学在全国率先进行高校思想政治理论课《六个"为什么"》试点工作启动仪式在上海大学举行。教育部社会科学司副司长徐维凡，市教卫党委书记李宣海，市委宣传部副部长潘世伟，教育部社科司教学处处长陈矛，市教卫党委副秘书长谢一龙，学校党委书记于信汇，党委副书记、常务副校长周哲玮以及来自上海各高校"思政课"分管书记、"思政课"教研部门负责人，"思政课"一线教师，优秀辅导员和部分学生代表等400余人参加会议。会议由市教卫党委副书记、市教委副主任莫负春主持。启动仪式为"胡申生工作室"揭牌。徐维凡、李宣海共同启动高校思想政治理论课《六个"为什么"》试点工作。

（郭　秀）

**[召开学科建设会议]**　9月29日，学校2009年学科建设会议召开。会议主题为"全面贯彻落实科学发展观，为建设国内一流的综合性研究型大学而继续努力"。校领导于信汇、周哲玮、李友梅、忻平、鲁雄刚、叶志明、汪敏、吴松、薛志良出席大会，会议由副校长汪敏主持。党委副书记、常务副校长周哲玮同志作题为《全面贯彻落实科学发展观，为建设国内一流的综合性研究型大学而继续努力》的大会报告。党委书记于信汇讲话。学校教授、副教授、具有博士学位的教师及其他骨干教师，院、系、教研室党政负责人，行政科级以上干部，研究生代表，共1000余人出席大会。

（郭　秀）

**[地铁列车"青春世博号"命名仪式举行]**　12月

5 日，“青春世博号”地铁列车命名仪式在七号线上海大学站举行。副市长沈晓明，市政协副主席周汉民，团市委书记潘敏，市城乡建设和交通委员会党委副书记田赛男，申通地铁党委书记、董事长应名洪，市交通运输和港口管理局副局长王洪全，团市委副书记李跃旗、邓小冬，上海大学党委副书记忻平等出席仪式。校党委副书记忻平和申通地铁党委书记、董事长应名洪一同为“上海大学地铁志愿者自管站”揭牌。包括上海大学 150 名学生志愿者在内的 300 多名青年组成 3 支青年志愿者服务队，将为世博作出贡献。

（郭　秀）

## 附：学校负责人及地址

（2009 年 1—12 月）

校党委书记：于信汇

副书记：周哲玮、李友梅、忻　平、滕建勇（7 月离任）、鲁雄刚（8 月到任）

校　　长：钱伟长

常务副校长：周哲玮

副 校 长：李友梅、叶志明、汪　敏、吴　松、唐　豪

学校地址：宝山区上大路 99 号

邮政编码：200444

电话：96928188

# 上海中医药大学

［**2009 年概况**］　学校开展学习实践科学发展观活动，形成《调研报告》、《分析检查报告》和《整改落实方案》，制定整改事项 48 项，并逐步落实。教学工作全面推进，教材、课程建设成果显著。严世芸领衔的“始终坚持‘以学生为中心、继承与创新并重’的高等中医药教育教学改革”获国家级教学成果奖。学校获得市级教学成果奖 4 个。徐平领衔的针灸学探究性学习改革与实践教学团队成为国家级优秀、重点教学团队。2 个团队成为上海市级优秀、重点教学团队。王忆勤负责的“中医诊断学”被评为国家级精品课程。新增上海市级精品课程 1 门。方肇勤主编的《实验中医学》被评为教育部 2009 年度普通高等教育精品教材。学校成立教师发展中心，开展新教师、青年教师的培训和教育。3 人获教育部新教师基金资助。学校获上海市教育系统先进集体称号 1 个、上海市教育系统模范教师称号 1 人，全国医学教育系统师德师风先进个人称号 1 人，上海市育才奖 1 人，宝钢奖 1 人。学校开展中医药教学合作，与香港大学中医药学院签订中医学本科生交换计划协议书。与台湾“中国医药大学”签署学术交流合作协议，在教师与学生交流、共同合作研究计划等方面开展合作交流。新增上海市精神卫生中心为教学医院。学校附属龙华医院成为“扶正法防治恶性肿瘤”、“骨退行性病变防治”两个继续教育基地。学校探索对外教育跨区域合作新模式，与昆山市中医医院合作，成立“上海中医药大学国际教育培训基地”。研究生教育以提高质量为重点，实施校优秀博士论文育苗计划及优秀博士论文跟踪计划。3 篇论文获上海市研究生优秀论文奖。3 人获教育部博士点基金资助。

学科建设成绩显著。在教育部公布的 2009 年全国高校一级学科评估排名中，学校中药学获全国高校中药学科第 1 名，中医学获全国高校中医学科第 2 名。中西医结合临床学增补为上海市教委重点学科。中医各家学说、中医诊断学等 13 个学科入选新一期的国家中医药重点学科。筋骨理论和治法重点实验室成为上海市唯一在教育部重点实验室评审中获得立项的单位。上海市中医药法律保护重点研究室、中药新资源与质量标准综合评价重点研究室等 6 个项目被国家中医药管理局列为重点研究室建设单位。为加强学校人文社科学科的建设，学校成立中医药文化研究与传播中心。学校实施“杏林学者和优秀团队培养计划”，以项目扶持的方式，培养学科优秀青年人才和优秀学科团队。学校附属龙华医院王拥军成为国家“973”首席科学家和“长江学者”，另有 2 人入选上海市优秀学科带头人，2 人入选东方学者，1 人入选教育部新世纪优秀人才，1 人入选上海市浦江人才计划，2 人入选上海市曙光计

上海市委副书记殷一璀看望在校新疆维吾尔族大学生

划。新增享国务院特殊津贴1人。学校终身教授裘沛然获首届"国医大师"称号。中国工程院院士胡之璧获第三届中国中医科学院"唐氏中药发展奖"。

科研工作保持良好势头。学校中标各级、各类科研项目近200项,获得科研经费近1.76亿元。其中,国家重大传染病和重大新药创制项目中标13项,获资助经费1.13亿元。王峥涛领衔的"中药质量标准综合评价关键技术平台的构建与应用"研究项目获上海市科技进步奖一等奖。该项目针对中药质量标准体系不健全、对照品短缺等制约中医药产业、行业的瓶颈问题,建立以"科学性"、"先进性"、"适用性"为要素的中药质量标准综合评价体系和公共服务技术平台。首次实现中药资源——形态鉴定——DNA标记——理化分析——活性评价——化学对照品批量制备各单元先进技术有机整合。另有2项成果获上海市科技进步奖二等奖、3项成果获上海市科技进步奖三等奖。1项课题获第7届上海医学科技奖二等奖。

产学研结合工作进一步深入,与企业合作联合建设创新型研究平台。学校中药现代制剂教育部工程研究中心成功进驻张江药谷孵化器基地,并与上海中创制药有限公司、上海静安制药有限公司中试基地签署合作协议,共同建设中药产业化平台。中药学院与复旦大学药学院联合成立中药药效评价联合实验室。教学实验中心与上海相宜本草化妆品有限公司建立联合实验室。学校与上海家化联合股份有限公司建立"上海家化—上海中医大中医药化妆品联合研究室"。完成"银棘茶"等中药饮料,以及"风灵凝胶"、"肠安颗粒"、"双轻颗粒"等新药的项目转让,转让费用共计670万元。

学校以"迎世博"、"庆祝中华人民共和国成立60周年"为契机,开展各项活动,推进精神文明建设。学校作为中国2010年上海世博会志愿者工作站和培训基地,承担世博会志愿者工作的动员、招募、选拔、培训、调配等工作。学校在迎世博600天行动中表现突出,荣获迎世博宣传教育贡献奖。为迎接世博倒计时300天,学校设立以"青春世博"为主题的专项暑期社会实践项目,获2009年市大学生暑期社会实践活动优秀组织奖。承办"市教育系统迎世博倒计时200天主题活动暨百个大中小学创意主题活动、百个大学生社区志愿服务团颁奖仪式",开展"与世博同行"主题团日活动、"志愿者服务团"等活动。学校积极开展各类志愿服务活动。中国科学院院士、校长陈凯先教授作为"百名名师名医志愿者讲师团"成员被授予东方讲坛2008—2009年度优秀讲师,学校获优秀组织单位。学校"肌萎缩志愿者服务队"荣获上海市"智力助残"优秀集体。学校成为上海12320公共卫生公益热线志愿者示范点。校团委获"上海青年志愿者行动最佳组织奖"。学校武术队员在2009年全国大学生武术锦标赛上获男女甲组团体总分第一名,并获"体育道德风尚运动队"称号。

注重培养学生创业意识和创新精神,推进大学生就业创业教育。学校被授予全国"大学生KAB创业教育基地"称号。5月12日,学校举办上海中医药大学首届大学生创新论坛。学校创业计划作品"上海神奇虫草有限公司"获第五届上海市大学生创业计划大赛金奖,学校获优秀组织奖。学校作品《人肉搜索"行"还是"不行"》获第十一届上海市大学生课外学术科技作品竞赛一等奖,另有2项作品分获二等奖,3项作品分获三等奖。学校强化社会服务职能,与河南武陟县战略合作签约,利用自身的智力资源优势,为武陟县提供技术和智力支撑。针灸推拿学院与曲阳社区卫生服务中心合作成立"曲阳中西医社区康复基地",基于社区卫生服务网络,为周围居民提供康复训练和指导服务。

学校在校生共计6829人(不包括成人教育、留学生)。本专科生5346人,其中当年招生1362人;硕士生1070人,其中当年招生395人;博士生413人,其中当年招生139人;成人教育1690人,其中当年招生564人;长期留学生825人,其中当年招生158人。学校毕业生数1373人(不包括成人教育、留学生),其中本专科生1067人,硕士生301人,博士生105人。成人教育毕业学生数344人,长期留学生毕业学生数166人。2009年,校部教职工数1238人,其中专任教师651人;具有中级专业技术职务的277人,副高级以上专业技术职务的209人。

(全 瑾 施鸣捷)

**[上海近代中医流派临床传承中心成立]** 1月8日,上海近代中医流派临床传承中心在学校附属岳阳中西医院名医特诊部举行揭牌成立仪式。全国政协常委左焕琛,中国科学院院士、校长陈凯先共同为该中心揭牌。岳阳医院为该中心建设单位。该中心的成立对于进一步继承弘扬中医流派特色,抢救性地整理挖掘各流派传人经验具有重要意义。

(全 瑾)

**[校图书信息中心成为全国古籍重点保护单位]** 6月11日,全国非物质文化遗产保护、古籍保护暨

文博事业杰出人物表彰、颁证、授牌电视电话会议召开。上海中医药大学图书信息中心获"全国重点古籍保护单位"授牌。"全国古籍重点保护单位"的评选是中华古籍保护计划的重要工作之一。

（全　瑾）

**[被聘为上海市文史研究馆馆员]**　6月23日，经市政府批准，学校附属曙光医院石印玉教授被聘为上海市文史研究馆馆员。上海市文史研究馆是具有统战性和荣誉性的文史机构，馆员们利用文史专长，著书立说，编史写志，留下史料。"石氏伤科"的传人、上海市名中医石印玉作为本市中医界的代表入选。

（全　瑾）

**[承办"中医骨伤科学"暑期学校]**　7月13日，上海市学位办公室主办、学校承办的面向全国招生的研究生"中医骨伤科学"暑期学校举行开班典礼。此次暑期学校录取68名学员。陈凯先、石印玉等10多名知名教授学者为学员授课。

（全　瑾）

**[《中医药传统知识法律保护》出版]**　8月，市中医药知识产权研究中心主任宋晓亭主编的《中医药传统知识法律保护》由知识产权出版社出版发行。该书选取中医药传统知识作为突破口，研究探索建立我国传统医药知识法律保护专门制度的必要性、可行性和具体策略，并在我国中医药传统知识立法保护上作了有益的探索和建议，是全国第一部在中医药传统知识法律保护方面的专著。

（全　瑾）

**[上海中医药博物馆成为国家旅游景点]**　上海中医药博物馆按照国家标准《旅游景区质量等级的划分与评定》和国家旅游局公布的《旅游景区质量等级管理办法》的规定和要求，充分依托学校的各种优势和博物馆原有的良好条件开展创建3A级旅游景区工作。9月17日，经上海市旅游局专家组考察，批准上海中医药博物馆为国家3A级旅游景区。

（全　瑾）

**[科普图书《汉字中医解码》获奖]**　9月18日，教师任宏丽、胡祺祥编著的《汉字中医解码》，获"新中国成立60周年中医药科普图书著作"一等奖。该书精选日常生活中的100个汉字，从中医药角度予以解读，帮助读者理解掌握中医药知识和文化精髓。《汉字中医解码》同时被华东地区大学出版协会评为第八届优秀教材、学术著作一等奖。

（全　瑾）

**[与徐汇区政府签署战略合作协议]**　9月23日，学校与徐汇区政府签署战略合作协议。根据该协议，徐汇区政府将在基地建设的重大科技计划与项目、重大新药研发、重大技术平台建设、领军人才引进与集聚等予以政策、资金等方面大力支持。学校将充分发挥附属龙华医院雄厚的中医临床学科优势，加强与上海医药临床研究中心功能建设合作，参与枫林生命科学园区的功能建设，向社区提供丰富的健康科普资源，为提高社区居民的科技文化素质服务。

（全　瑾）

**[成立中医药文化研究与传播中心]**　11月13日，上海中医药大学中医药文化研究与传播中心揭牌仪式暨学术顾问聘请仪式举行，该中心是整合学校中医药传统学科和人文社会科学的优势资源建立起来的新型研究机构，旨在加强学校人文社科学科的建设，深入开展中医药文化的研究，拓展中医药文化的社会服务功能。由国医大师裘沛然任名誉主任，上海中医药学会会长严世芸任主任。

（全　瑾）

**[陆瘦燕百年诞辰]**　11月21—22日，由学校主办，市针灸经络研究所、针灸推拿学院、附属龙华医院、附属岳阳中西医结合医院、附属曙光医院、市中医文献馆、市针灸学会、市针灸推拿学重点学科等承办的"纪念陆瘦燕先生百年诞辰暨陆氏针灸学术思想交流大会"在学校召开。陆瘦燕(1909—1969)是我国现代著名针灸学家和教育家，生前历任上海中医学院针灸系主任、附属龙华医院针灸科主任、市针灸研究所所长、市中医学会副主任委员、针灸学会主任委员等。开创针灸实验的先河，深入研究"烧山火"、"透天凉"针刺补泻手法，培养大批针灸人才。"陆氏针灸疗法"已被列入"上海市非物质文化遗产名录项目"。

（全　瑾）

**[上海中医药国际论坛举办]**　11月26—27日，学校与上海市中医药学会共同主办以"现代生活·生命健康·中医现代化"为主题的"2009上海中医药国际论坛"。会上，市中医药学会与浦东新区

卫生局共同签署中医药发展战略合作协议，双方将围绕“创建国家中医药发展综合配套改革试验区”，在临床、教育、科研和国际合作等方面全面推进中医药事业发展。

（全　瑾）

**附：学校负责人及地址**

（2009年1—12月）

校党委书记：谢建群

副书记：何星海、王　群

校　　长：陈凯先
常务副校长：谢建群
副　校　长：刘　平、余小明、黄文龙、施建蓉（9月到任）

地址：浦东新区蔡伦路1200号
邮编：201203
电话：51322222

# 上海师范大学

**［2009年概况］** 学校现有本科专业82个、博士学位授权一级学科点2个、博士学位授权二级学科点22个、博士后流动站6个、硕士学位授权点94个、专业学位硕士点5个。现有教职员工2990人，其中专任教师1713人；在校全日制本、专科学生23743人，研究生4613人，夜大学学生14544人。

学科建设不断加强，科学研究取得新成果。学校获批设立“教育学”、“心理学”博士后流动站。增设对外汉语教育、体育社会工作、艺术和法律4个专业学位授权点。四大学科群建设稳步推进，成立校学科建设领导小组，建立四大学科群建设专家委员会，明确四大学科群牵头单位和首席专家，实行首席专家负责制，强化专家学者在学科群建设中的作用。扎实推进《学报》和《文摘》的“名刊工程”建设，《学报》(哲社版)不仅连续第三次入选CSSCI来源期刊，而且在全国高校学报中排名第16位。《文摘》明确新的定位，荣获上海市高校学报“特别贡献奖”和“华东地区优秀期刊奖”。科研成果喜获丰收，人文社会科学方面，获得国家社科项目8项，教育部人文社科项目25项，上海市哲社项目17项，为历年之最。首次获得教育部人文社会重大攻关项目。理工科方面，学校获得国家级项目39个，包括国家杰出青年科学基金1项，国家自然科学基金29项。学校科研总经费超过1.3亿元，比上年增加20%。学校获得国家科技进步奖二等奖1个，高等学校科学研究优秀成果奖4项，上海市科学技术奖三等奖2个。

教学质量稳步提高，学生综合素质得到提升。学校开展第七届教学质量月活动，主题是“强化课堂教学质量，提升教学整体水平”。学校在一些重大教学项目中再获佳绩，获得国家级教学成果二等奖1项，国家级教学名师2人，教育部高等学校特色专业建设点1个，上海市本科教育高地建设项目6个，上海市级教学成果奖15项，上海市级教学名师1人，上海市级精品课程4门，上海市实验教学示范中心1个，上海市级教学团队2个，上海市级示范性全英语教学课程建设项目2个，上海市大学生创新活动计划项目50项。学生第三次蝉联全国大学生广告艺术大赛奖项数量全国第一，在“挑战杯”竞赛和全国大学生数模竞赛中都有收获。研究生获全国优秀博士论文提名奖1项；第六届中国青少年科技创新奖1项；上海市优秀学位论文奖4项；宝钢学生奖3项，其中宝钢学生特等奖1项，这在上海市地方高校中属首次。学校举全校之力推进学生就业工作十大举措，2009届本科毕业生就业率98.77%，研究生就业率95.6%，学校被评为上海市普通高校毕业生就业工作先进集体。

坚持推进国际化进程，努力优化师资队伍结构。日本和博茨瓦纳的两所孔子学院的工作进展顺利，学校参加了非洲地区孔子学院2009年联席会议和第四届孔子学院大会。在孔子学院大会会议期间，中共中央政治局常委李长春、教育部部长袁贵仁参观了由学校与博茨瓦纳大学合办的孔子学院展图。全年共有24个国家和地区的127个高校和组织623人次来访；美国、法国、澳大利亚、印度等国家驻沪总领事出席学校各类大型活动。留学生中长期生、学历生和专业类学生的人数均高于往年。学校开始接受由国家汉办下拨的孔子学院奖学金学生。“学思湖海外名师讲坛”邀请到9个国家和地区的30余位知名专家和教授登台演讲。第三届国际艺术节共计开展各类演出、展览等活动24种，接待7000多名各类观众。全年共举办19场国际以及两岸四地学术研讨会。学校坚持引进和培养并举，不断加强师资队伍建设。围绕学校学科与专业建设的发展规划，引进教授7人；组织各种高层次人才的引进和申报，东方学者获批3人，申江学者获批2人。2人入选教育部新世纪人才计划；5人获得上海市浦江人才计划资助；2人入选上海市“启明星计划”，其中1人获得启明星跟踪计划资助；3人获得曙光计划资助；4人获得晨光计划资助。学校加强教师队伍国际化建设，积极鼓励教师出国访学，2009年公派出国教师共275人次，其中3人申请到国家留学基金(包括专项)，1人获富布赖特项目面试。

推进教师教育改革，服务地方能力持续增强。教师教育的研究成果受到时任教育部部长的关注并批文指示。顺利完成教育部“中国中小学校长专业标准研究”项目和上海市教育中长期发展规划的部分研究课题。召开基础教育集团附属学校校长书记工作会议，与闵行区人民政府签署基础教育领域合作框架协议，继续推进“上海新农村教师专业发展培训项目”，举办“长三角中小学名校长教育管理论坛”等迎校庆系列活动。组织出版上海师范大学“教师教育学科群”的系列教材，开设面向本科生和研究生“教师教育学”必修核心课程。学校积极参与决策咨询研究，努力服务上海社会经济，特别是一些研究基地利用自身优势参与国家和上海市重大项目建设，获得了广泛的学术影响和社会影响。例如，参与世博国家馆及非洲馆的创意策划，与市政府发展研究中心共同举办“上海——巴黎都市文化比较”学术研讨会，举办世博会与都市文化系列演讲，参与国家禁毒活动等。年内，学校共承担上海市决策咨询课题以及其他横向课题 50 多项，获得经费近 300 万元。学校认真做好对口支援工作，承担西部各级各类教师、干部 7436 人的培训任务，荣获市政府“上海市对口支援先进集体”光荣称号。

（盛　况）

**［陈希来校调研］** 4 月 16 日，由部属高校学习实践科学发展观活动领导小组副组长、教育部党组副书记、副部长陈希带队的教育部调研组来校，召开深入学习实践科学发展观活动交流座谈会。市教卫党委书记李宣海、市教卫党委副秘书长谢一龙，全体校领导，以及部分部处、学院负责人等参加交流会。校党委书记周鸿刚作题为《坚持科学定位，抓实内涵建设，优先保障民生》的主题汇报。校长李进主持会议。

（盛　况）

**［中外专家研讨教育效能评估］** 9 月 16 日，2009 年亚洲教育规划培训与研究机构网络组织政策研讨会“变迁世界中的成功教育体系：教育系统效能监测与评估”在学校开幕。教育部副部长陈小娅、上海市副市长沈晓明、中国联合国教科文组织全国委员会秘书长方茂田等出席开幕式并致辞。会议的三个议题分别是：如何运用传统的监测与评估工具来评估教育行政的效能；分析各种革新途径，比如在教育中引入绩效管理系统，设立独立的评估机构来检测教育行政的运作，使用“平衡积分卡”；识别阻碍教育行政有效运作的因素，寻求有助于克服这些障碍的策略。

（盛　况）

**［团中央、市委宣传部、市教委领导视察爱心学校］** 8 月 20 日，团中央学校部部长李小豹、上海市委宣传部副部长、市文明办主任马春雷，市科教党委副书记、市教委副主任莫负春，闵行区区长陈靖等领导，分别来到长宁区新华街道和闵行区龙柏街道视察暑期青少年工作，观看学校设在新华街道和航华一小的爱心学校教学活动。上海市委宣传部副部长、市文明办主任马春雷受邀为爱心学校创办 15 周年题字——“贺爱心学校 15 年：奉献是一种快乐，也是一种成长”。

（盛　况）

**［建校 55 周年庆祝大会举行］** 10 月 16 日，“我们走进十月的阳光——上海师范大学建校 55 周年庆祝大会”举行。市委副书记、市长韩正，市委副书记殷一璀，交通部副部长、党组副书记翁孟勇，教育部高教司、师范司以及美国驻华大使洪博培等发

庆祝建校 55 周年

来了贺信，向全体师生员工和海内外校友表示热烈的祝贺；徐匡迪、刘云耕、冯国勤、李君如等为上海师大校庆题词。校党委书记周鸿刚主持庆祝大会，校长李进在大会上致辞。庆祝大会上，美国驻沪副领事安雅女士、上海市教委副主任尹后庆分别讲话。

（盛　况）

**［合作创办国际儒学院］** 11月11日，国际儒学联合会与上海师范大学合作创办的国际儒学院正式成立。国际儒学联合会会长叶选平为该院题写了院名，国际儒学联合会常务副会长滕文生和常务副理事长赵毅武分别兼任该院院长和院务委员会副主任。国际儒学院是以该校哲学学院和中国传统思想研究所为基础组建的。该院成立后，主要在儒学与宗教的关系、儒家伦理思想、儒学及近代嬗变等领域展开研究，培养人才，同时将积极探索在中小学进行传统文化普及的有效途径。

（盛　况）

**［与闵行区政府签署合作框架协议］** 5月8日，学校与闵行区政府签署基础教育领域的合作框架协议。合作框架协议是上海师大与闵行区政府本着平等互利、资源互补、共同发展的原则，在双方充分协商基础上所达成的。协议的签订意味着学校与闵行区将开展全方位实质性的基础教育合作，将有利于学校充分发挥在基础教育领域和教师教育方面的优势资源，为提高闵行区基础教育整体水平和加快推进教育事业发展奠定基础。

（盛　况）

## 附：学校负责人及地址

（2009年1—12月）

校党委书记：周鸿刚

副书记：黄　刚、王莲华、茅鼎文（12月到任）

校　长：李　进

副校长：王莲华（兼）、陆建非、李和兴、丛玉豪、袁　雯（9月到任）、高建华（9月到任）

徐汇校区：桂林路100号

邮编：200234

电话：64322881

奉贤校区：海思路100号

邮编：201418

电话：57122472

# 上海师范大学天华学院

**[2009年概况]** 学院专业建设稳步推进。经教育部批准，新设交通运输专业，使专业总数增加到20个；学院调整教学机构，新设"交通与物流"系，全院已有机械工程系、电子与信息工程系、计算机系、交通与物流系、经济与管理系、英语系、日语系、艺术系、对外汉语系、教育系、心理系等11个系。2009年完成了对2006年新设置的"汽车服务工程"、"艺术设计"、"学前教育"、"物流管理"、"国际商务"等5个专业的评估，经教委专家组实地评估，均获通过。为推进科研工作，经审批创办《天华教育研究》杂志，创刊和第一期顺利出版。学院批准11个教改、教材建设校内科研项目的立项。

招生计划圆满完成。年内，学院招生计划数1414人，实际招收1538人，完成计划的108.77%。其中上海本地生源计划数733人，实际招收747人，完成计划的101.91%；外省市公布计划数为681人，实际招收791人，完成计划的116.15%。学院共录取新生1725人(含春季生57人，三校生130人)，至9月1日，在校学生人数5896人。

6月，学院首届毕业生毕业。毕业生总数568人，获准毕业566人，毕业率99.65%；获学位证书494人，学位授予率86.97%。毕业生中出国深造24人，考上硕士研究生9人。毕业就业率92.43%。

师资人才队伍建设得到加强。学院引进各类教师45人，专任教师队伍总数达到272人。为32位青年教师办理职称评定申报工作，其中30位由助教升为讲师，2位由讲师升为副教授。学院实施"远航骨干人才培养工程"，通过自荐、系(部)推荐、人事处和教务处审核，质监委逐个听课评议，学院批准18位年轻教师第一批入围"远航骨干人才培养工程"。

举办2009"天华杯"全国电子专业人才大赛。学院有6位学生入围决赛，电信系邱欣寅获单片机二等奖；袁志赛获单片机三等奖；宋彦冰、许建俊获组装调试组三等奖；陆秋晔获优胜奖。

学生参加考级考证和专业竞赛再创佳绩。学院组织学生参加各种考级考证和知识竞赛：英语系组织学生参加第21届"韩素音青年翻译奖大赛"，9人获得优秀奖、占全国获奖人数的9%；英语专业2005级学生参加2009年全国专业英语八级考试，一次性通过率71.8%。经济与管理系学生参加《上海市人事管理岗位资格证书》考试，通过率达93%；参加《会计从业资格证书》考试，通过率50%；机械系组织240人次的中级"职业技能水平证书"的考试，221人次合格，通过率为92%。

校园文化建设大力提升。4月，学院被市绿化委员会授予"花园单位"称号。5月，学校投入300万元对校区5万平方米的草坪进行改造，种植新品种，在校园大门两侧与校园界河中，设置4道喷水装置；在绿化带内铺设自动灌浇水管；在主要干道两旁和建筑物安装亮灯工程，校园环境更加优美。学院董事会拨款400万元，在校园南侧修建400米的文化长廊，请原党和国家领导人李岚清题名"修身苑"，文化长廊还张贴400多条约4万字的先贤哲人名言警句。学院注重校园平安建设，引进退役士官充实保卫干事队伍，学院被评为2008—2009年度市教委系统安全文明校园和2008—2009年度上海市综合治理先进集体。

教学设施和教学条件继续改善。全年新增公共机房2间，使公共机房总数达到11间，计算机总数增加到1038台。扩建语音教室1间，多媒体教室10间。为艺术系新建38座渲染实验室1间，使三维渲染实验室在上海高校同类实验室中处于领先水平。图书馆藏书量增至27万册，新购10万册电子图书正常开通，租用各种电子图书近50万册，方便师生阅读需求。

学习与实践科学发展观活动取得扎实成果。通过学习，落实10项整改措施，使广大师生得到实惠。全年举办高级党校三期，培养入党积极分子336人，全年发展党员222人，其中教工党员10人，学生党员212人。学生党员还广泛开展"一帮二"责任结对活动，全年有451位党员和入党积极分子参与这次活动，结帮对象800余人，促进了学风、校风建设。

(谢吕法)

**[实施"远航骨干人才培养工程"]** 年内，学院实施"远航骨干人才培养工程"。目的是在青年教师

中选择教学水平高，总体素质好的对象，经推荐和考核后，确定为培养对象。学院与复旦大学签订在职培训协议，鼓励教师提高学历层次和职业技能。

（谢吕法）

**［举办“天华杯”全国电子专业人才大赛］** 5月，由工业和信息化部主办，学院承办的“天华杯”全国电子专业人才设计与技能大赛上海赛区预赛在学院举行。上海交大、同济大学、华东师大、华东理工、上海大学等15所高校的240名选手参加预赛。11月19—22日，全国14个赛区经预赛产生的选手在学院进行全国决赛。决赛设立的总奖金达70万元，其中最高单项奖金达10万元。本届大赛共发放奖金、奖品累计71万余元和价值15万元的图书，其中特等奖3人，一等奖12人，二等奖32人，三等奖121人。

（谢吕法）

**附：学校负责人及地址**

（2009年1—12月）

院党委书记：郭天成
副书记：邹荣庚、龚春蕾

院　　长：石伟平
常务副院长：叶才福
副 院 长：郭伟奇、陈新斌

地　址：嘉定区胜辛北路1661号
邮　编：201815
电　话：39966266

# 上海对外贸易学院

［**2009年概况**］ 学校开展深入学习实践科学发展观活动，把“学习实践科学发展观，建设上海乃至长江三角洲地区国际经贸应用型专门人才培养基地和决策咨询思想库”确定为学校学习实践活动的载体。学校实施《上海对外贸易学院2008—2012年学科建设规划》(以下简称《规划》)和《上海对外贸易学院2008—2012年学科建设规划管理办法》，以学习实践活动推动学校内涵建设、和谐校园建设和党的建设取得新成果。根据上海市高校发展定位规划和学科专业布局结构优化调整工作的要求，学校完成2008—2020年学校发展定位规划。学校被列入“085工程”第二类项目试点学校。9月14日，学校被批准为法律硕士专业学位研究生培养单位。

完成师资队伍建设的阶段性任务。师资队伍建设是《规划》的重中之重，学校完成教师和其他专业技术人员岗位的聘任工作，建立鼓励教师在教学、科研工作中各尽所能的管理体制。在学科、专业与课程负责人三支队伍建设中，按照《规划》要求初步完成校内学科带头人、临时学科带头人的遴选和聘任工作；完成专业负责人换届聘任工作，成立学科建设指导委员会，完成校学术委员会的换届工作，修订学术委员会章程，启动实验教学中心和专业实验室负责人聘任工作。年内，学校共聘任高级专业技术人员239人；中初级专业技术人员346人；聘任学科带头人和临时学科带头人11名；聘任专业主任32名；引进和录用新进员工41人，派出访问学者10人，派出教师赴国外进修21人，新聘外聘教师28人。1名教师获得“上海市模范教师”称号，学校获得世界贸易组织教席计划和教席主持人；3名教师获得浦江计划、曙光计划资助。

教育教学质量明显提高。年内新增国家级教学团队、双语教学示范课程和特色专业点3个建设项目；获得1个上海市市级教学团队、4门市级精品课程、7门市教委重点课程、2门示范性全英语教学课程；获得7项上海市级教学成果奖，其中一等奖2项。以提高学生实践能力为核心的教育部质量工程三大建设项目进展顺利。国际商务实验教学中心加入SAP大学联盟，与用友公司建立战略合作伙伴关系，引进和开设SAP、营销模拟等实验课程。国际经贸应用型人才培养模式创新实验区在对同类学校、用人单位和培养对象调查研究基础上，进一步优化课程结构，强化学生数学、英语、计算机应用能力和经济学思考分析的能力。大学生创业教育基地项目启动与英国大学生全国创业委员会合作编写创业教育教材，学校与英国中兰开夏大学合作的首项创业计划运行良好，与荷兰鹿特丹商学院合作开设“商业计划与创业实战”课程。

科研实力进一步增强。科研立项取得明显增长，年内获得各级纵向科研项目50项，其中省部级以上项目30项；获得横向课题22项。同时有2本学术专著列入教育部高校社科文库资助出版计划，3本学术专著列入中共上海市委宣传部、上海市哲学社会科学规划办公室2009年学术著作出版资助计划。科研合作取得明显进步，年内学校与国内外各类学术机构合作，共举办各类大型学术研讨会10余次。其中包括与德国阿登纳基金会合作举办的第九届SIFT-KAS WTO年度论坛“经济全球化——挑战与对策国际研讨会”、与上海市学位委员会合作举办的“上海市学位委员会研究生教育创新计划项目——上海对外贸易学院第二届中国WTO专业方向研究生暑期学校暨中国—WTO争端解决机制研究中心2009年年会”等。科研服务取得明显突破，10月以学校国际经贸研究所为平台的“上海市社会科学创新研究基地、上海发展战略研究所工作室”获得上海市委宣传部和上海市人民政府发展研究中心的批准。9月，学校获得法律专业硕士学位点的授予权。

学生综合竞争力进一步提升。年内共招生2854人，其中研究生292人，本科生2413人，专科生149人；毕业生共计2466人，其中研究生240人，本科生2060人，专科生166人。学校坚持以学生成才为本，探索人才培养模式创新，以“基于国际合作的创业教育体系探索与实践”为题申报上海市教委第四期教育高地项目获批准并正式立项，完成教育部创业教育类人才培养模式创新实验区建设计划的编制。年内，学生分别获得中国会展院校大学生专

2009 届研究生毕业典礼

业技能大赛冠军、全国大学生英语竞赛上海赛区特等奖、第二届全国大学生网络商务创新应用大赛全国总冠军等成绩。共有 46 名研究生和本专科生应征入伍，有 6300 余名大学生报名参加 2010 年上海世博会志愿者，其中有一名学生被选拔为“世博特使”前往土耳其进行探访。

推动国际化办学。年内，学校 8 个中外合作办学项目通过教育部复核；国家汉办批准学校成为斯洛文尼亚卢布尔雅那大学孔子学院的中方承办院校。全年来校进修或攻读学位的外国留学生 444 人，学校共有 125 名学生赴美、德、法、澳等 11 所大学进行学期交流。

推进党的建设以及和谐校园建设。学校以党建和思政研究会为抓手，开展党建和思政研究，年内学校有 3 项课题获得上海市学生德育实践类课题立项；2 篇论文入选上海市教卫党委系统“纪念改革开放 30 周年与高校党的建设改革创新”征文优秀论文；6 篇论文入选校党建思政研究课题获奖成果；在上海市第五届辅导员论坛中，共有 5 篇论文获奖，其中一等奖 2 篇。学校坚持以学生成才为本和以教师为主体的办学理念，推进校园民主建设。年内，学校完成教工餐厅和学生餐厅的改扩建工程。学校明确平安校园建设目标。学校开展校园文化活动，举办庆祝建国 60 周年“爱国歌曲大家唱——祖国万岁”歌咏大会，开展“为人、为师、为学”师德建设、“我为学校的发展献一计、做一事”、“爱上海，爱世博”世博进社区和“我爱我的校园——校园景观解读”等主题活动。

（陈　成）

**［中国法学会世界贸易组织法研究会年会举办］** 9 月 12—13 日，由学校、上海市法学会和上海 WTO 事务咨询中心共同主办，并由上海教委重点学科国际贸易法资助的中国法学会 WTO 法研究会 2009 年年会在上海银河宾馆召开。来自全国各地的学者、政府官员和企业界人士共 100 多名代表参会。在此次会议上，学校法学院教授高永富当选为研究会常务理事，副教授邓旭、陶立峰当选理事。

（陈　成）

**［获批设立“上海贸易中心建设”研究基地］** 9 月 14 日，以王新奎为首席专家申报的“上海贸易中心建设”研究基地（工作室），通过初审、复审，正式予以设立。研究基地（工作室）是由上海市哲学社会科学规划办公室、上海市政府发展研究中心牵头设立。研究基地（工作室）设在学校古北校区。

（陈　成）

**［名誉院长裘劭恒逝世］** 9 月 22 日，学校名誉院长、教授裘劭恒，因病在上海华东医院逝世，享年 96 岁。裘劭恒是海内外著名的法学家和教育家，曾任全国人民代表大会常务委员会法制工作委员会原副主任，原香港基本法起草委员会委员，中国国际贸易仲裁委员会仲裁员。并曾任东京远东国际军事法庭中国代表秘书、检查组助理检察官和最高人民法院审判林彪、江青集团案特别法庭顾问。裘劭恒长期从事国际法学、英语、英美法律方面的教学和研究，先后撰写《英语限定词》、《国际商会国际贸易名词解释》（英译本）、《现代英语语法》、《英语修饰语》、《中华人民共和国法律汇编》（英译本）等多部著作和译著。

（陈　成）

［成为首批世界贸易组织教席院校］ 11月13日，学校入围“世界贸易组织教席计划”全球12所教席院校名单，成为WTO历史上的首批教席，学校研究所教授张磊获WTO史上首批WTO教席主持人。此次WTO设立教席计划旨在通过在全球范围内选拔院校设立WTO教席并与之长期合作，以此推动国际贸易和贸易合作领域的教育、研究和信息传播，加强发展中国家的学术界、公众、政策制定机构对贸易体制的认知和理解。

（陈 成）

［第九届世界贸易组织年度论坛举行］ 11月27日，由学校与德国阿登纳基金会联合主办的高层国际研讨会在上海希尔顿酒店举行。本次会议的主题为“经济全球化——挑战与对策”。上海市政协副主席、WTO事务咨询中心总裁王新奎，院长孙海鸣，副院长叶兴国，来自上海和南京的专家、教授以及德国驻沪总领事Albrecht von der Heyden博士，德国专家Kurt Fasser博士等来自学术界、企业界和政界的300多人参加此次研讨会。

（陈 成）

［世界贸易组织总干事办公厅主任来校考察］ 12月11日，WTO总干事拉米办公厅主任冈萨雷斯女士专程就世贸组织教席计划有关事宜访问学校。院长孙海鸣会见冈萨雷斯女士，表示学校将履行在世贸组织教席计划申请书中对秘书处和全球学术界所做出的承诺，并就由商务部主办、学校承办的“世界贸易组织对华贸易政策审议总结会”以及学校下设的“中国世界贸易组织贸易政策审议中心”揭牌仪式等事项达成共识。

（陈 成）

## 附：学校负责人及地址

（2009年1—12月）

院党委书记：武克敏
副书记：夏斯云、陈 洁

名誉院长：裘劭恒（9月逝世）
院 长：王新奎（9月离任）、
孙海鸣（9月到任）
副 院 长：陈 洁（兼）、叶兴国、俞光虹、徐小薇

松江校区地址：松江区文翔路1900号
邮编：201620
电话：67703000

古北校区地址：古北路620号
邮编：200336
电话：62748250

# 上海工程技术大学

［**2009 年概况**］ 学校开展学习实践科学发展观活动。确立“坚持科学发展、推进内涵建设、创建现代化特色大学”的办学目标，围绕学校重大发展战略和关系到广大教职员工的切身利益等问题，提出推进学校科学发展上水平的 13 件实事和师生员工迫切需要解决的 12 件“民生工程”实事。学校围绕《上海工程技术大学教育事业发展第十一个五年规划》所确定的发展目标和建设任务，检查落实并推进各项工作。

重视大学生毕业就业工作。至年底，毕业生签约率达到 77.25％，就业率达到 96.63％。学校荣获教育部“2009 年度全国普通高校毕业生就业工作先进集体”、“2009 年度上海市高校毕业生‘三支一扶’计划先进集体”等光荣称号，就业指导中心被评为“2009 年度上海市教育系统先进集体”。

加强人才队伍建设，引进海内外高层次人才，加大青年教师的培养力度。制定并落实《青年教师导师制度实施办法》、《中青年教师参加社会实践(挂职锻炼)实施办法》等制度。调整和优化干部结构，实行公开选拔，民主推荐，一批德才兼备的教师充实到学校各级管理干部队伍，逐步改善了管理干部队伍的年龄结构、学历结构、学缘结构，提高了管理干部队伍的整体素质。实施岗位聘任、绩效考核、人事分配等改革，启动新一轮的人事分配制度改革。

学校获得上海市教学成果奖 14 项，其中“构筑产学研战略联盟，打造优秀工程师摇篮——地方工科大学应用型创新人才培养模式”、“创新工程训练平台培养工程技术人才——国家级实验教学示范中心建设”2 项成果获得上海市教学成果一等奖，5 项成果获得二等奖，7 项成果获得三等奖。参加全国综合工程竞赛获得全国一等奖。学生参加“全国大学生工程训练综合能力竞赛”、“全国大学生数学建模竞赛”、“‘挑战杯’全国大学生创业大赛”、“上海市职业技能竞赛”等 10 多项教学和科技创新项目竞赛，荣获全国和上海市一、二、三等奖 110 多项，荣获 5 项优秀组织奖。年内，学校艺术设计学院获得“中国会展经济 2008 年度大奖”，学校被授予“培养会展设计人才的优秀院校”称号。9 月 17 日，校长汪泓获得上海市百名优秀女教师称号，并出席在复旦大学举行的“教苑群星璀璨校园玉兰芬芳——新中国 60 年来上海百位优秀女教师表彰仪式暨风采展示”活动。

坚持“育人为本、德育为先”的教育方针，建立健全“全员育人、全方位育人、全过程育人”工作机制，以理想信念教育为核心，以爱国主义教育为重点，以基本道德规范教育为基础，促进大学生思想道德素质、科学文化素质和身心素质的协调发展。开展“学有妙方——学习好方法”征集活动，编辑《2009 学习好方法》手册。推进“五个一百”(学习型寝室、学习明星、技术能手、学习进步奖、学习勤奋奖)的评选工作，帮助大学生明确专业学习目的，养成科学的学习方法，形成良好的学习风气。6 月 1 日，学生徐志梁在华山医院捐献骨髓，并被团市委授予“上海市优秀青年志愿者”荣誉称号。

学校主动服务国家和上海地区发展战略，以现代产业发展需求为导向，巩固和拓展产学研战略合作，完善科研竞争机制、监控机制、奖惩机制，提升学校科技创新能力。学校与上海市旅游管理局、虹口区人民政府联合创立“上海国际邮轮经济研究中心”，共建“上海国际邮轮人才培养基地”，为中国邮轮经济研究和邮轮产业发展提供决策咨询和培养高素质人才；与中国人民解放军 93163 部队飞行仿真技术研究所、上海航空股份有限公司共同研制成功具有自主知识产权的民航飞行模拟机，并在此基础上组建上海飞行仿真技术研究中心，打造了一个面向产业、开放合作、设施先进的民航飞行仿真技术应用及其产业化的研发平台，成为民航飞行仿真技术的辐射源、科技成果的孵化器、理论研究的智力库，推进了上海市教委“现代民航工程及管理”重点学科建设、上海市科委“现代民航飞行模拟机的研发”项目建设，为国家大飞机项目的研发和客户服务提供了强有力的支撑。学校组织申报各类科研项目 400 多项，立项近 200 项。其中，“863 计划”子项目 1 项，国家自然科学基金项目 3 项，教育部人文社科基金项目 3 项，上海市社会科学基金项目 2 项，上海市政府决策咨询研究招标项目 12 项。全年科研总经费1亿多元。10月20日，市政府召开“2009年上海市决策咨询工作会议”，市长韩正向学校颁发“上海市社会调查研究中心上海工程技术大学分中心”铜牌。12月24日，长宁区委副书记、区长李耀新，副区长杲云等到校参加“校区合作专题工作会议”，校长汪泓，校党委副书记褚劲风，副校长郝建平、程维明及学校相关部门负责人出席会议。

推进科普工作。学校参与市级、区级各类科普活动，联合松江区科委积极申报市级、区级各类科普项目，提升学校的社会声誉和影响。2009年科普基地建设立项3项，学校被评为2009年度上海市科普教育基地先进集体及全国工业旅游示范点——上海工程技术大学工业旅游园区。11月23日，在由上海市科学技术协会组织的2009年上海科普资源建设评比活动中，学校获得上海科普资源建设“突出贡献奖”和“优秀组织奖”；学校城市轨道交通学院教师何越磊获科普资源建设(个人)“突出贡献奖”。

加强研究生教学规范建设，优化各硕士学位点研究生培养方案，制订2009级研究生培养方案，完善研究生教学质量保障体系。实施任课教师资格审查、教学秩序巡视、课程教学质量监控、“学生评教＋专家评教＋督导评教”三评教、教学信息反馈、研究生对任课教师的网上评教、学位论文“盲审”、教师听课等一系列质量保障制度。推进研究生创新教育体系建设，开展申报教育部“卓越工程师培养计划”工程硕士试点工作，研究工程硕士建设方案。实施“1.5＋1”联合培养研究生的试点，建立10个联合培养基地。强化研究生科学研究与实践训练。

学校优化国际交流与合作布局结构，拓宽国际交流与合作领域，提高国际交流与合作层次。学校与英国南安普顿索伦特大学、美国布里奇波特大学签订校际合作交流协议，新建国际合作实验室3个。支持教师出国培训和进修，全年共有115名教师赴国外学习、进修和交流。有11个学生代表团分赴意大利、美国、英国、德国、韩国、日本等国进行短期的教学交流、课程学习、实践教学；有7个学生代表团分赴韩国、瑞典、美国等7所高校进行学分互认学习或攻读硕士学位，全年出国学习交流学生达300余人。6月22日，新西兰驻华使馆教育参赞葛甘楠女士一行来校访问。

高等职业教育和继续教育获得新的发展。高职学院依据上海发展先进制造业和现代服务业对高技能人才的需求，以坚持培养高技能、应用型技术人才为主，坚持学历教育与职业培训并举，加强重点专业建设，拓展职后培训功能，建立高技能人才培训基地。高职学院精心打造以“数控技术、机电一体化、模具设计与制造”专业为核心的品牌专业群。建成“模具制造工艺”市级精品课程，“电子技术”、“电工电子”2门校级精品课程。编写《金属切削加工技能》、《传感器与PLC》、《电力电子与变频器应用》等12本高等职业教育教材。机电一体化开放实训中心通过市教委评估验收。

加强学校信息化建设，完成校园信息门户建设，实现信息资源的差异化管理和服务。初步建立人事管理系统、教务管理系统和其他应用子系统的共享数据库架构，国际交流与合作信息系统和科研信息管理系统进入实施阶段，继续建设与推广各应用子系统，信息化校园基础平台进一步完善，信息化水平进一步提高。学校加强平安、文明、和谐校园建设，建立校园治安立体防范体系，完善校园稳定、安全的长效机制。年内，学校通过“上海市安全文明校园”和“上海市平安单位”的评审验收。

(张健明　冯　洁)

**[完成对口支援都江堰市建设任务]**　①1月5日，学校高职学院完成对口支援培训四川都江堰市2名专业教师的任务。②4月20日，学校负责实施的都江堰市技工学校转移培训“数控应用技术”、“计算机应用”专业短期培训班开班。年内，完成该培训项目共两期，培训学生200人。③5月16日，学校捐款20万元，在四川都江堰市设立上海工程技术大学“自强助学金”，资助都江堰市困难职工家庭中小学生80人次。

(王　镇)

**[城市轨道交通国际峰会举行]**　6月22—24日，由学校城市轨道交通学院协同中国土木工程学会、《轨道交通》杂志、上海申通地铁集团有限公司等共同组办的第五届“城市轨道交通国际峰会”在上海万豪虹桥大酒店举行。此次峰会的主题是“以领先的理念与技术，建设安全高效的绿色地铁”。来自国家发改委、建设部、国务院发展研究中心等政府机构，以及上海申通地铁、广州地铁、成都地铁、西安地铁和中国台湾地区、香港地区的地铁公司以及菲律宾、芝加哥、印度、巴塞罗那、马德里、伊斯坦布尔、吉隆坡等国家和城市地铁公司的相关专家学者、首席执行官就地铁的安全运营、高效运营，地铁建设融资、建设安全，轨道交通的节能与环保等问题进行交流和探讨。校长汪泓作题为

“校企携手共建育人基地，产学合作培养轨道人才”的专题报告。

（王　镇）

［**上海国际邮轮经济研究中心成立**］　6月26日，学校与市旅游局、虹口区政府联合成立的上海国际邮轮经济研究中心和上海国际邮轮人才基地揭牌仪式在北外滩举行。全国人大常委会副委员长严隽琪发来贺信，中国交通运输协会会长钱永昌、市政协副主席朱晓明出席。该中心的建立，旨在搭建政府、企业、高校、科研机构紧密结合的开放式研究咨询平台，将围绕对邮轮经济催生新的产业链、邮轮经济如何提升上海旅游产业核心竞争力等加强研究，为上海邮轮旅游的深化，为政府相关部门的决策，为邮轮企业的发展提出建议和指导。同时，上海国际邮轮人才基地将借助学校专业优势，与世界各大邮轮公司合作，培养邮轮经济优秀人才。

（王　镇）

上海国际邮轮经济研究中心在校成立

［**参加全国比赛获奖**］　①6月30日，学校高职学院代表上海参加在天津举办的2009年全国职业院校技能大赛，获得数控机床装配、调试与维修二等奖、产品造型设计及快速成型三等奖。10月19日，由教育部高等教育司主办的2009全国大学生工程训练综合能力竞赛在大连举行，学校代表队获得本届大赛一等奖，学校获得最佳组织奖。②12月25日，2009年高教社杯全国大学生数学建模竞赛上海赛区颁奖大会在学校举行。本届上海赛区颁奖大会，由上海市教委和全国大学生数学建模竞赛上海赛区组委会主办、上海工程技术大学承办，出席颁奖大会的有上海市教委高教处领导、全国大学生数学建模竞赛上海赛区组委会领导和专家、上海市工业与应用数学学会的领导。学校1个参赛队荣获全国一等奖，5个参赛队荣获全国二等奖，6个参赛队荣获上海一等奖，10个参赛队荣获上海二等奖，25个参赛队荣获上海三等奖。管理学院数学建模教练组教师周晋荣获上海赛区优秀教练员称号。学校再次荣获上海赛区优秀组织奖。

（王　镇）

［**迎世博职业技能竞赛活动启动仪式举行**］　7月8日，由上海市人保局、市总工会、团市委、市教委、市经信委联合发起组织的“迎世博2009上海市职业技能竞赛暨百万职工技术比武活动启动仪式”在逸仙路校区举行。“2009上海市职业技能竞赛活动”以“迎世博、展技能、促就业”为主题，加快选拔和培养适应上海经济发展尤其是世博紧缺的高技能人才，营造全社会比技能、学技术的良好氛围。共青团上海市委副书记陈凯主持仪式，上海市人力资源和社会保障局副局长应鸿庆、上海市总工会副主席杜仁伟、上海市教育委员会副主任王奇、上海市经济和信息化委员会副主任陈跃华、上海工程技术大学副校长郝建平出席仪式。

（王　镇）

［**举办上海高校管理学院院长研讨会**］　9月23日，上海高校管理学院院长研讨会在学校召开。本次研讨会主题是“创新型人才培养与管理教育创新”，会议由上海市政协副主席、上海管理科学学会理事长、中欧国际工商管理学院院长朱晓明教授主持。上海交通大学、同济大学、东华大学、华东理工

大学、上海财经大学、上海大学、上海外国语大学、上海海洋大学、上海师范大学等高校的商学院院长出席会议。校长汪泓教授在会上作主题发言，校党委副书记褚劲风和管理学院党政班子参加会议。

（王　镇）

**［参展中国国际工业博览会获奖］**　11 月 3 日，2009 中国国际工业博览会在上海新国际博览中心开幕。学校与解放军 93163 部队飞行仿真技术研究所联合研制的“民用飞行训练模拟器”获 2009 年中国国际工业博览会高校展区一等奖；学校与上海铁路局焊轨厂就“路轨焊头精磨平整度智能测控系统”项目举行科技合作签约，该成果已成功应用于武汉铁路局长轨基地生产线，可实现产值近亿元。

（王　镇）

**［沈晓明等视察学校］**　①12 月 11 日，副市长沈晓明在市政府副秘书长翁铁慧、市教委副主任王奇的陪同下到学校视察。校长汪泓汇报工作。校党委书记滕建勇，副书记田信灿、褚劲风，副校长郝建平、程维明等负责人参加视察。②12 月 18 日，学校与中国人民解放军 93163 部队飞行仿真技术研究所、上海航空公司共同联合研制的具有自主知识产权的民航飞行模拟机开航暨上海飞行仿真技术研究中心成立仪式在松江校区举行。中国交通运输协会会长钱永昌，上海市副市长艾宝俊，全国总工会原副主席方嘉德，市经济与信息化委员会主任王坚，市教委主任薛明扬，松江区区长孙建平，市经委原主任徐志毅等出席会议。校党委书记滕建勇、校长汪泓，副校长郝建平、程维明等出席开航仪式。

（王　镇）

**［飞行学院飞行技术专业首届学生毕业］**　12 月 15 日，学校飞行学院飞行技术专业举行首届毕业生毕业典礼。飞行学院是上海工程技术大学与上海航空股份有限公司在多年产学研合作的基础上，于 2007 年成立的上海高校中唯一培养飞行技术专门人才的学院。2009 年，第一届 19 名毕业生取得国际商用飞行执照，全部签约进入上海航空股份有限公司，成为上海高等院校培养的首批飞行员。

（冯　洁　王　镇）

### 附：学校负责人及地址

（2009 年 1—12 月）

校党委书记：曹伟武（7 月离任）、滕建勇（7 月到任）
　　副书记：田信灿、褚劲风（7 月到任）

校　长：汪　泓
副校长：郝建平、孙培雷、陈力华、程维明

松江校区地址：龙腾路 333 号
邮编：201620

仙霞校区地址：仙霞路 350 号
邮编：200336

# 上海应用技术学院

［2009年概况］　学院围绕“坚持科学发展，推进内涵及奉贤校区建设，提升办学水平”的方针，开展学习实践科学发展观活动。学校制订《整改落实方案》，确定8个方面42条具体整改事项。其中，推动学校管理制度“废、改、立”工作，为学校发展提供科学有效的制度环境，涉及的制度共179项，废除22项，修改完善120项，新建37项。4月18日，市委副书记、市长韩正来校视察，陪同视察的有全国政协常委、市人大常委会副主任郑惠强。

优化学科和专业建设。学院以重点学科为龙头，带动其他学科的快速发展，调整专业方向，优化专业结构，加大工科类特色品牌专业的建设和扶持力度。学校现有17个二级学院，40个本科专业。学校整合现有学科、专业资源，成立轨道交通学院；为推进学校创新型人才培养战略，成立了工程创新学院。应用化学、材料加工工程2个学科获批市教委第五期重点学科，“视平面艺术创新工作室”获得上海市“艺术创新工作室”重点建设项目支持。

研究生工作稳步推进。4月，学院举行首届研究生毕业典礼暨硕士学位授予仪式。9月，作为首次独立招收研究生的单位完成32位硕士研究生招生录取工作。制定并完善研究生教育工作管理体系框架、研究生培养计划和课程体系。

本科教育教学质量不断提高。修订《学分制学籍管理规定》、《学分制实施细则》、《教学工作考核评价与指标》。加强教学团队建设，强化专业负责人制，召开“质量立校、特色发展、建设高水平应用型大学——专业建设专题交流会”，对全校38个专业的建设现状进行全面梳理。开展以“人才培养模式与教学改革的探索实践”为主题的教学质量月活动，开拓教育教学改革的新路子。加强教学质量管理和监控工作，强化教师是课堂教学的第一责任人意识。推动工程化教学环境建设，制定全校工程化实验室建设规划。拓展校企合作，建立奉贤校区周边新的实习教学基地近30个，为融入和服务奉贤地方经济打下基础。建立为实验教学及大学生技能竞赛服务的仪器设备场地资源共享平台，并将学校的大型贵重仪器全部加盟上海市研发公共服务平台，使之成为平台的一网两库服务单位。

课程《食品工艺学》被评为国家级精品课程，课程《食用香精工艺学》等8门课程被评为上海市教委重点课程，课程《计算机网络原理》获上海高校示范性全英语教学课程。

学院多途径强化学生工程实践的能力，鼓励学生参加各类科技创新活动，学生课外科技、文化活动竞放异彩。组织学生参加19项学科、专业竞赛，参赛人次4000余人，获国家级奖项235项，上海市奖项149项，在“挑战杯”、“天华杯”、“正保教育杯”等比赛中屡获佳绩。其中，在全国大学生英语竞赛和“天华杯”全国电子专业人才设计与技能大赛中各获全国特等奖1项。

学院科研总经费9000余万元。获批国家自然科学基金项目7项，国家社会科学基金项目1项，全国教育科研项目1项，国家科技部“973”计划前期研究专项课题1项。共申请专利145项，其中发明专利115项，占申请专利数的79.3%。专利授权81项，其中发明专利35项，占申请授权数的43.2%。科研计划项目研究经费共计达到1448.1万元，较上一年度增长45%。

学院以中小型企业的科技创新服务为目标，立足上海，辐射长三角，推进产学研合作，自身科研能力和服务社会水平得到提升。学校加强与浙江金华、湖州、临安、台州、永康，安徽泾县、马鞍山，江苏海门、如皋等市、县的产学研合作，并积极拓展新的合作空间。先后与上海科学院、奉贤区、安徽旌德县、浙江嵊州市、江苏洪泽县签署了全面合作协议，并开始了实质性的科技服务。新签订各类科技服务合同140余项，合同经费达3175.1万元，到款经费达3238.4万元，较上一年度增长11.7%。上海应用技术学院国际香料香精产业园建设各项前期工作准备就绪。学校成立上海应用技术学院化工技术研究所、上海市冶金工艺和设备检测技术服务中心等。

学院引进“东方学者”2人。召开人才工作会议，通过《上海应用技术学院中层干部队伍建设三年规划》和《上海应用技术学院师资队伍建设三年行动计划》，引进教师、辅导员等109人，其中博士50人、硕士54人、正高级职称6人、副高级职称8人。全校专任教师数874人,其中,中国工程院院士1人(双聘),“东方学者”2人,博士生导师10人,教授91人,副教授217人;具有博士学位的教师216人,具有硕士学位的教师410人。

学生工作不断强化,育人质量得到提高。学院领导多次与奉贤校区学生进行面对面交流或做讲座、报告。12个院(系)、部的33名教授在奉贤校区开设各种类型的讲座或学术报告。加强对奉贤校区的教学督导工作和对学风、课堂纪律的督察工作。学校招生数突破5000人,在校生总人数达到14761人。至年底,毕业生就业率达到98.05%,其中本科生为99.24%。

加强学院基本建设。①完成奉贤校区49753平方米的建筑面积工程建设,7600多名学生在奉贤校区学习、生活,教师公寓启用,奉贤校区师生员工生活条件得到改善。下发《关于进一步加强奉贤校区运行与管理工作的若干意见》,制定《上海应用技术学院奉贤校区应急预案》,各职能部门制定相应制度,建立奉贤校区管委会联席会议等制度,加强职能部门之间的工作协调。②干部人事制度不断健全。完善机构改革,将化学工程系更名为化学与环境工程学院、材料工程系更名为材料科学与工程学院、计算机科学与信息工程系更名为计算机科学与信息工程学院、外语系更名为外国语学院、数理教学部更名为理学院。增强二级学院办学活力,推进干部制度改革,启动面向国内公开招聘二级学院院长的工作。③推进产业规范化建设工作,对关闭企业进行收缩清理、对列入改制企业开展前期调研。上海应翔资产经营有限公司于5月18日揭牌。

学院着力和谐校园建设工作。举行纪念“五四”运动90周年和上海解放60周年火炬传递活动,以各种形式表达了对新中国成立60周年、建校55周年以及上海世博会的美好祝福。组织学生参加志愿者和社会实践活动,选拔西部志愿者,组建成立世博志愿者工作站并举行授旗仪式。加强奉贤校区的文化建设,形成《上海应用技术学院校园文化规划(讨论稿)》,聘请多位专家论证。12月23—24日,学院接受语言文字工作评估,评估结果为合格。年内,学校连续第五次被评为上海市文明单位。

(李晓晶　程秀岐)

**[建校55周年庆典]** 学院举行建校55周年系列庆祝活动。4月18日,市委副书记、市长韩正来校视察工作并植树留念;4月25日,学院举行建校55周年庆祝大会。学院成立上海应用技术学院校友会。徐匡迪、韩正、刘云耕、冯国勤、殷一璀、郑惠强、沈晓明等领导分别发来题词和贺信。校庆期间,学校与奉贤区政府签署全面合作框架协议;举行与上海科学院、奉贤区政府共建大学科技园的签约仪式;举办多场学术报告会;举行老校区取土移树活动和新校区植树活动。校庆活动展示学校丰硕的办学成果,扩大了学校的社会影响和知名度。

(李晓晶)

庆祝建校55周年

**[上海应用技术研究中心挂牌]** 11月6日,学院与上海科学院共同组建的上海应用技术研究中心举行挂牌仪式,上海市人民政府副秘书长翁铁慧出席仪式并讲话。上海应用技术研究中心将开展技术开发、转移、培训、信息交流、咨询等方面的工作,并根据上海市产业发展的方向,探索集聚资源、市场化动作的机制,把该中心办成适应上海市主导产业发展需要的应用技术集聚地。

(程秀岐)

［**成立大学生形势与政策教育指导委员会**］ 10月20日，学院成立大学生形势与政策教育指导委员会。成立指导委员会，是要加强大学生形势与政策教育的有效性，强化学校培养社会主义合格建设者和可靠接班人方面的工作，也是提升课程教学的针对性和实效性的新举措。

（程秀岐）

［**与奉贤区政府签署合作协议**］ 4月25日，学院与奉贤区政府全面合作框架协议签约仪式在漕宝路校区举行，同时举行与上海科学院、奉贤区政府合作共建大学科技园的签约仪式。全国政协常委、市人大常委会副主任郑惠强出席签约仪式，市政府副秘书长翁铁慧出席仪式并讲话。科技园将依托上海科学院和奉贤海湾大学园区的科技与人才优势，同时按照奉贤区支持、扶持精细化工、能源环保、电子信息、输配电、物流、汽车配件、机械制造、航空配件等主导产业的要求，在发展中逐步形成产业特色。

（程秀岐）

［**中澳友好英语大赛举办**］ 11月8日，学校与华东师范大学澳研中心主办，澳大利亚外交外贸部澳中理事会等协办的第七届华东地区“21世纪·华澳杯”中澳友好英语大赛举行，来自全市和华东地区的9所高校的参赛学生进行英语演讲比赛，学生翁烨获二等奖和最具潜力奖。

（程秀岐）

**附：学校负责人及地址**

（2009年1—12月）

院党委书记：祁学银
　　副书记：朱国强、王一鸣（9月离任）、宋鸣娟（9月到任）

院　长：卢冠忠
副院长：朱国强（兼）、祝永康、刘宇陆、陈东辉、叶银忠（2月到任）

地址：漕宝路120号
邮编：200235
电话：64941374　64945022

# 上海金融学院

［**2009 年概况**］ 学院开展学习实践科学发展观活动，编制学院中长期教育改革和发展规划，深化本科教学“迎评促建”，认真应对金融危机和发展困难，全力保就业、保稳定、保改革，推进以学科专业“085 工程”为核心的内涵发展，主动对接上海“两个中心”建设国家战略，制定积极服务于“两个中心”建设的十大行动计划，加快校园基本建设，深入构建和谐校园，各项工作取得新的成绩和突破。学院现有 9 个二级学院和 4 个教学系（部），设置 24 个本科专业，面向全国 23 个省（市）和港澳台地区招生，并招收外国留学生。现有各类学历生总数为 11207 人，其中全日制本专科生 7777 人，全日制学历留学生 45 人，成人教育在校生 3385 人。教职员工 574 人，其中专任教师 386 人，专任教师中具有博士以上学历的占比 31.8 ％，副高级以上职称的占比 32.3 ％。

3 月至 9 月，围绕“科学发展创特色、本科教育上水平”的实践载体，开展学习实践科学发展观活动。全校 20 个党总支和直属党支部、57 个基层党支部，1200 多名党员参加“学习实践活动”，共找出突出问题共计 39 项，年底前整改落实 36 项；完善制度 10 项，新建制度 15 项，配套上海市和学院改革发展的主要举措 30 项，群众满意率达 87.71％。

人才培养与教育教学取得新成绩。一本专业招生省份拓展到 10 个，保送生录取工作取得重大突破，12 位保送生报到率 100 ％。注重创业教育、职业发展教育与就业指导工作的有机结合并取得较好成效，2009 届毕业生就业率达到 98.5％以上，有 33 名学生选择毕业后自主创业，其中人文艺术系学生钱卫洁的创业事迹得到中央电视台等多家媒体报道。组织召开教学改革研讨会，深化教学改革，获得市级教学成果奖 3 项，上海高校教学名师 1 名。《财政学》被评为 2009 年度市级精品课程，财政学教学团队获第二届高校市级教学团队称号；获市教委重点课程 3 门，市教委示范性全英文课程 2 门。目前学院有本科市级精品课程 4 门，市教委重点课程 19 门。继续开展高地实验班人才培养模式，选拔组建“金融学”、“会计学”两个高地实验班。学院现有 4 个本科教育高地和金融实验教学中心等 6 大实验教学中心。学院承办“中信杯”首届上海市大学生理财规划大赛等各类市级科创活动，共获市级以上科创奖励 107 项，其中包括获国际数学建模竞赛二等奖、全国高校市场营销大赛总决赛二等奖等全国性重要赛事奖项。学院在“2009 中国平安励志计划”论文奖中获一、二等奖等 9 个奖项，在第十一届“挑战杯”全国大学生课外学术科技作品竞赛上荣获全国三等奖，学院获得“挑战杯”世博项目奖 4 项。高水平击剑运动员参加第十一届全运会上获男子花剑团体第三名，相关的教练员、运动员被上海市政府记三等功；参加第十五届全国大学生击剑锦标赛获得 8 枚金牌。

加强学科建设和人才队伍建设。研究制订学院中长期改革与发展规划。以重点学科建设为抓手，组织完成并上报学院人才培养工程和知识创新工程项目；申报上海市第 5 期重点学科；遴选并确定校级重点学科和培育学科；启动和加强了学科专业群和培育学科的建设项目；研究制定学院重点学科管理办法，建立健全学科建设的评价考核和激励机制。围绕应用型人才培养的需要，大力加强青年教师的应用性能力培训，研究出台规范与鼓励青年教师提升应用性能力的培训办法，选派教师 12 人赴国（境）外高校学习，推荐 20 名教师参加教育部骨干教师培训班。入选市育才奖 3 人，市浦江人才计划、市人才发展基金计划、曙光计划各 1 人，晨光计划 2 人，上海优秀青年教师科研专项基金计划 26 人，中国金融教育基金会先进个人 2 人，获奖层次和人数较之去年有突破性提高。全年共引进专任教师 58 人，其中博士 40 人，副高级以上职称 13 人，专业或方向带头人 7 人；聘请多名外国专家、海外人士担任客座教授。

科研工作取得重大突破。全年共申报各类纵向课题 152 项，立项 30 项，其中国家社科规划项目 3 项、教育部社科项目 7 项、上海市自然基金项目 2 项，上海市社科规划项目 3 项，上海市教科规划项目 2 项、上海市教委科研项目 9 项。全年发表学术论文 500 篇，出版教材专著 60 部。以升本建院 5 周年为契机，举办“聚焦金融人才培养，共建国际金融中心”专家论坛，建立学院层面的产学研合作委员会与院系层面的银校合作、产学合作等彰显行业特色、应用型特点的合作办学机制，与一大批金融机构企业签订战略合作框架协议，搭建开放的产学研合作交流新平台。

国际化办学进一步拓展。全面实施学院的国际化办学实施方案，在国际教育、科研以及与业界合作等方面的层次和水平不断提升，在院各类留学生达327人。开设69门双语课程，赴美国等地交流学习学生78人，出国交换学生27人，接待外国短期交流生149人。全年共接待境外来访外宾260人次，全年因出国学习、进修、参加国际会议和国际赛事等的人数为77人(次)。

校园硬件建设不断加强。学院综合实验中心及后勤配套项目列入上海市重大建设项目并开工建设。基本完成学院信息化校园建设三年规划。图书馆新增图书6.3万册，图书总量达到79.5万册，数据库总数达到11个。

精神文明建设取得进展。加强大学生思想政治教育。开展符合学生实际的主题教育活动。32名学生应征入伍。开展“金融学院世博节”等迎世博系列志愿活动，获市科教党委、市教委颁发的“迎世博百个大学生志愿者服务团进社区活动”优秀项目奖。完成世博志愿者选拔691人。组建1400人的献血志愿者队伍和340人的造血干细胞捐献志愿者队伍。学生帮困助学管理体制与机制更加完善顺畅，全年共发放各类奖学金527万元，勤工助学金68万元，提供院内勤工助学岗位500个；129人新申请国家助学贷款，贷款金额288万元，帮困资助学生858人。开展庆祝新中国成立60周年和迎世博报告会、书画展等各类活动，完成学院文明建设五年规划中期检查及文明单位等评选。着力平安单位建设，切实保障校园安全稳定。学院获上海市文明单位荣誉称号。

（朱明宝）

**[沈晓明等来院检查工作]** ①5月26日，学院举行升本建院5周年专家论坛暨产学研合作委员会成立仪式。副市长沈晓明，市政府副秘书长翁铁慧，市教委副主任张民选，中国人民银行原副行长、中国证监会首任主席刘鸿儒，中国人民银行上海总部代表郑杨，财政部会计司副司长应唯，以及上海市银监局、证监局、保监局、上海证券交易所、中国工商银行上海分行、中国建设银行上海分行、中国农业银行上海分行、交通银行、浦发银行、申银万国证券公司、天安保险等18家沪上主要金融机构领导出席。沈晓明讲话，翁铁慧和刘鸿儒为上海金融学院产学研合作委员会揭牌，院长储敏伟向产学研合作委员会各成员单位颁发聘书并签订战略合作框架协议。仪式结束后，学院召开“培育金融英才，共建两个中心”主题论坛。②4月7日，市教卫党委书记李宣海来校检查指导工作，听取学院深入开展学习实践科学发展观活动情况的汇报，并对学院的科学发展提出指导意见。党委书记郑沈芳、院长储敏伟分别汇报工作。③10月9日，市教委主任薛明扬、市教委秘书长蒋红等领导来院指导工作。院党委书记郑沈芳、院长储敏伟作工作汇报。

（朱明宝）

**[召开教学改革研讨会]** 4月24日—25日，学院召开主题为“总结本科教育、反思金融危机、强化应用特色、深化教学改革”的教学改革研讨会。院长储敏伟从教改研讨会的背景、主题、研讨要求作了动

学院产学研合作委员会成立

员报告,副院长贺瑛作题为《践行科学发展理念、深化教育教学改革》的主题报告,党委书记郑沈芳作总结报告。

(朱明宝)

[**国家社科基金项目取得突破**] 6月5日,全国哲学社会科学规划办公室公布2009年国家社科基金项目评审结果,学院3个项目获得国家社科基金项目资助。公共经济管理学院杨廷干教授申报的"宏观金融风险管理系统基于货币与金融统计核算体系的研究"获准立项国家社科基金一般项目,公共经济管理学院王莹教授申报的"城乡基本公共服务均等化与财政制度安排研究"、国际经贸学院吴艳副教授申报的"大都市知识服务业空间布局与集群战略研究"获准立项国家社科基金青年项目。

(朱明宝)

[**上海市体育协会大学生击剑分会揭牌**] 11月9日,学院为主席单位的上海市体育协会大学生击剑分会在学院揭牌成立。同日召开的中国大学生体育协会击剑分会2009年年会表决同意,由学院承办2010年10月第十六届全国大学生击剑锦标赛。

(朱明宝)

[**获国际金融理财师项目授权**] 11月17日,学院再获开展国际金融理财师培训项目授权,院长储敏伟、副院长贺瑛出席项目授权仪式。仪式上,中国证监会首任主席、中国人民银行原副行长刘鸿儒出席仪式。

(朱明宝)

[**2009年上海国际金融中心建设论坛举办**] 11月24日,以上海世博会与上海国际金融中心建设为主旨的"2009年上海国际金融中心建设论坛"在学院召开。中国人民银行副行长马德伦,美国道富驻京代表处首席代表陆肖马、德国德意志交易所驻京代表处首席代表毋剑虹、上海市发改委副主任肖林等领导和专家出席并就上海国际金融建设中所遇到的瓶颈和困难等热点问题进行深入探讨。

(朱明宝)

[**举办海峡两岸金融研讨会**] 9月26日,主题为"政策性银行转型的实践与经验共享"的海峡两岸金融研讨会在学院举行。中国金融学会副秘书长李民、上海市发改委副主任肖林、中国国家开发银行顾问刘大为、财政部财政科研所所长贾康、国务院发展研究中心金融研究所副所长张承惠、中国社会科学院金融研究所主任杨涛等领导、学者60余人出席论坛。党委书记郑沈芳致欢迎辞。

(朱明宝)

[**二届三次教代会召开**] 12月29日,学院第二届教代会举行第三次会议。院长储敏伟代表学院党政作了题为《总结谋划新发展 抓住机遇促转型》的报告,回顾学院2009年的主要工作体会和总结了工作中存在的不足,并结合学院实际提出2010年的总体工作思路。工会委员陈征遥作《关于第二届一次教代会代表提案工作报告》。会议还就《上海金融学院中长期改革和发展规划纲要》(讨论稿)分组讨论。会议经表决通过上述报告。院党委书记郑沈芳致闭幕词。

(朱明宝)

**附:学院负责人及地址**

(2009年1—12月)

院党委书记:郑沈芳
副书记:何乐年、鲁海波

院 长:储敏伟
副院长:何乐年、吴大器、贺 瑛、陈小冰(9月到任)

地址:浦东上川路995号
邮编:201209
电话:50218899(总机)
传真:50218570

# 上海立信会计学院

［**2009 年概况**］　学院开展学习实践科学发展观活动，加强内涵建设，实施校院两级管理制度改革、人事分配制度改革、管理机构改革为重点的三大改革，教学和科研工作取得新进展。

学院进行机构改革动员

专业与学科建设。①实施专业建设工程，打造品牌专业，扶持优势和特色的专业发展。②“国际贸易”和“金融学”两个学科增补为市教委重点学科，市教委级重点学科达到 3 个。③会计学、财务管理、金融学、国际经济与贸易 4 个专业被评为学校重点专业，经济学、税务、ACCA、信息管理与信息系统 4 个专业被评为学校特色专业。④税务、信用管理、经济学、审计学、市场营销、法学、信息管理与信息系统、统计学 8 个专业接受评估，均获得学士学位授予权。⑤开展校级重点学科（第一期）终期验收。“会计学”、“国际贸易”和“金融学”3 个学科优秀，“财务管理”学科成绩良好。第一期校重点学科经过 5 年建设，取得进步。第一期校级重点学科全部进入市教委重点学科建设序列（财务管理与会计学合作申报）。⑥对第二期校重点学科（财政（税务）、智能信息管理）进行中期检查，形成一定优势。⑦ 5 个特色学科全部组建学科团队，共拥有成员 31 人。职称结构、学历结构、年龄结构渐趋合理。科研成果有较大幅度增长。

教学管理。学院优化应用型人才培养课程体系，实施课程中心建设项目，建立现代化课程中心平台。加强精品课程建设与管理，共评选出 10 门校级精品课程和 41 门校级重点课程。《宏观经济学》被评为 2009 年上海市精品课程，《财务管理案例分析》、《国际税收（双语）》、《市场营销学》、《商务英语》4 门课程被评为上海市重点课程。开展市级重点课程和校级精品、重点课程检查，促进课程建设，对《会计学原理》等 4 门市级重点课程进行评审，结果良好。加强公共基础课经费投入，推进公共基础课教育教学改革。确定《会计学原理》、《宏观经济学》、《大学英语》、《微积分》等 18 门基础课进行教考分离。3 位教师被评为 2009 年度校教学名师，11 个教学团队被评为校教学团队。财务管理教学团队被评为上海市市级教学团队。《会计学原理》教材和“财务管理课程教学建设与改革的实践”两个项目获上海市教学成果二等奖。《商业银行经营管理》课程项目获上海市教学成果三等奖。

创新人才培养。4 月，学院以“加强实践教学建设”为主题召开本科教学工作会议。“立信会计人才培养模式创新实验区”获得上海市国家级人才培养模式创新实验区建设项目。共有校外实习基地 104 个，挂牌的实习基地 24 个，实习基地的建设拓展了学生专业实习的空间，提高了学生的实践能力。实践教学成果显著，获得“用友杯”第五届全国大学生创业设计暨沙盘模拟经营大赛，上海总决赛第一名，全国总决赛三等奖。

学生规模。学院共有普通本专科在校生10068人，其中本科8306人，专科1762人；成人本专科在校生5490人，其中本科3662人，专科1868人。学校面向全国25个省市招生，共录取本科生2203人，专科生592人。新录取学生中上海生源1712人，外省市1083人；成人本科生1882人，其中专升本602人。

科研工作。学院各类纵向课题立项共27项，其中省部级以上课题16项。各类横向课题立项19项，外来科研经费总额200万元。全校教职工发表科研论文445篇，其中CSSCI期刊139篇，出版教材及编著13本，学术专著13部。举办各类学术讲座和学术会议50场，其中立信讲坛14场。学报共编辑发行6期。年内，立信学报创刊100期，5月举办“财经类期刊特色与评价”研讨会与学报创刊百期会议。

联合培养研究生。学院与长春税务学院签订协议，在财政学(税务)专业开展联合培养研究生工作，确定2010年与华东师范大学新增工商管理联合培养专业。至今，学校与3所院校在6个专业开展联合培养硕士研究生。

管理机构改革与人事分配制度改革。学院进行管理机构改革，调整后的机关职能部门18个、群众团体2个、直属单位5个、教辅单位2个。学校制定新一轮人事分配制度改革方案，并于9月在校教代会上获得通过。

师资队伍建设。继续实施“高层次人才建设计划”、“优秀人才引进计划”，推进师资国际化招聘，引进、招聘到48人，其中博士26人，硕士18人，海外归国人员5人。上海市特聘教授“东方学者”岗位“会计学”和“国际贸易”两个特聘教授招聘到人选。学校有9人被聘为硕士生导师，硕士生导师总数已达30余人。推行“教师产学研践习计划”，“青年教师培养计划”，加强教师的国际化培养。市教委对学校2006年度获得“上海高校选拔培养优秀青年教师科研专项基金”14位教师作结项考核，给予学校考核工作为“优秀”等次。教师中有1人获宝钢优秀教师奖、2人获“上海市模范教师”称号、4人获上海市育才奖、1人被评为会计领军(备)人才；31人取得硕士学位和博士学位，9人被录取为硕士研究生和博士研究生。举办第二届青年教师讲课比赛。全年有5位教师出国进修。开展以教师职业道德规范为核心，以“以德立教，德识相长”为主题的师德师风建设优秀作品征集活动。

对外交流与合作。学院与美国的加州州立大学东湾分校、杜鲁门州立大学等高校建立校际联系。与美国底特律大学、杜鲁门州立大学、加州州立大学东湾分校等9所高校签订合作协议。继续与英国赫特福德大学开展课程合作与师生交流。与日本千叶商科大学在现代服务业专业上全面合作。邀请并接待境外代表团20个，约100余人次来访。2名学生赴美国萨福克大学进行为期一学期的学习。来自美国、日本、德国的师生团共200余人来校短期交流，加拿大温哥华岛大学第二批师生来校参加实践课程项目。有2名学生赴香港会计师事务所进行为期2周的专业实习，与AIA(香港)达成共识，学校获得2010年AIA“求职王”语文比赛的主办权。

学生工作和校园文化建设。开展形势政策教育，开展大学生主题教育活动。开设百余场大学生人文讲坛，提高学生的人文素养。共有19个先进班集体，35个优良学风班，9名三好学生标兵受到表彰，2772名学生获得各类奖学金，277名学生被评为三好学生，828名学生获各类单项荣誉称号。开展诚信教育，推进“免监考”试点。举办两次大型校内就业招聘会。至10月12日，毕业生就业率为95.36%，签约率为57.27%，学校被评为上海市普通高等学校毕业生就业工作先进集体。2名学生参加松江大学生创业大赛分别获得二等奖和三等奖。重视帮困助学工作，发放各类校内外资助款108万元，校外各项补助5.7万元，困难生补助4.5万元，全部免除来自地震灾区的5名新生的学费。辅导员中有1人被评为上海市优秀辅导员，选拔录用14名新辅导员，开展优秀班主任评选工作，5名班主任获“优秀班主任”称号。学院被评为2007—2008年度上海市文明单位。开展校风建设，创建和谐校园，营造良好的育人环境。继续开设东方讲坛，推进高雅艺术进校园，提高师生的人文素养。

基建和后勤服务管理工作。完成行政楼改造。对全院固定资产进行清查整理，对徐汇校区大礼堂进行全面整修。学院出版图书476种。完成立信会计出版社转制工作。完成校园网出口链路扩容和校园无线网络二期建设。新增“中国大中型非上市企业数据库”等7个数据库。图书馆藏书共计140多万册，其中：纸质图书90多万册，电子图书50万余册，多媒体光盘2000余张。

(姚晓东)

**[学生合唱团获全国大学生艺术展演金奖]** 2月9日至10日，在南京举行的第二届全国大学生艺术展演声乐类比赛中，学校大学生艺术团合唱团大合唱《JINGLE BELLS》，夺声乐类金奖，同时学校还获得全国第二届大学生艺术展演优秀组织奖。

（王 亭）

**[王军视察学院]** 2月25日，财政部副部长王军、财政部人事教育司司长张猛一行，在上海市财政局等领导的陪同下视察学校。王军等与校领导唐海燕、邵瑞庆、李延臣、曹惠民等亲切交谈，并与部分教师座谈。校长唐海燕汇报学校的概况和事业发展思路。

（王 亭）

**[李宇明来院视察汉字应用水平测试工作]** 12月6日，汉字应用水平测试上海考区测试在学校举行。国家语委副主任、教育部语信司司长李宇明和上海市语委副主任、市教委副主任张民选视察汉字应用水平测试的机测和笔测工作。院党委书记董金平，副书记、副院长朱坚强陪同视察。

（王 亭）

## 附：学校负责人及地址

（2009年1—12月）

院党委书记：桑秀藩（3月离任）、董金平（3月到任）
副书记：楼军江、朱坚强

院 长：唐海燕
副院长：朱坚强（兼）、邵瑞庆、李延臣

松江校区地址：松江区文翔路2800号
邮编：201620
电话：67705200（总机）

徐汇校区地址：中山西路2230号
邮编：200235
电话：64390390（总机）

# 上海第二工业大学

［**2009年概况**］ 学校开展学习实践科学发展观活动，制订学校中长期教育改革和发展规划纲要，深化内涵建设，提高教育教学质量，实现学校五年攀高峰的既定目标。4月，学校被市教委批准为工程专业学位（硕士）立项建设单位。学校拥有国家"863"项目2项、国家自然科学基金6项；建有市教育高地项目4个、市重点学科1项、市教委重点学科3项、市高水平特色项目2项、市重点建设课程17门。学校连续三届保持市级文明单位称号并被授予上海市平安校园、上海市花园单位等称号。

一、提高教育教学质量及人才培养质量。①探索创新实践人才培养计划。申报"085人才培养工程"。启动新一轮教学改革。推出工程教育改革人才培养试点、素质拓展课程建设、教学质量保障体系建设和机电、计算机、电子、经管、环境和艺术等6个学院的教学改革项目并结合专业特点开展教学改革探索。在机电、电子、计算机3个学院2009级新生中探索工程教育改革途径。创新高职人才培养模式，完善规章制度，扩大高职学生参加预备技师培训的规模，提高技能型人才的培养质量。②加强教学基本建设。实施"物流管理"、"计算机科学与技术"、"机械电子工程"等教育高地建设。完成信用管理、信息与计算科学、软件工程、信息显示与光电技术、工业工程、电子商务等6个专业学士学位复审工作。完成会展经济与管理、工业设计、国际商务、公共关系学、网络工程等新专业检查工作。年内，共有5门课程获得市重点课程建设立项，5门市重点建设课程进行结题验收，另有4门市重点建设课程进行中期检查。校内新增重点立项建设课程20门，并完成2007年12门立项课程验收和2008年22门立项课程中期检查。获得2009上海市教学成果二等奖2项、三等奖4项。"应用型本科数据结构与算法课程"教学团队获得上海市教学团队称号。"机械工程自动化"专业分别获得"国家级特色专业"和第三期（2008年）上海市教育高地的称号及建设经费。③加强师资队伍建设，深化人事制度改革。紧密围绕学科、专业建设的需要，引进、录用紧缺专业人才等42人，其中，教授2人，博士20人。招聘"金桥教授（学者）"1人。推行产学研践习计划，38名教师在企业开展访问工程师项目并完成结题。教师派往国外进修学习11人次。④开展学生课外科技活动和各类竞赛，获得上海市教委大学生创新项目资助30万元（30个项目），并在2009上海市首届大学生创新活动论坛之"我印象最深的十佳上海大学生创新活动项目"评选中获得第一名。学校专门安排经费资助大学生开展科技活动项目和全校性学科竞赛，设专项资金50万元，批准"三小"项目67项。获得省部级以上各类学生科技和职业技能竞赛奖项41项。探索新的校企合作模式，加强校外实习基地建设。⑤学校提出体育教育教学"人人参与有保障、班班活动有制度、素质拓展有平台、能力培养有措施"，其中龙舟特色体育运动项目得到校内外广泛好评，被市教委评为"2008年上海市高校校园文化建设优秀项目"。6月，"中国藤球协会训练基地"成立，学校被市体育局授权组建藤（毽）球队代表上海市参加全国及洲际大赛。⑥学校重视成人与继续教育。2008—2009学年成教本科（含专升本）毕业生1001人，获得学士学位188人，占本科（含专升本）毕业生总数的18.78%。⑦学校通过市教委、市评估院语言文字评估，达到合格标准。

二、推进产学研合作，提高科技创新能力。①工程硕士立项建设稳步推进。学校被列为拟新增工程硕士专业学位立项建设单位。校长胡寿根主持申报的课题《应用型本科院校先行先试工程硕士培养模式研究》获市级重点项目立项，该项目同时确立为上海市哲学社会科学规划教育学课题。②学校现有市重点学科1个，市教委重点学科3个，市高水平特色资助项目2个。测控自动化学科于2007年被纳入市教委第五期重点学科，获得市教委专项经费250万元。机械设计及自动化、电子产品与环境工程2个学科2009年增补为市教委第五期重点学科，各获得专项经费80万元。学校拥有10万元以上仪器设备138台（套），其中23台（套）入选上海研发公共服务平台。各类纵向科研项目实际到校项目经费达477万元，其中包括国家自然科学基金项目1项、"曙光计划"项目1项、上海市自然基金项目1项、上海市科委基础研究重点项目1项，以及上海市教委科研创新项目12项等。本年度共签订四技合同86项，合同金额1265.202万元，横向科研到校经费792.908万元，比上年增长22.55%。2009年度项目配套经费发放总额约59.8425万元，年度发表论文749篇，其中国内核心期刊235篇、SCIE论文63篇、EI论文70篇、ISTP论文13篇。专利申请231项；专利授权247项。③在2009年中国国际工业博览会上，学校作为教育部示范试点单位参展，荣获工博会高校展区优秀展品一、二、三等奖各1项，并荣获优秀组织奖和先进个人奖。学校与企业签署多项技术合作开发项目，多个项目合同标的首次超过200万元以上。至10月，共签署60多项科技服务项目合同。学校被选定为上海高校技术市场供方试点单位，学校组织21个试点项目首批进入技术市场。

三、做好招生、就业及帮困资助等工作。①年内，学校自主招生录取新生210人，5月份“三校生”录取310人，秋季高考录取2713人，“专升本”录取306人，共录取新生3539人，完成招生计划101.84%，实际报到率为94.72%。另有16名少数民族预科班学生转入学校，新录取预科班学生28人。②年内，学校毕业生就业率继续保持在90%以上，被评为上海市就业先进集体、全国和上海市就业先进个人。③建立健全学生资助体系，设立学生帮困专项金，资助学生超过2500人，费用总额在1000万元以上。

四、加强国内外交流与合作。①召开2009上海“社会性别与女性人才发展”国际论坛、“2009上海第二工业大学风电技术国际研讨会”等国际会议。7月，“2009年信息化高峰论坛”举行。②学生赴英国、瑞典、马来西亚合作高校交流学习、深造20人。1名学生免试进入剑桥大学攻读硕士学位。15名学生赴台开展实习考察活动。7月，中国教育国际交流协会、上海市教育评估院、上海市教育评估协会共同组织专家组对昆士兰学院进行现场认证，9月29日举行“中外合作办学项目认证”授牌仪式。

五、做好规范教育收费等工作。①完成内部财务收支审计7项，审计金额6060.09万元；开展经济责任审计9项，涉及金额22558.46万元；完成基建、维修等工程结算审计27项，审计资金总额1170.3万元，通过审计，直接为学校节省开支156.85万元，综合审减率13.4%。②2009年度图书馆图书购置经费408万元，电子资源购置经费144万元。改造多功能流通阅览室，增加学生阅览座位300多个。③配合世博会的召开，对800多名学生进行现场急救基础知识和基本技能的培训。共有2135名师生加入中华造血干细胞库，3名学生成功捐献造血干细胞。

（费维华）

**［刘云耕、沈晓明等来校视察］** ①2月17日，在沪的全国人大代表一行30多人在市人大常委会主任刘云耕，全国人大常委、市人大常委会原主任龚学平的带领下来校视察，并就当前大学生就业问题作专题调研。刘云耕等听取学生就业情况的专题汇报。市教卫党委、市教委、浦东新区有关部门的负责人与学校党政领导出席汇报会。刘云耕等参观了机电工程学院实训中心和应用艺术与设计学院师生的设计作品展览。②5月26日，副市长沈晓明在市府副秘书长翁铁慧、市教委副主任张民选等陪同下来校视察。校党委书记徐佩莉、校长胡寿根等陪同视察。沈晓明等参观学校校史陈列室和数控技术训练中心，并听取学校工作汇报。③4月7日，市教卫党委书记李宣海来校调研，听取学校工作汇报，并就深入开展学习实践科学发展观活动进行指导。

（费维华）

**［第二期都江堰市中职学校教师培训班举行］** 2月28日，第二期都江堰市中职学校教师来沪培训开学典礼在学校举行，市教委副主任李骏修，都江堰市教育局副局长刘加强，校党委书记徐佩莉、副校长王刚，以及培训班全体学员等30余人出席开学典礼。

（费维华）

**［上海“社会性别与女性人才发展”国际论坛举行］** 6月30日，2009年上海“社会性别与女性人才发展”国际论坛在学校举行。本次论坛由中国人力资源开发研究会、女性人才研究会、上海女性人才研究中心、上海第二工业大学、复旦大学社会性别发展与研究中心联合主办，来自美国、加拿大、英国、瑞典等外国专家学者以及国内各省市有关领导、嘉宾、专家学者300余人出席。此次会议是中国人力资源开发研究会女性人才研究会成立20年来首次举办的大规模国际女性论坛。全国人大常委会副委员长、中华全国妇联主席陈至立发来贺信。会上，共有31位中外妇女研究专家学者围绕女性成才规律、女性发展、性别文化、平等就业、职业女性权益等多个女性关心的热点话题，多角度和深层次地进行5场探讨交流。著名社会学家邓伟志教授作闭幕总结。论坛期间，中外嘉宾考察了建设中的世博园区、洋山深

水港、上海海事大学和上海海洋大学。

（费维华）

**［获中国国际工业博览会高校展区 5 大奖项］** 11 月 7 日，2009 年中国国际工业博览会在上海新国际博览中心闭幕。学校展出项目 11 项。学校副教授张世明负责开发的“5 轴联动拟合角坡口数控焊割机器手”、教授刘正国负责开发的“高精度自动称粉装置”、教授杨冠群开发的“基于 ISM 短距无线通讯的接力式电子公交站牌系统”分别荣获中国国际工业博览会高校展区优秀展品一、二、三等奖。学校荣获中国国际工业博览会高校展区优秀组织奖，副校长瞿志豪获中国国际工业博览会高校展区先进个人称号。

（费维华）

**［向台湾地区捐赠造血干细胞］** 11 月 24 日，学校学生曾泉峰成功为台湾地区同胞捐赠造血干细胞，市红十字会为此举行捐赠造血干细胞交接仪式。校党委副书记李世平、华山医院院长丁强、团市委书记潘敏和市红十字会常务副会长马强分别向曾泉峰颁发上海第二工业大学校长奖、上海红十字会荣誉证书和博爱奖章、上海市优秀志愿者证书以及中华骨髓库造血干细胞捐献荣誉奖牌。曾泉峰是学校第 7 例造血干细胞捐献者。

（费维华）

**［陶艺工场、琉璃工场开炉］** 12 月 9 日，学校应用艺术与设计学院陶艺工场、琉璃工场开炉仪式举行，校党政领导徐佩莉、胡寿根、李世平、莫惠林、王刚、瞿志豪等出席。校党委书记徐佩莉为烘制琉璃的电窑炉开炉，校长胡寿根为刚出炉的琉璃脱模。

（费维华）

**［与市体育局共建藤（毽）球队］** 6 月 5 日，学校与市体育局共建上海市藤（毽）球队，学校与上海枫泾中学毽球运动员人才梯队建设签约仪式同时举行。这标志着藤球、毽球这两项新兴的体育运动项目继龙舟项目之后成为学校新的特色体育项目。国家体育总局小球运动管理中心副主任崔志强、教育部学生体育协会联合秘书处竞赛管理部副部长陈晓华、上海市体育局副局长李伟听、国家体育总局小球运动管理中心三部副部长黄凯、上海浦东新区社会发展局副局长金龙芳等有关方面负责人以及校领导胡寿根、李世平、王刚，师生代表等出席揭牌仪式。应邀出席揭牌仪式的还有复旦大学、上海交大、同济大学等上海高校的同行和专家。揭牌仪式由校党委副书记、中国大学生体育协会赛艇与龙舟分会副主席李世平主持。

（费维华）

**附：学校负责人及地址**

（2009 年 1—12 月）

校党委书记：徐佩莉
副书记：李世平、胡　晟

校　长：胡寿根
副校长：莫惠林、王　刚、瞿志豪

地址：金海路 2360 号
邮编：201209
电话：50215021（总机）

中国藤球协会训练基地、上海市大学生体育协会毽球分会揭牌仪式

# 上海电机学院

［**2009年概况**］ 学院坚持“技术立校，应用为本”的办学指导方针，落实“明确定位、办出特色、强化内涵、服务行业”的办学要求，努力打造具有技术应用型本科内涵实质和产业大学属性特征的特色型高等院校。学院下设电气学院、机械学院、电子信息学院、经济管理学院、外国语学院、人文社科学院（马克思主义学院）、汽车学院、国际教育学院、高等职业技术学院、数理教学部等二级教学单位，工业技术中心、体育教学中心负责实验实训及体育教学工作，继续教育学院、李斌技师学院承担成人学历教育和非学历教育培训工作。毕业生3268人，就业率97.89%。

教学工作取得进展。①优化本科专业结构，学院机械设计制造及其自动化、材料成型及控制工程、电子信息工程3个专业增列为学士学位授予专业，机械电子工程、通信工程、汽车服务工程、财务管理、工业工程、德语6个专业顺利通过市教委组织的新专业检查，德语和汽车服务工程专业通过市教委组织的抽查。开展品牌、特色专业建设，发挥品牌特色专业建设的示范和带动作用，努力形成办学特色，更好地满足社会对高素质技能型人才需求的重要举措。新增3个上海市特色专业及1个国家级特色专业建设点。②开展精品课程的建设、申报等工作。课程“WEB程序设计与开发”被批准为上海市精品课程。申报成功5门市教委重点课程建设项目，市教委重点课程建设项目达到19门。评审确立“基础德语”等校级精品课程4门，校级重点课程30门，校级一般课程47门。形成校级、市级、国家级精品课程建设体系。③注重团队建设与人才培养。开展教学团队建设，组织申报数字化设计制造技术课程群教学团队、集团公司财务管理教学团队被评为上海市教学团队。鼓励教师从事教育教学研究，开展教育创新。学院向市教委申报教学成果12项，其中3项教学成果获上海市教学成果二等奖、3项教学成果获上海市教学成果三等奖。④完善教学管理体系，提高教学质量和水平。学院对接国家质量工程和上海市“085工程”项目制订相应项目校级培育项目的文件，并规范和完善教学管理的规章制度。编辑出版《专业建设指南》、《教师工作手册》。建立并规范校领导听课、职能部门领导听课、督导听课三级教学质量监控体系，了解和研究教学工作中的新情况、新问题，并提出解决方案。转变传统管理观念，增强服务意识，通过加强教学管理的改革，不断提高管理水平和效率。

人才队伍建设逐步完善。学院深入了解上海市人才政策和不同类型、层次的高校综合改革情况，并结合学院岗位、分配、考核现状寻找人事改革的重点和突破口。学院制订《岗位设置管理暂行办法》、《岗位设置管理实施办法》、《2009—2012年副科级干部选任工作的实施意见》、《二级教学部门人员经费两级分配方案》、《校内绩效工资发放办法》和《教师教学工作与科研工作激励办法》等6个文件，并逐级、分步实施。学院的机构设置、岗位配置、分配制度和考核体系得到进一步完善，形成有效的人才竞争机制和激励机制。学院拥有市东方学者1人、市宝钢优秀教师1人、市模范教师1人、市育才奖5人、国家留学基金委资助项目1人、学院资助国外访问学者4人、上海市优秀青年教师基金21人。学院注重青年教师培养工作，完成青年教师企业挂职锻炼14人，新赴企业挂职锻炼15人。

科研水平进一步提高。全院共有55项纵向科研项目获准立项，到账经费达317.5万元；横向合作项目合同立项91项，合同额累计达2302.608万元，到款金额1008.53万元。全院教师共发表学术论文624篇，其中被SCI收录5篇、EI收录42篇、ISTP收录15篇，国家一级期刊论文8篇，CSSCI收录48篇，核心期刊论文204篇。学院参加2009年中国国际工业博览会，“电力线网络抄表系统”获高校展区优秀展品三等奖。学院参与的家庭生活多机器人系统项目获创新奖。《上海电机学院学报》获年度“全国高校科技期刊优秀编辑质量奖”。学院完成专利申报207件，较上年增长95%。年内，获得授权专利67件，学院被闵行区知识产权局授予“2008年度闵行区专利申请优胜奖单位”。

大学生科创获得新突破。①学生获全国第十一届“挑战杯”大学生课外科技作品大赛二、三等奖、全国数学建模二等奖、第四届“毕昇杯”全国电子创新设计竞赛三等奖、全国大学生英语竞赛一、二等奖、全国三维数字化创新设计大奖赛一等奖、第十届"广茂达杯"中国智能机器人大奖赛一、二、三等奖。②学院申报并成功设立全市第8家上海市大学生科普志愿者服务社(科学商店)。科学商店开张至今,已在4个区县开设志愿者服务门店5个,确定科学商店研究课题25项。目前科学商店成功申报二期建设项目,并与江川街道共建机器人科创展示室。上海科技周期间,科学商店参加在科技馆举办的集中展示活动,并加入"迎世博百个大学生志愿服务社进社区科普文化活动",获上海市科普志愿者先进集体和个人称号。2月22日,学生田程程参加2007—2008学年度国家奖学金颁奖大会,受到国家领导亲切接见,并登台领奖。

临港校区建设稳步推进。学院通过临港校区建设一期项目修建性详细规划和总体规划方案审批,并列为2009年度上海市重大工程建设项目。全年共完成45项公开招标任务,完成43项重要合同的洽谈、签署,一期建设工程于1月22日奠基,至年底,所有单体建筑完成桩基工程,进入结构施工阶段,完成"市重大工程建设办公室"下达的年度建设目标。

(王　遥)

**[临港校区奠基]**　1月22日,学院在临港校区建设基地举行奠基仪式。上海市人大常委会主任刘云耕参加奠基仪式并发表讲话。上海市政协华夏文化经济促进会会长宋仪侨,市教委主任薛明扬以及上海电气(集团)总公司、临港新城管委会相关领导参加仪式并为临港校区奠基。

(王　遥)

上海电机学院临港校区奠基仪式

**["科学商店"开张]**　3月10日,沪上高校第8家"科学商店"——上海电机学院科普志愿者服务社开张。新亮相的"科学商店"位于闵行江川社区,"店员"均由大学生志愿者担任,并推出特色服务:家用电器安全免费检测、家用电器辐射度检测、室内装潢有害气体检测、皮肤含水量检测免费体验等。

(王　遥)

**[举办新疆教师暑期研修班]**　8月2—17日,新疆阿克苏职业技术学院部分教师来学院参加教师暑期研修班。此次活动由上海高等技术教育发展研究中心、上海电机学院师资培训中心主办,华东师范大学职业教育与成人教育研究所协办,旨在进一步加强学院与新疆阿克苏职业技术学院之间的交流,为阿克苏职业技术学院的发展和建设提供更多的经验。活动期间,学院邀请相关专家就高职教育、招生就业、师资队伍组织与管理、课程和实验室建设等问题举办专题讲座。

(王　遥)

**[上海电气"李斌杯"数控机床装调维修工决赛举行]**　8月22日,由上海电气(集团)总公司和上海市机电工会组织开展的2009上海电气"李斌杯"职工技能大赛决赛在学院杨浦校区举行。大赛共有来自73个单位的1572名职工报名参赛。

(王　遥)

**[举行建院56周年纪念活动]**　9月27日,学院举行建院56周年暨升本5周年答谢会。市教委副主任王奇、上海电气(集团)总公司副总裁徐子瑛、张素心、上海机电工会主席左山虎以及支持关心学

院发展的各界人士应邀出席会议。9月29日，学院举行建校56周年暨升本5周年纪念大会。10月5日，学院举行严雪怡教育思想研讨会暨严雪怡90华诞。严雪怡是上海电机学院老校长，对学院的建设和发展倾注了毕生心血。此次活动对严雪怡多年来对职业教育事业的思想进行了较为系统的整理和研究。

（王　遥）

**[举办大学生创新论坛]**　11月24日，学院首届大学生创新论坛开幕。本次活动内共展出学生科创项目作品50件，其中既有在2009届“挑战杯”竞赛的获奖项目展品，也有在“工博会”上参展项目。大学生创新论坛既是展示学院大学生创新活动的成果，弘扬科学精神，也是对广大师生的一个鞭策。

（王　遥）

## 附：学校负责人及地址

（2009年1—12月）

院党委书记：李健劲（3月到任）
　　副书记：夏建国、胡际菁

院　长：夏建国
副院长：徐余法、吴志清、焦　斌、杨若凡、王也仿

闵行校区（总部）地址：闵行区江川路690号
邮编：200240
总机：64300980

杨浦校区地址：军工路1100号
邮编：200093
总机：65480455

# 上 海 商 学 院

［**2009年概况**］ 学校开展学习实践科学发展观活动，促进科学管理，加强干部师资队伍建设，坚持办学特色，提高教育质量，各项工作都取得较好成绩。

干部师资队伍建设。完成新一届中层干部队伍以及二级学院系或教研室主任、副主任的选聘工作。完善考核制度，开展对新聘干部的任职后评估工作。全年引进教师25人。

推进学分制改革。全年开设20个普适公共实验项目，3269人参加实验训练。为探索财经类高校课内非独立实验教学工作，对16门学科事实“课内实验教学试点”工作。新增多媒体教室27个，新建改建实验室18个。推进基础课程教学改革，重点推进大学英语、计算机教学改革，完善口语视听说教学模式，建设基于校园网的网络自主学习平台，开展机读阅卷试点和计算机机考试点。

教学改革。新增校级教学研究项目13个，4项成果获得市高等教育教学成果奖，其中一等奖1项，二等奖1项，三等奖2项。学校开设专业共20个（含新设酒店管理和广告学2个本科专业）。经评估，英语和电子商务2个专业获得学位授予权。

课程建设。开展11门校级本科重点课程验收评审和19门校级本科重点课程中期检查工作；开展2009年度校级本科重点建设课程遴选立项（14门课程立项）和组织申报2009年度上海高校精品课程及重点建设课程工作。经市教委批准立项，学校建立用于教师教学、学生自学和师生互动的“课程中心”，共有48门课程列入该中心。

重点学科建设与教育教学科研等工作。①开展33个校级部分重点和一般教学研究课题的结题验收工作；遴选13个教学研究项目作为校级立项课题；开展首届校级教学成果奖评选活动，36个教学成果项目参与申报，其中12项被推荐参与市级教学成果奖评选。获国家“第三批特色专业建设点”1项（连锁经营管理）；新增市本科精品课程1门（电子商务网站规划与管理），市本科精品课程累计3门；新增市教学高地建设项目1项（酒店管理专业国际化人才培养实践与探索），市级高地建设项目累计2个。新增市重点课程4门（园艺栽培概论、连锁经营原理、旅游学概论、市场营销学），市重点课程16门；新增上海高校示范性全英语教学课程建设项目1个（酒店战略管理）；新增校级本科重点建设课程14门，累计36门；批准立项第一届校级教学团队3个。②《商务传播学》被市教委批准为第五期重点学科。组织申报《工商管理——企业管理》和《计算机应用技术》2个市教委重点学科。③共获得国家哲学社会科学基金项目1项，教育部人文社会科学一般项目2项，上海市哲学社会科学规划课题1项，上海市

60周年院庆教师艺术作品展开幕

教委创新项目6项,“优青”基金16项,市教委教育科研课题1项。获得横向项目7项。学校申报的4部博士论文中有3部获得上海市社会科学博士文库资助,《上海现代服务业发展规划》等3篇论文获得上海市社联组织的建国60周年大赛论文的优秀论文奖。④《上海商学院学报》获2007—2009年度“上海市优秀学报”称号,其中的特色栏目《现代流通》获2007—2009年度上海市高校学报“优秀栏目”称号。

校园文化建设。开展“课堂常规纪律检查”工作,实施“创学风示范班”评选,举办“迎世博、讲文明、树新风”校园文化礼仪大赛。举办“大学生文明行为规范”主题系列活动。开展“我与祖国共奋进”、“青春与世博同行”、“博雅讲堂”、“五四精神学习”、“高雅艺术进校园”、“中华·颂2009经典诗文诵读大赛”、“中华·赞2009诗词歌赋创作大赛”、“迎世博商院青年行动计划”、“滨海翱翔——创业助我行”、“公寓文化节”等专题活动。举办上海商学院第三届社团文化节,共计11项活动,参与人数近2000人次。社团工作取得长足发展,在册社团数49个,在册会员3600余人。上海商学院志愿者服务队荣获“2007—2008年度上海市优秀青年志愿者服务集体”称号和“上海市新长征突击队”称号。鼓励大学生开展创新活动。学校划拨科研专项经费用于资助学生课题立项和科学研究。全年有600余名学生参加课题研究,收到学生创新课题项目153份。通过评审论证,共70项课题获得学校科研创新专项经费资助。

加强对外交流。学校与澳大利亚、日本、韩国等高等院校开展合作交流,与德国布曼博士学校、美国西来大学等学校建立实质性合作项目,与境外高水平大学在科技合作研究等方面加强合作。校企合作方面,学校与喜来登酒店、培罗蒙集团、联华超市等知名公司开展互派导师、员工培训、学生实践等多方面的合作交流。与奉贤区司法局合作,成立高校第一家调解中心。

年内,学校应届毕业生2990人,至12月30日,毕业生就业率95.4%,与历年持平。学校大学生就业工作被市教委授予“2009年就业工作先进集体”称号。

(邵小平)

**[与韩国南海大学互派交流学生]** 学校与韩国南海大学就学生交流以及培训南海大学中国商务实习生事项签署协议,试行双重学籍、互认学分、两校学生友好交流,并在上海商学院开设“中国商务实习(internship)课程”,2月20日,韩国南海大学2名交流学生、3名专升本学生到校学习。根据协议,学校安排韩语系优秀学生5人赴韩国南海大学学习。

(邵小平)

**[举办西郊宾馆基层管理人员培训班]** 3月10日,由西郊宾馆和学校外语学院共同组织的2009年西郊宾馆基层管理人员培训班开班仪式举行。此次培训是为提高西郊宾馆服务意识和理论水平,增强领班和主管的领导管理能力,对西郊宾馆部分领班、业务主管进行为期一周的培训,成绩合格者由学校和西郊宾馆联合颁发结业证书。

(邵小平)

**[美国西来大学校长访问学校]** 3月13日,美国西来大学校长黄茂树一行4人访问学校。双方进一步明确学生交流、教师进修等事项。学校曾在2008年6月与美国西来大学签订合作交流协议,目前正进入实质性操作阶段。

(邵小平)

**[长三角公关论坛举行]** 3月21日,由中国高等教育学会公共关系专业委员会、上海市高等教育学会公共关系专业委员会、上海商学院主办,上海商贸职教集团、新疆克拉玛依市教育局、上海立信会计学院、上海市经济管理学校、上海商业杂志社协办的“长三角公关论坛——商业文化与企业责任”论坛在学校举行。市政府有关部门、高校和企业界人士60余人出席论坛。中国高等教育学会副会长、上海市高等教育学会常务副会长、全国高等教育学研究会理事长杨德广致开幕词,中国高等教育学会公共关系专业委员会终身理事长李健荣为“长三角经济发展咨询策划研究中心”揭牌。校党委书记、校长方名山作“现代商业企业与商业文化——中外商业企业比较”主题报告。

(邵小平)

**[上海商学院调解中心成立]** 5月25日,奉贤区司法局局长黄保卫、党委书记韩权民一行来校参加共建“实践教学基地”签约暨“上海商学院调解中心”、“上海商学院实践教学基地”揭牌仪式。

(邵小平)

**[吴启迪视察学校]** 8月21日,全国人大常委、教育部原副部长吴启迪同志到校视察。吴启迪

参观视察了奉浦校区学生公寓、餐厅、实验实训中心、图文信息中心，并看望新生。参观结束后，吴启迪与市经信委干部、校领导、二级学院院长和部门负责人进行座谈。校长方名山介绍学校教育改革和发展情况。

（邵小平）

**［欧阳修国际学术研讨会召开］** 8月4日，由学校主办，中国古代散文学会、中国欧阳修研究会和上海古籍出版社共同协办的“2009上海欧阳修国际学术研讨会”在徐汇校区召开。学校教授、国内著名欧学专家洪本健先生，倾20年之力完成的扛鼎之作《欧阳修诗文集校笺》在本次研讨会发布。宋代文学研究会会长、复旦大学首席教授王水照先生到会并发表《关于欧阳修研究的前瞻与思考》的学术演讲，韩愈研究会会长张清华、秦观研究会会长徐培均、宋代文学研究会副会长邓乔彬、中国古代散文学会副会长熊礼汇等著名学者携文与会。参加研讨会的40多名专家分别来自中国社科院、复旦大学、中国人民大学、香港中文大学，以及日本九州大学、东海大学，韩国启明大学等海内外著名高校和科研院所，他们大都多年从事欧阳修研究，是该领域内的一流学者。

（邵小平）

**［NFTE创业培训班开班］** 10月27日，上海市慈善教育培训中心与学校合作举办的“上海商学院NFTE创业培训班”开班典礼在奉浦校区举行。上海市慈善教育培训中心以“知识扶贫，助人发展”为使命，在全国率先开展慈善教育，面向高校贫困学生进行的免费创业教育培训。“NFTE创业培训”课程打破传统意义上的课堂教学，通过现场的模拟、演示及案例实践让同学们做到在快乐中学习，在生活中学习，以此增强创业的热情，增强创业意识，提高创业能力。

（邵小平）

**［举办2009商法论坛］** 11月3日，主题为“现代流通、服务业发展与法制建设；市场经济新发展与法治建设”的2009商法论坛在奉浦校区举办。论坛是上海商学院第二届法治文化节重要活动之一。与会专家、教授从不同角度阐述现代流通、服务业发展与法制建设等。

（邵小平）

**［与澳大利亚北悉尼学院合作项目签约仪式举行］** 11月30日，学校在奉浦校区举行上海商学院与澳大利亚北悉尼学院合作10周年庆典暨合作项目签约仪式，学校与澳大利亚北悉尼学院的TAFE合作先后开设会计、管理、营销、旅游、物流、电子商务等6个专业，培养高职（专科）学生1330多人。项目合作期间，双方开展多种交流活动，在教学、科研方面取得成果。

（邵小平）

**［奉贤区人民检察院检察官来校参加模拟法庭活动］** 12月3日，奉贤区人民检察院政治部负责人等4名检察官来校指导、参与上海商学院第一届模拟法庭活动。本次模拟法庭活动，由奉贤区人民检察院检察官担任模拟法庭的公诉人，合议庭由检察官和学生共同组成，辩护人由学生担任。案件评议阶段，旁听学生积极发表意见，参与案件评议，与公诉人、法官、辩护人互动。

（邵小平）

**附：学校负责人及地址**

（2009年1—12月）

院党委书记、院长：方名山

副书记：吴延风

副院长：冯伟国、朱铮宸、楼文高（1月到任）

徐汇校区地址：中山西路2271号

邮编：200235

电话：64870020（总机）

奉浦校区地址：奉浦大道123号

邮编：201400

电话：67102976（值班）

# 上海政法学院

［2009年概况］ 学院以科学发展观为统领，开展“提升教学质量年”活动。在内涵建设、规范化建设、制度建设和队伍建设等方面取得成绩。完善学分制、选课制、导师制和三学期教学管理制度改革。举办党总支书记、系主任等培训班，提高干部素养，增强为学院科学发展服务的能力。

学院下发《关于开展“提升教学质量年”活动的意见》。完善以学分制为核心的教育教学改革，修订2009级指导性本科教学计划，完善复合型专业的课程设计。新增社会实践基地19个，使学院实践教学基地总数达145个。学院制定《上海政法学院优秀教学团队评选办法》、《上海政法学院优秀本科生导师评选办法》、《上海政法学院示范教研室评选办法》和《上海政法学院各教学环节质量标准》等规章制度。法律系的宪法与行政法学、国际事务与公共管理系的国际政治等5个教研室被评选为2009年度院级示范教研室。探索导师制的新思路和新举措。加强对教师教学质量、教学管理、教学建设、实践教学等情况的监控，确保教学质量水平稳步提升。强化教学示范岗、示范教研室、优秀教学团队在规范教学行为和完善教学质量评价标准的示范效应。

学科、专业建设成效显著。监狱学获得国家第四批高等学校特色专业建设点；《国际关系概论》双语课程获2009年度国家级双语教学示范课程建设项目；“行政法教学团队”被确定为上海市第二届高等学校市级教学团队；多名教授的教学成果获得上海市优秀教学成果奖；《刑事诉讼法》、《社会工作概论》、《应用写作》和《国际投资法》被确定为市级重点课程；《环境资源保护法实务》通过司法部精品课程初评。筹划5个新建专业的迎检以及3个新专业学士学位授予资格的评审，获得学士学位授予资格。申请硕士授予单位被市教委列入立项规划，获得阶段性成果。高教研究工作中“高校优良学风建设系列研究总课题”获一等奖，并获优秀组织奖。市教委第五期重点学科——经济法学学科的建设态势良好。

科研实力不断增强。学院组织137人次申报各级各类科研课题13类别，课题立项36项，其中国家社科基金项目3项、市高校优青科研专项基金项目11项。学院课题立项、出版专著、学术论文等重要科研统计指标连续5年稳步攀升。举办规格高、层次多的学术活动，与司法部预防犯罪研究所、市社区矫正工作办公室、市政府法制办公室、市口岸服务办公室、市诉讼法研究会、市律师协会联合举办5次具有一定社会影响的学术研讨会。

对外交流与合作继续加强。学院接待来访团组20批60多人次，多名教师受邀外出参加国际性会议。加强与法国巴黎二大等多所学校的交流与合作。学院还与市一中院、市立法研究所、青浦区人民法院、人民检察院、金山区人民法院等单位加强共建与合作，形成对外交流与合作的长效机制。

大学生思想政治教育覆盖面不断扩大。结合迎“世博”、新中国成立60周年开展大学生思想政治教育活动，推进“青年马克思主义者培养工程”。成立团学干部临时党支部、学院社团团工委、学生社区团工委，并被共青团中央志愿者工作部和中国青年志愿者协会列为中国志愿者网络信息系统试点单位。与青浦区团委达成战略合作协议，建立多种形式的交流导航机制。评选出36名上海市优秀毕业生，48名上海政法学院优秀毕业生，15人获国家奖学金，14人获上海市奖学金，239人获国家励志奖学金，1044人获国家助学金，1717人获学院品学兼优奖学金。帮助206名家庭经济困难的学生办理国家助学贷款122.9万元，累计发放国家助学金205万元，为93名特困学生减免学费14.9万元，累计发放各类特殊困难补助金10.29万元。

招生就业工作取得新突破。学院面向全国24个省市招生2515人，在校总人数突破8500人。学院被列为“全国政法干警招录培养体制改革”试点单位，承担为中西部地区培养学员225人的任务。学院探索“上海市普通高等教育的专升本考试和上海市公务员考试并轨”的招生录取模式，择优录取监狱学专业“专升本”新生30人。下发《关于进一步加强毕业生就业工作的意见》，学院领导和9个教学系部的主任签订《就业工作任务书》，强化责任落实。

2009年毕业生的平均就业率为98.78%，其中本科学生平均就业率为98.75%，高职学生的平均就业率为98.81%，高于市平均就业率4.98个百分点。学院被评为上海市“三支一扶”工作先进集体。

学院开展“迎世博”专项活动，被上海市精神文明建设指导委员会授予“迎世博宣传教育贡献奖”。5月，学院获上海市文明单位，实现市级文明单位“四连冠”，获第四届全国精神文明建设工作先进单位。维护校园安全稳定，提升后勤保障工作能力，加大校园绿化建设力度，被市绿化委员会、市人力资源和社会保障局授予上海市绿化先进集体称号。学院学报再次被上海市高校学报研究会评为2009年度“上海市高校优秀学报”，学报的“法治上海”栏目获上海市高校学报“优秀栏目”称号。

新校区扩建工程建设顺利推进。4000平方米的单身教工宿舍和8000平方米的教学楼均交付使用，完成煤气管道的整体铺设工作，16000平方米的图文信息中心主体工程基本完工。启动扩建工程二期项目建设。

至11月底，学院专职教师371人，占全院教职工总人数的66.3%；其中具有高级专业技术职务教师130人，占教师总人数的35%。完成2008年度优秀辅导员的评选和2008年度辅导员思政序列中级职称评聘工作。4月，启动以“定机构、定编制、定岗位、定职责、定津贴”为主要内容的“五定”工作。出台《上海政法学院岗位竞聘实施办法》，完成对处级、科级、一般工作人员三轮全员竞聘，提高工作效率和学院的整体管理水平。

民主管理不断加强。3月，学院召开第一届第三次教职工暨工会会员代表大会。4月，学院第一次团代会召开，选举产生共青团上海政法学院第一届委员会。

（冯晓岗、张茹蓉）

**［获3项国家社会科学基金项目］** 6月5日，全国哲学社会科学规划领导小组公布的“2009年度国家社科基金项目评审结果”，学院获得法学专业3个国家社会科学基金资助项目。其分别是法律系关保英教授的《上下级行政机关的法律关系研究》、刑事司法系武玉红副教授的《我国社区矫正管理模式的实践探索与制度创新研究》、法律系曹阳的《国际法视野下的粮食安全问题研究》。

（张茹蓉）

**［获国家双语教学示范课程建设项目］** 8月18日，由陈剑峰教授主持申报的《国际关系概论》双语课程通过专家评选，获国家2009年度双语教学示范课程建设项目。这是学院首个国家级课程建设项目。

（张茹蓉）

**［举办“中国外交60年”学术研讨会］** 9月25—26日，由上海市国际关系学会和上海政法学院联合举办中国外交60年与外交理论发展学术研讨会。上海市国际关系学会会长杨洁勉教授、中共中央外事办公室负责人以及来自上海国际关系学会、上海国际问题研究院等10余家教学和科研单位的近百名专家学者参加。会议就新中国外交60年所取得的成就、新中国外交60年新经验和新特色、以及中国外交的新机遇3个专题进行深入系统的分析和研讨。院党委书记刘江江与国际关系学会会长杨洁勉为学院政治学与行政管理系更名为国际事务与公共管理系揭牌，院长金国华致辞。

（张茹蓉）

**［建院25周年庆典］** 11月19日，学院建院25周年庆典举行。市人大常委会主任刘云耕，市人大常委会副主任周禹鹏，市检察院检察长陈旭，市法学会会长吴光裕，以及市人大、市委政法委、市教委、市司法局及政法各部门和青浦、松江区委区政府领导，学院部分名誉教授、客座教授、离退休校领导和老教师、校友代表等嘉宾和师生代表共700余人到会共庆学院华诞。庆典由学院党委书记刘江江主持，院长金国华教授致欢迎辞。会前，学院与上海立法研究所签订共建框架协议。

（张茹蓉）

**［社区矫正理论与实务研讨会召开］** 11月27日，学院与司法部预防犯罪研究所、上海市社区矫正工作办公室联合举办社区矫正理论与实务研讨会。来自全国社区矫正实践部门以及高校、科研单位的170余名领导、专家、学者和工作者参加。与会代表围绕“瓶颈突破与前景展望”等议题展开讨论。

（张茹蓉）

**［举办行政审批收费改革等研讨会］** 年内，设在学院的上海司法研究所召开多次研讨会。1月19日，与市政府法制办公室法制监督处联合举办“上海

市行政审批收费改革研讨会”。2 月 18 日，与上海市口岸服务办公室共同主办“口岸开放管理中的行政许可”专题研讨会。4 月 4 日，为纪念《中华人民共和国行政诉讼法》颁布 20 周年，与上海市诉讼法研究会、上海市律师协会行政法专业委员会举办《行政诉讼法》颁布 20 周年座谈会。7 月 22 日，与市食品药品安全研究中心联合主办食品、药品监督行政强制措施专题研讨会。12 月 16 日，与上海市行政法制研究所和上海市律师协会联合举办律师与行政程序法律实务研讨会。

（张茹蓉）

**附：学校负责人及地址**

（2009 年 1—12 月）

院党委书记：刘江江
副书记：胡　军

院　长：金国华
副院长：闫　立、曹文建、关保英

地址：外青松公路 7989 号
邮编：201701
电话：39225000（总机）

# 上海杉达学院

［**2009年概况**］　学院现有涉及经济、管理、文学、法学、理学、工学、外语、艺术等门类的10个二级学院和20余个本科专业。在校生共10713人，其中浦东金海校区7539人，嘉善校区2461人，沪东工学院713人。本科生占83.2%，专科生占16.8%。年内，招收新生2971人，其中本科生2341人、专科生630人。毕业生2300人，其中：本科生1695人、专科生1025人，1689人获得学士学位。就业率96.3%，其中本科生就业率95.7%、专科生就业率98%。

年内，完成食品检验实验室、陶艺实验室、广播电视演播厅、图书馆多媒体阅览室等建设。拥有各类专业教学实验室23个、语音教室20个、多媒体教室56个、计算机3500余台。嘉善光彪学院教工公寓“杉达嘉苑”竣工并通过验收。学院固定资产达43071万元，其中教学、科研设备资产6447.3万元。图书馆新增纸质图书4.79万册，共有纸质图书77.34万册，电子图书8442GB。

加强教学管理制度化建设，修订《上海杉达学院校、院两级管理实施办法》、《上海杉达学院关于本科生毕业论文（设计）工作的若干规定》、《上海杉达学院关于学生申请课程免听不免考的实施办法》、《上海杉达学院教师教学工作量的规定》等，制定《上海杉达学院实验教学管理办法》等管理文件。完成选修课学分的审定和细化，在金海和嘉善校区开设公共选修课120门次。实施学生自主选择专业政策，共有8名本科生符合规定转专业学习。模型设计与制作、国际金融、数据结构、财务管理4门专业基础课列入市教委重点课程建设项目。金融学实践教学模式的创新和实践、旅游虚拟实训室被批准为市第4期本科教育高地建设项目。“工商导论”、“管理会计”被列为上海高校示范性全英语教学课程建设项目。英语语言与文化环境实验室建设和计算机专业实验室建设被列为上海市民办教育教学高地建设项目。“中美合作办学培养国际商务人才”、“具有‘杉达’特色的大学英语教学模式的研究与实践”、“依托上海IT企业集团优势，创建计算机专业特色”3项成果获2009年度上海市级优秀教学成果奖。新闻学、行政管理和法学专业获得学士学位授予权。完成酒店管理和西班牙语2个本科专业申报工作。学生通过2009年国家司法考试4人。沪东工学院学生通过上海市职业技能鉴定中心维修电工高级技工的鉴定考试，获得高级技工证书45人。

科研工作稳步发展。学院建立二级科研管理制度，加强科研的过程管理，加强对青年教师科研的指导工作力度，着力培养青年教师的科研能力。年内，获得校外科研项目42项、创新项目2项，其中重点项目1项；教育研究项目1项；高教研究项目5项；“优青”项目33项。学院基金项目申报60余项，立项37项。学院10项2008年度上海市高等教育学会课题中，9项通过专家鉴定，其中“平行志愿改革对民办高校招生工作影响的分析研究”项目荣获上海市高等教育学会课题三等奖。计算机学院34件论文经浦东新区专利局审批通过，获得50个使用新型专利。《上海杉达学院研究与发展》出版4期，编发论文60余篇，并获“全国民办高校优秀期刊”二等奖。投资200万元启动“数字信息时代高校英语教学与实践研究”项目。

年内，引进教师33人，专职教师增至522人，其中副高级以上职称240人，硕士及以上学历占29.5%，40岁以下的中青年教师占48.85%。外聘兼职教师186人。5名教师在美国、日本完成进修回校。4名青年教师赴美国瑞德大学学习。开展“拜师结对”活动，制订《关于开展教师“拜师结对”活动管理办法（试行）》，组织新教师岗前培训和教师资格证考试。开展辅导员岗前培训和专题培训，学院共有专职辅导员82人，其中具有硕士及以上学位43人，党员78人。教师游昀之获“上海市模范教师”和“上海市高校优秀思想政治理论教师”称号。教师陈诚被国家教育部考试中心评选为2006—2009年度全国计算机等级考试优秀工作者。教师牛淑珍、魏云巍、陈春峰获得上海市育才奖。

国际交流与合作。学院第六批与美国瑞德大学合作的交流生30人赴美留学。2名学生赴日本京都外国语大学留学。学院与英、美、日十余所高校和

ESEC教育机构交流合作。与美国伊利诺伊大学、美国马克汉姆教育机构签订合作协议。与日本东京经济大学签订意向协议。学院接受日本惠泉女子大学的短期留学生11人,并举行首届惠泉—杉达"汉语·中国文化研修班"开学典礼。接受原千叶大学名誉教授田中久夫捐赠的藏书51册。年内,聘请外籍教师26人。

学院重视毕业生就业工作,成立毕业生就业工作领导小组,定时召开会议研究毕业生就业工作,落实就业工作措施,制订《2010届毕业生专业介绍手册》和《2010届毕业生就业指导手册》,举办毕业生首届大型招聘会,并及时总结经验,表彰先进。

注重精神文明建设。学院组织学生开展文明寝室、星级示范寝室、文明楼层、文明楼、园区先进个人的评选活动。4月,学院在谢希德堂召开精神文明建设表彰大会。学院被评选为上海市文明单位。3名"勇救落水者"学生获得"市教卫系统社会主义精神文明十佳好人好事提名奖"。12月,学院通过2008—2009年度安全文明校园创建考核。学院工会获得由中国教育工会上海市委员会授予的"2009年教师节/国庆节主题活动组织工作特色奖"。

学生工作。学生参加义务献血838人,应征入伍47人,毕业生入选西部计划志愿者行列8人,参加服务世博会现场售票实习项目培训138人,参加罗山会馆"走进健康"农民工服务项目志愿者活动27人,参加李宁上海羽毛球公开赛志愿服务活动10人。学院红十字服务队和特殊教育服务队荣获"上海市优秀青年志愿者服务者集体"称号;2名学生荣获"上海市优秀青年志愿者"称号。开展20多项社会实践项目,其中"携手嘉善县,共迎世博盛会"系列活动获"2009年上海市大学生暑期社会实践活动优秀项目奖","我与世博同行"活动获得"2009年上海市大学生暑期社会实践活动优秀项目奖"和"上海教育系统迎世博百个大学生志愿者服务团进社区活动优秀项目奖"。召开第六次团代会,选举产生共青团上海杉达学院第六届委员会。举办纪念"五·四"运动90周年系列活动,开展征文比赛、演讲比赛、评优表彰大会。举办"我和我的祖国"——庆祝新中国成立60周年征文活动。学院举办校园文化节、读书科技节、社团文化节等。启动阳光体育——冬季长跑活动、春季"相约大剧院"高雅艺术进校园活动。学生社团菁华思想理论研习协会荣获"上海优秀青年理论学习组织"荣誉称号。学生作品参加第12届全国大学生设计大赛,获得视觉设计类优秀奖4项。学生参加第三届全国民办院校美术作品大赛获一等奖7项,二等奖4项。学生参加中国家具设计大赛获得5个奖项。学生参加全国青少年法律知识竞赛上海赛区决赛获优胜奖。学生参加全国第二届大学生艺术展演上海市活动获1个一等奖,2个二等奖和3个三等奖等。学生参加浦东新区曹路镇第三届健身运动会暨第八届"阳光杯"乒乓球比赛获男子团体甲组第八名、男子单打亚军、女子单打第三和第五名。在2009年"紫金杯"长三角地区高校跆拳道公开赛中,获得团体第三名,女子52公斤级、男子54公斤级个人竞技第三名,2名学生获"优秀运动员"称号。

(杨美玲、顾　夏)

**[沈晓明来院视察]** 5月26日,副市长沈晓明视察学院。沈晓明等参观了市民办高校教学高地建设项目胜祥商学院实践教学中心、校内专家楼和教师活动中心,了解实验室建设、实践教学、人才引进、师资队伍建设等情况。院党委书记、院长袁济汇报工作。

(顾　夏)

**[时尚设计学院揭牌]** 12月28日,学院与上海纺织控股(集团)公司合作办学的上海杉达学院时尚设计学院揭牌成立,并举行签约仪式。学院副董事长、院长袁济与上海纺织控股(集团)公司监事会主席俞浩铨、总裁朱勇共同为时尚设计学院揭牌。市政协副主席朱晓明出席揭牌仪式。

(顾　夏)

**[学院董事会四届二次会议召开]** 4月16日,学院董事会第四届第二次会议召开,董事长李储文主持会议。13位董事和荣誉董事出席会议。会议审议通过2008年学院工作总结和2009年工作计划、2008年学院财务决算和2009年经费预算报告等。会议就办学特色、专业建设、环境建设等有关学院建设和发展的问题进行讨论。

(顾　夏)

**[二届二次教代会暨工代会召开]** 6月10—17日,学院召开二届二次教代会暨工代会,正式代表、特邀代表和列席代表共130余人参加。代表们听取并审议学院年度工作报告、工会工作报告、财务工作报告和工会经费审查委员会工作报告等,听取实行"年金制"方案、工资改革方案和使用权房实施方案

第六届院运动会举行

等情况汇报。

（顾　夏）

［第六届院运动会举行］ 10月21日，以“迎世博，建和谐校园，共享体育精神”为主题的第六届院运动会在金海校区举行。本次运动会共设23个单项、11个集体项目，有120余个班级、1200余名学生运动员、130余名教工运动员、90余名裁判参加。

（顾　夏）

**附：学校负责人及地址**

（2009年1—12月）

董事长：李储文
名誉院长：古胜祥、曹光彪、杨　槱、倪维斗
院党委书记、院长：袁　济
　副书记：施福升、刘建民
　副院长：金先宏（7月离任）、薛兴国、张增泰、贾巧萍

地　址：浦东新区金海路2727号
邮　编：201209
电　话：50210894

# 上海建桥学院

［**2009年概况**］ 学院贯彻落实科学发展观，各项工作取得新进展。学院连续第三次获得“上海市文明单位”称号，获2008—2009年度“上海市安全文明校园”称号，校党委被市委组织部、市社会工作党委授予“五好”党组织、“党建工作示范点”称号，被评为市征兵工作先进单位。学院获得市教学成果奖2项，市精品课程1门。学院有市特色专业3个，市教师团队1个。信息系获市教育先进集体称号，信息系网络与软件工程教研室徐布克获2009年宝钢优秀教师奖，辅导员陈艳刚获市优秀辅导员称号，学生处张宁获市优秀思想政治工作者称号。学院制订中长期发展规划。

学院在校生近万名，其中本科生占58%。学院共招收本专科新生2999人。毕业生2052人。教职工502人，其中专任教师352人，具有高级职称的教师占39%，具有研究生学历的教师占48%。学院现有18个本科专业，21个高职专业，涵盖管、文、工等多个学科门类，设有信息技术、机电工程、电子工程、文化传播、艺术设计、外语、管理、商贸、汽车工程(筹)等9个系和基础教学、思想政治理论教学2个教学部；设管理部门11个，其中党群部门5个、业务部门6个。

学生制作庆贺建国60周年宣传品

学院努力实现从专科向本科、外延向内涵、功能向素质的“三重转型”，开展3项重要活动。一是开展学习实践科学发展观活动，聚焦重点难点问题，提出整改落实措施，把“根本是育人，中心是教学”落实到学院全部工作中去。二是围绕新中国成立60周年，开展爱国主义教育系列活动。三是围绕迎“世博”、迎评审、迎校庆，开展“文明工程”创建月活动，倡导文明新风，整治校园陋习，营造良好育人环境和氛围。做好2项重点工作，一是加强新办本科专业建设，二是迎接学士学位授予权预评审。

思想政治教育工作。结合60周年国庆，开展“我爱我的祖国”等系列活动，把爱国主义教育融入课堂教学中。开展“迎世博”活动，纪念“五四”运动90周年活动，成立世博志愿者工作站，约有2000名学生报名参与世博会志愿者。学生应征入伍68人。

学生在各类赛事多次获奖，获全国大学生击剑锦标赛金牌2枚、银牌2枚、铜牌1枚。38名学生参加2009国际微软办公软件技能大赛暨MOS大赛中国地区总决赛，2名学生获冠军，3名获亚军，3名获季军。外语系学生获CCTV英语风采大赛上海赛区第三名。获2009年全国大学生数学建模竞赛本科上海赛区三等奖。商贸系学生获全国电子商务挑战赛一等奖，获首届国际商务单证职业技能竞赛一、二、三等奖。获“用友杯”第五届全国大学生创业设计暨沙盘模拟经营大赛上海赛区第三名。组队参加全国大学生电子设计竞赛获上海赛区二等奖。在市大学生计算机应用能力大赛上,2名学生获三等奖,1名获优胜奖。艺术系学生获全国大学生广告艺术大赛中分获一、二、三等奖,“中国未来包装设计大师”铜奖1项。获全国自强之星提名奖2人、新长征突击手2人,上海市先进集体2个,上海市优秀学生干部4人、优秀学生13人,上海市大学生暑期社会实践优秀项目2个、先进个人2人、优秀指导教师2人,上海市优秀青年志愿服务集体1个,上海市优秀社团1个。61名学生获市级优秀毕业生称号,8人获国家奖学金,266人获国家励志奖学金,11人获上海市奖学金。

注重心理健康教育,建立校、系和班级三级网络,培养培训心理健康教育师资,强化心理咨询室工作。开展心理健康教育宣传月活动,针对不同情况和对象,安排讲座、心理测试、团体心理辅导共60多场活动,有5000人次参加。

重视帮困助学和就业工作。做好学生资助工作,全年安排1752人次贫困学生上岗,发放勤工助学款21.19万元,审核并发放国家资助经费共计439.4万元,提供国家助学贷款234.6万元,各类资助总额共计达757.83万元。学院十分重视就业工作,全校发动,通过就业工作交流会、应届毕业生家长会和校园大型招聘会等,推进就业工作开展。至12月底,毕业生就业率为98.9%。

开展新办本科专业评估、学士学位授予权预评审工作。加强教学科研投入力度,成立光机电一体化、数字媒体应用等2个研究中心,筹建汽车工程系。推进“四个一工程”,召开教学方法研究报告会,加强公共课建设。学院注重教学管理常规工作的规范化建设,编印《上海建桥学院教学管理文件汇编》,修订教学管理文件54个,教学管理常规工作流程图38个,教学管理工作进程表4个。教学改革与教学基本建设项目共计38项,共有38位正副教授和13位讲师被聘为首批课程负责人。

加强对外交流合作。选送优秀教师出国进修、学生赴台研修,24名师生赴美国、澳洲、台湾等地交流访问,并与美国的Wingate大学、日本梅花女子大学、澳大利亚Think教育集团William Blue学院等达成或签订合作协议。

完善招聘和培养制度,引进教师36人,其中研究生学历以上20人。提高教学质量,实行主讲教师资格认定制度,206人申报,168人被认定为主讲教师资格。编印发放新教工手册,加大对新教工的岗前培训力度,特别是强化对新教师的教学培训围绕加强管理执行力,鼓励教师参加各类进修、培训、学历提升。充分发挥教授、专家的作用,实施青年教师带教计划,签订33对新老带教协议。建立干部能上能下机制,完善任期试用、学年考核、择优续聘等措施。提升科研管理水平,投入经费11万元。对3个纵向项目、23个市优青项目组织结题鉴定。制定《2009—2012年学院科研规划和指南》,出台《上海建桥学院科研管理办法》、《上海建桥学院科研经费管理办法》和《上海建桥学院科研工作考核办法》等4个科研管理制度。对全校教师在2008—2009学年的科研情况进行统计分析、考核。

(徐皓刚)

**[聚焦离子束实验室揭牌]** 5月7日,由台湾“宜硕科技”捐赠,总价值约7000万元人民币的工业级聚焦离子束实验室在学院揭牌成立。实验室可开展集成电路测试、芯片线路修改测试、探针测试、IC芯片线路修补、不同封装的开盖等实验,可开展科学研究,为企业提供相应技术服务,满足微电子专业学生实验实训需求。

(徐皓刚)

**[开展“文明工程”创建月活动]** 10月26日,学院开展以“讲文明、树新风、改陋习”为重点的首届“文明工程”创建月活动。活动持续2个月,经宣传发动、组织实施和总结表彰3个阶段,至12月31日告一段落。活动达到的阶段性目标,通过活动提高了大学生思想道德素质,提升了校园文明程度。

(徐皓刚)

**[学院董事会换届]** 10月27日,学院召开第四届董事会第一次会议,会议通过《上海建桥学院章程修订案》,并选举产生学院第四届董事会,新一届董事会由周星增、黄清云、郑祥展、蒋威宜、施银节、陈智勇、张家钰、朱瑞庭、江建民等9人组成,会议决定成立咨询委员会。

(徐皓刚)

**[举办汽车文化节]** 11月4日,学院首届汽车文化节举办,同时举办“2009上海建桥学院汽车专家论坛”。中国汽车工程学会、中国汽车工业协会、上海市汽车工程学会、中国汽车流通协会、上海市汽车销售行业协会等嘉宾出席论坛。论坛当日学院成

立上海建桥学院汽车工程系专业指导委员会。

（徐皓刚）

**［承办第十五届全国大学生击剑锦标赛］** 11月3—7日，第十五届全国大学生击剑锦标赛在学院举行。共有包括香港、澳门在内的全国14个省、市、自治区的28个高校代表队453名运动员和教练员参赛，参赛单位和人数为历届之最。学院代表队在比赛中获得2枚金牌、2枚银牌和1枚铜牌，并荣获优秀组织奖和体育道德风尚奖。

（徐皓刚）

**［举办校企合作签约仪式］** 12月17日，学院举办校企合作签约仪式，联想（上海）有限公司、《浦东时报》、上海世博中心、上海复芯微电子技术咨询有限公司、金道网络集团等本市41家企业与学院签订校企合作协议。

（徐皓刚）

**［获"全国优秀中国特色社会主义事业建设者"称号］** 11月6日，第三届全国非公有制经济人士优秀中国特色社会主义事业建设者表彰大会在北京举行。表彰大会由中央统战部、工业和信息化部、人力资源和社会保障部、国家工商总局和全国工商联共同举办。学院董事长周星增获全国"优秀中国特色社会主义事业建设者"荣誉称号。

（徐皓刚）

**附：学校负责人及地址**

（2009年1—12月）

董事长：周星增

院党委书记：黄清云（9月离任），蒋威宜（9月到任）
副书记：陈生根

院　长：黄清云
副院长：蒋威宜（兼）（10月到任）、陈生根（兼）、张家钰

地址：浦东新区康桥路1500—1700号
邮编：201319
电话：58137788

# 上海海关学院

［**2009年概况**］ 学院开展学习实践科学发展观活动，明确建设本科院校的目标，以教学、科研和培训为中心，维护校园稳定，优化校园文化，夯实强校基石，推进校园改革，开创学院科学发展的新局面。学院现设有海关管理系、海关经济系、海关法律系、海关外语系、公共基础教学部等五个教学系（部）；设有分属管理学、经济学、法学、文学等四个学科门类的4个专科专业，法学、税务、物流管理、审计学、国际商务和行政管理6个本科专业。学院全日制在校生1719人，其中本科生1038人，专科生681人，专科毕业生585人。现有教职工256人，专任教师133人，教授17人，副教授36人，具有高级职务教师占专任教师的比例为39.85%；具有硕士以上学位教师占专任教师的比例为75.19%。

学院坚持走内涵发展、质量至上、特色明显的办学之路，启动教学质量工程建设，制订《本科教学评估与建设工作的实施计划》。优化人才培养方案；调整课程设置；建立由校内外专家组成的督导制度；实施海关兼职教师制度；成立海关行业专家教学委员会；增补WCO E-Learning课程为2008年度院级重点课程建设项目；建立教学质量监控体系等。法学专业（海关法方向）和税务专业（关税方向）获批国家特色专业建设点。经教育部批准，学院设置"海关管理"本科专业。召开本科新建专业评估自查会议和校外专家评估会议等多项迎评工作会议。制订教学成果奖评选方法，开展学院升本后教学成果奖评选以及首届教学名师奖评选表彰工作。比较海关法、财务管理两门课程成功申报2009年度上海市教委重点课程项目。实施市教委重点课程关税理论与制度、海关法、物流仿真实训三门课程验收检查。国际经济法、海关缉私、会计学三门市级重点课程完成中期检查。规范教改项目管理，制订《上海海关学院教学改革与研究项目管理办法》。开展教学质量工程调研，举办教学质量工程研讨会。

探索建立科研工作新机制。《学报》进行改版，提高办刊质量。年内，学院发表论文135篇，著作成果24部，其中3篇论文获得中国海关学会上海分会2009年度优秀论文奖。论文数量较上年增长56%，著作数量增长120%。学院成立海关税收研究中心、海关法研究中心、海关风险管理研究中心、报关研究中心和国际贸易研究中心等学术性组织，逐渐形成科研团队。完成8项海关署级课题研究。学院级课题完成结题工作。学院获准各类科研项目立项共12项，其中，国家级2项，省部级9项，委办级1项，获得院外经费资助共计79.4万元。22名青年教师获得上海市高校优秀青年教师科研专项基金项目资助。学院以小组第一名的成绩获准设立2009年度上海市社会科学创新研究基地和上海发展战略研究所工作室，获批研究经费60万元。学院加强与海关和企业的合作，成功主办"上海世博会海关安保论坛"、"上海市政府发展研究中心—海关：国际贸易中心专题论坛"和"报关专业人才培养论坛"等论坛。学院创设"关院百家讲坛"和"海关学术沙龙"，召开首届辅导员科研论坛，提升学院学术氛围，促进学术交流。学院制订《上海海关学院学术著作出版基金管理办法》，1部著作获得出版资金资助；学院首次资助出版《上海海关学院学术论丛》，3部著作通过审核并出版。

坚持全程培训质量管理，创新培训模式和课程，探索远程教育培训，合理调配培训资源，突出作风养成教育，使培训工作在规模、形式、层次、类型上有新发展。全年共举办各类培训班84期，参训人数5246人次。学院承办各类国际培训及会议共10项，培训（研讨）人数286人次，所涉国家和地区近30个。其中包括：商务部委托举办的非洲国家海关官员研修班，来自12个非洲国家的24名海关官员参加本次培训；世界海关组织委托举办的税则研讨会，来自27个国家的36名代表参加会议。参加世界海关组织下的国际会议，学院与俄罗斯海关学院签订合作备忘录，在干部教育培训、提高干部职业技能和教学水平、经验交流等方面开展合作与交流。

学院围绕"迎评估、办特色、建设校园文化"中心工作，制订《学习实践科学发展观活动整改落实方案》，推进学院核心工作的改革力度，形成民主、公开的办学氛围。《人事制度改革实施方案》在教代会上通过。修订印发《上海海关学院规章制度汇编》。学院组织纪念“五四”运动90周年、建国60周年、迎“世博”系列活动以及全国海关开展的“我与祖国共奋进、我为海关作贡献”、上海市开展的“世博先锋行动”等主题教育活动。制订《关于认真学习贯彻党的十七届四中全会精神的安排意见》,落实中央关于新时期党建工作的新要求新举措,探索适应学院发展的基层党建模式。开展校园文化建设活动,制订《关于开展校园文化建设活动的总体方案》。围绕办学理念、校园精神、学风建设开展大讨论,征集校园文化物质载体,建设特色社团。院报《关苑》正式出版。学院被评为“2008年度上海市平安单位”、2007—2008年度上海市“文明单位”,学院被浦东新区爱卫会授予“2008年健康单位(爱国卫生)先进”称号。

学院结合庆祝建国60周年、迎接上海世博会等重大事件,开展“红歌会”、“微笑世博”、“勤助助我成长”等主题教育活动。加强学生综合素质和学风建设,探索实行“导生制”,制订《上海海关学院导生制实施办法》。通过问卷调查、召开座谈会、个别访谈等加强学风建设。开展学生综合素质测评活动和评奖评优活动,营造良好的学习氛围和育人环境。加强辅导员队伍建设,完成从专兼职结合的辅导员工作机制向以专职为主、兼职为辅新工作机制的转变,修订《关于进一步加强辅导员队伍建设的若干意见(修订稿)》。学生光荣入伍7人,其中女兵6人。学院志愿者队荣获“2008年度北蔡镇优秀志愿者组织”和“上海市新长征突击队”称号。学院“老区磨剑献青春——庆祝建国60周年”为主题的活动获上海市大学生暑期社会实践活动“优秀项目奖”。其中,“井冈山红色旅游和农村经济建设关联度研究”课题被列为上海市重点团队项目。学院确定228名世博园区志愿者(5名少数民族)和23名世博储备志愿者。学院表彰校级“优秀学生”56人,优秀学生干部27人,7人次荣获“特等奖学金”,59人次荣获“一等奖学金”,165人次荣获“二等奖学金”,221人次荣获“三等奖学金”。共有7人获国家奖学金,4人获上海市奖学金,45人获国家励志奖学金,244人获国家助学金,金额共计80.1万元。学院分别与昊理文律师事务所、闸北区人民法院签署实习基地共建协议。学院成立学生助学助贷服务中心和勤工助学服务中心,共有186名学生申请国家助学贷款,贷款总金额110.2万元。发放勤工助学补贴25万元,受益学生100多人次。

(毛成功)

**[上海世博会海关安全保障问题论坛举办]** 4月1日,上海世博会海关安全保障问题论坛在学院举办。上海海关和上海市人民政府发展研究中心的相关部门负责人应邀参加论坛,并与学院教师进行交流。6月,《上海世博会海关安全保障问题》课题结题。

(毛成功)

**[举办海关学术沙龙]** 4月17日,学院举办第一期海关学术沙龙。本次沙龙的主题报告是“从海关史研究看海关学学科建设”,副院长肖建国、有关部门负责人及部分师生参加了活动。

(毛成功)

**[举办非洲国家海关官员研修班]** 6月8日,学院举办非洲国家海关官员研修班开学典礼。学院副院长丁海蒙出席开学典礼并讲话。该研修班是中国对非援助的重要项目之一,向非洲学员们介绍中非经贸往来的基本情况和中国海关的各项业务制度,旨在增强中国与非洲各国海关的友好交流与合作,为中非经贸繁荣的可持续发展奠定基础。来自12个非洲英语国家的24名代表参加研修班学习。

(毛成功)

**[举办上海国际贸易中心专题论坛]** ①6月19日,学院与市政府发展研究中心、上海海关联合主办上海国际贸易中心专题论坛。此次论坛的主题是:“扩大贸易开放度、促进贸易便利化与上海市国际贸易中心建设”,该主题列入2009年上海市人民政府决策咨询研究专项课题。上海海关关长孙毅彪、海关总署国际司副司长尹利群、上海市人民政府发展研究中心主任周振华、学院院领导以及有关知名专家、企业高管及行业协会代表出席本次论坛。②12月25日,学院举行国际贸易中心论坛暨上海社科创新基地、石良平工作室揭牌仪式。上海市政府发展研究中心主任周振华、上海海关副关长陈旭东、上海市规划办主任荣跃民、上海市商业经济研究中心主任齐晓斋、上海社会科学院部门经济研究所发展政策研究中心主任陈家海、上海海关学院院领导及来自海关、政府、高校和企业的专家共计30余人出席论坛。

(毛成功)

**[举行海关行业专家教学指导委员会专家聘任仪式]** 6月23日,学院举行海关行业专家教学

指导委员会专家聘任仪式。学院党委书记郑建民、副院长石良平出席聘任仪式。学院为来自上海海关法规处、监管通关处、关税处、归类分中心和价格信息处等部门的 5 名海关业务专家颁发聘书。

（毛成功）

**［举办报关人才培养论坛］** 10 月 15 日，学院举办 2009 报关专业人才培养论坛。江苏报关协会会长杨树林，中国海关出版社副社长倪云，浙江报关学会会长马明根，上海报关协会会长金玉根，学院院领导以及来自全国 17 家企事业和 30 家高校的 78 名代表出席论坛。“报关职业和报关人才发展”是本次论坛的主题报告，与会的专家学者和企业代表对报关人才的培养建设提出建议。

（毛成功）

举办报关专业人才培养论坛

**［举行海关总署授予三级关务监督关衔仪式］** 11 月 27 日，总署党组书记、署长盛光祖，副署长、政治部主任王松鹤以及海关总署人教司、教培中心、学院负责人出席海关总署 2009 年度第二次授予三级关务监督关衔仪式。盛光祖讲话并为被授衔人员代表颁发关衔命令证书。仪式上 228 位人员被授予三级关务监督关衔。

（毛成功）

**［举行海关风险管理研究中心揭牌仪式暨海关风险管理研讨会］** 12 月 4 日，学院举行海关风险管理研究中心揭牌仪式暨海关风险管理研讨会。海关总署稽查司副司长王炜、上海海关及大连海关风险管理处负责人、学院院领导及部分教师代表出席仪式。

（毛成功）

**附：学院负责人及地址**

（2009 年 1—12 月）

院党委书记：杨树林（4 月离任）、郑建民（4 月到任）
副书记：肖建国（兼）

副院长：肖建国（主持工作）、丁海蒙、石良平

地址：浦东新区华夏西路 5677 号
邮编：201204
电话：28992899

# 上海医疗器械高等专科学校

［2009年概况］ 学校开展学习实践科学发展观活动，以教学工作为重心，推进学校的国家示范性高等职业院校建设的科学发展。年内，招收全日制专科新生1352人，其中自主招生400人；在校生3893人。成人教育专科生招收145人，在校生443人；成人专升本学生招收145人，在校生287人。

推进课改工作和公共实训基地建设。课程“医用核磁共振成像(MRI)技术原理及装置”被列为上海市精品课程；“医电产品分析与制作”及“医学检验仪器分析与维护”等4门课程被列为上海市重点课程。获得国家级职业教育公共实训基地建设项目1个、上海市职业教育公共实训基地建设项目2个；并获批中央与地方共建特色优势学科实验室建设项目。校企合作项目“基于弹性磁共振成像技术的肝纤维化分级研究”获上海市科研创新项目；“高性能小型核磁共振成像分析仪的研制及应用”获2009年度“中国仪器仪表学会科学技术成果奖”。5月，国家示范性高职院校项目建设方案获得教育部认可。医疗器械高职人才培养新模式“校企医监研全方位合作教育模式专业改革与实践研究”获国家级教学成果二等奖、上海市教学成果一等奖；“医用电子仪器与维护专业改革与实践”获上海市教学成果三等奖。6月，学校作为上海首家接受新一轮高等职业院校人才培养工作评估的示范性高职院校通过评估。6月27日，由学校医电系组成的参赛队首次代表上海市参加在天津举办的全国职业院校技能大赛，获得3G基站建设维护及数据网组建技能比赛团体一等奖和电子产品设计与制作技能比赛团体三等奖。

科研与技术服务工作取得新成绩。年内，共举办25次各类学术报告会，内容涉及医疗器械发展的各领域，学校师生受益面达90%以上。学校共签约校外科研与技术服务项目17项，引入外部资金202.4万元，其中横向课题12项，签约经费180.2万元；纵向课题5项，签约经费22.2万元。教师在国内刊物上发表论文96篇，其中核心期刊34篇，权威期刊4篇，SCI收录1篇，EI收录1篇；出版著作6部。专利申请及计算机软件著作权为12件，其中实用新型专利授权11件，发明专利授权1件。

开展各类职业教育与培训，受中国假肢协会、国家食品药品监督管理局等单位委托，举办全国假肢制作师执业资格理论培训、国家医疗器械监管培训等共3期。学校与上海市卫生局、上海市医疗器械行业协会、上海市劳动局等单位合作，举办CAXA软件、ISO9001：2000和ISO13485医疗器械国际质量安全管理体系内审员、医疗器械注册师、锐捷认证网络工程师(PCNA)等各类培训班，培训人数942人。

加强双师型教学团队的培养和师德师风建设。年内，学校引进专业人员38人。组织14人参加高职高专学术水平与技术能力评议，36人参加中级职称评审，转正定级26人。共有正高级职称教师12人，副高级职称教师44人，中级职称教师149人，初级职称教师48人。专任教师176人。学校在推进示范建设的过程中，加大师资培训力度，教职员工全年参加各类业务培训、岗前培训和学历培训209人次，获上海市教委青年教师科研专项基金资助11人，获高校教师资格证书41人，共计使用培养经费86万元。1个教学团队获第二届上海高等学校市级教学团队称号；1个教学团队获上海市“教育先锋号”；2个教学团队分获2009年度上海市教育系统巾帼文明示范岗及文明班组称号；1位教师获全国学校德育管理先进个人称号；1位教师获上海市模范教师；4位教师获上海市育才奖；3位教师分获上海市优秀青年教师、上海市新长征突击手、上海市普通高等学校毕业生就业工作先进个人称号；3位教师在中国嵌入式系统教学课件大赛中获奖；8位教师在全国第三届实践教学设计大赛中获奖；1位教师在上海市“教师为世博添光彩，教育让城市更美好”活动中获奖。

建立学生心理危机预警系统，创建心理社团，千余人次学生参与活动。对新教师及辅导员开展“心理健康和职业能力倾向测试”，建立档案并提供测试报告。构建“资困、励志、强能”三位一体的资助育人新体系，专设学生资助接待处。向困难学生发放各类贷款总额502万元，提供勤工助学岗位204个，并为98名困难生免费提供创业培训。改革奖学金评奖体系，在设奖范围和奖励方面向多层次多角度评价发展，共有177人获国家励志奖学金，1644人获校级奖学金，70人获校级励志奖学金。设立学生工作党总支专职委员，促进辅导员队伍整体素质和工作水平的提升。成立学生工作指导委员会，加强学生工作管理。与14所高职院校联合开展“公共职介进校园”活动。年内，有425家单位进校招聘，提供岗位约1100个，毕业生就业率98%，获上海市普通高等学校毕业生就业工作先进集体称号。成立有关省市校友分会，并为学校50周年校庆特别增设50周年校庆办公室（校友联络处）。

实行学生工作者参与指导学生社团工作制，推进校园文化长效化。对社团进行重新登记注册并规范社团运作流程，学校共有48个社团，其中东沪校区和本部各24个。特色社团龙狮社走出校园，通过参加电台直播节目进行宣传，并获得全国大学生艺术展演出奖项。共组织9支队伍开展以“投身事业，奉献青春”为主题的社会实践活动，获得上海市优秀项目立项1个，“知行杯”立项1个。获上海市“优秀青年志愿服务集体”称号。

加强学校国际合作交流。接待日方教师、学生7批102人次，接待新加坡南洋理工学院、美国东北大学职业教育学院2批8人次。与日本大阪滋庆学园洽谈进一步扩展合作领域，与英国威尔士大学威尔士东北学院洽谈合作项目。学校启动赴海外研修培训项目，派校领导、各系主任、教研室主任、教师赴新加坡、日本、德国等国进行高等职业教育办学理念与教学管理培训。全年派出10批30人次出国（境）考察、访问、培训学习。

（龚瑞怡）

**［召开就业工作推进会］** 5月14日，学校举行“2009年就业工作推进会暨最受学生欢迎十佳用人单位表彰”。延吉大学生创业家园、上海中山医疗科技发展公司、上海市第九人民医院等用人单位领导及有关校领导出席会议。校长郦鸣阳为微创医疗器械（上海）有限公司等单位颁发最受学生欢迎十佳用人单位证书。用人单位代表与师生进行互动。

（龚瑞怡）

**［接受高职院校人才培养工作评估］** 6月21—24日，学校接受新一轮高等职业院校人才培养工作评估的示范性高职院校的评估。评估专家组由高职教育专家、行业专家和资深教授等7人组成，组长由国家高等职业院校人才培养评估工作课题组组长杨应崧教授担任，副组长由南京工业职业技术学院范国强教授担任。校长郦鸣阳作学校自评报告。专家组考察校内实践基地，开展访谈，听取专业剖析及说课等。评估专家高度评价学校人才培养工作取得的成绩，并针对学校在示范性建设中存在的不足提出建议。

（龚瑞怡）

高等职业院校人才培养工作评估汇报会

**［承办中国机器人大赛分区赛］** 12月22—24日，中国机器人大赛暨RoboCup公开赛第一分区赛上海医疗器械高等专科学校赛点“机器人游中国”比赛在学校举行。中国自动化学会机器人竞赛工作委

员会主任、清华大学孙增圻教授，中国自动化学会机器人竞赛工作委员会副主任郑志强教授，清华大学计算机系钱宗华教授，校党委书记江才妹、校长郑刚等出席开幕式。来自中国矿业大学等19所本专科院校的20支代表队参加角逐。学校参赛队分别获得“长假游”比赛冠军及3项一等奖；“短假游”比赛亚军、3项一等奖、1项二等奖和优胜奖。学校获大赛“杰出组织奖”。

（龚瑞怡）

## 附：学校负责人及地址

（2009年1—12月）

校党委书记：江才妹
　　副书记：江孝渔

校　长：郦鸣阳（9月离任）、郑刚（9月到任）
副校长：张学龙、张雷（11月离任）、丁岳伟（12月到任）

地址：营口路101号
邮编：200093
电话：65483431

# 上海出版印刷高等专科学校

[**2009年概况**] 学校开展学习实践科学发展观活动。明确围绕“积极推进新校区建设、深化教育教学改革、推进人事分配制度改革、改革创新学生管理模式、加强党建和精神文明建设、提高领导科学发展能力”等6个方面开展整改工作，提出30项整改措施。学校围绕“坚持科学发展，加强内涵建设，努力创建国家示范性特色高专”主题，坚持高标准、高起点、高目标，扎实推进各项工作。学校设印刷包装工程系、出版与传播系、印刷设备工程系、艺术设计系、基础教学部、中外合作教育部和成人教育部7个教学部门。全日制在校生4000余人；成人学历教育学生460人；教职工300余人，其中教授、副教授50多人，有中国百名有突出贡献的新闻出版专业技术人物1人，全国印刷行业百名科技创新标兵1人，国家新闻出版总署出版印刷行业领军人才1人，全国教学指导委员会成员3人，国家印刷标准委员会成员2人，全国出版职业资格考试专家组成员2人。学校占地面积20.7万平方米，校舍建筑面积5.88万平方米。学校固定资产总值12706万元，其中教学科研仪器设备资产6563.00万元。

新校区建设取得进展。市发改委批复新校区建设项目建议书，收到浦东新区规土局关于新校区建设项目选址意见书。学校展示各设计院投标方案，征询全校师生意见和建议。年内，新校区规划设计方案通过评审。

教育教学改革取得成绩。①教师顾萍被评为上海市教学名师，肖颖荣获“豹驰”杯印刷新人奖。印刷技术教学团队被评为上海市优秀教学团队并上报国家级优秀教学团队。“数字印刷”课程新增为国家级精品课程，“数字媒体基础”课程新增为上海市精品课程。教师顾萍等研究的《为企业“特征化”，完善专业建设体系》获得上海市教学成果奖二等奖。潘世俊撰写的《对我校通过课外体育锻炼来提高学生体质健康标准的初探》论文获得全国体育教育优秀论文奖。出版系教师获得全国大学生广告艺术大赛指导一等奖和三等奖。②学校提出“目标＋模块”的人才培养方案。首次开放第二专业（辅修专业），在数学、英语教学中全面推进分层教学。制定《教育教学质量工程建设实施办法》、《教学团队建设方案》等指导性文件。③学校争取国家和地方财政专项经费支持，加大投入，建设高水平实训中心。中央与地方共建实验室项目“数字印刷实验室（二期）”、“数字出版实验室”共获得财政部及地方配套建设资金700万元。学校投资近千万元建设和改造新媒体实验室、包装一体化实训室、印刷适性实训室、平面实训室、动漫实训室、数字出版实训室和机械原理实训室。

为世博安保官兵慰问演出

学生工作屡获佳绩。①建立德、智、体、美综合素质和实践技能并重的奖学金量化考核评定方法。制定《学生海外实习专项奖学金条例》，第二批赴莫斯科国立印刷大学实习实训学生中有 10 人获得资助。②在第十一届上海市大学生课外学术科技作品竞赛暨第十一届"挑战杯"全国大学生课外学术科技作品竞赛上海市选拔赛中，学校共获得二等奖 1 件、三等奖 4 件，并有 3 件作品被推荐参加全国"挑战杯"评选。学校参加全国数学建模大赛，4 队选手参赛并全部获奖，获得全国二等奖、上海市一等奖、二等奖等奖项。学生在全国大学生广告艺术大赛获一等奖 1 人，三等奖 1 人。获第 5 届曼罗兰"印刷技术人才奖"一等奖、二等奖。③注重学生创业教育和培训，举办光华公益创业行动——上海 NFTE 创业培训校友沙龙活动和 NFTE 创业培训班。2009 届毕业生有 11 个团队成功创业，其中 2 个创业团队因参加 NFTE 创业培训表现出色获得由北京光华基金会颁发的全国创业精神大奖，另有 12 名学生入驻延吉大学生创业家园。④加强学生职业技能培训，推进毕业生就业工作。学校组织职业技能培训 1484 人次，毕业生职业技能持证率达 90%以上。2009 届毕业生人数 1116 人，就业率达 98.66%，其中专升本 151 人、自主创业 13 人、西部志愿者 5 人、三支一扶 9 人、预征兵 18 人，300 多名同学赴外省市就业。

依托行业支持、主动服务行业。十几家行业单位在学校设立奖学金。与著名印刷企业雅昌集团合作，开展"订单式"培养。与上海烟草印刷有限公司、上海人民印刷八厂、上海界龙中报印务公司合作设立印刷技师学院，进行"预备技师"的培养。校企合作平版印刷工"预备技师"高级工考试合格率达 92%。与 120 多家企业进行"产学合作"培养。与《咬文嚼字》杂志社合作开展汉语言文字数字化传播建设项目，获得上海市经信委 100 万元科研经费支持。上海书展成为学校出版类专业教学实习、培养学生实践技能的重要平台，有近 50 名学生参与上海书展的工作。

加强师资队伍建设，实施人才强校战略。坚持引进和培养相结合，优化师资队伍结构。学校新进硕士 16 人，博士 2 人，高级职称教师 3 人，行业高级技师 1 人。推进人事分配改革，修订绩效考核指标体系，采取定量和定性考核相结合的方式，对教职工个人、各部门实行目标考核。实施《中青年教师出国进修实施方案》，4 名教师获得出国进修资格。根据市人事局要求，试点完成《岗位设置和聘任实施办法(模拟运行)》的制定工作。

拓展国际合作交流，提升办学层次。加强与美国罗切斯特理工学院、英国兰开夏中央大学、加拿大雪儿顿学院的合作交流，并巩固与莫斯科国立印刷大学之间互为海外实习基地的建设，与台湾德明财经科技大学缔结姐妹校。接待来访交流的海外高校领导、学者及专家共 16 批 36 人次，外事出访 28 人次。并完成首批莫斯科国立印刷大学本科生和硕士生与学校师生的交流互访。

推进文明单位创建工作，和谐校园建设取得成效。学校首次荣获"上海市文明单位"称号。①学校建立创建文明工作机制，加强校园和谐文明建设和特色文化建设，开展一系列"迎世博，讲文明，树新风"主题教育活动。②印刷博物馆、精品阅览室、校友讲坛、名人讲坛、学生社团等成为凝聚人文精神的重要载体。印刷博物馆作为上海市青少年科普基地和工业旅游项目被评为上海理工大学精神文明建设示范单位，全年接待观众 12000 人。③坚持惠民工程，为师生提供优美的学习、生活环境。建立校内外联防、联控的安全维护机制，维护校园稳定和师生安全。④发挥工会作用。成立"青年教师联谊会"。成立"后勤发展中心非事业编制职工联合工会"。学校图文教研室获得上海市教育系统"教育先锋号"荣誉称号，闫绪锋、曹秉杰获上海市"新长征突击手"、石利琴获"育才奖"等。

(赵文蕾)

**[赴莫斯科国立印刷大学实习交流]** 暑假期间，学校师生赴俄罗斯莫斯科国立印刷大学进行为期一个月的交流实习。学生在制版工艺、数字印刷、丝网印刷、数字工作流等课程环节中进行实习，经历了"教、学、做"一体的教学模式。学生还参观了莫斯科印刷集团、莫斯科第一印刷厂、联合报业等知名印刷企业。学校与莫斯科国立印刷大学签署校际交流协议，双方明确互为实习基地。

(赵文蕾)

**[与世博安保武警官兵举行主题联谊会]** 12 月 24 日，学校与世博安保武警官兵在浦西驻训基地举行"走进世博、军地共迎"军地共建主题联谊会。活动当天学校向武警官兵赠送书籍，协助军区建设阅览室，丰富官兵的业余文化生活，并特聘武警十支队的两名女军官担任课外辅导员，加深军地两用人才在培训、咨询等方面的合作。

(赵文蕾)

**［获"中国百名有突出贡献的新闻出版专业技术人物"称号］** 学校校长陈敬良被评为"中国百名有突出贡献的新闻出版专业技术人物"，应邀参加国家新闻出版总署召开的全国新闻出版工作会议暨新中国60年百名优秀出版人物、中国百名优秀出版企业家、中国百名有突出贡献的新闻出版专业技术人物表彰颁奖大会，受到中共中央政治局委员、国务委员刘延东，新闻出版总署党组书记、署长、国家版权局局长柳斌杰等接见，并接受"中国百名有突出贡献的新闻出版专业技术人物"勋章。

（赵文蕾）

**附：学校负责人及地址**

（2009年1—12月）

校党委书记：朱南勤
　　副书记：陈敬良（兼）、顾　凯

校　长：陈敬良
副校长：滕跃民、曾　忠

地址：水丰路100号
邮编：200093
电话：65673587

# 上海旅游高等专科学校

［**2009年概况**］ 学校坚持“面向国际、依托行业、创新教学、培养专才”的办学理念，坚持“景校合一，道业贯通”的办学特色，坚持培养应用型人才的定位，走多层次、多类型、多学科、大格局培养旅游人才的办学道路，在党的建设、创新教学、队伍建设、科学管理等方面取得显著进展。学校设有旅游学系、地理系、会展管理系、饭店管理系、国际导游系和烹饪与餐饮管理系共6个系和1个基础部，有酒店管理、旅游管理、会展策划与管理、旅游英语、旅游日语、应用韩语(旅游韩语)、应用西班牙语、电子商务(旅游电子商务)、会计(旅游会计)、烹饪工艺与营养、西餐工艺、烹饪管理与服务等12个专科专业，其中烹饪工艺与营养、西餐工艺为艺术类专业。到年底，学校(院)在校专科生2884人，本科生1683人，研究生203人，学历夜大生1011人，全年各类培训生2065人次，留学生11人，学生总数6000多人。

开展学习实践科学发展观活动，实施规章制度的废、改、立工作，新建制度102项，修改制度57项，废止制度3项，编撰《学校(院)制度大全》。举行建校30周年庆典，举办系列学术和庆典活动。学校举行“中国旅游院校五星联盟”(China Union Of Five Tourism Institutes，简称CTI5)签约仪式，学校与南京旅游职业学院、山东旅游职业学院、浙江旅游职业学院、桂林旅游高等专科学校组成“中国旅游院校五星联盟”，并被推选为联盟第一任理事长单位。承办2009年中国旅游协会旅游教育分会年会和“中国自然资源学会第六次全国会员代表大会暨学术年会”。召开上海旅游高等专科学校和旅专校友会联合主办的首届“浦江论坛——上海旅专校友高峰论坛”。举办学术报告专场、图文信息中心开馆典礼暨专业图书馆发展研讨会、旅游创意与都市休闲人才培养模式研讨会及新时期中国会展教育发展的使命与对策研讨会。学校与海湾镇联合举办“爱祖国、爱海湾”主题社会实践活动主题活动；举行庆祝新中国成立60周年“我与祖国同行”师生大型座谈会；举行迎学校第30届运动会暨建校30周年校庆体育节闭幕式“万豪趣味运动会”和迎校庆“情定旅专——2009我们的爱情之旅校园婚典”等活动。

推动教学质量工程建设，加强教学研究和教学改革。加强教学管理，教务工作运转正常，修订各本专科专业培养方案。开展教学研究和信息化建设工作，启动教学资助项目立项和评选工作，并完成项目中期检查工作。开展市级精品课程申报、市教委重点课程申报、中期检查与验收等工作，其中《餐饮管理与服务》课程获得市级精品课程称号，《地理教学论》等4门课程获市教委重点课程立项建设，《现代酒店管理》等5门市教委重点课程通过验收。开展市级教学团队和教学名师申报与推荐工作，其中朱承强获国家教学名师称号。现代饭店公共实训基地五期建设项目获得立项。完成旅游与会展经济一期高地的验收工作。启动旅游管理三期高地建设实施方案。

科研工作。学校在研项目71项。论文169篇，著作32本，新获自然基金3项，国家旅游局项目1项，上海市哲社1项，上海市晨光计划1项，上海市教委创新项目5项，上海市旅游局项目2项。上海旅游决策咨询奖2项。学科群团队项目14个，并完成中期检查。完成科研基金项目结项检查15项。学校与市旅游局合作承办“东方讲坛上海旅游论坛”9期，举办“上海旅游论坛三周年庆典座谈会”。受市旅游局委托，学校设立上海市科研平台“上海旅游发展研究中心”，承担“上海旅游决策咨询奖”评审工作，负责“2009上海旅游科研工作年会暨上海旅游决策咨询奖颁奖仪式”，聘请81位顾问和专家。学校《旅游科学》期刊入选中文科学引文索引CSSCI来源期刊。

师资队伍建设。年内，学校录用新教工24人。组织20人参加新任专职教师的师资培训。共有40人在职攻读研究生学位(在读博士15人、在读硕士25人)。选派1人作国内访问学者。选派44位教职工，分赴澳大利亚昆士兰大学、美国佛罗里达州立大学、瑞士里诺士酒店管理学院，参加海外培训。选派3名教师赴苏格兰里德克尔学院进修，选派1名教师赴韩国庆熙大学进修。学校聘请兼职教授6人，东方学者(讲座教授)1人。教师被评为上海市新长征突击手1人，上海市育才奖3人，学校锦江奖

20人。

学生工作。学校本专科学生支部共发展党员139人,转正147人。开展迎世博树新风系列活动等大型园区活动。开展学校(院)心理健康教育活动2期,制作出版心理期刊《心旅》2期。开设心理咨询室。学校建立从低年级到毕业全程化的“就业指导服务体系”。针对学生入学、就业需求,编撰《新生攻略》、《职业规划手册》、《求职路路通》等小册子。举办就业指导专题讲座。辅导员教师参与各类科研与课程建设4项。学生积极参加志愿者活动,其中有上海奉贤南桥“阳光之家”、五四敬老院、奉城敬老院,与特殊少年、老人结成爱心帮困对子活动;上海科技馆、上海图书馆的志愿服务活动;以及校服月活动、无偿献血、捐献骨髓报名、教学质量月活动等。学校选派两名优秀学生赴西部参加志愿工作。学校组建学生社会实践团队35支。学生参加社会实践活动1500余人,撰写社会实践论文1000余篇。

国际交流工作。继续教育学院2009年招收学历夜大生235人,行业培训2065人次。饭店管理人员预备技师职业技能鉴定考试580人次,涉及6所高职院校。2009年,学校接待17个国内院校来校访问考察、16个国际与地区29个国际团(含港澳台);与3个国家与地区院校或组织签署合作协议。79人次的教职员工赴境外访问考察,参加国际会议、讲学和进修。与美国、斯里兰卡以及我国台湾等地高校和组织,在学生交换、教师交流、联合科研等领域建立合作关系,签订合作协议。成功地为斯里兰卡进行了首期导游培训班。共选派21名学生赴澳门旅游学院、芬兰Sydvast大学、德国不莱梅科技大学、韩国汉阳大学、美国纽约州立大学、英国纽卡斯尔大学、澳大利亚昆士兰大学进行一年或半年的学习。共有43名学生赴美参加迪斯尼实习和文化交流项目;17名学生参加美邦项目赴美国黄石公园、酒店、主题公园等企业实习。

校园基本建设与实验室建设工作。推进新校区第二期基本建设,图文信息中心、地学景观园、第二行政楼投入使用。校史馆、文化墙等校园文化建设项目完工。学校组建设备处,建立学校设备管理制度,完成五个一体化教室(日本文化体验实训室、韩国文化体验实训室、语言教学实训室、财务会计实训室、酒店管理人员培训室)以及地质标本实验室、会展会议与布展实训室等。

(袁怡琴)

**[上海旅游职业教育集团成立]** 3月3日,上海旅游职业教育集团成立大会暨揭牌仪式举行。市旅游局局长道书明、市教委副主任尹后庆等出席会议。集团成员单位代表、市高职高专兄弟院校代表、文汇报、中国旅游报、旅游时报等媒体代表、上海市商贸旅游学校及我院(校)部分师生共100多人出席。

(陈为新)

**[中国旅游高等教育国际化高峰论坛举行]** 6月20—21日,“2009中国旅游高等教育国际化高峰论坛”举行。来自美国、澳大利亚、英国、芬兰、马来西亚、泰国、韩国、新加坡和中国内地及澳门等11个国家和地区的近200位海内外专家学者与会。论坛主题是“国际化:旅游高等教育的机遇与挑战”。论坛由教育部工商管理类专业学科指导委员会和中美两国大学旅游院校联盟联合发起召开,由上海师范大学、上海旅游高等专科学校承办,亚太旅游协

中国旅游高等教育国际化高峰论坛举行

会、上海旅游资源与文化发展创新基地支持，美国普渡大学、美国乔治·华盛顿大学、美国俄亥俄大学、美国佛罗里达大学、美国内华达大学、美国夏威夷大学、澳大利亚昆士兰大学、云南大学、湖北大学协办。

（邓　屏）

**［中国自然资源学会年会召开］**　10 月 9—11 日，中国自然资源学会第六次全国会员代表大会暨学术年会召开。中国科学院、中国工程院、中国水利水电科学研究院的 6 位院士，中国科协领导及来自全国 148 所高等院校、科研单位的 500 余名专家学者与会。年会由中国自然资源学会和上海师范大学主办，上海旅游高等专科学校承办，中国科学院地理科学与资源研究所、中国科学院寒区旱区环境与工程研究所、华东师范大学协办。年会主题为“谋划资源科学发展，加强资源安全保障”。

（高　峰）

**［中国旅游协会旅游教育分会年会举办］**　10 月 23 日，由中国旅游协会旅游教育分会主办、学校承办的 2009 年中国旅游协会旅游教育分会年会举行。国家旅游局人教司司长陈献春、中国旅游协会旅游教育分会会长段建国、上海市旅游局秘书长黄承钢、17 个副会长单位的领导，以及 300 余名会员单位负责人、企业代表、媒体代表参加会议。本届年会主题为“溯旅游教育本源，探人才培养新路”。

（陈安萍）

**［建校 30 周年校庆］**　10 月 24 日，学校举行建校 30 周年庆祝大会。市委副书记殷一璀、副市长沈晓明、市旅游局局长道书明等致信或题词祝贺。国家旅游局党组成员、中央纪委驻国家旅游局纪检组组长刘金平，国家旅游局人事司司长陈献春，教育部高等教育司高职与高专教育处负责人以及市教委主任薛明扬，市旅游局局长道书明，上师大党委书记周鸿刚、校长李进等出席庆祝大会。

（郭飒飒）

**［学校高等职业院校人才培养工作评估工作进行］**　12 月 1—4 日，高职高专人才培养工作评估专家组对学校进行评估检查。评估专家组充分肯定学校在办学模式、课程建设、校园文化建设、校企合作等方面取得的成绩，并对学校教育教学改革和发展提出对策与建议。

（杨　眉）

**附：学校负责人及地址**

（2009 年 1—12 月）

校党委书记：张国凤
　　副书记：杨卫武、杨荫稚

校　长：杨卫武
副校长：高　峻、朱承强、张建业、贾铁飞

地址：奉贤区海思路 500 号
邮编：201418
电话：57126268

# 上海公安高等专科学校

［**2009年概况**］ 学校围绕"世博"安保中心工作，按照"三项建设"、"三项管理"的战略部署，瞄准建设国内示范、亚洲一流、世界先进的警察院校的目标，以信息化建设为龙头，以内涵建设为核心，以创建国家示范性高职院校为契机，深化公安职业教育改革，构建大教育大培训工作体系，提升公安民警队伍综合素质和实战本领，为公安民警队伍提供警力与智力支撑。

年内，学校共举办各类培训班284期，参训民警达20600余人次。其中，举办各警种专业岗位警衔晋升培训班37期，1741人参训；各警种专业岗位"轮训轮值"培训班55期，2682人参训；其他各警种专业岗位培训班169期，14286人参训。学校举办全市公安派出所所长和政工干部培训班各2期，714人参训。受公安部委托，完成全国公安民警招录培养体制改革培养工作专题培训和全国国保干警培训任务，为越南、缅甸和中国香港等境外警方及我国新疆、青海、贵州、河南等中西部地区公安机关和公安院校举办专业培训班。配合市局职能部门，开展各类考试20场，15300余人次参加。年内，录取第二专科学员1068人，其中春季班474人、秋季班594人。毕业第二专科学员338人。开展"轮训轮值"工作。完成各类实战处警任务97项。

启动"世博"安检搜爆培训。学校与市公安局"世博"安保办研究商定培训需求、培训方式、设施装备、师资力量、资格认证、经费保障等各项准备工作。举办"世博"安检搜爆教官培训班，特邀香港警方安检搜爆专家和社会相关领域专家授课，30名教官通过培训，提高安检搜爆的业务水平和教学训练能力。

民警专业岗位培训实现细化管理。学校针对各警种需求，分层、分类、分级开展专业岗位培训，培训班种类达96个。学员对教学训练质量的满意率保持在93%左右。

加强培训教材建设。按照"世博"期间一线民警执勤过程中必须掌握的勤务内容、处置原则、程序规范等要求，编撰《中国2010年上海世博会安保工作系列培训教材》。编印下发《世博会基础知识》等6本基础篇教材，《民用爆炸物品常识与安全管理》等5本"世博"安保培训业务篇教材，《"世博"安保基础勤务手册》、《"世博"安保执勤系列手册》等14本岗位操作手册。强化案例教育，组织编写《交通警察道路执勤执法培训手册》、《经侦岗位民警专业培训大纲》、《前鉴后师——妨害公安民警执行公务案例评析》、《"讲精品案例，强实战技能"刑侦教学案例集》等案例教材。

开展"世博警察"学员安保实训。组织4批302名第二专科学员参加"世博"园区在建工地的安保实训，帮助学员尽早尽快熟悉"世博"安保任务。强化

校领导向参加世博园区顶岗实训实习学员授旗

实训实习实考。建设并完善校内模拟派出所、商业区、居民区、监所、地铁站、街区道路等实训设施建设，优化实训实习教学方案，加强实训实习的教学组织和全程管理。加大“实地、实景、实兵”的业务技能考核力度，健全学员综合素质能级考评体系建设。

“双师结构”教学建设取得成效。加强师资队伍能力建设，完善“三者合一”能力培养标准，开展轮岗交流、挂职锻炼、师资集训，促进“三者合一”能力培养。年内，学校警训部被评为“上海市教育系统先进集体”，交通管理教学团队被评为“上海市级教学团队”，1位教官被授予“上海市模范教师”，1位教官被授予“上海市教学名师奖”，3位教官教师被授予“上海市育才奖”。学校组织8批次20多名教官教师赴美国、澳大利亚、加拿大、中国香港等国家和地区学习考察，组织100余名教学人员赴青海、贵州、重庆等地开展培训交流，开阔眼界和思路，提升教学训练能力。

科研与调研工作成果显著。4项科研项目被立为公安部2009年公安理论及软科学研究计划项目，《公安高等职业教育人才培养模式研究》被立为上海市教育科学研究项目。《能力为本的教学训练模式》被市高教学会评为三等奖。《践行科学发展观，谋求上海公安教育训练工作新突破、新发展》荣获市公安局精品调研文章评选金奖。学校学报被市新闻出版局评为期刊编校质量检查优秀奖。

公民警校建设稳步推进。学校成立“上海市公民警校”筹备工作小组，编制《公民警校建设方案》，确定工作目标、组织架构、工作内容、推进步骤，在全局范围内开展工作人员选聘，推进公民警校建设前期准备工作。

公安系统领导干部和民警信息化应用能力培训扎实开展。制定《关于加强全局民警信息化应用能力培训的实施方案》，以“一八五”基础知识、综合查询比对、派综系统应用、房屋（人口）基础信息采集系统应用为重点对全市公安局民警开展普训。经统计，42349名民警通过本单位自考，各单位851名领导干部参加信息化应用能力第一轮抽考，合格率为97.9%，平均分为95.8。“一八五”信息工程按照“开发一个，试点一个，培训一个”原则，开展培训，提高上海公安系统信息化水平。

公安远程教育不断强化。学校新增在线学习网络课程近400门，网络学院课程总数超过1400门、涵盖21个类别，开发在线测试系统，组织全局民警4.2万人次参加“世博”安保知识在线测试。学校自主设计、开发在线学习专栏15个，定期开展“世博安保工作专项培训——如何做好群众工作”系列远程教学活动，点击学习率超17000人次。开展群众工作远程教育优秀课件评选，将相关内容汇编成册供全局民警使用。学校在上海公安网络学院开设“世博安保在线学习园地”，为全局民警自学自练搭建网络学习平台。学校开发建设魔灯（Moodle）网络课程管理平台，在魔灯平台上建设网络课程63门，优化公安网络课程体系。

学校完成信息化一期和数字图书馆三期建设，设计运行新的学校网站，建设19项弱电工程项目，开发信息化应用软件8项，为教学训练、管理保障工作提供信息技术支撑。

战术训练系统和网上实训平台建设全面推进。学校建成战术训练楼内模拟娱乐场所、模拟派出所、治安模拟训练系统。启动模拟监所监控系统和模拟网吧建设。开发网上实训信息系统，设计导入实战案例，构建网上实训教学体系，开展治安、交通专业的网上实训，实现三维互动技术应用于公安实训教学。

学员管理体制改革不断深化。学校进一步改革第二专科学员管理工作体制，将教学、学管两支队伍“合二为一”，实现有效整合，加快全体教学人员“德育辅导者、业务传授者、实战带领者”“三者合一”能力培养。

构建德育工作体系。学校加强德育工作的整体设计和实施，按照不同的教学训练阶段，实施不同形式和内容的德育辅导，开展做人、做公民、做警察、做警种岗位警察“四个层面”的德育辅导，推行德育与业务教学、警务化管理、校外实训实习、警营文化的“四个结合”，强化从警思想教育、战斗精神培育、执法思想教育、警察人文素质教育、形势与政策教育“五大模块”，努力做到教书育人、管理育人、服务育人、全员育人、全方位育人、全过程育人。

学校接待美国、德国、澳大利亚、中国香港等境外来宾访问考察10批次，完成上级领导视察和内地公安机关、公安院校等有关单位来访交流87批次，接待量同比增长388%。中央电视台、上海电视台、香港凤凰卫视及《人民日报》、《解放日报》、《文汇报》、《中国教育报》、《人民公安报》、《人民警察》等20多家媒体先后40多次报道学校改革发展亮点和成效。年内，学校建校60年建设发展历程和办学成果的校史陈列馆竣工开馆。

（陈海荣　杨国华）

**［周永康视察学校］** 6月20日，中共中央政治

局常委、中央政法委书记周永康,国务委员、公安部党委书记、部长孟建柱,国务院副秘书长汪永清,在中共上海市委副书记、市长韩正,市委常委、市委政法委书记吴志明,市委常委、市委秘书长丁薛祥,市长助理、市公安局党委书记、局长张学兵等陪同下莅临学校视察。周永康充分肯定上海公安教育训练改革和学校建设发展成效,勉励学校"继续努力,永葆一流,不断取得新进步、新发展"。

(陈海荣　杨国华)

**[孟建柱视察学校]**　2月23日,国务委员、公安部党委书记、部长孟建柱和随行的国务院副秘书长汪永清、公安部副部长孟宏伟,在中共上海市委副书记、市长韩正,市委常委、市委政法委书记吴志明,市长助理、市公安局党委书记、局长张学兵等陪同下视察学校。孟建柱肯定学校"勇于改革创新、公安特色鲜明、办学成效显著,为我国公安教育走职业教育发展道路作出积极贡献"。

(陈海荣　杨国华)

**[获多项教学成果奖项]**　学校"第二专科人才培养模式"被评为国家级教学成果二等奖和上海市教学成果奖一等奖。《警察街面盘查执法实务》、《警察心理训练》、《常用警械实战应用》3门课程被评为2009年度国家级精品课程,学校的国家级精品课程总数达到5门。3门课程被评为公安部和上海高等学校市级精品课程,学校的省部级精品课程总数达到8门。学校"教、训、战、研一体化的特警教学"被评为上海市教学成果二等奖。

(陈海荣　杨国华)

**[全国公安师资培训基地学校建立]**　11月10日,公安部在学校设立"全国公安师资培训基地",并举办公安民警招录培养体制改革培养工作专题培训班4期,来自全国37所公安、政法院校的主要领导,分管教学的校领导和教务部门负责人,专业系(部)负责人,以及全国省会城市和副省级城市公安局教育训练部门、训练学校负责人参加培训。

(陈海荣　杨国华)

**[公安部国内安全保卫教育训练上海基地成立]**　12月8日,公安部在学校举行"公安部国内安全保卫教育训练上海基地"揭牌典礼,公安部党委委员、副部长陈智敏,市公安局党委副书记、副局长程九龙出席,共同为"公安部国内安全保卫教育训练上海基地"揭牌,并分别讲话。

(陈海荣　杨国华)

**[接受人才培养工作评估]**　10月13—16日,市教委和市教育评估院组织评估专家来校,通过访谈、查阅资料、考察实训教学等方式,对学校人才培养工作进行评估,评估专家充分肯定学校管理体制、办学模式、人才培养模式、教官制、专业与课程建设、信息化建设等方面的改革成效。

(陈海荣　杨国华)

**附:学校负责人及地址**

(2009年1—12月)

校　长:张学兵(兼)
校党委书记:郑万新
　副书记:于海生
副校长:郑万新(常务)、于海生、张　君、邹向曙、许　敏、刘　民(7月到任)

浦东校区地址:浦东新区凌桥崇景路100号
邮编:200137
电话:28957000(总机)

莘庄校区地址:闵行区沁春路178号
邮编:201100
电话:64987070(总机)

# 上海东海职业技术学院

［**2009 年概况**］ 学院在校学生 5017 人，职工 340 人。占地 12.66 万平方米。学院有任课教师 371 人，其中正高级职称 15 人，副高级职称 122 人。学院建有 10 个教学系，2 个教学部，共有 31 个专业。校内建有 9 个实训中心、2 个实训基地、80 间实验实训室。图书馆有纸质藏书 29.88 万册，电子图书 400GB。

学院开展学习实践科学发展观活动，取得成效。学院通过规范收费、消防安全、财务工作、平安校园等一系列检查。学院被评为上海市教委精神文明单位、上海市民办高校先进集体。

年内，学院共录取新生 1685 人，全日制学生总数 4907 人，加上夜大学计划招收学生，学校在校生规模超过 5000 人。学院应届毕业生 1512 人，至 12 月 21 日，毕业生就业率为 94.05%。

学院专业结构进一步调整、整合，不断优化。新设护理专业获得批准。法律事务和新闻传播调整为文秘专业，应用艺术系的 3 个设计专业归并为艺术设计专业。学院与澳大利亚查理斯杜（Charles Sturt）大学签署合作意向协议，并就会计、报关与国际货运两个专业进行课程论证，互相承认学分。学院与日本金泽科学技术学院签署协议，就汽车维修专业的教学和实训达成意向。学院举办成人高等教育，开设《会计》、《物流管理》、《报关与国际货代》3 个成人教育专业。

学院聘任系部主任 11 人，引进新教师 24 人，其中博士 1 人，硕士 8 人。4 名教师分别到美国和澳大利亚、新加坡进修，5 名教师在国内进修、培训。发展教师党员 7 人。

年内，学院改造网络光缆系统，更新学生宿舍网络、消防控制系统等。学院更新部分教室的课桌椅，新建 10 个多媒体教室和 1 个语音室，更新近百台计算机和一批教学设备。增添艺术设计、动漫制作、文秘、数控等实验室设备，新建金融实训室，筹建护理实训室，改建影视传媒的动画、影视表演专业和机电系的数控、汽车实验室。

学院实施人事分配制度的改革，编制教学、管理岗位职责，确定管理系列和教师系列的职级工资级别，试行校内副高职称的聘任办法。

学生在第六届“全国高职高专实用英语口语大赛”上海赛区复赛中获英语专业组和非专业组三等奖；在上海市第二届高职高专实用英语（阅读）比赛中获三等奖；在上海市高等职业院校“远恒杯”首届国际商务单证职业技能竞赛上获得上海市团体第二名，10 名学生分获一、二、三等奖。2 名空乘专业学生进入“中国亚运空姐招募大汇”南京选区五强，并代表南京参加全国总决赛。学生作为“三支一扶”的第一批志愿者前往云南、四川支教 2 人。学生应征入伍 22 人，其中女学生 17 人。学生赴井冈山参加主题为“行红色之旅，继革命传统”的大学生暑期社会实践活动，被评为 2009 年上海市大学生暑期社会实践活动“优秀项目奖”。

（邹培庆）

欢送应征入伍的学生

**［成立第三届董事会］** 经市教委批准，学院第三届董事会成立。新一届董事会由曹助我、陶钧、李重华、杜鉴坤、项家祥、赵佩琪、李小刚、白芸8人组成。除出资人外，学院院长、院党委书记以及教师代表等进入本届董事会。3月5日，学院召开第三届董事会第一次会议。曹助我任第三届董事会董事长。

（邹培庆）

**［夏征农铜像揭幕］** 5月4日，学院为原院长夏征农铜像揭幕。学院董事、党政领导以及夏征农子女等参加揭幕仪式。

（邹培庆）

**［与吴泾镇政府合作共建］** 9月11日，学院与吴泾镇人民政府举行合作共建签约仪式。吴泾镇党委书记朱国兰、镇长王书根、东海学院院长项家祥、党委书记赵佩琪等出席签约仪式。根据协议，学院与吴泾镇将开展“人才”、“技术与产业”、“资源”等方面的合作。

（邹培庆）

**［建立“模拟银行”实训中心］** 10月20日，学院举行“模拟银行”实训中心的落成仪式。“东海银行”模拟办理现金业务、非现金业务、VIP业务、中间业务等。学生通过实践掌握存单、存折、贷记等银行业务技能，增强就业能力。

（邹培庆）

**［学院教代会、工代会召开］** 11月27日至12月4日，学院第二届第一次教代会、第三届第一次工代会召开。会议通过《院长工作报告》、《财务工作报告》和《院长工会报告》。会议选举产生学院第三届工会委员会和工会经费审查委员会。

（邹培庆）

**附：学校负责人及地址**

（2009年1—12月）

董　事　长：曹助我

院党委书记：赵佩琪
副　书　记：项家祥、王　玉

院　　长：项家祥
副 院 长：赵佩琪、程龙根

地址：虹梅南路6001号
邮编：200241
电话：64505555

# 上海新侨职业技术学院

**［2009年概况］** 学院开展学习实践科学发展观活动，深化教育教学改革，加强内涵建设，各项工作取得实效。学院18个专业共招收学生1736人，在校生5255人，毕业生1526人。毕业生就业率达到98.15%。

专业调整和专业结构优化方案通过市教委审核。学院适应以先进制造业和现代服务业需求为方向，对原有23个专业进行调整，优化专业结构，合理配置资源，重点建设机电、数控、汽车、珠宝等工科专业，培养适应经济社会发展的高素质人才。完成新专业的申报工作。增设"数控技术"、"汽车定损与评估"两个新专业。4月1日，学院与上海工商学院合并组成新的上海新侨职业技术学院。市委统战部副部长周箴等参加合并仪式。

深化教育教学改革，推进课程与教材建设。在市级教学成果奖评审中，学院创珠宝专业品牌育高职优秀人才获得2009年上海市教学成果三等奖。探索民办高校科学发展之路、开拓进取不断创新高职实训基地建设新模式、对我国高等教育发展问题的思考、把握高职定位创新人才培养等多篇论文分别被《现代领导》、《中国职业教育》、《教育发展研究》等杂志收录。《高等教育系统的办学效益分析与评价》获得2009年国家教师科研二等奖。教材《宝玉石鉴赏》被中国大学出版社协会评为2007—2008年度中南地区大学出版社优秀教材一等奖。完成20门立项课程建设和12本教材建设项目的结题评审工作。"珊瑚的呈色机理研究"、"运输实务"课程项目入选市教育基金晨光计划项目资助。

推进校企合作。学院与上海嘉捷电路科技有限公司合作办学，45名学生通过4个月职前能力培训，成为该公司职工。对珠宝制作与设计、计算机应用技术、计算机网络技术3个专业的2009届毕业生采用"技师学院"人才培养模式。推进工学结合，加强校内外实训基地建设。落实市民办高校实训基地建设资助项目，完成校内的机电、珠宝实训基地三、四期建设项目。投入200万元资金，增添10台普通机床、3台数控铣床、3台数控车床。

注重实践性教学，提高学生的职业技能。开展以职业技能训练为重点的竞赛活动，学院组团参加上海市职业技能竞赛取得成效。在嘉定区第三届职业技能比赛(学生组)中，维修电工技能获得一等奖1人，二等奖1人；数控机床技能获得一等奖1人；多媒体作品制作师技能获得一等奖1人；网络课件设计师技能获得一等奖1人，二等奖1人；学院获得团体组织奖。在2009年全国大学生数学建模竞赛(上海赛区专科组)中，3个组分别获得三等奖。在2009年"永恒杯"首届国际商务单证比赛中，学生获得一等奖1人、三等奖4人，"优秀指导教师"称号2人；学院获得首届国际商务单证团体三等奖、优秀组织奖。学院获2009年"用友杯"第五届全国大学生创业设计暨沙盘模拟经营大赛上海赛区第一名。

毕业生就业工作。建立健全党委行政密切配合、相互协调、全员参与的就业工作机制，采取走出去，请进来的方法，开展多渠道、多形式的就业指导和专场招聘会，为毕业生提供就业机会。

师资队伍建设。学校现有专任教师116人，兼任教师284人，具有高级职称的教师115人，高级职称的教师占教师总数的28.75%，并有一批适应教学需要的"双师"素质的教师。引进硕士4人，2名教师被评为正高级职称、6名教师评为讲师职称。学院实施与上海城隍庙第一购物中心有限公司援助都江堰职业中学新办珠宝专业建设计划，完成3名珠宝专业理论和技能的师资培训。教师获得2009年上海教育系统园丁奖、育才奖称号2人，获得2009年徐汇区教育系统育人奖称号1人，获得2009年市普通高校毕业生就业工作先进个人称号1人。

学生思想政治工作。推进中国特色社会主义理论体系进教材、进课堂、进头脑，发挥"两课"教育主渠道作用。建立规范学生日常行为制度。落实《上海高校心理健康教育三年发展规划》，开展心理健康咨询和团体心理辅导，对22个班级共计768人进行心理普测，125人个别心理咨询，课堂教育达60课时，指导学生编排校内心理剧，组织观看心理影片6场等，提高学生经受考验和承受挫折能力。举办业余党校，294名学生接受党的知识教育，评出优秀学

举办“我爱你中国”歌会

员35人，建立67个党章学习小组，435名学生提交入党申请书，发展学生党员31人，19名预备党员按期转正。评选优秀团支部19个、优秀团干部94人、优秀团员19人，发展新团员130人。9名学生获得国家、上海市各类奖学金共计7.2万元；878名学生获得校内奖学金共计23.23万元。开展助学帮困工作，学生获国家助学金和励志奖学金932人，为293名贫困学生办理贷款共计174.95万元，为169名勤工助学学生发放11.88万元。开展校园文化活动，提高学生综合素质。在2009年全国第二届大学生艺术展演上海市活动艺术表演中，学院选送的声乐“校园的早晨”、戏剧“中华、中华”、民乐“送我一支玫瑰花”分别获得三等奖。

开展“迎世博、讲文明、树新风”活动。学生参加无偿献血463人，应征入伍33人，评出先进班级9个，获得“优秀学生”称号120人，获得“优秀学生干部”的称号92人，获得“校优秀毕业生”称号140人，获得“市优秀毕业生”称号45人。学院投资600万元，完成校园道路、教室、运动设施的修建。学院教育规范收费工作通过市教委合格检查。

（张文龙）

**［杨晓渡等视察学院］** ①1月22日，市委常委、市委统战部部长杨晓渡来院检查工作，听取院领导工作汇报，并参观珠宝专业实训楼。②3月23日，中央统战部副部长、宋庆龄基金会党组书记黄跃金来院视察，听取院领导工作汇报并作讲话。③11月1日，中国福利会主席、全国政协原副主席胡启立在中央统战部副部长、宋庆龄基金会党组书记黄跃金，市委常委、市委统战部部长杨晓渡和中国福利会副主席艾柏英等陪同下，视察学院。胡启立等听取学院工作汇报，并参观学院珠宝与艺术、汽车和电工电子等专业的实训基地。

（张文龙）

**附：学校负责人及地址**

（2009年1—12月）

院党委书记：忻建国
　　副书记：潘富根
副院长：忻建国（主持工作）、潘富根、过传忠

徐汇校区地址：天等路465号
邮编：200237
电话：64773208

嘉定校区地址：外冈镇冈峰路68号
邮编：201806
电话：59587329

# 上海行健职业学院

**［2009年概况］** 学院学习和落实科学发展观，以创建“和谐行健、特色行健”为目标，以规范管理为基础，以增强凝聚力为手段，深化内涵建设，在学科建设、教学、科研等方面均取得成绩。学院获多项荣誉和表彰，学院获“2007—2008年度上海市推进学习型社会建设先进集体”、“2007—2008市级文明单位”、“2008—2009市级志愿者工作先进集体”、“2009闸北区世博知识培训优秀组织奖”等。学院学生处荣获“上海市教育系统文明班组”称号。

学院加强常规教学管理，提高教育教学水平。学院加强师资队伍建设，积极进行课程改革，支持教师“双师”培训及考证，制定“双师”培训计划和目标，完成“双师”证统计工作，专业教师的“双师”比例达50%以上。开展人才引进和招聘工作，引进工艺美术大师1人。招聘新教师5人，其中博士1人。招聘思想政治辅导员8人。实施优秀教学团队建设。开展优秀教学团队评选与表彰工作。学院计算机网络教学团队被评为市级优秀教学团队。信机系教师朱景德赴云南支教。学院重视语言文字工作。学生参加上海市大学生语言文字水平测试，成绩优秀。学院加强学生社团建设，新增瑜伽、摄影等协会，丰富校园文化生活。

开展课程改革，加强教学过程管理。本学年度应用英语、工商管理、计算机网络技术3个专业进行专业课程结构改革。课程《展示设计》、《广告实务》、《商务英语》、《商务日语》、《0—3岁儿童教养》、《舞蹈》、《幼儿实用美工》、《学前儿童社会教育》、《管理基础》、《统计学》、《商务法语》、《商务日语》、《广告设计》、《国际贸易实务》、《进出口报关》等15门核心课程进行工学结合课程改革。精品课程建设取得成果。信机系课程《电子商务运营实务》获批2009年上海市精品课程。加大院级精品课程建设力度，开展《学前教育思想史》、《舞蹈》、《展示设计》、《商务英语》、《商务日语》、《管理学应用与实践》、《旅行社经营实务与管理》、《商务法语》、《国际贸易实务》、《进出口报关》等10门院级精品课程建设，逐步完成与课程配套的主讲教材、参考教材、多媒体教学课件、案例库、习题库和试题库建设。

学院高职实际录取新生1916人，电大招生937人。学院毕业生实习率为85%，毕业生签约率超过75%。

实训基地、实验室和图书馆建设取得进步。8月，学院完成2008年度上海市公共实训基地建设项目，该项目包括汽车商务公共实训基地、商务外语专业群公共实训基地、学前教育实训基地（四期）3个公共实训基地，总投资为345万元，其中，市教委下拨230万元，学院配套115万元。年内，学院实施2009年度上海市公共实训基地建设，该项目包括电子商务（二期）公共实训基地、计算机类专业群公共实训基地、学前教育实训基地（五期）3个公共实训基地，项目总投资330万元，其中，市教委下拨220万元，学院配套110万元。由学院与易方虹创公司共同建立的呼叫中心实训基地建设项目已经开展。易方公司提供真实业务，学院提供实训、实习、勤工俭学学生，以真实业务培养学生实际工作能力。CATIA实训基地建设项目（大飞机）初步建成。该项目是为中国商飞有限责任公司上海飞机制造厂提供CATIA项目培训。实训基地总投资80万元，为上海飞机制造厂提供两期员工培训。同时，为将进入上海飞机制造厂工作的学院学生进行培训。学院图书馆购入图书85785册，重点购置专业图书，提高藏书质量。全年征订中文期刊450种，530份；报纸110种，288份。

学院规范管理制度，提高科研水平。科研奖励累计122100元。学院确立课题20余项，发表学术论文8篇，其中核心刊物3篇，主编参编教材计11种。院长袁允伟主持的“高职高专人才培养水平数据平台”项目荣获教育部教育成果二等奖；副院长蔡红主持的“高等职业教育人格本位建设研究”课题，荣获上海市高教学会课题二等奖。教师参加全国和上海市、区各类竞赛获奖12项。教师指导学生参加全国和上海市大学生各类竞赛获奖60余项。学院信机系教师朱景德赴云南支教。

提高管理服务水平，完善学籍管理工作和帮困资助工作。学院共有303名学生获得学院综合奖学金，6名学生获得国家奖学金，11名学生获上海市奖学金，163 名学生获国家励志奖学金。814 名学生获得国家助学金，707 名学生获得学院一次性资助，38 名学生获得爱心基金资助。学院心理健康教育取得成效，完成新生心理测评，建立数字心理健康档案。全年为 25 名学生进行危机干预，接受心理咨询个案辅导 15 次，团体心理辅导 3 次，举行 16 次心理健康讲座。学生应征入伍(女兵)37 人。

（王　欢）

**［与彭浦镇政府合作成立服务基地］**　3 月 13 日，学前教育系慕心社与闸北区彭浦镇阳光之家签订服务意向书并举行服务基地挂牌仪式。副院长蔡红与闸北区残联副理事长、彭浦镇副镇长以及慕心社成员代表等参加揭牌仪式。仪式上，彭浦镇政府授予王文婷等 10 名学生“优秀志愿者”称号并表彰积极参加志愿服务学生。学院与彭浦镇领导共同为服务基地揭牌。学前系慕心社从 2008 年 10 月开始为彭浦镇阳光之家服务，在一个多学期时间里，不仅为阳光之家的学员们带去知识和欢乐，也在志愿服务活动中，学到了有效的管理和教学经验。

（王　欢）

**［金晶来校参加访谈会］**　4 月 14 日，学院邀请当选中央电视台 2008 年感动中国年度人物、现任普陀区市政管理署工会副主席金晶回母校参加访谈会。访谈会上，金晶与学院师生进行交流，畅叙人生经历。院党委书记徐炽强、院长袁允伟、各系部负责人以及辅导员等 400 名师生参加访谈会。院党委书记徐炽强向金晶颁发聘书，聘任其为学院思想政治工作辅导员。

（王　欢）

**［为上海飞机制造厂学员举办软件培训班］**
11 月，学院为上海飞机制造厂学员举办软件培训班。该软件培训班报名人数达 420 余人，学院计划开设软件培训班 10 期，满足学员需求。在此之前，学院已为上海飞机制造厂学员开展多项培训工作，主要涉及学历教育、能力培训、员工培养等方面。

（王　欢）

**附：学校负责人及地址**

（2009 年 1—12 月）

院党委书记：徐炽强
　　副书记：袁允伟

院　长：袁允伟
副院长：蔡　红

地址：原平路 55 号
邮编：200072
电话：56075555(总机)

# 上海城市管理职业技术学院

［**2009年概况**］ 学院开展学习实践科学发展观活动，深化教学改革、扩大办学规模、完善设施条件、加强科研工作和提升师资质量等方面，取得成效。学院第5次被评为上海市文明单位。

年内，学院招收全日制高职新生1200人，实际报到1185人，完成计划98.8％，在校高职生3485人。全日制高职毕业生共计936人，就业率98.1％，其中，工程监理、工程造价、物业管理、建筑工程技术、建筑工程项目管理、市政工程技术、环境艺术设计、旅游管理等10个专业的就业率为100％，全院的签约率为51％。成人岗位培训开设36种类型127个班次，培训共计12601人次。成人学历教育录取专科生550人、专升本208人，电大367人，网络教育390人，中专自学考67人，在校学生共计3833人。附属中专学校录取新生201人，毕业生298人，有135名学生考入各类高等院校。

学生在建筑技术公共实训基地上课

学院以提高职业能力为目标，开展教学改革。探索院企合作培养高技能人才新模式，组织职业资格鉴定的项目增加到6项。学院运用上海建设技师学院平台形成政府购买培训、学校实施教育、企业提供实践的校企合作培养高技能人才新模式，有9个专业449名学生参加技师学院组织的校企合作实习实训，339名学生通过职业技术鉴定，分别取得绿化工(高级)、智能楼宇管理师(高级)、室内装饰设计师(高级)、工程测量工(预备技师)、集成电路版图设计员(高级)和饭店管理人员(预备技师)等职业资格证书，学院获得政府68万元奖励。《物业管理实务》、《建筑工程测量》课程被评为上海市精品课程，学院的市级精品课程增加到6门。学生参加上海市计算机应用能力考试连续第6年获得好成绩。2名学生在上海市第二届高职高专实用英语阅读竞赛中获得三等奖，2名学生获得全国高职高专建筑类优秀毕业设计奖，1名学生获得全国高职高专实用英语口语大赛上海赛区三等奖，1名学生获得全国大学生广告艺术大赛两项优秀奖，1名教师获上海市高职高专英语教师课件制作比赛二等奖。学院教师创作的4幅作品入围上海市迎世博绿化景点及容器绿化设计方案比赛。学院第三个市级公共实训基地——上海市建筑技术公共实训基地落成启用。建筑与房地产管理和物业与智能化管理两个公共实训基地安排实训学生约45000人次。完善教学质量保障体系，实行学生实习、实训质量监控措施。

师资队伍建设不断加强，教师学历层次不断提升，4名教师获得高级技术职务。9名青年教师参加市教卫党委、市教委举办的“上海高校选拔培养优秀青年教师科研专项基金”培训，李进被评为上海市高校优秀青年教师，陈雪飞入选2009年上海市普通高等学校青年骨干教师国内访问学者。学院经济管理系建筑经济管理专业教学团队获得上海市第二届优秀教学团队称号，教师滕永健获得市第五届高校教学名师奖，教师滕永健、李刚获得2009年上海市育才奖。在市教委、市教育评估院“上海高校选拔培养优秀青年教师科研专项基金”资助项目及高校青年教师培养工作综合检查中，学院综合评价等级为优秀。

学生思想政治工作进一步加强，人文素质教育不断丰富。学院成功举办思想政治工作会议，表彰先进集体和个人，探讨新时期高校开展学生思想政治工作的新思路和新方法。学院改进学生管理的模式和方法，营造良好的学风、班风和校风，加强以博雅讲堂文化讲座为主要形式的学生人文素质教育，成功举办第三届职业技能大赛、第九届校园文化艺术节和第九届“闪亮之星”歌手大赛。心理健康工作进一步加强，学院建立三级心理危机干预网络结构，形成“班级—系部—学院”连动机制，完成心理检测软件的升级和心理咨询设备的添置工作。思想政治工作队伍建设有新的突破，学院以公开招聘的方式引进了8位专职辅导员，充实专职辅导员队伍，召开辅导员工作研讨会，选派28名辅导员参加专题培训和岗前培训，辅导员队伍职业化、专业化建设取得实质性进展。学生应征入伍34人，其中女生30人，学院荣获上海市2008年度征兵工作先进单位称号。

成人学历教育加强对合作办学点的督教与规范管理，提高教学质量和管理水平。学院有研究生、专科起点本科（业余、函授、网络）、高中起点本科（网络）、专科（业余、电视、网络）、中专自学考等10多种成人学历教育类型，形成近40个专业、10多个教学点、94个班级、3800多名学生的成人学历教育规模。学院制定《成人教育教学档案管理规定》，成立“成人教育教学档案室”，全面整理1956年上海市业余土木学院以来的教学档案。学院开展造价工程师、监理工程师、注册安全工程师、建造师等执业资格的考前培训，开展建筑行业岗位资格培训、技术工种职业技能培训和技术人员等继续教育。

国际合作交流不断深化。合作办学规模扩大，学院外合作办学设立“中德城市园林”和“中加建筑工程项目管理”2个专业，学生352人。学院与美国纽约州立大学Cobleskill农业与技术学院的中美合作城市园林合作办学项目获市教委批准并通过教育部备案，列入招生计划。该专业由中美双方共同制定教学计划、实施教学，引进科布尔斯基农业与技术学院课程，培养掌握花艺环境装饰、小庭院植物造景、景点植物种植设计以及植物造型技艺的综合职业能力，适应园林苗木花卉公司、园林绿化施工、养护企业从事植物栽培与养护管理、花艺装饰、小庭院设计等工作需要的技术应用性人才。学院举办中加合作项目“绩效导向教育”主题研讨会。年内，加拿大乔治布朗学院与美国纽约州立大学Cobleskill农业与技术学院院长来学院访问，6名师生赴德国“F＋U”萨克森职业学院参加插花、测绘、花卉装饰、组合盆栽、园林机具等项目的培训。

科研工作取得进展。学院共有8项市级课题立项，出版著作和教材18部，公开发表论文180篇，其中核心刊物23篇。教师黄凤文的论文《一种非线性方法在高频时间序列预测中的比较研究》被ISTP收录。教师张姣的论文《基于细胞色素C亚硝酸盐还原酶复合膜的新型电导型亚硝酸盐生物传感器的制备》和《坡稳定分析的颗粒流模拟》分别被SCI和EI收录。教师张姣的《基于人为因素的地铁工程施工动态风险分析》课题入选上海市第三批“晨光学者”。学院成功召开2008年度学校科研年会和2009年城市管理世纪论坛。学院设立国家职业技能鉴定所，承担园林绿化工程序化考核工作，已陆续开发初、中、高三个等级的绿化工考核程序。年内，该鉴定所共完成200余人次的高级工培训和总计1578人次的绿化、花卉两个行业初、中、高级工的考核工作。

加大设施设备投入。学院新配置资产设备1137台(件)，其中计算机152台、实训设备314台(件)、网络设备28台(件)、监控设备76台(件)、其他固定资产设备若干台(件)。学院重点做好《上海市建筑技术公共实训基地》、《上海市建设工程机械运用与维护公共实训基地》和《上海市物业与智能化管理公共实训基地》项目建设的设备配套工作，新增实习实训场地建筑面积5600多平方米，共配置设备282台(件)，其中，建筑技术实训基地241台(件)，工程机械实训基地37台(件)，物业与智能实训基地15台(件)，建筑房产实训基地52台(件)，土木工程实训室1台(件)。新建一座693平方米的标准网球场和一座470平方米的乒乓球房。

（张伟民　何　光）

**[上海市建筑技术公共实训基地落成使用]** 上海市建筑技术公共实训基地由市教委、市财政局批准立项并投资350万元，建筑面积约3500平方米，分为框架结构工程和砌体结构工程实训室、钢结构

实训室、工程测量实训室和木结构建筑施工实训展示室四个实训功能区，能满足 3000 人次/年的学生实训和 5000 名/年农民工培训，运行 10 个月以来，已有近千人次的学生参加不同项目的实训、实验，取得良好的教学与实训效果。

（张伟民　何　光）

**［举办第十届城市管理世纪论坛］** 12 月 18 日，第十届城市管理世纪论坛在学院举办。论坛聚焦“2009 年度城市管理实践优秀案例选拔与颁奖”主题，评选产生“2009 年度十个城市管理实践优秀案例”，江苏省姜堰市城市管理局申报的“城市摊点人性化分类管理的探索与实践”和上海市公安局闵行分局申报的“建立覆盖全区的城市综合管理‘大联动’新机制”两个案例荣获“2009 年度城市管理实践案例最具影响力奖”。

（张伟民　何　光）

**［城市现代功能区开发与历史文脉传承研讨会召开］** 5 月 22 日，学院与城市科学研究会、浦东新区川沙功能区三方联合主办城市现代功能区开发与历史文脉传承学术研讨会。研讨会介绍国外新城开发与旧城保护、功能重塑与文脉传承的新理念、新经验，探索功能区的历史文化积淀与现代开发优势，特别是原南汇区融入浦东新区后，给川沙新功能区带来新一轮发展机遇，与会专家学者就城市新功能重塑与历史文物保护等课题进行学术交流。

（张伟民　何　光）

**［学报更名为《上海・城市管理》杂志］** 经国家新闻出版总署批准，《上海城市管理职业技术学院学报》改为《上海・城市管理》杂志。该杂志内容覆盖国内外城市建设、管理、规划、交通、水务、环保、房地产、市政、园林、环卫、港口、航运、旅游等领域，将对城市发展与城市管理现代化展开前瞻性探索、学术研究和创新引领，并为该领域的实务践行搭建学术交流的平台。

（张伟民　何　光）

**［合作培养木结构设计建造人才］** 学院与加拿大木业协会合作举办 3 期木结构设计技术和建造技术讲座，来自全国各地 90 名从事木结构设计、制造和加工的专业人员参加培训。培训内容有木结构建筑的设计、防火、防潮、防虫、保温、透气等基本知识，以及木结构房屋的建造工艺、计算技巧、屋面防水与保温等技术，讲座注重理论联系实际，突出实践操作环节，强调学员团队合作，为中国建筑行业专业人员提供了木结构建筑设计和建造所需的知识和技术。

（张伟民　何　光）

**［学院党委成立］** 12 月，中共上海市城乡建设和交通工作委员会决定，成立中共上海城市管理职业技术学院委员会，谢卫平任党委书记，喻晓荣任党委副书记。这是学院成立以来按照《中华人民共和国高等教育法》的要求，首次成立党的基层委员会，改变了一直以来学院党的工作由合署办学的中共上海市建设和交通工作委员会党校机关党委代为管理的格局，是学院党政管理体制的重大变化，对切实执行党委领导下校（院）长负责制具有重要作用。

（张伟民　何　光）

**附：学校负责人及地址**

（2009 年 1—12 月）

院党委书记、院长：谢卫平
副书记、副院长：喻晓荣

军工路校区地址：军工路 2360 号
邮编：200438
电话：65743348（总机）

虹漕南路校区地址：虹漕南路 123 号
邮编：200233
电话：64367400（总机）

河南北路校区地址：河南北路 301 号
邮编：200085
电话：63250475（成教学院）

杨树浦路校区地址：杨树浦路 2219 号
邮编：200090
电话：65433273（附属中专学校）

# 上海交通职业技术学院

［**2009 年概况**］ 学院占地面积约 27 万平方米，校园建筑面积 14.48 万平方米。学院在校生总数 4299 人，现有专任教师 265 人。学院设 10 个专业系部、24 个专业，其中汽车运用技术专业与集装箱运输管理专业为国家级教改示范专业，报关与国际货运专业为市特色专业。学院附设“上海市高校学生物流管理类职业技能鉴定所”和“国家技能型紧缺人才汽车运用与维修专业培养基地”，并设有校内外实训基地 110 余个。学院落实《上海交通职业技术学院“十一五”发展规划》，贯彻落实科学发展观，坚持“以服务为宗旨，以就业为导向”的职业教育方针，坚持“巩固、深化、提高、发展”的办学要求，落实整改措施，立足改革创新，各项工作取得成果。

一、课程与专业建设。3 月，学院与德国梅赛德斯·奔驰汽车有限公司合作举办的“奔驰班”开班。“奔驰班”首批学员共 22 人。学生毕业后，将进入梅赛德斯·奔驰（中国）汽车销售有限公司旗下的经销店（企业）工作。

与德国梅赛德斯·奔驰汽车有限公司合作举办“奔驰班”

学院《车辆查勘与定损》课程被认定为交通运输部精品课程。《思想道德修养与法律基础》课程被认定为学院精品课。完成《计算机基础》等 7 门院级待立项精品课程的中期检查工作。完成智能交通新专业的申报工作。学院汽车运用技术专业、汽车技术服务专业与营销和汽车保险专业开设“丰田汽修班”、“丰田营销班”和“民太安（保险）班”。

实施《上海交通职业技术学院科研管理工作条例》、《科研管理条例》、《科研项目管理办法》、《科研经费管理办法》、《科研工作量管理暂行规定》、《科研成果奖励办法》、《校本教材的开发与管理办法》等管理制度和方案。完成五年制高职实施方案并上报上海市教委。申报《上海市职教集团管理体制、运行机制与绩效评价研究》等市级及以上科研课题 13 项，高校优秀青年项目 6 项、教育科研项目 2 项、德育实践研究课题 3 项、交通职业教育科研项目 2 项。完成 2006 年立项的 9 个“优秀青年”项目的结题检查与鉴定；对 2007 年立项的 6 个“优秀青年”项目和 2007 年、2008 年立项的 2 个“晨光计划”项目进行阶段性检查；完成 2008 年立项的 22 项院级课题的开题工作。《上海交通职业技术学院学报》获得新闻出版期刊准印刊号。学院制定《校本教材开发管理办法》，开展教材评优等活动，参与上海市职业培训研究发展中心的“职业开发提升”课题研究。开发上海大众汽车 SCEP 教材和“奔驰班”教育项目教材。

二、招生考试、就业与教育培训等工作。学院新增的汽车技术服务与营销（保险与公估）专业、口岸物流网络管理专业和民航商务专业依法自主招生，依法自主招生专业总数达到7个。5月，学院完成“三校生”统一招生考试，计划招生1620人，录取1652人，实际报到1469人；计划招收高中生370人，录取385人，实际报到380人；计划招收“三校生”500人，录取500人，实际报到500人；外省市计划招生750人，录取769人，实际报到589人。学院在校生总数4299人。

全年组织200余家单位来校招聘，提供岗位近千余个。学院毕业生1370人，涉及15个专业，毕业生就业率为95.69％。

学院为上级主管单位、综合交通企业集团员工和社会人员的学历进修、继续教育、岗位培训提供服务，开展职业技能鉴定与考核，全年培训2万余人次。学院各校区开设业余大专班，开展大学远程教育工作。北校区北京交大远程教育全年招收新生244人，其中专科生177人，专升本生67人。在校生为591人，其中专科生463人，专升本生128人。4月至5月，全国机动车检测维修专业技术人员职业水平考核工作在学院举行。学院取得“上海市高职高专师资教学能力提升工作培训基地”资质，并于5月组织上海市高职高专汽车专业教师培训。11月，学院承办1080名上海市公安文职人员的计算机技能考试。

三、教学工作。加强教学团队建设，下发《上海交通职业技术学院教学团队考核管理要求》，修订《上海交通职业技术学院专业(学科)带头人选拔及考核管理办法》、《教职员工教育培训管理办法》，制定《教职员工在职攻读学位办法》、《青年骨干教师选拔和培养办法(试行)》、《青年教师进校指南》等文件。引进研究生学历和副教授以上职称的人才担任教师工作，青年教师中58人具有研究生学历或硕士及以上学位。划拨专项资金，用于教职员工的学历、职称进修、岗位业务培训等。组织专业及学科带头人业务培训，邀请交通运输部优秀专业带头人、国家级“精品课程”主持人、天津交通职业学院薛威教授和我国著名的课程理论研究与课程开发专家赵志群博士来校作专题讲座。改善师资职称结构，成功申报正高级职称1人，副高级职称3人，高级职称总数达到72人。学院聘任教授1人，副教授44人；“双师”素质教师比例为60％。关心青年教师成长，1名青年教师入选“高校青年骨干教师国内访问学者”，6人获上海市高校优秀青年教师培养基金课题立项资助，完成青年教师教科研基金结题工作。加强教师教科研考核，加强教学质量监控。聘任新一轮兼职教学督导员，对聘任的32位专业带头人进行年度考核，开展听课评课活动和教研活动等。

加强实训中心建设，各专业实训中心经过几年的建设，基本满足专业教学的需要。各专业教学逐步由课堂向实训场所转型，实施理论与实践一体化教学。3月，完成446平方米的奔驰汽车实训室建设。7月3日，学院与上海市汽车修理有限公司“校企合作生产性实习基地”签约暨揭牌仪式在上海市汽修三厂举行。加快信息化建设步伐，学院投入百万元完成院本部信息汇总点移位改建工程和55个教室电子讲台的安装和调试，校园网带宽由原来的2兆提升至20兆，两幢学生公寓189间学生宿舍900多个信息点的安装调试工作。学院投入资金用于教学实训装备更新、纸质图书采购、校园生活设施维修等。

四、德育工作与素质教育。加强学生思想政治教育，开展以共产主义理想信念教育为主题的职业道德教育，使学生牢固树立科学发展观和社会主义核心价值观，树立正确的世界观、人生观和价值观。确定政治课学科带头教师3人，开展政治课集体备课活动，抓好“精彩一课”和“精彩教案”建设。加强辅导员队伍建设。组织学生参加业余党校学习，开展党史政策的宣传教育，全年举办业余党校培训班7期，489名学生参加培训。发展学生党员55人，预备党员转正3人。学生应征入伍19人。

促进学生德智体美全面发展，共有万余人次参加各类活动。组织“青春世博，与文明礼仪同行”迎世博系列主题活动，举办“迎世博500天——美化校园”、“写下心愿，祝福世博会倒计时500天”、“健康快乐迎世博，迎世博倒计时200天长跑”等活动，开展“喜迎世博盛会，展示艺术风采”为主题的“五月艺术节”活动。4月，学院开展以“读书，共创文明和谐校园”为主题的第三届校园读书节活动，倡导“让读书成为习惯、让文明成为自然”的新风尚，为期一个月的活动吸引了众多学生参与。5月至6月，举办“纪念5·12地震一周年”悼念宣誓活动。开展“6·26禁毒日”活动。组织“相聚在金秋”活动、第六届校园形象大使评选等活动。建立学生心理危机干预系统，做好心理预防工作。学生社团管理中心自发建立心理协会、敬老志愿者协会、红十字协会等青年志愿者队伍，定期为广大学生和周边社区服务。7月，学院参加上海市高等职业院校“远恒杯”首届国际商务单证职业技能竞赛获团体第一名，18名学生获个人奖，其中一等奖3人、二等奖8人、三等奖7人，学校获优秀组织奖及优秀指导教师奖。11月，学院举行上海高职高专经济类专业教学指导委员会首届“远恒杯”单证技能竞赛颁奖大会。学生在上海市计算机和大学英语 PET 考试中成绩突出，计算机统考平均合格率为 72.05%。5 月，学院组织学生参加上海市第二届高职高专实用英语（阅读）比赛，3 名学生分获一、二、三等奖；参加 2009 年度上海市学生阳光体育大联赛冬季长跑比赛，获高校组团体三等奖；参加“东丽杯”上海国际马拉松比赛获高校团体三等奖；获得上海高校红十字现场初级急救比赛二等奖。

做好帮困助学工作。落实“奖、贷、助、减”等助学政策。学院共有 171 名学生获得助学贷款，共计金额 101.9 万元；290 名学生参加各类勤工俭学；13 人获国家奖学金，14 人获上海市奖学金，322 人获国家励志奖学金，1438 人获国家助学金，共计 1787 人，累计发放金额 282.73 万元。

五、加强学校管理及稳定安全等工作。完成高职院校人才培养工作状态数据采集工作。做好“高等职业院校人才培养工作状态数据库”信息采集工作。完成对外网站、职教集团网站的改版工作。6 月，学院局域网站与外网接轨，拓展网站功能，方便广大师生使用。校园网站应用于日常教学管理，基本实现学生学籍电子注册管理、成绩管理、就业信息管理、课程管理等的全面信息化。学院将行政公文、各类通知、重大事件公示等在网站上发布。10 月，学院成为上海 8 所开展信息公开试点工作的高等院校之一。12 月 20 日，学院对外网站“信息公开”栏目发布运行。

开展交通高职物流管理专业教学标准建设和师资培训工作。3 月 24 日，上海市政协教科文卫领导一行 20 多人来校就集团化办学和毕业生就业问题进行专题调研，上海嘉定、浙江、重庆等兄弟院校先后来校参观访问。4 月 10 日至 12 日，职教集团在第六届上海教育博览会上，推出集团 10 所职业院校集团化办学联合招生宣传广告，以及 56 项“菜单式”职业资格培训服务项目，凸显集团化办学的整体优势。5 月 7 日，职教集团在世纪出版物流中心召开第三次理事会会议，审议通过集团 2008 年工作总结与 2009 年工作计划。11 月 30 日，交通物流职教集团举行第二届集团内 10 所院校联合招聘活动，参加招聘的单位共 50 家，提供岗位 406 个，参加招聘会的毕业生共 1458 人。12 月 11 日，职教集团举办“2009 上海交通物流职教论坛”，并编辑出版《上海交通物流职教论坛交流论文集》。

加强治安综合治理及世博反恐维稳工作。学院与市教委签订 2009 年度《治安综合治理责任书》。学院与各校区、各部门签订《治安综合治理协议》、《创建安全文明校园工作责任书》、《上海世博会期间安保反恐维稳工作责任书》，与近 1500 名住宿学生签订《大学生安全责任协议》，维护校园安全稳定。开展住宿学生消防疏散演练，加强对节假日及重要时期的安全防范工作。在建章立制方面，学院修订《突发公共事件应急预案（简版）》、《外来人员登记簿》、《外来车辆进出登记簿》等 49 本台账，制作《学生宿舍安全保卫管理规定》、《住宿学生安全疏散预案》等“安全告知”板，在各宿舍区深入开展安全防范教育。学院被评为上海市治安保卫先进集体。

开展以“热爱祖国语言文字，构建和谐语言生活”为主题的全国第 12 届推普周系列活动。组织学生参加普通话培训及测试，共有 1417 名学生参加测试，参测率为 99%。组织 40 名学生和 5 名教师参加全国语文规范化知识大赛。举办“青春、文字，涌出报国心”优秀诗文诵读比赛，80 名学生参加。组织开展“中华赞 · 诗文创作”征集活动，收到征文作品 395 篇。

推进民主管理和政务公开工作。完成毕业生就业情况网上申报。认真做好财政拨款预算编制及申报工作，做好工程审计。开展事业单位“小金库”治理专项工作，加强收费监管，杜绝乱收费现象，顺利通过社会审计，取得无保留意见的审计报告。学生无偿献血 484 人。开展初级救护培训工作，全院共培训新生 1306 人。

（陈一鸣　王晓红）

**[市政协委员来院调研]**　3 月 24 日，市政协教科文卫体委员会常务副主任周箴等 20 多人来学院专题调研。委员们与学院领导就学院集团化办学管理模式，“三个不变、两个统一”原则，校企合作“双向互动机制”和“经费保障机制”，政府扶持校企合作优惠政策，化解大学生就业矛盾等问题进行交流。

（陈一鸣　王晓红）

**[校企合作实习基地揭牌]**　7 月 3 日，学院与上海市汽车修理有限公司在上海市汽修三厂举行“校企合作生产性实习基地”签约暨揭牌仪式。这是职业院校开放实训中心功能的延伸与提升，具有开创性意义。

（陈一鸣　王晓红）

[获“中国职业教育杰出校长”称号] 9月，院长鲍贤俊获“中国职业教育杰出校长”称号。副院长汤定国获“中国职业院校教学名师”称号。“汽车故障检测诊断与维修教学团队”入选上海市第二届高校教学团队。文化基础部外语教研组被评为上海市先锋工人集体。教师郭丽丽获上海市育才奖、李斌获“上海高校优秀青年教师”称号。

（陈一鸣　王晓红）

**附：学校负责人及地址**

（2009年1—12月）

院　长：鲍贤俊
副院长：于　再、张佳敏、汤定国、张伟国

地 址：呼兰路883号
邮 编：200431
电 话：56993234

# 上海海事职业技术学院

**［2009年概况］** 学院以学习实践科学发展观为动力，以培养海运人才为工作目标；坚持"服务中国海运、服务国际航运中心"，坚持"内涵建设，特色发展"，坚持以提高教育培训质量为核心；推进教学团队建设，推进学生管理工作，推进精细化管理；强化人文素质教育，强化半军事管理，强化安全管理。以"抓住重点，解决难点，培育亮点"为工作抓手，完成全年的各项工作任务。

学院开设专业22个，在校生4115人，其中航海类专业在校生1027人。成人教育开设专业5个；在校生483人，其中航海类专业在校生170人。毕业生1255人，就业率达84%。共开办各类船员培训班481期，培训总人数14361人次。

深化教学改革，提高教学质量。加强专业课程建设、教学团队建设、精品课程建设和教科研建设等，加快内涵建设，强化特色发展。继续调整专业布局，整合教学资源，推进航海类、航运管理类和航运工程类三大专业群的建设；制订《专业人才培养方案的指导意见》，完善专业人才培养方案。推进航海类专业英语教学改革，学生英语口语和听力能力显著提高。制订《自编教材管理办法》，加强以航海类专业为重点的教材建设工作；加强实践实习环节的管理，提高航海类专业毕业生船员适任考试通过率。

加强培训力度，拓展培训项目。加大船员培训的管理力度，落实《船员培训项目单班核算操作规程》、《船员培训项目收付费操作规程》、《培训市场人员考核办法》。收付费操作、单班核算更加规范，成本控制更加有效。充分利用集团教育专项经费改善船员培训环境，改造简易多媒体教室11个；完成海事局网络远程考试监控系统等。结合企业船员培训需求，完成了BRM、ERM开发，并按时开班；与企业联合开发新三副岗前强化培训项目、骨干水手机匠强化培训项目等；开办了江苏基地水手班；办好中普船员三副/三管轮班；协助中海海员开展外派船员特殊培训和举办研讨班等。积极开拓市场，为有关单位开展"救助艇驾驶员技能培训"、"值班机工培训"、"游艇驾驶员培训"等。

教科研工作有序推进，抓好精品课程建设。完成院级教科研项目的立项工作，确定22项课题为学院2009年教育科研项目；加强上海市立项的优秀青年教师课题的指导工作；《航海气象与海洋学》被评为上海市精品课程；《高职航海技术人才培养规范与评估标准研究》荣获"2009年高等教育上海市级教学成果一等奖"，并被上海市教委推荐申报第六届高等教育国家级教学成果奖。健全教师发展性评价体系，利用现代计算机软件对教师实行全面网上评教工作，强调教师对自己教学行为的分析与反思，较好地促进教师的成长和发展；开展"现代化教学手段应用"评比活动和说课活动，提升教师教学能力。

加强师资队伍建设，启动教学团队建设。落实学院颁发的《教学团队建设管理办法》，启动3个院级教学团队建设，并召开教学团队规划交流会，旨在进一步推进学院专业建设、课程建设、教学内容和教学方法改革。加大新教师招聘力度，招聘航海类专业教师7人，引进副教授1人、研究生1人，借聘用船长2人、二副1人。安排4名航海基础英语教师跟船实习两周，安排10人次专业教师到公司实践学习和参加"双师型"培训班的学习等；加快青年教师的培养，形成合理的教师梯队。修订《教职工教育培训管理办法》，突出了激励"双师型"教师的培养，将重学历教育向重实践锻炼转移。

加强学生管理工作，突出半军事管理。加强学生思想政治教育和行为规范教育，特别是人文素质教育，航海类专业学生重点强化企业文化和对企业忠诚度的教育。组织开展纪念"五四"运动90周年友谊拔河赛和学生座谈会；在"5·12"汶川地震一周年之际，学院组织开展"以爱承载希望——心系四川，海院温情义卖"活动，将募集的善款购买学习用品捐献给四川都江堰第一中学的学生；全年共有470名学生参加义务献血。开展"第二届大学生心理健康宣传月"活动，通过心理健康知识讲座、心理健康主题班会和心理电影赏析等形式，为1000余名新生心理健康测评，提高了学生的心理健康知识水平和心理素质。加强校园文化建设，组织400名学生参加浦东新区运动会开幕式的方队表演；举行第五届"红五月"歌会，迎接建国60周年，激发学生的爱国热情;参加浦东新区陆家嘴社区举行的"歌唱祖国,喜迎世博"东方明珠广场歌会,并被授予"荣誉歌队"称号;为纪念中国航海日活动,举行了航海知识竞赛,先后邀请澳洲华人翻译协会会长、澳大利亚太平绅士陈中和先生及相关企业总经理、书记、船长等来院作专题报告和讲座6期。5名同学获得国家奖学金,9名同学获得上海市奖学金,186名同学获得国家励志奖学金,706名同学获得国家助学金。召开航海类专业半军事管理学生大会,总结经验,布置工作,每个年级每个专业配半军事管理教官1名,半军事管理具体落实到"五个二"的管理;将学生寝室按中海船舶名字进行命名,强化学生企业意识。

完成招生工作,做好就业工作。大专新生录取人数1647人,实际报到1431人,平均报到率达到87%。成人专科基本完成招生任务。学院组织用人单位来校举办多场招聘会。制定《毕业生就业推荐工作管理办法》,完善毕业生就业工作机制和学生就业信息网站,专门开设就业指导邮箱,开设就业指导讲座,走访用人单位,提高毕业生就业率。参加全国航海类专业毕业生就业工作组2009年年会,与近10家用人单位签订了就业意向协议书。高职毕业生1255人,就业率已达84%,实际就业率达70%。

加快实训中心建设,更新改造教学设施设备。轮机智能化仿真实训中心建设工作顺利进行;电工电子实训室"HHE-1电工技术实验装置"建设项目验收完毕。完成学生3号楼宿舍楼外部环境和教工餐厅改造等;信息图书综合大楼工程建设项目正在按计划推进。完善学院网站建设,做好校园网的运行、维护和管理,及时更新各类信息,确保网络畅通,实现资源共享;启动南北校园网络扩容改造,优化网络布局,提高学院信息化水平。通过市教委节水型校区的验收。

学习实践科学发展观,加强党建工作。组织党员学习实践科学发展观以及中共十七届四中全会的精神,开展了争创"四好"班子活动和民主评议党员工作。举行庆祝建党88周年暨"创先争优"表彰大会,全院申请入党人数达950人,开办2期业余党校,124名师生参加培训学习,全年发展新党员110名。成立学院校友会,为学院和校友、校友和校友搭建了一个沟通交流、携手共进的平台。召开庆祝第25个教师节暨表彰大会,组织表彰一批教育先进工作者和从事教育工作30周年教职员工;组织开展基层工会换届选举。18名优秀学生应征入伍,被集团评为"国防教育先进单位";被浦东新区迎世博行动社会动员指挥部授予"迎世博文明行动风尚奖";连续8年被评为上海市文明单位,这是上海市高职高专院校中第一所取得该称号的院校。

(王　月)

**[开展"大学生心理健康活动月"活动]**　5月,学院第二届"大学生心理健康活动月"拉开序幕。围绕"5·25大学生心理健康日"开展了系列心理健康教育宣传活动,包括心理健康知识讲座、心理健康主题班会和心理电影赏析等。其中,主题为"在阳光中生活,在自信中成长"宣传海报吸引了众多师生的目光;每周的心理电影展播也场场爆满;心理健康征文投稿踊跃。晨曦心理社团活动丰富多彩,并参加了上海市首届大学生朋辈心理互助组织发展论坛;首届院心理委员培训工作取得丰硕成果。此次活动营造了良好的心理健康教育氛围,帮助大学生树立正确的心理健康观念,提高心理素质,促进了学生健康成长。

(王　月)

**[教学实习船"宁安5号"启用]**　7月15日下午,学院教学实习船"宁安5号"启用仪式在外高桥发电厂码头举行。中海国际常务副总经理、中海货运上海分公司副总经理,以及学院院长等相关领导参加了仪式,并为"宁安5"号启用揭牌。该船作为学院第四艘教学实习船,为学院强化学生实习环节教学奠定了良好基础。

(王　月)

**[举行第四届体育节开幕式暨田径运动会]**　11月5日,学院举行第四届体育节开幕式暨田径运动会。19个方队以饱满的精神面貌、整齐的队形步伐,展现了学生良好的素质,各系还在运动会上做了精彩的文体表演。本届运动会共有4人打破了4项纪录,航海技术系夺得男子团体总分第一名,机电工程系和宝山校区分获第二、三名。11月13日下午,还举行了教职工健身运动会,共有400多人次参加10余个项目的健身活动。

(王　月)

**[首届校友代表大会召开]**　11月21日,学院首届校友代表大会在多功能厅召开,学院党政领导等出席了会议,138名来自各行各业的历届校友代表参加了会议。会上,李勇院长致辞,校友会筹委会主任作了首届校友代表大会筹备工作报告。会议通过了校友会章程,选举产生了校友会首届理事会和

校友会会长，通过了理事会工作机构，并聘李勇院长为校友会的名誉会长。学院党委书记陈有荣讲话，对校友会提出了希望和要求。

（王　月）

**［举行“迎世博”系列活动］** 学院开展世博知识普及工作；举行“以世博为契机，把握青春年华”为主题的演讲比赛；举办“迎世博知识竞赛”活动和以“人人学消防，平安迎世博”为主题的系列活动；各系学生画的“迎世博”海报张贴在走廊的墙壁上，成为校园一道亮丽的风景线；各系学生积极参与世博志愿者活动，为上海世博会添一份力量。两位教师还参与《2010年上海世博会黄浦江水上客运组织与管理》的课题研究。12月，组织开展和谐校园迎世博“安全文明月”活动和迎海宝进校园活动，学院被浦东新区迎世博行动社会动员指挥部授予“迎世博文明行动风尚奖”。

（王　月）

## 附：学校负责人及地址

（2009年1—12月）

院党委书记：陈有荣

副书记：李根新、沈志华

院　　长：李　勇

常务副院长：孙欣欣

副　院　长：孙　琦、张卫亮

地址：浦东新区源深路158号

邮政编码：200120

电话：58312059（总机）

# 上海电子信息职业技术学院

［2009年概况］ 学院占地26.67公顷，建筑面积15万平方米，实践教学基地3.5万平方米，建有教学中心、实训基地、图文信息中心、室内外运动场、中德合作教学区和生活园区等。设有7个教学系部和3个二级学院，共设27个专业、2个专门化，其中国家级教改试点专业1个、上海市级教改试点专业2个，新增设航空电子设备维修专业。现有全日制在校生6825人。毕业生就业率保持96%以上。

以专业建设为抓手，提升人才培养质量。按照市教委“扶强、扶特、扶需”指导原则，整体实现专业结构布局优化、可持续发展，形成以电子信息类和制造类专业为主体，财经类、贸易类、艺术设计传媒类等专业协调发展的专业群。参照职业资格标准构建课程体系，制定和修订完成全院27个专业、2个专门化的新一轮人才培养方案，并在2009级学生中启动实施。成功申报“航空电子设备维修”专业。

强化教师队伍建设，提升“双师”素质。制订、完善《专业带头人管理办法》、《兼职教师管理办法》、《骨干教师管理办法》、《教职工奖惩制度》、《关于教职工继续教育管理办法》、《关于从企业引进特聘专任教师的暂行规定》、《专业教师参加企业实践管理办法》等系列制度，建立健全人才工作机制和人才评价机制。新进教师26人。辅导员队伍在编与外聘结构比例达到6∶4，70%以上在编辅导员取得硕士学位。举办首届教师“说课”大赛，提高教师教学能力。

强化科研工作，激励教师专业化发展。承担各级各类科研项目87项，其中“晨光计划”项目1项、上海市高校选拔培养优秀青年教师科研专项基金项目15项、企业技术开发横向课题2项。市教委教育科学研究重点项目《行业性职业教育集团运行机制的创新研究》，同时被确立为上海市哲学社会科学规划教育学课题，成为历年来上海高职高专院校唯一获批市级重点项目。公开发表论文156篇，其中核心期刊19篇。出版教材35本，其中国家规划教材4本，中央级出版社教材23本。3人获上海市育才奖。

创新校企合作机制，促进学生就业。引进校外社会优质资源，与上海交通大学工程训练中心合作共建机器人技术联合创新基地、与美国PTC公司合作共建Pro/E教育培训基地，与上海飞机制造厂等单位合作，扩大“订单”培养学生规模。计算机应用系毕业生团队自主创业项目获上海市高校毕业生首批大学生创业项目资金7万元资助。

建立健全制度机制，保障学院健康发展。年内，共制订和修订89项规章制度，完成教学、人事、财务、学生、后勤管理等200多项规章制度归类、整理和汇编工作。修订《教职工内部收入实施细则》、《关于二级核算资金的划拨与使用规定》等制度，深化推进二级管理改革。成立学院综合档案室，完善档案管理制度。

强化育德育心工作，培育校园文化。以“博文讲坛”、制订《职业目标规划书》为载体，推进学生思政教育。组织20余名辅导员开展第二课堂教育，开设专题26个。开展学生心理健康教育和咨询工作，学院心理咨询室成为上海市高校学生心理健康教育与咨询中心达标建设资助单位。全年累计发放国家奖助学金总额4348500元，1424名学生受惠；发放1661927元校内助学专款，受助学生13417人次；并为外地及困难学生争取到80万元冬令困难补助。举办第二届艺术节，开展国庆60周年演讲赛、书法、绘画、摄影、“明日之星”校园歌手赛、迎世博知识竞赛等活动和“艺术殿堂”系列讲座，唱响社会主义主旋律。组建4支师生团队赴贵州等地开展暑期社会实践活动，广西团队与广西希望小学结对帮困，资助54名贫困学生。电子工程系青年志愿者服务队被团市委授予“上海市优秀青年志愿服务集体”称号，2人被授予“上海市优秀青年志愿者”称号。

改善校园环境设施，构建和谐稳定校园。完成1号教学楼（实训楼）建设、学生宿舍楼安全通道口改建等项目。筹措资金180万元建设完成技防监控系统建设。完善网络信息平台，完成有线网络进宿舍、无线网络各校区全覆盖工程和机房建设工程。完成数字校园信息编码标准建设、档案管理、网站群管理、办公自动化、人事管理招标工作，启用电子邮件系统和财务查询系统。

强化社会服务意识，全面实施品牌战略。完成6批259人次滇、黔地区职教系统校长、骨干教师、管理干部培训工作和9批次中德、中英师生双向交流工作。接受德国政府委派专家对学院中德合作项目评估，获较高评价。组织职业技能鉴定80余场，服务考生3525人次。开展各级各类技能培训共计2292人次，其中中、高级占90%以上，平均合格率达到70%以上。承担“上海仪电职工技能培训基地”工作，组织实施“2009仪电职业技能竞赛活动”。组织召开上海电子信息职教集团一次全体理事大会、二次常务理事大会，吸纳5家新成员单位，成立了4个专业指导委员会并组织实施了一系列活动。

教学成果显著，师生获奖频频。通信与信息技术公共实训基地教学团队获“上海市第二届高等学校市级教学团队”称号，《通信职业能力培养的实践探索——上海市通信与信息技术公共实训基地建设》获上海市级教学成果二等奖，获“第五届上海高等学校教学名师”称号1人。获“晨光计划”项目1项、上海市高校选拔培养优秀青年教师科研专项基金项目15项、企业技术开发横向课题2项；5项科研成果获中国高等教育学会第七次优秀高等教育研究成果优秀奖、上海高等教育学会科研成果三等奖、国家教师发展基金会科研成果一等奖等。5名学生获全国职业院校技能大赛高职组“3G基站建设维护及数据网组建”项目三等奖，3名学生获“电子产品设计及制作”项目三等奖。2名学生获“天华杯”全国电子专业人才设计与技能大赛“单片机设计与开发”项目优胜奖、4名学生获全国高职院校“自动线安装与调试”技能大赛三等奖、1名学生获全国第六届高职高专实用英语口语大赛非专业组二等奖，计算机系学生荣获上海市大学生计算机应用能力大赛三等奖1个，成为上海市唯一获奖高职院校。组建7支队伍参加全国数学建模大赛，获上海市二等奖3个、三等奖3个。在上海市“阳光体育”大联赛中，获男子乒乓球队团体一等奖、女子乒乓球队团体二等奖，田径赛单项第一名1个，第二名3个。

（陈卫炉　高丽萍）

**［召开上海电子信息职业教育集团一届一次常务理事会］**　4月8日，上海电子信息职业教育集团一届一次常务理事会在宛平宾馆召开。上海航天技术研究院、联想（上海）有限公司、上海市通信行业协会、中华职业技术学院等16家常务理事单位代表和特邀嘉宾20余人出席会议。集团副理事长、学院院长杨秀英作《集团五年发展规划》主题报告，阐述集团发展目标、基本任务、发展步骤、保障措施、经费预算，明确集团发展方向、集团发展措施、发展步骤和保障机制。年内，上海电子信息职教集团成员单位扩容为44家，其中企业18家、行业协会5家、职业院校21所。

（陈卫炉）

**［曹鹏携交响乐团到校演出］**　4月21日，学院第二届校园文化艺术节开幕式在学院室内运动场举行。著名指挥家曹鹏携上海交通大学交响乐团进行精彩演出。学院领导、德国专家凯夫勒、仪电控股公司团委书记孙丽、师生代表1000余人参加开幕典礼。高雅艺术进校园，为丰富校园文化增添活力。

（陈卫炉）

**［获批年度上海市教育科学研究重点项目］**　9月13日，学院《行业性职业教育集团运行机制的创新研究》获批2009年度上海市教育科学研究重点项目，同时被确立为上海市哲学社会科学规划教育学课题。该项目由上海仪电控股（集团）公司党委副书记、上海电子信息职业教育集团理事长汤名海主持，是学院首次获批上海市教育科学研究重点项目，也是近年获批市教科研重点项目的唯一高职高专院校。

（高莉萍）

**［中德合作办学项目接受评估］**　由教育部立项创建，上海仪表控股（集团）公司、上海市教委与德国慕尼黑汉斯·赛德尔基金会合作实施，旨在探索、实践德国“双元制”职业教育模式的中外办学项目（上海电子工业学校、上海电子信息职业技术学院中德学院）于10月中旬迎来德国经济合作与发展部评估。评估专家舒君德教授（Dr. Guenter Schucher）、Christa Nicolai主要针对项目发展现状、战略规划进行系统考察、论证并走访市教委、市教育评估院等教育行政主管部门，获取反馈信息。

（陈卫炉）

**［与上海电话通信工程建设监理有限公司签约合作办学］**　11月10日，学院与上海电话通信工程建设监理有限公司签约合作办学。学院院长杨秀英、副院长严晓华、校企合作办、通信与信息工程系、中德学院负责人、上海电话通信工程建设监理有限

公司副总经理张志伟等以及42位“监理订单班”学员共同参加签约仪式。该订单班已于10月开学。

（陈卫炉）

## 附:学校负责人及地址

（2009年1—12月）

院党委书记:杨秀英

副书记:顾剑峰

院　长:杨秀英

副院长:顾剑峰(兼)、靖素忠、徐松鹤、严晓华

学院本部(奉贤校区)

地址:奉贤区瓦洪公路3098号

邮编:201411

总机:57131333、57132333

徐汇校区

地址:中山南二路620号

邮编:200032

电话:64172394(总机)

长宁校区

地址:玉屏南路560弄18号

邮编:200051

电话:64598344(总机)

# 上海济光职业技术学院

［**2009年概况**］ 学院以贯彻落实科学发展观为指导，推进内涵建设，实现科学发展的目标，按照《着力加强内涵建设　大力构建和谐校园　努力开创我院科学发展新局面——2009—2010学年工作要点》的部署，推进各项工作。

学院设有建筑系、建工系、经管系、机电系、外语系、护理系、基础部、思政教学部等8个系部，招生专业25个。教职工231人，其中行政管理及后勤人员95人，教师、辅导员和教学辅助人员136人。在校生4833人，其中上海生3495人，外地生1338人。

一、学习实践科学发展观，推进和谐校园建设。学院党委于2008年12月成立后，即以“学习实践科学发展观”活动为主线，分析解决突出问题为重点，着力加强党组织建设、推进和谐校园建设为目标开展工作。学院实践科学发展观活动3月启动，9月总结，获良好成效，师生代表对该活动测评满意度为100%。完成院工会、院团委换届选举。3月31日学院工会第二次代表大会召开，通过《工会工作报告》、《工会经费审查工作报告》；12月29日召开学院二届一次教代会；12月25日召开学院共青团第二次代表大会。成立学院党校，潘洪祺任校长。5月8日至6月19日举办的第一期入党积极分子培训班共有学员54人，经考核、考试、综合评定，全部获得结业证书，10人被评为优秀学员。

二、制定规划，完成依法办学各项任务。完善学院法人治理结构，规范办学。在董事会领导下，明确办学层次、办学目标、办学理念、人才培养目标、专业发展规划、办学特色等6项基本定位。确定学院实现科学发展的总体思路是坚持以人为本，坚持“不动摇、不懈怠、不折腾”，推进学院又好又快发展，概括为四个方面：一是始终把提高教育质量放在首位，同时兼顾效益；二是以师生员工为本，潜修“同济”内涵，吸取八方活力；三是决策上坚持民主科学，管理上注重规范有序，工作上讲究灵活高效；四是学院在社会上有一定的知名度。

强化依法治校，推进规章制度建设。制订了《项目经费管理办法》、《经费支出报销管理办法》、《差旅费管理办法》和《院领导分管业务费使用管理办法》，发出《关于加强院务公开工作的通知》，制定或修订《处置突发公共事件应急预案》、《学生档案管理实施细则》、《网络与信息安全应急预案》、《公文处理实施细则》、《统计工作管理办法(试行)》、《关于信访工作的规定(试行)》、《档案管理办法》和《部分公章的使用规定》等一系列管理制度。同时清理、编印2008年以来印发的全院行政、教学、学生三大类规章制度。

完善监督机制，加强经济、招投标、招生、学籍等管理和监督，聘用常年法律顾问处理涉法事项，妥善处理“违规举办护理专业办学的行为”等遗留问题，使学院办学更规范。

三、加强内涵建设，全面提高教育教学质量。健全教学制度，规范教学管理。各系完成修订高职人才培养计划工作，使修订后的人才培养计划既体现专业要求又体现高职特色，初步树立培养高素质、技能型专门人才的高职教育教学理念。2009级新生已执行新版的人才培养计划。修订《教师教学工作规范》、《教学工作条例》、《教学事故处理办法》和《我校非专任教师兼课的有关规定》等规章制度。制定《毕业实践教学经费使用的原则意见》、《加强实训周教学管理的几点意见》和《关于学生提前顶岗实习的有关规定》等规定，加强实践教学。将有关规章制度编成《教师手册》，印发给每位教师。

抓好思政理论课，加强实践教学。9月7日，学院设立思想政治理论课教学部。学院对大学生思想政治教育工作进行系统的规划和布局，其工作内容主要涵盖思想政治理论课教育、形势与政策教育、国防军训教育、大学生社会实践、心理健康教育、职业发展教育、校园文化建设、辅导员班主任队伍建设。

2009—2010学年实施16周课内教学、2周集中实训教学的新举措。各系、各专业在制订集中实训周教学安排时，重视体现“任务驱动、项目导向、融‘教、学、做’为一体、强化对学生能力培养”，11月举办第三届学生职业技能大赛，结合实训教学，各系部积极组织各专业学生参赛，共上报竞赛项目28项。组织教师PPT讲稿演示交流活动，活动评出各类奖项20个，促进教学方法和手段的改进。

深化高职教育研究和改革，加强专业建设。搞好建筑工程技术、园林工程技术、旅游管理专业等首批教学改革试点专业的建设，强化土木建筑类专业群的强势专业建设。推进汽车电子技术、汽车检测与维修技术、产品造型设计、广告设计与制作和金融管理与实务等5个特色专业的建设。建立稳定的校外实习基地，提高校内生产性实训、校外顶岗实习比例，提高毕业实习(顶岗实习)的质量和水平，促进其与毕业生就业(准就业)的衔接。

开展教研教改课程建设及项目申报立项管理工作，经组织专家评审、院务会审批通过，立项校级精品课程8项、教材建设6项、教改课题12项。7月，经市教委评选公布，学院《外贸单证实务》课程被评为2009年度上海高校市级精品课程。建筑系费越老师《强化品牌意识，培养广告设计人才的教育研究》和经管系李俊菊老师《上海高职旅游专业"2+1"人才培养模式的探索与实践》2个项目入选为晨光计划社会科学研究资助项目。建筑系沈玉石老师荣获2009年上海市育才奖。学院《建筑工程实训基地建设》和《汽车技术实训基地建设(二期)》2个项目获上海民办高校教学高地建设项目资助。

四、调整机构设置，体现精干高效。党委设置4部门均与相应行政机构合署；撤销招生与就业办公室，其职能分归教务处、学生处；实训实验处与实训中心合署；增设思政教学部、建筑设计所。院部到各系部进行新一轮调研，推进两级管理；先后组织赴天华、科技职业、徐州建筑职业技术等学院考察学习。开展对外交流，学院领导与日本冈山科学技术专门学校、英国博尔顿大学建筑与工程学院来院访问的代表进行了会谈。

五、推进学风建设，搞好学生工作。学生3人获国家奖学金、156人获国家励志奖学金、6人获上海市奖学金。43名学生获市高校优秀毕业生称号。11月21日，在"人人参与　奔向世博"上海市学生阳光体育冬季长跑活动暨2009年上海市大学生冬季长跑比赛中，学院运动员荣获大专男子团体一等奖、大专女子团体二等奖。

开展心理健康教育，促进学生心理健康。主题为"积极心态，健康人生"的学院第一届心理健康教育月于5月12日至6月12日进行，通过组织设计一系列形式多样、参与性强、有针对性的活动，向学生宣传心理健康知识，促进学生健康成长，在校园内营造了良好的心理健康氛围。12月，学院成为2009年度上海市高校学生心理健康教育与咨询中心达标建设资助单位。

学院2009年度首次被列为上海依法自主招生21所院校之一；当年录取报到率87.2%(列上海同类院校第二；自主招生报到率为99%)。加强就业指导工作，毕业生就业率91.55%；张培华被授予"上海市普通高等学校毕业生就业工作先进个人"称号。

(马正涛)

**[接受人才培养工作水平评估回访]** 自2006年12月接受高职院校人才培养工作水平评估以来，学院认真进行整改。上海市教委领导及杨应崧教授为组长的评估专家组来校进行评估回访。专家组听取了陈成澍院长的整改报告，并通过查阅资料、现场察看、个别访谈、座谈会等方式进行考察。专家组对学院整改取得的成效表示满意；同时对学院强化内涵建设，促进科学发展提出了建议。

(马正涛)

**[金晶来校作报告]** 9月9日，学院2009级新生开学的第一天，"2008年全国十大杰出青年"金晶到校为全体新生作了主题为《祖国在我心中，我与祖国同行》的报告。金晶充满爱国主义激情的报告，引起全场师生的共鸣。

(马正涛)

### 附：学校负责人及地址

(2009年1—12月)

董 事 长：夏克强
副董事长：曹善华

院党委书记：潘洪祺
　　副书记：陈成澍、姚健敏

院　长：陈成澍
副院长：姚健敏、谢陪俐、潘洪祺(3月到任)

学院本部：水产路2859号
邮编：201901
电话：66761065

武东校区：武东路51号
邮编：200433
电话：65108907

# 上海工商外国语职业学院

［**2009年概况**］ 学院深入开展学习实践科学发展观活动，认真落实各项整改措施并取得阶段性成果。以劳动人事制度改革为动力，以专业结构布局调整优化为抓手，推进高质量、有特色、示范性高职创建工作，各项事业取得显著成绩。

学院设12个教学系部，12个职能处室，其中原思想政治理论课教研室从基础教学部独立出来设置为思政教学部，为学院二级直属机构。学院有招生专业23个，招生范围覆盖全国23个省市。全年招收全日制高职生2093人，业余成人教育学生114人。共有学生7035人，其中全日制高职在校生6656人，业余成教生379人。毕业生2138名，就业率93.08%，签约率79.33%。

学院认真抓好顶层设计。董事会明确了建设高质量、有特色的全国示范性高职院校的近期发展目标，以及打造专业课程建设、人才队伍发展、实践创新教学、校企合作教育"四大平台"的发展路径。学院根据经济社会对人才市场需求的变化，实施专业结构调整优化，确定了特色专业、重点专业和急需专业的布局，以"外语应用能力＋职业岗位技能"为人才培养特色，提出并构建"外语平台＋职业技能模块"课程体系。加强实践教学条件建设，投资440万元完成国家财政资助的数控技术实训基地二期建设项目，投资120万元建设了上海市民办高校实训高地项目航空机务实训室，成立了由上海移动、上海外服公司等30余家企业参加的校企合作教育委员会。开展教学质量提升工程，完善教学质量保障体系，成立了教学工作委员会、教学督导委员会和技师学院领导小组，制订并颁布了《课程建设和教改立项课题管理办法》、《"优青"项目、科研项目管理办法》，举行了首届优秀教学奖评比活动，10名教师获奖；推进劳动人事制度改革，制订了学院《岗位编制办法》、《教职工岗位聘用办法》、《教师工作量计算办法》、《教职工薪酬暂行规定》、《教职工考核办法》等5个文件，在德语系、商务系、韩语系和实训中心等4个单位开展了试点工作。

加强师资队伍建设。召开了第一次师资工作会议，出台了《师资队伍建设规划》和《青年教师培养发展计划》，选派7人出国培训学习、29人参加全国高职高专师资培训班。3人获上海市育才奖，2人获第二届全国高职高专课堂教学竞赛英语专业组二等奖，1人获"上海市优秀青年教师"称号，1人获上海市职业院校教学名师提名奖，赵威老师当选浦东新区第四届人民代表大会代表。学生在一系列职业能力竞赛活动中取得好成绩，获上海未来工程师大赛"LED灯饰创意设计"一等奖，上海市第二届高职高专实用英语(阅读)比赛专业组特等奖、一等奖，上海"远恒杯"首届国际商务单证职业技能竞赛一等奖，第六届全国高职高专实用英语演讲比赛上海赛区一等奖，首届全国高职高专院校秘书职业技能大赛最佳形象奖、演讲一等奖，上海市职业技能大赛数控机床操作团体铜奖等。

扩大对外交流与合作，与韩国教员大学、德国欧福应用技术大学、法国南特大学、美国温盖特大学等签署了合作办学协议，主办了复旦大学、上海交通大学、上海大学等10余所高校参加的中韩大学生联谊会。学院"商务英语"专业被批准成为教育部全国高职高专师资培训项目，来自全国各地50余名教师参加了首批培训。

(周春林)

［**入选韩国海外同胞财团邀请攻读学士学位名单**］ 4月9日，韩国政府海外同胞财团2009年度邀请攻读学士学位国外学生名单公布，韩语系商务韩语0701班王琳同学榜上有名。经韩国成立的专门委员会在数千名申请者中审查，21个国家的45名学生最终入选，在韩国外国语大学进行6个月的语言进修后升入本科攻读学士学位。四年半学习期间，学费全免，并享受韩国政府海外同胞财团提供的每月80万韩元(约合6000元人民币)的奖学金。

(周春林)

［**杨玉环来校视察**］ 6月11日，全国侨联副主席杨玉环，上海市侨联副主席、上海市华侨基金会理事长沈伟娟率上海部分高校的侨联理事一行9人，

在学院董事长钱莹的陪同下来学院视察指导工作。朱懿心院长介绍学院的办学情况，并带领客人参观了外语情景实训中心。杨玉环一行对学院的办学条件、取得的办学成绩给予肯定。

（周春林）

［**召开暑期干部研讨会**］ 8月30日—9月1日，学院暑期干部研讨会在枫泾古镇召开，会议听取全国高职高专校长联席会议主席、全国示范性高职建设工作委员会主任李进教授所做的“示范性高职院校发展现状与趋势”的专题报告，薛喜民教授“对学校劳动人事制度改革的认识”的报告，朱懿心院长“继往开来，为建设高质量有特色示范性高职院校而努力奋斗”的报告，并进行了深入讨论。学院董事长钱莹对全体干部提出了“事业、贡献、团结、责任、创新”的十字要求。会议确定了建设高质量有特色示范性高职院校的近期发展目标，建设专业课程建设平台、人才队伍发展平台、校企合作教育平台、实践教育创新平台四大平台的工作思路以及推进院系两级管理、劳动人事制度改革的现阶段工作任务。

（周春林）

［**成立校企合作委员会**］ 11月13日，举行学院校企合作委员会成立大会暨国家数控实训基地揭牌仪式，30余家企事业单位领导出席大会。会员单位涉及制造业、通讯、互联网、新闻、旅游、餐饮、房地产等行业和领域，包括浦东新区商务委、浦东新区旅游业协会、上海多媒体行业协会、中国金茂（集团）有限公司等多家国内外知名企事业单位。与会人员就继续拓展校企合作深度和广度、创新人才培养模式、谱写互利互赢新篇章进行了深入讨论。

（周春林）

［**获上海市普通高等学校毕业生就业工作先进集体称号**］ 12月17日，上海市教育委员会召开上海高校就业和资助表彰暨工作会议，学院被评为上海市普通高等学校毕业生就业工作先进集体，武桂玲老师被评为上海市普通高等学校毕业生就业工作先进个人。学院2138名毕业生，就业率93.08%，签约率79.33%，综合排名列上海市民办高校第一、全市高职高专院校第二。

（周春林）

［**举办中韩大学生“同筑友谊，共迎世博”联谊会**］ 12月18日，学院主办的以“同筑友谊，共迎世博”为主题的中韩大学生联谊会在图书馆举行。来自复旦大学、上海交通大学、同济大学、上海大学、上海外国语大学、上海财经大学、上海中医药大学等高校的大学生和韩国的大学生150多人欢聚一堂，通过文艺表演、互动游戏、自由交流等形式，增进中韩大学生之间的友谊，提高对2010年上海世博会的了解和认识。韩国驻上海领事馆教育领事林大镐出席并致辞。

（周春林）

**附：学校负责人及地址**

（2009年1—12月）

董事长：钱　莹

院党委书记：王维龙（12月离任）、王一鸣（12月到任）

院　长：孙莱祥（5月离任）、朱懿心（5月到任）

副院长：潘家俊（5月离任）、董大奎（5月到任）、黄　平（9月到任）

地址：浦东新区惠南镇观海路505号

邮编：201300

电话：68020621（院办）

# 上海科学技术职业学院

**［2009 年概况］** 学院全面贯彻落实科学发展观，坚持"质量立院，特色强院"的办学理念，以服务为宗旨，以就业为导向，加强内涵建设，创新人才培养模式，深化教育教学改革，各项工作取得成效。学院有 21 个专业；建有 5 个实训中心，其中通信与电子技术实训中心为上海市职业教育公共实训基地；有 48 个实训室，可开设 117 门实训课程，开出实验实训项目 886 项，进行 23 个工种的职业技能培训，是国家职业资格鉴定上海市第六考站。毕业生 1234 人，就业率为 95.30％。

一、注重以人为本，提升能力素质。积极引进社会优秀人才充实外聘教师队伍，聘任中国社会科学院发展研究中心特聘研究员、经济学博士李肖鸣为人力资源管理专业主任，聘请 YBC 国际顾问、英国剑桥大学艾伦·白睿教授为客座教授，聘任上海捷联投资咨询服务有限公司董事长郑捷先生为兼职教授。加大专职教师培养力度，通过下企业挂职锻炼，参与专业教学改革、精品课程建设、教改项目和科研项目等多种方式，提升教师教学能力和水平。

二、深化教学改革，强化特色建设。按专业布局结构优化方案，从上海和嘉定地区的经济社会发展需要出发，整合各类资源，加强专业、课程和实训设施的资源共享，优化育人条件。在学院发展决策咨询委员会专家指导下，酒店管理、汽车应用技术和社会工作三个专业进行人才培养目标定位和知识技能结构的改革探索，建立能全面体现高职教育高教性、职业性和社会性的课程体系。

三、加大实训基地建设，重视学生技能培养。市教委第四期公共实训基地建设项目中，"多功能、一体化外语实训中心"建设和"数控技术与数控机床维修实训中心"建设已投入使用。第五期实训基地建设项目"计算机技术职业教育公共实训基地"正积极筹备建设。校企合作从数量向质量发展。合作企业的层次不断提高，大型企业、跨国企业、地处嘉定的企业明显增加，合作关系深化，稳定性提高。

四、加强素质教育，促进个性发展。通过清明节烈士陵园扫墓、开展"5·12 汶川地震一周年纪念日"、召开"传承五四精神、奉献青春智慧"师生座谈会等活动，有效地提高思想政治工作的针对性和时效性，收到良好成效。学院营造积极向上、健康活泼、团结互助的校园文化，组织"自强之星"大赛、"中华颂—2009 经典朗诵大赛"、"喜迎国庆 60 周年、奏响校园主旋律"征文大赛、"大学生创意大赛"等系列活动，并依托学生社团开展了大量的科技、体育、文化活动，为大学生提供拓展素质的舞台。围绕 2010 年上海世博会，组织了大规模的展示、宣传和知识普及活动，学生网上测试获证率达 93.4％。开展了"奉献青春热血　温暖生命航程"、"勤学奋进共同成长，励志成才志在四方"等主题教育。引导团员青年参与世博志愿者、宣传中华骨髓库等公益活动。学院大学生志愿者服务总队共组织各类志愿者服务活动 800 多人次，有 60％以上的学生参与了社会实践活动，其中一个项目获市级"优秀项目奖"，两名学生获市级"社会实践先进个人"，一名教师获市级"社会实践优秀指导教师"。稳步推进心理健康教育，对 2010 届 1344 名新生开展了心理综合测评，测评率为 100％，对全体新生建立了入学心理档案资料。还针对各个年级学生容易出现的心理问题，对 2009 级新生举办了专场心理讲座，对 2008 级学生开设了心理选修课（400 多人选修），对有需要的个别学生开展心理咨询与辅导工作，200 人次接受心理咨询和辅导。

（王　影）

**［庆祝建校 50 周年］** 10 月 18 日，学院举行 50 周年校庆活动。全国政协副主席、科技部部长万钢，中共上海市委副书记殷一璀，副市长沈晓明，市政协副主席朱晓明，市委副秘书长姚海同，市教育委员会主任薛明扬，嘉定区委、区政府，中国青年创业国际计划（YBC）全国办公室专门发来贺信或题词。市人大常委会副主任郑惠强、原市人大常委会副主任周慕尧、市委副秘书长姚海同、市教委主任薛明扬、市教委副主任王奇、嘉定区委副书记曹一丁、中国青年创业国际计划（YBC）执行总干事杨华东、嘉定区人大常委会副主任张国民、区政协副主

庆祝建校 50 周年

席章宇慧、原区人大常委会副主任周丽玲等领导参加了校庆活动。朱建新董事长作题为"传承历史,坚守科技之魂五十载;继往开来,弘扬兼容之气谋发展"的致辞。

（王　影）

［**课程和教学取得明显成果**］　年内,《通信与电子技术类职业教育公共实训基地的建设与教学实践》项目荣获 2009 年上海市教学成果二等奖。通信与电子信息系的《电子感测技术》和人文社会科学系的《立体构成》2 门课程被评为上海市精品课程,至此学院已有 5 门上海市精品课程。

（王　影）

［**被评为 KAB 创业教育(中国)项目优秀院校**］2 月,学院被团中央、全国青联、国际劳工组织评选为全国 KAB 创业教育(中国)项目优秀院校,成为全国 4 所优秀高校中唯一的高职高专院校。12 月,学院被上海市教委批准列入创业教育体系建设试点高校。

（王　影）

［**在全国大学生竞赛中获优异成绩**］　在 2009 年全国大学生数学建模竞赛中,学院获全国二等奖 1 项,上海赛区一等奖 2 项、二等奖 1 项。楼烨老师获上海赛区优秀教练员奖,是唯一一名获此奖项的高职高专院校教师。在全国大学生电子设计竞赛中,学院获上海赛区二等奖、三等奖各 2 项(此次竞赛无一等奖),包揽了上海赛区 1/4 以上的奖项。青年教师杨春雷获上海赛区优秀指导教师奖。学院还分别获得上述两项大赛的优秀组织奖。

（王　影）

**附:学校负责人及地址**

(2009 年 1—12 月)

董事长:朱建新

院党委书记、院长:庄顺根

副院长:马德坪、周财宝、王云飞、俞　伟

地址:嘉定区金沙路 280 号

邮编:201800

电话:69990010

# 上海农林职业技术学院

［**2009年概况**］　学院深入开展学习实践科学发展观活动，不断提高教育教学质量和管理水平，各项工作取得了优良成绩。

深入开展学习实践科学发展观活动，6项整改内容全部完成，圆满完成学习实践活动的各项工作，群众满意率达98%。学院荣获第十四届“上海市文明单位”称号和上海市农委系统安全生产工作先进单位。学院设有6系共22个专业，学生4027人，专任教师209人，其中具有高级职称的教师51人，占26.4%。招生1392人。毕业生1354人，就业率93.5%。校园占地面积384481平方米，总建筑面积121970平方米。

优化专业布局，突出农林特色。明确“需、特、强”专业的定位以及专业结构调整优化的目标和措施。召开第二次教学工作会议，形成并下发了关于优化专业结构培养紧缺人才的文件。完善课程体系，有5门院内精品课程立项，投入资金7.5万元。《生物技术》和《花卉生产》被评为上海市精品课程。

深化校企合作，加强工学结合教学模式改革。与上海鲜花港、光明乳业、上海农展集团等114家企业建立了校企合作关系，其中与83家签订了长期稳定的校企合作协议、30家挂牌为校外实习基地。推进技师学院工作，实施的专业模块数由2006年的3个增加到了现在的5个。继续教育开拓办学业务，完成合作教育项目招生821人，合作教育学费收入300余万元。上海市现代农业开放实训中心完成实训教学任务，校内学生实训3514人次，安排40个勤工俭学岗位。两个鉴定站对2336人进行职业技能鉴定。完成4284学时的社会培训。实训中心成为上海市中小学德育教育实训基地，接受中小学社会实践14270人。

加强师资队伍建设。组织和完成了70多人次各类培训和教师下企业顶岗实践活动。组织教师参加教育部全国高职高专教育培训基地的“双师素质”培训。选拔3名教师作为优秀青年教师培养对象。11人获上海市优秀青年教师培养基金项目，1人获晨光计划项目，1人获上海市教学名师提名奖，1人被评为2009年全国农业职业教育教学名师。

组织教学改革课题研究。校内课题立项24个，投入经费31万元。全院各种校外课题立项16个，获资助经费55.9万元。3项上海市科技兴农重点攻关项目和2006年度9位青年教师“上海高校选拔培养优秀青年教师科研专项基金”资助项目顺利通过结题验收。《高职院校“融合式”校企合作人才培养模式的探索》课题获上海市教学成果三等奖；《“以工作任务作驱动，以工作过程为导向”的〈动物外产科〉课程教学模式探索与实践》课题获第三届全国农业职业教育教学成果二等奖。学院主持的市农委科技兴农攻关项目《百子莲新品种选育与种质资源创新》课题的阶段性成果（新品种）3万株百子莲已被用于世博会室外场景布置。平面压花作品《腾龙》和《满格》在第七届中国花卉博览会上分获金奖和银奖。

加强大学生思想政治教育和德育工作。结合新中国建国60周年、澳门回归10周年、迎世博等主题和知识竞赛、征文比赛、宣传画评比等赛事，开展大学生思想政治教育活动。9月，学院成立了思想政治教学研究部，启动思想政治理论课建设和改革工作。召开了大学生思想政治工作会议。开展学生职业道德教育专题报告会41场。重新制定了学院《关于辅导员考核工作的实施意见》和《加强辅导员管理和制度建设意见（试行）》等一系列规章制度。开展辅导员队伍专题培训7次，提升辅导员队伍素质。

开展丰富多彩的校园文化活动。举办第22届“上农之春”文化节，共开设5个板块、17项文体类活动和18个技能比武项目，学生参加率100%。组织学生参加“上汽教育杯”科技作品展、急救比赛、普通话比赛、大学生大合唱等市级以上比赛活动，共获10多项市级以上奖项。举办学院第6届田径运动会。组织开展志愿者服务队下乡、世博英语宣传等志愿者服务工作。34个社团全年累计参加12000人次。组织大学生无偿献血474人，72人加入中华骨髓库。21名学生应征入伍。在上海市红十字会组织的初级急救知识比赛中荣获三等奖。31人获上海市优秀学生称号，9名学生获上海市奖学金。258名新生获国家助学贷款。1156人获国家和上海市助学金、国家励志奖学金。对临时困难的716位同学发放特殊补助金。安排1200名学生校内外勤工助学。心理咨询室接待咨询379人次。

加大资金投入,改善办学条件。投入实验实训教学仪器设备专项资金266.27万元,新增和更新教学仪器设备506台(套)。购入专业图书8922册,增设3个阅览室。新版OA办公子系统已投入运行。完成学生食堂、学生公寓、体育馆、教师公寓等10个重点维修改造项目。对学生餐厅实行"6T"实务管理。新出台9项制度,修订、完善了21项制度。成立综合档案室,设立档案工作专职人员,规范档案管理工作。

主动服务社会主义新农村建设。与青浦区金泽镇王港村签订了第二轮结对共建协议,开展了一系列主题活动:成立专项课题组,对港村的自然资源、人口情况、文化科技现状以及社会经济现状作系统调查研究;帮助王港村村委会设计全村绿化规划方案等。对崇明、宝山、奉贤等5个区县10余个岗位开展服务新农村调研工作,形成《上海农林职业技术学院毕业生服务新农村建设调查报告》和《上海农林职业技术学院在校生服务新农村建设调查报告》。学院获市农委系统信息公开先进单位。

增进国际交流与合作。全年共派出各类出访团组6批48人次,其中组织赴韩国济州高等学校、法国圣·日耳曼农业学校出访交流18名师生;组织第四批22名师生赴丹麦进行了为期12周的进修和实习。派团出访澳大利亚考察合作办学项目。选送4名教师到法国等进修学习。全年接待国外团体共6批。

(郑江平　张和平)

**[在第二届全国农业职业技能大赛上获奖]**　5月21日,第二届全国高等职业院校"上海种业杯"农业职业技能大赛在学院举行,共设艺术插花、园林景观设计、种子质量检测和动物外科手术等4个项目,全国26个省市53所高职院校400多名代表参加。学院参赛学生共获得了艺术插花、种子质量检测和动物外科手术3个项目特等奖,园林景观设计项目一等奖,学院荣获大赛优秀组织奖。

(郑江平　张和平)

举办第二届"上海种业杯"农业职业技能大赛

**[召开第二次教学工作会议]**　10月25日,学院召开第二次教学工作会议,形成了《关于"优化专业结构,主动对接'三农',为上海率先实现农业现代化培养紧缺人才"的若干意见》,明确提出在未来2—3年内,形成"1+2+9"专业结构调整改革方案,即为所有非农专业学生开设1门农学概论课程;增设2个新专业;拓展9个涉农专业方向。

(郑江平　张和平)

**附:学校负责人及地址**

(2009年1—12月)

院党委书记:卓丽环(6月离任)、吴乃山(6月到任)

副书记:朱　敏(6月离任)、卓丽环(6月到任)
李海涛(3月离任)、俞锦禄(6月到任)

院　长:卓丽环

副院长:朱　敏(6月离任)、李海涛(3月离任)、俞锦禄、仲肇森、谢锦平

地址:松江区中山二路658号
邮编:201600
电话:57822666

# 上海建峰职业技术学院

［**2009年概况**］ 学院以学习实践科学发展观活动为动力，坚持解放思想，深化改革，围绕建设全国知名、具有鲜明行业特色的高职院校目标，推进人才队伍、学科专业、校企合作及和谐校园建设的发展。抓住机遇，开拓进取，在专业建设、教育科研、办学条件、招生与就业、继续教育和院办企业以及精神文明建设等方面取得新的成效。

录取学生1193名。毕业生就业率达97％。

一、深入开展学习实践科学发展观活动，党建工作得到加强。学院坚持以“坚持科学发展，围绕一个目标，推进四项建设”为实践载体，理清了学院科学发展的正确思路，健全了有利于学院科学发展的机制体制。学院党委采用“公推直选”的方式完成了各基层党支部的换届改选。在开展创建红旗党支部和先进党支部的活动中，进一步完善了创建制度，为青年党员干部的成长搭建了舞台，涌现出了一批先进党支部和优秀党员。学院党委先后举办了多次党的基础理论知识讲座，2次入党积极分子培训班，500多人次参加讲座和培训。

二、以学科专业布局结构调整为契机，提高办学水平。坚持以就业为导向，主动适应市场需求，按照“开发一批、调整一批和淘汰一批”的原则，调整、优化专业结构。高职专业由2002年办学初期的7个发展到36个专业(含方向)。上海市教委新批工程测量专业开始招生。调整专业建设的发展方向，制定了学院发展定位和专业布局调整方案，提出了“以土木工程为特色，涵盖了工程技术、工程经济、工程管理等专业，具有鲜明行业特色的高职院校”的发展定位。

学院投入100万元用于优秀人才的引进。建立和健全各系的专业教研室，制定和完善教研室建设的若干管理制度，定期开展各类学术研讨交流活动。由院长武佩牛教授牵头的“计算机控制大型钢结构安装整体平移技术”课题获得集团科技成果二等奖、上海市教学成果二等奖。以武佩牛为核心的“钢结构安装技术”教学组被评为“上海市教学团队”。院长武佩牛被评为上海市特级校长，副院长徐辉被评为上海市职教系统教学名师，3名教师获上海市育才奖。学院教师主编及参编《园林工程设计》、《自动检测与转换技术》等4本教材，在核心期刊发表论文10余篇，完成省部级课题共6项，新申报同意立项的省部级课题12项。

办学条件得到改善。学院完成建设类专业公共实训基地二期地下空间实训区的建设，盾构、逆作法、地下连续墙和气压沉箱等技术方法在同行业中处于领先地位。新建医护实训室11个、艺术类实训室2个，并新增了英语教学、艺术设计、报关物流实训专用机房。改造了学生活动中心、图书馆楼和学生宿舍。

社会服务功能得到拓展。学院为企业及社会开展各类技术人员的培训，培训内容由单一的建筑行业扩大到了其他行业。全年开设各类培训班119个，培训学员13566人，培训额为1300万元。作为商务部对外援助培训基地，5月，学院再次举办“建筑工程技术培训班”，来自阿拉伯地区9个国家的16名学员参加培训。建峰实业公司依托学院开拓经营，所属各企业新签合同金额2.8亿元，完成产值4亿元。

三、以提高学生综合素质为目标，探索具有职业院校特色的学生管理工作模式。学院根据高职学生的特点，逐步完善分层递进的德育内容体系；坚持以学生为主体，通过组织学生开展“我爱我的祖国”主题教育系列活动，迎世博主题教育实践活动、志愿者服务日活动、暑期社会实践、重大节日升旗仪式等活动，提高学生的综合素质。

着力推进学生管理工作。健全完善了学生管理条例、学生奖惩条例、学生申诉条例、勤工俭学条例、助学贷款及奖助学金实施办法、学生社团管理办法等，加强学生的日常管理，大力开展学生生涯规划教育和就业服务工作，提高学生的就业创业能力。

营造文明和谐的校园文化环境。学院建立了文学社、话剧社、音乐社、动漫社、体育俱乐部和计算机爱好者等30多个社团，选派优秀的教师对学生社团活动进行辅导，组织青年学生开展志愿者服务日活动、迎世博主题教育实践活动、社团巡礼活动、大学生辩论赛、歌唱大赛等，推动校园文化建设迈上新台阶。

加强法制消防安全教育。在投入巨资建立了校园周界报警装置和校园监控装置的基础上，加强了对学生的法制教育，邀请地区公安分局和警署领导兼任学院的法制副校长，定期到学校为学生上法制课，与在校学生签订了安全责任协议书，开展消防知识培训及交通安全教育，确保了校园的稳定。建立了安全文明校园创建活动领导小组和工作小组，落实了创建工作责任制，形成了良好的校园环境。

（沈绣卿）

**［连续三届被评为上海市文明单位］** 多年以来，学院贯彻落实科学发展观，做到一手抓发展，一手抓精神文明建设，在学院实现跨越式发展的同时，精神文明建设也取得了丰硕的成果。2009年，学院再次被上海市人民政府命名为上海市文明单位。

（沈绣卿）

**［在职业技能大赛中获奖］** 为加强技能型人才的培养，学院开展首届职业技能大赛。教师组比赛分为多媒体课件制作和教案撰写比赛，学生组比赛涉及6系1部，共8个大类，16个比赛项目。全院师生参与各项技能比赛，并在此基础上参加上海市和国家的比赛，取得较好成绩：1名教师获上海市多媒体课件制作三等奖；学生在全国高等院校广联达软件算量大赛中获二等奖，上海市国际商务单证技能竞赛中获得1个一等奖和3个三等奖，上海市数模竞赛获得1个二等奖，上海市广告艺术大赛获得1个三等奖。

（沈绣卿）

## 附：学校负责人及地址

（2009年1—12月）

院党委书记：武佩牛
副书记：徐　辉、朱玉龄、杨光辉

院　长：武佩牛
副院长：徐　辉、杨秀方、俞　娟、崔　进、诸葛棠

地址：宝山区漠河路800号
邮编：201900
电话：56601258

# 上海邦德职业技术学院

［**2009年概况**］　学院深入开展学习实践科学发展观活动，以迎接人才培养工作水平评估回访为抓手，加强教育教学改革和师资队伍建设，推进内涵建设和实践教学。在人才培养、教育教学、专业结构调整、重点课程建设、技师学院考证、学生综合素质、毕业生就业、校园文化、文明单位创建、安全文明校园建设以及管理工作等方面取得进展。

学院在读学生4100余人。招生1284人，与上年基本持平。毕业生1302人，就业率达到95.78%，比上年略有上升。

学院下设8个分院，26个专业。学院有专职教师157人，其中高级职称48人，正副教授10人，双师素质型教师16人；另有兼职教师156人，其中正副教授52人。

3月—9月，开展学习实践科学发展观活动，获得阶段性成果，进行群众测评满意度达98.08%。

优化专业结构，内涵建设取得进展。制订和完善2010—2012年三年的专业建设方案，着力扶持强势专业，重点培育特色专业，调整淘汰弱势专业。增设家政服务、社区康复、电子商务等3个专业，积极申报集装箱运输管理、广告媒体开发、财务信息管理、物业管理、机动车保险实务等5个专业。开展“首届教学质量月”活动，促进教师在教学过程中实施“备好每一门课、讲好每一节课、抓好每一份作业、改好每一份试卷、做好每一次答疑，加强每一门课程建设”的“六个一”工程；举办青年教师“课堂教学擂台赛”和“齐抓共管，共建教风、学风座谈会”，为青年教师搭建课堂教学竞技平台和创建教与学和谐教学的工作环境；进行22天的期中教学质量检查；开展重点课程和精品课程建设，14门课程被批准为院级重点课程、2门课程被批准为院级精品课程。传媒分院电脑动画设计课程被市教委评为上海市精品课程。

构建实践教学，技师学院和实训基地得到发展。2007级学生通过第一轮技师学院“高级技能鉴定”的有360人，通过率为83.3%。技师学院的教学工作通过上海市劳动局督导组的检查，得到基本认可。参加第二轮技师学院鉴定的2007级学生有678人，涉及汽车运用技术等7个专业，包括8个“高级技能鉴定”的项目，已完成7个考证项目。建有14个实验实训室和3个高标准的数码、汽车、物流教学高地，拥有49个校外产学结合的实习实训基地，并拓展了14个新的校外实训基地。学院第四期汽车教学高地和第五期酒店实训中心正式投入建设。重视实践教学在课堂教学中的比重，许多专业实践教学的课时量已达到总课时量的50%以上，形成了具有专业特色的实践教学体系。自编实践课程教学大纲、制订实验实训方案和实验实训报告，致力于提高学生实际操作能力和技能水平。经济与管理分院院长黄中鼎教授组织专业教师撰写了《供应商操作手册》、《国际物流综合协作实训操作手册》等一套9本物流管理实训教材。新建的化学实验室也自行编制《化学基础》课程实验教学大纲、实验教材、实验报告和实验室安全操作守则等，促使实践教学规范有序。

加强辅导员队伍建设，学生工作成效明显。辅导员队伍初步形成院、分院两级管理体系。制订和完善“学院学生处工作职责”、“分院学生工作职责”、“分院办主任工作职责”、“辅导员工作职责”、“辅导员工作量化考核方法”、“辅导员工作手册”、“学生晚自修实施方案”和“三风建设要求”等8个文件和规章制度，规范学生教育和管理工作。组织完成2006—2009级2200余名学生的军训任务；24名学生参军加入服务世博的武警部队；献血活动，452名同学义务献血。抓好心理健康教育网络建设，对学生开展心理咨询、心理辅导和心理测试活动。357名学生获各类奖学金，总金额达14.79万元。129名学生得到国家助学贷款，总金额达77.3万元；626名学生因家庭经济困难得到各种形式帮困，总金额达182.5万元。成立上海世博会邦德学院志愿者工作站，628名学生参加世博志愿服务，社会反响很好。重视大学生党建工作，56名大学生加入中国共产党；顺利召开第四届团代会、学代会，选举产生了新的共青团上海邦德职业技术学院第四届委员会和第四届学生会。

提升校园文化，和谐校园建设取得新发展。学院又获“2007—2008年度市教卫系统精神文明单位

（和谐校园）”称号，自 2003 年以来，学院已连续三届、六年获此殊荣。在开展 2009—2010 年度新一轮文明单位创建工作中，学院分解和落实市教委关于创建工作的 64 项评估指标、22 项核心指标、4 项特色指标和 5 项否定指标，开展中期文明创建测评检查，并对创建活动中涌现的 13 个文明班级、28 个文明宿舍、105 名文明学生及 8 名文明教工予以表彰。汽车分院团总支同甘泉路街道民间组织服务中心义工活动总站结对共创精神文明。在建国 60 周年庆祝活动中，举办“我爱我的祖国”、“我心目中的好教师”、“我爱我的教师岗位”等文艺演出和演讲比赛。举办第七届校园文化艺术节。推进内部体制改革，调整和完善分配激励机制，提高教职工工资收入。加强网站建设，投入 100 万元资金，开通 microsoft 系统校园网。完成学院对外网页的更新，利用校园网进行教育教学管理。投入 110 万资金，完成校园安全技防设施建设。“安全文明校园”创建工作得到了检查组的充分肯定。

开展教代会和工会工作，维权实效得到提高。推动校务公开和实施民主管理；建立校工会委员会和工会组长每月例会制度。设立校务公开栏，公开告示涉及教职工活动和利益的事务工作。建立工会活动中心，为教职工在工作之余提供文体活动和交流休闲的场所。关心教职工身体健康，实现年度体检活动系列化和检查、咨询、服务一条龙的保健服务。

（沈乐华）

**［人才培养工作水平评估回访］** 4 月 30 日，市教委组织评估专家组对学院的人才培养工作水平进行评估回访考察。专家组通过听取院长报告、查阅文档、个别访谈、实地考察等多种形式，对学院的专业建设、师资建设、教学设施设备建设等进行评估考察，充分肯定学院人才培养工作中所取得的成绩，同时对学院的专业建设、师资建设和办学条件等方面提出建议。

（沈乐华）

**［举办第七届校园文化艺术节］** 5 月 13 日至 6 月 10 日，学院举办第七届校园文化艺术节，本届艺术节的主题为“践行科学发展，构建和谐校园”，开展了内容丰富、形式多样的文体活动，评选出了青春歌手、大合唱、摄影、体育、足球、绘画、设计、书法、征文、演讲、辩论、创业计划、世博知识、传媒游园、社团巡礼等竞赛的优胜者和优秀组织集体。通过举办艺术节，学院倡导广大学生继承和发扬“五四”光荣传统，努力提高综合素质，促进文明单位（和谐校园）建设。

（沈乐华）

**［接受“安全文明校园”创建测评检查］** 12 月 10 日，市教委评估检查组对学院 2008—2009 年度“安全文明校园”创建工作进行测评检查。检查组在听取汇报、召开座谈会、进行问卷调查、查阅文字资料、实地检查重点部位和重要设施后，对学院创建工作给予了充分肯定。

（沈乐华）

**附：学校负责人及地址**

（2009 年 1—12 月）

董事长：朱德炎

院党总支书记：刘　彬

院　　长：王鸿业
常务副院长：刘　彬
副 院 长：任淑淳、朱安健

地址：锦秋路 299 号
邮编：200444
电话：56680657

# 上海托普信息技术职业学院

**［2009 年概况］** 学院认真贯彻实施《上海教育事业“十一五”发展规划纲要》，深入开展学习实践科学发展观活动，明确办学指导思想，梳理办学思路，推进教学基本建设，注重内涵建设，为学院稳步发展奠定良好基础。

学院增设软件测试专业，现共有 20 个专业。招生 664 人，在校生达 3684 人。毕业生 1547 人，就业率达 90.17％。校舍建筑总面积 109050.89 平方米，现有教学仪器设备总值 2025 万元，并建立了 29 个校内外实习、实训基地。

学院深入开展学习实践科学发展观活动，明确学习实践活动的载体“规范办学，科学发展”。完成了学习调研、分析检查、落实整改各阶段的活动安排。学院师生对“深入学习实践科学发展观活动”给予高度评价，满意度为 100％。

学院坚持依法办学，教育管理水平不断提高。优化干部选拔机制，年内共有 6 位中层干部和 3 位优秀员工进行了“串岗”交流。加大力度推行二级管理模式，重新调整二级机构和岗位的设置。重新制订了《上海托普信息技术职业学院收入分配管理试行办法》，员工劳动合同签约率与办理社保覆盖率达双百。加强对后勤部门的管理和培训，在后勤员工中开展了“责任与意识”、“问题背后的问题”为课题的专题学习讨论和“安全生产知识”的培训，成立了学院园区管理委员会，与学生管理部门共同肩负起管理学生的责任。

举行学校教职工“歌唱祖国”合唱比赛

加强学生思想政治工作，注重创新人才培养。学院加强党组织的发展工作，全学年发展党员 40 名。为深化思想政治理论课改革，学院新设思政部，发挥学生思想政治理论课主渠道作用。同时，指导学生社团建设，积极开展世博志愿招募活动，提升学生文明素质。

强化师资队伍建设，全面提高教师素质。开展高职高专教学理念的学习，帮助广大教师转变由“理念”到“实践”的过程。通过组织学习、派员参观培训、论文评比等多种形式，让广大教师获得最新的理念和最直接的实践成果。20 余人参加教育部组织的双师培训班或到企业进行学习、访问，以提高双师素质。开展“实践教学建设年”活动，评审通过了新修订的 51 份实践教学大纲及 30 本自编实践教学指导书。

创新学生管理体制，完善学生成长成才服务体系。新修订学院《三年级辅导员工作职责》(试行)、《毕业生就业工作实施细则》等制度。对全体辅导员开展 9 次培训，选送 27 人次参加了上海市辅导员工作专题培训。对 660 余名新生心理健康进行了排摸，对重点学生进行了心理危机干预，取得良好成效。邀请了40余家单位参加毕业生校园招聘会，并积极联系实习实训基地，为学生实习就业开展“一站式”服务。提供勤工助学固定岗位500余人次，发放勤工助学岗位助学金12万余元。

注重内涵建设，取得累累硕果。在上海市学生阳光体育大联赛中荣获定向越野（高职组）一等奖、专科男子团体三等奖、道德风尚奖等；杨桦院长等荣获教育部“全国第二届大学生艺术展演活动高校校长书画摄影作品”校长风采奖；马洪良老师获“天华杯”全国电子专业人才设计与技能大赛优秀指导老师；张冲等同学获全国大学生电子设计竞赛三等奖。学院还在动漫制作、商务单证等各方面技能竞赛中取得多项荣誉。

（乔　佳）

**［共建实训基地］**　9月15日，管理学院与品天信息技术服务有限公司正式签署校企合作协议。至此，管理学院工商管理专业“品天实训实习基地”正式建立，学生在岗前培训后将正式进入基地进行实训实习。

（王雪莲）

**［《立业周刊》通讯站授牌］**　12月16日，《立业周刊》通讯站授牌仪式在学院行政楼会议室举行，标志着学院加入该刊理事会，《立业周刊》上海托普学院通讯站正式成立。

（程　力）

**［开展军地青年联谊活动］**　12月25日，院学生处组织青年辅导员赴外高桥解放军总参谋部61398部队开展“军民情深，共度圣诞”——军地青年联谊活动。双方领导表示，将在军地之间开展更多的交流活动，为青年人搭建更为广阔的交友平台。

（宋　捷）

**附：学校负责人及地址**

（2009年1—12月）

董事长：沈　斌

院党总支书记：杨　桦
　　副书记：陈晓群

院　长：杨　桦（兼）
副院长：刘　健

地址：浦东新区惠南镇勤奋路1号
邮编：201300
电话：68020823

# 上海中侨职业技术学院

［**2009年概况**］ 学院以科学发展观为指导，全面贯彻落实教育部、市委、市政府有关工作精神和学院"十一五"事业发展规划，开拓创新，坚持改革，在教学改革、人才培养等方面取得显著成绩。

学院占地面积为154880平方米。设有外语系、经济系、管理系、应用技术系和应用艺术系5个系，31个专业。录取1986人，报到1699人，报到率为85.5%，全日制在校学生为5140人；毕业学生1135人，就业率96.12%。

推进党的建设。开展学习实践科学发展观活动，按计划完成各项学习实践任务。组织党员干部学习《关于进一步加强上海市民办高校党建工作的实施意见》。密切联系群众，做好"三个联系"：院领导负责联系所属部门和系；支部书记联系党员；党员联系群众。完善院领导每周一次的接待日制度，加强统一战线工作。发展党员47名。

明确"特色文化"内涵。学院文化的品牌是"一场二廊三林四园和五系文化"。"一场"指中央世纪广场；"二廊"即文化走廊和艺术走廊；"三林"是"瑶林"、"杏林"和"桃林"；"四园"是以浪漫出彩为风格的"致园"，以规矩、笃实为风格的"达园"，以"细节决定成败，资讯拥有世界"为意境的"渐园"和以"博弈"的浮雕展示商海博弈的"博园"；"五系文化"即外语系在出彩中的精致文化、艺术系在浪漫中的创新文化、技术系在规矩中的笃实文化、管理系在别致中的细节文化和经济系在纷繁中的博弈文化。

深化教育教学改革。学院在完成人才培养水平评估复评工作后，明确打造"特色中侨、数字中侨、文化中侨"的教育发展理念，并积极推行"以市场为导向、以就业为导向、以职业能力为导向"的办学定位。在明确定位后，各系都积极推进教学改革力度。

加强学生工作和校园文化建设。健全奖、助、贷、勤体系，9名学生获得国家和市府奖学金，146名学生获得国家励志奖学金，950名学生获得学院一、二、三等奖学金及鼓励奖学金，发放奖学金109.64万元；1228名学生获取国家助学金，发放助学金156.125万元；126名学生办理国家助学贷款，共计75.6万元。开设勤工助学岗位160个；对特别困难的118名新生进行补助。成立学生纪检队、学生社区管理委员会。校园文化和谐发展，举办建国60周年文艺汇演、首届寝室文化节、校园主持人大赛、第五届外语文化节。开展社会实践和志愿者活动，开展"便民服务"、"义工"、"帮困结对"和"无偿献血"等社会性公益活动；成立青年志愿者协会，组织开展校园环境整治、社区共建、校园帮困等活动。全年有6000多人次志愿者参加各类服务活动，服务时间达5万多小时。学院"大爱之行·彩云之南"世博公益实践团获上海市大学生暑期社会实践活动优秀项目奖，1人获上海市大学生暑期社会实践活动优秀指导教师，2名同学获上海市大学生暑期社会实践活动先进个人。32名学生应征入伍，其中女生29名，男生3名。

加强教师队伍建设。学院一手抓招聘引进，一手抓培养提拔。学院新进人员48人。组织39名新进员工校内培训，20多人次对外输出培训。批准提拔25名优秀中青年教师担任系主任、系副主任、系主任助理、专业主任和教研室主任。28名教师担任校内专业技术职务，11名教师参加上海市高职高专评审委员会评审，通过率100%，其中1名教师评上高级职称，10人评上中级职称。15名青年教师参加了上海市教育委员会组织的优青项目，共获得33万元资助资金。2人成功申报"晨光计划"。1人获上海市育才奖。

拓展国际合作交流。学院拓展了美国、英国、德国、法国、日本、韩国、新加坡等全新留学项目，总项目数达到25项，这些项目所属国外院校皆为本科以上学校，且认可学院课程学分，可供学生经过三年中侨学习后赴国外进行续本乃至升硕的深造。接待6所国外院校代表，洽谈合作事宜。出国师生人数共计87人。

继续教育工作成绩显著。学院继续教育部为在校学生和康桥工业园区的员工提供各类培训项目。学院成为上海市第一批"本科自考助学合格单位"和上海市民办高校继续教育协会副理事长单位，获得上海高教协会的"创新奖"、民办高等教育协会的"民办教育明日之星"称号。

学院通过上海市安全文明校园和平安单位的验收;语言文字工作评估达标;连续 3 年被评为上海市文明单位。

(俞春英)

**[共建数字化校园]** 2 月 5 日,微软(中国)有限公司和学院举行微软校园协议合作签约仪式,全面使用微软公司的正版软件。学院董事长严红娟、院长潘日芳,微软公司华东区公共事业部经理徐军海等出席了签约仪式。学院是全国首家职业技术类院校加入微软高校校园协议。

(俞春英)

学院与联想、微软公司签约

**[共建上海首家"笔记本大学"]** 2 月 5 日,全球第三大 PC 厂商联想集团和学院联合在上海举行了共建笔记本大学签约仪式。双方宣布将展开全方位校企合作、凭借"笔记本大学"这种新的教育模式培育更多、更优秀的高级职业技术人才。学院董事长严红娟、院长潘日芳,联想集团全国高教经理左铭旺、联想集团上海分区大客户总监瞿忠等出席签约仪式。联想集团将采取以下措施:为学院提供一个试验性的无线环境;在学院设立"联想昭阳奖学金"奖励优秀学生;在学院开设"联想专业技巧培训"课程等。

(俞春英)

**[人才培养工作水平评估]** 5 月 21 日,以教育部高职高专院校人才培养工作水平评估委员会主任杨应菘为组长的专家组一行 5 人对学院进行复评。专家组通过听取学校汇报、召开座谈会等方式,肯定了学院四方面的成绩:大力开展高职教育工作;增加投入,明显改善基本办学条件和实践办学条件;增强激励机制,注重双师型素质和师德的培养;有力推动专业与课程的改革和建设;加强思政队伍建设,提高学生工作队伍水平,努力营造中侨特色文化。同时,专家组对学院工作提出改进建议。

(俞春英)

**[召开第四次思想政治工作会议]** 6 月 12 日,学院第四次思想政治工作会议在学院大礼堂召开。学院董事长严红娟、院长潘日芳、副院长陈鹤琴、科教公司总经理钱伟解及全体教职工及部分学生干部参加会议。副院长朱莉莉回顾和总结了 2008—2009 学年学院思想政治工作和学生管理工作。各系分别围绕党建、团建、学生就业、校园文化、社团活动等主题,创新性地采用电脑视频的形式展现一学年来学生工作所取得的丰硕成果。

(俞春英)

**[举行首届"说课"竞赛]** 10 月 23 日,上海医疗高等专科学校胡颂恩教授应邀来校进行"说课"培训讲座,拉开学院"说课"竞赛的序幕。此次活动历时两个月,分培训、初赛、决赛和总结四阶段进行,13 人进入"说课"决赛,6 人获本届说课竞赛等级奖。开展"说课"活动,有助于教师之间的切磋,有效提高教师的教学能力和素质,提高教学质量。

(俞春英)

**[召开第四次教学工作会议]** 11 月 13 日,学院第四次教学工作会议在多功能厅召开。学院董事长严红娟、院长潘日芳、副院长陈鹤琴、科教公司总经理钱伟解及全体教职员工出席会议。会上,各系

汇报教学工作目标及实施情况，经济系作《“校企合作框架下的工学结合教学模式”探讨》的报告；外语系作《以“三维能力”，打造应用型外语人才》的报告；管理系作《依托行业企业，推进“能力本位项目化”课程教学改革，提升教学质量》的报告；艺术系作《探索应用艺术特色教学——“模拟公司教学法”》的报告；技术系作《坚持办学“三个导向”，打造好“一个专业进口，多个岗位出口”的培养模式》的报告。副院长陈鹤琴作了《认清形势、明确定位，打造特色、寻求突破》的报告。学院董事长严红娟、院长潘日芳分别作讲话。

（俞春英）

**［学生参加各类比赛获奖］** 唐冰洁、沈聪在中国大学生广告艺术节获学院奖三等奖。唐冰洁、沈聪、李雯在《马兰花》全国大学生海报设计大赛中获一等奖，严峰获二等奖，马微、徐振琨、葛邺鸿、徐圣迪、黄奕雯获三等奖。杨蕾、沈聪在全国大学生广告创意设计大赛中获三等奖。徐贞妮在维丽雅国际化妆美甲邀请大赛中获一等奖。全国第六届高职高专实用英语口语大赛上海地区复赛，王超绩获英语专业组比赛二等奖，凌宇静获非英语专业组比赛三等奖。上海市第二届高职高专实用英语（阅读）竞赛，邓丹获非英语专业二等奖，王琳获非英语专业三等奖。全国第六届高职高专实用英语口语大赛上海地区复赛，王超绩获英语专业组比赛二等奖，凌宇静获非英语专业组比赛三等奖。上海市第二届高职高专实用英语（阅读）竞赛，邓丹获非英语专业二等奖，王琳获非英语专业三等奖。上海市第二届韩语大赛，获团体赛季军。

（俞春英）

**附：学校负责人及地址**

（2009 年 1—12 月）

院党总支书记、院长：潘日芳
副书记、副院长：朱莉莉（8 月离任）

副院长：陈鹤琴

地址：浦东川周路 2788 号
邮编：201319
电话：58132788

# 上海工艺美术职业学院

［**2009 年概况**］ 学院坚持以科学发展观为指导，紧紧围绕建设国家示范性高等职业院校中心工作，坚持改革、建设不放松，以“职业融入学业，学业凸显职业；艺术融入技术，技术凸显艺术”的职业教育理念找寻校企合作、工学结合的新方法和艺术类高职人才培养新模式，探索职业精神养成新途径，坚持工艺美术特色，坚持传统与现代结合，坚持以学生为本，取得了良好的成绩。

新生录取率超过 100％，报到率达到 88％。毕业生就业率达到 98.57％，签约率为 56.56％。

一、通过评估验收，做好“建示”项目。11 月，学院通过了上海市教委委派的专家组对人才培养水平的评估，专家组认为学校办学定位准确，办学目标符合上海经济社会发展需要，建设国家级示范性高职院校推进力度大、成效明显；以重点专业建设为切入点，积极探索办学特色，创新人才培养模式，已初见成效。专家组肯定学院在师资队伍建设工程中取得的成绩；在唤醒学生自觉、激发活力、引导主动学习等方面取得的初步效果。

实训体系建设。9 月，“中国工艺美术原创中心”建成并投入使用，总面积 1.5 万平方米，教学设备总价值 5700 万元人民币。“原创中心”以生产性实训工场和各类工作室为主体，融教学、实训、创意、研发、制作和展示为一体，设立了“中国黄金创意产业中心”和漆艺、版画、油泥、陶艺、数码等 60 多个工作室。1 月，建成了上海数码公共实训基地第三期，12 月，建成了工艺美术开放实训中心并通过了市职业教育开放实训中心的验收。

数字化共享型教学资源平台建设。8 月建成数字化平台，实现人力资源管理、学生管理、教学管理、办公管理以及建示财务系统在系统内链接、图书管理系统与高职网站链接等。第一次采用计算机数据库平台，实现学生网上缴费注册率达到 100％。

师资建设。实施双师型师资队伍建设、教师队伍建设、专业带头人建设和青年教师专业技能培养工程，引进专任教师 9 人，其他专业人员 7 人，聘请了周百均、于泾、磨漆画家李同康、软陶高手樊厉明等行业大师、专家。聘任高级职称 20 人次，中级职称 26 人次，初级职称 3 人次，完成高校系列中高级职称申报，共获评教授 4 人，副教授 4 人，讲师 15 人。全年实施教师全员培训。

精品课程与专业群建设。制定了 6 个重点专业新的教学标准，课程标准和项目设计活动（参考）方案；调整 17 个专业（方向）的课程，制定了 2009 版的教学标准；完成了十几门部级、市级和院级精品课程，构建了本专业的课程体系，确立了课程标准，辐射到其他专业，促进专业群课程的建设。

社会服务建设。学院与徐家汇街道共建手工艺特色社区，成立“编织班”等手工艺特色 6 个项目 17 个班级，共参加 4744 人次；成立“手工艺美术名师工作室”，开展“土山湾手工艺技艺”的传承调研，为 20 位阳光之家青少年开办串珠培训班，学院被评为徐汇区非物质文化遗产保护工作优秀传承基地。为潞西职业技术学校培训玉雕学员，为云南保山市开设玉雕高级研修班，培训中西部专业师资 40 名，完成成人培训 120 名。

二、打造亮点、特色，形成学院品牌。与中国黄金集团合作成立的“中国黄金创意产业中心”，引进美籍首饰设计专家沈成旸、卢蕙卿为专业带头人，将首饰整个产业链条包括用材鉴识、产品设计、工艺制作、市场销售等岗位实务有机融入到专业教学之中，制订了新的专业人才培养目标，着力培养高技术专门人才。引进真实项目：世博会上海企业联合馆吉祥物“蝴蝶”、上海国盛集团 Logo(18K 黄珠宝展、上海国际珠宝节等大型展览。金微镶钻石)、十二星座幸运花(18K 黄金钻石)，先后参加深圳国际视觉学院产品造型专业。学院与台湾浩汉公司合作，构建了企业设计师与教师为一体的教学团队，企业主导设计课程项目包，考核并根据任务的递进关系和学生能力培养进程，设计项目包的递进结构，实现“产学研”校企对接的创新型真实情景教学。学院与浩汉公司校企合作，开通了学生校外顶岗实习的渠道，初步形成校内艺术设计理论与技能教学、生产性实训和校外顶岗实习相结合的职业教育教学实训体系。

准职业培训课程。学院和上海弘扬教育信息咨询有限公司合作，引进专业职教团队，将准职业化的课程纳入正式的教学体系。9月，组织了大型对话励志讲座；10月，开设了企业精英进校园“1+1+1”互动讲座，邀请了包括唐骏先生在内的各界专业人士为学生注入职业化的思想理念。

三、深化各项改革，推进学院发展。下半年开始试行二级管理的改革实践，调整建立了4个二级学院，出台了《关于推进二级管理的实施方案（试行）》，建立了各司其职的两级管理机制和执行力强的管理团队，实施“统一领导、分级管理、集中核算”的财务管理体制，开始按照二级核算的要求进行财务测算。推进人事制度改革，通过引进人才、低职高聘、干部轮岗和辞退不称职者等方法，调整教师队伍、管理队伍、辅导员队伍，提高师资素质。深化课程体系改革，完成课程设计159门，出版了20本专业教材，编写了10本校本教材，同时梳理各专业课程，压缩基础课，开设专业、文化等选修课，打造必修+选修课程体系，全院开出选修课75门，目前选修课已达到总课程量的20%，选课学生达到98%。

科研获多项成果。学院科研和结题的项目有上海市科研创新项目、上海市级项目、国家规划项目、上海教育基金会项目、市教委青年专项、院级项目等共计达80余项。有18项专利获授权，新报54项专利等。创办学术期刊。学院创建学报《创意设计源》，已出版6期，得到市教委领导的高度评价。

四、积极对外交流，师生屡获荣誉。学院第七次被评为上海市文明单位，获评全国德育管理先进学校和上海市安全文明校园。学院获中国学院奖新媒体类二等奖。2人获上海市职教系统教学名师奖。学院课题获上海市级教学成果奖二等奖，全国教育科学规划重点课题二等奖。董嫣老师获全国书籍设计艺术展最佳作品奖，韩松老师参展第六届亚太当代艺术三年展。3名学生在第二届上海院校版画展中获奖。学院被授牌为上海民族、民俗、民间文化创意基地。

（于爱民　俞晓菁）

**[主办学术会议]**　6月，学院牵头承办全国示范性高职院校艺术设计专业课程开发与教学资源建设研讨会，来自21所高职院校艺术设计专业的40余名专家共商艺术设计专业课程开发与教学资源建设大计。12月，学院与WACOM中国公司联合主办“2009首届上海WACOM数字艺术教育研讨会”，举办“首届数字艺术教育研讨会”，来自长三角地区的41家企业、43所院校的215位专家及教师参加，共同研讨专业教育发展方向。

（于爱民　俞晓菁）

**[开展对外合作]**　与瑞典国立艺术设计学院合作，在上海举办“北欧艺术设计高级研修班”。学院6名学生在经过瑞典资深设计师培训后，设计作品获邀赴瑞典参加国际家具展览，这是中国大学生第一次参展这一国际家具展览会。

（于爱民　俞晓菁）

**[参与世博活动]**　学院与上海企业联合馆联合主办了“2010上海世博会上海企业联合馆工艺礼品设计大奖赛”。学院还启动了上海世博会企业联合馆志愿者招募活动，活动得到了企业联合馆方的认可，有80名志愿者参加世博服务。

（于爱民　俞晓菁）

**附：学校负责人及地址**

（2009年1—12月）

院党委书记：李芳芳（9月离任）
副书记：郭　琴（6月到任）

院　长：姜　鸣
副院长：潘家俊（5月到任）、张天启、王　敏

地址：嘉定区嘉行公路851号
邮编：201808
电话：69977814

# 上海震旦职业学院

［**2009年概况**］　学院深入学习贯彻十七届四中全会精神，认真开展第二批深入学习贯彻科学发展观活动，贯彻“以人为本、育人育能”的办学理念和“综合素质、创造能力、高尚人格”的培养目标，以提高教育教学质量为中心，强化学院内涵建设，科学有效地推进各项改革，提高教师整体水平和教学质量，取得了较好的成绩。

录取新生1502名，报到1304人，报到率86.89%。毕业生就业率达到了95.8%，签约率66%。

一、狠抓质量月活动。为有效推动教学工作规范化，12月学院建立学风建设领导小组，开展了第二届“教学质量月”活动。院党、政领导精心组织，层层落实。杨德广院长带领院领导深入课堂听课，分别召开学生、教师、班主任(辅导员)座谈会，利用每周一早晨进行周点评。学院狠抓“三带三不带”为切入口的学风建设，院领导、班主任及各部门有关同志每天早晨第一节课执勤、巡逻，利用上班班车教师较集中的时间宣讲发放“任课教师的三项要求”等，教学质量月活动取得良好成效，推动了教风、学风的转变，提高了教育教学有效性。学生基本上做到上课带课本、带笔、带笔记本，上课吃早点零食现象几近灭绝，上课玩手机有所收敛，迟到早退的现象大幅度减少。

二、着力提高教育教学质量。①深化教学改革。全面贯彻落实“提高职业教育教学质量的若干意见”，举办了第二届教师讲课比赛、第二届教案比赛，完成年度学院精品课程的申报立项工作。抓好教材建设，选用高职教材比例已超过75%。召开了优秀自编教材颁奖仪式，对16名教师进行了奖励。各系编写了实训教材讲义等。②探索考试模式改革。结合专业课程特点，探索符合高职院校的考核方法。医卫系毛达娟教授等4人申报的《营养与食品卫生实训室建设》被上海市人力资源和社会保障局、上海市教委、市公务员局批准为上海市教学成果三等奖。

推进集中实训，提高职业能力。已建设营养与食品检测实验室、新闻电子采编与图文出版实训中心及机电一体化3个上海市教委的教学高地，发挥了高地建设项目的重要作用。学院同校外66家单位建立校企关系，每年可提供近500个实习岗位，新建校外挂牌实训基地18个，新增实训基地协议单位27个，同时聘请14位总经理为实训指导教师，为学院实践教学的开展及质量提高提供了物质基础和师资条件。大力开展技能比赛，提高学生学习积极性。各系根据自己专业特点，举办各种类型技能比赛和资格证书考试。机电系2007级学生107人，其中105人参加职业资格证书考试，100人获高级和中级职业资格证书，获证率为93.46%，74名同学获两张以上职业资格证书。

三、加强学生思想政治教育工作。学院以国庆60周年为契机，结合震旦教育集团成立25周年，举办“我和祖国一起成长”演讲会、歌咏会等系列文化活动。继续开展“校园风采秀”等校园文化品牌活动，全面加强校园文化建设，营造良好的育人氛围。全面开设心理教育课，同时建立班级心理委员，建立心理咨询值班制度，对有心理问题隐患的同学及早进行干预，普及心理健康知识。建立多元资助体系，135名同学获国家励志奖学金，总计67.5万元；602名同学获国家助学金，总计150.5万元；42名同学办理助学贷款，总计75.6万元。为200多名困难学生提供勤工助学岗位。2人获国家奖学金，5人获上海市奖学金；评出学院特等奖学金11名，一等奖学金51名，二等奖学金116名，三等奖学金224名以及“校园星星奖”197名。全院共有1154名同学获奖学金，总金额为2195300元，为历届之最。

四、加强师资队伍建设。新进29名教师和管理人员，15名教师中5名教师具有双师素质，占33%；8名是硕士研究生，占53%；7名辅导员中5名是硕士研究生，占70%，党员比例100%。实施《“双师型”教师队伍建设补充意见》，鼓励教师积极参加各类专业技术职务和职业资格证书考试，6人获双师素质证书；5人参加职业资格证培训考试并获证；15人参加市高职高专师资教学能力提升培训班并通过考试；6名辅导员参加市民办高校岗位培训。鼓励教师参加学历进修，1人取得博士学位，2人考入硕士研究生班，1人考入博士研究生班。32

名新进教师与导师签订了带教协议。9名青年教师分别任系主任助理或专业主任。11人获上海市优秀青年教师科研基金25万元。1名教师在计算机应用专业课程培训中获得市优秀学员称号。1人被批准为上海市教委资助的国内访问学者(上海共10人)。学院评出优秀园丁奖15名,2人获市育才奖。

(付清海)

**[签约校企合作]** 3月25日,学院实践教学办、医卫系走访了春芝堂、第九人民医院和宝山区的友谊街道社区卫生服务中心,为企业和学校搭起了互相沟通、及时交流合作的桥梁,为推动校企合作打下坚实基础。

(付清海)

**[签约实训]** 4月8日,学院广告专业实训基地授牌暨实训指导教师授聘仪式在震旦教育集团总部举行。学院向上海西南广告公司、上海大西洋贝尔黄页广告有限公司、上海强生广告有限公司、稻草人装潢设计有限公司、上海欣影国际传播有限公司、上海万达奴实业发展有限公司等6家企业授牌实训基地。

(付清海)

**[人才培养评估整改回访]** 5月22日,以教育部评估专家杨应崧教授为组长的上海市教育委员会评估专家组,对学院进行了为期一天的人才培养工作水平评估整改回访。专家组高度肯定学院的整改工作,认为回访效果较好。

(付清海)

**[举办技能比赛]** 6月18日,学院举行第一届技能大赛颁奖大会,本次比赛分校、系两个级别7个项目,其中,校级有摄影、广告设计、打字和英语演讲4个项目,系级有钳工操作、网页制作和显微镜操作3个项目。

(付清海)

**[震旦教育25周年庆典]** 震旦教育25周年庆典于11月20日在市委党校大礼堂举行。市委副书记、市长韩正发来贺信,充分肯定震旦教育25年来取得的成绩。副市长沈晓明转达了他的祝贺,市教委副主任印杰到会讲话,高度评价震旦教育对上海民办教育事业发展作出的贡献,勉励震旦教育再创佳绩。市教卫党委书记李宣海和有关部门、兄弟院校的领导也发来贺信、贺电。震旦教育党委领导、管委会成员、各院校负责人和师生代表及海内外嘉宾共3000余人出席会议。

(付清海)

**附:学校负责人及地址**

(2009年1—12月)

董事长:张惠莉

院党委书记:郭伯农
　　副书记:夏　臻

院　　长:杨德广
常务副院长:杜飞龙
副 院 长:来碧云、许中杰

地址:宝山区罗店镇市一路88号
邮编:201908
电话:02166866920

# 上海民远职业技术学院

**［2009年概况］** 学院以十七大精神为指引，以科学发展观统领工作全局，以就业为导向，以提高学生综合素质为重点，认真落实人才培养工作水平评估整改措施，深化教学改革，加强基础制度建设，保证了学院的大局稳定，各项工作呈现出新面貌。

学院现有6个系，设置高职专业21个。招生1160人，生源扩展到19个省市，在校生达3128人，非上海户籍学生已达586人。毕业生953人，就业率达96.2％。教职工279人，专职教师164人。学院电子围栏、视频监控、有线广播、学生公寓网络均安装开通使用。学院团委获“上海市五四特色团委”称号，团委书记李秀获“上海市新长征突击手”称号，于晓芸获上海市育才奖。

开展学习实践科学发展观活动，形成了“上海民远职业技术学院深入学习实践科学发展观整改落实方案”，列出整改项目24个，完成22项。

深化教学改革，迎接高职高专人才培养工作水平评估回访。按企业岗位要求，修订各专业教学计划，推进学校重点专业和重点课程建设。对已经确定的建设重点课程项目《集装箱多式联运》和《商务英语精读》，进行并通过了中期检查；同时，各系相继确立了1—2门本系的重点建设课程，分别提出了建设方案。为健全教学质量监控体系，学院调整了教学督导工作，重点逐步转移到抓课堂教学质量、抓教学规范、抓教学效果，修订了《教师教学工作规范》、《教学督导工作条例》等教学文件，学生课堂出勤率明显提高。开展学生职业能力标准考核，组织《国际商务单证员》、《国家报检员》等5项考级证书培训，合格率均达到全市平均水平以上，其中会展策划师和注册客服服务经理通过率分别达到96.8％和100％。全院平均每个学生都有1—2张岗位资格证书。加大校企合作建立校外实训基地力度，相继和物流、酒店、社区、体育、汽车、会展等专业的一些企业建立了合作关系。

优化专业建设与专业布局结构。确立了以国际航运物流管理类专业为主体，现代服务类和应用技术类专业为两翼的专业群，以物流管理和报关与国际货运2个专业为主；调整了教学计划，在酒店管理专业试行2＋1培养模式，满足企业对学生实践应用能力的需求。多管齐下，做好毕业生就业工作，增设了就业指导课程，举办了近200家企业参加的校园招聘会。

抓好师资队伍建设。编辑了教育部关于提高高职院校教学质量的文件。举办4次教师及辅导员培训班。加强师德师风教育，举办校内师德师风报告会，院报开辟师德师风专栏，开展“我心目中的好老师”征文活动。开展多种类型备课及教学研讨会，组织青年教师“说课”比赛，探索高职教学方法。加强双师型师资队伍建设，组织教师到企业参加实际技能培训及上岗工作，聘请企业专家、技术能手担任学校兼职教师，初步形成一支双师型的实训指导教师队伍。

做好学生工作。选送政治理论课教师及学生辅导员参加各种培训班，组织思想政治理论课教师进行集体备课，改革单一的课堂教学形式，组织学生参观“上海迎接建国60周年成就展”、嘉兴南湖一大会址等，参与迎世博等宣传教育活动。开展了以整顿课堂秩序为主要内容的学风建设工作，召开各类主题班会300余班次，狠抓上课出勤率和课堂纪律，学生各科成绩有了提高。500名学生组建了志愿者服务队，参加了上海科技馆及张江地铁站、民工子弟学校义务支教等志愿者服务活动，学生义务献血330多人。举办师生合唱比赛、60周年国庆联欢会、“迎世博600天行动计划”活动，172名学生被选拔为世博园区及工作站志愿者。9名学生分获团中央、上海市委宣传部、市教卫党委等授予的各种荣誉称号。

建设文明和谐稳定校园。成立了由院长任组长的新的组织机构，与各系处负责人签订了安全工作综合责任书。健全安全防范网络，投资60万元安置摄像头和防盗围栏。加强安全教育，举行安全和遵纪守法讲座，签立《安全协议》。先后4次组织学生参加消防知识讲座、灭火演习，每月检查学生公寓安全。

（张胜利）

**［学院党总支成立］** 12月30日，中共上海市

民办高校工作委员会批复，同意成立中共上海民远职业技术学院总支部委员会，由5名同志任首届总支部委员会委员，丁训言任总支部委员会书记。

（张胜利）

**[10周年校庆]** 11月15日，学院举行建校10周年庆典，上海市人大常委会副主任胡炜、浦东新区副区长张恩迪等领导及兄弟院校纷纷发来贺信、贺词。上海市教育委员会副主任王奇以及上海市及江苏省部分高校领导和学校全体师生出席庆典大会。副院长丁训言主持了庆典仪式，副院长陶敏致欢迎词，院长陈彭汇报了学院10年发展的历程。王奇在庆典大会上讲话，充分肯定了学院10年发展取得的成就。庆典大会结束后，学院师生演出了精彩的文艺节目。

（张胜利）

**[召开第一届教代会]** 4月10日，学院第一届教代会暨一届二次工代会开幕。市教育工会、中共上海市民办高校党工委派人出席会议并表示祝贺。会议听取了陈彭院长作的《抓住发展机遇，加强内涵建设，提高人才培养质量》的工作报告，工会主席陶敏作的《实践科学发展观，开创工会工作新局面》工作报告，代表们审议了这两个报告，讨论了学院《教职员工条例》和《教职工考核评优工作实施意见》，并一致表决并通过了对上述四项报告决议。

（张胜利）

**[依法自主招生]** 经市教委批准，学院参加依法自主招生改革试点工作，招生专业有物流管理、报关与国际货运、国际航运业务管理等18个专业。经报名、考试，学校择优录取了“三校生”、高中生680人。

（张胜利）

**附：学校负责人及地址**

（2009年1—12月）

院党总支部负责人：王静波

名誉院长：邓旭初

院　　长：陈　彭

副 院 长：陶　敏、朱　天、丁训言（9月到任）

地址：浦东新区唐陆路3892—3928号

邮编：201210

电话：58960052

# 上海欧华职业技术学院

**[2009年概况]** 学院以邓小平理论和“三个代表”重要思想为指导，全面贯彻落实科学发展观，在遵循法律法规、建章立制、党团组织建设、教师队伍建设、教学行政工作等各项工作中，取得了令人瞩目的成绩。

学院现有校舍占地面积13.33公顷，其中徐汇校区为1.9公顷，奉贤校区为11.47公顷。现有校舍建筑面积共141515平方米，徐汇租赁校区24600平方米，奉贤产权性校区建筑面积116915平方米，其中教学、生活用房20506平方米。

学院现有4个教学系，1个基础教学部。招生635人，报到率83.6%。毕业生468人，就业率96.99%。新增教师32名，其中研究生14名，是建校以来专职教师增幅最大的一年。共有专兼职教师136名，副高级以上职称占29.4%。双师素质教师16名。拥有36个实验实训室。“汽车服务与创业技术实训基地”项目已建成并投入使用。

一、落实法人财产权，改善办学条件。学院董事会章程进一步明确学院的非营利性公益性，学院的资产过户和法人财产权的落实工作正在同步进行。坚持依法办学，学院实施新的财务制度，开设学费专用存款账户和政府扶持资金存款账户，并已缴纳年金。学生获国家奖学金1人、上海市奖学金2人、国家励志奖学金52人、国家助学金229人、国家助学贷款52人、学院奖学金109人，以及其他补助项目，共计金额为222.127万元。

二、转变发展方式，谋划学院中长期规划。明确发展目标，学院制定了《2020规划》，到2020年，学院将更彰显自身特色：一是突出节能生态特点，专业布局的新亮点除了现有的特优强专业（护理、康复）外，社区健康管理、新能源利用与开发技术（汽车新能源、计算机新能源控制技术等）又将成为新增的独特专业；二是建设由特色实体经济支持的教学高地。

弘扬职业精神，创建文明单位。强化师德建设，加强学生德育工作，优化校园环境。开展创建活动，形成品牌特色，做到人才培养和精神文明建设双丰收。学院已初步形成《2009—2010年精神文明建设的双年度规划草案》，提出了实现精神文明单位的九项举措，计划两年达到上海市民办高校系统的文明单位。

加大投资力度，2009—2011年学院追加投资不低于3.08亿元，改善办学条件。在资金投向上转移：一是重点投向教学仪器设备购置和教学高地建设，前瞻性地做好专业布局调整优化；二是重点投向队伍建设，改善与提高教职工的福利。

三、开展“学实”活动，加强校园文化建设。深入开展学习实践科学发展观活动，围绕以“坚持科学发展，提升欧华形象”这一实践载体，理顺发展思路，落实行动计划。群众测评满意率为96.8%。召开教代会审议通过《员工手册》、《工资改革方案》，让大家感受到了“学实”活动的实效。加强党的建设，学院建立了5个基层党支部。组织支部书记进行了培训。举办两期业余党校（中级）入党积极分子培训班，233人参加了培训，33人参加了市民办高校党工委组织的党校（高级）培训班。发展党员11名。

搞活学生社团活动和思政课改革。在新中国成立60周年庆典中，把“激扬爱国热情，高唱红歌经典”活动作为思政课实践教学环节。各年级开展《大学生职业发展与就业指导》讲座和心理健康教育，加大心理健康干预力度。学生社团“炫舞社”在“浩沙杯”全国万人健美操大赛上海分赛区自选动作排舞类比赛中获得青年组一等奖。学院组织服务世博的各类志愿者336名；青年教师参加市教育工会组织的诗朗诵比赛获铜奖。普通话比赛出考率达到98.6%，测试结果100%通过等级考试。参加国家职业汉语能力测试（ZHC），通过率100%。

四、坚持内涵建设，提高教学质量。扶持青年教师成长，学院为专职青年教师落实了导师。组织每位新教师进行岗前培训，5名青年教师参加全市高职高专师资教学能力培训并获得证书。开展青年教师教学技能竞赛，评出1名院“金话筒”奖和4名小组优胜者。1名教师和1名管理人员在进修班获得市有关机构表彰；开展7次教学观摩活动，有7名青年教师参加其他院校的学历提升学习；先后有2名教师到民办高校党工委和世博局进行挂职锻炼。袁媛获上海市育才奖。

加强教学实践环节。“汽车服务与创业技术实训基地”已建成并投入使用，在教学过程中采取兴趣化情境教学方法，开展运用理论与实践项目相结合的一体化教学。公共基础外语采取分层教学，取得了较为明显的效果。本年度学院学制向准“2+1”过渡，注重教学环节的衔接，组织毕业生基本进入校外实训基地。组织职业技能培训，2007级423名学生参加上海市高等学校计算机等级(一级)考试，合格率达75.12%，优秀率为12.68%，接近一般本科院校的合格率水平。2006级护理专业学生参加全国护士资格证考试，306人获得证书，通过率为96.8%。13名学生参加国家职业汉语能力测试，通过率100%。为确保所有毕业生都能拿到“双证”，学院开设6个职业技能培训项目，覆盖大多数专业和专业方向。15人获上海市优秀毕业生称号，27人获校优秀毕业生称号。1人被评为上海市优秀学生干部，2人被评为上海市优秀团员。

加强教学质量监控。成立院、系两级教学质量监控的常规运行机制，开展院系学期初、中期常规检查与不定期或专题相结合的检查。学院充实调整领导班子和工作小组成员，加强对评估工作的领导，并以评促建以评促管。

科研教研成果丰硕。8月5日，全国学前双语教学研究交流会在学院举行。青年教师申报获6项“上海高校选拔培养青年教师科研专项基金”项目，获上海高等教育学会自筹课题3项，其中1项被列为重点课题。9位教师撰写8篇论文，教师主编、参编出版教材5本(1本为国家经管类的高职高专“十一五规划”教材)，高职高专“十一五规划”教材《学前儿童保健》、《0—3岁婴幼儿保健》已基本完稿。还有《家庭教育学》、《学校体育与健康新论》、《大学生职业发展与就业指导》等参编教材及《时尚排舞课程》都相继出版。

(严佩斐)

**[落实法人财产权]** 学院举办方上海申鼎国际科教有限公司于2008年12月4日出资整体受让上海昂立教育科技有限公司的昂立奉贤教学基地，并明确受让该教学基地的房地产权证归属在上海欧华职业技术学院名下。2009年2月19日在交大昂立总部举行“上海交大昂立奉贤教学基地向上海欧华职业技术学院交接仪式”。4月9日，学院举行奉贤新校区改扩建工程奠基仪式，上海市民办高校党工委、奉贤区政府领导以及社会各界人士出席。名誉院长陈香梅先生为奠基培下第一锹土，在“名人苑”栽下一棵梅花树，寄托美好祝愿。学院落实欧华学院法人财产权决议已付之行动。

(严佩斐)

**[红歌经典进课堂]** 学院为搞活学生社团活动，促进思政课的改革，在新中国成立60周年庆典中，把“激扬爱国热情，高唱红歌经典”活动作为思政课实践教学环节。11月27日，学院举行了“重温战火中的歌声　高唱红歌经典”爱国主义教育演唱会。此次活动得到了著名音乐家、革命老前辈孟波同志、严金萱同志、全国普通高校艺术教育编审委员会、中国音乐家协会、《音乐艺术家》杂志社、上海音协声乐

举行学生“激扬爱国热情，高唱经典红歌”活动

委员会、上海教育电视台、青年报、高招周刊等各界人士以及媒体的大力支持。

（何文隽）

**［举行学前教学交流活动］** 8月5日“全国学前双语教学交流研究”在学院举行，会议就学前双语教学进行研究和探索。参加会议的有全国学前教育编审委员会副主任蒋振声、天津师大学前教育学院院长郭亦勤、国家学前双语教育课题组副组长冯卫恩和学院董事长、院长金扣干及学前教育专业主任、专职教师等。

（何文隽）

**附：学校负责人及地址**

（2009年1—12月）

董事长：金扣干

院党总支书记：朱国强

院　长：金扣干
副院长：沙梦麟、朱国强、杨思远

徐汇校区地址：田林路418号
邮编：200233
电话：54902167（传真）

奉贤校区地址：五四公路3451号
邮编：201422

# 上海思博职业技术学院

［**2009 年概况**］ 学院致力于加强内涵建设，聚焦教育质量，围绕人才培养工作这一中心任务，认真做好“发展、改革、质量、管理”四篇文章，全面提升整体办学水平和质量。

学院占地面积 33.33 公顷，投资总额逾 3 亿元，校舍建筑总面积近 14 万平方米。学生公寓设有 6000 张床位，通水通电通网络。各类教育教学设备设施总值 5000 多万元；每百名学生计算机台数、语音室座位数、多媒体教室座位数、图书馆藏书数、生均体育设施等指标，均超过教育部高职高专办学标准。学校建有 CNKI 数字图书库，校园实现了网络全覆盖和信息化校园建设的要求。

现有全日制在校生 5004 人，计划内成人教育大专生 142 人；教职工 228 人，其中专任教师 130 人，具有高级职称以上人员占 26.92%，研究生以上学历占 46.15%，“双师”素质教师占 53.50%。

面向市场，适应需求。学院形成了较为合理的经贸管理类、卫生信息与护理类、工程技术类、应用艺术类等四大专业群，招生专业（方向）23 个，并分别建立了与之相应的信息化护理实训基地、国际商务综合实训基地、工程技术实训基地、应用艺术实训基地。学校招生计划数 2052 人，实际报到数 1848 人；毕业生 1251 人，就业率 97.84%，签约率 75.94%。

学习实践科学发展观，促进学院发展。3 月至 9 月，学院深入开展学习实践科学发展观活动，活动与学校中心工作紧密结合，取得明显成效，群众测评满意度为 100%。

深化教学改革，培育优秀人才。学院坚持“以特色求发展，以质量求生存”的办学追求，推进专业教学改革，致力于打造护理、国际商务等重点专业的特色品牌。护理专业构建了“加大护理，突出人文，培养职业技能素质和综合人文素质并重的高等护理人才”的课程教学体系，依托基地开展的《建设一流信息化护理实训基地，探索创新护理人才培养模式》的研究课题被评为上海市优秀教学成果二等奖，《信息化时代护理人才培养模式的探索创新》获第十届全国护理高职高专教育研讨会优秀论文一等奖。护理专业毕业生在上海市三甲医院就业率高达 55%。全国护士执业资格考试通过率在上海民办高职院校排名第一。国际商务专业推行“双证融通”，毕业生就业率达到 100%。参加第二届全国外经贸院校学生外贸技能竞赛获团体一等奖。学院成为全国国际商务单证考试中心、全国外贸跟单员考试中心、全国商贸职业教育师资培训基地、全国医疗卫生信息技术考证培训基地四大国家级考证中心，发挥为社会提供优质服务的功能。

加强教育科研，引领学院发展。学院获市教委“晨光计划”立项 1 项，“上海高校选拔培养优秀青年教师科研专项基金”立项 5 项；市级学会、协会立项 8 项。教师在校外发表期刊论文 25 篇，其中核心期刊发表论文 6 篇；全国性学术会议论文 3 篇，其中核心期刊会议论文 1 篇；地方性学术会议论文 6 篇；主编、主审教材 12 册。教育科研的开展，对促进学院发展起了积极的作用。

队伍建设成果显著。学院党委被评为上海市“两新（新经济组织、新社会组织）”组织、“五好党组织”；学院被评选为上海市普通高等学校毕业生就业工作先进集体。学院先后在教育部等四部委组成的中央调研组的上海民办高校系统调查会、全国民办教育研究中心研讨会、上海高校学生就业和资助表彰仪式暨工作会议上作交流发言。1 人获“上海市模范教师”称号，1 人获“上海市新长征突击手”称号，3 人获上海市育才奖。学院获全国广告大赛“金犊奖”优选奖、“鹏达软件杯”第二届全国外经贸职业学生外贸技能竞赛团体一等奖、单证技能比赛一等奖，3 人获第三届全国大学生广告创意大赛二等奖、7 人获三等奖。在上海市大学生体育大联赛上，学校获高职高专组乒乓球比赛女子团体冠军、高职高专组足球比赛季军、男子 50 米仰泳亚军、女子 50 米自由泳亚军、田径比赛学生男子组 800 米季军等。

（邱　晴）

［**市教委领导到院指导工作**］ 6 月，上海市教委主任薛明扬等莅临学院视察工作。薛明扬对学院近年来发展和建设所取得的成绩给予了充分肯定，并对今后的发展提出要求。7 月，上海市教卫党委

副书记、市教委副主任、市民办高校党工委书记莫负春、教育部职成司综合处、商务部人事司教培处等领导视察了学院信息化护理实训基地和国际商务综合实训基地。各级领导对护理实训基地达到的一流水平给予高度评价，希望学院能抓出机遇，不断提升实训基地建设的水平，为人才培养做保障。8月，原国家教委副主任吴启迪为学校题词："思博致远，务实求真"。

（邱　晴）

**［举办"教育教学开放日"活动］**　3月17日，学院首次举办"教育教学开放日"活动，有近百位家长、企业代表参加了此次活动。活动分为五个部分：参加升国旗仪式；走进实训基地和学生寝室，实地考察学生学习、生活的环境；观摩学院开设的公共课、专业基础课、专业课和实训课；观摩学生社团现场展示活动；参加与学校领导、教师的恳谈会。

（邱　晴）

**［学生设计工作室落成］**　3月20日，上海思博·美术设计学院第二期实训基地建设项目——学生设计工作室正式落成并投入使用。学生设计工作室共设有艺术设计工作室、广告设计工作室和制图室各一间。

（邱　晴）

**［召开大型思想政治工作会议］**　5月15日，学院首次召开大型思想政治工作会议。会议总结交流了学生思想政治素质教育工作的经验和体会，探索新形势下的大学生思想政治素质教育工作的方法和途径，对加强和改进学生思想政治素质教育，培养高素质的技术应用型人才产生了积极的影响。

（邱　晴）

**［召开董事会］**　9月14日，思博学院董事会召开2009年第一次会议。全体董事会成员出席会议，深圳职业技术学院院长刘洪一、思博学院党委书记张建中等列席了会议。张建中对上学年党委工作作简要汇报；校董事、院长顾仲坚对学院2008—2009学年工作作汇报，对学院2008—2009学年财务决算、2009—2010学年财务预算作说明和解读；校执行董事皋玉蒂代表学院行政领导班子作"2009—2010学年学院工作思路"报告和"关于思博学院办学定位和发展思路的可行性论证报告"。王伟贤董事长在会上讲话，明确学院发展目标和具体步骤。

（邱　晴）

**［举行"陶巍汽车工程系"冠名仪式］**　9月29日，陶巍汽车工程系冠名仪式在工程学院举行，为学院与上海幼狮高级轿车修理有限公司的校企合作开启了新的篇章。工程技术学院汽车工程系以"修车大王"陶巍的名字冠名，不仅为汽车工程系融入了产业、行业、企业、职业、实践等五大要素，而且使企业更多地参与学院高职教育，从而建立校企合作示范性模式，培养出真正符合企业需求的应用型人才。

（邱　晴）

**［首届科技月开幕］**　12月8日，以"教学质量是学校的生命，青年教师是学校的未来"为主题的科技月活动在学院开幕。科技月旨在提升并展示学生的职业技能、生活技能、表达技能、才艺技能。科技月搭建了六大展示平台，如专家报告、思博论坛、课题检查、手工艺作品、技能擂台、才艺展示等。

（邱　晴）

**附：学校负责人及地址**

（2009年1—12月）

院党委书记：张建中

院　长：顾仲坚

副院长：皋玉蒂、姚大伟、沈小平

地址：浦东新区惠南镇城南路1408号

邮编：201300

电话：68029005

# 上海立达职业技术学院

［**2009年概况**］　学院认真学习贯彻党的十七大精神，深入学习贯彻科学发展观，进一步解放思想，全面推进各项工作。

现共有7系1部20个专业。机电工程系、商贸系和基础教学部为10月新组建的系部。现有教师269人，其中专任教师142人、兼职教师127人；专任教师中具有高级职称43人，占30.3%；兼职教师中具有高级职称40人，占31.5%；双师型教师55人，占53.4%。校园占地面积26万平方米，校舍面积13万平方米。毕业生1357人，就业率95.1%，累计4届培养毕业生3911人。招生1553人，在册学生为4863人。

学院董事会换届，调整并增加董事会成员，增设监事。聘任郦鸣阳为立达学院院长。

学院举行院长聘任仪式

学院制订《整改落实方案》，确定32个具体整改项目。年底，完成了全面清理校内规章制度的工作，废止5项、修订91项、制订1项。组建1个技师学院等，按整改规划完成27项，5项在执行中。整改工作推动了学院的内涵建设，提升了学院的管理水平。

推行校系二级体制改革，10月，公布各系主任、副主任各位职数与岗位职责，公开招聘，全面实行系主任聘任制。院长聘任系主任；系主任征得院长同意后聘任副主任。通过体制改革，调动院系两级积极性，推动教育教学改革，促进内涵建设。

深化教学工作。6月，召开第一次教学工作会议，院长郦鸣阳作《立足内涵建设，追求卓越，争创一流》的主题报告。11月，召开教学工作交流大会，对专业建设提出发展目标与相应措施。成功申报信息传播与策划、装饰艺术设计2个新专业；1门课程获市教学成果二等奖，1门课程评为市级精品课程，1个实训基地建设列为市教委教学高地项目，获专项资助120万元；建立1项校企合作人才培养项目；1人获上海市教学名师称号；申报并获得2009年度“上海高校培养优秀青年教师科研专项资金”项目10项；1人获“晨光计划”科研项目资助。机电技术应用教学高地项目初具规模，新建7个实训车间或教室。完成2006年度“上海高校培养优秀青年教师科研专项资金”资助项目结题工作。首次开展评选师德师风先进个人工作，8名教师获学校师德师风先进个人称号。建成上海民办高校首个普通话测试室，完成普通话水平测试。

加强学生工作。研究制订《学生工作二级管理方案》，修订完善《辅导员考核办法》，首次由学生对辅导员的工作通过问卷进行评价；制订《学生档案管理办法》，建立学生档案转移信息网上查询系统，规范管理，为学生提供便捷的服务；制定《学生勤工助学管理办法》、《助学贷款申请管理办法》等规章制度。以“迎世博600天行动”为契机，广泛发动学生参与相关宣传、志愿者招募等活动。完成征兵任务，向部队选送26名女生和1名男生。获国家及上海市奖学金9名，获奖金额7.2万元；获国家励志奖学金159人，获国家助学金955人，政府资助金额达261.75万元。办理贷款学生186人。完成心理咨询室达标建设。

加强财务和安全工作。修订完善《规范财务报销制度》、《财产清查制度》、《会计档案管理制度》等8项会计制度，完成由事业单位核算办法向民办高校核算办法的调整与调账工作；规范教育收费。通过安全文明校园评估检查。547人参加无偿献血。完成寝室网络工程建设，开通学生后勤服务专线。

修订中长期发展规划。重申以“立人达人、博施于众”的办学宗旨；提出“举产学合作旗，强化内涵建设铸特色，立足提质量；走工学结合路，突显应用技术育人才，达标上层次”的办学方针，树立具有立达特色的教育理念，明确学院中长期发展的目标和任务。召开第二届第三次教代会暨工代会，审议并通过了《上海立达职业技术学院2008—2020学院发展定位规划》。

（吴元骠）

**［董事会换届］** 4月10日，学院董事会换届，举行第三届董事会第一次会议，山兆辉继续担任董事长，举办人顾大宁与候任院长郦鸣阳增选为董事。9名董事任期为3年。增设监事，张益弟为董事会监事。董事会决定聘任郦鸣阳为后任院长。郦鸣阳向董事会作《立足内涵建设，追求卓越，争创一流》的专题发言，提出“举产学合作旗，强化内涵建设铸特色，立足提质量；走工学结合路，突显应用技术育人才，达标上层次”的办学方针和改革人才培养模式，深化课程体系和课程改革，加快校内外实践实训基地建设的工作思路。董事会对郦鸣阳的办学理念和工作思路予以认同，并表示全力支持。

（吴元骠）

**［召开教学工作会议］** 7月6日，召开立达学院首次教学工作会议，会期2天。院长郦鸣阳作题为《立足内涵建设　追求卓越　争创一流》的报告，运用SWOT分析法，分析学校的优势与劣势、面临的压力和机遇，提出改革发展思路、任务和措施。确立上质量上层次目标，凝练依托地方政府与区域经济办学、开放式办学两个特色，建设好专任教师、兼职教师、兼课教师三支队伍，采取推行二级管理体制改革、深化教学教育改革、强化岗位聘任制度、改革资金投入机制四项措施，重点建设交通运输类、护理类、艺术设计类、旅游管理类、机械自动化类、计算机类六大专业群。加强内涵建设，建设一流立达。与会人员观看了教育部高职教育研究中心研究员姜大源《工学结合高职课程开发》报告的录像，并进行了讨论和交流。11月13日，再次召开交流大会，特邀上海理工大学莫国民介绍专业优化与课程建设、李萍作计算机网络课程说课等。学院7系1部领导作专题发言，提出专业建设措施。

（吴元骠）

**［修订中长期发展规划］** 9月，学院行政领导班子正式调整后，根据市教委和董事会新的办学要求，制订新一轮发展规划，明确学校定位，确定学校发展目标，重点建设集装箱运输管理、护理、应用艺术设计、机电一体化技术、酒店管理、计算机应用技术六个专业为龙头的六大专业群，办好若干品牌专业和特色专业；力争一流，争取部分优势专业上本科，提升办学水平和层次，把立达学院建成有特色、有活力、有竞争力的一流民办高校。

（吴元骠）

**［二届三次教代会暨工代会召开］** 12月26日，学院召开第二届第三次教代会暨工代会。董事长山兆辉致开幕词，院长郦鸣阳作行政工作报告，工会副主席陆锌钰作工会工作总结报告。代表分组讨论并通过了报告和文件。

（吴元骠）

**附：学校负责人及地址**

（2009年1—12月）

董事长：山兆辉

院党总支副书记：罗忆儿（主持工作）

院　长：郦鸣阳（9月到任）

副院长：罗忆儿（兼，1—8月主持工作）、杨新志（2月到任）

地址：松江区车亭公路1788号

邮编：201609

电话：57805678

# 上海电影艺术职业学院

**[2009年概况]** 学院贯彻落实党的十七大精神，深入学习实践科学发展观，以迎接人才培养工作水平评估回访为契机，根据艺术类院校的特色特点，紧紧围绕"加强内涵建设、构建和谐校园"两大主题，对学院整体"十二五"期间的发展定位进行了前期规划与建设。

招生1024人。毕业生678人，就业率达95.2%。

开展深入学习实践科学发展观活动。作为第二批开展深入学习实践科学发展观活动的单位，学院按照党中央、上海市委和上海市教卫党委的统一部署，从3月起组织开展学习实践科学发展观活动，到9月中旬结束，并在年底前组织了认真的"回头看"。学院着力解决了23个实际问题。群众测评满意度为100%。

教科研工作不断推进。学院以影视动画、电脑艺术设计等重点专业为龙头，完善专业建设方案，扶持强势专业，培育特色专业，调整弱势专业，面向市场需要，带动专业群发展。增设新闻采编专业，已形成5个系、16个专业、20个方向的专业布局。院级教学改革试点项目共立项3个。扎实抓好精品课程建设与评选工作，有院级精品课程2个，其中《影音海报设计与制作》成功申报市级精品课程。编写出版自编教材4本、编写完成3本。

师资队伍结构得到优化。引进、调动人员23人，硕士和双师素质教师比例明显提升。对新进的20余名新教师进行了为期三周的业务素质培训。观摩了2位教师的示范课。经过高强度的业务素质培训，新老师较快地适应教师的角色，部分新老师成长为骨干教师。选送13名教师参加由上海市教委组织的"第二期高职高专教师教学能力培训班"，9名青年教师参加了市高校辅导员培训，学院组织了为期三周的新教师培训和深化高职教育理念集中学习培训。10人成功申报"上海高校选拔培养优秀青年教师科研专项基金"资助项目。1人获"晨光计划"项目。2名思政课教师参加市民办高校思政课教学比赛，获1个二等奖、1个优秀奖。启动了专任教师人事制度改革工作，梳理和修订了16项制度。

学生工作不断加强。学院秉持"先学做人后学艺"理念，创新大学生思想政治教育的做法被《教育部加强和改进大学生思想政治教育工作简报》刊载。9名同学应征入伍。学生1人获国家奖学金、88人获国家励志奖学金、3人获上海市奖学金。师生参加华东六省一市戏剧小品大赛、"现代杯"和"进念杯"设计大赛、"地铁杯"广告设计大赛、华东六省一市舞蹈比赛、中国体育舞蹈系列赛暨全国体育舞蹈精英赛、上海大学生京昆动画作品大赛、全国高校景观设计毕业展、上海首届高校歌唱大赛、世界旅游形象大使比赛等，均获得优异成绩。

加强校企合作和国际交流。学院坚持开展具有较强控制力的自主项目产学实践，拍摄完成了电视连续剧3部共93集(《远古的传说》40集、《说好不分家》30集、《情陷巴塞罗那》23集)；立项拍摄电影故事片5部(《大树》、《方圆镇》、《阳澄少年》、《青春豆》、《又见卡布奇露》)，为学生社会实践提供了坚实的保障。学院艺术团再次受邀代表中国文联赴捷克参加国际民间艺术节。组织教师前往美国各州高校进行考察并商谈合作事宜。日本第二大动画公司董事长和韩国文化产业振兴院院长李在雄等来学院参观访问。

(董有福　杨怿瑢)

**[建校5周年庆典]** 1月14日，学院举行建校5周年庆典大会。师生们以一台综合性文艺表演，庆祝建校5周年，展示艺术教育的丰硕成果。上海市教育委员会副主任张民选，浦东新区区委常委、宣传部长陈高宏，新区人大常委会副主任岳勇和副区长张恩迪等参加活动。参加活动的还有电影艺术家秦怡、郭凯敏、焦恩俊，以及由学院培养的一批艺术新人。晚会始终围绕"大艺术"教育的理念，生动地展现了各专业学生组合进行综合教学实践成果，让学生全面了解并实际参与艺术作品的创作全过程，为实现宽口径培养、提高学生综合能力创造条件。

(董有福　杨怿瑢)

**[获上海市教学成果一、二等奖]** 学院打破传统单一的艺术教育实践教育模式，建立立体的、开放

式的、多元化的实践教育体系，大力推行产学结合，积极开展自主式项目教学，把理论学习与创作实践融为一体，按照“大艺术”教育的理念，让多个专业在自主式项目实践中开展联动联训，开展“多专业在大艺术范围内的综合联训”的改革。这项改革荣获上海市教学成果一等奖。

学院创新德育工作，把“先学做人后学艺”的理念贯穿于学院各项工作中去，坚持在每堂课进行五分钟德育，把德育的营养溶于各课程的教学之中，渗透在丰富多彩的实践活动之中，做到入情入理、入耳入脑。具有学院自己特色的“五分钟德育教育”已经成为学院的品牌，并荣获上海市教学成果二等奖。

（董有福　杨怿瑢）

**[学院党总支和工会成立]**　6月，学院完成党总支筹建的各项工作。11月18日在市民办高校党工委领导的指导监督下，召开党员大会，进行民主选举。12月30日，经上海市民办高校党工委批复，学院党总支正式成立。5月23日，召开学院第一次工会会员大会。经过大会民主选举，产生学院第一届工会委员会和第一届工会经费审查委员会。召开学院第一届一次教职工代表大会，听取并审议了江泊院长的工作报告。16项制度在教代会一致通过。

（董有福　杨怿瑢）

**[市领导来校视察调研]**　3月16日上午，上海市委常委、浦东新区区委书记徐麟，浦东新区区委常委、宣传部部长陈高宏等领导视察学院。徐麟观看了学院教授王尊的画展，详细询问了学院实验实训、教学实践、学生能力培养等方面的情况，视察了多个实训教室，听取江泊院长关于学院工作的汇报。徐麟充分肯定学院发展的成果，赞扬学院坚持科技与艺术的融合、走产学结合的办学道路，把学生真正培养成高技能的应用型人才，取得了骄人的业绩。他鼓励学院继续以浦东发展为契机，依托学院各专业的优势，探索新的发展模式，带动浦东文化事业的可持续发展。

5月13日，中共浦东新区区委副书记、区长李逸平，副区长张恩迪等领导莅临学院调研。李逸平饶有兴致地参观了2006级同学的毕业作品展，详细询问学院实验实训、教学实践、学生能力培养等方面的情况，视察多个实训教室，听取江泊院长关于建院5年多来发展情况的汇报。

9月15日，上海市教卫党委书记李宣海等莅临学院视察调研。李宣海在学院江泊院长等陪同下，先后参观了学院游戏美术实训工作室、影视动画(3D)实训工作室、语音教室、服装和化妆教室等，高度评价学院的办学定位和发展思路，对学院在教学设施设备方面的投入和建设给予充分的肯定。

（董有福　杨怿瑢）

**附：学校负责人及地址**

（2009年1—12月）

院党总支书记：梁大立

院长：江　泊

地址：南校区：张江高科技园区达尔文路188号
　　　北校区：张江高科技园区松涛路、景明路口
邮编：201203
电话：50271101

# 上海中华职业技术学院

[**2009年概况**] 学院认真贯彻落实科学发展观和中共十七届四中全会精神，秉承中华职教社的优良传统，坚持“以服务为宗旨、以就业为导向”的办学指导思想，以稳定为大局，全力以赴维护学院正常的教学秩序和管理工作，规范办学行为，扎实推进各项工作。

招生录取1220人，报到985人，报到率81.6%。1175名毕业生，就业率达97%。

加强制度建设。2009年是学院的制度建设年，以学习实践科学发展观为契机，学院认真梳理建校以来的规章制度，并根据新的情况做好规章制度的废、改、立工作。全年完成了15项制度的制定与修订，进一步规范了学院的管理工作。

优化教学工作。建立健全了学院学术委员会、教学委员会，加强教师科研项目的管理和指导。学院健全并完善教学机构，充分发挥系部的管理作用，使教学组织和教学管理的形式日臻完善。学院召开2009年度教学工作会议，贯彻落实教育部《关于全面提高高等职业教育教学质量的若干意见》，通过了《关于理顺管理体制、提高教学质量的若干意见》和《关于开展全员育人、树立良好校风活动的意见》两个文件。优化教学计划，改进实践教学工作，增加实验实训课时数，使实践性环节占整个教学计划的40%。调整实习实训计划，编制实训教学大纲。完成了《电子线路设计 Protel》和《城市轨道交通概论》两门校级精品课程的建设。举办课堂教学教师示范课竞赛，发挥骨干教师示范带头作用，提高教师课堂教学水平。开展教师“说课”竞赛，推动教学水平的提高和教学改革的深化。

重视学生工作。加强辅导员队伍建设，抓好思想政治理论课建设，由辅导员承担“思想政治课”、“形势与政策”、“心理健康”和“就业指导”等课程的教学工作。加大对学生校纪校规的宣传、教育，并对贯彻情况进行考核。强化学生的千分制考核，对各年级、各专业的学风建设进行检查与评比。21人获市级优秀毕业生称号，33人获院级优秀毕业生称号。22名同学入伍，其中男兵4名、女兵18名。2人获国家奖学金，141人获国家励志奖学金，5人获上海市奖学金。

加强队伍建设。学院教师队伍在资历、学识水平、年龄结构上更加优化。加强双师型教师和青年教师的培养力度，全面提升教师的职业道德素质和业务水平。建立和健全教师聘任、考核等制度，完善激励机制和考核体系。完成了学院初级职称评审工作及中高级职称上报评定工作。举行第二十五届教师节表彰大会，19名教师、23名教育工作者荣获先进称号，并受到表彰。

开展党建工作。院党支部发挥政治核心作用，开展深入学习实践科学发展观活动，举行纪念建党88周年座谈会、全体党员“七一”考察等活动。

建设校园文化。评选第四届“中华之星”，举办第五届运动会、第七届五月歌会、庆祝建国60周年歌舞晚会、个人才艺大赛、水果速成大赛、辩论大赛、英语演讲大赛等活动。27个学生社团活动蓬勃开展，各具特色。

（王　芳）

[**获“上海市优秀青年志愿者服务集体”称号**] 5月，学院青年志愿者协会荣获“上海市优秀青年志愿者服务集体”称号，林俊梁同学被授予“上海市优秀青年志愿者”称号。学院青年志愿者协会以“奉献、友爱、互助、进步”为服务精神，以“撒播爱心、传承文明、奉献社会、完善自我”为行动口号，经常深入社区、学校、企业单位开展科技、文化、教育等各类社会服务活动，进一步推动了校园的精神文明建设，树立了青年志愿者协会的良好形象。

（王　芳）

[**开展民族团结主题月活动**] 为纪念西藏民主改革50周年，3月9日起，学院民族团结主题教育月活动正式拉开帷幕。活动月通过首届电影周、摄影展、征文大赛、讲座等形式，进一步增强了学生的爱国主义热情和民族团结意识。

（王　芳）

[**学生党建工作站成立**] 作为探索学生党建工

作新思路的一项重要举措，12 月 22 日，学院学生党建工作站在学生公寓 1 号楼和 6 号楼成立，并举行了挂牌仪式。党建工作站的成立对充分发挥学生党员、入党积极分子的先锋模范带头作用具有重要意义。

（王　芳）

**［学风建设专项整治启动］**　12 月 24 日起，学院开展为期一个月的良好学风建设专题教育活动，重点是对带食物、饮料进教学场所，不带书、笔、本、校园卡进课堂的现象进行集中专项整治。学风建设五支检查组分别在宿舍区、餐厅、教学楼通道口、教学楼各楼面和各教室对学生的早自修、“四带一不带”和上课迟到、早退等情况进行巡视、检查、劝导。整治活动对培育良好的校园学习氛围、帮助学生养成良好的学习习惯起到了推动作用。

（王　芳）

**［师生获多个奖项及荣誉］**　在“2008 Adobe 全国数字艺术大赛”上，王晓晨同学设计作品获得全国赛区二等奖，学院荣获优秀组织奖。7 月，在“09 上海国际创意设计展示评比交流会”中，赵震老师设计的“世博宣传海报”作品获得铜奖。在“第三届全国大学生广告艺术大赛”上，陈安超同学获上海赛区影视类二等奖，周文斌同学获三等奖，学院是上海赛区影视类唯一获奖的高职院校。9 月，组队参加全国大学生数学建模竞赛，获上海赛区三等奖；参加全国大学生电子设计竞赛，获上海赛区三等奖及指导教师奖。在西班牙科米利亚斯基金会及塞万提斯学院联合举办的“西班牙语和你”作文竞赛中，邵静怡获得一等奖。杨晓玉获上海市新长征突击手荣誉称号。

（王　芳）

**附：学校负责人及地址**

（2009 年 1—12 月）

院党支部书记：吴宗华

地址：奉贤区大叶公路 5225 号
邮编：201404
电话：57480000（总机）

# 上海医药高等专科学校

**［2009年概况］** 学校共招收全日制1043名、“三校生”考试169名和自主招生230名学生，外省市生源数占全部招生数的30.23%。全日制在校生4118人，夜大学在校生366人，接受中、短期国际合作交流留学生111名。护理专业学生参加护士职业资格考试，通过率达99.87%。制定《关于加强毕业实习管理的若干意见》和《毕业生就业服务导航》，完善毕业实习质量保障体系和质量评价与监控，帮助学生更好更快地适应就业机制。首届毕业生1166人，就业率达98.8%。

推进德育工作和校园文化建设，促进人才全面发展。27人应征入伍。发放各类奖助学金5745人次，共计694.63万元。组织参加全国第二届大学生艺术展演、上海市优秀大学生风采宣讲和阳光体育大联赛以及新生军训、社团展演、迎新游园等校园活动，成立青年志愿者实践团，举办迎世博征文和知识竞赛、青年励志爱国主义歌曲合唱比赛等主题活动，丰富校园文化内涵。9月，心理健康教育中心正式向学生开放10月，历时5个月第十届校园文化艺术节闭幕。

科学完善学校发展规划。修改完善《上海医药高等专科学校2009—2020年发展定位规划》，制定《上海医药高等专科学校国际教育发展规划(2010—2013)》。制定学校《“五年一贯制”中高职贯通职业教育立交桥学制改革方案》。经过调研和可行性论证，形成《上海医药高等专科学校“十二五”发展建设规划及基本建设计划》。

创新卫生技术人才培养模式。6月，学校作为上海市国家示范性高职院校中首个经教育部人才培养工作新的评估方案学校，获得评审专家的一致好评，9月顺利通过专家评审。12月，教育部、财政部批文，学校完成“国家示范性高职院校建设计划”。“国家示范性医药高职院校人才培养模式的创新与实践”获第六届高等教育国家级教学成果奖二等奖、上海市高等教育教学成果奖一等奖；“高职护理专业示范建设的创新与实践”获上海市高等教育教学成果二等奖；获国家级精品课程1门，市精品课程2门，国家级教学团队1个，市级教学团队1个；市高校特聘教授“东方学者”1人，市高校特聘“讲座教授”1人，市高校“教学名师奖”1人，市“模范教师”1人。

落实人才强校战略。建立监督和评价体系，规范新进教师带教工作，提高青年教师队伍的整体综合实力。教学管理和督导小组对53名35岁以下青年教师开展听课指导，14名青年教师参加说课竞赛和交流，帮助青年教师快速成长。举办研究生学历教师职后培养、提高青年教师科研能力系列讲座，开展16对老教师签约帮带新教师的“牵手工程”。举办专职辅导员职业能力培训和专家专题报告，完善辅导员专兼职对外激励和保障机制；举行行政人员素质与业务能力培训，提高行政人员服务意识和公文写作、档案业务和学习实践的整体素质。9月起，以学校为牵头单位的上海现代护理职教集团特聘临床兼职教师14名，全程参与专业教学工作。通过上海中澳护理研究中心，申报申请13项科研课题。

发挥示范引领作用。学校以国家示范性高职院校建设为平台，受教育部委托主办高职护理人才培养方案及其课程开发、医学检验技术专业课程开发及教学设计能力等全国高职高专5个医学类专业骨干教师培训班，对近400人进行了培训。举办全国医学高职高专教育论坛、全国卫生职业教育第十八次学术会议、全国高职高专相关医学类精品课程培训班、全国高职高专涉外专业师资培训等15次教育部培训交流项目。参加2009海峡两岸高职教育发展论坛。作为全国和上海首批国家示范校，多次为第二批、第三批示范校申报建设单位提供建设经验，推广建设成果，共接待全国各地来访交流800余人次。

（张毅婷）

**［殷一琨到校视察］** 3月3日，中共上海市委副书记殷一琨与南汇区委书记戴海波等到校视察。殷一琨等参观了校园和上海现代护理实训中心，对学校近几年的建设发展情况给予肯定，鼓励学校坚持卫生类高职教育办学特色，紧跟国际型大都市发展的需求，发挥与临床紧密结合的教学优势，为社会

培养更多适应快速发展的卫生医疗事业的高素质技术人才。

(张毅婷)

**[获首届上海护理职业教育集团护理英语大赛一等奖]** 3月17日，由上海现代护理职业教育集团与澳大利亚政府专业英语教育部门联合举办，首届上海护理职业教育集团护理英语大赛在学校举行。16个集团成员单位32名选手分为护士组和护生组上场参赛，采用世界职业技能比赛的模式，在仿真的英语医院环境中实战竞技专业英语沟通技巧和技能素养。学校中英班、中美班选手囊括护生组一、二等奖。

(张毅婷)

**[METS全国考生就业促进与服务中心揭牌]** 3月27日，"加快卫生职业院校教育教学改革促进毕业生就业"论坛暨医护英语水平考试(METS)工作总结表彰会在学院举行，教育部考试中心党委书记李鹏与学校校长巫向前共同为"METS全国考生就业促进与服务中心"揭牌。该中心由教育部考试中心、中华医学会、中国国际人才交流协会联合成立，秘书处设在上海医药高专，承担全国医护英语水平考试的组织报名、培训、考务等工作，以提高临床医疗和护理人员英语水平和就业能力。

(张毅婷)

**[向学生赠书]** 3月31日，上海市政协副主席、农工党上海市委主委蔡威等领导一行到校为临床医学专业(乡村医生方向)学生赠送最新翻译版的医学专业书籍。蔡威指出，举办该专业适应当前上海卫生事业发展需要，希望全体学生刻苦学习，努力成为上海农村卫生事业建设的主力军。

(张毅婷)

**[获全国首届护理技能大赛团体一等奖]** 8月8—9日，由中国职业技术教育协会卫生教育专业委员会主办的"全国首届护理技能大赛"在北京举行。比赛设三项全能、徒手心肺复苏、鼻饲法和静脉输液4个项目，由学院8名参赛队员组成的上海代表队荣获团体一等奖，并荣获多项个人奖。

(张毅婷)

**[学校附属闵行区中心医院揭牌]** 12月17日，校党委书记贾万櫟与闵行区副区长张辰共同为上海医药高等专科学校附属闵行区中心医院揭牌。学校和医院通过共建工学结合、校医合作的办学模式，加强实训建设与管理体系创新，并在双师结构教学团队建设方面提供更大空间。

(张毅婷)

**附：学校负责人及地址**

(2009年1—12月)

校党委书记：贾万櫟
　副书记：巫向前(兼)、胡　敏、郑忆文

校　长：巫向前
副院长：胡　敏(兼)、杨卫平、沈岳奋、施晓谋(12月到任)、唐红梅(12月到任)、章雅青(12月离任)、毛狄庆(12月离任)

地址：浦东新区周祝公路279号
邮编：201318
电话：33759000(总机)

# 上海工会管理职业学院

［**2009年概况**］ 学院认真学习贯彻科学发展观和党的十七届四中全会精神，以加强内涵建设为目标，以切实提高教育质量和管理水平为重点，狠抓基础管理，规范基本程序，强化岗位职能，全面落实《深入学习实践科学发展观活动整改落实方案》和《人才培养水平评估整改方案》，加强学院环境建设、完善办学条件，全力提高教学培训的水平质量。

学院招生范围扩大到23个外省市，外地生报到率74%，创历史新高；毕业生就业率99.39%，签约率52.11%。

一、加强内涵建设，促进教学质量提高。

加强人才建设，师资结构更加优化。学院突破编制、计酬、职称等用工界限，引进各类人才20人充实到相关的教学部门，其中高级职称2人，硕士研究生以上学历10人。5名教师取得了副高级职称，19名教师取得中级职称，使高级职称比例达16.3%，硕士以上学历人员达53.8%；14名教师获上海市高校优秀青年教师科研专项基金，1名教师获"晨光计划"专项基金。

优化专业群建设，专业特色更加清晰。学院经充分论证，对专业结构进行了调整，确立了以社会公共事务类专业为龙头、以传统艺术保护类专业和休闲健康类专业为特色、以商贸管理类专业为基础的四大块专业群发展格局。各系根据专业群建设要求，全面启动"平台＋模块"的教学模式，整合专业课程资源，使学院人才培养模式的定位与工会工作的职能有机统一，专业结构更加合理，办学特色更加清晰。

加大课程建设，精品课程实现突破。学院结合专业结构布局调整和专业群平台的建设，围绕人才培养目标，深化课程改革，专业课程建设和公共基础课程都得到了进一步改善。《社会保险实务》课程进一步突出了"工学结合"的特色，成为上海市精品课程。《劳动争议处理实训》、《小组社会工作方法与实务》、《心理咨询》等14门院级重点课程也正在立项和申报。会展专业实训课程获全国商科教育实践教学大赛一等奖。

严格教育教学管理，基础工作逐步夯实。推进专业建设，完善教学计划，突出主干课程，强化专业的核心能力；把招生、就业、学生管理等育人指标纳入专业考核内容，突出专业建设在人才培养中的重要性。狠抓教师教学基本功的培训、教学检查、重点专业中期检查、日常教学管理检查、学风教风校风建设等，促进教师转变教育观念，提高教学质量。坚持以师德建设为中心，连续4年每学期举办一期师德论坛。广大教师教书育人的责任心、爱岗敬业的精神得到了提高。

加大教学投入，实训条件得到完善。学院新增

院"劳模讲师团"

了两栋实训楼，一个陶艺工作室。艺术品保护技术实训中心已正常开展教学，公共事务实训中心、现代商贸流通综合一体化实训中心、食品安全检测实训中心的建设方案已制定完成。投入实训硬件及教学科研仪器设备总值达到2000万元，实训教学的总面积已达1.3万平方米，进一步满足实践教学的需要。

二、以培养职业素养为核心，创新学生管理模式。

以学生为本，提升学生的“三自”能力。先后成立了“学生事务管理委员会”、“就业促进委员会”和“心理咨询委员会”，将学生管理工作从行政部门管理为主转向与系、专业共同管理并以系部、专业为主的管理模式；从辅导员管理为主转向以辅导员与学生共同管理、以学生自我管理为主，提高学生自我管理、自我教育、自我服务的能力。

以劳模育人为主线，树立学生的职业精神。徐虎、李斌、吴尔愉、于漪等40多名“德育导师”为新生开讲“大学的第一课”。陶依嘉、汪美萍等全国劳动模范为学生上思政课。以劳模导师为载体，以职业精神为核心，全面提高学生综合职业素质。

以主题活动为契机，丰富校园文化内涵。以“庆国庆60周年”和“迎世博”为主题开展了一系列活动，举办学院第四届运动会，近4000名学生参加。召开了数十次舍风、学风建设的专题研讨会，开展校园魅力人物评选活动，在学生中树立先进的示范作用，全面推进舍风、学风、校风建设。青年志愿者工作部获上海市总工会颁发的上海职工迎世博窗口服务行业立功竞赛世博服务品牌奖。

以爱心屋为圆点，扩大帮困助学范围。学院共发放各类奖、助、勤金220万元，其中，由学院爱心屋发放的助困金额达67436元，爱心屋受助学生达1857人次。

三、扩大免费培训范围，提升服务工会功能。

为充分体现服务工会的功能，学院扩大了免费培训的规模，承担市总工会组织的各类工会干部免费教育培训班24期，免费培训人数达2099人，超额完成计划免费培训1000名基层工会主席的工作目标，其中非公企业工会干部免费培训总数达1114人。还完成了上海市总工会交办的云南省边境县、藏区县工会主席培训班、都江堰市工会干部培训班、西藏日喀则和新疆阿克苏地区工会干部培训班等特殊班次的培训工作。全年总计培训达到3.8万人次。

（兰宇新）

**[安全文明校园创建成功]** 学院以创建市安全文明校园为契机，深入开展校园安全宣传教育、安全隐患治理、安全设施改造“三项行动”，切实加强校园安全管理体制机制、保障能力、监管队伍“三项建设”，构建四级安全稳定工作队伍，形成了集人防、物防和技防于一体的校园安全防控体系，与奉贤区政府、社区、经济园区签订《安全治安共建协议》，形成“三区联动”，构建了校园安全文明大环境，被上海市综治委评为“平安单位”，被上海市教委评为“安全文明校园”，还被评为上海市技防建设的示范性院校。

（兰宇新）

**[上海世博局团委与学院团委签约共建]** 4月22日，上海市世博事务协调局团委与学院团委举行了主题为“青春世博行动，工会在你身边”的共建签约仪式。此次共建为学院师生成为世博参与者、服务者和志愿者提供了一个很好的平台。共建仪式后举行上海世博会特许商品义卖，筹得的善款捐赠给上海市儿童医学中心。

（兰宇新）

**[市工商局奉贤分局与学院共建]** 3月18日，上海市工商局奉贤分局相关领导为学院学生作两场讲座，开拓学生视野，重视和支持大学生创业。同时，市工商局奉贤分局还在学院设立了“消费者权益维护站”。学院毕业生吴辰杰在上海市工商局奉贤分局与学院的共同扶持下成功创业。

（兰宇新）

**[陈豪来校视察]** 7月30日，市人大常委会副主任、市总工会主席陈豪，市总工会党组副书记、副主席肖堃涛，副主席汪兰洁等一行，到学院调研。市总工会领导视察了学院的图文信息中心、艺术品保护技术实训中心等教学、活动设施，亲切慰问暑假高温期间坚持三期工程建设和就业、招生工作的教职工。陈豪充分肯定了学院坚持依托工会资源发展特色职业教育、以职业教育提升工会教育培训水平的办学思路，对学院师资队伍不断发展壮大、教育培训质量和各项管理工作水平不断提高给予了极大的鼓励，并对全院教职员工近年来的辛勤付出表示亲切慰问和衷心感谢。院长傅小龙、党委书记谢幼书等陪同并出席了座谈会。

（兰宇新）

**[特聘劳模为“德育导师”]** 9月1日，徐虎、李

斌、吴尔愉、于漪等来自各行业的40多名著名劳模，作为学院特聘的“德育导师”，为新生开讲大学的第一课。自2006年起，劳模主题班会就作为学院新生“大学的第一课”被延续下来，主旨是让学生感受到劳模执著的职业理想追求和崇高的敬业精神，培养学生的职业精神。三年来，学院已聘请120余人次劳模为新生进行入学教育，建立了一批劳模德育实践基地。2009年学院又成立了以徐虎、李斌、吴尔愉的名义命名的劳模党支部和以裔式娟、杨富珍、吴佩芳、马人俊等10名劳模命名的劳模团支部。

（兰宇新）

**[综合实训基地获中央财政立项支持]** 经教育部、财政部组织专家审核，学院物流管理专业“现代商贸流通一体化”综合实训基地被确立为2009年中央财政支持的综合实训基地建设项目。该项目的建设将为学院商贸流通专业群建设打下坚实的基础，并为物流管理等专业实训教学提供良好的实训环境。

（兰宇新）

**附：学校负责人及地址**

（2009年1—12月）

院党委书记：谢幼书

院　长：傅小龙

副院长：张　炜、赵　伟

地址：奉贤区南亭公路2080号

邮编：201415

电话：57460188

# 上海体育职业学院

**［2009年概况］** 学院以邓小平理论和“三个代表”重要思想为指导，以学院建设为契机，紧紧围绕市体育局“十一五”规划中竞技体育的总体目标，坚持“一个中心，两轮驱动”的办学宗旨，深入贯彻落实科学发展观，形成了《院领导班子贯彻落实科学发展观分析检查报告》，制定了《学院贯彻落实科学发展观整改方案》，推进了学院发展。

一、教育工作取得新进展。

(1) 教育工作。上海市教委和上海市体育局正式批准成立上海体育职业学院附属中学。上海市体育传统项目学校体育师资培训基地成立。7位中学生运动员荣获上海市体育局系统举办的首届“三好学生”。2008级高职学生职业资格证书课程启动，标志着上海体育职业学院高职生职业教育课程建设进入实质性阶段。

(2) 学科建设。学院教学分普通高等教育和成人高等教育。普高设体育系，拥有社会体育专业、体育服务与管理专业、运动休闲与管理专业。招收128名全日制高职学生，首次跨省市招收18名非沪籍考生。运动休闲服务与管理专业首次招收体能训练方向的学生。在校全日制高职学生共275人。成教设体育教育专业，运动训练专业。2009年向市教委申请开设了体育服务与管理专业。招收221名专科生，专升本159人。在校成人专科生共603人。

(3) 师资建设。学院大专部专职教师25名，研究生以上学历(含在读)达72%以上，引进4名应届毕业研究生。教师队伍中1人参加了市教委举办的精品课程培训班，2人参加了市教委举办的高职院校英语教师培训班，40多人次参加了市举办的各种知识讲座。双师型队伍建设有了新的提高，1人获得国家心理咨询师职业资格考官资格并已执考，1人获得国家职业心理二级咨询师资质证书，1人获得上海市高级按摩师资质证书，1人获得国家按摩技师证书。

(4) 科研成果。学院获得2个市教委组织的优秀青年教师科研项目。发表核心论文3篇。23人次、18篇论文参加体育局教师论文交流。其中3篇获优秀论文奖。主编《体育职业心理学》等4本教材，参编1本教材，出版1本教材。1篇论文入选香港世界体适能大会。参加1项国家体育总局局管课题。主持1项市体育局局管课题。为上海市体育代表团编写《心理指导手册》。获得职业资格研发资质，成为了全国体育院校中唯一获得职业资格研发的院校。

(5) 学生培养。学院举行“共享成长——与钱震华面对面”座谈会、“学礼仪树形象”文明礼仪讲座。举办“我的未来不是梦”征文活动。参加“与国同庆、健康同行”3公里城市跑活动、第十一届长桥社区文化艺术节和ATP网球大师赛志愿者活动。

(6) 信息化建设。学院完成门户网站改版工作。开发建设了成教网上教学管理系统。推广“OA”办公系统。引进上网流量监控设备。完成图书电子化管理工程，采购新书1.3万余册。建立数字图书馆，导入2万余册电子图书。图书馆与学生处联合创办“读书会”社团。

二、竞技体育取得新突破。

(1) 全运会捷报频频。学院共有424名运动员参加第十一届全运会决赛阶段16个大项、136个小项的比赛，参赛人数占上海代表团总人数的60.23%。共获得金牌25枚(占上海代表团金牌总数的60.98%)，奖牌73枚(占上海代表团奖牌总数的60.08%)，总分1621分(占上海市代表团总分的63.61%)。为上海市代表团顺利完成“打回前六”的目标作出了重要贡献。刘子歌荣获体育运动荣誉奖章。

(2) 体能培训新举措。学院依托上海市体能协会，与美国国家体能协合作，举办体能培训班，聘请美国体能专家来沪为教练员授课与交流。加大训练设施投入。绿舟身训房完成改造，跻身国内一流。汇丰身训房也逐步完善。

(3) 教练员队伍建设。学院6个训练中心共聘任了138名教练员。邀请北体大王卫星教授、国家田管中心主任罗超毅、体院刘同为教授、美国国家体能协会专家和孙海平、张传良等优秀教练员为教练员开设专题讲座和培训。先后开办两期青年教练员培训班，对50多名青年教练员进行多学科培训。积极探索“双师型”教练员队伍的培养模式，以适应未来学院的发展需要。

（孙达新）

**［韩正视察“东方绿舟”］** 7月20日下午，市委副书记、市长韩正冒着酷暑前往东方绿舟体育训练基地，代表市委、市政府亲切看望慰问正在加紧训练的运动员、教练员。他希望所有的上海健儿在全运会赛场上充分展现出精神风貌、体育道德和竞技水平，为国家体育事业的发展作出更大贡献。

（孙达新）

**［参加全国万人健身健美操比赛］** 10月30日，在2009“浩沙杯”全国万人健身健美操上海分赛区的比赛中，学院吴慧英、季娉婷、王靥、沈剑雄、阮杰、时盼同学组成的代表队在门晓凡老师的指导下，经过艰苦训练、顽强拼搏，夺得健身健美操大学组5级规定动作一等奖。

（孙达新）

**附：学校负责人及地址**

（2009年1—12月）

院党委书记：黄卫方

副书记：金罗刚

院　长：杨培刚

副院长：顾承锷、沈富麟、陆嘉璞、金罗刚、李建新、王益民、朱学雷

地址：百色路1333号

邮编：200237

电话：64770058

# 上海电视大学

**［2009年概况］** 2009年，上海电视大学坚持“为了一切学习者，一切为了学习者”的办学宗旨，围绕建设“国内一流、国际有影响”的开放大学这一共同愿景，贯彻落实“十一五”发展规划和年初提出的工作思路，各方面工作取得了丰硕的成果。

年内，学校开放教育全年招生45045人，占上海市普通高校2009年招生数的73%，同比增加了17个百分点。当年注册生规模达到113502人，其中本科28204人，专科85298人；有37426名学生毕业，其中本科6623人，专科30803人。直属开放教育学院年内招生2583人，2009秋注册学生7302人，保持了7000人的办学规模。非学历教育快速发展，新增“全国银行风险与监管考试”、“全国CCAA认证考试”以及“上海市公安文职人员考试”等项目，非学历教育全年培训规模达到73.5万人次。国际交流学院举办了第七批南十字星大学工商管理学士学位授证仪式，举行了中澳合作项目成立10周年纪念座谈会。社区教育以系统、资源和平台为核心，继续深入开展面向全市的社区教育服务指导工作。

年内，学校组织完成16大类三个层次(国家级、市级、远程教育集团)120人次的课题申报工作，获立项11类58项，《开放教育研究》杂志影响力不断扩大，入选中国学术期刊评价委员会《中国学术期刊评价报告——RCCSE权威期刊和核心期刊排行榜》，学术影响因子在37本入选CSSCI的教育期刊中排名升至18位。校长张德明出席联合国教科文组织举行的2009年世界高等教育大会，在平行论坛上作题为《变数字鸿沟为数字机遇：基于信息通讯技术(ICT)的教师能力建设》的报告。11月10日，由全国高校现代远程教育协作组和中央广播电视大学共同举办的“现代远程教育与终身学习高端论坛”暨“现代远程教育十年成果展”在北京举行。张德明校长作了题为《开放教育服务于学习型城市建设的实践与探索》的报告。

年内，完成了“文化事业管理”专业、“建筑工程管理”等专业的开拓；制定了品牌专业建设标准，在工商企业管理等三个专科专业进行首批试点；编制上海电大第一套课程教学文件合订本；有序推进20余门优质课程建设，制定了“课程学习包”建设规范与模板，开展了“最好用”、“最管用”教学资源展示和交流；组织完成了历时9个月的“魅力课堂、人气教师”评选，网上点击率达5.2万人次，投票数17.9万；完成优秀教学团队的评选和表彰，并启动讲师团工作；加强教学督导，开展“十佳”试卷评比，聘请专家进行背对背评审，并将专家意见反馈给教师，提升了整体命题质量；推进中央电大基于网络的考试改革，完成中央电大新版教务管理软件的使用试点。2009年“大学英语”网考成绩有所提高，及格率高出全国8个百分点，“计算机”网考也继续保持领先地位；开放教育学院启动“教改试验田”项目，以“企业文化”等为代表的课程在改革教学流程、强化实践教学、创新考试样式方面取得实质性成果。

年内，学校相关部门和个人在第九届全国多媒体课件大赛、第十三届全国多媒体教育软件大赛、2009年广播电视大学教学反思征文评选、全国电大工科教师优秀论文评选活动和广播电视大学第一届文法类教师优秀论文评选中获得了一批奖项。

（王月艳）

**［首次获国家教学成果一等奖］** 9月，由张德明校长主持、王民、徐皓、李惠康、陈信、王连华等人参加的“开放远程教育在上海学习型城市建设中的创新与发展——上海电视大学的实践与探索”研究成果荣获第六届高等教育国家级教学成果一等奖，这是学校首次获得该项殊荣。国家级教学成果奖从1989年开始评选，它与国家自然科学奖、技术发明奖、科学技术进步奖并称我国四大国家级奖励，其中教学成果奖每四年评审一次。今年共有651个项目获奖，其中特等奖2项、一等奖64项、二等奖585项。复旦大学、上海交通大学、同济大学和上海电视大学四所高校获得一等奖。

（王月艳）

**［获国际开放与远程教育协会(ICDE)团体卓越奖］** 6月9日，在荷兰马斯特里赫特举行的第23届国际开放与远程教育理事会(ICDE)开放远程学习世界大会暨欧洲远程教育大学协会(EADTU)年会上，上海电大荣获2009年度ICDE团体卓越奖。

这是该奖项首次为中国大陆高校摘取。设立于1999年的ICDE卓越奖，作为国际远程开放教育领域中的权威奖项，一般每两年评选一次。ICDE卓越奖设有团体、个人和终身成就三种奖项。在此次ICDE卓越奖评选期间，国际众多机构推荐上海电大为2009年度ICDE团体卓越奖，其中主要推荐机构包括巴西远程教育协会、泰国苏可泰大学、马来西亚开放大学、挪威开放大学、伊朗开放大学、香港公开大学、越南胡志明城市开放大学等。

（王月艳）

上海电视大学获2009年度ICDE团体卓越奖

**［开展首届百个优秀学习小组评选与表彰活动］** 针对电大成人远程教育师生准分离、工学矛盾突出的困难，上海电大探索以学生为主体的团队学习模式，在全系统评选出100个“优秀学习小组”。5月30日，上海电大在上海教育电视台演播厅举行“电大有我一个家——上海电大首届百个优秀学习小组表彰活动”。中央电大党委书记阮智勇、上海电大党政领导、各分校（工作站、教学点）的相关负责人及获奖学生共200余人参加了表彰会。

（王月艳）

**［开展第二届奖助学金评选和颁奖活动］** 11月15日，上海电大举行第二届奖助学金颁奖典礼。颁奖典礼介绍了15位来自不同行业的特等奖学金获得者的学习历程，他们中有持有硕士学位来电大攻读第二专业的高级白领，有经常远赴非洲并拥有多项国家专利的科研人员，有外来务工人员，有成功的企业家，有身残志坚的“阳光之家”服务人员，有“80后”环卫工人……上海电视大学自2008年起自筹1000万元奖助学金，用于激励和资助电大优秀学生。2009年是上海电大实施1000万元奖助学金的第二年，有3779名电大学生荣获奖学金，173名电大学生获得助学金。

（王月艳）

**［通过ICDE国际质量评审“回头看”］** 9月21日至22日，由保罗·克拉克（Paul M. Clark）教授及斯韦恩·哈兰德（Svein Oddvar Haaland）教授组成的国际远程教育理事会（ICDE）质量评审小组顺利完成对上海电大ICDE质量评审“回头看”工作。在为期两天的“回头看”工作期间，两位专家参观考察了上海电大松江、宝山、南汇和普陀四所分校。为改进和提升教学质量，上海电大在2008年完成ICDE国际质量评审后，开展ICDE质量评审“回头看”工作。学校对照2008年国际质量评审的《评审报告》中的八点建议，以自查自审的方式检查落实整改情况，并再次聘请评审专家进校检查审核，探索进一步提升教育质量的途径与策略。

（王月艳）

**附：学校负责人及地址**

（2009年1—12月）

校党委书记：张德明

副书记：李惠康

校　长：张德明（兼）

副校长：王　民、陈　信、徐　皓、王连华

地址：阜新路25号

邮编：200092

电话：65834279

# 教育科研与<br>考试、评估机构

# 上海市教育科学研究院

［**2009 年概况**］ 2009 年，开展各类科研项目近 300 项，结题 170 余项，结题率近 60%；承接市教卫党委、市教委及其他党政领导部门党政领导机关委托研究项目 160 余项。编著专业书籍 20 余部，其中《2002—2007 年中国教育经费发展报告》、《中国高等职业教育——历史的抉择》、《教育现代化：跨世纪的使命与选择》等 15 部书籍出版。编辑出版的期刊《教育发展研究》、《思想理论教育》、《上海教育科研》、《中国高等教育评估》由中国人民大学报刊复印资料中心公布的 2009 年全文转载统计排名：在“教育学、心理学、体育学科”类期刊中，《教育发展研究》第 1 位，《上海教育科研》第 17 位；在马克思主义类期刊中，《思想理论教育》排名第 3 位。

参与国家重大项目研究并作出贡献。在《国家中长期教育改革和发展规划纲要》的调研起草过程中，完成总体战略目标、财政投入及绩效的研究，对基础教育、高等教育、职业教育、终身教育分别进行研究并提出规划建议，还完成若干专项规划的研制，如新增博士、硕士学位授予单位立项建设规划等。受市发展和改革委员会委托，承担并完成上海市“十二五”规划前期研究重大课题《上海教育改革和发展研究》，围绕教育面临的问题、改革发展战略思路、重大对策等方面，开展研究。

接受委托项目，研究方向呈多样性。受上海市政协委托，承担“上海外来流动人口子女教育问题研究”。该课题揭示了民办农民工子女小学面临的问题，提出对策建议。院科研人员完成长三角区域教育联动发展战略研究，提出实现教育合作及联动发展目标的对策建议，并对长三角职业教育合作项目提出区域产学合作联盟、专业课程与教学合作联盟、科研合作联盟等建议。受市政府和市教委委托，教育信息调查队对全市 19 个区县进行教育满意度调查，并对由 21 世纪研究院撰写的《中国教育满意度调查》报告进行分析，形成《关于“2008 年度中国主要城市公众教育满意度调查”的分析》报告，有关指标设计与调查抽样的意见被采纳。对 19 个区县的“中小学生课业负担”进行问卷调查，收集浦东新区、静安、徐汇、卢湾、闸北等 5 区个案，对前后八次调研的数据进行纵向分析，撰写《上海市第八次中小学生课业负担调查报告》，被市教委领导称为“是最具分量的报告之一”。受市教委委托，另外承担学前至高中阶段公办教育机构及地方普通高校生均公用经费定额的研制、2002—2008 年上海市教育经费投入统计分析、2008 年上海市属公办高校教职工工资性收入情况分析、中等职业学校学生德育工作研究等项目，参与高等学校院校规划与学科专业结构调整、上海教育系统行风测评、中小学校舍安全工程实施进展检查、社区教育实验项目的管理等方面的工作，承

“2009 海峡两岸高等职业教育发展论坛”举办

接语言文字工作中长期规划的研制，参与部分行政文件的起草工作。

完成国家有关部委的委托项目。完成教育部委托的教育事业和教育经费的年度统计分析、基础教育学校校舍基本情况分析、县级学校建设规划指南的编制、中等职业教育国际比较研究、职业教育经费保障机制研究、中央财政支持职业教育实训基地项目建设与运行管理机制研究、上海市中职学校毕业生就业质量评价体系研究等项目，参与中小学教材建设情况、全国普通高中欠债调研汇报稿的起草工作，参与国家示范性高等职业院校建设运行的绩效监控工作。完成人力资源和社会保障部委托的"育婴师国家标准"的修订工作。

（印成君）

**［举办海峡两岸高等职业教育发展论坛］** 本次论坛被列为国台办当年度的对台交流重点项目之一，得到国台办领导的直接指导与支持。论坛共汇聚来自大陆和台湾地区近百所技职院校的校长、专家、学者，共180余人。与会代表就高等职业教育发展的理念和思路、办学体制和机制、人才培养模式，以及两岸高等职业教育合作互动的途径和方式等问题进行交流探讨。

（陈颖慧）

**［高职高专院校人才培养工作状态数据分析研究］** 受教育部高等教育教学评估中心委托，教科院对上年采集到的高职院校人才培养工作状态数据进行分析研究，从区域、类型、办学主体及示范性院校与专业等四个维度研究全国高职教育发展及质量保障条件情况。通过数据分析，描述我国高职教育概貌特点，总体判断、评价全国高职教育发展布局情况和高职教育人才培养与保障条件状态，提出推动高职教育发展和提高教育质量的政策建议。

（付　炜）

**［拟定长三角地区职业教育合作项目建议方案］** 市教科院拟定《关于长三角地区职业教育合作项目的建议方案》，提出三方面合作建议：①区域产学合作联盟。主要是充分发挥三地支柱产业的优势，选择有代表性的职业教育集团，进行专业标准、师资、课程、教材、实训基地、企业实习、资格证书、社会服务等方面进行合作。②专业课程与教学合作联盟。主要是开展学分互认、课程互通、共建专业标准、共同开发教材、共建合作论坛、共建信息服务网络等多层次、多形式的专业课程和教学改革合作。③科研合作联盟。以上海为中心，建立"长三角地区集团化办学研究中心"；以江苏为中心，建立"长三角地区职业教育中高职衔接研究中心"；以浙江为中心，建立"长三角地区职业教育产学合作研究中心"。

（黄　芳）

**［建设中国教育现代化进程研究及数据库］** 本课题围绕2020年基本实现教育现代化的目标，在国际比较和历史比较的视野中探究中国教育现代化的进程以及中国教育现代化问题。课题研究了我国教育现代化的基本框架、指标体系和2020年标准以及区域教育现代化进程与水平的核心评价指标，设计和构建我国教育现代化的评估模型。重点比较和分析我国七大行政区域及各省市区教育现代化的实现程度；检视我国教育现代化过程中面临的主要问题和困难，提出推进我国教育现代化进程的基本策略。

（金　兵）

**［编制《县级学校建设规划指南》］** 教育部规划司倡导各地编制"县级学校建设规划"，教科院作为主要参加单位参与规划指南的编制工作，《规划指南》包括规划目的、指导思想与基本原则、规划内容、规划的常用方法、编制学校建设规划工作要求等各项内容。本项工作得到联合国儿童基金会的支持和指导。

（付　炜）

**［江西八城市参加长三角城市群教育科研合作共同体］** 5月20日，长三角城市群教育科研合作共同体常务理事与江西省南昌等八市在江西省新余市举行联席会议，商定江西8个城市以"泛长三角"名义加入"长共体"活动。至此，参加长三角城市群教育科研合作共同体活动的地级市及所属区县教科所（室）增至28个。

（张文周）

**［拟定国家示范性高等职业院校验收方案和验收指标体系］** 受教育部高教司委托，市教科院高职教育发展研究中心自2007年起，对100所项目院校的建设情况进行信息采集与绩效监控，为两部指导推进相关工作提供咨询服务。两部根据职成教所提交的验收方案和验收指标体系，对首批列入国家示范建设计划的28所院校进行验收；同时根据职成教所提交的《2009年度中期检查报告》，对第二批、第

三批项目院校的建设工作进行指导和预算调整。

（黄 芳）

**[《基础教育学校校舍基本情况分析》课题研究]** 受教育部发展规划司委托，教科院承担《基础教育学校校舍基本情况分析》课题研究，基于对全国基础教育阶段57万所学校，219万校舍单体建筑的调查，对不同地区、不同类型县中小学校舍质量、抗震设防情况、危房、政府资金资助情况进行深入分析，对县际、城乡差距进行量化研究，提供翔实数据，剖析中小学校舍建筑存在问题并进行原因分析，为实施中小学校舍标准化建设、校舍安全工程提供政策依据。课题初步研究成果、研究方法在全国教育统计信息工作会上向31个省市代表进行汇报。本项工作得到联合国儿童基金会的支持和指导。

（付 炜）

**[《上海高等教育志》通过验收]** 2009年，市教科院依照专家评审意见进行修改、删节与统稿，于11月下旬形成了《上海高等教育志》的验收稿，并通过了上海市方志办的验收，进入正式出版印刷的程序。《上海高教志》字数愈100万字，有望于2010年年中出版。

（罗东海）

**[教育事业统计分析]** 受教育部发展规划司委托，教科院完成了几个方面的统计分析工作。①编制2008年教育事业发展统计快讯。选择数据变化显著的实际问题或指标，完成义务教育普及与巩固水平持续提高、高中阶段教育继续稳步发展等20篇快讯，增加国际比较内容，第一时间反映年度教育事业发展的最新进展与问题。②编制2008年教育事业简明分析材料。选取若干典型指标，对各级各类教育规模、普及程度、办学效益以及生均办学条件等进行多维度的比较分析，形式上图文并茂，尤其关注教育公平和教育均衡发展等方面的相关问题，增加国际比较分析内容。简明分析材料年年有改进，三年三个版本，产生很好的效应。③开展专题研究。结合年度教育事业发展重点，社会关注热点，对初中阶段教育问题、农民工随迁子女和农村留守儿童接受义务教育状况等进行了专题分析。教育事业统计分析已经产生带动效应，相关司局和地方也开始开展类似的工作。④完成UIS世界教育指标中国年度数据填报和教育统计调查工作。

（付 炜）

**[教育经费统计分析]** 受教育部财务司委托，教科院以快报形式及时反映2008年教育经费投入情况，还通过14个不同专题的形式对全国及地方各级教育经费投入使用状况进行多角度分析，除往常的全国及地方教育经费增长情况、财政预算内拨款在各级教育中的分配等常规专题之外，还新增学生资助和教师收入2个新的专题。完成了与教育部财务司合作撰写的《2002—2007年中国教育经费发展报告》并出版。

（付 炜）

**附：院负责人及地址**

（2009年1—12月）

院党委书记：季国强（7月离任）、江彦桥（7月到任）
副书记：伍伟民（10月离任）、陆 勤（10月到任）

院 长：张民选（9月离任）、陈国良（9月到任）
常务副院长：陈国良（9月离任）、江彦桥（9月到任）
副 院 长：顾泠沅（10月离任）、张 珏（10月到任）、马树超（10月到任）、胡 卫（10月到任）

地址：茶陵北路21号
邮编：200032
总机：64167677

# 上海市教育考试院

[**2009年概况**] 2009年，教育考试院严格贯彻落实教育部和市教委关于招生考试的政策、规定，贯彻实施“阳光工程”、“平安高考”；坚持科学、公平、规范、有序的原则；以考生为本，巩固招生考试改革成果；精心组织，周密部署，规范操作，严格管理，努力提高服务质量；各类考试、录取工作平稳、有序、顺利进行，取得良好的社会效果。

据统计，不包括英语口语、各项专业考试，全年承担各项考试共计40多次，参加考试的考生189万多人次（科次）。报考普通高校97555人（含秋季集中录取、非集中录取、春季招生、应届“三校毕业生”高考），报考硕士研究生96456人，报考成人高校81643人，参加初中毕业生统一学业文化考试9.44万人，高等教育自学考试、中英合作开考专业考试及学历与职业资格证书相结合考试共开考644664科次，报考各类社会考试870128人（科）次。

共录取考生27.69万多人。普通高校录取新生82360人，完成计划的100.28%，总录取率为84.42%；录取硕士生31336人，为国家允许招生规模的108.89%，占报考总人数的32.49%，下达的25201名国家计划全部完成；成人高校录取新生66134人，完成招生计划的92.50%，录取率为81.00%；高中阶段各类学校录取新生91079人，升学录取率为96.46%。

普通高校招生在上年实施“平行志愿”改革的基础上，进一步精心组织，巩固“平行志愿”投档录取改革成果。

严格公示制度，规范特殊类型招生，对高校上报教育部并在教育部“阳光高考”平台上公示的名单进行认真审核，严格按照教育部时间节点要求在“上海招考热线”和《家庭教育时报·高招周刊》上予以公示，公示各类招生项目12项，计7237人（次）。

复旦大学、上海交通大学继续实行“深化高等学校自主选拔录取改革试验”，并扩大招生规模；复旦大学、上海交通大学、同济大学、华东师范大学、华东理工大学、上海外国语大学、上海财经大学、东华大学8所部属高校继续参加“高等学校自主选拔录取改革试点”；经教育部批准，上海大学首次在沪实施“高等学校自主选拔录取改革试点”工作；高职（专科）层次的“依法自主招生改革试点”招生院校扩大为21所。

高中阶段学校招生进一步完善推荐和选拔相结合的中招录取制度，以学业考试成绩为基础、参照综合素质评价，兼顾推荐和选拔。

完成春、秋季高考，应届“三校生”高考，初中学业水平考试及其他考试命题工作；命题由经验性命题向技术性命题转变；进一步提高考试结果的信度和效度，为题库建设、高中学业水平考试以及多元评价等做好理论和实践准备；秋季普通高校招生考试的语文、数学、历史、政治科目和初中毕业生统一学业文化考试的语文、数学、外语、理化科目实行网上评卷，客观把握评卷质量，促进招生录取工作公正地开展。

（阮　培）

[**普通高校招生**] 普通高校招生共计报名人数97555人（含秋季高考、非集中录取、春季高考、“三校生”高考），招生总计划为82131人，共计录取新生82360人，完成计划100.28%，总录取率为84.42%。其中录取本科生47988人，占录取总数的58.27%，比上年的55.47%上升2.80个百分点；录取高职（专科）生34372人，占录取总数的41.73%。

当年春季招生考试报名的考生有4517余人，与上年相比，减少1661人，减幅为26.89%。参加本市普通高校春季入学招生有上海大学、上海师范大学、上海工程技术大学、上海商学院、上海师范大学天华学院、上海工商外国语职业学院、上海农林职业技术学院、上海思博职业技术学院等8所高校，计划招生950人，实际录取报到634人，完成招生总计划的66.74%。5所本科院校计划招生500人，录取报到534人，完成本科计划的106.80%；其中上海师范大学、上海商学院、上海师范大学天华学院3所本科院校增加招生计划。3所高职（专科）院校计划招生450人，录取报到100人，仅完成高职（专科）招生计划的22.22%。

参加本市普通高校秋季招生集中录取的高校共

673所(含2所香港地区高校和14所军事、武警部队高校),其中上海院校64所,外省市高校609所,首次在沪招生的外省市院校60余所。除西藏、台湾、澳门外,全国其他省市均有高校在上海安排普通高校招生计划。全市参加普通高校秋季统一招生考试的人数为72555人(不含复旦、交大两校"深化自主选拔录取改革试验"录取的参加高考的953人和内地新疆班、西藏班考生314人),报考人数比2008年减少约20%。招生计划总数60392人(含艺术类专业招生计划,但不含未编制分省招生计划的艺术类高校招生计划数)。共录取新生61243人,完成招生计划的101.41%。集中录取阶段前录取新生:复旦大学和上海交通大学"深化自主选拔录取改革试验"录取953人;21所高校高职(专科)层次实行依法自主招生改革试点录取12139人;保送生254人;非通用语种新生167人;运动训练、民族传统体育新生137人。

年内,上海市招收应届"三校生"的普通高校共22所,招生计划6230人(不含上海应用技术学院听力残障单独招生计划20人),其中非艺术类专业招生计划5363人(文科计划为3050人,理科计划为2313人),艺术类专业招生计划867人(文科计划为682人,理科计划为185人);报考人数9478人,共录取新生6202人,完成招生计划的99.6%。其中非艺术类专业录取5041人(文科录取2865人、理科录取2176人),艺术类专业录取1161人(文科录取1040人、理科录取121人)。

(汪成辉)

[普通高校招生有关数据统计]

一、报考普通高校生源数97555人(含秋季高考、非集中录取、春季高考、应届"三校生"高考)。

(一)按招生类别分:

1. 参加春季入学招生考试人数为4517人。

2. 参加秋季高考报考人数为72555人(不含复旦、交大两校"深化自主选拔录取改革试验"录取考生)。

3. 其他类别人数为20483人,其中,复旦大学和上海交通大学"深化自主选拔录取改革试验"录取953人,普通高校招收应届"三校生"录取6202人,保送生254人,非通用语种167人,双学位66人,上海公安高等专科学校第二专科474人,运动训练137人,21所高校高职(专科)层次的"依法自主招生改革试点"12139人,上海应用技术学院、北京联合大学等录取聋哑生33人,体育单招58人。

(二)按文、理科分:

文科考生39732人(占40.73%),理科考生53306人(占54.64%),春季入学招生不分文理考生4517人(占4.63%)。参加秋季统一高考考生中,文科考生26579人,理科考生45976人。

(三)按性别分:

男生47908人(占49.11%),女生49647人(占50.89%)。

参加秋季统一高考的男生35291人(占48.64%),女生37264人(占51.36%)。

参加普通高校招收应届"三校毕业生"考试被录取的考生中,男生2610人(占42.08%),女生3592人(占57.92%)。

(四)按生源分:

1. 应届高中毕业生72014人(占73.82%),其中:参加秋季统一高考64862人;复旦大学、上海交通大学"深化自主选拔录取改革试验"录取950人;保送生254人;非通用语种新生167人;聋哑考生1人;21所高校高职(专科)层次"依法自主招生改革试点"录取5780人。

2. 往届毕业的高中生和"三校生"(含在职人员)11271人(占11.55%)。

3. 应届"三校生"14270人(占14.63%),其中参加普通高校招收应届"三校生"考试6202人(按实际录取数);参加秋季统一高考2219人;21所高校高职(专科)层次"依法自主招生改革试点"5759人(按实际录取数);体育单招58人(按实际录取数);聋哑生32人(按实际录取数)。

二、普通高校在沪招生计划数82131人(不含艺术类不作分省计划的院校招生数)。

(一)按招生类别分:

1. 除秋季集中录取阶段外,招生计划21739人,其中:①保送生254人(按实际录取数);②非通用语种167人(按实际录取数);③春季入学招生计划950人[本科500人、高职(专科)450人];④招收应届"三校生"计划6230人[文科3732人、理科2498人,本科300人、高职(专科)5930人];⑤双学位66人(按实际录取数);⑥上海公安高等专科学校第二专科474人(按实际录取数);⑦运动训练137人(按实际录取数);⑧复旦大学、上海交通大学"深化自主选拔录取改革试验"计划1000人;⑨21所高校高职(专科)层次的"依法自主招生改革试点"招生计划12370人;⑩上海应用技术学院、北京联合大学等录取聋哑生33人(按实际录取数);⑪体育单招58人(按实际录取数)。

2. 集中录取阶段招生计划60392人,其中:普通专业计划54790人,艺术类专业计划5241人(不含全国统招数),体育类专业计划361人。

(二) 按文、理科分:

文科计划35677人,理科计划45504人,不分文理的春季入学招生计划950人。集中录取阶段(含艺体类)文科计划22533人,理科计划37859人;招收应届“三校生”文科计划3732人,理科计划2498人。

(三) 按本、专科分:

本科计划46451人(含招收应届“三校生”本科计划300人),高职(专科)计划35680人[含招收应届“三校生”高职(专科)计划5930人]。其中:集中录取阶段(含艺体类)本科计划43955人,高职(专科)计划16437人。

(四) 按本市、外省市高校分:

本市高校计划70378人,外省市高校计划11753人。其中:集中录取阶段(含艺体类)本市高校计划48808人,外省市高校计划11584人。

三、实际录取考生数82360人,录取率84.42%。

(一) 按招生类别分:

1. 除秋季集中录取阶段外,共录取21117人(占录取总数的25.64%)。其中:①保送生254人,占录取总数的0.31%(本市高校134人,外省市高校120人);②非通用语种167人,占录取总数的0.20%(本市高校153人,外省市高校14人);③春季入学招生634人,占录取总数的0.77%[本科534人,高职(专科)100人];④招收应届“三校生”6202人,占录取总数的7.53%[本科290人,高职(专科)5912人];⑤双学位66人,占录取总数的0.08%;⑥上海公安高等专科学校招收第二专科474人,占录取总数的0.57%;⑦运动训练137人,占录取总数的0.17%;⑧复旦大学、上海交通大学“深化自主选拔录取改革试验”录取953人,占录取总数的1.16%;⑨21所高校高职(专科)层次“依法自主招生改革试点”录取12139人,占录取总数的14.74%;⑩上海应用技术学院、北京联合大学等招收聋哑生33人,占录取总数的0.04%;⑪体育单招58人,占录取总数的0.07%。

2. 秋季集中录取阶段录取61243人(占录取总数的74.36%)。其中:①艺术类专业录取5145人,占录取总数的6.25%[本科3868人,高职(专科)1277人];②体育类专业录取359人,占录取总数的0.44%[本科273人,高职(专科)86人]。

(二) 按本市、外省市高校分:

本市高校录取72854人(占88.46%),外省市高校录取9506人(占11.54%)。其中:集中录取阶段本市高校录取51906人,外省市高校录取9337人。

(三) 按文、理科分:

文科录取35644人(占43.28%),理科录取46082人(占55.95%),春季入学招生(不分文理)录取634人(占0.77%)。集中录取阶段文科录取22491人,理科录取38752人。

(四) 按本、专科分:

本科录取47988人(占58.27%),高职(专科)录取34372人(占41.73%)。其中集中录取阶段本科录取45515人,高职(专科)录取15728人。

(五) 按性别分:

男生录取38487人(占46.73%),女生录取43873人(占53.27%)。其中集中录取阶段男生录取28189人,女生录取33054人。

四、完成计划情况。

实际录取数与计划数相比增招229人,完成招生计划数的100.28%。其中集中录取阶段增招851人,完成招生计划数的101.41%。

五、录取率。

(一) 总录取率为84.42%;

(二) 应届高中毕业生的录取率为87.71%;

(三) 集中录取阶段录取率为84.41%;

(四) 春季入学招生录取率为14.04%;

(五) 应届“三校生”高考录取率为65.44%。

六、1995年至2009年集中录取阶段外省市院校在沪招生完成计划情况表。

| 年份 | 招生计划数(人) | 实际录取数(人) | 减招人数(人) | 完成比例 |
|---|---|---|---|---|
| 1995 | 2385 | 1907 | 478 | 79.96% |
| 1996 | 2585 | 2075 | 510 | 80.27% |
| 1997 | 3342 | 2993 | 349 | 89.56% |
| 1998 | 3558 | 3360 | 198 | 94.44% |
| 1999 | 4006 | 3786 | 220 | 94.51% |
| 2000 | 5586 | 4528 | 1058 | 81.06% |
| 2001 | 6934 | 5981 | 953 | 86.26% |
| 2002 | 7443 | 6661 | 782 | 89.49% |
| 2003 | 8177 | 7131 | 1046 | 87.21% |
| 2004 | 8955 | 8046 | 909 | 89.85% |
| 2005 | 9351 | 8095 | 1256 | 86.57% |
| 2006 | 9689 | 8875 | 814 | 91.60% |
| 2007 | 9954 | 9246 | 708 | 92.89% |
| 2008 | 10938 | 9365 | 1573 | 85.62% |
| 2009 | 11584 | 9337 | 2247 | 80.60% |

七、集中录取阶段外省市高校共录取9337人。

其中，提前批录取633人，第一批本科录取2229人，第二批本科录取4547人，高职(专科)录取1335人，艺术类专业录取546人，体育类专业录取47人。集中录取阶段前，被外省市高校录取保送生120人、非通用语种考生14人、运动训练21人、聋哑生13人、体育单招1人。

八、应届"三校生"报名录取情况。

(一)报考数17546人。其中报名参加秋季高考2219人，报名参加普通高校招收应届"三校生"考试人数9478人，21所高校高职(专科)层次"依法自主招生改革试点"5759人(按实际录取数)，体育单招58人(按实际录取数)，聋哑生32人(按实际录取数)。

(二)录取情况：

1. 录取率：13373人被普通高校录取，占"三校生"报考人数的76.22%。

2. 本科录取1229人，占被录取"三校生"人数的9.19%；高职(专科)录取12144人，占被录取"三校生"人数的90.81%。

3. 被录取的13373人中，参加普通高校招收应届"三校生"考试录取6202人[本科290人，高职(专科)5912人]，21所高校高职(专科)层次"依法自主招生改革试点"录取5759人，体育单招录取58人[本科50人，高职(专科)8人]，聋哑生录取32人[本科22人，高职(专科)10人]，集中录取阶段录取1322人[本科867人，高职(专科)455人]。

九、报考外省市高校，经济补贴优惠政策执行结果。

属于一次性经济补贴发放范围的外省市高校共有229所，录取考生1808人，占在沪招生外省市高校录取人数的19.36%，其中一、二、三批平行志愿首轮投档录取1256人，征求志愿投档录取552人，应发放一次性补贴共计153.15万元。实际报到考生1655人，实际发放一次性补贴141.70万元。

(卢致杰)

**[研究生招生]** 硕士研究生招生：①报名：96456人报考本市各硕士研究生招生单位，比上年增加5966人，增幅为6.6%。按地域统计：上海生源21431人，占22.2%；非本地生源75025人，占77.8%。按考生来源统计：普通高校应届本科生58070人，占60.2%；其他人员38386人，占39.8%。按学历层次统计：研究生学历287人，占0.3%；本科毕业92622人，占96%；本科结业417人，占0.4%；高职(专科)3130人，占3.3%。按考试方式统计：参加全国统考77711人，推荐免试生5878人，参加单独考试1149人，参加MBA联考8642人，参加法律硕士联考3046人，强军专项计划30人。高校中报考人数居前5位的依次是：上海交通大学13999人，复旦大学13565人，同济大学13032人，华东师范大学9906人，上海财经大学9371人。科研院所中报考人数居前5位的依次是：上海生命科学研究院883人，上海药物研究所424人，上海有机化学研究所388人，上海医药工业研究院363人，上海社会科学院316人。报考人数居前10位的专业依次为：工商管理、金融学、法律、英语语言文学、企业管理、外科学、内科学、通信与信息系统、外国语言学及应用语言学、计算机应用技术。②参加本市硕士研究生招生的高校和科研院所共54个，报名人数96456人，比2008年增加5966人，增幅为6.6%。实际录取硕士生31336人(含新增全日制专业学位3147人)，比2008年增招4624人，增幅为17.31%，报名人数和录取人数之比约为3.08∶1。具体录取情况：录取的硕士研究生中，统考生21285人，单考生423人，工商管理硕士3149人，法律硕士706人，推荐免试生5773人。按录取类别分：非定向生录取21546人，占68.76%；定向生录取399人，占1.27%；委培生录取1540人，占4.91%；自筹经费生录取7851人，占25.06%。

博士研究生招生：①报名：本市博士研究生报名人数为18187人，比上年增加781人，增幅为4.49%。按考生来源统计，应届硕士毕业生5037人，占27.7%；提前攻博和硕博连读考生2075人，占11.41%；本科毕业生直接攻读博士学位考生319人，占1.75%；未就业人员619人，占3.4%；科研人员749人，占4.12%；高等教育教师1462人，占8.04%；其他教学人员5061，占27.83%；其他人员2865人，占15.75%。②录取：参加本市博士生招生的高校和科研院所共32个，实际录取6023人(含新增计划与国家公派出国补偿计划)，比上年增加156人，增幅为2.66%。录取的博士生按报考类别分：非定向生录取4328人，占71.86%；定向生录取797人；占13.23%；委培生录取815人，占13.53%；自筹经费生录取83人，占1.38%。

(张亚萍)

**[成人高等学校招生]** 在本市招生的成人高校共73所，其中本市成人高校64所，外省市成人高校9所。录取人数66134人，完成招生计划的92.5%。由于实际参加考试的人数与计划基本持平，包括专

科起点升本科(以下简称"专升本")、高中起点升本科(以下简称高起本)在内的成人高等学校招生计划都没有完成。

报考人数及招生情况如下:

| 招生类型 | 公布计划数 | 与2008年相比 | | 报考人数 | 与2008年相比 | | 录取人数 | 与2008年相比 | |
|---|---|---|---|---|---|---|---|---|---|
| | | 计划数 | 比　例 | | 人　数 | 比　例 | | 人　数 | 比　例 |
| 专科起点升本科 | 39696 | +1840 | +4.9% | 47913 | −1355 | −2.8% | 37940 | −541 | −1.4% |
| 高中起点升本科 | 7051 | +181 | +2.6% | 9418 | −1584 | −14.4% | 6045 | −946 | −13.5% |
| 高中起点升专科 | 24750 | −482 | −1.9% | 24312 | −5936 | −19.6% | 22149 | −4010 | −15.3% |
| 合　　计 | 71497 | +1539 | +2.2% | 81643 | −8875 | −9.8% | 66134 | −5496 | −7.7% |

注:计划栏内为公布计划数,不含体育单招计划和高校在招生过程中的计划调整。

(黄　琦)

**[中等学校高中阶段招生]** 本市初中毕业统一学业考试实际报考人数约9.4万人,比2008年减少0.57万人,9.1万考生升入高中阶段各类学校。普通高中与中职校录取人数比例为60∶40,基本实现年初预定的目标。高中阶段各类学校执行计划情况如下:

| 学校类别 | 招生计划数(人) | 实际录取数(人) |
|---|---|---|
| 普通高中 | 55209 | 54763 |
| 综合高中 | 1043 | 1370 |
| 中　　专 | 28380 | 25258 |
| 职　　校 | 12400 | 7792 |
| 技　　校 | 2950 | 1896 |
| 全市总计 | 99982 | 91079 |

"零志愿"招生计划为1762人,录取1652人。"名额分配"招生计划为学校招生计划的12%,与上年相同,招生计划为2193人,实际录取2078人。

将原有的经初中学校推优和毕业生自荐参加高中学校自主选拔整合为"提前推荐自主录取",在初中学校推荐或学生自荐的基础上,经过公示和网上填报志愿,由招生学校根据学生综合素质评价情况和推荐(自荐)意见自主择优预录取。学生参加中考后,结合在全市统一划定的最低录取控制分数线上正式录取,将提前推荐自主录取与统一文化考试成绩相结合。提前推荐自主录取情况如下:

| 类　　别 | | 报名数(人) | 计划数(人) | 录取数(人) |
|---|---|---|---|---|
| 推荐生 | 高　中 | 5983 | 5420 | 4492 |
| | 中职校 | | 165 | 144 |
| 自荐生 | 高　中 | 14156 | 2160 | 1968 |
| | 中职校 | | 2747 | 5543 |
| 合　计 | 高　中 | 20139 | 7580 | 6460 |
| | 中职校 | | 2912 | 5687 |

加大创新实验班的试点力度。本市创新实验班由上年的1所学校85个招生计划,增加为4所学校390个招生计划。

语文、数学、外语、物理、化学等考试科目实行全市统一网上评卷,为本市义务教育阶段学业水平质量评价提供了规模管理、数据分析和发展性评价研究的基础平台。

(程新圩)

**[高等教育自学考试]** ①4月和10月分别举行第54、55次高等教育自学考试。第54次高等教育自学考试由18所主考学校开考96个专业,其中专科专业47个、本科专业49个,开考课程358门(不包括学历与职业资格证书相结合的证书考试);报考人数为121438人(其中报考本科专业考生为56075人,报考专科专业考生为65363人),报考科次数达到299121科次(不包括学历与职业资格证书相结合的证书考试)。第54次考试全市实际参加考试224358人次,实考率75.00%,平均合格率49.52%,有111097人次取得单科合格证书。第55次高等教育自学考试由18所主考学校开考96个专业,其中专科专业47个、本科专业49个,开考课程362门(不包括学历与职业资格证书相结合的证书考试);报考人数为107034(其中报考本科专业考生为53456人,报考专科专业考生为53578人),报考科次数达到264658科次(不包括学历与职业资格证书相结合的证书考试)。第55次考试全市实际参加考试189798人次,实考率71.71%,平均合格率49.03%,有93057人次取得单科合格证书。经审核统计,2008年10月第53次高等教育自学考试后,3393人取得专科毕业证书,2473人取得本科毕业证书;2009年4月第54次高等教育自学考试后,2943人取得专科毕业证书,1993人取得本科毕业证书。

②中英合作开考的商务管理和金融管理两专业共考两次，报考人数17944人，报考数为40535科次。③学历与职业资格证书相结合的证书考试开考两次，其中报考中国物流职业经理资格考试为19261科次；报考餐饮职业资格证书考试为135科次；报考调查分析师资格证书考试为227科次；报考机械工程师资格证书考试为147科次；报考中英合作开考的采购与供应管理职业资格证书考试为20561科次。

（孙长庚）

**［各类非学历证书考试情况］** 各类非学历证书考试共有10项：①上海市高等学校计算机等级考试：由市教委和市高等学校计算机等级考委会组织的全市高校统一教学考试，报考对象为本市普通高等院校本科、专科、研究生在校生、专科生和研究生；共设有一级、二级、三级3个等级9个科目。当年报考总人数为108224人。②在职攻读硕士学位全国联考：由国务院学位办公室和教育部学位中心主办，要求报考对象获得学士学位3—5年以上、具有一定的工作经验且必须经本单位人事部门或有关主管部门推荐。本市报考人数为14544人。③同等学历人员申请硕士学位全国统一考试：由国务院学位办公室和教育部学位中心主办，要求报考对象获得学士学位后工作满三年以上，且已通过学位授予单位培养方案规定课程。本市共计报考7327门次。④全国大学英语四、六级考试：由教育部考试中心主办，报考对象为全日制普通高等院校本科、专科、研究生在校生；各类全日制成人高等院校本科、专科在校生。大学英语四、六级考试每年考两次，上半年四级开考英语、日语、德语和法语，六级仅开考英语，下半年四、六级都仅开考英语。全年本市报考总人数为666430人。⑤剑桥少儿英语考试：由教育部考试中心中英测量中心和剑桥大学考试委员会（UCELS）主办，该项目适合6—12岁少年儿童学习，开考预备级、一级、二级和三级，每年两次考试，考试合格者由教育部考试中心中英测量中心和剑桥大学考试委员会（UCELS）联合签发写实性证书。本市报考总人数为16602人。⑥全国英语等级考试：由教育部考试中心主办，报考者不受年龄、职业、学历和地域限制，一次限报一个等级，测试考生听、说、读、写能力的英语等级水平，每年两次考试，设一级（含一级B）、二级、三级和四级4个等级。本市报考人数为18426人。⑦全国计算机等级考试：由教育部考试中心主办，考生不受年龄、职业和学历限制，测试考生计算机应用知识与能力的等级水平考试，设一级、二级、三级、四级4个等级，考生一次限报一个等级，每年开考两次。本市参考人数37578人。⑧全国少儿计算机考试：由教育部考试中心中英测量中心主办，主要考试对象为5—16岁的儿童和少年。本市报考人数为146人。⑨剑桥英语五级证书考试：由教育部考试中心海外处和剑桥大学考试委员会（UCELS）主办，报考者不受年龄、职业和学历限制。上海目前共开设KET（英语入门）、PET（初级英语）、FCE（第一英语）等三个级别证书考试，每年两次考试。报考总人数为665人。⑩中国市场营销资格证书考试：由教育部考试中心和中国市场学会合作主办，考生无年龄、职业或受教育程度等方面限制，证书分三种：中国市场营销总监资格证书、中国市场营销经理资格证书和中国市场营销经理助理资格证书，每年两次考试。报考人数为186人。

（柏伟民）

**［市人大代表视察普通高校招生录取工作］** 7月10日，市人大常委会主任刘云耕等市人大领导、代表赴市教育考试院听取有关高考录取工作及相关政策执行情况的汇报并进行座谈。市教委主任薛明扬汇报了招生录取总体进展情况，市教育考试院党委书记、院长李瑞阳介绍了考务工作新举措。刘云耕对市教委、市教育考试院和有关部门做了大量艰辛而卓有成效的工作表示感谢，对工作人员表示慰问。

（阮　培）

**［细化操作，巩固“平行志愿”改革成果］** 普通高校招生进一步加强对“平行志愿”政策的宣传，细化投档操作流程，提高考生、高校、社会等多方满意度，巩固“平行志愿”投档录取改革成果。修订平行志愿填报、投档和录取规则及流程等实施细则，调整完善投档录取软件，在可靠、可行、安全、稳定、准确上下功夫，确保录取工作在技术保障、设备配置、安全环境运行上万无一失；根据教育部规定，在平行志愿正式投档前，向高校提供生源分布统计，高校根据生源分布情况确定招生计划微调方案和调档比例，然后再进行正式投档；梳理各种特殊类型招生，制定相应的操作程序，处理好特殊类型招生单独投档与平行志愿投档在环节衔接、时间节点等方面的矛盾；严格执行招生计划管理，坚决遵守“八不准”、“六公开”制度，严厉打击各类招生中介。

（阮　培）

市人大常委会主任刘云耕视察2009年高校招生工作

**[建设考务指挥平台]** 根据国家教育考试考务指挥平台的要求，本市在普陀、闵行、金山三个考区的试卷保密室和6个考点94个考场安装网上巡查系统，与本市以及教育部考务指挥中心对接，全程实时查看三个考区的试卷保密室和试点考场，初步实现教育部对上海市以及部分区县的考务巡查和保密室检查。同时根据教育部考试中心要求，本市高考首次全程实施专项电磁环境监测，以防范和打击非法利用无线电设备舞弊的行为，确保高考在公平、公正的环境下有序进行。

加强软、硬件管理，确保数据安全，实现所有软件系统在线运行整体平稳，软件运行可靠率超过99.9%，当年数据处理差错率低于十万分之一，为历年来最低。

（汪成辉）

**[试卷保密室达标验收]** 2009年普通高校秋季统一招生考试前，市教育考试院与市国家保密局一起，先后对全市22个区(县)、三线单位，自学考试15所主考学校，11所高校研究生保密室，进行"地毯式"检查，确保保密室各环节无缝衔接，全程覆盖。高考、自考、研究生试卷保密室全部达标，颁发由市国家保密局和市教育考试院印制的验收达标合格证，并一次性发放奖励资金40多万元。

（齐永昌）

**[继续推进本市普通高校自主招生改革]** 本科和专科层次的自主招生改革继续推进。复旦大学、上海交通大学"深化自主选拔录取改革试验"计划招生1000人，与上年相同；实际录取953人，比上年增加90人。经教育部批准，上海大学首次在沪实施"高等学校自主选拔录取改革试点"工作，招生计划100人，实际录取考生24人。本市高职(专科)层次"依法自主招生改革试点"招生院校由2005年的3所、2006年的6所、2007年的11所、2008年的16所扩大为2009年的21所，新增院校为：上海济光职业技术学院、上海电机学院、上海商学院、上海旅游高等专科学校、上海东海职业技术学院和上海民远职业技术学院。本市高职(专科)层次"依法自主招生改革试点"院校招生计划12370人(含招收上年冬季退役士兵计划80名)，比上年增加2360人；实际录取12139人，比上年增加2157人。

（汪成辉）

**[承办的主要考试项目数据统计]** 据不完全统计，全年承办各项考试40余次，参加考试的考生189万余人次(科次)(不包括英语口语、各项专业考试及普通高等学校联合招收华侨、港澳地区及台湾省学生上海考点考试等考生数)，录取考生27万多人。主要考试项目的考试和录取人数如下：

| 考试内容 | 报考人数(人次、科次) | 录取人数(人) |
|---|---|---|
| 全国普通高校招生统一文化考试(秋季) | 72555(人) | 61243 |
| 上海市普通高校招生统一文化考试(春季) | 4517(人) | 634 |
| 本市应届"三校"毕业生报考普通高校统一文化考试 | 9478(人) | 6202 |
| 保送生、小语种、自主招生等 | | 14281 |

（续上表）

| 考　试　内　容 | 报考人数（人次、科次） | 录取人数（人） |
|---|---|---|
| 硕士学位研究生入学全国统一考试 | 96456（人） | 31336 |
| 博士研究生招生 | 18187（人） | 6023 |
| 成人高校招生全国统一考试 | 81643（人） | 66134 |
| 本市初中毕业生统一学业文化考试 | 94400（人） | 91079 |
| 高等教育自学考试 | 563779（科次） | |
| 高等教育自学考试中英合作开考专业考试（商务管理和金融管理） | 40535（科次） | |
| 学历与职业资格证书相结合考试（物流、餐饮等 7 项） | 40350（科次） | |
| 本市高等学校计算机等级考试 | 108224（科次） | |
| 在职攻读硕士学位全国联考 | 14544（人） | |
| 同等学历人员申请硕士学位全国统一考试 | 7327（科次） | |
| 全国大学英语四、六级考试（含小语种） | 666430（人次） | |
| 剑桥少儿英语学习系统全国统一考试 | 16602（人次） | |
| 全国英语等级考试（PETS） | 18426（人次） | |
| 全国计算机等级考试（NCRE） | 37578（人次） | |
| 全国计算机应用技术证书考试（少儿 NIT 考试） | 146（人） | |
| 剑桥英语五级考试 | 665（人次） | |
| 中国市场营销资格证书考试 | 186（人次） | |
| 合　计 | | 194572 |

（阮　培）

**附：院负责人及地址**

（2009 年 1—12 月）

院党委书记、院长：李瑞阳

副书记：姚梅乐、王静怡

副院长：沈本良、雷新勇、申相德

地址：钦州南路 500 号

邮编：200235

电话：64511200（总机）

# 上海市教育评估院

［**2009 年概况**］ 2009 年，上海市教育评估院加强民主管理，围绕市教委 2009 年工作重心，坚持“深化内涵建设、提升教育评估能级”，制订了《上海市教育评估院 2009—2012 年三年事业发展规划（讨论稿）》，继续实施“抓科研、上水平、树品牌”的兴院战略，逐步向“专业化、现代化、国际化”的发展目标靠近。

以政府委托项目为主，积极开拓新项目。本年度全院完成各级各类评估项目 75 项，比 2008 年增加 14 项。评估项目层次多样：从幼儿园评估一直到研究生评估；类别多样：包含学历和非学历教育、公办和民办教育等评估项目；委托方多样：包括本市市区两级教育行政管理部门、外省市教育行政管理部门（黑龙江省教育厅、浙江省教育厅、江苏省教育厅）及其他行政部门（上海市人力资源和社会保障局）等。高职高专人才培养水平评估项目、中等职业学校新专业设置与教学质量检查评估项目、教师高级专业技术职务评审项目、中外合作办学认证项目、民办非学历教育评估项目等均已成为有较大影响力的评估项目。

加强科研力度，探索新的评估模式和技术。2009 年新增科研课题 10 项；修订与完善科研管理文本；完成 2008 年招标课题的中期检查及 2009 年的课题招标工作。在民办高校推行认证试点，探索实践国际通行的认证模式和审核模式。进一步推行网上评估系统，运用网络技术加强评估数据建设，提升评估质量。2009 年相继开发中学教师高级职务任职资格评审系统和上海市民办教育办学许可证管理平台；实施研究生优秀成果初选项目无纸化评估，更新上海市中等职业学校专业设置状态数据库；完成研究生毕业论文双盲抽检系统升级工作。

加强内外交流，推进合作共赢。秉承“引进来、走出去”的指导思想，2009 年相继接待了泰国，以及台湾、云南等地的评估机构来访，并组团或派员访问了越南、阿联酋、希腊、英国、法国、德国等国家的教育评估机构，进一步建立了联系。

与高等教育出版社合作，启动《教育评估文库》建设工程，有计划地出版优秀的教育评估科研成果。

（王　欣）

《教育评估文库》首发式

［**召开 2009 教育评估研讨会（上海）**］ 2009 年 5 月 22 日，上海市教育评估院举办“2009 教育评估研讨会（上海）”。来自北京、天津、重庆、江苏、广东、上海等地和香港、台湾地区评估机构的负责人，资深评估专家以及高校代表等 100 余人出席会议。上海市教育评估院院长张伟江、香港学术及职业资历评审局总干事范耀钧、台湾高等教育评鉴中心执行长陈振远，分别作主题为“上海教育评估展望”、“香港

高等院校学术评审的经验与反思”、“台湾高等学校专业、系所评鉴的经验与反思”的报告。

（俎媛媛）

**[“亚太地区质量保障组织秘书处”落户上海]** 5月22日，上海市教育委员会副主任张民选、香港学术及职业资历评审局总干事范耀钧教授，为亚太地区质量保障组织秘书处落户上海揭牌。上海市教育评估院张伟江院长与香港学术及职业资历评审局总干事范耀钧教授分别代表双方机构续签合作协议。

（俎媛媛）

**[民办职业培训机构诚信等级评定]** 受上海市人力资源和社会保障局委托，上海市教育评估院组织专家对全市19个区县人力资源和社会保障部门审批的民办职业培训机构进行2008年度诚信等级评定工作。全市共有408所民办培训机构申报，其中申报“A”等的有78所；申报“B”等的有267所；申报“C”等的有63所。经评议，评定为“A”等的培训机构33所；“B”等的223所；“C”等的143所；“未达到C级标准”的有9所。

（胡恺真）

**[复核换发民办学校办学许可证]** 受市教委委托，上海市教育评估院自2008年9月开始受理各区县民办教育机构办学许可证的申领、材料复核及换发工作。换证工作分五个阶段：材料受理、材料复核、材料审核、网上公示、打印并颁发许可证。至年底，已组织19批民办学校办学许可证申报材料专家集中复核，完成全市除虹口区外18个区县(含南汇)共计1096所民办学校的许可证的复核换发工作。其中培训机构类749所、基础教育类344所、其他性质学校3所，通过审核的合计1081所，暂缓发放的有15所。

（吴新林）

**[高职院校(新一轮)人才培养工作评估]** 受市教委委托，上海市教育评估院对上海医疗器械高等专科学校、上海医药高等专科学校、上海公安高等专科学校、上海工艺美术职业学院、上海旅游高等专科学校等五所示范性高等职业院校的人才培养工作进行试点评估。在本次五所高职院校试点评估的基础上，2009年12月26日至30日，上海市教育评估院协助教育部高等教育教学评估中心及市教委承办了第十一期高职院校人才培养工作评估骨干培训班，80名来自上海、江苏、广东和海南的评估人员参加培训。

（范露露）

**[推荐高校市级精品课程评选暨国家精品课程]** 上海市教育评估院于2009年6月3日至5日组织百余位学科专家，对2009年度上海高校精品课程进行评审暨国家精品课程推荐工作。共有本市32所本科高校和24所高职高专院校申报463门课程。评审主要在学校自评的基础上，采用网上集中初评、会议评审相结合方式进行。经网上公示，2009年度上海共评选出市级精品课程102门，其中本科课程80门，高职高专课程22门；推荐国家精品课程61门，其中本科课程55门，高职高专课程6门。

（林江湧）

**[上海市农村义务教育学校委托管理绩效评估]** 受市教委委托，2009年5月至6月，上海市教育评估院对首轮20个农村义务教育学校委托管理(以下简称委托管理或托管)项目进行绩效评估。评估在支援机构自评基础上由专家进行认定。评估设计了“区县课堂调研”环节，促进区县两级资源在评估工作中的有效整合。评估认为委托管理达到了预期目标。

（黄丹凤）

**[爱国主义教育基地青少年工作星级评估试点]** 上海市青少年学生校外活动联席会议办公室会同中共上海市委宣传部，对本市爱国主义教育基地的青少年工作开展星级评估，委托上海市教育评估院组织实施。共有8个全国爱国主义教育示范基地和9个上海市爱国主义教育基地申报星级评估。评估星级采用分项累计的方法，按照评估总分确定星级。评估结果将作为本市未成年人社会实践基地(场馆)专项奖励计划的重要依据。

（严　芳）

**[高校青年教师科研专项基金综合评估检查]** 受市教委人事处委托，2009年教育评估院完成“上海高校选拔培养优秀青年教师科研专项基金”(2006年度)(以下简称“优青”项目)评估工作，对“优青”资助项目和49所上海高校青年教师培养工作实施综合评估检查。本次评审对1040位青年教师的项目材料进行网上评审，共计完成1084位青年教师“优

青”项目的综合评估检查，其中市属高校1041位，部属高校（华东师范大学、上海财经大学）43位。

（陈滔宏）

**[上海市工科类高校语言文字工作达标评估]** 受市教委和市语委的委托，上海市教育评估院于2009年下半年组织专家组分别对上海第二工业大学、上海电力学院和上海应用技术学院等三所工科类高校进行了“上海普通高校语言文字工作达标评估”。

（李　钰）

**[普通高校学士学位授权审核工作]** 上海市教育评估院受市学位委员会办公室的委托，于2009年5月至6月，组织专家开展2009年上海市普通高校学士学位授权审核工作。2009年共有同济大学等21所高校的86个2009年有第一届毕业生的本科专业申报审核，涉及理、工、文、医、管理、艺术等专业领域，从专业办学指导思想、师资队伍、教学过程、基本教学条件、教学管理和教学效果等六个方面进行审核。审核工作采用专家实地抽查和集中评审相结合的方式进行，审核结果最后由市教委进行网上公示。

（杨　雪）

**[镇(乡)成人中等文化技术学校标准化建设评估]** 受市教委委托，上海市教育评估院会同上海市成人教育协会，于2009年8月至11月组织开展了“上海市镇乡成人中等文化技术学校标准化建设评估”。2009年8月25日至27日，首先选取闵行区颛桥成人学校等3所学校开展试点评估。2009年9月8日至10月20日对13所成人学校开展实地评估。评估结果经网上公示，由市教委审核发文公布。

（杨长亮）

**附：院负责人及地址**

（2009年1—12月）

院党总支书记：陈效民

院　　长：张伟江
常务副院长：陈效民
副 院 长：李亚东

地址：陕西南路202号
邮编：200031
电话：54041353

# 教育电视、报刊与教育集团

# 上海教育电视台

**[2009年概况]** 2009年,上海教育电视台深入学习实践科学发展观,推动上海教育电视台新一轮改革发展。上海教育电视台党总支组织带领全体党员干部围绕"加强探索教育台运营模式转型,强化办台特色与节目质量,进一步提高教育台的社会影响力"主题进行调查研究,准确把握上海教育电视台的战略定位和现状,分析上海教育电视台在发展中遇到的突出问题和主要问题,找出教育事业发展的瓶颈,有针对性地探讨突破瓶颈方案。

把握"世博"契机,强化节目创新,提升荧屏形象。3月,推出《市民大学堂》、《魅力社区》等一系列展示上海市民风采、弘扬社区新风的节目。10月,《帮女郎》成功改版,新版《帮女郎》扩展为40分钟,把"全心全意为百姓服务"作为节目的第一要旨,拉起媒体与观众、观众与观众间相互扶持的纽带。通过她们的努力,无助者得到力量,助人者得到表彰,相互关爱、和谐生活的旋律在荧屏上奏响。"烦心事,着急事,为难事,帮女郎帮你忙"的宣传语已经深入市民心中,形成良好的口碑和关注度。《教育新闻》首次赴京采访全国两会,将"两会"报道作教育台的特色,在国家的重要事件中发出绿叶人的声音。

制作精品课程,建设远程教育网。年内,上海教育电视台拍摄各类教学节目360节课,约17700分钟(电大课程占64%,比上年增长20%)。使用直录演播室进行拍摄,还首次引入情景剧的模式。同时,上海教育电视台还精心制作拍摄24集《祛病延年、百岁圆梦》老年电视课程,受老年朋友的欢迎。"上海老年人学习网"在电视大学信息中心的支持帮助下完成了网站二期改造建设,建立互动学习园地,弥补电视单向教学的不足。网站点击率已有24.5万次;新闻栏目做到天天更新,点击数达16万余次,视频点播节目1200节课,点击数5.9万次,网站通讯员发稿4825篇,"专家咨询"互动栏目中回答1269条老年学员的各类问题,回信字数达29.3万余字。上海远程老年大学被市教委评为2008年度先进集体。

秉承上海教育电视台传统,继续举办《年度教育新闻人物评选》、《高考咨询大直播》等品牌。《〈身边的奥秘〉之〈牛奶做衣服〉》还获得"上海市优秀科普作品"提名奖。《教育新闻》"特写——北京奥运赛场上的生命之约"、"静安区推出减负新政　小学生需要经历N项生活体验"获得了2009年第十四届中国教育电视新闻类一等奖,《北川一日》、《全国两会专题报道》获得专题类一等奖,《市民大学堂》综述篇获得栏目类一等奖。11月,"2009上海教育年度人物"的评选正式启动,评选结果于2010年2月揭晓。

演播室改造,编辑系统升级。5月,启动演播室改造项目,调研论证、立项招标,10月动工,将原来60平方米的演播室,扩建成120平方米的四讯道、高标清兼容的演播室,同时,对于编辑系统的升级也同步完成。编辑系统从索贝的E1,跳过E5,直接升级成E7,连升两个级别,兼容高清模式的同时,具备了更强大的编辑功能。技术中心组织全员培训,进行上机考试,严格制度。

调整经营策略,采用广告经营代理方式成功招标,经历了多重难关,通过全台上下和广告部的积极努力,广告经营终于成功保亿元。

(刘　君)

**[绿叶人同庆15岁生日]** 为庆祝上海教育电视台成立15周年,绿叶人策划了台庆系列主题活动。2月28日白天时段,上海教育电视台播出四集电视专题片《绿叶风》、《绿叶韵》、《绿叶心》、《绿叶情》,全面描绘上海教育电视台自1994年建台以来的发展历程。当晚,举办《光荣与梦想》台庆主题晚会。上海市教卫党委书记李宣海,市教卫党委副书记、市教委主任薛明扬,市教卫党委副书记、市教委副主任莫负春,市教卫党委副秘书长谢一龙等领导到现场观看晚会。

与此同时,全台员工还编辑十五周年台庆纪念画册,编排演出内部庆祝活动《"绿叶子杯"超牛盛典》。

(刘　君)

**[《市民大学堂》开播]** 2008年6月启动的"迎世博,爱生活"千集系列社区教育类节目——《市民

大学堂》，于2009年3月16日开播。首批推出五大系列《家政课堂》、《家教天地》、《健康宝典》、《走近经典》、《理财有道》，周一到周日每天上午10点以后带状播出，受到社区和观众的好评。

（刘 君）

**[“迎世博”魅力社区展示]** 《“迎世博”魅力社区展示》由上海市精神文明建设委员会办公室与上海教育电视台共同主办，这是上海首档聚焦社区建设的大型电视活动。7月6日开播，每周一个社区，周一至周五晚通过五个专题片，从不同的侧面展示社区的魅力，周六则由社区百姓为观众朋友献上一场主题晚会。先后有静安寺社区、曲阳社区、五角场社区、瑞金二路社区等10个富有特色的社区走进观众视野。通过魅力社区巡礼、魅力生活、魅力人物、魅力文化、魅力宣言以及专家点评等丰富的形式，集中展现社区的魅力，精彩诠释“城市，让生活更美好”的世博主题。

（刘 君）

**[首次获全国“两会”采访权]** 上海教育电视台首次获得全国“两会”采访权，共派出5名记者赴京进行全国“两会”的报道。从3月2日到13日，教育新闻栏目，通过卫星传送，每天推出10分钟的全国“两会”特别报道。全国“两会”期间，前方记者共采访全国人大代表23人次、政协委员22人次，共播出“两会”相关新闻63条。前方记者还在宾馆房间搭设了北京演播室，邀请秦绍德、戎光道、朱雪芹、张济顺、周家伦等代表、委员，走进演播室，与主持人展开深入探讨，以教育的眼光透视社会问题，从社会的角度分析教育问题，形成与其他媒体不同的鲜明特色，得到代表、委员、教育主管部门以及观众的好评。全国“两会”报道节目还荣获2009年度全国教育电视新闻节目一等奖。

（刘 君）

**[成立“8.17创研工场”]** 8月17日，在上海教育电视台召开的“8.17战略发展研讨会”上，决定由台拨款50万元，成立“8.17创研工场”，为台未来节目创意出谋划策。“8.17创研工场”从电视规律出发，沿市场需要切入，为贴近绿叶频道定位研发设计新节目，会诊、修正老节目，建立一套节目的科学评估体系。

（刘 君）

**[“身边的奥秘”获优秀科普奖]** 经各区县推荐和专家评审，并经上海市科普工作联席会议审核批准，5月，上海教育电视台的《〈身边的奥秘〉之〈牛奶做衣服〉》被授予“上海市优秀科普作品”提名奖。

（刘 君）

**[《高考咨询大直播》连续举办三年]** 《高考咨询大直播》连续举办三年，已成一个具有一定影响力的公共社会服务品牌节目。2009年的《高考咨询大直播》由上海市教育委员会指导，并由上海市教育考试院和上海教育电视台、新民晚报、东方广播电台、东方网四家媒体联合主办。节目邀请上海市教育委员会副主任张民选、上海市教育考试院副院长沈本良走进直播室，还邀请复旦大学教授顾晓鸣、上海大学教授胡申生、上海中学校长唐盛昌等近20位专家，就考生所关心的如“学校与专业”、“就学与职业规划”、“个人与社会发展”等问题与观众（听众）进行交流和互动。同时，在上海市教育考试院设立分会场，多次通过电视连线的方式，进行现场志愿诊断，为考生提供个性化的服务，在考试院和考生之间搭建一个相互沟通交流的信息服务平台。节目播出期间解答考生和家长各类有关高考问题上万个。

（刘 君）

## 附：台负责人及台址

（2008年1—12月）

台长：张德明

台党总支书记：张道玲

副台长：邵蓓萍、张伯安、陆 生

台址：大连路1541号
邮编：200086
电话：65834001（总机）

# 上海教育报刊总社

［**2009 年概况**］ 2009 年，上海教育报刊总社围绕“坚持科学发展，深化内涵建设，着力提升社会影响力和市场竞争力”这一实践载体，按照“上半年理思路、下半年抓队伍”的要求，制订总社三年行动计划，推进“加快事业发展、加强自身建设”两大任务，完成了年初制定的各项任务。

根据市教卫党委的统一部署，总社开展了为期 6 个月的学习实践活动，以“做教育系统创建学习型组织的率先实践者和有力宣传者”为创建口号，以“每位员工的全面发展”为创建宗旨，以“全面激发全体干部员工的学习工作潜能”为创建重点，制订了创建计划，努力营造“工作学习化、学习工作化”的氛围。群众的满意率达到 91.9%。

逐步完善媒体形态，不断提升内容质量。《上海教育》杂志等围绕两委中心工作，加强策划，突出报道的原创性和推动力，评论员文章、深度报道、人物报道和反映一线基层典型经验的专题策划研究，得到了市教卫党委、市教委领导的肯定和基层读者的欢迎。各报刊采编人员在“走近读者”活动中到基层学校，开设讲座，了解需求，征集选题，获得读者的赞誉。经过近三年的建设，诞生了总社首批品牌栏目，培养了一批采编人才。

创新体制机制，提升管理水平。根据报刊的市场定位、读者对象、办刊理念等，重构六大分社的内涵与架构，调整组建了教育新闻分社、学前教育分社、少年报分社、中学生报分社、家庭教育报刊分社和成才与就业分社，为差异化发展创设体制和组织条件。进一步加强制度建设，相继修订和制定了一系列规章制度，对总社、分社两级开展重大经济项目、重大教育服务活动的论证、审核、检查、监管和清算。通过强化等一系列工作程序、过程、结果等环节的管理，从制度上保证项目、活动的顺利进行。

加强党的建设，发挥党组织的政治核心作用。重新修订了贯彻落实党风廉政建设责任制的实施办法和执行“三重一大”议事决策制度的有关规定。专门设立了社长信箱，并公布了社长的手机和邮箱地址。对经济责任审计中发现的有关问题及时督促有关部门加强整改落实。进一步规范了信访的程序与工作制度，加强网上信访办结率，保证群众信访渠道的畅通。

（龚　晨　金习群）

［**《家庭教育时报》编校质量列全市第一**］ 4 月，上海市新闻出版局首次公布本市报刊编校质量检查结果。参加此次编校质量检查的报纸总数为 97 种，其中被评为优秀报纸的有 26 种，约占检查总数的 27%。在获得优秀奖的 26 种报纸中，上海教育报刊总社主办的《家庭教育时报》名列第一。

（李北宏　金习群）

［**承办 2009 第六届上海教育博览会**］ 4 月，由市教卫党委、市教委主办，江苏省教育厅、浙江省教育厅特邀主办，上海教育报刊总社承办的 2009 第六届上海教育博览会在上海展览中心举办。本届教博会以“更优质的教育，更美好的城市”为主题，揭示教育与城市的互动关系、彰显上海世博会主题所蕴涵的教育功能。本届教博会展示面积近 2 万平方米。参展单位的数量与质量均超过以往任何一届，展会共设置了 14 个展区，参观人数逾 16 万人。在会展期间，特设教育论坛、名师咨询、学生才艺展等活动，并首次尝试设立“新闻发布厅”，滚动推出了 8 场新闻发布活动。

（项秉健　邹子凌）

［**承办“第四届长三角校长高峰论坛”**］ 4 月，第四届中国长三角校长高峰论坛在上海举行，主题为“科学发展与创新人才培养”。本届论坛首次将大学校长与中小学校长集聚在同一平台，来自南京大学、上海交通大学、同济大学、浙江大学、华东师范大学等高校的校长与沪苏浙三地中小学校长同场对话，围绕“什么是创新型人才”、“创新人才的成长环境与培养”、“创新型教师的素养与培养”三大专题展开研讨。论坛期间，还进行了“长三角最具影响力校长”颁证仪式，上海市实验学校徐红等 12 名三地中小学校长获奖。

（官芹芳）

**[举办第六届少儿新闻大赛]** 4月,由少年报社和上海市红领巾理事会主办、《时刻准备着》编辑部承办的“与世博同行,让梦想成真”上海市第六届少儿新闻大赛颁奖。本届大赛历时4个月,共收到来自上海市19个区县万余份文字及摄影作品。

(郭　莹　盛志云)

**[参加第30届世界头脑奥林匹克决赛]** 5月,第30届世界头脑奥林匹克决赛在美国衣阿华州立大学举行。来自美国、中国、德国、加拿大、俄罗斯、波兰等国家和地区的750多支参赛队参加了决赛。中国内地有7支参赛队参加了世界决赛。上海外国语大学附属外国语小学获得小学组亚军,上海市曹光彪小学获得小学组第5名,上海市晋元高级中学附属学校获得了初中组季军。

(姚惠祺)

**[举办第六届上海市中学生时政知识大赛]** 5月,由市教卫党委宣传处、市教委德育处、市教委职教处和市文明办未成年人工作处指导,市教委教研室、上海教育报刊总社和市学生德育发展中心主办,《当代学生》编辑部承办的第六届上海市中学生时政知识大赛落幕。全市近20万名中学生参加初赛,近两万名中学生参加复赛,近2000名中学生参加决赛。大赛共决出个人一等奖94人,二等奖197人,三等奖278人。在团体决赛中,延安中学获得高中组团体金奖,振华外经职校获得中职组团体金奖。

(范江萍)

**[举办上海市中小学生世博知识大赛]** 6月,由上海教育报刊总社、上海世博文化传播公司主办,《上海世博》杂志编辑部、上海中学生报社等承办的上海市中小学生世博知识大赛落幕。全市近40万名中小学生参加本次大赛。复旦附中、金苹果学校、绿苑小学、上海商业学校、西南位育中学范力家庭等获奖。

(吕　沪)

**[承办2009年上海市“十佳少先队员”评选活动]** 6月,由共青团上海市委员会、上海市教育委员会、少先队上海市工作委员会主办,少年报社《时刻准备着》编辑部承办的上海市“十佳少先队员”评选活动落幕。中共中央政治局委员、上海市委书记俞正声接见了2009年上海市“十佳少先队员”。

(郭　莹　盛志云)

**[举办2009全球华人中学生阅读征文大赛]** 6月,由上海市人民政府新闻办公室、上海市作家协会、上海教育报刊总社、少年报社、《新民晚报》、东方网、商务印书馆(香港)有限公司、商务印书馆(新加坡)有限公司、商务印书馆(马来西亚)有限公司、《澳门日报》等单位联合举办的第十届“沪、港、澳与新加坡”四地中学生暨2009全球华人中学生阅读征文大赛活动落幕。本届征文大赛的主题是“绿色心灵”和“城市让生活更美好”。本次大赛旨在培养中学生广泛的阅读兴趣、提高华人中学生的汉语能力和人文素养、促进全球华人中学生的文化交流,并让更多的海外青少年能亲近和热爱中华文化。全球近30万名华人中学生参加本次大赛。

(姜丽军)

**[举办首届“鲁迅青少年文学奖”大赛]** 7月,上海教育报刊总社、《家庭教育时报》与上海鲁迅文化发展中心、上海市中小学幼儿教师奖励基金会、中国少年儿童报刊工作者协会等单位合作举办的第一届“鲁迅青少年文学奖”大赛颁奖。大赛分为小学组、初中组、高中组三个组别,全国共有20多个省、直辖市、自治区70余万名中小学生参与。组委会还与文汇出版社合作出版了《鲁迅青少年文学奖优秀作品集》。

(周俊峰　石达平)

**[《大学生职业发展与就业指导》出版]** 8月,《大学生职业发展与就业指导——职业发展与就业指导网络课程阅读精要》一书由上海教育报刊总社成才与就业杂志分社联合本市20所高职院校集体编写出版。本书首创推出由纸本教材、动画演示光盘和i(爱)才网就业指导网络平台服务三位一体的网络课程,以帮助各院校有效开展职业发展与就业指导教育。市教卫党委副秘书长、上海教育报刊总社党委书记、社长曹荣瑞任该书主编。

(姚明强)

**[举行上海市中小学生民族团结教育系列活动]** 11月,由市教卫党委、市教委、市民族和宗教事务委员会指导,上海教育报刊总社、少年报社主办的“祖国是个大家庭,56个民族一家亲”上海市中小学生民族团结教育系列活动颁奖。系列活动分为民族团结知识竞赛、绘画比赛和民族艺术校园展演等。全市有近80万名中、小学生参加了本次民族团结教育活动普及性学习,近12万名中小学生参加了系列活

动的各项比赛。嘉定区嘉定一中、杨浦区凤城新村小学等28所中小学分别获得民族团结教育知识竞赛团体一、二、三等奖；青浦区朱家角中学、卢湾区第一中心小学等36所中小学分别获得民族艺术校园展演比赛一、二、三等奖。

（姜丽军）

**［审议通过《上海教育报刊总社三年行动计划(2009—2011)》］** 11月，总社新一轮事业发展规划《上海教育报刊总社三年行动计划（2009—2011）》，经总社第二届职工代表大会第三次会议审议通过。《三年行动计划》明确了总社未来三年的发展定位、目标和思路。

（金习群）

**［评选2009上海教育年度新闻人物］** 11月，上海教育报刊总社、上海教育电视台和上海市中小学幼儿教师奖励基金会共同举办的“2009上海教育年度新闻人物”评选活动正式启动。经过各高校、区县教育局、学校和解放日报、文汇报、新民晚报、上海广播电视台、东方网、上海教育报刊总社、上海教育电视台等媒体以及社会的推荐，共产生77位候选人。上海市嘉定二中物理教师蔡文学等10人当选“2009上海教育年度新闻人物”，上海市建青实验学校副校长张斯恒等10人获提名奖。

（赵　锋）

**［举办上海市民诗歌创作家庭故事比赛］** 11月，由市教委、市文明办、市新闻出版局、市妇联、市作家协会、《家庭教育时报》共同举办的上海第三届上海市民诗歌创作获奖作品朗诵暨家庭讲故事比赛颁奖。活动以“幸福六十年，美好迎世博”为主题，共收到市民诗歌创作作品4000多首，收到家庭故事创作稿件达3.5万余篇，有近3万户家庭参加故事讲演活动。

（石达平　沈荣明）

**［成立上海教育报刊总社新闻中心］** 12月，上海教育报刊总社新闻中心成立。它的主要任务是服务市教卫党委和市教委，按两委年度工作要点与领导要求，做好调研工作，形成专题报告，供领导决策参考；建立重大教育新闻报道的策划机制，形成阶段性重点选题，并组织实施相关报道；编辑《上海专题调研》、《上海教育内参》、《教育舆情研究》和《上海教育新闻宣传通讯》等，及时反映各类社情民意和媒体动态；开展对传媒业动态的研究，并以咨询报告的形式提供给有关方面参考。

（金习群）

**［第十七届“上海市十佳好苗苗”评选揭晓］** 12月，由团市委、市教委、市少工委联合举办的第十七届“上海市十佳好苗苗”评选揭晓。本次“十佳”的评选主题是“听党的话，做祖国的好苗苗”，黄浦区蓬莱路第二小学邵美仁余等当选为“上海市十佳好苗苗”。

（马晓敏）

**［上海教育新闻网上线试运行］** 上海市教卫党委、上海市教委决定，由上海教育报刊总社筹建上海教育新闻网（www.shedunews.com）。上海教育新闻网以“发布权威资讯，引导教育舆论，提供教育服务，推动素质教育，优化网络生态”为己任，建设目标是成为上海权威教育新闻资讯发布的“主平台、主出口、主门户”。12月，上海教育新闻网上线试运行。

（洪卫林）

**附：总社负责人及社址**

（2009年1—12月）

社党委书记、社长：曹荣瑞　（1月到任）

副书记：张一群（11月到任）、唐洪平（10月到任）

副社长：金志明、施清平、徐　勇（10月到任）

社址：长宁路491弄36号

邮编：200050

电话：62525555（总机）

# 上海远程教育集团

**[2009年概况]** 2009年，上海远程教育集团以“迎难而进、稳健发展”的年度工作主题，落实“十一五”发展规划，首次获得市级文明单位称号。以上海教育资源库为基础，以重大项目为抓手，整合资源库、电大网、终身教育网、党员干部远程教育网等“十网一库”教育资源，通过互联网、卫星、IPTV、有线电视、移动设备和线下服务渠道，深化教育资源库应用推广工作，打造终身教育公共服务平台，提升集团在教育信息化、终身教育服务的竞争力。年内，集团正式运行上海市网络教研互动平台，在全国率先实现了真正意义上的网络教研；开通长三角资源联盟网站；积极参与联合国教科文组织“建立多语言学习网络空间”项目；参与策划特殊教育资源库项目；上海党员干部远程教育平台进入全面推进阶段，基本实现全市终端站点全覆盖；初步形成终身教育大平台“十网一库”、四平台五支持服务系统的架构；完成“教师教育技术能力培训”、“教育部和上海市教委暑期培训”等项目；启动上海市未成年人社会实践在线活动馆；完成2009年全市中小学、幼儿园校(园)长暑期培训项目。此外，与上海交通大学合作申报的教学成果“校企合作、科技先导，面向学习型城市构建数字化终身学习平台的研究与示范应用”获得国家教学成果奖二等奖；与华东师范大学合作的博士后科研工作站在微型学习、终身学习支持服务系统原型及其标准等方面形成了高水平成果，并被应用于终身教育大平台的建设。

**[首次获得市级文明单位称号]** 3月27日，在2009年上海市精神文明建设大会上，集团获得市级文明单位称号，成为上海市教卫系统的64个市级文明单位之一。此次获上海市市级文明单位称号，是集团不断前进和进步的重要标志。

(王月艳)

**[通过2006—2008年经济责任审计]** 7月8日，上海市审计局行政事业审计对集团进行历时近半年的全面经济责任审计。审计人员对集团的事业发展和经济管理工作给予肯定，认为集团总体运行规范，“在推进高等教育大众化，发展教育特色电视频道，构建终身教育平台，促进集团建设方面取得了较好的成绩，集团经济持续增长，发展势头良好。”

(王月艳)

**[获“上海市推进学习型社会建设先进单位”称号]** 12月8日，上海市推进学习型社会建设指导委员会办公室公布2007—2008年度上海市推进学习型社会建设先进单位(集体)和先进个人名单。因在上海学习型社会建设中所作的重要贡献，上海远程教育集团、上海市学习型社会建设服务指导中心均获得先进单位(集体)称号。

(王月艳)

**[上海市电视中等专业学校30周年校庆]** 6月28日，上海市电视中等专业学校在上海影城举行建校30周年庆典。上海市人民政府副秘书长翁铁慧，上海市教卫党委副书记、市教委副主任莫负春，中央广播电视大学党委副书记张辉，集团党委书记、主任张德明，党委副书记李惠康，副主任兼上海市电视中等专业学校校长陈信，集团副主任徐皓、王连华，中央电中常务副校长孙旭，以及上海市教委、集团的老领导到会。参加庆祝大会的还有来自本市各相关单位的领导、分校领导、教师和学生代表300余人。

(王月艳)

**[开发“上海社区学习地图”]** 由上海市学习型社会建设服务指导中心办公室组织开发的上海社区学习地图是社区教育在线课程管理平台(http://ditu.shlll.net)。它集管理、统计、查询等多功能于一体，汇集了上海18个区县社区学院、213所街道(镇)社区学校及各村居委办学点的社区教育课程信息。社区居民无需注册，只需点击鼠标，即可查询到所在街道(镇)社区学校课程的名称、授课教师、授课方式、开班时间、收费标准、联系方式等信息。到2009年秋季，上海社区学习地图共汇集了各社区院

校的13485门社区教育课程信息，内容涵盖文化与素养、生活与休闲、职业与技能三大系列，形式涉及讲座、课堂教学和学习活动等。

（王月艳）

**[开展“迎世博，百万市民学环保”培训项目]** 2月，上海市学习型社会建设服务指导中心和上海市环境保护局签署全面合作框架协议，在全市范围内开展“迎世博，百万市民学环保”培训活动。6月3日，该项目举行启动仪式，通过全市社区教育系统组织发动18个区县社区学院、200余所社区学校、数千个居民教学点，对100万市民进行环保知识培训。到年底，培训居民总数已达到30万人次，其中，已开展面授培训量为172830人，网上培训量为50293人，其他主题活动量67340人。

（王月艳）

**[上海终身学习网投入规模化运行]** 4月14日，由上海市教委主管、集团承建的上海市政府实事项目、上海终身学习网正式开通。项目完成了大型网络学习平台开发、硬件网络搭建、资源建设及推广应用等主要工作。项目整合1461门课件，为40万市民提供超过3000小时的在线学习内容，包括道德修养、科学素养、文化涵养、公民意识、生活保健、家庭安全、家庭教育、休闲技艺、家庭理财、法律维权、生活环境、语言文字、信息技术、就业指导、职业发展等各类群众喜闻乐见的课程内容，并为市民提供包括学习时长、测试评估和学习积分等元素的数字化终身学习档案。项目建立了18个区县管理员队伍，开展了社区教育数字化学习示范基地、网络学习在线培训课程、手机微型课件制作等各项活动。

（王月艳）

终身教育平台——“上海终身学习网”开通

**[召开建立多语言学习网络空间可行性研究国际专家会议]** 5月28日至30日，由中国联合国教科文组织全国委员会主办、上海电大承办的“建立多语言学习网络空间”可行性研究国际专家工作组会议在上海电大举行。来自奥地利、澳大利亚、德国、南非、智利以及联合国教科文组织中国全委会、北京师范大学、上海电大的近20位国内外专家参加了会议，联合国教科文组织助理总干事阿布杜拉·罕参加会议开幕式并发言。多语言网络空间项目是由教科文中国全委员向联合国教科申报的项目，旨在建立一个语言学习的信息化网络，推动语言知识和文化的全球共享。目前，该项目已经被联合国教科文组织批准并拟实施。

（王月艳）

**[市农村中小学教育信息化应用项目启动]** 10月24日，由上海市教委主管、集团负责实施的上海市400所农村中小学教育信息化应用项目启动。该项目在两年的时间内，通过基线调研、过程性跟踪、教学教研指导、培训、大型活动、资源服务、技术支持、课题指导、评估等一系列信息化活动，提高农村中小学校教育信息化的应用水平，推动教育质量的提高，实现城乡教育均衡的发展。

（王月艳）

**[“上海未成年人社会实践在线活动馆”通过验收]** 11月，由集团承建的《上海未成年人社会实践在线活动馆》通过评审专家组验收，实现了未成年人在线参与社会实践活动的技术创新。该项目以实体

基地为基础，以《上海市中小学生社会实践基地(2008年版图)》为指针，运用现代多媒体及网络信息技术，建设在线虚拟学习、实训、评测的基地，帮助上海市中小学生、德育工作者突破时间与空间的限制，实现“混合式”在线德育实训模式；项目提供基于成长档案袋的个性化、多元化评价考核体系，记录学生在线实践基地学习、参观的全过程，为研究性学习评价提供一体化平台；在线活动馆涵盖爱国主义教育、民族文化教育、公民教育、健康与生存、科普教育等九大系列，共计70余个基地，拓展了未成年人参与社会实践活动的形式和内涵。在2009年的第九届全国多媒体课件大赛和第十三届全国多媒体教育软件大赛中，项目组选送的6个在线活动馆作品，获得多个一、二等奖奖项。

(王月艳)

**[举办远程教育教席国际系列研修班]** 9月24—26日，2009联合国教科文组织远程教育教席国际系列研修班在集团国际会议中心举行。本次研修班的主题是国际开放与远程教育理事会(ICDE)质量评审、远程教育质量保证和评估评审。联合国教科文组织东亚远程教育教席主持人、上海电视大学校长张德明和联合国教科文组织北京(东亚)代表处代表乔尔·巴卡(Joel Bacha)分别在开幕式上致辞。参加本届研修班的有中国人民大学、北京师范大学、浙江大学、复旦大学等10所普通高校网络学院，天津电大、沈阳电大、北京电大、重庆电大等7个省级电大，以及来自英国、挪威、美国、泰国、马来西亚、韩国、蒙古等国共40多位代表。上海电大系统60多位教师、管理和研究人员参加相关研修活动。

(王月艳)

**附：集团负责人及地址**

(2009年1—12月)

集团党委书记：张德明
副书记：李惠康

集团主任：张德明(兼)
副 主 任：王　民、陈　信、徐　皓、王连华

地址：大连路1541号
邮编：200086
电话：65834279

# 大　事　记

# 2009年1—12月上海教育大事记

## 1月

**4日** 召开上海高校学生资助工作总结表彰大会。副市长沈晓明、市政府副秘书长翁铁慧、市教卫党委书记李宣海出席。

举行上海教育工作通报座谈会。本市教育界部分市人大代表、市政协委员，各民主党派团体分管领导及部门负责人，市人大、市政协、市政府相关部门负责人等160人出席会议。市教委主任薛明扬通报上海教育工作情况。

**14日** 中共中央、国务院任命杨玉良为复旦大学校长。中组部副部长李建华宣读决定，教育部党组书记、部长周济，上海市委副书记殷一璀出席。

## 2月

**9日** 市长韩正赴都江堰中学考察灾后教育重建工作。市教委主任薛明扬介绍支教教师在都江堰支教工作情况。

副市长沈晓明视察虹口区春季开学工作。

**23日** 国务委员、公安部部长孟建柱和上海市市长韩正视察上海公安高等专科学校。国务院副秘书长汪永清，公安部副部长孟宏伟，上海市委常委、市委政法委书记吴志明，市长助理、市公安局局长张学兵参加视察。

## 3月

**3日** 市委副书记殷一璀视察上海医药高等专科学校。

**11日** 中国人民解放军总后勤部与上海市政府在京举行合作建设第二军医大学签约仪式。中共中央政治局委员、上海市委书记俞正声，中央军委委员、总后勤部部长廖锡龙出席签约仪式并讲话。总后勤部政委孙大发与上海市市长韩正签署协议。卫生部部长陈竺、党组书记张茅、上海市副市长沈晓明出席。

卫生部与上海市政府共建共管在沪卫生部管理医院签约仪式在京举行。中共中央政治局委员、上海市委书记俞正声出席签约仪式并讲话。卫生部部长陈竺与上海市市长韩正签署协议。国务院副秘书长毕井泉、卫生部党组书记张茅、卫生部副部长陈啸宏、上海市副市长沈晓明出席。

**13日** 召开上海市未成年人保护工作会议。副市长、市青保委主任沈晓明出席会议并讲话。市教委主任、市青保委副主任薛明扬作工作报告。

**19日** 召开区县教育系统校舍建设工作会议。

**20日** 上海市语言文字工作委员会全委会召开。副市长、市语委主任沈晓明出席会议并讲话。市政府副秘书长、市语委副主任翁铁慧出席，市教委主任、语委副主任薛明扬作工作报告。

**21日** 市长韩正主持召开市政府专题会议，听取《上海市中长期教育改革和发展规划纲要》编制情况汇报。副市长沈晓明出席。市教委主任薛明扬汇报《规划纲要》编制工作情况。

**21日—4月18日** 上海市"星光计划"第三届中等职业学校职业技能大赛举行。全国人大常委吴启迪、上海市委副书记殷一璀、副市长沈晓明、市政协副主席钱景林、市教育发展基金会理事长谢丽娟出席闭幕式。

**25—26日** 中宣部、教育部、团中央调研上海开展大学生思想政治教育工作。市教卫党委书记李宣海汇报上海5年来加强和改进大学生思想政治教育工作的情况，团市委书记潘敏汇报上海共青团工作贯彻落实中央16号文件精神的情况。

**27日** 副市长沈晓明召开《上海市中长期教育改革与发展规划纲要》工作小组会议。

**28日** 长崎·上海友好馆落成典礼在东方绿舟举行。

**31日—4月1日** 苏、浙、沪三地省级教育行政部门在南京联合召开"长三角教育联动发展研讨会"。

## 4月

**1日** 市长韩正到上海交通大学为师生作学习实践科学发展观辅导报告。

**2日** 国务院召开2009年全国普通高校毕业生就业工作电视电话会议，副市长胡延照出席上海分会场会议并讲话。

市人大常委会副主任周禹鹏、胡炜、杨定华等赴松江大学园区调研本市高校毕业生就业情况。

**9日** 中共中央政治局委员、上海市委书记俞正声到华东理工大学视察调研。市委常委、市委秘书长丁薛祥、市科委主任寿子琪、市经济信息化委副主任尚玉英、上海电气集团董事长徐建国参加调研。

**10—11日** 上海市研究生教育工作研讨会举行。

**10—12日** 上海教育博览会在上海展览中心举办。市人大常委会副主任郑惠强、市政府副秘书长翁铁慧、市教委主任薛明扬出席。

**17日** 全国人大常委会副委员长严隽琪赴上海交通大学调研。

**18日** 全国人大常委会副委员长严隽琪到青浦区调研农村基础教育改革与发展情况进行。市人大常委会副主任蔡达峰、市教委主任薛明扬参加调研。

国家火炬计划"环同济研发设计服务特色产业基地"在同济大学揭牌。全国政协副主席、科技部部长万钢，上海市副市长沈晓明分别致辞并为基地揭牌。

市长韩正视察上海应用技术学院。市人大常委会副主任郑惠强、市政府秘书长姜平、市教委主任薛明扬参加视察。

**28日** 市政协主席冯国勤，副主席钱景林、周汉民到复旦大学了解政协委员工作情况。

## 5月

**4日** 上海教育系统纪念"五四"运动90周年青年歌会举行。市委副书记殷一璀、市人大常委会副主任胡炜、市政协副主席朱晓明、市委宣传部副部长马春雷以及市教卫党委、市教委领导出席。

**7日** 中共中央政治局委员、上海市委书记俞正声到同济大学为师生作深入开展学习实践科学发展观活动专题辅导报告。

**7—8日** 市长韩正就《上海市中长期教育改革和发展规划纲要》编制工作听取高等教育、基础教育和职业教育代表意见。市委副书记殷一璀、副市长沈晓明出席。

**11日** 市教卫党委、市教委就中长期教育改革和发展规划纲要编制工作听取全国专家意见。市委副书记殷一璀、市委副秘书长姜樑出席。

**11—12日** 由复旦大学主办的"上海论坛2009"成功举办。市长韩正、中国人民银行副行长苏宁、教育部副部长郝平出席，韩正致辞。

**17日** 上海市第八届青少年科技节开幕式暨上海市第二届青少年创新峰会开幕。首发了《上海市第二届青少年创新峰会优秀创新成果集》光盘，为上海市青少年科学研究院沪东分院揭牌，举行了第七届百万青少年争创"明日科技之星"评选活动颁奖和上海市科技教育特色示范学校授牌仪式。

**18日** 全国政协副主席、东华大学管理学院名誉院长厉无畏在东华大学为师生作《创意改变中国》的报告。

**22日** 举办"探索与发展——上海特殊教育发展的政策与路径"2009上海教育论坛。市政府副秘书长翁铁慧致辞。

**23日** 中共中央政治局原常委、国家原副主席曾庆红视察复旦大学上海视觉艺术学院。

**31日** 市教委领导和各处室负责人赴民主党派大厦集体走访民主党派、团体，通报市教委关于民主党派、团体提案办理情况和上海教育推进的重点工作。

## 6月

**6日** 副市长沈晓明、市政府副秘书长翁铁慧赴本市普通高校统一招生考试徐汇中学考点和宜川中学考点视察。

上海市规范教育收费工作会议召开。市教委主任薛明扬作工作报告，市纠风办副主任房忠桥讲话，会议表彰了优秀达标单位和达标单位。

**10日** 召开上海市未成年人思想道德建设工作经验交流会暨2009年暑期工作会议。市委副书记、市文明委常务副主任殷一璀出席并讲话。市委常委、宣传部长、市文明委副主任王仲伟，副市长沈晓明，市政府副秘书长翁铁慧出席。会议印发了《上海市校外教育工作发展规划（2009—2020年）（试行）》，表彰了上海市未成年人思想道德建设工作先进单位和先进工作者。

**15日** 沪滇教育合作交流座谈会举行。两地签订了《上海市教育委员会与云南省教育厅教育合作交流意向书》。

**18日** 中共中央政治局常委李长春视察卢湾区青少年活动中心。中共上海市委副书记、市长韩正，市委副书记殷一璀，市委常委、宣传部部长王仲伟参加视察。

**20日** 中共中央政治局常委、中央政法委书记周永康视察上海公安高等专科学校。国务委员、公安部部长孟建柱，国务院副秘书长汪永清，上海市委副书记、市长韩正，市委常委、市委政法委书记吴志明，市委常委、市委秘书长丁薛祥，市长助理、市公安局局长张学兵参加视察。

**22—23 日** 由中宣部、教育部、共青团中央组织的大学毕业生建功立业先进事迹报告团在复旦大学、东华大学举行报告会。副市长沈晓明接见报告团一行。

## 7 月

**1 日** 上海市学位管理与研究生教育工作会议召开。

**4 日** 2009 年中央彩票公益金支持青少年校外活动场所建设项目骨干教师培训开班典礼在上海电视大学国际会议中心举行。

**8 日** 市委副书记殷一璀，市委常委、统战部部长杨晓渡慰问上海中医药大学新疆学生。市教卫党委、市教委领导李宣海、薛明扬参加慰问。

**10 日** 市人大常委会主任刘云耕、副主任胡炜、秘书长姚明宝及部分市人大代表到上海教育考试院视察上海市高校招生录取现场并召开座谈会。市教委主任薛明扬通报高校招生考试工作情况。

**15 日** 上海市台湾教育研究中心正式成立。

**16 日** 市教委主任薛明扬赴东方绿舟视察暑期工作。

## 8 月

**28—29 日** 上海高校党政负责干部会议召开。市委副书记殷一璀、副市长沈晓明出席会议并讲话。市教卫党委书记李宣海、市教委主任薛明扬分别作工作报告。

## 9 月

**1 日** 中共中央政治局委员、上海市委书记俞正声，市委副书记殷一璀到南汇中学看望新疆班师生，到三灶学校调研委托管理办学情况。

**7 日** 市政协主席冯国勤，副主席王新奎、钱景林率部分教育界政协委员视察卢湾区，调研基础教育。

**8 日** 上海市庆祝教师节主题活动在上海大剧院举行。市长韩正、市政协主席冯国勤、市委副书记殷一璀、市人大常委会副主任郑惠强、副市长沈晓明、市政协副主席周汉民接见优秀教育工作者。

**11 日** 上海市青少年急救技能东方绿舟培训基地举行揭牌仪式。副市长沈晓明为基地成立题写贺词，市老领导谢丽娟为基地揭牌。

**11—12 日** 上海市区县教育工作会议召开。市教卫党委书记李宣海、市教委主任薛明扬分别讲话。

**14 日** 教育部副部长郝平在上海指导汉语推广工作，出席市教委召开的教育国际化和国际合作办学专题工作座谈会。市教委主任薛明扬汇报上海教育国际交流情况。

上海市第 12 届全国推广普通话宣传周开幕式、上海市 2009 年中华经典诵读晚会、“中华诵”2009 经典诵读进校园（复旦篇）晚会举行。国家语委主任、教育部副部长郝平，上海市副市长、市语委主任沈晓明出席。

**17 日** 教育部副部长陈小娅在华东师范大学召开基础教育课程改革座谈会。

副市长沈晓明到崇明调研教育工作。

**24 日** 副市长沈晓明到上海海事大学和上海海洋大学调研。

**26 日** 上海市教育委员会基础教育质量监测中心成立。市教卫党委书记李宣海、市教委主任薛明扬为监测中心揭牌。

**27—28 日** 全国内地高校民族学生思想政治工作专题培训班在上海举办。

## 10 月

**15 日** 市人大常委会组织部分市人大代表对市教委办理的市人大代表书面意见进行跟踪督办。市教委主任薛明扬汇报办理和跟踪办理情况。

**10 月 27 日** 教育部加强和改进大学生思想政治教育调研华东片会在上海举行。教育部副部长李卫红出席片会并讲话。

## 11 月

**16 日** 美国总统奥巴马在上海科技馆与上海大学生对话。

**17 日** “上海高校‘211 工程’三期建设工作推进会”召开。副市长沈晓明出席会议并讲话，市教委主任薛明扬介绍上海高校“211 工程”二期建设的总体情况和三期建设的基本思路。

**29 日** 国家体育总局体育科技示范园暨上海体育学院科技园揭牌仪式举行。国家体育总局副局长段世杰、上海市副市长沈晓明出席仪式并揭牌。

**30 日** “上海高校慈善爱心屋工作推进会”在华东师范大学举行。市政协主席、慈善基金会理事长冯国勤，市慈善基金会监事长罗世谦，市教卫党委书记李宣海出席。

## 12 月

**1 日** 市人大代表视察向明中学浦江校区。

**3 日** 全国人大常委会副委员长、中国工程院院士桑国卫视察复旦大学张江校区药学院新址，并为复旦大学药学院题名。

**11 日** 副市长沈晓明到上海工程技术大学和东华大学调研。

**16 日** 市人大常委会召开重要情况通报会，听取《上海市中长期教育改革和发展规划纲要》起草情况汇报。市人大常委会主任刘云耕，市人大常委会副主任胡炜、周禹鹏、杨定华，副市长沈晓明出席。沈晓明介绍《上海市中长期教育改革和发展规划纲要》编制情况，市教委主任薛明扬汇报"规划纲要"主要内容。

**18 日** "教师教育创新峰会(2009 上海)"在普陀区召开。国家教委原副主任柳斌、上海市教委主任薛明扬出席。

**23 日** 上海市中等职业学校德育工作会议召开。市委副书记殷一璀、副市长沈晓明发来贺信。教育部职成教司领导，市教卫党委书记李宣海，市委宣传部副部长、市文明办主任马春雷讲话。

**24 日** 市政协副主席高小玫率部分市政协委员到嘉定区新春学校视察本市未成年人权益保护工作。

**28 日** 市教卫党委、市教委召开知名教育专家座谈会专题讨论《上海市中长期教育改革和发展规划纲要》。市教卫党委书记李宣海出席。市教委主任薛明扬通报《规划纲要》编制情况。

# 教育统计

## 上海市各级普通学校基本情况

单位:万人

| 指　　标 | 学校数（所） | 毕业生数 | 招生数 | 在校学生数 | 教职工数 | #专任教师 |
|---|---|---|---|---|---|---|
| **总　计** | **2895** | **59.45** | **65.41** | **242.02** | **25.04** | **16.65** |
| **研究生** | **54** | **2.83** | **3.74** | **10.35** | | |
| 高等学校 | 22 | 2.69 | 3.54 | 9.76 | | |
| 科研机构 | 32 | 0.13 | 0.20 | 0.59 | | |
| **普通高等学校** | **66** | **12.69** | **14.35** | **51.28** | **7.45** | **3.81** |
| 普通高校(本专科) | 41 | 9.34 | 10.98 | 40.84 | 6.68 | 3.38 |
| 职业技术学院 | 25 | 3.08 | 3.36 | 10.44 | 0.78 | 0.44 |
| **普通中等学校** | **884** | **22.63** | **21.20** | **77.39** | **8.35** | **5.94** |
| 中等专业学校 | 70 | 3.39 | 2.98 | 11.50 | 0.94 | 0.49 |
| 技工学校 | 13 | 0.36 | 0.37 | 1.06 | 0.15 | 0.07 |
| 普通中学 | 762 | 17.03 | 16.50 | 60.37 | 6.76 | 5.05 |
| 高　中 | | 7.04 | 5.58 | 17.76 | | 1.69 |
| 初　中 | | 9.99 | 10.92 | 42.61 | | 3.36 |
| 职业中学 | 26 | 1.73 | 1.25 | 4.14 | 0.44 | 0.29 |
| 高　中 | 26 | 1.72 | 1.24 | 4.12 | 0.44 | 0.29 |
| 初　中 | | 0.01 | 0.01 | 0.02 | | |
| 工读学校 | 13 | 0.12 | 0.10 | 0.32 | 0.06 | 0.04 |
| **小　学** | **751** | **11.36** | **13.86** | **67.12** | **5.48** | **4.43** |
| **特殊教育** | **29** | **0.09** | **0.08** | **0.50** | **0.16** | **0.11** |
| **幼儿园** | **1111** | **9.85** | **12.18** | **35.38** | **3.60** | **2.36** |

注:1. 表中幼儿园招生数指当年入园幼儿数。
　2. 普通高校 66 所校数中包含独立学院 5 所。

## 上海市各级成人学校基本情况

单位:万人

| 指　　标 | 学校数（所） | 毕业生数 | 招生数 | 在校学生数 | 教职工数 | #专任教师 |
|---|---|---|---|---|---|---|
| **总　计** | **854** | **193.19** | **13.69** | **225.87** | **1.65** | **0.72** |
| **成人高等学校** | **18** | **5.96** | **6.94** | **21.33** | **0.23** | **0.12** |
| 独立设置成人高校 | 18 | 0.80 | 0.70 | 2.12 | 0.23 | 0.12 |
| 广播电视大学 | 1 | | | | 0.03 | 0.01 |
| 职工高等学校 | 13 | 0.70 | 0.60 | 1.78 | 0.16 | 0.09 |
| 管理干部学院 | 4 | 0.10 | 0.11 | 0.34 | 0.04 | 0.02 |
| 普通高校举办 | (76) | 5.16 | 6.24 | 19.21 | | |
| 函授部 | 11 | 0.62 | 0.44 | 1.57 | | |
| 业　余 | 45 | 4.17 | 5.80 | 17.15 | | |
| 成人脱产班 | 20 | 0.37 | | 0.49 | | |
| **成人网络本、专科** | | **6.24** | **5.94** | **15.29** | | |
| **成人中、初等学校** | **47** | **1.80** | **0.81** | **3.45** | **0.09** | **0.04** |
| 成人中等专业学校 | 31 | 0.59 | 0.81 | 2.03 | 0.07 | 0.03 |
| 全日制 | | 0.30 | 0.49 | 1.40 | | |
| 非全日制 | | 0.29 | 0.32 | 0.63 | | |
| 成人中学 | 16 | 1.20 | | 1.40 | 0.02 | 0.01 |
| 成人小学 | | 0.01 | | 0.02 | | |
| **职业技术培训机构** | **789** | **179.19** | | **185.80** | **1.33** | **0.56** |

注:1. 表中成人中学、职业技术培训机构在校学生指累计注册数,毕业生数指累计结业数。
　2. 普通高校举办的函授、业余、脱产班学校数是指举办这类教育的学校点数,括号内是点数之和。

## 研究生基本情况

单位：人

| 指标 | 合计 | 中央部委所属 | 教育部所属 | 其他部委所属 | 地方所属 | 教育部门 | 其他部门 |
|---|---|---|---|---|---|---|---|
| **毕业生数** | **28291** | **21052** | **19961** | **1091** | **7239** | **6988** | **251** |
| 攻读博士学位 | 4857 | 4226 | 3575 | 651 | 631 | 593 | 38 |
| 攻读硕士学位 | 23434 | 16826 | 16386 | 440 | 6608 | 6395 | 213 |
| **招生数** | **37425** | **26958** | **25213** | **1745** | **10467** | **10205** | **262** |
| 攻读博士学位 | 6091 | 5232 | 4591 | 641 | 859 | 819 | 40 |
| 攻读硕士学位 | 31334 | 21726 | 20622 | 1104 | 9608 | 9386 | 222 |
| **在校学生数** | **103492** | **76279** | **71208** | **5071** | **27213** | **26431** | **782** |
| 攻读博士学位 | 23408 | 20269 | 17865 | 2404 | 3139 | 2999 | 140 |
| 攻读硕士学位 | 80084 | 56010 | 53343 | 2667 | 24074 | 23432 | 642 |
| **预计毕业生数** | **36607** | **27346** | **25746** | **1600** | **9261** | **9003** | **258** |
| 攻读博士学位 | 11438 | 9964 | 8895 | 1069 | 1474 | 1409 | 65 |
| 攻读硕士学位 | 25169 | 17382 | 16851 | 531 | 7787 | 7594 | 193 |

## 分学科研究生数

单位：人

| 指标 | 毕业生数 | 招生数 | 在校学生数 | 预计毕业生数 |
|---|---|---|---|---|
| **总计** | **28291** | **37425** | **103492** | **36607** |
| 女生 | 12857 | 17623 | 46697 | 15877 |
| **一、学术型学位** | **24811** | **30126** | **88551** | **32728** |
| 哲学 | 272 | 327 | 961 | 361 |
| 经济学 | 1837 | 2145 | 5843 | 2318 |
| 法学 | 1797 | 2355 | 6502 | 2379 |
| 教育学 | 1239 | 1308 | 3633 | 1416 |
| 文学 | 3062 | 3195 | 8814 | 3346 |
| 历史学 | 310 | 418 | 1257 | 477 |
| 理学 | 2859 | 4485 | 12699 | 4234 |
| 工学 | 9221 | 10941 | 34172 | 12998 |
| 农学 | 218 | 343 | 925 | 291 |
| 医学 | 2088 | 2415 | 7209 | 2258 |
| 军事学 | 8 | 2 | 8 | 4 |
| 管理学 | 1900 | 2192 | 6528 | 2646 |
| **二、专业学位** | **3480** | **7299** | **14941** | **3879** |

## 普通高等学校分科学生数

单位：人

| 指标 | 毕业生数 | #本科 | 招生数 | #本科 | 在校学生数 | #本科 |
|---|---|---|---|---|---|---|
| **总计** | **126925** | **71908** | **143497** | **90344** | **512809** | **347422** |
| 哲学 | 117 | 117 | 147 | 147 | 595 | 595 |
| 经济学 | 12231 | 8556 | 11834 | 7850 | 44914 | 32917 |
| 法学 | 6393 | 4775 | 7886 | 5639 | 26977 | 21606 |
| 教育学 | 2378 | 1433 | 2760 | 1897 | 9534 | 7008 |

（续上表）

| 指　　标 | 毕业生数 | #本科 | 招生数 | #本科 | 在校学生数 | #本科 |
|---|---|---|---|---|---|---|
| 文　学 | 23841 | 11635 | 27218 | 15591 | 95896 | 59194 |
| 历史学 | 202 | 202 | 204 | 204 | 887 | 887 |
| 理　学 | 5868 | 5826 | 7784 | 7784 | 28708 | 28708 |
| 工　学 | 43253 | 22483 | 48935 | 30223 | 175758 | 115730 |
| 农　学 | 958 | 388 | 1103 | 628 | 3488 | 2176 |
| 医　学 | 5686 | 1998 | 6804 | 2232 | 22729 | 10487 |
| 管理学 | 25998 | 14495 | 28822 | 18149 | 103323 | 68114 |

## 普通高等学校分科专任教师数

单位：人

| 指　　标 | 专任教师数 | 正高级 | 副高级 | 中　级 | 初　级 | 无职称 |
|---|---|---|---|---|---|---|
| **总　计** | **38134** | **5876** | **11017** | **15486** | **4090** | **1665** |
| 哲　学 | 889 | 143 | 262 | 345 | 93 | 46 |
| 经济学 | 2384 | 373 | 781 | 978 | 156 | 96 |
| 法　学 | 2427 | 311 | 642 | 985 | 309 | 180 |
| 教育学 | 3497 | 252 | 714 | 1483 | 823 | 225 |
| 文　学 | 8689 | 880 | 2089 | 3938 | 1281 | 501 |
| 历史学 | 444 | 147 | 117 | 148 | 13 | 19 |
| 理　学 | 3713 | 940 | 1216 | 1351 | 119 | 87 |
| 工　学 | 11149 | 2094 | 3781 | 4262 | 678 | 334 |
| 农　学 | 353 | 79 | 135 | 99 | 40 | |
| 医　学 | 2043 | 275 | 458 | 920 | 323 | 67 |
| 管理学 | 2546 | 382 | 822 | 977 | 255 | 110 |

## 普通高等学校基本情况

单位：人

| 指　　标 | 学校数（所） | 本专科学生数 | | | | | | | | 教职工数 | #专任教师 |
|---|---|---|---|---|---|---|---|---|---|---|---|
| | | 毕业生数 | #本科 | 招生数 | #本科 | 在校生 | #本科 | 预计毕业生 | #本科 | | |
| **总　计** | **66** | **126925** | **71908** | **143497** | **90344** | **512809** | **347422** | **141081** | **84454** | **74540** | **38134** |
| 部　属 | 9 | 27117 | 25779 | 28685 | 27769 | 116606 | 113433 | 29171 | 27942 | 33645 | 15103 |
| 市　属 | 57 | 99808 | 46129 | 114812 | 62575 | 396203 | 233989 | 111910 | 56512 | 40895 | 23031 |
| 民　办 | 21 | 24577 | 4495 | 28369 | 7951 | 95181 | 30027 | 28709 | 6656 | 6539 | 3773 |
| 综合大学 | 3 | 15990 | 13633 | 14369 | 12777 | 63464 | 57344 | 17994 | 15579 | 20393 | 8403 |
| 理工院校 | 25 | 50605 | 27918 | 61095 | 38667 | 213726 | 142795 | 58477 | 34021 | 27513 | 14158 |
| 农业院校 | 2 | 4108 | 2672 | 4787 | 3181 | 16793 | 12122 | 4247 | 2745 | 1534 | 1084 |
| 林业院校 | | | | | | | | | | | |
| 医药院校 | 2 | 2233 | 801 | 2803 | 870 | 9469 | 3926 | 2958 | 1193 | 1680 | 936 |
| 师范院校 | 2 | 8287 | 7695 | 9877 | 9243 | 38237 | 36149 | 9540 | 8767 | 6987 | 3581 |
| 语文院校 | 3 | 5177 | 1560 | 5582 | 1555 | 18629 | 6186 | 5785 | 1524 | 2014 | 1238 |
| 财经院校 | 19 | 29268 | 12052 | 33501 | 16425 | 112848 | 59282 | 31967 | 13709 | 8777 | 5577 |
| 政法院校 | 3 | 4502 | 3571 | 6620 | 4994 | 22180 | 18910 | 5526 | 4469 | 2505 | 1488 |
| 体育院校 | 2 | 966 | 966 | 1151 | 1001 | 4231 | 3939 | 960 | 960 | 1254 | 618 |
| 艺术院校 | 5 | 3020 | 1040 | 3712 | 1631 | 13201 | 6769 | 3596 | 1487 | 1883 | 1051 |
| 民族院校 | | | | | | | | | | | |
| 成人高校 | | 2769 | | | | 31 | | 31 | | | |

## 普通高等学校专任教师学历情况

单位：人

| 指　　标 | 专任教师数 | 正高级 | 副高级 | 中　级 | 初　级 | 无职称 |
|---|---|---|---|---|---|---|
| **总　计** | **38134** | **5876** | **11017** | **15486** | **4090** | **1665** |
| 研究生毕业 | 26375 | 4802 | 7254 | 10722 | 2499 | 1098 |
| 博　士 | 13208 | 3719 | 4749 | 4274 | 132 | 334 |
| 硕　士 | 13167 | 1083 | 2505 | 6448 | 2367 | 764 |
| 高等学校本科毕业 | 10785 | 985 | 3490 | 4374 | 1469 | 467 |
| 高等学校专科毕业及以下 | 974 | 89 | 273 | 390 | 122 | 100 |

## 普通高等学校专任教师年龄结构情况

单位：人

| 指　　标 | 专任教师数 | 正高级 | 副高级 | 中　级 | 初　级 | 无职称 |
|---|---|---|---|---|---|---|
| **总　计** | **38134** | **5876** | **11017** | **15486** | **4090** | **1665** |
| 30 岁及以下 | 6829 | 1 | 52 | 2689 | 2965 | 1122 |
| 31—35 岁 | 7516 | 48 | 1095 | 5442 | 670 | 261 |
| 36—40 岁 | 6279 | 377 | 2453 | 3129 | 230 | 90 |
| 41—45 岁 | 5467 | 1178 | 2459 | 1678 | 84 | 68 |
| 46—50 岁 | 4699 | 1343 | 2011 | 1227 | 67 | 51 |
| 51—55 岁 | 3286 | 1125 | 1358 | 717 | 50 | 36 |
| 56—60 岁 | 2554 | 913 | 1110 | 477 | 21 | 33 |
| 61—65 岁 | 970 | 563 | 313 | 88 | 3 | 3 |
| 66 岁及以上 | 534 | 328 | 166 | 39 | | 1 |

## 普通中等专业学校基本情况

单位：人

| 指　　标 | 学校数(所) | 毕业生数 | 招生数 | 在校学生数 | 预　计<br>毕业生 | 教职工数 | # 专任教师 |
|---|---|---|---|---|---|---|---|
| **总　计** | **70** | **33869** | **29839** | **115043** | **32967** | **9440** | **4943** |
| 中央部委属 | 1 | 918 | 622 | 3188 | 1760 | 223 | 154 |
| 市　　属 | 66 | 32266 | 28823 | 110283 | 30673 | 9058 | 4689 |
| 民　　办 | 3 | 685 | 394 | 1572 | 534 | 159 | 100 |
| 农林类 | | 647 | 356 | 1401 | 509 | | |
| 资源与环境类 | | 800 | 687 | 2455 | 632 | | |
| 能源类 | | 611 | 473 | 2231 | 827 | | |
| 土木水利工程类 | | 1749 | 1635 | 5873 | 1585 | | |
| 加工制造类 | | 6084 | 6030 | 23091 | 5997 | | |
| 交通运输类 | | 3503 | 3019 | 11503 | 4048 | | |
| 信息技术类 | | 3252 | 3427 | 11683 | 3068 | | |
| 医药卫生类 | | 3936 | 3692 | 14230 | 4370 | | |
| 商贸与旅游类 | | 7174 | 4368 | 20780 | 6776 | | |
| 财经类 | | 2347 | 2929 | 11188 | 2321 | | |
| 文化艺术与体育类 | | 2381 | 1284 | 5920 | 1616 | | |
| 社会公共事务类 | | 1106 | 702 | 3022 | 991 | | |
| 其他 | | 279 | 1237 | 1666 | 227 | | |

## 普通中等专业学校分学科专任教师数

单位:人

| 指　　标 | 合　计 | 正高级 | 副高级 | 中　级 | 初　级 | 无职称 |
|---|---|---|---|---|---|---|
| **总　计** | **4943** | **21** | **1084** | **2519** | **1134** | **185** |
| 文化基础课 | 1955 | 3 | 436 | 1025 | 441 | 50 |
| 专业课 | 2811 | 18 | 636 | 1449 | 608 | 100 |
| 农林类 | 35 | | 11 | 19 | 5 | |
| 资源与环境类 | 16 | | 4 | 4 | 7 | 1 |
| 能源类 | 37 | | 15 | 17 | 2 | 3 |
| 土木水利工程类 | 113 | | 27 | 64 | 21 | 1 |
| 加工制造类 | 445 | | 130 | 189 | 102 | 24 |
| 交通运输类 | 256 | | 48 | 136 | 62 | 10 |
| 信息技术类 | 372 | 1 | 68 | 216 | 76 | 11 |
| 医药卫生类 | 344 | 2 | 107 | 181 | 44 | 10 |
| 商贸与旅游类 | 127 | | 38 | 59 | 26 | 4 |
| 财经类 | 240 | | 50 | 117 | 60 | 13 |
| 文化艺术与体育类 | 559 | 15 | 105 | 285 | 137 | 17 |
| 社会公共事务类 | 35 | | 5 | 19 | 9 | 2 |
| 其他 | 232 | | 28 | 143 | 57 | 4 |
| 实习指导课 | 177 | | 12 | 45 | 85 | 35 |

## 普通中等专业学校专任教师学历情况

单位:人

| 指　　标 | 合　计 | 正高级 | 副高级 | 中　级 | 初　级 | 无职称 |
|---|---|---|---|---|---|---|
| **专任教师数** | **4943** | **21** | **1084** | **2519** | **1134** | **185** |
| 博　士 | 13 | | 6 | 5 | 1 | 1 |
| 硕　士 | 603 | 5 | 126 | 244 | 165 | 63 |
| 本　科 | 3938 | 11 | 896 | 2096 | 841 | 94 |
| 专　科 | 335 | 3 | 49 | 166 | 105 | 12 |
| 高中阶段及以下 | 54 | 2 | 7 | 8 | 22 | 15 |

## 普通中等专业学校专任教师年龄情况

单位:人

| 指　　标 | 合　计 | 正高级 | 副高级 | 中　级 | 初　级 | 无职称 |
|---|---|---|---|---|---|---|
| **专任教师数** | **4943** | **21** | **1084** | **2519** | **1134** | **185** |
| 30岁及以下 | 1030 | | | 194 | 685 | 151 |
| 31—35岁 | 717 | 1 | 13 | 504 | 193 | 6 |
| 36—40岁 | 841 | 1 | 154 | 577 | 105 | 4 |
| 41—45岁 | 853 | | 311 | 479 | 60 | 3 |
| 46—50岁 | 654 | 4 | 269 | 340 | 37 | 4 |
| 51—55岁 | 593 | 7 | 236 | 301 | 39 | 10 |
| 56—60岁 | 249 | 6 | 97 | 124 | 15 | 7 |
| 61岁及以上 | 6 | 2 | 4 | | | |

## 中等职业学校机构数

单位:所

| 指　标 | 合　计 | 中央部委属 | 地方所属 | 教育部门 | 非教育部门 | 民　办 |
|---|---|---|---|---|---|---|
| **总　计** | **140** | **2** | **131** | **52** | **79** | **7** |
| 普通中专 | 70 | 1 | 66 | 18 | 48 | 3 |
| 职业高中 | 26 | | 24 | 23 | 1 | 2 |
| 技工学校 | 13 | | 12 | | 12 | 1 |
| 成人中专 | 31 | 1 | 29 | 11 | 18 | 1 |

## 中等职业学校重点建设验收评估合格单位情况

单位:人

| 指　标 | 单位数(所) | 毕业生数 | 招生数 | 在校生数 | 预计毕业生数 |
|---|---|---|---|---|---|
| **总　计** | **58** | **41050** | **35079** | **127647** | **39296** |
| 普通中专 | 31 | 23310 | 19540 | 78285 | 23249 |
| 职业高中 | 20 | 15291 | 12094 | 39368 | 13203 |
| 技工学校 | 7 | 2449 | 3445 | 9994 | 2844 |

## 中学校数、班数

| 指　标 | 全　市 | 市　区 | 县　镇 | 农　村 | 另有 | |
|---|---|---|---|---|---|---|
| | | | | | 后方基地 | 民工子弟学校 |
| **学校数(所)** | **762** | **408** | **351** | **3** | **13** | **20** |
| 完全中学 | 140 | 74 | 65 | 1 | 1 | |
| 高级中学 | 133 | 85 | 48 | | 2 | |
| 初级中学 | 345 | 196 | 147 | 2 | 3 | 5 |
| 一贯制学校 | 144 | 53 | 91 | | 7 | 15 |
| **班数(个)** | **16806** | **9040** | **7715** | **51** | **165** | **76** |
| 初　中 | 11933 | 6176 | 5715 | 42 | 113 | 76 |
| 高　中 | 4873 | 2864 | 2000 | 9 | 52 | |

## 中学分年级学生数

单位:人

| 指　标 | 全　市 | 市　区 | 县　镇 | 农　村 | 另有 | |
|---|---|---|---|---|---|---|
| | | | | | 后方基地 | 民工子弟学校 |
| **总　计** | **603670** | **311944** | **289771** | **1955** | **6677** | **3560** |
| **初中小计** | **426081** | **212059** | **212463** | **1559** | **4062** | **3560** |
| 初　一 | 109441 | 54190 | 54873 | 378 | 974 | 1074 |
| 初　二 | 110493 | 53937 | 56163 | 393 | 969 | 1574 |
| 初　三 | 105235 | 52610 | 52221 | 404 | 982 | 912 |
| 初　四 | 100912 | 51322 | 49206 | 384 | 1137 | |
| **高中小计** | **177589** | **99885** | **77308** | **396** | **2615** | |
| 高　一 | 56216 | 31417 | 24635 | 164 | 802 | |
| 高　二 | 59263 | 33286 | 25853 | 124 | 879 | |
| 高　三 | 62110 | 35182 | 26820 | 108 | 934 | |

## 教育系统所属中学校数、班数、学生数

| 指　　标 | 全　市 | 市　区 | 县　镇 | 农　村 |
|---|---|---|---|---|
| **学校数(所)** | **650** | **336** | **311** | **3** |
| 完全中学 | 93 | 51 | 41 | 1 |
| 高级中学 | 114 | 70 | 44 | |
| 初级中学 | 314 | 169 | 143 | 2 |
| 一贯制学校 | 129 | 46 | 83 | |
| **班数(个)** | **14611** | **7635** | **6925** | **51** |
| 初　中 | 10280 | 5087 | 5151 | 42 |
| 高　中 | 4331 | 2548 | 1774 | 9 |
| **学生数(人)** | **520828** | **257939** | **260934** | **1955** |
| 初　中 | 362386 | 169083 | 191744 | 1559 |
| 高　中 | 158442 | 88856 | 69190 | 396 |

## 民办中学教学机构数、班数、学生数

| 指　　标 | 全　市 | 市　区 | 县　镇 | 农　村 |
|---|---|---|---|---|
| **机构数(个)** | **111** | **71** | **40** | |
| 完全中学 | 46 | 22 | 24 | |
| 高级中学 | 19 | 15 | 4 | |
| 初级中学 | 31 | 27 | 4 | |
| 一贯制学校 | 15 | 7 | 8 | |
| **班数(个)** | **2176** | **1386** | **790** | |
| 初　中 | 1637 | 1073 | 564 | |
| 高　中 | 539 | 313 | 226 | |
| **学生数(人)** | **82201** | **53364** | **28837** | |
| 初　中 | 63174 | 42455 | 20719 | |
| 高　中 | 19027 | 10909 | 8118 | |

## 2009年中学招生、毕业生数

单位:人

| 指　　标 | 全　市 | 市　区 | 县　镇 | 农　村 | 另有 | |
|---|---|---|---|---|---|---|
| | | | | | 后方基地 | 民工子弟学校 |
| **2009年招生数** | **165026** | **85305** | **79179** | **542** | **1776** | **1036** |
| 初　中 | 109184 | 54054 | 54752 | 378 | 974 | 1036 |
| 高　中 | 55842 | 31251 | 24427 | 164 | 802 | |
| **2009年毕业生数** | **170261** | **92513** | **77150** | **598** | **2081** | **2148** |
| 初　中 | 99884 | 50984 | 48434 | 466 | 1064 | 2148 |
| 高　中 | 70377 | 41529 | 28716 | 132 | 1017 | |

## 中学教职工、教师分部门人数

单位:人

| 指　　标 | 全　市 | 市　区 | 县　镇 | 农　村 |
|---|---|---|---|---|
| **教职工数** | **67614** | **36515** | **30842** | **257** |
| 教育部门办 | 61219 | 33310 | 27652 | 257 |
| 其他部门办 | 56 | 56 | | |
| 民　办 | 6339 | 3149 | 3190 | |
| **其中:专任教师数** | **50513** | **26529** | **23780** | **204** |
| 教育部门办 | 45977 | 24093 | 21680 | 204 |
| 其他部门办 | 48 | 48 | | |
| 民　办 | 4488 | 2388 | 2100 | |

## 中学专任教师学历情况

| 指　　标 | 专　任<br>教师数 | 研究生<br>毕业 | 大学本<br>科毕业 | 大学专<br>科毕业 | 高中阶<br>段毕业 | 高中阶段<br>毕业以下 |
|---|---|---|---|---|---|---|
| **初中(人)** | **33617** | **833** | **30506** | **2237** | **37** | **4** |
| 所占比重(%) | 100.00 | 2.48 | 90.75 | 6.65 | 0.11 | 0.01 |
| **高中(人)** | **16896** | **1252** | **15550** | **92** | **2** | |
| 所占比重(%) | 100.00 | 7.41 | 92.03 | 0.54 | 0.01 | |

## 中学专任教师职称情况

| 指　　标 | 专任教师数<br>(人) | 中学高级 | 中学一级 | 中学二级 | 中学三级 | 未评职称 |
|---|---|---|---|---|---|---|
| **初中(人)** | **33617** | **3596** | **18663** | **9858** | **67** | **1433** |
| 所占比重(%) | 100.00 | 10.70 | 55.52 | 29.32 | 0.20 | 4.26 |
| **高中(人)** | **16896** | **5260** | **7510** | **3710** | **7** | **409** |
| 所占比重(%) | 100.00 | 31.13 | 44.45 | 21.96 | 0.04 | 2.42 |

## 中学专任教师年龄情况

| 指　　标 | 专任教师数<br>(人) | 30岁及以下 | 31—40岁 | 41—50岁 | 51—60岁 | 61岁及以上 |
|---|---|---|---|---|---|---|
| **初中(人)** | **33617** | **9791** | **13602** | **7050** | **3059** | **115** |
| 所占比重(%) | 100.00 | 29.13 | 40.46 | 20.97 | 9.10 | 0.34 |
| **高中(人)** | **16896** | **4730** | **6485** | **4171** | **1285** | **225** |
| 所占比重(%) | 100.00 | 27.99 | 38.38 | 24.69 | 7.61 | 1.33 |

## 中学占地和校舍建筑面积数

单位:万平方米

| 指　　标 | 全　市 | 市　区 | 县　镇 | 农　村 |
|---|---|---|---|---|
| 学校占地面积 | 2015.74 | 768.56 | 1239.94 | 7.24 |
| # 体育运动场(馆)面积 | 602.75 | 246.61 | 353.33 | 2.81 |
| 校舍建筑面积 | 1180.37 | 593.64 | 583.97 | 2.76 |

## 分区县高中分年级在校生情况

单位:人

| 指　　标 | 毕业生数 | 招生数 | 高中在校生 | 一年级 | 二年级 | 三年级 |
|---|---|---|---|---|---|---|
| **全市合计** | **70377** | **55842** | **177589** | **56216** | **59263** | **62110** |
| **市区小计** | **66657** | **52788** | **167769** | **53157** | **55947** | **58665** |
| 黄浦区 | 3730 | 2317 | 7524 | 2320 | 2489 | 2715 |
| 卢湾区 | 1174 | 890 | 2568 | 890 | 797 | 881 |
| 徐汇区 | 4392 | 3964 | 12010 | 3980 | 4023 | 4007 |
| 长宁区 | 2965 | 1960 | 6426 | 1973 | 2139 | 2314 |
| 静安区 | 1833 | 1373 | 4526 | 1378 | 1503 | 1645 |
| 普陀区 | 4173 | 2903 | 9544 | 2927 | 3172 | 3445 |
| 闸北区 | 3863 | 2659 | 8722 | 2659 | 2861 | 3202 |

（续上表）

| 指　　标 | 毕业生数 | 招生数 | 高中在校生 | 一年级 | 二年级 | 三年级 |
|---|---|---|---|---|---|---|
| 虹口区 | 4403 | 3010 | 10086 | 3030 | 3390 | 3666 |
| 杨浦区 | 5525 | 4013 | 13023 | 4021 | 4295 | 4707 |
| 闵行区 | 4003 | 3792 | 11712 | 3800 | 3949 | 3963 |
| 宝山区 | 3856 | 3278 | 10304 | 3348 | 3404 | 3552 |
| 嘉定区 | 2207 | 2020 | 6060 | 2036 | 2061 | 1963 |
| 浦东新区 | 10125 | 8210 | 25683 | 8231 | 8642 | 8810 |
| 金山区 | 2524 | 2355 | 7654 | 2421 | 2734 | 2499 |
| 松江区 | 2887 | 2430 | 7533 | 2451 | 2477 | 2605 |
| 青浦区 | 2328 | 2132 | 6887 | 2163 | 2338 | 2386 |
| 南汇区 | 4218 | 3342 | 10818 | 3357 | 3465 | 3996 |
| 奉贤区 | 2451 | 2140 | 6689 | 2172 | 2208 | 2309 |
| **郊县小计** | **3720** | **3054** | **9820** | **3059** | **3316** | **3445** |
| 崇明县 | 3720 | 3054 | 9820 | 3059 | 3316 | 3445 |

## 分区县初中分年级在校生情况

单位：人

| 指　　标 | 毕业生数 | 招生数 | 初中在校生 | 一年级 | 二年级 | 三年级 | 四年级 |
|---|---|---|---|---|---|---|---|
| **全市合计** | **99884** | **109184** | **426081** | **109441** | **110493** | **105235** | **100912** |
| **市区小计** | **94666** | **105244** | **408529** | **105497** | **106332** | **100651** | **96049** |
| 黄浦区 | 3208 | 2710 | 11490 | 2719 | 2882 | 2979 | 2910 |
| 卢湾区 | 1425 | 1376 | 5343 | 1376 | 1281 | 1295 | 1391 |
| 徐汇区 | 5964 | 6829 | 26128 | 6862 | 6640 | 6462 | 6164 |
| 长宁区 | 3543 | 3670 | 14689 | 3688 | 3781 | 3741 | 3479 |
| 静安区 | 2180 | 2184 | 8736 | 2185 | 2129 | 2171 | 2251 |
| 普陀区 | 4981 | 5428 | 20827 | 5444 | 5444 | 5045 | 4894 |
| 闸北区 | 5095 | 4733 | 18572 | 4733 | 4548 | 4487 | 4804 |
| 虹口区 | 4322 | 4443 | 17815 | 4456 | 4523 | 4424 | 4412 |
| 杨浦区 | 6018 | 6070 | 24206 | 6075 | 6082 | 6113 | 5936 |
| 闵行区 | 6560 | 8434 | 30465 | 8437 | 7842 | 7342 | 6844 |
| 宝山区 | 6224 | 7759 | 28862 | 7806 | 7676 | 6955 | 6425 |
| 嘉定区 | 4060 | 4677 | 17961 | 4695 | 4478 | 4393 | 4395 |
| 浦东新区 | 15745 | 20712 | 76237 | 20770 | 20377 | 18309 | 16781 |
| 金山区 | 4718 | 3964 | 17908 | 3964 | 4578 | 4606 | 4760 |
| 松江区 | 5404 | 5415 | 22712 | 5416 | 6201 | 5794 | 5301 |
| 青浦区 | 3891 | 4329 | 16829 | 4335 | 4272 | 4206 | 4016 |
| 南汇区 | 6757 | 6597 | 26429 | 6614 | 7011 | 6343 | 6461 |
| 奉贤区 | 4571 | 5914 | 23320 | 5922 | 6587 | 5986 | 4825 |
| **郊县小计** | **5218** | **3940** | **17552** | **3944** | **4161** | **4584** | **4863** |
| 崇明县 | 5218 | 3940 | 17552 | 3944 | 4161 | 4584 | 4863 |

## 分区县中学基本情况

单位：人

| 指标 | 学校数（所） | 完全中学 | 高级中学 | 初级中学 | 一贯制学校 | 初高中学生数 | 教职工数 | #专任教师 | 初中 | 高中 |
|---|---|---|---|---|---|---|---|---|---|---|
| **全市合计** | **762** | **140** | **133** | **345** | **144** | **603670** | **67614** | **50513** | **33617** | **16896** |
| **市区小计** | **723** | **131** | **128** | **323** | **141** | **576298** | **64209** | **48101** | **32024** | **16077** |
| 黄浦区 | 23 | 6 | 6 | 9 | 2 | 19014 | 2500 | 1637 | 886 | 751 |
| 卢湾区 | 14 | 1 | 3 | 8 | 2 | 7911 | 1172 | 838 | 512 | 326 |
| 徐汇区 | 40 | 10 | 8 | 21 | 1 | 38138 | 4386 | 3284 | 1998 | 1286 |
| 长宁区 | 28 | 6 | 5 | 16 | 1 | 21115 | 2624 | 1824 | 1221 | 603 |
| 静安区 | 15 | 4 | 3 | 6 | 2 | 13262 | 1684 | 1126 | 674 | 452 |
| 普陀区 | 48 | 11 | 7 | 15 | 15 | 30371 | 3817 | 2525 | 1625 | 900 |
| 闸北区 | 37 | 9 | 6 | 18 | 4 | 27294 | 3368 | 2270 | 1478 | 792 |
| 虹口区 | 41 | 4 | 12 | 19 | 6 | 27901 | 3159 | 2399 | 1421 | 978 |
| 杨浦区 | 55 | 9 | 11 | 29 | 6 | 37229 | 4479 | 3383 | 2047 | 1336 |
| 闵行区 | 59 | 8 | 10 | 26 | 15 | 42177 | 5335 | 3999 | 2812 | 1187 |
| 宝山区 | 54 | 6 | 8 | 27 | 13 | 39166 | 3888 | 3120 | 2213 | 907 |
| 嘉定区 | 31 | 6 | 5 | 12 | 8 | 24021 | 2671 | 2093 | 1489 | 604 |
| 浦东新区 | 110 | 30 | 18 | 55 | 7 | 101920 | 9537 | 7606 | 5141 | 2465 |
| 金山区 | 30 | 1 | 7 | 19 | 3 | 25562 | 2781 | 2100 | 1449 | 651 |
| 松江区 | 32 | 8 | 3 | 6 | 15 | 30245 | 3391 | 2379 | 1726 | 653 |
| 青浦区 | 26 | 1 | 4 | 15 | 6 | 23716 | 2415 | 1922 | 1391 | 531 |
| 南汇区 | 43 | 9 | 6 | 12 | 16 | 37247 | 4021 | 3336 | 2294 | 1042 |
| 奉贤区 | 37 | 2 | 6 | 10 | 19 | 30009 | 2981 | 2260 | 1647 | 613 |
| **郊县小计** | **39** | **9** | **5** | **22** | **3** | **27372** | **3405** | **2412** | **1593** | **819** |
| 崇明县 | 39 | 9 | 5 | 22 | 3 | 27372 | 3405 | 2412 | 1593 | 819 |

## 实验性示范性中学（含重点及现代寄宿制）基本情况

单位：人

| 指标 | 总计 | 市实验性示范性 | 市区 | 郊县 | 区县重点 | 市区 | 郊县 |
|---|---|---|---|---|---|---|---|
| **学校数（所）** | **108** | **52** | **51** | **1** | **56** | **54** | **2** |
| **班数（个）** | **3545** | **1723** | **1675** | **48** | **1822** | **1744** | **78** |
| 初中 | 502 | 68 | 68 | | 434 | 434 | |
| 高中 | 3043 | 1655 | 1607 | 48 | 1388 | 1310 | 78 |
| **毕业生数** | **45978** | **23340** | **22734** | **606** | **22638** | **21633** | **1005** |
| 初中 | 4806 | 554 | 554 | | 4252 | 4252 | |
| 高中 | 41172 | 22786 | 22180 | 606 | 18386 | 17381 | 1005 |
| **招生数** | **40777** | **20508** | **19823** | **685** | **20269** | **19174** | **1095** |
| 初中 | 4887 | 584 | 584 | | 4303 | 4303 | |

（续上表）

| 指　　标 | 总　计 | 市实验性示范性 | 市区 | 郊县 | 区县重点 | 市区 | 郊县 |
|---|---|---|---|---|---|---|---|
| 高　中 | 35890 | 19924 | 19239 | 685 | 15966 | 14871 | 1095 |
| **在校学生数** | **130578** | **64129** | **62204** | **1925** | **66449** | **63312** | **3137** |
| 初　中 | 19336 | 2339 | 2339 |  | 16997 | 16997 |  |
| 高　中 | 111242 | 61790 | 59865 | 1925 | 49452 | 46315 | 3137 |
| **2009 年预计毕业生数** | **45440** | **24240** | **23169** | **1071** | **21200** | **20210** | **990** |
| 初　中 | 7168 | 2810 | 2335 | 475 | 4358 | 4358 |  |
| 高　中 | 38272 | 21430 | 20834 | 596 | 16842 | 15852 | 990 |
| **教职工数** | **16530** | **8831** | **8593** | **238** | **7699** | **7334** | **365** |
| 其中:专任教师 | 12287 | 6457 | 6294 | 163 | 5830 | 5570 | 260 |
| 初　中 | 1520 | 269 | 269 |  | 1251 | 1251 |  |
| 高　中 | 10767 | 6188 | 6025 | 163 | 4579 | 4319 | 260 |
| **学校占地面积(万平方米)** | **558.28** | **364.70** | **349.61** | **15.09** | **193.57** | **179.25** | **14.33** |
| **学校建筑面积(万平方米)** | **353.55** | **224.94** | **217.84** | **7.10** | **128.61** | **122.04** | **6.57** |

## 职业高中学校专任教师学历情况

单位:人

| 指　　标 | 合　计 | 研究生 | 大学本科 | 大学专科 | 高中阶段及以下 |
|---|---|---|---|---|---|
| **专任教师(人)** | **2857** | **108** | **2611** | **125** | **13** |
| 正高级 |  |  |  |  |  |
| 副高级 | 400 | 22 | 372 | 6 |  |
| 中　级 | 1586 | 41 | 1472 | 72 | 1 |
| 初　级 | 736 | 26 | 674 | 35 | 1 |
| 无职称 | 135 | 19 | 93 | 12 | 11 |

## 职业高中学校专任教师年龄职称情况

单位:人

| 指　　标 | 专任教师 | 30 岁及以下 | 31—40 岁 | 41—50 岁 | 51—60 岁 | 61 岁及以上 |
|---|---|---|---|---|---|---|
| **总　计** | **2857** | **627** | **1129** | **708** | **389** | **4** |
| 正高级 |  |  |  |  |  |  |
| 副高级 | 400 |  | 89 | 195 | 113 | 3 |
| 中　级 | 1586 | 88 | 780 | 469 | 248 | 1 |
| 初　级 | 736 | 437 | 243 | 36 | 20 |  |
| 无职称 | 135 | 102 | 17 | 8 | 8 |  |

## 职业高中(班)基本情况

单位:人

| 指　　标 | 学校数(所) | 毕业生数 | 招生数 | 在校生数 | 预　计毕业生 | 教职工数 | # 专任教师 |
|---|---|---|---|---|---|---|---|
| **总　计** | **26** | **17156** | **12362** | **41241** | **14307** | **4375** | **2857** |
| 中央部门办 |  |  |  |  |  |  |  |
| 地方教育部门 | 23 | 16436 | 12036 | 40006 | 13851 | 4293 | 2805 |
| 地方非教育部门 | 1 | 299 |  | 95 | 64 | 30 | 19 |
| 民　办 | 2 | 421 | 326 | 1140 | 392 | 52 | 33 |

（续上表）

| 指　　标 | 学校数（所） | 毕业生数 | 招生数 | 在校生数 | 预计毕业生 | 教职工数 | #专任教师 |
|---|---|---|---|---|---|---|---|
| | | | | | | | |
| 农林类 | | 101 | 71 | 438 | 275 | | |
| 资源与环境类 | | | | | | | |
| 能源类 | | | | | | | |
| 土木水利工程类 | | | | 31 | 31 | | |
| 加工制造类 | | 2643 | 1541 | 4999 | 1808 | | |
| 交通运输类 | | 2697 | 2552 | 7882 | 2620 | | |
| 信息技术类 | | 1951 | 1215 | 4554 | 1593 | | |
| 医药卫生类 | | | 40 | 82 | | | |
| 商贸与旅游类 | | 5498 | 3692 | 12389 | 4419 | | |
| 财经类 | | 829 | 451 | 2261 | 557 | | |
| 文化艺术与体育类 | | 1815 | 1120 | 3837 | 1510 | | |
| 社会公共事务类 | | 1387 | 1221 | 3535 | 1154 | | |
| 其他 | | 235 | 459 | 1233 | 340 | | |

## 分区县职业高中学校(班)基本情况

单位：人

| 指　　标 | 学校数（所） | 毕业生数 | 招生数 | 在校学生数 | 预计毕业生 | 教职工数 | #专任教师 |
|---|---|---|---|---|---|---|---|
| **全市合计** | **26** | **17156** | **12362** | **41241** | **14307** | **4375** | **2857** |
| **市区小计** | **25** | **15797** | **11349** | **37695** | **13021** | **4080** | **2656** |
| 黄浦区 | 2 | 644 | 504 | 1782 | 586 | 479 | 244 |
| 卢湾区 | 2 | 766 | 503 | 1615 | 652 | 161 | 121 |
| 徐汇区 | 2 | 1485 | 879 | 3292 | 1279 | 311 | 206 |
| 长宁区 | 2 | 715 | 621 | 1777 | 553 | 250 | 141 |
| 静安区 | 1 | 859 | 447 | 1567 | 605 | 250 | 155 |
| 普陀区 | 1 | 563 | 525 | 1359 | 360 | 206 | 114 |
| 闸北区 | 1 | 389 | 370 | 947 | 225 | 174 | 112 |
| 虹口区 | 1 | 2025 | 1086 | 5281 | 1687 | 381 | 245 |
| 杨浦区 | 1 | 570 | 526 | 1688 | 660 | 182 | 104 |
| 闵行区 | 1 | 882 | 542 | 1585 | 566 | 185 | 113 |
| 宝山区 | 2 | 1362 | 911 | 2468 | 634 | 226 | 121 |
| 嘉定区 | 1 | 100 | | | | 62 | 51 |
| 浦东新区 | 5 | 4093 | 3779 | 11931 | 4129 | 796 | 631 |
| 金山区 | | | 137 | 137 | | | |
| 松江区 | 2 | 993 | 344 | 1703 | 896 | 345 | 258 |
| 青浦区 | 1 | 197 | 103 | 359 | 133 | 72 | 40 |
| 南汇区 | | 61 | | | | | |
| 奉贤区 | | 93 | 72 | 204 | 56 | | |
| **郊县小计** | **1** | **1359** | **1013** | **3546** | **1286** | **295** | **201** |
| 崇明县 | 1 | 1359 | 1013 | 3546 | 1286 | 295 | 201 |

## 小学校数、班数、学生数、教职工数

| 指　　标 | 全市 | 教育部门 | 其他部门 | 民办 | 另有 | |
|---|---|---|---|---|---|---|
| | | | | | 后方基地 | 民工子弟学校 |
| **学校数(所)** | **751** | **579** | **1** | **171** | **7** | **15** |
| **班数(个)** | **18394** | **14889** | **17** | **3488** | **160** | **247** |
| **学生数(人)** | **671245** | **519610** | **598** | **151037** | **4852** | **11065** |
| 一年级 | 138705 | 107170 | 98 | 31437 | 1043 | 2643 |
| 二年级 | 135972 | 107895 | 108 | 27969 | 960 | 1971 |
| 三年级 | 132160 | 105157 | 95 | 26908 | 920 | 1810 |
| 四年级 | 129000 | 102507 | 151 | 26342 | 891 | 1720 |
| 五年级 | 122640 | 96881 | 146 | 25613 | 1038 | 1584 |
| 六年级 | 12768 | | | 12768 | | 1337 |
| **教职工数(人)** | **54841** | **46151** | **48** | **8642** | **572** | **610** |
| # 专任教师数 | 44278 | 37606 | 42 | 6630 | 501 | 474 |

## 小学专任教师学历情况

| 指　　标 | 合计(人) | 大学本科毕业及以上 | 大学专科毕　业 | 高中阶段毕　业 | 高中阶段毕业以下 |
|---|---|---|---|---|---|
| 专任教师(人) | 44278 | 23140 | 17531 | 3454 | 153 |
| 所占比重(%) | 100.00 | 52.26 | 39.59 | 7.80 | 0.35 |

## 小学专任教师年龄职称情况

单位:人

| 指　　标 | 专任教师 | 30岁及以下 | 31—40岁 | 41—50岁 | 51—60岁 | 61岁及以上 |
|---|---|---|---|---|---|---|
| **总　计** | **44278** | **11989** | **21261** | **7463** | **3312** | **253** |
| 中学高级教师 | 615 | | 287 | 187 | 123 | 18 |
| 小学高级教师 | 24702 | 715 | 14985 | 6152 | 2670 | 180 |
| 小学一级教师 | 13658 | 7436 | 5120 | 715 | 355 | 32 |
| 小学二级教师 | 414 | 186 | 130 | 53 | 41 | 4 |
| 小学三级教师 | 88 | 62 | 17 | 6 | 1 | 2 |
| 未评职称 | 4801 | 3590 | 722 | 350 | 122 | 17 |

## 小学占地和校舍建筑面积数

单位:万平方米

| 指　标 | 学校占地面积 | 运动场(馆)面积 | 校舍建筑面积 |
|---|---|---|---|
| **全　市** | **827.63** | **283.13** | **454.47** |
| 市　区 | 303.95 | 98.53 | 221.68 |
| 县　镇 | 500.63 | 174.76 | 224.83 |
| 农　村 | 23.05 | 9.84 | 7.96 |

## 分区县小学基本情况

单位:人

| 指　标 | 学校数(所) | 毕业生数 | 招生数 | 在校学生数 | 一年级 | 二年级 | 三年级 | 四年级 | 五年级 | 六年级 | 教职工数 | # 专任教师 |
|---|---|---|---|---|---|---|---|---|---|---|---|---|
| **全市合计** | **751** | **113558** | **138598** | **671245** | **138705** | **135972** | **132160** | **129000** | **122640** | **12768** | **54841** | **44278** |
| **市区小计** | **714** | **109454** | **134789** | **652034** | **134876** | **132423** | **128369** | **125130** | **118862** | **12374** | **52388** | **42436** |

（续上表）

| 指　标 | 学校数（所） | 毕业生数 | 招生数 | 在校学生数 | 一年级 | 二年级 | 三年级 | 四年级 | 五年级 | 六年级 | 教职工数 | #专任教师 |
|---|---|---|---|---|---|---|---|---|---|---|---|---|
| 黄浦区 | 19 | 2397 | 2085 | 11322 | 2087 | 2162 | 2331 | 2328 | 2414 | | 1482 | 1059 |
| 卢湾区 | 13 | 1365 | 1195 | 6432 | 1196 | 1289 | 1276 | 1377 | 1294 | | 930 | 649 |
| 徐汇区 | 42 | 6572 | 5677 | 30272 | 5679 | 5949 | 6227 | 6371 | 6046 | | 2621 | 2203 |
| 长宁区 | 26 | 3860 | 3451 | 17984 | 3452 | 3623 | 3734 | 3752 | 3423 | | 1894 | 1494 |
| 静安区 | 12 | 1769 | 1710 | 8917 | 1710 | 1691 | 1882 | 1830 | 1804 | | 1132 | 714 |
| 普陀区 | 28 | 5504 | 5108 | 28369 | 5113 | 5634 | 5803 | 6024 | 5795 | | 2239 | 1643 |
| 闸北区 | 34 | 4285 | 3857 | 20447 | 3857 | 4049 | 4206 | 4224 | 4111 | | 2132 | 1536 |
| 虹口区 | 35 | 4100 | 4123 | 20656 | 4126 | 4172 | 4151 | 4243 | 3964 | | 2119 | 1740 |
| 杨浦区 | 44 | 5919 | 4849 | 27409 | 4850 | 5386 | 5478 | 5801 | 5894 | | 2796 | 2409 |
| 闵行区 | 55 | 8458 | 14903 | 70986 | 14905 | 14827 | 13546 | 13265 | 11847 | 2596 | 5220 | 4238 |
| 宝山区 | 72 | 9482 | 12225 | 58412 | 12230 | 11929 | 11517 | 11280 | 10442 | 1014 | 4346 | 3714 |
| 嘉定区 | 37 | 4972 | 7844 | 36343 | 7852 | 7598 | 7091 | 6440 | 6087 | 1275 | 2516 | 2068 |
| 浦东新区 | 125 | 22326 | 25408 | 119744 | 25420 | 24910 | 23755 | 23155 | 22504 | | 8550 | 7352 |
| 金山区 | 32 | 4146 | 5376 | 25285 | 5379 | 5312 | 4905 | 4711 | 4352 | 626 | 2247 | 1624 |
| 松江区 | 31 | 6359 | 10788 | 49554 | 10799 | 10139 | 9482 | 8810 | 8017 | 2307 | 3126 | 2597 |
| 青浦区 | 40 | 4989 | 7828 | 35632 | 7837 | 7096 | 6754 | 6121 | 6052 | 1772 | 2862 | 2167 |
| 南汇区 | 36 | 6384 | 8332 | 40204 | 8332 | 7895 | 7824 | 7456 | 7469 | 1228 | 3177 | 2775 |
| 奉贤区 | 33 | 6567 | 10030 | 44066 | 10052 | 8762 | 8407 | 7942 | 7347 | 1556 | 2999 | 2454 |
| **郊县小计** | **37** | **4104** | **3809** | **19211** | **3829** | **3549** | **3791** | **3870** | **3778** | **394** | **2453** | **1842** |
| 崇明县 | 37 | 4104 | 3809 | 19211 | 3829 | 3549 | 3791 | 3870 | 3778 | 394 | 2453 | 1842 |

## 幼儿园基本情况

| 指　标 | 全　市 | 教育部门 | 集体办 | 其他部门 | 民　办 | 另有基地 |
|---|---|---|---|---|---|---|
| 独立幼儿园(所) | 1111 | 742 | 17 | 25 | 327 | 6 |
| 班数(个) | 12086 | 8597 | 332 | 276 | 2881 | 62 |
| 幼儿数(人) | 353810 | 261949 | 10346 | 7563 | 73952 | 1842 |
| 教职工数(人) | 35985 | 22818 | 541 | 1081 | 11545 | 225 |
| 专任教师数 | 23632 | 17026 | 315 | 529 | 5762 | 128 |

## 幼儿园园长、教师学历情况

| 指　标 | 合　计 | 大学本科毕业及以上 | 大学专科毕业 | 高中阶段毕业 | 高中阶段毕业以下 | 合计中:幼教专业毕业 |
|---|---|---|---|---|---|---|
| 园长(人) | 1603 | 1121 | 437 | 45 | | 1470 |
| 所占比重(%) | 100.00 | 69.93 | 27.26 | 2.81 | | 91.70 |
| 专任教师(人) | 23632 | 9790 | 12359 | 1426 | 57 | 18596 |
| 所占比重(%) | 100.00 | 41.43 | 52.30 | 6.03 | 0.24 | 78.69 |

## 幼儿园园长、教师职称情况

| 指　标 | 中学高级 | 小学高级 | 小学一级 | 小学二级 | 小学三级 | 未评职称 |
|---|---|---|---|---|---|---|
| 园　长 | 236 | 1185 | 118 | 9 | 1 | 54 |
| 所占比重(%) | 14.72 | 73.92 | 7.36 | 0.56 | 0.06 | 3.37 |
| 专任教师 | 73 | 7694 | 7844 | 2052 | 138 | 5831 |
| 所占比重(%) | 0.31 | 32.56 | 33.19 | 8.68 | 0.58 | 24.67 |

## 分区县幼儿园基本情况

单位:人

| 指　　标 | 园数(所) | 入园幼儿数 | 离园幼儿数 | 在园幼儿数 | 教职工数 | #专任教师 | 占地面积(万平方米) | 校舍面积(万平方米) |
|---|---|---|---|---|---|---|---|---|
| **全市合计** | **1111** | **121781** | **98529** | **353810** | **35985** | **23632** | **590.76** | **385.97** |
| **市区小计** | **1074** | **117583** | **95571** | **343677** | **35085** | **22993** | **571.24** | **375.35** |
| 黄浦区 | 27 | 2325 | 2112 | 6867 | 862 | 491 | 3.70 | 4.98 |
| 卢湾区 | 15 | 1001 | 783 | 3234 | 449 | 246 | 2.85 | 2.89 |
| 徐汇区 | 83 | 5434 | 5465 | 19240 | 2369 | 1397 | 26.01 | 16.53 |
| 长宁区 | 39 | 3294 | 3185 | 11528 | 1235 | 807 | 29.95 | 12.92 |
| 静安区 | 16 | 1451 | 1311 | 4389 | 658 | 330 | 4.78 | 4.71 |
| 普陀区 | 68 | 6226 | 5513 | 21082 | 1929 | 1190 | 28.38 | 21.13 |
| 闸北区 | 52 | 4294 | 3592 | 12365 | 1461 | 910 | 16.38 | 13.22 |
| 虹口区 | 51 | 3585 | 3379 | 12049 | 1392 | 840 | 16.18 | 12.42 |
| 杨浦区 | 72 | 5767 | 4839 | 18450 | 1685 | 1172 | 24.76 | 18.39 |
| 闵行区 | 123 | 14915 | 10438 | 42703 | 5207 | 3074 | 75.89 | 49.11 |
| 宝山区 | 110 | 10431 | 8791 | 31699 | 3125 | 2038 | 50.45 | 32.71 |
| 嘉定区 | 43 | 5590 | 5045 | 17084 | 1585 | 1164 | 37.94 | 22.62 |
| 浦东新区 | 167 | 20724 | 15133 | 58055 | 5691 | 3955 | 106.74 | 74.04 |
| 金山区 | 23 | 4581 | 4222 | 12638 | 1086 | 788 | 29.07 | 15.06 |
| 松江区 | 58 | 8632 | 6503 | 21315 | 1798 | 1217 | 31.28 | 20.31 |
| 青浦区 | 42 | 6397 | 4462 | 15943 | 1359 | 1080 | 29.02 | 17.87 |
| 南汇区 | 37 | 6304 | 5142 | 17269 | 1241 | 1008 | 25.41 | 16.05 |
| 奉贤区 | 48 | 6632 | 5656 | 17767 | 1953 | 1286 | 32.46 | 20.38 |
| **郊县小计** | **37** | **4198** | **2958** | **10133** | **900** | **639** | **19.52** | **10.62** |
| 崇明县 | 37 | 4198 | 2958 | 10133 | 900 | 639 | 19.52 | 10.62 |

## 分区县托儿所基本情况

| 指　　标 | 独立设置托儿所(所) | 班数(个) | 托儿数(人) | 教职工数(人) | #教养员 |
|---|---|---|---|---|---|
| **全市合计** | **90** | **361** | **8340** | **1404** | **881** |
| **市区小计** | **90** | **359** | **8321** | **1399** | **881** |
| 黄浦区 | 6 | 14 | 282 | 102 | 31 |
| 卢湾区 |  | 6 | 174 | 37 | 28 |
| 徐汇区 | 3 | 12 | 244 | 33 | 17 |
| 长宁区 | 18 | 45 | 1078 | 230 | 151 |
| 静安区 | 6 | 21 | 397 | 82 | 49 |
| 普陀区 | 8 | 12 | 268 | 105 | 42 |
| 闸北区 | 2 | 14 | 277 | 23 | 18 |
| 虹口区 | 12 | 72 | 1748 | 148 | 96 |
| 杨浦区 | 12 | 30 | 814 | 136 | 105 |
| 闵行区 |  |  |  |  |  |
| 宝山区 |  |  |  |  |  |
| 嘉定区 | 3 | 12 | 281 | 66 | 26 |
| 浦东新区 | 13 | 91 | 2074 | 267 | 183 |

（续上表）

| 指　　标 | 独立设置托儿所(所) | 班数(个) | 托儿数(人) | 教职工数(人) | |
|---|---|---|---|---|---|
| | | | | | #教养员 |
| 金山区 | 3 | 16 | 375 | 112 | 103 |
| 松江区 | 3 | 9 | 195 | 34 | 15 |
| 青浦区 | | | | | |
| 南汇区 | 1 | 5 | 114 | 24 | 17 |
| 奉贤区 | | | | | |
| **郊县小计** | | **2** | **19** | **5** | |
| 崇明县 | | 2 | 19 | 5 | |

## 特殊教育学校基本情况

单位：人

| 指　　标 | 学校数(所) | 班数(个) | 学生数 | 教职工数 | |
|---|---|---|---|---|---|
| | | | | | #专任教师 |
| **总　计** | **29** | **468** | **9032** | **1594** | **1121** |
| 视力残疾 | — | 20 | 211 | — | — |
| 听力残疾 | — | 71 | 806 | — | — |
| 智力残疾 | — | 377 | 7747 | — | — |
| 其他残疾 | — | — | 268 | — | — |
| 盲　　校 | 1 | 20 | 161 | 113 | 50 |
| 聋哑学校 | 3 | 46 | 508 | 204 | 124 |
| 弱智学校 | 23 | 331 | 3746 | 1079 | 805 |
| 其他学校 | 2 | 44 | 427 | 145 | 96 |
| 小学附设特教班 | — | 15 | 93 | 33 | 28 |
| 中学附设特教班 | — | 12 | 109 | 20 | 18 |
| 小学随班就读 | — | — | 1651 | — | — |
| 中学随班就读 | — | — | 2337 | — | — |

注：1. 其他学校指对两类以上残疾人进行教育的学校。
2. 随班就读学生是普通中、小学学生的其中数，不计入独立的特教校班数据中。

## 工读学校基本情况

单位：人

| 指　　标 | 学校数(所) | 班数(个) | 学生数 | 教职工数 | |
|---|---|---|---|---|---|
| | | | | | #专任教师 |
| **全市合计** | **13** | **143** | **3206** | **567** | **399** |
| **市区小计** | **12** | **132** | **2978** | **497** | **339** |
| 黄浦区 | | | | | |
| 卢湾区 | 1 | 6 | 36 | 37 | 22 |
| 徐汇区 | 1 | 5 | 73 | 28 | 20 |
| 长宁区 | 1 | 6 | 64 | 27 | 16 |
| 静安区 | 1 | 8 | 60 | 39 | 25 |
| 普陀区 | 1 | 4 | 25 | 45 | 29 |
| 闸北区 | 1 | 11 | 221 | 49 | 22 |
| 虹口区 | 1 | 13 | 292 | 26 | 18 |

（续上表）

| 指　标 | 学校数（所） | 班数（个） | 学生数 | 教职工数 | #专任教师 |
|---|---|---|---|---|---|
| 杨浦区 | 1 | 8 | 220 | 31 | 19 |
| 闵行区 | 1 | 7 | 120 | 42 | 32 |
| 宝山区 | 1 | 15 | 283 | 41 | 28 |
| 嘉定区 | 1 | 2 | 50 | 30 | 23 |
| 浦东新区 | 1 | 47 | 1534 | 102 | 85 |
| 金山区 | | | | | |
| 松江区 | | | | | |
| 青浦区 | | | | | |
| 南汇区 | | | | | |
| 奉贤区 | | | | | |
| **郊县小计** | **1** | **11** | **228** | **70** | **60** |
| 崇明县 | 1 | 11 | 228 | 70 | 60 |

## 成人本、专科分形式学生数

单位：人

| 指　标 | 毕业生数 | #本科 | 招生数 | #本科 | 在校生数 | #本科 | 预计毕业生数 | #本科 |
|---|---|---|---|---|---|---|---|---|
| **总　计** | **59681** | **32711** | **69442** | **45686** | **213298** | **135342** | **67465** | **40308** |
| 函　授 | 6238 | 4739 | 4419 | 3427 | 15645 | 11258 | 5980 | 4228 |
| 业　余 | 49289 | 25980 | 64902 | 42259 | 192462 | 120327 | 58892 | 34522 |
| 脱　产 | 4154 | 1992 | 121 | | 5191 | 3757 | 2593 | 1558 |

注：含普通高校举办的成人本专科及独立设置的成人高校学生。

## 网络本、专科学生数

单位：人

| 指　标 | 毕业生数 | #本科 | 招生数 | #本科 | 在校生数 | #本科 |
|---|---|---|---|---|---|---|
| **总　计** | **62358** | **17591** | **59403** | **16080** | **152864** | **43625** |
| 成人生 | 62358 | 17591 | 59403 | 16080 | 152864 | 43625 |
| 另有自考助学班学生 | | | 21813 | | | |

## 普通高校函授部、夜大学、成人脱产班分科学生数

单位：人

| 指　标 | 毕业生数 | #本科 | 招生数 | #本科 | 在校生数 | #本科 |
|---|---|---|---|---|---|---|
| **总　计** | **51638** | **32711** | **62386** | **45686** | **192087** | **135342** |
| 哲　学 | 93 | | 83 | 83 | 454 | 107 |
| 经济学 | 3767 | 2455 | 5750 | 4794 | 17006 | 13706 |
| 法　学 | 3904 | 3421 | 3847 | 3580 | 12374 | 11471 |
| 教育学 | 2626 | 2109 | 2051 | 1503 | 6740 | 5280 |
| 文　学 | 7483 | 5146 | 7860 | 6529 | 25106 | 19990 |
| 历史学 | 43 | 43 | | | | |
| 理　学 | 627 | 581 | 1067 | 830 | 2884 | 2343 |
| 工　学 | 7721 | 5184 | 9510 | 7125 | 30285 | 20170 |
| 农　学 | 436 | 184 | 398 | 151 | 1375 | 842 |
| 医　学 | 3096 | 2210 | 3851 | 3243 | 13109 | 9975 |
| 管理学 | 21842 | 11378 | 27969 | 17848 | 82754 | 51458 |

## 独立设置的成人高等学校分科学生数

单位:人

| 指　标 | 毕业生数 | #本科 | 招生数 | #本科 | 在校学生数 | #本科 |
|---|---|---|---|---|---|---|
| **总　计** | **8043** | | **7056** | | **21211** | |
| 哲　学 | | | | | | |
| 经济学 | 832 | | 953 | | 2457 | |
| 法　学 | 98 | | 36 | | 217 | |
| 教育学 | 45 | | 42 | | 155 | |
| 文　学 | 562 | | 803 | | 1745 | |
| 历史学 | | | | | | |
| 理　学 | | | | | | |
| 工　学 | 442 | | 589 | | 1461 | |
| 农　学 | | | | | 91 | |
| 医　学 | 1144 | | 729 | | 4103 | |
| 管理学 | 4920 | | 3904 | | 10982 | |

## 独立设置的成人高等学校专任教师学历情况

单位:人

| 指　标 | 总　计 | 正高级 | 副高级 | 中　级 | 初　级 | 无职称 |
|---|---|---|---|---|---|---|
| **专任教师数** | **1226** | **29** | **261** | **672** | **232** | **32** |
| 博士生毕业 | 23 | 4 | 9 | 8 | 2 | |
| 硕士生毕业 | 342 | 7 | 67 | 159 | 87 | 22 |
| 大学本科毕业 | 827 | 17 | 181 | 486 | 134 | 9 |
| 大学专科毕业及以下 | 34 | 1 | 4 | 19 | 9 | 1 |

## 职业技术培训机构基本情况

单位:万人次

| 指　标 | 学校数(所) | 教学班(点)(个) | 结业生数 | 注册学生数 | 教职工数(人) | #专任教师 | 聘请校外教师数(人) |
|---|---|---|---|---|---|---|---|
| **总　计** | **789** | **32920** | **179.19** | **185.80** | **13349** | **5637** | **17164** |
| **职工技术培训学校** | **30** | **1735** | **10.49** | **10.72** | **1668** | **1124** | **582** |
| 　教育部门办和集体办 | 20 | 1332 | 7.67 | 7.71 | 1453 | 1032 | 300 |
| 　其他部门办 | 8 | 368 | 2.72 | 2.90 | 167 | 60 | 260 |
| 　民办 | 2 | 35 | 0.10 | 0.11 | 48 | 32 | 22 |
| **农村技术培训学校** | **114** | **5266** | **47.07** | **44.26** | **803** | **602** | **2305** |
| 　教育部门办和集体办 | 114 | 5263 | 46.99 | 44.18 | 788 | 593 | 2281 |
| 　　县办 | 27 | 730 | 8.79 | 9.25 | 302 | 240 | 250 |
| 　　乡办 | 86 | 4521 | 35.38 | 32.11 | 480 | 353 | 2005 |
| 　　村办 | 1 | 12 | 2.82 | 2.82 | 6 | | 26 |
| 　其他部门办 | | 3 | 0.08 | 0.08 | 15 | 9 | 24 |
| 　民办 | | | | | | | |
| **其他培训机构** | **645** | **25919** | **121.63** | **130.82** | **10878** | **3911** | **14277** |
| 　教育部门办和集体办 | 23 | 1411 | 11.10 | 12.67 | 1106 | 752 | 832 |
| 　其他部门办 | 31 | 2393 | 17.40 | 16.13 | 398 | 123 | 980 |
| 　民办 | 591 | 22115 | 93.13 | 102.02 | 9374 | 3036 | 12465 |

说明:表中结业生数、注册学生数均指一学年内的累计数。

## 校外教育单位和教职工数

单位:人

| | 少年宫 | | 少年科技站 | | 少年之家 | |
|---|---|---|---|---|---|---|
| | 单位数(所) | 教职工数 | 单位数(所) | 教职工数 | 单位数(所) | 教职工数 |
| **全市合计** | **18** | **1148** | **5** | **177** | **3** | **82** |
| **市区小计** | **17** | **1092** | **5** | **177** | **2** | **68** |
| 黄浦区 | 1 | 85 | | | | |
| 卢湾区 | | | | | | |
| 徐汇区 | 1 | 93 | | | | |
| 长宁区 | 1 | 50 | 1 | 32 | | |
| 静安区 | 1 | 103 | | | | |
| 普陀区 | 1 | 104 | | | | |
| 闸北区 | 1 | 22 | 1 | 34 | 1 | 40 |
| 虹口区 | 1 | 58 | | | | |
| 杨浦区 | 1 | 47 | 1 | 42 | | |
| 闵行区 | 1 | 36 | 1 | 31 | | |
| 宝山区 | 1 | 52 | 1 | 38 | | |
| 嘉定区 | 1 | 50 | | | 1 | 28 |
| 浦东新区 | 1 | 139 | | | | |
| 金山区 | 2 | 82 | | | | |
| 松江区 | | | | | | |
| 青浦区 | 1 | 64 | | | | |
| 南汇区 | 1 | 51 | | | | |
| 奉贤区 | 1 | 56 | | | | |
| **郊县小计** | **1** | **56** | | | **1** | **14** |
| 崇明县 | 1 | 56 | | | 1 | 14 |

## 近年划转地方管理的高校名单

| 学校名称 | 原主管部门 | 划转部门 |
|---|---|---|
| 上海海洋大学 | 农业部 | 上海市 |
| 上海电力学院 | 电力公司 | 上海市 |
| 上海海事大学 | 交通部 | 上海市 |
| 华东政法大学 | 司法部 | 上海市 |
| 上海音乐学院 | 文化部 | 上海市 |
| 上海戏剧学院 | 文化部 | 上海市 |
| 上海体育学院 | 体育总局 | 上海市 |
| 上海旅游高等专科学校 | 旅游局 | 上海市 |
| 上海医疗器械高等专科学校 | 药品监管局 | 上海市 |
| 上海出版印刷高等专科学校 | 新闻出版署 | 上海市 |
| 上海金融学院 | 人民银行 | 上海市 |

## 共建高校名单

（以国家教育部为主管理的）

| 学校名称 | 主管部门 | 共建部门 | 共建签约日期 |
|---|---|---|---|
| 复旦大学 | 教育部 | 上海市 | 1994.5.6 |
| 上海交通大学 | 教育部 | 上海市 | 1994.5.6 |
| 上海外国语大学 | 教育部 | 上海市(为主) | 1994.5.6 |
| 同济大学 | 教育部 | 上海市 | 1995.10.10 |
| 上海财经大学 | 教育部 | 上海市 | 1995.12.27 |
| 华东师范大学 | 教育部 | 上海市(为主) | 1997.4.10 |
| 华东理工大学 | 教育部 | 上海市 | 1997.10.27 |
| 东华大学 | 教育部 | 上海市(重大事项以中央为主,日常管理以地方为主) | 1997.10.31 |

## 普通高等学校基本情况一览表(一)

单位:人

| 指标 | 专业(个) | 在校研究生 | 普通本专科 | | | | | | | | |
|---|---|---|---|---|---|---|---|---|---|---|---|
| | | | #专业学位 | 毕业生 | #本科 | 招生 | #本科 | 在校生 | #本科 | 预计毕业生 | #本科 |
| **总计** | **2194** | **97574** | **14941** | **126925** | **71908** | **143497** | **90344** | **512809** | **347422** | **141081** | **84454** |
| **部委属高校** | **489** | **71208** | **12760** | **27117** | **25779** | **28685** | **27769** | **116606** | **113433** | **29171** | **27942** |
| 复旦大学 | 71 | 12935 | 2697 | 3379 | 3223 | 3234 | 2996 | 13427 | 12837 | 3654 | 3503 |
| 上海交通大学 | 65 | 15983 | 2457 | 4305 | 4305 | 4019 | 4019 | 18496 | 18496 | 4634 | 4634 |
| 同济大学 | 83 | 14312 | 2626 | 4846 | 4758 | 4651 | 4551 | 20018 | 19721 | 5187 | 5088 |
| 华东理工大学 | 59 | 6860 | 914 | 3623 | 3623 | 4771 | 4771 | 18579 | 18579 | 4369 | 4369 |
| 东华大学 | 59 | 5293 | 936 | 3303 | 3303 | 3843 | 3843 | 14781 | 14781 | 3611 | 3611 |
| 华东师范大学 | 68 | 9475 | 909 | 3357 | 3058 | 3732 | 3533 | 14494 | 13797 | 3517 | 3218 |
| 上海外国语大学 | 38 | 1479 | 46 | 1775 | 1560 | 1870 | 1555 | 7087 | 6186 | 1820 | 1524 |
| 上海财经大学 | 36 | 4871 | 2175 | 1949 | 1949 | 1991 | 1991 | 7996 | 7996 | 1995 | 1995 |
| 上海海关学院 | 10 | | | 580 | | 574 | 510 | 1728 | 1040 | 384 | |
| **市属院校** | **1705** | **26366** | **2181** | **99808** | **46129** | **114812** | **62575** | **396203** | **233989** | **111910** | **56512** |
| **本科院校** | **996** | **26366** | **2181** | **61836** | **46129** | **74856** | **62575** | **275311** | **233989** | **71770** | **56512** |
| 上海理工大学 | 60 | 3594 | 68 | 3772 | 3596 | 4780 | 4528 | 17539 | 16843 | 4629 | 4415 |
| 上海大学 | 100 | 7511 | 575 | 8306 | 6105 | 7116 | 5762 | 31541 | 26011 | 9706 | 7442 |
| 上海工程技术大学 | 52 | 247 | | 3616 | 2854 | 4834 | 3996 | 17196 | 14751 | 4722 | 3945 |
| 上海中医药大学 | 16 | 1483 | 449 | 1067 | 801 | 1362 | 870 | 5346 | 3926 | 1636 | 1193 |
| 上海师范大学 | 90 | 4308 | 19 | 4930 | 4637 | 6145 | 5710 | 23743 | 22352 | 6023 | 5549 |
| 上海对外贸易学院 | 30 | 837 | | 2226 | 2060 | 2562 | 2413 | 9419 | 8934 | 2363 | 2178 |
| 上海应用技术学院 | 53 | 32 | | 2510 | 1970 | 4739 | 4022 | 14761 | 12522 | 3103 | 2362 |
| 上海海事大学 | 57 | 2301 | 157 | 3508 | 2644 | 5296 | 4310 | 16960 | 14173 | 3889 | 2991 |
| 上海电力学院 | 30 | 279 | | 2590 | 2459 | 2731 | 2651 | 10778 | 10479 | 2901 | 2750 |
| 上海海洋大学 | 47 | 1483 | 5 | 2754 | 2672 | 3506 | 3181 | 12766 | 12122 | 2893 | 2745 |
| 华东政法大学 | 23 | 2924 | 868 | 2931 | 2931 | 3198 | 3198 | 12544 | 12544 | 3180 | 3180 |
| 上海体育学院 | 14 | 790 | 40 | 966 | 966 | 1001 | 1001 | 3939 | 3939 | 960 | 960 |
| 上海戏剧学院 | 12 | 223 | | 458 | 441 | 448 | 448 | 1903 | 1903 | 449 | 449 |
| 上海音乐学院 | 7 | 354 | | 329 | 328 | 332 | 332 | 1314 | 1314 | 320 | 320 |
| 上海杉达学院 | 40 | | | 2287 | 1695 | 2971 | 2341 | 10713 | 8915 | 2675 | 2131 |
| 上海立信会计学院 | 30 | | | 2458 | 1893 | 2795 | 2203 | 10068 | 8306 | 2660 | 2089 |
| 上海电机学院 | 55 | | | 3223 | 737 | 3305 | 2067 | 11315 | 6134 | 3395 | 1176 |

（续上表）

| 指标 | 专业（个） | 在校研究生 | 普通本专科 | | | | | | | | |
|---|---|---|---|---|---|---|---|---|---|---|---|
| | | | #专业学位 | 毕业生 | #本科 | 招生 | #本科 | 在校生 | #本科 | 预计毕业生 | #本科 |
| 上海金融学院 | 35 | | | 2146 | 1800 | 2195 | 1897 | 7801 | 6920 | 2068 | 1766 |
| 上海政法学院 | 22 | | | 1225 | 640 | 2354 | 1796 | 8116 | 6366 | 1894 | 1289 |
| 上海第二工业大学 | 67 | | | 2743 | 1408 | 3353 | 2304 | 11186 | 7928 | 2977 | 1805 |
| 上海商学院 | 48 | | | 2939 | 692 | 3198 | 1935 | 11195 | 6495 | 3188 | 1252 |
| 上海建桥学院 | 39 | | | 2052 | | 2999 | 1974 | 9725 | 5669 | 2281 | 667 |
| 复旦大学上海视觉艺术学院 | 11 | | | 271 | 271 | 851 | 851 | 3552 | 3552 | 718 | 718 |
| 复旦大学太平洋金融学院 | 11 | | | 1346 | 1346 | | | 572 | 572 | 572 | 572 |
| 上海外国语大学贤达经济人文学院 | 16 | | | 617 | 617 | 1161 | 1161 | 4435 | 4435 | 1059 | 1059 |
| 上海师范大学天华学院 | 20 | | | 566 | 566 | 1624 | 1624 | 5833 | 5833 | 1229 | 1229 |
| 同济大学同科大学 | 11 | | | | | | | 1051 | 1051 | 280 | 280 |
| **专科院校** | **70** | | | **4418** | | **6308** | | **16470** | | **5151** | |
| 上海医疗器械高等专科学校 | 16 | | | 1117 | | 1353 | | 3893 | | 1238 | |
| 上海出版印刷高等专科学校 | 24 | | | 1108 | | 1428 | | 4007 | | 1230 | |
| 上海旅游高等专科学校 | 12 | | | 681 | | 1018 | | 2927 | | 909 | |
| 上海公安高等专科学校 | 6 | | | 346 | | 1068 | | 1520 | | 452 | |
| 上海医药高等专科学校 | 12 | | | 1166 | | 1441 | | 4123 | | 1322 | |
| **高职学院** | **583** | | | **30785** | | **33648** | | **104391** | | **34958** | |
| 上海行健职业学院 | 24 | | | 1474 | | 1692 | | 5186 | | 1730 | |
| 上海城市管理职业技术学院 | 21 | | | 938 | | 1179 | | 3519 | | 1171 | |
| 上海交通职业技术学院 | 22 | | | 1367 | | 1389 | | 4272 | | 1400 | |
| 上海海事职业技术学院 | 22 | | | 1255 | | 1431 | | 4263 | | 1417 | |
| 上海电子信息职业技术学院 | 28 | | | 2154 | | 2283 | | 6890 | | 2345 | |
| 上海科学技术职业学院 | 23 | | | 1234 | | 1339 | | 4161 | | 1428 | |
| 上海农林职业技术学院 | 26 | | | 1354 | | 1281 | | 4027 | | 1354 | |
| 上海工艺美术职业学院 | 24 | | | 1290 | | 1331 | | 4039 | | 1355 | |
| 上海建峰职业技术学院 | 31 | | | 1017 | | 1191 | | 3556 | | 1206 | |
| 上海工会管理职业学院 | 27 | | | 1264 | | 1619 | | 4886 | | 1657 | |
| 上海体育职业学院 | 4 | | | | | 150 | | 292 | | | |
| 上海东海职业技术学院 | 31 | | | 1512 | | 1685 | | 4907 | | 1644 | |
| 上海新侨职业技术学院 | 21 | | | 1453 | | 1736 | | 5255 | | 1684 | |
| 上海震旦职业学院 | 23 | | | 1182 | | 1301 | | 4045 | | 1319 | |
| 上海民远职业技术学院 | 21 | | | 795 | | 982 | | 3128 | | 1026 | |
| 上海欧华职业技术学院 | 14 | | | 468 | | 635 | | 1546 | | 480 | |
| 上海思博职业技术学院 | 26 | | | 1236 | | 1846 | | 5004 | | 1514 | |
| 上海立达职业技术学院 | 20 | | | 1357 | | 1553 | | 4863 | | 1616 | |
| 上海济光职业技术学院 | 31 | | | 1466 | | 1566 | | 4833 | | 1578 | |
| 上海工商外国语职业学院 | 28 | | | 2138 | | 2093 | | 6656 | | 2308 | |
| 上海邦德职业技术学院 | 27 | | | 1296 | | 1281 | | 3996 | | 1364 | |

（续上表）

| 指标 | 专业（个） | 在校研究生 | #专业学位 | 普通本专科 | | | | | | | |
|---|---|---|---|---|---|---|---|---|---|---|---|
| | | | | 毕业生 | #本科 | 招生 | #本科 | 在校生 | #本科 | 预计毕业生 | #本科 |
| 上海托普信息技术职业学院 | 19 | | | 1511 | | 664 | | 3684 | | 1629 | |
| 上海中侨职业技术学院 | 31 | | | 1135 | | 1697 | | 5140 | | 1600 | |
| 上海电影艺术职业学院 | 15 | | | 672 | | 750 | | 2393 | | 754 | |
| 上海中华职业技术学院 | 24 | | | 1217 | | 974 | | 3850 | | 1379 | |

## 普通高等学校基本情况一览表（二）

单位：人

| 指标 | 成人本专科在校生 | #本科 | 教职工数 | 专任教师数 | 正副高 | 研究生学历 | 占地面积（万平方米） | | 校舍面积（万平方米） | |
|---|---|---|---|---|---|---|---|---|---|---|
| | | | | | | | 学校产权 | 非产权独用 | 学校产权 | 非产权独用 |
| **总计** | **192087** | **135342** | **74540** | **38134** | **16893** | **26375** | **3333.42** | **614.08** | **1601.00** | **433.23** |
| **部委属高校** | **81686** | **65616** | **33645** | **15103** | **8564** | **12407** | **1408.40** | **67.38** | **756.50** | **79.65** |
| 复旦大学 | 12448 | 11074 | 6246 | 2420 | 1496 | 2131 | 231.73 | 12.75 | 120.66 | 20.39 |
| 上海交通大学 | 15739 | 13249 | 7494 | 3130 | 1918 | 2702 | 322.58 | | 166.49 | 0.93 |
| 同济大学 | 12658 | 9825 | 6350 | 2983 | 1524 | 2272 | 257.09 | | 149.66 | 15.68 |
| 华东理工大学 | 10997 | 8320 | 3621 | 1613 | 959 | 1357 | 176.87 | | 81.64 | |
| 东华大学 | 5148 | 3984 | 2803 | 1241 | 638 | 927 | 121.88 | | 60.68 | 15.94 |
| 华东师范大学 | 10431 | 8177 | 3997 | 1859 | 1153 | 1476 | 209.58 | | 109.97 | 3.31 |
| 上海外国语大学 | 5395 | 4292 | 1323 | 712 | 290 | 600 | 14.12 | 54.63 | 21.16 | 18.48 |
| 上海财经大学 | 8870 | 6695 | 1549 | 1006 | 536 | 843 | 49.85 | | 37.04 | 4.92 |
| 上海海关学院 | | | 262 | 139 | 50 | 99 | 24.71 | | 9.21 | |
| **市属院校** | **110401** | **69726** | **40895** | **23031** | **8329** | **13968** | **1925.03** | **546.70** | **844.50** | **353.58** |
| **本科院校** | **101632** | **69726** | **31418** | **17678** | **6930** | **12215** | **1535.83** | **295.36** | **675.45** | **204.30** |
| 上海理工大学 | 6618 | 4372 | 2053 | 1241 | 476 | 919 | 60.25 | 12.81 | 49.22 | 8.24 |
| 上海大学 | 11735 | 8512 | 6653 | 2853 | 1210 | 2256 | 199.17 | 12.46 | 101.75 | 13.44 |
| 上海工程技术大学 | 6457 | 3908 | 1516 | 960 | 292 | 695 | 94.55 | 15.74 | 38.43 | 15.74 |
| 上海中医药大学 | 1690 | 1268 | 1291 | 651 | 209 | 477 | 27.67 | 6.67 | 20.18 | |
| 上海师范大学 | 14544 | 10564 | 2990 | 1722 | 774 | 1135 | 162.09 | | 77.29 | 0.64 |
| 上海对外贸易学院 | 1156 | 1006 | 858 | 582 | 239 | 459 | 48.29 | 9.53 | 14.85 | 12.80 |
| 上海应用技术学院 | 4500 | 2972 | 1703 | 858 | 318 | 529 | 113.90 | | 40.06 | 1.38 |
| 上海海事大学 | 5606 | 3639 | 1855 | 933 | 364 | 738 | 161.52 | 4.24 | 68.91 | 5.45 |
| 上海电力学院 | 8245 | 5416 | 1039 | 663 | 231 | 508 | 54.62 | | 27.64 | 9.37 |
| 上海海洋大学 | 6874 | 4462 | 1232 | 875 | 394 | 671 | 127.33 | | 39.58 | |
| 华东政法大学 | 7911 | 7303 | 1472 | 922 | 386 | 685 | 87.61 | | 32.98 | |
| 上海体育学院 | 2274 | 1913 | 721 | 393 | 188 | 235 | 39.54 | | 24.11 | |
| 上海戏剧学院 | 877 | 647 | 531 | 271 | 103 | 124 | 12.20 | | 10.21 | 0.55 |

（续上表）

| 指标 | 成人本专科在校生 | #本科 | 教职工数 | 专任教师数 | 正副高 | 研究生学历 | 占地面积（万平方米） | | 校舍面积（万平方米） | |
|---|---|---|---|---|---|---|---|---|---|---|
| | | | | | | | 学校产权 | 非产权独用 | 学校产权 | 非产权独用 |
| 上海音乐学院 | 357 | 351 | 540 | 262 | 102 | 135 | 4.80 | | 9.27 | 1.28 |
| 上海杉达学院 | | | 762 | 522 | 240 | 295 | 49.28 | 4.53 | 8.55 | 16.29 |
| 上海立信会计学院 | 5490 | 3622 | 772 | 476 | 177 | 259 | 36.08 | 6.47 | 16.67 | 9.97 |
| 上海电机学院 | 2154 | 789 | 948 | 553 | 169 | 396 | 35.29 | | 24.59 | |
| 上海金融学院 | 3392 | 2375 | 564 | 390 | 147 | 250 | 35.05 | 8.93 | 9.08 | 6.17 |
| 上海政法学院 | 1833 | 1157 | 563 | 374 | 131 | 300 | 69.93 | | 15.63 | |
| 上海第二工业大学 | 6400 | 4100 | 1072 | 624 | 230 | 325 | 40.90 | 5.54 | 21.44 | 6.55 |
| 上海商学院 | 3071 | 1268 | 671 | 525 | 198 | 227 | 65.48 | 5.86 | 20.64 | 5.50 |
| 上海建桥学院 | 448 | 82 | 502 | 352 | 136 | 146 | | 32.47 | | 24.37 |
| 复旦大学上海视觉艺术学院 | | | 297 | 165 | 53 | 114 | | 54.13 | | 14.27 |
| 复旦大学太平洋金融学院 | | | 37 | | | | | 82.26 | | 25.14 |
| 上海外国语大学贤达经济人文学院 | | | 239 | 142 | 23 | 116 | | 10.59 | | 7.27 |
| 上海师范大学天华学院 | | | 422 | 294 | 101 | 187 | 10.31 | 12.06 | 4.35 | 10.52 |
| 同济大学同科学院 | | | 115 | 75 | 39 | 34 | | 11.05 | | 9.35 |
| **专科院校** | **1697** | | **1720** | **988** | **221** | **326** | **130.41** | **12.84** | **43.24** | **18.91** |
| 上海医疗器械高等专科学校 | 443 | | 286 | 173 | 47 | 98 | 16.91 | 1.70 | 6.36 | 5.74 |
| 上海出版印刷高等专科学校 | 437 | | 323 | 195 | 51 | 99 | 20.71 | 4.40 | 5.88 | 7.01 |
| 上海旅游高等专科学校 | 451 | | 252 | 143 | 35 | 67 | 22.51 | | 7.48 | |
| 上海公安高等专科学校 | | | 470 | 192 | 28 | 12 | 47.52 | | 11.98 | 0.55 |
| 上海医药高等专科学校 | 366 | | 389 | 285 | 60 | 50 | 22.76 | 6.74 | 11.54 | 5.61 |
| **高职学院** | **7072** | | **7757** | **4365** | **1178** | **1427** | **258.79** | **238.50** | **125.81** | **130.38** |
| 上海行健职业学院 | 1651 | | 217 | 145 | 31 | 50 | 7.08 | | 8.95 | |
| 上海城市管理职业技术学院 | 1476 | | 400 | 189 | 83 | 60 | 21.21 | | 9.55 | |
| 上海交通职业技术学院 | 375 | | 405 | 265 | 72 | 59 | 27.00 | | 14.48 | |
| 上海海事职业技术学院 | 444 | | 298 | 152 | 33 | 43 | 12.48 | 5.40 | 7.32 | 5.34 |
| 上海电子信息职业技术学院 | 462 | | 363 | 228 | 62 | 89 | 30.76 | | 15.73 | |
| 上海科学技术职业学院 | | | 223 | 138 | 42 | 37 | 21.40 | | 11.71 | |
| 上海农林职业技术学院 | | | 302 | 209 | 51 | 84 | 38.45 | | 10.37 | |
| 上海工艺美术职业学院 | 252 | | 319 | 214 | 59 | 39 | 19.22 | 4.04 | 7.35 | 4.04 |
| 上海建峰职业技术学院 | 244 | | 244 | 160 | 56 | 46 | 13.21 | | 9.49 | |
| 上海工会管理职业学院 | 682 | | 288 | 217 | 41 | 90 | 28.60 | | 10.82 | |
| 上海体育职业学院 | 554 | | 533 | 225 | 83 | 21 | 9.36 | | 4.72 | |
| 上海东海职业技术学院 | | | 340 | 150 | 68 | 43 | 12.66 | | 9.46 | |
| 上海新侨职业技术学院 | | | 315 | 116 | 29 | 43 | 6.10 | 13.83 | | 10.30 |
| 上海震旦职业学院 | 243 | | 425 | 204 | 71 | 91 | | 13.32 | | 8.80 |

（续上表）

| 指标 | 成人本专科在校生 | #本科 | 教职工数 | 专任教师数 | 正副高 | 研究生学历 | 占地面积（万平方米）学校产权 | 占地面积（万平方米）非产权独用 | 校舍面积（万平方米）学校产权 | 校舍面积（万平方米）非产权独用 |
|---|---|---|---|---|---|---|---|---|---|---|
| 上海民远职业技术学院 | | | 279 | 155 | 41 | 85 | | 10.67 | | 6.24 |
| 上海欧华职业技术学院 | | | 176 | 63 | 20 | 20 | | 1.92 | | 2.46 |
| 上海思博职业技术学院 | 142 | | 228 | 145 | 29 | 46 | | 33.19 | | 10.53 |
| 上海立达职业技术学院 | | | 347 | 194 | 41 | 64 | | 26.00 | | 11.83 |
| 上海济光职业技术学院 | | | 276 | 115 | 47 | 41 | 11.25 | 3.34 | 5.86 | 4.09 |
| 上海工商外国语职业学院 | 379 | | 403 | 309 | 75 | 128 | | 20.58 | | 19.84 |
| 上海邦德职业技术学院 | 168 | | 214 | 144 | 31 | 44 | | 14.94 | | 10.66 |
| 上海托普信息技术职业学院 | | | 397 | 146 | 30 | 36 | | 23.66 | | 10.39 |
| 上海中侨职业技术学院 | | | 259 | 163 | 36 | 71 | | 15.49 | | 10.28 |
| 上海电影艺术职业学院 | | | 196 | 139 | 22 | 40 | | 26.68 | | 6.93 |
| 上海中华职业技术学院 | | | 310 | 180 | 25 | 57 | | 25.45 | | 8.65 |

## 成人高校基本情况一览表

| 指标 | 学生数（人）毕业生 | 招生 | 在校生 | 预计毕业生 | 教职工数（人） | #专任教师数 | 正高级 | 副高级 | 占地面积（平方米）学校产权 | 占地面积（平方米）非产权独用 | 校舍面积（平方米）学校产权 | 校舍面积（平方米）非产权独用 |
|---|---|---|---|---|---|---|---|---|---|---|---|---|
| **总　计** | **8043** | **7056** | **21211** | **6111** | **2334** | **1226** | **29** | **261** | **851257** | **390720** | **663715** | **522999** |
| 中央所属学校 | | | | | | | | | | | | |
| 海关管理干部学院 | | | | | | | | | | | | |
| **地方所属学校** | | | | | | | | | | | | |
| 上海科技管理干部学院 | 248 | 184 | 573 | 203 | 107 | 54 | 3 | 9 | 25610 | | 25142 | 7543 |
| 上海市黄浦区业余大学 | 590 | 685 | 1793 | 628 | 121 | 64 | 1 | 6 | 24000 | | 29787 | 6996 |
| 上海市卢湾区业余大学 | 221 | 285 | 1038 | 376 | 79 | 37 | | 7 | 22960 | | 16384 | |
| 上海市徐汇区业余大学 | 765 | 551 | 1417 | 374 | 92 | 61 | 1 | 12 | 40325 | | 22553 | |
| 上海市长宁区业余大学 | 521 | 501 | 1347 | 324 | 80 | 43 | | 7 | 23581 | | 35732 | |
| 上海市静安区业余大学 | 527 | 535 | 1440 | 555 | 97 | 73 | | 4 | 48576 | | 59763 | 786 |
| 上海市普陀区业余大学 | 1592 | 830 | 1725 | 61 | 112 | 68 | 1 | 13 | 40266 | | 31137 | |
| 上海市虹口区业余大学 | 370 | 380 | 1077 | 323 | 92 | 57 | 1 | 10 | 21730 | 128 | 30135 | 3694 |
| 上海市杨浦区业余大学 | 389 | 405 | 886 | 189 | 134 | 75 | 1 | 21 | 76935 | | 46750 | |
| 上海市宝山区业余大学 | 530 | 576 | 1682 | 551 | 114 | 60 | | 5 | 29700 | | 30857 | |
| 上海纺织工业职工大学 | 119 | 134 | 316 | 70 | 157 | 61 | | 8 | 29049 | | 38134 | |
| 上海医药职工大学 | 452 | 387 | 1435 | 387 | 149 | 108 | | 25 | 193802 | | 64759 | 21190 |
| 上海电视大学 | 20 | 0 | 0 | 0 | 359 | 159 | 12 | 34 | 55904 | 375940 | 71806 | 426440 |
| 上海职工医学院 | 742 | 425 | 2829 | 797 | 221 | 108 | 3 | 39 | 33905 | | 44174 | 14800 |
| 上海工商学院 | 218 | 260 | 788 | 253 | 129 | 70 | 1 | 26 | 58044 | 14652 | 12911 | 41550 |
| 上海市经济管理干部学院 | 375 | 551 | 1621 | 575 | 179 | 49 | 2 | 20 | 24333 | | 45551 | |
| 上海青年管理干部学院 | 364 | 367 | 1244 | 445 | 112 | 79 | 3 | 15 | 102537 | | 58140 | |

## 实验性示范性中学名单

单位:所

| 地　区 | 市实验性示范性中学 | | 区重点中学 | |
|---|---|---|---|---|
| | 校数 | 校名 | 校数 | 校名 |
| **全市合计** | **52** | | **56** | |
| **市区小计** | **51** | | **54** | |
| 黄浦区 | 5 | 格致中学<br>光明中学<br>大同中学<br>上外附属大境中学<br>敬业中学 | 1 | 市八中学 |
| 卢湾区 | 2 | 卢湾中学<br>向明中学 | 1 | 五爱中学 |
| 徐汇区 | 6 | 市二中学<br>南洋中学<br>南洋模范中学<br>上海中学<br>上师大附中<br>位育中学 | 5 | 徐汇中学<br>第四中学<br>中国中学<br>五十四中学<br>西南位育 |
| 长宁区 | 2 | 市三女中<br>延安中学 | 3 | 复旦中学<br>天山中学<br>建青实验学校 |
| 静安区 | 3 | 华东模范中学<br>市西中学<br>育才中学 | 3 | 市一中学<br>七一中学<br>民立中学 |
| 普陀区 | 3 | * 宜川中学<br>* 曹杨二中<br>晋元中学 | 5 | 同济二附中<br>甘泉外国语<br>曹杨中学<br>长征中学<br>桐柏中学 |
| 闸北区 | 4 | 市北中学<br>市六十中学<br>新中中学<br>回民中学 | 4 | 风华中学<br>彭浦中学<br>久隆模范中学<br>田家炳中学 |
| 虹口区 | 4 | 北郊中学<br>* 上外附中<br>华师大一附中<br>复兴中学 | 4 | 北虹中学<br>澄衷中学<br>继光中学<br>虹口中学 |
| 杨浦区 | 5 | 杨浦中学<br>控江中学<br>复旦附中<br>同济一附中<br>交大附中 | 7 | 市东中学<br>上理工附中<br>中原中学<br>财大附中<br>少云中学<br>同济中学<br>复旦实验中学 |
| 闵行区 | 2 | 闵行中学<br>七宝中学 | 1 | 莘庄中学 |

（续上表）

| 地区 | 市实验性示范性中学 | | 区重点中学 | |
|---|---|---|---|---|
| | 校数 | 校名 | 校数 | 校名 |
| 宝山区 | 3 | 吴淞中学<br>行知中学<br>* 上大附中 | 1 | 罗店中学 |
| 嘉定区 | 1 | 嘉定一中 | 3 | 上大嘉定外国语<br>嘉定二中<br>安亭中学 |
| 浦东新区 | 5 | 洋泾中学<br>* 上海市实验学校<br>进才中学<br>建平中学<br>华师大二附中 | 6 | 东昌中学<br>上南中学<br>川沙中学<br>高桥中学<br>杨思中学<br>三林中学 |
| 金山区 | 2 | 华师大三附中<br>金山中学 | 2 | 上师大二附中<br>张堰中学 |
| 松江区 | 1 | 松江二中 | 1 | 松江一中 |
| 青浦区 | 1 | 青浦中学 | 2 | 青浦一中<br>朱家角中学 |
| 南汇区 | 1 | 南汇中学 | 3 | 周浦中学<br>新场中学<br>大团中学 |
| 奉贤区 | 1 | 奉贤中学 | 2 | 致远中学<br>曙光中学 |
| **郊县小计** | **1** | | **2** | |
| 崇明县 | 1 | * 崇明中学 | 2 | 扬子中学<br>民本中学 |

注：* 示为原市重点中学或现代化寄宿制高中。

## 民办、公立转制中学名单

单位：所

| 地区 | 民办中学 | | 公立转制 | |
|---|---|---|---|---|
| | 校数 | 校名 | 校数 | 校名 |
| **全市合计** | **111** | | **4** | |
| 黄浦区 | 3 | 明珠中学<br>立达中学<br>锦绣园中学（十二） | | |
| 卢湾区 | 2 | 震旦外国语中学<br>卢湾区永昌学校（九） | 1 | 向明初级中学 |
| 徐汇区 | 6 | 西南高级中学<br>邦德第四高级中学<br>西南模范中学<br>华育中学<br>西南位育中学<br>世界外国语中学 | | |

（续上表）

| 地区 | 民办中学 | | 公立转制 | |
|---|---|---|---|---|
| | 校数 | 校名 | 校数 | 校名 |
| 长宁区 | 2 | 新世纪中学<br>新虹桥中学 | 1 | 紫荆中学 |
| 静安区 | 1 | 上海上外静安外国语中学 | 1 | 戏剧学院附属高级中学 |
| 普陀区 | 10 | 兰田中学<br>冠龙高级中学<br>培佳双语学校(十二)<br>新黄浦实验学校(九)<br>侨华中学<br>玉华中学<br>东方曹杨外国语高级中学<br>进华中学<br>桐柏高级中学<br>震旦中学 | | |
| 闸北区 | 7 | 青中初级中学<br>风范中学<br>精文中学<br>田家炳中学<br>沪北中学<br>扬波中学<br>新和中学 | | |
| 虹口区 | 8 | 汇民高级中学<br>迅行中学<br>新北郊初级中学<br>外国语大学第一实验学校<br>瑞虹高级中学<br>新华初级中学<br>新复兴初级中学<br>新江湾高级中学 | | |
| 杨浦区 | 12 | 存志育海初级中学<br>沪东外国语高级中学<br>控江中学附属学校<br>存志中学<br>外国语大学沪东外国语学校<br>杨浦凯慧初级中学<br>外国语大学附属双语学校(九)<br>东光明中学<br>杨浦实验学校<br>兰生复旦中学<br>同济大学实验学校<br>交大飞达初级中学 | 1 | 五十六中学 |
| 闵行区 | 11 | 文绮中学<br>闵行教研学校(九)<br>燎原实验学校(十二)<br>教科实验中学<br>协和双语尚音学校(九)<br>信宏中学<br>上宝中学<br>文来中学<br>复旦万科实验学校(九)<br>协和双语高级中学<br>协和双语学校(九) | | |

（续上表）

| 地区 | 民办中学 | | 公立转制 | |
|---|---|---|---|---|
| | 校数 | 校名 | 校数 | 校名 |
| 宝山区 | 8 | 和衷中学<br>行知二中<br>建峰高级中学<br>日日学校（九）<br>锦秋学校（九）<br>交华中学<br>行中中学<br>同洲模范学校（十二） | | |
| 嘉定区 | 6 | 嘉定区远东学校（十二）<br>嘉一联合中学<br>桃李园实验学校（九）<br>嘉定区怀少学校（九）<br>外国语大学实验学校（十二）<br>育英高级中学 | | |
| 浦东新区 | 17 | 新竹园中学<br>华洋外国语学校<br>民远高级中学<br>浦东交中初级中学<br>兴知中学<br>育辛高级中学<br>常青高级中学<br>东方阶梯双语学校（九）<br>前进高级中学<br>丰华高级中学<br>外高桥中学<br>牧阳人学校（十二）<br>东方世纪学校（十二）<br>金苹果学校（十二）<br>张江集团学校<br>中芯学校（十二）<br>平和学校（十二） | | |
| 金山区 | 4 | 金盟学校（九）<br>师大实验中学<br>金中中学<br>交大南洋中学 | | |
| 松江区 | 4 | 西外外国语学校（十二）<br>九峰实验学校<br>茸一中学<br>上大附外 | | |
| 青浦区 | 1 | 瑞大学校（九） | | |
| 南汇区 | 5 | 师范大学附属第二外国语学校（十二）<br>复旦附中康桥学校（九）<br>申花学校<br>上海工商外国语职业学院附属中学<br>尚德实验学校（十二） | | |
| 奉贤区 | 1 | 奉贤区奉浦学校（十二） | | |
| 崇明县 | 3 | 中华中学<br>民一中学<br>大通学校 | | |

## 民办小学名单

| 地区 | 民办小学 | |
|---|---|---|
| | 校数 | 校名 |
| **全市合计** | **171** | |
| 黄浦区 | | |
| 卢湾区 | | |
| 徐汇区 | 4 | 徐汇区爱菊小学<br>徐汇区逸夫小学<br>世界外国语小学<br>盛大花园小学 |
| 长宁区 | 3 | 包玉刚实验学校<br>新世纪小学<br>东展小学 |
| 静安区 | 1 | 上海上外静安外国语小学 |
| 普陀区 | 1 | 金洲小学 |
| 闸北区 | 4 | 扬波外国语小学<br>童园(实验)小学<br>彭浦实验小学<br>童的梦实验小学 |
| 虹口区 | 3 | 丽英小学<br>宏星小学<br>外国语大学附属外国语小学 |
| 杨浦区 | 2 | 打一外国语小学<br>阳浦小学 |
| 闵行区 | 15 | 闵行区双江小学<br>日新实验学校<br>七宝外国语小学<br>振兴小学<br>闵行华星小学<br>银星学校<br>华博利星行小学<br>华虹小学<br>弘梅小学<br>育苗小学<br>马桥小学<br>浦江文馨学校<br>文博小学<br>文汇小学<br>塘湾小学 |
| 宝山区 | 16 | 罗希小学<br>申华小学<br>沈家桥小学<br>山海小学<br>洛河桥小学<br>杨东小学 |

（续上表）

| 地　　区 | 民办小学 | |
|---|---|---|
| | 校　数 | 校　　名 |
| 宝山区 | | 杨行小学<br>惠民小学<br>沈巷小学<br>肖径小学<br>沈宅小学<br>海兰小学<br>蓝天小学<br>立志学校<br>寿沪小学<br>益钢小学 |
| 嘉定区 | 14 | 菊园新区六里小学<br>南翔镇桃苑小学<br>马陆镇新翔小学<br>马陆镇仓场学校<br>马陆镇包桥小学<br>徐行镇育红小学<br>徐行少农小学<br>华武小学<br>外冈镇葛隆小学<br>黄渡镇中村小学<br>江桥镇庆宁小学<br>江桥镇沪宁小学<br>嘉定工业区娄塘小学<br>娄塘第二小学 |
| 浦东新区 | 27 | 金童小学<br>外国语大学附属浦东外国语小学<br>阳光海川小学<br>英才小学<br>知见小学<br>皖蓼小学<br>川沙镇振华小学<br>金家小学<br>豫息小学<br>竹林小学<br>新农小学<br>新苗小学<br>利民小学<br>浦光小学<br>福德小学<br>唐四小学<br>育苗小学<br>育才小学<br>高东镇精忠小学<br>寿春小学<br>大别山小学<br>昌林小学<br>阳光小学<br>南浦小学<br>鲁冰花小学<br>金光小学<br>联营小学 |

（续上表）

| 地区 | 民办小学 | |
|---|---|---|
| | 校数 | 校名 |
| 金山区 | 11 | 蒙山小学<br>金龙小学<br>东升小学<br>金安小学<br>新联小学<br>金工小学<br>红扬小学<br>查山小学<br>水库小学<br>金山嘴小学<br>九阳小学 |
| 松江区 | 19 | 盐平村小学<br>张施小学<br>张朴村小学<br>北干山小学<br>刘家小学<br>联庄小学<br>打铁桥小学<br>南门村小学<br>陈春小学<br>众兴小学<br>马汤村小学<br>潘家浜村小学<br>永悦小学<br>花桥村小学<br>善荣小学<br>向阳小学<br>世泽小学<br>昆港小学<br>新叶小学 |
| 青浦区 | 18 | 育才小学<br>隐贤小学<br>青安小学<br>蓝天小学<br>双佳小学<br>新希望小学<br>宋庆龄学校<br>行知小学<br>叙中小学<br>小康小学<br>联合小学<br>晨旭小学<br>秀龙小学<br>华夏小学<br>华益小学<br>曙光小学<br>旧青浦小学<br>立新小学 |

（续上表）

| 地　区 | 民办小学 | |
|---|---|---|
| | 校　数 | 校　名 |
| 南汇区 | 14 | 博奥小学<br>徐庙小学<br>明光金都小学<br>梅林工友学校<br>新星小学<br>淮安小学<br>航头小学<br>永辉小学<br>康桥工友小学<br>智源小学<br>航海小学<br>博爱小学<br>宣桥小学<br>明辉小学 |
| 奉贤区 | 16 | 宏翔小学<br>民友小学<br>星光小学<br>童梦小学<br>敬贤小学<br>曙光小学<br>致和小学<br>超群小学<br>福祉小学<br>志华小学<br>远航小学<br>厚才小学<br>青溪小学<br>蒲公英小学<br>福星小学<br>育才小学 |
| 崇明县 | 3 | 新桥小学<br>徐卫小学<br>光辉小学 |

## 上海市外籍人员子女学校名单

| 学校名称 | 地　址 |
|---|---|
| 上海美国学校 | 闵行金丰路258号 |
| 上海日本人学校 | 闵行区虹梅路3185号 |
| 耀中上海国际学校 | 长宁区水城路11号 |
| 上海德国学校 | 青浦高光路350号 |
| 上海法国学校 | 青浦高光路350号 |
| 上海英国学校 | 沪南公路2729弄600号(康桥半岛) |
| 上海协和国际学校 | 浦东金桥明月路999号 |
| 上海长宁国际学校 | 长宁区虹桥路1161号 |
| 上海新加坡国际学校 | 闵行区华漕镇朱建路301号 |
| 上海虹桥国际学校 | 长宁区虹桥路2381号 |

（续上表）

| 学 校 名 称 | 地 址 |
|---|---|
| 上海韩国学校 | 闵行区华漕路联友路355号 |
| 上海美丘第一幼儿园 | 闵行区虹许路788号(名都城) |
| 奥伊斯嘉上海日本语幼儿园 | 长宁区茅台路715弄20号 |
| 东进上海日本人幼儿园 | 长宁区虹梅路3081号虹桥别墅内 |
| 上海恩吉尔幼儿园 | 闵行区吴中路2358号 |
| 上海泰宁国际幼儿园 | 徐汇区复兴西路43号 |
| 上海瑞金国际学校 | 莘庄镇东闸路189号 |
| 上海李文斯顿美国学校 | 长宁区甘溪路580号 |
| 上海德威英国国际学校 | 浦东金桥蓝桉路222号 |
| 上海西华国际学校 | 青浦区联民路555号 |
| 宋庆龄幼儿园国际部 | 长宁区虹梅北路3908号 |
| 上海中学国际部 | 徐汇区上中路400号 |
| 华东师范大学二附中国际部 | 浦东晨晖路555号 |
| 上海外国语大学附中国际部 | 中山北一路295号 |
| 进才中学国际部 | 丁香路129号 |

## 上海市老年教育机构情况

| | 机构数（个） | 教职工数（人） | #专任教师 | 班级数（个） | 学员数（人） |
|---|---|---|---|---|---|
| **总 计** | **278** | **19580** | **618** | **16829** | **514712** |
| 市级老年大学 | 5 | 510 | 4 | 831 | 27285 |
| 市级老年大学分校、系统校、区县老年大学 | 57 | 1498 | 8 | 2276 | 61330 |
| 街道、镇老年学校 | 216 | 17572 | 606 | 13722 | 426097 |
| 另有：远程老年大学 | 1 | 9 | 14 | 3976 | 266439 |

说明：1. 2009年老年大学(学校)60周岁及以上老年学员人数376275人，占老年人总数(300.57万)的12.5%。
2. 2009年上海远程老年大学集体收视142546人，有组织分散收视123893人，合计266439人。其中60周岁及以上学员人数216689人，占老年人总数7.2%。

## 历年研究生基本情况

单位：人

| 年 份 | 合 计 | | | 普通高等学校 | | | 科 研 单 位 | | |
|---|---|---|---|---|---|---|---|---|---|
| | 招生数 | 在读生数 | 毕业生数 | 招生数 | 在读生数 | 毕业生数 | 招生数 | 在读生数 | 毕业生数 |
| 1990 | 3127 | 9568 | 3322 | 2803 | 8533 | 2953 | 324 | 1035 | 369 |
| 1991 | 3041 | 9055 | 3322 | 2717 | 8020 | 2953 | 324 | 1035 | 369 |
| 1992 | 3668 | 9855 | 2526 | 3323 | 8858 | 2262 | 345 | 997 | 264 |
| 1993 | 4282 | 11045 | 2884 | 3919 | 10037 | 2569 | 363 | 1008 | 315 |
| 1994 | 5130 | 13090 | 2859 | 4665 | 11905 | 2608 | 465 | 1185 | 251 |
| 1995 | 5301 | 14713 | 3355 | 4776 | 13378 | 3038 | 525 | 1335 | 317 |
| 1996 | 6507 | 16835 | 3860 | 5915 | 15307 | 3537 | 592 | 1528 | 323 |

（续上表）

| 年份 | 合计 | | | 普通高等学校 | | | 科研单位 | | |
|---|---|---|---|---|---|---|---|---|---|
| | 招生数 | 在读生数 | 毕业生数 | 招生数 | 在读生数 | 毕业生数 | 招生数 | 在读生数 | 毕业生数 |
| 1997 | 6725 | 18460 | 4475 | 6163 | 16841 | 4117 | 562 | 1619 | 358 |
| 1998 | 7874 | 21162 | 4642 | 7281 | 19499 | 4253 | 593 | 1663 | 389 |
| 1999 | 9413 | 24420 | 5611 | 8758 | 22656 | 5196 | 655 | 1764 | 415 |
| 2000 | 12652 | 30614 | 5868 | 11796 | 28582 | 5435 | 856 | 2032 | 433 |
| 2001 | 15826 | 39043 | 6817 | 14751 | 36528 | 6380 | 1075 | 2515 | 437 |
| 2002 | 19211 | 48896 | 7926 | 17848 | 45713 | 7481 | 1363 | 3183 | 445 |
| 2003 | 22524 | 59090 | 10079 | 20767 | 55092 | 9501 | 1757 | 3998 | 578 |
| 2004 | 25334 | 69437 | 13469 | 23545 | 64747 | 12788 | 1789 | 4690 | 681 |
| 2005 | 27692 | 78728 | 16741 | 25845 | 73557 | 15857 | 1847 | 5171 | 884 |
| 2006 | 30099 | 86906 | 19931 | 28250 | 81487 | 18833 | 1849 | 5419 | 1098 |
| 2007 | 30610 | 91763 | 23926 | 28748 | 86177 | 22691 | 1862 | 5586 | 1235 |
| 2008 | 32142 | 95498 | 25753 | 30195 | 89778 | 24431 | 1947 | 5720 | 1322 |
| 2009 | 37425 | 103492 | 28291 | 35418 | 97639 | 26949 | 2007 | 5853 | 1342 |

## 历年普通高等学校基本情况

单位：万人

| 年份 | 学校（所） | 毕业生数 | 招生数 | 在校学生 | 教职工数 | #专任教师 |
|---|---|---|---|---|---|---|
| 1990 | 50 | 3.46 | 3.24 | 12.13 | 7.06 | 2.58 |
| 1991 | 50 | 3.39 | 3.26 | 11.69 | 6.96 | 2.45 |
| 1992 | 50 | 3.32 | 3.75 | 11.95 | 6.95 | 2.39 |
| 1993 | 49 | 3.16 | 4.36 | 13.10 | 6.83 | 2.28 |
| 1994 | 46 | 3.18 | 4.18 | 14.04 | 6.75 | 2.19 |
| 1995 | 45 | 3.96 | 4.43 | 14.41 | 6.58 | 2.15 |
| 1996 | 41 | 3.90 | 4.38 | 14.79 | 6.40 | 2.10 |
| 1997 | 39 | 3.90 | 4.51 | 15.38 | 6.26 | 2.01 |
| 1998 | 40 | 3.62 | 4.88 | 16.51 | 6.21 | 2.01 |
| 1999 | 41 | 4.03 | 6.32 | 18.63 | 6.03 | 2.01 |
| 2000 | 37 | 4.09 | 8.13 | 22.68 | 6.08 | 2.05 |
| 2001 | 45 | 4.28 | 9.86 | 28.00 | 6.17 | 2.17 |
| 2002 | 50 | 5.52 | 10.92 | 33.16 | 6.18 | 2.29 |
| 2003 | 57 | 7.12 | 12.03 | 37.85 | 6.31 | 2.44 |
| 2004 | 59 | 8.86 | 13.06 | 41.57 | 6.83 | 2.87 |
| 2005 | 60 | 10.34 | 13.18 | 44.26 | 7.09 | 3.18 |
| 2006 | 60 | 11.05 | 14.04 | 46.63 | 7.17 | 3.39 |
| 2007 | 60 | 11.85 | 14.46 | 48.49 | 7.18 | 3.55 |
| 2008 | 61 | 12.21 | 14.58 | 50.29 | 7.31 | 3.69 |
| 2009 | 66 | 12.69 | 14.35 | 51.28 | 7.45 | 3.81 |

## 历年成人高等学校基本情况

单位:万人

| 年份 | 学校(所) | 毕业生数 | 招生数 | 在校学生 | 教职工数 | #专任教师 |
|---|---|---|---|---|---|---|
| 1995 | 66 | 1.66 | 2.43 | 7.55 | 1.19 | 0.52 |
| 1996 | 65 | 1.84 | 2.70 | 8.07 | 1.17 | 0.48 |
| 1997 | 64 | 2.32 | 2.78 | 8.16 | 1.15 | 0.46 |
| 1998 | 40 | 2.28 | 2.91 | 8.69 | 0.74 | 0.28 |
| 1999 | 39 | 2.27 | 3.67 | 9.82 | 0.77 | 0.33 |
| 2000 | 37 | 3.10 | 4.23 | 11.49 | 0.66 | 0.30 |
| 2001 | 31 | 2.77 | 5.38 | 13.83 | 0.53 | 0.24 |
| 2002 | 30 | 3.08 | 6.73 | 17.09 | 0.49 | 0.22 |
| 2003 | 27 | 4.24 | 7.22 | 19.80 | 0.45 | 0.21 |
| 2004 | 22 | 6.08 | 11.64 | 26.67 | 0.36 | 0.18 |
| 2005 | 21 | 7.68 | 9.32 | 22.45 | 0.32 | 0.15 |
| 2006 | 21 | 1.50 | 6.78 | 19.46 | 0.31 | 0.16 |
| 2007 | 21 | 5.20 | 7.26 | 20.68 | 0.30 | 0.15 |
| 2008 | 18 | 5.69 | 7.25 | 21.38 | 0.24 | 0.13 |
| 2009 | 18 | 5.97 | 6.94 | 21.33 | 0.23 | 0.13 |

## 历年中等技术学校基本情况

单位:万人

| 年份 | 学校(所) | 毕业生数 | 招生数 | 在校学生 | 教职工数 | #专任教师 |
|---|---|---|---|---|---|---|
| 1990 | 99 | 1.50 | 1.62 | 5.11 | 1.32 | 0.57 |
| 1991 | 95 | 1.61 | 1.67 | 5.07 | 1.29 | 0.55 |
| 1992 | 92 | 1.57 | 2.16 | 5.45 | 1.32 | 0.54 |
| 1993 | 90 | 1.73 | 3.07 | 7.58 | 1.50 | 0.64 |
| 1994 | 89 | 1.45 | 3.44 | 8.32 | 1.32 | 0.56 |
| 1995 | 89 | 1.98 | 3.84 | 9.96 | 1.43 | 0.56 |
| 1996 | 88 | 1.82 | 3.11 | 9.32 | 1.39 | 0.54 |
| 1997 | 88 | 2.10 | 3.62 | 10.65 | 1.35 | 0.53 |
| 1998 | 85 | 2.51 | 4.20 | 12.15 | 1.31 | 0.52 |
| 1999 | 85 | 2.54 | 3.48 | 12.83 | 1.27 | 0.52 |
| 2000 | 83 | 3.80 | 2.98 | 11.77 | 1.25 | 0.51 |
| 2001 | 81 | 2.91 | 3.48 | 12.06 | 1.22 | 0.50 |
| 2002 | 81 | 2.94 | 3.93 | 12.65 | 1.18 | 0.50 |
| 2003 | 83 | 3.39 | 4.34 | 13.69 | 1.19 | 0.53 |
| 2004 | 82 | 3.08 | 3.87 | 14.05 | 1.12 | 0.53 |
| 2005 | 81 | 3.39 | 3.33 | 13.67 | 1.09 | 0.53 |
| 2006 | 81 | 3.52 | 3.47 | 13.70 | 1.06 | 0.52 |
| 2007 | 76 | 3.86 | 3.23 | 12.81 | 1.00 | 0.51 |
| 2008 | 73 | 3.71 | 3.24 | 12.08 | 0.97 | 0.51 |
| 2009 | 70 | 3.39 | 2.98 | 11.50 | 0.94 | 0.49 |

## 历年中等师范学校基本情况

单位:万人

| 年份 | 学校(所) | 毕业生数 | 招生数 | 在校学生 | 教职工数 | #专任教师 |
|---|---|---|---|---|---|---|
| 1975 | 4 | 0.05 | 0.09 | 0.27 | 0.04 | 0.03 |
| 1978 | 4 | | 0.26 | 0.26 | 0.06 | 0.03 |
| 1979 | 4 | | 0.12 | 0.52 | 0.06 | 0.03 |
| 1980 | 4 | 0.40 | 0.13 | 0.25 | 0.06 | 0.04 |
| 1985 | 13 | 0.28 | 0.66 | 1.44 | 0.16 | 0.09 |
| 1988 | 11 | 0.76 | 0.42 | 1.60 | 0.20 | 0.12 |
| 1989 | 11 | 0.55 | 0.28 | 1.32 | 0.17 | 0.09 |
| 1990 | 11 | 0.53 | 0.28 | 1.06 | 0.17 | 0.09 |
| 1991 | 11 | 0.41 | 0.30 | 0.94 | 0.17 | 0.09 |
| 1992 | 11 | 0.29 | 0.29 | 0.97 | 0.17 | 0.09 |
| 1993 | 11 | 0.30 | 0.30 | 0.97 | 0.16 | 0.09 |
| 1994 | 11 | 0.28 | 0.24 | 0.91 | 0.16 | 0.08 |
| 1995 | 11 | 0.28 | 0.28 | 0.89 | 0.16 | 0.08 |
| 1996 | 11 | 0.35 | 0.10 | 0.62 | 0.14 | 0.07 |
| 1997 | 10 | 0.19 | 0.05 | 0.44 | 0.13 | 0.07 |
| 1998 | 2 | 0.22 | 0.09 | 0.23 | 0.05 | 0.04 |
| 1999 | 2 | 0.05 | 0.05 | 0.23 | 0.02 | 0.01 |
| 2000 | 1 | 0.06 | 0.02 | 0.12 | 0.02 | 0.01 |
| 2001 | 1 | 0.03 | | 0.06 | 0.01 | 0.01 |
| 2002 | 1 | | | 0.01 | | |

## 历年普通中学基本情况

单位:万人

| 年份 | 学校(所) | 毕业生数 | 招生数 | 在校学生 | 教职工数 | #专任教师 |
|---|---|---|---|---|---|---|
| 1990 | 712 | 13.36 | 17.09 | 48.31 | 6.62 | 4.13 |
| 1991 | 705 | 13.43 | 17.95 | 51.24 | 6.71 | 4.20 |
| 1992 | 711 | 14.69 | 19.53 | 54.77 | 6.77 | 4.18 |
| 1993 | 729 | 15.53 | 19.87 | 57.69 | 6.84 | 4.24 |
| 1994 | 741 | 16.65 | 25.53 | 65.56 | 7.00 | 4.43 |
| 1995 | 756 | 18.38 | 25.94 | 72.40 | 7.22 | 4.65 |
| 1996 | 784 | 19.14 | 23.98 | 76.23 | 7.38 | 4.81 |
| 1997 | 812 | 24.46 | 23.69 | 74.43 | 7.49 | 4.87 |
| 1998 | 846 | 25.05 | 25.67 | 73.85 | 7.58 | 4.93 |
| 1999 | 855 | 23.28 | 27.24 | 76.68 | 7.67 | 5.03 |
| 2000 | 861 | 22.92 | 26.46 | 79.54 | 7.66 | 5.01 |
| 2001 | 865 | 24.91 | 26.42 | 80.23 | 7.65 | 5.04 |
| 2002 | 857 | 26.40 | 26.02 | 78.97 | 7.63 | 5.07 |
| 2003 | 844 | 25.77 | 23.04 | 75.47 | 7.60 | 5.08 |
| 2004 | 822 | 25.68 | 21.81 | 82.78 | 7.54 | 5.13 |
| 2005 | 807 | 25.39 | 20.90 | 77.02 | 7.46 | 5.12 |
| 2006 | 794 | 22.24 | 17.84 | 71.17 | 7.33 | 5.14 |
| 2007 | 786 | 21.23 | 16.72 | 65.60 | 7.11 | 5.13 |
| 2008 | 774 | 20.09 | 16.63 | 61.77 | 6.89 | 5.03 |
| 2009 | 762 | 17.03 | 16.50 | 60.37 | 6.76 | 5.05 |

## 历年小学基本情况

单位:万人

| 年　份 | 学校(所) | 毕业生数 | 招生数 | 在校学生 | 教职工数 | #专任教师 |
|---|---|---|---|---|---|---|
| 1990 | 2630 | 13.66 | 18.14 | 110.19 | 7.48 | 5.88 |
| 1991 | 2493 | 14.51 | 16.07 | 111.38 | 7.51 | 5.82 |
| 1992 | 2279 | 15.77 | 17.84 | 113.37 | 7.48 | 5.26 |
| 1993 | 2122 | 15.91 | 19.37 | 116.70 | 7.38 | 5.64 |
| 1994 | 1962 | 21.33 | 18.46 | 113.98 | 7.29 | 5.50 |
| 1995 | 1807 | 21.02 | 17.09 | 109.78 | 7.16 | 5.45 |
| 1996 | 1671 | 18.83 | 15.66 | 106.46 | 7.07 | 5.33 |
| 1997 | 1533 | 16.48 | 12.46 | 102.44 | 6.92 | 5.24 |
| 1998 | 1382 | 17.66 | 11.39 | 96.14 | 6.67 | 4.96 |
| 1999 | 1208 | 19.19 | 10.49 | 87.16 | 6.40 | 4.68 |
| 2000 | 1021 | 18.73 | 10.28 | 78.86 | 6.13 | 4.43 |
| 2001 | 852 | 17.43 | 10.27 | 72.28 | 5.87 | 4.23 |
| 2002 | 751 | 15.76 | 10.11 | 67.24 | 5.62 | 4.06 |
| 2003 | 686 | 12.87 | 10.05 | 64.83 | 5.34 | 3.88 |
| 2004 | 648 | 10.97 | 10.55 | 53.74 | 5.07 | 3.75 |
| 2005 | 640 | 10.93 | 10.36 | 53.50 | 4.94 | 3.74 |
| 2006 | 626 | 10.85 | 10.87 | 53.37 | 4.86 | 3.75 |
| 2007 | 615 | 10.55 | 11.00 | 53.33 | 4.84 | 3.85 |
| 2008 | 672 | 10.44 | 12.39 | 59.06 | 5.10 | 4.10 |
| 2009 | 751 | 11.36 | 13.86 | 67.12 | 5.48 | 4.43 |

## 历年幼儿园基本情况

单位:万人

| 年　份 | 独立幼儿园(所) | 幼儿数 | 教职工数 | #专任教师 |
|---|---|---|---|---|
| 1990 | 999 | 41.75 | 4.35 | 2.79 |
| 1991 | 1034 | 44.39 | 3.81 | 2.55 |
| 1992 | 1038 | 43.38 | 3.82 | 2.59 |
| 1993 | 1069 | 39.31 | 3.97 | 2.54 |
| 1994 | 1070 | 34.61 | 3.42 | 2.18 |
| 1995 | 1041 | 30.77 | 3.08 | 1.98 |
| 1996 | 970 | 26.82 | 2.95 | 1.83 |
| 1997 | 937 | 25.72 | 2.79 | 1.73 |
| 1998 | 944 | 24.91 | 2.60 | 1.60 |
| 1999 | 937 | 24.22 | 2.53 | 1.55 |
| 2000 | 958 | 24.12 | 2.52 | 1.50 |
| 2001 | 1003 | 23.40 | 2.42 | 1.44 |
| 2002 | 1001 | 24.21 | 2.42 | 1.46 |
| 2003 | 1014 | 25.22 | 2.47 | 1.49 |
| 2004 | 1017 | 26.58 | 2.56 | 1.55 |
| 2005 | 1035 | 28.70 | 2.79 | 1.70 |
| 2006 | 1057 | 29.98 | 3.04 | 1.88 |
| 2007 | 1058 | 31.32 | 3.19 | 2.02 |
| 2008 | 1058 | 32.88 | 3.36 | 2.17 |
| 2009 | 1111 | 35.38 | 3.60 | 2.36 |

## 历年特殊教育学校基本情况

单位:人

| 年份 | 学校(所) | 毕业生数 | 招生数 | 在校学生 | 教职工数 | #专任教师 |
|---|---|---|---|---|---|---|
| 1990 | 29 | 237 | 561 | 3347 | 1053 | 613 |
| 1991 | 29 | 271 | 603 | 3494 | 1172 | 680 |
| 1992 | 33 | 306 | 854 | 3820 | 1240 | 720 |
| 1993 | 36 | 302 | 864 | 4365 | 1267 | 729 |
| 1994 | 36 | 355 | 1476 | 5161 | 1347 | 770 |
| 1995 | 39 | 363 | 1140 | 5728 | 1434 | 841 |
| 1996 | 39 | 620 | 910 | 6164 | 1512 | 929 |
| 1997 | 38 | 749 | 793 | 6313 | 1512 | 914 |
| 1998 | 36 | 656 | 722 | 5168 | 1580 | 953 |
| 1999 | 35 | 760 | 902 | 5269 | 1604 | 973 |
| 2000 | 34 | 844 | 1139 | 5407 | 1584 | 943 |
| 2001 | 32 | 615 | 731 | 5463 | 1599 | 946 |
| 2002 | 32 | 639 | 641 | 5529 | 1653 | 987 |
| 2003 | 31 | 767 | 692 | 5463 | 1629 | 985 |
| 2004 | 29 | 809 | 650 | 5358 | 1597 | 978 |
| 2005 | 28 | 853 | 692 | 5238 | 1598 | 1002 |
| 2006 | 28 | 869 | 675 | 5043 | 1614 | 1047 |
| 2007 | 28 | 886 | 741 | 5043 | 1603 | 1092 |
| 2008 | 29 | 828 | 752 | 5131 | 1612 | 1115 |
| 2009 | 29 | 901 | 758 | 5044 | 1594 | 1121 |

## 分区县人口及街道、乡、镇数

| 区、县名 | 户籍人口(万人) | 常住人口(万人) | 街道办事处(个) | 镇(个) | 乡(个) |
|---|---|---|---|---|---|
| **全市合计** | **1391.04** | **1888.46** | **101** | **109** | **3** |
| 黄浦区 | 60.74 | 53.89 | 6 | | |
| 卢湾区 | 31.01 | 27.45 | 4 | | |
| 徐汇区 | 90.01 | 98.22 | 12 | 1 | |
| 长宁区 | 61.37 | 66.83 | 9 | 1 | |
| 静安区 | 31.00 | 25.78 | 5 | | |
| 普陀区 | 86.83 | 108.71 | 6 | 3 | |
| 闸北区 | 69.61 | 74.50 | 8 | 1 | |
| 虹口区 | 79.35 | 78.11 | 10 | | |
| 杨浦区 | 108.16 | 119.48 | 11 | 1 | |
| 闵行区 | 91.50 | 180.47 | 3 | 9 | |
| 宝山区 | 84.69 | 140.63 | 3 | 9 | |
| 嘉定区 | 54.36 | 103.42 | 3 | 8 | |
| 浦东新区 | 194.29 | 305.70 | 12 | 11 | |
| 金山区 | 51.87 | 64.56 | 1 | 9 | |
| 松江区 | 55.04 | 107.42 | 4 | 11 | |
| 青浦区 | 45.83 | 78.98 | 3 | 8 | |
| 南汇区 | 74.31 | 106.21 | 1 | 14 | |
| 奉贤区 | 51.70 | 80.84 | | 8 | |
| 崇明县 | 69.34 | 67.26 | | 15 | 3 |

注:户籍人口和常住人口数为本市2008年末数。摘自《上海统计年鉴》。

## 2009年教育系统校舍基本建设完成情况

| | 总计 | 全市高校 | | | | 全市普教 | | | | | |
|---|---|---|---|---|---|---|---|---|---|---|---|
| | | 小计 | 部委高校 | 委属 | 其他 | 小计 | 市属学校 | 区县学校 | 配套学校 | 市属其他 | 区县其他 |
| 完成投资（万元） | 639725 | 204898 | 93044 | 111854 | — | 434827 | — | 225989 | 194540 | — | 14298 |
| 施工面积（平方米） | 3151699 | 1037480 | 508895 | 528585 | — | 2114219 | — | 703544 | 1347766 | — | 62909 |
| 竣工面积（平方米） | 1271137 | 400939 | 194863 | 206076 | — | 870198 | — | 260596 | 568290 | — | 41312 |

## 小学基础信息统计表

| 单位名称 | 小学学校总数(所) | 在校生总数(人) | 班数(个) | 多媒体进普通教室的班数(个) |
|---|---|---|---|---|
| 上海市 | 581 | 504236 | 14369 | 14087 |
| 黄浦区 | 21 | 11334 | 398 | 398 |
| 卢湾区 | 13 | 6249 | 250 | 244 |
| 徐汇区 | 40 | 27647 | 828 | 892 |
| 长宁区 | 23 | 15977 | 540 | 542 |
| 静安区 | 13 | 8930 | 280 | 274 |
| 普陀区 | 28 | 26537 | 798 | 762 |
| 闸北区 | 31 | 17256 | 553 | 553 |
| 虹口区 | 32 | 17883 | 567 | 362 |
| 杨浦区 | 41 | 23346 | 868 | 817 |
| 闵行区 | 40 | 43641 | 1195 | 1202 |
| 宝山区 | 58 | 43310 | 1204 | 1209 |
| 嘉定区 | 23 | 24625 | 676 | 672 |
| 浦东新区 | 117 | 119409 | 3217 | 3213 |
| 金山区 | 21 | 20910 | 560 | 560 |
| 松江区 | 12 | 30349 | 670 | 674 |
| 青浦区 | 20 | 17167 | 446 | 446 |
| 奉贤区 | 17 | 32536 | 776 | 776 |
| 崇明县 | 31 | 17130 | 543 | 491 |

## 小学理科教学仪器达标校统计表

| 单位名称 | 理科教学仪器达标校合计(所) | 达标(所) | 不达标(所) |
|---|---|---|---|
| 上海市 | 581 | 571 | 10 |
| 黄浦区 | 21 | 21 | 0 |
| 卢湾区 | 13 | 10 | 3 |
| 徐汇区 | 40 | 40 | 0 |
| 长宁区 | 23 | 23 | 0 |
| 静安区 | 13 | 12 | 1 |
| 普陀区 | 28 | 27 | 1 |
| 闸北区 | 31 | 31 | 0 |

（续上表）

| 单位名称 | 理科教学仪器达标校合计(所) | 达标(所) | 不达标(所) |
|---|---|---|---|
| 虹口区 | 32 | 31 | 1 |
| 杨浦区 | 41 | 41 | 0 |
| 闵行区 | 40 | 40 | 0 |
| 宝山区 | 58 | 57 | 1 |
| 嘉定区 | 23 | 22 | 1 |
| 浦东新区 | 117 | 116 | 1 |
| 金山区 | 21 | 21 | 0 |
| 松江区 | 12 | 12 | 0 |
| 青浦区 | 20 | 20 | 0 |
| 奉贤区 | 17 | 17 | 0 |
| 崇明县 | 31 | 30 | 1 |

## 小学实验教学人员状况统计表

| 单位名称 | 合计(人) | 专职(人) | 兼职(人) | 高级职称(人) | 中级职称(人) | 初级职称(人) | 其他(人) |
|---|---|---|---|---|---|---|---|
| 上海市 | 1381 | 619 | 762 | 35 | 824 | 449 | 73 |
| 黄浦区 | 57 | 25 | 32 | 2 | 41 | 14 | 0 |
| 卢湾区 | 40 | 22 | 18 | 3 | 15 | 17 | 5 |
| 徐汇区 | 50 | 35 | 15 | 6 | 35 | 9 | 0 |
| 长宁区 | 44 | 10 | 34 | 0 | 23 | 20 | 1 |
| 静安区 | 49 | 22 | 27 | 3 | 22 | 23 | 1 |
| 普陀区 | 45 | 24 | 21 | 2 | 30 | 13 | 0 |
| 闸北区 | 56 | 24 | 32 | 0 | 40 | 16 | 0 |
| 虹口区 | 78 | 28 | 50 | 5 | 55 | 13 | 5 |
| 杨浦区 | 130 | 68 | 62 | 5 | 64 | 60 | 1 |
| 闵行区 | 83 | 48 | 35 | 2 | 49 | 22 | 10 |
| 宝山区 | 122 | 57 | 65 | 0 | 87 | 32 | 3 |
| 嘉定区 | 86 | 27 | 59 | 0 | 37 | 33 | 16 |
| 浦东新区 | 240 | 104 | 136 | 3 | 125 | 97 | 15 |
| 金山区 | 57 | 31 | 26 | 2 | 36 | 16 | 3 |
| 松江区 | 32 | 25 | 7 | 1 | 26 | 5 | 0 |
| 青浦区 | 77 | 25 | 52 | 0 | 52 | 22 | 3 |
| 奉贤区 | 99 | 29 | 70 | 1 | 64 | 29 | 5 |
| 崇明县 | 36 | 15 | 21 | 0 | 23 | 8 | 5 |

## 小学实验及功能教室数量统计表

| 单位名称 | 合计(间) | 科学(间) | 劳技(间) | 体艺(间) | 计算机(间) | 语言(间) | 多媒体(间) | 其他(间) | 装备用房使用面积合计(万平方米) | 实验室使用面积(万平方米) |
|---|---|---|---|---|---|---|---|---|---|---|
| 上海市 | 6382 | 784 | 458 | 2206 | 969 | 208 | 1006 | 751 | 56 | 7 |
| 黄浦区 | 175 | 24 | 15 | 45 | 28 | 2 | 37 | 24 | 1 | 0 |

（续上表）

| 单位名称 | 合计（间） | 科学（间） | 劳技（间） | 体艺（间） | 计算机（间） | 语言（间） | 多媒体（间） | 其他（间） | 装备用房使用面积合计（万平方米） | 实验室使用面积（万平方米） |
|---|---|---|---|---|---|---|---|---|---|---|
| 卢湾区 | 383 | 21 | 7 | 53 | 19 | 6 | 263 | 14 | 1 | 0 |
| 徐汇区 | 486 | 47 | 25 | 173 | 74 | 1 | 27 | 139 | 4 | 0 |
| 长宁区 | 287 | 29 | 21 | 77 | 31 | 20 | 53 | 56 | 2 | 0 |
| 静安区 | 190 | 24 | 13 | 65 | 26 | 7 | 28 | 27 | 1 | 0 |
| 普陀区 | 282 | 40 | 18 | 98 | 46 | 9 | 22 | 49 | 2 | 0 |
| 闸北区 | 240 | 33 | 23 | 66 | 50 | 1 | 27 | 40 | 2 | 0 |
| 虹口区 | 272 | 31 | 18 | 93 | 44 | 18 | 33 | 35 | 2 | 0 |
| 杨浦区 | 411 | 60 | 23 | 178 | 81 | 2 | 49 | 18 | 4 | 0 |
| 闵行区 | 390 | 60 | 39 | 145 | 70 | 5 | 35 | 36 | 5 | 1 |
| 宝山区 | 538 | 71 | 25 | 219 | 111 | 4 | 61 | 47 | 5 | 0 |
| 嘉定区 | 242 | 34 | 19 | 104 | 31 | 8 | 21 | 25 | 3 | 0 |
| 浦东新区 | 1372 | 147 | 112 | 451 | 179 | 115 | 237 | 131 | 13 | 2 |
| 金山区 | 266 | 32 | 23 | 110 | 37 | 2 | 32 | 30 | 3 | 0 |
| 松江区 | 152 | 34 | 13 | 61 | 24 | 1 | 9 | 10 | 2 | 0 |
| 青浦区 | 194 | 26 | 19 | 74 | 33 | 4 | 21 | 17 | 2 | 1 |
| 奉贤区 | 234 | 39 | 21 | 90 | 36 | 3 | 22 | 23 | 3 | 0 |
| 崇明县 | 268 | 32 | 24 | 104 | 49 | 0 | 29 | 30 | 2 | 0 |

## 小学实验及功能教室装备状况统计表(一)

| 单位名称 | 总合计(万元) | 仪器合计(万元) | 科学仪器(万元) | 数学仪器(万元) | 科学室设备(万元) |
|---|---|---|---|---|---|
| 上海市 | 83153 | 4783 | 3755 | 1028 | 3883 |
| 黄浦区 | 2386 | 88 | 66 | 22 | 104 |
| 卢湾区 | 1914 | 97 | 89 | 9 | 89 |
| 徐汇区 | 8927 | 454 | 246 | 208 | 211 |
| 长宁区 | 4136 | 144 | 129 | 14 | 178 |
| 静安区 | 2023 | 101 | 81 | 21 | 260 |
| 普陀区 | 3565 | 120 | 98 | 22 | 152 |
| 闸北区 | 3329 | 268 | 179 | 89 | 35 |
| 虹口区 | 2738 | 238 | 191 | 47 | 89 |
| 杨浦区 | 4139 | 275 | 205 | 70 | 126 |
| 闵行区 | 5170 | 318 | 257 | 61 | 245 |
| 宝山区 | 9507 | 299 | 251 | 48 | 204 |
| 嘉定区 | 4020 | 192 | 149 | 43 | 242 |
| 浦东新区 | 18497 | 912 | 768 | 144 | 976 |
| 金山区 | 3273 | 366 | 320 | 46 | 238 |
| 松江区 | 1281 | 222 | 183 | 39 | 158 |
| 青浦区 | 1305 | 134 | 108 | 26 | 169 |
| 奉贤区 | 2736 | 254 | 216 | 38 | 215 |
| 崇明县 | 4207 | 301 | 219 | 82 | 192 |

## 小学实验及功能教室装备状况统计表(二)

| 单位名称 | 功能教室器材设备合计(万元) | 综合实践设备(万元) | 体艺室设备(万元) | 计算机室设备(万元) | 语言室设备(万元) | 其他(万元) |
|---|---|---|---|---|---|---|
| 上海市 | 74487 | 2186 | 16305 | 28993 | 2632 | 24371 |
| 黄浦区 | 2193 | 100 | 352 | 1426 | 14 | 301 |
| 卢湾区 | 1727 | 44 | 567 | 709 | 64 | 344 |
| 徐汇区 | 8262 | 68 | 1503 | 3329 | 0 | 3363 |
| 长宁区 | 3814 | 88 | 709 | 1280 | 256 | 1481 |
| 静安区 | 1662 | 61 | 472 | 641 | 48 | 440 |
| 普陀区 | 3292 | 83 | 496 | 1675 | 98 | 940 |
| 闸北区 | 3026 | 23 | 260 | 2177 | 8 | 557 |
| 虹口区 | 2412 | 88 | 643 | 1138 | 96 | 447 |
| 杨浦区 | 3738 | 253 | 966 | 1597 | 26 | 897 |
| 闵行区 | 4607 | 216 | 1430 | 1913 | 69 | 979 |
| 宝山区 | 9005 | 121 | 2135 | 2632 | 14 | 4102 |
| 嘉定区 | 3586 | 88 | 734 | 711 | 87 | 1965 |
| 浦东新区 | 16609 | 542 | 3154 | 4699 | 1793 | 6421 |
| 金山区 | 2669 | 66 | 757 | 1368 | 26 | 452 |
| 松江区 | 901 | 59 | 245 | 460 | 22 | 114 |
| 青浦区 | 1002 | 76 | 292 | 406 | 0 | 228 |
| 奉贤区 | 2267 | 118 | 500 | 1116 | 6 | 527 |
| 崇明县 | 3714 | 92 | 1090 | 1717 | 5 | 812 |

## 小学计算机、校园网装备状况统计表

| 单位名称 | 拥有计算机室的学校数(所) | 拥有校园网的学校数(所) | 计算机总金额(万元) | 网络及外设总金额(万元) | 多媒体设备总金额(万元) |
|---|---|---|---|---|---|
| 上海市 | 578 | 578 | 55844 | 19148 | 37935 |
| 黄浦区 | 19 | 21 | 2488 | 385 | 629 |
| 卢湾区 | 13 | 13 | 1259 | 210 | 582 |
| 徐汇区 | 40 | 40 | 4223 | 1406 | 2933 |
| 长宁区 | 23 | 23 | 3448 | 844 | 1560 |
| 静安区 | 12 | 13 | 1814 | 793 | 659 |
| 普陀区 | 28 | 28 | 3815 | 966 | 1619 |
| 闸北区 | 31 | 31 | 2072 | 632 | 1124 |
| 虹口区 | 32 | 30 | 2273 | 476 | 1177 |
| 杨浦区 | 41 | 41 | 3447 | 1355 | 1904 |
| 闵行区 | 40 | 40 | 4765 | 1656 | 2780 |
| 宝山区 | 58 | 58 | 3735 | 2398 | 3081 |
| 嘉定区 | 23 | 23 | 2451 | 754 | 1782 |
| 浦东新区 | 117 | 117 | 10162 | 4291 | 11702 |
| 金山区 | 21 | 21 | 1992 | 504 | 1348 |
| 松江区 | 12 | 12 | 1162 | 210 | 1029 |
| 青浦区 | 20 | 20 | 2043 | 520 | 1033 |
| 奉贤区 | 17 | 17 | 1777 | 531 | 1209 |
| 崇明县 | 31 | 30 | 2915 | 1216 | 1785 |

## 小学当年购置教育技术装备经费情况

| 单位名称 | 当年总计(万元) | 财政拨款(万元) | 自筹及其他(万元) |
|---|---|---|---|
| 上海市 | 16910 | 14725 | 2185 |
| 黄浦区 | 515 | 472 | 43 |
| 卢湾区 | 417 | 417 | 0 |
| 徐汇区 | 1103 | 1072 | 31 |
| 长宁区 | 1150 | 673 | 477 |
| 静安区 | 1013 | 811 | 202 |
| 普陀区 | 706 | 706 | 0 |
| 闸北区 | 266 | 266 | 0 |
| 虹口区 | 785 | 770 | 15 |
| 杨浦区 | 2001 | 1975 | 26 |
| 闵行区 | 1979 | 1606 | 373 |
| 宝山区 | 716 | 716 | 0 |
| 嘉定区 | 483 | 478 | 4 |
| 浦东新区 | 2852 | 2271 | 580 |
| 金山区 | 770 | 709 | 61 |
| 松江区 | 180 | 92 | 88 |
| 青浦区 | 148 | 65 | 83 |
| 奉贤区 | 727 | 577 | 151 |
| 崇明县 | 1100 | 1048 | 52 |

## 小学实验及功能教室使用状况统计表

单位:%

| 单位名称 | 自然实验演示开出率 | 自然实验分组开出率 | 计算机室完成率 | 语言室完成率 |
|---|---|---|---|---|
| 上海市 | 100 | 97.43 | 99.72 | 55.97 |
| 黄浦区 | 206.3 | 72.9 | 96.5 | 0.0 |
| 卢湾区 | 94.9 | 97.0 | 99.9 | 93.3 |
| 徐汇区 | 100.0 | 99.1 | 99.6 | 0.0 |
| 长宁区 | 92.6 | 96.3 | 100.0 | 87.4 |
| 静安区 | 112.2 | 120.5 | 101.5 | 100.0 |
| 普陀区 | 96.8 | 96.7 | 100.0 | 100.0 |
| 闸北区 | 100.0 | 98.0 | 99.7 | 100.0 |
| 虹口区 | 100.0 | 99.9 | 100.0 | 100.0 |
| 杨浦区 | 100.0 | 99.6 | 99.9 | 0.0 |
| 闵行区 | 100.0 | 99.8 | 100.0 | 100.0 |
| 宝山区 | 98.6 | 97.6 | 99.5 | 0.0 |
| 嘉定区 | 96.2 | 97.9 | 99.1 | 95.5 |
| 浦东新区 | 95.8 | 93.7 | 100.1 | 98.2 |
| 金山区 | 100.0 | 99.7 | 100.0 | 0.0 |
| 松江区 | 100.0 | 100.0 | 100.0 | 100.0 |
| 青浦区 | 100.0 | 100.6 | 100.3 | 0.0 |
| 奉贤区 | 100.0 | 99.8 | 100.0 | 0.0 |
| 崇明县 | 93.8 | 91.9 | 98.9 | 0.0 |

## 小学图书室(馆)管理人员状况统计表

| 单位名称 | 合计(人) | 专职(人) | 兼职(人) | 高级职称(人) | 中级职称(人) | 初级职称(人) | 其他(人) |
|---|---|---|---|---|---|---|---|
| 上海市 | 768 | 400 | 368 | 8 | 302 | 310 | 148 |
| 黄浦区 | 22 | 12 | 10 | 0 | 10 | 11 | 1 |
| 卢湾区 | 19 | 7 | 12 | 1 | 7 | 11 | 0 |
| 徐汇区 | 47 | 31 | 16 | 1 | 15 | 23 | 8 |
| 长宁区 | 28 | 6 | 22 | 0 | 13 | 12 | 3 |
| 静安区 | 19 | 12 | 7 | 0 | 5 | 13 | 1 |
| 普陀区 | 32 | 19 | 13 | 0 | 18 | 8 | 6 |
| 闸北区 | 33 | 15 | 18 | 0 | 14 | 17 | 2 |
| 虹口区 | 39 | 10 | 29 | 0 | 21 | 12 | 6 |
| 杨浦区 | 50 | 30 | 20 | 0 | 11 | 38 | 1 |
| 闵行区 | 53 | 33 | 20 | 1 | 23 | 18 | 11 |
| 宝山区 | 65 | 35 | 30 | 0 | 30 | 23 | 12 |
| 嘉定区 | 36 | 29 | 7 | 1 | 1 | 16 | 18 |
| 浦东新区 | 142 | 55 | 87 | 2 | 37 | 52 | 51 |
| 金山区 | 41 | 23 | 18 | 2 | 24 | 11 | 4 |
| 松江区 | 27 | 19 | 8 | 0 | 12 | 13 | 2 |
| 青浦区 | 35 | 13 | 22 | 0 | 22 | 10 | 3 |
| 奉贤区 | 34 | 19 | 15 | 0 | 15 | 9 | 10 |
| 崇明县 | 46 | 32 | 14 | 0 | 24 | 13 | 9 |

## 小学图书室(馆)设施状况统计表

| 单位名称 | 建有图书室学校数(所) | 阅览室数量(间) | 电子阅览室数量(间) | 藏书室数量(间) | 资料室等数量(间) | 阅览室使用面积(平方米) | 电子阅览室使用面积(平方米) | 藏书室使用面积(平方米) | 资料室等使用面积(平方米) |
|---|---|---|---|---|---|---|---|---|---|
| 上海市 | 575 | 827 | 308 | 614 | 404 | 64423 | 17288 | 31951 | 12311 |
| 黄浦区 | 19 | 18 | 14 | 8 | 5 | 1447.8 | 661.7 | 410 | 145.5 |
| 卢湾区 | 13 | 15 | 5 | 14 | 6 | 1272 | 234 | 843 | 223 |
| 徐汇区 | 40 | 75 | 11 | 38 | 20 | 4738.3 | 460.8 | 1539.8 | 471.2 |
| 长宁区 | 23 | 29 | 20 | 21 | 24 | 2465 | 1173 | 1019 | 847 |
| 静安区 | 12 | 19 | 10 | 8 | 8 | 2018.8 | 601.5 | 300 | 239.5 |
| 普陀区 | 27 | 38 | 12 | 28 | 21 | 3045 | 722 | 1672 | 672 |
| 闸北区 | 30 | 36 | 24 | 24 | 18 | 2828 | 1162 | 1525 | 437 |
| 虹口区 | 32 | 37 | 11 | 33 | 17 | 2678.3 | 529.8 | 1579.2 | 462.8 |
| 杨浦区 | 41 | 59 | 8 | 38 | 34 | 4562 | 511 | 1691 | 1011 |
| 闵行区 | 40 | 62 | 28 | 47 | 28 | 4824 | 1496.3 | 2630.7 | 917.9 |
| 宝山区 | 58 | 77 | 50 | 69 | 36 | 5190 | 2546 | 3086 | 1196 |
| 嘉定区 | 23 | 37 | 19 | 23 | 19 | 3253.4 | 1208.5 | 1200.9 | 828.4 |
| 浦东新区 | 117 | 162 | 39 | 142 | 98 | 13036 | 2684.2 | 7032.8 | 2890.6 |
| 金山区 | 21 | 31 | 13 | 22 | 15 | 2686 | 560 | 1596 | 368 |
| 松江区 | 12 | 20 | 7 | 16 | 14 | 1757 | 545 | 901 | 556 |
| 青浦区 | 19 | 39 | 20 | 22 | 15 | 3298 | 1260 | 1383 | 385 |
| 奉贤区 | 17 | 29 | 6 | 27 | 12 | 2388.2 | 299 | 1641.4 | 270.8 |
| 崇明县 | 31 | 44 | 11 | 34 | 14 | 2936 | 633 | 1900 | 389 |

## 小学图书室(馆)藏书状况统计表

| 单位名称 | 图书数量合计（万册） | 图书(万册) | 电子图书（万册） | 图书金额合计（万元） | 图书(万元) | 电子图书（万元） |
|---|---|---|---|---|---|---|
| 上海市 | 1572 | 1528 | 44 | 17072 | 16174 | 898 |
| 黄浦区 | 44 | 44 | 0 | 311 | 294 | 17 |
| 卢湾区 | 38 | 37 | 2 | 415 | 370 | 45 |
| 徐汇区 | 106 | 105 | 1 | 1104 | 992 | 112 |
| 长宁区 | 60 | 59 | 1 | 351 | 344 | 7 |
| 静安区 | 31 | 31 | 1 | 466 | 451 | 15 |
| 普陀区 | 81 | 80 | 0 | 753 | 739 | 14 |
| 闸北区 | 90 | 90 | 0 | 1147 | 1122 | 25 |
| 虹口区 | 93 | 92 | 0 | 905 | 856 | 49 |
| 杨浦区 | 82 | 82 | 0 | 772 | 767 | 5 |
| 闵行区 | 128 | 123 | 5 | 1742 | 1668 | 73 |
| 宝山区 | 112 | 110 | 2 | 1321 | 1267 | 54 |
| 嘉定区 | 67 | 61 | 6 | 737 | 692 | 44 |
| 浦东新区 | 334 | 320 | 14 | 3719 | 3467 | 253 |
| 金山区 | 76 | 73 | 3 | 721 | 689 | 32 |
| 松江区 | 37 | 35 | 1 | 481 | 458 | 24 |
| 青浦区 | 50 | 50 | 1 | 589 | 566 | 22 |
| 奉贤区 | 74 | 71 | 3 | 747 | 692 | 55 |
| 崇明县 | 68 | 66 | 2 | 789 | 739 | 49 |

## 小学图书室(馆)当年购置情况及尚需量统计表

| 单位名称 | 图书购置经费合计(万元) | 财政拨款(万元) | 自筹及其他(万元) | 图书尚需册数(万册) |
|---|---|---|---|---|
| 上海市 | 2029 | 1405 | 625 | 49 |
| 黄浦区 | 23 | 22 | 1 | 1 |
| 卢湾区 | 43 | 33 | 9 | 1 |
| 徐汇区 | 204 | 183 | 21 | 2 |
| 长宁区 | 32 | 16 | 16 | 4 |
| 静安区 | 63 | 57 | 6 | 1 |
| 普陀区 | 99 | 99 | 0 | 2 |
| 闸北区 | 56 | 56 | 0 | 5 |
| 虹口区 | 36 | 33 | 3 | 3 |
| 杨浦区 | 118 | 111 | 8 | 2 |
| 闵行区 | 208 | 150 | 58 | 2 |
| 宝山区 | 86 | 86 | 0 | 20 |
| 嘉定区 | 107 | 82 | 25 | 1 |
| 浦东新区 | 471 | 183 | 288 | 6 |
| 金山区 | 98 | 89 | 9 | 1 |
| 松江区 | 70 | 32 | 39 | 1 |
| 青浦区 | 79 | 39 | 40 | 1 |
| 奉贤区 | 110 | 77 | 33 | 1 |
| 崇明县 | 127 | 59 | 68 | 1 |

## 中学基础信息统计表

| 单位名称 | 学校总数(所) | 在校生总数(人) | 班　数(个) | 多媒体进普通教室的班数(个) |
|---|---|---|---|---|
| 上海市 | 629 | 517866 | 14434 | 13880 |
| 黄浦区 | 20 | 17044 | 527 | 527 |
| 卢湾区 | 13 | 8496 | 296 | 263 |
| 徐汇区 | 31 | 27509 | 771 | 766 |
| 长宁区 | 25 | 20877 | 644 | 651 |
| 静安区 | 17 | 13724 | 414 | 410 |
| 普陀区 | 39 | 24188 | 732 | 680 |
| 闸北区 | 30 | 21617 | 632 | 630 |
| 虹口区 | 32 | 19451 | 602 | 269 |
| 杨浦区 | 39 | 27024 | 857 | 800 |
| 闵行区 | 47 | 33207 | 987 | 974 |
| 宝山区 | 46 | 36699 | 949 | 957 |
| 嘉定区 | 24 | 20479 | 612 | 603 |
| 浦东新区 | 121 | 125755 | 3291 | 3263 |
| 金山区 | 25 | 22652 | 594 | 594 |
| 松江区 | 28 | 24970 | 643 | 643 |
| 青浦区 | 19 | 18334 | 459 | 451 |
| 奉贤区 | 37 | 31159 | 742 | 726 |
| 崇明县 | 36 | 24681 | 682 | 673 |

## 中学理科教学仪器达标校统计表

| 单位名称 | 开展理科实验操作考核学校数(所) | 达　标(所) | 不达标(所) |
|---|---|---|---|
| 上海市 | 572 | 615 | 14 |
| 黄浦区 | 20 | 20 | 0 |
| 卢湾区 | 11 | 13 | 0 |
| 徐汇区 | 29 | 31 | 0 |
| 长宁区 | 15 | 25 | 0 |
| 静安区 | 15 | 16 | 1 |
| 普陀区 | 35 | 38 | 1 |
| 闸北区 | 8 | 30 | 0 |
| 虹口区 | 29 | 31 | 1 |
| 杨浦区 | 39 | 39 | 0 |
| 闵行区 | 45 | 47 | 0 |
| 宝山区 | 45 | 45 | 1 |
| 嘉定区 | 23 | 23 | 1 |
| 浦东新区 | 117 | 117 | 4 |
| 金山区 | 23 | 25 | 0 |
| 松江区 | 28 | 28 | 0 |
| 青浦区 | 19 | 19 | 0 |
| 奉贤区 | 37 | 37 | 0 |
| 崇明县 | 34 | 31 | 5 |

## 中学实验教学人员状况统计表

| 单位名称 | 合计(人) | 专职(人) | 兼职(人) | 高级职称(人) | 中级职称(人) | 初级职称(人) | 其他(人) |
|---|---|---|---|---|---|---|---|
| 上海市 | 2758 | 1613 | 1145 | 276 | 1344 | 846 | 292 |
| 黄浦区 | 60 | 49 | 11 | 1 | 29 | 21 | 9 |
| 卢湾区 | 112 | 85 | 27 | 25 | 56 | 22 | 9 |
| 徐汇区 | 90 | 57 | 33 | 1 | 44 | 33 | 12 |
| 长宁区 | 82 | 58 | 24 | 0 | 47 | 26 | 9 |
| 静安区 | 111 | 91 | 20 | 21 | 46 | 39 | 5 |
| 普陀区 | 101 | 58 | 43 | 3 | 71 | 16 | 11 |
| 闸北区 | 304 | 280 | 24 | 69 | 149 | 72 | 14 |
| 虹口区 | 85 | 48 | 37 | 2 | 37 | 23 | 23 |
| 杨浦区 | 229 | 158 | 71 | 28 | 98 | 80 | 23 |
| 闵行区 | 149 | 56 | 93 | 12 | 61 | 53 | 23 |
| 宝山区 | 193 | 107 | 86 | 2 | 124 | 58 | 9 |
| 嘉定区 | 148 | 108 | 40 | 26 | 57 | 45 | 20 |
| 浦东新区 | 508 | 203 | 305 | 43 | 226 | 159 | 80 |
| 金山区 | 114 | 52 | 62 | 10 | 54 | 36 | 14 |
| 松江区 | 92 | 56 | 36 | 0 | 59 | 31 | 2 |
| 青浦区 | 74 | 28 | 46 | 1 | 36 | 34 | 3 |
| 奉贤区 | 204 | 69 | 135 | 20 | 105 | 67 | 12 |
| 崇明县 | 102 | 50 | 52 | 12 | 45 | 31 | 14 |

## 中学实验及功能教室数量统计表(一)

| 单位名称 | 合计(间) | 物理(间) | 化学(间) | 生物(间) | 劳技(间) | 体艺(间) |
|---|---|---|---|---|---|---|
| 上海市 | 10463 | 1107 | 997 | 843 | 696 | 2342 |
| 黄浦区 | 362 | 42 | 38 | 31 | 25 | 93 |
| 卢湾区 | 611 | 19 | 18 | 16 | 15 | 49 |
| 徐汇区 | 628 | 53 | 47 | 47 | 39 | 173 |
| 长宁区 | 446 | 49 | 39 | 39 | 23 | 86 |
| 静安区 | 329 | 29 | 27 | 24 | 15 | 77 |
| 普陀区 | 668 | 67 | 65 | 49 | 55 | 154 |
| 闸北区 | 450 | 56 | 47 | 35 | 29 | 101 |
| 虹口区 | 423 | 50 | 44 | 37 | 21 | 82 |
| 杨浦区 | 641 | 68 | 62 | 52 | 35 | 142 |
| 闵行区 | 656 | 77 | 65 | 62 | 69 | 184 |
| 宝山区 | 638 | 81 | 71 | 63 | 35 | 162 |
| 嘉定区 | 481 | 40 | 39 | 30 | 30 | 119 |
| 浦东新区 | 2134 | 229 | 208 | 163 | 154 | 424 |
| 金山区 | 398 | 47 | 44 | 38 | 28 | 106 |
| 松江区 | 410 | 56 | 51 | 43 | 22 | 124 |
| 青浦区 | 251 | 37 | 32 | 28 | 25 | 45 |
| 奉贤区 | 417 | 52 | 47 | 44 | 34 | 95 |
| 崇明县 | 520 | 55 | 53 | 42 | 42 | 126 |

## 中学实验及功能教室数量统计表(二)

| 单位名称 | 计算机（间） | 语言（间） | 多媒体（间） | 其他（间） | 装备用房使用面积合计（万平方米） | 实验室使用面积（万平方米） |
|---|---|---|---|---|---|---|
| 上海市 | 1320 | 394 | 1772 | 992 | 124.47 | 33.00 |
| 黄浦区 | 48 | 20 | 21 | 44 | 3.98 | 1.19 |
| 卢湾区 | 22 | 8 | 440 | 24 | 5.06 | 0.64 |
| 徐汇区 | 68 | 4 | 33 | 164 | 7.61 | 1.40 |
| 长宁区 | 56 | 37 | 69 | 48 | 4.90 | 1.25 |
| 静安区 | 40 | 5 | 91 | 21 | 3.59 | 1.15 |
| 普陀区 | 95 | 40 | 61 | 82 | 6.73 | 1.64 |
| 闸北区 | 74 | 16 | 45 | 47 | 5.65 | 1.53 |
| 虹口区 | 49 | 30 | 65 | 45 | 4.81 | 1.18 |
| 杨浦区 | 82 | 21 | 132 | 47 | 7.80 | 1.89 |
| 闵行区 | 94 | 25 | 47 | 33 | 9.84 | 2.76 |
| 宝山区 | 102 | 8 | 49 | 67 | 8.89 | 1.97 |
| 嘉定区 | 54 | 17 | 101 | 51 | 5.64 | 1.16 |
| 浦东新区 | 247 | 121 | 431 | 157 | 27.97 | 7.90 |
| 金山区 | 53 | 16 | 36 | 30 | 4.46 | 1.30 |
| 松江区 | 62 | 12 | 21 | 19 | 4.65 | 1.79 |
| 青浦区 | 39 | 5 | 22 | 18 | 2.90 | 1.18 |
| 奉贤区 | 62 | 5 | 40 | 38 | 5.72 | 1.62 |
| 崇明县 | 73 | 4 | 68 | 57 | 5.91 | 1.43 |

## 中学实验及功能教室装备状况统计表(一)

| 单位名称 | 仪器设备原价合计（万元） | 实验室仪器合计（万元） | 物理仪器（万元） | 化学仪器（万元） | 生物仪器（万元） | 数学地理仪器（万元） |
|---|---|---|---|---|---|---|
| 上海市 | 169729 | 23788 | 11528 | 3649 | 6661 | 1949 |
| 黄浦区 | 8063 | 1148 | 384 | 194 | 375 | 194 |
| 卢湾区 | 3332 | 315 | 152 | 64 | 87 | 13 |
| 徐汇区 | 13699 | 1815 | 911 | 345 | 499 | 60 |
| 长宁区 | 9309 | 1041 | 469 | 168 | 363 | 41 |
| 静安区 | 5264 | 918 | 466 | 110 | 294 | 48 |
| 普陀区 | 9221 | 749 | 413 | 106 | 199 | 31 |
| 闸北区 | 12076 | 556 | 292 | 85 | 144 | 34 |
| 虹口区 | 8892 | 2694 | 1606 | 262 | 443 | 382 |
| 杨浦区 | 6879 | 1352 | 781 | 189 | 326 | 55 |
| 闵行区 | 10174 | 2013 | 919 | 245 | 694 | 154 |
| 宝山区 | 14369 | 1296 | 584 | 249 | 389 | 74 |
| 嘉定区 | 7258 | 825 | 286 | 103 | 270 | 165 |
| 浦东新区 | 36466 | 5601 | 2816 | 804 | 1562 | 419 |
| 金山区 | 4895 | 726 | 339 | 176 | 173 | 38 |
| 松江区 | 4368 | 802 | 309 | 172 | 253 | 68 |
| 青浦区 | 2282 | 428 | 184 | 102 | 107 | 35 |
| 奉贤区 | 4951 | 648 | 277 | 119 | 204 | 48 |
| 崇明县 | 8229 | 861 | 340 | 153 | 278 | 90 |

## 中学实验及功能教室装备状况统计表(二)

| 单位名称 | 实验室设备合计(万元) | 物理室(万元) | 化学室(万元) | 生物室(万元) |
|---|---|---|---|---|
| 上海市 | 186176652 | 71589000 | 62045416 | 52542236 |
| 黄浦区 | 5487951 | 1662753 | 2238084 | 1587114 |
| 卢湾区 | 4997718 | 2048441 | 1906489 | 1042788 |
| 徐汇区 | 12312372 | 4224971 | 4371492 | 3715909 |
| 长宁区 | 10939303 | 6100773 | 2452645 | 2385885 |
| 静安区 | 9311548 | 4649039 | 1610117 | 3052392 |
| 普陀区 | 10624449 | 4156451 | 3555039 | 2912959 |
| 闸北区 | 8071883 | 3122506 | 2805890 | 2143487 |
| 虹口区 | 6954453 | 2979295 | 2001651 | 1973507 |
| 杨浦区 | 6740424 | 2262749 | 2536013 | 1941662 |
| 闵行区 | 13535594 | 4258935 | 4100952 | 5175707 |
| 宝山区 | 13118869 | 4676116 | 4668560 | 3774193 |
| 嘉定区 | 6461598 | 2431388 | 2316793 | 1713417 |
| 浦东新区 | 40259245 | 15151215 | 14402688 | 10705342 |
| 金山区 | 7903567 | 3147541 | 2569687 | 2186339 |
| 松江区 | 7457318 | 2557836 | 2823136 | 2076346 |
| 青浦区 | 4868510 | 1868944 | 1650726 | 1348840 |
| 奉贤区 | 8416284 | 2829838 | 2948713 | 2637733 |
| 崇明县 | 8715565 | 3460205 | 3086744 | 2168616 |

## 中学实验及功能教室装备状况统计表(三)

| 单位名称 | 功能教室器材合计(万元) | 通用技术室或综合实践室 | 体艺室(万元) | 计算机室(万元) | 语言室(万元) | 其他(万元) |
|---|---|---|---|---|---|---|
| 上海市 | 127324 | 6409 | 23787 | 48748 | 7715 | 40664 |
| 黄浦区 | 6367 | 109 | 1296 | 2758 | 670 | 1535 |
| 卢湾区 | 2516 | 172 | 509 | 870 | 175 | 790 |
| 徐汇区 | 10653 | 161 | 1329 | 2235 | 41 | 6887 |
| 长宁区 | 7174 | 273 | 1211 | 1965 | 730 | 2995 |
| 静安区 | 3415 | 248 | 663 | 2021 | 112 | 371 |
| 普陀区 | 7410 | 163 | 1307 | 3550 | 764 | 1626 |
| 闸北区 | 10713 | 78 | 1327 | 6479 | 561 | 2267 |
| 虹口区 | 5503 | 1308 | 657 | 2086 | 304 | 1147 |
| 杨浦区 | 4853 | 122 | 797 | 2420 | 395 | 1119 |
| 闵行区 | 6808 | 842 | 1888 | 2860 | 531 | 687 |
| 宝山区 | 11761 | 280 | 2474 | 3195 | 136 | 5676 |
| 嘉定区 | 5787 | 229 | 1521 | 1326 | 282 | 2430 |
| 浦东新区 | 26839 | 1514 | 4665 | 9176 | 2584 | 8899 |
| 金山区 | 3379 | 217 | 666 | 1433 | 92 | 970 |
| 松江区 | 2820 | 123 | 1146 | 1009 | 139 | 403 |
| 青浦区 | 1367 | 132 | 293 | 791 | 43 | 108 |
| 奉贤区 | 3462 | 208 | 853 | 1514 | 75 | 812 |
| 崇明县 | 6497 | 230 | 1185 | 3059 | 81 | 1942 |

## 中学计算机、校园网装备状况统计表

| 单位名称 | 拥有计算机室的学校数(所) | 拥有校园网的学校数(所) | 计算机原价总金额(万元) | 网络及外部设备原价总金额(万元) | 多媒体设备总金额(万元) |
|---|---|---|---|---|---|
| 上海市 | 624 | 624 | 101337 | 45041 | 53670 |
| 黄浦区 | 20 | 20 | 4910 | 1555 | 1626 |
| 卢湾区 | 13 | 13 | 2865 | 713 | 824 |
| 徐汇区 | 31 | 31 | 5860 | 2236 | 3242 |
| 长宁区 | 25 | 25 | 6108 | 2473 | 2979 |
| 静安区 | 16 | 17 | 3542 | 1840 | 1802 |
| 普陀区 | 39 | 37 | 9629 | 2910 | 4073 |
| 闸北区 | 30 | 30 | 4649 | 1424 | 1589 |
| 虹口区 | 31 | 32 | 4523 | 1415 | 1393 |
| 杨浦区 | 39 | 39 | 5601 | 1690 | 2066 |
| 闵行区 | 47 | 47 | 8076 | 2711 | 4899 |
| 宝山区 | 46 | 46 | 5084 | 4381 | 2446 |
| 嘉定区 | 24 | 24 | 4439 | 1595 | 2428 |
| 浦东新区 | 120 | 121 | 18580 | 13242 | 14801 |
| 金山区 | 25 | 25 | 3182 | 1735 | 1838 |
| 松江区 | 28 | 28 | 3645 | 772 | 2306 |
| 青浦区 | 17 | 19 | 2127 | 813 | 1046 |
| 奉贤区 | 37 | 37 | 3452 | 1358 | 1791 |
| 崇明县 | 36 | 33 | 5067 | 2178 | 2520 |

## 中学当年购置教育技术装备经费情况

| 单位名称 | 当年经费总计(万元) | 当年财政拨款(万元) | 当年自筹及其他(万元) |
|---|---|---|---|
| 上海市 | 35698 | 30974 | 4723 |
| 黄浦区 | 1774 | 1319 | 455 |
| 卢湾区 | 832 | 669 | 163 |
| 徐汇区 | 2225 | 2225 | 0 |
| 长宁区 | 1563 | 1053 | 510 |
| 静安区 | 1847 | 1502 | 346 |
| 普陀区 | 2305 | 2225 | 80 |
| 闸北区 | 1424 | 1390 | 34 |
| 虹口区 | 2072 | 1843 | 229 |
| 杨浦区 | 3714 | 3675 | 40 |
| 闵行区 | 3081 | 2876 | 205 |
| 宝山区 | 1066 | 1066 | 0 |
| 嘉定区 | 1209 | 992 | 217 |
| 浦东新区 | 8484 | 6641 | 1843 |
| 金山区 | 975 | 822 | 153 |
| 松江区 | 595 | 414 | 181 |
| 青浦区 | 274 | 261 | 13 |
| 奉贤区 | 1347 | 1184 | 163 |
| 崇明县 | 911 | 820 | 91 |

## 中学实验及功能教室使用状况统计表(一)

| 单位名称 | 物理应做演示实验 | 物理实做演示实验 | 物理应做分组实验 | 物理实做分组实验 | 化学应做演示实验 | 化学实做演示实验 | 化学应做分组实验 | 化学实做分组实验 |
|---|---|---|---|---|---|---|---|---|
| 上海市 | 61 | 62 | 41 | 41.1 | 78.4 | 79.5 | 45.1 | 44 |
| 黄浦区 | 59 | 63 | 42 | 38.6 | 81.3 | 79.6 | 51.3 | 37.2 |
| 卢湾区 | 65 | 65 | 34 | 35.6 | 86.4 | 92 | 30.6 | 36.1 |
| 徐汇区 | 22 | 23 | 15 | 15.8 | 28.3 | 29.6 | 17.5 | 17.7 |
| 长宁区 | 86 | 83 | 52 | 52 | 84.7 | 81.4 | 48.2 | 45.3 |
| 静安区 | 99 | 102 | 80 | 84.6 | 90.5 | 97.9 | 54.2 | 52.9 |
| 普陀区 | 55 | 55 | 37 | 36.3 | 77.5 | 77.3 | 47.6 | 47.5 |
| 闸北区 | 67 | 68 | 43 | 43.5 | 102.7 | 104.1 | 45.4 | 45.4 |
| 虹口区 | 49 | 49 | 29 | 28.3 | 70.2 | 70.5 | 40 | 40 |
| 杨浦区 | 59 | 58 | 42 | 41.5 | 81.3 | 79.7 | 53.8 | 51 |
| 闵行区 | 59 | 59 | 42 | 42 | 81.3 | 81.3 | 51.3 | 51.3 |
| 宝山区 | 59 | 56 | 42 | 39.4 | 81.3 | 76.8 | 51.3 | 48 |
| 嘉定区 | 80 | 84 | 39 | 42.4 | 89.3 | 98.4 | 39.6 | 42.4 |
| 浦东新区 | 62 | 65 | 39 | 40 | 78 | 80.5 | 42.5 | 43.1 |
| 金山区 | 45 | 45 | 32 | 32 | 61 | 61.3 | 38.7 | 39 |
| 松江区 | 59 | 59 | 42 | 42 | 81.3 | 81.3 | 51.3 | 51.3 |
| 青浦区 | 59 | 60 | 42 | 45.9 | 81.3 | 81.4 | 51.3 | 51.4 |
| 奉贤区 | 59 | 60 | 42 | 42.2 | 81.3 | 81.2 | 51.3 | 51.1 |
| 崇明县 | 54 | 54 | 40 | 37.1 | 72.8 | 76.8 | 47 | 41.6 |

## 中学实验及功能教室使用状况统计表(二)

| 单位名称 | 生物应做演示实验 | 生物实做演示实验 | 生物应做分组实验 | 生物实做分组实验 | 计算机室生均计划 | 计算机室生均完成 | 语言室生均计划 | 语言室生均完成 |
|---|---|---|---|---|---|---|---|---|
| 上海市 | 12.5 | 12.6 | 26.8 | 27.1 | 111.9 | 114.5 | 40.4 | 35.8 |
| 黄浦区 | 4.7 | 11 | 24 | 30.3 | 69.1 | 71.4 | 40 | 40.8 |
| 卢湾区 | 18.6 | 18.5 | 40.6 | 44 | 224.4 | 228.9 | 141.5 | 139.1 |
| 徐汇区 | 14.9 | 15.4 | 17 | 18.6 | 58.8 | 59.1 | 0 | 0 |
| 长宁区 | 17.4 | 19 | 30.5 | 30.1 | 82.9 | 79.4 | 50.3 | 100.6 |
| 静安区 | 29.9 | 30.7 | 33.2 | 34.4 | 123.1 | 131.1 | 9 | 8.7 |
| 普陀区 | 4.4 | 4.5 | 22 | 22.6 | 79 | 79 | 30.6 | 29.5 |
| 闸北区 | 7.1 | 7.5 | 28.2 | 27.9 | 89.6 | 89.6 | 49.2 | 49.2 |
| 虹口区 | 3.5 | 3.4 | 20.3 | 20.1 | 290.4 | 290.4 | 188.5 | 178 |
| 杨浦区 | 4.7 | 4.6 | 22.8 | 21.7 | 91.9 | 91.9 | 0 | 0 |
| 闵行区 | 4.7 | 4.7 | 24 | 24 | 102.7 | 102.7 | 19.3 | 19.3 |
| 宝山区 | 4.7 | 5 | 24 | 21.5 | 101.3 | 101.1 | 50.7 | 9.5 |
| 嘉定区 | 76.4 | 66.7 | 60.2 | 57.9 | 190.8 | 225.8 | 12.7 | 18.2 |
| 浦东新区 | 10.8 | 12.8 | 21.8 | 22.4 | 80.1 | 79.6 | 37.6 | 27.2 |
| 金山区 | 3.7 | 3.7 | 18 | 18 | 82 | 82 | 0 | 0 |
| 松江区 | 4.7 | 4.7 | 24 | 24 | 80 | 80 | 17.1 | 17.1 |
| 青浦区 | 4.7 | 4.7 | 26.5 | 26.5 | 80.7 | 80.7 | 0.2 | 0.3 |
| 奉贤区 | 4.7 | 4.9 | 24 | 23.9 | 106.7 | 106.9 | 0 | 2.7 |
| 崇明县 | 4.8 | 4.9 | 21.6 | 19.6 | 80 | 82.1 | 80 | 5.3 |

## 中学图书室(馆)管理人员状况统计表

| 单位名称 | 图书室管理人员总计(人) | 专职(人) | 兼职(人) | 高级职称(人) | 中级职称(人) | 初级职称(人) | 其他(人) |
|---|---|---|---|---|---|---|---|
| 上海市 | 1402 | 1104 | 298 | 30 | 549 | 475 | 348 |
| 黄浦区 | 43 | 36 | 7 | 2 | 18 | 17 | 6 |
| 卢湾区 | 34 | 29 | 5 | 1 | 6 | 14 | 13 |
| 徐汇区 | 65 | 60 | 5 | 2 | 20 | 25 | 18 |
| 长宁区 | 54 | 44 | 10 | 0 | 23 | 14 | 17 |
| 静安区 | 43 | 40 | 3 | 0 | 19 | 20 | 4 |
| 普陀区 | 81 | 60 | 21 | 3 | 51 | 24 | 3 |
| 闸北区 | 73 | 66 | 7 | 1 | 24 | 34 | 14 |
| 虹口区 | 68 | 56 | 12 | 2 | 28 | 22 | 16 |
| 杨浦区 | 75 | 64 | 11 | 2 | 24 | 41 | 8 |
| 闵行区 | 97 | 74 | 23 | 3 | 33 | 34 | 27 |
| 宝山区 | 108 | 84 | 24 | 3 | 50 | 19 | 36 |
| 嘉定区 | 55 | 48 | 7 | 0 | 9 | 23 | 23 |
| 浦东新区 | 267 | 192 | 75 | 4 | 99 | 81 | 83 |
| 金山区 | 61 | 53 | 8 | 2 | 23 | 20 | 16 |
| 松江区 | 86 | 71 | 15 | 1 | 34 | 33 | 18 |
| 青浦区 | 44 | 19 | 25 | 0 | 8 | 17 | 19 |
| 奉贤区 | 75 | 53 | 22 | 1 | 40 | 22 | 12 |
| 崇明县 | 73 | 55 | 18 | 3 | 40 | 15 | 15 |

## 中学图书室(馆)设施状况统计表

| 单位名称 | 阅览室数量(间) | 阅览室使用面积(平方米) | 电子阅览室数量(间) | 电子阅览室使用面积(平方米) | 藏书室数量(间) | 藏书室使用面积(平方米) | 资料室等数量(间) | 资料室使用面积(平方米) |
|---|---|---|---|---|---|---|---|---|
| 上海市 | 1121 | 147772 | 492 | 42389 | 825 | 76181 | 533 | 33031 |
| 黄浦区 | 30 | 6634 | 16 | 1366 | 24 | 1980 | 16 | 1385 |
| 卢湾区 | 19 | 2748 | 10 | 1467 | 11 | 1295 | 9 | 930 |
| 徐汇区 | 73 | 7533 | 16 | 947 | 38 | 2999 | 19 | 1015 |
| 长宁区 | 34 | 5669 | 27 | 2652 | 31 | 2360 | 23 | 1672 |
| 静安区 | 35 | 6132 | 14 | 835 | 21 | 1082 | 16 | 660 |
| 普陀区 | 103 | 10864 | 37 | 2390 | 54 | 4848 | 39 | 2796 |
| 闸北区 | 50 | 8080 | 23 | 2423 | 36 | 3852 | 24 | 1847 |
| 虹口区 | 46 | 5630 | 19 | 1142 | 43 | 3416 | 32 | 1647 |
| 杨浦区 | 60 | 9148 | 38 | 3568 | 41 | 4089 | 30 | 2418 |
| 闵行区 | 80 | 10533 | 35 | 2502 | 61 | 5789 | 35 | 2269 |
| 宝山区 | 70 | 8758 | 41 | 4097 | 61 | 5522 | 36 | 2896 |
| 嘉定区 | 50 | 6081 | 26 | 2111 | 33 | 3015 | 24 | 1720 |
| 浦东新区 | 208 | 29175 | 88 | 8677 | 171 | 16379 | 97 | 5434 |
| 金山区 | 40 | 5530 | 21 | 1563 | 32 | 4432 | 20 | 1258 |
| 松江区 | 49 | 6639 | 17 | 1725 | 42 | 3507 | 24 | 1190 |
| 青浦区 | 37 | 4240 | 20 | 1661 | 29 | 2973 | 23 | 1103 |
| 奉贤区 | 69 | 8066 | 19 | 1390 | 49 | 4331 | 38 | 1640 |
| 崇明县 | 68 | 6312 | 25 | 1873 | 48 | 4312 | 28 | 1151 |

## 中学图书室(馆)藏书状况统计表

| 单位名称 | 图书室藏书数量合计(万册) | 图书数量(万册) | 电子图书数量(万册) | 图书室藏书金额合计(万元) | 图书金额(万元) | 电子图书金额(万元) |
|---|---|---|---|---|---|---|
| 上海市 | 2801 | 2641 | 160 | 36418 | 34917 | 1502 |
| 黄浦区 | 120 | 116 | 4 | 1040 | 996 | 43 |
| 卢湾区 | 64 | 59 | 6 | 3797 | 3699 | 97 |
| 徐汇区 | 148 | 146 | 2 | 1696 | 1611 | 85 |
| 长宁区 | 110 | 106 | 4 | 1404 | 1244 | 159 |
| 静安区 | 95 | 89 | 5 | 1364 | 1291 | 73 |
| 普陀区 | 201 | 198 | 3 | 2228 | 2157 | 71 |
| 闸北区 | 153 | 149 | 4 | 2893 | 2760 | 133 |
| 虹口区 | 131 | 131 | 1 | 1209 | 1191 | 18 |
| 杨浦区 | 164 | 153 | 11 | 1698 | 1681 | 17 |
| 闵行区 | 212 | 197 | 15 | 3055 | 2896 | 159 |
| 宝山区 | 126 | 122 | 4 | 1843 | 1765 | 78 |
| 嘉定区 | 127 | 106 | 21 | 1138 | 1096 | 42 |
| 浦东新区 | 570 | 520 | 49 | 6365 | 6099 | 265 |
| 金山区 | 95 | 93 | 2 | 1119 | 1077 | 42 |
| 松江区 | 104 | 102 | 1 | 1364 | 1314 | 51 |
| 青浦区 | 66 | 64 | 1 | 738 | 723 | 15 |
| 奉贤区 | 171 | 150 | 21 | 1306 | 1220 | 86 |
| 崇明县 | 146 | 139 | 6 | 2162 | 2096 | 67 |

## 中学图书室(馆)当年购置情况及尚需量统计表

| 单位名称 | 当年图书购置经费合计(万元) | 财政拨款(万元) | 自筹金额(万元) | 图书尚需册数(万册) |
|---|---|---|---|---|
| 上海市 | 2993 | 2133 | 860 | 142 |
| 黄浦区 | 48 | 42 | 5 | 4 |
| 卢湾区 | 82 | 66 | 16 | 2 |
| 徐汇区 | 175 | 175 | 0 | 5 |
| 长宁区 | 81 | 63 | 18 | 10 |
| 静安区 | 104 | 89 | 16 | 3 |
| 普陀区 | 170 | 168 | 3 | 7 |
| 闸北区 | 97 | 94 | 2 | 7 |
| 虹口区 | 44 | 31 | 13 | 4 |
| 杨浦区 | 137 | 121 | 16 | 5 |
| 闵行区 | 224 | 209 | 15 | 6 |
| 宝山区 | 92 | 92 | 0 | 65 |
| 嘉定区 | 202 | 158 | 44 | 2 |
| 浦东新区 | 732 | 325 | 408 | 17 |
| 金山区 | 155 | 123 | 31 | 3 |
| 松江区 | 161 | 112 | 49 | 3 |
| 青浦区 | 40 | 27 | 13 | 2 |
| 奉贤区 | 148 | 113 | 35 | 4 |
| 崇明县 | 303 | 125 | 177 | 5 |

## 中、初等学校勤工俭学(校办产业)基本情况(一)

| | 代码 | 开展勤工俭学学校数(所) | | 勤工俭学基地数(个) | | | | | |
|---|---|---|---|---|---|---|---|---|---|
| | | 合　计 | 其中:农村学校 | 合　计 | 农林牧渔 | | 工业企业 | 第三产业 | 其他 |
| | | | | | 个数 | 面积(亩) | | | |
| 甲 | 乙 | 1 | 2 | 3 | 4 | 5 | 6 | 7 | 8 |
| 合　计 | 01 | 225 | | 296 | 1 | 20.000 | 86 | 195 | 14 |
| 中等专业学校 | 02 | 3 | | 5 | | | 3 | 2 | |
| 普通中学 | 03 | 104 | | 107 | | 5.000 | 30 | 72 | 5 |
| 农业、职业中学 | 04 | 7 | | 12 | | | 1 | 11 | |
| 小　学 | 05 | 44 | | 51 | | | 13 | 38 | |
| 特殊教育学校 | 06 | 4 | | 4 | | | 1 | 3 | |
| 教育部门勤工俭学基地 | 07 | 63 | | 117 | 1 | 15.000 | 38 | 69 | 9 |

## 中、初等学校勤工俭学(校办产业)基本情况(二)

单位:万元

| | 代码 | 接纳学生劳动实践 | | 勤工俭学从业人员(人) | | 年末资产 | 年末负债 | 所有者权益 | |
|---|---|---|---|---|---|---|---|---|---|
| | | 基地数(个) | 人次(人) | 总人数 | 其中:教职工人数 | | | 合　计 | 其中:实收资本 |
| 甲 | 乙 | 9 | 10 | 11 | 12 | 13 | 14 | 15 | 16 |
| 合　计 | 01 | 8 | 114300 | 8582 | 1819 | 167524.42 | 90817.95 | 76706.47 | 37095.46 |
| 中等专业学校 | 02 | 1 | 300 | 133 | 58 | 2899.35 | 1673.24 | 1226.11 | 467.00 |
| 普通中学 | 03 | | | 1224 | 589 | 20054.37 | 10180.12 | 9874.25 | 6101.77 |
| 农业、职业中学 | 04 | 1 | 10000 | 251 | 88 | 2926.36 | 1110.10 | 1816.26 | 891.30 |
| 小　学 | 05 | 1 | 5000 | 668 | 296 | 9339.90 | 4884.14 | 4455.76 | 1783.78 |
| 特殊教育学校 | 06 | | | 35 | 31 | 76.80 | 46.92 | 29.88 | 22.60 |
| 勤工俭学基地 | 07 | 5 | 99000 | 6271 | 757 | 132227.64 | 72923.44 | 59304.20 | 27829.01 |

## 中、初等学校勤工俭学(校办产业)收益及分配情况(一)

单位:万元

| | 代码 | 销售收入及营业额 | | | | | 利润(收益)总额 | | | | |
|---|---|---|---|---|---|---|---|---|---|---|---|
| | | 合　计 | 农业销售收入 | 工业销售收入 | 第三产业营业额 | 其他收入 | 合　计 | 农业利润(收益) | 工业利润(收益) | 第三产业利润(收益) | 其他收益 |
| 甲 | 乙 | 1 | 2 | 3 | 4 | 5 | 6 | 7 | 8 | 9 | 10 |
| 合　　计 | 01 | 183027.90 | | 85832.89 | 70764.47 | 26430.53 | 18709.98 | | 3324.57 | 8388.67 | 6996.75 |
| 中等专业学校 | 02 | 1244.71 | | 778.87 | 460.26 | 5.58 | 377.24 | | 300.40 | 76.85 | |
| 普通中学 | 03 | 21136.82 | | 9235.07 | 8248.26 | 3653.49 | 5182.05 | | 613.55 | 3323.32 | 1245.18 |
| 农业、职业中学 | 04 | 1655.80 | | 3.62 | 1431.67 | 220.52 | 194.02 | | 3.52 | 92.21 | 98.29 |
| 小　　学 | 05 | 11724.63 | | 7159.98 | 4117.58 | 447.06 | 810.42 | | 105.12 | 616.66 | 88.64 |
| 特殊教育学校 | 06 | 103.91 | | 46.62 | 57.29 | | 4.13 | | 3.89 | 0.24 | |
| 勤工俭学基地 | 07 | 147162.03 | | 68608.73 | 56449.41 | 22103.88 | 12142.12 | | 2298.09 | 4279.39 | 5564.64 |

## 中、初等学校勤工俭学(校办产业)收益及分配情况(二)

单位:万元

| | 代码 | 缴　纳　税　金 | | | | | 净利润(净收益)分配 | | | |
|---|---|---|---|---|---|---|---|---|---|---|
| | | | | | | | 合　计 | 向投资者分配利润 | | 未分配利润(收益) |
| | | 合　计 | 增值税 | 营业税 | 所得税 | 其他税费 | | 小　计 | 其中:学校应分利润(收益) | |
| 甲 | 乙 | 11 | 12 | 13 | 14 | 15 | 16 | 17 | 18 | 19 |
| 合　　计 | 01 | 9182.59 | 4069.94 | 2341.44 | 1627.35 | 1143.87 | 17082.64 | 6552.47 | 5851.68 | 1808.01 |
| 中等专业学校 | 02 | 125.48 | 23.92 | 16.99 | 81.25 | 3.31 | 296.00 | 72.45 | 72.45 | 223.55 |
| 普通中学 | 03 | 1536.58 | 727.39 | 418.91 | 216.74 | 173.54 | 4965.31 | 3752.84 | 3743.17 | 81.56 |
| 农业、职业中学 | 04 | 76.30 | 22.69 | 40.67 | 7.43 | 5.51 | 186.59 | 108.81 | 108.81 | 1.57 |
| 小　　学 | 05 | 382.74 | 230.80 | 48.47 | 59.02 | 44.45 | 751.40 | 486.77 | 469.94 | －19.44 |
| 特殊教育学校 | 06 | 6.06 | | 3.69 | 0.83 | 1.55 | 3.30 | | | 3.30 |
| 勤工俭学基地 | 07 | 7055.43 | 3065.13 | 1812.71 | 1262.08 | 915.51 | 10880.04 | 2131.60 | 1457.31 | 1517.48 |

## 中、初等学校勤工俭学(校办产业)资助困难学生及补助教育经费情况(一)

单位:万元

| | 代码 | 本年补助教育经费实际支出总计 | 用于劳动实践基础建设支出 | 资助困难学生 | | | |
|---|---|---|---|---|---|---|---|
| | | | | 支出合计 | 减免学杂费 | 生活补助 | 人数(人) |
| 甲 | 乙 | 1 | 2 | 3 | 4 | 5 | 6 |
| 合　计 | 01 | 11993.27 | | 31.21 | 7.50 | 23.72 | 4027 |
| 中等专业学校 | 02 | | | | | | |
| 普通中学 | 03 | 4658.47 | | 5.21 | | 5.21 | 42 |
| 农业、职业中学 | 04 | 149.31 | | | | | |
| 小　学 | 05 | 666.11 | | 0.11 | | 0.11 | 75 |
| 特殊教育学校 | 06 | 23.80 | | | | | |
| 勤工俭学基地 | 07 | 6495.58 | | 25.90 | 7.50 | 18.40 | 3910 |

## 中、初等学校勤工俭学(校办产业)资助困难学生及补助教育经费情况(二)

单位:万元

| | 代码 | 改善办学条件 | | | | 师生集体福利 | | |
|---|---|---|---|---|---|---|---|---|
| | | 支出合计 | 修建教学用房 | 购置教学设备 | 其他公用经费 | 支出合计 | 教　师 | 学　生 |
| 甲 | 乙 | 7 | 8 | 9 | 10 | 11 | 12 | 13 |
| 合　计 | 01 | 8182.61 | 38.52 | 264.50 | 7879.58 | 3779.46 | 3777.60 | 1.86 |
| 中等专业学校 | 02 | | | | | | | |
| 普通中学 | 03 | 1767.75 | 16.07 | 62.16 | 1689.52 | 2885.52 | 2883.66 | 1.86 |
| 农业、职业中学 | 04 | 81.61 | | | 81.61 | 67.70 | 67.70 | |
| 小　学 | 05 | 195.50 | 22.45 | | 173.05 | 470.51 | 470.51 | |
| 特殊教育学校 | 06 | | | | | 23.80 | 23.80 | |
| 勤工俭学基地 | 07 | 6137.75 | | 202.34 | 5935.40 | 331.93 | 331.93 | |

## 农村中、初等学校勤工俭学情况(一)

单位:万元

| | 代码 | 勤工俭学基地 | | 勤工俭学基地收益 | | 资助困难学生 | | | |
|---|---|---|---|---|---|---|---|---|---|
| | | 个数 | 面积(亩) | 总收入 | 纯收益 | 支出合计 | 减免学杂费 | 生活补助 | 人数(人) |
| 甲 | 乙 | 1 | 2 | 3 | 4 | 5 | 6 | 7 | 8 |
| 合计 | 01 | 18 | 7.000 | 2883.07 | 101.95 | 5.31 | | 5.32 | 117 |
| 中等专业学校 | 02 | | | | | | | | |
| 普通中学 | 03 | 10 | | 2308.54 | 69.39 | 5.21 | | 5.21 | 42 |
| 农业、职业中学 | 04 | | | | | | | | |
| 小学 | 05 | 6 | | 495.53 | 22.56 | 0.11 | | 0.11 | 75 |
| 特殊教育学校 | 06 | | | | | | | | |
| 勤工俭学基地 | 07 | 2 | 7.000 | 79.00 | 10.00 | | | | |

## 农村中、初等学校勤工俭学情况(二)

单位:万元

| | 代码 | 改善办学条件 | | | | 师生集体福利 | | | 寄宿制学校 | | |
|---|---|---|---|---|---|---|---|---|---|---|---|
| | | 支出合计 | 修建教学用房 | 购置教学设备 | 其他公用经费 | 支出合计 | 教师 | 学生 | 基地数 | 蔬菜副食品供给 | |
| | | | | | | | | | | 基本自给数 | 部分自给数 |
| 甲 | 乙 | 9 | 10 | 11 | 12 | 13 | 14 | 15 | 16 | 17 | 18 |
| 合计 | 01 | 86.63 | 36.22 | 50.42 | | | | | | | |
| 中等专业学校 | 02 | | | | | | | | | | |
| 普通中学 | 03 | 64.18 | 13.77 | 50.42 | | | | | | | |
| 农业、职业中学 | 04 | | | | | | | | | | |
| 小学 | 05 | 22.45 | 22.45 | | | | | | | | |
| 特殊教育学校 | 06 | | | | | | | | | | |
| 勤工俭学基地 | 07 | | | | | | | | | | |

## 教育经费总投入情况表

单位:万元

| | 教育经费投入合计 | 财政拨款 | 教育费附加 | 教育事业费附加 | 地方社会事业建设费 | 事业收入 | 其中:学杂费收入 | 校办产业缴款 | 捐赠收入 | 其　他 | 除财政拨款外各项投入占合计数% |
|---|---|---|---|---|---|---|---|---|---|---|---|
| 黄浦区 | 134260.69 | 117978.46 | 5329.00 | 0.00 | 0.00 | 7581.82 | 5781.91 | 0.00 | 0.00 | 3371.41 | 12.13 |
| 卢湾区 | 100832.57 | 92900.00 | 2910.00 | 0.00 | 0.00 | 3642.91 | 2627.21 | 0.00 | 10.80 | 1368.86 | 7.87 |
| 徐汇区 | 156085.86 | 122617.74 | 9024.00 | 422.48 | 0.00 | 12906.15 | 10830.39 | 0.00 | 57.50 | 11057.99 | 21.44 |
| 长宁区 | 116925.39 | 97054.20 | 6338.00 | 0.00 | 0.00 | 6819.54 | 5930.35 | 457.47 | 97.25 | 6158.93 | 16.99 |
| 静安区 | 137846.68 | 107800.00 | 4347.00 | 0.00 | 0.00 | 5455.89 | 5206.81 | 0.00 | 4.60 | 20239.19 | 21.80 |
| 普陀区 | 138562.02 | 104696.89 | 8068.00 | 0.00 | 0.00 | 11761.85 | 9896.17 | 0.00 | 104.87 | 13930.41 | 24.44 |
| 闸北区 | 127295.80 | 94180.25 | 6618.00 | 0.00 | 0.00 | 13345.42 | 10798.60 | 0.00 | 154.41 | 12997.72 | 26.01 |
| 虹口区 | 129421.59 | 89580.00 | 7297.00 | 0.00 | 0.00 | 11521.04 | 7543.71 | 1969.92 | 47.03 | 19006.60 | 30.78 |
| 杨浦区 | 150314.00 | 125106.00 | 8761.00 | 0.00 | 0.00 | 10617.93 | 9664.54 | 2144.95 | 23.77 | 3660.35 | 16.77 |
| **市区小计** | 1191544.60 | 951913.54 | 58692.00 | 422.48 | 0.00 | 83652.55 | 68279.69 | 4572.34 | 500.23 | 91791.46 | 20.11 |
| 闵行区 | 212826.63 | 181413.48 | 11857.00 | 331.67 | 0.00 | 11904.73 | 10396.74 | 0.00 | 88.24 | 7231.51 | 14.76 |
| 宝山区 | 188990.35 | 157396.40 | 11625.00 | 132.84 | 0.00 | 12338.11 | 10503.24 | 356.17 | 1632.97 | 5508.86 | 16.72 |
| 嘉定区 | 121117.07 | 104975.51 | 5656.58 | 18.96 | 0.00 | 9199.66 | 5950.81 | 0.00 | 20.00 | 1246.36 | 13.33 |
| 大浦东 | 535120.77 | 448607.03 | 26071.29 | 3319.73 | 0.00 | 47419.68 | 39658.37 | 0.00 | 811.99 | 8891.05 | 16.17 |
| 金山区 | 96788.50 | 76293.03 | 8379.29 | 41.26 | 0.00 | 9654.30 | 8229.15 | 0.00 | 491.07 | 1929.55 | 21.18 |
| 松江区 | 140151.85 | 107772.29 | 8265.00 | 10573.30 | 0.00 | 9854.59 | 8704.47 | 495.56 | 324.78 | 2866.33 | 23.10 |
| 青浦区 | 112645.62 | 80987.12 | 7943.00 | 8651.47 | 0.00 | 8052.55 | 7092.29 | 0.00 | 0.00 | 7011.48 | 28.10 |
| 奉贤区 | 119039.16 | 98902.07 | 8830.00 | 457.39 | 0.00 | 9159.73 | 7466.32 | 0.00 | 576.80 | 1113.17 | 16.92 |
| 崇明县 | 109881.59 | 95197.77 | 9045.32 | 0.00 | 0.00 | 5106.65 | 4595.40 | 0.00 | 97.48 | 434.37 | 13.36 |
| **郊区小计** | 1636561.54 | 1351544.70 | 97672.48 | 23526.62 | 0.00 | 122690.00 | 102596.79 | 851.73 | 4043.33 | 36232.68 | 17.42 |
| **区县合计** | 2828106.14 | 2303458.24 | 156364.48 | 23949.10 | 0.00 | 206342.55 | 170876.48 | 5424.07 | 4543.56 | 128024.14 | 18.55 |
| 委属单位 | 1257826.66 | 657048.09 | 199010.00 | 0.00 | 34000.00 | 256703.21 | 203946.30 | 0.00 | 1283.49 | 109781.87 | 47.76 |
| **全市总计** | 4085932.80 | 2960506.33 | 355374.48 | 23949.10 | 34000.00 | 463045.76 | 374822.78 | 5424.07 | 5827.05 | 237806.01 | 27.54 |

## 职校生均经费分析

单位:元

| | 财政拨款生均 | | | | 实际生均 | | | | | 其中:生均公用经费 | | | | | 2009年生均公用占% |
|---|---|---|---|---|---|---|---|---|---|---|---|---|---|---|---|
| | 2009年 | 2008年 | 增减金额 | 增减% | 2009年 | 位次 | 2008年 | 增减金额 | 增减% | 2009年 | 位次 | 2008年 | 增减金额 | 增减% | |
| 黄浦区 | 22391.99 | 21226.62 | 1165.38 | 5.49 | 28695.82 | 3 | 25211.03 | 3484.79 | 13.82 | 8039.55 | 2 | 6164.85 | 1874.70 | 30.41 | 28.02 |
| 卢湾区 | 26132.80 | 19805.62 | 6327.18 | 31.95 | 28875.94 | 2 | 23432.55 | 5443.39 | 23.23 | 11482.31 | 1 | 10119.50 | 1362.81 | 13.47 | 39.76 |
| 徐汇区 | 10576.03 | 10239.15 | 336.88 | 3.29 | 18167.73 | 9 | 16616.38 | 1551.34 | 9.34 | 3939.91 | 9 | 3616.02 | 323.89 | 8.96 | 21.69 |
| 长宁区 | 20926.51 | 17014.01 | 3912.50 | 23.00 | 24855.62 | 4 | 20390.48 | 4465.14 | 21.90 | 3094.53 | 14 | 2438.52 | 656.01 | 26.90 | 12.45 |
| 静安区 | 25035.23 | 24360.28 | 674.95 | 2.77 | 24459.76 | 5 | 20255.82 | 4203.95 | 20.75 | 5435.72 | 4 | 5376.75 | 58.97 | 1.10 | 22.22 |
| 普陀区 | 9578.67 | 11077.44 | −1498.77 | −13.53 | 12705.56 | 15 | 15427.13 | −2721.57 | −17.64 | 2403.08 | 17 | 2632.03 | −228.95 | −8.70 | 18.91 |
| 闸北区 | 18733.63 | 16998.67 | 1734.96 | 10.21 | 24139.28 | 6 | 22121.56 | 2017.73 | 9.12 | 4987.49 | 6 | 3672.06 | 1315.43 | 35.82 | 20.66 |
| 虹口区 | 7148.94 | 5717.80 | 1431.14 | 25.03 | 13738.27 | 12 | 10014.09 | 3724.19 | 37.19 | 3426.62 | 12 | 2134.85 | 1291.77 | 60.51 | 24.94 |
| 杨浦区 | 12470.35 | 9117.52 | 3352.83 | 36.77 | 21149.58 | 8 | 15472.67 | 5676.92 | 36.69 | 4044.06 | 8 | 3625.10 | 418.96 | 11.56 | 19.12 |
| 闵行区 | 12008.91 | 8238.93 | 3769.99 | 45.76 | 13679.30 | 13 | 12797.24 | 882.06 | 6.89 | 5113.64 | 5 | 4475.23 | 638.40 | 14.27 | 37.38 |
| 宝山区 | 11518.23 | 10587.84 | 930.38 | 8.79 | 15831.46 | 10 | 13897.70 | 1933.77 | 13.91 | 3252.47 | 13 | 2781.34 | 471.12 | 16.94 | 20.54 |
| 嘉定区 | 74195.35 | 45424.68 | 28770.67 | 63.34 | 100272.93 | 1 | 56817.72 | 43455.21 | 76.48 | 3684.84 | 11 | 3155.95 | 528.88 | 16.76 | 3.67 |
| 大浦东 | 8234.83 | 7272.85 | 961.98 | 13.23 | 12281.97 | 16 | 11168.39 | 1113.58 | 9.97 | 3838.17 | 10 | 3824.20 | 13.97 | 0.37 | 31.25 |
| 金山区 | 0.00 | 0.00 | 0.00 | — | 0.00 | 18 | 0.00 | 0.00 | — | 0.00 | 18 | 0.00 | 0.00 | — | 0.00 |
| 松江区 | 10877.98 | 11122.54 | −244.56 | −2.20 | 15711.11 | 11 | 15674.87 | 36.24 | 0.23 | 4962.24 | 7 | 6267.71 | −1305.48 | −20.83 | 31.58 |
| 青浦区 | 11325.26 | 10390.14 | 935.12 | 9.00 | 13573.41 | 14 | 13571.93 | 1.48 | 0.01 | 2655.08 | 16 | 2402.82 | 252.26 | 10.50 | 19.56 |
| 奉贤区 | 16336.37 | 16515.67 | −179.30 | −1.09 | 22431.19 | 7 | 22095.68 | 335.51 | 1.52 | 6779.16 | 3 | 6765.12 | 14.04 | 0.21 | 30.22 |
| 崇明县 | 8553.80 | 9332.87 | −779.08 | −8.35 | 9821.73 | 17 | 10884.80 | −1063.07 | −9.77 | 2888.95 | 15 | 2728.62 | 160.32 | 5.88 | 29.41 |
| **郊区小计** | 9728.23 | 8962.83 | 765.40 | 8.54 | 13355.99 | — | 12729.20 | 626.79 | 4.92 | 3960.81 | — | 4035.88 | −75.06 | −1.86 | 29.66 |
| **市区小计** | 14625.42 | 13147.26 | 1478.16 | 11.24 | 19991.27 | — | 17076.45 | 2914.82 | 17.07 | 4818.71 | — | 4065.63 | 753.09 | 18.52 | 24.10 |
| **区县合计** | 11941.23 | 10904.90 | 1036.32 | 9.50 | 16354.41 | — | 14746.84 | 1607.57 | 10.90 | 4348.49 | — | 4049.69 | 298.81 | 7.38 | 26.59 |

## 中专、技校、职校生均经费分析

单位:元

| | 财政拨款生均 | | | | 实际生均 | | | | | 其中:生均公用经费 | | | | | 2009年生均公用占% |
|---|---|---|---|---|---|---|---|---|---|---|---|---|---|---|---|
| | 2009年 | 2008年 | 增减金额 | 增减% | 2009年 | 位次 | 2008年 | 增减金额 | 增减% | 2009年 | 位次 | 2008年 | 增减金额 | 增减% | |
| 黄浦区 | 22391.99 | 21226.62 | 1165.38 | 5.49 | 28695.82 | 2 | 25211.03 | 3484.79 | 13.82 | 8039.55 | 2 | 6164.85 | 1874.70 | 30.41 | 28.02 |
| 卢湾区 | 26132.80 | 19805.62 | 6327.18 | 31.95 | 28875.94 | 1 | 23432.55 | 5443.39 | 23.23 | 11482.31 | 1 | 10119.50 | 1362.81 | 13.47 | 39.76 |
| 徐汇区 | 10576.03 | 10239.15 | 336.88 | 3.29 | 18167.73 | 7 | 16616.38 | 1551.34 | 9.34 | 3939.91 | 7 | 3616.02 | 323.89 | 8.96 | 21.69 |
| 长宁区 | 20926.51 | 17014.01 | 3912.50 | 23.00 | 24855.62 | 3 | 20390.48 | 4465.14 | 21.90 | 3094.53 | 12 | 2438.52 | 656.01 | 26.90 | 12.45 |
| 静安区 | 25035.23 | 24360.28 | 674.95 | 2.77 | 24459.76 | 4 | 20255.82 | 4203.95 | 20.75 | 5435.72 | 3 | 5376.75 | 58.97 | 1.10 | 22.22 |
| 普陀区 | 9578.67 | 11077.44 | −1498.77 | −13.53 | 12705.56 | 13 | 15427.13 | −2721.57 | −17.64 | 2403.08 | 18 | 2632.03 | −228.95 | −8.70 | 18.91 |
| 闸北区 | 18733.63 | 16998.67 | 1734.96 | 10.21 | 24139.28 | 5 | 22121.56 | 2017.73 | 9.12 | 4987.49 | 4 | 3672.06 | 1315.43 | 35.82 | 20.66 |
| 虹口区 | 7148.94 | 5395.21 | 1753.73 | 32.51 | 13738.27 | 10 | 9614.51 | 4123.76 | 42.89 | 3426.62 | 10 | 2188.14 | 1238.48 | 56.60 | 24.94 |
| 杨浦区 | 12470.35 | 9117.52 | 3352.83 | 36.77 | 21149.58 | 6 | 15472.67 | 5676.92 | 36.69 | 4044.06 | 6 | 3625.10 | 418.96 | 11.56 | 19.12 |
| 闵行区 | 7568.54 | 5533.05 | 2035.49 | 36.79 | 8816.61 | 18 | 9122.32 | −305.72 | −3.35 | 3349.52 | 11 | 3476.00 | −126.48 | −3.64 | 37.99 |
| 宝山区 | 11632.05 | 10795.11 | 836.94 | 7.75 | 15968.90 | 8 | 14084.00 | 1884.90 | 13.38 | 3732.90 | 9 | 3432.41 | 300.49 | 8.75 | 23.38 |
| 嘉定区 | 5349.41 | 5516.34 | −166.93 | −3.03 | 10265.91 | 15 | 9602.53 | 663.38 | 6.91 | 2785.10 | 17 | 2594.72 | 190.38 | 7.34 | 27.13 |
| 大浦东 | 8370.59 | 7154.74 | 1215.85 | 16.99 | 12575.66 | 14 | 11093.43 | 1482.23 | 13.36 | 3846.94 | 8 | 3629.88 | 217.06 | 5.98 | 30.59 |
| 金山区 | 5063.90 | 4740.04 | 323.86 | 6.83 | 9202.24 | 17 | 9035.29 | 166.95 | 1.85 | 2786.55 | 16 | 2831.99 | −45.44 | −1.60 | 30.28 |
| 松江区 | 10877.98 | 11122.54 | −244.56 | −2.20 | 15711.11 | 9 | 15674.87 | 36.24 | 0.23 | 4962.24 | 5 | 6267.71 | −1305.48 | −20.83 | 31.58 |
| 青浦区 | 8535.52 | 7439.88 | 1095.64 | 14.73 | 12795.66 | 12 | 11557.75 | 1237.90 | 10.71 | 2838.47 | 15 | 3147.85 | −309.38 | −9.83 | 22.18 |
| 奉贤区 | 8425.03 | 5818.61 | 2606.41 | 44.79 | 13613.22 | 11 | 11493.33 | 2119.89 | 18.44 | 2860.02 | 14 | 4386.02 | −1526.00 | −34.79 | 21.01 |
| 崇明县 | 8553.80 | 9332.87 | −779.08 | −8.35 | 9821.73 | 16 | 10884.80 | −1063.07 | −9.77 | 2888.95 | 13 | 2728.62 | 160.32 | 5.88 | 29.41 |
| **郊区小计** | 7825.57 | 6936.91 | 888.67 | 12.81 | 11581.01 | — | 10921.04 | 659.97 | 6.04 | 3379.04 | — | 3537.64 | −158.60 | −4.48 | 29.18 |
| **市区小计** | 14625.42 | 12821.50 | 1803.92 | 14.07 | 19991.27 | — | 16738.61 | 3252.66 | 19.43 | 4818.71 | — | 4022.56 | 796.15 | 19.79 | 24.10 |
| **区县合计** | 9832.12 | 8756.09 | 1076.03 | 12.29 | 14062.77 | — | 12719.51 | 1343.26 | 10.56 | 3803.87 | — | 3687.55 | 116.32 | 3.15 | 27.05 |
| 委属单位 | 21930.93 | 17155.90 | 4775.03 | 27.83 | 36170.17 | — | 26007.53 | 10162.64 | 39.08 | 16765.05 | — | 10513.46 | 6251.59 | 59.46 | 46.35 |
| **全市总计** | 10955.97 | 9649.27 | 1306.70 | 13.54 | 16116.32 | — | 14132.46 | 1983.86 | 14.04 | 5007.83 | — | 4413.37 | 594.46 | 13.47 | 31.07 |

## 高中生均经费分析

单位:元

| | 财政拨款生均 | | | | 实际生均 | | | | | 其中:生均公用经费 | | | | | 2009年生均公用占% |
|---|---|---|---|---|---|---|---|---|---|---|---|---|---|---|---|
| | 2009年 | 2008年 | 增减金额 | 增减% | 2009年 | 位次 | 2008年 | 增减金额 | 增减% | 2009年 | 位次 | 2008年 | 增减金额 | 增减% | |
| 黄浦区 | 23734.48 | 20767.22 | 2967.26 | 14.29 | 27050.12 | 4 | 23792.15 | 3257.97 | 13.69 | 9049.61 | 4 | 7435.05 | 1614.56 | 21.72 | 33.45 |
| 卢湾区 | 38872.32 | 31561.69 | 7310.63 | 23.16 | 40270.55 | 1 | 35440.47 | 4830.08 | 13.63 | 15605.63 | 1 | 15532.67 | 72.96 | 0.47 | 38.75 |
| 徐汇区 | 18750.54 | 16079.60 | 2670.95 | 16.61 | 24856.33 | 5 | 21983.02 | 2873.31 | 13.07 | 5391.16 | 9 | 4370.22 | 1020.94 | 23.36 | 21.69 |
| 长宁区 | 17727.81 | 14093.04 | 3634.77 | 25.79 | 22285.19 | 11 | 19388.84 | 2896.35 | 14.94 | 3903.80 | 13 | 3885.58 | 18.22 | 0.47 | 17.52 |
| 静安区 | 33016.09 | 31919.40 | 1096.69 | 3.44 | 36829.88 | 2 | 35362.87 | 1467.01 | 4.15 | 14802.44 | 2 | 16870.87 | −2068.43 | −12.26 | 40.19 |
| 普陀区 | 16168.98 | 12202.45 | 3966.52 | 32.51 | 22319.86 | 10 | 16377.51 | 5942.35 | 36.28 | 4672.44 | 11 | 3222.13 | 1450.31 | 45.01 | 20.93 |
| 闸北区 | 15093.58 | 12252.22 | 2841.37 | 23.19 | 23000.78 | 9 | 19211.10 | 3789.68 | 19.73 | 4053.81 | 12 | 3820.83 | 232.97 | 6.10 | 17.62 |
| 虹口区 | 15756.08 | 13168.75 | 2587.33 | 19.65 | 33331.11 | 3 | 29793.25 | 3537.86 | 11.87 | 12076.99 | 3 | 12733.66 | −656.67 | −5.16 | 36.23 |
| 杨浦区 | 17590.03 | 12282.25 | 5307.78 | 43.22 | 24500.26 | 6 | 19467.64 | 5032.62 | 25.85 | 3832.62 | 14 | 3407.66 | 424.96 | 12.47 | 15.64 |
| 闵行区 | 19557.07 | 16370.06 | 3187.01 | 19.47 | 23901.45 | 7 | 22650.99 | 1250.46 | 5.52 | 4791.42 | 10 | 5081.45 | −290.04 | −5.71 | 20.05 |
| 宝山区 | 16559.73 | 15612.84 | 946.89 | 6.06 | 21731.35 | 12 | 20247.19 | 1484.15 | 7.33 | 7507.06 | 6 | 6901.01 | 606.05 | 8.78 | 34.54 |
| 嘉定区 | 15272.61 | 15418.73 | −146.12 | −0.95 | 18344.32 | 15 | 17917.78 | 426.54 | 2.38 | 3663.91 | 15 | 3581.73 | 82.18 | 2.29 | 19.97 |
| 大浦东 | 16391.49 | 14042.04 | 2349.45 | 16.73 | 20471.42 | 13 | 17222.23 | 3249.19 | 18.87 | 6139.17 | 7 | 5122.54 | 1016.63 | 19.85 | 29.99 |
| 金山区 | 9238.56 | 8619.69 | 618.87 | 7.18 | 13240.26 | 18 | 13214.28 | 25.98 | 0.20 | 2361.47 | 17 | 2340.47 | 21.00 | 0.90 | 17.84 |
| 松江区 | 19427.51 | 15687.34 | 3740.17 | 23.84 | 23090.54 | 8 | 17824.66 | 5265.88 | 29.54 | 7521.19 | 5 | 5373.36 | 2147.83 | 39.97 | 32.57 |
| 青浦区 | 10053.36 | 9196.06 | 857.30 | 9.32 | 13474.10 | 17 | 13028.41 | 445.69 | 3.42 | 2293.40 | 18 | 2280.12 | 13.28 | 0.58 | 17.02 |
| 奉贤区 | 13253.69 | 13073.73 | 179.97 | 1.38 | 19656.65 | 14 | 18190.13 | 1466.52 | 8.06 | 5451.76 | 8 | 7068.39 | −1616.63 | −22.87 | 27.73 |
| 崇明县 | 13465.51 | 12532.88 | 932.62 | 7.44 | 16429.92 | 16 | 14582.50 | 1847.42 | 12.67 | 2501.92 | 16 | 2202.23 | 299.69 | 13.61 | 15.23 |
| **郊区小计** | 15432.80 | 13676.40 | 1756.40 | 12.84 | 19517.84 | — | 17330.48 | 2187.37 | 12.62 | 5158.72 | — | 4669.86 | 488.86 | 10.47 | 26.43 |
| **市区小计** | 19983.42 | 16640.27 | 3343.15 | 20.09 | 26926.44 | — | 23184.47 | 3741.97 | 16.14 | 7251.53 | — | 6867.29 | 384.24 | 5.60 | 26.93 |
| **区县合计** | 17267.83 | 14887.15 | 2380.69 | 15.99 | 22509.50 | — | 19797.84 | 2711.67 | 13.70 | 6055.01 | — | 5647.28 | 407.73 | 7.22 | 26.90 |
| 委属单位 | 18984.92 | 16651.79 | 2333.13 | 14.01 | 37863.66 | — | 30888.04 | 6975.62 | 22.58 | 16136.39 | — | 13363.75 | 2772.64 | 20.75 | 42.62 |
| **全市总计** | 17322.12 | 14947.28 | 2374.84 | 15.89 | 23022.64 | — | 20176.92 | 2845.72 | 14.10 | 6394.16 | — | 5910.19 | 483.97 | 8.19 | 27.77 |

## 初中生均经费分析

单位:元

| | 财政拨款生均 | | | | 实际生均 | | | | | 其中:生均公用经费 | | | | | 2009年生均公用占% |
|---|---|---|---|---|---|---|---|---|---|---|---|---|---|---|---|
| | 2009年 | 2008年 | 增减金额 | 增减% | 2009年 | 位次 | 2008年 | 增减金额 | 增减% | 2009年 | 位次 | 2008年 | 增减金额 | 增减% | |
| 黄浦区 | 28237.59 | 23976.09 | 4261.50 | 17.77 | 29596.51 | 3 | 25372.89 | 4223.62 | 16.65 | 9916.72 | 3 | 7060.22 | 2856.50 | 40.46 | 33.51 |
| 卢湾区 | 40881.15 | 29970.87 | 10910.28 | 36.40 | 40172.39 | 1 | 32571.09 | 7601.30 | 23.34 | 15423.90 | 1 | 10307.65 | 5116.25 | 49.64 | 38.39 |
| 徐汇区 | 19579.18 | 17880.36 | 1698.82 | 9.50 | 21676.93 | 8 | 19206.83 | 2470.10 | 12.86 | 5157.93 | 7 | 4154.59 | 1003.33 | 24.15 | 23.79 |
| 长宁区 | 20900.96 | 17603.36 | 3297.60 | 18.73 | 21207.34 | 9 | 19002.68 | 2204.65 | 11.60 | 4625.47 | 14 | 4490.05 | 135.42 | 3.02 | 21.81 |
| 静安区 | 35712.33 | 30431.34 | 5280.99 | 17.35 | 31655.60 | 2 | 29364.27 | 2291.33 | 7.80 | 13163.53 | 2 | 13143.92 | 19.61 | 0.15 | 41.58 |
| 普陀区 | 19515.99 | 14720.88 | 4795.11 | 32.57 | 21907.64 | 7 | 16389.47 | 5518.17 | 33.67 | 5492.56 | 6 | 3337.84 | 2154.73 | 64.55 | 25.07 |
| 闸北区 | 22852.58 | 16915.28 | 5937.31 | 35.10 | 24951.29 | 5 | 19782.54 | 5168.75 | 26.13 | 4801.40 | 11 | 3513.11 | 1288.29 | 36.67 | 19.24 |
| 虹口区 | 21142.38 | 17251.75 | 3890.64 | 22.55 | 25774.20 | 4 | 23111.57 | 2662.63 | 11.52 | 5020.93 | 9 | 4855.72 | 165.21 | 3.40 | 19.48 |
| 杨浦区 | 20327.09 | 16585.38 | 3741.72 | 22.56 | 20856.28 | 10 | 17281.50 | 3574.78 | 20.69 | 2841.90 | 16 | 2520.23 | 321.67 | 12.76 | 13.63 |
| 闵行区 | 22536.04 | 18444.26 | 4091.77 | 22.18 | 22799.66 | 6 | 18996.74 | 3802.92 | 20.02 | 5564.68 | 5 | 4909.55 | 655.13 | 13.34 | 24.41 |
| 宝山区 | 15671.68 | 15027.16 | 644.52 | 4.29 | 16550.39 | 15 | 15864.21 | 686.18 | 4.33 | 4669.39 | 12 | 4397.26 | 272.13 | 6.19 | 28.21 |
| 嘉定区 | 18611.50 | 16555.01 | 2056.49 | 12.42 | 18776.75 | 12 | 16994.15 | 1782.60 | 10.49 | 3652.25 | 15 | 3445.92 | 206.33 | 5.99 | 19.45 |
| 大浦东 | 15230.97 | 13319.13 | 1911.83 | 14.35 | 15887.74 | 16 | 13805.59 | 2082.15 | 15.08 | 4647.06 | 13 | 4418.13 | 228.93 | 5.18 | 29.25 |
| 金山区 | 15476.80 | 11113.32 | 4363.48 | 39.26 | 15848.20 | 17 | 11783.63 | 4064.57 | 34.49 | 2047.14 | 17 | 1892.12 | 155.02 | 8.19 | 12.92 |
| 松江区 | 18261.35 | 14217.87 | 4043.48 | 28.44 | 18580.72 | 13 | 14353.50 | 4227.22 | 29.45 | 4814.06 | 10 | 3845.10 | 968.96 | 25.20 | 25.91 |
| 青浦区 | 13523.23 | 11323.90 | 2199.33 | 19.42 | 14567.52 | 18 | 11976.74 | 2590.77 | 21.63 | 2011.89 | 18 | 2010.10 | 1.79 | 0.09 | 13.81 |
| 奉贤区 | 16682.60 | 14292.12 | 2390.48 | 16.73 | 17183.63 | 14 | 14912.60 | 2271.03 | 15.23 | 5081.05 | 8 | 5014.76 | 66.29 | 1.32 | 29.57 |
| 崇明县 | 19163.18 | 15362.76 | 3800.42 | 24.74 | 20032.08 | 11 | 14380.01 | 5652.07 | 39.31 | 5657.74 | 4 | 2738.93 | 2918.81 | 106.57 | 28.24 |
| **郊区小计** | 16610.63 | 14155.26 | 2455.36 | 17.35 | 17231.13 | — | 14594.88 | 2636.25 | 18.06 | 4451.35 | — | 3970.00 | 481.36 | 12.12 | 25.83 |
| **市区小计** | 23106.73 | 18933.35 | 4173.37 | 22.04 | 24401.46 | — | 20780.46 | 3621.00 | 17.43 | 6068.42 | — | 4972.36 | 1096.06 | 22.04 | 24.87 |
| **区县合计** | 18724.52 | 15780.49 | 2944.02 | 18.66 | 19569.34 | — | 16685.61 | 2883.73 | 17.28 | 4956.93 | — | 4290.62 | 666.31 | 15.53 | 25.33 |
| **委属单位** | 14107.50 | 14618.50 | −511.00 | −3.50 | 17974.54 | — | 16045.01 | 1929.53 | 12.03 | 6562.05 | — | 6437.28 | 124.77 | 1.94 | 36.51 |
| **全市总计** | 18708.19 | 15777.89 | 2930.31 | 18.57 | 19563.58 | — | 16684.29 | 2879.29 | 17.26 | 4962.33 | — | 4296.22 | 666.11 | 15.50 | 25.37 |

## 小学生均经费分析

单位:元

| | 财政拨款生均 | | | | 实际生均 | | | | | 其中:生均公用经费 | | | | | 2009年生均公用占% |
|---|---|---|---|---|---|---|---|---|---|---|---|---|---|---|---|
| | 2009年 | 2008年 | 增减金额 | 增减% | 2009年 | 位次 | 2008年 | 增减金额 | 增减% | 2009年 | 位次 | 2008年 | 增减金额 | 增减% | |
| 黄浦区 | 26756.04 | 24001.71 | 2754.33 | 11.48 | 27097.09 | 3 | 24663.27 | 2433.82 | 9.87 | 6894.41 | 3 | 5728.62 | 1165.80 | 20.35 | 25.44 |
| 卢湾区 | 36140.85 | 33878.59 | 2262.26 | 6.68 | 35224.06 | 1 | 34164.28 | 1059.78 | 3.10 | 15900.21 | 1 | 15554.05 | 346.16 | 2.23 | 45.14 |
| 徐汇区 | 14714.99 | 12501.34 | 2213.65 | 17.71 | 15978.73 | 9 | 13732.02 | 2246.70 | 16.36 | 4338.41 | 6 | 3275.19 | 1063.22 | 32.46 | 27.15 |
| 长宁区 | 17398.76 | 13461.38 | 3937.38 | 29.25 | 16745.17 | 8 | 14153.22 | 2591.95 | 18.31 | 3130.95 | 9 | 2860.49 | 270.46 | 9.46 | 18.70 |
| 静安区 | 29169.96 | 28659.85 | 510.12 | 1.78 | 28950.32 | 2 | 28065.30 | 885.02 | 3.15 | 9037.12 | 2 | 10621.02 | −1583.90 | −14.91 | 31.22 |
| 普陀区 | 13804.45 | 10923.61 | 2880.85 | 26.37 | 14383.93 | 12 | 11273.65 | 3110.29 | 27.59 | 2871.96 | 12 | 2433.81 | 438.15 | 18.00 | 19.97 |
| 闸北区 | 16926.93 | 13285.33 | 3641.61 | 27.41 | 18369.15 | 6 | 14743.92 | 3625.23 | 24.59 | 2967.76 | 11 | 2543.18 | 424.58 | 16.69 | 16.16 |
| 虹口区 | 16689.58 | 14000.05 | 2689.53 | 19.21 | 19576.49 | 4 | 17660.92 | 1915.57 | 10.85 | 4481.86 | 5 | 4266.78 | 215.08 | 5.04 | 22.89 |
| 杨浦区 | 17702.15 | 14175.97 | 3526.18 | 24.87 | 17702.49 | 7 | 14706.28 | 2996.21 | 20.37 | 2804.51 | 13 | 2413.14 | 391.37 | 16.22 | 15.84 |
| 闵行区 | 14005.74 | 13668.54 | 337.20 | 2.47 | 14449.86 | 11 | 14407.83 | 42.03 | 0.29 | 3243.15 | 8 | 3829.27 | −586.13 | −15.31 | 22.44 |
| 宝山区 | 15442.72 | 14614.10 | 828.63 | 5.67 | 15828.60 | 10 | 15118.92 | 709.68 | 4.69 | 5212.81 | 4 | 5046.48 | 166.33 | 3.30 | 32.93 |
| 嘉定区 | 12922.04 | 12542.54 | 379.50 | 3.03 | 12957.58 | 15 | 12791.93 | 165.65 | 1.29 | 2222.04 | 10 | 2854.72 | −632.68 | −22.16 | 17.15 |
| 大浦东 | 12718.74 | 11585.41 | 1133.33 | 9.78 | 12910.37 | 16 | 11744.63 | 1165.74 | 9.93 | 3524.03 | 7 | 3299.51 | 224.52 | 6.80 | 27.30 |
| 金山区 | 13786.65 | 10527.95 | 3258.70 | 30.95 | 14099.42 | 13 | 10986.07 | 3113.35 | 28.34 | 1758.58 | 18 | 1586.31 | 172.27 | 10.86 | 12.47 |
| 松江区 | 12029.50 | 10037.60 | 1991.90 | 19.84 | 11807.20 | 17 | 10128.84 | 1678.37 | 16.57 | 2418.66 | 15 | 2147.58 | 271.07 | 12.62 | 20.48 |
| 青浦区 | 12472.56 | 10545.34 | 1927.21 | 18.28 | 13510.29 | 14 | 11590.53 | 1919.76 | 16.56 | 1879.72 | 17 | 1878.74 | 0.97 | 0.05 | 13.91 |
| 奉贤区 | 11094.37 | 8853.49 | 2240.88 | 25.31 | 11261.42 | 18 | 9233.56 | 2027.85 | 21.96 | 2486.88 | 14 | 2426.35 | 60.54 | 2.49 | 22.08 |
| 崇明县 | 18541.96 | 15907.11 | 2634.85 | 16.56 | 19570.57 | 5 | 14617.27 | 4953.30 | 33.89 | 3082.50 | 10 | 2064.73 | 1017.77 | 49.29 | 15.75 |
| **郊区小计** | 13307.69 | 11925.01 | 1382.68 | 11.59 | 13610.11 | — | 12212.67 | 1397.44 | 11.44 | 3151.09 | — | 3077.70 | 73.39 | 2.38 | 23.15 |
| **市区小计** | 18320.85 | 15502.21 | 2818.63 | 18.18 | 19041.47 | — | 16563.98 | 2477.49 | 14.96 | 4517.52 | — | 4105.91 | 411.61 | 10.02 | 23.72 |
| **区县合计** | 14835.14 | 13061.02 | 1774.12 | 13.58 | 15264.99 | — | 13594.51 | 1670.48 | 12.29 | 3567.43 | — | 3404.23 | 163.20 | 4.79 | 23.37 |

## 幼儿园生均经费分析

单位:元

| | 财政拨款生均 | | | | 实际生均 | | | | | 其中:生均公用经费 | | | | | 2009年生均公用占% |
|---|---|---|---|---|---|---|---|---|---|---|---|---|---|---|---|
| | 2009年 | 2008年 | 增减金额 | 增减% | 2009年 | 位次 | 2008年 | 增减金额 | 增减% | 2009年 | 位次 | 2008年 | 增减金额 | 增减% | |
| 黄浦区 | 20458.30 | 19337.73 | 1120.56 | 5.79 | 24343.90 | 3 | 22695.02 | 1648.88 | 7.27 | 6370.59 | 3 | 5000.74 | 1369.85 | 27.39 | 26.17 |
| 卢湾区 | 23670.68 | 21513.56 | 2157.12 | 10.03 | 27062.57 | 2 | 27018.93 | 43.64 | 0.16 | 8037.03 | 2 | 7256.40 | 780.64 | 10.76 | 29.70 |
| 徐汇区 | 11440.25 | 10324.14 | 1116.10 | 10.81 | 16978.25 | 6 | 15793.87 | 1184.38 | 7.50 | 4774.72 | 4 | 3861.13 | 913.59 | 23.66 | 28.12 |
| 长宁区 | 15497.69 | 13501.50 | 1996.19 | 14.78 | 17851.98 | 5 | 17546.85 | 305.13 | 1.74 | 3746.08 | 8 | 3734.17 | 11.92 | 0.32 | 20.98 |
| 静安区 | 29194.60 | 29177.50 | 17.10 | 0.06 | 29580.91 | 1 | 28067.97 | 1512.94 | 5.39 | 8342.59 | 1 | 8189.62 | 152.97 | 1.87 | 28.20 |
| 普陀区 | 6804.96 | 5107.85 | 1697.11 | 33.23 | 13038.84 | 11 | 10387.28 | 2651.55 | 25.53 | 3591.94 | 9 | 2467.49 | 1124.46 | 45.57 | 27.55 |
| 闸北区 | 9806.57 | 8747.58 | 1058.99 | 12.11 | 14627.36 | 8 | 14068.61 | 558.75 | 3.97 | 3294.28 | 11 | 3197.65 | 96.63 | 3.02 | 22.52 |
| 虹口区 | 11342.41 | 11010.46 | 331.94 | 3.01 | 15438.15 | 7 | 15840.33 | −402.19 | −2.54 | 3057.62 | 13 | 2889.40 | 168.22 | 5.82 | 19.81 |
| 杨浦区 | 13540.27 | 11669.51 | 1870.76 | 16.03 | 18116.50 | 4 | 15642.13 | 2474.37 | 15.82 | 4427.24 | 6 | 3674.43 | 752.81 | 20.49 | 24.44 |
| 闵行区 | 11697.29 | 9457.83 | 2239.47 | 23.68 | 13632.23 | 9 | 12237.41 | 1394.82 | 11.40 | 4353.83 | 7 | 3602.19 | 751.64 | 20.87 | 31.94 |
| 宝山区 | 10748.54 | 10701.48 | 47.06 | 0.44 | 13181.10 | 10 | 12836.16 | 344.94 | 2.69 | 4688.42 | 5 | 4504.65 | 183.77 | 4.08 | 35.57 |
| 嘉定区 | 10943.69 | 10996.62 | −52.93 | −0.48 | 12947.71 | 12 | 12968.37 | −20.66 | −0.16 | 3207.19 | 12 | 3484.97 | −277.79 | −7.97 | 24.77 |
| 大浦东 | 8678.24 | 7644.00 | 1034.24 | 13.53 | 11482.82 | 13 | 10515.90 | 966.92 | 9.19 | 3333.73 | 10 | 3168.99 | 164.74 | 5.20 | 29.03 |
| 金山区 | 6303.72 | 6151.34 | 152.38 | 2.48 | 8766.87 | 18 | 8278.56 | 488.31 | 5.90 | 1322.24 | 18 | 1303.09 | 19.15 | 1.47 | 15.08 |
| 松江区 | 7824.88 | 7259.04 | 565.84 | 7.79 | 9729.38 | 16 | 8473.84 | 1255.54 | 14.82 | 2315.74 | 15 | 1938.98 | 376.76 | 19.43 | 23.80 |
| 青浦区 | 7442.43 | 6547.26 | 895.17 | 13.67 | 10185.76 | 15 | 9573.78 | 611.98 | 6.39 | 2579.41 | 14 | 2549.51 | 29.90 | 1.17 | 25.32 |
| 奉贤区 | 8788.73 | 6690.57 | 2098.17 | 31.36 | 10803.37 | 14 | 8687.50 | 2115.87 | 24.36 | 2141.23 | 16 | 1989.33 | 151.90 | 7.64 | 19.82 |
| 崇明县 | 7529.22 | 9045.50 | −1516.28 | −16.76 | 9280.43 | 17 | 10412.14 | −1131.71 | −10.87 | 1591.32 | 17 | 2089.52 | −498.20 | −23.84 | 17.15 |
| **郊区小计** | 9095.72 | 8267.18 | 828.54 | 10.02 | 11460.47 | — | 10652.68 | 807.79 | 7.58 | 3146.35 | — | 2983.99 | 162.36 | 5.44 | 27.45 |
| **市区小计** | 12812.76 | 11594.34 | 1218.42 | 10.51 | 17358.22 | — | 16142.81 | 1215.41 | 7.53 | 4365.90 | — | 3749.85 | 616.05 | 16.43 | 25.15 |
| **区县合计** | 10140.85 | 9209.03 | 931.82 | 10.12 | 13118.76 | — | 12206.83 | 911.93 | 7.47 | 3489.25 | — | 3200.79 | 288.46 | 9.01 | 26.60 |

## 特殊学校学生生均经费分析

单位:元

| | 财政拨款生均 | | | | 实际生均 | | | | | 其中:生均公用经费 | | | | | 2009年生均公用占% |
|---|---|---|---|---|---|---|---|---|---|---|---|---|---|---|---|
| | 2009年 | 2008年 | 增减金额 | 增减% | 2009年 | 位次 | 2008年 | 增减金额 | 增减% | 2009年 | 位次 | 2008年 | 增减金额 | 增减% | |
| 黄浦区 | 93180.05 | 82853.88 | 10326.18 | 12.46 | 93262.75 | 2 | 83085.67 | 10177.08 | 12.25 | 9168.27 | 9 | 7900.33 | 1267.95 | 16.05 | 9.83 |
| 卢湾区 | 92028.97 | 71663.50 | 20365.47 | 28.42 | 86882.70 | 3 | 73845.38 | 13037.31 | 17.65 | 34938.48 | 1 | 19714.82 | 15223.66 | 77.22 | 40.21 |
| 徐汇区 | 51651.73 | 46836.08 | 4815.64 | 10.28 | 55163.71 | 8 | 49466.38 | 5697.33 | 11.52 | 8768.44 | 11 | 7635.20 | 1133.23 | 14.84 | 15.90 |
| 长宁区 | 71942.96 | 57163.61 | 14779.35 | 25.85 | 68130.13 | 5 | 59752.74 | 8377.39 | 14.02 | 10808.50 | 8 | 10542.15 | 266.35 | 2.53 | 15.86 |
| 静安区 | 183328.53 | 126683.78 | 56644.75 | 44.71 | 162492.29 | 1 | 108972.03 | 53520.27 | 49.11 | 24311.77 | 2 | 20245.28 | 4066.49 | 20.09 | 14.96 |
| 普陀区 | 41186.42 | 34503.63 | 6682.79 | 19.37 | 42434.38 | 12 | 35071.13 | 7363.25 | 21.00 | 4830.87 | 15 | 4395.10 | 435.77 | 9.91 | 11.38 |
| 闸北区 | 31969.19 | 25981.09 | 5988.10 | 23.05 | 43136.15 | 11 | 35215.26 | 7920.89 | 22.49 | 13111.18 | 7 | 12472.17 | 639.01 | 5.12 | 30.39 |
| 虹口区 | 22974.50 | 22955.60 | 18.90 | 0.08 | 29474.23 | 17 | 29306.42 | 167.80 | 0.57 | 8576.43 | 12 | 8332.48 | 243.95 | 2.93 | 29.10 |
| 杨浦区 | 27479.30 | 23831.48 | 3647.82 | 15.31 | 28451.77 | 18 | 23986.13 | 4465.64 | 18.62 | 5546.68 | 13 | 4324.80 | 1221.88 | 28.25 | 19.50 |
| 闵行区 | 57766.28 | 54276.70 | 3489.58 | 6.43 | 61319.93 | 7 | 55345.78 | 5974.15 | 10.79 | 15099.50 | 4 | 17408.46 | −2308.96 | −13.26 | 24.62 |
| 宝山区 | 46192.06 | 44521.67 | 1670.40 | 3.75 | 49129.13 | 10 | 45263.31 | 3865.82 | 8.54 | 9090.29 | 10 | 6531.64 | 2558.66 | 39.17 | 18.50 |
| 嘉定区 | 69103.38 | 54765.68 | 14337.70 | 26.18 | 69474.16 | 4 | 56679.95 | 12794.22 | 22.57 | 13272.85 | 6 | 10999.94 | 2272.91 | 20.66 | 19.10 |
| 大浦东 | 48282.66 | 40105.43 | 8177.23 | 20.39 | 50683.28 | 9 | 42468.74 | 8214.54 | 19.34 | 14709.13 | 5 | 10689.59 | 4019.54 | 37.60 | 29.02 |
| 金山区 | 38259.40 | 32436.56 | 5822.84 | 17.95 | 39284.95 | 13 | 34406.06 | 4878.89 | 14.18 | 4224.27 | 17 | 5476.91 | −1252.64 | −22.87 | 10.75 |
| 松江区 | 68460.91 | 42998.97 | 25461.94 | 59.22 | 65024.72 | 6 | 41384.65 | 23640.07 | 57.12 | 21810.31 | 3 | 4548.58 | 17261.73 | 379.50 | 33.54 |
| 青浦区 | 28494.36 | 27362.97 | 1131.39 | 4.13 | 29859.72 | 16 | 26484.01 | 3375.71 | 12.75 | 4485.26 | 16 | 3901.05 | 584.21 | 14.98 | 15.02 |
| 奉贤区 | 30350.34 | 27153.41 | 3196.93 | 11.77 | 31798.26 | 15 | 28817.46 | 2980.80 | 10.34 | 3039.78 | 18 | 2956.98 | 82.80 | 2.80 | 9.56 |
| 崇明县 | 30056.11 | 28715.95 | 1340.16 | 4.67 | 32983.17 | 14 | 25857.18 | 7125.99 | 27.56 | 4914.88 | 14 | 3811.31 | 1103.57 | 28.96 | 14.90 |
| **郊区小计** | 44360.86 | 39094.07 | 5266.79 | 13.47 | 46518.04 | — | 39812.04 | 6706.00 | 16.84 | 10421.77 | — | 8728.45 | 1693.32 | 19.40 | 22.40 |
| **市区小计** | 48144.52 | 40761.72 | 7382.80 | 18.11 | 50545.40 | — | 43620.04 | 6925.35 | 15.88 | 12056.85 | — | 9690.09 | 2366.76 | 24.42 | 23.85 |
| **区县合计** | 46353.80 | 39968.57 | 6385.23 | 15.98 | 48639.34 | — | 41808.92 | 6830.41 | 16.34 | 11283.00 | — | 9232.72 | 2050.28 | 22.21 | 23.20 |
| **委属单位** | 66577.91 | 57319.00 | 9258.91 | 16.15 | 66029.37 | — | 59532.82 | 6496.55 | 10.91 | 20869.02 | — | 14885.71 | 5983.31 | 40.19 | 31.61 |
| **全市总计** | 47455.03 | 40937.26 | 6517.77 | 15.92 | 49586.24 | — | 42798.46 | 6787.78 | 15.86 | 11804.97 | — | 9548.33 | 2256.64 | 23.63 | 23.81 |

# 索　　引

# 索　　引

**说明：**①本索引主体采用主题分析索引方法，按主题词首字的汉语拼音字母顺序排列。②索引名称后的数字表示内容所在的页码，数字后面的 a、b 表示内容所在版面的左、右区域。③表格标题另注有“表”字。④在上海的教育单位和在上海发生的事件名称前的“上海”两字一般均予省略；括号内高校名称一般用简称，例如：上海交通大学简称为“上海交大”、上海外国语大学简称为“外国语大学”、华东政法大学简称为“华政”、上海东海职业技术学院简称为“东海学院”等。

### A



### B

## D

## G

## H

## I



## J

## K

## L

## M

## N



## O



## P

## Q

## R



## S

**T**



**W**

## X

Y

## Z

**图书在版编目（CIP）数据**

2010上海教育年鉴/上海市教育委员会编.—上海：上海人民出版社，2010
ISBN 978-7-208-09533-5

Ⅰ.①2... Ⅱ.①上... Ⅲ.①教育工作-上海市-2010-年鉴 Ⅳ.①G527.51-54

中国版本图书馆CIP数据核字(2010)第176497号

**2010上海教育年鉴**
上海市教育委员会 编
世纪出版集团
上海人民出版社出版
（200001 上海福建中路193号 www.ewen.cc）
世纪出版集团发行中心发行
上海书刊印刷有限公司印刷
开本890×1240 1/16 印张40 插页13 字数1,176,000
2010年10月第1版 2010年10月第1次印刷
ISBN 978-7-208-09533-5/G·1386
定价 140.00元